天一阁藏

明代科举录选刊

乡试录（四）

新闻出版改革发展项目库（项目号：00201121580）
财政部文化产业发展专项资金重点资助项目
天一阁藏古籍珍本数字出版工程

龚延明 主编

宁波出版社

本册目録

嘉靖二十八年山西鄉試録 …………………… 2731

嘉靖三十一年山西鄉試録 …………………… 2764

嘉靖三十四年山西鄉試録 …………………… 2797

嘉請四十三年山西鄉試録 …………………… 2836

隆慶元年山西鄉試録 ………………………… 2872

隆慶四年山西鄉試録 ………………………… 2902

萬曆元年山西鄉試録 ………………………… 2937

萬曆四年山西鄉試録 ………………………… 2963

萬曆七年山西鄉試録 ………………………… 2999

萬曆十年山西鄉試録 ………………………… 3034

成化二十二年鄉試録 ………………………… 3068

弘治八年河南鄉試録 ………………………… 3094

弘治十一年河南鄉試録 ……………………… 3121

弘治十四年河南鄉試録 ……………………… 3152

正德二年丁卯科河南鄉試録 ………………… 3183

正德八年河南鄉試録 ………………………… 3215

正德十四年河南鄉試録 ……………………… 3245

嘉靖元年河南鄉試録 ………………………… 3275

嘉靖七年河南鄉試録 ………………………… 3304

嘉靖十三年河南鄉試録 ……………………… 3334

嘉靖十六年河南鄉試録 …………………………………………3359

嘉靖十九年河南鄉試録 …………………………………………3380

嘉靖二十二年河南鄉試録 ………………………………………3415

嘉靖二十五年河南鄉試録 ………………………………………3447

嘉靖二十八年河南鄉試録 ………………………………………3483

嘉靖三十一年河南鄉試録 ………………………………………3519

嘉靖三十四年河南鄉試録 ………………………………………3551

嘉靖三十七年河南鄉試録 ………………………………………3587

嘉靖二十八年山西鄉試錄

山西鄉試錄序

　　嘉靖二十有八年天下復當鄉試之期巡按監察御史黃洪毗飭憲炳文範身而明約束罔弗祇慎寔維監臨廷俊及教諭朱安道謬膺考試官教授蔡節錢淵教諭姜周明善黃嶠李文蔚膺同考試官試事既成亦既錄矣於戲爾二三子今日斯其學之成乎夫士須學也記曰興於詩立於禮成於樂成斯士也是故歌鹿鳴而賓興之所以昭其成而要之始進者也匪直擊鐘考鼓律倡而呂和為觀聽之美已也於戲爾二三子其慎斯往哉夫樂之義大矣志學相成道器一貫故達其本者可以觀氣可以審象可以洞聲可以諳音可以考成是故吹律聽鐘周武知捷乎牧野精矣假之物也聽角審音師曠決競於楚風精矣待諸外也夫人物之靈士人之秀也樂和之與文樂之章也二三子言以成文而文不足以觀志是物之揓焉已耳窕焉已耳奚其成凡音之起由人心生也舜命夔典樂曰詩言志歌永言聲依永律和聲八音克諧無相奪倫神人以和言非強世也諸士產唐虞之故墟服禮樂之遺化肆惟我朝二祖列聖以至今上道化浹洽金聲玉振以丕闡文教又溢深且遠涵育黌序條貫攸明宜其成文之音惻隱而慈溫良而寬大善養好施清越以長方廉而好義也執此以往將和其心與聲以宣鴻厖之化而鳴其盛君臣民事與物五者各得其音而無相陵慢焉則足以褆身而光科目乃或琴瑟乖調塤箎靡合甚至投竿而舍我所好膠柱而不知變奏雅以飾曲之終工弗若矣奚其士嗟夫審聲以知音以知樂知政廷俊等固有慚於精妙神解者矣爾諸士自許謂何以和平進以恬澹終匪非士殆非夫矣於戲二三子其慎所以感之者哉是役也布政司左布政使韓威右布政使盧紳提調乎爾按察司按察使陶珪副使何城監試乎爾提學僉事鄭光溥前分巡冀北僉事尹綸遴選乎爾總督軍務前兵部尚書翁萬達今侍郎郭宗臬巡撫都御史今陞刑部右侍郎蘇祐巡撫大同前都御史今侍郎詹榮都御史李仁巡按直隸監察御史王楠巡鹽御史劉應熊皆風示丕振乎爾參政潘九齡劉璽參議張舜臣謝淮副使楊守約魏尚綸王朝賢吳嶽僉事朱徵喬佑戴梗侯鉞行太僕寺卿楊時泰又皆贊成乎爾總理糧

儲戶部署郎中李楫主事崔羖總兵官沈俊署都指揮僉事周寶吳熹朱玉又皆瞻望乎爾於時巡撫都御史石遷高巡按御史陳九德奉命將代咸樂成乎爾爲朝廷得人慶焉夫省方以觀樂御史志也亦責也尤所欲告爾二三子者也爰推著之首簡以廣笙歌之意尚懋戒之哉

江西瑞州府上高縣儒學教諭鄭廷俊謹序

嘉靖二十八年山西鄉試

監臨官

巡按山西監察御史黃洪毗（協恭福建莆田縣人　戊戌進士）

提調官

山西等處承宣布政使司左布政使韓威（德隅直隸河間衛人　壬辰進士）

山西等處承宣布政使司右布政使盧紳（汝佩陝西咸寧縣人　癸未進士）

監試官

山西等處提刑按察司按察使陶珪（廷獻湖廣黃岡縣人　丙戌進士）

山西等處提刑按察司副使何城（叔防陝西綏德衛人　壬辰進士）

考試官

江西瑞州府上高縣儒學教諭鄭廷俊（章卿福建莆田縣人　癸卯貢士）

江西撫州府東鄉縣儒學教諭朱安道（仁夫浙江山陰縣人　癸卯貢士）

同考試官

直隸順德府儒學教授蔡節（介夫廣東順德縣人　壬午貢士）

福建建寧府儒學教授錢淵（子深直隸建平縣人　辛卯貢士）

浙江處州府麗水縣儒學教諭姜周（廷佐直隸太倉州人　丁酉貢士）

河南開封府鈞州新鄭縣儒學教諭明善（思誠湖廣麻城縣人　丙午貢士）

直隸鳳陽府壽州蒙城縣儒學教諭黃熽（子揚福建南平縣人　甲午貢士）

直隸揚州府高郵州寶應縣儒學教諭李文蔚（道潛雲南石屏州人　丙午貢士）

印卷官

山西等處承宣布政使司經歷司經歷吳拱辰（星甫湖廣武昌護衛軍籍　丙子貢士）

山西等處提刑按察司經歷司經歷黃甲（上卿山東沂水縣人　監生）

收掌試卷官

太原府知府張祉（子受河南固始縣人　戊戌進士）

平陽府知府張松（汝喬河南洛陽縣人　戊戌進士）

潞安府知府孫國（道甫直隸開州人　乙未進士）

受卷官

太原府推官鄭真（惟誠山東濟寧衛籍　丁未進士）

平陽府推官黃希周（宗魯山東滕縣人　甲辰進士）

汾州知州李當（任父河南嵩縣人　戊子貢士）

太原府岢嵐州知州李慧（汝哲山東平度州人　監生）

汾州平遙縣知縣馬快（汝礪直隸廣平縣人　甲辰進士）

潞安府潞城縣知縣王惟善（衷甫河南新蔡縣人　丁未進士）

彌封官

潞安府襄垣縣知縣王尚禮（敘夫陝西渭南縣人　丁未進士）

太原府榆次縣知縣朱熙載（慰勳山東平山衛籍　甲辰進士）

平陽府鮮州夏縣知縣岳粹（純甫山東冠縣人　丁未進士）

潞安府壺關縣知縣段錦（美中山東恩縣人　丁未進士）

潞安府長治縣知縣張嘉孚（以貞陝西安定縣人　丁未進士）

平陽府鮮州聞喜縣知縣郭東藩（鎮夫山東金鄉縣人　丁未進士）

謄錄官

太原府陽曲縣知縣陳瓚（敬夫直隸獻縣人　丁未進士）

平陽府曲沃縣知縣劉魯生（希孔山東恩縣人　丁未進士）

平陽府趙城縣知縣宋時（宗易河南鈞州人　甲午貢士）

太原府太谷縣知縣白世璧（德如陝西秦州衛人　甲午貢士）

平陽府鮮州安邑縣知縣吳大道（行父直隸任丘縣人　丁酉貢士）

平陽府絳州稷山縣知縣楊文卿（子質直隸鹽山縣人　辛卯貢士）

對讀官

太原府代州知州李良能（子純河南郟縣人　甲午貢士）

沁州知州劉承學（典于山東壽光縣人　辛卯貢士）

平陽府蒲州臨晉縣知縣李豸（子仁濟陽衛籍　丁未進士）
平陽府蒲州榮河縣知縣楊灝（紹原河南汝陽縣人　丁酉貢士）
太原府代州崞縣知縣吳府（季脩山東青州衛人　丁酉貢士）
潞安府襄垣縣縣丞李郁（文甫四川安居縣人丁未進士）

巡綽官

太原右衛指揮僉事曰清（□夫雲南歸厚縣人）
太原右衛指揮僉事林爵（守忠福建南平縣人）
平陽衛指揮同知謝恩（君賜四川建昌府人）
太原左衛中右所正千戶郝銘（新之直隸鳳陽府人）
太原前衛左所正千戶楊鈺（朝重湖廣灃州人）

搜檢官

太原右衛指揮使鄭思恩（子榮儀州人）
太原右衛指揮僉事王璋（君重直隸臨淮縣人）
振武衛指揮僉事許昭訓（孝祖湖廣沔陽州人）
潞州衛指揮僉事唐思恭（克讓直隸臨淮縣人）
太原左衛後所武舉署正千戶譚纓（世□江西都昌縣人）

供給官

山西等處承宣布政使司照磨所檢校崔伸（引之山芉汶上縣人　監生）
太原府同知張文行（宗教直隸饒陽縣人　乙酉貢士）
太原府通判劉重藩（道輔直隸景州人　甲午貢士）
太原府徐溝縣知縣邵鶴年（九皐直隸盧龍縣人　戊子貢士）
平陽府臨汾縣知縣祁玭（朝重陝西狄道縣人　丁酉貢士）
潞安府屯留縣知縣陳松（伯喬直隸定州衛官籍　戊子貢士）
太原府照磨王卓（立夫陝西鎮番衛官籍　監生）
平陽府絳州同知方弁（文中四川遂寧縣人　吏員）
汾州判官高文學（希顏順天府寶坻縣人　監生）
太原府岢嵐州判官彭橋（利夫陝西寶雞縣人　監生）
太原前衛經歷李光代（文獻山東長山縣人　吏員）
振武衛經歷楊遵（惟善河南光州人　吏員）
平陽府霍州吏目張鑑（克明山東陽穀縣人　吏員）
太原府文水縣縣丞張雲從（子龍陝西秦州人　監生）
太原府壽陽縣主簿田仁（元善順天府密雲縣人　監生）

平陽府霍州靈石縣主簿王應招（際明直隸灤州人　監生）
太原府陽曲縣典史南紀（大綱陝西寧州人　吏員）
太原府徐溝縣典史張輝（晦之山東平原縣人　吏員）
太原府清源縣典史谷寬（德洪直隸隆慶州人　吏員）
太原府忻州定襄縣典史韓銳（退夫山東壽光縣人　吏員）
太原府陽曲縣臨汾驛驛丞賀文卿（朝縉湖廣澧州人　承差）
平陽府聞喜縣涑川聖聖丞吳克裕（汝仁陝西華陰縣人　承差）
平陽府曲沃縣侯馬驛驛丞盛華（子實廣西臨桂縣人　承差）

第一場

四書

能行五者於天下爲仁矣請問之曰恭寬信敏惠　自誠明謂之性自明誠謂之教誠則明矣明則誠矣　江漢以濯之秋陽以暴之皜皜乎不可尚已

易

介于石不終日貞吉　恒亨無咎利貞利有攸往　生生之謂易　是故變化云爲吉事有祥象事知器占事知來

書

予欲觀古人之象日月星辰山龍華蟲作會宗彝藻火粉米黼黻絺繡以五采彰施于五色作服汝明　惟皇上帝降衷于下民若有恒性克綏厥猷惟后　五者來備各以其叙庶草蕃廡　惟德惟義時乃大訓

詩

知子之來之雜佩以贈之知子之順之雜佩以問之知子之好之雜佩以報之　大田多稼既種既戒既備乃事以我覃耜俶載南畝播厥百穀既庭且碩曾孫是若　天子是若命使賦　載見辟王曰求厥章龍旂陽陽和鈴央央鞗革有鶬休有烈光

春秋

秋七月庚午宋公齊侯衛侯盟于瓦屋（隱公八年）　會宋公陳侯蔡人衛人伐鄭（隱公四年）邾人鄭人伐宋（隱公五年）夏公會齊侯宋公陳侯衛侯曹伯伐鄭圍新城（僖公六年）春齊侯伐宋圍緡（僖公二十三年）　甲午晦晉侯及楚子鄭伯戰于鄢陵楚子鄭師敗績（成公十有六年）夏楚子鄭伯伐宋宋魚石復入于彭城（成公十有八年）仲孫蔑會晉欒黶

宋華元衛寧殖曹人莒人邾人滕人薛人圍宋彭城夏晉韓厥帥師伐鄭仲孫蔑會齊崔杼曹人邾人杞人次于鄫秋楚公子壬夫帥師侵宋（俱襄公元年）

　　叔孫州仇帥師墮郈季孫斯仲孫何忌帥師墮費十有二月公圍成公至自圍成（俱定公十有二年）

　　禮記

　　天子賜諸侯樂則以柷將之賜伯子男樂則以鼗將之　五行之動迭相竭也五行四時十二月還相為本也五聲六律十二管還相為宮也五味六和十二食還相為質也五色六章十二衣還相為質也　廉直勁正莊誠之音作而民肅敬　仁者天下之表也義者天下之制也報者天下之利也

第二場

　　論

　　學者必識聖賢之體

　　詔誥表（内科一道）

　　擬漢過魯以太牢祀孔子詔（高帝十二年）　擬唐加左僕射房玄齡太子少師誥（貞觀十三年）　擬宋宴貢士於迎春苑謝表（太平興國三年）

　　判語（五條）

　　磨勘卷宗　荒蕪田地　禁止迎送　聽訟迴避　帶造段匹

第三場

　　策（五道）

　　問　易曰觀乎天文以察時變觀乎人文以化成天下孔子稱堯曰煥乎其文章文固君人者不廢也古之哲后明王每注思焉如畫八卦演九疇解慍之詩盤銘之詞几杖之戒儀鳳之作昭回于天矣先儒乃謂帝王之學不在文藝何歟若大風以猛士興歌秋風以佳人發咏登臺以除凶自寓繪圖以無逸省躬贊孔顏何見於道真吟籍田何裨於勸課箴元良何矯於登封記損齋何至於忍恥果經綸之迹言行之符乎外至伴侶新聲斷烟平蕪則藝焉而已人文化成之意不如是也洪惟我太祖高皇帝端崇理本明燭化機天才峻發藻思富逸故其揮洒成文率皆天地之精采當時侍從之臣有稱其雄深宏偉言近而指遠者有稱其天光昭回赫著簡素真所謂天之文者有稱其親染奎翰意無停機一揮而數千百言群臣環視莫不聾服者其所製之文亦可得指其

一二歟抑可因詞而究其歸歟逮我皇上默契聖學統一道真書之三要有釋傳之五箴有注敬一一箴獨溯心學之源又等義盡堯文而上之矣諸士子久沾椷樸之化今復以文進願鋪張鴻休而鳴其盛焉

問　古者因事設官量能授職自伏羲氏以來未之有易也然名官之制或以龍以水以火以雲以鳥以民何據而然與或名以五行或分爲九官或爲三公三孤六官或爲三公九卿或爲三省九寺或爲二府臺諫何繁簡之不齊與其諸所職守可得聞與又謂陶唐氏以前之官所治者天事也虞夏以後之官所治者民事也不知治天事者何以遺民治民事者何又遺天然與否與我朝稽古定制其建官皆法乎周官而損益之具載於諸司職掌者可考也或謂中間多所更定或謂多所變易或謂悉復其舊或謂隨時損益可得聞與不知所職掌者果皆同於古昔抑其事有輕重之不同與諸士子涵濡聖化與聞久矣行將服有職掌願詳言之以彰國家典章之盛

問　學猶殖也惰而落焉勤而精焉日出日中秉燭之喻以時而異趨浸潤水釋理順之幾以悟而俱化信斯言也進於聖人不難矣懷鉛夜寢同於引壁之光抗疏定禮勳有淺深乎采薪挾經同於春秋之好不教自課意有異同乎多閱好忘固當取裁於理盡卷不錯江淮所以立忠也氣味蹊徑固在潛密於功專精不營君厚所以通儒也癖左氏則平吳矣帶耕鉏則立相矣奚不求甚解者所造反優耶重五十而不窮矣重八九而稱勝矣奚不知祁招者所寶反在耶陟峻逡巡改其迤邐之步入路住宅誰同百世之方諸生求端於下帷有司縣衡於品藻焉

問　以人事君臣之上也不比不黨昔人稱之荊伯柳上黨矣子羔西河矣引弓迎射子其去矣無愧於解狐之舉哉然公由於己私即湔也哲懸於秉鑒多昏也觀前載則又易易然者子師千里二童二賢不詣仲弓不宿奉高卒不越其裁量故僑札之分自有神乎管鮑之知若同天啓因小而揣巨任分麋鹿耿主廩給其陳孺子之宰乎定交而因親刺則漫滅劍則干將亦汝南俗之評乎四奇有四難之忌四短有四安之報建功之路不一修辭之柄多浮欲使青白不眩真贗罔伏夫子慨於澹臺孔明誤於馬謖其可無懲哉張輔優劣名士孔融昌論汝潁匪以徇聲乃皆洞燭諸士平居雌黃編簡异日秤量天下請問達觀之法以助主司之明

問　三晉古冀州地也環以龍門太行紀以大河汾沁風氣所萃靈秀所鍾自古聖賢應運疊出遐哉邈矣平陽蒲坂堯舜所都精一執中之傳固本原之地也士生其間豈無邃於理學者乎即如王通氏講道河汾銳志希聖明德

新民之學寔拳拳矣何次理學者自孟子之後即繼以周程張朱而通不與焉不知通於四子果無可頡頏者歟至於我朝道化浹洽人文彬彬雖童弁亦能談濂洛之學究其成就多寡反出宋儒之下何也百餘年來論理學者惟重薛瑄氏今觀其讀書從政二錄真有與四子相發明者不知其躬行實踐為眾論所歸者亦有與四子相後先者乎茲欲議以王通薛瑄從祀於廟庭果可以定眾論乎夫胡元閏位猶有實行之儒董韓續文尚崇俎豆之列遺薛子似尤非矣或謂注周禮者續大事記者預集尚書會選者著四書五經私抄者皆以道鳴也與文清可同祀乎抑獨有所推尊乎諸士尚友天下況其鄉人也悉所聞而評之

中式舉人六十五名

第一名　王崇雅　蒲州學附學生　書
第二名　張四維　蒲州學生　易
第三名　吳國詔　代州學增廣生　詩
第四名　金商質　平陽府學生　春秋
第五名　郭志仁　澤州學生　禮記
第六名　劉有誠　石州學增廣生　易
第七名　張三宅　孟縣學生　書
第八名　張曰庠　代州學生　詩
第九名　王道行　太原府學附學生　易
第十名　武道脩　介休縣學生　春秋
第十一名　桂廷輔　榆次縣學生　詩
第十二名　嚴三省　文水縣學生　易
第十三名　楊元義　交城縣學生　書
第十四名　趙可化　榆次縣學增廣生　詩
第十五名　馮舜漁　蒲州學附學生　禮記
第十六名　楊希哲　忻州學生　詩
第十七名　馮琛　蒲州學附學生　易
第十八名　趙翰　解州學附學生　書
第十九名　劉汝登　蒲州學附學生　詩
第二十名　張肆　石州學生　易

第二十一名　楊天賜　襄垣縣學生　春秋
第二十二名　張洪源　清源縣學生　詩
第二十三名　郭士髦　壺關縣學增廣生　詩
第二十四名　周宗懿　忻州學增廣生　書
第二十五名　史永壽　翼城縣學生　易
第二十六名　張杕　石州學附學生　易
第二十七名　介一清　鮮州學生　詩
第二十八名　李從高　沁水縣學生　詩
第二十九名　郄士孝　平定州學增廣生　春秋
第三十名　史篆　鮮州學生　書
第三十一名　張守中　聞喜縣學生　禮記
第三十二名　栗繼祖　潞安府學生　詩
第三十三名　梁天叙　石州學生　易
第三十四名　加傳　稷山縣學附學生　詩
第三十五名　李邦道　鮮州學生　書
第三十六名　栗魁周　陽城縣學生　易
第三十七名　張朝進　汾州學生　詩
第三十八名　徐節　平陽府學附學生　詩
第三十九名　劉恩榮　遼州學生　春秋
第四十名　林遇春　曲沃縣學生　書
第四十一名　李養性　屯留縣學增廣生　詩
第四十二名　劉鳳朝　夏縣學生　易
第四十三名　馬淦　蔚州學生　詩
第四十四名　王三聘　長子縣學生　書
第四十五名　郝元傑　汾州學生　詩
第四十六名　薛東海　石州學附學生　易
第四十七名　張大芳　太原府學生　詩
第四十八名　杜鶴　蒲州學附學生　禮記
第四十九名　侯封　盂縣學生　書
第五十名　霍希夔　應州學生　易
第五十一名　霍峰　平定州學生　詩
第五十二名　史官　翼城縣學生　易

第五十三名　李紹先　盂縣學生　書
第五十四名　梁元吉　高平縣學增廣生　易
第五十五名　衛鈞　臨晉縣學生　詩
第五十六名　陳策　沁水縣學生　書
第五十七名　崔汝孝　平陸縣學生　書
第五十八名　李斐　高平縣學生　春秋
第五十九名　賀貢　壺關縣學生　詩
第六十名　趙思聰　樂平縣學生　書
第六十一名　李時芳　盂縣學增廣生　書
第六十二名　鍾湛靈　澤州學附學生　禮記
第六十三名　龐賢　寧鄉縣學生　易
第六十四名　梁紀　稷山縣學生　易
第六十五名　惠及民　蒲州學增廣生　書

第一場

四書

能行五者於天下爲仁矣請問之曰恭寬信敏惠

王崇雅

同考試官教諭明批（認理之文氣象自別仁至難言是可式矣）

考試官教諭朱批（詞不尚浮綽有天趣）

考試官教諭鄭批（若覩授受孔門者）

聖人示賢者所以爲仁因其問而實之焉夫仁之難成久矣非全體而不息者不能也既明其幾而復列其目賢者可不勉乎子張問仁於夫子夫子告之意豈不曰無內無外乃天德之精純可大可久則求仁之體要蓋仁統天下之善也局於一則行而未成矣仁體事而無不在也有所間則成而亦息矣能知理因事而異用行是五者隋所感以善其應不懈夫率履之功情因地而易遷行於天下隨所寓以堅其操不阻夫半塗之廢是可以爲仁矣其爲器重故不器者舉之耳其爲道遠故致遠者兼之耳子張則知夫子至教固寓夫不發之幾憤悱既通於是有繼志之問夫子乃悉數而終之曰恭寬信敏惠禮不可以去身恭則整齊嚴肅攝其謙矣量不可以絶物寬則含弘光大昭其度矣信不由衷僞斯載焉無妄而往可也不務時敏疑斯蓄焉剛健而應可也屯膏未

光施斯匱焉德愛而充周焉可也是五者體立則天下仰之用行則天下應之故所當行於天下者也吁始曰五者徒陳其數聖人有隱乎善待問者也繼於五者乃終其物聖人有加乎善答問者也惜子張之學竟限於日月至焉之徒夫子之憂莫解其難并爲仁之失此固分量之限而傳道之難也雖然道原於一散歸於宗仁人心也恭寬信敏惠不過存其一心以復其一理耳然寬惠者多不足於敏恭信者多不足於惠敏決者多不足於寬故合并乃爲仁

　　自誠明謂之性自明誠謂之教誠則明矣明則誠矣
　　張四維
　　同考試官教諭李批（中庸奧旨發揮殆盡蓋實用其功而明生焉）
　　同考試官教諭姜批（不事牽合不煩繩削而聖賢之蘊躍如）
　　考試官教諭朱批（説理文字迥脱言詮）
　　考試官教諭鄭批（以心得而成章故錄之）

大賢於天人之道辨其異而歸之同也夫天人之不同者道也及其成功則一焉未至於至誠者可不勉乎子思子意豈不曰聖人之生也不數斯道之寄者常存故生知之質可不自諉於難齊而至命之功則實有序而可造耳彼自誠而明者一理内蘊精粹無貳而道之散殊莫不燭焉是謂之性也蓋人性之中本無一物之或雜亦無一物之弗照適得吾體固天與之無妄耳性分之外其容有加乎自明而誠者因物察則循序致詳而誠之功用亦允蹈焉是謂之教也蓋聞教之後觸其類而去蔽閑其邪而存誠不失吾常固下學之善反耳修道之教其功有歸乎然自其等而較之似不可以強同要其至而言之亦曷嘗有終異哉自誠而明者明非待於強探也有主而虛隨在各足本體之既純睿知之自出也其得之非思其中之非勉中乎涵常覺之妙誠立有明通之幾固其理之不可誣者矣自明而誠者誠非遽至於懸絶也深造而得不遠而復既真知夫善而不淆者必實用其力而不懈也擇善以致其精固執以全其一是知幾爲入德之本而知止實能得之基亦其理之所必至者矣吁性原於天君子有弗性焉教由於人君子懼弗習焉此困知勉行聽以可聖而愚明柔強由於此道也子思之言其釋前章夫子之意乎噫信斯言也則至誠易矣奚不多見於天下也化物之情昏於感應百倍之力病於因循故子思作中庸以憂道學也奈厭往來之朋從遂有反鑒之索則岐誠明而卒二之學者味定性之書然後中庸有從入焉

江漢以濯之秋陽以暴之皜皜乎不可尚已

金商質

考試官教諭朱批（發曾子之意殆盡）

考試官教諭鄭批（典重清新）

大賢象聖人之道德極盛而不可加也蓋聖之盛者難乎其爲繼也大賢極言以形容之其尊師也不亦至乎此曾子之言而孟子述之所以責陳相也意謂子夏子游子張彊曾子以事有若爲其似夫子也曾子既不以爲可矣復贊之曰子之所謂不可者非有他也以孔子非有若之可擬也試言之水之積也不厚吾未與其潔也江漢則水之會焉濯萬物者莫潔乎此矣夫子之道德齋戒以洗其心一疵其不存乎陽之氣也猶微物未見其化也秋陽則氣之烈焉燥萬物者莫熯乎此矣夫子之道德高朗以成其象萬理其明净乎濯以江漢濯之潔也真性湛而物累忘暴以秋陽暴之白也陽明勝而陰濁微全體之兼該有得乎上律下襲之妙大用之顯著自神其經天緯地之文世雖有反濁求清者不過餘波之及耳淵源之盛則探而莫測矣世雖有昭德塞違者不過容光之被耳離明之體則仰而彌高矣自生民以來未有能盛雖後聖有作亦莫之與京豈可得而尚乎哉雖然擬而非倫者門人矣尚有遺愛焉不忘其師者也知足以知者曾子矣尊無二尚焉不倍其師者也彼陳良之爲師而陳相之爲徒何其异於曾子乎抑至聖難知賢人易識此門人之見所以眩耳子禽賢子貢西河疑子夏固不徒有若之似己也夫子之道亘古今莫尚焉乃知曾子所以不可也雖然以夫子即有若則不可學夫子而不先之以有若又不可盡希賢則聖有序當循也噫有若不可見矣後世羨千頃於叔度贊光霽於茂叔其亦聖人之遺乎

易

恒亨無咎利貞利有攸往

劉有誠

同考試官教諭姜批（此篇場中士子類能言之但於恒亨無咎處便涉用上講至利貞利往處多重叠相悖殊失明體適用之序獨此作從義理上發揮體認明白深爲有見宜錄以爲式）

同考試官教諭李批（此題上句重恒字下句重貞字注中道字且泛言至利貞方歸重於道此作下字精確殆邃於易者）

考試官教諭朱批（説理之文典實可佳）

考試官教諭鄭批（得旨）

前聖以具理之常者名夫卦後聖以得理之常者善其占蓋常以得正而為善也否則乖其常矣而何善之有哉且内巽外震伏羲何以命卦曰恒蓋恒者常也其為卦也震上巽下則上下之位奠矣而震雷巽風二物又相與焉巽順震動則素履之往若矣而二體六爻陰陽各相應焉四者皆理之常名卦之義不在兹乎文王係辭以為君子自脩也上達之礙原於下學之不專一簣之虧未免九仞之盡弃欲亨與無咎難矣占者苟能久於其道而孜孜不遑恒於其業而亹亹不倦則是志以帥氣勵自強不息之操積習之下義理頓爾其開明思若啓之也行若翼之也足於此而達於彼將有日進無疆之休矣其亨何如勞以制逸嚴苦難則止之戒強作之餘精神倍爾其淬銳無頻復之厲也無息勝之凶也修於己而孚於人且有夙夜永終之譽矣其咎何有夫恒固有獲亨寡過之理使不以正則道岸先迷徒恒何益必也擇善之審講之平居者盡天德王道之純且信之愈篤小道無能惑焉析理之精聞之師友者悉民彜物則之粹且持之彌堅曲學莫之亂焉如此則一貞之道既修萬應之途自順由是而發於事業則義精而用自利國家可均也而天下亦可平也諸艱歷試何往而不善乎由是而見之設施則靜專而動自直天地可位也而萬物亦可育也庶績咸熙何用而不神乎所謂亨與無咎至是其益驗矣恒可以不貞哉抑嘗因是而論之君子之學進於恒而退於速天下之化成於久而貞於一故伏羲命之以恒文王係之以貞夫子他日論學易亦曰假我數年論行仁則曰王者必世而又有思恒之嘆無非覺其迷以示其趨也以此防世猶有欲速而甘於不達自畫而安於小成者其亦不占而已矣噫

生生之謂易

王道行

同考試官教諭姜批（典實中有新奇取之）

同考試官教諭李批（天命所以流行而不已者變而已此作得之結尾反之人心尤邃於理）

考試官教諭朱批（說理文字錄以式諸士）

考試官教諭鄭批（理明辭達究心易者）

大傳指氣機之迭運者為易之所由名焉夫陰陽者氣也而有理以主之斯迭運而不窮矣非天下之至變其孰能與於此且夫道之體用固不外乎陰陽而變通之理則何嘗倚於陰陽彼時乎陰也寂然不動太極之體於是乎立也然體無定體惟變是體故靜極而陽生焉時乎陽也有感遂通太極之用於是乎行也

然用無定用惟化是用故動極而陰生焉陰之生者陽之化者爲之也已往者過而來者禪其功冲漠無朕之中若有使之者而自不容於不生也陽之生者陰之變者爲之也成功者退而進者代其用太虛不言之表實有主之者而自不容於或違也陰陽之相生如此易不即此而在乎蓋易者變也理主夫氣者也動靜者時也道具於陰不離乎靜而非靜之所可拘道行乎陽不外乎動而非動之所能囿故變化而不窮爲感遇爲聚散一皆此易之流行有定體者無定機夫豈得而盡之耶成變化行鬼神莫非此理之昭著有專能者無專功夫豈得而執之耶吁此天地之道所以恒久而不已也卦爻之德所以推蕩而無窮者皆此變以爲之耳造化也易書也不均謂之易而何哉抑此心學也寂然不動者吾心之靜而生陰也感而遂通者吾心之動而生陽也靜虛動直明通公溥則人與造化參矣彼仁者見之謂之仁則往而不返知者見之謂之知則物而不化是皆非生生之義也故張子曰客感客形與無感無形惟盡性者能一之

書

惟皇上帝降衷于下民若有恒性克綏厥猷惟后

張三宅

同考試官教諭明批（成湯以綏猷自□興中庸□□教之意似同而异作者多混此篇體認精切詞語春容錄之）

考試官教諭朱批（形容聖學之純無逾於此）

考試官教諭鄭批（意精辭達）

商王原人性賦乎天成之則待於君焉蓋天能賦人以性而已使之各安其道則天有不能與矣謂非君人者之責乎成湯首揭此以告萬方見君道之重也若曰在命之受予未敢用以爲安君道所關蓋不敢不自以爲懼爾萬方亦知之乎惟天於穆之命默降於蒸民資始之時無所偏倚理隨形而自賦也天然自有之中陰隲於萬物化醇之際純粹至善命與化而同流也人惟順其自然適得夫繼善之始隨處發見是固爲成性之良然清濁純雜氣之所禀者難齊剛柔善惡情之交物者易動則恒性淆於客感降衷异於天載矣若夫因性以牖民親義序別信之見於事者比類以成其行緣理以設教仁義禮智信之受於帝者盡職以叙其倫則惟后也左右有道而觀感繫焉故殊途可同其歸矣否則天道無心而成化百姓日用而不知何以自綏其猷乎範圍不過而風俗同焉故從王而歸於極矣蓋有其位而萬物睹有其德而身教先實爲大君之宜乎吁民之盡性天猶不能究其功而待君以成能一人之身關係如此其重也成湯初有天下即以自任可謂知君師之職矣嗣後秉彝之言繼發性

善之理愈明接堯舜禹心法之微而開萬世性學之原豈非聖人之訓哉雖然聖敬日躋制以禮義自綏其猷非一日矣故觀湯誥者又當觀于盤銘

惟德惟義時乃大訓
楊元義
同考試官教諭明批（整而不滯質而有文）
考試官教諭朱批（發盡周家忠厚之意）
考試官教諭鄭批（是本色語）

以性爲教者天下之至教也蓋德義者人性之同有也以是爲訓非天下之至教乎康王命畢公保厘東郊此則探本之論也若曰富而後教固使從善之輕然教外於性又何以盡感通之道故毋曰殷民已染於陵蕩之習德不可以與有爲也惟當訓之以德使悟其既往之非未殄夫怙侈之風義不可與有言也惟當訓之以義使知夫立人之道或倡之躬行與必以德爲履也以義爲路也正己而率物者不出乎天命人心之正或演之敷言與曰爾惟尊德也爾惟樂義也章好以示人者務發其秉彝好德之良若此者不謂之大訓矣乎蓋教不可以範俗者固不足以爲訓訓或出於己私者亦不可以爲大今也訓以人所同得之德則本大道以爲公而非分我之有軌範於此者固可推之四海而皆準訓以人所固有之義則因民性以爲牖而非強彼之無振舉於此者固可徵諸庶民而皆從以帝道率天下者雖不無繁簡之異制也然而垂世立教之典不能求於彝倫之外以王道先天下者雖不無因革之異宜也然而神化宜民之術亦惟若乎人道之常信乎和衷之外無餘理綏猷之外無善教矣公往保厘亦惟從事於此焉可也噫康王可謂深得化民之本者與抑此而知周室享國之永也區區殷士初之以謹始繼之以和中亦云厚矣而其背戾猶故也雖加殄滅夫誰爲過康王之命畢公者亦惟教之而已德義之外刑罰無聞焉孟子曰先王有不忍人之心斯有不忍人之政矣康王之心即不忍人之心也故造周業者文王也定周業者武王也衍周業者非康王乎卜年八百卜世三十其以此夫

詩

大田多稼既種既戒既備乃事以我覃耜俶載南畝播厥百穀既庭且碩曾孫是若
吳國詔
同考試官教諭黃批（寫萬世氣象如在目前盡洒陳言矣）

同考試官教授錢批（氣昌大而辭清婉深於詩者也）
　　考試官教諭朱批（典麗而有天趣）
　　考試官教諭鄭批（鏘鏘金石之音）

　　農功備而美利豐君上獲有秋之望矣夫治人者食於人治於人者食人分固各有攸當也周之農夫服田而孚上之心焉可謂能盡小人之義者矣想昔大田詩人答前篇之意若曰君以農爲心民亦以君之心爲心食農人而進髦士君既無逸於稼穡之勤矣凡我農人烏可不服田力穡而墮乃事哉是故百畝之不易恒切終歲之憂矣況茲一成之廣爲田也大惴惴焉有三時不能以自已者可不知所務乎五穀之未熟常懷不給之嘆矣況茲甫田之禾爲稼也多恐恐然有百日不能以自休者又可不知所力乎時維冬月百穀告成若可以少逸也尤必先事而餱厥備焉擇嘉種以自殖利鎡基以待時凡舉之於今歲之冬以充來歲之用者無有乎遺慮者矣時維二月土膏方興似可以少緩也又必及時而治乃事焉秉耒耜以戴耕取黃茂而敷土耕之也勤而種之也時無有乎餘力者矣由是人力齊矣地利所由盛焉禾易長畝稷翼翼而黍與與也天時和矣物產所由豐焉自天降康實堅好而實穎栗也雖未即薦宗廟而供粢盛也豐年穰穰明備之禋祀可成取足以供無有後艱之虞矣君心有不悅者哉亦未即辦歲額而充君需也純嘏是錫妥侑之昭格有道用之不竭庶免匱乏之憂矣曾孫有不順者哉然墮乃力則爲弊農時不享則君違欲民將胥戕而君之心有不安其所者矣周之農其真治世之民歟抑是詩也見君民之分焉見上下之交焉見政治之修焉見太和之盛焉見無疆之業焉安於職而忠愛以貢其上者分也有孚惠心而樂以天下者情也民安物阜者政也人悅而天意得者時也久而不厭與道相安者勢也勢則不息時則可常政則可通情則不流分則不襲其周之民乎傳曰見禮知政聞樂知德則是詩也不但觀農事之成而又知周之所以盛

　　載見辟王曰求厥章龍旂陽陽和鈴央央鞗革有鶬休有烈光
　　張曰庠
　　同考試官教諭黃批（題本平易而士子率爲所窘此作明白純正可以爲式矣故錄）
　　同考試官教諭錢批（說休有烈光□是）
　　考試官教諭朱批（作者多以求厥章備車服對講殊非詩意此作得之）
　　考試官教諭鄭批（不費斧鑿意思完足蓋讀詩而有得者）

詩人叙諸侯修覲君之禮備儀衛之盛蓋儀衛不盛蜚所以覲君也諸侯來朝稟法有如此其忠敬不可見乎此諸侯助祭於武王廟之詩也蓋謂以時奉祭者君人孝享之誠修職助祭者臣子敬君之義今也清廟載啓群后畢集但見公侯伯子男列爵有崇卑也皆竭其朝宗之誠而儼一人於利見甸侯綏要荒分封有遠近也皆傾夫就日之念而望五位以致恭亦曰典章法度規畫於宸衷者所當求也于是來咨來茹以探夫微意之所在庶所行之不昧焉禮法政令裁決於睿見者所當稟也于是載謀載惟務得乎旨趣之攸存庶所施之不戾焉斯時也其儀衛果何如哉是故車上所建有旂也畫以交龍而屈伸以尚其象飛揚飄緲耀日月而爭光旂軾之載有飾也繫以和鈴而央央以昭其聲馳驅動蕩協鏘輩而有鷻錦繡輝煌雜沓於公門之外而瞻者敬畏所謂邦家之光在是矣金革響應震驚於道路之間而聞者稱嗟所謂殿天子之邦是已豈不休有烈光矣乎是則諸侯□念忠赤之忱已著於來朝稟法之日則夫率之以祭先也寧無感格之休歟抑論雍之詩祭文王也則曰相維辟公天子穆穆載見之詩祭武王也則曰率見昭考以孝以享蓋合萬國之歡心以事其先王此所以爲尊祖敬宗之至冠百王而獨盛也奈何至於後世菀柳興尚息之嘆齊桓勤包茅之問匪風曰誰將西歸懷之好音其有以夫

春秋

秋七月庚午宋公齊侯衛侯盟于瓦屋（隱公八年）

武道脩

考試官教諭朱批（本傳意成章得謹嚴體）

考試官教諭鄭批（旨明詞健）

諸侯參盟而春秋謹之將以志大道之公也夫大道之世無盟也瓦屋之盟亂斯啓矣春秋書曰以謹之其作事而謀始乎且瓦屋何盟也宋鄭交惡東門積憾齊僖爲鄭平以求宋宋衛納齊交以絕鄭于是兩黨合而瓦屋之盟參焉然則可乎君子曰敬信之孚盛于天下爲公之世誓誥之作起于大道既隱之餘況盟誓雖設於周官亦聖人下待乎衰世固非以有盟爲足貴也何三國於此不能擇義以爲修睦之本顧乃尚口以發參黨之端公犯刑政首肇傾危何爲也哉其在宋衛必曰齊桓既來鄭黨孤矣吾何恤夫用盟曾不思盟所以釋疑心不自諒而言焉是質疑之招也其何以釋其在齊侯必曰苟得宋平鄭怨釋矣吾何憚於從盟曾不思盟所以示信人不自諭而神焉是要信之蠹也其誰適從噫大道隱而誓誥作已非盛世之事況乎其特盟也忠信薄而離盟起已篤再降之風況乎其參盟也卒之風成而弊益滋流遠而禍愈大口血未

乾食言即至交質以子心且不孚未必不作俑于今日也聖人因其防之始潰知其敝之所終故作春秋而于瓦屋之盟特書庚午之日以謹之蓋欲革薄從忠以易傾危之俗著誠去僞以回淳朴之風世道雖衰而期以古道人心雖私而待以公心將變周制而厚望當時也豈得已哉夫子嘗曰大道之行丘未之逮也而有志焉於此益足徵矣抑孔子之在春秋匹夫而在下位者且生丁末世而瓦屋之事乃所傳聞於此而謹之無乃托之空言而無及乎曰不然古今之人心一也得於古者法于今失于前者鑒于後聖人之作春秋非特爲當時慮也爲後世人心慮也撥亂反正之書雖無及于瓦屋之諸侯獨不得垂于萬世之人心乎讀是經者要當識聖人之心

叔孫州仇帥師墮郈季孫斯仲孫何忌帥師墮費十有二月公圍成公至自圍成（俱定公十有二年）

  楊天賜
  考試官教諭朱批（意在言外事寫目前有一倡三嘆之音）
  考試官教諭鄭批（作春秋義當如此）

春秋迭紀私邑之順逆有驗聖人爲國之兆者有見聖人得政之淺者蓋神化之妙其機固甚速而其有不盡如意者勢爲之也何疑於聖人哉且郈費者何叔季之強都也封植既久勢將不可動矣乃今定之中年斯忌悟而迭毀焉撤私家之保障壯公室之興圖人皆謂二子順也不知所以能感其順者有聖人以爲國也何也回奸化暴莫大於禮禮以爲國國何有哉當時孔子之行乎季孫也三月不違家不甲兵之藏於是乎喻之邑無百雉之城於是乎喻之樹風聲章物采夫固有不言而信不怒而威者存乎其間矣況家臣屢叛而叔季方以爲憂迎其機而感之能無動乎是以聲色不大而植根膠固之患俄頃而除亦其理之所宜然者也以此行諸魯國而準則將使諸侯大夫各謹於禮上下相安而王政可行豈惟郈費之墮而遽已哉觀其自言曰期月而可茲其見諸行事也若成者何孟氏之私邑也郈費既墮勢若無可爲矣乃今定往圍之處父橫而徒還焉肆負固之邪謀貽莫掉之深慮人皆謂成之強也不知所以莫制其強者任聖人之未專也何也珍惡除奸莫先于政政之未得於國何哉當時孔子之仕於定公也期月未逮相國之事尚未之攝國政之大尚未之與居無位操無權夫固有力之不早反之不易者存乎其間矣況少正阻疑而懿子偽爲不知當其衝而制之夫豈易乎是以兵威徒襲而發蒙振槁之邑敢爾雄據亦其勢之所必至者也向使得乎魯政而專則將使朝廷百官罔敢弗

式遠近悦服而境内宴然奚必干戈之加而後率哉觀其自言曰三年有成諒非姑爲退托也由是言之聖人之有益于人國也大矣而益之不大固有任之者而非聖人責也抑尤有説焉魯國三家之强季氏尤甚而孔子得政之淺在叔季亦然乃爲國之禮能兆于尤强之叔季而不能及于學道之懿子何也蓋南蒯侯犯方爲叔季子孫憂而孟氏之於公歛則無所於嫌而方籍以爲用此所以叔季悟而孟不之改也如以不能服成爲孔子累然則三苗逆命有崇弗降亦足爲舜禹文王累乎噫孔之不舜禹文王無足异也而魯不能不納齊樂用孔不終至使無以成修德自格之績良可惜也夫

禮記

五行之動迭相竭也五行四時十二月還相爲本也五聲六律十二管還相爲宫也五味六和十二食還相爲質也五色六章十二衣還相爲質也

郭志仁

同考試官教授蔡批（詞理明潔氣象渾厚）

考試官教諭朱批（純雅之文鋪叙亦整）

考試官教諭鄭批（安妥莊重可謂守禮者也）

氣之運於天時者無息而達之人事皆同也蓋天下之物莫非氣之所爲也氣之運於四時者既無息矣則其寓於人事也寧有不同乎記禮運者以爲自夫太極判而爲陰陽於是木火金水土之五行以具五行播而爲四時於是春夏秋冬十二月以分五地之動莫不有終也當其權者既進成其功者自退已往竭於見在更迭而不已也五行四時十二月莫不有始也主令者托其始效用者繼其後見在本乎方來循環而無端也夫陰陽還動靜之機而天人合俯仰之妙天下之物孰有外於此五行哉故其感而爲五聲也有六律十二管之异莫不還相爲宫如黄鍾首之則林鍾次之太簇姑洗之類皆然如此人之樂不可勝用矣滋而爲五味也有六和十二食之殊莫不還相爲質如春主於酸則夏主於苦曰辛曰鹹之類皆然如此人之食不可勝用矣及其形而爲五色也有六章十二衣焉如青主於春則赤主於夏曰黄曰白之類各隨其時而主之服之在人又可得而勝用哉夫五行流行於庶類以見一本散於萬殊庶類咸資於五行以見萬殊原於一本可見有天道則有此人事矣惡可以差殊觀之哉考之易曰天地設位聖人成能五行之達於人事固天人默契之理也而其經制之法不有賴於聖人則事物之理將何所據而舉行哉噫天地無言之聖人而聖人有言之天地也民之有生不可以不知天尤不可以不知聖

仁者天下之表也義者天下之制也報者天下之利也

馮舜漁

同考試官教授蔡批（認理親切形容宛然）

考試官教諭朱批（理足詞暢）

考試官教諭鄭批（説得三善透徹）

聖人於所性之三德而表章之所以覺天下也夫人熟無德而知之者鮮矣聖人於是而表章之正欲道之明於天下者歟且夫天之生人也氣以成形理以成性故人得天地生物之心斯有仁焉煦煦為仁者或視之為一德而并之以四端恐非體仕道之全者也殊不知是仕也賦命方初首衆善而倡之啓其鑰也秉彝既備會衆善而統之提其綱也仁之體可謂大矣體大而尊人心視之巍巍然猶之儀則立於上而瞻望於下者不動而自敬焉仁非天下之表乎得天地成物之心斯有義焉孑孑為義者或執適莫之偏而乖毀合之正恐非得義理之真者也殊不知是義也事有不一執此以裁成之截然其不爽物有不齊據此以割正之確乎其莫移義之體可謂方矣體方而嚴人心視之凜凜然猶之法度一於上而範圍於中者不怨而自威焉義非天下之制乎自夫貴德之風絕於太上而施報之禮始於三王是報也其原本乎天理其利達之天下能使交際之間此往彼來有文以相接肅肅乎其敬也彼感此應有恩以相愛雍雍乎其和也雖嚴而泰分不至於相離既和而節情不至於相褻報也者又非天下之利乎吁道體無為人心有覺聖人惓惓於性分之内者蓋憫其人心之喪而致斯道之不明也抑變抑論之仁也義也報也三者各為其用若不能以相須也蓋仁者本心之全德義不由之則私無以酌事理之宜報不由之則私無以平交際之道端本澄源仁其要矣但私意難克故鮮此仁孔子曰人莫不飲食也鮮能知味也為善者當本於仁躬行者當致其察

第二場

論

學者必識聖賢之體

趙可化

同考試官教諭黃批（程子化工巧工狀聖賢之體此則觀其深者）

同考試官教諭錢批（開闔有度而去陳言識道體非隨人説妍□者比也）

考試官教諭朱批（程子能知聖賢此篇能知程子）

考試官教諭鄭批（説理之論最易蹈襲化腐為奇無逾此矣）

君子之於道也察其分之所以异而不可不要其歸之同夫天下之道出於一無容於异也以爲有二焉者是有見於支流餘裔而不以原焉非立本之學也然道本不异於人而人不能不异於道非道之弊也則亦性生之判淺深之殊誠明之幾天人之所由分也夫何病於道哉是故君子察其分之异而要其歸之同不以其异也而阻於分之所不能不以其同也而安於力之所未到則賢可幾而聖可入矣非天下之至精其孰能與於斯學者必識聖賢之體子程子之言其真知道者哉今夫道也者原於天會於聖幾於賢泯泯焉無得者則亦庸衆焉耳學者苟無志於聖賢之道則亦已矣如有志焉烏可以庸衆自諉乎是故探其原則性同焉察其分則造异焉會其歸則學極焉以立本者存乎性以辨异者存乎學以達聖者存乎志志立而聖可幾矣性盡而道可極矣學辨而體可識矣識其體則其分不能以無异要其歸則其會不容以無同道有本原學有優劣歸有止宿焉學者可不知所力哉道之原也匪特聖人會其全賢者亦勿喪耳冉求之藝子由之果子貢之才智雖聖人亦所深致許焉匪不可以若是班也然久大之業終不可以擬神化之全事功之巧有難以及造化之妙矣謂之與聖人之道則可謂之盡聖人之聖則不可要之達不可以爲藝猶之藝不可以爲果也其下孔子也亦遠矣孔子者聖也之三子者賢也原其道未始不同別其分未始不异譬諸天焉四時五行迭相運也日月星辰代晦明也萬物隱顯互生植也形色昭其能有無妙其迹道化彰其用焉耳矣三子者四時之一氣五行之一用日月星辰萬物隱顯肖像之一二彷彿之未逮耳人矣而非天也迹矣而非化也賢矣而非聖也孔子其天乎三子亦人道而已矣此聖賢之體所以不同學者所宜明辨也故曰聖人者化工也賢人者巧工也化工之妙渾於無迹巧工之能肖而未大雖然巧工不足擬矣不有天下之拙工乎昏於道而無得睹其象而未肖其去賢人也亦遠矣三子不皆聖人若矣天下能如三子者幾何人哉學者誠能要其原則性未始不一也會其歸則學未始不可至也是故于其原見性之始焉于其歸見道之終焉合始終於一致會聖賢於同歸則人可天明可誠迹可神賢可聖而化工巧工之妙有不足言矣此聖賢之體學者不可不識程子所以分聖賢之體之意學者又不可不知也歟抑又論之會道之極本於聖希聖之功由於賢孔子吾不得而見矣得見三子斯可矣若然則賢人固不可輕擬聖人亦可易知耶以孔子之大而見訾於武叔以公孫丑之徒而以既聖歸軻氏則當時非惟不知賢而亦不知聖矣不特丑與武叔也子游子夏子張皆得聖人之一體及孔子既没尤以有若似聖人而欲以所事孔子事之則得聖人之一體而名爲賢者亦且不知聖

賢之體矣況其下者乎則夫游程子之門而深慕程子之道如游楊者亦鮮矣此又程氏子之所慮也噫孔子遠矣游夏諸人不可復矣然欲察其體之分而會其道之同當自夫程氏子始

  同前
  劉有誠
  同考試官教諭姜批（聖人隨時處中無有方體故爲□□賢人不能時中故止爲一體生熟安勉之分全在於此此作得之）
  同考試官教諭李批（平實可取）
  考試官教諭朱批（歸重孔子則賢人之體自明良是）
  考試官教諭鄭批（分別聖賢之體最有根據）
  聖賢之體不可以形迹求也求聖賢之體於形迹之外斯可以識聖賢矣夫聖賢不世出也不可以見而知千載之下無傳焉又不可以聞而知然則其體孰爲大而孰爲小孰爲偏而孰爲全其孰從而辯之雖然此以世之先後論也若理之在天則何嘗有古今殊吾能誦其書以論其世據其迹以考其心因其用以探其體得其精於形迹語言之外則聖賢之體孰爲大而孰爲小孰爲偏而孰爲全則固可以心識而神解矣故邵子曰以一心觀萬心一身觀萬身一世觀萬世非以其理而何哉先儒有言曰惟聖人能知聖人吾何人斯而敢妄議聖人乎則請以古聖人之評聖人者而窺測之可乎孔子以大哉贊堯君哉贊舜謂韶爲盡善謂武止盡美則雖生知之聖固自有不同矣而況於學知者乎雖然此主於君道也若主於爲學則又請以古賢人之評聖賢者而窺測之可乎夫夷尹柳下惠皆古聖人也孟子謂伯夷爲清伊尹爲任柳下惠爲和是三聖之體又自有不同矣而於賢人乎故由求止長於政事予賜止長於言語子游子夏則止長於文學孟子謂爲得聖人之一體冉牛閔子顏淵以德行稱故具體而微焉蓋誠不可以一律觀也夫三聖數賢孟子皆舍而不欲居乃所願則學孔子然則孔子之體果有可指而見者乎夫觀乎聖人則見賢人苟能識孔子之體則其心如持權衡以較物三聖數賢之輕重可不辯而自知矣吾嘗觀顏子之學孔子矣仰彌高則其體不可以高盡也鑽彌堅則其體不可以厚窮也在前在後則其體又不可以一定拘也然則顏子也果何據而曰卓爾孟子也果何見而曰願學乎夫觀水有術必觀其瀾日月有明容光必照焉故觀其用斯識其體矣考其迹斯得其心矣雖然觀其用考其迹又有道焉夫聖人之體與用合而用未嘗不分也心與迹合而迹未嘗不判也所以合者理

之同也所以分所以判者時之變也體用心迹之間有權存故千變萬化而不窮所謂神無方易無體者是也惟無體故爲聖人之全體惟無方故爲聖人之大用而非賢人有方體者之可擬也是故兼清任和而有之而非清任和所能拘也總四科而條貫之而非四科所能盡也意必固我之不存仕止久速之當可而渾然無迹之可見也言人之所言行人之所行不離乎理而神不可以致思也不離乎事而化不可以助長也及門之徒親炙其道者由求得之而爲政事予賜得之而爲言語游與夏得之而爲文學各有其一體而不可以言全顏淵閔子冉伯牛仲弓則具其體而不可以言化而聖人之體猶夫故焉未嘗有加損也不可以一善稱不可以偏長目不可以始終窮譬如天地之無不持載無不覆幬譬如四時之錯行日月之代明三聖數賢者譬之覆載照臨中之一物太和元氣中之各一其時也然則其體孰爲大而孰爲小孰爲偏而孰爲全豈不概可見哉程子取化工巧工以爲喻豈非以其生熟之不同安勉之或異所見有偏全故所造有大小體人人殊不可以强而同乎先儒有言曰孔子無迹顏子微有迹孟子其迹著皆此意也苟求其理於心而不泥於形迹言語之末久而貫通焉則孔子之體所謂巧力全而聖智備者不外乎時中而已矣顏子之卓爾孟子之願學皆此也豈有他哉雖然談聖賢之體於空言者易求聖賢之體於實踐者難亞聖如顏子竭力於博約之餘見道於卓爾之後及其見之於躬行尚有末由也已之嘆況其下者乎故學必行而後知其難也今不力於行而惟口耳皮膚之是務言必曰古之人古之人吾恐聖門之賢得片善以自鳴雖所謂狂者亦邈乎終身其不可及也況其上者乎故學者□學顏子之所學苟學顏子之所學則時中之□明賢希聖聖希天下不難矣

表

擬宋宴貢士於迎春苑謝表（太平興國三年）

金商質

考試官教諭朱批（命意既□□秀自啓）

考試官教諭鄭批（因地即時而景與意會）

太平興國三年秋九月日伏蒙聖恩賜宴於迎春苑者等誠歡誠忭稽首頓首稱謝伏以秋成萬寶時光協西陸之清春扁上林淑氣隨東皇之馭白藏敷於八簋青陽肇於六符秘苑不入輕寒宮花方茂仙杯細浮芳郁籬菊爭開布武玉墀挹心瑤席翠雲崇靄度鳥曲於箕風碧水涵虛湛星橋於桂露霶觴飲德撫景搖蒐眄修徑之交枝猶存清角依層樓之結樹增麗素商眷凜慄於高天被惠慈於禁地竊惟饗燕親乎賓客周制久墮歡洽限乎堂簾漢儀太恪

舉緣三物浚哲右文禮重百朋謙撝下士奈鹿鳴之歌徒肄鴻磐之漸難逢李唐設貢士之科雖崇俎豆郡縣篤賓興之誼猶遠爐熏化工有待而啓熙睿意不嚴而并育廣筵清酤金石發響於秋聲靈囿嘉名葵藿紓榮於春色誠下濟之殊遇而邃古之同游也茲蓋伏遇全體陰陽兼資文武給九經於鹿洞藝極揚暉復兩稅於麟原睦親先務既仁育而義正當小往而大來謂養民莫要養賢菁莪久潤惇化尤先惇德梁棟咸收集伊人於一方兼葭屆候隨計偕於萬國鵬鶚初翔闢大苑以迓衡膺禮羅而置酒律中無射馨騰玉斝之茱萸地取寅賓身備紺園之桃李大昊啓節既鼓動乎羣芳蓐收司權更陶鎔乎庶彙顧二義之并蓄窺一德之旁流荆疊長虹暖律吹噓於白帝昧分仙掌霞光蕩瀁乎蒼龍幸沐昌期抱兢惶而隕落豈圖寒素承禮遇之休明伏念臣等技本雕蟲窮同下葉爬梳毛羽戢健翮於層霄焚竭膏油戚鳴蚕於冷帳自知綿菲徒負歲華飲元氣之絪緼受勾萌於殘朽仰晶陽之皜灼悟貞固於敷榮撫明媚而拳拳恥作游空之飛絮處淒清而矯矯不負覆井之孤桐忠列羣材報深寸草摳趨大內休誇張宴於曲江陟降重閶寧獨珍名於雁塔敢不俯虔素履上答洪鈞習擊鷹鸇雝鳴鸞鳳河宿奕奕更續學以昭回綠蕚輝輝當培根而暢達伏願道融闓闢治敕時幾誕敷四德之元遠近丕冒盡布天下之利小大曲成取天籟以和衷宮商自應爲春酒以介壽福禄攸同臣等無任感天荷聖激切屏營之至謹奉表稱謝以聞

第三場

策

第一問

張四維

同考試官教諭姜批（神聖之文如天知之難言之尤難此作莊誦而有悟者）

同考試官教諭李批（考隆古而知列代且備悉聖文所以爲文高出羲畫墳典其功深學熟者歟）

考試官教諭朱批（能揄揚聖制之妙是可式矣）

考試官教諭鄭批（迥异諸作）

天以精垂象而四時成聖人以道垂訓而萬世定夫懸象著明天非有意示人以精也然日月之代明經緯之錯布則天道之昭明而不可掩者象之著也經世作則聖人亦非有意示人以道也然範圍而曲成彌綸而不過則聖道

之丕顯而不容息者文之至也是故天象以運經世而帝道神聖人以經法天而皇德敷夫惟帝道神也則天下仰其明而莫測其終始夫惟皇德敷也則萬世近其光而莫究其淵源故觀象可以察天之運而不可以窮天之道也觀文可以探聖之蘊而不可以盡聖之能也聖人其天乎觀天道則知聖人矣執事當文教大行之世而以文進士諸士子固習於章句而未探聖道者矣雖然敢不竭粉藻之誠以昭明黼黻之萬一乎請備述前代既往之迹而莊誦今日之盛今夫求天地於未有物之先則道為無形求天地於既有物之后則道為有象象立而天地之奧不容以自秘形分而性命之源不容於不判象者理之著也形者氣之興也文者道之顯也是故至治之世太和以興河圖出而龍馬不得不呈聖王有作文明以肇洛書布而神龜不得不錫聖人者仰則觀象於天俯則觀法於地中以盡物之情陰陽奇偶之象畫大衍四十有九五十有五之數叙此至理之冲言語文字之所由興也天且不能自隱而況於人乎況於聖人乎由是運開中天而堯出焉德協重華而舜繼焉堯舜之聖固必有至德以先天下顧其道化之盛適開萬世之源大畜之極而煥至德之光此允執厥中惟精惟一所以更相受授而颺言之歌解慍之詩有不足盡其聖者矣史臣贊之曰文思安安又曰乃聖乃文堯舜何容心哉由是而夏而周則盤銘自警聖敬之所以日躋也几杖致戒敬勝怠者所以為吉也鳳凰儀而卷阿咏學有緝熙於光明也追琢侈巧雲漢為章文則顯矣其入聖不有間乎又由是而下焉則風氣漸漓而時非三代人文漸下而學有純駁英君義辟非不可開一代之統而揮張辭翰非不可以號一時之雄也然猛士歌而肇雜伯之傳秋風咏而成輪臺之悔登臺自寓遼左無功無逸圖壁何救河朔孔顏贊似知首務而未正其始籍田賦亦知重本而未正其終元良有箴矣何補彌文之侈損齋有記矣何救於國勢之安言不由衷業非經世謂之銳意於文則可其於道均未有得也回視三代之君且不可比擬一二況堯舜乎夫三代以上文本乎道者也三代以下文專乎末者也伴侶新聲斷烟平蕪則其叛道亦遠矣何足與議哉詩不云乎維天之命於穆不已蓋曰天之所以為天也而日月星辰之象不與焉於乎不顯文王之德之純蓋曰文王之所以為文也而藻翰辭章之富不與焉知此則我太祖高皇帝與今皇上所以經世運而開世務者可識矣粵自皇風繼渺帝德浸微天乃厭胡戎之亂我中夏遠紹百聖挺生南服而我聖祖出焉其揮張神武布列皇威功業之迅速萬方之底定固非三代以下諸君所敢輕議然投戈之暇出其餘績以煥天章如中原一檄登極一詔多士多方不足擬焉醉學士歌閱江樓記商盤周誥未足數焉他如祀郊廟語配亨存心省躬

諸作則於穆清廟我將我享之詩有難繼焉蓋炳矣如天以垂象沛然河漢以中行故當時聖哲未足窺其閫奧萬世臣民莫得以領其要會者矣蓋聖祖功超二儀道貫千古心與天同運文與象并麗天下萬世宜莫得其涯涘夫豈劉基宋濂郭傅諸臣所可稱擬也哉如可稱也是以文而已矣文可以盡聖祖之聖耶列聖繼統世運方隆天乃錫我皇上以睿聖英知之資光大皇祖純龐之業豐功偉烈至德純仁故其一時之損益者率皆萬世不刊之規廟堂之所經畫者一惟百王不易之妙禮樂明備而天地官也孝享時舉而廟制肅也天地分祀而體統定也朝日夕月而百神柔也兩幸孔庭而敷教寬也數親儒臣而文德洽也其著之訓者莫不純粹以精而戀日新之勤立之制者莫不盡善盡美而光富有之盛著之話言允爲成式浩浩如天蕩蕩難名如三要之釋帝王心政之遺烈乎五箴之注孔顏克復之鑒戒乎敬一之作堯舜傳心之體要乎上接堯舜之傳中衍湯文之盛遠繼太祖景運之隆近紹列聖無疆之統德盛而化神言近而指遠是豈漢唐宋諸君之制作所可彷彿其萬一哉故一時世運之隆而奎纏聚人文之盛而道化流熙熙無從而贊襄皥皥莫得於名言而菁莪之化樸棫之風蔑以尚矣雖然天垂象而四時成百物生者何也帝道之神也聖人垂訓而萬民服萬世仰者何也皇德之運也德運而不可窮道神而莫能測此天道之至誠無息而聖人之純德所以不可已也詩曰勉勉我王綱紀四方又曰不識不知順帝之則敢敬以是爲今日獻

第二問

郭志仁

同考試官教授蔡批（援據古今綽有斷制取之）

考試官教諭朱批（達繁簡之故可謂觀其會通矣）

考試官教諭鄭批（答述有條而尤知原本）

立法以官人垂於後而無弊者盡繼天立極之道者也酌法以任人監於前而無怨者得通變宜民之神者也蓋因事以建官則官有專成之業而天下無曠職因時以通變則事有專責之職而天下無廢政此三代而上官簡而能治迄于今日官多而不擾各有攸當不必以多寡論也禮曰設官分職以爲民極易曰神而化之使民宜之古今建官之法要不出於此矣乃若定制之載在典籍王章之布於中外何莫而非神化宜民者乎愚生竊伏草茅常有得于見聞而思有以揚其盛矣請因明問而盡言之粵維隆古民俗朴野榛榛狉狉相安無事故官不多員代無定名伏羲氏以龍紀共工氏以水紀神農氏以火紀黃帝氏以雲紀皆得於有所感而命之也顓帝爲民師而命以民事又置春夏

秋冬中五官以掌木火金水土之五行所以尊奉社稷五祀也然世代云邈職守莫辨至堯始命羲和欽天授時分命羲仲宅嵎夷羲叔宅南交和仲宅昧谷和叔宅朔方允釐百工庶績咸熙虞舜分爲九官以伯禹作司空弃作后稷契作司徒皋陶作士師垂作共工伯益作虞伯夷作秩宗夔作典樂龍作納言故考其時於變之休昭明之化皞皞乎不可尚已夏商之名皆遵虞制至周始立太師太傅太保以爲三公論道經邦燮理陰陽又立少師少傅少保以爲三孤貳公弘化寅亮天地又立六官以主天地四時之事謂之六卿冢宰掌邦治司徒掌邦教宗伯掌邦禮司馬掌邦政司寇掌邦禁司空掌邦土俾各率其屬以倡九牧阜成兆民故考其時永清之治作孚之休熙熙然不可及已是三五之所以建官設職以立萬世之極以成淳古之治者於斯爲盛矣而馬氏又謂陶唐氏以前之官所治者天事也虞夏以後之官所治者民事也執事復以治天者遺民治民者遺天爲疑愚竊以爲不然嘗考堯典以一羲和之官不徒總之於朝廷而又分之於四方其象以正曆曆以定時雖所以爲天亦所以爲民也烏可獨謂之治天也乎成周之制冢宰以下雖皆盡掌乎民事而馮相保章之屬吏世其官官專其業亦專主在天之事而以爲專治民事可乎嗚呼此唐虞三代之制官簡而能治所以繼天立極垂於後而無弊者也由周以降秦不師古盡變其制維時世變風漓民僞事增故官益其員代無定額漢則以丞相大司馬御史大夫爲三公矣又有奉常光祿衛尉太僕鴻臚少府司農宗正廷尉之九卿焉唐以尚書中書侍中爲三省矣又有太常光祿衛尉宗正太僕大理鴻臚司農太府之九寺焉宋置中書省樞密院謂之二府而臺諫則御史臺諫院是也是漢唐宋之所以建官設職以樹一代之法以成一代之治者於此爲可知矣而執事又以爵位之繁簡職守之是非爲問愚竊以爲均有可議焉觀漢制自大司馬至散騎爲中朝之官丞相至六百石爲外朝之官此外又有三輔之設爵位太煩黜陟不明故鼂錯以內史得侵宰相之權石顯以宦官遂恣竊弄之柄張釋之久不得調公孫弘不數載位至封侯焉若唐內外之員極七百之衆既有大尉司空司徒又有尚書省既有尚書省又有九寺名器濫設爵位紛雜故車載斗量之謠二垂三契之誚作焉若宋因五代之舊襲苟且之規既有六部又有四監既有四監又有九寺職任分而不合政權散而難收而九羊十牧之譏一壺百絜之議興焉比之三代果無可議乎嗚呼此漢唐宋之制當變通之時乖損益之道所以醇疵相半可行於一代而不可以通於後世也求其因事設官量能授職參酌今古之宜而足垂萬世之法者其惟我聖朝乎其大綱取法乎周官而節目亦兼乎歷代裁定悉成於聖祖而損益續酌于

累朝如因周之六卿而立六部之長因周之三百六十屬而立六部之屬掌邦治邦禮者如故而五教兼掌於宗伯掌邦治邦禁者如故而百工專領於司空因御史臺而為都察院因銀臺司而為通政司因廷尉而為大理寺兵柄分於五府則樞密之遺也言責寄於六科則諫院之舊也以至太常太僕光祿之類莫不有置而亦各有損益於其間則又兼總乎漢唐宋之制而為之也又如初以親王領宗人府矣今用勳戚大臣而官不必備初嘗置三公府矣今為大臣加贈而府亦不建革吏部主事之印而事多歸重於郎中革黃門待詔之員而職惟統於翰院重宮僚而設詹事等官重臺諫必待試而不類選其他如改禮儀司為鴻臚寺回回監之附於欽天監五軍罷斷事之司六部增主事之額不可以一二記而亦非有戾於聖祖之意也因革其大者非苟為同損益其小者非苟為異下順人情上通天道官多而不擾所以神化宜民監於前而無怨者也謂非遠追唐虞三代之盛而陋漢唐宋於下風者哉夫制法以建官者因乎時不因乎法任人以效職者係乎人不係乎時我國家所以久安長治以比隆於時雍風動之休者豈止於建官之法而已哉蓋尤有選舉考課之法焉夫選舉之途一出於正惟經明行修之士得與其列故君子有彙征之路而空谷無白駒之歌則慎擇以充位者不患於乏人也考課之法一出於公惟黜幽陟明之典舉而不爽故惡德罔持祿之術而官曹勵忠貞之節則居位以圖治者不敢以不勉也況聖天子勵精圖治于上孜孜焉以作人用賢為急則其所以奠丕圖於有永熙鴻號于無窮者端有在焉愚生固欲鋪張揚厲於萬一而愧未能也

第三問

王崇雅

同考試官教諭明批（淹貫經史折衷古人其學識列矣）

考試官教諭朱批（博而知約殆不欲以文士自居者）

考試官教諭鄭批（學聚志高真所謂以我觀書者）

多識者德之畜乎時敏其功也反躬者文之實乎作聖其止也夫昭曠之觀病於孤陋勤勵之力廢於苦難枝葉之耽流於雜博模範之遠阻於師資此學易小成而藝反自畫也格致為道義之門則探索惟其富焉積漸為藏修之地則終始典其功焉守約為逢原之用則記問戒其靡焉浚哲為己心之師則歸宿入於聖焉閔焉父譬學於殖不學將落愚生以落殖自懼而窺明問作人之心矣夫游神乎經書之林馳情乎玄妙之中古今豈一族哉日出日中秉燭時過後學之懲也雖曰老而好學如秉燭之明勝於冥行遠矣浸潤冰釋理順

精義入神之境也其曰怡然理順乃以我觀書勝於博我遠矣匡衡取光鄰壁抗疏有治性之精曹褒鉛筆寢懷定禮爲會通之助然功名雖薄尚愧劉向之忠聚訟雖息不過漢代之禮耳挾經采薪之董遇於來學而不肯從篤好春秋之賈逵爲牧守而月一課然教人先讀百遍勝於抗顏爲師敎學徵於仕優則實化民首務矣盡卷不錯一字張巡在圍城之中專精後爲通儒王歡無升斗之產光儒曰書多閱而好忘者只爲理未精耳理精則須記了無去處也又曰講學切在深潛縝密然後氣味深長蹊徑不差故巡以精熟而不忘歡以縝密而旁通然巡之舍生取義歡也何敢望哉好讀不求甚解獨觀大義之儔也祁招所問不知三人予忘之偶也若杜預癖左氏而平吳倪寬帶耕鉏而立相則明經之效君子所推矣戴馮解經不窮賜席至於五十殷亮講論獨勝重席至於八九其博洽之故豈以朝夕耶彼柴桑紀義熙之甲子倚相誦墳典與索丘其所不解不知後世何敢望哉噫昔人致用之具皆本於博文終身自得之由則稽於日就愚生未爲下帷之董子深愧不學之萊公況敢比明問所及者乎然飛蟲弋獲竊有獻焉程子曰今之學者如登山麓方其迤邐莫不闊步及到峻處便逡巡謝上蔡曰顏子工夫眞百世軌範舍此應無入路無住宅夫逡巡於峻極則其闊步爲徒勞軌範而不學聖賢則其所就皆苟爾夫自結繩之後書契繁矣雖習服講貫終年無息日夜之推移有限心力之運用必窮況溺技辭章非上士之操也役心編簡非無言之誨也物理散於萬而統之則一吾心有良師而求之則餘夫子三絕於韋編而語道於一貫則六經之秘豈待句讀而後明況百氏之書又致遠而恐泥耶謹對

第四問

武道脩

考試官教諭朱批（造語不襲斷制無遺眞善士之可薦者）

考試官教諭鄭批（文似青錢心昭白日）

善人天下之紀也見而舉之忠莫上焉知人聖哲之難也精而擇之事莫先焉夫天下之才不類君子之器無方經綸之具猶潛豫昭其公輔之略黼黻之猷未試逆知其炳蔚之文欲以曹好而徇聲則無容之隋珠益遠欲以全美而待物則維籜之樹檀日增不有公焉以順其應旁招之典廢於朋從以秦茅爲私分矣不有明焉以燭其微可否之極紛於泰宇以燕石爲奇珍矣然公以生明幾無不貫誠之動物氣自相求執事者又何慮哉昔有立子不爲比舉偏不爲黨祁奚能舉善也若解狐與荆伯玉爲怨上黨之守獨揚於簡子舅犯與子羔爲仇西河之守首稱於文公祁奚固聞舅犯之風解狐誠不負祁奚之舉

也狐又嘗薦讎爲相讎往拜賜引弓而迎射之羔嘗候謝于犯犯謂曰子其去矣顧吾射子矣是又過故人知君者之言固怨將誰歸者之度也然則舅犯祁奚解狐不謂之公與明乎執事又謂私易渝而公可學鑒易昏而明難同愚謂公與明非二道也譬諸水鑒焉無先主待物之私者公也能盡萬物之情者明也夫陽剛陰柔天下有一定之彙薰猶异器人情無兩可之從傾盡故知非緣介紹懸衡內朗遂定終身故林宗見子師有一日千里之許鍾會見裴王有清通簡要之賢卒而子師樹績於司徒二童馳聲於吏部焉許劭多長者之游而不詣陳寔叔度締累日之雅而不宿奉高蓋以大丘之道廣難周奉高之器狹易挹焉僑札神孚以立談而披素管鮑深信與生我而同恩惟賢知賢茲其試乎或因小揣巨敫任安分麋鹿於邑中耿嵩主廩給於荒歲人皆稱平焉宰肉必均之器也或定交因親歟禰衡北游許都則懷刺漫滅而無所遇反南見趙戩干將莫耶乃形於嘆月旦評人之風也阮瑀謂通士以四奇高人必有四難之忌質士以四短違人必有四安之報言多而中難處不若少辭之宜政也術饒而要難求不若寡知之鎮物也意弘而情難足不若一道之專思也性察而下難事不若混濛之能容也茲可鑒夫自賢而明其退讓矣然通士非大受之才質士亦木訥之近青白真贗固必有折衷乎夫子觀由察安無遺矣慨於澹臺而不失澹臺孔明開誠布公成大忠矣誤於馬謖而卒誅馬謖官人者將效法之不暇而又何懲哉張輔優劣名士固識三國之雄矣至謂若令玄德據有中州將與周室比隆其有所激而發乎孔融昌論汝穎固謂汝南之勝矣至謂許掾教鄧晨圖開稻陂數萬頃夜有火光其亦求可之議乎愚生堂下頮蒙久佩方人之訓泮宮雖伏未嘗薦士之權方懼穢形於鑒室又何獻助於階前然尚友之衷僭有所擬焉解狐子犯古之遺直也僑札管鮑古之朋來也其公與明盡矣林宗以弃甑得敏許劭以英雄名曹其鑒別固歷試也然林宗知幾宏度豈劭所班耶阮瑀以藻梲垂聲孔融以英杰震世其文藝固相侔也然曹瞞獨憚孔融豈瑀可配耶若鍾會能識裴王而不相容於鄧艾禰衡能知陳長文而不能免於黃祖君子固當取法於上也夫子曰舉爾所知爾所不知人其舍諸又曰聽其言而觀其行執事者毋亦是務乎

第五問

吳國詔

同考試官教諭黃批（善言其鄉有見於道）

同考試官教諭錢批（學知所宗言盡其大）

考試官教諭朱批（不苟爲同品藻尤當）

考試官教諭鄭批（詳盡）

有一代之名儒有不世之真儒文衰道弊毅然自任著書立言直追前古而功業之純駁不與焉謂非一代之名儒不可也盡心知性篤志力行窮達一心險夷一節而著述之多寡不與焉謂非不世之真儒不可也知此則王通氏之於隋世薛瑄氏之在國朝有可斷按者矣請因明問而僭以春秋之義上下之可乎嘗謂唐堯世遠孔鐸不聞政教衰而儒濫法治弊而道塞秦漢而下隋亦極矣乃若龍門萃秀王通氏出焉講明倡道欲紹孔氏之傳博覽采輯有志六經之道四方嚮慕一時稱盛亦可謂間世而出者矣是故考其中說之傳則語楊素蘇夔李德林以所不及而有禮樂之遺焉語叔恬以不費而及巡狩之典焉游孔廟而嘆夫子之神道并行居家不捨周禮而曰先師以王道極他如語賈瓊以王伯之略語叔達以鬼神之道語董常竇儼以周公孔子之事業而其他有難以遍及者矣續經之作則易贊出而封畫立焉七制行而典謨繼焉雜曹劉沈謝之韻以爲風雅兼叔孫通曹襃荀勗之製以俾襧裁宋魏南北君臣之統續以擬春秋而其中有難以概論者矣方其一見隋文也銳意於明德新民之學而欲置身於伊周湯武之間及其不遇也究心於言語文字之末而欲脫迹於孔孟傳授之業雖其智不度德才不量力而其志其功獨無一得之可進者乎繼之於孟子之賢固非其倫而比之於董韓之列蓋相上下而尤廓大者也故程子嘗稱曰文中子隱君子也其議論極有格言又曰樂天知命吾何憂窮理盡性吾何疑此言極好朱子亦稱之曰文中子儘有可觀文取陸機史取陳壽又曰仲淹粗識聖賢之用而於道之未嘗忘者蓋有意焉又曰仲淹之學頗近於正則王通氏之爲人可識矣或者乃以六經續孔子之僭中說彷論語之謬疑是春秋責備賢者之意也蓋言則取法於先王事必直任乎孔子通亦不可謂無志者也謂之無見於道可乎由百世之后等百世之前愚故以一代之名儒歸之陽臨五位帝德昌明道化一而民俗同性真統而風教偃逮我國朝蔑以尚矣乃河汾衍靈薛瑄氏生焉紫衣謁見詩賦著監司之奇潛心誦讀道學傳程朱之正表裏無間終始一節亦可謂抱德名世者矣是故考讀書錄所載則首論道體而太極無極之妙著焉次論經說而六經四書之理盡焉言學則體認切而知行實力也論心則嗜欲少而心清理明也性則辨氣質人物之所以分敬則發寧靜專一之所以力爲仁則有李核之喻出處則唯義命之歸啓端所以作教也修身所以本治也事理文史之兼該諸子異端之具悉而所以言道學者則尤諄諄焉夷考其行則監湖廣銀場而性理必書思忘寢食而有得即記提調山東學校而不事楚楚正色立朝而不拜私門遇諸

道途而不屈餞於江上而不往其被逮也怡然以辨冤獲咎爲無愧其放歸也居家以六年閉門而不出抗章辨蹈海之冤見幾辭內閣之任於學者以復性爲教於窮理以體驗爲實一言一動不違於禮辭受取予必揆諸義而其出處大節光明峻偉尤不可及者也其造詣之深也則純篤簡諒董韓諸人不足以擬其高其履歷之詳也精金良玉魏范以下難以與之匹雖所施未竟其用所任不盡其長而其學其蘊夫豈一時所可及者乎擬之訓詁之功似若小間而進之於陸蔡之儔盡相出入而尤爲誠篤者也故山東士人稱爲夫子尚書何文淵則曰不愧往哲學士江淵則曰躬行實踐李賢稱爲本朝理學一人張鼎稱爲學已至乎樂地觀感而興者尤多張九功稱爲今之真儒姚夔稱爲明體適用而其見之奏章下諸廷議者又人人推服無容异焉則薛瑄氏之爲人可識矣或者乃以姑緩以俟將來是非久而后定罷之是正有待於今日之意也蓋平易簡切不爲奇僻居敬窮理踐履篤實瑄亦理學之不可少者也謂之無得於道可乎由力行之實進之於講明之列愚故以不世之真儒許之夫一代之名儒固不可以接孟軻氏矣無亦隋之氣運使然乎使通幸而生於聖門焉則切磨以聖人之道德漸染以群賢之輔翼當與冉有季路齊驅矣是得以著述者通之幸也而不得以躬行實踐者通之不幸也不世之真儒無忝於集大成之晦菴氏矣無亦聖朝之培植有然乎使瑄而生於宋代焉則釋解六經之訓剝切百家之言當不在周程朱張之下矣是不得以著述者瑄之不幸也而得以躬行實踐者瑄之幸也此王通氏之著述所以不得爲大儒而薛瑄氏之不著述所以不得爲宋儒也歟說者謂注周禮注大事記爲有功於訓詁集尚書選著四書五經私抄爲發明於聖門而欲以宋濂王褘楊守陳諸人與薛瑄氏并稱則薛瑄氏者力守乎斯道者也之數子者闡明乎斯道者也著述發揚之功未必無一言之幾於道而所以繼承往哲垂訓將來亦未必無所補矣以之分席孔庭昭建聖化之極明示趨向誕開爲學之路是亦迺不作人之一助也夫豈不可哉雖然天下是非之鑒昭於下則勸懲之道明天下是非之權昭於上則勸懲之典公是非者一時之議也勸懲者萬世之典也安可以一時之議而僭萬世之典乎然欲執二子之是非進之孔庭以順天下理學者觀望焉則惟監司之明權衡之當而已愚也何敢贅言哉

山西鄉試錄後序

　　歲已酉秋八月山西試事屆期巡按監察御史陳九德命下在朝巡按監

察御史黃洪毗暨藩臬長貳之彥內外執事之良一心以貞百度安道當告厥成焉撫純古之載籍仰三晉之文獻欲陟太行涉河汾久矣茲行其野三務功成與與翼翼曰美哉豐年之瑞也禮義由興乎入其鄙連雲戰格士嬉馬騰曰美哉綏靖之略也人文滋昭乎處其館十雨五風凛秋序應入簾之後雲陰盡解義馭正輝曰美哉省歲之休也鐘祥有兆乎淑氣成象靈於物者動之英華外朗順於中者積之不必閟故乘稽晉問已有季札思深之觀矣備官承乏謬主考試乃謀于同事鄭廷俊及分經專較者矢之曰時至而不乘非迓衡之訓也毋舍良苗而獎莠毋眩頑鈍而匿文毋偏於柔剛而遺元氣衆咸曰所不殫慮以負茲舉者河山表□監之閱卷既畢則見其□□義理炳煥章程是穮是蓘嘉種熟矣有正有奇利器閑矣載陰載陽變化備矣乃拔殊尤遵制額中式六十五人梓其文二十餘篇以獻拘於數而不盡取蓋多焉安道乃信先澤之遠與密邇畿甸之深也茲地邃古皇以先天帝以久化王以龍噓霸以虎視民心固有弈世流風士宜翹然在昔也况離韓轂數十舍漸涵列聖衣被今休與四方丕式自倍矣萃祉發祥固其所哉然傅巖符夢自靖三篇請士三試之言憲章説命他日不負帝賚能使無專美否耶安道識喜因繼之以規云

　　　　　　　　　江西撫州府東鄉縣儒學教諭朱安道謹序

嘉靖三十一年山西鄉試錄

山西鄉試錄序

　　嘉靖壬子秋八月天下復當鄉試之期巡按監察御史李一瀚融文貞鑒夙秉風裁思茂對聖天子右文崇化顯休奉命遄至寔維監臨考試官學準與教諭吳讓同考試官教諭楊作舟向鬢王休徐一陽訓導楊侃以先巡按監察御史吉澄聘至於是左布政使江東右布政使趙廷松司提調按察使李綸副使郭乾司監試合提學副使閔煦分巡僉事王重光所選士二千有奇三試之遵制取六十五人登成於錄以獻學準不佞濫竽文柄當序諸首簡書曰敷奏以言非以文求賢飾治之權輿乎今士尚科目以言求矣是故文學議論之士發之乎篇章者曄然炳偉淵然閎邃瑩然暢朗不煩繩削而矩矱自合文在是矣至侈其盛海內向風無大小賢不肖罔弗知以文進也然學士多華少實輒弁髦其初不類是故徒藝之誚君子有遺論矣夫文者質之賓也過則史不及則野氣化溢盛文體隨之以今視昔過與不及較然明甚有識者思反本救弊怕惓惓焉夫非异人任也今由兹選者乘時奮庸期彌綸參贊以追先進而弘聖化固諸士之責焉爾已夫言者心之聲文其著也行者文之質政其成也是故內義有緯外度有矩以章身華國濟務立教於是乎遠近則之身成而化行天下後世頌之斯君子之文也若夫剿言者竊獵言者剽逞辯濟縱橫者權襲佔畢者腐假偽取世資者鄙憑寵勢務伸拘見者惛是皆遠於文以為道也竊疑於同剽習於异權流於變腐滯於常鄙病於道惛妨於政皆文之流害也孟子曰生於其心害於其政發於其政害於其事知言也稽言考行學準之責在也孔子曰文莫吾猶人也躬行君子則吾未之有得貴行也爾文學議論者其何以迨斯責哉是舉也總督軍務兵部左侍郎蘇祐巡撫都御史許論屯牧都御史王達巡撫大同都御史侯鉞揚威儲惠化興譽髦巡按宣大御史蔡朴巡鹽御史尚維持振雅樹風嘉樂多士總理糧儲戶部郎中康迪吉主事王良貴贊畫兵部主事王扇審錄大理寺正熊勉學籌邊弼教聿觀盛美參政齊宗道楊時泰高翀參議劉繼德謝淮楊順副使吳嶽張鈇南逢吉朱徵趙文燿畢竟容馬九德僉事胡賓梁木吉來獻王繼洛朱筊行太僕寺卿陳與音總兵官李

涞署都指揮僉事高棠劉岳内飭外防翊範并著咸得書云
　　　　　　　　直隸淮安府儒學教授黃學準謹序

嘉靖三十一年山西鄉試
　　監臨官
　　巡按山西監察御史李一瀚（源甫浙江僊居縣人　戊戌進士）
　　提調官
　　山西等處承宣布政使司左布政使江東（伯陽山東朝城縣人　己丑進士）
　　山西等處承宣布政使司右布政使趙廷松（子後浙江樂清縣人癸未進士）
　　監試官
　　山西等處提刑按察司按察使李綸（德言萬全都司懷安衛籍直隸潁上縣人　戊戌進士）
　　山西等處提刑按察司副使郭乾（仲復直隸任丘縣人　戊戌進士）
　　考試官
　　直隸淮安府儒學教授黃學準（本平廣東南海縣人　己卯貢士）
　　應天府江浦縣儒學教諭吳讓（克之江西浮梁縣人　丁酉貢士）
　　同考試官
　　直隸揚州府江都縣儒學教諭楊作舟（濟川雲南太和縣人　丁酉貢士）
　　山東東昌府茌平縣儒學教諭徐一陽（復之福建莆田縣人　丙午貢士）
　　直隸河間府交河縣儒學教諭王休（叔揚廣東東莞縣人　癸卯貢士）
　　湖廣岳州府澧州慈利縣儒學教諭向巏（序伯貴州前衛籍應天府上元縣人　癸卯貢士）
　　陝西鳳翔府儒學訓導楊侃（直夫四川營山縣人　己酉貢士）
　　印卷官
　　山西等處承宣布政使司經歷司經歷劉宣（德敷四川綿州人　監生）
　　山西等處提刑按察司經歷司經歷黃甲（上卿山東沂水縣人　監生）
　　收掌試卷官
　　太原府知府張祉（子受河南固始縣人　戊戌進士）
　　平陽府知府王楠（子梁直隸德州左衛籍山東文登縣人　甲辰進士）

受卷官

平陽府蒲州知州陳應和（文祥浙江歸安縣人　庚戌進士）

太原府石州知州崔嘉（元孝直隸任丘縣人　丁酉貢士）

潞安府襄垣縣知縣馬鈇（肅容河南睢州人　庚戌進士）

潞安府長子縣知縣劉誥（官甫陝西咸陽縣人　辛卯貢士）

潞安府屯留縣知縣金瀾（子源浙江桐鄉縣人　甲午貢士）

平陽府蒲州猗氏縣知縣　宋九韶（鳴虞山東德州人　甲午貢士）

彌封官

平陽府推官劉贄（子禮河南洛陽縣人　庚戌進士）

平陽府鮮州知州張習（子翀直隸寶應縣人　辛丑進士）

平陽府絳州知州劉朝麒（仁甫陝西臨洮衛官籍直隸定遠縣人　甲午貢士）

平陽府翼城縣知縣劉光遠（子旭河南杞縣人　庚戌進士）

平陽府襄陵縣知縣王如綸（汝言直隸安平縣人　庚戌進士）

平陽府霍州靈石縣知縣李微（之顯陝西寧夏衛官籍山東臨朐縣人　丁酉貢士）

謄錄官

太原府推官高躍（文化四川綿州人　丁未進士）

太原府平定州知州姚會極（君錫山東鉅野縣人　戊子貢士）

平陽府蒲州同知翟澄（憲清山東德州人　辛丑進士）

太原府榆次縣知縣葉恩（嗣光錦衣衛籍直隸山陽縣人　庚戌進士）

太原府靜樂縣知縣楊縉（德輝陝西隴州人　丁酉貢士）

太原府文水縣知縣樊從簡（子敬河南祥符縣人　丁酉貢士）

對讀官

潞安府推官強書（載道陝西涇陽縣人　丁酉貢士）

澤州知州邊佽（行甫直隸任丘縣人　壬辰進士）

汾州知州陳秉忠（汝誨順天府遵化縣人　辛卯貢士）

太原府代州同知丘瓚（獻卿直隸留守中衛人丁未進士）

汾州平遙縣知縣沈振（以成山東鄆城縣人　甲午貢士）

汾州孝義縣知縣劉大觀（伯顒陝西清澗縣人　癸卯貢士）

巡綽官

太原左衛指揮同知劉勝（子謙直隸滄縣人）

太原左衞指揮僉事李裕信（誠之遼陽儀州人）
太原右衞指揮僉事王璋（君重直隸臨淮縣人）
太原左衞中右所正千户郝銘（新之直隸鳳陽府人）
太原左衞中左所副千户張世美（繼芳直隸潁上縣人）

搜檢官
太原右衞指揮使馬應期（徵伯直隸嘉定縣人）
潞州衞指揮使薛奎（文光直隸盱眙縣人）
太原右衞指揮僉事林爵（守忠福建南平縣人）
太原前衞左所正千户楊鈺（朝重湖廣豐縣人）
汾州衞右所副千户惠承恩（天錫河南南陽縣人）

供給官
山西都指揮使司經歷司都事李循法（化行浙江鄞縣人　監生）
山西等處承宣布政使司照磨所照磨明伍倫（全夫山東鄒平縣人　知印）
山西等處提刑按察司照磨所檢校郭文燿（德明山東德平縣人　監生）
太原府同知桑蓁（德美陝西西安府前衞官籍　乙酉貢士）
平陽府霍州知州杜學易（吉父河南祥符縣人　戊子貢士）
沁州同知趙仁（允年山東觀城縣人　監生）
太原府平定州判官張誦（季學河南鄧州人監生）
平陽府隰州判官辛登（士庸河南襄城縣人　吏員）
平陽府蒲縣知縣邊像（莊甫直隸任丘縣人　丁酉貢士）
澤州沁水縣知縣張爵（子脩陝西耀州人　甲午貢士）
平陽府絳州垣曲縣知縣張恪（肅卿山東觀城縣人　甲午貢士）
太原府清源縣知縣王納謨（惟嘉河南信陽州人　甲午貢士）
太原府太谷縣知縣魏綱（振之山東德州人　甲午貢士）
太原左衞經歷路進忠（艮臣陝西富平縣人　吏員）
太原府祁縣縣丞王守經（叔緯山東黃縣人　監生）
平陽府稷山縣縣丞溫季春（時成陝西□州人　監生）
太原府文水縣縣丞張雲從（子龍陝西秦州人　監生）
平陽府絳縣縣丞董尚義（惟正山東淄川縣人　監生）
太原府太原縣主簿杜時亨（貢夫直隸清豐縣人　監生）
平陽府芮城縣主簿王卓（立夫陝西鎮蕃衞官籍直隸盱眙縣人　監生）

汾州吏目楊雲鳳（應祥陝西安化縣人　監生）
太原府陽曲縣典史南紀（大綱陝西寧州人　吏員）
太原府清源縣典史谷寬（德洪直隸隆慶州人　吏員）
潞安府長治縣典史范瓊（汝玉直隸滄州人　吏員）
汾州介休縣典史門功（惟志直隸任丘縣人　吏員）
太原府陽曲縣臨汾驛驛丞錢述（汝賢江西廬陵縣人　承差）
太原府平定州平潭驛驛丞陳琮（重器陝西合水縣人　承差）
平陽府曲沃縣蒙城驛驛丞鄒時昕（仲光貴州婺川縣人　承差）

第一場

四書

子曰知者樂水仁者樂山知者動仁者靜知者樂仁者壽　誠之者人之道也　孔子聖之時者也孔子之謂集大成集大成也者金聲而玉振之也金聲也者始條理也玉振之也者終條理也始條理者智之事也終條理者聖之事也

易

豫剛應而志行順以動豫　鼎黃耳中以為實也　夫易聖人之所以極深而研幾也唯深也故能通天下之志唯幾也故能成天下之務唯神也故不疾而速不行而至　參天兩地而倚數

書

水火金木土穀惟修正德利用厚生惟和　三百里揆文教二百里奮武衛　一曰食二曰貨三曰祀四曰司空五曰司徒六曰司寇七曰賓八曰師　自古商人亦越我周文王立政立事牧夫準人則克宅之克由繹之茲乃俾乂

詩

黍稷重穋禾麻菽麥　王命南仲往城于方出車彭彭旂旐央央天子命我城彼朔方赫赫南仲獫狁于襄　君子萬年介爾昭明　鞉鼓淵淵嘒嘒管聲既和且平依我磬聲

春秋

夏四月己巳晉侯齊師宋師秦師及楚人戰于城濮楚師敗績（僖公二十有八年）　諸侯會于扈（文公十有七年）春王二月壬子宋華元帥師及鄭公子歸生帥師戰于大棘宋師敗績獲宋華元（宣公二年）五月於

越敗吳于檇李（定公十有四年）　冬楚公子結帥師伐陳吳救陳（哀公十年）

禮記

處其所存禮之序也玩其所樂民之治也　禮樂刑政其極一也所以同民心而出治道也　夫言豈端而已夫各有所當也　工入升歌三終至主人獻之笙入三終主人獻之間歌三終合樂三終

第二場

論

聖德修而萬民化

詔誥表（內科一道）

擬漢使使持節入營勞軍詔（文帝後六年）　擬唐擢戴胄為大理少卿誥（貞觀元年）　擬宋以司馬光為翰林學士謝表（治平四年）

判語（五條）

官員襲廕　功臣田土　御賜衣物　申報軍務　保辜限期

第三場

策（五道）

問　自古帝王繼天立極而心學之傳尚矣堯舜精一三王建中下至漢唐諸君間有可述如玄默躬修仁義弗失洞門如心之說俱有得於心學否乎我太祖高皇帝天啓聖衷肇開文教如觀心有亭存心有訓矣至於精誠一錄尤其博極經傳以便御覽者也而其大旨有三可得聞歟成祖文皇帝神授皇猷益崇正學如正心有講執中有答矣若夫聖學心法一書尤其制作之大以端化本者也而其君道有四可備言歟列聖相承逮我皇上揆道統天定禮興樂而心學之闡尤為著明其載在敬一之箴心箴之注固天下所習聞而莊誦者其淵源精蘊聖學始終豈無其要乎諸士子生堯舜之鄉邇聖明之化涵育蓋有年矣幸敬陳之以為啓沃之獻

問　宋儒之醇者曰濂溪周子橫渠張子而周子太極圖張子西銘皆能擴前聖所未發而後世言理學者必稱焉諸士固已習聞其說矣然究其意指所在固有互相發明者可得聞歟或謂太極圖發明造化之原西銘揭示進為之方其果然歟然則圖之所載豈無進為之方而西銘於造化之原容有所未

及乎或者之議無亦就其所重而言之歟或謂西銘明理一而分殊其所以爲一爲殊者何在歟圖之所云固亦有所謂理一而分殊者可并舉而言之歟就二書而論之二子之所學孰粹其所得孰深歟夫遵往哲之訓以施進爲之功致進爲之功以合造化之妙固儒者事也尚究言之以觀用心之所極

問　程子有云斯民之休戚繫於守令之賢否謂其親民而澤易流也夫其責重則其政不可不講矣古之論政者曰爲國之法似理身謂寬不可恃也然有閉閣思過而令行禁止有蒲鞭示罰而感德興行有不罰受遺而人不忍欺有不問還牛而境有异政者是寬又可以得衆矣又謂治亂民如治亂繩謂嚴不可尚也然有專厲鷙氣而郡中震栗有記籍警過而吏民改行有以發摘而得神箅之稱有善搏擊而來卧虎之號者是嚴又可以興治矣方今聖天子在上守令固多修舉其職而寬嚴各以時施也邇來時事有可虞者兵荒繼作閭閻利竭欲嚴以懲之則仳離愁苦之民恐不堪命潢池伺窺供輸多逋欲寬以馭之則緝防供億之備又其時勢之不容已者而守令固當任其責也不知在昔守令之賢其嚴者皆能得衆寬者果無曠事與抑各行其志而不能兼與將所遇之時有不同與茲欲寬而不失之縱嚴則不流於刻守令皆賢官民不匱如之何而後可

問　財用國之大計今日之急務也三代而上理財莫備於周周之法有大宰以制其出有司徒以制其入矣何又有司會司書職内職歲職幣廩人倉人舍人之官歟有六典八法八則以逆治矣何又立九貢九賦九職九式之法歟後世以制言之則漢有計相宋有磨勘司果可考歟以事言之漢有領主郡國上計者唐有撰元和國計簿者宋有上景德會計錄者其後皇祐元祐俱有錄上開寶淳化亦有詔下果皆是歟昔人謂天地間財止有此數不在官則在民今日之財以爲在官太倉之粟不足以支數年而給邊之需歲不下數百萬以爲在民則閭閻之下十室九空終歲之勞入不償貸官與民皆不足此司國計者所爲深憂也詩曰訏謨定命遠猷辰告今之時果終無策可行乎不知何道可使國裕民富食足兵強而公私不至於俱困也尚相與議之以觀有用之學

問　俊杰之士識時爲先而當今之務禦戎爲急古稱干羽之舞戎兵之詰干戈省而鬼方克出車彭而玁狁襄邈乎不可尚已降是以後文德武事議論并興其間或激之而過高或抑之而太卑談兵者曰王者無外非征伐無以揚威守文者曰柔遠能邇非内修不能耀德二者果能識時之論乎漢儒通達國體而三表五餌之術或失之疏唐臣議論剴切而九測七略之論或失之迂復有以周得中策而秦爲無策又以秦得中策而漢爲無策不識禦戎上策果

孰得乎今虜猖獗變生叵測若一於戰恐弊中國以事外夷或招黷武之累若一於守恐中國怯而外夷橫或貽示弱之羞茲欲不戰而屈人之兵先聲而奪人之氣爲我之不可勝以待敵之可勝務求上策以收萬全以媲美於虞周之盛諸士子必有定見矣願明著於篇用諗於帷籌者

中式舉人六十五名

第一名　梁綱　稷山縣學生　易

第二名　趙桐　絳州學生　書

第三名　任汝聽　猗氏縣學增廣生　詩

第四名　李尚實　潞安府學生　春秋

第五名　李瑤　解州學生　禮記

第六名　王庭課　太原府學生　易

第七名　李錦製　榆社縣學生　書

第八名　張進思　沁州學生　詩

第九名　何東序　猗氏縣學生　春秋

第十名　郝杰　蔚州學生　禮記

第十一名　狄行夏　平陽府學生　易

第十二名　王治　忻州學生　書

第十三名　孫守謙　蒲州學生　詩

第十四名　張集　河東運司學生　易

第十五名　劉進禄　平定州學附學生　書

第十六名　桑維高　榆次縣學生　詩

第十七名　李葆　襄陵縣學生　易

第十八名　劉永寧　長子縣學生　書

第十九名　王時濟　稷山縣學生　詩

第二十名　馬寀　安邑縣學生　春秋

第二十一名　傅霖　太原府學生　易

第二十二名　李懇　平定州學生　書

第二十三名　任元　汾州學生　詩

第二十四名　韓楫　蒲州學生　禮記

第二十五名　楊樞　陽城縣學增廣生　易
第二十六名　閻益赫　盂縣學生　書
第二十七名　楊木　太原縣學生　詩
第二十八名　張仲禮　平陽府學生　易
第二十九名　宿金　平定州學附學生　書
第三十名　鮑承蔭　潞安府學生　詩
第三十一名　張蘊道　寧鄉縣學生　易
第三十二名　馬豸　大同府學生　書
第三十三名　王得春　安邑縣學生　詩
第三十四名　王宗舜　聞喜縣學生　春秋
第三十五名　趙津　襄垣縣學生　易
第三十六名　郭用良　平陽府學附學生　詩
第三十七名　陳訓　長子縣學增廣生　書
第三十八名　任彬　蒲州學增廣生　易
第三十九名　韓國禎　榆次縣學生　詩
第四十名　楊州民　蒲州學附學生　禮記
第四十一名　李士廉　高平縣學生　易
第四十二名　王嘉禮　臨汾縣學生　詩
第四十三名　張鵰　興縣學生　書
第四十四名　任弘業　潞安府學生　易
第四十五名　劉得寬　河東運司學生　詩
第四十六名　李木　解州學生　春秋
第四十七名　焦宇　潞安府學增廣生　易
第四十八名　劉弼寬　河東運司學生　詩
第四十九名　甄敬　平定州學生　書
第五十名　馬時才　河東運司學生　詩
第五十一名　王友賢　寧鄉縣學生　易
第五十二名　趙體敬　太谷縣學生　詩
第五十三名　王都　平定州學增廣生　書
第五十四名　盧光閭　陽城縣學生　易
第五十五名　曹科　寧鄉縣學生　詩
第五十六名　魏體謙　蒲州學附學生　書

第五十七名　傅世臣　蒲州學生　禮記
第五十八名　張九功　沁州學生　詩
第五十九名　李應時　陽曲縣學生　易
第六十名　　史天衢　澤州學附學生　春秋
第六十一名　陳五常　蔚州學生　詩
第六十二名　任鎧　　平定州學增廣生　書
第六十三名　高擢　　太谷縣學生　易
第六十四名　李承式　大同府學生　詩
第六十五名　張朝聘　平陽府學生　書

第一場

四書

子曰知者樂水仁者樂山知者動仁者靜知者樂仁者壽

梁綱

同考試官訓導楊批（仁知動靜樂壽處最難發揮此作詞氣清雅說理明盡非有得於仁知之深者不能）

考試官教諭吳批（詞理精到）

考試官教授黃批（明鬯可誦一結尤見筆力）

　　聖人有以見仁知之情而詳言之以盡其意焉蓋仁知之體不同而情亦因之以異也則夫樂壽之致又焉可誣耶夫子所以示人者如此蓋曰天下之理一也自夫仁者得之謂之仁知者得之謂之知而仁知之名立矣以予觀之知者之情不能無所寓也而其所樂者則怕在於水焉坎止流行之性若於心有默會焉者而喜好之心自不能已耳仁者之情不能無所屬也而其所樂者則怕在於山焉艮定安貞之質若於心有獨契焉者而喜悅之意自不容已耳夫知者何取於水也蓋其明睿所照洞事理之幾微而巽以行權殆有圓神而不倚者其體則動矣動則有似於水故樂水也夫仁者何取於山也蓋其成性所存無物欲之攻取而怕以一德殆有敦厚而莫移者其體則靜矣靜則有似於山故樂山也夫知者惟其動也則精義以利用而泛應之曲當者各得乎吾心之所安順理之裕無入而不自得也其樂爲何如耶仁者惟其靜也則存誠以立命而太和之保合者不拂乎委順之所凝作德之休年所以之而多歷也其壽爲何如耶是知知者之樂原於動也而其所以樂水者蓋亦樂吾之動而

已矣非逐物也仁者之壽原於静也而其所以樂山者夫亦樂吾之静而已矣非徇象也夫子之言及此而仁知之道不有以觀其深乎雖然仁知一理也動静一機也樂壽一致也故知及之仁守之君子之學也動根乎静静根乎動造化之妙也樂者壽之基壽而後能有其樂也以是知仁知之理一而夫子此章蓋亦就其所重者言之而示人以仁知之體假云耳故曰性之德也合外内之道也不然則岐仁知而二之而夫子之志荒矣

　　誠之者人之道也
　　趙桐
　　同考試官教諭徐批（中庸説到誠之人道處最難發揮此作洞達天人以克復性分入講精當可録）
　　考試官教諭吳批（純潔通暢）
　　考試官教授黃批（説理精到）
　　聖人以思誠者責之人所以進君於自强也蓋思誠者聖功之本也未至於誠者可不知善反以爲功哉孔子答哀公問政而歸之誠身以見誠之當豫也意謂天下之道豫於誠身固矣然人不皆至誠也其次不有誠之者乎乘其不息之機以戀緝熙之力克其攻取之累以復湛一之真原諸命者不涉諸物存養於静求其誠之復也天下之大本於是乎立矣動以天者不雜以人省察於動求其誠之通也天下之達道於是乎行矣斯不謂之人道矣乎蓋成於性而無事于習者是純天也不可以言人也失之初而罔復於終者是無物也不可以言人道也今夫誠原於未始有物之先天以是理而命之人故以人合天斯爲有成之道形於既始有物之後人得是理以爲之性故存心事天乃全盡性之能理本自足而欲之斯至其所以復之者亦復其所固有者而已非性命之外有所加也道非外鑠而求之則得其所以克之者亦克其所本無者而已非本分之中有所去也盡己性以盡人物之性固其功之不可缺亦其分之所不容已者也否則有愧於天豈得爲繼志之孝矣乎成人能以極參贊之能兹其責之不容辭亦其理之所當盡者也否則有忝所生寧非爲終身之憂矣乎是則誠不遠乎人天之未始不爲人也誠身合乎天人之未始不爲天也道雖有天人之分歸則無彼此之异哀公有得於是焉則身修而有君矣以身取人則有臣矣有君有臣尚何政之不可舉哉易象有之天下雷行物與無妄是誠者無妄者也誠之者妄復無妄者也知無妄之次於復則知天下未有知復而不至於誠者也夫子以誠之者屬之人道蓋深有望於其君也勉而行之則誠

立道行人存政舉而文武之業東周之望其庶幾乎

孔子聖之時者也孔子之謂集大成集大成也者金聲而玉振之也金聲也者始條理也玉振之也者終條理也始條理者智之事也終條理者聖之事也

任汝聽

同考試官教諭王批（時字最難揚厲大成始終聖智處尤難礲括士子不融義理惟事浮詞晚得此卷句句字字皆自胸中流出且詞約而該調高而古讀其文可以想見其人敬服敬服）

考試官教諭吳批（瑩潔可愛）

考試官教授黃批（莊雅可誦）

大□稱聖人為聖之至而擬以樂之全也蓋始終條理樂之所以全也非天下之至聖其孰能與於此大賢擬而稱之有以哉孟子歷敘群聖而終之以此蓋曰以吾觀於夫子賢於三子遠矣彼其清任和之德可名也然皆偏而不全若孔子則變易從道而仕止久速時而出之而不窮雖惠尹之聖可稱也然或蔽而未通乃孔子則與時偕行而太和元氣一以貫之而無滯非所謂聖之時者乎夫聖以時稱而備三聖之全猶音以眾集而為大成之樂孔子其所謂集大成者乎大成維何金聲一宣八音由是而齊鳴玉磬聿收九奏以之而既闋宣之者開其盡美之端而音節鏗然條理於是乎始也振之者收其盡善之妙而脈胳繹如條理於是乎終也始之條理其孔子之知無不盡者乎悉有眾善而聰明所照析有有以盡其精而不眩夫豈一節之可能名終之條理其孔子之德無不全者乎盛德至善而中正所極合之有以盡其大而無遺夫豈三聖之所能擬所謂孔子聖之時者如此孟子以大成之樂而推尊之蓋不惟有以見聖道之大而願學子之意有不能自已者矣抑孔子非三聖之□尚矣賢於堯舜盛於百王而天階日月之喻古今所不能逾焉而況其次乎易曰時行則行時止則止夫子亦自言曰我則異於是無可無不可蓋道之所貴者中中之所貴者時夫時易也易其至矣其夫子之所以異於三聖者歟

易

豫剛應而志行順以動豫

梁綱

同考試官訓導楊批（詞氣渾成理趣精雅人臣事君使民之道皆不外此而子隱居之志亦可以見其概矣宜錄以式）

考試官教諭吳批（整潔可誦）

考試官教授黄批（發揮殆盡）

象傳釋豫之名義即諸體德以見之也夫豫以得應爲貴而順動則又豫之本也卦之體德具焉此豫之所以名也歟昔夫子傳豫之象蓋曰世道以豫爲美而吾人恒以致豫爲難伏羲畫卦坤震合體而名之曰豫者其義何所取耶以卦體言之九四一陽而上下來應則是爲臣者以發强剛毅之資任天下國家之重上焉而媚兹一人也忠誠之感格信之篤而任之專允乎乎同德之休下焉而宣力四方也意氣之招徠彼無惡而此無射咸興夫具瞻之願由是而爲上爲德道可大行也爲下爲民澤可遠施也庶績熙而治功成君子之深願而不可必得者於是乎始遂矣非剛應而志行者乎以卦德言之內坤外震爲順以動則是爲臣者以政事得失之所在爲民生休戚之所關凡有爲也虛心以體天下之理而或因革本諸大道以爲公凡有行也據理以處天下之事而有經有權非逞小智以自私罔違道以干百姓之譽也罔拂百姓以從己之欲也君得臣而萬化行莫强於人心而不易感者兹有以先之矣是非所謂順以動者乎是故即卦體之應則知人之所以望乎我者有樂從之義焉觀卦德之動有以見我之所以感乎人者有致豫之本焉噫兹其所以爲豫也與夫子於此蓋爲世道慶也由是而觀君子之用世也孤立而無與者推行之多滯任情而冥行者感化之無機要之皆不足以致豫而夫子作象既指順動以釋其義而又推之天地聖人之順動以贊其極是知德者其豫之本乎周公係九四之爻曰由豫大有得勿疑朋盍簪則又知致豫者不無賴於多賢而得人者其豫之輔乎是故咸有一德而後萬邦作乎百僚師師而後庶績咸熙周孔之意所以望於君子者深矣噫

夫易聖人之所以極深而研幾也唯深也故能通天下之志唯幾也故能成天下之務唯神也故不疾而速不知而至

　　王庭課
同考試官訓導楊批（此篇題義甚精微文字極難下筆詞切理明僅見此作）
　　考試官教諭吳批（氣昌理達）
　　考試官教授黄批（善學易者）

大傳論聖人發易之蘊而因推其所以應用之妙也甚矣易者理而已聖人發其蘊以示人而其用之妙於天下也有由然哉大傳論易有聖人之道也謂夫易之所以爲易辭占象變而已人知辭占之至精象變之至變也以爲天下之理具於易而不知所以然之妙則本諸聖人作易之功焉耳何言乎天下

萬事之理無形而難知者至深也聖人慮斯民之無以前知也則以心之至精者而窮之於易辭以盡其言也占以知其來也而理之深者顯設於辭占之內是易非聖人之所以極深者乎天下萬事之幾將萌而未著者甚微也聖人憂百姓之無以與能也則以心之至變者而研之於易象以盡其意也變以盡其利也而理之微者發揮於象變之中是易非聖人之所以研幾者乎夫易書既作於聖人而其妙自前乎民用唯聖人極深於辭占也則至精即深矣是故以言以卜筮者尚之而曰吉曰凶顯示於受命如嚮之際而天下之志於是乎通焉唯聖人研幾於象變也則至變即幾矣是故以動以制器者尚之而或出或入自得夫通變鼓舞之機而天下之務於是乎成焉然是深也幾也又非假於智力人爲之私是則所謂神也唯神也天然自有之中默寓夫應用無窮之妙其志之通也若或啓之矣人心本然之理自神夫酬酢萬變之機其務之成也若或翼之矣又奚待於疾之而後速行之而後至耶語易而至於神易其至矣乎此其所以爲易有聖人之道也夫抑又論之易書未作道在天地易書既作道在聖人聖人會天地之神於一心推一心之神於大易而後易之用始神不然枯莖敗甲奚足貴哉是故知來藏往者聖人心易之神也顯道祐神者聖人心易之用也齋戒其心神明其德者聖人心易之功也孔子曰加我數年以學易然則易豈易言哉若夫太玄潛虛所得亦淺矣又烏足以語此

書

水火金木土穀惟修正德利用厚生惟和

趙桐

同考試官教諭徐批（題本明顯作者類多冗雜可厭此篇簡潔明豁無一贅語宜錄之以式多士）

考試官教諭吳批（說理之文氣象自別）

考試官教授黃批（得府事修和意）

聖人叙養民之政可以觀無虞之治矣夫民生所當養也聖人叙其政以告君其忠愛之心何切哉此禹因伯益儆戒無虞之言而欲帝舜之深念也其意若曰德惟善政政在養民然養民之政何政也粵自夫氣行質具而利生於是有水火金木土穀之名是皆天地自然之利而民之所取足焉者然造化無爲而氣機雜揉欲其順序而無所汩也難矣於焉從而修之順布之以節其性範圍之以作其成其有餘也則爲之相制以洩其過其下足也則爲之相助以補其偏化導調燮之餘不失乎盈虛消息之理則五氣循軌而百穀用成水火金木土穀於是乎無不修矣自夫天工人代而政行於是有正德利用厚生之

名斯皆民生日用之常而事之不可緩焉者然五性感發而群動不齊欲其當理而無所乖也亦難矣於焉從而和之勸率之以盡其訓變通之以成其能因物而示之則淑其性也隨在而爲之所阜其生也品節施爲之際不失乎康濟安全之方則教化以行而生養以遂正德利用厚生於是乎無不和矣是則所謂養民之政而德之所以爲善也此其政乂民化而無虞之治所以不可及也歟考之水土之治命於播時百穀之先而若工敷教懋遷化居之類尤拳拳焉則其所以修和之功而施爲緩急之序已略可見然舜禹之心未嘗自以爲治君臣上下交相儆戒不一而足則雍熙太和之在唐虞宇宙間要亦可想見矣是故六府三事允治萬世永賴嗚呼舜禹之功雖謂之與天地相始終焉可也

一曰食二曰貨三曰祀四曰司空五曰司徒六曰司寇七曰賓八曰師

李錦製

同考試官教諭徐批（八政有緩急次序然皆因天厚民此作發揮得出詞暢理明）

考試官教諭吳批（題難鋪叙故士子率窘於筆詞有據而意自足僅見此篇）

考試官教授黃批（詞理明净）

君子歷序八政之目無非所以厚生也夫政在養民而八政於民固皆因天以厚生者也箕子第疇而歷序之有以哉且夫惟天惠民惟辟奉天洪範八政天道也君道也其詳維何彼天之生物以養民也因天地自然之利敷之爲粒食之源圖易思艱而食者民之急也一曰食焉天之生財以阜民也聚山澤百貨之泉通之爲利用之具貿遷有無而貨者民之資也二曰貨焉食貨足而報本之念生於是乎修祀事以致其誠明祭義以釐其分天之所以示民孝者在是矣三不曰祀乎祀典成而安居之願遂於是乎辨方相土以奠其居體國經野以寧其止天之所以定民位者在是矣四不曰司空乎然逸居而無教則天倫斁矣于焉敷五典之啓其衷擾兆民以成其性五曰司徒施之教也然教而不從則天罰加矣于焉詰奸慝以防其邪刑暴亂以遏其惡六曰司寇置之理也由是文德修而遠人服以賓禮親邦國焉講信修睦以敦德也送往迎來以崇禮也七而曰賓非爲政之當舉乎由是內治飭而外攘嚴以師禮平邦國焉張皇六師以詰戎也申明九伐以禦侮也八而曰師豈聖人之得已乎是則數其事而觀之則因天惠民固皆王政之大推其序而行之則先內後外實爲立政之防此民生之所以厚而皇極之所以建也歟抑洪範八政帝王爲治之

要虞總之以九官周分之以六屬以至周禮九職八則以任萬民馭羣臣巨細精粗罔不畢舉實與洪範本表裏焉豈非箕子授諸武王而周家世守者噫不法洪範周禮而能興虞周之治者否也

詩

王命南仲往城于方出車彭彭旂旐央央天子命我城彼朔方赫赫南仲玁狁于襄

任汝聽

同考試官教諭王批（思精文雅當是作者）

考試官教諭吳批（形容王者命將之意宛然）

考試官教授黃批（詞氣充暢）

詩人述大將承命備邊之事而及乎功之所由成也夫人臣受命於君以成功爲難也朔方之役有南仲之將焉此其功之所由成歟出車勞還率也此則以其出師之事言之蓋曰維彼朔方玁狁之所嘗出没也於是而無以備之不幾於玩師而召寇乎是故王命南仲往城于方蓋以禦戎之道守備爲先而帝王之兵以全取勝使朔方之城守既嚴則玁狁之覬覦自息矣南仲於是承王命以有行戒僕夫而就道但見有兵車焉將卒之所依庇也則輪轅相望而彭彭然其衆盛矣有旂旐焉三軍之所觀望也則物采是章而央央然其鮮明矣夫然則威武奮揚固足以爲先聲之震而使羣志未協又何以見吾順動之師乎乃復傳天子之命以令衆曰天子命我城彼朔方蓋以今日之事王事也所當肅恭以自將朔方之地要區也所當慎守以爲固則夫峻巨防以遏虜之衝伸大義以敵王之愾者當無不用其謀矣南仲之爲將若此是誠有得乎禦戎之道者也故其赫赫威名有以彰乎無敵之勢而蠢而茲醜虜自以戢其不逞之心震懾之不遑無復侵擾我郊甸也竄伏之恐後無復虔劉我民人也玁狁不以之而除耶于此見南仲之功之爲大也抑嘗聞之曰天下有道守在四夷然而三苗負固在堯舜之世且不能免矣而況其他乎要之內治修而遠人服者固理之常聖人在上而夷狄橫亦世變之或然者也治國者亦自治而已矣來則禦之去則守之如周之于玁狁可矣固不可好大而喜功亦不可易敵而弛備也蘇子曰王者不治夷狄意蓋如此

君子萬年介爾昭明

張進思

同考試官教諭王批（昭明二字最難模寫此作得之）

考試官教諭吳批（善道周人祝願之意）

考試官教授黃批（文理渾成結義更佳）

周人願君永承乎光顯之休也夫昭明而至於萬年則光顯之休其永承之矣周人以是祝君其忠愛不可見哉此父兄之所以答行葦也蓋曰既醉以酒爾殽既將吾君所以示慈惠於宗族者至矣感禮意之勤者將何以望之而致其報耶蓋王者受命於天固當備有其福矣然或有歉於昭明焉未可也人君嚮離而治固宜其能昭明矣然或不達於悠久焉未善也惟夫吾君也寵綏隆其眷而日新富有延而爲有道之長保定固其基而累洽重熙綿而爲有秩之祜故期以萬年若難於預卜也而昭明之介有不容於自已位天德而正中焉大君之宜普萬物以爲智臨也履帝位而不疚焉貞觀之道合九有而成顯比也百順所凝煥精英於有赫其在今日者固將衍之於萬年也昌熾之慶所以敷四表之光者夫寧有窮已耶純嘏所萃流輝曜於無疆其在萬年者殆無以异於今日也亨嘉之象所以快天下之睹者夫寧有止極耶必如是而後福之在吾君者無以復加而吾人祝望之心亦庶乎其少慰矣雖然此詩之祝非獨以福言也有勸德之意焉易不云乎君子以自昭明德人君能昭其明德而福之昭明者即此而在矣是故光于四方顯于西土者乃文王之所以爲福而世德作求斤斤其明者固後人所以觀文王之耿光而自求多祜也周人之所以諷君者意其在此故說詩者皆以周人之忠愛在乎頌君之昭明而愚則周人之忠愛所望於君之自致者宜亦無過於昭明

春秋

夏四月己巳晉侯齊師宋師秦師及楚人戰于城濮楚師敗績（僖公二十有八年）

李尚實

同考試官教諭向批（意完詞簡而尊王賤霸之意宛然專門之學也錄之以範多士）

考試官教諭吳批（斷案不謬）

考試官教授黃批（詞約而義彰）

春秋惡夷勢之橫而著其罪因霸兵之譎而略其功此見春秋嚴夷夏之防以道義爲重也否則楚之罪不容誅晉之功可少乎哉昔楚成北圖命子玉治兵以圍宋晉合列國往救之城濮戰而楚師告北焉君子曰不務德而力爭諸侯仁人所深惡者況以夷謀夏者乎楚自滅黃以來勢傾上國鹽食諸姬於世道已弗堪矣胡又逼齊圍宋與晉君抗衡耶三志之說雖明兩廣之兵未已致晉師三舍

之避而尤取必於一戰焉語夷夏則大防以決語君臣則大分以湮楚之君臣可輕貸哉是故上卿授鉞而書人以貶之者謂楚之罪弗正則中國之患弗息也然是戰也罪有所歸晉之功似可録矣何書及在晉而略無美詞耶君子曰急功利而昧夫道義仁人所弗道者況用詐取勝者乎晉自伐原以來信以示民禮以治兵去王道似弗遠矣兹胡携黨激怒用先軫詭謀耶忘舊德以食言構新怨而圖功使楚人六軍之敗然後快於心焉以衂敵有餡穀之捷以善戰當上刑之服晉之君臣何足多哉是故書及在晉略無美詞者謂寧可無晉之功不可如晉之譎也吁於以見聖人憂世之心焉誅意之法焉又以見聖人望晉之厚焉何也自王迹既息所望以恤周之闕者微文其孰與子犯諸賢當致主于王道也何區區一戰爲哉齊桓亦霸也陘亭之次召陵之盟服楚之績可達王事春秋何如以與之彼晉文者雖不能遠昭文武之烈將不得爲齊桓耶吁可惜也

冬楚公子結帥師伐陳吳救陳（哀公十年）

何東序

同考試官教諭向批（予吳責楚致望諸侯傳意也子能發之且詞語峻潔制度森嚴必邃於經學者高薦允宜）

考試官教諭吳批（美刺義明）

考試官教授黃批（得經旨）

春秋予外之明義而致責於内罪外之犯義而寓責於内此楚之伐陳而吳能救之賢不肖可知矣諸侯何以辭其責哉昔楚爲陳患舊矣至是復遣子期以伐陳吳延州來季子救焉考自魯救晉之後救兵多弗書矣兹胡書救陳耶蓋陳中國也吳非中國也陳被楚伐而吳救之何諸侯無一知義如吳者同室昧被髮之救禮失爲于野之求使小國之鄰於夷者當何恃而不恐耶是故吳以救書者若曰恤患中國事也陳先代之後無故而橫罹楚患尤義之不容不救者救陳者何人弗能救者何人諸侯寧能辭責也歟所謂救在夷狄則致責於内者是已然則吳既可善矣胡爲復以號舉耶蓋楚夷狄也吳亦夷狄也楚爲陳患而吳敵之何諸侯無一仗義如吳者縱豺狼以無厭忽簡書而弗修使强夷之陵夫夏者當何憚而不爲耶是故吳以號舉者若曰攘夷方伯責也楚僭竊之輩無故而肆爲陳害尤義之不可不攘者敵楚者何人弗敢敵者何人諸侯寧不有愧也歟所謂深著楚罪則寓責於内者是已吁責救陳之無人則吳之善益著傷諸侯之弗抗則楚之惡益彰聖人與善之公懲惡之嚴兩見矣抑吳楚類也去陳亦遠矣胡能有是舉也蓋季札之賢啓之也務德安民之

云子期退師之弗遑矣使中國之臣有如季子者相君立業桓文之績當不專美於前矣何諸臣之不季子也吁列國不足責也齊晉霸裔也六卿田氏之禍弗遑家謀而安望其爲陳爲天下也耶

禮記

處其所存禮之序也玩其所樂民之治也

李瑤

同考試官教諭楊批（此題禮記精粹之言本難發揮作者不失之俗則失之泛惟此作見理明到遣辭平正宜錄之以式）

考試官教諭吳批（理明詞暢）

考試官教授黃批（嚴整精潔）

記者論聖人法造化以治政而政無不治焉蓋和序之理造化之所以示人也聖人法之以治政焉而政有不舉者乎記禮運者之意謂夫聖人之所以參天地而并鬼神者固在於治政矣然政之治者果何以見之哉彼天高地下萬物散殊此天地鬼神之所存也而自然之序形矣聖人於是而有以處之焉則象其自然之序而爲品節之崇凡所以肇修人紀而示民以天叙之彝者無非奉帝則以周旋也禮不由之以序乎吾見倫制合大中之矩而天下之大分以明儀文協嘉會之宜而人道之大經以正親疏貴賤之有等體統秩然其不紊也大小顯微之有別條理井乎其不亂也造化無心而效法聖人有心以成能而無體之禮將于是而昭其用矣流而不息合同而化此天地鬼神之所樂也而自然之和著矣聖人於是而有以玩之焉則本其自然之和以爲容保之政凡所以通變宜民而啓之以樂生之願者一皆體至教以推行矣民不由之以治乎吾見至仁敷布而四方成風動之休乎惠旁流而百姓底時雍之化耕食鑿飲各安其分而順德浹洽於民心也出作入息各得其情而協氣薰蒸於上下也造化示無言之教聖人成有心之功而無聲之樂將於是而顯諸仁矣凡此皆聖人治政之實也而其所以參天地而并鬼神者其不以是耶抑聖人之治政非止取法於天地而已而且有以助乎天地之所不及焉故易稱后以裁成天地之道輔相天地之宜以左右民而禮之序民之治固聖人所以立人極而成位育之功也如古者而無聖人焉則生人之理息矣而天地亦何以奠其位乎故曰聖人有功於天地

禮樂刑政其極一也所以同民心而出治道也

郝杰

同考試官教諭楊批（此題同民心而出治道處正言所以慎感之意作

者俱以效言殊失本旨惟此作析理明白行文清雅可謂深于禮者也）

考試官教諭吳批（認理親切）

考試官教授黃批（旨明詞達）

記者即先王之所以感人者而要其同歸於治焉蓋禮樂刑政治之大經也以是爲感而民心之同治道之出也有不可必耶記樂記者言此所以著作樂之本也蓋曰感於物而動民生固多欲也先王有見於是焉而其所以感之者不容於不慎矣是故以道民志以和民聲於是乎有禮樂之制焉以懲不率以教不能於是乎有刑政之施焉夫是禮樂也刑政也雖有四者之分也然而本天衷以爲民極則禮樂之用固無以异於刑政焉蓋相須以成而不相悖矣其名固有不同也然而彰軌物以定民趨則刑政之用亦無以异於禮樂焉蓋可相有而不可相無矣然果何以見之哉誠以民心通於治道使無所以感之則其心不可得而同也而禮樂刑政之設固皆所以感之而同民之心焉耳因其情之不一者而約之以大中之矩俾人各易其惡焉各至其中焉而喜怒哀樂之發皆不失乎天則之常斯已耳然治道本於民心使民心有所未同則治道不可得而出也今民心既合於大同則治道由之而出矣本其理之所同者而敷之爲大公之化於是風俗可一焉道德可同焉而綏來動和之妙有以成吾一體之仁斯已耳誠如是也則治道達而民心之同者益固矣民心固而治道之出者愈順矣凡此固皆禮樂刑政之所感也先王之致慎於斯也有以哉抑民心之同樂之所由興也故記樂記者及之可謂知本矣然而民心之同其本又在於君身焉惟人主建中和之極則禮樂明備天地官焉而太平之治可坐而致刑政固不足恃也不然則禮樂刑政岐而爲二而感化之機殆將滯而弗通欲其同民心以出治道不亦難哉故曰有天德便可語王道聖人獨端萬化之原而制禮作樂萬世無弊也固其所哉

第二場

論

聖德修而萬民化

李瑤

同考試官教諭楊批（天道陰陽聖德仁義聖人與天合德而大順大化莫知其然此作發明聖人法天成化處渾成明盡當是名筆）

考試官教諭吳批（理融詞暢一氣呵成）

考試官教授黃批（議論醇正深於理學者）

聖人以道治天下而天下應之亦法諸天而已矣夫道之大原出于天天

之所以爲天者此道也聖人之所以爲聖人者亦此道也人惟不知道之出于天而或參以有我之私於是乎始與天者不相似而感應之機窒矣聖人之心則與天合一者也是故天以陰陽而運其於穆之神聖人以仁義而定其中正之極本之於身施之於政沛然四達而不悖其始也法天以立道其既也盡道以合天天道得聖人以發其微聖人因天道以成其用而大順大化有莫知其所以然者矣然則聖人之治天下也其亦有心而無爲者乎周子曰聖德修而萬民化蓋以天道言也嘗觀于易而知其言之有自矣易曰一陰一陽之謂道其陽之舒也所以鼓造化之出機也有生殖之德焉其陰之斂也所以鼓造化之入機也有震曜之德焉陽以舒之則萬物之生者由之矣陰以斂之則萬物之成者由之矣夫其舒之斂之而萬物以生以成也若天有心以爲之者而不知上天之載無聲無臭而其所以生所以成者乃命之流行而不已也天固無心也聖人者成天地之能者也天之道有陰陽而聖人之德則有仁義焉天之陰陽有舒斂而聖人之仁義則有所育有所正焉是仁義者聖人所以治天下之要機也體於物而不遺出於天而不可易天不能外陰陽以立道聖人雖天聰明之盡者亦豈能外仁義以爲治哉聖人既不能外仁義以爲治則凡所以範圍而曲成之者皆因其所固有盡其所當然而不敢以一毫己私與之矣自昔天下之治出於私智之所爲者不少也雖其事功之成就一時若或可觀而其爲小康爲近利其視聖人神化之極相去遠矣聖人者會天人於一致者也實理流通渾然無間故其仁義之在我者猶其在人者也其在一人者猶其在眾人者也於是由吾一念之仁推而至於念念之皆仁則形而爲惻隱者有不容己矣由吾一念之義推而至於念念之皆義則形而爲裁制者有不容己矣由吾仁義之統同推而至於殊途而百慮則形而爲育民正民者有不容己矣措之而爲賞罰之施焉操之而爲予奪之權焉達之而爲禮樂刑政之用焉自一身而及于家于國于天下殆見本之端也則之善也紀法之正也教化之修也三綱之正而九疇之叙也見焉而天下之皆敬也言焉而天下之皆信也行焉而天下之皆說也百姓則太和矣以萬國則咸寧矣以四夷則率服矣是豈聖人有意而強爲之哉道達諸天而天憲於我亦率吾性之自然者而感通之耳故萬民之化者萬民不知也聖人之所以修德而化民者聖人亦不自知也其效極於遠大而其端肇於隱微其機伏於毫芒而其理顯於倫物其治取足於四海而其源裕於一心聖人之心方其寂然不動退藏於密固天之無聲無臭也及其隨感而應則以仁而育民者即陽之舒也天道之顯諸仁也以義而正民者即陰之斂也天道之藏諸用也天覆萬物而無所偏聖人憲天之道

亦兼濟而無所私天無私故生物不測聖人無私故其化不疾而速不行而至是天之未始不爲人而人之未始不爲天也德至此謂之盛德業至此謂之大業大哉仁義之用乎其貫天人而一之者乎雖然法天者聖人之政也無窮者聖人之心也天下已治已安矣而聖人拳拳修德之誠則未已也嘗稽古堯舜禹湯文武之爲君矣黎民於變也而猶以兢業爲心四方風動也而猶以精一爲戒文命四敷也而猶以滿假爲警兆民允殖怙冒永清也而猶以制心制事緝熙敬義爲功之數聖人者真有見夫此理之在吾心不容或息而成性之存存者固萬化之所由出也故曰君之道在心心之術在仁義嗚呼此王道之本也天德之基也王霸之所以分也古今治亂安危之所以异也其幾微之際不可不辨此又周子立言之旨也

表

擬宋以司馬光爲翰林學士謝表（治平四年）

李尚實

同考試官教諭向批（訓致清雅音節鏗鏘至祝願處尤見忠愛宜錄以式）

考試官教諭吳批（誠懇之意溢於言表匪特四六之工爾）

考試官教授黃批（駢麗典則）

治平四年月日臣光伏蒙聖恩以臣爲翰林學士者伏以西掖森嚴穆贊絲綸之秘北門清切肅共獻納之誠命渙汗而已頒志傴僂而莫及榮知稽古懼切負乘臣光誠惶誠恐稽首頓首上言竊惟翰林學士之稱不徒摛藻敷瓊之選爰資顧問兼藉論思龍作納言亮虞工而展采樊爲賦命補周袞以程功迨宅俊之道微遂格心之化寢承明受簡競春艷於三都集賢典書奪星祥於四戶艷歌供奉醉臥儀同步晷斷窮嗟疏慵之至陋吹塤逐驥嘆筋力之已違雞樹興悲芝泥溷寵徒勞頓轡何取奇才詔下山東致狂徒之灑泣令宣河右來悍將之歸心論兵喜頗牧在前議事致權奸奪氣明稱萬里驚五字之文章膏潤八荒沛片言之霖雨鄰密勿職重謀猷自非宿儒詎膺茂秩伏念臣光才非濟世學不明經涑水潛心甘養十年之晦并州判事忽承一日之知誓不妄以誠身抱孤諤而許國麟川議築遽許批鱗永郡矢謨常懷陷首應水灾而極諫當日食而抗章三事間條幸蒙采納五規繼進復荷褒嘉方減起居之除重叨制誥之遇官歎歷試心愧素餐不圖荐陟於華階頓覺愈難於稱塞茲蓋伏遇乘乾御極履泰握圖孝洽重闈篤紹萬里之統道符四廟敬操三重之權堯文緯地經天舜德尊親饗帝沃心進講日月緝熙光明虛懷受人夙夜基命宥密以震器貴儲於建豫而聖功必在於養蒙迎鶴禁以開祥旁招國士闢虎闈

而齒胄迪簡時髦謂勸忠弃短不弃其長惟輆舊使功不如使過遂令樗散亦荷栽培視草判花慶渥榮於湛露宣麻持藁欣改色於春陽臣敢不俯效愚忱仰答聖眷殫平生之精力忠照赤葵感希世之遭逢信盟白水焚香蠲禋而告夜舉筆責難以愛君顧慚鉛槧之未工莫繪乾坤之爲大苟四命有裨於庶政雖百身何恤於九京天禄參倚董楊瀛洲之寤寐岑馬弘敷德音秩秩仰一人之慶於軒墀布昭聖謨洋洋收四海之春於禹甸但知修名以勵節敢云竊禄以肥家永堅仁義道德之懷姑舍燕許常楊之技日臨月照髮白心丹此臣之所以言可對人行之没齒者也伏願與人爲善能自得師鑒成憲不愆不忘求多聞有馮有翼闢四門而咨四岳知人安民叙九疇以式九圍斂福錫極治歌天保壽咏崧高龜範龍圖協帝王千載傳心之瑞鳳儀獸舞綏華夷萬邦稽首之休臣無任瞻天仰聖激切屏營之至謹奉表稱謝以聞

第三場

策

第一問

梁綱

同考試官訓導楊批（聖學始終之要敬一盡之子能闡心學之淵微發至德之精蘊見聞該博叙述詳明蓋涵濡聖化而有得者）

考試官教諭吳批（歷陳唐虞三代及我聖朝道學之盛事核詞典）

考試官教授黃批（善發明心學宜錄以獻）

帝王崇務學之盛節而後可以隆天下之化勵正心之實學而後可以端天下之本蓋天下之化本於一人而一人之學原於一心帝王之學心學也本之於精神心術之微而施之於天下國家之大是故其居之也敬其守之也一一則心正而學崇矣敬則本端而化隆矣古之所以開道學之源今之所以承道學之統聖之所以作明之所以述其皆有得於斯乎知此則我聖祖集群聖之大成而我皇上弘烈祖之盛德而聖學精蘊如日中天聖化流行如水行地豈非斯世斯民之所快睹而相忘於至德純化之中者乎請爲執事陳之粵自堯舜執中而十六字開道學之源三王建極而五百年承心學之緒故有志二帝三王之治不可不求其道有志二帝三王之道不可不求其心求心之要亦曰主之以靜以要其中居之以敬以致其一而已矣故堯之欽明也舜之温恭也禹之祇德也湯之聖敬也文武之翼翼小心亦臨亦保也其爲治也唐虞之勳華也夏商之用乂也文武之謨烈也其爲化也於變而風動也四訖而丕

式也遵道而遵路也是皆所謂端天下之本而隆天下之化者也降而劉漢以後趙宋以前其間英君誼辟間有可述如漢文之躬修玄默務崇德化亦嘗求之內矣然政尚黃老禮文未遑而當時之治不過小康可補於治化乎唐宗比迹湯武仁義弗失蓋嘗有所志矣然內治雜夷大倫未正而貞觀之政漸不克終何裨於文教乎宋祖天資仁厚擢用儒臣嘗令洞開諸門曰此如我心似矣然天下初定道學未興而幽燕竊中原貽患何取於創業乎是蓋其始也未嘗究心於學而其學也不能求端於心無怪其化之不隆治之不古也洪惟我大祖高皇帝汛掃胡元肇開文教及我成祖文皇帝靖寧區夏益崇正學上有以接二帝三王之統下有以開聖子神孫之傳而其純王之心內聖之學端本善治如天地之覆載如日月之代明如四時之錯行者也故當時聖祖不自滿假造觀心亭而諭學士宋濂曰人心虛靈乘氣機出入操而存之爲難朕罔敢自暇自逸又論存心諭侍郎曾魯曰人君一心治化之本存於中者無堯舜之心欲施於政者有堯舜之治不可得也然不徒托之於言而復著之爲書故精誠一錄博引六經孔孟之言而約之爲吾心無妄之學其中大旨則曰敬天者君之所以盡君道也曰忠君者臣之所以盡臣道也曰孝親者子之所以盡子道也揭示弘綱以便省覽以諭臣民而其精誠所運與堯舜精一執中之訓夫何殊成祖爲善孜孜嘗與學士解縉講正心之學曰人君心能靜虛事來能應如明鏡止水自然純是天理朕每退朝默坐未嘗不思管束此心又答皇太孫問精一執中之旨曰讀書當求大義不可效書生循行數墨徒費精神又云以道制慾以禮制心庶幾寡過然又以言之不文傳之不遠復著爲聖學心法申明道學之始終揭示正心之綱領其書之大要則曰君道有四而敬天法祖用人理財其大也臣道有四而忠勤廉謹其大也父道如周公之教伯禽而克昌厥後以燕翼子其大也子道如文王之事王季而修身慎行不辱父母其大也獨探淵源以繼往聖以開來學而其心法所傳與三王建中建極之旨夫何異列聖相承心領神會仰惟我皇上揆道統天定禮興樂覲耿光而揚大烈而政治勳華難以悉舉至於務學之盛節正心之實學尤能統列聖之真軼三五之駕而漢唐以下不足言矣伏讀御製敬一之箴有曰郊則恭誠廟嚴孝趨省躬察咎儆戒無虞弗參以三弗貳以二靜虛無欲日新不已大哉聖言其究聖學之始終而主靜以立極者乎心箴之解曰心爲身主吾心克正則四肢百體莫不聽令使有一毫不正則被物欲所隔便與理相反一哉聖心其發范氏所未發而有功於心學者乎是心也是學也堯以是傳之舜舜以是傳之禹禹以是傳之湯湯以是傳之文武文武之道至聖祖而大成而聖祖列聖之傳至皇上而

益盛久道化成之功重熙累洽之治禮樂備而教化行天地位而萬物育而諸福之物可致之祥無不畢至蕩蕩乎巍巍乎無能名矣然愚生鼓舞道化之中而仰探聖學之要則又不出於聖言之大聖心之一而以中外士庶之所習聞而傳誦者爲今日獻焉傳曰敬者德之聚書曰德惟一動罔不吉誠能勵聖學始終之敬推君臣一德之心以三復聖箴諄諄之諭則帝王之學祖宗之聖先後一揆而大本大化直與天地日月四時同其悠久矣愚也何幸躬逢其盛

第二問

趙桐

同考試官教諭徐批（太極圖明道以示人故語意峻潔而渾成條理精密而疏暢西銘示人以入道故推人以之天即近以明遠要之一理已矣此篇融會二書之蘊而條答詳盡至於理一分殊處又發明仁義體用之合一尤灼然有見子其潛心於道而有得者敬服敬服）

考試官教諭吳批（體認真切）

考試官教授黄批（留心理學）

儒者之言將以明道也道之在天地間固有不待言而顯者而儒者立言以明道若皇皇乎不容已焉蓋行之而不著習矣而不察固夫人之常不有賢者闡揚而發明之則終身由之而不知者衆矣是故道之明儒者之功也言足以明道然後言爲可傳儒而以明道爲功然後可以謂之真儒矣嗚呼此濂溪太極圖橫渠之西銘所以爲理學之宗而後之學者言必稱之也歟請陳之太極一圖本無極太極之妙以推陰陽動靜之端極五氣四時之運以明男女萬物之變萬物化生各一其性而萬物一太極也乾男坤女各一其性而男女一太極也五行一陰陽五殊二實無餘欠也陰陽一太極精粗本末無彼此也太極本無極上天之載無聲臭也冲漠之中而萬象森然已具即事即物而此理無乎不存即圖之所陳則凡天地之所以覆載日月之所以照臨鬼神之所以幽彝倫之所以著聖人之所以爲聖人固已備舉而言之矣朱子謂其發明造化之原不其然歟西銘一書推親親之厚以大無我之公因事親之誠以明事天之道窮神知化所以樂天而踐形也存心養性而不愧屋漏所以畏天而求踐乎形也以此修身則爲崇伯子之顧養以此及人則爲穎封人之錫類以此處常而盡其道則爲舜之底豫爲曾子之歸全以此處變而不失其道則爲甲生之待烹爲伯奇之順令富貴貧賤處之若一生順死安兩無所憾即銘之所陳則凡孝子之所以事親仁人之所以事天老者之所以安少者之所以懷顛連無告者之所以養固皆備舉而言之矣朱子謂其揭示進爲之方不其然歟西銘雖以揭進爲之方而於造化之原亦未嘗

略如曰乾稱父坤稱母天地之塞吾其體天地之帥吾其性蓋即人物之所以生而歸之於天地其於造化之原亦兼舉之矣但未若圖之窮極本始直探至隱爾太極圖雖以明造化之原而於進爲之方亦未始遺如曰聖人定之以中正仁義而主靜立人極又曰君子修之吉蓋即聖人之所爲學而示人以當務其於進爲之方既明言之矣但未若銘之工夫節目更爲致詳爾原二子之用意微有不同故其言之所指亦各殊致也若其理一分殊之說則在西銘爲備如曰乾以爲父坤以爲母有生之類無不皆然所謂理一也然民則爲同胞物則爲吾與大君爲宗子大臣爲家相高年者皆吾之長孤弱者皆吾之幼聖人乃合德於父母賢者爲兄弟之秀出疲癃殘疾惸獨鰥寡皆爲兄弟之顛連而無告親疏遠邇錯然靡齊而情之所屬各有差別斯非其分之殊者哉分雖殊而其源皆出於天地故均氣同體之意切而仁之理行理雖一而其辨不免於親疏故仁民愛物之施異而義之理著有義以行仁則無墨氏兼愛之失有仁以達義則無楊氏爲我之私此儒者仁義合一之學而惟西銘爲能發之也又嘗以是而求之太極圖如曰無極而太極蓋上天之載無聲無臭而實爲造化之樞紐品彙之根柢所謂理一也然太極動靜而生陰陽則陰陽不同位也陰陽變合而生水火木金土則五行不同質也自男女觀之則男女各一其性也自萬物觀之則萬物各一其性也合萬於一固渾然而不可名散一於萬又秩然而不可紊斯非其分之殊者哉分雖殊而其源皆出於太極則統之有其宗而全體爲之畢具理雖一而其流實散於萬分則出之以其時而妙用爲之顯行體必達諸用則知釋氏之語寂滅者失之誣用必歸諸體則知老氏之徇生執有者失之私此儒者體用合一之學而惟太極圖爲能發之也故自太極西銘二書而觀之則夫造化之原與夫進爲之方固各有所指合太極西銘而并觀之則夫造化之原進爲之方與夫理一分殊之旨固有互相發明者而心領默識合异爲同則在學者自得之爾執事又以致進爲之方合造化之妙爲儒者分内事而欲究言之愚則以爲道不遠人亦取諸二書焉而足矣圖謂聖人定之以中正仁義而主靜立人極解之者曰聖人中正仁義動靜周流而其動也必主乎靜蓋必體立而後用有以行也能主靜則中正仁義以時出之人極立而天地日月四時鬼神有所不能違矣銘謂于時保之子之翼也解之者曰畏天以自保者猶其敬親之至也人而能敬則能存心養性則能不愧屋漏則能樂天踐形窮神知化以至無一行之不慊而沒吾寧焉故能靜而太極之理不在圖而在我矣然亦未有靜而不原於敬者也能敬而西銘之義不在銘而在我矣然亦未有敬而不能靜者也程子曰主一之謂敬朱子曰無欲故靜而周子論學聖之要則又曰一者無欲也無欲則靜虛動直靜虛則明明則通而太極

西銘之理藏諸用動直公公則溥而太極西銘之理顯諸仁有志於靜敬之學者誠能存養此心於寂然不動之時而省察此心於感而遂通之際不爲物欲所蔽不爲二三所移廣大高明萬物一體則太極西銘之理一以貫之而無餘矣此固二子開示後學之深意也此二子明道之功遠有以接乎孔孟之傳而其言之粹皆足以俟百世而不惑也若夫其所得之淺深則非後學之所能測識而亦非後學之所敢輕議也

第三問

任汝聰

同考試官教諭王批（寬嚴之宜此論定矣當爲今之守令告）

考試官教諭吳批（引據切當）

考試官教授黃批（文思充裕）

人臣有視國猶家之心而後有愛民如子之政夫國之有民猶家之有子也善家者之於子也保赤擊蒙之不同而皆所以爲愛善國者之於民也寬仁嚴明之異用而皆所以爲治家國一理也心政一機也是故存渾厚之體而後可以興明作之功勵振肅之威而後可以收敦大之效仁義并行寬嚴互用古之循良之吏未有不如此而可以爲政於當時垂譽於後世者也執事有感於民瘼之艱反思乎循良之治誠爲國爲民之盛心也愚敢述所聞以對程子有云斯民之休戚係於守令之賢否豈不以守令之職於民最近而政令之施及民最速耶是故其責重矣夫其責既重則爲政之道不容於不慎焉然不過曰寬與嚴而已矣亦不過曰相其宜而已矣夫何專尚寬者謂德化之足以入民也不知無法以莅之則民將玩而不從其勢必至於病國此崔寔之政論所以力陳於優柔不振之元嘉也專任嚴者謂威嚴之足以擾民也不知無德以本之則威將竭而不振其勢必至於殘民此龔遂之單車所以獨入於潢池弄兵之渤海也孔子曰寬則民慢慢則糾之以猛猛則民殘殘則施之以寬誠知此道而漢庭守令可概而論之矣韓延壽之守潁川也因骨肉之訟田而閉閣思過劉寬之守南陽也因吏民之有過而蒲鞭示罰亭長受遺訴而不問者密邑之卓茂也借牛不償償而見貰者中牟之魯恭也爲政不同同主於寬矣然一則令行禁止而恩信遍於四鄰一則感德興行而美化歷於三郡廢置見咄者卒得敬愛於吏民刑罰不任者乃稱三異於境內孔子所謂寬則得衆諸子其近之若曰明作而足以興事吾未敢保其盡興乎否耶趙廣漢之治潁川也專屬鑪氣而以威制強尹翁歸之治東海也奸邪記籍而以一警百以譎計發摘而曲盡情僞者洛陽之王渙也以威強搏擊而懾服豪強者強項之董宣也行

法不同同歸於猛矣然一則誅元惡而郡中震慄一則按黜豪而吏民改行稱爲神算者有路米不鈔之化目爲臥虎者有枹鼓不鳴之歌洪範所謂沉潛剛克諸子其似之若曰渾厚而足以得民吾未敢保其盡得乎否耶要而論之寬者非以縱法自愛民之心推之者也嚴者非以殘民自愛國之心廣之者也漢世良吏之盛可概見矣方今聖明御世德威幷行一時任守令者仰承德意而寬與嚴咸與時宜之視古循良之治誠不多讓矣邇來吏治弊於積習之久而民情玩於承平之後時弊之極不無可虞者自愚生之所目擊者言之興師二載曠力廢財調發之卒殆窮於抽選加箄之賦不止於舟車加之水旱之相仍豪吏之侵漁杼柚已盡而猶曰無財興廢已殫而猶曰無兵是不流而爲仳離則弃而爲餓莩誠有如陸贄之所憂者斯民也而懲之以猛將重之以溝壑之驅也而可乎邊疆未靖遠近騷然備禦之師方興而帑藏告歉積歲之逋脫未輸而見供復負貸之則豪猾巨姓玩愒而長奸發之則黠子悍夫嘯聚而竊窺夫百姓安則樂其生不安則輕其死以輕死之民而乘多事之日誠有如陳子昂之所憂者斯時也而馭之以寬是縱之以潢池之漸也而乎今之守令將何道以施之耶曰民隱不可不恤也勤而恤之存乎寬但時事之急可坐視乎曰何可緩也邵堯夫之告門人曰賢者所當盡力之時又曰寬一分則民受一分之賜故上不害法中不病國下不害民鮮于侁曾以是而爲宋人之難矣今亦曰民財可惜也民力可節也民瘼不可不恤也民情不可不原也正賦不容蠲矣而無名之誅求不可曲爲之省乎虞人反裘負薪之喻可懼也邊戍不容緩矣而無期之興作不可悉爲之已乎東野畢馬窮必佚之喻可慮也灾苟可恤則不必泥其格汲黯之於淮陽朱熹之於崇安先期而備之預及期而拯之急者是已法苟可貸則不必盡其情寇恂之於潁川明道之於晉城臨怒而察其無知之誤權法而體其不得已之情者是已是皆寬之宜也以是而行其愛民之心將有安其田里而不識于長吏服其教化而不短于陳君者矣尚憂于時政之不舉耶曰國法不可不振也振而舉之存乎猛但疾苦之民可忍忍乎曰何可忍也朱子有云爲政以嚴爲本而以寬濟之禮云莅官行法非禮威嚴不行故威之以法而限之以爵孔明嘗以此爲治蜀之要矣今亦曰正供不可後也宿弊不可襲也備預不可不圖也奸宄不可不究也餘賦貸矣而餉伍之常城容坐困乎噪呼轅門者可慮也逃亡撫矣而富室之欺隱容玩愒乎連陌立錐者可均也豪巨之奸漸不可長則子產之於鄭范純仁之於襄雖貴近而必法以衛士而加杖者可稽也旦暮之窺備不容緩則耿純之治東郡虞詡之震朝歌先事而馴之有道及時而緝之有方者可豫也是則猛之宜也以是而行

其愛民之心將有德以立威威孚而知避威以出惠惠行而知德者矣尚憂於民命之不堪耶是寬也猛也并行而不悖之道也神而明之存乎人變而通之存乎心故朱子亦云胸中着一寬字則寬必有弊着一猛字則猛必有弊當如持衡然高者下之低者平之而已荀子亦曰有治人無治法信乎得人而立之政因心而應乎時則寬嚴自當其可又奚必於預爲之所耶雖然執事之憂恐有不盡於此者今之時固難乎其爲吏而今之吏尚有難乎其爲民者何也望風頤旨而頹其維國之紀善柔不張而長其因襲之弊甚則聽訟不審也淹延因繫也縱吏欺罔也乃號爲寬大之政及其弊而歸咎于寬是果寬之弊耶民事將墜於蕪穢之叢矣烏在其爲愛民耶肆情剛烈而成其不撓之威違衆用己而表其難測之智甚則泛濫追呼也招引告訐也慘刻科罰也乃號爲嚴明之政及其弊則貽罪於嚴是果嚴之罪耶民命將入於屠伯之手矣烏在其爲愛國耶此正孔子之所謂四惡而西山之所謂十害今時未敢謂盡無也夫循吏者上循天理而下順人情之謂也有一於彼宜乎有以動執事之慮矣是又關於天下之大勢風俗之大機而轉移化導之機又不專守與令也故曰監司者守令之原也朝廷者監司之本也賈誼亦云移風易俗使天下回心而鄉道類非俗吏所能爲也而執事與有責焉非愚生之敢知也幸進而教之

第四問

李尚實

同考試官教諭向批（發問之意不貴知古而貴通今是篇立意渾深論事精切是素究心於時務者取之）

考試官教諭吳批（理明詞確斷制可嘉）

考試官教授黃批（古雅充暢識見自別）

聖人所以制國用之道天以爲經也地以爲紀也人以爲則也天以爲經故事可舉也地以爲紀故物可列也人以爲則故功可久也何則財非天不生非地不養非人不成也是故入之不可以無度天有時以歉地有時以仇人有時以竭也是故出之不可以無節無節則侈侈則窮矣無度則濫濫則廢矣廢則民病窮則國病國與民俱病則拂經絕紀而紊其則矣欲其不困也胡可得哉且古帝王之制用也因天時之上下而爲之經也順地力之登耗而爲之紀也緣人利之豐儉而爲之則也是故禹貢有理財之道焉箕範有節財之道焉至周禮一書周公所以致太平者則又因禹貢箕範而爲之斟酌損益者也考之地官頒十有二職辨十有二壤施十有二教豫十有二政司徒之職也其屬有倉人廩人舍人者焉或以分其財守或以司其財用而大要則生之有道取

之有義用之有禮而已尚何至於病民乎考之天官六典以制邦國八法以治官府八則以治都鄙八統以馭萬民冢宰之職也其制有九職九式九賦九貢者焉而又職內以會其入職歲以會其出職幣以會其餘而大要則總之以司會掌之以司書參校鉤稽之以日要月成歲會尚何至於病國乎大抵權總於大宰而所以制其出者制用之極其儉財歸於司徒而所以制其入者防微之極其周要皆法經正紀循則以為民極者也萬世安萬民裕國用之道孰有要於此哉自漢有計相以總會計唐因之為度支之官宋因之為磨勘之司若李翱憫賦不平而作平賦之書李泌因用不足而止宣索之詔亦為上者所當知也自漢張蒼上郡國簿李吉甫因之撰元和國計簿丁謂因之為景德會計錄然或以總計方鎮兵賦之數或以綱羅一時出納之計亦司計者所不廢也以至田況作皇祐之錄蘇轍作元祐之錄其言不皆可取者乎開寶之詔申諭之於前淳祐之詔丁寧之於後其事不皆可考者乎惜其時歲幣日增而財利俱歸於夷狄求之於官官無儲峙求之於民民無蓋藏凡百謀為皆不遂矣雖有善者亦將如之何哉我朝創制立法事準周官而於理財尤所用心者是故有戶部以總其權有十三省以理其事而其會稽之密綜理之周下至縣官里胥無不與焉其與周官一書何以異哉夫何頃年以來供億既多調度不繼軍需官輸往往告匱信有如執事之所憂者以為在民賦稅重矣徭役煩矣轉輸勞矣而又室如懸磬貧窮困苦不足以勝歲派之擾一旦有急或至加賦而增役不知何以應之乎以為在官倉廩乏矣府軍虛矣饋餉頻矣一旦有警又有無名之費起焉又將何以處之乎將取之官則民之所納有額也國之所收有數也將取之民則天之所生有限也地之所產有窮也民之所獲無幾也況夫水旱相仍天不生地不養人無成矣如之何其可哉善乎賈誼之告文帝曰一人耕之十人聚而食之欲天下無饑不可得也百人作之不能衣一人欲天下無寒不可得也而陸贄之告德宗亦曰養一人而費百人之資則百人之食不得不乏富一家而傾千家之產則千家之業不得不空皆有益於世事也然天下之論節財者以為蘇轍之所謂三冗當去冗吏也冗兵也冗費也今之時一遇有警輒議加員歲月輸邊不下百萬且募兵之費不給而客兵至矣東之蒭糧未集而西又告乏矣三冗果能去乎論生財者以為蘇軾之所謂三計當明有萬世之計有一時之計有不終月之計今之時山海之利盡矣鬻爵之令下矣太倉之羨餘皆已給邊疆之用諸省之豫備皆已供畿甸之支三計果孰得乎故愚以節財之道無他亦自三冗者加之意爾冗吏可裁也添設之議不可不察也募兵果壯也應減之兵不可不革也客兵果善也無益之卒不可不袪也

省一員而有百兵之費減一兵而有一户之資袪一卒而有十口之積而又杜私請振紀綱屏僭踰罷興作則財之流庶乎可節矣生財之道無他亦自三計者加之意爾可取而取不耗其財於無益之事也可用而用不費其財於無用之地也可節而節不施其財於無功之人也積三年而有一年之儲九年而致三年之用三十年而有十年之蓄而又敦力本抑逐末均田宅蠲煩苛而財之源庶乎可開矣苟有利於民者雖小必興國家之福也苟有害於財者雖小必裁天下之幸也是故必合於天時設於地財順於人心而後取之收之則下不至於病民必天道之公也理之宜人為之義而後用之費之則上不至於病國司計者因其勢循其理微為之節文則幾矣豈可因革紛紜徒使議論多於事功也哉雖然愚之所陳者末也有本焉人君之絜矩是已方今聖人在上乾旋坤轉離照貞明天道立地道彰人道寧矣則夫訏謨遠猷以定天下之命以建萬世之策固自有道焉草茅之士不能與也謹對

第五問

李瑶

同考試官教諭楊批（禦戎策務該博者或冗而太泛論時事者多俗而不清此篇通古今之奧精邊塞之情明戰守之策的有定見用世之文也錄之）

考試官教諭吳批（真懇之情當於言外得之）

考試官教授黄批（議論諄切）

帝王制御夷狄之道在乎審其勢而已矣相其幾而已矣何謂勢強弱之形已成而可見者是也何謂幾事理之微方萌而可圖者是也不能審勢者固無以應天下之變不能相幾者又何以趨天下之勢而善其用於不窮也哉執事發策以御戎為問誠目擊時事先天下之憂而憂者矣愚以為夷狄盛衰不足慮而吾之所以審勢相幾以為必勝之道者固不可以不講也嘗聞之曰帝王之兵以全取勝又曰帝王之兵出於萬全謂之全者則夫文武之道戰守之術必有勢有幾以運乎其中而不可測焉者矣粤稽諸古虞帝舞干羽而有苗來格周王詰戎兵而越裳重譯商宗省干戈而鬼方尅周宣整車馬而玁狁襄感化之道制御之方固邈乎不可及已降是以後文德武事議論并興尊卽叙者曰非德無以化要荒樂武威者曰非兵無以服悍猛務和親者曰要結可以時鄰好美長城者曰設險可以固邦國尚薄伐者曰驅遏可以禁侵暴互相譏評各有偏駁或激之而太高或抑之而太卑誠有如執事所言者以今考之嚴尤之言有曰禦戎之道周得中策漢得下策秦無策焉劉貺之言亦曰周得上策秦得其中漢無策焉蓋武帝之伐匈奴自其中國雖能耗而匈奴亦創艾者

言之故曰下策自其連兵積歲而糜耗華夏者言之故曰無策秦之築長城謂其竭中國而斂大怨也故曰無策謂其不旬朔而獲久逸也故曰中策二子之論各有所執要之上策舍周宣其誰哉出車之詩曰王命南仲往城于方言城守之而已不與敵也六月之詩曰薄伐玁狁至于太原言逐出之而已不窮追也故周宣之時天下稱明謂爲中策果定論乎賈誼之輔文帝可謂通達國體者欲施三表五餌以係卑于矣曰愛人之壯好人之技信爲大操常義也愛好有實已諾可期十死一生彼將一至此三表也於是欲賜之車馬以壞其自珍味以壞其口音樂以壞其耳堂宇奴婢以壞其腹幸召相娛親酌手食之以壞其心彼有病其疏者以既竭民力以養兵又出財賄以賂虜易曰君子以作事謀始誼不能以謀始矣謂之疏也不亦宜乎陸贄之相德宗可謂議論剴切者嘗陳八利六病以備邊守矣曰措置乖方課責虧度財匱於兵衆力分於將多怨生於不均幾失於遙制於是欲分三道以防秋擇三帥以理兵減奸濫虛浮之費以豐財定衣糧等級之制以和衆弘委任之道以宣其用懸賞罰之典以考其成慎守中國之所長謹行當今之所易彼有以爲迂者以事無必定之規亦無長勝之法易曰君子以思患而豫防之贄可謂豫防矣謂之迂也豈其然乎方今虜勢猖獗變生叵測若一於戰恐弊中國以事外夷或招黷武之累固不可也若一於守恐中國怯而外夷横或貽示弱之羞不可也愚則曰善禦戎者相勢焉爾審幾焉爾且以夷狄與中國而較之天之授者有分事無全功地之產者有宜物無兼利是以五方之俗長短各殊用其長而乘其所短必安勉所短而較其所長必殆漢臣有曰上下山坂中國之馬弗與也險道馳驅中國之騎弗與也風雨罷勞饑寒不困中國之人弗與也此匈奴之長技也若夫中原輕車突騎匈奴之衆易撓亂也勁弩長戟匈奴之弓弗能格也堅甲利兵匈奴之兵弗能當也材官騶發矢道同的匈奴之革笥木薦弗能支也下馬地鬥劍戟相接匈奴之足弗能給也此中國之長技也唐臣有曰以水草爲邑居也以獵射供飲茹也多馬而便馳突也輕生而忍敗衄也此戎狄之所長也修封職此故也兹欲不戰而屈人之兵先聲而奪人之氣爲我之不可勝以待敵之可勝務求上策以媲美乎虞周之盛莫若厚蓄粟以資饋餉精器械以備戰故時校閱以肅軍容據要害以扼險阻重士兵以益助援謹烽火以防出没多間諜以覘虛實而又慎擇智勇之將付以專制之權使其審於勢以圖萬全之術相其幾而運必勝之籌如虜之遠塞也則惟申飭防守不挑虜釁以邀功如虜之入寇也則必倡勵武勇務致我師之剋捷而又別其勇怯明其功罪信其賞罰以鼓舞振作之則轉移之間精采自別而或戰或守各善其用何患內修之

不固而外攘之不振乎草茅之見不知所裁惟執事進而教之幸甚

山西鄉試錄後序

　　嘉靖壬子秋八月鄉試山西士巡按監察御史李一瀚亦既肅率百執事拔其尤六十有五人次第其名氏與夫文之可式者錄之矣讓謹序諸末簡以申告諸士曰夫此六十五人者謂非三晉之英我聖天子統天御極三十餘年之所化成者乎然堯舜君民躋斯世於唐虞之上匪窮居立志難逢辰嚮用時措難也今我聖天子大德配天洪仁軼世中興之盛誠莫有加焉者矣顧百姓困敝才用寡效西北之虜又日哄哄焉者何也蓋龐穢每伏於豐大而毒獸輒難以化馴亦理之所必至者耳我聖天子茲既以輔世之賢升進子諸士矣子諸士能無時行其志以副我聖天子者乎晉志曰商高宗恭默思道夢帝賚以良弼審象旁求說築傅巖之野惟肖與語聖人也爰立作相又曰文武全才輩出太原夫傅巖今平陸地說固晉產也誠使才全文武則山以西豈獨出將乎哉子諸士平居爲學以先正自期待夫既遜志時敏道積厥躬矣茲出也人或指之曰是山西將材也能無欿然不滿者乎至於用乃或能於此不能於彼則謂之時措之難也固宜說命曰慮善以動動惟厥時惟事事乃其有備君子察於此而時之義斷可識矣是故或出或處時也或默或語亦時也故夫強有力一也天下無事則用之於禮義天下有事則用之於戰勝此之謂文武全才又曰惟敩學半念終始典於學厥德修罔覺君子察於此而學之義斷可識矣是故隱居以求其志學也行義以達其道亦學也故夫止至善一也以之爲己則德明以之爲人則民親此之謂大人之學夫晉子諸士桑梓處也地儉而且逼於虜視四方又何如也茲偕計以往緊尚思北登句注之巔以南望太行之勢濯纓河汾以長挹乎唐虞夏殷之風我聖天子駕堯舜而上之而子平居謂何而顧可以自弃也商宗曰爾尚明保予罔俾阿衡專美有商今我敢不曰子諸士其尚克懋乃學左右聖天子以答久道化成之恩罔俾商相專美於前若曰制异川谷而習俗是好視窮達如冰炭然則雖不謂之才兼文武也亦宜子諸士其勖哉

應天府江浦縣儒學教諭吳讓謹序

嘉靖三十四年山西鄉試錄

山西鄉試錄序

　　聖天子握圖撫曆三十有四載乙卯秋八月復當大比天下士山西爲股肱近藩舉行如制先是巡按監察御史黃孚瑞夙秉風猷雅敦故實走使幣禮聘海內儒英舟車在道會巡按監察御史劉應熊代至寔監臨之炳文飭典百度惟貞乃以日新教諭袁文星爲考試官教授萬鳳宋廷琦學正黎勁節教諭林嘉謨周尚友爲同考試官簾以內罔不齊肅左布政使吳悮右布政使王昺爲提調官按察使閔煦副使張思誠爲監試官簾以外罔不誓戒既備矣乃合提學副使陳棐所取士二千二百有奇鑰院三試之拔其俊得六十五人將錄其名氏梓其文歌鹿鳴而薦之於朝日新當序諸首簡乃進多士而告之曰國家設科目以羅俊乂匪伊人私惟夫職是共人才起巖穴而附風雲匪伊寵藉惟行義是期爾多士行且進矣亦知所以進之道乎帝載皇猷非道不輔雉膏流渥非智不興巨負仔肩非力不舉積紛叢委非敏不斷沈隱伏機非明不燭逾越僭竊非武不戡統而言之才也孔子曰才難不其然乎唐虞之際于斯爲盛爾多士生唐虞之故墟而誦孔子之遺訓今觀其爲文也談理性者必曰精一執中贊道德者必曰放勳重華論事功者必曰時雍風動語制作者必曰神化宜民稱文章者必曰巍然煥然雖其言人人殊要之出入典墳軼蕩今古其思深其趣遠庶幾乎生于其鄉能自得師矣然抑文焉爾已夫所謂才者非徒文之貴也而躬行之難我皇上以聖德臨天位道統心法直接堯舜治統事業媲美唐虞爾多士青衿弱冠豈惟黌序絃誦漸被風聲而生育長養有出于三十餘年之外焉者或寡矣乃又裒然應茲舉也將何以爲稱塞之地耶堯舜之治天下禹平水土弃教民稼穡契敷五教皋陶明刑垂共工益掌山澤之利伯夷典禮夔典樂龍納言疇咨拜命各舉其職故千載而下誦聖神之治者必以唐虞爲首稱爾多士不以諸臣之事堯舜者事吾君弗敬君者也不以諸臣之治民者治吾民弗愛民者也不以諸臣之事業自期待弗愛身者也將何以舉於鄉曰唐虞之產耶日新聞之矣善用人者不异代而借才善效用者不背時而建業今天下文教四訖六合同風猗歟甚盛蔑以加矣聖天子思以武功

保豐泰爾三晋地逼犬戎日嚴鄰震其間豈無文武全才以佐聖天子撻伐之威中興之烈者乎誠有其人則斯錄藉以爲光榮者多矣日新不穀濫竽文柄舉爾才不才惟日新任故於其始進也以忠告勗之竊附以人事君子義是役也總督軍務兵部尚書許論巡撫兵部左侍郎王崇巡撫大同都御史齊宗道樹壯猷爲士衛巡按宣大御史李鳳毛巡鹽御史李楨振風紀爲士度總理糧儲戶部郎中黃㦂主事岳粹左參政馬九德右參政宋淳王廷左參議白璧右參議薛騰蛟張鎬副使楊順汪來葛縉路可由俞憲趙忻僉事朱及蔣勳李九功趙祖元楊胤賢莫璿馬珮行太僕寺卿榮愷總兵官李賢署都指揮僉事單輔王玉贊成勞爲士慶咸得列於左云

江西袁州府萬載縣儒學教諭顧日新謹序

嘉靖三十四年山西鄉試

監臨官
巡按山西監察御史劉應熊（體陽陝西隴西縣人　辛丑進士）

提調官
山西等處承宣布政使司左布政使吳惺（仲敬浙江餘姚縣人　丙戌進士）

山西等處承宣布政使司右布政使王昺（承晦山東章丘縣人　癸未進士）

監試官
山西等處提刑按察司按察使閔煦（和卿直隸任丘縣人　乙未進士）

山西等處提刑按察司副使張思誠（子脩順天府固安縣籍陝西長安縣人戊戌進士）

考試官
江西袁州府萬載縣儒學教諭顧日新（懋仲福建莆田縣人　癸卯貢士）

河南汝寧府光州光山縣儒學教諭袁文星（子經湖廣黃岡縣人　己酉貢士）

同考試官
浙江湖州府儒學教授萬鳳（應岐直隸宣城縣人　戊子貢士）

浙江衢州府儒學教授宋廷琦（國賢山東城武縣人　甲午貢士）

直隸鳳陽府宿州儒學學正黎勁節（介甫湖廣巴陵縣人　癸卯貢士）

直隸大名府東明縣儒學教諭林嘉謨（廷卿福建侯官縣人　丙午貢士）
直隸廣平府威縣儒學教諭周尚友（元善江西貴溪縣人　丙午貢士）

印卷官

山西等處承宣布政使司經歷司經歷劉宣（德敷四川綿州人　監生）
山西等處提刑按察司經歷司經歷梁琴（鳴化直隸雞澤縣人　監生）

收掌試卷官

河東陝西都轉運鹽使司運使王三楼（汝康直隸太倉州籍崑山縣人乙未進士）
　太原府知府張禝（介□河南祥符縣人　甲辰進士）
　平陽府知府王楠（子梁直隸德州左衛籍山東文登縣人　甲辰進士）
　潞安府知府張子順（聚甫直隸德州衛籍河南唐縣人　甲辰進士）

受卷官

　太原府同知王于京（配之陝西寧羌衛人　甲午貢士）
　汾州知州陳秉忠（汝誨順天府遵化縣人　辛卯貢士）
　平陽府鮮州知州馮九韶（宗虞河南鈞州人　丁酉貢士）
　潞安府襄垣縣知縣馬鈌（肅容河南睢州人　庚戌進士）
　澤州高平縣知縣黃作孚（汝從山東即墨縣人　癸丑進士）
　汾州孝義縣知縣劉大觀（伯顒陝西清澗縣人癸卯　貢士）
　澤州陽城縣知縣韓珊（叔珍湖廣光化縣人　癸卯貢士）

彌封官

　平陽府同知劉衍祚（淑嗣河南洛陽縣人　庚戌進士）
　太原府推官何榮（信卿順天府涿州人　癸丑進士）
　遼州知州王表（汝極陝西蒲城縣人　丁酉貢士）
　平陽府隰州知州李沔（東源山東曹縣人　戊子貢士）
　潞安府長子縣知縣沈應時（子易河南河南衛人　庚戌進士）
　平陽府臨汾縣知縣楊君璽（廷信彭城衛籍山東文登縣人　癸丑進士）
　太原府代州五臺縣知縣楊啟充（子大陝西狄道縣人　甲午貢士）

謄錄官

　平陽府推官劉贄（子禮河南洛陽縣人　庚戌進士）
　平陽府絳州知州許用中（舜敷山東東阿縣人　甲辰進士）
　太原府陽曲縣知縣胡應文（子遇直隸永年縣人　癸丑進士）
　平陽府蒲州臨晉縣知縣蕭九峰（壽夫直隸興州衛籍江西廬陵縣人

癸丑進士）

平陽府鮮州夏縣知縣沈珆（邦重武功左衛籍浙江德清縣人　癸丑進士）

平陽府鮮州聞喜縣知縣沈維藩（岳卿直隸定州衛籍江西德化縣人　癸丑進士）

潞安府長治縣知縣李應元（文徵河南祥符縣人　癸丑進士）

對讀官

潞安府推官周京（子依直隸永年縣人　癸丑進士）

澤州知州齊遇（士賓直隸桐城縣人　癸丑進士）

平陽府曲沃縣知縣張學顏（子愚直隸肥鄉縣人　癸丑進士）

太原府太谷縣知縣王學謨（子揚陝西朝邑縣人　癸丑進士）

平陽府鮮州安邑縣知縣李瑜（季純陝西三原縣人　癸丑進士）

平陽府洪洞縣知縣王大任（汝成陝西保安縣人　癸丑進士）

平陽府襄陵縣知縣羅田（汝穫河南光山縣人　癸丑進士）

巡綽官

太原左衛指揮僉事李裕信（誠之遼陽儀州人）

太原右衛指揮僉事董侃（直夫山東淄川縣人）

平陽衛指揮僉事宰承恩（君寵河南洛陽縣人）

太原左衛中左所副千戶張世美（繼芳直隸潁上縣人）

太原前衛左所正千戶楊鈺（朝□湖廣□□縣人）

搜檢官

太原左衛指揮僉事王璋（君重直隸臨淮縣人）

太原前衛指揮僉事彭汝康（靜寧湖廣漢陽縣人）

潞州衛指揮使薛奎（文光直隸盱眙縣人）

太原左衛中右所副千戶湯臣（希君直隸揚州府人）

太原右衛右所副千戶蘇銘（自新湖廣監利縣人）

供給官

山西等處承宣布政使司理問所副理問張大用（德涵順天府薊州人　監生）

山西等處提刑按察司照磨所照磨陶瓚（汝器陝西鎮番衛人　監生）

太原府通判趙孟乾（健夫陝西禮縣人　監生）

太原府平定州知州黃廷言（□謹河南衛輝千戶所籍江西分宜縣人

丁酉貢士）

　　太原府忻州同知柳文（道夫陝西隴西縣人　監生）
　　平陽府隰州判官郭璽（宗信陝西寧遠縣人　監生）
　　平陽府蒲州河津縣知縣高文學（希顏順天府寶坻縣人　監生）
　　太原府交城縣知縣劉邦聘（汝珍陝西同官縣人　庚子貢士）
　　潞安府黎城縣知縣錢進學（時敏山東萊州衛籍直隸青陽縣人　丁酉貢士）
　　太原府石州寧鄉縣知縣賈迪（伯吉直隸束鹿縣人　丁酉貢士）
　　潞安府壺關縣知縣王弘兆（德徵錦衣衛官籍順天府固安縣人　庚子貢士）
　　太原府經歷司經歷馮祥（應和直隸含山縣人　監生）
　　太原左衛經歷司經歷路進忠（良臣陝西富平縣人　吏員）
　　太原府陽曲縣縣丞蔡思勉（德安直隸滄州人　監生）
　　平陽府絳州稷山縣主簿蘇民望（士瞻陝西合水縣人　監生）
　　平陽府蒲州榮河縣主簿王祿（天相山東平度州人　吏員）
　　澤州陵川縣主簿佟尚文（時泰陝西合水縣人　監生）
　　太原府清源縣主簿紀仲義（尚德順天府涿州房山縣人　監生）
　　太原府陽曲縣典史王秉彝（好德陝西三原縣人　吏員）
　　太原府徐溝縣典史時大昂（廷氣順天府遵化縣人　吏員）
　　沁州武鄉縣縣典史孫世祿（天爵直隸滑縣人　吏員）
　　太原府太原縣典史淡馭（惟德陝西三原縣人　吏員）
　　太原府陽曲縣臨汾驛驛丞楊俊（秀夫福建建安縣人　承差）
　　平陽府曲沃縣蒙城驛驛丞劉邦用（子中雲南安寧州人　承差）
　　平陽府洪洞縣普潤驛驛丞黃實（德孚湖廣鄖縣人　承差）
　　潞安府屯留縣余吾驛驛丞姜節（致和山東利津縣人　承差）
　　沁州沁陽驛驛丞王隆（德盛陝西咸陽縣人　吏員）
　　汾州介休縣義棠驛驛丞夏宗儒（汝臣四川大竹縣人　承差）
　　太原府徐溝縣同戈驛驛丞萬化（德沾湖廣谷城縣人　承差）

第一場

四書

回也聞一以知十賜也聞一以知二　今天下車同軌書同文行同倫皆古聖人也吾未能有行焉乃所願則學孔子也

易

先天而天弗違後天而奉天時　恒亨無咎利貞久於其道也天地之道恒久而不已也利有攸往終則有始也日月得天而能久照四時變化而能久成聖人久於其道而天下化成觀其所恒而天地萬物之情可見矣　夫易廣矣大矣以言乎遠則不禦以言乎邇則靜而正以言乎天地之間則備矣　陰陽合德而剛柔有體

書

乃聖乃神乃武乃文　念終始典于學厥德修罔覺　二五事一曰貌二曰言三曰視四曰聽五曰思貌曰恭言曰從視曰明聽曰聰思曰睿恭作肅從作乂明作哲聰作謀睿作聖　六卿分職各率其屬以倡九牧阜成兆民

詩

三之日于耜四之日舉趾　蓼彼蕭斯零露湑兮既見君子我心寫兮燕笑語兮是以有譽處兮　濟濟多士文王以寧　亦有和羹既戒既平

春秋

夏五月鄭伯克段于鄢（隱公元年）晉人納捷菑于邾弗克納（文公十有四年）　夏宋人齊人衛人伐鄭（莊公十有六年）楚屈完來盟于師（僖公四年）十有一月壬戌晉侯及秦伯戰于韓獲晉侯（僖公十有五年）　仲孫蔑會晉欒黶宋華元衛甯殖曹人莒人邾人滕人薛人圍宋彭城（襄公元年）　春齊國書帥師伐我（哀公十有一年）

禮記

禮器是故大備大備盛德也　臨事而屢斷勇也見利而讓義也　舉者莫能勝也行者莫能致也　夫昔者君子比德於玉焉溫潤而澤仁也縝密以栗知也廉而不劌義也垂之如隊禮也叩之其聲清越以長其終詘然樂也瑕不掩瑜瑜不掩瑕忠也孚尹旁達信也氣如白虹天也精神見于山川地也圭璋特達德也天下莫不貴者道也詩云言念君子溫其如玉故君子貴之也

第二場

論
學以至乎聖人之道

詔誥表（內科一道）
擬漢令禮官勸學興禮詔（元朔五年）　擬唐以兵部郎中戴冑爲大理少卿誥（貞觀元年）　擬宋以呂公著爲尚書右僕射謝表（元祐元年）

判語（五條）
擅離職役　荒蕪田地　服舍違式　軍人替役　盜決河防

第三場

策（五道）

問　古帝王臨御天下道莫大於敬天法□粵惟曰欽若曰敕命曰欽崇曰昭事莫非敬天也曰率行曰監憲曰繼述曰觀光揚烈莫非法祖也可得而指與後世乃有歌大風與述故事者有制省躬與讀政要者有遵遺志與圖敬天者不一果皆剋享之素丕式之良足追古聖哲之迹否與仰惟我太祖高皇帝受天明命統有函夏欽定大明一統曆御製皇明祖訓淵猷卓識迥出千古列聖繼承益光述作如聖學心法御製帝訓其廣齊治之教垂燕翼之規者燦然明備迨我皇上縱聖憲天顯謨盡制奎芭睿藻日月輝煌欽天記頌之作祖德詩之和敬天法祖之概亦可仰窺一二與我祖宗授受皇上敬承祈天永命之道其亦有所本與爾多士其敬鋪張揚厲之以昭我明之所以盛

問　六經之文聖人所以載道而垂憲萬世者也自今考之經有異文文有異指而史氏何以謂之同歸先後殊時賢聖殊蘊而又何以謂之一心陰陽以盡易也先天後天其何以辨政事以盡書也今文古文其何以別言性情者莫如詩四詩之奧何以有正有變之不同謹節文者莫如禮三禮之旨何以爲經爲傳之互異至於春秋以盡褒貶左氏蓋見而知之者而公羊穀梁與之異論何與自是而後火於秦矣或者謂秦人焚書而書存興於漢矣又何以謂諸儒窮經而經絶孟喜梁丘賀之明易夏侯伏生之明書申公轅固之明詩江公胡母生之明春秋以至高堂生大小戴之明禮夫豈盡窮經而經絶者與抑於經殘教弛之後而不無有所裨與宋儒有謂序易自羲軒序書自堯舜詩首文武春秋述桓文而有祖宗子孫之稱其果仲尼刪述之意否與諸士子窮經以待用也久矣尚明辨之以觀博古之學

問　天之所異於人而人之所得以生者曰性曰命曰才曰氣四者統體乎人道之始終也語其要不越乎理氣而已考之儒先之論或謂理先而氣後或謂氣先而理後或謂理同而氣異或謂氣同而理異果孰是與抑各有有所見與以言乎性孔子則曰相近孟子則曰皆善然孔孟果二道與其他曰善固性也惡亦不可不謂之性曰纔說性時便已不是性曰性之品有三而所以爲性者五性原於一何若是之或異也以言乎命有云天所賦予爲命有云莫之致而至者命也然天命果二致與其他有命焉不謂性有性焉不謂命有係於所遇所稟而言者命本乎天何若是之不齊也至謂若夫爲不善非才之罪矣何又曰性無不善其所以不善者才也曰氣清則才善氣濁則才惡曰君子挾才以爲善小人挾才以爲不善是才亦有別與浩然之氣即吾本然之氣矣何又曰是集義所生者曰氣有昏明則理亦隨而昏明曰氣也者所適善惡之馬是氣亦有殊與之數說者皆大儒之格言也然亦有是非之辯否與夫盡性至命養氣達才吾儒本原之學也請折衷諸說同異得失以決其疑

問　一方之利病不遠於一方之見聞諸士子生長晉方於目前之利病講之熟矣姑舉今日切要者與諸士籌之足兵之計莫如屯田而山西之額設較他省爲最廣乃今侵隱當半而屯糧日逋名存而實亡矣兵孰與足山澤之利莫如鹽權而解池之顆鹽視諸產爲易辦乃今商不酬估而課多稽額利盡而蠹生矣利孰與興軍行不能無馬諸邊俱有市牧也何山西獨以病民貿補歲以萬計閭閻坐此困矣瘠土之民不識可常繼乎戍兵不以妨農軍令自食其力也何三關俱抽丁壯且資裝費甚不貲民財爲兩耗矣重關之地可恃以爲安乎是皆爾桑梓切膚之憂上之人亟欲區畫而未得其至計者茲欲使弊清而足以興一方之利患備而不爲一方之害諸士固有欲言而阻於出位之思者矣姑試陳之苟可以經濟一方他日推之天下可也

問　山西古晉地也晉在春秋僻居一隅無大險塞乃能尊周攘夷主盟稱霸我明當熙洽之期以全晉築戍三關宜收萬全之功何昔擅其強而今處其弱與秦并諸侯資晉人之強富漢武威制匈奴材官騎士皆出并冀唐永泰步兵稱澤潞爲天下最今行伍不充議之召募游枝不足繼之徵調訓習日勤而士氣日懦者豈兵之無貴於訓與抑訓與否無當勝敗之理與豈地險之不足恃兵力之不自奮與抑據非其利統御非其人與茲皆籌邊者所未解也二三子晉產也行且有安攘之責幸相與推言其故而參酌其宜

中式舉人六十五名

第一名　張鵬翰　太原府學生　易
第二名　晋應槐　洪洞縣學增廣生　詩
第三名　楊聯芳　河東運司學生　書
第四名　薛一鶚　芮城縣學生　禮記
第五名　翟廷楠　渾源州學生　春秋
第六名　于邦棟　平陽府學生　詩
第七名　楊緯　翼城縣學生　易
第八名　蔡賓　平定州學增廣生　書
第九名　馬鎌　懷仁縣學生　春秋
第十名　喬承詔　霍州學生　禮記
第十一名　趙敏　樂平縣學生　書
第十二名　王瑋　石州學增廣生　詩
第十三名　侯九臣　翼城縣學生　易
第十四名　侯居震　解州學生　書
第十五名　柴宗義　安邑縣學生　詩
第十六名　呂士偉　垣曲縣學生　易
第十七名　朱卿　長子縣學生　詩
第十八名　張河　石州學生　易
第十九名　岳鎮東　壽陽縣學生　春秋
第二十名　孟昊　潞安府學生　書
第二十一名　劉希孔　潞安府學生　易
第二十二名　張永通　忻州學生　書
第二十三名　陳永直　蒲州學附學生　禮記
第二十四名　杜廷玉　榆次縣學增廣生　詩
第二十五名　李橋　陽曲縣學增廣生　易
第二十六名　韓滇　壽陽縣學生　書
第二十七名　郜光先　潞安府學增廣生　詩
第二十八名　竇傑　沁水縣學生　易
第二十九名　武鎬　陵川縣學生　書
第三十名　張文　孝義縣學生　詩

第三十一名　劉應科　洪洞縣學生　易
第三十二名　劉天仁　平陽府學生　書
第三十三名　王期古　潞安府學增廣生　禮記
第三十四名　牛宗顏　汾州學增廣生　詩
第三十五名　王環　河曲縣學生　易
第三十六名　韓君恩　沁水縣學生　春秋
第三十七名　王天爵　祁縣學生　書
第三十八名　王壽松　太原縣學生　易
第三十九名　范啓光　洪洞縣學生　詩
第四十名　傅應卜　蒲州學生　書
第四十一名　趙文奎　河東運司學生　易
第四十二名　張正思　平陽府學生　詩
第四十三名　衛生　河津縣學生　禮記
第四十四名　楊躍川　蒲州學增廣生　書
第四十五名　賀時雨　寧鄉縣學增廣生　易
第四十六名　衛天民　沁水縣學生　詩
第四十七名　李敦信　榮河縣學生　春秋
第四十八名　張斾　解州學生　詩
第四十九名　令狐一槐　猗氏縣學生　書
第五十名　李思忠　平陽府學生　詩
第五十一名　薛鳳鳴　介休縣學生　易
第五十二名　馬紹英　河東運司學生　詩
第五十三名　趙恒　樂平縣學生　書
第五十四名　崔柄　石州學增廣生　易
第五十五名　安嘉善　代州學增廣生　詩
第五十六名　楊良才　蒲州學生　書
第五十七名　羅節　蒲州學生　禮記
第五十八名　萬人表　清源縣學生　詩
第五十九名　盧守經　陽城縣學增廣生　易
第六十名　邢實　洪洞縣學增廣生　春秋
第六十一名　喬翔鳳　河東運司學生　詩
第六十二名　令狐鏓　猗氏縣學生　書

第六十三名　陸應鴻　大同府學生　易
第六十四名　周心易　絳州學生　詩
第六十五名　李一鶚　大同府學生　易

第一場

四書

回也聞一以知十賜也聞一以知二

張鵬翰

同考試官教諭林批（知十知二處最難發揮纔著言語便不似此作語意斟酌得旨）

考試官教諭袁批（語意精到）

考試官教諭顧批（沉著典雅）

賢者擬大賢之愈已即其所聞而知有深淺也夫發聖人之蘊者顏子也子貢不得而與焉觀其所擬而進道之淺深見矣子貢之學明於內觀故因夫子與回孰愈之問而自知其不可及也乃敘其進道之等謂夫吾夫子之傳道其視回與賜一也所聞同也而賜之求進於夫子之道亦與回一也分量不同也曷言乎彼道之有始以要其終猶夫一之有十也其在回也明睿之資得諸天而潛心之學積之久有所聞也即其一言而道之全體以之而昭融自其發端而終之極致因之而默契是故於言而無所不悅也與言而終日不違也妙道精義所不容盡言者有以神而明之心領之下無餘蘊矣蓋一之該十乃道之躍如之機而由一知十實回之卓爾之見是殆亞於生知者焉若道之自此以達于彼猶夫一之有二也其在賜也穎質僅得乎中人而學力未優於上達有一聞也意見限於推測明有所及有所不及而尚格乎統會之機事理擴於見聞言有所知有所不知而未徹乎精微之妙是故告往則知來也一貫則疑似也文章雅言於其所已聞者是惟引而伸之徇象之外未盡達矣蓋一之於二不過物類之相形而因一知二僅能億之而屢中是必待多學而後知焉是則知十則知出於所聞之外理無遺知也知二則知及於所聞之中知有遺理也回蓋得於沉潛而賜則涉於想像其淺深優劣較若徑庭耳此賜之常以自省而寧敢以自誣乎抑論孔門自顏子而下穎悟莫若子貢其聰明才辨居然不群夫子亦嘗以達許之恐其自負而不下於回也乃有孰愈之問以觀其務

學之實且子貢悅不若己者故以回之過人者方之所以抑之也抑之者引之也子貢自信其不若回則自視歉然而曰孜孜焉以求庶幾於回之不惰此其終聞性與天道而益觀其深也夫

今天下車同軌書同文行同倫
晉應槐
同考試官教授萬批（發明不倍意出且辭不煩繞杰作也）
考試官教諭袁批（典雅迴异時作）
考試官教諭顧批（明暢）
中庸舉王制大同於天下見爲下之不倍也蓋王者有一代之制所以大一統也通行於天下而敢有或倍者哉子思論爲下不倍之義舉當時以見之也意謂王者之立極也有一定之制而君子之處世也有一定之分固不能違時以有作也以今時言之成憲作于前王而謨烈之休未泯舊章垂于後世而經綸之迹尚存是蓋我周之所世守而天下之所共由者也是故引重致遠先王之立成器以利天下莫有要於車也民生異地若難必其軌之同矣然而冬官布之工輿守之而天下之爲車者取則焉殊途合轍而廣狹之如一異飾同度而遠邇以皆通是則天下遵一王之度矣寧有越軌而爲制者乎紀事載言先王之治百官以察萬民莫有重於書也民生異習若難必其文之同矣然而內史頒之行人諭之而天下之爲書者取則焉象形錯綜而點畫同其體諧聲高下而音韻比于節是則天下遵一王之文矣寧有別考而爲書者乎至若行莫大於倫先王明之以一民行以定民志而納天下於皇極者也民生異俗亦難乎其爲同矣然而五典敦之五禮庸之而天下之爲倫者莫能外焉儀則別親疎之體而隆殺以彰品式列貴賤之分而等威以辨道德一而風俗同是則天下遵一王之典禮矣又孰敢有□倫而爲行者乎是則王制之設莫大于三重而人心之趨咸歸于一統此固有周之遺烈也生於其時而可以或倍乎哉抑觀子思此言蓋祖述尊周之意也夫子生于周末道大德宏足以當制作而位不在焉故曰吾學周禮今用之吾從周所以立萬世之防者至矣子思學夫子者也首述生今戾古之戒又以周制大同者明之不惟示爲下者之不可倍而周制之盡善全美亦可想見其盛矣故夫子他日又曰郁郁乎文哉所以善之也學者合而觀之則爲下不倍之義聖人從周之心思過半矣

皆古聖人也吾未能有行焉乃所願則學孔子也

楊聯芳

同考試官教諭周批（語有斟酌理明意足僅見此篇）

考試官教諭袁批（講願學處最是）

考試官教諭顧批（體認真切）

大賢推尊三聖而獨有所宗可以見自任之重矣夫孔子道之宗也大賢并尊三聖而獨有志於孔子其自任以斯道之重也如此此孟子折衷之論以見夷尹不同道也意謂大哉聖人之道自其造夫極者而言不可或謂之異自其會夫全者而觀不可咸謂之同吾嘗仰而思之伯夷以道自潔聖之清者也伊尹以道救民聖之任者也孔子以道行權聖之時者也是皆成性安行而無事強勉爲道不同同歸於聖人之域矣亦嘗内而省之所求乎夷清何有於我也所求乎尹任何有於我也所求乎孔子時何有於我也是蓋遠慕近守而躬行未逮爲聖不同同歎於尅由之難矣夫行固未能而志則不可不辨也乃若所願舍孔子何適乎惟孔子道深於化或仕或止旁行而不流凡夷尹之行夫固兼體而無累也聖集其成或久或速變易而不居凡清任之道夫固神化而無方也我則幸餘澤之未泯而私淑之仕其所當仕焉止其所當止焉道之所在固其神之相爲潛孚焉者矣外此而夷而尹豈吾之所學哉仰師資之有托而思齊之久其所當久焉速其所當速焉時之所在固其志之相爲默契焉者矣外此而清而任豈吾之所學哉是夷也尹也非真不可學也但一於清者或遺憂世之志偏於任者有累樂天之誠清任固非我所能實非我所安也此吾之所以與夷尹不同道也而丑爲我願之乎抑伯夷百世之師也伊尹先覺之聖也孟子既以聖稱矣而兹獨宗孔子然則聖人亦有不足法乎蓋孔子者元氣之流行於四時也夷尹者四時之各居其一也故孔子之時非出乎清任之外而夷尹之清任即寓夫時之中但夷尹執之而孔子化之也孟子之願學孔子正所以善學二子也孰謂孟子果不法夷尹哉

易

先天而天弗違後天而奉天時

張鵬翰

同考試官教諭林批（發明先天後天無斧鑿痕潛心理學而有得者）

考試官教諭袁批（語意精純）

考試官教諭顧批（明整）

大人之於天隨所爲而皆合也蓋天者理而已矣大人先天後天而一之以

理此所以無所爲而不合也與文言發乾九五利見之義也至此意謂理一而已矣天得之而爲天大人得之而爲大人者也九五之所以爲大人而利見者豈特天地日月四時鬼神之合而已哉今夫理涵於太始而前無所徵大人則以意而先之竭心思以代天之工創制作以前民之用夫是之謂先天也先天而爲之若難必其弗違矣然天者道之大原也大人以道爲體而心與之契故其所已爲者皆天心之所欲爲者也沉幾足以開先而命自我出建之而不悖明哲足以作則而道自我立推之而皆準裁成其道而天地於我乎范圍也輔相其宜而萬物於我乎曲成也存之也而即神過之也而即化人固爲之天固順之是謂泄天之秘而人之未始不爲天矣天寧違於大人乎故謂大人與天同體亦可也至若道著於有象而後有可法大人則奉天而行之盡人以終天地之功尚象以成天下之利夫是之謂後天也後天而奉之自有以應乎時矣蓋時者理之當然也大人與理爲徒而身與之俱故其所自爲者皆天則之所可見者也察天理以左右而欽崇時憲因其已然之迹順帝則以周旋而識變達化法其自然之運以行典禮則天叙天秩因物而付物也以順休命則天命天討與時而偕行也窮神而善繼其志知化而善述其事天固始之人固承之是謂成天之能而天之未始不爲人矣大人寧違於天乎故謂大人與天同用亦可也是則天不違乎大人大人一天也大人奉若乎天時天一大人也天與大人相爲後先矣而夫人之利見也烏容已哉抑天人一理也聖人之與途人一性也大人之所以與天合一者豈有加於性分之外哉盡其性而不以己私與焉耳自私則狹狹則有外有外之心不足以合天始以大人爲神異絶德不可企及而自外於天矣君子希聖以希天故不求天之迹而求忘己之私其道成於無我而其究終於達天是亦大人而已矣故曰大人者不失其赤子之心者也

夫易廣矣大矣以言乎遠則不禦以言乎邇則靜而正以言乎天地之間則備矣

楊緯

同考試官教諭林批（廣大即是遠邇天地之間作者類知之發明不浮則重此作理明而辭不泛邃於易者）

考試官教諭袁批（明健潔净）

考試官教諭顧批（簡切）

大傳論易道之廣大必指其所在以見之也蓋易者陰陽之理也舉遠近天地而理無不在易之廣大不於是而見乎夫子替易之意也謂夫天下之理莫外

於陰陽陰陽之義莫辯於易易之爲道可以易易言耶自其外而觀之冒天下之道而無所不包自其内而觀之立天下之有而無所不具其諸廣矣大矣乎何以見之彼天下之理語遠則易限若或禦之矣易則遠而不禦通於有形之外推之而莫知所止運乎不息之幾究之而莫知所終蓋有以見乎是理之無窮盡矣其孰得而禦之天下之理語近則易窒若或遺之矣易則以靜而正夭然自有之妙而纖微之必察一理流行之實而須臾之無間蓋有以見乎是理之無滲漏矣有不靜而正乎極而言之天高地下萬物散殊言乎其間則盡乎其有矣然天地是理之法象也萬物是理之發育也成位之設莫非變化之所行并育之間莫非擬議之所及蓋又有以見乎是理之全體而無餘矣天地之間有未備耶夫言廣大而遠近天地盡之矣言遠近天地而易理盡之矣此易之所以廣大而無以復加矣乎大哉易也斯其至矣抑廣大之理具於易然不自易始也本於天地而通於人心故易知者自大簡能者自廣大者吾心之易而廣者吾心之簡也聖人作易亦因所本有而模寫之是以建之不悖而用之盡神者也故曰易簡而天下之理得矣學易者不求之易而求之吾心則廣大可致而至理在我易書者特吾心之糟粕耳此固畫前有易之意而善學者自得之

書

乃聖乃神乃武乃文

楊聯芳

同考試官教諭周批（渾融精密佳作也）

考試官教諭袁批（善形容堯德）

考試官教諭顧批（精確得言）

大臣之替帝堯歷名其爲德之盛焉甚矣大哉堯之爲德充周而不可窮者也則其妙變化而極名言之盛也有以哉昔伯益因帝舜以克艱歸美於堯乃替堯之德而寓致望於舜之意也謂夫后惟克艱而後能以成天下之大治堯允克艱而實有以備天下之盛美帝固念之請爲帝陳之蓋帝堯之德惟其至廣而妙運是故變化而無方有所謂聖者焉知周萬物無思而無不通明炳幾先不習而無不利其德性則安安也其德行則允克也是蓋大而化之何有於強何有於爲乃其聖矣然且妙至德於淵微而莫得以窺其際泯機緘於默運而莫知其所以然不疾而自速焉不行而自至焉何其神也夫聖矣而又神焉則聖而不可知也其視大化流行而於穆不已者不其同神已乎有所謂武者焉發強剛毅神武涵不殺之威靜重端凝德威儼惟畏之象不怒而自肅也不戒而自孚也是蓋握乾之斷以震萬幾以正萬民乃其武矣然又發文思之英華而丕顯于一身麗開物

之經緯而光被乎四表煥乎其有文章焉天地將爲昭焉何其文也夫武矣而又文焉蓋聖作而物睹也其視春生秋殺而并行不悖者不其合德已乎是則聖神文武一廣運也廣運一天也天以廣運而行化工堯以廣運而神變化故曰惟天爲大惟堯則之抑謂堯之德如此其盛即所謂峻德也峻德難名故曰蕩蕩乎民無能名焉而以聖神文武名之者就其難名者擬之而不可以執一名耳故其德之所及至於被四表而格上下亦如此其極也舜之玄德亦峻德也紹堯致治乃曰重華要其德之所以盛亦惟執中焉爾中則與天合一而其本則原于心此堯舜心德之授受實萬世道統之宗

六卿分職各率其屬以倡九牧阜成兆民
蔡賓
同考試官教諭周批（氣格春容辭理蔚邕可以爲文矣）
考試官教諭袁批（純精可則）
考試官教諭顧批（典雅）
　　賢王訓六卿立圖治之體以安民也夫六卿中外之紀而民之休戚繫焉體統立而治道彰矣民其有不安者乎昔成王撫承平之運而不忘乎保治之圖鑒前代之規而因制夫訓官之體至此若曰朝廷之政隸於六典而九州之治宗於六官無非爲生民計也惟爾六卿自冢宰而司徒而宗伯其職則邦治邦教邦禮而有六十屬之相承以分攝焉燦然典章之具在又自司馬而司寇而司空其職則邦政邦禁邦土而有六十屬之分理以相從焉昭然法制之有常是惟率作以興事卿舉其端屬業其緒而秩秩乎天職之是修綱舉而目張屬效其能卿考其成而濟濟乎天工之是亮夫政之在朝爲四方之極而內以達外實州牧之表六職倡之九牧則從而宣之相維之勢無往不協庶政以之而修明內度先之外治則從而播之相應之機無遠不屆萬化以之而敷治九州之民其生未易遂也于是推之無不準而被澤潤於無外樂其樂利其利熙然有以厚其生唐虞之所謂咸寧者當不專美於前矣兆民之衆其性未易齊也於是動之無不化而漸德教於四訖會其極歸其極皞然有以化于中夏商之所謂用乂者將復是於今矣是則治內以先外則體統正而朝廷集德澤流而天下化制治保邦孰有大于此哉抑於是而知兆民之命繫於九牧而懸於六卿六卿率屬而各得其人則政治無不明以倡九牧而通行於天下矣是故舉於卿承於牧善則兆民蒙其福舉於卿承於牧不善則兆民被其殃舜命四岳九官十二牧而天下治良以親賢爲急成王首立公孤而即以此訓六卿可謂知所重矣此其成重熙累洽之治也與吁周

官六典至今行之無弊所謂雖百世可知也

詩

蓼彼蕭斯零露湑兮既見君子我心寫兮燕笑語兮是以有譽處兮

晉應槐

同考試官教授萬批（有周君臣篤好情志宛在目前）

考試官教諭袁批（樸茂而有文）

考試官教諭顧批（明爽善形容泰和氣象）

王者燕諸侯興其情洽而有以獲乎上焉甚矣人臣獲上之難也王者情洽於諸侯而舉是以慰之斯其為上下之交乎此諸侯來朝天子與之燕以示慈惠也蓋曰朝覲之禮所以明君臣燕饗之典所以仁賓客爾既來朝以盡其禮則所以待之之典何如哉彼蕭地產也露天澤也惟蕭之本乎地也蓼然以長而妙夫上承之機則露之零於天也湑然以繁而沛夫下被之澤是露無心於蕭而蕭自有以致之蕭無心於露而露自有以滋之此固物理感應之必然也而況君子之在國也如弗克見每恨其相遇之疏而其至止於斯也得侍同朝既遂其就見之願則所以隆其晉接之禮也惡容已乎是故與之燕焉大烹以饗鐘鼓以樂禮意之厚蓋有出於飲食之外者矣與之笑且語焉有言必吐有懷必盡悅懌之情蓋有不拘於名分之嚴者矣夫居下以獲上為幸而人臣以得君為難情意既洽於相通則名位可保於無斁是雖無心於要譽也而羨其恩意之厚者令聞自為之不已在彼無惡在此無斁雖巧壬之言不足以間之其諸茂來章之慶矣乎雖無心於固寵也而諒其忠藎之忱者眷顧自為之有終長保其貴長守其富雖忮慝之徒不足以危之其諸永保艾之休矣乎夫如是則君信其臣而臣媚其君在臣非干澤而在君非私惠也有周明良相慶之氣象可想見矣雖然虞夏君臣交相儆戒周庭上下多事燕樂所以然者豈其道固不相沿耶殊不知都俞之中寓喜起之意諷誦之餘潛箴規之志帝王異世而同道詩書異辭而同旨要不可以二觀也故讀蓼蕭之詩者當逆作者之志不然則會同之典適以為煩燕樂之儀祇以為瀆君臣交慶之意微矣詩可以觀其此類也夫

濟濟多士文王以寧

于邦棟

同考試官教授萬批（周士傳世之顯正以有安民之功民安則文王安士子多說不出此作得之故錄）

考試官教諭袁批（盛恃氣象躍如）

考試官教諭顧批（雅健）

詩人推周士有安上之功以見傳世之宜顯也蓋人臣事上莫大乎能安之也而周之多士以之其傳世之顯也宜哉此周公戒成王之詩也至此若曰人臣立勳於國而後流慶於家周士所以傳世之顯者是豈無其故乎彼士而匪賢也固無以爲資理之寄賢而匪多也亦無以成共理之功茲者庶明應運而興悉得於彙征之吉楨幹爲周而樹允協乎勵翼之猷百僚師師有疏附焉有先後焉每懷靡鹽之憂無或有曠厥官者矣吉人藹藹有奔奏焉有禦侮焉均矢匪躬之節無或有爽厥志者矣夫多賢如此不有以必文王之安乎吾知才賢之既昌固有以符將興之兆而同道之相濟益有以崇致治之休由是而浚明亮采莫不各以求莫之心爲心謨明弼諧亦莫不同以敉寧之事爲事視民如傷人見其文王之有憂矣不知疏附先後咸有以先之穆穆文王不其恭己南面已乎不遑暇食亦見其文王之爲勞矣不知奔奏禦侮悉有以代之亹亹文王其亦垂衣聽治已乎信乎多士不獨安一國之民而文王之心之身咸亦賴以爲安矣輔世之功如此則其傳世之顯也亦宜文德格天之慶於是乎不可忘矣噫豈文王之幸致哉亹亹者心之所由以純也克生者賢之所由以親也心純則有以爲招徠之本賢親則有以動奮庸之機由是而起寅亮之忠享報禮之重媚茲一人者莫不計安社稷矣否則何代無賢而惟周室爲得人之盛乎故曰純心要矣用賢急焉繼文王者其知所監也夫厥后成王嗣守大訓緝熙單心可謂善念爾祖者矣嗚呼亦賢矣哉

春秋

夏宋人齊人衛人伐鄭（莊公十有六年）楚屈完來盟于師（僖公四年）十有一月壬戌晉侯及秦伯戰于韓獲晉侯（僖公十有五年）

翟廷楠

同考試官教授宋批（叙事整潔斷案森嚴曲盡書法之義）

考試官教諭袁批（詞嚴而整）

考試官教諭顧批（謹嚴）

春秋紀霸國之節兵而因以無敵于天下也此見桓仲所以成南摧西抑之功者由其用節制之兵也故春秋紀其實以善之焉吾聞內安外攘匡天下之義也恤民薄賦息天下之仁也春秋諸侯知此者鮮矣今也齊桓圖霸會北杏而合諸侯管仲得君作內政以行軍令故自滅譚之餘至今伐鄭之役討其背鄄之會而以將則卑未嘗用大夫以將兵也正其侵宋之罪而以師則少不

必動大衆以即戎也是其以制用兵既不盡人之力而因兵定賦亦不盡人之財矣由是蓄養之威久而敵國自歸富強之業成而外患自戢故南莫強于荆楚也而不戰有以摧之寔征之命方申納款之誠恐後屈完定盟蓋先有以服其心也不然兩廣荆兵之衆方城漢水之強求其不爲諸姬患也難矣而遽肯服於齊哉西莫強於秦晋也而先聲有以抑之威加于兩國而不爭兵息於二紀而不出韓原始戰蓋先有以奪其氣也否則潼關百二之邦表裏山河之盛欲其不爲中原擾也難矣而顧肯屈於齊哉故春秋於伐鄭稱人紀其將卑師少之實也又紀盟楚戰韓于後者著其以制用兵之效也于此見桓公明足以知人而管仲才足以佐霸君臣合而功烈著此春秋所以不可無桓公而桓公不可無管仲乎雖然能摧強楚而九國之梗即興能抑秦晋而五爭之禍繼作昔之節兵以威天下者何在耶蓋以力服人者人不敢不服故僞而易離以德服人者人不忍不服故誠而可久桓仲四十餘年之所經營者無非以力假仁之事也故屈完雖盟而楚人益橫秦晋暫服而齊霸遂衰使桓不屑於霸功而管仲稍知王道豈遽至是也哉故曰秦之技擊不如桓文之節制桓文之節制不如湯武之仁義然則春秋之取桓仲其亦不得已夫

仲孫蔑會晋欒黶宋華元衛甯殖曹人莒人邾人滕人薛人圍宋彭城（襄公元年）

馬鎌

同考試官教授宋批（深合傳意辭嚴義正當是春秋名筆）

考試官教諭袁批（筆力老健）

考試官教諭顧批（文有思致有精神）

春秋紀列卿之討叛邑必追書以謹王度焉蓋地有定制王度之不可易也觀春秋以彭城係宋而其義見矣且彭城曷爲而圍也自魚石之納方旋而虛杅之盟再講晋於是合八國以圍之歸五大夫而置諸瓠丘焉信義舉矣然考是邑也楚已取之即楚之彭城也宋弗得而保矣魚石受之即魚石之彭城也宋弗得而有矣春秋仍係之宋者何蓋先王之公天下也而疆域各有其等焉庶侯之藩王國也而封守各有其地焉惟茲彭城楚可得而取耶魚石可得而有耶自周錫之以爲五等之制所以崇德象賢者此也楚惡得而紊之自宋受之以備三恪之封所以承統作賓者此也魚石惡得而據之今也登不恪以市恩楚共則取之而不知王章之不可紊不庭以抗禮魚石則受之而不思大分之不可逾雖曰戍以三百乘楚已擅其地矣然稽之典籍之所存則彭城猶

宋茅土之公也雖曰居以五大夫魚石已專其土矣然考之史册之所載則彭城仍宋分封之舊也故春秋必追書以係之宋若曰此宋之彭城也取于楚而楚不能易也據于魚石而魚石不能亂也此義行則楚之患息而夷不得以干夏大防樹矣魚石之罪明而臣不敢以挾君大分昭矣嚴于一字之書而萬世之法寓焉此春秋所以非聖人莫能作乎雖然下陽虞虢塞邑也而不係之虞虎牢鄭之巖邑也而不係之鄭又何以與彭城異乎蓋係以國者見據險以怙亂者之罪明王度也不係以國者見弃險以啓亂者之失明侯度也王度明則可以保天下侯度明則可以保一國春秋立義之精豈可以一端求乎後世如南陽之取於齊維州之弃於外殆未講春秋之義耶

禮記

舉者莫能勝也行者莫能致也

薛一鶚

同考試官學正黎批（題難發揮辭不費而意足無如此篇）

考試官教諭袁批（意味雋永）

考試官教諭顧批（才筆俊逸）

聖人兩言仁道之難盡示人之勉於仁也甚矣仁之難成也任重而道遠非中心安仁者其孰能之夫子嘆其難有以哉想其意若謂立人之道有所謂仁焉統四德而兼衆善自其全體而言則擬之於器自其不息而言則擬之於道而其理一也試言之凡舉之可勝者非器之重也惟仁之爲器則重而莫能勝焉蓋渾然完具既無方體之可擬粹然静正又非形器所能囿是故奉持雖力每限於分量之易盈舉其偏者未能會乎其全也負荷雖勤恒歉於容受之未虛得其粗者鮮能極乎其精也蓋一疵尚存即爲成德之累而厥施或匱不免體物之遺則凡隨所舉之多寡而以仁名者皆不得與矣果孰能勝之乎凡行之可致者非道之遠也惟仁之爲道則遠而莫能致焉蓋與生俱生妙其機於莫禦與形俱形昭其運於不息是故健以致其決也則幾非在我力或竭於半途原始要終者誰與果以邁其行也則化不可爲功或虧於一簣過此以往者誰與蓋一息尚存此志不容少懈而終身由之道妙猶有未窺則凡隨所至之遠近而以仁遂者皆不得有焉果孰能致之乎吁仁道至大而難能如此君子當剋慎其難以求進於仁矣詎可自委於其重且遠耶抑夫子他日又曰仁遠乎哉我欲仁斯仁至矣夫仁一也何此擬其難而復言其易與蓋仁道雖大而爲仁由己故弘毅以立本則重遠可有矣剋復以爲學則天下歸仁矣仁果終不可體耶夫子此言恐學者狃於其易而莫肯用力所以激而進之也故曰

聖人之言莫非至教

　　夫昔者君子比德於玉焉温潤而澤仁也縝密以栗知也廉而不劌義也垂之如隊禮也叩之其聲清越以長其終詘然樂也瑕不掩瑜瑜不掩瑕忠也孚尹旁達信也氣如白虹天也精神見于山川地也圭璋特達德也天下莫不貴者道也詩云言念君子温其如玉故君子貴之也

　　喬承詔
　　同考試官學正黎批（題長作者不贅則泛是篇簡約明備文之佳者）
　　考試官教諭袁批（冲腴）
　　考試官教諭顧批（縝密）

　　聖人詳君子貴玉之由必引言以明之也夫玉之爲貴也尚矣自非詳著其可貴之德人亦孰從而知之哉昔夫子答子貢貴玉賤珉之問至此若謂玉之貴于天下固非爲玉之寡矣而其所可貴者何居蓋君子之于玉惟其以有心之感而契乎無心之質故每以形下之器而方乎形上之德獨不觀玉之德乎夫德之全體析而分之有四端衆善之殊也而在玉則温潤滑澤爲仁之愛縝密堅栗爲知之貞廉隅不劌爲義之斷垂之如隊爲禮之謙清越終詘爲樂之節以至瑕瑜不掩爲忠之發孚尹旁達爲信之實而德之殊者備矣統而會之有天地道德之大也而在玉則氣如白虹而發天之光精神見于山川而含地之靈以至圭璋特達具獨秉之懿天下同貴若共由之理而德之大者備矣由在玉各備乎德之美所以君子比德于玉之良詩曰言念君子温其如玉蓋謂是也是故君子不以器視玉而崇尚之有加用之宗廟朝廷焉以重其精粹之蘊也不以貨視玉而尊异之惟謹用之祭聘服具焉爲寶其純一之質也君子之貴玉也如此則其有如玉之德不由是而可知也耶孔子具温良恭儉讓之容上律下襲道全德備身有玉之德矣所以論玉之可貴真切詳悉如此也奈何聖人之時貴玉者多而知德者鮮使孔子有美玉於斯韞匵藏諸之嘆而玉終莫之售也雖然圭璧瑚璉輝映後世其視崇用於當時者顧孰多乎噫

第二場

　　論
　　　學以至乎聖人之道
　　　薛一鶚
　　　同考試官學正黎批（議論雄渾筆力高古迥异群作宜録以式多士）

考試官教諭袁批（閫闢操縱法度森嚴）
考試官教諭顧批（氣昌理到知潛心之學者）

聖人純乎天而極學聖人者亦純乎聖人之天而極夫天者理也理者心也聖人之純乎天惟純乎理而已矣聖人之純乎理惟純乎心而已矣心純則理純理純則天純合天人而一之聖人於是乎不可及矣然聖人非有異於人也其心同其理同聖人不過能盡其心以達諸天此所以爲善事其天也衆人有天而不知事放心越理而不之求卒使天人判聖狂分而道與我始相遠矣苟能先明諸心務窮其理知聖人之心本一也而吾亦不敢雜之知聖人之心本誠也而吾亦不敢僞之審其幾於理欲之辨致其力於克復之專由勉而求至於安由有迹以至於無迹則聖人之天在我我其聖人矣又何天何人何聖何我之有異耶程子論顏淵之好學而曰學以至乎聖人之道蓋以心明聖人而欲人知所學也且人之生也性本貞靜所謂繼之者善成之者性也及其有感而動而情始出焉所謂有物有則秉彝好德者也斯二者皆天也天豈有擇於人而爲之增損者哉惟聖人盡性以至於命天無不全而理無不得是故靜與天俱動與天游而能自立於無過之地故以喜則不濫以怒則不留以哀則不傷以樂則不淫發皆中節施無不當則又何害於情何傷於性何賊於心何拂於天始則天之未始不爲人終則人亦未始不爲天矣但人之爲道不知以心爲事而自遠其則行之而不著習矣而不察者衆矣生而靜者奪於耳目之官平旦所息者梏於晝之反覆蕩情亂性縱心悖天而始與聖人異是豈人之性情哉故知性之本無惡也則知自暴自棄之心不可有也知情之可以爲善也則知存心養性之功不可緩也春秋之時求其知此道者莫如孔子體此道者亦莫如孔子觀其言曰性相近也習相遠也又曰君子上達小人下達蓋傷天下之鑿其性也曰中心安仁天下一人曰從心所欲不逾矩蓋勵天下之順其情也當是時善學孔子者又孰有愈於顏子者乎三月不違是雖未至於孔子也而其從事之勇語之不惰真有欲罷不能者視諸自畫願息不亦大相十百者耶世之論顏者莫不曰步亦步趨亦趨可以見其以實求孔子焉又莫不曰墮體黜聰心齋坐忘可以見其以虛求孔子焉不知虛實有無之間動靜形感之際顏子殆難以形迹者拘矣自今觀之非禮勿視非禮勿聽非禮勿言非禮勿動非以中禮者聖人而四勿復禮者爲求聖之功乎不遷怒不貳過非以無過無怒者聖人而不遷不貳者爲求聖之功乎明以察幾健以致決由不遷怒以求至於無怒由不貳過以求至於無過由復禮以求至於中禮約其情以合於中盡其性以契乎天顏子之心蓋得孔子之意而忘言者多矣其動靜

語默用行舍藏何莫不與孔子似耶是故庶乎屢空一孔子之浮雲富貴也願無伐善無施勞一孔子之何有未能也終日如愚一孔子之無言默識也有若無實若虛得一善拳拳服膺弗失一孔子之為學不厭也顏之去孔特未達一間耳曰庶曰願曰如愚曰拳拳不其體段已具微有迹之明徵乎易復之初九曰不遠復無祇悔元吉而孔子繫之以辭曰顏氏之子其殆庶幾乎有不善未嘗不知知之未嘗復行也孔子蓋器之深矣高堅前後如立卓爾然則顏子喟然之嘆其深於道者乎何聖人之不可學而至也蓋有見其優於湯武矣是學不止於湯武也有見其同道禹稷矣是學不讓於禹稷也有見其有為若舜矣是學又可至於舜也孔子惟我與爾之譽其有所試矣顏子之學何嘗异于人而人自不能不异者其諸异乎人之好與雖然顏子之賢固在於好學好學之要莫過於不貳過妄復則無妄過不貳則無過彖曰復其見天地之心然則不遠之復其見聖人之心乎知天地之心復于化則知聖人之心復于天顏子求純心于天其知復于聖乎

同前

于邦棟

同考試官教授萬批（認理真切無一贅辭宜并錄之以式）

考試官教諭袁批（辭意圓融雋永得程子旨）

考試官教諭顧批（渾融邕健）

天下之道不外於心也君子善事其心焉則作聖之本立矣本立則心有所主而學得其要雖不期于聖也而積之以久將有優入而不自知者聖人之道有不可以至乎是非聖人之道也道之統於吾心而與聖人同焉者也惟聖人能主靜以立其體而用之動者自無弗和而學者每淆於動以失其真靜之體而復役於外以求之則其去聖人也始遠矣故君子之志於道也必以聖人為期而希聖之功則以治心為要也能治其心則性無不復情無不順靜固定動亦定而萬事萬物無有不得其理者矣學之為道不外于是而聖人所以為聖人者又豈有加於是哉此顏子所以為好學而程子推之以為萬世告也今夫人之生也必得天地之心以為心而所謂天地之心者于何見之易之復曰復其見天地之心乎而于咸又曰觀其所感而天地萬物之情可見矣蓋一陽初動雖足以少見乾坤之蘊而發散之幾尚介乎有無之間至於咸則與萬物交相感應而絪縕摩蕩蓋有欲一之而不能者而天地之和卒不為之少戾焉此其所以為無心之感而天地萬物之情于是乎可見也嗚呼知天地萬物之情見於感則人之所以為心者亦

斷可識矣當夫客感之未形也思慮之未起也廓然大公而已矣粹然至正而已矣盎然太和而已矣如太虛然鬼神不得而知之吾無所交于物而物亦不得以爲吾之病視諸聖人之心無意必固我之私者何以异哉惟夫一有所感而可喜可怒可哀可懼可愛可惡可欲之事雜然而并交於前而吾之所以爲心者不得其養而無以爲主宰之本則物交物引之而去不難也以外物爲外將牽已而從之較之聖人始不能不相遠耳情之公者或奪於私也正者或陷于偏也和者或乖其則也其不能至聖人之道也固宜也然則欲求至乎聖人之道者抑將絕物屏知如彼虛無寂滅者而後可以言學乎亦惟曰善事其心而已矣昔之論心者謂之天君言乎無所不主也謂之大體言乎無所不統也是故存之則爲五常發之則爲四端著之於身則爲五倫所以統乎性情而妙動靜之幾者也雖湛然至虛而七情之體段已具雖寂然不動而未發之氣象可觀萬事萬物蓋無一不在其中者然惟情之發也去心爲不遠而其幾爲初動且其所感者皆在吾一身交接之內而其約之也亦不難此固學者之於聖人相去幾希之際而易之所謂感也於此約之則辨之於早其復不遠而凡情之發也蓋有不待強制力復而無有弗中節焉者矣是故其喜也以物之當喜也其怒也以物之當怒也哀不至於傷也懼不至於懾也不之其所親愛而辟也不之其所賤惡而辟也不之其所歆羨而辟也物之交於我也猶萬物聚散於太虛而冰之凝釋於水也我之應乎物也猶鑒之空而無妍媸也衡之平而無輕重也已發之和即未發之中物來順應之妙即廓然太公之體無內外無將迎合動靜兼體用其去聖人之道也夫何遠哉惟不致慎於此或待其既發而後禁之失之既遠而後復之情既蕩矣而後求所以約其情性既鑿矣而後求所以養其性又其下者或求之於威儀焉或求之於文辭焉或求之於詩書六藝焉安於氣禀之性而無矯正擴充之功竊聖人之近似而不得其精微之妙乃曰學之道盡矣聖人之道在是矣聖人之道豈止於是哉嗚呼聖人所以爲聖人者固不外乎道而其所以爲道者亦何嘗外于心也故曰太和所謂道又曰動而正曰道所謂和者自吾心發皆中節無所乖戾者言之也所謂正者自吾心至正明達無所偏倚者言之也苟無治心之功而用情之際或乖而弗和或偏而匪正則我之所以爲喜爲怒爲哀爲懼爲愛惡與欲者皆一人之私也人將弗以爲是而弗之由矣非天下之共由而可以謂之天下之達道乎非天下之達道而可以謂之聖人之道乎非聖人之道而可以謂之學乎故曰學以至乎聖人之道蓋言治心也然是心也又豈可以易治哉理之具者有萬殊焉事之應者有萬變焉吉凶悔吝寓於紛綸交錯之中而善惡之幾誠偽之辨天人之介差之乎毫厘而謬之乎千里有不容以易察者故虞廷授受以惟精爲先

而大學之教亦以格致爲始樂堯舜之道而獨得孔子之宗顏氏之子其殆庶幾
乎故孔子稱之曰回之爲人擇乎中庸又曰有不善未嘗弗知夫其擇之明則可
與精義也知之早則可與研幾也是以克復之日請事之而無疑而過之不貳也
怒之不遷也皆由於至明有以察其幾故健以決之而其情自約於中耳程子亦
曰先明諸心知所往而後力行以求其至嗚呼盡之矣然則學顏子之所學以求
至乎聖人之道者必自致知始

表

擬宋以呂公著爲尚書右僕射謝表（元祐元年）

張鵬翰

同考試官教諭林批（叙事有矩度發出呂公著忠愛之意造語精切文采蔚然傑作也）

考試官教諭袁批（麗則四六之佳者）

考試官教諭顧批（駢麗典雅得臣子忠君體）

元祐元年月日臣公著伏蒙聖恩以臣爲尚書右僕射者伏以天臺宥密九
重依咫尺之光斗極崇高百辟倚鈞衡之重忽三命之滋被顧四辭之未從人以
爲榮臣則知懼臣公著誠惶誠恐稽首頓首上言竊惟尚書喉舌之職僕射丞弼
之司參攝百官協宣庶績必有九德之并茂乃肅兩府之具瞻歷稽前聞兼重其
任納言慎始龍熙舜采以亮虞功周德相終尹昭夏車而存殷監自仲虺而後及
君奭以來道或讓於濟州業多虧於補袞聽革履而獻牘僅標與於鄭子游排桂
闈而停刑幸霽威於鍾離意闢建禮以疇咨元俊誤獲雙龍策明經而翼贊化機
偶協三鱣然黼藻之治非無可觀究啓沃之功竟亦何益仰惟重熙之代益優六
符之臣睠此崇階宜歸碩彥豈謂桑榆暮景謬膺綸綍新榮伏念臣公著學不足
以藻身才未能以經世猥憑異數荐歷清華仁廟察其朴忠睿旨旌夫恬退慶曆
之始戀承龍渥於崇文嘉祐之中繼濫鴻慈於待制當英皇之嗣服重忤濮議而
遂左遷逮神考之承祧力排新法而復外補衆言交譖以爲立异而干譽清聽獨
聰知其盡職而無罪河陽再入孤憤益揚恥嬋媛之爲容奮慨慷而議政銀臺罷
奏至決去留以正朝綱彤管直書首辨直邪而應明制冒陳十事罄竭寸忱內外
出入者廿年顛沛艱辛者六郡尚覺丹心之未沒自甘白首以爲期惟思上士之
與齊詎意中臺而涸寵憂深據蒺愧切循□茲蓋伏遇睿啓沖年德凝上智赤光
虎變凤昭元聖之真符紫極龍飛茂協重華之景運觀耿光於六聖洽大孝於重
闈乃知帝王自有真五色麗卿雲之彩會見中和之兼備三階泫甘露之精復賢
良方正科讜論日聞乎格心逆耳罷老莊申韓學邪說遂息於畔道離經孔庭俎

豆孟顔周禮盡在是魏闕夔□堯舜王道示如斯閔農祈雨於南郊瑞應玉綸之發貴德却獅於西域功深銅柱之標鐲賦賑荒遐壤喜一人能養掩骸減罪窮氓歌四海多仁當五始謹求更化之端簡三公用寄調元之任人維求舊治與圖新尚有典型慨前魚之盡弃博延耆老幸老馬之猶存白麻驚睿藻輝煌蒼玉怳恩波流動遭逢一旦度越諸臣臣公著敢不益勵初心求堅晚節理治繩以甦民命不競不絿調化鼎以解時瘼無偏無黨西戎之兩議未決羞虛名徒動乎不庭免役之五害尚行誓微躬罔生於明世故寧謇諤訐切危身而拂衆不忍浮沉依違悅人而誑君上期謨明國體以凝百工下思鑒別人材以協群望克副承家之孝庶幾報主之忠伏願定保慎微宅中圖大一德交孚於上下幹蠱聲以成紹述之隆休六學念典於始終拔泰茅以廣粹精之大化禮樂明而天地治車書混而人物熙祚頌日升月恒篤萬年丕丕之緒治歌星輝海潤迓四方穆穆之衡臣無任瞻天仰聖激切屏營之至謹奉表稱謝以聞

第三場

策

第一問

薛一鶚

同考試官學正黎批（法祖敬天帝王治天下之道莫要於此而其本在於敬一子能根究而揄揚我聖祖皇上之謨烈條答明盡其三晉之奇士耶）

考試官教諭袁批（敬天法祖為祈天永命之本此篇究極而揚厲國家創守之盛其涵泳聖化而有得者耶）

考試官教諭顧批（垂創宏規授守要道自古帝王未有盛於我皇祖皇上者子能揄揚精蘊而識其大旨可與言心學矣）

大哉敬乎所以達于上下而妙乎感通之機者也所以相為後先而裕乎創守之道者也其本存于一心而昭格之極則可以先天而弗違其道豫于一時而垂裕之遠則足以俟後而不惑其天人統會之極而千聖相傳之心法乎是故以此敬迓則大命可集也休命可順也明命可承也哲命可貽也而天心其克享矣以此敬承則世德可求也舊章可由也大法可循也典常可師也而帝德其罔愆矣然統而論之仁不違乎帝即孝不違乎親也孝子之所以事親者即仁人之所以享帝者也其道有二乎哉知此則古之帝王所以克享丕式之道我祖宗之懿謨鴻範暨我皇上所以纘承而時叙者可得而對揚其略矣今夫人君之有天下也孰與之曰天與之故位曰天位祿曰天祿賞曰天命罰

曰天討而概謂之曰天子焉所以明有尊也其土地人民孰自而有焉曰傳之先君也故德曰世德功曰世功澤曰世澤臣曰世臣而概謂之曰世守焉所以明有始也天之於君也寵綏既隆則敬之也自不容於不至祖宗之於我也投遺者既艱且大則所以仰副其燕翼之心者又豈可以或緩也哉是故堯之欽若昊天也舜之敕天之命也湯之欽崇天道也文王之昭事上帝也事天不同而同於仁也而要其本則兢兢業業昭假緝熙而聖人之所以求天於心者固已至矣若夫詩書不事者因還沛而作大風之歌播遷引咎者因天變而下改元之詔偏安南渡者因有感而作敬天之圖是皆無得於剋享之實也而可以同日語哉太甲之率祖攸行也高宗之監于成憲也武王之繼志述事也成王之觀光揚烈也法祖不同而同於孝也而要其本則懋德時憲敬勝光明而諸君所以求祖宗于心者固已素矣若夫內多欲而不能恭儉者乃謂述文帝之故事沮群議而明斷不終者乃謂讀貞觀之政要治黨籍而大索元氣者乃謂遵熙豐之遺志是皆無得於丕式之實也而可以一致論哉洪惟我太祖高皇帝聰明本于天縱聖學益于日新其敬天也帝命已不違矣而所以基命者為益密天心已允合矣而所以畏天者為愈誠觀其論博士許存仁曰天道微妙難知人事感通易見天人一理必以類應諭群臣曰謹於修己誠以愛民庶可答天之眷此其抑畏之實祗若之誠揆之帝王其心同也仰觀俯察作大明一統曆以立萬世常行之道焉分至啟閉之宜盈虛朓朒之妙自有曆法以來未有如是之精密者皇皇乎其敬授也哉其詒謀也既以其一身而創乎丕顯丕承之業又以其一心而立乎可久可大之規觀其諭近臣曰日月之能久照萬世不改其明堯舜之道不息萬世不改其行諭太子曰君道以事天愛民為重其本在敬身人君一言一行皆上通于天下繫于民必敬以將之而後所行無不善也此其燕翼之淵鴻謨之遠揆之帝王其道一也而又慮患防微作皇明祖訓以為萬世不刊之典焉紬繹歷夫六年編謄至於七易自有謨訓以來未有如是之周悉者洋洋乎其聖謨也哉至我成祖文皇帝製聖學心法以教儲貳首以敬天法祖為重是其心即高皇帝之心也我宣宗章皇帝製帝訓以教太子獨以奉天尊祖為言是其道即文皇帝之道也神謀聖志符乎後先睿藻奎章昭乎日月視諸唐虞之協帝重華文武之稱德重光蓋媲美也至於我皇上秉明聖之資備帝王之道兼創守之任位天人之間曰明曰旦無一念而不對越乎上帝善繼善述無一事而不憲章乎祖宗是故圜丘特祀皇穹躬享所以昭假者有素矣而又親灑宸翰以詔後世有欽天記頌之作焉祗薦宗祊以祈稼穡敬獻慈闈以祝遐齡功惟歸帝善則稱親三百徽言數十嚴韻明禋備

舉福禄并綏渢渢乎其周人將享之遺音乎太祫毖祀徽號隆稱所以尊崇者有素矣而又躬製龍章以發潛蘊而有祖德詩之和焉於淳祖太祖成祖仁皇既茂揚德業以溢其傳於章皇睿皇純皇敬皇毅皇又特爲詩歌以紀其盛九章之和章皇頌述之志益光五章之作五聖功烈之休愈顯穆穆乎其商人浚哲之頌聲乎皇墳帝典鏗鏘而彪炳河圖洛範玉振而金聲天下仰而頌之者蓋不能擬諸形容而馨其揄揚也執事乃欲求祖宗授受皇上敬承所以祈天永命之本顧草茅愚士何足以知之雖然文王壽考作人而成於譽髦者皆能矢緝熙敬止之詩史臣之述二典也首以欽明溫恭以概堯舜之大愚固唐虞之共臣而被菁莪之化者也敢終諉於不知乎竊以爲帝王之治本於道而所以統會乎是道者心也所以維持乎此心者敬也能敬則心無不純心純則道無不聚而敬天也法祖也皆是道有以基之矣是故諭曾魯求帝王之治而以執中爲要召宋濂于觀心之亭而以操存爲難我太祖之聖敬日躋者固已開心學之原矣是以一傳而至成祖有感於解縉正心之講退朝默坐管束此心而成祖之敬固太祖之敬也繼傳而至宣宗有感於都畿形勢之固而深戒宴游世守恭儉宣宗之心即成祖之心也至我皇上則益覬揚而光顯之有以發列聖之所未發而帝王精一之傳聖賢授受之妙至是無餘蘊矣是故敬一有箴則敬以聚之而不忽也一以守之而不雜也而所以收斂者無弗至五箴有注則由中以應乎外也制外以養乎中也而所以涵養者無弗純以此事天則惟時惟幾夙夜之畏也以此法祖則不愆不忘陟降之心也是以臨御以來純政純心建諸天地而不悖大順大化考諸先聖而不謬上下會於皇極而遠近同乎率俾德教洋溢四表莫不光被禮樂明備天地將爲昭焉謂非一敬之所致哉然愚又有説焉惟天聰明惟聖時憲祖宗之道即天道也文王陟降在帝左右天之心亦祖宗之心也故書言明徵謨訓而必繼之以克謹天戒惟后明明焉詩言上天之載而復終之以儀刑文王萬邦作孚焉是敬天也亦所以敬祖也法祖也亦所以法天也此皆我皇上已試之明徵而衍萬載之鴻休者要不出乎此也愚也涵濡聖化久矣雖有激于中而深懼其無以繪頌天地之大也惟執事進而教之

第二問

張鵬翰

同考試官教諭林批（剖析六經同歸一致發揚諸儒表章之功條答明備無如此篇）

考試官教諭袁批（六經同道千聖一心執者判之此作會經以心折疑

以道斷案嚴正其知道者耶）

考試官教諭顧批（考據精詳評騭確當非潛心理學者不能）

六經之有异議也君子當略其迹而會之以心諸儒之無定見也君子當存其說而折之以道夫心者經之原也經者心之著也聖賢以其原于心者而著之經雖有作有述之不同要之發吾之心焉耳諸儒之傳經也不求其道而求其文徒泥其迹而不原其心雖其功不容以盡泯而其說則不可以盡信是故訓詁愈煩而去道彌遠象數雖陳而精蘊益晦皆非所以衛道而繼往極深以淑來也循往聖之格言會吾心之精義質真儒之要論救諸說之异同豈非博古之指歸明辨之正學哉執事之問六經蓋將以稽核道真疏觀疑貳望末學也今夫經以載道而道無异統潔淨精微易道深矣而河圖則之以畫卦較之則洛書以叙疇者不一致乎溫柔敦厚詩教深矣而吟咏諷誦之章較之合君臣以賡歌者有二道乎至于春秋之褒貶三百篇之美刺也禮經之從違十二公之予奪也班氏謂六經之道同歸不信然乎易之剛柔雜居吾心之動静也書之典謨訓誥吾心之經綸也詩之歌咏比興吾心之性情也春秋之勸善懲惡吾心之賞罰也三禮之度數儀則吾心之節文也胡氏謂人心之所同然又不信乎語易而盡于陰陽自卦畫言耳作之伏羲者以先天名演之周文者以後天名不過無言有言之間其實一而已矣語書而盡于政事自紀錄言耳授之伏生者以今文稱出之孔壁者以古文稱不過隸書蝌蚪之變其實亦一而已矣國風雅頌謂之四詩微辭奧義均之爲經而關雎二南廟廷歌樂見盛世之音焉是爲風雅之正邶風祈父板蕩之什有世道之感焉則變風變雅之由名斯非說詩者不易之定論耶禮儀威儀謂之三禮經曲數度均之爲禮而儀禮諸篇皆先王之舊兹欲以之爲綱領而爲經郊特牲冠義諸篇多七十子所記兹欲以之爲義說而爲傳是非朱子更定之確議耶春秋始魯隱而終獲麟仲尼之筆削在焉左丘明氏取列國之史而係之書法之下重序事而寡釋義亦庶幾于見知者然其失也誣至于公羊則又以祭仲廢立爲行權妾母稱夫人爲合正穀梁以衛輒拒父爲尊祖不納子糾爲内惡其失左氏之意遠矣而乃欲以窺聖人之意得乎自是而後秦政奮豺狼之心滅先哲之迹制挾書之令極坑焚之惨儒生抱業以竄學士無復存者漢興馬上之習未泯而購書之令即下齊魯之間稍稍興起然業有專門而互相詆訾疏有异義而輒以名家其紕繆踳駁不可勝言所謂博而寡要勞而少功者也鄭夾漈氏謂秦人焚書而書存諸儒窮經而經絶彼蓋感于秦燔之餘而經有遺文義疏之起而道無嫡統云爾亦未免于言之已甚也今以漢儒考之孟喜梁丘之易原于商

瞿子木而受之田何猶未免好自稱譽筮應近幸之非濟南伏生之書口授晁錯而謂天地人四時爲七政夏侯勝承之復倡爲灾异之談焉申公以詩鳴魯轅固以詩鳴齊率無真見而以關雎正風爲刺可乎江公受學申公而治穀梁胡母生見推仲舒而治公羊互相詆斥而卒無折衷之見可乎以至高堂生傳士禮十七篇直推士禮以達天子而河間所獻五十六篇舉置而不講聖人之全經不復見于天下而戴德戴勝乃從而刪定之亦非復古之舊數子之得失悉可考也王通氏謂九師興而易道微三傳作而春秋散齊魯韓毛詩之末也大戴小戴禮之衰也其信然矣蓋以漢興諸儒各信所習是非紛錯準裁靡定以好惡爲廢興辯訥爲盛衰師匠不經穿鑿附會往往皆碩儒爲之雖謂之窮經而經絕也亦宜殊不知聖賢之述經以載道爲主而儒者之傳疏以通經爲要漢之諸儒大抵各貴其師習舍經而任傳疑心而信耳目焉爾厥後石渠白虎講其异同元忌蔡邕急于校正而舛訛疑誤猶有不盡解者是殆未知求經于道求道于心無惑其説之日籍籍于天下也有宋聿興當五百之期適奎聚之運真儒輩出邵堯夫氏憤紫朱之相奪乃以四府盡經而謂易始伏羲祖三皇也書序堯舜宗五帝也詩首文武子三王也春秋述桓文孫五霸也夫祖宗之評是矣而以子孫名者豈以其世論哉蓋溯孫子以達宗祖者統系之有源委也自祖宗以及子孫者道脉之有嫡傳也所以明四經之同歸而列聖之一心焉耳其支流蔓衍爲漢爲唐僭經擬傳均之無取也已自是而浸昌浸熾如日中天漢儒之謬戾六經之疑義一舉而釐正之無餘也雖然漢儒之功亦有不可盡少者昔人有云禮失求之野諸子之于六籍多所發明而言經者稽之以爲考道之資不猶愈于野哉譬彼田焉不菑之于先則罔以畬于後今食稻而忘墾藝之初可乎自今觀之易明于程朱之傳矣書明于蔡沈之注矣詩有集傳禮有集解而朱子自謂可以無遺憾可以有補于世矣春秋則又程子胡安國相繼而爲之表章斯六經之學煥然大明使非漢儒專門名家以致力于先則亦奚所考據以發明于後哉議者尚欲布其義疏以通之天下後世不爲無見云爾也故曰漢儒之功亦有不可盡少者今之學者苟知究漢儒之所以失而求其粗循宋儒之所以得而詣其精不以其已明者而徒事于口耳之末必于其未明者而探索夫精微之蘊則會經以心而折疑以道將不止于訓詁辭章之習而進于極深研幾之學矣不然則是自置其身于堂下而敢于是非乎人者吾不知其可也惟執事進而教之

第三問

楊聯芳

同考試官教諭周批（性命才氣之學不明久矣是策能發聖賢之蘊豈積學卓識之士耶）

考試官教諭袁批（理明辭復足以發之）

考試官教諭顧批（體認真切）

天下未有無理之氣而亦未有無氣之理是故理氣合一而天人之故同異之旨可以觀其深矣何也天之生斯人也賦之理以主夫氣禀之氣以載夫理是理也者形而上之道也人得之以成性而未嘗離夫氣氣也者形而下之器也人得之以成質而未嘗外夫理若徒有見于氣而無見于理則無以達其本然之妙非善觀理者也有見于理而無見于氣則無以識其生質之殊非善觀氣者也故必究夫天道之本原而又察其流行之各異則生人之道於是乎備而諸說之異統乎其同矣執事以文校士而舉夫人之性命才氣下詢末學豈非啓以大本大原之學乎愚非其人也亦嘗考之載籍而知其說矣粵自孔子而上其言甚約而其理自具至於孟子始發其蘊而辨析其歸自後其說浸多而道愈晦是非道之不明也言之異同者淆之也愚請先論其從出之原次究夫諸說之詳而終及於會通之妙以爲明問復焉蓋嘗聞之易曰一陰一陽之謂道繼之者善也成之者性也夫未始有物之前本有是理而既始有物之後理自各足其曰繼之者善蓋言天之畀於人也其曰成之者性蓋言人之得乎天也方其始出於天而純乎理者乃造化絪縕之初理未雜乎氣焉爲性之善也爲命之正也爲才之美也爲氣之清也無非太極之本然所謂萬殊而一本也而不可以言異及其既屬於人而涉於氣者則形生神發之後氣有以間乎理焉則性有純駁矣命有薄厚矣才有善惡矣氣有昏明矣此其二五之雜揉所謂一本而萬殊也而不可以言同然有是理即有是氣有是氣即有是理而朱子乃有先後同異之說何哉其云先後則曰若論本原則有理然後有氣若論禀賦則有是氣而後理隨以具蓋一以本乎太始之先也一以明夫化醇之後也夫固渾合而無間者矣其云同異則曰論萬物之一原則理同而氣異觀萬物之異體則氣猶相近而理絶不同蓋一以言天性之與氣質也一以言知覺之與偏全也夫固性分之必然者矣至若孟子之道孔子之道也而其言性或謂之相近而統言其禀受之體或謂之皆善而直指其本然之良然言近則有善者存言善則於近者寓殆道同而言異者也其他曰善固性也惡亦不可不謂之性曰纔說性時便已不是性皆程子所以發明人性之旨矣斯言也

非謂性本惡也氣禀雜之則有是善而亦不能無惡也非謂性非性也與生俱生固謂之性而即涉於形氣也其理何嘗有不備乎逮夫韓子原性之篇則又以上中下為三品者未明乎相近之義以仁義禮智信為五性者有同乎皆善之說要之理無不善而氣有不齊固其性之大端者焉伊洛之學孟子之學也而其言命或謂天所賦予以闡夫天命之原或謂莫致而至以歸諸自然之數然專於理者不雜于氣專於氣者不病于理殆言殊而意合者也其他曰有命焉不謂性有性焉不謂命皆孟子所以究極性命之歸矣斯言也始云有命者兼理氣而言之所以斷制人心欲人不可過也既云不謂命者獨就夫氣而論之所以充廣道心欲人無不及也其義亦何嘗有不周乎逮夫朱子論命之說則又因舜文之於君父也而謂係於所遇因顏跖之有壽夭也而謂係於所禀要之氣有不同而理自隨之固其命之必至者焉才也者所以效天下之用者也性既善則才亦善孟子固謂不善非才之罪矣伊川乃曰性無不善其所以不善者才也是非有所謬也蓋才發于性性無不善才出于氣氣則不一此其所以小異耳至謂氣清則才善氣濁則才惡者程子也夫既出於氣矣則禀其清者其才為賢為聖禀其濁者其才為愚不肖者宜也又謂君子挾才以為善小人挾才以為不善者溫公也夫既有所挾矣則以之為善善無不至以之為惡惡無不至者亦宜也蓋孟子則自其同者而觀之故以為出於性二子則自其異者而觀之故以為雜於惡其意不相遠耳氣也者所以體天地之塞者也至大至剛孟子固謂吾之浩然之氣矣而語公孫丑曰是集義所生者是非有所乖也蓋全於天者不能不壞于人而修於人者不可不還其天實所以互發耳至於勉齋所謂氣有昏明則理亦隨而昏明非以其木之氣盛則仁多而義少金之氣盛則義多而仁少乎楊雄所謂氣也者所適善惡之馬非以其用之於善則為善人用之於惡則為惡人乎蓋勉齋之語氣也非有戾於集義而楊雄之語氣也則非所謂浩然其見有淺深耳夫性也命也才也氣也莫不有是理則莫不有是氣善乎明道之言曰論性不論氣不備論氣不論性不明殆有以該乎眾論之極致而無遺矣吾嘗以是四者而概論之天授於人之謂命人受於天之謂性天人未始不一也才所以運乎其氣氣所以發乎其才才氣未始有離也性命則天理之本原而統體乎才氣之本才氣則天機之流動而發揚乎性命之用是固生人之道而不容於或虧者矣夫何拘於氣禀者物而不化蔽於物欲者往而不返而人之戕其性逆其命蕩其才棼其氣者衆矣此盡性至命養氣達才之學吾儒之所不容已也夫性何為而盡也孟子曰存其心養其性張子曰善反之則天地之性存焉以此盡性而清濁厚薄可得而限之

耶命何爲而至也孟子曰莫非命也順受其正子思曰君子居易以俟命以此立命而貧賤富貴可得而累之耶欲達其才者吾有得於朱子矣曰盡其惻隱之才必當至於博施濟衆盡其羞惡之才必當至於一介不取信斯言也而修爲擴充以善其用才有不達者乎欲養其氣者吾亦得之朱子矣曰率氣在志養氣在直一無不義便自浩然信斯言也而有事勿忘以篤其功氣有不養者乎雖然隨處而致力者學也主一而無適者心也心苟存焉則性自我全命自我立才自我充氣自我直以之希聖以之希天皆吾一心之所及也心苟喪焉則性有所鑿命有所牽才有所滯氣有所餒安于自弃流于下愚皆吾一心之所致也故夫涵養省察之功閑邪存誠之道則又進於四者之大要矣愚生徒事于口耳之末而未達乎身心之奧所見如斯惟執事矜其愚而教焉

第四問

晉應槐

同考試官教授萬批（時艱民瘼洞見無遺且考證精詳處斷確當可謂有先憂之志者矣）

考試官教諭袁批（厘奸興利此策盡之殆非經生之常談矣錄之以昭適用之才）

考試官教諭顧批（博雅之學經濟之才）

天下有可興之利而亦有可慮之患惟善計者能圖之夫可興之利莫不有已然之法也然因襲之弊固有利於前而不能不壞於後者故善治弊者必原其立法之始可慮之患固當爲未然之防也然法制之備固有緩於昔而不能不急於今者故善制變者必豫爲可終之圖蓋謀人之國猶醫者之視病也不胗其受病之原而預防其元氣之蠧則技無所施不足以起其生而引人之年不得爲善醫矣今法弊矣而不尋其始患至矣而不憂其終皆目前之計也豈得謂之善制治哉夫山西可興之利屯田鹽法是也而利之容有未興者非因襲之爲弊乎可慮之患馬政民兵是也而慮之容有未周者非法制之未備乎愚書生不知大計然生長茲方目擊桑梓之弊而竊抱杞人之憂也久矣請據所聞以爲明問復山西之屯田額設遍於全省而達於畿甸其爲田幾八百餘萬畝也計存輸幾九十餘萬石也國制鎮守之兵以十分之三服農畝而計夫授田爲自食之計賞罰之例以十二石抵口分而歲徵六石待不時之需立法之意欲行之既久則增屯益廣而歲入益充故民無轉輸之勞而軍遂飽騰之願此寓兵於農之遺意也邇來升斗之入盡出民力一兵以上悉仰縣官屯田之弊極矣然豈法制之原意耶因循之弊積之也屯軍勞於邊事之繁興而不得力耕以自養正糧歸於屯種之餘

丁而僅徵餘粒以上倉且豪民巨姓利屯糧之輕也而包佃之弊同於盜買武弁旗舍幸屯軍之逃也而租課之入甚於强占是種之者且非餘丁矣勸課無良法而科擾之害及於雞豚徵輸無常例而折閱之箄甚於加賦是存之者亦不能安於田畝矣名存而實亡誠如執事之憂者夫見屯未清况望其充拓開墾以興未就之緒耶然今日之急勢且燃眉飛挽之苦不啻三十鍾而致一石矣而屯田之議容終已耶故議而行之其說有四焉曰稽原額謂新屯卒未置矣而見存之田不可履畝而正界乎曰課餘丁謂正軍已遠戍矣而優閑之丁不可勞來以勸相乎曰一甲令謂原額之屯兼并而移丘者必懲以法不得彼罰而此貸本折之議近賚而遠負者必劑其平不致甲累而乙休獨不可裁於今而示之信矣乎曰墾塞田謂三關以北天城以西田多膏腴而不盡墾者列柵以爲守游騎以爲巡以防寇鈔而興屯利者獨不可昉於昔而斷然行之矣乎夫四者皆屯政之所當講者也四說既行則屯政必舉而軍儲之不濟者未之有也河東之顆鹽結于風日而不煩於煎涷其額制歲僅三十餘萬引也及續增亦不越四十二萬引也國初開中之法既省饋運之勞而坐收實邊之利掣支之度定以常股之制而無存積之名立法之意則以天產不齊而歲用有限故其制之額也甚廉而徵之商也甚便此官民兩利之中制也邇年以來樂募之商十無二三鹽課之逋幾至百萬而榷鹽之政弊矣是豈法制之初意耶商人之累貽之也罝間歲之偶獲而餘鹽之議興自餘鹽議興而司計者藉口以取盈矣償數歲之積逋而超支之法立自超支法立而常股者由是而益滯矣况撈采之不精則美惡殊估請乞之無時則市價携貳計利於商者亦微矣守者未給而復促其見年之例貨猶未行而已速其還中之銀取必於官者又太銳矣利盡而蠹生誠如執事所云者夫見年之額已不可登况望其積附餘羡以補百萬之逋耶但顆鹽之利昔有成效實錢塞下可省數十郡饋運之費也而恤商之議可弗講乎故存而恤之其要有五焉曰時采納謂地力有數不竭其澤也商貨有限不窮其資也曰實料朵謂撈采之時詰奸易疎以惡作美以鮮作盈皆足病商故勤稽察而賞罰必明則二弊除矣曰均掣放謂一歲之間平踴有期寡則易嗇多則易壅皆足病商故約歲課而調停適中則二弊除矣曰絕請乞謂多減價以估而奪商利也曰禁私販謂多窩居市肆而滯公貨也五者皆鹽法之所當講者也五弊既去則商利自厚而官課之不登者未之有也諸邊牧馬之政我朝酌古而爲之制兩畿河南牧之在民陝西遼東牧之在官然且有茶易之馬焉故諸邊雖不盡仰於官而買補於民者尚有期也山西行太僕寺之設與陝西遼東等而備禦之馬獨不在官不在民并其意與法而失之矣孳牧僅存乎虛名而買補倚之爲長策於是乎椿朋不足括於贓罰不

嘉靖三十四年山西鄉試錄 2831

足請於京運是官之累也官給其一而私倍其二前運未俵而後買復繼是民之累也蓋民不皆上產也中人之產不及一馬而室已懸罄況絡繹而來者不止一馬乎官不皆才良也門攤之較不得其平則控訴無所況解俵之際倚之爲奸乎及其給馬於軍也視之若寄蓋稽考之令一疎則藉之爲衣食之資而芻牧不盡其材耗折之禁不寬則規免於征調之苦而瘦損不償其直倒死無日則買補無時山西之民無望其復蘇矣議者曰招商以緩民力然估多未酬而商無所利其誰應招耶曰寄養以責有司然一身而有二役則民不堪命是其爲害不更烈耶無已則有四計焉曰重僕權謂國初僕臣之設率皆極選巡部按治比視憲察載在聖諭及敕旨者昭然可考故必得是人以稱點視之職而後以芻牧之政兼攝之可也曰核牧地謂國初牧地與屯田并額在在有之今不爲租佃之屯則隱於豪右之門矣況三關附近又多豐曠水甘草軟之地乎曰定飼法謂僕臣既重牧地復核然後即水泉便地置監牧子種舉團槽喂養之法明教馳攻駒之度悉如陝西遼東監苑之制而酌處之可也曰嚴點閘謂廉視不實則處補徒費故嚴爲令格而使作奸犯窺微利爲馬屬者不得以情貸之可也夫官牧既興則私買自省廉視既嚴則倒損不多馬政庶幾其可興乎嚴科擾之禁而分外之誅求必法均調停之術而役外之雜調必復此固去其害中之害也昔人謂寬一分則民受一分之賜即此其機乎三關民兵之戍國初無是制也蓋屛衛之地悉倚雲中屯戍之卒坐守重鎮軍儲且不需之於民矣況藉之爲守禦之備矣乎其後以三關險要切爲禦虜之防而修守之議興然猶未及於澤潞而歲且四更民猶未甚病也邇來則勾及於全省而一歲僅分於兩番名爲丁壯實同籍兵名爲修守實同軍戍民始不勝其苦矣一縣之勾稽騷及合境一人之資裝費及合甲有司不勝其繁矣夫天下之重鎮九而山西之重鎮二山西之爲郡四而邊鎮之爲郡二是以其勢不得以不亟宣大之供億日滋而三關之備不容於緩新營之糜費歲增而調遣之役不免於身是以其民不得以不竭夫民財既不可省民兵不可恃重關之地寧不可寒心耶議得謂民丁可罷然額兵有限半脫尺籍也而奚以恃乎又謂修守可已然虜逾雲朔如闖門庭也而奚以備乎無已則有三策焉曰緩雜征謂民用其三則父子以離今供邊之地不止於三矣近如材木之采取料銀之徵解皆額外費也不可緩之於茲省乎曰議援濟謂庶功興在事役均今畿輔以西大河以北安危視全晉全晉之地安危視三關此而不輯是中原之敝屑也故修守之費不可議派於他省乎曰還額稅謂通融以時則制用不匱如宣鎮有急當三關無事也民糧之借顧一時權宜計耳今三關急矣不可議復於本省矣乎夫諸役既省則叢負可釋實費既分則力役不困民病庶幾其少瘳乎以是而獨

借其力焉則必厚其資而使之樂於趨勢也必簡其衆而使之人不浮食也民即爲兵而訓練之必精兵皆可戰而器械之必利此固收其害中之利也昔人謂上不病國中不害法下不病民即此其術乎夫是四者屯田鹽法皆今日濟邊之良儲也馬政民兵皆今日備邊之實用也誠不可一日而不講矣然制不更始則不可以圖大故屯田也鹽法也二政之利所宜亟復者也計不顧却則不可以慮終故馬政也民兵也二法之害所宜長慮者也鼓不調之瑟者不必易置其弦解而更張之則音無不和矣處厝火之薪者不可因謂之安徙而豫防之則勢不及□矣如是而計不足以興利謀不足以却害者未之有也不然則前有可彷之制而猶襲其相因之弊後有無窮之害而猶幸其目前之安全晉之地吾未知其所終也已雖然此亦事至而制曲區而防之耳要亦有本焉本之不先而惟末之圖終亦因循之計非謀國之令圖也故趙充國便宜罷兵而紛紛之議始解貴專斷也范祥始制鈔法而邊郡之儲以實貴開中也李克用以馬上定河朔而馬以三萬爲多矣韓魏公以義勇威西夏而民以藉兵爲屬矣是皆籌邊者利弊之本實也故獨斷之計不早則新屯之置終阻於衆言之淆亂屯田之議不復則鹽本之權無裨於邊方之待哺養一騎卒當五步兵善禦虜者不廣馬以自憊兵貴土著尤貴屯駐善守禦者不籍民以積弱故古者今之鑒也往者來之徵也書曰事不師古匪說攸聞謀王斷國者可以深長思矣此則執事事也執事責也而非草茅之所與知也幸進而教之

第五問

翟廷楠

同考試官教授宋批（邊情時務士子類能言之多剿陳言舊套以眩觀視窮究大源處分明當獨見此作讀之令人灑然）

考試官教諭袁批（深達時宜不苟作者）

考試官教諭顧批（幾要務根本之論非有見者不能道也）

善謀國者固貴於審天下之勢尤貴於決天下之幾夫勢者事之有形者也幾者變之未動者也有形者易制未動者難圖何也事變之出其來無窮而幾微之萌其朕莫測善應變者能先見而豫圖之詳察而早決之則患銷於未萌禍弭於未著力用寡而功成多財不匱而事就速天下陰被其福而莫知其所以然也苟或玩其變而緩於圖忽其幾而輕於應安未得而危者至勢已去而憂且成矣豈不大可畏哉知此可以言禦戎之道矣今夫山西古冀州地也虞夏雖分而職方未改叔虞受命而晉國始分山河表裏天下稱雄及其藩籬自撤犬羊內窺西北興戎遂爲多事歷漢而唐而宋燕雲諸郡淪没夷狄者

四百四十餘年衣冠汙辱氈裘者二百四十餘年自天地開闢以來夷狄繹騷之禍莫甚於此我太祖高皇帝應運而興掃蕩妖氛恢復帝王之境土重闢中國之彞倫華夷之限昭然始明内外之界截然始定大同特爲重鎮腹外也山西隸之關南腹内也偏頭西抵於滑石雁門東至於平刑寧武設中控制諸鎮聯絡聲援其勢屹立矣夫何頻歲以來虜益猖獗越邊垣而薦食入内境以長驅邊腹之勢未見攸分則防禦之策亦未可以輕重論也審勢以決其幾其容緩乎昔晉文公以一隅之地西備强秦南控荆楚有敵國之憂無中原之助乃能尊周室攘夷狄主盟諸侯遂霸天下彼何地險之足恃哉蓋文公廣而儉文而有禮其臣狐趙輩又皆肅而寬忠而能力君臣同德上下協心城濮一戰有不主夏盟者耶今以全晉之人力抗蕞爾之狂胡峻三關之保障爲大同之掎角若有百倍之勢宜戰勝而守固矣然皆以疆界自私以幸免爲利以保身爲得計人既殊心則謀自异用不免顧此失彼耳會謂不得人和者而可以地利自保耶秦用商鞅之策招三晉之人以并諸侯而空六合漢制郡國有材官騎士而武帝取之并冀者得以威絕域而空王庭唐李抱真之鎮澤潞也籍民三丁選一壯者給以弓矢農隙習射歲暮都試行其賞罰三年得精兵二萬遂能雄視山東樹勳唐室咸以昭義步兵爲天下諸軍冠彼何兵力之雄若此哉蓋秦有信賞之令漢有筭賦之制唐有蠲租稅之法人心樂從戎功易集號令一頒有不順應者乎今則行伍列諸營也而又召募日增游枝設諸要也而又調徵歲至其視所招所出所稱最者亦有百倍之勢似有征而無敵矣然令不足以激其衷制不足以寬其力法不足以洽其情身爲我役而心非我依不過冗兵冗食耳曾謂人心未順而可以圖大事乎蓋地險非不足恃也晉文公無有形之地險而有無形之地險故其稱霸也易人心非不易奮也秦漢與唐無全集之人心而有全勝之人心故其率衆也從凡此皆善決其幾者也其無敵於人國也不亦宜乎今之築障置戍地險勝矣而所以固其險者未豫何取於深塹高墉以爲防訓習日勤兵力奮矣而所以强其力者未充何取于鼓進金退之爲節既失其機矣其奚以應事變之至耶我觀世之言禦戎之策者不過有五曰豫積貯以時挽運豫之誠是也不知奸商蠹吏互肆侵漁給散有名朽腐不可食矣有饑色者不離心乎曰利器用以備鬪攻利之誠是也不知荷戈負甲枵腹待哺驅策疲騎祇爲敵人資耳無精力者有鬪志乎曰廣召募以實空虛廣之誠是也不知令申未閑擊乎無素昧親上忠長之義者可以責其暴虎馮河之勇乎曰嚴斥堠以明耳目明之誠是也聞風而慄望塵而奔敵來則莫知所援敵去則尾送其後斥堠果足以警人心乎曰多間諜以察情偽察之誠

是也我之所給不足以慊其欲敵之所利每足以結其心欲其腹心我也難矣不反爲敵之間諜乎凡此五者皆禦戎之不可少者而其要其幾其務則不在是也然則擇將帥者其急務乎固人心者其大幾乎明賞罰者其至要乎明於此三者始可以言安攘之道矣嘗聞將者國之輔也輔周則國強是擇將固不可以不愼而任將尤不可以不專也不聞上不制於天下不制於地中不制於人乎今文墨所拘動或掣肘機宜每由於遠決號令常至於兩從不以身貴而賤人則以獨貴而違衆不以三軍爲衆而輕敵則以受命爲重而捐生求其戰勝於外功成於內也亦難矣擇將者其可輕乎民者邦之本也本固則邦寧是民力固不能以不用而民心亦不可以或悖也不聞視卒如嬰兒可與赴深溪視卒如愛子可與之俱死乎今將所指麾多不從移號令不樂於聞動衆不樂於戰不和於國何以出軍不和於軍何以出陣不和于陣何以進戰不和於戰何以決勝欲其致身盡節一月三捷也亦難矣固人心者又其可緩乎賞罰者國家之大柄人心所視以爲去留者也賞功不可以逾時罰罪不可以遺昵不聞法令不明賞罰不信金之不止鼓之不進雖百萬何益于用乎今有功者未必賞而賞者未必當其功有罪者未必罰而罰者未必當其罪此所以冒功之弊日滋而血戰之績不奏逗遛之風益熾而豪杰之志愈隳欲其寇小至張聲勢以遏其入寇大至謀其大以邀其功亦鮮矣明賞罰者又非其所當急者乎誠能懲既往之失以作維新之圖選任得其人事情無所匿功罪彰於虛實之辨賞罰決于捐示之嚴則食雖未足而壯氣猶足以直前也器雖未精而制挺或可以決勝也兵雖莫助而感恩者重信而思義也警雖報頻而效死者奮怒而思勇也以之守險而險自固先人有以奪人之氣以之興兵而兵自強不戰而有以屈人之心威聲動揚精神迅發以振王靈以一國勢不在於轉移之間乎夫是之謂決其幾也若探本而論之則朝廷者元氣也內也邊鎭者四肢也外也善理身者必先調其元氣元氣充實則脉絡通而肢體益暢護四肢所以重元氣也畿輔者堂室也內也邊鎭者垣墉也外也善治家者必先閎其堂室堂室隆深則扃牖嚴而垣墉益密崇垣墉所以衛堂室也內外輕重緩急在審其幾而已矣方今聖天子德備中和功冒覆載以天下爲一家而愛之者無不至以中國爲一身而保之者無不周賞之所及恩真同雨露也罰之所加威真若雷霆也臣民奔走服從者誰有後先此其固人心之明驗乎執事倘不厭其聽尚有芹忱以爲廟謨獻

山西鄉試錄後序

　　山西古冀州域堯舜生焉皋夔稷契相與唐虞其治而精一執中之學此開也多士後堯舜以生唐虞家學亡弗聞矣其聞之親于四方宜亡弗深于四方矣皋夔稷契非當時所登庸之士乎今夫山川冀也風氣冀也乃人才獨不冀不稷契皋夔亟見豈二帝之澤熄耶然道在人心風師百世觀于其文可以知帝澤矣文純正謹嚴憲聖人之經而不詭于道其語渾朴其氣雄勁其思精恪其色蒼鬱宛然篤茅茨土階之風游深山鹿豕間意象虬松巨石撐柱峭立不假雕琢有時游龍怒蛟沛江漢而下之嶷嶷髶角變現骯髒非上世之樸未盡散耶是不于其質也可商于其忠也可夏于其古也可虞可唐耶非山川非帝澤之以耶昔者蒸民狉狉然鳥獸野爾堯舜神后始以其經綸之文文之生之以農成之以教要之以刑久之以樂先天而生其心開物而前其性民未知邪以直事其上而已民未知巧以拙事其上而已民未知僞以慤事其上而已此皋夔稷契之相爲皞皞者也當是時其文也以道德君子謂之化焉固未之文也世降而周民志浸廣其欲四熾聖人又出其禮義廉恥是非之心示之創制立法懸大防于天下當是時其文也以政治民始則之君子斯謂之文矣秦原既□帝王迹蕪於是尚辭令焉縱橫捭闔巧譎相射卒爲戰國君子曰其末也弊文禍之爾漢興設科士以制策唐以聲律宋以經義君子曰藝焉文則吾不知也天啓泰期篤生聖祖握符承運龍德正中服堯舜之道拓唐虞之文以君師萬方百八十餘年于兹肆我皇上堯仁舜孝湯敬文一兼體帝王之文經緯天地之大通于神明光于蠻貊然猶章顯元獻式熙帝載廟堂輔佐諸臣即不敢必天下之有淳民而後皋夔稷契之治始興亦不敢必天下之無淳民而自靳夫稷契皋夔之治蓋務爲皞皞之文者相無窮也一時青衿之士皆有以仰見其精一執中之傳放勳重華之盛思夙夜焉無自醜于賓興以呑吐握帝澤既衍聖化尤渥以是知冀士之速肖爲易易也豈惟冀哉于梁于雍于兗于天下抑又可知也夫士一也其修文之責一也冀則有皋夔稷契而爲之前信未可以淺薄爲者矣多士勉乎哉

　　　　　　　　　　河南汝寧府光州光山縣儒學教諭袁文星謹序

嘉請四十三年山西鄉試錄

山西鄉試錄序

嘉靖甲子惟皇統天四十三禩制當天下大比惟茲三晉秋八月例得合試先期巡按御史楊衍慶肅將明命禮聘文彥俾司校閱百惟簾務罔弗飭備視舊有虔思以對聖天子右文崇化之洪庥而盡以人事君之大義監臨之事實主之及期矢於衆以紹周學正吳迪爲考試官教諭黃毓圖侯旻張國華徐守倫李用賓羅誌爲同考試官左布政使吳三榮右參政馮惟訥知提調按察使孟養性僉事陳觀衡監試事與百執事皆遴選入院裒提學副使周斯盛所簡士一千六百有奇三試之拔其尤六十五人乃錄其文二十篇以獻紹周序諸首簡曰古昔帝王之感人心而和平天下也莫不崇德象賢以輔理成化求厥寧而觀厥成一時英俊之士皆欲奮庸以熙帝載而成德爲行明試以功敷奏以言以鳴國家治化之隆之盛使德之所積不厚不博雖有璀璨之章華藻之辭用易匱而往有愆已是知才之進也固先於文然必一德純如而後峻大可幾投之盤錯利器自別授以大任而謨明弼諧之偉烈見矣故際熙洽而迭興五人元愷四友十臣之倫能致格天孚聖之洪業皆其中德裕而道爲歸施設奇絕自炳炳弗類而天下後世之言治者以唐虞成周爲稱首匪文之華惟德之良也逮我明隆興列聖垂統汲汲於人紀之肇修求賢養士以圖天下之治作天下之才者視昔有加乃群之以地聯之師儒董之章程格致誠正修齊治平之學諄切誨育而又大比有定期選舉有定名嚴臨以稽組織而觀宣吐故天下人才囿於陶镕鼓鑄之中者無不德以爲興禮以爲御篤朴睦而脫矯飾敦本尚質之風四方攸同焉洪惟聖天子纘承丕緒神道設教而文治精液濡沐醞釀雍郁純瑩匪藻思之爲懿而一德之豐植其來也有自且執中之傳敬一之箴昭回雲漢士談孔孟而說仁義者咸相與正心而向道彬彬然盛矣況今三晉之地比屬近服而譽髦斯士又得聖人以爲依歸被化尤深是以文采呈灼於甄錄之餘者無异其醇粹明博雄渾雅健體裁風致悉根諸理道然後知翔蔚於蘊擾必其中有實物譬之容光隙照波流瀠洄合明與瀾而觀之其本固自有在矣是故因言以考德掄才而需用顒顒昂昂極一時之選而名

登天府其清廟瑚璉之器明堂棟梁之材乎矧彈冠彙征共際熙時而美之在於中日可見之行也將必詳以居方鯁以立朝廉以生威正以秉節文附衆武嚴敵惟天子使而一毫計功謀利之心罔參於其中則才與誠合忠結主知經綸於密勿之間翼爲於宣力之際御於家邦而推行於天下若稷契元愷之篤棐寅亮而疏附而先後而奔走禦侮奭旦閎散之爲楨爲榦以致庶績之咸熙而臻梟鷟既醉之休可比隆也則知我皇上軼文武而媲堯舜名世繼作有出於文言之外者豈非純德爲之本耶夫晉之才以純德理治而聖天子壽考作人之化溥被涵育賁乎人文類固可見山川流峙北紀黃河之靈鍾而爲才郁然可徵堯舜禹之授受一道餘韻流澤百世而下風猶可師孔子曰有德者必有言是故晉之才之文也植本固而發源深紹周竊幸卓犖琦瑋之英逢兹久道化成之世而期以建正大光明之業者也第恐一日染翰之長不能以概生平之守爾二三子又自謂以言進而意或至於忘筌一旦榮寵炫於目利祿惑於念守移清約而志易紛靡醇粹明博者爲浮薄雄渾雅健者爲委靡隱居求志之實德中道而捐之不少自愛顧以枝葉汗漫之談而欲求功業之烜赫如五人元愷之於唐虞四友十臣之於豐鎬宣都俞而陳賡歌奏雅頌而咏追琢紹周固知其必難也斯之謂親明聖之教化而不能率性以歸極聞往聖之德風而不能私淑以成身適足遺河岳羞是學聖也者私便身圖之捷徑而章縫也者欺世盜名之媒妁與孔子曰有言者不必有德信夫故才一也成於聖而不詭隨於俗敬其事而能靖共於上雖謂天下之才可也晉何得而限之始而以涵聖化而入終而以違聖化而出求爲晉才且不可得何天下之能云是一時之才固將以期异日之成而今之人有同於古者亦以其德之造爲自樹之地也德不德之間而才分矣晉之才何不以德自勉何以不德自弃是固忠告之微意而於多士致身之初勖之是舉也總督軍務太子太保兵部尚書兼左副都御史江東巡撫右副都御史楊宗氣奉命將代右副都御史毛鵬巡撫大同都御史張邦彥綏靖疆宇髦士胥賴巡按直隸御史胡維新巡鹽御史胡鑰懋振風猷式崇教本戶部郎中李從教主事劉宗岱遹觀盛美右布政使王繼洛左參政李僑左參議谷鍾秀右參議胡麟副使劉應節張學顏嚴清李玳張循張柱僉事范大儒沈紹德任惟鈞王希堯總兵官董一奎參將王玉署都指揮僉事劉煥鄧木以入賀行右參政陳全之副使閻光霽署都指揮僉事陳馮吉咸後先宣勤相與翊贊者也例得書云

陝西漢中府儒學教授吳紹周謹序

嘉請四十三年山西鄉試

監臨官

巡按山西監察御史楊衍慶（善甫牧馬千户所籍江西宜春縣人　丙辰進士）

提調官

山西等處承宣布政使司左布政使吳三樂（子有河南河南衛籍直隸吳縣人　辛丑進士）

山西等處承宣布政使司右參政馮惟訥（汝言遼東廣寧左衛籍山東臨朐縣人　戊戌進士）

監試官

山西等處提刑按察司按察使孟養性（存甫山東齊河縣人　戊戌進士）

山西等處提刑按察司僉事陳觀衡（養靜山東東平州人　丁未進士）

考試官

陝西漢中府儒學教授吳紹周（景伯湖廣長沙衛籍寧鄉縣人　癸卯貢士）

直隸河間府景州儒學學正吳迪（子哲直隸歙縣人　己酉貢士）

同考試官

河南河南府沔池縣儒學教諭黃毓圖（德兆四川墊江縣人　戊午貢士）

河南河南府鞏縣儒學教諭侯旻（仁甫四川蒼溪縣人　己酉貢士）

河南河南府陝州靈寶縣儒學教諭張國華（子文四川巫山縣人　己酉貢士）

直隸徽州府□門縣儒學教諭徐守倫（遜之江西豐城縣人　戊午貢士）

山東東昌府臨清州丘縣儒學教諭李用賓（光卿河南鈞州人　己酉貢士）

河南開封府鄢陵縣儒學教諭羅誌（默甫福建侯官縣人　壬子貢士）

印卷官

山西等處承宣布政使司經歷司都事汝楠（子材浙江秀水縣人　監生）

山西等處提刑按察司照磨所照磨華紹曾（孝承直隸無錫縣人　監生）

收掌試卷官

河東陝西都轉運鹽使司運使王潞（公沛錦衣衛籍直隸長垣縣人　庚戌進士）

太原府知府紀鳳鳴（明瑞錦衣衛籍陝西榆林衛人　庚戌進士）

平陽府知府孫潾（宗禹直隸宣城縣人　庚戌進士）

潞安府知府孔惟德（恒夫河南汝陽縣人　癸丑進士）

受卷官

山西等處承宣布政使司經歷司經歷朱景賢（範之直隸崑山縣人　庚戌進士）

太原府同知李春（叔東河南臨漳縣人　甲午貢士）

太原府石州知州王亮采（仲寅直隸溧陽縣人　己酉貢士）

太原府陽曲縣知縣李鶚（凌秋直隸靈壽縣人　壬戌進士）

平陽府臨汾縣知縣嚴鏓（應時直隸豐潤縣人　壬戌進士）

潞安府長治縣知縣辛應乾（伯符山東安丘縣人　壬戌進士）

澤州高平縣知縣張鹵（召和河南儀封縣人　己未進士）

彌封官

潞安府同知葛大紀（伯理直隸潼關衛籍陝西商州人　癸丑進士）

太原府推官吳一琴（子清直隸成安縣人　壬戌進士）

太原府榆次縣知縣蕭大亨（夏卿山東泰安州人　壬戌進士）

太原府文水縣知縣徐之蒙（子岱山東濱州人　甲午貢士）

平陽府襄陵縣知縣張國彥（熙載直隸邯鄲縣人　壬戌進士）

平陽府蒲州河津縣知縣李學詩（孔剛陝西延安衛人　己酉貢士）

澤州陽城縣縣丞李袠（子田河南內鄉縣人　癸丑進士）

謄錄官

平陽府推官艾杞（子徵陝西米脂縣人　壬戌進士）

澤州知州孫大學（希曾浙江山陰縣人　癸丑進士）

平陽府解州聞喜縣知縣李復聘（守珍陝西盩厔縣人　壬戌進士）

平陽府汾西縣知縣胡天爵（子修直隸永年縣人　乙卯貢士）

潞安府襄垣縣知縣蕭守身（尚本河南懷慶衛人　壬戌進士）

潞安府壺關縣知縣張白（如玉山東青城縣人己酉貢士）

沁州沁源縣知縣張亨甫（謙之直隸內黃縣人　丙午貢士）

對讀官

潞安府推官崔鏞（汝洪陝西綏德衛官籍直隸潁上縣人　壬戌進士）

平陽府吉州知州韓朝鳳（子儀騰驤右衛籍直隸定州人　甲午貢士）

平陽府蒲州同知吳一瀾（汝觀江西南昌縣人　庚戌進士）

平陽府翼城縣知縣單訥（希仁直隸棗強縣人　壬戌進士）

平陽府岳陽縣知縣李應奇（英夫陝西鎮原縣人　乙卯貢士）
平陽府鮮州夏縣知縣季遐齡（邵卿山東夏津縣人　辛酉貢士）
澤州沁水縣知縣原古（長稽陝西蒲城縣人　丙午貢士）

巡綽官
太原左衛指揮使劉先祚（元錫直隸武強縣人）
太原左衛指揮僉事侯汝諶（季常直隸滑縣人）
太原右衛指揮僉事董侃（直夫山東淄川縣人）
太原右衛指揮同知李棟（子榮直隸無爲州人）
太原左衛中左所副千戶朱廷佑（良弼直隸江都縣人）

搜檢官
平陽衛都指揮僉事錢鶴齡（永年直隸合肥縣人）
太原前衛指揮僉事王時大（汝化直隸壽州人）
太原前衛指揮僉事鄒魯（希曾直隸懷遠縣人）
潞州衛指揮僉事朱永祚（元慶山東德州人）
太原前衛左所副千戶黃元忠（克敬江西南昌縣人）

供給官
山西等處承宣布政使司理問所理問沈宗淮（汝東直隸石埭縣人監生）
山西等處承宣布政使司照磨所照磨孫繼達（汝道直隸上海縣人監生）
太原府通判張九經（一之陝西文縣人　乙酉貢士）
潞安府經歷司經歷章景賢（子齊浙江金華縣人　監生）
沁州知州任瑗（汝溫河南鈞州人　官生）
太原府平定州同知凌臬（應選四川永川縣人監生）
平陽府絳州判官汪文治（汝明直隸歙縣人　監生）
平陽府隰州永和縣知縣韓爵（子修河南河南衛人　癸卯貢士）
太原府陽曲縣縣丞曹繼統（汝傳河南柘城縣人　監生）
潞安府長子縣縣丞何璽（國信直隸河間縣人　吏員）
太原府交城縣主簿孫凰（朝儀山東即墨縣人　吏員）
平陽府蒲州萬泉縣主簿周綸（大綬河南偃師縣人　監生）
太原府稅課司大使賈生（伯才直隸壽州人　吏員）
太原府陽曲縣典史黎偉（子奇浙江上虞縣人　吏員）

平陽府太平縣典史李雄（世威直隸定典縣人　吏員）

潞安府屯留縣典史汪大洲（朝會湖廣麻城縣人　承差）

遼州和順縣典史郭玠（廷秀河南新鄉縣人　吏員）

太原府陽典縣臨汾驛驛丞薛道元（友仁福建長泰縣人　承差）

太原府榆次縣鳴謙驛驛丞黃一經（子治直隸豐縣人　吏員）

太原府平定州平潭驛驛丞田文作（時興山東歷城縣人　承差）

第一場

四書

知者樂仁者壽　天地之道可一言而盡也其爲物不貳則其生物不測天地之道博也厚也高也明也悠也久也今夫天斯昭昭之多及其無窮也日月星辰繫焉萬物覆焉今夫地一撮土之多及其廣厚載華嶽而不重振河海而不洩萬物載焉　存其心養其性所以事天也

易

大哉乾元萬物資始乃統天　天施地生其益无方　歸奇於扐以象閏五歲再閏故再扐而後掛乾之策二百一十有六坤之策百四十有四凡三百有六十當期之日　神而化之使民宜之

書

萬邦黎獻共惟帝臣　協于克一俾萬姓咸曰大哉王言又曰一哉王心　會其有極歸其有極　懋昭周公之訓惟民其又我聞曰至治馨香感于神明黍稷非馨明德惟馨爾尚式時周公之猷訓

詩

羔羊之皮素絲五紽退食自公委蛇委蛇羔羊之革素絲五緎委蛇委蛇自公退食羔羊之縫素絲五總委蛇委蛇退食自公　殖殖其庭有覺其楹噲噲其正噦噦其冥君子攸寧　蓺之荏菽荏菽斾斾禾役穟穟麻麥幪幪瓜瓞唪唪　莫敢不來享莫敢不來王曰商是常

春秋

秋齊侯宋公江人黃人會于陽穀（僖公三年）春王正月公會齊侯宋公陳侯衛侯鄭伯許男曹伯侵蔡蔡潰遂伐楚次于陘（僖公四年）　冬鄭公孫夏帥師代陳（襄公二十五年）　九月戊辰諸侯盟于葵丘（僖公九年）公會晉侯宋公衛侯曹伯齊世子光莒子邾子滕子薛伯杞伯小邾子伐鄭會

于蕭魚（襄公十有一年） 鄭人侵蔡獲蔡公子燮冬楚公子貞帥師伐鄭（俱襄公八年）夏公會齊侯于夾谷齊人來歸鄆讙龜陰田（俱定公十年）

禮記

樂事勸功尊君親上 故天降膏露地出醴泉山出器車河出馬圖鳳皇麒麟皆在郊棷龜龍在宮沼其餘鳥獸之卵胎皆可俯而闚也 仁以愛之義以正之 天地四方者男子之所有事也

第二場

論

聖人神化與天地同流

詔誥表（內科一道）

擬漢令公卿以下議可以佐百姓詔（後元年） 擬唐以馬周爲監察御史誥（貞觀三年） 擬禮部右侍郎丘濬進大學衍義補表（成化二十三年）

判語（五條）

舉用有過官吏 虛出通關硃鈔 致祭祀典神祇 懸帶關防牌面 失時不修堤防

第三場

策（五道）

問 自古聖王垂統貽謀以燕翼於後世者豈但備物軌飭制度已哉以弘文教將必有以著道化之菁華焉以創鴻圖將必有以立迪哲之景範焉考諸詩書文謨武烈丕顯丕承卓哉不可尚矣洪惟我太祖高皇帝當締造之初投戈講藝統會百王神謨懿訓煥然備矣至我成祖文皇帝纘弘丕緒著爲永樂大典而古今之文獻具焉文之謨也睿宗獻皇帝龍潛郢邸積德累仁崇文好禮而中興之大業啓焉武之烈也視詩書所稱不尤有懿鑠與我皇上大孝建極善繼善述其制作之盛有未易殫究者然宣昭祖訓繹思考德聖意每惓惓焉乃取秘閣所藏永樂大典命儒臣校錄又允禮部之請纂集承天大誌是二書者固金匱之宏編聖朝之彝制垂之億萬年者其篇目之詳著述之美可得而敷陳之與聖天子所以煥耿光楊大烈者雖非臣下所能仰窺而聖孝所在亦可揚攉其萬一乎爾諸士莊誦之餘其悉心焉以鳴國家之盛

問　班固漢書立儒林傳以識丁寬轅固諸人范曄嗣之乃分立儒林文苑二傳觀其撰贊輕昂意以一乃傳經之學一乃摛文之技曄之品第亦較然矣自今觀之有學爲儒宗八世博士而自伏多臧之咎者有待詔公車博通經記而自嘆察察之患者有著尚書雜記四十萬言而輒以法免者有世習韓詩推長當世而坐連楚獄者有從代郡受易說經鏗鏗而自矜任情者有習公羊春秋沉思精專博覽書傳而坐被貴戚之薦者豈經術不足以致用與抑其人之無得於經與有爲文勵學謐曰宣明君子而再著太山之績者有博學能文號曰天下無雙而克稱臺閣之任者有以文記知名而蕩陰臨汾皆有聲稱者有系出宗裔除長新城而儒化大行者有以禮自牧而啓敬重於西河者有畫像東觀而昭德政於内黃者豈文辭固足以自見與抑其人之天資近道而無事於文辭者與此皆若不無可疑倘諸士有概於中即以蔚宗之意見得失吾人之嚮往決擇并一詳之可也

問　古者作樂欲審聲音必本於律吕尚矣其作者孰始文以五聲播以八音或分月令或配卦爻而損益相生之法可詳言與律吕長短史記漢書不同上下之生班固京房有异律各六矣何又有六十律調六十矣胡又有八十四調孰得孰失與有所謂七始有所謂五聲二變有所謂正聲變聲中聲子聲者其義何居與夫還相爲宮飛灰候氣之說果皆然與或謂黃鍾爲萬事根本先求聲氣之元而諸律自定若徒求之金石粃黍謬矣王朴李照之所定范鎮司馬光之所議以及阮逸和峴胡瑗其論紛紛孰爲是與乃若折衷千古確然可據者惟蔡季通之新書已爾朱子固嘗取之而又著通解鍾律篇可得聞其概與其亦有所受而互相發明與夫律吕放失衆言淆亂古樂之絕響久矣我國朝禮樂明備即今九奏樂章洋洋極盛茲欲登雅樂用之以復太古之初可乎幸相與訂之亦考古審音者之一助也

問　字學切於民用大矣伏羲畫卦書契未興至黃帝時始制以代結繩而文字立矣文字立而聲韻因之矣後一變而爲大篆再變而爲小篆自秦隸興而日趨簡便有謂篆之廢由於秦自晉隸作而遂務姿媚有謂宋之能多於唐何也字有六義而又有八體六體及古今篆隸文體可得聞與晉人擅其能者衆矣孰爲最善臨川乃不之取若朱子獨取襄之與芾而病蘇黃者又何與至於字有五音四韻而音與韻何以別三十六字母俗本傳訛而廢與增何所考禮部韻略與切韻須知其得失何如也自唐以來修詞之子多宗沈約而吳棫又從而患之何與我國家稽古考文聖祖以字韻多訛特命儒臣校正彙而成書名曰洪武正韻誠不刊之典也但其中字畫以何文爲正而音韻以何聲

定之諸子遵制之餘諒究心於此矣請詳言之以觀博古之學

　　問　帝王制馭夷狄自舜格有苗其後無聞焉周有昆夷之征玁狁之伐漢唐有五郡之雄三城之築無非以戰守為事其詳可得聞與我國家大一統之盛威武奮揚鞭撻四夷乃至三犁虜庭亦古今僅見矣何邇年以來武備玩愒蠢茲匪茹頃山後諸夷勾連漠北沿邊數被侵掠不知將何以制之與豈分閫者猶有遺謀與夫兵家所尚惟戰與守今日兵勢積弱臨敵望風而戰弗可言矣築堡戍守動遭蹂躪而守弗可恃矣議者以將帥匪人戎伍多缺芻糧未充技藝弗閑賞罰未信間諜不明之所致其果然與今發言盈庭材官具集竟未聞有出一奇奮一戰而答虜之背者茲欲講求六者行之將何道而可臻實效與抑別有出於數者之外與諸子生長於斯目擊茲患有憤於中久矣豈無抱請纓之志者乎願教我良策無煩執事

中式舉人六十五名

　　第一名　潘雲祥　太原府學增廣生　書

　　第二名　趙于敏　潞安府學生　易

　　第三名　栗永壽　潞安府學增廣生　詩

　　第四名　暴孟奇　屯留縣學生　禮記

　　第五名　王儒　平定州學附學生　春秋

　　第六名　楊相　蒲州學生　詩

　　第七名　劉守仁　洪洞縣學生　易

　　第八名　楊燔　蒲州學增廣生　書

　　第九名　賀愈　崞縣學生　禮記

　　第十名　楊行之　遼州學生　春秋

　　第十一名　馮福謙　蒲州學生　書

　　第十二名　王家屏　山陰縣學生　詩

　　第十三名　王汝浹　懷仁縣學生　易

　　第十四名　葛思茂　平定州學生　書

　　第十五名　趙允升　代州學生　詩

　　第十六名　鄭大原　潞安府學生　易

　　第十七名　張與行　絳州學附學生　書

　　第十八名　龐希文　洪洞縣學生　詩

第十九名　戴光啓　祁縣學增廣生　易
第二十名　白希珩　寧鄉縣學附學生　禮記
第二十一名　苗栟　平定州學生　書
第二十二名　苗煥　澤州學附學生　詩
第二十三名　鄭卿　潞安府學生　易
第二十四名　陳璨　高平縣學生　春秋
第二十五名　高嶽　蒲州學生　書
第二十六名　郭中　孝義縣學生　詩
第二十七名　齊聞韶　和順縣學生　易
第二十八名　李廷儀　霍州學生　書
第二十九名　吳自省　澤州學生　詩
第三十名　王允寧　澤州學增廣生　易
第三十一名　鮑希顏　長子縣學生　書
第三十二名　解學禮　河東運司學增廣生　詩
第三十三名　王體復　太平縣學增廣生　易
第三十四名　王謙　蒲州學附學生　書
第三十五名　崔嵩　沁源縣學生　詩
第三十六名　張正蒙　鮮州學增廣生　禮記
第三十七名　王梲　太原縣學生　易
第三十八名　任民閱　平陽府學生　書
第三十九名　楊春芳　稷山縣學生　詩
第四十名　常存仁　高平縣學增廣生　易
第四十一名　李汝藩　鮮州學增廣生　書
第四十二名　郗燦　平定州學生　春秋
第四十三名　趙國相　稷山縣學生　詩
第四十四名　郭甲　蒲州學附學生　易
第四十五名　何汝成　蒲州學附學生　書
第四十六名　陳王道　臨汾縣學增廣生　詩
第四十七名　左邦彥　洪洞縣學附學生　易
第四十八名　王洛　河東運司學附學生　詩
第四十九名　宋守中　潞安府學生　禮記
第五十名　王衍義　交城縣學生　易

第五十一名　吳從周　安邑縣學生　詩
第五十二名　樊一陽　蒲州學附學生　書
第五十三名　呂乾健　曲沃縣學生　易
第五十四名　趙廷璧　臨晉縣學生　春秋
第五十五名　張更化　汾州學增廣生　詩
第五十六名　郭有金　蒲州學附學生　易
第五十七名　楊德耀　蒲州學附學生　書
第五十八名　喬起鳳　河東運司學生　詩
第五十九名　孫維清　鮮州學增廣生　禮記
第六十名　　柳應候　洪洞縣學生　易
第六十一名　張裦善　太原府學生　詩
第六十二名　傅霈　　太原府學生　易
第六十三名　王用賓　興縣學生　書
第六十四名　張夢鯉　絳縣學生　春秋
第六十五名　張邦臣　河東運司學增廣生　詩

第一場

四書

知者樂仁者壽

潘雲祥

同考試官教諭黃批（知仁所好固原於體之异矣樂壽是推其自然之效耳注意自明場中作者復以樂水樂山入講剿述時文詞多重復獨此篇得之宜錄以式）

考試官學正吳批（氣象宏大）

考試官教授吳批（義精詞雅）

聖人論知仁而其效各有所得焉夫知得其樂仁得其壽皆本於動靜者也豈非理之所必致者哉夫子言知仁而因及之其意以爲知仁之在天下其體固不可以強同而其效亦因之以類應何則人心自有真樂有所滯斯累於物矣知者惟有得於動也而樂自生焉利用安身既能知天之命見大心泰自有樂天之誠心通乎造化而相爲游衍怡然俯仰之無歉也智周乎萬物而同其卷舒悠然內外之兩忘也雖所遇容有弗一然既動而不括將無入而不自

得矣其天下之至樂者乎人情孰不欲壽有所擾斯役於形矣仁者惟有得於靜也而壽自致焉怕以一德元善爲之常存良以厚終元神自能可久保之以孔固得天地之委和而氣自我凝也錫之以無疆得天地之委順而命自我立也雖其數或有弗齊然既靜而有常自怕久而不能已矣其天下之至壽者乎吁樂得之於已者也觀其樂而智益深矣壽得之於天者也觀其壽而仁益至矣知仁之妙如此非聖人焉能形容至此哉雖然知仁所好固以其體之异矣實一理也其效寧有二乎蓋人生而靜天之性也感物而動樂斯形焉樂生乎動動極而靜知者未嘗不壽也壽本乎靜靜極而動仁者未嘗不樂也此動靜循環之理仁智合一之説也昔夫子自叙終身經歷次第亦曰七十而從心所欲不逾矩則樂與壽孔子兼之矣噫非知道者孰能識之

　　天地之道可一言而盡也其爲物不貳則其生物不測天地之道博也厚也高也明也悠也久也今夫天斯昭昭之多及其無窮也日月星辰繫焉萬物覆焉今夫地一撮土之多及其廣厚載華岳而不重振河海而不洩萬物載焉
　　趙于敏
　　同考試官教諭侯批（題本冠冕場中作者往往失之浮泛是作詞簡意盡得其旨矣錄之）
　　考試官學正吳批（純潔可誦）
　　考試官教授吳批（説理精到）
　　中庸論天地以誠而成化必詳其盛而著其功也甚矣一誠貫天地之道也誠則自無不盛矣而生物之功孰得而限量之哉子思發明天道及此若曰大哉誠乎天地之所以爲天地者此也聖人之所以爲聖人者此也觀乎天地則見聖人矣何則天地之道散之雖極於至賾而約之可盡於一言亦曰誠而已蓋其二氣之綱維無非真實之貫徹而太極神發育之妙者莫得以識其端也兩儀之主宰要皆无妄之充周而貞元運化生之機者莫能以知其故也夫天地惟其不貳故其盛也含弘靜深地得之而博厚焉峻極昭融天得之而高明焉以高明則無止息以博厚則無終窮而乾坤合德極其悠久焉何如其盛也原其所以爲之基者孰非一誠之所致也哉夫天地惟其盛故其生物也觀天於昭昭之象而推極於無窮之表則明而爲日月麗而爲星辰以至纖悉而爲萬物無一不爲之覆幬矣觀地於撮土之形而推極其廣厚之體則峙而爲華岳流而爲河海以至森列而爲萬物無一不爲之持載矣何如其不測也原其所以爲之本者孰非一誠之所爲也哉夫物莫逾於天地而天地不外於一

誠信乎天地之道可以一言而盡也然則聖人以至誠而弘功業又何以异於是哉雖然造化無全功裁成輔相實賴聖人以成能也是故聖人在上而至誠感通以三辰則順度以雨暘則時若以品彙則咸亨是聖人非獨有同於天地而實有功於天地也故曰天地萬物之祖聖人天地之用

存其心養其性所以事天也
栗永壽
同考試官教諭張批（題本精邃作者類掇拾浮泛可厭此作簡切錄之）
考試官學正吳批（似知學者）
考試官教授吳批（明順）

君子修其天之所與者而事天之道得矣夫心也性也皆天之所以與我者也君子存養而無失焉謂非善事其天者乎此孟子示人以知行之全功也意曰斯道之原出於天而體道之功存乎已知天固由於知性矣而事天之功當何如耶彼心具於人而不知所以存之非所以收盡心之功也故必操持於定靜以全其明覺之良審察於幾微不累於物交之感夫是則存於中以應於外而大體立矣性統於心而不知所以養之非所以踐知性之實也故必涵泳日深以復其湛一之本作爲不害一順其生息之機夫是則制於外以養其中而所性定矣此固君子修道之功而何以謂之事天也哉蓋天賦以理人得之而爲心放其心者違其天者也天降以衷人得之而爲性戕其性者褻其天者也夫既存心於推致之餘而奉若之弗違者儼乎天明之是察是小心之翼翼即上帝之昭事也非所謂善述其事者乎養性於精研之後而率履之弗越者肅乎天鑒之是承是成性之存存即明命之顧諟也非所謂善繼其志者乎噫學至於事天則知行并懋仁知兼體聖人之能事其庶幾矣雖然心與性非二物也知與行非二事也故存心即所以養性而事天不外於知天考之中庸知天者盡性之事也事天者戒懼之功也此固孔門授受之微言聖賢合一之正學也學者其合而觀之

易
大哉乾元萬物資始乃統天
趙于敏
同考試官教諭侯批（乾道甚大此聖人首釋乾元之義其旨微矣作者多掊摭浮詞又以顯藏有無前後貫講意多纏繞致統天處又著於物與天德似不相涉惟此篇詞理精邃結尤出人意表待錄之）

考試官學正吳批（明瑩無疵）

考試官教授吳批（詞不費而理獨到）

象傳贊乾元之大以其具造化之全也蓋肇萬類而貫天德者造化之全功也乾元以之斯其所以爲大乎今夫卦名曰乾蓋乾即天也而元則天德之首也大矣哉乾之元乎發育萬物綱紀造化其至大而無以加者乎何則萬物生而不窮必有所以始之者乾元也鼓化機於初動以啓先天之功涵生意於甚微以立群物之命理雖未立凡賴之以化醇者不外天載之神氣雖未定凡藉之以成象者莫非絪縕之化蓋不惟始乎一物而且爲萬物之資始矣然非止始萬物而已又能統乎天焉天德運而不息必有所以統之者乾元也命之流行不已有以體之而不遺誠之通復無端有以貫之而無外各全其理而神功之迭運皆一元之周流各足其氣而化育之相宣皆一元之貫徹蓋不惟專乎一德而且爲四德之統會矣吁知大始則能盡化統天德則能盡神此乾元之至妙者也其大爲何如哉象傳贊之宜矣抑此所謂君道也春秋繫王於天正次王王次春蓋元者天之仁氣也天不言而品物亨歲功成者元也四時五行不過宣其氣焉爾聖無爲而庶績熙治功成者亦元也四岳九官不過佐其職焉爾是故體元居正聖王之所以法天也觀於乾元而其義益明矣故曰聖人與昊天同一道信夫

神而化之使民宜之

劉守仁

同考試官教諭張批（聖人通變使民不倦之妙正在神化宜民處見之士子不能體貼率記誦模擬詞煩而意反晦惟此篇脫去俗態不落時文常套佳作也）

考試官學正吳批（清勁讀之灑然）

考試官教授吳批（文氣疏達）

聖人妙於治而天下安之可以見其盛矣蓋化之弗神者未必其民之安之也神則能使天下順治矣兹聖帝之所以爲獨盛與大傳論聖人制器尚象而及此意謂古者聖王之繼天而治也皆因時以立政而弗强民以難從黃帝堯舜所以通其變使民不倦者夫何爲哉吾知順風氣之宜顯之於經綸者神妙莫測而以自然爲功知太朴之散施之於化導者神應無方而以不勞爲用質敝而救之以文非故强之也時之既至道不相沿惟隨時變易焉耳聖人無心也俗儉而示之以禮非有矯之也世之所趨禮不相襲惟與世推移焉耳聖

人何與也神而化之如此民其有不宜之者耶蓋法之制於上也既緣人情以設教故民之從於下也自順帝則而不知喜其文之足尚而相率以成風者愈如也是雖民之各從其欲若或有以使之者矣樂其禮之可嘉而相安以同俗者藹如也是雖民之各適其性若或有以鼓之者矣吁觀神化則知通變之妙觀民宜則知不倦之機非聖人而能若是乎大抵法之敝也風之會起之也文質易尚如循環然要不可拘者當黃帝堯舜適文明之會去榛狉之俗遠矣故衣裳之制取諸乾坤其亦風之會乎如十三卦古聖人制器尚象者皆時之所為也為其所當為民習而安之矣是以垂衣裳而天下治也嗚呼三聖之法備矣後有作者其弗可及也與

書

萬邦黎獻共惟帝臣

潘雲祥

同考試官教諭黃批（題本渾融作者多於願為帝臣發揮欠當是篇思緻精密詞理懇到虞廷得人氣象宛然在目矣佳士佳士）

考試官學正吳批（黎獻即忠直挑剔明盡）

考試官教授吳批（精細純雅）

盡天下之賢而樂為之用君德之所感者深矣蓋賢者用世之心相時而動者也今咸有帝臣之願焉非聖德有以感之而能然乎昔禹告舜之意若曰致治莫大於用賢而感化莫先於修德誠使帝德之光至於海隅蒼生則其得於觀感者當何如哉將見黎獻之生於時者夫固潛德而隱也今也瞻帝德之重華而欲用世以自見眾賢之伏於野者夫固見可而進也今也仰聖人之在上而欲乘時以有為至德光被乎萬方則丕應允愈乎眾忘必將曰茲誠不世之遇也而可上負吾君矣乎德輝無遠而弗屆則感通不疾而自速必將曰茲適大行之會也而可下負所學矣乎或以抱堅貞之節思有以盡其忠竭股肱耳目之力以成亮工熙載之業殆畎畝之所預待者矣或以秉精白之操思有以效其直際都俞吁咈之盛以贊謨明弼諧之風固身心之所深慶者矣迹未離於側陋而志已期於奮庸違焉將慮從事之或失矣而寧俟於四門之闢哉向雖樂於潛居而今則殷於許國汲汲焉惟恐聖世之或遺矣而奚憂於庶官之曠哉至是舉用之典行而比遜之化洽彼頑讒者且胥為黎獻矣明德之效若是其大夫威也惡足以與此抑考帝舜之時九德咸事俊又在官而好生之仁罔愆之德固已洽民心而遍海隅矣而禹也拳拳以明德致賢為言者良以聖世之治以德化為極而人臣事君無已之心當如是也迨禹三苗之征益復

贊之以修德其旨若相授受焉虞廷之事君其萬世人臣之準也與

　　會其有極歸其有極
　　楊㯞
　　同考試官教諭李批（會歸二字乃王言訓人切要者最難形容是作詞氣悠揚旨趣雋永非有心得之學者不能）
　　考試官學正吳批（詞雅理切得諷咏體）
　　考試官教授吳批（縝密精純）
　　王者約言以訓人欲其知所趨而得所止也蓋皇極之理臣民之所當共守者也會之歸之則與極爲一矣敷言之訓何其善哉昔箕子衍之以告武王也意謂人君繼天而爲皇極之主也固當率之以身而端感化之本亦必誘之以言而妙鼓舞之機敷言以訓臣民固有以節其淫比而示之標準矣然未必其能會而歸之也乃復訓之曰王義王道王路此皇極之用而人之所共由者也惟存之於心者未能無邪思斯從入之途乖矣凡我臣民尚會其有極矣乎審幾於一念之微而向往惟勤求合乎大中至正之矩辨志於群動之先而進修匪懈率循乎民彝物則之常偏陂之皆忘翕然王義之遵惟恐後也好惡之不作確然道路之由無敢渝也蓋有其人不同其趨則一者矣寧可志惑於他岐而不知所以會之也哉不但已也蕩平平正直此皇極之體而人之所同具者也惟見之於事者未能無邪行斯歸宿之地遠矣凡我臣民尚歸其有極矣乎密深造之功所以共適於彝倫者務止於至善而不遷協克一之守所以會通於典禮者務與之渾融而無間偏黨以除而蕩蕩平平之蘊悉窮其奧也反側以去而正直無私之理咸詣其極也蓋有其行不同其究則一者矣寧可功畫於半途而不知所以歸之也哉夫先之以會極所以開歸極之始繼之以歸極所以收會極之終王者敷言之訓始終以要其成反復以致其意諷咏興而孚化速矣彝倫之攸叙也不有由哉雖然此非徒以言語教人也蓋建極而後使之歸極斂福而後可以錫福至於念之受之富之羞之亦既勤且勞矣宜會歸之易而贊頌之神也與故觀於斂時五福之言而知建極之動天觀於于帝其訓之言而知敷言之達天噫皇極之君其配天也夫

　　詩
　　殖殖其庭有覺其楹噲噲其正噦噦其冥君子攸寧
　　粟永壽
　　考試官學正吳批（制度題難於整齊此作詞不費而意已足取之）

考試官教授吳批（詩人尚愛之誠讀之尚可想見）

王者之室備衆美而所居之安在是矣夫作室以安居其制誠不可以不備也詩人於落成而美之不可以見中興之氣象乎想其意蓋謂人君欲以敷外王之業必先豫內聖之體堂陛之制既已崇矣其室之美何如哉是故以言其庭則殖殖無頗而矩度之施有以協端平之範也以言其楹則覺然直大而樸斲之美足以示宣朗之觀也向明之處謂之正今則天啓光華洞達而不蔽何如其嚕嚕矣乎奧窔之間謂之冥今則地當宥密深廣而莫窺何如其噦噦矣乎夫庭楹盡制既有以宏大壯之規冥正咸宜又有以萃元和之氣是誠足以爲君子之攸寧者矣蓋必適萬機之既暇而燕閒於斯以養其恭默之度當庶事之惟康而游息於斯以紓其日昃之勞輪奐一新正際夫景運方興之日蓋非徒即安筵簟而翕受貞元以培萬年之基者固一人凝命之所矣規畫大備適當夫海宇熙洽之時蓋非但流光祚胤而宣節和氣以養壽命之原者固天子有那之居矣夫作室已極其揚厲之盛而攸寧又寓夫頌禱之誠斯干詩人其忠愛之至乎抑宣王何以得此於民哉蓋其中興之政首以還定安集爲務鴻雁之歌已先乎鳥革翬飛之咏矣故百堵雖勞皆以上承乎作豐宅鎬之舊而小民之勸工詩人之祝頌有靈臺之懿範焉周之世德然也是故厚下安宅人君惟慎所以感民者

莫敢不來享莫敢不來王曰商是常

楊相

考試官學正吳批（場中作此題者至曰商是常處語脉不貫是作發明精到寫出氐羌事商之誠可與言咏矣）

考試官教授吳批（清新雄偉）

商王即遠人之朝貢而述其意所以嚴責荊之義也夫朝貢之典王者大一統之制也氐羌且弗違焉而況荊人乎宜商王舉是以責之也歟此商人追頌高宗中興之烈及此若曰內夏外夷者天下之大防也以夷事夏者尊王之大義也爾荊之不庭久矣獨不觀氐羌之事我成湯者乎是故備物以貢謂之享先王則壤以賦中邦似無取乎氐羌之享也彼則賓服之志素懾於神武之威故歲事之修自效其奉上之義庭實於是而供焉方物於是而獻焉惴惴然莫之敢後矣孰有不來享者哉奕世而朝謂之王先王輯瑞以聯百辟似不屑乎氐羌之王也彼則內附之心素慕乎綏獸之化故載見之儀恪遵於繼序之時請命以紹其封焉入覲以稟其度焉兢兢乎莫之敢違矣孰有不來王者哉

若是者非偽爲也稽於其言而可見其誠矣彼其意曰天朝如彼其尊也以卑
承尊商之常禮也我之所以來享者乃率由其舊焉耳蓋受之先人而與商固
相爲世守者矣敢爲不恭而自悖其禮乎中國如彼其大也以小事大商之常
禮也我之所以來王者乃祇盡其分焉耳蓋傳之子孫而與商固相爲悠久者
矣敢爲不臣而自廢其常乎斯蓋甘心臣服而形之於言者無慢詞故委質率
從而見之於禮者皆實意兹固成湯之德足以感召而氐羌之向化亦可嘉矣
爾荆人今乃不然焉豈能免於肆伐也哉嘗論先王之世有不享則修德有不
王則修文何武丁之於荆也而遂以征討加之蓋以其國猶在侯服之内首阻
聲教王法之所不容者也故援祖宗之服遠者以責之無非屈其心俾歸於化
也豈曰黷武云乎哉故誦殷武之詩而知商王中興之盛

春秋

秋齊侯宋公江人黄人會于陽穀（僖公三年）春王正月公會齊侯宋
公陳侯衛侯鄭伯許男曹伯侵蔡蔡潰遂伐楚次于陘（僖公四年）

王儒

同考試官教諭徐批（齊桓克敵制勝之謀當歸重於結江黄以爲奇兵
上傳意自明士子類作比合殊失輕昂是篇意中肯綮且文思俊逸氣勢弘大
讀之令人灑然夫非蘊藉之深者耶高薦允宜）

考試官學正吳批（平順而敷腴非苟作者）

考試官教授吳批（文有思致高取）

霸主定奇正之謀以攘外春秋善之也甚矣攘外成於善謀也即陽穀之
會而驗之伐楚謂非謀之善者耶說者謂是之會齊桓遠結江黄以伐楚而侵
蔡次陘之師二國曾不與也君子可以知齊桓用謀之善矣蓋行師之道固必
有正兵以張撻伐之威尤必有奇兵以藉聲援之勢謀之不臧未有能克敵而
制勝者也齊桓陽穀之會江黄來矣於是萃群辟而授經略俾壯乎外攘之勳
結遠國而示約束用資其内應之助兵有聚而爲正則屬之八國以當其前先
人有奪人之心也兵有分而爲奇則屬之江黄以擬其後乘人不乘於人也則
夫次陘而諸侯皆集非觀釁也即陽穀之聚而爲正者也聲罪致討以震中國
之威一運籌之餘已決矣伐楚而江黄不與非背約也即陽穀之分而爲奇者
也各守其境以爲八國之援一經畫之際已喻矣要之多筭以克敵二國之不
動固八國所恃無恐也用奇以制勝江黄之掎角乃荆南所由屈服也使不撓
其勢而徒欲以力勝之則陸梁莫制之楚安能一舉而遂屈也哉是楚之服於
齊者不在用兵而在用謀之善桓之謀乎楚者不始于次陘而始于陽穀之日

謀定陽穀而楚可攘周可尊矣以桓霸安攘大計悉定於此也經於大會而末言者謂非予之矣乎雖然二國之來慕桓之義以成桓之謀惜也見滅于楚不能救焉齊負江黃多矣而管敬仲則固籌之熟者夫齊霸經營十有八年非仲無成觀親暱不弃之義賜履實征之烈皆咨之仲父以行焉則攘夷安夏仲之力也故曰如其仁如其仁

鄭人侵蔡獲公子燮冬楚公子貞帥師伐鄭（俱襄公八年）夏公會齊侯于夾谷齊人來歸鄆讙龜陰田（俱定公十年）

楊行之

同考試官教諭徐批（題中頭緒本多而場中作者類浮冗可厭獨此作對待嚴整結構精密意義無毫髮滲漏必沉潛而有得者宜錄以式）

考試官學正吳批（冲雅）

考試官教授吳批（得旨）

春秋紀內外用兵歸地之事而予奪之意見矣此鄭之侵蔡昧於自守而魯地之來歸則聖人化强之速也春秋奪之予之也宜哉夫鄭奚爲而侵蔡也以蔡爲楚與而侵之也已而楚人修怨而子貞之兵至焉若是則咎疑在楚矣而君子罪鄭也何蓋天下莫尚於禮而以小事大古人所以重交鄰也鄭簡公不聞之乎而胡狡焉以逞也從耳國之迂謀忽經邦之遠略蔡之侵燮之獲不相時而怒楚此鄭人皆喜而子產獨爲不順者與卒之鄭兵方旋楚師即繼汲汲焉請盟之恐後者何昔勇而今怯哉經故於侵蔡書侵而鄭及楚平不復書者若曰無文德而有武功甚矣鄭之頗於禮也其責之之意如此齊魯曷爲而會夾谷也以魯及齊平而會也已而齊侯悔過而鄆讙龜陰之田歸焉若是則美疑在齊矣而君子善仲尼也何蓋天下莫大於禮而以弱化强古人所以貴立國也魯定公亦得之邪而幸安焉以濟也委孔子以相儀具司馬以從事却夷裔罷享禮仗大義以伸威此齊侯心懾而晏子亟爲謝過者與卒之魯君甫歸而侵田隨復章章焉效順之惟謹者何先倨而後恭哉經故於三田之歸特書曰來若曰有文事必有武備大哉聖人之達於禮也其序績之意如此於以見無禮則以鄭之狡而不能得之於楚有禮則以魯之弱而可以得之於齊春秋據事直書而爲鑒不既遠哉抑鄭不足言矣使魯用孔子終焉則豈獨齊人歸侵疆三家墮郈費哉東周之念徵矣而何其未能也夫子產用而鄭安六卿和而晉昌晏子用而齊霸此皆當時之可見者賢才之益於世也久矣況夫子邪

禮記

故天降膏露地出醴泉山出器車河出馬圖鳳皇麒麟皆在郊棷龜龍在宮沼其餘鳥獸之卵胎皆可俯而闚也

暴孟奇

同考試官教諭羅批（體貼至順感召卓异奧旨而又以古雅邕健之詞發之必其學議之俱優者録之）

考試官學正吳批（以大順貫作良是）

考試官教授吳批（精確）

觀瑞物之駢臻而大順之化見矣蓋和氣足以致祥也今大順之世而瑞物駢臻焉聖王致治之盛何如哉記禮運者之意蓋謂聖王以順御天下也治化雖妙於無爲而功用自徵於有象豈直三才之協應已乎吾見和氣旁達聿昭夫可致之祥而大化潛孚自萃夫庶徵之應故以言乎天不特降露已也有濃而若膏者焉融液以溥其澤與至順而相爲凝結矣以言乎地不特出泉已也有甘而若醴者焉時出以沛其流與至順而相爲洋溢矣器車者命世之瑞自山出之不待揉治而渾然天成之妙順氣之成形者何如也馬圖者文明之祥自河出之不假人謀而粲然先天之文順氣之成象者何如也以至鳳麟必有道而後見難乎其畢至也惟順達於郊棷而鳳凰麒麟皆在焉以鳴國家之盛以昭仁厚之德若其有以馴之矣龜龍必聖世而後出難乎其并見也惟順達於宮沼而龜龍在焉以兆吉凶之用以妙變化之神若其有以畜之矣外此而庶物之生而鳥而獸者至多也則各遂其性親上親下者相若也蓋無一物而不相忘於大順之中矣其卵胎不可以俯而闚哉是知物不同而其爲瑞一也瑞不同而爲大順之徵一也揆厥所自何莫而非禮信以爲之本乎抑論天人勢雖相懸而感通之理每捷於影響古之聖王所以先天而天弗違奉天而天即應者一念之精誠有以上當天心而潛孚默契於冥冥之表者固有人不及知而已獨得之者不專在政治間也故諸福之物可致之祥莫不畢至而盛德昭格遂與惟皇并矣詩曰永言配命自求多福易曰日新之謂盛德富有之謂大業觀聖神功化者當於斯乎求之

仁以愛之義以正之

賀愈

同考試官教諭羅批（理精而詞暢非深於禮樂者不能到有養之士也）

考試官學正吳批（有體認）

考試官教授吳批（醇雅）

先王揭所性之德而爲禮樂之輔焉蓋仁義之於禮樂相爲流通者也先王欲救禮樂之弊舍仁義奚以哉記者之意蓋謂禮樂不能以無弊而救弊不可以無術先王固嘗濟之以禮樂矣又嘗懸之以賞罰矣然猶以法久而易玩非輔之以仁義不可也彼仁主於愛禮主於敬宜若無所與矣孰知禮勝則離由其愛之不足也故必本仁以愛之根之以惻怛之真而章程顯設之餘莫非至情之浹洽敦之以慈祥之懿而等威分辨之際莫非實意之充周以天合者則因心以致愛而情不可解也以人合者則推心以廣愛而情無所忤也分雖判於迹之異而心則孚以理之同則禮非強世而所以嘉天下之會者在是矣尚何患於偏勝而離也哉義主於正樂主於和宜若無所與矣孰知樂勝則流由其正有所歉也故必陳義以正之嚴毅以立其防而歡然以相與者恒寓夫裁制之體斟酌以協其宜而怡然以相接者不涉於比暱之私或主恩者不至以恩而掩義也或主義者必欲以義而斷恩也雖情之所通者無間而分之所限者甚嚴則樂非任情而所以平天下之心者在是矣尚何患於偏勝而流也哉是知仁以愛之則嚴而能泰是謂至禮義以正之則和而有節是謂至樂此先王經制之善而致民治之行也雖然先王之禮樂固以仁義爲之輔而仁爲心之全德尤爲禮樂之原也誠使吾心渾然天理而肫肫其仁則自吾心之和順者發之即爲樂自吾心之恭敬者發之即爲禮所以昭宣天地者此也所以法天下而傳後世者此也若夫制度聲容特其文具耳故樂記一書其說皆歸諸心而孔子他日論禮樂亦惟屬之仁人旨哉

第二場

論

聖人神化與天地同流

潘雲祥

同考試官教諭黃批（此是程子發明子貢之意曰立曰道曰綏曰動是聖化斯立斯行斯來斯和是聖化之神處題意本大作者不知融會或失之冗或失之支獨此篇只就本文發揮而聖人神化同流寫得宛然如探淵海而得玄珠者奇士也允宜首選）

考試官學正吳批（理性論似此者絶少）

考試官教授吳批（蒼然可愛）

天地之化至神也聖人所以妙感應而無間者其必有合德者矣神矣哉

天地之化乎盡萬物而覆載之物之生成熙熙然相忘於其化而不自知其至神之所爲乎聖人何以能同之蓋天地盡物聖人盡民其道一也聖人方且承天地之責以生萬民天下之化將聖人是賴而聖人必以其德先之以爲鼓舞感動之機初非有意於必吾之從之也然德之所至化亦至焉化之所感民斯應焉不疾而自速不行而自至天下亦歸於聖人之化而不知此其感應之妙真與天地同流者也非合德於天地者其孰能與於此子貢智足以知聖人者也乃贊之曰立之斯立道之斯行綏之斯來動之斯和程子釋之以聖人神化上下與天地同流嗚呼其善觀聖人者與世之論聖人者必擬諸天地何也意以聖人之生乃天地所獨厚而輔相參贊以助其所不及者也故觀天地則知聖人矣易有之曰大哉乾元萬物資始至哉坤元萬物資生天統元氣地統元形其命則於穆其載則無聲臭似若無所見者然冲漠無朕太極淵涵二五妙其用六子效其能相禪而相濟以動以散以潤以暄以止以說而萬物生成其間雖跂行喙息煦嫗昭蘇莫不取足於天地之化而舍美利於不言竟莫得其所以然者謂非其化之神不可也故曰陰陽不測之謂神又曰合一不測爲神聖人者固天地之心之所寄也其德則與之合焉者其視天下之大兆民之衆亦猶天地之於物也然聖莫如孔子雖甚盛德蔑以加矣即其未試之效而預推之使得邦家居可致之位操可致之權所以體天地之化而達之於政治者豈能忘情於天下也哉故嘗欲立之以遂生養矣而耕鑿樹畜以若於其天者未必其即立也欲道之以明倫理矣而敦典叙倫以迪於其教者未必其即行也欲綏之以寧謐動之以興起矣而丕應徯志於變時雍者未必其即來即和也吾有作爲運動之勞而天下未必皆應或應之而未必速焉天下且得以窺其心之所存而吾之化未至也奚足以同天地之神耶惟聖人之心與天地爲一其德與天地相合德之所積者既盛故化之所感者自神聖人雖不必天下之化而德自乎天下雖不知聖德之神而機自應立之斯立無弗若於其天也道之斯行無弗迪於其教也綏之斯來動之斯和無弗丕應而雍以穆也是其精神之所鼓舞風聲之所感召立之道之綏之動之聖人所以感之者無心也斯立斯行斯來斯和天下所以應之者亦無心也無心之化其神乎斯與天地同流而無間者乎古今言盛治者必曰堯舜巍巍則天大哉堯之爲君也重華協帝虞舜之不可及也其曰萬邦協和四方風動云者亦可見其化之神矣然欽明文思與夫濬哲文明書特首著之二帝所以盛者無乃出於此與夫子修書斷自唐虞雖不位堯舜之位也祖述之而道在焉則嘗游觀上喟然而嘆志大道之行矣及老而東周之志莫遂乃以其所未試者洩之於徒既庶而富而

教以告冉有與子路言志而曰老安少懷朋友信之其意可見即紀傳所載如攝相而魯大治也郓謹以侵田歸也會夾谷而却萊夷也墮三都以強公室也男女別途而羔豚弗飾賈也是其兆足以行而神化之微已微露其機矣苟有用我三年有成將與協和風動比隆不又有賢於堯舜者乎宜子貢極其形容之而子禽不足以知此也論而至此恍然如游洙泗聆天階日月之喻聽袞衣章甫惠我無私之歌頌而綏來動和氣象亦可想見其盛矣至其化之所以神者吾終不可得而知也是豈可以易及哉雖然聖人之化非特當時稱之而已六經删述四代禮樂以垂百王之大法天下後世皆被其澤矣孰非神化之所及乎周子曰道德高厚教化無窮與天地參而四時同者其惟孔子乎觀此則夫子之神化益可識矣

表

擬禮部右侍郎丘濬進大學衍義補表（成化二十三年）

趙于敏

同考試官教諭侯批（文莊平生經濟之略備在此書子能悉其忠悃之實而發以驕麗之詞可謂曲盡其心事者矣宜錄以式）

考試官學正吳批（典則之文不事雕繪可取）

考試官教授吳批（得進書之體）

成化二十三年某月某日國子監掌監事禮部右侍郎臣丘濬謹以所撰大學衍義補上進者伏以聖治統天必盡彌綸之大儒臣稽古貴該體用之全因往哲之遺編托愚忠以自效續貂知愧測蠡奚裨臣濬誠惶誠恐稽首頓首上言竊惟帝王之治本於道必考古斯可以證今聖人之德徵諸民雖篤近尤貴於舉遠惟茲大學實備宏規十傳翼一經六籍之精微具載三綱統八目百王之楷法斯存雖以格致為肇端要在治平為極致經遺魯壁歷漢唐而政教無聞星聚奎垣得程朱而表章斯備逮建安之真氏作衍義之成書首列大綱繼開衆目聖賢性命道德之旨心法粲然古今安危治亂之原指歸具矣用以闡千年之學庶幾為一代之經皇祖開基爰大書於殿壁列聖繼統每進講於經筵皆由躬行心得之餘以致俗美治隆之盛顧臣一介濫廁兩朝窮經未究於螢編執戟屢塵於虎觀締觀衍義之四要義若無餘尚遺治平之二條事如有待蓋化理無間於家國而規為備載乎典章必須講之事事合其機宜然後施之人人得其分願乃敢忘其僭逾綴以緒餘間亦竊附見聞補其闕略自正朝廷而成功化總規模次第之詳由正百官以馭戎夷備內外安攘之策損益畢徵諸昭代體例一準於前文雖俯竭於涓埃詎何裨乎海岳茲蓋恭遇皇帝

陛下德懋重華道隆至聖神明首出同堯舜之繼天睿智有臨作君師而立極
離照中開於五位乾綱總攬於萬機成俗化民制禮作樂於凡大政之所措注
一皆舊日之所講求雖曰能自得師殆不同於韋布然而事君以道亦多賴於
簡編義取湯銘事存殷鑒臣譾質賦下愚之陋生當窮海之陬逮事先朝久玷
詞林之妙選躬逢明主更叨胄子之清階廩祿愧虛縻莫試懷鉛之用寵榮誠
過分徒嬰借箸之譏竭精力於平生慶遭逢於盛世徒以識懸膚譾折衷未合
於聖人年逼桑榆考獵或乖於故實第食芹而思獻終覆瓿以何辭伏願俯
俟燕閒躬垂省覽鑒微臣之忠悃罄其百一之愚酌古事之便宜取其二三
之策豈敢謂不煩覘廡或尚可借以識途弘格致誠正之功必以徵諸實踐懋
齊治均平之效不徒托之空言好惡協於群情四海仰聖神之化新明止於至
善萬年蒙樂利之休臣無任瞻天仰聖激切屏營之至謹以所撰大學衍義補
一百六十卷補前書一卷目錄三卷隨表上進以聞

第三場

策（五道）

第一問

潘雲祥

同考試官教諭李批（我成祖睿宗貽謨啓緒之善備在典誌皇上德兼
仁孝道隆述作爰命臣工校集成編布之天下以及萬世真有未易言者此篇
獨能傳誦萬一於二書未布之前且敷陳雅暢與至理渾融足占聖化入人之
神且遠也宜錄以獻）

考試官學正吳批（二書乃道德淵微攸會我皇上所以闡釋耿先對揚
大烈者端在外是子能得於傳誦而究極明備非蘊藉之深者耶）

考試官教授吳批（此篇敷揚典誌奧旨及我皇上命臣校錄以光昭世
德至意咸煥發於詞表矣子其三晉之英也）

帝王有啓後之仁也必善作於前而後可以立垂裕之宏規帝王有承先
之孝也必善述於後而後可以成光昭之偉烈蓋前聖後聖其心一也作聖述
明其道同也是故博聞見以廣知而貴世之鉅典成焉前聖之所以宣人文後
聖以爲訓也約德禮以惇行而範世之彝憲著焉前聖之所以蹈天經後聖以
爲楷也此我皇太祖文治之所以開先神謨之所以裕後者至我皇上永樂大
典之錄而成祖弘文之至教宣承天大誌之修而睿宗潛邸之篤慶著範文考
德繼序其皇尊祖承親孝思不匱者乎請得而對颺之夫自結繩代而書契興

龜馬出而圖書作三皇邈矣而丘索探其蹟五帝遠矣而典墳存其要易曰觀乎天文以察時變觀乎人文以化成天下文之時義大矣殷周以還質文代變漢唐而降篇籍浸繁惟我太祖高皇帝肇造洪基翊正大統寶訓所載言而世爲天下法寶錄所紀行而世爲天下則即今宸翰奎章藏之天府舊章成憲備在有司丕顯丕承固萬代如見矣然帝王所以游神經術通貫品流總覽古今博綜物理則必有以鳩集群籍以聯崐壁之輝焉是以群玉之儲容氏守其策府四方之志外史專其掌達而後世之廣内秘閣七略四庫與夫皇覽徧略博要御覽等集亦其類也帝王所以體道憲天惇倫建極弘仁肇迹匯祥昌祚則必有以式揚鴻懿以垂琬琰之章焉若唐虞之治具載於典謨文武之政布在於方策而後世之記注實錄日曆起居注與夫政要寶訓訓典聖範等書亦其類也夫學古貴乎能博記事患其不備綜貫群典約爲成書所以便披閲而廣聞見也而近代總集諸書則多有可議者焉玉鑒珠英徒陳其藻繪元龜理要事止於興衰類聚則會萃於小説文覽又紛錯於諸門求其兼馭百家統宗萬彙總質文而分派混古今而共轍則我成祖永樂大典之作有以會百王之大成矣夫陳豳風而歌王業睹春陵而喑王氣繹敷舊都著之縑緗所以發幽光而繫永慕也而近代紀載諸書蓋嘗未有及是者焉本紀則叙一君之始終實錄則兼編年之則例或輯寶訓而無取於先基或叙方輿又弗關於國典求其作求世德繾念舊邦篤明發之永懷備始終之故實則我皇上承天大志之纂有以煥一時之令制矣是二書者或奧典集於先朝備覽觀於秘閣或淵慮念夫先德勤纂述於西清皆非披褐愚生所得而仰窺其萬一者而曷能言其詳雖然秘閣之儲固非草莽之士可得而覘也然皇上祇若祖訓思以闡繹其耿光者固嘗分命儒臣俾之列館鳩士出聖祖之大典而校錄之矣綸音之所渙申臣工之所敷奏與夫學士大夫之所傳説則有以聞其概焉西清之纂固非外廷之臣所得而知也然皇上遹追考德思以對揚其大烈者固嘗申命藩臣俾之綴緝遺缺即承天之勝蹟而采摭之矣綸音之所渙申臣工之所敷奏與夫學士大夫之所傳説亦有以得其概焉蓋我成祖之靖内難而嗣鴻基也念當大混一之時思隆大一統之制於是遣使八方廣收群籍出書四庫大備闕文命儒臣以紀纂之任焉昉自太始迄於當代用韻以統字用字以繫事揭綱而必陳其目上振始而必舉其末考累朝之逸典蒐百氏之遺言凡夫丹文所錄玉版所鏤人間所未睹海外所罕聞莫不具實陳辭參萬會一功始於元年之秋書成於六年之冬總二萬二千九百三十七卷經緯區宇彌綸彝憲發揮名物彪炳辭義煌煌乎萃天地之精英自有書籍以來莫與擬盛者矣夫人君

以道化天下必自文教始故鉛槧之工猶欲垂之永久焉而況聖人之宏制冠古超今若此乃顧無副貳以貳之非所以示隆重垂悠遠也此聖天子所以汲汲焉致意於十年之中載命校錄以爲萬世不刊之典者與我獻皇之浚靈源而宅興都也躬上聖之睿姿啓中興之景運睠兹雄圖宜有崇編而昔所詮述多乖體例我皇上因科臣之請特命儒臣修定之焉易前志典制郡縣之目用遷史帝皇稱紀之義首之以基命有以昭浚發之祥焉文王勤止不徒歌於詩矣曰符瑞曰龍飛見天之所以開聖哲也曰聖孝曰大狩見聖之所以立人極也曰宮殿曰陵寢而能事能思之義畢矣曰寶謨曰御製而有作有述之文蔚矣仁以逮下則恩澤周誠以達幽則禮樂備大孝不匱時思將於游處存焉故以苑田終之托始於翦桐錫慶之初推極於尊養慎終之後凡爲紀一十有二事係興都既不備載謨烈以同於國史義專皇迹亦弗泛及瑣細以同於郡志灝灝乎發山川之靈秘自古所以追揚先烈文莫備於斯矣夫聖人南面而聽天下必自人道始故一本之愛無不盡其誠焉而況神臯陬區鍾靈毓聖若此乃顧無所叙述使山川之美不彰非所以廣孝思示無窮也此我聖天子汲汲焉念舊志之未善重命剛述以垂萬世不朽之盛者與嗚呼成祖之聖製多矣有孝順事實爲善陰騭以教黎庶有歷代臣鑒文華寶鑒以訓臣子而皇上必永樂大典之重錄者以其篇帙之浩大獨未梓傳重其鉅也皇上追隆睿考至矣有實錄而積德凝命之紀詳有寶訓而佑聖貽謀之道備而復承天大志之刊定者以其王迹之肇基識不可忘求其備也豈惟是哉聖天子聖衷神啓宸藻焕發天文所敷日月并麗一成祖之至文也履和思順克敬協一久道化成皇極錫福一睿考之至德也要之文皇睿考之至德至文一本之聖祖謨訓之啓佑誠前聖後聖道亘千古而無異者此二書之所以特勤聖念與而猶有至者焉記曰自仁率親等而上之至於祖自義率祖順而下之至於禰又曰古之君子論譔其先祖之美而明著之後世也以比其身以重其國家此孝子順孫之心也嗚呼此固我皇上所以盡倫盡制纂述祖考之大端與雖然天地之大不可以璣衡盡也江海之廣不可以斗勺窮也而況鯫生井觀蠡測何足以知之惟執事進而教之

第二問

趙于敏

同考試官教諭張批（近日士子策場苦惟記誦陳言不本實學此子能記取兩傳人物而出以由衷斷案蓋博物洽聞而文足以發之者宜錄以式）

考試官學正吳批（能於博極事實之餘而更發嚴正折衷之論三復之

爲子敬服）

考試官教授吳批（記識詳贍文詞峻整佳士佳士）

經術有益於世務而容有失焉者必其無得於心者也文詞無預於事功而容有得焉者必其能善其行者也蓋經術者聖人之心法也能體之以心則因心會道而修身致用之本立文詞者經術之緒餘也徒工於其業則役志雖勤而枝葉蹊徑之益遠苟窮經而無益於致用必其涉獵誦說之相乘而非窮以心者也爲文而有建於事功必其天資行誼之近道而非關於文者也知此則東漢諸儒之優劣與作史意見之得失固爲可見而吾人向往決擇亦可以盡所欲言矣粵惟三代而上刪述以前道會淳源教傳貞軌固無經學文詞之分以言儒矣自嬴秦之後遺經煨燼西漢之興載籍日出以起滅學故班固因而列丁寬以下二十七人爲儒林傳而固之搜逸索隱於西漢爲已勤更始之際典文殘落東漢之興墳策雲會以興文教故范曄因而列劉昆以下三十三人若洼丹任安之流爲儒林傳復列杜篤以下二十三人若王隆夏恭之流爲文苑傳而曄之差等分門於東京爲尤盛自今觀之在儒林有學爲儒宗八世博士以傳伏生尚書者歐陽歙也待詔公車博通經記初受歐陽尚書後受古文兼善毛詩穀梁左氏春秋者尹敏也著尚書雜記四十萬言則有若周昉世習韓詩推長當世則有若薛漢從代郡范升受梁丘氏易而說經鏗鏗則有若楊政習公羊春秋沉思精專博覽書傳則有若李育然歙也當遷守汝南而不免多贓之敗敏也以圖讖取罪而自嘆察察之失周昉之竟以法免亦張禹之薦無以淑其始進矣薛漢之詞連楚獄亦讖緯之學無以便其身圖矣楊政之於范升馬武誠義舉矣然貫耳把臂未免果敢之遇而嗜酒不拘亦多任情之失豈行已立身之令矩乎李育之視班固賈逵信通儒矣然始而避地繼從馬廖之招延覽念前往不如楊終之先見豈出處去就之懿範乎是其術之疏出處違動靜之時許予昧公私之義而周身之譽望咸失逮其流之弊忿爭起於黨錮私貨行於蘭臺而一世之名流俱左若此者豈窮經之無益於致用哉良以諸儒之於經也於理無事於沉潛字句是辨於心不求其體認師承是遵其黨同錮道紀綱不得於吾心何有於書之中性情不得於吾心何有於詩之正權衡不得於吾心則春秋斷案亦三傳之陳言矣故大雅之明哲弗保洪範之正直莫持顯幽之微闡未辨是非經之無益於用也以諸儒之所以窮之者不本於心而未得於經也在文苑有號曰宣明君子而再著太山之續者夏恭也有號曰天下無雙而克稱臺閣之任者黃香也以文記知名而蕩陰臨汾皆有聲稱則有若葛龔以系出宗裔除長新城而教化大行則有若劉梁以禮自牧

而啓敬重於西河則有若侯瑾畫像東觀而昭德政於內黃則有若高彪然恭也勵學之說秪傳詩賦之工香也奏對之疏僅存忠婉之意龔以文記知名於和帝而便宜之經略未宏瑾之覃思著述於山中而矯世之譏刺太露梁爲和同著論似有得於聖軌矣然王霸交援公私并錄空倡雄辨之詞彪之爲文莫尚固取重於當時矣然馬融之刺第五之箴盡激英發之語是其文詞之尚淵源所自既微性命之傳而風會之移凌厲相高徒增夸靡之狀豈茲文之足以自見哉蓋士之居業也雖不能經術之盡同而人之制行也亦各有資性之能近若因人核行恭能恩信著於窮居而香能仁孝稱於嬰孺龔之負性慷慨勇力過人梁之孤貧自將恥爲俗士瑾之自處莊嚴而彪之雅才重訥是非文之足以自見也以諸家之所以得之者資近乎道而無事於文也夫窮經而無益於致用者非經術之罪也以其人窮經之學無得於經之精爲文而表著乎事功者非文詞之力也以其人實行之孚有出於文之外善乎蔚宗之撰贊有曰斯文未陵亦各有承塗分流別專門并興精疏殊會通閡相澄千載不作淵源誰激意以諸儒之師承不一指歸互异特列之以備後聖之決擇云爾非謂其人之門牆戶牖眞有得於經也又曰情志既勤篇詞爲貴抽心呈貌非雕非蔚殊狀共體同聲异氣言觀麗則未鑒淫費意以諸家之篇什既盈體裁亦具特列之以備文士之章程云爾非謂其人之品第優劣爲盡在於文也蔚宗固非可與議經術者乃特出子長創此義例即其輕昂品第而經術詞章之輕重固稔其有概於中者哉噫文詞末矣如以其文也在漢代即他若子長孟堅相如子雲之流以道德律之君子猶薄而不取況如數子益無足置論然則吾人之所事者舍經術其何以哉誠本吾心之中以求書則書不晦於歐陽周昉楊政而疏通知遠者固在也本吾心之正以求詩則詩不晦於尹敏薛漢而溫柔敦厚者固在也本吾心之斷案以求春秋則春秋不晦於李育而屬辭比事者固在也再推而論之則易亦不因九師而微春秋不因三傳而散禮不因大戴小戴而衰書不因古今而殘詩不因齊魯而失矣蓋因心以求經而據經以致用此皆吾儒心思性命之資中和位育之具固有以筌蹄百氏注脚六經而文詞能復爲之擬議其優劣也哉是道也賴我聖朝崇重之功宋儒闡明之力吾人方當承習佩服之不暇固又無事徒區區追論於漢儒也

第三問

粟永壽

同考試官教諭徐批（律呂之說諸家靡一子獨能考核精確議論滾滾其論作樂定律可仰裨明時蓋留心於經世者得士如此良以自慰）

考試官學正吳批（卓越之識華瞻之才）
考試官教授吳批（鋪叙詳整）

善論律呂者必明於道器之辨而後可以會其原矣易曰形而上者謂之道形而下者謂之器道者其本無聲之妙是也器者其具有聲之律是也夫物用於有形而必敝聲藏於無形而不竭審聲以定律因律以考聲此不可易者也自古聖王作樂以諧邦國和神人者曷嘗不本諸律呂哉是器數皆其法也必有所以爲之本焉則天地之經協中和之紀備人官之能盡物曲之利天地以爲經故氣可宣也中和以爲紀故情可平也人官以爲能故治可理也物曲以爲利故事可舉也此聖人所以一天人而贊化育者也後世儒者不知道本自然而徒泥於器數牽合附會以求所謂律呂者奚足與論聖人制作之精也哉嗟乎律呂既散古樂不興久矣此愚於執事之問而有感也請誦所聞以對昔軒帝命伶倫取嶰谷之竹斷而吹之以聽鳳凰之鳴其雄鳴六雌鳴六而周禮大司樂所掌以禮神祇人鬼者律呂之説所從來遠矣文之以五聲曰宮商角徵羽也播之以人音曰金石絲竹匏土革木也黃鍾爲子太簇爲寅姑洗爲辰蕤賓爲午夷則爲申無射爲戌其管六以應陽月也故謂之律非以陽爲陰法乎大呂爲丑夾鍾爲卯仲呂爲巳林鍾爲未南呂爲酉應鍾爲亥其管六以應陰月也故謂之呂非以助陽宣氣乎若鄭康成取以分配乾坤諸爻而損益相生之數亦以類見尤爲明備黃鍾管圍九分而長九寸其餘諸律分寸可推也同位娶妻隔八生子下生者皆三分損一上生者皆三分益一黃鍾乾之初九也隔八下生林鍾坤之初六也林鍾上生太簇爲乾九二太簇下生南呂爲坤六二南呂上生姑洗爲乾九三姑洗下生應鍾爲坤六三應鍾又上生蕤賓之九四蕤賓又上生大呂之六四大呂下生夷則之九五夷則上生夾鍾之六五也夾鍾下生無射之上九無射上生仲呂之上六也律呂相間陰陽變化其損益皆三分也其三生皆隔八也與乾坤諸爻相符豈非自然之數與若長短之制馬遷以黃鍾爲八寸一分至應鍾四寸二分是以九分爲寸也班固以黃鍾爲九寸至應鍾四寸七分四釐是以十分爲寸也而遷其近之矣班固謂蕤賓至仲呂皆陽下生陰陰上生陽京房謂蕤賓至仲呂□陰下生陽陽上生陰而房其得之矣律止十二也京房衍之而爲六十律不知變盡數窮自執始以至南事強生四十八律果成音曲乎調止六十也萬寶常增之而爲八十四調不知以五正二變爲百四十四律終於千有八聲果何所用乎孟堅論七始以黃鍾爲天始林鍾爲地始太簇爲人始姑洗春而蕤賓則夏也南呂秋而應鍾則冬也杜佑論五聲二變以宮徵商羽角清濁相宣之序宮與商商與角徵

與羽各間一音角與徵羽與宮乃間兩音角徵之間近徵收一聲比徵少下爲變徵羽宮之間近宮收一聲少高於宮爲變宮也所謂正聲乃十二全律之聲如九寸之黃鍾是也變聲乃十二變律之聲如仲呂上生黃鍾不及八寸謂之執始是也中聲者蓋以宮爲聲氣之中自下而上未及其中屬乎陰而未暢上而及半屬乎陽而始和故宮在五行屬上爲中聲也子聲者蓋以六律正聲倍子而爲母子聲半正而爲子如黃鍾大呂太簇爲宮皆用正聲夾鍾以下爲宮律漸短而聲漸清不能上役三律故用子聲以足其調也禮運所謂還相爲宮蓋十二律皆可爲宮以統衆律一律之中各具五聲五聲之外又有二變如黃鍾爲宮林鍾徵太簇商南呂羽姑洗角應鍾爲變宮蕤賓爲變徵此一均也推之十一律莫不皆然循環無端矣然宮爲君商爲臣角爲民徵爲事羽爲物五聲各得其有過者不用正聲而以半聲應之然必五者各得其理而聲音自和矣以至密室三重覆以緹素按方布管氣至葭吹皆應月而動此氣之自然而非人力所能與其造化之至妙者乎然分而言之律呂十二化生不窮統而言之莫非一黃鍾也故爲萬事根本苟爲管因以候之得元氣以求元聲則諸律自定而大樂可和以之審度即其長爲分寸尺丈引而五度審矣以之嘉量即其容爲龠合升斗斛而五量嘉矣以之謹權衡即其重爲銖兩斤鈞石而五權謹矣雖推之曆法而七政齊四時定舜典曰協時月正日同律度量衡州鳩曰律所以立均出度也古之神瞽考中聲而量之以制度律均鍾百官軌儀紀之以三平之以六成於十二天之道也司馬遷曰王者制事立法物度軌則壹禀於六律此之謂也則黃鍾爲萬事根本信矣夫神生於無形成於有形然後數形而成聲故曰細若氣微若聲聖人神而存之雖妙必效是聖人之制律呂以作樂豈非則天地之經協中和之紀備人官之能盡物曲之利也乎道寓於器器載乎道一以貫之者也古制亡失議者聚訟晉氏而下多求之金石梁隋以來又累之秬黍況黍之不齊制之不一欲以定律難矣王朴弃金石專恃累黍李照嘗患其高矣遂下其聲然鑄工受賂而照弗能辨范鎮聽房庶以黍定律司馬光嘗病其拘矣乃駁其失然尺長丈二而鎮弗之察若和峴阮逸胡瑗或以量求音或以黍生尺徒爲議論之紛紛也求其卓然可據者吾有取於蔡季通之新書焉如九分爲寸淮南司馬可推五聲二變杜氏通典可考黃鍾圍徑本漢斛之積分變徵非調出孔氏之禮疏而因律以生尺先求聲氣之元真定律作樂之本也朱子稱其明白淵密言雖出於近世無一字不本於古人已試之法真可折群淆而快千古矣朱子又與門人考禮樂著通解鍾律前篇凡七條自十二律陰陽相生次第以至旋宮八十四聲六十四調後篇凡六條自明

五聲之義以至黃鍾生十一律數法大抵與元定相發明者觀其與元定書云但用古書附以已意務簡約周盡則元定亦有所受之也嗚呼可謂精矣我國朝禮樂明備斟酌前代固已盡善盡美然禮制最詳而樂章自本太初以下止於九奏種律尚未考定何也豈禮先樂後而猶有所待耶方今聖明在上茂建中和兼總條貫禮叙樂和矧神化翔洽百嘉罔遂瑞應駢臻焕焉盛矣即今大樂所陳摘以九章協以九歌其器亦古也其音亦雅也凡側耳於朱絃天球之下者恍若聆鈞韶而聞雲和洋洋乎與虞周同一揆矣執事猶欲復古登雅樂用之愚何所容其喙乎雖然窮本知變樂之情也古謂其數可陳其義難知愚以為樂之義具於書通經學古者尚可因文以求之而制度聲律弗傳已久雖老師宿儒不能通曉一旦以不試之學求合古人之制難矣夫古之善作樂必曰后夔審音必曰師曠然其人不世出而夔之心曠之耳人所同有也蓋樂之本同而其變異因异以統之同由粗以會厥精其庶幾乎宜及此時明昭天下求知音律者令文學掌故博采樂書相與講求即今世所奏之樂所歌之詞正宮越調以求古人清宮清商之類被之於樂器使其音皆諧和如宋人所謂由今之器寄古之聲去怗□靡曼而歸之於中和雅正然後按古鍾律之法即蔡氏律呂新書朱子通解鍾律依其説而究其意築室布灰如其候氣之法截竹為管以求黃鍾之聲凡律長則聲濁而氣先至極長則不成聲而氣不應律短則聲清而氣後至極短則不成聲而氣不應莫若截管或極其短或極其長長短之内每差一分以為一管即其長權為九寸如古法實以秬黍度其圍徑如此更迭以吹則中聲可得淺深以別則中氣可驗苟聲和氣應則黃鍾可信而十二律度量權衡皆定矣昔太史公論律不言用兵而言兵之偃當孝文之世禁網疏闊海内富庶老人嬉戲如小兒狀煙火萬里可謂和樂者乎此其本之有在也若夫會道器於一原而達律呂之精藴自有妙契神解者愚也管窺何足以知之謹對

第四問

暴孟奇

同考試官教諭羅批（昔程子云非欲字好即此是學可見文字聲韻亦學者所當講明子獨能考據折衷且敷陳正韻極為詳盡蓋服習聖制而有得者博古通今佳士佳士）

考試官學正吳批（有識見有議論）

考試官教授吳批（博洽之學）

彰天下之用者其惟文而已乎是故考文以審聲固學者之所當究心也

蓋時有古今文以代變而聲韻因之有所作於前斯有所述於後體製既殊音韻互异不能無不失於其間矣自夫字不師古而遂趨於簡便韻莫考正而多失之錯謬人惟樂失今文之便而踵乎韻學之謬故簡易之文相習於後世而協和之音莫能正於天下矣有志好古者可不考而審之乎執事當文教大同之世乃以字學策諸生其用意可謂勤矣敢不備述前代既往之迹而莊誦我國朝之盛制乎且文何從生哉天地一氣也有氣而後有聲有聲而後有字維天有文垂諸象矣維地有文顯諸形矣其粲然以示人者無非文也頡侗之初太上忘言結繩而治自龍馬出圖羲皇則之以列八卦為萬世鼻祖亦止於有畫而已猶未有文也黃帝垂衣裳蒼頡觀鳥迹乃制文字而書契始興焉擬蝌蚪之形所謂上古之文也歷世寶之靡有易者周宣時史籀略變古法更為大篆所謂中古之文也其後李斯更蒼史之舊加以損益遂變而為小篆程邈以篆文煩瑣復改為隸書矣然字有六義焉一曰象形二曰指事三曰諧聲四曰會意五曰轉注六曰假借六書立而文字之大義盡矣其後變更非一秦人燔滅典籍易以八體如所謂大篆小篆刻符摹印蟲書署書殳書隸書之類是也西漢之末甄豐刊定六體如所謂古文奇字篆書隸書繆書蟲書之類是也魏晉以還隸文遂盛有蕭子良者備古今篆隸諸體有藁書楷書蓬書填書奠書鳥書龜書又有懸針也垂露也飛白也虎爪也偃波也鶴頭也象形篆也尚方篆也十二時書也蝌蚪蟲書也鳳鳥之與龍虎也仙人之與芝英也麒麟之與蚊角也倒薤之與金錯也凡數十種大抵多出於六義八體而文字備矣至謂篆之廢由於秦何也蓋其任刀筆之吏衡石程書以苛為能喜其隸之便而篆學始孤矣宋之能多於唐何也蓋其尋斯籀之緒唐之能者雖超於宋惟宋人好古而能者尤多矣晉人書法體尚姿媚若逸少獻之輩能擅一代之長而聖於書矣吳氏臨川顧不取乎晉無亦以其妍巧失真乎宋人能書字有法度若蔡襄米芾者獨來朱子之取而極其美矣子瞻魯直俱為所病無乃以其不甚理會乎蓋文字之體古今之不可盡同者亦時之變為之也然依類象形謂之文形聲相益謂之字文字自有音韻苟辨之弗精一字訛其餘皆謬而弊有不可言者矣呼吸之間其音有五曰唇聲舌聲齒聲牙聲喉聲清濁自分而為宮商角徵羽也字韻之別其聲有四平聲哀而安上聲厲而舉去聲清而遠入聲直而促也單出為聲成文為音韻者聲之餘也音者韻之始也三十六字母古來所以切字之法也吳臨川以俗本傳訛群當易以芹非當易以威知徹床娘四字宜廢主缺群危四字宜增考之陳晉翁切韻須知於照穿數字注已見某字母下經堅數字別出屙涓之文其廢與增可知也禮部韻略唐人以為試

士之用也梁沈約拘以四聲號曰類譜殊不知五方風氣异齊有剽疾重遲之异約乃盡以吳音限之但知縱有四聲不知衡有七音故經緯不交而失立韻之原自唐以來修詞之子皆弗能易獨吳棫深患作補韻以明約之失朱子亦據其說以協三百篇之音也司馬光曰備萬物之體用者莫過於字包衆字之形聲者莫過於韻所以載道紀事治百官察萬民通貫三才昭顯象類其用甚大矣是可忽焉而不加之意乎嗟乎蝌蟲迹息古文絶響久矣魯魚帝虎舛訛相沿不但文字而聲韻亦失之也神而明之則存乎其人爾我明統運革休離之陋以還中華之音聖祖崇文弘化凡制誥詔令之頒所以諭臣下播海宇者宸翰揮灑群臣環視拱手欽矚其於聲音點畫不假文字之粗而自有獨得之趣所謂天地自然之文也真可以昭回雲漢而斧藻百王矣乃於萬幾之暇猶慮韻學多謬特諭詞臣宋濂等曰韻學起於江左殊失正音當廣詢通音韻者重刊定之諸臣奉詔悉心考訂於音諧而韻協者并入之否則析之義同字同而兩見者合之避宋諱不入者今補之如東冬青清之類當爲通用虞模麻遮之類當爲分析難以概舉其點畫俱以許慎說文爲正其注釋依毛晃父子之舊而音韻之切則以中原雅音定之書成上之名曰洪武正韻誠萬世不刊之典也夫詩三百篇皆雜出於列國與里巷歌謠孔子删之惟取其音之協而已未嘗如沈約之拘也今正韻之集自可以依永和聲而協之風雅矣自此書一布效古者不敢離其體率意者不敢便其私體製聲韻孰有不歸於一者乎昔子思稱周之盛曰車同軌書同文行同倫仲尼贊以郁郁其文從之蓋遵時制也況正韻古今字學已爲悉備家傳人習同文之化未有如今日之盛者矣雖然文有古今其體异矣而道之在人無古今也誠使一道德以同風俗凡業經修詞者端其趨向而弗雜以奇衺遵其體式而罔有乎背謬翕然於文教之化矣又何必蒼史之求而徒泥於古也哉

第五問

五儒

同考試官教諭徐批（禦戎之道惟戰與守其他皆戰守中事也此篇根極利害之源條答詳明經書曲當用以籌邊可謂得上策矣錄之）

考試官學正吳批（筆力勁健條議剴切佳士也）

考試官教授吳批（書生談兵切中石畫謂子爲冀之豪杰非耶）

中國之禦夷狄也必先立久大之規而後可以成制馭之績規之不立則在我無成筭久大弗圖則雖施權宜以致勝猶未爲萬全之策也故必遠覽遐思長慮却顧俾凡立之我者皆非旦夕之謀則豺狼之性雖變詐莫窮而吾備

禦之嚴凜乎莫犯固將應之而必克制之而必勝矣故曰明王有道守在四夷言夷之不可以不防也又曰訏謨定命遠猶辰告言議之不可以不審也防邊之策誠今日切時之要務經國之良圖矣愚無能抱請纓之志也而明問所及敢不悉心以對夫裔夷桀鶩自古已然舜舞干羽而有苗來格文王德盛而昆夷自服卓哉邈矣逮周宣王時則薄伐玁狁至於太原雖以兵威震疊而實不廢其自修之道可謂得中策焉及漢武末大將軍衛青收大河之南邊關盡復蒙恬之域即秦故塞立為隴西北地上郡朔方雲中之五郡焉分處降虜於此因其俗為五屬國而金城河西南至鹽澤空無匈奴唐中宗初朔方總管張仁愿謂鎮與突厥以河為境因乘虛取漠南地於河北築三受降城中東西各距四百餘里據其津要設烽堠千八百所首尾相應以絕其南寇之路自是突厥不敢度山畋牧朔方無復寇掠減鎮兵數萬人夫漢設五郡專倚於戰而至幕南無王庭唐設三城專主於守而與薛延陀有和議雖衛青張仁愿建殊勳放邊鄙為一時漢唐將臣之選而上下規為終未得夫久大之術昔人謂漢為下策而唐啓戎狄之禍是皆歷代因仍弊習上策不復睹矣惟我太祖高皇帝汛掃胡元廓清寰宇成祖文皇帝三犂虜庭威震漠北於是畫疆築塞以立華夏之防焉累洽重熙民安物阜者二百年於茲夫何邇歲以來邊防懈弛醜虜猖獗加之逋逃之引誘間諜之潛通故內地虛實彼悉知之我軍一遇侵突弱者望風解潰強者躡險虛聲又彼之所以深憑陵而無忌憚者以故山後諸夷句連漠北為諸關之害而沿邊一帶時被侵掠民物之罹於鋒刃至無可控告焉夫兵家所恃惟戰與守即今兵勢寡弱築堡蹂躪戰守不可恃矣議者謂庸懦叨任而將帥非人尺籍無稽而戎伍多缺連歲荐饑而芻糧不繼且士卒驕惰法令姑息與夫技藝賞罰間諜之類漫不之講然則今日欲振復中國之威式遏狂胡之橫可易易言哉一得之愚嘗稽往牒察時宜竊以為將帥非人也而蒐羅之法不可以不廣焉蓋邊徼重地與中土異宜矧兩敵決機矢石交下運籌制勝羽檄紛馳使非負非常之略未有不顛錯而眩迷也今廟堂懸格用人乃有世蔭武舉之選得人固多然奇偉倜儻之才為文法見繩資格見阻者不盡無也故必大破常格特嚴推轂之揀少寬細過以優任事之臣而一切資序弗之拘焉則旌拔所加必有智謀豪杰得行焉則存恤所至不必屑屑於清句解發而戎籍自無缺矣芻糧不繼鹽屯之法可復焉夫飛輓芻粟外裕邊鄙興屯足食內省轉輸本國家之良法也今計較析於秋毫預納倍於正額則利微而商多不至屯地侵於勢府屯丁役於豪門則籍在而弊莫可稽欲芻糧之充難矣故必嚴加清查議復開中仍專責之於憲臣監司務求實效不以近利得

行焉則存恤所至不必屑屑於清句解發而戎籍自無缺矣芻糧不繼鹽屯之法可復焉夫飛輓芻粟外裕邊鄙興屯足食內省轉輸本國家之良法也今計較析於秋毫預納倍於正額則利微而商多不至屯地侵於勢府屯丁役於豪門則籍在而弊莫可稽欲芻糧之充難矣故必嚴加清查議復開中仍專責之於憲臣監司務求實效不以近利自沮焉則榷課可以補歲計之歉而屯種可以收便宜之效芻糧有不繼者乎技藝未閑事權之重可假焉夫舉措弗專兵機斯窒文法制縛志慮莫伸此歷代之積蠹也今邊臣行事動見齟齬將僚約束罕遵士卒偷惰成習操閱頗勤則呼集騰謗而將帥隱忍不敢究詰欲技藝之閑難矣故必優假其權勿苛督責使得展布四體事從軍法不為浮言所惑焉則上有便宜之權而法得行下消獷戾之習而志自定技藝有不精者乎賞罰貴信也則欺蔽不可以不嚴蓋功罪審則賞罰明欺蔽行則功罪紊今襲套彌縫以虛作實巧文規避以敗為功或戎虜在門而曰驅除出境或全軍覆沒而曰臨陣損傷肆莫詰之欺駕不根之詐豈綜核名實之意耶要必窮喪失之由重報功之典敗衂可原欺蔽必戮如此則功不遺於遠人無僥幸之望罪不阿於近法無規避之圖而賞罰信矣間諜當明也則優恤不可以不至蓋責之深入虜庭非死士無以應募而欲其作我腹心非厚利無以中欲故投醪挾纊者成一匡之功吮疽椎牛者著克敵之烈今衣糧之予屢減役使之勞不息眴眴胥讒豈干城腹心之寄耶要必時給予以安其心豐犒賞以作其氣如此則士心既得軀命可捐使之偵探足以得虜情瞭望可以得虜形而間諜明矣凡此六者皆戰守之所必須而邊計之不可一口缺焉者也然戰守之道又不止此者蓋守可矣調兵以守恐滋費也有聯土著之法焉彼窮邊之地千里蕭條與豺狼為鄰伍以戰鬥為嬉游晝則荷戈而耕夜則倚烽而覘自非生於其域習於其風罕能狎其敵而寧其居也今誠因其堡砦聯以什伍稍維之以約束弗為句集之煩簿書之擾使人自為兵家自為戰凡奪敵所有悉以與之則室家墳墓固其效死之區而親戚比閭又無攘奪之患矣而守不足恃乎戰可矣而孤軍以戰恐寡弱也有齊應援之法焉蓋折圭儋爵均為王臣列宇提封一皆王土居常則聲援相資臨敵則移兵策應自其宜也何至幸災樂敗駕禍求安一鎮被兵而四鄰閉境一營抗敵而列壁旁觀有甚於秦越之視哉今誠齊其心力振去頹風提疆相及者守援相資幸禍樂觀者必誅罔赦則利己病人之心息同舟共濟之功成矣而戰有不足恃者乎夫流風積弊蠹壞已深起廢振衰施功不易書生常談雖不足以盡邊計之萬一然皆求所謂久大之規而意不欲苟且因循於一時者也若夫究廢興利害之源舉細大精粗之務亦惟

慎擇節帥足以盡之矣蓋節帥得人則人存政舉爲力匪難端本澄源成功自易矣不是之思而徒曰今日修某邊明日擺某邊噫是誠厝火積薪之下愚生不知邊事之弊將何所底止也

山西鄉試錄後序

　　嘉靖甲子之秋八月既望山西鄉試告竣爰第其士若文爲錄以獻制也迪以職事授簡綴言於末乃進諸士告之曰惟晉多才自古記之矣按其地大行恒霍盤礴綿亙匯以洪河驚濤吐吞元氣騰龍門下底柱而東之美哉表裏河山斯冀拜之故墟乎靈粹攸鍾自堯舜以來代産聖哲在昔王以龍興霸以虎視其間瑰瑋特達顯功名於春秋者何可勝數不獨與地靈相雄長也迨我國朝設科取士二百餘年凡抱一才一藝者亦既羅而致之矣以耳目所睹聞其瑰瑋特達卓犖表樹可以塞明詔當上意贊太平之業者蓋僅見焉豈古聖王所與興道資理將不在茲與敷奏颺言唐虞不廢舍科目孰從致之而謂文不足以觀人者非是然有异者山西地介戎狄年來有防胡之役士枕戈負擔未暇曳裾操鉛槧仰惟聖天子經文緯武玄化旁洽而封疆之臣咸共武服繕治亭障用是境上桴鼓不聞農狎於野穜袯薿臻雖下邑絶徼亦多絃誦聲矧嚮邇畿輔聲教所暨最先譬之暘谷日升萬物即被其光明也且今歲賓興適逢甲子夫甲者言萬物剖符甲而出也子者言萬物之滋於下也陽氣用事真一元文明之會也士遘昌辰豈非希曠之遇乎夫士有才而不得試往往托爲文詞以發其蘊今御史飭典戒事祇承德意以收羅之竭乃心力矣小大百執事咸愼毖以從士誠懷奇負异宜於此時自奮而出固無所謂不得試而又安可自諉薄也迪嘗讀古傳記見其瑰瑋特達樹勳流聲未嘗不廢書而嘆誠慕之也乃今稽文獻眺山川低徊聖帝之鄉見其民淳朴好學信如延陵思遠之論焉其士可知已及縱觀厥文類能出入典謨稱述堯舜要不詭於聖賢之道者庶幾猶有唐虞氏之遺也乎嗚呼躋景會以揚休光者達觀之彥也蜚英聲而騰茂實者迪德之士也嚴義利之辨審文質之宜究道德之原弘皇王之略毅然以古人自期以贊太平爲己任人將曰此晉産也庶無點於河山而可爲聖帝之鄉人矣若徒以文相誇詡静言而庸或違焉豈惟主司之責抑亦二三子之咎

　　　　　　　　　　　直隸河間府景州儒學學正吳迪謹序

隆慶元年山西鄉試錄

山西鄉試錄序

　　今皇上嗣承大統建元隆慶歲在丁卯適天下大比之期先是禮臣列議上請以經生飾文藻鮮效用無以稱初政求賢至意欲復體於古簡士於實期以備任使於他日制可下所司行之復用諫臣言集廷臣議以理學名臣河東薛文清瑄從祀孔庭蓋灼然標之植矣士固大有榮幸矣哉維時山西巡按御史王漸典監臨事謂三晉密邇畿輔宜祗承德意爲諸藩先秉虔貞度禮聘儒碩以學朱與教諭王進典考試事教授紀文煒張承芳程允中徐騰典同考試事布政司左布政使李僑右參政劉曰材典提調事按察司副使郭斗僉事沈人种典監試事選其屬之賢者典諸司事既入院矢公矢明內外之務罔不慎愍合提學副使陳瑞暨大同僉事武建邦所簡士一千九百有奇三試之遵制取六十五人并其文之近古而理優者錄成以獻學朱濫竽文柄於多士有一日之雅乃進而告之曰子多士既舉於鄉矣行且敷對大廷爲天子使抑知上之所以求與所以自待之義乎皇上睿智夙成孝慈純備臨馭以來振舉宏綱恢弘化理覃鴻恩於宇內敷文德於殊俗其於事天之敬逮下之仁蓋兢兢焉無時或豫矣萬幾有暇即御講幄親儒臣究六藝之精蘊考聖哲之懿軌而又表亮節之士隆理學之臣毅然必以堯舜爲法思得所以佐唐虞之治者而用之於茲首舉特慎重焉子多士乃際斯會可不謂榮幸大與易謂雲從龍風從虎聖人作而萬物睹多士仰堯舜之在上自待其身舍唐虞之佐奚以哉夫晉放勳重華之故都也內而恒霍鎮立太行拱峙汾絳環匯外而華岳聳其右泰山昂其左少室參其前大河縈其襟宋儒謂爲天下奧區真達觀之矣其在唐虞則有皋夔稷契都喻吁咈以佐聖治功成配天利賴永世不可尚已下至春秋如狐趙輩左右其君猶能取威定霸主中國會盟雖其功烈所就視帝臣王佐未敢儷焉然亦瑰瑋奇杰之士矣豈非河岳英靈扶輿清淑之氣發紓於人文者哉我朝奠鼎燕京晉爲近服祖宗德澤之培列聖教化之洽既博且厚一時豪杰之士勃然而興未易更僕至文清薛氏崛起河東究析精微踐履純篤爲國朝理學第一咸以承源朱許上接孔孟之傳要非過論茲又所謂卓然絕

類冠倫者也其所著述載之讀書從政二錄總若干萬言大旨則在持敬求仁以堯舜君民爲極致子多士其鄉之後學也景行先哲誦法章程亦既有年矣肆觀所爲文析理義則奧而精論治道則弘而要考事功則正而確秩乎其章郁乎其采所得於文清者居多主司輒嘆服不置曰茲三晉之英也豫養之所得也他日輔堯舜之君以成唐虞之治或在於此未嘗不津津然喜然貌質殊情華實異致自古患之則復惴惴然懼即多士自待誠厚以無負於初政之求無乖於鄉先哲之誼則於所謂敬與仁加之意耳夫敬德之聚仁之長薛氏論之詳矣自一念之微以至於百爲之著俾此心無少間斷斯可以言敬自一物之小以至於九有之大俾此心無少暌隔斯可以言仁敬以立體而未嘗不達之用仁以及物而未嘗不本之身茲固合内外而宜時措之道也子多士隱居求志熟識所謂敬與仁已繼自今出而用世非敬罔存非仁罔行卑霸習而崇聖道以底於極致使是君爲堯舜之君是民爲堯舜之民是身爲皋夔稷契之身斯爲有光於其鄉克對聖天子崇重理學之休命而主司奉德意以翊初政可塞於萬一矣子多士勖哉御史與學朱等日切望之是舉也克振壯猷骈襛多士時則有若總督軍務兵部左侍郎兼都察院右僉都御史王之誥巡撫山西右僉都御史王檻洛巡撫大同右僉都御史張志孝懋揚風紀作興多士時則有若巡按宣大御史周咏巡鹽御史趙睿肅將王命通觀多士時則有若刑科都給事中朱繪兵科給事中張齊巡按直隸監察御史趙岩刑部郎中陳忠翰相與贊襄嘉樂多士時則有若總理糧儲户部郎中張求可主事王汝梅右布政使楊挺高左參政宋岳右參政趙格羅瑤右參議周斯盛秦可大副使王學謨孫一正廖逢節楊旂范大儒黃正色楊綵曹金僉事葛大紀丘文學李春總兵官申維岳參將毡勳署都指揮僉事黃龍邵良劉鳳翔維時按察使李逢時適至法得備書云

　　　　　　　　直隸淮安府桃源縣儒學教諭劉學朱謹序

隆慶元年山西鄉試

監臨官

巡按山西監察御史王漸（斯進山東濰縣人　癸丑進士）

提調官

山西等處承宣布政使司左布政使李僑（子高山東長清縣人　甲辰進士）

山西等處承宣布政使司右參政劉曰材（汝成江西南昌縣人　癸丑進士）

監試官

山西等處提刑按察司副使郭斗（應宿雲南右衛官籍河南封丘縣人　癸丑進士）

山西等處提刑按察司僉事沈人种（時雍直隸嘉定縣人　己未進士）

考試官

直隸淮安府桃源縣儒學教諭劉學朱（道明江西盧陵縣人　戊午貢士）

山東兗州府城武縣儒學教諭王進（德卿江西安福縣人　乙卯貢士）

同考試官

直隸大名府儒學教授紀文煒（存暘陝西榆林衛人　癸卯貢士）

江西建昌府儒學教授張承芳（汝敬直隸巢縣人　庚子貢士）

河南南陽府儒學教授程允中（一道山東濟陽縣人　庚子貢士）

直隸常州府儒學教授徐騰（子達營繕所匠籍浙江崇德縣人　丙午貢士）

印卷官

山西等處承宣布政使司照磨所照磨孫繼達（汝道直隸上海縣人　監生）

山西等處提刑按察司照磨所檢校丘陵（汝進直隸高郵州人　監生）

收掌試卷官

太原府知府王惟善（衷甫河南新蔡縣人　丁未進士）

平陽府知府毛自道（子復山東平原縣人　丙辰進士）

潞安府知府王宮用（近臣直隸成安縣人　癸丑進士）

河東陝西都轉運鹽使司同知王闉（維振直隸清苑縣人　己未進士）

受卷官

潞安府同知靖四方（光遠河南洪縣人　丙午貢士）

平陽府蒲州知州吳一瀾（汝觀江西南昌縣人　庚戌進士）

平陽府隰州知州魏宗方（汝敬山東濟南衛籍湖廣黃波縣人　癸卯貢士）

平陽府臨汾縣知縣徐維楫（汝進錦衣衛籍山東武定州人　乙丑進士）

平陽府曲沃縣知縣郭庭梧（子材河南新鄉縣人　乙丑進士）

潞安府長治縣知縣張煥（戀文山東益都縣人　乙丑進士）

澤州高平縣知縣劉堯卿（宗舜直隸清苑縣人　乙丑進士）
平陽府襄陵縣縣丞崔棟（隆吉河南泌陽縣人　己未進士）

彌封官

平陽府推官侯于趙（宗度河南杞縣人　乙丑進士）
遼州知州康清（寅甫浙江餘姚縣人　癸卯貢士）
太原府陽曲縣知縣李學詩（叔言山東東阿縣人　乙丑進士）
平陽府襄陵縣知縣宋之韓（元卿河南武安縣人　乙丑進士）
平陽府鮮州聞喜縣知縣馬三樂（克性山東陽信縣人　乙丑進士）
平陽府鮮州安邑縣知縣錢楷（範之山東冠縣人乙丑進士）
平陽府絳州稷山縣知縣孫佫（承卿陝西安化縣人　乙卯貢士）
太原府臨縣知縣紀會（應期陝西洋縣人　壬子貢士）

謄錄官

太原府推官呂子桂（公攀直隸滄州人　乙丑進士）
平陽府鮮州知州呂文南（部甫陝西咸寧縣人　乙卯貢士）
太原府平定州知州劉東魯（伯望山東濮州人　丙午貢士）
平陽府翼城縣知縣陳錡（公鼎河南河南衛人　乙丑進士）
太原府榆次縣知縣董三遷（汝孟山東昌邑縣人　乙丑進士）
平陽府浮山縣知縣吳增光（大顯陝西盩屋縣人辛酉貢士）
太原府壽陽縣知縣石繼節（克守山東益都縣人　乙卯貢士）

對讀官

潞安府推官李充實（中虛直隸玉田縣人　乙丑進士）
澤州知州裴應時（文亨直隸河間衛人　己酉貢士）
沁州知州王楷（養正山東寧陽縣人　丙午貢士）
平陽府絳州縣知縣牛應龍（時見直隸固安縣人　壬戌進士）
潞安府襄垣縣知縣李貴和（子中河南祥符縣人　乙丑進士）
平陽府鮮州夏縣知縣李溥（公甫直隸定州人　乙丑進士）
遼州榆社縣知縣康朴（賁之陝西長安縣人　壬子貢士）

巡綽官

太原左衛指揮使劉先祚（元錫直隸晉州人）
太原左衛指揮僉事侯汝諶（季常直隸滑縣人）
平陽衛指揮僉事楊世勳（汝忠直隸定遠縣人）
太原左衛左所副千戶朱廷佑（良弼直隸江都縣人）

搲檢官

太原前衛指揮僉事鄒魯（希會直隸懷遠縣人）

潞州衛指揮同知沈應勳（世功直隸沭陽縣人）

太原左衛後所副千戶余世禄（子樂直隸六安州人）

太原前衛左所副千戶黃元忠（直夫江西南昌縣人）

汾州衛右所副千戶惠承恩（天錫河南南陽縣人）

太原右衛前所百戶趙忠（良夫直隸天長縣人）

供給官

山西等處承宣布政使司經歷司經歷鐃繼祖（克繩直隸寧國縣人 監生）

山西等處承宣布政使司理問所理問王擢（于賢山東曹縣人 監生）

汾州知州齊宗堯（思欽直隸昌黎縣人 監生）

太原府祁縣知縣岳魯（企會宣府懷安衛籍直隸無爲州人 監生）

遼州和順縣知縣劉時夏（伯禮陝西平利縣籍金州守禦千戶所人 監生）

汾州介休縣知縣劉旁（仲蔣湖廣興國州人 己酉貢士）

汾州判官楊守公（汝周直隸興州中屯衛人 監生）

太原左衛經歷司經歷溫世冕（尚周陝西華州人 吏員）

太原府代州崞縣縣丞何璽（國信直隸河間縣人 吏員）

澤州高平縣縣丞張克柔（惟嘉河南長葛縣人 監生）

汾州平遙縣縣丞廖霖（時濟河南唐縣人 吏員）

太原府太原縣典史李崇信（重實直隸裳城縣人 吏員）

太原府太谷縣典史張思敬（良臣直隸容城縣人 吏員）

太原府清源縣典史梁純（汝粹河南祥符縣人 吏員）

平陽府翼城縣典史陳一鵬（孔搏福建長樂縣人 吏員）

平陽府聞喜縣典史索栢齡（億年山東德州人 吏員）

平陽府安邑縣典史張建（季賢直隸長洲縣人 吏員）

澤州陽城縣典史鄭杲（思雨直隸任丘縣人 吏員）

太原府陽曲縣臨汾驛驛丞朱棟（梓材河南祥符縣人 知印）

太原府陽曲縣凌井驛驛丞邢豸（君威陝西岐山縣人 吏員）

平陽府曲沃縣侯馬驛驛丞井舜相（伯治陝西華陰縣人 承差）

平陽府蒲州河東驛驛丞屈震（時東河南登封縣人 承差）

第一場

四書

子曰爲政以德譬如此辰居其所而衆星共之　敬大臣也體群臣也及其聞一善言見一善行若決江河沛然莫之能禦也

易

乾元者始而亨者也　六五鼎黄耳金鉉利貞象曰鼎黄耳中以爲實也上九鼎玉鉉大吉无不利象曰玉鉉在上剛柔節也　易其至矣乎夫易聖人所以崇德而廣業也知崇禮卑崇效天卑法地　齊也者言萬物之潔齊也

書

在知人在安民　明王奉若天道　初一曰五行次二曰敬用五事　立政任人準夫牧作三事虎賁綴衣趣馬小尹左右携僕百司庶府在都小伯藝人表臣在司太史尹伯庶常吉士司徒司馬司空亞旅夷微盧烝三亳阪尹

詩

我稼既同上入執宮功晝爾于茅宵爾索綯亟其乘屋其始播百穀　彼爾維何維常之華彼路斯何君子之車戎車既駕四牡業業豈敢定居一月三捷　永言孝思昭哉嗣服　殷受命咸宜百禄是何

春秋

春天王使南季來聘（隱公九年）單伯至自齊（文公十有五年）八月公會齊侯宋公鄭伯曹伯邾人于檉（僖公元年）　春王正月公會齊侯宋公陳侯衛侯鄭伯許男曹伯侵蔡蔡潰遂伐楚次于陘（僖公四年）晉樂書帥師救鄭（成公六年）公會晉侯宋公衛侯曹伯齊世子光莒子邾子滕子薛伯杞伯小邾子伐鄭會于蕭魚（襄公十有一年）　宋公陳侯衛侯曹伯會晉師于棐林伐鄭（宣公元年）公會晉師于瓦（定公八年）

禮記

樂由陽來者也禮由陰作者也陰陽和而萬物得　紀綱既正天下大定唯聖人爲能饗帝孝子爲能饗親　氣如白虹天也精神見于山川地也

第二場

論

君道以至誠仁愛爲本

詔誥表（内科一道）

擬漢令司隸刺史歲考長吏殿最以聞詔（永平九年）　擬唐加左僕

射房玄齡太子少師誥（貞觀十三年）　擬皇上初御經筵群臣賀表

判語（五條）

稱乘輿車駕　官文書稽程　市司評物價　宿衛人兵仗　斷罪引律令

第三場

策（五道）

問　帝王致治之盛未有不本於學者粵稽唐虞執中成周建極聖學傳心之要具在後世若虎觀石渠集賢崇正漢唐宋諸君志亦勤矣而治不古若何與豈古帝王之學未之有得與洪惟我太祖高皇帝肇造區夏日親儒臣若論家人洪範論大學論孟妙契千古聖人之蘊及恭睹觀心有亭存心有錄聖政首篇有述則太祖之學真古帝王正心之學也暨我皇考世宗肅皇帝丕承鴻業詢謀輔臣若揭九五恭默書豳風無逸銳意千古聖人之訓及莊誦敬一有箴心箴有注經書備覽有詩則皇考之學即太祖正心之學也聖祖神孫授受一道用成隆古之治不可尚矣恭惟我皇上嗣承大統首開經筵躬幸冑監仰窺緝熙聖學之心紹祖考而追唐虞衍千萬世道統之傳丕隆治化端在今日矣顧人臣啓沃之忠不自已也諸士子行懷靖獻當必有能敷陳帝道對揚先訓者願敬述之爲聖天子典學之助

問　人道大端曰忠與孝昔人論忠孝之大者必歸諸舜與周公固所以立子道臣道之極卓乎不可尚已嘗考諸論記所載有分忠孝爲二者有合忠孝爲一者何其言之不同與或者分雖殊而理則一固相通而不悖與孝經一書成於曾子門人之手言自天子至於庶人皆以孝爲先後世乃有擬作忠經者而觀其論列又不專爲人臣者訓果與孝經相爲表裏否與抑別有所可議者與我國家誕敷懿教治本綱常列聖相承嘗纂輯孝順事實歷代臣鑒二書以勸戒天下之爲人臣子者至矣其宏綱要旨有互相發明者可鋪張而揄揚之與諸士子行且服官移孝爲忠者也況躬逢今上御極之初正臣子奮勵之日願以素所講明者著於篇將覘爾他日之效用何如也

問　人才之盛嘗因乎治道惟茲全晉當唐虞三代盛時彬彬多才士秉德樹勳邈乎不可尚矣春秋而下視古有間然亦代不乏人試舉表著者言之反周爲唐與克平淮蔡者其相業相類矣而輔政元祐與名震契丹者果若是班乎收保却虜與堅壁困秦者其將略并稱矣而幕南無庭與峴山立碑者可同日語乎漆身報主犯難存孤與義不事操者忠烈同也抑孰爲正弓矢之諫筆正之諫與力救陸贄者其直言一也果孰爲良一孝友也或居家而善化其

族或遇難而不忘其弟一清節也或保身於亂世或不屈於治朝作魏晉春秋與叙史記世家者其史材孰長講學太山視衍教河汾者其經術孰精是皆可比論與抑孰爲近古與我國家作人之盛上追隆古其植節宣猷以清忠亮直炳然爲先朝重者在三晉果何人與抑亦有理學淵邃而默契聖賢之奧者與其見諸事功果可以匹古人與諸士景行先哲必有定論矣請詳言之以觀尚友之學

　　問　財用國家所急宋臣有言天地生財止有此數不在官則在民今内外笎庫告匱而閭閻又多困詘豈其説不足信與抑耗之者有由而充之者未備也頃者皇上軫念民貧方下蠲租一詔而邊臣請討甚亟率以爲辭聞之國初瘡痍甫定蠲詔凡二十餘下而征討營建諸費視今加多當時太倉諸邊尚云儲積紅腐未聞有不足者今承平日久所入視昔非益寡也何一奉蠲免而遂不足如是耶議者謂祖宗時屯鹽修舉故邊餉日充今雖廢壞幾盡矣獨不可踵而行之與或又謂豪右之兼并未復醜虜之内蹂無常屯田卒亦難舉勢要之攬中爲梗私販之横行靡禁鹽法遂至不行此豈勢之所趨有不可復者耶抑有司者爲之而不力也兹欲使屯鹽并修官民具足其道何由諸士子抱當世之慮有概于中久矣願悉言之毋隱

　　問　禦戎無上策自古則然矣顧攘外斯可以安内要不可諉之無策也是故後之談邊者若四要四議四策之類在當時皆鑿鑿可行而卒無救于戎患豈其所談未協時宜罔裨戰守耶抑所行與所談者悖也今宣大三關密邇胡虜時時勞我烽燧當事者殫慮宣威攬收群策幾無餘蘊矣大抵談守者必曰截隘捍陣虜難長驅也戰無良材可自損重乎談戰者必曰出奇制勝虜當遠遁也守多弃野可示積弱乎是二者果不相謀與抑果孰緩而孰急與説者又謂國初邊制簡嚴所守皆總會要害之處人聚力完易爲制禦頃因門户失守堂奧過防堡砦日增而衆分戍守日多而力寡是以聯絡之勢可觀而哀旅之實不足又不知果爲有見之説否與兹欲規恢萬全之策以紓當宁之懷畢竟如何而可子多士生長於斯必有石畫定見如昔人之協時宜而裨戰守者矣試吐之以觀爾先憂之志

中式舉人六十五名

　　第一名　張四端　蒲州學生　易
　　第二名　梁喬　沁州學生　書

第三名　郭之屛　河東運司學生　詩
第四名　劉虞夔　高平縣學附學生　春秋
第五名　劉登朝　鮮州學生　禮記
第六名　高崧　寧鄉縣學生　詩
第七名　秦希相　翼城縣學生　易
第八名　張偉　孝義縣學生　書
第九名　許錄　祁縣學生　詩
第十名　劉貞寬　安邑縣學生　春秋
第十一名　吉可久　曲沃縣學生　禮記
第十二名　郭衡　文水縣學附學生　易
第十三名　張孔時　祁縣學訓導　易
第十四名　薛鳳翔　平陸縣學生　書
第十五名　黃廷紳　太原府學生　易
第十六名　姚崇儒　潞安府學生　詩
第十七名　李日煦　曲沃縣學生　春秋
第十八名　王鶴　代州人監生　書
第十九名　劉克義　澤州學生　易
第二十名　張之屛　沁水縣學生　詩
第二十一名　董茝　介休縣學生　禮記
第二十二名　高巖　寧鄉縣學生　易
第二十三名　王自脩　應州學訓導　詩
第二十四名　楊俊　蒲州學生　書
第二十五名　衛民望　翼城縣學生　易
第二十六名　荊州土　臨晉縣學生　詩
第二十七名　孫繼先　孟縣學生　書
第二十八名　任國正　汾州學生　詩
第二十九名　周儒　翼城縣學生　易
第三十名　郭九疇　代州學生　詩
第三十一名　常秉仁　榆社縣學生　春秋
第三十二名　曹相　太平縣學增廣生　易
第三十三名　高廩　寧鄉縣學生　詩
第三十四名　武奮孝　介休縣學增廣生　禮記

第三十五名　崔泝　河東運司學生　詩
第三十六名　黃應科　翼城縣學增廣生　易
第三十七名　楊應春　蒲州學生　書
第三十八名　趙嘉猷　稷山縣學附學生　詩
第三十九名　劉瀾　平定州學增廣生　書
第四十名　劉應聘　翼城縣學生　易
第四十一名　李堯臣　忻州學增廣生　書
第四十二名　唐思周　潞安府學生　詩
第四十三名　王舉　代州學附學生　易
第四十四名　邵寵　河津縣學生　春秋
第四十五名　傅納誨　定襄縣學生　書
第四十六名　燕好爵　翼城縣學附學生　易
第四十七名　郭包田　屯留縣學生　禮記
第四十八名　陳簡　屯留縣學增廣生　詩
第四十九名　侯一律　陽城縣學增廣生　易
第五十名　高拱辰　河津縣學生　書
第五十一名　李思謙　屯留縣學生　詩
第五十二名　張潛心　忻州學生　書
第五十三名　趙一科　沁源縣學增廣生　詩
第五十四名　衛善誘　曲沃縣學生　易
第五十五名　張翰才　孟縣學生　書
第五十六名　魏天章　平定州學增廣生　春秋
第五十七名　蔡鳳梧　平定州學附學生　書
第五十八名　楊培　解州學生　詩
第五十九名　李大嘉　曲沃縣學生　易
第六十名　師嘉言　河津縣學生　禮記
第六十一名　賈朝宦　岢嵐州學生　詩
第六十二名　王賜榮　長子縣學生　書
第六十三名　張珩　趙城縣學生　易
第六十四名　李應科　霍州學生　書
第六十五名　李希孟　太原縣學生　易
（易十八名　書十六名　詩十九名　春秋六名　禮記六名）

第一場

四書

子曰爲政以德譬如北辰居其所而衆星共之

張四端

同考試官教授徐批（本題作者類多塵語重複是篇獨簡切可誦錄之）
考試官教諭王批（明暢不滯）
考試官教諭劉批（透徹）

聖人論人君端本之治而必擬其自然之化焉蓋德者治天下之本也德盛而化自神矣非天象之自然者烏足以擬之夫子有所感而爲當時告也以爲古之治天下者純任道後之治天下者純任法自夫任法之治行而無爲之化鮮矣爲治者曷於本焉圖之誠知民不可以徒法治也而所以率先於上者務求端乎萬化之原治不可以無本成也而所以敷錫於下者恒懃建乎維皇之極以正民心一自吾之心得者運之而不專於法制之尚也以正民行一自吾之躬行者推之而不恃夫禁令之煩也夫如是吾知上以德感至治既妙於無爲則下以德應大化自神於有象擬諸形容不有如北辰居其所而衆星共之者乎蓋北辰爲天之樞其居有常尊也初不見其運動之形而衆星麗天之表其拱有定向也若咸著夫趨附之勢北辰非有期於衆星也而星之拱極者不外焉天道不言而成象也人君非有期於庶民也而民之歸德者不外焉聖人無心而成化也是蓋以一人而臨萬邦人君與北辰同一居尊之體以天下而仰一人庶民與衆星同一趨向之機天象聖化其理一而已矣治天下者其亦審所尚也夫抑論之政者維治之具固不可廢而德者運治之精尤所當先焉者也春秋之君知有政耳而德則未之聞也夫子憂之而爲是探本之論他日政刑德禮之訓尤惓惓焉其意斷可識矣是故禮樂文章所以懋治也精神心術所以達化也二者兼修而不悖萬世治天下之道在是矣君人者不可以不知

敬大臣也體群臣也

梁喬

同考試官教授程批（發揮敬體二字明暢無一滯語取之）
考試官教諭王批（清新瑩潤）
考試官教諭劉批（明順）

人君待臣之道有隆之以禮者有恤之以恩者蓋大臣群臣其分不同也

隆其禮施其恩而待之之道各盡矣夫子告魯君以九經之目以爲君之於臣也不徒有分焉以明其義尤必有道焉以通其情由家以及朝廷其待臣之道抑何如誠以調元贊化而師表百寮者有大臣焉所賴以總理乎天下國家者也不有以敬之則褻矣是必思其付托之重而所以尊崇之者無不至焉以隆其瞻之望則信任之專不以疑貳間其心也以重寅亮之司則寵遇之渥不以叢脞勞其形也蓋名位特亞於一人而晉接自殊於百辟禮有所當加待大臣之道宜爾也此非九經之一乎承流宣化而布列庶位者有群臣焉所賴以分理乎天下國家者也不有以體之則暌矣是必念其服事之勤而所以體悉之者無不周焉以聯手足之愛則推誠以任之不使有畏沮之心也弘惠養之恩則設身以處之不使有俯仰之累也蓋不泥於相懸之分而必察其相同之心恩有所當施待群臣之道宜爾也此非九經之一乎是則大臣群臣莫非立政之人也敬之體之莫非取人之道也君得臣而萬化行文武之政尚何患其不舉哉嘗觀先儒胡氏之言曰人臣爲利祿而效忠則忠必不盡此可見或敬或體者人君使臣之禮也而無心於君之敬體者則人臣事君之忠也使一有覬覦之心雖忠亦私矣故曰無所爲而爲者義也有所爲而爲者雖義亦利也噫明於此義者而後可以語純臣之道

及其聞一善言見一善行若決江河沛然莫之能禦也

郭之屛

同考試官教授張批（形容大舜應善處言有根據與諸作迥別宜式多士）

考試官教諭王批（思致超脫不群）

考試官教諭劉批（典雅）

聖人之於善有所感而應之速也夫聖人心通天下之善者也有弗感感即通矣非大舜其孰能之孟子知舜之深故言此若曰舜之爲聖也萬理畢具者虛明之體隨感而應者樂善之眞方其深山之居所以無異於野人者特以其未有所感焉耳故及其好問好察之下一言之善或得於所聞焉明目達聰之餘一行之善或得於所見焉將見言方入於耳也理即悟於心也樂而取之無凝滯也行方接於目也善即契於中也舍而從之無勉强也濬哲之淵涵觸機而自動一言之善者通其感則以明庶物以察人倫將無思而無不通矣即其孚感之妙不猶江河之決而沛然莫禦者乎文明之内蘊逢源而自達一行之善者協於衷則仁由此行義由此出將不疾而無不速矣即其順應之神不猶江河之決而就下莫遏者乎是蓋理之藏於中也與江河之積者同其深故

善之應於外也與江河之決者同其順此固舜之弗可及者也豈獨异於深山之野人已哉抑舜自耕稼陶漁以至爲帝無非取諸人者夫舜既聖人矣善無不足矣而猶不自用焉故其心之虛者益虛明者益明而應善之所以神也不然淺中而狹外舜亦猶夫人爾惡乎神然則君子之憂欲如舜者亦曰勉强好善焉可矣

易

乾元者始而亨者也

張四端

同考試官教授徐批（發揮始則必亨處詞明理達似可與言化機者取之）

考試官教諭王批（詞氣鬯達）

考試官教諭劉批（明當）

乾元之爲德始物而必通者也夫物必得始而後生也乾元既有以始物矣而亨則惡可已哉今夫乾即天也而元則天德之首也天德不可言而化機爲可見故欲識乾元者亦驗諸物焉已矣蓋方天道之靜而未動也則萬物固未有其始而亦何有於亨也惟夫乾之爲元也鼓大造於微茫而一理之方出者有以立群生之命顯神功於初動而一氣之方行者有以開萬化之先而物於是乎有始矣始則朕兆既萌而生意之自無而有者必自有而著品彙於是乎咸章也機緘一啓而元化之由靜而動者必由動而變庶類於是乎潔齊也理既有以始其性而理之出也不可止息則繼善之後成性者必達焉沛然大用之顯行若有神以運之而不容自己者矣氣既有以始其形而氣之行也自無間斷則見象之後形器者必通焉燦然全體之呈露若有機以使之而不可或禦者矣是蓋一元未始之先則日新之德藏諸用雖欲亨焉而不可得也一元既始之後則富有之業顯諸仁雖欲不亨焉亦不可得也信乎物之始者元以始之而亨者亦元以亨之矣乾元之德不從可識哉抑此可以見君德也蓋天之亨萬物也始於元而聖人之亨萬民也始於仁是故萬邦協和如天之仁始之也四方風動好生之仁始之也始則必亨聖人與昊天同一道矣而仁又始於純心也一念之誠僞少殊而王伯從之矣是故君心不可不慎其始

易其至矣乎夫易聖人所以崇德而廣業也知崇禮卑崇效天卑法地

秦希相

同考試官教授徐批（通篇簡潔講知崇禮卑處尤精殆學易而有得者）

考試官教諭王批（語精意到）

考試官教諭劉批（潔净之文）

大傳贊易道之至必自聖人之盡道者見之也夫德業同於天地聖人盡道之極也而皆資夫易焉不可以見易道之至乎吾夫子贊易之意豈不謂天下惟道爲至而道皆備於易矣易之爲書也其誠至極而不可加者乎何也蓋天下之道蘊諸心者爲德而聖人之德崇不可及矣然所以崇者易崇之也見諸事者爲業而聖人之業廣不可限矣然所以廣者易廣之也是故德莫大於知而易之理乃知之精也聖人於易理而窮之則知來藏往自可通於神明之極矣知不於是而崇耶業莫要於禮而易之理乃禮之實也聖人於易理而循之則踐履篤實自有得於會通之觀矣禮不於是而卑耶夫知惟崇也則天以峻極而覆萬物於無外聖人以睿知而統萬理於一心巍然示人以崇者惟天而聖人若有以效之矣知崇如天而德之崇也爲何如哉禮惟卑也則地以至順而載萬物於無疆聖人以敦厚而兼萬善於一體隤然示人以卑者惟地而聖人若有以法之矣禮卑如地而業之廣也爲何如哉意德業之崇廣同於天地此聖人盡道之至也而皆本之易焉則易豈不至矣乎抑論之太虛同體萬物皆備人心何崇廣耶惟不以私牿之則高明以極廣大以致而吾心與天地相似矣於德業又何有焉故學易者莫先於善事其心以求崇廣之實否則天地法象也易書粗迹也與吾心不相關矣故曰成性存存道義之門是爲聖人心易之本也

書

在知人在安民

梁喬

同考試官教授程批（此作深得推廣陳謨之意可取可取）

考試官教諭王批（詞理明暢）

考試官教諭劉批（充贍）

大臣廣陳謨之義惟智仁兼盡而已夫智莫要於知人仁莫大於安民也大臣陳謨而推及於此期望其君之意何至哉且其意謂迪德修身固人君端本弘化之要矣然由此而究化理之端以要無窮之治又豈止於是焉已哉何則天下不能獨治所以分而治之者人也兹者四門闢矣而賢才至廣寧無遺於潛哲之外者乎是故在於秉虛明以照臨百官而臧否昭於洞燭廣耳目以鑒察群哲而甄別精於大觀德有多寡綜核必得其實也任有大小器使必當其可也夫然則下無遺賢而上無幸位所以布吾迪德之化者益衆矣否則一任之失一職之廢也而可但已乎民生不能自遂所以奠而安之者君也兹者

九功叙矣而兆民至衆寧無外於好生之仁者乎是又在於和平以布其政而德惠周於率土廣博以厚其施而膏澤究於無方以教萬民必典則敷而使安於教也以正萬民必懲勸昭而使若於政也夫然則上無滯惠而下無困人所以被吾迪德之澤者益廣矣否則一夫不獲時予之幸也如至治何哉由是而觀古之大臣之望其君也知人智矣而又欲兼乎仁安民仁矣而又欲兼乎智拳拳忠愛無已之情信非後世可及也哉雖然舜斥四凶而舉元凱時雍之後風動之化繼焉則知人安民固當時已致之成效矣何皋陶之謨汲汲焉以望其君禹且深以爲難若將終不可致者蓋知人安民固唐虞之治而不能必其知且安者亦天下之勢也然不委於勢而矢責難之忠於不替則固禹皋之所以爲臣道之至也孔子曰堯舜其猶病諸其得虞庭陳謨之心者與

初一曰五行次二曰敬用五事
張偉
同考試官教授程批（發明五行五事之理真切筆力更健錄之）
考試官教諭王批（理氣俱到）
考試官教諭劉批（清順）

聖人首第洛書之數而天人之道備焉夫五行出於天而五事具於人者也聖人第洛書而首茲二者可以觀治道之所先矣箕子告武王之意以爲因物以呈數者上天佑民之仁因數而效法者聖人開物之智出書於洛天固啓之矣禹之叙之者何如是故洛書之數一列於坎數之始也萬物生於天而五行者乃天道之始也禹於初一則第之曰五行蓋其化成於陰陽之變而其運無方利溥於生民之用而其施不匱剛柔異質而生克相乘所以成造化之能也燥濕異宜而瀉助相資所以盡曲成之妙也人君以政養萬民而五行之用固天地自然之利矣其叙之於首者以此與二列於坤一之次也萬理備於人而五事者乃人道之始也禹於次二則第之曰敬用五事蓋其質具於天賦而踐形乃所以盡性衷降於惟皇而慎修斯可以成身形色寓乎天則敬以治躬者所以協衆動之宜也性命通於心思敬以治心者所以善萬物之理也人君以身正天下而五事之修固人事當然之則矣其叙之於二者以此與是則五行天道也用於人者也五事人道也本乎天者也天人相參治道之大端備矣乎噫洛書數也五行五事理也聖人因數而參之以理所以紹天心明治法也人君能得乎此則五行修而王道備五事修而治本端天下可不勞而治矣漢儒道術不明乃以陰陽牽合附會隨使爲治者目爲象數之末忽而不講禹之

心於是乎荒矣故善言箕範者得理而忘數焉可也

詩

我稼既同上入執宮功晝爾于茅宵爾索綯亟其乘屋其始播百穀

郭之屛

同考試官教授張批（邠民相戒治室大要是急於爲農場中類夫輕重獨此作得之宜錄以式）

考試官教諭王批（善發邠人憂勤之意）

考試官教諭劉批（詞旨明順）

邠人相戒以治室無非所以爲農也甚矣農事不可緩也邠人急於治室而惟恐農事之及焉其憂勤之意可想矣周公陳邠風以告成王至此蓋謂邠人之於農未嘗一日而忘焉者也方其十月納稼時亦可以少暇矣而其心豈但已哉共相戒以爲吾人所資以養者稼也而所籍以居者室也今而百穀用登我稼亦既同矣邑居未治宮功其可緩乎故茅以覆宮也晝爾取之無怠朝焉綯以利用也宵爾索之無怠夕焉敏於趨事而所以爲葺茨之圖者慮之無不飭亟乘屋而所以爲葺治之計者備之無不周若此者豈吾之棘欲哉蓋天道速於推遷農事貴於謀始及今不治春且至矣農祥晨正而于耜之務聿興黍稷重穋又將布之於野矣當此之時則雖嗣爾股肱猶懼其弗給也而何暇於治室也哉土膏脉動而舉趾之耕方作禾麻菽麥又將播之於畝矣當此之時則雖即爾田功尚慮其弗逮也而遑及於乘屋也哉由是觀之其亟於治室者乃所以急於爲農也邠民於農事信乎不能一日而忘情矣成王其念之乎抑周家以農事開國若后稷之稼穡文王之田功武王之重民食固有周家法也以周公之忠乃於豳風無逸惓惓爲成王告者豈非欲法祖德而知小人之依乎厥後成王有昭假之命臣工之戒卒爲有周令主者孰非周公訓迪之力也故稱成周之治者頌周公之功不衰

永言孝思昭哉嗣服

高崧

同考試官教授張批（是題本人心以徵聖孝而繼先之業因之義本精邃場中作者類多纏繞可厭是篇發明清透而詞采煥然可以言詩矣）

考試官教諭王批（意明詞確）

考試官教諭劉批（典雅可觀）

詩人徵聖孝之純而贊其光先業焉夫孝者大化之本也聖孝極其純矣

則於先業不有光哉詩人美武王之纘緒至此蓋曰大哉孝之道乎帝王之所以上承祖業下孚人心者也使孝有未純則無以啓人心之應而繼先之業弗彰矣今以天下應武王是其能敦罔極之懷而思以繼其志者存存而匪懈隆不匱之誠而思以述其事者亹亹而不忘世德之求不始勤而終怠也理不息而此心之奉乎理者亦不息殆與先德之貽相爲悠久矣天命之配不暫合而遽離也道不已而此心之體乎道者亦不已殆與於穆之運相爲循環矣此固武王孝心之純也不有以爲繼緒之光乎蓋先王創其業於前莫不欲大其業於後也玆合天下以成其孝則光訓對揚而嗣續之圖有以炳燿於天下令德光昭而纘承之緒有以丕著於人心永淸之治視之肇基其勤者而益彰祖烈重熙炳乎天地爲昭矣一統之業質之三分有二者而益大文謨丕顯煥乎日月同明矣是則以一人之孝而光先王之業此之謂天子之孝也所以配三后於鎬京者不於斯益信哉抑論莫爲於前雖美弗彰莫爲於後雖盛弗傳有周一代之業非三后之德固無以成其始而非武王之孝曷克成其終哉噫上以集三聖未成之統下以開萬世無疆之業武王之孝信乎其不可及也玆耆定爾功周人所以拳拳於大武之象與故予於是知武王之有大造於周也

春秋

八月公會齊侯宋公鄭伯曹伯邾人于檉（僖公元年）

劉虞夔

考試官教諭王批（此作以予桓惡僖立説深得傳意可以式矣）

考試官教諭劉批（得聖人予奪意）

春秋紀好予霸主恤內之勤而責望國輔霸之僞焉此檉之會桓所以致勤於鄭而魯與邾之好不終則其負桓多矣春秋予奪之也宜哉楚成君國以來憑陵於鄭甚矣齊桓謀以救鄭於是合魯與邾而爲檉之會焉春秋曷爲而予齊也蓋霸業之光啓徵於威武之振揚向者三國鼓行子元夜遁齊固大申乎安攘之義矣使其有怠心焉則前功之盡隳何以成霸圖耶幸而桓也耽毒之戒不忘親暱之憂是急凡所以彌縫其闕舒鄭人朝夕之急者合列國之君以謀之無遺策焉卒使孔叔有勤我之思完守老楚而楚之不能有加於鄭者多此會之有以奪其氣耳不然鄭其可得寧乎春秋幸諸侯之有桓而致勤於鄭是以於茲會也予其念之深云曷爲而罪魯也蓋霸圖之渙散驗於人心之從違向者幽盟首叛鄭詹來逃魯大失乎安攘之信矣使其能改圖焉則前愆之克蓋將不爲賢君耶夫何僖也久要之誠不篤二三之德猶存凡所以授策壇坫爲楚人攘却之計者率外飾之私以應之不由衷焉卒不忍其哀姜之忿

楚未受兵而邾之師徒先告衄者多此會之無以約其心耳不然邾其可爲讎乎春秋深惡叛桓之有僖而忘好於邾是以於兹會也責其爲不誠云是則予桓者爲鄭計也幸其有霸也惡僖者爲桓計也懼其撓霸也何莫而非世道賴哉雖然春秋之初未始有霸也而桓創爲之齊之盛周之衰也況其念深禮謹在於楚人未帖之先屈完既盟則濤塗見執陽穀之寵樂肆矣鄭安得不復逃乎聖人之所以致責於僖者亦不得已救時之弊耳若論其極必夾輔周室進之以王者之道然後可

宋公陳侯衛侯曹伯會晋師于棐林伐鄭（宣公元年）公會晋師于瓦（定公八年）

劉貞寬

考試官教諭王批（謹權本正意難發明此作得之且不漏傅意宜録以式）

考試官教諭劉批（得謹嚴體）

春秋兩略將兵之霸臣所以示謹權之意也蓋兵權在君非人臣之所得專者也春秋略盾與鞅之將謂非所以示謹也哉且夫兵者國之命也權者兵之維也攬之於君則國昌竊之於臣則國削不可一日去公室者也聖人恐此義不明故於晋之趙盾士鞅發之方鄭南附於楚晋遣問罪之旅會列國之君於棐林者趙盾也盾之威固赫然於列辟之上而山河之衆其指揮矣不知君盾者有靈焉乾綱總攬於上盾得而專之耶以聲疑貳之問師之起於伐鄭者非無名也然惟辟作威實惟靈之所命而盾之將之者不過盡代終之分爾使兵權上侵而毒衆以逞其忿則王法之所必禁而豈盾之所得爲者哉故棐林之會而必書晋師者若曰趙盾雖將要亦與師等也舉師以蔽盾所以見盾之不得專有其民也及齊衆侵於魯晋啟救患之師會魯國之君於瓦亭者士鞅也鞅之德固溢然於魯國之間而曲沃之師其統馭矣不知君鞅者有定焉大阿獨持於已鞅得而專之耶以伸急難之義兵之舉於救魯者非妄動也然惟辟作福實惟定之所制而鞅之將之者不過效奔走之勞耳使兵權下移而虐民以行其私則王法之所必禁而豈鞅之所可犯者哉故瓦之會而必書晋師者若曰士鞅雖將要亦與師敵也舉師以蔽鞅所以見鞅之不得擅有乎衆也此義行則勢無所分天下鮮不忠之臣權有所屬而其君亦罔不振者矣其斯聖人之心乎抑考田氏厚施移齊之國季氏盡征奪魯之民其所由來者漸矣聖人不忍齊魯之禍延於天下故惓惓然致戒於盾與鞅爾然趙籍韓虔魏斯亦晋之三家也卒分晋而爲諸侯是果孰貽之哉聽會假朝聘之儀重煩移禮

樂之柄悼固授之利器者矣君子謂其有君子之資而未聞學益信

禮記

樂由陽來者也禮由陰作者也陰陽和而萬物得

劉登朝

同考試官教授紀批（講禮樂陰陽處明白真切甚得此題肯綮）

考試官教諭王批（潔凈純粹）

考試官教諭劉批（詞不費而理足）

記者推禮樂所由得見制作之有本也夫禮樂之道陰陽盡之矣達於陰陽而制作之得宜也不有本乎見於郊特牲者如此蓋曰聖人之制作固所以洽人道實所以承天道也燕饗之禮樂得矣而豈無所本哉亦曰樂之來也非自節奏焉始也蓋由陽氣流行而鼓化機於不息者有以肇聲氣之元則律呂之相宣於此以發其秘矣樂其由陽來者乎禮之作也非自節文焉始也蓋由陰道凝寂百斂庶物於群分者有以立秩叙之體則品節之詳明於此以呈其象矣禮其由陰作者乎夫禮樂本於陰陽而使陰陽不和固無望於禮樂之得矣茲則陽不過亢也而陰以濟之動靜相乘適得夫闔闢之妙陰不過肅也而陽以濟之屈伸相感不失乎通復之常由是樂行於燕饗雖萬有不齊也而异文合愛莫非節奏之自然優柔平中殆與天地同其和矣樂有一之弗得哉禮行於燕饗雖萬有不一也而殊事合敬莫非儀則之當然中正為觀固與天地同其節矣禮有一之弗得哉是知陰陽天道也一心具之也禮樂人道也一天為之也聖人承天以治人觀制作者當知所本矣雖然以效法言陰陽肇其端以成功言禮樂終其用故聖人制禮作樂合乎敬同乎愛卒之天下之情平而參贊之業畢焉是禮樂雖所以承天亦所以贊天矣然則禮樂天之陰陽陰陽人之禮樂其合而一之者乎故曰不聞性與天道而言制禮作樂者末也

唯聖人為能饗帝孝子為能饗親

吉可久

同考試官教授紀批（聖人格天格親之理是作發明殆盡宜冠本房）

考試官教諭王批（詞理俱到）

考試官教諭劉批（得感通之旨）

記者著仁孝能格乎天親欲人盡祭之義也甚矣天親之難格也惟仁孝之至者為能格之欲祭者尚其盡義也哉記祭義者意謂先王之制祭祀也所以償鬼神也鬼神無常饗而所以致具饗者不有待於至人乎是故萬物之生

本乎帝而王者祭帝所以昭事天之仁也自夫仁有未至而帝之饗也不可必矣惟聖人則奉天理以周旋而一德之潛孚者既立夫昭事之本故臨上帝以對越而明德之惟馨者自致夫來格之神燔柴以升中而精禋達焉天心其不違也用犧以告虔而休徵應焉天鑒其在茲也蓋雖天道無常親而惟聖人為能配天之德則亦惟聖人為能承天之貺矣帝不饗於聖人而誰饗乎夫人之生本乎親而人子祭親所以致追遠之孝也自夫孝有未至而親之饗也不可必矣惟孝子則繼述本於因心而意緒之相承者既得夫感通之理故禘嘗行於盡制而孝思之融液者自顯夫如在之誠昭假有廟而精神聚焉致愛於是乎能存也奏假無言而志意交焉致愨於是乎能著也蓋雖格思不可度而惟孝子可以得親之心則亦惟孝子可以為親之依矣親不饗於孝子而誰饗乎夫饗帝惟聖則求仁於心帝匪遠也饗親惟孝則求孝於心親匪幽也合仁與孝而饗之義盡矣有祭之責者盍思諸抑仁孝無二道感通唯一幾故仁人事天如事親一孝也孝子事親如事天一仁也然則其實維何曰誠而已誠也者無所為而為之心也必無所為而後謂之誠必誠而後可以言仁孝噫是可以觀祭本矣

第二場

論

君道以至誠仁愛為本

張四端

同考試官教授徐批（脫去時套直說人君誠愛之心油然充溢必深於所養者宜錄以式）

考試官教諭王批（氣裕昌大理致精純）

考試官教諭劉批（意正而氣充）

論曰君之道天道也天道有本人君體天之心以盡道亦有本夫天之心何心也至誠無息而以生物為心者也君之道何道也以至誠法天而通天下為一身者也天以生物為心而本於至誠故於穆之命流行於萬物而不能以自已君之為道亦本於至誠故仁愛之念誕敷於民物而不容以或忘是故天無私覆人君奉天道之無私合萬物而囿之以并生并育之化其道之與天為一固如此也程子曰君道以至誠仁愛為本其知言哉嘗觀諸天地而知人君之治矣今夫天地之大有一物不在其覆載之中者乎天下民物之繁有一不賴其生成者乎然上天之載無聲無臭而易之於復則曰復其見天地之心蓋以群陰既盛一陽初

生則天命流行生生不息之意於是乎復萌故以生物爲心者天地之心也然機
緘之妙藏於不言美利之施溥於無外而太和之保合者本於一誠故中庸之贊
天地曰爲物不貳則其生物不測蓋言不貳即誠誠則所以爲天地生物之本也
人君之治天下其尊猶天也居曰天位存曰天德行曰天道顧不能以其本之誠
者徵諸民安在其爲天之宗子乎是故必有純天之心而後可以無忝於所性有
憲天之政而後可以無愧於所司有格天之化而後可以無負於代天理物之寄
故一念之僞非誠也一私之起非仁也一物之慘非愛也於是以至誠無妄之心
擴之爲慈祥豈弟之政以純一不已之念推之爲博施濟衆之恩以乾父坤母民
胞物與之度達之爲萬物一體上下同流之化以至海隅蒼生飛潛動植若有一
夫之不得其所一物之不遂其生皆以爲吾心之未盡而惓惓焉思以保護周全
之者蓋未嘗一日忘焉者也若是者豈人君顧爲是煦煦以徇天下哉蓋君人者
體天之心而以天下爲一身者也以天下爲一身必使元氣周流靡所不貫何忍
坐視其痿痺而不爲之治乎必使其膏澤渝洽靡所不被何忍坐視其恫瘝而不
爲之恤乎苟治矣恤矣而或揆諸念慮不本於至誠又何忍矯誣飾私以籠絡天
下哉故曰天以生物爲心而本於至誠人君以法天爲道而亦本於至誠至誠者
其人君仁愛之本乎語君道而本於至誠是其始也以一人之身愛天下而不見
其不足其既也以天下之大取足於一人之愛而不見其有餘由是範圍不過曲
成不遺三光我其明之九土我其定之皇極我其扶植之民彝我其叙正之蓋誠
極其至則愛極其博而與天同運君道蔑以加矣蓋嘗溯而求之在堯舜則爲如
天之仁好生之德而要之允恭允塞者其本也在禹則爲下車之泣在湯則爲解
網之祝而要之祇台彰信者其本也在文則視民如傷在武則大賚四海而要之
緝熙敬義者其本也彼數聖人者悉以至誠仁愛之心而措天下於順治後之言
君道者必歸焉奈何三代而下此道不明每以不情之惠假仁愛之私以欺天下
後世而天下信之後世慕之吾恐帝王仁愛之心固不若是之僞也信乎至誠爲
君道之本求治者其亦審所尚乎雖然誠非可以徒存也其幾始於窒欲其助在
於任賢苟能閑邪以存誠則明通公溥聖德修而萬民化矣用賢以仁身則端本
澄源賢才輔而天下治矣故曰純心要矣用賢急焉君天下者合而觀之始得

表

擬皇上初御經筵群臣賀表

梁喬

同考試官教授程批（詞藻典麗才思深長頌揚之中不忘厭納之意信
非多士所及）

考試官教諭王批（麗而有則）

考試官教諭劉批（雅贍不凡）

隆慶元年某月某日恭遇皇上初御經筵臣等謹上表稱賀者明主大有爲式重正心之學聖人急先務聿勤論道之思化軌維新士林協慶臣等誠懽誠忭稽首頓首竊以道心爲一身之主君德乃萬化之原惟主敬可以維持此心非典學曷由懋隆其德虞帝達聰明目績底重華殷宗學古多聞功昭烈祖周武踐祚之始即咨敬義之言成王莅政之初載詢緝熙之旨自嬴秦滅學暨炎漢少文拜老臨雍徒侈儀章之飾執經問難空環觀望之榮或聚訟以談經或投戈而講藝說書於麗正愧匪真知稱制於邇英慚無實用事如有待道不虛行迨我皇明爰昭令典開講筵而晝接煦士類以春融作聖述明遠紹三王之烈德崇業廣獨宗二帝之猷試歷數乎前聞竟莫優於今日恭惟皇帝陛下聰明天縱仁孝性成元良預養於龍潛大寶嗣承於燕翼任老成而求賢若渴開言路而從諫如流費罷不經慰海內溪蘇之望稅蠲有等答天下仰德之心謂經史備載夫古今而帝王恒資於講習謙讓未遑他務遵行首及經筵丹墀初開翠華至止士集章縫之盛彙進儒紳函抽匱室之藏彪分典籍挈其網領皆精神心術之微鑒彼勸懲悉治忽興衰之故屢進賈生之席肆聞箕子之疇聖學造端帝心有翼固非泥章句之陳迹寔有契精一之真傳者也臣等位忝臣鄰職司獻納仰木天而致慶望學海以颺言徒懷野人曝背之忱殊乏大臣格心之術伏願乾行不息咸受有終室欲防微均宮中府中之體詔嬪諫慝重師氏保氏之官至德妙於篤恭神道設教大化成於丕顯以經法天君道與師道而并隆文運偕國運而共泰臣等無任瞻天仰聖欣躍屏營之至謹奉表稱賀以聞

第三場

策（五道）

第一問

張四端

同考試官教授徐批（此策義明詞雅篇終推廣聖學之要精切詳盡必其素蓄忠愛之誠者敬服敬服）

考試官教諭王批（立意醇正條答詳明）

考試官教諭劉批（靖獻之忠見諸詞表佳士也）

帝王之學其有本乎正其心而已矣正心之功其有要乎主於敬而已矣

蓋敬者德之聚聖學之所以成始而成終者也心者身之主萬化之所從以出者也求之至近而有以御乎遠操之至約而有以該乎博故主敬以正心正心以爲學此固萬世道學之源帝王致治之本也粤稽諸古堯舜之執中文武之建極而聖學傳心之要肇於此矣故語四聖之心者曰兢兢業業曰敬止敬勝何莫非一敬之流通也語四聖之治者曰時雍風動曰咸和永清何莫非一心之默運也降及後世帝王之學不講心法之要靡傳若石渠之校閱經史虎觀之講論異同其博核非不精也集賢館之招延崇正院之講說其立志非不勤也然而身心罔益聖學奚補此漢唐宋之治所以不古若者有由然矣洪惟我太祖高皇帝肇造區夏日親儒臣與朱善講家人而闡誠實威嚴之道與許存仁講洪範而知天人感應之理與王褘講大學而著德厚人懷之義於論語則取節用愛人之言爲治國之良規於孟子則言仁義之道爲時君所當用真有以妙契千古聖人之蘊矣然豈無所本乎蓋其觀心有亭言此心之虛靈乘氣機以出入而嘆操存之難存心有錄舉災祥之譴告爲天心之仁愛而思致感消復之道載觀聖政記首篇論輔臣之言曰心爲一身主帥常自點檢防閑此身使不妄動自信已能若防閑此心使不妄動尚難能也以是爲學非即古帝王正心之學乎暨我皇考世宗肅皇帝丕承鴻業詢謀輔臣齊以九五名而獨秉夫剛健中正之德室以恭默名而有取於惟玄惟默之義以豳風名亭重稼穡之艱難也以無逸名殿戒豫樂之縱恣也真有以銳意千古聖人之訓矣求其所本則以敬一有箴欲弗參以二三之私心箴有注欲不移以聲色之累及伏讀經書備覽之詩有曰乃作金丹笥分置諸宮牆庶使隨所讀養吾靈臺光則宴安之地皆懋學之功游息之天皆養心之助矣以是爲學非即我太祖正心之學乎聖祖神孫授受一道是以致治之隆直有以媲古帝王而陋漢唐宋於不足言矣恭惟我皇上嗣承大統即位之初慎選儒臣開經筵以進講勸學興禮幸胄監以崇儒其所以緝熙聖學者蓋誠近紹祖考之弘烈而遠追帝王之道統者矣執事猶以靖獻之忠望於諸生者忠臣愛君無已之盛心也然愚以爲經筵雖設而儒臣之進講者或憚於威嚴而不足以盡其啓沃之忠講劘雖勤而聖心之聞納者或蔽以己私而不足以弘其虛受之度必也和顏色以接引之開誠心以嘉納之究極乎聖賢道德性命之微反復乎古今治亂興衰之故如堯之衢室之問舜之總章之訪武王之受丹書於太公訪洪範於箕子可也猶未也深宮邃闥之中無異於清廟明堂之上燕閑宥密之地不殊於視朝臨御之時而又左右前後罔非吉士侍御僕從無非正人如古之所謂褻御之箴矇瞍之誦盤盂之銘几杖之戒無不備具可也然猶未也憸夫壬人懼其

有以惑吾心也馳騁游畋懼其有以蕩吾心也土木聲色貨利懼其有以荒吾心也則絕之惟恐其不遠遠之惟恐其不速而又日親大臣以咨決政務日覽章奏以習練朝綱則無一念而非敬無一事而非學庶可以涵養聖心薰陶德性聖敬日躋而聖治益隆矣若徒循經筵之故事朝而講夕而退聲色游逸之欲紛於外而理欲邪正之幾淆於中則雖有忠誠如程頤直諒如薇軾婉切如范祖禹者亦何補哉芹曝之見如斯請以是爲聖天子典學之助

第二問

梁喬

同考試官教授程批（剖析前聞卓有定見且文氣蒼古非撫拾浮詞者比也取之）

考試官教諭王批（理明而詞雅）

考試官教諭劉批（精確不浮足占所養）

帝王之治天下有道焉率之以忠孝以端建極之本迪之以謨訓以弘錫類之仁何也忠孝者竭臣子之分也而萬世之綱常繫焉不建其極則無以端本而正其趨謨訓者明忠孝之理也而一代之典章昭焉不錫其類則無以弘仁而達其化故惇典明倫建極於上也有君父之道焉彰軌貞教錫類於下也有臣民之訓焉所謂帝王以忠孝治天下也不在此與觀此則我文皇帝孝順事實之纂章皇帝歷代臣鑒之錄其有得於建極錫類之義而爲萬古不刊之鉅典矣請詳之嘗聞君父之尊猶天然人臣以天道事君者謂之忠人子以天道事親者謂之孝是忠孝之義也然曷以徵哉吾徵於所處矣處常易處變難處易則事隱處難則名高大舜聖人也而父瞽瞍周公聖人也而君成王二者皆難之也二聖人者無常無變處之一也故夔夔之誠化瞽瞍爲聖父几几之度致成王爲賢君而忠孝稱大矣自舜周之名高而臣子盡職愈難自臣子之職難而忠孝立論愈著考諸論記有分忠孝爲二者自分之殊者言之也如子夏竭力致身之類是已非裂道也有合忠孝爲一者自理之一者言之也如曾子孝者所以事君之類是已非綴語也載稽孝經一書立教尤切其書云何自天子諸侯卿大夫士庶人各因嚴教敬因親教愛而孝道之論備矣迨及漢世忠經作焉作忠經者馬融仿孝經之意也經爲十八章列聖君冢宰百工守宰及兆人等事雖其中援引敷析不能盡當而論忠及孝理亦悉矣亦未可少之也二經具存各有攸指雖稱垂範立教之言罔裨率善勵行之典迨我聖祖開基敷德闡教諭官之詞明孝之章所以上承天道下示民極者至惓切也成祖文皇帝體天經地義之懿郭萬善百行之本爰采諸書作爲孝順事實自漢文

以上帝王之孝得四人焉狄仁傑以下公卿士庶之孝得二百三人焉析之事類系之詩章其義精矣成祖序其謂大足以動天地感鬼神微足以化強暴格鳥獸孚草木是誠達天人之微通感應之故者乎成祖之心即聖祖明孝之心也宣宗章皇帝念明良警戒之風推理亂相成之效乃稽往蹟作為歷代臣鑒自子產以下二百有餘人善可為法者焉田蚡以下七十有餘人惡可為戒者焉淑慝攸分肺肝盡見其幾審矣宣宗序其謂秉公循義心天理之公去之千載而有輝光挾奸縱私傷仁敗德百世聞其姓名猶起人忿憾不平之氣是誠洞天日之明嚴衮鉞之柄者乎宣宗之心即聖祖諭官之心也愚未能竊窺其奧旨姑摘其忠孝尤著者證之數人焉狄仁傑登山望雲孝矣而反周為唐之功非忠乎張九齡立朝蹇諤忠矣而居喪哀毀之禮非孝乎歐陽脩禱晴輒應而秉政尤公虞允文鳥巢枯桑而挫賊益烈其忠與孝何如耶仰見孝順事實之書固訓孝也亦以勸忠也其江河流行孝經則發蒙之泉矣歷代臣鑒之書固勸忠也亦以訓孝也其日月麗天忠經則爝火之光矣所謂敦建極之本弘錫類之仁者不於二書足徵哉我皇上撫運之初明詔首下崇良斥邪寬獄省役一切不經之事悉遵先命釐正無遺暨祀天地享宗廟臨兆民咸既厥心焉真足以掩光前代躋美列聖矣愚也參稽往哲之格言佩服昭代之明訓而亹亹其志欲致之於行求不敢忘其所謂忠孝者豈無要哉要在知學知學則聞道聞道則廣博洞達不可涓也淵涵川停不可撓也忠以格君不為解衣之愚孝以順親不為刲股之過而天下之大道得矣此愚生素志也即他日所效用者執此往焉惟執事教之

第三問

郭之屏

同考試官教授張批（評品諸賢錙銖不爽必權衡素定於胸中者匪直以文而已）

考試官教諭王批（是真有志於尚友者）

考試官教諭劉批（精當）

人才之在天下上焉者足以用乎天下國家次焉者足以為天下國家用若夫有其才而無所用於時斯又次矣天地常經待我以正古今通誼待我以明言行足以移風俗出處足以關盛衰此之謂用乎天下國家排難解紛著書立言丹誠白日志節秋霜此之謂為天下國家用小廉曲謹抗志苦節潛心於經籍適情於翰墨而措諸事業藐焉無補此之謂無所用於時者也蓋世代不同人才亦異在尚論者加之意耳執事發策而以三晉人才下詢蓋觀愚生尚

友之學也敢無詞以對聞之詩曰惟岳降神生甫及申言才之生於天者關氣運之盛易曰雲從龍風從虎聖人作而萬物睹言才之奮於時者有感召之機信乎人才隆於治道也久矣惟兹全晉太行列其左黃河經其右固山川陿區也在昔唐虞三代盛時人文丕著有稷契皐陶伯益爲之前有傅説巫咸爲之後遐哉邈乎不可尚矣春秋而下雖漸不古若然亦代不乏人姑陳其表著者以賢相言之狄梁公潛授五龍而取虞淵之日裴晉公力排群議以成淮蔡之勳均有造於唐也司馬温公輔元祐之政而反敝維新文潞公任軍國之重而夷使起敬均有毗於宋也以良將言之李牧養威畜銳而却匈奴於塞外霍去病戰勝攻取而空幕南之王庭其有能之將乎廉頗堅壁困秦而長平不拔羊祐德信懷吳而襄漢歸心其有制之師乎豫讓感國士之遇而漆身報主程嬰憤趙氏之讎而犯難存孤非不烈也孰如關雲長義不事操而盡忠漢室者之爲正吾丘壽王弓矢一議有裨時政陽城力救陸贄不愧言責非不直也孰如柳公權以筆爲諫而因事納忠者之爲良表族閭而戒子弟以驕侈者柳玭也而鄧攸捐已子以存弟嗣其同一孝友乎當漢末而免黨錮之禍者郭泰也而周黨不屈身以就徵聘其同一清節乎孫盛作魏晉春秋時稱直筆若可以言史材矣其視司馬遷之辯而不華質而不俚裒然爲史學之宗者未易及焉孫復退居太山授徒講學若可以言儒宗矣其視王通之教授河汾叙述中説卓然爲道學之倡者不無讓焉之數子者均三晉之良也比而論之則狄梁裴晉之功業文潞司馬之德望皆正天地之常經明古今之通誼足以移風俗而關盛衰所謂用乎天下國家者也頗牧去病羊叔子之將略文中子之經術關雲長之忠烈此皆排難解紛有功當代著書立言可傳後世丹誠志節真如白日秋霜所謂能爲天下國家用者也他如柳玭之訓戒僅免驕縱豫讓之苦節何益智氏鄧攸所爲難矣而傷其一本司馬遷文翰美矣而昧於保身周黨不屈特考槃之節孫復講學實章句之儒凡此者雖亦人所難能均之無所用於時者也律之上而用乎天下國家次而爲天下國家用者亦豈若是班乎迨至我朝毓秀鍾靈氣運爲極盛菁莪棫樸教化爲甚隆誠有上追唐虞而匹休三代者於時三晉之士奮忠讜於朝著樹勳猷於中外炳然爲先朝重者未易殫述乃若理學淵邃則有薛文清其人焉讀周程張朱之書而識斯道之正脉盡弃詞章專力聖學觀其讀書一録曰明理曰涵養莫非講明明誠之要真聖賢之正傳也使得盡行所學則當無愧於古人而漢唐諸人似不足言矣蓋三晉密邇神京首被風教其人才之盛亦理之自然也嗣是而生者遠求諸古則當以稷契皐陶而興仰止之思近求諸今則當以文清諸君子而切景行之願不然

遇明時而不思登庸以翊熙運者負斯時也山川炳靈發祥而不能有以副之者負斯地也產於聖賢之鄉而不能以聖賢自屬甘爲鄉人者自弃於聖賢者也豈愚之所自期待哉惟執事進而教之

第四問

劉登朝

同考試官教授紀批（屯田鹽法乃今籌邊急務此策洞悉時弊處畫有方真治世才也錄之）

考試官教諭王批（條答詳盡）

考試官教諭劉批（是留心世務者）

興利有道通其變而已矣救弊有要清其源而已矣夫利之興未始不有法也玩愒滋而法廢焉故必有以通其變而後無病於利法之立未始有不善也因襲久而弊生焉故必有以清其源而後無病於法方今國家理財之道莫先於屯田鹽法二者之壞而不修非以未通其變未清其源乎請因明問陳之嘗觀之易曰何以聚人曰財則財用爲國家之急也尚矣宋臣司馬光謂天地生財止有此數不在官則在民實萬世不易之論顧人君所以經理者何耳洪惟我太祖高皇帝迅掃胡元奄有中夏謂用農以餉兵不若分而務農故設爲屯田之法耕以十分之三服農畝而計夫授田爲自食之計穫以十二石抵口分而歲徵六石待不時之需兵得自食其力官得歲收其餘行之既久而屯日增焉則兵不煩於公廩民不勞於轉輸蓋寓兵於農之遺意也又謂取之於農畝不若取之於山澤故制爲中鹽之法開納有常廣飛輓之制而不限以沿邊糴買之宜掣支有度定常股之規而不責以存積越次之利上無官司之擾下無私販之侵行之既久而歲屢豐焉邊粟賤而開中益多倉廩實而國用益裕蓋官民兩利之良法也是以當其時雖蠲租之詔屢下軍國之經費弘多而太倉諸邊乃至儲積紅腐稱至足者蓋因天地自然之利而盡裁成輔相之宜故民殷國富有如斯耳夫何承平既久玩愒漸生以屯田言之軍役勞於邊事不得力耕以自養正糧歸於餘丁僅徵毫末以完官況豪民利屯糧之輕而包佃軍士利包佃之值而廢耕因循歲月遂并其田而占没之矣醜虜之出没無常軍士之耕耨失時侵擾既久將并其田而盡弃之矣屯田安得不壞乎以鹽法言之自折納議興而開中者因之以罷耕自超支法立而常股者由是而益滯勢家攬中於上商人既已奪利矣私販公行於下官鹽又爲阻滯焉鹽法安得不廢乎夫惟屯田之壞則食出於邊者無自而生惟鹽法之廢則餉助於內者無自而至然則今之內外困詘蠲租之詔一下旋即告匱者豈以天地生財之不足耶惟我皇上臨御之初如惠窮民特命遠近諸臣講求

屯鹽興廢之故其心即太祖之心也爲諸臣者獨不思所以仰體宸衷而奉行德意也哉但議屯田者每以豪右兼并醜虜內蹂爲詞夫豪右兼并難復固也而國稅日損獨可坐視而置之不問乎醜虜內蹂無常固也而邊帥擁兵獨可尸位而付之不聞乎愚嘗謂屯田興復之道有四而姑息之政不與焉一曰稽原額新屯未置固卒難辨矣而見存之田履畝正界所當先也二曰課餘丁正軍遠戍固不暇耕矣而優閑之丁勞來勸相不容緩也三曰墾塞田原額之屯見并於人者必置之法而不貸荒蕪之田膏腴可屯者必責之耕而不遺屯田其益廣乎四曰備戰守明其烽火虜未至而先爲之備列柵以守虜既至而嚴爲之防耕者其有恃乎如是而猶曰屯政之不舉者未之有也議鹽法者每以勢要攬中私販橫行爲忌夫勢要攬中誠鹽法之梗矣而國儲所在容可使之專利耶私販橫行誠難於禁矣而鼠竊之徒容可任其公行耶愚嘗謂鹽法修舉之道亦有四而因襲之弊必革焉一曰開中國初開中之法立商人皆躬耕於邊故粟無騰貴之價今易爲折價糧運不免仰給於內地矣不可仿而行之乎二曰禁攬中國初茶馬之法行雖貴戚必置於法故豪右皆爲之斂手今法令漸弛任其所爲莫敢誰何矣不當振而釐之乎三曰禁私販公鹽所以不行者凡以私販爲之阻也則嚴緝捕之令非今日之所當行乎四曰均掣放商人所以鮮利者凡以掣放無漸爲之病也則杜冒越之弊非今日之所當講乎如是而猶曰鹽課之不充者未之有也夫惟屯田舉則內有所出鹽法修則外有所入將見九邊運輸不必行也太倉內帑不必發也塞下既實邊儲自充又何不足之爲患哉抑愚尤有說焉大學論理財以用人爲先今誠選賢舉能慎擇良吏委任而責成之考課而黜陟之則四海之內將從欲以治矣而況於財用乎茲固草茅之見敢聊陳之以備采擇焉

第五問

劉虞夔

考試官教諭王批（邊防頹弱莫甚於今此策備悉利弊卓有區畫必素留心於邊計者）

考試官教諭劉批（有用之文非書生常談者比也宜錄以式）

嘗謂古今論禦戎之策曰戰與守而已戰固危也而可安守固弱也而能強二者皆策之良者也然有機焉不得其機則危且弱至矣不可不審也審機固矣相時爲要與其善戰不若善守何也戰之勢在彼與我即十戰而五勝也亦利害半矣守則在我不在彼利居其九害居其一者也富室屬有盜不高墉嚴扃防警日夕乃泄泄焉待其至持戈矛與之角則計亦晚矣此禦戎之說也古之所謂禦戎者何哉三代不可及已迨漢唐後往往入寇無寧歲爲中國患若瘡瘍附身治

之不效置之則疾痛不止是故其策之難也幸漢之時武帝怒冒頓桀甚遣衛青李廣諸將出上谷□門等處乃輒殺虜數十萬人唐太宗遣李靖擊頡利柴紹擊吐谷渾徑抵陰山瀚海即高麗新羅諸夷咸款塞貢焉何其赫赫盛也二君英勇稱最又諸所遣者皆名將視彼虜易與猶釜中魚耳此功所由成也乃後寥寥無聞戰不其難哉故世之策禦戎者籍籍不一毫錯四要急在利器械擇將兵陸贄四議急在美城池尚薄伐而范仲淹四策惟訓練召募急焉皆所以爲戰與守之計者然三子者知兵人也校長短審取舍辨功守稱勝筭矣乃其效卒鮮睹者何哉所談者非所行者也時在欲守而彼且議戰時在欲戰而彼且議守如李牧趙充國名將也屯牧之計幾爲時所奪脫非趙王宣帝之悟則二子亦庸衆埒耳是故審機相時可言兵事否乃不先失之則後敗之也往者無論已請以今日至切者計焉國初威武奮震驅醜虜如群羊然功與三代并也漢唐則不逮遠甚邇者種類滋繁腥膻肆逞宣大三關密邇俺答諸部動衆數萬大入大掠小入小掠竟未有出奇畫策決一戰令大創而去者何也時與勢俱難之也我寡彼衆我弱彼強我以步彼則以馬我節制多門彼統帥專一也此數者皆勢之不可與戰者也談戰者乃曰出奇制勝虜當遠遁也噫誤矣此不當言於今日者今之兵強乎今之食是乎今之將勇且智乎策士備邊猶良醫視病也病勢尪弱須防外侵護元氣再藥毒投之危矣今日之邊病在弱甚固守之策誠爲救時良劑也山西自偏關抵宣大綿亘千餘里崇岡峻嶺足備扼塞稱險絶矣其他空缺孔隙虜騎出入我可據而守者當增堭補塹置壘列柵卑者高之虛者堅之謹烽燧嚴斥堠傳報以時厚賄死士以計往來虜中覘其情不爲所紿又禁捕漢人不得輒投虜透泄內事未也要磧拒口按伏設機深掘坑壕廣布信砲礧石之類虜不敢結騎長驅又未也多張旗幟遙示疑兵虜衆望見莫測虛實且畏且却量地之遠近剳兵之多寡視賊之分合酌守之緩急俾墩統於堡堡統於城如臂指之相使然斯其機在我矣虜其若之何即兵法所謂制人而不制於人者較之戰則勞逸難易相去萬里也孰緩孰急孰辨於此哉然吾猶有說焉賊僞叵測萬一窺牆突入奚待乎當更蓄勁卒數萬人分數枝擇有心計神將統焉俟入從所向乘間伺便擊惰截歸又一策也即所以爲戰也而守益固矣或者曰門戶弃失無守之地堡戍增多無守之兵奈之何噫不然也善行者圖遠於其邇善謀者圖難於其易門戶既失堂奧可再弃乎兵力既分句募可勿講乎操縱之權視乎主將者何如耳天子守四夷南仲城朔方豈謬計哉雖然樹木在溉樹兵在食即今三晉膏血竭矣當事者破例請借責成邊臣殫慮經畫不摇於唇吻不限以歲時爲一勞永逸之圖臻久安長治之效不稱偉烈哉此談兵之恒調非制遠之達識也惟執事者裁焉

山西鄉試錄後序

　　隆慶丁卯山西鄉試合四郡諸州之士一千九百有奇而校之拔其尤得六十五人以獻遵解額也諸職官儀矩悉如故事惟一時人文視昔加盛焉進等之典試事也分經比數無改於舊而嘉豫慶忭之意若稱快焉糊名易書無改於舊而多士烝烝然若將有俊偉不凡者出於其間焉若此者何也蓋自祖宗開創以來設科取士餘二百年矣三晉之士明經抱藝就試於有司者已數十舉於茲矣而是歲則我皇上龍飛第一科也伏聞臨御之初柄用元臣詔求遺逸如恐弗逮繼用言官之請頒明諭於諸司期在得賢以弘治理人心咸躍焉思奮矣邇復駕臨太學禮重儒臣坐講經史所以風示天下者至詳且切而監臨御史飭憲炳文又罔弗祗慎焉爾多士遭際昌時思圖報稱非其所當自勵者乎夫統仁義道德而蘊之於中者心也攄仁義道德而敷之於言者文也貫顯微合外内要皆是物非有二也然必有所以根本之者不可誣矣我國家宰制六合體國經野而山西乃壤接畿輔衣被光華涵濡德澤視諸省實先之且又堯舜禹故都也當時得人之盛見於經傳之所稱述者蓋至今赫赫然可稽焉進等應聘始至則相與繹唐虞作人之化睹神禹疏鑿之功瞻行霍之峻極挹河汾之巨浸乃作而嘆曰美哉山川之勝區也古賢聖之生信非偶然而今之名世者後先相望得非鍾此佳氣乎迨入闈三試之得盡觀其所爲文類皆根極理要發抒性靈其昌而不繁簡而有斐淵乎沉毅是德器渾融不雕琢以爲工者也取而錄焉其綜而廣博井而條理穆乎清夷是經學乎洽罔瑣屑以爲言者也取而錄焉其縱而不溢峻而端整合乎矩矱是義理磥砢匪浮泛以逸規者也取而錄焉颯颯乎其太羹玄酒之味清廟明堂之音乎此蓋山川靈秘之所鍾雖古之文士莫克專美於前非聖作物睹之會而能有是也哉雖然此猶文焉耳吾所望于多士者仁義道德也以仁義道德而措諸事業大之熙帝載而亮天工次之濟民生而弼世教于以翊成我皇上聖神之化與唐虞比隆俾海宇頌昭代得人之效庶無愧於山川之勝而得稱爲豪杰士矣若當此熙洽之辰而不思自樹生同賢聖之地而罔知自勉者其貽茲錄之羞多矣豈監臨百執事之所殷望者哉爾多士其勗之

山東兗州府城武縣儒學教諭王進謹序

隆慶四年山西鄉試錄

山西鄉試錄序

　　隆慶之四年庚午天下復當大比士巡按山西監察御史饒仁侃兢兢焉懼無以仰稱上德意謀悉采晉材以佐用事者乃馳禮幣聘教諭馬躍龍謝良壬爲考試官曾嘉禄丁用中陳時教張惇譚文光李嘉賓爲同考試官提調則左布政使李逢時右參政羅良監試則按察使王世貞副使李淑御史仁侃寔總其大凡簾內外百執事靡不加飭乃合提學副使袁隨所選士二千有一百人三試之拔其尤得六十有五人而梓其文之粹者若干篇以獻躍龍獲藉諸大夫以免於蔽賢之罪又獲以執事序首簡蓋嘗聞人才之生與山河相爲雄長黃河自北而來混潰汹涌至晉地則下龍門經底柱轉而東其勢瀠洄禽環若相翼焉而太行東峙綿亙千里恒霍中條盤紆牽崒交錯糾紛至於崇岡疊阜洪流巨匯足以標靈而紀地者尤未可殫述躍龍之應聘而來也即所經之地頓步徘徊瞻顧固自以爲平生之大觀歷覽之極致也昔人所謂表裏山河天地之奧區者非耶以故靈粹所鍾篤生聖哲堯舜禹三聖人者咸都於玆維其時皋陶稷契益夷夔龍雲從景附百僚師師勵翼亮采至於德業格天勳澤垂世何其盛哉春秋秦漢而下雖未可與唐虞儷然其人率能奮忠亮節闡獻經用或競武功而雄視列國或敷正道而羽翼六經即一才一藝之士亦咸極其所至而擅永世之名焉皇明龍興巨儒名臣後先相望謂非山川精醇之所醞不可也今聖天子媲德堯舜經文緯武聲教四訖薄海內外罔不喁喁向風而三晉之地最近神京光被獨先夫景雲浮則應龍翔治道明則俊乂臻諸士生神明之墟當昌隆之會興起之勢固宜與諸藩不同而躍龍等得盡觀諸士之文則見其飫探醇奧噴摘英華誦説先王敷陳典謨宛然有唐虞氏之遺風焉亦自幸其所遘之不偶也夫河水九折注海而流不絕者有崑崙之輸也太行來自三危積石而後峻極于晉則固咸有所本矣諸士思所以靖獻以成其信其亦必有所本乎在定其志審乎義利之辨而已昔子路曰君子之仕也行其義也而宋儒則謂無欲之臣然後可與言王佐此固立身之標的而臣道之要樞也夫委質服勞皆臣子職分之常義之不可逃者遑恤其他一有計利之

心則私矣百爲從此隳矣故古之人功業不可及者皆無所爲而爲者也諸士進身之始真樸未漓趨向未岐要在辨乎此而已志在乎義則必能因位立忠策宣猷爲夷險不渝窮達可一疏附禦侮惟天子使譬之脯腊膍胵以供滋膳参朮芝桂以防疾疢雖品質不同要皆可以適諸用是謂涵泳大化而有得焉則諸士之令聞嘉績且將與山河流峙無極無愧於聖賢之鄉人而主司者有進賢之慶矣是役也總督右都御史兼兵部右侍郎王崇古巡撫右僉都御史石茂華巡撫大同右僉都御史方逢時咸秉七德以毗翼五教巡按宣大御史姚□可巡鹽御史郜永□行邊御史武尚賢貞肅憲度爲衿裾模楷督儲郎中楊愈茂主事姜密觀風樂成右布政使周世遠左參政張蕙右參政孫枝楊錦鄭洛右參議黃加成何榮崔鏞按察副使董堯封廖逢節劉□箕紀誠紀公巡朱裳僉事孫坤張希稷劉時秋韓宰劉宗岱總兵署都督僉事郭琥參將劉鳳翔署都指揮僉事王元洪國忠胡希賢飭內翊外於法咸得書云

直隸廣平府清河縣儒學教諭馬躍龍謹序

隆慶四年山西鄉試

監臨官
巡按山西監察御史饒仁侃（近剛湖廣崇陽縣人　壬戌進士）

提調官
山西等處承宣布政使司左布政使李逢時（化甫直隸德州衛籍江西贛縣人　甲辰進士）

山西等處承宣布政使司右參政羅良（虞臣江西萬安縣人　癸丑進士）

監試官
山西等處提刑按察司按察使王世貞（元美直隸太倉州人　丁未進士）

山西等處提刑按察司副使李淑（師孟湖廣京山縣人　庚戌進士）

考試官
直隸廣平府清河縣儒學教諭馬躍龍（子進四川璧山縣人　戊午貢士）

河南彰德府湯陰縣儒學教諭謝良任（元重廣東番禺縣人　己酉貢士）

同考試官
河南汝寧府光州商城縣儒學教諭曾嘉祿（以學湖廣麻城縣人　辛酉貢士）

直隸徽州府祁門縣儒學教諭丁用中（師舜廣西灌陽縣人　辛酉貢士）

湖廣岳州府華容縣儒學教諭陳時教（敬敷四川筠連縣人辛酉貢士）

河南懷慶府濟源縣儒學教諭張惇（崇謙貴州宣慰司籍江西吉水縣人　丁卯貢士）

山東濟南府濱州蒲臺縣儒學教諭譚文光（時觀廣西賓州人　辛酉貢士）

順天府良鄉縣儒學教諭李嘉賓（孔昭陝西洋縣人　戊午貢士）

印卷官

山西等處承宣布政使司理問所副理問沈价（維藩浙江德清縣人監生）

山西等處提刑按察司照磨所檢校王筵（子經山東德州人　監生）

收掌試卷官

太原府知府喬應春（仁卿武驤左衛籍河南安陽縣人　壬戌進士）

平陽府知府呂鳴珂（聲甫錦衣衛籍浙江麗水縣人　己未進士）

潞安府知府王宮用（近臣直隸成安縣人　癸丑進士）

河東陝西都轉運鹽使司同知陸柬（道函河南祥符縣籍浙江金華縣人　庚戌進士）

受卷官

山西等處承宣布政使司照磨所照磨楊松（惟喬河南河南衛籍浙江海寧縣人　乙丑進士）

太原府同知王好學（道卿直隸樂亭縣人　庚子貢士）

平陽府推官劉魯（希曾河南安陽縣人　戊辰進士）

太原府忻州知州雷大壯（欽履河南上蔡縣人　壬戌進士）

澤州知州顧顯仁（元伯直隸武進縣人　戊辰進士）

太原府陽曲縣知縣袁魁（子鸚直隸成安縣人　戊辰進士）

平陽府臨汾縣知縣陳萬言（汝嘉錦衣衛籍順天府宛平縣人　戊辰進士）

澤州沁水縣知縣周詩（以正河南固始縣人　戊午貢士）

彌封官

潞安府同知靖四方（光遠河南淇縣人　丙午貢士）

太原府椎官劉光國（汝觀河南上蔡縣人　戊辰進士）

平陽府蒲州知州許希孟（師孔河南固始縣人　乙丑進士）

平陽府隰州知州季遐齡（邵卿山東夏津縣人　辛酉貢士）
太原府榆次縣知縣王應辰（瞻極河南信陽州人戊辰進士）
平陽府翼城縣知縣劉竟成（志卿河南確山縣人　戊辰進士）
平陽府蒲州臨晉縣知縣史邦直（敬司山東樂陵縣人　戊辰進士）
太原府清源縣知縣李茂春（應元陝西洋縣人　壬子貢士）

謄錄官
遼州知州趙雲程（汝登順天府大興縣籍直隸通州人　己未進士）
太原府平定州知州劉東魯（伯望山東濮州人　丙午貢士）
平陽府洪洞縣知縣王詔（承恩直隸博野縣人　戊辰進士）
平陽府襄陵縣知縣史思敬（直卿錦衣衛籍直隸棗強縣人　戊辰進士）
平陽府解州安邑縣知縣袁弘德（執甫直隸曲周縣人　戊辰進士）
潞安府襄垣縣知縣党馨（季芳山東益都縣人　戊辰進士）
平陽府絳州稷山縣知縣孫佋（承卿陝西安化縣人　乙卯貢士）
平陽府浮山縣知縣吳增光（大顯陝西盩厔縣人　辛酉貢士）

對讀官
平陽府霍州知州山禹（允功直隸崑山縣人　己酉貢士）
平陽府曲沃縣知縣楊時寧（子安河南祥符縣籍江西鄱陽縣人　戊辰進士）
平陽府解州聞喜縣知縣文作（述甫四川涪州人　戊辰進士）
太原府太谷縣知縣初旦（子升山東博興縣人　乙卯貢士）
太原府永寧州寧鄉縣知縣吳三聘（子重河南河南衛籍直隸吳縣人丙午貢士）
遼州榆社縣知縣康朴（貴之陝西長安縣人　壬子貢士）
汾州介休縣知縣劉旁（仲將湖廣興國州　己酉貢士）
汾州孝義縣知縣陳翰（忠甫四川富順縣人　己酉貢士）

巡綽官
太原左衛指揮僉事侯汝諶（季常直隸滑縣人）
太原左衛指揮僉事袁應蘭（德馨直隸定遠縣人）
太原前衛指揮同知畢景從（善甫直隸和州人）
太原前衛指揮僉事王時大（汝華直隸壽州人）
太原左衛左所副千戶朱廷佑（良弼直隸江都縣人）

搢檢官

太原左衛指揮同知張岱（維岳直隸江都縣人）

太原左衛指揮僉事孔官（惟賢河南中牟縣人）

太原前衛指揮同知劉繼祖（紹先山東掖縣人）

潞州衛指揮使柴承爵（繼勳陝西禮店人）

平陽衛指揮僉事楊世勳（汝忠直隸定遠縣人）

供給官

山西等處承宣布政使司經歷司經歷張漢英（明卿江西吉水縣人　監生）

山西等處承宣布政使司理問所理問壽成學（子行浙江諸暨縣人　壬子貢士）

太原府同知溫訓（宗伊陝西漢陰縣人　丙午貢士）

太原府通判蘇騰（凌漢直隸趙州人　監生）

潞安府平順縣知縣陳舜卿（敬虞直隸江陰縣人　庚子貢士）

澤州陵川縣知縣馬宗孝（伯先萬全都司龍門衛人　監生）

太原府經歷司經歷穆守成（子孝天津右衛人　監生）

太原府照磨所檢校蔣永極（汝則山東樂安縣人　儒士）

太原府平定州同知王擢（于賢山東曹縣人　監生）

潞州衛經歷司經歷趙蛟（九霄陝西藍田縣人　吏員）

汾州衛經歷司經歷丘思敬（以恭陝西涇陽縣人　吏員）

太原府陽曲縣縣丞王珠（叔光陝西華州人　吏員）

澤州陽城縣縣丞徐夢龍（天符陝西府谷縣人　監生）

汾州平遙縣主簿陳詔（子宣山東德州人　監生）

太原府盂縣主簿張夜（思道直隸內丘縣人　吏員）

太原府太原縣典史李崇信（重實直隸藁城縣人　吏員）

太原府徐溝縣典史張思賢（希善直隸趙州人　吏員）

太原府交城縣典史康茂（盛之直隸趙州人　吏員）

太原府代州五臺縣典史賈緯（載文陝西膚施縣人　吏員）

潞安府黎城縣典史張東銘（景闢山東樂安縣人　吏員）

潞安府長子縣典史劉大光（道裕浙江鄞縣人　吏員）

沁州武鄉縣典史屠九州（汝績浙江仁和縣人　吏員）

太原府陽曲縣臨汾驛驛丞岑浩（元充浙江餘姚縣人　吏員）

太原府榆次縣鳴謙驛驛丞薛宗漢（朝東陝西涇州人　承差）
太原府祁縣賈令驛驛丞薛文才（濟忠陝西興平縣人　吏員）
平陽府洪洞縣普潤驛驛丞邵良朋（信之浙江杭州前衛人　承差）

第一場

四書

好仁者無以尚之　時使薄斂所以勸百姓也　子路人告之以有過則喜禹聞善言則拜大舜有大焉善與人同舍己從人樂取於人以爲善

易

龍德而正中者也　象曰告公從以益志也　祐者助也天之所助者順也人之所助者信也　復德之本也

書

明四目達四聰　后從諫則聖后克聖臣不命其承疇敢不祗若王之休命　王省惟歲卿士惟月師尹惟日歲月日時無易百穀用成乂用明俊民用章家用平康　厥惟艱哉思其艱以圖其易民乃寧

詩

素絲祝之良馬六之　春日遲遲卉木萋萋倉庚喈喈采蘩祁祁　執訊獲醜薄言還歸　赫赫業業有嚴天子　受小球大球爲下國綴旒何天之休不競不絿不剛不柔敷政優優百祿是遒受小共大共爲下國駿厖何天之龍敷奏其勇不震不動不戁不竦百祿是總

春秋

春齊侯宋人陳人蔡人邾人會于北杏（莊公十三年）　夏公追戎于濟西（莊公十八年）　齊人侵我西鄙公追齊師至酅弗及（僖公二十六年）　晉人執季孫意如以歸（昭公十三年）　春意如至自晉（昭公十四年）　八月己酉入邾以邾子益來（哀公七年）　夏齊人取讙及闡歸邾子益于邾齊人歸讙及闡（俱哀公八年）

禮記

以三十年之通制國用量入以爲出　君子如欲化民成俗其必由學乎　樂極和禮極順內和而外順則民瞻其顏色而弗與爭也望其容貌而民不生易慢焉故德煇動於內而民莫不承聽理發諸外而民莫不承順　君子不盡利以遺民

第二場

論
人臣尊君之大

詔誥表（内科一道）
擬漢賜天下今年田租之半詔（文帝二年）　擬唐加左僕射房玄齡太子少師誥（貞觀十三年）　擬宋開天章閣召輔臣條對謝表（慶曆三年）

判語（五條）
官吏給由　功臣田土　上書陳言　盤詰奸細　辯明冤枉

第三場

策（五道）

問　太子天下本學士大夫類能言之而莫詳於賈誼其說果盡出於誼否也三代而下不能盡豫教故其治不古若亦可聞其略否夫論子道者則有溫嶠之侍臣王褒之太子二箴示君道者則有唐文皇之帝範十二至我太祖高皇帝及成祖宣憲諸廟皆勒成一書以示皇太子其旨與帝範同異否今上之元年即詔立元良以定國本天下欣然謂吾君有子矣夫出閣之期已示而所以輔導匡翼之具未悉諸生其爲我詳言之庶幾備承華寶鑒之一二云

問　孔子刪述六經垂訓萬世蓋昭昭如日焉自楊雄王通氏始爲法言中說以擬論語而雄復著太玄以準易通續六經君子非之以爲僭然宋之諸儒亦有太極圖通書定性皇極西銘等篇彼盡黜漢儒而自精醇其語寧無意於續也然易繫有非夫子所撰者乾坤多餘章而毛詩雜淫風周禮缺冬官而大學缺格致禮記雜出漢儒之手春秋如公穀各泥其師說訖未有定不知雄通輩何以不敢討定而敢於續也今論者往往有异議如謂冬官格致本不缺大學周易有古本之類其說可盡舉而折衷之否

問　大廟之時饗也與文廟之釋奠也蓋皆有從祀焉豈亦出於報功崇道之意與其禮始何代而損益何主大較可得聞否國家於典禮至明備也先帝蓋倦倦致意焉今大廟從祀之臣自成祖而後寥寥矣不聞有議增入者文朝之兩廡自元季而後寥寥矣間有議增入訖於今未定者抑果難其人耶或慎重其典不輕舉耶國家熙明累洽之運以崇德右文稱而使列聖無臣孔門無賢甚愧不取也諸士子熟琬琰之編且事俎豆久矣其毋曰鄒人之子不知而不以告也

問　太史公有云天下熙熙皆爲利來固聖門罕言之然大學稱理財家宰制國用豈非以當世所急也耶即不敢與諸儒生爲雅言夫齊越蕞爾國耳管夷吾計然爲之謀而卒以富役天下桑弘羊一賈人子然當漢疲耗之極而營之使大農有奇羨劉晏幹吏也以區區十五道之賦而供度支不乏果何筴也今天下雖號全盛然中外恒枵然若果然之複不能以月計大司農時時告不支矣豈其源尚有可開而其流或有可塞歟願與諸生商之以觀有用之學且上主計者采焉

問　夷狄之爲中國患也久矣邇者蓋益訌焉以戰則多餒以守則多瑕孳孳然聚天下之策而日講求之而卒不得其要領夫我之所以不敵者其故何也虜雖强其視匈奴突厥女真蒙古孰類今縉紳之士或議戰而介胄之士或更議守要必有折衷者明威德薄海內外今縱不能犁王庭鹵老上而勒石於燕然之顛四郊多壘師何策以洗其恥乎諸士子之鄉中虜數矣其必有習者明以語我

中式舉人六十五名

　　第一名　　馮懋仁　蒲州學生　　春秋
　　第二名　　邸錦　　嵐縣學生　　易
　　第三名　　陳功　　忻州學生　　書
　　第四名　　渠兆昌　祁縣學生　　詩
　　第五名　　郝桂芳　崞縣學生　　禮記
　　第六名　　葉士敦　聞喜縣學增廣生　易
　　第七名　　王士毅　河東運司學增廣生　詩
　　第八名　　孟養浩　澤州學生　　書
　　第九名　　王乾亨　代州學附學生　禮記
　　第十名　　劉遇　　河東運司學生　春秋
　　第十一名　黃廷綬　太原府學生　易
　　第十二名　馬維騊　陽曲縣學生　詩
　　第十三名　馬邦珍　河東運司學增廣生　書
　　第十四名　萬世德　偏頭所學生　易
　　第十五名　劉濟教　河東運司學生　詩

第十六名　王汝濂　沁水縣學生　春秋
第十七名　亢孟禧　臨汾縣監生　易
第十八名　楊起元　平陽府學增廣生　書
第十九名　孫訓　太原府學生　詩
第二十名　劉夢周　沁州學生　書
第二十一名　趙九思　澤州學生　詩
第二十二名　程綏　孝義縣監生　禮記
第二十三名　賈梓　壽陽縣歲貢生　書
第二十四名　徐尚仁　太原府學生　詩
第二十五名　韓汝薦　岢嵐州學生　易
第二十六名　周有光　榮河縣學生　書
第二十七名　范學顏　翼城縣學生　易
第二十八名　王溥　朔州學生　詩
第二十九名　王承教　太平縣學生　書
第三十名　田疇　文水縣學生　易
第三十一名　馬朝陽　太原縣學生　詩
第三十二名　馮洛　蒲州學生　易
第三十三名　盧論　蒲州學生　書
第三十四名　許恩　絳州學生　詩
第三十五名　薛應麟　河津縣學生　書
第三十六名　楊煥　霍州學生　禮記
第三十七名　因於夏　絳州學生　易
第三十八名　周瀾　忻州學生　書
第三十九名　雷應時　芮城縣學生　詩
第四十名　王大芳　潞安府學生　易
第四十一名　程三樂　長治縣學生　書
第四十二名　郭璲　曲沃縣學生　春秋
第四十三名　賀朝嘉　河東運司學增廣生　詩
第四十四名　閻汝坤　朔州學生　易
第四十五名　張時義　安邑縣學生　書
第四十六名　荀時中　臨汾縣學增廣生　詩
第四十七名　亢繼志　陽曲縣學生　易

第四十八名　顧浚　大同府學生　詩
第四十九名　韓可久　沁水縣學生　春秋
第五十名　嚴朝相　潞安府學增廣生　易
第五十一名　劉崇文　河東運司學生　詩
第五十二名　任潢　平定州學增廣生　書
第五十三名　衛一鳳　陽城縣學附學生　易
第五十四名　孫榮先　河東運司學增廣生　詩
第五十五名　李承志　曲沃縣學增廣生　禮記
第五十六名　曹永年　太平縣學生　易
第五十七名　董五禮　平定州學生　書
第五十八名　李杜　榆次縣學生　詩
第五十九名　杜可久　河東運司學附學生　易
第六十名　屈楊熙　潞城縣學生　禮記
第六十一名　張克明　解州學生　詩
第六十二名　董光裕　洪洞縣學生　易
第六十三名　劉朝貴　澤州學生　春秋
第六十四名　劉策　平定州學增廣生　書
第六十五名　李迪吉　汾州學生　詩

第一場

四書

好仁者無以尚之

馮懋仁

同考試官教諭丁批（甚得無以尚之之旨且精醇爾雅錄之）

考試官教諭謝批（精確明透是究心理學者）

考試官教諭馬批（體認親切措詞平實）

聖人指言好仁者之心一於仁而已矣夫好而猶有可尚非好之一也一則心純乎仁矣其斯為好仁者乎此成德之事夫子所以嘆其未見也若曰仁者天下之公理好仁者天下之公心宜好仁者之多見也而吾以為未見者何哉亦以好仁者之未可易言耳蓋其真知仁為天命之降衷而好爵之縻根於由衷而不可奪真知仁為人心之秉彞而懿德之好出於天真而不可易物之

感人無窮非一無可好也以仁視之皆無益於吾心者也吾惟知好吾心之仁而已而庸知其他乎人之感物而動非一無可欲也以仁視之皆無與於吾性者也吾惟知好吾性之仁而已而他尚何羨乎天之所以與我者惟有此仁吾之所以爲情者惟有此好雖舉天下之可愛可求者咸不足以尚之矣自吾仁之外一物不得而容自好仁之外一念不得而雜雖極天下之至富至貴者舉不足以加之矣是非有所勉而然也惟其知之也真故其好之也篤若曰所好在仁而猶有可好者得而尚之則是仁之未好也豈我之所謂好仁者哉亦非有所爲而爲也惟其見之也定故其慕之也專若曰仁爲所好而又有可好者出於其上則是好之未至也豈吾之所謂未見者哉是則惟好仁者而後無以尚必無以尚而後爲好仁此之謂中心安仁天下一人而已矣夫子之嘆其未見者非斯人歟抑論好德非難知德爲難夫子他日謂吾未見好德如好色者而語由又謂知德者鮮夫亦以知與好非二理天下未有知而不好者孔門三月不違僅見顏子其餘日月至焉良由知之至與不至耳嗚呼有明睿之智斯有服膺之仁學顏子之所學者何如亦曰進學則在致知

時使薄斂所以勸百姓也

邱錦

同考試官教諭陳批（勸百姓作者類或百姓勸此說所以勸處隱然有催科中撫字意得之宜錄）

考試官教諭謝批（理明詞健可式之文）

考試官教諭馬批（意語商古）

君有恤民之政斯能得民之情矣夫欲佚欲富民之同情也使必以時而斂從其薄所以恤之者至矣民焉有不勸者乎夫子告哀公以九經至此若謂人君有天下國家之責固當以子庶民爲常道矣而其事果何如哉誠以君者所事也則使民者固分也必於使民之中而寓吾不忍使之意龍見而戒事焉火見而致用焉雖國有大興不奪其三農之候蓋寧緩我之役以急彼之時而後可也君者所養也則□民者亦分也必於斂民之內而致吾不忍斂之情什一而議徹焉九一而議助焉雖國有好用不逾其九賦之等蓋寧縮我之入以寬彼之出而後可也夫曰使則不能不用民之力矣曰斂則不能不用民之財矣惡在其爲勸哉殊不□用其力而不盡者將欲使天下欣然樂我之□而忘其勞於使用其財而不盡者將欲使天下曉然感我之薄而忘其費於斂力役之征民□達於其分矣而所以默誘其子來之忱而莫肯後者固我如傷之一

念爲之也布粟之征民固安於其分矣而所以默動其孔邇之懷而不容遏者固吾如保之一念爲之也蓋撙節愛養之仁與趨赴轉輸之義流通浹洽而無間矣故曰所以勸百姓也百姓勸而文武之政舉矣茲其爲九經之一乎嗚呼夫子之告哀公至矣何公之不悟也曰二吾猶不足遂至驅魯之民盡入於三恆而後已夫子深致憂焉故作春秋曰城中丘譏非時也日用田賦譏厚斂也意者不能得之於哀公而庶幾得之於後世也噫以此爲訓猶有虐用其民以逞者

　　子路人告之以有過則喜禹聞善言則拜大舜有大焉善與人同舍己從人樂取於人以爲善

　　陳功

　　同考試官教諭張批（認理明白措詞冲澹錄之以式多士）

　　考試官教諭謝批（峻潔明爽是作手語）

　　考試官教諭馬批（順暢純雅）

　　大賢叙古人之好善而推極於公善者焉夫善以公天下爲極也此大舜之公善非禹與子路之所可及與孟子之意謂夫善之在天下本通物我而無間聖賢之樂善貴合天下以爲公自今言之夫人每吝於改過子路則勇於自治者也故人告之以有過則喜其忠告之益得以爲遷善之圖推其心蓋汲汲焉恐有過之不聞矣由其可賢者乎夫人莫難於受善禹則虛以受人者也故人告之以善則本以祇台之德而承以撝謙之度推其心蓋孳孳焉恐善言之不再矣禹其無間者乎夫聞過而喜猶知有己也聞善而拜猶知有人也若大舜則又有大於是者焉善爲天下所同具而在己在人渾然其無迹善非有我所得私而忘己忘人廓然其太公已未善也則無所繫吝而舍以從人自岳牧以至蒭蕘皆其所能從者也人有善也則不待勉強而取之於己自邇言以至疇咨皆其所樂取者也是內不見己在己莫非人也外不見人在人莫非己也何所庸其喜而亦何所庸其拜乎舜之所以爲大者如此後有作者其弗可及也已易曰山下有澤咸君子以虛受人故舜禹子路同一樂善之心納百川而注之海其所委不同其虛受一也無所壅則易入无妄然後可畜故有子路喜聞過之心則主善惟師禹可至也用人則裕舜可幾也彼諱疾忌醫則善言莫有至者而聲音顔色拒人千里之外亦終迷復而已矣故曰吾人當學子路

易

象曰告公從以益志也

葉世敦

同考試官教諭陳批（筆力簡勁且能發君臣益下志問旨錄之）

考試官教諭謝批（醇雅有味）

考試官教諭馬批（說益志意甚精切）

聖人於六四得君之象而原其有愛民之心也夫君以民爲心者也人臣精白此心以告君而君其有不從者乎夫子係益之六四以此意謂甚矣君臣相□之難也臣能進其言而不能使其言之必從固往往有之今六四而曰告公從則凡其陳見悃誠而嘉謀嘉猷之入告者一怡然而無所拂揆事圖策而法語巽語之與聞者即沛然而莫能禦是知無不言固四之所以自盡其職而言無不聽又四之所以自慶其遇也然豈無道以致之哉亦由其以益下爲心耳蓋九五以剛德而主乎上則益下者固公之志也導公之益而布之下者尤公之所望於四者也今四也真知民之天爲君之天而朝夕之所講求者皇皇焉惟民務之爲急而一念不暇爲身圖真以君之心爲我之心而思慮之所經營者汲汲焉惟民瘼之是軫而一毫不敢爲私計苟有益於吾民雖屢言之而不爲瀆蓋於未告之先而吾益下之志潛孚於君心而無間矣苟有損於吾民雖極言之而不爲諱蓋於將告之際而公知人之哲洞悉乎吾志而無疑矣然則四之所以告者唯此志也而公之所以從者亦唯此志也上下交而其志同世豈有不治者哉雖然所以能通四之志者五也人主之念苟不在民則以蕭相國之重且賢一爲民請苑而不免於就繫況其下者乎陸忠州之不能勝延齡司馬涑水之不能勝安石固其所也故讀九五之辭曰有孚惠心有孚惠我德然後知六四之道所以行而夫子之意明矣

祐者助也天之所助者順也人之所助者信也

邱錦

同考試官教諭陳批（講信順得天人處不費力而明爽可誦）

考試官教諭謝批（詞氣暢裕覽之斐然）

考試官教諭馬批（順理成章是熟於易者）

大傳釋祐之義而因推天人所祐惟一理焉蓋理不外於信順也天人交與之道謂不在是乎大傳釋大有上九爻義若曰道莫難於處有德莫大于動天大有上九其辭曰自天祐之吉無不利者何哉所謂祐者非他也一動止爲

而繁祉之休自默牖於何言之表一出入焉而亶厚之益若顯相於無朕之中是祐者助之謂耳然助有得之天者天非漫焉而助我也亦曰順耳蓋順者天之理而亦我之所得以立命者也故人惟順焉吾見奉天理以周旋則天心必爲之申眷循帝則以默識則帝命必爲之降祥顧而思焉若或啓之也順而行焉若或翼之也蓋未有順而不獲助於天亦未有天之助而不及於順者否則從逆者且速戾於天矣而欲厚望其助哉助有得之人者人非漫焉而助我也亦曰信耳蓋信者人之理而亦我之所具以立心者也故人惟信焉吾見中孚立起信之本而衆志自妙於感通至誠涵動物之原而群情自速於不應信諸言而民莫不承聽也信諸行而民莫不承順也蓋未有信而不獲助於人亦未有人之助而不在於信者否則作偽者將取尤於人矣而欲強覬其助哉由是觀之順非有求於天也而天之助恒在焉惟天祐於一德也信非有求於人也而人之助恒在焉惟民歸於一德也有之上九所以獲福於天而吉無不利也謂不有本哉抑夫子序卦嘗曰有大者不可以盈又曰有大而能謙必豫蓋諄諄然示人以處有之道非信順不足以居之也然信順之理在我者所當爲天人之助在天者不可必是以古之君子惟以修悖爲吉凶而不以災祥爲作輟善學者亦惟求諸己而已天人感應之際曷論哉

書

明四目達四聰

孟養浩

同考試官教諭譚批（作此題者於明達二字率多未融獨此篇能悉其旨且詞確格高是讀典謨而有得者）

考試官教諭謝批（明暢典雅得大舜命四岳之意）

考試官教諭馬批（語意精當）

聖君謀治於大臣欲其通天下之情焉蓋安民莫大於悉其情也廣四方之視聽則民情達於無間矣其斯以爲圖治之先務哉大舜詢四岳之意以爲人君之於天下上下者分也一體者情也惟情睽而弗達此民之所以不安而吾兹不能無望於汝矣是故人君通天下爲一身則合天下以爲一人之耳目者固宜也然民情隱伏于四方則不能以一人而盡天下之聞見者亦勢也所以流通於其間者非爾四岳乎汝其率天下之諸侯爲我明四目焉其爲太和之景象是吾之所願見也吾得而見之其爲猷畝之艱難是吾之所不樂於見者而亦得以見之即閭閻之情狀以達之於九重則不必吾之親歷其地而小人之依皆將宛然有得於目擊矣曾謂四目明而博觀之外猶有遺情乎汝其

率四方之諸侯爲我達四聰焉其爲黎庶之謳歌是吾之所樂聞者吾得而聞之其爲小人之怨咨是吾之所不樂於聞者而亦得以聞之卽鰥寡之有辭以入告於爾后則不必予之親問其人而小人之攸箴皆將怳然如得於耳聞矣曾謂四聰達而淸問之外猶有遺情乎是知惟四岳以耳目寄諸侯故能作天子之耳目惟天子以耳目寄四岳故能盡天下之見聞通天下爲一身而囿四海於度內此有虞之民所以安而協和萬邦之治垂之無窮也與雖然四目明矣而又冕旒以爲蔽四聰達矣而又黈纊以爲塞若是乎聰明之無貴於明達也吁此則罔兼罔知之義也故四岳詢則聰塞而善用其聰矣四岳詢則明蔽而善用其明矣是明君恭已成化之道也願治者盍倂考焉

王省惟歲卿士惟月師尹惟日歲月日時無易百穀用成乂用明俊民用章家用平康

陳功

同考試官教諭張批（詞不繁而意義□盡且□掇分明結構周密文之可式者）

考試官教諭謝批（講省驗虞明□得法）

考試官教諭馬批（簡潔）

君子論君臣之異省而因及休徵之效焉甚矣天人感應之理不可誣也君臣隨分以自省則休徵應之矣其效不亦大哉箕子衍庶徵以告武王而以省驗之道望之如此意謂上下之位雖懸而感通之機則速是故天人相與之際可畏也而亦可喜也當何如以省之乎彼五事在人非獨王者有得失於已也而卿士而師尹隨尊卑而異修者莫非所以感乎天也五氣在天非獨一歲有利害之係也而一月而一日隨大小而異運者莫非所以應乎人也惟王之尊無乎不統則所關甚大其省在己之得失惟以一歲之利害下此而卿士之統於王也而省以月焉非其職近卑而責自小乎師尹之統於卿士也而省以日焉非其職益卑而任愈微乎省驗之功於斯爲密是惟患其不能盡耳誠使王與卿士也上下交修期得乎五事之理由是歲與月日也太和洋溢不爽夫五氣之期則休徵應而所省得矣其效當何如哉吾知百穀得時以發育者也陰陽和而品彙咸達粒食之天遂矣治道隨時以章顯者也氣化順而庶事惟新亮采之績著矣相時而動者有俊民焉黎獻切觀光之心寧有遺佚者乎乘時而興者有家道焉比屋洽昌隆之會寧有式微者乎至是則天道與人道相爲流通而氣化與治化相爲感召是休徵之大效也反是而咎徵應之矣君臣

省驗之功烏容已哉嘗謂天人之蘊未易達也箕子衍庶徵而惓惓於事應之說其於春秋之止言災異者不幾於相戾矣乎是不然箕子之意推天而徵之人也夫子之言責人而及於天也立言雖異而致望人君之意同矣自此義不明後世爭為劉向五行之論拘其迹於類應之間穿鑿旁引以啓人主之不信而省驗之道荒矣無怪乎治之不古也意

詩

素絲祝之良馬六之

渠兆昌

同考試官教諭李批（題枯淡而文□腴且太□邃良素志溢於言外佳作也）

考試官教諭謝批（善發大夫見賢之意）

考試官教諭馬批（詞音婉順得風人之體）

大夫之見賢者而極其儀之盛焉夫車馬旌旗大夫之所以為儀也用之以見賢者而各極其盛謂非好德之誠乎昔詩人之意謂夫人臣切為國之忠必親賢而後可以善其治敦下士之典必隆禮而後可以洽其交大夫有事於見賢固在浚之城也吾人何幸逢其盛乎是故大夫有浚明之寄而先王分物采以彰之於是有旌以建於車馬斯固有位者之表儀而人之所具瞻者使不有以祝之則無以盡其制而祝匪素絲亦無以備其飾矣今不徒紕之組之已也但見屬之以絲而維繫極綜理之周尚之以素而白賁昭安節之吉質而不靡焉簡而有文焉雖大夫求賢之素志非祝絲之所能盡而以是設於就見則一時折節之敬不溢於儀文之表矣乎以至大夫與從政之列而先王頒車服以庸之於是有馬以引夫車焉是固有位者之名器而人之所快睹者使馬有不良則無以盡其材而良馬匪六亦無以昭其盛矣今不特四之五之已也但見調習有方莫非上襄之選驂服有備又極蕃庶之多等威以辨焉輪轅以飭焉雖大夫遂良之夙心非六馬之所能悉而以是隆於下交則一時枉駕之禮不侈其載道之光矣乎夫大夫見賢而其儀極盛如此蓋深知以人事君之義矣然則賢者有不樂告以善道者哉宜衛之勃然而中興也抑考之易曰天地交而萬物通上下交而其志同蓋言君臣相須之重也懿公使鶴乘軒而不知尊士久矣文公徙居楚丘固克振式微之業而又有禮賢下士如干旄之大夫焉則所以上下交修而成治功者非偶然也噫詩可以觀信夫

受小球大球爲下國綴旒何天之休不競不絿不剛不柔敷政優優百祿是遒受小共大共爲下國駿厖何天之龍敷奏其勇不震不動不戁不竦百祿是總

王士毅

同考試官教諭李批（氣昌而詞暢文之佳者錄之以式多士）

考試官教諭謝批（通篇發敬德意盡是深於□者）

考試官教諭馬批（健暢無一浮語）

商人表聖人之受命而推其本於敬焉夫行政用武皆所以體天之心也而聖人一本於敬焉則其受天下之朝貢有由然哉此商人祫祭之詩也若曰惟我成湯聖敬日躋而帝心簡在固命式於九圍矣然果何以見之自先王以覲禮親邦國有小球大球焉是天之休命也今各修夫合瑞之典而湯於是乎受之則聯屬諸侯誠爲下國之綴旒而天休之所荷者至矣果何施而臻此哉蓋政所以代天而理物者惟成湯之敷政也化裁以盡制而競絿不倚於一偏隨時以用中而剛柔每得於相濟優優乎一敬以運之而有以奉若乎天道矣則夫受小大之球而百祿所由聚者殆不約而同也所以荷天之休者孰非帝天之命哉自先王以享禮仁邦國有小貢大貢焉是天之寵命也今各盡夫職貢之常而湯於是乎受之則承藉四方誠爲下國之駿厖而天寵之所荷者至矣抑何修而得此哉蓋武所以奉天而伐暴者惟成湯之奏勇也出爲戡定之猷而震動之無迹恢爲奮揚之烈而戁竦之不形赫赫然一敬以發之而有以奉行乎天威矣則夫受小大之共而百祿所由會者殆不期而至也所以荷天之寵者孰非帝命之齊哉是則敬德純於一已無忝濬哲之資朝貢合乎萬邦自極發祥之盛信乎成湯之大造於商也而可忘所自耶抑論敬者帝王祈天求命之本也有商之業肇於玄王之率履不越固世德之所由基而成湯之聖又有以光大之宜其式九圍而朝貢不能外矣要之有本焉書曰天乃錫王勇智表正萬邦又曰惟尹躬暨湯咸有一德此固其厚於天而修於人者也合而觀之始得

春秋

春齊侯宋人陳人蔡人邾人會于北杏（莊公十三年）

馮懋仁

同考試官教諭丁批（發揮聖人尊王衛世之意極爲明盡且詞氣充暢規格整齊宜錄以式）

考試官教諭謝批（氣昌義精）

考試官教諭馬批（得謹嚴體）

春秋示予等於肇霸之會無非爲王道計也甚矣王霸盛衰之機可慮也桓霸因以匡王焉春秋酌經權而予奪之有以哉且北杏曷爲而會也齊平宋難遂圖霸業故合宋陳蔡邾之君以相會也夫四國稱人何罪乎蓋文侯命爲方伯平王錫之桓非受命之霸也周德雖衰綴旒猶在四國何心也可急於桓之戴乎夫何命未請于王朝策未作于內史私相依附以主天下會盟之政是有見於從霸無見於尊王厚在於齊則薄在於周矣噫宗周所賴以匡翼者列國也今也惟霸是與所謂顧瞻周道誰復念之自是強國更霸相繼以逞使禮樂征伐自諸侯出焉謂非此會有以倡之與故正以人諸侯者爲王道憂也齊侯稱爵何予乎蓋黍離降爲國風天下傷之桓固乘時而霸者也伯侯失職夷狄日橫斯何時耶而可少於桓之興乎幸而遠追賜履之勳聿紹夾輔之烈合謀經營以免斯民左袵之患卒之威令行於九合事業成於一匡是霸圖之啓諸夏之幸也噫中國所恃以安攘者齊桓也今而身任其責所謂四國有王桓與寄之自是南摧西抑遂主夏盟使民到於今受其賜焉謂非此會有以致之與故權以爵齊侯者爲世道計也吁誅諸侯見天下不可以無王予齊侯見天下不可以無霸春秋尊王衛世之意不既深乎蓋當是時周衰夷橫管仲相桓公圖霸業宋有逆萬之亂故爲此會以平之其名正矣四國來從桓其以義率人者與但不能加兵於萬識者恨之或無討賊誠心故也魯衛最爲近齊俱不至焉蓋桓公之信未孚於人也故曰五霸假之也

八月己酉入邾以邾子益來（哀公七年）夏齊人取讙及闡歸邾子益于邾齊人歸讙及闡（俱哀公八年）

劉遇

同考試官教諭丁批（此作發明魯君改過遷善之美最爲詳悉而語意精純尤非諸作可及允宜高薦）

考試官教諭謝批（莊重充贍）

考試官教諭馬批（平實雅麗）

春秋詳內君逆順之應見其遷善之優也夫哀公去惡以召順足蓋其致逆之愆也此春秋於入邾之役原始要終以彰其善歟且邾之於魯也在邦域之中方將恃我以相恤者何哀也聽康子之謀興入國之師俘其君而負瑕囚焉何義乎於是齊人觀釁讙闡是取周公之宇岌岌乎分崩莫保矣吾見邾有俘君之慘我有危國之憂二邑之蹙謂非自貽之戚不可也君子曰非齊之始禍魯之啓戎有以來之也故書曰以曰取造惡之尤夫豈待辯乎乃若邾罹殘

滅之後無復得國之是望者然哀也悔既往之愆復曹陝之祀返其君而束婁安焉非義乎於是齊人感悟謹闢見歸強力之邦章章乎歸予之疆矣吾見邾有置君之幸我免失地之辱土宇之復謂非自求之福不可也君子曰非齊之效順魯之休復有以召之也故書曰歸而去惡之美不從可見乎聖人修經至此以爲逆以召逆昔一哀也固將怙終之足虞者何意後之善反乎然則內外交輸其情過以更而愈仰矣順以召順今一哀也幸而息爭以見休者寧復向之承羞乎然則齊魯同歸於善惡以去而美彰矣故不諱入邾以邾子益來者以明歸益于邾之能掩其前惡而美之也雖然魯之歸益怵於四鄰之見謀果其悔心之萌乎二邑之歸季姬嬖請之以未見善端之由衷也邾幸復國乃益底弗類困而弗革更何望之至於樓臺之囚子華之奉僭大權而擅廢立吳又適爲諸侯憂究而論之無一可者聖人不得已而予歸邾之役春秋所以作乎

禮記

君子如欲化民成俗其必由學乎

郝桂芳

同考試官教諭曾批（帝王之治本於學此作理融詞達意雅氣望蓋深造而有得者）

考試官教諭謝批（說得化民成俗之意出）

考試官教諭馬批（文有縕藉宜魁多士）

君子欲致天下之大治必本於天下之大道焉夫明德新民道莫大焉者也君子欲化成天下舍是其何以哉且夫天下之習尚係於民心民心之淳漓固俗之所由以汙隆也民心之趨向關於教化教化之淺深固治之所由以升降也是故謏聞者非所以感人動衆者不足以達化以是言治隘矣君子如欲以大順爲極功而鼓舞盡神務納斯民於皇極以至治爲良圖而神化宜民期升斯世於大猷黎民欲其丕變也而時雍之風成焉遵道遵路必躋之有唐之盛而后其心始慰矣百姓欲其昭明也而熙皞之俗成焉會極歸極必媲之有虞之隆而后其願始愜矣君子望治之心固如此其甚殷也然果何道可以致之哉亦曰由學焉耳蓋大學之道先之明德帝王所以蘊內聖之體而盡君師之責者也推之新民帝王所以弘外王之用而大經綸之業者也故由此而建極則道之大者其治自神民則式和固治道之所從出也所謂格心之化不言而喻者是已是謏聞不足言而豈慮憲求賢之所能致哉由此而章軌則德之盛者其化自光文教覃敷固風俗之所由同也所謂神道之教不動而變者是已是動衆不足言而豈就賢體遠之所可及哉吁學之所係如此君人者誠建

學以爲天下先民俗有不化成者哉大抵帝王之世揖讓而天下治設爲庠序學校至周始備其時人心淳厚民俗雍熙周家有道之長由此其選也後世辟雍泮宮僅存文具倚席不講則拜其法而廢之毋惑乎治之不若古也噫有天下者可以鑒矣

　　樂極和禮極順內和而外順則民瞻其顏色而弗與爭也望其容貌而民不生易慢焉故德煇動於內而民莫不承聽理發諸外而民莫不承順
　　王乾亨
　　同考試官教諭曾批（禮樂感人只是道理故作者往往難之子蓋深於禮樂之旨若冲澹爾雅錄以爲式）
　　考試官教諭謝批（宛然承聽承順氣象）
　　考試官教諭馬批（瑩徹渾成佳士也）
　　記者論君子於禮樂功極而化自神也夫本諸身者必徵諸民也禮樂會中和之極德斯盛矣化豈有不神者哉此記者論禮樂而極言之也若曰君子修德固無責效之心而天下觀德自有類應之化吾嘗有以觀其深矣何則樂動於內以和爲至也君子以之治心則易直子諒之生入於安久天神之妙性情融液殆無斯須之不和矣禮動於外以順爲至也君子以之治躬則莊敬嚴威之著黜乎鄙詐易慢之私儀則從容殆無一毫之不順矣夫內和而外順則有以凝天地之命而備中和之紀君子之德於斯爲盛矣其徵諸民也何如哉但見生色之符一大和之發也而民之得於瞻視者自啓夫揖遜之風孰敢有與爭者乎容貌之動一顒若之觀也而民之得於仰望者自肅夫欽承之念孰敢有易慢者乎夫曰不爭者非色莊而使民悅也英華發於和順而德煇內動自有以服天下之心焉以和召和蓋不令而民聽命矣致樂之化何其神耶不生易慢者非作威而使民畏也周旋妙於中禮而文章外見自有以懾天下之志焉以順達順蓋無爲而民歸極矣致禮之化何其神耶吁禮樂之功用如此君子可以斯須去身哉雖然此要其極耳而學者立禮和樂之功果能一蹴至是歟觀之聖門求也逡而不居赤也未能而願學四代禮樂惟顏子得聞之故曰不聞性與天道而能制禮作樂者末矣彼綿蕞之儀功德之舞逐末而忘本身心治道也何裨

第二場

論

人臣尊君之大

馮懋仁

同考試官教諭丁批（發意明盡措詞高古且得所以尊君之旨錄之）

考試官教諭謝批（詞不繁而意足）

考試官教諭馬批（宏博中有奇崛處）

論曰人臣之欲尊其君也無他焉亦曰以其所難者望吾君而已矣夫人之情投其中之所溺者易入而強之以其情之所弗堪則拂徇其欲之所趨者易合而道之以其力之所未易至焉則阻拂也阻也在彼己之間猶或難之而吾爲人臣者又何樂乎拂與阻者以事吾君犯其中之所諱而投其所不欲哉曰不如是不足以尊吾君不如是不足以塞吾事君者之責而吾徇君之名終無以自解於天下後世故寧拂也阻也以其所難者望吾君而吾亦爲其難以成吾尊君之大而已矣范氏曰人臣尊君之大蓋所以發孟子責難於君謂之恭之旨而以責難之義望天下後世之爲人臣者予請得而中言之禮有之曰天尊地卑君臣定矣書曰元后作民父母曰天生下民作之君春秋繫王於天秦漢以來事屬君則稱天君之尊也自古記之矣世之爲人臣者孰不欲尊其君而所以尊其君者豈不謂奔走捷給奉吾君爲尊巽蠕覷望徇吾君爲尊迎合將承悅吾君爲尊哉殊不知爲之袞冕以象天也越席錯衡以養安也寢兕持虎彌龍以養威也是綿蕞之尊也夾道旁趨磬折傴僂視息臣細惟所欲而畢致之是寺人之尊也道之土木之役誘之輿馬之觀而誇之以封石狼居胥之北是憸壬便佞之尊也其甚也欲日益固而不可遏心日益驕而不可解政日益非而不可回則桀紂其君而已矣幽厲其君而已矣桓靈其君而已矣則亦何望於其臣也說命曰若金汝作礪曰木從繩則直后從諫則聖人臣尊君之大謂非以其所難者事吾君哉天下之事毀之易成之難人之情順之易逆之難責人以難固其中之所弗堪而其情之所未易入者也是故起居宴息君所習也而曰雞鳴視朝日夕修令則難矣肅肅宵征君所適也而曰御見請期彤管載事則難矣宮室飲食君所安也而曰茅茨土階損膳徹御則難矣莫難制如欲心而約之使窒莫難降如驕心而強之使平莫難忍如怒心而抑之使釋莫難辨如惑心而開之使悟天下已定刑政已明而曰平章於變何以不如堯舜稽衆表正何以不若夏商如傷敷佑何以不若文武永思刑措何以不若成康則雖望治之主謙讓未遑而吾寧拂也阻也以事吾君者何哉此其心欲

吾君爲唐虞夏商爲文武成康使後之視吾君亦猶今之視唐虞夏商視文武成康一人之唯唯孰與萬民之熙熙一時之依違孰與萬世之瞻仰而吾尊君之心始無一之不盡而爲臣不易之責始足以自解於天下後世如其不以道順之而已不以難徇之而已不以其所不能面從之而已是謂吾君不可與於古先哲王之盛而吾之心已不免薄視其君謂天下何謂後世何徇之不已縱欲敗度遠賢弃民使天下後世謂吾君爲何如主如是而爲徇其君乎尊其君乎夫是以進而不顧其安强而不恤其所不欲吾非樂爲此也將以勉稱吾之所不敢不盡者也是故同一漢武矣有以堯湯水旱之說進者有以內多欲而外施仁義之說進者謂徇之也者尊之也則黜之尊漢武不如弘矣同一貞觀也有於所愛樹則譽之者有謂漸不克終者謂阿之也者尊之也則徵之尊太宗不如宇文士及矣夫君爲堯舜則吾爲皋陶稷契君爲夏商則吾爲伯益伊尹君爲文武成康則吾爲呂望周召故爲折檻爲引裾爲毀麻爲却座蓋其責誠有所不容諉其心誠有所托而不敢以阿且易者效之吾君也嗚呼自有君臣以來臣之所以尊其君者孰有大於責難哉雖然責難尊君固也然要之貴於誠而已矣使吾尊君之心出於至誠而不容已則修之家壞之天子之廷不敢爲也面則從退而後言不忍爲也忠信以感通之盡力以維持之優游而善導之朝夕而敬進之則其言未有不入君心未有不悟始也責之以難終也將不苦於其難者矣若吾之心不出於誠而徒自附於責難之義以成吾矯矯之名或失則亢或失則激或失則迂人君之義無當也故夫子曰臣事君以忠

同前

郝桂芳

同考試官教諭曾批（以帝王望其君正人臣責難於君之心此□發揮得出宜錄）

考試官教諭謝批（即子所論蓋亦知尊君之大者）

考試官教諭馬批（氣象可觀）

古之所謂大臣者以天道事其君則其尊君也如尊天而未可以世俗之尊君者例論矣何者帝王之道天道也帝王以天道治天下吾而責其君治天下以帝王之道則是舉其君於帝王之隆而事其君以天道之尊雖其君自以爲難而畏之因有所忌於其中而拂於其外吾寧犯其所忌值其所拂而必以帝王之道責之此其心何心哉惟欲使其君爲帝王而尊其君以天道而后吾無所解於其心之義始盡無所逃於天地之分始畢庶無愧於尊君如尊天之

道而與世俗之尊君者遠矣不然徒諉之曰君人者之情每樂趨於其易而強之以太難中材之主皆有所弗堪於是姑遷就焉以從其所欲吾見本以樂易之情而乘以遷就之說則君日趨其所易而日苦其所難帝王之道不復見於後世者未必皆君人者之過而吾亦甚與有書焉耳矣此豈國家之福哉蓋至是而后知大臣之所以事君者必責之以甚難而後見其心之忠必事之以天道而后見其尊之大彼世之所謂尊君者祗見其卑焉耳矣孟子曰責難於君謂之恭而范氏釋之曰此人臣尊君之大其善論臣道而立萬世之準者哉請竟其說夫君臣之間其相知以心其相濟而相成也以道是道也即君臣之極盡乎人而合諸天者也盡斯道者惟唐虞三代當是時其君神聖其治熙皞君臣上下游乎其天粹乎無以議而皋夔稷契伊傅之徒猶有謨誥之訓戒命之篇吁咈咨嗟日皇皇焉以敕其君必欲其君之若乎天而君之聽之亦拱受而不疑敢爲而不替惟恐其有面從後言之意所以致治之隆萬古莫及君臣之相成以天道固如此也惟中才之主其患每恃其所長而狃於其所快夫恃其所長則其智易逞狃於其所快則其情易溺以易溺之情而附之以易逞之智是故樂自是而惡至言喜道諛而憚謇諤臣又伺君之意迎其機而諛之售其所喜而不責其所難故君得以惟其所欲爲而不聞其過天下之治日替而不可挽此未必盡其君之責亦臣之自拂其天道者有以成之也噫有臣若此亦何取於臣哉且天下之臣不同固有受國委任出力效績令主有成功而毀譽利害身任之而百不一恤則猷幹之臣有任繁劇肩鉅重臨患難常則經施變則權濟一意奮往必於就天下之事而不反顧則忠悃之臣至於苾一官善一職因事效能無越位之思無瘝曠之責者則奉公之臣此三臣者志在爲君有裨於國皆於臣道無負然而大臣所以尊君之道固不在是何者人君天下之本而正君者萬化之原也故曰人不足適也政不足間也惟大人爲能格君心之非大人者即所謂大臣是也大臣非不欲悅君之心以行吾之言顧君之所付托於我者至大而吾之所以期望其君者不可若是小也帝王之奉若天道者至尊而吾之所以奉若其君者不可若是卑也必思其君所以若時齊政奠山濬川經緯天地者未能也則有敕天之戒所以生穀奠居明刑敷教保釐民心者未能也則有安民之訓所以亮功考績黜幽陟明進退百官者未能也則有知人之告所以立綱陳紀渙令布信總理萬幾者未能也則有兢業之警所以奉辭舞干昭德懷遠制禦戎狄者未能也則有猾夏之喻此數者皆堯舜治天下之道而吾君未能是堯舜以天道治天下而吾弗克俾厥后爲堯舜則吾爲臣者之過也吾心之未盡吾責之未塞吾懼焉君不堯舜治不唐虞吾患焉

故所以開陳於前而匡其不逮者雖苦鯁之言批鱗之諫君之意所不樂聞君之力所不能堪而吾之言則不容以不盡也吾惟知有帝王其君而已吾惟知有天道事君而已此大臣之心也推其心必欲吾君爲天之宗子爲民之父母爲明哲聖神之主爲中國聖人之頌與堯舜湯文并軌方烈而後其願始卑則其尊君也如尊天而世之所謂尊君者孰有大於此哉孟子他日黜容悦小社稷之臣而獨有取於大人正己而物正孔子亦曰所謂大臣者以道事君孔孟之言一也觀其於魯哀衞靈齊宣梁惠雖春秋戰國之庸君而仁義禮樂之道執極而不變雖終身不遇而不少更焉聖賢者固尊君之大而以天道自處以大臣自居孔孟之心亦一也以此爲訓然後有治安之策不以長沙之行而改其志天人之對不以好神僊土木而易其言新法之議雖辭副樞隱巖穴而説終不變三子者庶幾大臣歟惜三君者猶漢唐宋之英主狃於其所快而終不堯舜也或者又曰臣之於君分隔則難親言亢則難入故易有納約自牖之象則就事論事而因明通蔽告君者之法也責之以難不將益滋其畏沮進乎雖然此遷就之説也君子寧言之不用而不可卑其言以求合寧道之不行而不可小其道以求容何者吾道之得於天者不可貶也若君之德可以遜言而要其成則孔孟抱憂天下之志豈違天者與吾是以弗信也

表

擬宋開天章閣召輔臣條對謝表（慶曆三年）

邱錦

同考試官教諭陳批（典則中能發范富倦倦忠愛之意可謂眷頌善□）

考試官教諭謝批（精切得告君體）

考試官教諭馬批（爾雅可誦）

慶曆三年某月某日臣仲淹等蒙恩召對天章閣者伏以黃扉賜對康候承晉接之儀丹宸陳謨聖主啓泰亨之運華流鼎鉉喜動朝紳臣等誠懽誠忭稽首頓首上言竊惟上下交而志同周易因之名卦明良際而喜起虞舜所以登歌合宮闢則黃德愈光衢室開而堯仁自廣都俞吁咈咨繇數進其昌言鍾磬鼓韶大禹寔勤於嘉拜自尊君卑臣之禮隔致訪道問政之念疏宣室之賈席空前鬼神何補金商之邕對雖切侫幸愈張車號追鋒徒急五時之召閎闈天録自讎七略之書彼仁壽之賜見馬嚴止於注記而朝元之稱揚席豫僅以工詩徒飾彌文僅成故事豈如昭代獲睹盛彝茲蓋伏遇聖教夙成至仁天啓曰慈曰儉億萬姓之欣戴攸同無怠無荒二十年之憂勤如昔含涕而斥嫁美女忍饑而罷索燒羊從諫真同轉圜爲民不敢暇逸兹啓先皇御書之閣趣召

兩府承弼之臣特降恩綸俾從坐論從容接席談笑賜茶密邇天顔皎如秋日之照親聆聖語藹若春風之溫臣得象臣殊各加慰勉謂臣仲淹粗諳西事甲兵叨具於胸中謂臣弼再使北邊兒女悉遺於度外雖少善狀頗餘朴忠尤切咨詢獨承眷注恩固深乎家人父子念實切乎天下蒼生偏僂循牆雖不違顔於咫尺踴躍待旦敢忘圖報於涓埃謹各抒十事二策之誠冀少備九重乙夜之覽内而擇官精舉吏治庶乎可清外而減役均田民生由之漸復黜幽抑幸法自近行信令覃恩德從上始財固以不用爲富恒守節用之規兵固以不戰爲威時存忘戰之戒盡披一得少佐萬幾伏願念四聰之難達愈加意於求賢畏一暴之易寒務留神於去佞推敬大臣之道以體群臣小臣廉大臣法用不泄邇之心而不忘遠近者悦遠來臣等無任瞻天仰聖激切屏營之至謹具表稱謝以聞

第三場

策（五道）

第一問

馮懋仁

同考試官教諭丁批（太子天下本我皇祖及今上著意甚切此作敷揚明悉且説輔翼左右處中肯綮錄以獻）

考試官教諭謝批（青宮掌故子能條悉無遺其論開閤後事真可置一通座□）

考試官教諭馬批（條封詳整有悁悁忠愛意）

自賈誼所稱天下之命懸於太子太子之善在於早諭教與選左右有味乎其言之也雖然非自誼始也書尹之誥曰一人元良萬邦以貞蓋言本也易蒙之象曰蒙以養正聖功也蓋言學也唯禮與左史書大傅亦有之其略曰古者后妊七月而就宴室所求聲音非禮樂太師緼瑟而稱不習滋味非正味太宰倚升而曰不敢以待王太子所謂胎教也生而接以太牢士負之有司齊肅端冕而見之南郊所謂褓袽之教也能行立矣道之禮過闕下過廟則趨所謂童稺之教也少長始知色則出齒於太學教之爲人臣焉教之爲人子焉教之爲人幼焉毋使異日有一人之肆也十八日孟侯孟侯者於四方諸侯來朝迎於郊問所不知毋使異日有深居之悔也故太子立而置太師太傅太保及乎既冠成人則有記過之史徹膳之宰敢諫之鼓瞽史誦詩工誦箴諫大夫進謀士傳民語愚竊以爲其備官也非好縻禄也非欲其敵儀於至尊也欲使左右前後皆正人以漸摩其德也雞鳴而起一日而三朝

非故欲勞之欲其習於勤也其與國人齒也非故欲畢之欲其習於恭也自周之末暴秦繼之人主不盡能舉三代之所以教者爲教而太子亦不盡能舉三代之所以學者爲學其始也子道缺而躍龍之地或危其終也君道缺而飛龍之地或亢是故秦之胡亥受治獄於趙高晨即位而暮射人而望夷之禍成矣漢之戾園開博望通賓客多以异端進巫蠱起而長安兵而湖陰之禍成矣開皇之際嬖子窺嫡楊素進而房陵之位不終矣德宗之末宮寀無擇王伾叔文進而永貞之治損矣至於漢靈唐僖之季父張讓而母趙娃定策國老而門生天子帝位予奪於左貂人主食息於中涓宦官之勢重而天下之大計移矣故温嶠之箴侍臣也則曰均士抗禮以卑厥情入學齊齒言稱先生不以賢自臧不以貴爲榮思有虞之蒸蒸尊周文之翼翼屏彼佞諛納此亮直言太子之職所當盡也王褒之箴太子也則曰勿謂居尊禍福無門勿謂親賢王道無偏無爲慮始無爲事先損之又損全之亦全言太子之地不易居也斯二者皆所以語爲人臣子之道也唐文皇製帝範十二則冠之以君體而建親求賢審官納諫去讒戒盈崇儉賞罰務農閱武崇文之類次焉皆所以語爲人主之道也燦然備矣惜也其言教詳而身教略也承乾儲而不終高宗帝而不帝有以也明興高皇帝甫立皇太子即建大本堂居之積武庫七略之書而聚天下之英俊者碩從容談説經義賜宴賦詩最後采經傳格言爲書曰儲君昭鑑錄俾日進講曰若等務導之以正他日勝重任也至文皇帝而稍克廣其書益以高帝之謨訓曰文華寶鑑召皇太子授之曰修己治人之要盡矣若其勉之宣宗之爲帝訓也篇凡二十五始君德而終藥餌也憲宗之爲文華大訓也卷凡四進學也養德也厚倫也明治也要之其命名與帝範同而章軌與唐文异明德隆隆嗣三代矣自青禁之制不講於先朝朱邸之開僅同于藩國海內皇皇然若靡所瞻望上即位之初元即下詔立皇太子推恩海內其明年復示出閣之期以十齡奏聞温文日新岐嶷天縱中外億兆臣庶咸欣欣焉思獲奉盛美開天下萬世太平根本而草莽下臣不勝私憂過計以爲太子之體不患其不崇患其崇而無所接异日君臣之分不患其不辨患其辨而至於不相通今雖未能猝復古制如所謂拜師而齒學者亦宜少采貞觀至道儀節三師賓客見則必假以殊禮從容燕閑啓沃治道其諸寮寀深亦聽坐侍講讀反覆開陳以畢所見所講讀諸書自六經四子及先朝謨訓外別命儒臣修纂六曹職掌今時要務如財用困乏民業艱難武備積墮士風日卑及它一切吏弊國蠹分條附見務令剴切不必宏深勒成一書專備詢覽人主時時考問觀其進否而稍抗法於其左右至於坊局諭替之官必選清方直亮通明該練者克之勿急才藻以長浮華勿廣遴諮以滋躁競其內而保姆阿監必委長年毋令見少麗以犯未定之戒服御居舍必崇儉朴毋令見奇衺以開奢侈之漸率土之臣皆其臣也毋甃御僕

從爲私人天下之有皆其有也毋請莊田店宅爲私藏太子徧識萬類之情而不見其用尊在一人之下而廢其謙中心無爲以守正在唐虞三代之化端在於此雖然愚之私憂過計猶有不能已者蓋國家雍熙之治莫盛於宣德弘治間而及其後也頗不滿於二正之季彼其出而亂二正之治爲振爲瑾者乃宣弘所用以侍青宮之人也今六局丞郎而下縱無其人可不預爲之所乎寧侗而毋愛其儇寧緩而毋愛其捷寧椎無能而不必其用技寧目不知書而不必其有技寧目不知書而不必其多識此在人主及輔弼大臣加之意而已

第二問

陳功

同考試官教諭譚批（□經訓故不同作者類言之而無折衷此篇有斷案而末歸重於心其有本之學耶）

考試官教諭謝批（因經義而及道統是識其大者）

考試官教諭馬批（剖析精微讀之躍然）

六經其猶日月乎其體歷萬古而不虧而其用亦時有所不及故夫日有夕而月有晦幽釜部房之下却容光而自遠勢不得不假之於燭夫燭者所以佐日月之光於不及者也訓故之學翼而明之者也立言之學廣而通之者也皆所謂燭也取燭而佐日月之光於不及則可以燭而配日月之光而謂之三不可此楊雄王通氏之所以失也楊氏之爲玄也凡三方九州二十七部八十一家二百四十三表七百二十九贊撰之以三策關之以休咎絣之以象類播之以人事文之以五行擬之以道德仁義禮智焉其太曼漶而不可知故有首衝錯測攡瑩數文掜圖告十一篇皆以解剝玄體離散其文雄之自叙云爾其意則曰此非楊雄氏之玄而楊雄氏之易也要之無易而後可以有玄有易矣玄何所用之且玄之體方而易之體圓圓則不待擬議而自成方則必待假借而後就故說者謂楊雄僭也王氏之擬經也大抵以漢七制續書以曹劉顏謝之篇續詩其所贊易即關子明之成筮論其所定禮則叔孫氏之綿蕞儀其筆春秋則止陳亡以配獲麟其要如此而已其意則曰此非六經之經而王氏之經也要之可以言傳而不可以言經有六經矣夫安得而配之且其所謂七制諸篇者何敢望典謨雅頌之藩籬而關朗叔孫不過支離糟粕之近似若元經之帝兩魏出蜀漢而夷江左大旨亦已悖矣故說者謂通亦僭也至於法言中說雖若有出於模擬剽竊而往往能尊正道發微言於千載之後特所謂法言者言多遠而指則近故不免於晦中說者說雖暢而理或支故不免於雜至有謂通與李德明不相及而唐初諸貴臣稱門人者不一舉其名以爲阮逸之僞撰雖未必盡然要之亦有可疑者矣宋興

周程氏者出蓋盡屏諸儒之説而澤於道德醇如也周氏之爲太極圖説也標理於極而推功於静其爲通書也表裏太極之説而加詳于聖賢之學程氏之答定性書謂已性無内外動亦定静亦定也張氏之作西銘謂理一而分殊人當以事親之道事天也邵氏之皇極經世諸篇明天地之消長推日月之盈縮與陰陽之度數剛柔之形體經之以元紀之以會參之以運終之以世蓋得易之變而推廣之者也要之其爲説雖正大而微妙然豈有出於六經之外哉楊雄王通氏急於得經之名而緩其實周程張邵氏精於得經之實而避其名此所以异也而後之持正論者必欲深文巧詆以中通雄之罪至目之爲僭竊等之爲异類蓋至於莽大夫楊雄死而千秋不傳之統直接之孟氏愚以爲六經至孔子而止矣即孟氏與宋諸賢亦翼而明之廣而通之者也特所謂燭者其光有大小而佐日月之功有隆殺耳夫陽避其名而陰紹其統愚不得爲通雄二氏稱屈也執事謂六經自秦火之後不能不有所遺錯以討定之責責雄通氏愚謂非二氏所能辦也今請得而略言之謂繫辭之十翼有非夫子所撰者序卦之或强也而雜卦之或雜也謂乾坤之二卦自彖象而外夫子所贊皆當屬之於繫辭是一説也謂夫子曰放鄭聲而鄭衛淫奔之詩不廢或曰放者聲耳存其篇以示戒也或云非夫子之舊也周禮缺冬官矣而河間獻王輒以考工記補之其能合於聖人之政否也有謂五官之中如縣師廛人之類皆在所少者惟王一條耳是一説也大學缺格致矣而朱子輒取程子之意補之其能合於聖人之心否也有謂知止末二條即格致之一章固不缺也是亦一説也禮記所載大學中庸既别表爲一書而其它篇多不出於夫子緇衣公孫尼子所撰也月令吕不韋所修也王制漢文時博士所錄也其它檀弓儒行等篇要亦有大醇而小疵者至於春秋一書左氏詳於事而略於旨公穀守其虛而忘其實穀梁以衛輒拒父爲尊祖不納子糾爲内惡公羊以祭仲廢君爲行權妾母稱夫人爲合正蓋范甯固已言之至於胡安國而始以其説探聖人之心於千載之上然聖人之賞罰固已明而聖人之所以用其賞罰者未免流於刻也夫所謂廣而通之者固不暇論而所謂翼而明之者其亦有人矣乎諸儒生遵高文之訓白首守其師説而不敢廢愚則何敢言愚所謂書之有古文雖稍异其語易大學之有古本雖稍更其序而大旨不甚遠固無可論詩之淫風存者出於夫子之手孰得而議之第在鄭衛則絀它説而附於淫在异國則又絀其淫而附於它説不知可更一裁定否也周禮之冬官或悉取五官之屬者而補之簡斥劉歆之傳會合儀禮禮記而爲一經可乎取月令檀弓緇衣王制儒行之類稍未醇者取家語及魯論之爲門弟子言者各降而爲傳以與孟氏并傳可乎取左氏之事而絀其浮取公羊之例而絀其鑿取穀梁之旨而絀其偏裁以胡

氏之法而紬其刻更定爲一書可乎要之非其急者自強不息而吾心之易在矣允執厥中而吾心之書在矣思無邪而吾心之詩在矣毋不敬而吾心之禮在矣春王正月而吾心之春秋在矣得其要則六經爲吾用而其語皆筌蹄不得其要則吾爲六經役老死而汨汨於章句雖然愚之所甚憂則不在此今世之學者於書偶有所窺則欲盡廢先儒之説而出其上於道未有所得則已力排先儒之詣而閟其統不學則借聖門之一以文其陋無行則逃之性命之鄉以使人不可詰此又宋賢之罪人而楊雄王通氏之所近似而不取者也愚之所甚憂者此也

第三問

渠兆昌

同考試官教諭李批（從祀重典未易輕述子能考究斟酌且惓惓致望之意溢於言外宜取以□）

考試官教諭謝批（□□□□核有體且意在章重明功德可取）

考試官教諭馬批（條對整悉可與言禮）

太廟之有從祀者謂能佐其主衍斯世之治統也以報功也文廟之有從祀者謂能佐其師衍斯世之道統也亦以報功也其典歸之秩宗而其議掌之太常雖德之者不能舉無功之祀怨之者不能廢應祀之功斯禮也人主行之以厚道而持之以公道者也蓋愚嘗讀商盤庚之告曰兹予大饗於先王爾祖其從饗之及洛誥曰記功宗以功作元祀而後知先王之用情於其臣也又嘗讀周禮大司樂以治建國之學政而合國之子弟凡有道有德者使教焉死則以爲樂祖祭於瞽宗而後知先王之用情於其師也生而共其祿於朝死而共其饗於廟而君臣之體一矣生而以兹地嗣其教沒而以兹地配其饗而師弟子之體一矣夫禮有其舉之莫敢廢也禮舉矣而不備於盛世君子之所以爲禮恥也禮備矣而世無其人以應之君子之所以爲盛世恥也太廟之有從祀其制見於周而其議詳于高堂隆任茂大抵以一代之臣配一代之君而已至唐而可考者淮安靖王神通梁文昭公房玄齡而下距太尉李愬凡三十二人也至宋而可考者韓忠獻王趙普濟陽忠武王曹彬而下距承相葛邲凡二十四人也其它固代不絕也夫金裔夷耳而猶能舉斜也粘沒喝兀朮張浩輩之祀而況不爲金者乎文廟之有從祀其禮起於漢延光而其議定於唐貞觀大抵以其有功於聖經而已而不必盡論其人也故貞觀之詔自左丘明卜子夏而下距范甯賈逵凡二十二也宋至元豐而益者荀況楊雄韓愈也至淳祐而益者周敦頤張載程顥程頤朱熹也至景定而益者邵雍司馬光也其它固代不乏也夫元荒虜耳尚能進董仲舒而其人有許衡吳澄者應之而況不爲元者乎明興高皇帝之初念無以昭宣諸功臣之

烈建太廟首議以李韓公善長等六公及胡越公大海等從饗最後韓公坐嫌死而六公亦間不得與逮永樂而始定自中山開平二王而下距永義侯世傑凡六王五公一侯十二人從文皇帝祀者至洪熙而定文武臣惟河間王玉東平王能寧國公真榮國公廣孝二王二公而已先皇帝之世於宗廟大典蓋惓惓焉首上太祖徽號及追上文皇帝祖號已采禮官言進誠意伯基從祀太祖位六王下而以僧故斥廣孝使祀大興隆寺尋用翊國公勳請進其祖營國公英天下不以私病英而以公快基廣孝謂英功足稱也獨仁宣而後寥寥無聞者過也夫承平之世先文德而後武功則列聖之丕承宣明治道抑何章章著隆也忍使萬世之後謂明有君而無臣不得比於唐高宋真之季耶夫以楊文貞李文達商文毅劉文靖楊文忠之賢於輔而不得從蹇忠定王忠肅王端毅馬端肅之賢於銓而不得從于肅愍之賢於樞而不得從張定興輔之三下南交朱宣平永之八佩將印皆位太師握環衛為心膂牙爪而不得從何也其人縱不能與中山開平等豈盡出世傑真下耶愚以為禮臺臣當一建白下公卿大夫博議而精核之進其灼然者不為過也高皇帝又念無以表揚我先師之道詔革天下神號而獨不以及夫子且謂所封爵及諸從祀者俱如故至正統而益以胡安國蔡沈真德秀吳澄先皇帝之世於文廟大禮愈惓惓焉凡再釋奠幸太學爵改王而為師神改像而為主佾改八而為六蓋前是從祀者奪楊雄矣已采輔臣言退荀況馬融劉向賈逵王弼何休戴聖王肅杜預吳澄而罷其祀抑鄭眾盧植鄭玄服虔范甯而祀於鄉進王通胡瑗楊時蔡元定最後以濮議故進歐陽脩天下不以私訾脩而以公許王通等謂脩學足稱也然此皆先世儒耳至於明而獨寥寥者過也夫治統與道統而俱盛即列聖之嗣德揚詡教化抑何孜孜不替也忍使萬世之後謂明以功而不以德至不獲比於元馬上之俗耶當嘉靖中言者請進薛文清瑄從祀會議且定矣一二沮之者謂其鮮著述無大裨益天子伸其說而屈其請令上初言者欲併合王文安守仁陳檢討獻章而祀之復下群臣議其許瑄者十而九其許守仁獻章者十而二三而卒莫定也豈非以瑄經行淳備篤信守死出處以道有功聖門至於守仁則因其致知而疑其慧於獻章因其主靜而疑其寂耶其近於慧與寂者其流之罪也非其師說也是三人者縱不得與二程朱氏等豈盡出胡瑗楊時下耶愚以為禮官臺臣當再一建白下公卿大夫博議而精核之進其確然者不為過也然自高帝諸功臣而下尚有說焉李韓公之佐開創固不下鄴侯雖以嫌死帝尚為諱之若馮宋公勝之佐大將軍取中原下秦隴降納哈出二十萬之眾傅穎公友德之從大將軍取山東其平蜀功冠諸徹侯而開滇南二百年之地惜其終於帝之末遘革除之變而未有舉也勳烈固伯仲岐陽而子永義矣縱不

得從太廟祀亦宜別於其鄉隆其贈諡而錄其後不宜使子文之勳爲若敖氏之餒鬼也彼於聖門而稱學者若吳聘君與弼之介胡布衣居仁之敬魏恭簡校之端羅文毅倫文恭洪先之守似亦可祀於其鄉今恭簡有專祀而諸君子未備不可一次第舉乎而愚又有進於此者先朝之黜漢儒凜乎斧鉞矣夫卑漢者所以尊宋而不知其陷宋儒於背本也令訓故之學不傳即明哲如二程朱子亦何所自而釋其義乎愚以爲若盧鄭等者復其祀於學而劉向吳澄輩專其祀於鄉可也斯禮也愚能言之即執事能聽之而議者未必許也今天下難其典而易其人者何也遠者不能悉其實而近者有所疑於心也愚故曰斯禮也人主行之以厚道而持之以公道者也

第四問

郝桂芳

同考試官教諭曾批（能發揮理財之所以難處而獨詳於節省夫亦不得已之意耶宏博而辨錄之）

考試官教諭謝批（理財無奇策節儉其本也此作得之宜錄以俟主討者采焉）

考試官教諭馬批（節財盡矣文奇而邑取之）

執事拳拳以理財之要下詢不佞書生也授之握算不知縱橫其何以仰佐末議干主計者雖然敢不罄所見聞以對大抵富國易富天下難富未開利之天下易富已開利之天下難得人而專聽其法易以法而強授之人難夫管子者古所稱能富國者也今其書曰錯國於不傾之地積於不涸之倉藏於不竭之府所謂倉與府者五穀桑麻六畜而已其外則官山海所謂負海煮海負山鑄山籠百姓之利而收之官而已又其外則制罪大小入以兵甲鈞金束矢而足五兵而已財有餘則借以使敵如貴買莒楚代衡山之物以疲其上下之力於物已故天下弱於齊之富而齊霸所謂能富國者也其次莫若計然計然之書曰知鬥則修備時用則知物二者形而萬貨之情得故積著之理務完物無息幣以物相貿易貴上極則反賤賤下極則反貴貴出如糞土賤取如珠玉財幣欲其行如流水行之十年而越大富以其貨傾吳而橫行江淮間所謂能富國者也然此一方耳四封之內皆鄰敵也其流易達而輸易委盈縮易曉也我故得而發我之贏而時中彼之急收彼之無用而爲我之有用母之權長在我而子之息長在彼肥我而不憂彼之瘠損彼而不爲我之累故曰富國易也若夫天下則不然盡四封之內外而皆吾地也其人則皆吾人也肥在左則瘠在右損在遠則累在近管子計然之筴有所達而不必盡達也故曰富天下難也漢武帝因文景之遺貲不勝其溢而

修怨於匈奴已修威於東韓西域南夷已又修其欲於宮室帷帳游幸之事河決歲祲又從而齮齕之蓋不數年而大農少府水衡之金錢米粟盡矣於是桑弘羊爲治粟都尉筦天下鹽鐵乃請置大農郡丞分部主郡國各往往縣置均輸鹽鐵官令遠方各以其物貴時商賈所轉販者爲賦而相灌輸置平準於京師大農之諸官盡籠天下之貨物貴即賣之賤則買之抑天下物名曰平準又令吏入粟補官罪人得贖罪禁盜鑄告緡錢算軺車船賈人一歲之中太倉甘泉滿邊餘穀諸物均輸帛五百萬匹民不益賦而天下用饒今世諸儒者掩口不欲道弘羊弘羊故心計臣非諸齷齪儒者比也雖然謂弘羊能開之則可謂弘羊能生之則不可盡漢興人主世世守共儉宮室之湯沐不以煩大農而悉推山澤關梁之利以予民民得恣取而無禁故農利十一工利十二而商利十九至武帝國家之用始不足而弘羊輩始得以其心計而通利孔執事試屈指而籌今之天下於漢賦財法繄所稱有一之不備者乎弘羊而在更何所加故曰富未開利之天下易富已開利之天下難也當肅代時戶口之耗十八九人主而下至六師供邊之費悉仰給於劉晏之十五道晏好用廉勤吏先愛民故非弘羊比也然其大旨不過在於捷得四方之物价使食貨輕重之權使司恒爲之掌握利在官而害不在民其所謂愛民者又不過捷得四方之豐歉豐則糴歉則糶以兩利而相濟其所謂理財者不過寬予鹽商之資以收鹽利厚處漕艘之費以收漕實而已故謂晏能整齊之則可謂晏能生之則不可執事試籌今之天下即有如弘羊晏者在能捐百萬金而不之問乎能聽其自辟召立富貴人乎左右不中制而臺省不外議乎故曰得人而專聽其法易以法而強授之人難也邇年國用乏大司農不能當中旨數更易中外士大夫朝夕以用爲憂公車之牘至累月不能竟十道之使旁午而未久輒報罷鹽政壞而思復其舊計開中之入更損二十萬緡且中止矣屯政壞而思飭其舊計其羨僅足以供本軍行之三年而復廢專官矣欲鑄錢而計鑄之入不能當其損矣欲設官會行鈔法而國家不能出數十萬金以爲之母矣累世之蓄困於先朝之工禱而天府竭矣爰贖之所積困於頻年之徵解而郡邑倉庫竭矣水旱蟲蝗加以無名之賦而閭閻竭矣廣盜起而所費者歲以數十萬計而五嶺之公私貧矣河決而所費者以百萬計而青徐兗豫之公私貧矣外有日重而必不可已之邊計內有日益而必不肯已之宗藩然則如之何曰此在人主精思之委計於大臣而後可也邊計不可已則加重於主兵而少調客兵使兵得息而食減宗藩不可已則漸限其封爵而聽其從四民之利使人自便而祿減罷不時宣索則六宮之用簡而戶部舒停非時工役則將作之用簡而冬官裕清內府工匠力勇之數核錦衣騰驤府軍之籍則究食省而漕糧有餘毋輕以一人言而遽興

毋輕以一人言而遂革則國是定而司農得少展其技嗟夫入利之孔開已盡矣然細而不勝其出利之孔語云涓涓不竭將成江河況若江河之決乎哉故其德莫大乎節儉夫節儉者明主之所優爲而左右之所不甚喜者也主慎於賞賜則左右見以爲寡於澤主難於興作則左右見以爲窮於使主精於搜核則左右見以爲無所匿其弊故自古中外之臣言及利計毋論其可否也朝上而夕報可至著爲令甲有之言及國蠹毋論其重輕也朝上而夕報罷甚且付廷尉矣噫即管晏諸才臣杜口可也

第五問

黃廷綬

同考試官教諭陳批（虜勢不必較惟我戰守相機宜是矣因地爲戰守且明賞罰之典寬文法之誅重將帥之權皆妙用也宜錄之以獻當宁）

考試官教諭謝批（叙虜情瞭然若指掌至經略處不爲大言而有條理蓋實究心於是者）

考試官教諭馬批（談邊事痛快知兵之士也）

中國之不能與虜敵也久矣而今爲甚其說凡有八曰聚散之勢不敵也大約中國勝兵與虜控弦之騎校之可各得三十餘萬我散而爲九邊而虜長聚是以九而攻我一也其不敵一也勇怯之實不敵也賊便馬疾鬭耐飢渴上下馳逐若風視死若赴而我於是數者無一焉其不敵二也□佚之形不敵也虜因糧於我我裹糧而應之不待三日而自困其不敵三也騎步之力不敵也我雖騎不能疏行突鬭而爲騎陣賊無所不衝而我無所不應其不敵四也攻守之機不敵也賊既闌入邊扼宣大薊晉之要衝而居之馬首東則東犯西則西犯彼無所不攻而我無所不守其不敵五也客主之變不敵也賊入而烽始舉烽舉而兵始出賊顧爲主而我顧爲客彼得從容設伏以誘我其不敵六也專緩之計不敵也虜自春而至秋其上下日以入寇爲計自辰而至夕其事非鬭即獵其所工非騎即射而我之吏士則營營焉不憂鬭而憂其妻子爲文武大帥者不憂外而憂內又加以文法簿書之是牽逢迎便辟之是熟而望其能膺懲大憝哉其不敵七也上下之情不敵也虜自其主帥以至於鬭卒無貴賤一也其嗜欲易通而沈懟易達也我士卒之於偏裨偏裨之于大帥武吏之於文吏邊臣之於大臣若隔九閽焉而何以責之效力也爲虜間諜者本我中國之民而以我情予虜爲我烽堠者本我中國之兵而以我情予虜其不敵八也夫所謂八不敵者審矣然而虜卒不能爲我害者何也是匈奴突厥之虜而非女真蒙古之虜也夫所謂女真蒙古之虜何也自其立國之始而地半已中國矣中國之民安虜而不相鄙也虜安中國之俗而不爲苦也故以中國攻中國而虜得饒於戰

以虜供虜而虜得深入而久居也若夫匈奴突厥則不然其嗜欲不合也其居處不便習也其寇也利中國之玉帛貨賄而不必有其地利中國之子女技作而不必有其民匱則至羸則出月盛壯則攻戰月虧則退兵深入則虞歸久居則虞疾中國之所以獲支梧而稍息肩也夫不求我之所以勝漢唐者而幸虜之尚為匈奴突厥愚以為中國之計左也夫薦紳守和親而介冑言征伐自古則然舉薦紳之士不習虜者則曰虜亦人耳此其衆不過當漢一大郡戰不勝則誅帥守不固則誅守臣吾法行而前固無衡虜介冑之士習虜者曰不然虜鬭士勇三倍我其馬力十倍我試即邊兵人校之其見虜而不股栗者十不一也其能角虜而互見其技者百不一也夫士畏敵而不畏將將甘死法而不死敵何以言戰哉愚以為皆非也愚非能抉穰苴臏起之秘起衛霍於九京而與之筴也不過諸邊大夫之所恒知者其略曰審形勢明賞罰定國是重將權而已夫所謂審形勢者不敢遠及秦諸邊也姑請言其近者宣大之險與虜共矣其法當以戰而為守山西薊邊險猶在我也其法當以守而為戰以戰為守者非必戰也我弃小堡而併於大堡堡宿銳士栖餱糧擇帥以統之使不可下而簡募精騎如所謂百保鮮卑者分屬諸驍將以為奇兵或擊其抄卒使不敢散而輕我或襲其輜重使不敢易而近我然後多間諜以離其黨廣招誘以弱其勢十年之內虜庶幾且遠乎以守為戰者非必守也虜不入則堅堡浚濠宿兵以待之虜入矣清野以疲其騎清野矣堅壁以防其攻壁堅矣設疑而誤其路路疑矣嚴兵而尾其歸此所謂守道也不然而責宣大以守是坐困也責山西薊邊以戰是立敗也所謂明賞罰者其說非徒謂峻罰也賞固當先之夫古將兵而峻於罰者莫過楊素將將而峻於罰者莫過漢武帝然而樂為素兵者樂微功之見知樂為漢武帝將者樂萬户侯千金之易致也故酷罰者人之所欲避也而賞能奪之戰危者人之所易曉也而賞能愚之今國家於失律之法嚴矣獨所謂賞者極於數十金而所謂爵者不及世欲以此而售人之死命何也愚以為人主精意於此如趙藝祖之別貯帛封樁庫購虜首而又不愛通侯世爵之賞以待天下之負材而自喜者蓋朝奏功而夕報璽書毋使墨吏持文法譏訶之而後嚴僇杜之令使天下有所甚欲者以易其生而有所甚惡者以易其死其不悉謀力而致之於敵也幾希所謂定國是者縣官下求材之令人得舉所知銓部次第而用之矣其未用也人人皆諸葛亮而其既用也處處皆李元平固所用之才未盡真而所以待之之道未盡是也不見形而有所為則議者得以其形而訾之稍破格而有所請則議者得以其格而繩之愚以為今用人自督撫而下宜精簡其選既用之後則精專其任而徐待其成一切建白指摘凡□煩言閣不令下可也所謂重將權者令督帥之委非不重也然陽示之重而陰迫之輕為之下者自一命而上即有奧主咈息嚬笑皆懼觸怒然猶平居言耳賊

一入而督帥不能行之大將大將不能行之偏裨蓋有令下而嘻出而指相目曰此廷尉人耳非而主也故愚所謂重者居平不爲之中制賊至則聽其誅賞賊退務核其情實而已凡愚所以對執事者疏節闊目不能爲必勝之筴也异日倘捐前箸而借我尚當以根本之說進

山西鄉試錄後序

　　隆慶之四年庚午試錄成而良任以職事序於後曰傳有之庚位西方象秋時萬物庚庚有實也午於日爲正中於數五陰陽在天地間交午也昔人謂堯舜禹之生寔在午當天下文明之會故一時賢聖出而交輔之天不愛道圖書顯矣蓋五臣之職修而萬世之彝政禮樂秩如也今歲在庚午晉以西庚分也物庚庚有實矣更西而蒲坂平陽安邑堯舜禹所都也稍西南而水匯之榮河溫洛也圖書所由顯矣天子乘午運沛然欲章明其治思與天下之賢士大夫共之詔郡邑各益其貢士之一齒太學已采國子祭酒言益兩都解額各十五海內談經游藝之士孰不欲濯劇其肺腑自顯見其長以答人主鼓舞至意又況山西爲堯舜禹所故都獨當文明之會者哉不佞譾且陋不足與於斯文竊念以一校官應御史聘而來獲縱觀山河表裏之盛與鄉所稱帝王之迹既不勝其嘉樂稍間入棘復獲觀百執事兢業飭比所以仰塞上德意者至隆且備則又樸然而興不成寢懼無以稱也稍間乃獲觀諸儒生之業咸彬彬裁文質不悖於道其陳古誼決筴利害懇晰中窾則又快然踴躍自勞慰不知其憊也夫訓經而發其旨之謂義辨志而當於理之謂論標情而達於上之謂表決法而傳於經之謂判陳見而宜於用之謂策此五者不失一焉比於物正所謂庚庚有實者令舍此而獵聲耦飾采澤闘工畢精於棘猴之末而謂之文即南戒之南有之吾無所取爾也夫耳觀者不唯其實而泥於山川之險塞則意其深思而儉陋讀柳先生之問所稱大鹵之金屈產之乘北山之材猗氏之鹽則意其秀不鐘於人而鐘於物觀薊門而北士馬之雄盛則意其人多將此皆非熟於晉掌故者霍宣成狄梁公之浴日司馬文正之補天裴晉公文潞公之爲國柱石不亦彪炳相業哉太史公之於史也柳先生之於辭也河汾仲淹之於訓述也固其造人人殊要之可以言文矣雖然不佞竊有進於此諸士子其益深唯堯舜禹之傳而稷契諸大臣之所見聞而知者乎其務精一乃心而求太上所立布而功颺而言庶幾爲天子贊文明之治則豈唯晉重不佞亦與有光焉

　　　　　　　　　　　　河南彰德府湯陰縣儒學教諭謝良任謹序

萬曆元年山西鄉試錄

山西鄉試錄序

聖天子御極之元年天下適當大比士巡按山西監察御史賀一桂祇奉明制申戒中外諸有事者惟茲進賢大典邦家所望以毗宣駿業翼輔鴻猷其式克迪敬厥共毋或弛怠于夙夜於是以前巡按監察御史桂天祥聘至四方文學博士如故事誓衆棘闈先參定校閱之任乃以教授劉宗覲譚文光充考試官學正姜賓周教諭張希賢李子躍充同考試官其提自上世以來莫若有儷之者矣夫平陽蒲阪安邑幅員相望於數百里間非古唐虞夏后氏所更都乎繇載籍推考上下三千餘歲帝王中天下以立蒸民之極孰有逾於堯舜禹三聖人之爲烈者乎其矢謨陳猷都俞一堂之上以茂佐地平天成之大功遺之萬世足永賴孰有逾於當時四岳九官十二牧之所樹建者乎其聚四方以庸一時雖未可遡泝而逆推然意其多出幾甸之產也則茲壤山川所鍾毓古今其有能綦隆之者與抑爾時士之庸於上也其法若今難揆問然即虞書詢事考言之訓合於記所稱事舉而言揚者則後世科舉薦辟二制相兼爲用固自古所不能廢也夫科舉考言以揚比於薦辟之詢事而舉者若殊倫然以廣知人之哲致取士之實乃道未始不相謀也我高皇帝始定建官之令科舉薦辟并用久之獨科舉爲鮮弊故迄行之至今焉無有鴻猷駿業奮競一時若二十有二人者應期名世以出佐一代休美邪有之其必自茲藩始蓋地與時相遭以數考之宜久必復其始耳諸士庸可畫焉中諉不以古之人自待怒乎無動其曠思也夫二十有二人者昔生諸士之鄉其聲迹猶可想見諸士盍亦反求其本則異代同神論世固可知其人已夫大行橫亘千里嵬然負天下脊背人睹其峻極靡垠際矣乃循其麓以視固博厚之爲盤峙者也河出崑崙之墟放乎巨野混并千七百餘水然後包百川而爲之長四海之委弗先焉夫其積也不盛則其出之也不大諸士日俯仰河山之中不知二十有二人者所立之本反求之以自競奮也其亦何以稱茲藩昔產之盛也哉宗覲幸即諸士之言得資之以拜獻其人於上矣將無思詢諸行事使之成信乃後蘄少免蔽賢之罪而獲睹以人事君之明效斯非宗覲暨二三同事所兢兢不敢懈忘於旦

夕者與故於諸士始進特質以亶忱告於戲諸士其繼今無失今時胥圖所以振茲藩之盛也夫是舉也總督軍務太子太保兵部尚書王崇古巡撫兵部左侍郎趙孔昭右副都御史朱笏巡撫大同右僉都御史申佐撰文奮武巡按宣大御史孫鋕清軍御史許乾巡鹽御史張道飭吏風士督儲郎中李一本主事薛亨樂觀厥成右參政朱裳王惟寧左參議姜廷珞右參議吳哲張希稷副使劉漢儒張天馭馮叔吉劉世昌崔鏞僉事許希孟王汝梅 藍偉隨府總兵官劉國太原參將林爵署都指揮僉事達九思惠承恩內外防範右參政周鑒僉事張稽古署都指揮僉事沃允謙先期入賀法得備書云

　　　　　　　　　　　直隸廬州府儒學教授劉宗覲謹序

萬曆元年山西鄉試

監臨官

巡按山西監察御史賀一桂（秋芳江西廬陵縣人　乙丑進士）

提調官

山西等處承宣布政使司左布政使史直臣（子忠順天府涿州人　丁未進士）

山西等處承宣布政使司右布政使董世彥（子才河南鈞州人癸丑進士）

監試官

山西等處提刑按察司按察使鄒光祚（承卿江西鄱陽縣人　丙辰進士）

山西等處提刑按察司副使吳學詩（伯興江西上高縣人　乙丑進士）

考試官

直隸廬州府儒學教授劉宗覲（用仁江西萬安縣人　癸卯貢士）

直隸鎮江府儒學教授譚文光（時觀廣西賓州人　辛酉貢士）

同考試官

直隸真定府晉州儒學學正姜賓周（道行山東夏津縣人　乙卯貢士）

河南河南府宜陽縣儒學教諭張希賢（尚友雲南昆明縣人　辛酉貢士）

直隸河間府阜城縣儒學教諭李子躍（伯化山東東平州人　乙卯貢士）

印卷官

山西等處承宣布政使司經歷司經歷張漢英（明卿江西吉水縣人　監生）

山西等處提刑按察司照磨所照磨趙鸞（鳴和雲南永昌府人　乙卯貢士）

收掌試卷官

河東陝西都轉運鹽使司運使董原道（性之四川巴縣人　壬戌進士）

太原府知府徐維楫（汝進錦衣衛籍山東武定州人　乙丑進士）

平陽府知府胡來貢（從治山東萊州衛籍直隸泰州人　戊辰進士）

潞安府知府祝尚義（質甫騰驤左衛籍直隸淮安衛人　壬戌進士）

受卷官

太原府同知季遐齡（邵卿山東夏津縣人　辛酉貢士）

太原府同知李尚（子蓋山東壽光縣籍臨朐縣人　壬戌進士）

平陽府推官李天植（性甫直隸廣德州人　辛未進士）

遼州知州許應逵（伯漸浙江嘉興縣人　戊辰進士）

平陽府蒲州知州陳以朝（鳴陽江西寧州人　辛未進士）

太原府陽曲縣知縣張一元（鳴春山東鄒平縣人　辛未進士）

平陽府絳州聞喜縣知縣王象乾（子廓山東新城縣人　辛未進士）

大同府大同縣知縣雙鳳鳴（維禎陝西慶陽衛人　辛未進士）

彌封官

潞安府同知喬木（伯梁直隸上海縣人　戊辰進士）

潞安府推官王雲鷺（翀孺河南夏邑縣人　辛未進士）

汾州知州周鐸（子振直隸太倉州人　乙丑進士）

澤州知州吳思學（叔敏江西廣昌縣人　辛未進士）

太原府榆次縣知縣杜化中（民孚河南扶溝縣人　乙丑進士）

太原府交城縣知縣齊一經（訓汝山東濰縣人　辛未進士）

汾州平遙縣知縣孟一脉（淑孔山東東阿縣人　辛未進士）

太原府壽陽縣知縣江櫓（汝濟陝西蘭州人　戊午貢士）

謄錄官

平陽府通判吳應台（汝奇湖廣宜都縣人　壬子貢士）

平陽府絳州知州屈大陞（陟卿陝西咸寧縣人　庚子貢士）

平陽府臨汾縣知縣徐學禮（子立留守中衛籍直隸靈壁縣人　辛未進士）

平陽府襄陵縣知縣祁鯨（孟化直隸阜城縣人　辛未進士）

潞安府長治縣知縣劉四科（希哲陝西涇陽縣人　辛未進士）

澤州陽城縣知縣李棟（尚隆河南涉縣人　辛未進士）

潞安府屯留縣知縣徐鳴鶴（子齡河南杞縣人辛未進士）

平陽府鮮州夏縣知縣陳世寶（介錫直隸鉅鹿縣籍山東安丘縣人乙卯貢士）

對讀官

平陽府隰州知州劉寅（敬甫山東壽張縣人　丙午貢士）

平陽府洪洞縣知縣熊鎡（仲時河南光州人　戊辰進士）

平陽府鮮州安邑縣知縣劉希孟（醇甫山東安丘縣人　辛未進士）

澤州高平縣知縣李楨（維卿陝西慶陽衛人　辛未進士）

太原府忻州定襄縣知縣王濯征（大卿陝西西安右護衛人　甲子貢士）

平陽府曲沃縣知縣李桐（仲材陝西長安縣人　辛酉貢士）

太原府祁縣知縣胡以祚（承之直隸刑臺縣人壬子貢士）

潞安府長子縣知縣李可愛（子醇直隸沙河縣人　己酉貢士）

巡綽官

太原左衛指揮僉事侯汝諶（季常直隸滑縣人）

太原左衛指揮使朱承恩（君寵直隸鳳陽縣人）

太原左衛指揮僉事李廷貴（子高山西太谷縣人）

平陽衛指揮同知呂應嶽（維翰山東曹縣人）

潞州衛指揮使柴承爵（世勳陝西禮店人）

汾州衛指揮僉事王景祚（敬忻直隸蒙城縣人）

搜檢官

太原右衛指揮僉事孫謨（燕父直隸高郵州人）

太原前衛指揮僉事沈范（文甫直隸常興縣人）

平陽衛指揮僉事張豹（子變直隸泰州人）

潞州衛指揮僉事唐舜臣（承華湖廣辰溪縣人）

太原左衛左所副千戶朱廷佑（良弼直隸江都縣人）

太原左衛後所副千戶余世祿（克勳直隸陸安州人）

太原前衛後所正千戶陳鐶（廷器直隸邳州人）

太原前衛後所署正千戶唐虞化（俗美廣西全州人）

供給官

山西等處承宣布政使司經歷司都事俞焕（德充直隸涇縣人　監生）

山西等處承宣布政使司照磨所照磨楊紹傑（子華雲南安寧州人

吏員）
　　　山西等處承宣布政使司理問所理問胡爵（良貴浙江餘姚縣人　吏員）
　　　山西等處提刑按察司照磨所檢校伍成準（公平廣西全州人　乙卯貢士）
　　　山西都指揮使司經歷司都事劉一元（子仁四川巴縣人　己酉貢士）
　　　太原府通判張大道（子行直隸南和縣人　壬子貢士）
　　　太原府代州繁峙縣知縣王永亨（嘉夫河南洛陽縣人　己酉貢士）
　　　太原府太谷縣知縣賈西土（子坤直隸真定衛人　庚午貢士）
　　　太原府文水縣知縣張河圖（啓文陝西延安衛籍直隸定遠縣人　辛酉貢士）
　　　太原左衛經歷司經歷王珠（叔光陝西華州人　吏員）
　　　太原右衛經歷司經歷張朝鳳（鳴岐陝西涇陽縣人　吏員）
　　　潞安府經歷司經歷張維厚（子衷順天府良鄉縣人　監生）
　　　平陽府隰州判官馬雲鴻（昂霄順天府大城縣人　選貢）
　　　太原府陽曲縣縣丞孫邑（伯郡陝西富平縣人　吏員）
　　　太原府代州崞縣縣丞王瑤（君珮河南磁州人　吏員）
　　　平陽府洪洞縣縣丞李勃（寅之陝西洮州衛官籍直隸定遠縣人　監生）
　　　太原府壽陽縣主簿李九韶（惟善真定府寧晉縣人　監生）
　　　太原府文水縣主簿劉鑄（伯成遼東遼海衛官籍　監生）
　　　遼州和順縣主簿王新化（子尚直隸威縣人　監生）
　　　太原府祁縣典史王關（顯之陝西岐山縣人　吏員）
　　　太原府盂縣典史唐來佩（君賜陝西渭南縣人　吏員）
　　　太原府河曲縣典史師君寵（愛之陝西富平縣人　吏員）
　　　太原府平定州樂平縣典史由大貴（汝勳陝西涇陽縣人　吏員）
　　　平陽府隰州永和縣典史孫會龍（濟田浙江上虞縣人　吏員）
　　　太原府陽曲縣臨汾驛驛丞閆朝儀（秉節陝西涇州人　承差）
　　　平陽府曲沃縣侯馬驛驛丞張自成（汝玉雲南安寧州人　承差）
　　　太原府永寧州青龍驛驛丞劉江水（清溪直隸河間縣人　吏員）
　　　太原府陽曲縣凌井驛驛丞劉朝用（世臣順天府大城縣人　吏員）
　　　太原府盂縣芹泉驛驛丞李逢春（玉卿四川金堂縣人　承差）
　　　沁州武鄉縣權店驛驛丞宋汝清（介卿直隸任丘縣人　承差）
　　　沁州沁陽驛驛丞劉天祐（汝祥陝西富平縣人　吏員）

（此處底本缺頁——編者注）

書

乎巧言令色孔壬　惟事事乃其有備有備無患　明王慎德四夷咸賓　君子所其無逸先知稼穡之艱難乃逸則知小人之依

詩

八月在宇九月在户　鶴鳴于九皋聲聞于天魚在于渚或潛在淵樂彼之園爰有樹檀其下維穀他山之石可以攻玉　天作之合在洽之陽在渭之涘　憬彼淮夷來獻其琛

春秋

季子來歸（閔公元年）　春王正月城楚丘（僖公二年）五月癸丑公會晉侯齊侯宋公蔡侯鄭伯衛子莒子盟于踐土（僖公二十有八年）仲孫蔑會晉欒黶宋華元衛甯殖曹人莒人邾人滕人薛人圍宋彭城　夏晉韓厥帥師伐鄭仲孫蔑會齊崔杼曹人邾人杞人次于鄫（俱襄公元年）夏四月壬戌公及晉侯盟于長樗（襄公三年）

禮記

君天下曰天子朝諸侯分職授政任功曰予一人　作者之謂聖　惠均則政行政行則事成事成則功立　其舜禹文王周公之謂與有君民之大德有事君之小心

第二場

論

人主當務聰明之實

詔誥表（内科一道）

擬漢令禮官勸學詔（元朔五年）　擬唐以裴度爲司空同平章事誥（始元六年）

擬

萬壽聖節　上賜輔臣等楊士奇楊榮蹇義胡濙　御製詩一章謝表（宣德五年）

判語（五條）

舉用有過官吏　禁革主保里長　致祭祀典神祇　邊境申索軍需　丁夫差遣不平

第三場

策（五道）

問　昔在君臣交孚類皆稽古爲獻納蓋以古爲鑒美惡彰明易睹云商周之際其臣左右啓沃載在訓誥大較可考記也即無稱漢唐如有宋中葉若司馬光氏更歷三朝忠誠問學精貫焰發作爲稽古錄考其書如歷年圖百官表至有圖表補上下數千百年治亂興亡洞若指掌當時有謂忠君愛國可備經筵進講豈誠知言與我國家稽憲圖治徵往俟來方冊載祕府者至備具而簡牘浩博未切指歸我皇上以冲齡纂曆神智天縱益嚮意於學備極咨詢乃邇者輔臣睹記要指著爲帝鑒圖説以進其芳規覆轍犁然較著不識可備經筵進講與無論司馬光所稱即訓誥之義同與否與我祖宗列聖嘉謨懿行視古有加一二臣工獻納可采記者尤切近取不識可續書與爾多士稽古今敷陳以爲今日明良交孚之一助

問　人心學術之辨其於世教豈不誠甚重大哉孟軻氏云正人心息邪説其於楊墨指數之無父無君蓋甚之也于時憑軾結靷掉三寸舌以功利賈天下其害不啻楊墨假令楊墨信所期待當不在風氣中論乃肆辯而力拒之何歟兼愛者疑仁爲己者疑義二端不相肖似乃儒者云孔子必用墨子則有已者盡非與今之士人類知闢楊墨而騰鶩功利曾不能窺楊墨之藩籬則正人心者蓋不係楊墨之闢不闢也佛老與楊墨類異端儒者謂其害尤甚信矣今之爲佛老之徒者雖離宗貫猶或有一二堅信其師説而不變乃吾孔孟之徒誦習其言不惟功利而外自文飾其中有大謬不然者將誰與闢與彼佛老之徒言下輒易而吾徒依違言似與之言不啻以水投石此名稱之錮也則今之闢佛老者其於正人心又曷稱哉兹欲與二三子辨其端以裨世教何若而可

問　人才之品有三大較謂才器學云夫是三者非局論也顧自用與用之者异耳稽昔人才不數數出即如管晏非不聲施今昔也而敬仲以器小稱平仲以儉鄙稱史遷云得君如桓不勉之至王乃稱伯蓋靳之也而尤願爲平仲執鞭毋乃其詡言云後世才不數見而器未易稱至學則難言之矣試以晋言如擁立二后功圖麟閣艱關江表計滅大憝匪才不辦機宜不露反周爲唐弘量有度坐收淮蔡此其器似足多也和不辱身貞不絶俗獻策干君擬經比聖其亦自學問中來與曾西云爾何曾比於是則管晏不足爲之數子者其才器學何所似與才疑眩器疑疏則學於才器若丹鉛然此其指歸也爾多士稽古定趨當有兼藝毋徒曰才器學判分也

問　政猶局也應變不一惟在當機與不當機耳國家議制畫一載在制令如藩禄之定需屯田之額辦搉鹽足餉稽籍實伍之四者局制而指畫之矣乃變態不恒機宜迭運未可憑依也宗藩盛矣歲輸不支而曠期者不啻期數屯籍備矣侵没不稽而清丈者乃具故牘搉鹽已云盡利矣而鹽以浸没不生句軍已云盡力矣而軍以逃匿不伍此其局又變矣其措置將何出與間有議宗藩信從四業而志於選舉者聽屯田不必稽故軍而不失子粒者聽鹽既不花則煎煮者計拙而數贏軍既空籍則窮句者長奸而益蠹夫局之不常當局者難之諸士於四者若傍觀云其指畫以備計議

問　自昔制夷無上策而機宜在我也和議於漢戰亦議于漢之二策者何見與然戰必强和必弱中國與虜一也强不必戰和不必弱曷故哉北虜於晉疆不逾數舍曩者亦嘗被創矣惟我穆宗皇帝威宣中外而謀臣不遺餘力乃議封貢則制之自我豈古所稱羈縻者與然向背不常或仍尋故智則雲中雁代間必先告警何以備之即如示中國之富以貨博馬似餌之也而承市恣求者殆不數數中國城城因其餌而備之也虜今亦城城則非逐水草之故習矣毋亦類空給之說與方今修守之策在内不在外外之情露矣不過利之也而内之備禦當何以待之

中式舉人六十五名

第一名　司馬晰　夏縣學生　詩
第二名　林一桂　澤州學生　易
第三名　張養蒙　澤州學生　書
第四名　陳遇文　安邑縣學生　禮記
第五名　蒲三善　解州學增廣生　春秋
第六名　馬邦瑞　河東運司學生　書
第七名　趙桐　應州學生　易
第八名　王與勑　陽曲縣學附學生　詩
第九名　李弘道　襄陵縣學生　易
第十名　閻潛　五臺縣監生　書
第十一名　侯命　解州學增廣生　詩
第十二名　閻國魁　太原縣學附學生　禮記
第十三名　陳應祥　太原府學生　易

第十四名　祁士充　河東運司學增廣生　詩
第十五名　康守志　平定州學增廣　書
第十六名　周大年　太原府學生　春秋
第十七名　張以漸　陽城縣監生　易
第十八名　李應選　趙城縣學生　書
第十九名　孫持　榆次縣學生　詩
第二十名　劉夢龍　沁州學生　書
第二十一名　馬登高　河東運司學增廣生　詩
第二十二名　韓栻　蒲州學增廣生　禮記
第二十三名　王國瑚　猗氏縣學生　易
第二十四名　曹世卿　稷山縣學生　詩
第二十五名　張本　忻州學生　易
第二十六名　馮紀　平定州學生　書
第二十七名　周盤　澤州學附學生　易
第二十八名　司馬祉　夏縣學附學生　詩
第二十九名　陳恩　太原府學生　書
第三十名　朱萬邦　蒲州學增廣生　易
第三十一名　馬一田　安邑縣學增廣生　詩
第三十二名　王之翰　絳州學增廣生　書
第三十三名　馮瀹　蒲州學增廣生　禮記
第三十四名　王化　遼州學生　春秋
第三十五名　楊沂　陽曲縣學增廣生　易
第三十六名　王繼夏　岢嵐州學生　詩
第三十七名　劉中正　代州學生　書
第三十八名　楊值　陽城縣學附學生　易
第三十九名　胡知化　太原府學生　詩
第四十名　趙霈　忻州學增廣生　書
第四十一名　李以幾　長治縣學生　易
第四十二名　趙大紀　襄垣縣學生　春秋
第四十三名　王津　河東運司學增廣生　詩
第四十四名　許獎　蔚州學增廣生　易
第四十五名　李繩芳　太原府學生　詩

第四十六名　郝洲　蔚州學生　禮記
第四十七名　張雲翱　河東運司學生　詩
第四十八名　馬諫　陽曲縣學附學生　易
第四十九名　雷應志　陽曲縣學生　詩
第五十名　杜志晦　蒲州學生　書
第五十一名　張一藩　翼城縣學增廣生　易
第五十二名　王弘業　平定州學生　春秋
第五十三名　徐觀瀾　澤州學增廣生　詩
第五十四名　牛希尹　潞安府監生　易
第五十五名　馬洙　蒲州學附學生　書
第五十六名　馮恩　代州學增廣生　詩
第五十七名　王育才　太原府學生　易
第五十八名　潘洙　平定州學增廣生　書
第五十九名　潘汝愈　岢嵐州學增廣生　詩
第六十名　任養心　芮城縣學生　易
第六十一名　高環　潞安府學生　書
第六十二名　靳如顏　屯留縣學生　詩
第六十三名　王明　鮮州學生　禮記
第六十四名　劉一貫　定襄縣學生　書
第六十五名　崔三省　高平縣學生　春秋

第一場

四書

大哉孔子博學而無所成名子聞之謂門弟子曰吾何執執御乎執射乎吾執御矣

司馬晰

同考試官教諭李批（聖學之大在無名名在無執此作得夫子本旨宜錄以式）

考試官教授譚批（有心得）

考試官教授劉批（精透）

時人不知聖學之所以大聖人因自明其意焉蓋惟無所執斯無所名此

聖學之所以爲大也彼黨人者何足以知之嘗謂大德不官大道難名聖如夫子不可以名求矣黨人知不及此乃曰大哉孔子博學而無所成名謂之曰大若知所以尊夫子矣惜其無成名其以徒博觀夫子乎不知徒博非夫子之學無名乃夫子之所以大也故夫子聞之明其意於門弟子曰道形而上本無定名可求藝形而下始有成迹可執黨人之意得無欲我有所執以成名乎吾何執哉古有以善御名天下者御或可執也吾其習馳驅之法而執御乎古有以善射名天下者射或可執也吾其效審固之能而執射乎射御非學所先也審執於射御者將以成名也如其名而已矣則藝誠可執如其藝而已矣則御尤易成然則吾將執御矣庶乎名以有所執而成學以有所成而非徒博也二三子其謂之何要之意必固我之盡忘夫子無成心也何所執也仕止久速之惟時夫子無應迹也何所執也無所執故無成名無成名故成其爲大吾不知黨人者其能知夫子之意否也嗟夫時至春秋智謀熾而王迹熄人心漓而大道隱夫子道大莫容寥寥天下曾有一知而試之者乎故莫知之嘆獨歸其知於天而則天之稱惟歸其大於堯夫子衛道之心亦戚矣是故觀堯之所以則天者曰蕩蕩難名然後夫子之所謂大者可識也

　　天下之達道五所以行之者三
　　林一桂
　　同考試官教諭張批（題難發揮是作體驗親切識見精到可錄）
　　考試官教授譚批（講得達字所以字透）
　　考試官教授劉批（見理之作）
　　中庸全舉達道而揭其所以體之者焉夫達道惟五故全也而所以行之者有三焉欲修身者可不知所務乎夫子以此進哀公也豈不曰爲治本于君身修身在于體道明於身之所由修而爲政也裕如矣何則道也者天下之達道也原之爲天命之真而天合人合全體顯於周行率之爲人性之公而天叙天秩軌範形於日用親親一道也自親親推之而大經之所布達之一世之天下有五典焉其數可陳也尊賢一道也自尊賢推之而民彛之所昭達之萬世之天下有五禮焉其目可舉也天下之達道蓋五矣然豈可以虛行也哉身極本心極以立而兼體之者有全功至道待至德以凝而率由之者有定理以啓行之之端匪徒曰修道以仁也必有明此仁於始者惟三者全而後天常人紀之懿統是矣否則孰爲之綱維而使五典我惇乎以踐行之之實匪徒曰仁以修道也必有强此仁於終者惟三德備而後民彛物則之理管是矣否則孰爲

之運行而使五禮我庸乎夫達道而曰五則其推也漸以廣行道而曰三則其歸也漸以約文武之敬止敬勝以建君道之極者此也哀公其求端於是乎雖然達道固行於三德矣而一以貫之者誠而已誠者天命之本人性之綱立此則中存達此則和行致此則位育參贊之功全是故盡性至命會於一誠而擇善固執則思誠者之功也明乎是而修身爲政無餘蘊矣惜哀公不足與於斯

詩云迨天之未陰雨徹彼桑土綢繆牖户今此下民或敢侮予孔子曰爲此詩者其知道乎

張養蒙

同考試官學正姜批（治道貴豫周公孔孟之心一也是篇發明殆盡可錄）

考試官教授譚批（詞雅理明）

考試官教授劉批（簡切）

詩人托物以喻治聖人深有取焉蓋爲治貴未然之防也詩人之言深於治道矣宜聖人取之以昭訓與孟子引言以勉時君也若曰治國固在於仁而强仁莫要於豫吾謂閑暇之時宜與賢能明政刑者豫也嘗有以徵之矣彼鴟鴞之詩周公托爲巢以喻治國者也其云陰雨未作而徹彼桑土豫爲綢繆者言有備也牖户既葺而今此下民莫敢侮予者言無患也旨哉是詩獨觀乎化理之要道而作者故孔子以知道贊之蓋以識達治體而罕譬之旨實明當務之急心在王室而微婉之詞深得先事之防也治矣人心所易忽者而陰雨之謀有長慮焉是治不忘亂而人君思患豫防之道一諷誦可識其微也時已安矣人情所不虞者而桑土之計有深思焉是安不忘危而人君制治保邦之道一涵咏可通其故也非知道者其孰能之由是而知賢能者綢繆邦國之人政刑者綢繆邦國之具誠不可不及時爲之圖矣强仁之事孰加於此抑考之易言繫于苞桑書稱不見是圖其識治道均也而孔子獨深贊乎是詩者其亦寤寐周公而咏嘆之乎自古冲英踐祚成王稱賢而憂先王室周公爲最使繼體之君憂國之臣能法成王周公以圖治焉理道可坐致矣夫子舉而贊之所以垂訓後世也何切哉

易

天地感而萬物化生聖人感人心而天下和平

趙桐

同考試官教諭張批（天地以氣感聖人以心感作者類多支蔓子能一洗陳言發揮本旨深於易者）

考試官教授譚批（平正通達）

矣其如父母萬民之責何夫莫大於天地至教繇感而通莫大於聖人至德繇感而通然則咸之義其合三才於一致歟抑嘗求之天地無心也然必生聖人而畀之有相之道是聖人者天心之所寄也聖人窮神繼志知化述事而裁成輔相使民物各得其所然後天地有全功是造化之不及者又賴聖人終之矣要皆機之不得不相成者此天地聖人相感之妙也彼小補而驩虞者烏得與天地論感哉（此處底本缺頁——編者注）

日新之謂盛德

林一桂

同考試官教諭張批（是題盛德處最難措詞此作根極理趣不浮不鑿可以式矣）

考試官教授譚批（語精意到）

考試官教授劉批（潔淨）

大傳著盛德之所由名所以明陰陽之道也甚矣造物有本也觀日新之著不可以見盛德之蘊乎大傳推言之以明道也盡以斯道不倚於用而論化當識其原顯仁蓋發於外者而何以謂之盛德耶蓋凡根本不盛者斯發外不弘而化之未光必其舍之未大也今而生意敷呈於有象而萬物相見益旁達而不可窮化機隆施於無方而品物流形愈光昭而不可掩神育於一時而一時之機緘莫禦也誠通於萬世而萬世之化育常新也日新如此而不謂之盛德乎吾知動之直者靜之專而至化宣泄因以識渾淪磅礴之體光之大者含之弘而真機流衍因以見幾微易簡之原氣日達矣必有理以宰乎氣者在焉而後可以歷世運之久化日著矣必有神以妙乎化者在焉而後可以終天地之功析之則所謂小德川流也統之則所謂大德敦化也顯仁不可以言德而日新之所以顯者非盛德不能矣鼓物而不憂斯其至矣哉是則德非內也即未顯之仁也仁非外也即未藏之德也體用一原陰陽不測非造化之所以為妙與雖然此聖學也齋戒神明以洗其心則德自日新而與天地同神矣繇是蓄之則文明之蘊也出之則至德之光也天德王道富有而日新矣噫微聖人其孰能之

書

惟事事乃其有備有備無患

馬邦瑞

同考試官學正姜批（事事有備作者類混講獨子分析明當而詞意古

雅不染一塵識備之義得説之旨）
　　考試官教授譚批（意密詞古）
　　考試官教授劉批（精確）
　　大臣告君以弭患之道欲其圖之於豫也夫患之難弭者無備故也豫則有備矣夫何患之有傳説告高宗者如此若謂泰不可以常恃變惟貴於先圖吾王憲天以保治也可宴然而已乎誠以人君欲成天下之務忘所事則弛矣必兢業以總其要而圖難於易人君欲周天下之防怠所事則疏矣必明作以省其成而爲大於細精神奮於運用而綱維具於朝廷保邦制治之猷體之于無事之日者秩如也心思竭於規畫而品式通於邦國防微杜漸之道謹之于未事之先者裕如也不其有備矣乎夫備出於事事固患之所由以弭者也由是時值其常則其備非過計也防於未然以需用也由是偶遭其變則其備非虛具也救於已然以效用也意外之虞雖不能免而卒不爲害焉何者不見是圖吾有以待之矣適然之數雖不可逃而終不爲菑焉何者思患豫防吾有以應之矣是則患生於外者也不可必也備在於我者也所可盡也吾王不能必天下之無患亦惟事事以圖有備而已大抵天下之事弛不可也擾亦不可也故曰禹之行水也行其所無事也如智者亦行其所無事則智亦大矣此善治之説也後世不明此義作聰明逞智力日取祖宗之法而紛更之曰吾以事事也而天下不勝其擾矣嗚呼其真事事耶抑亦多事耶圖治者宜辨之

　　明王慎德四夷咸賓
　　張養蒙
　　同考試官學正姜批（氣格峻整詞華精粹不事剿説而文采蔚然杰作也）
　　考試官教授譚批（精練之作）
　　考試官教授劉批（純正）
　　大臣述明王來遠之由所以規君者至矣甚矣德足以感天下也即四夷之遠且應之而況於近者乎此王者無外之化召公述以告武王蓋爲受獎規也若曰君天下者不患遠人之不來而患己德之不修是故古之明王慎焉察治忽之原而以理制欲不溺於好尚之偏審向背之本而以道御情克端夫元良之範一日不謹懼累吾之德也故不敢自信其克明而猶兢兢以操存務要於聖修之極可焉一念不謹懼害吾之政也故不敢自安於罔愆而猶亹亹以省察務底於天德之精可焉夫慎德則有以繫華夷之望矣豈獨内順治已耶故言乎四夷地之相去至遠也而聲名施及自興乎盍歸之願德之流行至難也而神化潛乎自切

乎欲附之心來王來享彼固樂於用賓而正朔不及不計也蓋翕然傾向有若或
趣之者矣率俾率服我惟取其作賓而政教不加不拘也蓋勃焉丕應有若或速
之者矣斯則端其本以感之無所於覬也觸其機以應之無所於窺也古之明王
懷遠如此今西旅貢獒而受之也寧不嫌我之覬而虞彼之窺乎吾王可以省矣
吁召公以此訓戒其亦防微杜漸之心與雖然德修矣而夷不至吾之心可但已
耶故苗民逆命帝敷文德惟知自治而已矣後世席中國廣大欲以力困胡而臣
服之卒致海内虛耗其於内外夷夏之辨蓋未有味乎其旨也

詩

鶴鳴于九皋聲聞于天魚在于渚或潛在淵樂彼之園爰有樹檀其下維
穀他山之石可以攻玉

司馬晰

同考試官教諭李批（陳善納誨意讀之躍然是必長於諷諫者）

考試官教授譚批（意精詞雅）

考試官教授劉批（微婉）

人臣屢托物以諷君欲其得諸心也夫物理可通于治也詩人托物以寓
諷而誠明好惡之理昭矣人君其可以繹思乎此陳善納誨詩也意謂王者御
世以精一傳心而誠明當盡以執中繼統而好惡貴公其理皆寓於物者也王
知夫鶴乎鳴于九皋至幽矣而聲聞于天幽也亦至顯也聲聞俱達孰得而掩
之天下之不可掩者不獨鶴鳴為爾也王知夫魚乎魚在于渚至淺矣而時潛
于淵淺也而或深也兩在莫測孰得而限之天下之無定在者不獨魚潛為爾
也園之有檀孰不好之材美也而其下維穀焉則可憎者固伏於可好之中矣
以檀而并愛其穀豈天下公好乎事之類於檀穀者蓋多也他山之石孰不惡
之質礪也而資以攻玉焉則可用者固寓於可惡之中矣以質而并弃其用豈
天下公惡乎事之類於玉石者亦多也是蓋理即物而可見心隨物而可通知
鶴魚之旨而誠明之學得矣知檀石之旨而好惡之情公矣在王心一覺悟耳
若詩人者其善於納誨者乎嘗觀古今論諫者每與諷而少直要之諷直一也
顧聽言者何如耳明聖之君虛懷樂善直可也諷亦可也否則不以為激且以
為迂何望其信而從耶故進言非難聽言為難聽言非難用言為難

憬彼淮夷來獻其琛

王與勅

同考試官教諭李批（題本稱願之詞非是實事口氣最為難得惟此作

得旨）

　　考試官教授譚批（文有溫厚意）

　　考試官教授劉批（雅潔）

　　遠人格心而致貢其感之者有自也蓋淮夷之爲魯患久矣心服之而琛且獻焉魯之聲教其廣乎此泮水所以用禱也意曰文教之興復固國人以之觀化亦遠人視之向背者也我侯茌泮而其服遠也何如今夫獻琛之禮所以明有順也負固如淮夷若難以是望之矣吾願仰禮教之化而匪茹之類咸變爲自新之圖聞信義之風而無知之衆盡化爲有覺之良昔嘗附楚附徐而憑陵我矣至是悔心生焉望鼎繹以來同而方物之獻弗敢私也昔嘗病郯病杞而侵越我矣至是悟心萌焉仰龜蒙以至止而庭實之陳弗敢後也黷貨之念彼非不猶之昔而效順之忱非此無以自見者修品物以告虔若或期之我侯不貴異物之心勿暇論也懷寶之心彼非有改於今而來賀之衷非此無以自白者輸儀物以將敬若或約之我侯不作玩好之心無暇計也此則弓矢車徒有所不必試而服之以心者有甚於服以力式固之獻有所不必施而懷吾之德者有甚於畏吾威矣所謂淮夷卒獲者此也所謂孔淑不逆者亦此也吾人之願我侯者豈其微哉噫若魯人者可謂忠愛之至而善頌禱矣雖然國無外患君子懼焉夷狄雖或賓服而其欲逞之志猶未嘗一日忘也況魯人之詞多誇而淮夷之事史不絕書乎噫至於順長道克明德之說而詩人之旨婉矣書曰無怠無荒四夷來王其詩人之意乎

春秋

季子來歸（閔公元年）

蒲三善

　　同考試官學正姜批（是作辭理純粹非春秋名家不能到錄之）

　　考試官教授譚批（善發聖人賢季子意）

　　考試官教授劉批（文醇意精）

　　春秋於賢臣復國而隱顯其辭以示予焉此觀季子之歸其有係於魯之宗社不小也春秋致意於書法之間謂非所以表其賢乎昔慶父構難閔公甫立魯之國岌乎其足虞矣由是我公盟落姑以請於齊而季子復歸焉夫托迹於齊不免失身之辱用事於魯似緣宗親之故人方以是爲季子累者君子曰賢如季子亦可以是累之耶彼其忠誠著於平時素行乎於人望自公輔之繇一卜而其賢已足風天下矣今而內難甫殷寔崖君父之想自齊返國大慰人心之思魯國方危所望以奠之安者季子也一來歸而數百年之胤祚得免於

復隍矣雖鹿門之築賴盟於高子而所以弭其旦夕之急者非季子之功誰乎內賊未討所望以奪之氣者季子也一來歸而數十年之權奸難逭乎刑罪矣雖如莒之行固待於經年而所以震其不軌之心者非季子之功誰乎即其避難於齊行若可恥也然自後日之功觀之可以昭其出不逃難之忠以奔而罪之隘也即其本支見庸迹若可疑也然自平日之賢論之可以諒其官匪私暱之故以親而弃之偷也故不稱公子非沒其貴也示天下知其賢不書出奔非沒其恥也使天下信其賢其所以全季子者何至哉嗟夫慶父專而魯國危季子歸而僖公定人君用人誠不可不慎也矧是時霸如齊桓亦嘗有窺魯之志向微季子其何以消內外之變而揩之安哉書曰邦之榮懷亦尚一人之慶吾於是而知賢才之有益於人國也

仲孫蔑會晋欒黶宋華元衛甯殖曹人莒人邾人滕人薛人圍宋彭城 夏晋韓厥帥師伐鄭仲孫蔑會齊崔杼曹人邾人杞人次于鄫（俱襄公元年）

  周大年

  同考試官學正姜批（此作深合傳意且詞嚴體正可以式矣）

  考試官教授譚批（辭理明暢）

  考試官教授劉批（得謹嚴體）

  春秋重君臣之義故兩予霸兵以致意焉此宋之圍鄭之伐皆關於君臣之大義也春秋寧不深與之乎昔晋悼嗣霸以魚石叛宋而楚鄭助之也於是討魚石圍彭城遂伐鄭而次鄫焉君子曰美哉晋師其皆放義而行者乎何則不登叛人天下大義也楚雖變夷之國獨不知君臣之分乎顧乃肆意魚石之封畀以彭城之入則宋之大分自楚紊矣幸而晋也當虛杅既盟之後舉誅亂討賊之師環邑示罰降城歸地以五大夫還而置諸瓠丘焉卒使魚石叛君之罪無所容楚人黨叛之謀無所濟大分既紊而復正此一圍之功也春秋于圍彭城而必係以宋者若曰楚不得取之宋魚石不得受之楚與晋之義見矣若擇義而從小國令圖也鄭雖附夷之國獨不明君臣之義乎顧乃甘心從楚之私連兵魚石之黨則宋之大義自亂矣幸而晋也當彭城既圍之後為聲罪致討之師入郛示懲敗洧示威合諸侯之師而次于鄫地焉使鄭人朋奸之罪無所逃楚人救鄭之兵無所用大義既亂而復明此一伐之功也春秋于伐鄭而不書楚救者若曰鄭無可救之善楚不得有能救之名與晋之義益見矣此義行則誅討之法嚴而背叛之禍熄春秋經世之慮其深乎抑于是而知晋悼復霸之易也嗣位之初他務未遑而能首倡大義於天下宜諸侯景從而能繼桓

文霸業之盛也悼有君子之資於圍宋伐鄭而益信其然矣噫此其所以能霸

禮記

作者之謂聖

陳遇文

同考試官教諭張批（禮樂之情根天地人心說聖人即德合天地首出人類者是作得之）

考試官教授譚批（發揮精切）

考試官教授劉批（醇雅）

建禮樂之極聖人之能事也蓋禮樂必待人而興也然則先天下而建其極者不謂之聖而何且禮樂之道有情以立其本有文以彰其用知其情而作之者難矣夫曰作則軌範自我昭而創建於一心有以垂百王之懿憲法制自我定而經始於一時有以立萬世之典章其大禮同節者知此合敬之情而協義以起之也其大樂同和者知此合愛之情而因心以出之也是非聖人能之乎心思通乎性命而無體之中有全禮斯節之為有體之文此之謂聖人履中正也至德協於天人而無聲之中有至樂斯制之為有聲之用此之謂聖人樂和平也先天以開人其聰明之天縱者乎而明作禮樂蓋幽贊神明者為之也緣情以作則其睿知之性生者乎而極建中和蓋德合天地者能事也謂非聖人而何信乎禮樂為經世之大典聖人為命世之至人所謂待人而興者與故曰不聞性與天道而能制禮作樂者末也雖然作者固謂聖矣聖如夫子乃述而不作何耶蓋德者本也時者會也位者權也必三重備而後禮樂可以作矣故周公操時位以定經制成周禮樂郁郁定百代章程焉夫子有聖人之德而時則春秋分則素王是以徒見周公於夢寐寄禮樂於刪定焉耳然則有位與時者其於禮樂之道宜何如

其舜禹文王周公之謂與有君民之大德有事君之小心

閻國魁

同考試官教諭張批（本旨重在事君小心上作者類不知此子能抑揚發明經學之邃者也可式）

考試官教授譚批（認題明白）

考試官教授劉批（典雅）

聖人贊群聖盡臣道以其厚於仁也夫臣道莫難於盡仁也德大而心小焉群聖之所以立臣極乎夫子之言蓋曰人臣貴於有德而尤貴於忘其德忘

其德而純心以事君者厚於仁者也詩以求福不回歸諸凱弟君子者何謂與蓋德有未盛不能嚴欽翼之誠心有未純難以盡篤棐之節其惟舜禹之守臣道於唐虞乎文王周公之共臣職於殷周乎則求福不回之謂矣何以言之人臣庇民以德而事君以心有大德者未必其有小心也惟此群聖容保之度所以宏庇乎生民而宜君宜王者既有此大德也精白之忱所以祗承於厥辟而有嚴有翼者又有此小心焉曰好生曰惠迪舜禹之德固足以兼天下矣然德愈盛而心愈虛惟兢兢焉知臣道之當守而已他何知焉爲惠鮮爲師保文王周公之德固可以毗斯世矣然德愈隆而心愈下惟翼翼焉知臣職之當共而已他何計焉德優於庇民而心純於報主仁之厚也孰加焉信乎其求福不回也欲爲臣盡臣道者法四聖而已矣抑四聖大德小心夫子知之天下萬世法之四聖人不知也蓋中心安仁而師師蹇蹇者一無所爲而爲也此讓德祗承事殷復辟恪共弗易也一有利之心則回矣回豈臣之福哉宋臣曰爲之自我者當如是其知純臣之心者歟

第二場

論

人主當務聰明之實

司馬晰

同考試官教諭李批（立意純正氣格雄渾無一塵套論之翹楚也）

考試官教授譚批（章法句法綽有古意）

考試官教授劉批（古雅雄健）

人主以至公之心治天下而不役其身以爲天下用何者人主不能以獨治天下舉天下之事而付之於臣臣者佐主以圖治而凡主之智之不及謀力之不及爲者彼皆盡心以謀之爲之而卒歸功於其主故明主以至公之心求天下之賢寄之以腹心股肱之任然後聰明之用益廣而天下之治日益精明而不可及苟恃一己之聰明鰓鰓焉役其身以求治而天下之事紛至沓來遺於耳目之外者卒無以濟而聰明之用亦窮此名實之辨勞逸之分治忽之機不可不察也今夫天之道公而已矣以聰明寄之民而無容心書曰天聰明自我民聰明知天則知君矣夫天之生君豈其使一人巍然寄於民上而無所作用哉當必有聰明睿知首出庶物之資以爲用人行政之本故曰亶聰明作元后蓋厚之也夫惟受之者異也人主不得不以聰明爲天下用然託之者重且大也人主又不敢不以用聰明爲天下慎故務實則公公則逸務名則私私則

勞而治忽因之然則人主之用聰明亦在乎知務而已矣昔者稱人主之聰明有曰雄才大略也綜核名實也强明自任也之數者世之所矜快炫誇而明主不務也何者彼鶩於名而鮮實也故以才略名者耗海内以綜核書者索元氣而伺人隱伏旁窺苛察者無救於藩鎮之跋扈則是務名之過而寡實之效也是故前鄭後衛易惑也左許右史易蔽也一暴十寒易怠也故一堵之外目有所不見一室之聞耳有所不聞以壅蔽蠱惑者衆也甚矣人主之無樂於務名而役其身以爲天下用也故務實莫若公公者何所謂純心任賢相與圖天下之治者也今夫泰山高矣而土壤附焉河海深矣而細流歸焉何者卑者高之基大者小之積也人主之用聰明亦若是而已夫世未有有君而無臣者也而人品不同孟軻氏所稱安社稷以上其大較可想也人主患弗用耳既用矣患弗專耳夫惟不用不專而後人主之聰明無所寄毋怪乎役其身以爲天下用也明主知之故不以一己之聰明爲聰明而以衆人之聰明爲聰明不以臣視其臣而以一體視其臣不以上下之分相懸隔而以一體之義相責而相成君有以諒其臣臣亦有以諒其君日與之共論天下之事要諸至當而督之于行故彼有所是無以其非折之彼有所可無以其否勝之彼有所參錯齟齬而相軋也無以其成要之何者至公故也公故能虛虛則有以容天下之善公故能明明則有以研天下之幾由是不有其聰而聰無不聞也不有其明而明無不見也蓋至於無不聞無不見而後天下之治猶運之掌而人君之身其自處又甚逸假令與沾沾察察偏聽獨任者比德較政不可同日而語矣昔在堯舜神聖濬哲其臣有若九官十二牧而又百揆四岳總治内外相與疇咨吁咈於一堂之上故其治雍熙太和邈乎難及彼所謂通上下之情觀於名實之辨而善用聰明者也故曰堯舜之知不遍物堯舜之仁不遍愛人以親賢爲先務也抑又聞之冕而前旒所以蔽明黈纊充耳所以塞聰若不用聰明然者何與蓋有之而善用者人主以飭明作之功黜之而不用者人主以養敦大之體斯二者蓋交修也而固人心培固脉尤在渾厚篤實云然則人主聰明之資惟貴養之哉惟貴養之哉此朱子未發之意也

同前
趙桐
同考試官教諭張批（舉憲天爲人主聰明之實識見卓越末以致君之學歸重大臣尤爲知本）
考試官教授譚批（有議論有操縱）

考試官教授劉批（格調古雅）

人君以天自處一憲天之外無容心矣所謂天者非在天之天吾心之天是也夫以天下之大舉而萃之人主之一身其不能以形為天下役也較然而徒欲察察焉為徼伺之私智斯勞矣故不能不寄其耳目於大臣大臣之寄欲其格吾之非心也而又屑屑焉資其聞見之末智亦小矣故又不能不養其聰明於已寄其責於人養其體於已夫然後吾心之天湛然不昧而天下之輻輳紛至林林總總而莫可紀者舉為吾心思之所及心思之所及即吾耳目之所及也斯不為聰明之實而明主之所當務歟人主當務聰明之實朱子謂任大臣圖國事也請求其所以為實者究言之書曰惟天聰明惟聖時憲是君之聰明蓋得之天者也昊天曰明及爾出王昊天曰旦及爾游衍是天之光明下濟固無乎不燭矣人君所居天位也所職天職也若禮樂若刑政若蒸黎若九夷八蠻若鬼神天地若草木鳥獸其所待於聰明之兼照者至賾且大以其待照於我者賾且大如此而吾之聰明有所及有所不及焉非天也天不自用也四時之吏布其令五行之官宣其氣而天則漠然冲然萬物涵於中焉而不能逃其視聽使天莫為之宣莫為之布而欲物物察之亦甚褻矣大臣者君之四時五行也而為之君者隘於自用蔽於偏聽不以大臣鼓其謀而作其哲是以天之所不能者而責己之必能非天也四時五行天宰之也上天之載無聲無臭維天之命於穆不已而後宣者宣布者布故語天道之所以大者不曰四時五行而必歸之於太虛太虛者聰明之實也人主之心有天聰天明在焉而壅之則塞蔽之則昏吾自昏且塞其聰明而徒寄之人焉即與太虛不相似矣亦非天也惟聰明有所不及者之非天也則不可有用智之私惟自用而不用人者之非天也則不可無任相之道惟自累其心之虛者之非天也則不可不以事天者事其心是故咨諏焉以洽其聞明試焉以精其見可以裕吾聰明矣而非其實也有所獻納而從之有所建立而行之可以資吾聰明矣而非其實也姜菲之謗不行而聞皆正言忠直之徒是任而見皆善行此可以端吾聰明矣而非其實也恐其聰之察而制之瑱恐其明之察而制之旒固聰明之所收也而未也出有節奏之和入有箴規之益遠有典籍之稽近有彝訓之考固聰明之所寄也而猶未也必也於奸聲而遠之勿使亂耳於邪色而絕之勿使亂目一念之發至微眇也而視於無形聽於無聲有誠意之學有慎獨之防有天監在茲之惕日去其所以壅吾昏吾者而使此心之天洞然不失夫然後天聰之聰聰之實也天明之明明之實也可以任大臣可以圖國事天下之怨咨不平者吾得而聰察之天下之暗暗污濁者吾得而明見之禮樂若何而修明刑政

若何而振舉蒸黎若何而乂安九夷八蠻若何而嚮風天地鬼神若何而平成而格享草木鳥獸若何而咸若不出堂陛而四海九州之遠物無遁情不離旦夕而百千萬年之幾理無遺照天下之人舉曰聰明之主也後世之人舉曰聰明之主也而莫得其所執鞭則以諫說犯君類已故張而大之非知言也雖然之二子乃若是而後之論才宜乎其難之矣其他無論即自三晉言之若霍光之於漢史以小心謹慎稱斷斷然未有大過人之節行也當昭帝幼沖而上官桀邑諸臣襲勢而誨亂漢祚移在指顧間乃光以毅然之氣攝伏群邪處廢立之際而舉措甚閑即能擁昭立宣而始元地節之間漢祚危而復安者皆光之力也光不獨視群小若畜之然至郎有上書者輒納之田子賓按劍數言即引用有加假令充其愕受之心漢之圖麟閣者當不在單于來朝後若溫嶠之於晉史以風儀博學稱蓋眇然一儒生也晉方草創江左后勒王敦蘇峻之徒相繼倡亂晉亡在呼吸間乃嶠以孑然之身脫之虎口仗區區忠義以號呼群后五州響應即能討石勒劉聰誅王敦而平蘇峻之難晉之危而復安皆墳籍一遇李膺而名稱籍籍滿天下史稱林宗雅俗無所失將其明性特有主之者乎蓋言學也違方改務不惟自晦恂恂善道天下士咸慕之以成名世之稱者曰郭林宗何如人蓋誠异之也王仲淹陳隋間所稱至人也當其自博士公受元經已能知治亂之故而至從李育之徒游遂慨然有四方之志史稱退志其道而六經大就聖人之旨天下之能事畢矣蓋言學也動稽古則洵有格言豪杰多所嚮應自以王佐之術相授受後之稱者曰仲淹古之隱德君子蓋誠异之也夫辦天下之事易成天下之事難處危急之時易處紓緩之時難為才而才為器而器天下之人指而稱曰是非才人也是非器人也是目論矣然亦有當繁劇紛擾而中不亂當移游成敗而中不變才不必名也器不必名也則必有所以主張是者學是也夫學以資才非以用才學以弘器非以賈器管晏不足為曾西氏已志之矣若晉之數子其才其器與管晏孰優劣要當有以辨之乃其學如林宗仲淹者果孔孟之遺乎使與數子論建立果相肖似乎抑亦有出數子之上者乎無乃當漢隋之間時不可為而依托為自全計乎則二子之學未易優也雖然學貴於知道知道則雲行雨施其機不露知道則天虛淵定其局不張不露則發之若硎刃手不可拭也不張則容之若武庫目不可應接也以才器運天下而天下不知才不知器而才器之效收之自我此經世之學也區區求為名高而招致一時之俊以自侈門戶其於學則何如（此處底本缺頁——編者注）

第四問

李弘道

同考試官教諭張批（經畫時務如指掌蓋救弊補偏之略素定於中者信能行此晉無難事矣）

考試官教授譚批（條對詳明文詞古健）

考試官教授劉批（俊杰之識）

天下之計有可爲數十年計者有不可爲朝夕計者夫天下時而已時之所趣若流不能障而塞之也我不能爲時而能不違時恃有以應之也天下之事惟時之使非以窮我也而調停均節審其機宜以應之不繆於拘攣不濫於流移是我之所以用時也我能用時數十年不論也朝夕不論也請以局喻局至變也局之譜畫無類千百種局若此應若彼曾未有一類其機宜在人不在局譜故也議法者何以異於是夫議法亦有說議於有餘之中者易議於不足之中者難議昔之不足者易議今之不足者難蓋變屢出而爲所窮時爲之矣今晉之當亟議者有四而卒未有以應之自藩封之典盛而祿食于土者亦既衆矣矧生養益繁罄民之入不足以供宗藩之需之所出加之師旅凶荒而三晉常患於無祿自兼并之計肆而屯田之没於豪强者亦既盛矣矧依假册籍陽應其名而陰收其地利加之招納亡命之徒而三晉常患於無屯自計羨之議起而課無積藏池之生不生不可必朝三暮四之術要惟足課此可爲一二年計也加之屢年浸没而三晉常患於無鹽自改户之風熾而軍無定籍軍之正與僞不足論而彼出此入要惟實伍比但可以充目前文具也加之窮邊改調而三晉常患於無軍今下之所以游談聚議上之所以變政易令以應四者之變不可勝數矣而祿終不支屯終不清鹽終不摧軍終不實是豈真不可應也無亦拘攣其說不能隨所趣而以時應之耳夫局不變而移譜譜不變而移人固矣亦有信變而之譜信譜而忘局者今晉不足中也我國家計軍授田蓋畜之也晉疆子粒不支半軍不支必枵腹不任指使指使不任而譟呼繼之非所以稱其畜也其後必當惟稽其子粒間有侵奪者視地而補之軍仿漢塞下渭濱故事與軍共之分種之利既博而收利者惟取盈則不必清丈而軍皆土著矣不然分畫晉疆不能一朝辦而欺愚贏縮不可計矣夫晉之鹽古稱曰海眼蓋以自生而易利也鹽之生不生視水之高下中條之麓其山溜未易泄也鹽不花數年矣此不足之尤者也不惟輕販無賴之徒不可羈而撈收之編役且坐困頃者水漸落而鹵且生則水猶可煮也或仿煮海之計而以應目前之需則不必峻法取盈異日者冀一生則年計所積必倍不必拘計羨間矣夫晉兵古曰天下莫强蓋以習邊而輕敵也軍之籍不籍視貲之盈縮并

薊之交其去留未易羈也軍之虛籍亦數年矣此不足之尤者也不惟隱避滑稽之徒不可窮而里胥之役益張燧頃者軍資費而邊民困則軍猶可募也或倣招募之議以充塞下則不必窮句盡類异日者冀其習利則邊民樂戰不必句攝而塞下皆勝兵矣夫事不必有成計惟在當機機不必有定執惟在善收夫所謂收者數十年之利害不以小不便而止朝夕之計不以小利而爭趣無可成之狀而不可成之形已見無可議之端而議者已踵其後無惑乎收之難也收之難則法不一法不一則爲三晉計者窮毋乃漫不知收與雖然天下之法何常亦權之以人而已夫所謂人者以其用時也防禁之大深督責之大急非時也用時者至嚴而有所至寬至易而有所至險使天下信之而不測惟曰此利我也不知我有以制其後則我之用彼乃所以用時也惟能用時則不患不收惟能收則數十年朝夕之計若指畫然此局論也

第五問

蒲三善

同考試官學正姜批（不計虜勢強弱惟先自治且歸重任將得禦夷上策者）

考試官教授譚批（肯綮可見之行）

考試官教授劉批（暢諳邊務）

夫中國之制夷非曰大懲創之使折北而不支也又非曰設約而固要之使必柔服而不貳也吾修內治飭外防使外有難犯之形內有不可不勝之實則虜之強弱吾直眇焉視之即款關納貢稽首稱藩不爲喜雖鳴鏑飲馬飛羽燔燧不爲懼隨其叛服去來常有以應之則中國之勢重勢重則機在我夫使中國勢重而機在我是長勝之筭善之善者也法曰先爲不可勝以待敵之可勝其謂是乎夫制夷無上策自古難之矣即漢諸臣運籌策而贊廟謨言人人殊約其要歸兩科而已故曰縉紳之儒則守和親介胄之士則言征伐蓋其概也故有強而戰者亦有強而不戰者有弱而和者亦有弱而不和者屈伸异變機勢相反總之非乘利則用餌也以今視昔鑒戒較然在智者遠覽而用之當耳夫晋苦虜患久矣惟我穆宗皇帝威宣中外臣服四夷既已納北虜之貢而聽其市今三歲矣無論諸邊即耳目之所睹記父兄緩帶稚子咽哺何其安也雖恣求數數計所省不啻鉅萬云斯非餌以羈縻之明效與說者謂虜近塞城城疑爲給我疑之非過也獨不憶中行說爲虜畫策乎其實虜之備我亦猶我之備虜而不知彼之備固彼之忌也無乃贅疣之類與夫猛獸在原野至虓噬也然可驅在柙或逸而出猶能以機焉反之何者貪於餌也今之制虜何以异是雖然和不可恃備不可忘請以漢喻

蓋武帝未嘗一日忘匈奴選將出塞數矣單于僅僅遠走亡匿幕北至宣帝之世乃始稽首臣服遣子入侍以五單于争立壞亂幾亡武帝餘威有以懾之而武帝又承文景之後其富庶有足賴者焉以古爲鑒參伍彼已則北虜之和也果將信之與抑將激之與不則亦將備之與有疆場之責者可以權矣夫所謂備云者非如武帝輕於黷武也又非如宣帝必欲降虜也不過即廟堂之所指畫者劑量而潤澤之耳故險隘議修矣而城堡弗并我之所備者衆而力分非計也盍亦并小堡以成大堡乎如是則我專爲一虜分爲十所與戰者約以衆待寡一策也胡馬議收矣而車戰弗講以所短角所長非計也盍亦改步兵以修戰卒畏將勇敢倡則勇于公戰邊民寬則人懷土情無外泄自是虜尋吾盟我則開誠撫綏不爲利而誘之不乘亂而取之自是虜背吾盟我則因利制權或閉關以謝之或移師以討之是和可也戰亦可也以之備山大可也以之備各鎮亦可也蓋機常在我應變有餘而虜之强弱叛服不與焉所謂修内治飭外防先爲不可勝以待敵之可勝者此也抑又有説焉昔者趙之良將李牧常居代雁門備匈奴其地固今之山大一隅耳考其時猶能具選車得千三百乘騎相埒百金之士五萬人彀者倍之而又日椎牛享士卒能出奇大破殺匈奴十餘萬騎滅襜襤破東胡降林胡單于遁走不敢近趙邊者數年此無他任之專而彼得以盡其才也然則今日重專閫之選弛文法之禁唯在將將者一加之意耳

山西鄉試錄後序

聖天子萬曆元祀山西歲當鄉試文光等以監臨御史聘至典試事錄既成文光當序諸後竊惟人才之生關乎氣運其培養有自其奮起有期其氣厚者必重發其應運者必非數數然也在昔唐虞之盛史稱十六族堯未能舉舜舉之夫以堯之神智豈有遺舉哉業已培養之蓋遺之舉也至讀皋陶謨知人安民亦言其人有九德其取數至備也而三德六德咸事事不遺又若不專備然者蓋唐虞之世政愉而俗恬士生其間者志在大同必於求治既自量已以致力而不辭又量人知其必能致力已無愧慚而人亦無他讓故曰九德咸事言收之者備也于時人皆君子比屋可封則彼都人士遺而待舉者多矣非舜曷收哉三晋古唐虞夏故都也其薰蒸緼結代産异才當穆宗皇帝撫運中興内寧外輯環邊無烽燧之警而絃誦之教頓追往昔惟皇上重華協帝首重選舉俯納言官條議頒布視昔有加則培養者既厚而應期者當輩出唐虞諸臣類皆冀産于時有咨命不咨之命則所稱九德蓋已難之矣今晋之山川猶故

也假令時代稍侵下於唐虞左右之臣不無遜避其於君子可封之輩當不多讓文光嘗頓轡境上俯仰大行汾流奇雲異靄相出没已覘窺必有異材伏處其下矣夫石韞則山輝珠潛則川媚人才之生類是也矧三晉爲帝王中有稽古自樹者即不能如十六相而三德六德勉自循服是皆先帝有以遺之也第其心與言違功與言异言者文光所據而知人者也言不可必從而試之功又從而懿之此於進取曷據哉嘗聞之鳳之性至仁其文五色昭明似鳳性至不仁其文亦五色植桃李者謂其華實也不幸變爲荊棘則將何利而取材爲哉文光恐多士文似而心違與既收而變者或類於是唐虞試功幽明之典於昭代有嚴豈惟爲古昔羞而於當時愛育掄材之意重有負矣此文光之所以懼而惓惓爲多士諷且規也

　　　　　　　　　　　直隸鎮江府儒學教授譚文光謹序

萬曆四年山西鄉試錄

山西鄉試錄序

　　皇上嗣大曆服之四年歲在丙子天下復當賓興之期屬禮卿以言者謂天下士日靡於文而鮮實也上其議請嚴爲之式以端士趨而崇理道詔下所司所司皇皇焉奉行惟謹獎抑所加雷動風馳而學官弟子員鮮不灑然易慮爭自鑱削就矩矱以待徵解惟是山西則巡按監察御史孫代實監臨之祗肅周慎夙夜匪懈乃與督學之臣約務崇雅黜浮以仰稱德意先事禮聘之藩暨學正梅在廷爲考試官教諭唐棟葉正蒙王正宇梁紹震周于用爲同考試官凡簾以內悉以屬之罔有弗慾以提調則左布政使徐行右布政使劉孝以監試則按察使孫應元副使張楚城暨百執事咸掄選以充凡簾以外悉以屬之罔有弗戒及期合巡按宣大監察御史沈涵暨提學副使蔡叔達所造士二千一百有奇三試之拔其俊六十有五人相與縱觀其文率典則雅醇根極理趣折中聖言而氾濫湛淫詭詖訏謬之習滌濯漸盡可以弗畔於禮卿之議郁郁乎美以盛矣遂遵制列其名氏錄其文以獻之藩不佞以職事當序諸首簡謹執策而諗之諸大夫曰持此可以報天子矣乎之藩悚悚然有深懼焉遂進諸士而申之曰聖天子方以實求天下士而諸士以文舉有司者復以文錄上毋乃非明詔意也乎夫文實之彰也實匪文弗達書曰敷奏以言文也易曰舍章從王實也諸士之文例不可廢已其務實之勝乎夫山西古冀州域堯舜之故都也太行恒霍之所環峙河汾溽沁之所注匯崟岑嵯峨浩瀚汪濊固函夏之奧區材傑之淵藪也在昔唐虞百揆四岳九官十二牧布列內外同德相濟庶尹御事咸備九德人才之盛卓越千古春秋時則有若衰偃軫穀隨冀胥欒林父叔向之徒尊王定霸奇勳偉略照曜史冊漢唐宋而下郭泰王通文潞司馬諸人彬彬繼作抗足迹前修之數子精微之蘊吾不知其於岳牧之佐何如也然各能以其材致主立身以顯其名於不朽無亦惟其實之勝焉耳而司馬公存誠不妄於道尤爲近之迨我皇明驅逐胡元肇復土宇列聖相承久道成化名世之彥間不乏稱河津夫子力行篤學爲時良輔爲世大儒若其居敬務實之訓讀書錄可考也今天子聰明仁聖允恭允塞乎於堯舜乃奮庸熙載

興事考成則自股肱以至於百僚咸兢兢師師以撫五辰而凝庶績即今宇內寧謐窮荒黠虜古所稱匈奴單于者莫不稽顙受職委命下吏率服丕叙之休實與唐虞爭將夫居堯舜之地遇堯舜之君不能率循堯舜之道以贊佐隆盛而詡詡然惟文是侈不亦末乎今夫丹轅轂車之文也歷太行九折之阪積中而不敢者斯不為虛車晉之乘屈產尚矣假令詭御失其故步即蒼膺朱鬣奚稱焉是故玄德之升必由歷試惠言之行期於底績責實之道蓋自唐虞而重之諸士行將應詔而往對公車服馳驅之役即九官十二牧之職且胥遷焉以稽爾實其何以哉噫盍亦反求諸其心而已矣精一執中堯舜傳心之學也斯實之基乎諸士涵泳典謨亦既有年尚其守文清之敬敦文正之誠會之於中由是精白純粹充積光渾以措諸身以施諸政以達諸天下皋夔稷契由此其選也彼春秋之士豈能望末塵而窺左足耶其或甘言希進終渝平生惟崇高榮利之是圖違明詔失聖意是靜言庸違唐虞之所棄也諸士其尚慎之以幸釋余之深懼哉諸大夫曰誠哉訓也三晉之士其庶幾矣是舉也總督軍務兵部尚書兼右副都御史方逢時巡撫右僉都御史崔鏞巡撫大同右僉都御史鄭洛振經宣猷士習丕變巡監御史先金階今陳用賓章軌貞憲文教聿新若郎中賈實主事胡來縉督儲於此郎中王三錫恤刑於此而光祿寺少卿岳相尚寶司卿徐瑅中書舍人牛惟炳行人司行人田疇皆以使事至若左參政張士佩右參政張夢鯉劉漢儒賈應元右參議馮于履副使蔡應揚許守謙劉津胡來貢楊愈茂許希孟王汝梅栗祁僉事韓應元行太僕寺卿吳哲少卿黃襄綜理乎此總兵官白允中參將謝天祐署都指揮僉事王江防範乎此而參議查鐸僉事王子蕙署都指揮僉事王應爵俱以表賀行法皆得書

河南南陽府儒學教授朱之藩謹序

萬曆四年山西鄉試

監臨官

巡按山西監察御史孫代（紹甫陝西扶風縣人　己未進士）

提調官

山西等處承宣布政使司左布政使徐行（遜伯直隸博野縣人　癸丑進士）

山西等處承宣布政使司右布政使劉孝（子仁河南安陽縣人　丙辰進士）

監試官

山西等處提刑按察司按察使孫應元（仁甫湖廣承天衛官籍鐘祥縣人　壬戌進士）

山西等處提刑按察司副使張楚城（鰲卿湖廣江陵縣人　戊辰進士）

考試官

河南南陽府儒學教授朱之藩（介夫　四川巴縣人　辛酉貢士）

四川眉州儒學學正梅在廷（元春　湖廣麻城縣人　庚午貢士）

同考試官

四川重慶府巴縣儒學教諭唐棟（隆叔湖廣江陵縣人　甲子貢士）

順天府薊州玉田縣儒學教諭葉正蒙（端甫湖廣黃州衛籍黃岡縣人　庚午貢士）

四川潼川州射洪縣儒學教諭王正宇（中甫四川郫縣人　丁卯貢士）

直隸鳳陽府臨淮縣儒學教諭梁紹震（元東廣東順德縣人　丁卯貢士）

四川保寧府劍州梓潼縣儒學教諭周于用（濟時青州永寧衛籍江西寧州人　庚午貢士）

印卷官

山西等處承宣布政使司經歷司經歷游于謹（守行四川內江縣人　監生）

山西等處提刑按察司經歷司經歷謝嘉儲（子宗湖廣潛江縣人監生）

收掌試卷官

河東陝西都轉運鹽使司運使李廷觀（明文江西豐城縣人　丙辰進士）

太原府知府梁式（似之山東冠縣人　戊辰進士）

潞安府知府祝尚義（質甫騰驤左衛籍直隸淮安衛人　壬戌進士）

河東陝西都轉運鹽使司同知陸一鵬（應程浙江餘姚縣人　丙辰進士）

太原府同知李萵（蓋甫山東壽光縣籍臨朐縣人　壬戌進士）

受卷官

潞安府同知喬木（伯梁直隸上海縣人　戊辰進士）

平陽府推官李天植（性甫直隸廣德州人　辛未進士）

太原府永寧州寧鄉縣知縣公一揚（子舉山東蒙陰縣人　己未進士）

平陽府襄陵縣知縣祁鯨（孟化直隸阜城縣人　辛未進士）

平陽府隰縣石樓縣知縣劉紹恤（長欽湖廣安陸縣人　戊辰進士）

平陽府蒲州臨晉縣知縣王毓陽（春裕陝西綏德州人　甲戌進士）

澤州陽城縣知縣李棟（尚隆河南涉縣人　辛未進士）

汾州平遥縣知縣孟一脉（淑孔山東東阿縣人　辛未進士）

彌封官

太原府推官王致中（懋和陝西寧羌衛籍直隸無錫縣人　甲戌進士）

潞安府推官王雲鷺（翀孺河南夏邑縣人　辛未進士）

澤州知州吴思學（叔敏江西廣昌縣人　辛未進士）

太原府陽曲縣知縣屈灼（見夫陝西蒲城縣人　甲戌進士）

太原府交城縣知縣齊一經（訓汝山東濰縣人　辛未進士）

平陽府解州聞喜縣知縣王象乾（子廓山東新城縣人　辛未進士）

平陽府解州安邑縣知縣卓世彦（士美河南祥符縣籍直隸睢寧縣人　甲戌進士）

潞安府長治縣知縣劉四科（希哲陝西紫陽縣籍　涇陽縣人　辛未進士）

謄錄官

太原府同知費標（元立直隸大興縣籍浙江慈溪縣人　辛未進士）

大同府推官來經濟（學可浙江蕭山縣人　戊辰進士）

平陽府解州知州王喬衡（南瞻湖廣石首縣人　癸卯貢士）

平陽府臨汾縣知縣劉金（子南山東禹城縣人　甲戌進士）

平陽府洪洞縣知縣蕭大才（允成山東堂邑縣人　甲戌進士）

平陽府翼城縣知縣孫兗（應文河南固始縣人　甲戌進士）

潞安府襄垣縣知縣胡峻德（明卿河南光州人　戊辰進士）

河東陝西都轉運鹽使司經歷司知事喬巖（巽甫河南商丘縣人　辛未進士）

對讀官

平陽府霍州知州王之輔（爾任山東新城縣人　辛酉貢士）

太原府榆次縣知縣姚德重（敬甫山東濰縣人　甲戌進士）

太原府太谷縣知縣賈西土（子坤直隸真定縣人　庚午貢士）

平陽府蒲州猗氏縣知縣何允升（吉甫河南杞縣人　甲戌進士）

潞安府長子縣知縣許鋌（定之直隸武清縣人　甲戌進士）

大同府大同縣知縣李坤（叔簡河南寧陵縣人　甲戌進士）

澤州高平縣知縣劉騰霄（子翀直隸安肅縣人　甲戌進士）

大同府懷仁縣典史郭子直（舜舉浙江海寧縣籍崇德縣人辛未進士）

巡綽官

太原左衛指揮使朱承恩（君寵直隸鳳陽縣人）

太原左衛指揮僉事袁應蘭（德馨直隸定遠縣人）

太原前衛指揮僉事汪宗堯（希聖湖廣安陸縣人）

平陽衛指揮同知呂應嶽（維翰山東曹縣人）

平陽衛指揮同知孫應魁（子薦直隸定遠縣人）

太原左衛中右所正千戶郝應龍（汝化直隸鳳陽人）

太原左衛中左所副千戶田思忠（一臣直隸豐潤縣人）

搜檢官

太原左衛指揮僉事侯汝諶（季常直隸滑縣人）

太原右衛指揮使王輅（遵商湖廣孝感縣人）

平陽衛指揮同知閔世忠（貞甫山後金山人）

太原左衛中所副千戶李宗寶（國禎直隸懷遠縣人）

太原右衛左所副千戶王世武（承勳直隸宿州人）

太原前衛後所正千戶陳鐶（廷器直隸邳州人）

太原前衛中所副千戶畢聰（子中直隸含山縣人）

太原前衛右所副千戶劉承芳（尚恩江西金谿縣人）

供給官

山西等處承宣布政使司經歷司都事董漢（雲霄河南孟縣人　吏員）

山西等處承宣布政使司理問所理問張志通（亨夫遼東廣寧中屯衛籍江西廬陵縣人　監生）

山西等處承宣布政使司理問所副理問謝君召（子脩陝西西安和縣人　選貢）

山西等處提刑按察司照磨所檢校祖天時（汝行直隸泗州人　儒士）

太原府通判張大道（子行直隸南和縣人壬子貢士）

太原府河曲縣知縣党傑（自與陝西城固縣人　丁卯貢士）

平陽府趙城縣知縣王承旨（天庸山東恩縣人　己酉貢士）

平陽府曲沃縣知縣韓易知（應乾陝西涇陽縣人　甲子貢士）

太原府苛嵐州判官王珠（叔光陝西華州人　吏員）

太原府經歷司經歷劉一卿（汝翼山東章丘縣人　監生）

太原府照磨所照磨王忻（民樂直隸任縣人　監生）

太原府照磨所檢校黃世恩（子沾江西永豐縣人　儒士）

太原左衛經歷司經歷邵縉（紫卿陝西富平縣人　吏員）
太原右衛經歷司經歷王廷擢（君用陝西藍田縣人　吏員）
太原前衛經歷司經歷王瑤（君珮河南磁州人　吏員）
太原府陽曲縣縣丞姬惇（純夫直隸定興縣人　監生）
平陽府蒲州猗氏縣縣丞張順治（孚政直隸深澤縣人選貢）
平陽府鮮州聞喜縣縣丞楊子南（伯陽山東高苑縣人　選貢）
潞安府黎城縣縣丞張世顯（繼明陝西沔縣人　選貢）
太原府陽曲縣主簿盧棟（受任直隸藁城縣人　監生）
太原府太原縣主簿張鵬程（騰遠直隸遵化縣人　監生）
太原府榆次縣主簿王宗樂（茂和直隸魏縣人　監生）
太原府孟縣主簿周讓（思能河南延津縣人　監生）
太原府忻州定襄縣主簿李思文（建中直隸吳橋縣人　監生）
太原府代州崞縣主簿孟承恩（天寵直隸長垣縣人　吏員）
平陽府鮮州芮城縣主簿毛夢春（元徵陝西環縣人　選貢）
太原府忻州吏目王守禮（子敬直隸清苑縣人　監生）
太原府陽曲縣典史王應聘（廷舉陝西涇陽縣人　吏員）
太原府太谷縣典史袁金（世用直隸六合縣人　吏員）
太原府祁縣典史孔依仁（德元河南鄧州人　吏員）
太原府清源縣典史劉繼芳（像賢山東壽光縣人　吏員）
太原府壽陽縣典史顧國臣（君輔山東恩縣人　吏員）
平陽府趙城縣典史祁光明（文煥陝西涇陽縣人　吏員）
平陽府隰州大寧縣典史徐煥（子文直隸丹徒縣人　吏員）
澤州陽城縣典史秦岩（伯林陝西涼州衛人　吏員）
太原府孟縣芹泉驛驛丞曹希魯（效參直隸真定縣人　吏員）
澤州太行驛驛丞崔泰（時達山西蒲州人　承差）

第一場

四書

子路有聞未之能行唯恐有聞　天地位焉萬物育焉　使契爲司徒教以人倫父子有親君臣有義夫婦有長幼有序朋友有信放勳曰勞之來之匡之直之輔之翼之使自得之又從而振德之

易

彖曰大畜剛健篤實輝光日新其德剛上而尚賢能止健大正也不家食吉養賢也利涉大川應乎天也　有孚惠心勿問之矣　繫辭焉以盡其言　兌正秋以萬物之所說也

書

帝曰來禹汝亦昌言禹拜曰都帝予何言予思日孜孜　導河積石至于龍門　一曰水二曰火三曰木四曰金五曰土　三后協心同底于道道洽政治澤潤生民四夷左衽罔不咸賴

詩

小戎俴收五楘梁輈游環脅驅陰靷鋈續文茵暢轂駕我騏馵　樂只君子殿天子之邦　其香始升上帝居歆　武王靡不勝龍旂十乘大糦是承邦畿千里維民所止肇域彼四海

春秋

春王正月城楚丘（僖公二年）　晋趙盾帥師救陳宋公陳侯衛侯曹伯會晋師于棐林伐鄭（俱宣公元年）　晋人宋人衛人曹人伐鄭（宣公十年）　六月雨（僖公三年）春西狩獲麟（哀公十有四年）

禮記

是故禮者君之大柄也　紀綱既正天下大定天下大定然後正六律和五聲弦歌詩頌　其在朝廷則道仁聖禮義之序燕處則聽雅頌之音行步則有環佩之聲升車則有鸞和之音居處有禮進退有度百官得其宜萬事得其序　天下莫不貴者道也

第二場

論

天下文章

詔誥表（內科一道）

擬漢令二千石興廉舉考詔（元朔元年）　擬唐命吏部尚書與學士法官更定律令誥（貞觀元年）　擬駕幸太學賜三氏子孫宴謝表

判語（五條）

信牌　私礬　祭享　夜禁　越訴

第三場

策五道

問 帝王之治莫大於約己裕民三代什一成賦上下咸足卓乎不可尚已後世履畝加稅民由之困而其用亦不足乃漢文帝屢詔免租天下富庶固矣而太倉之粟陳陳相因此其故何歟國家經賦之制準諸三代二祖列聖一德相承皆以愛養黎元培植基本爲先務每蠲正供以恤民隱今詔令具在可悉指而揄揚之與我皇上登極以來日惟惠民是念萬幾之暇御書十二事扁之內庭其於約己裕民之道至肫切也頃以吏治弊於玩愒因加核飭顧有司未悉上意嚮兢以靡文追徵爲塞責計於是汪濊澤幾於淤壅皇上洞見隱微詔責有司幷免積逋大哉皇仁薄海内外罔不舉手加額歌咏歡呼矣夫歲入歲出經費有常也乃天恩浩蕩若此其劑盈縮以裕公私固自有所本矣諸士子其揚言之以昭上德且俾有司知所宣云

問 阜財利用錢幣爲先自成周立九府圜法其制可謂備已籍古夏商間一行之乃法不盛傳何歟豈二代猶權宜之術而周官則經久之制耶説者謂泉布之法陶唐氏已有之而漢以後置造不一或自輕而入於重或自重而入於輕其稱名殊也果孰爲中乎抑其通塞誠關於是歟我國家制錢統局寶源累朝更鑄或通之而輒以塞或各以其方不相布其究安在頃主上用言議令各省開局鼓冶以期通行而專董以官節甚備矣其於周之制何如也夫法貴宜民慮當度始不知鑄之之法果何經理而後可以無弊行之之法若何區畫而後可以無阻乎願詳言之以覘爾用世之略

問 欽若昊天敬授人時王者調元贊化第一義也粵稽古昔堯之曆象舜之璣衡洪範所載庶徵班班可考説者謂渾天一儀獨臻其奧果起自何時與三代而下譚象緯者無論數十家圖書凡若干卷其曰躔月離日法斗分與夫氣朔盈虛可得而指言之與大初以鐘律大衍以蓍策直驗陰陽之毫忽稱運用之精矣其亦根柢渾天而作否也於是四十諸家曆若梁令瓚李淳風輩似非無稽者豈皆不足法與我朝司天占步獨有取於郭守敬所製簡儀謂其智巧兼備矣今歷年既還天度漸差隨時修改以求合天則保章氏職也爾多士必有能窺其際者願明以告我

問 國鹽政甚詳邇來浸弊他省姑勿論已解池稱海眼不假工作名曰鹽鹽合三省行之邇來民間往往稱不便以故私鹽成德月無虛日今關中所食者花馬池之產而河洛汴鄴之間則用淮蘆即太汾亦煎鹽矣於是有分地改額之議不知果當與否夫額課不足勢必取盈於商轉運他方民不樂售則

官爲官鬻而商與民胥困矣說者謂自超支之法立而商困自澆曬之法立而民困然歟又謂采取及期則所獲不可勝用人亦且樂用之而或者又欲令附近居民籍民所司聽其撈采計其所獲劑量而歸之官亦庶幾地無遺利焉果可行歟夫興利者在革弊今鹽之法弊矣願聞所以革之之道

　　問　山西三關其在寧雁則大同爲之藩籬惟偏老與虜爲鄰獨稱要害自辛丑虜入掠遼沁壬子掠忻代於是大同不可恃而畫地分守三關并重矣夫山西歲供大同倍於三關顧不能籍之捍蔽至以堂奧爲門戶籌邊者遂有設官分守未詳之議果然與總兵之駐兵寧武也若曰居中調度爲便耳而山西幅員且不甚廣又地力所入人力所出皆以給邊撫臣所經理者民事即邊事也議者謂不宜兼邊務欲仿延寧之制增一撫臣專駐偏老與宣大共爲掎角而并移總兵於其地以當虜衝蓋創於丁卯之患耳夫虜入此則重此虜入彼則重彼豈制虜之策在虜而不在我耶即今虜衆納款疆圉寧謐當事諸臣仰承廟謨及時大修邊政諸備虜事宜無容贅者獨與爾諸生講建官責守之可否

中式舉人六十五名

　　第一名　　王忠顯　　澤州學附學生　　書
　　第二名　　劉敏寬　　河東運司人監生　詩
　　第三名　　張泰徵　　蒲州學附學生　　易
　　第四名　　景明　　　安邑縣學附學生　禮記
　　第五名　　何束鳳　　猗氏縣學附學生　春秋
　　第六名　　閻士望　　太原縣儒士　　　詩
　　第七名　　王藻　　　太原縣學生　　　易
　　第八名　　張問官　　孝義縣學生　　　書
　　第九名　　張柟　　　河東運司學生　　詩
　　第十名　　苗朝陽　　河曲縣學生　　　易
　　第十一名　王立賢　　太原府學增廣生　禮記
　　第十二名　寇知剛　　榆次縣學生　　　詩
　　第十三名　趙國士　　文水縣學生　　　易
　　第十四名　李楠　　　崞縣學生　　　　書
　　第十五名　曹署篆　　交城縣學生　　　春秋

第十六名　景昉　安邑縣學生　詩
第十七名　王嘉棟　洪洞縣學生　易
第十八名　延論　平定州學生　書
第十九名　顧漢　大同府學生　詩
第二十名　李植　大同府學生　易
第二十一名　劉行寬　河東運司學生　詩
第二十二名　王鑰　忻州學增廣生　書
第二十三名　張枲　河東運司學生　禮記
第二十四名　司馬暐　夏縣學附學生　詩
第二十五名　閻期壽　澤州學生　易
第二十六名　樊民望　河東運司學增廣生　詩
第二十七名　馬化龍　夏縣學生　書
第二十八名　王釗　陽曲縣學生　易
第二十九名　李夢熊　潞安府學增廣生　詩
第三十名　李棋齡　平陽府學附學生　詩
第三十一名　魏之榦　武鄉縣學生　書
第三十二名　石珂　太原縣學增廣生　易
第三十三名　弋千仞　河東運司學生　春秋
第三十四名　陳蒙育　太原府學生　詩
第三十五名　常守忠　猗氏縣學生　詩
第三十六名　劉志仁　解州學增廣生　書
第三十七名　郭萬里　太平縣學增廣生　易
第三十八名　王遇春　安邑縣學生　詩
第三十九名　楊溥　澤州學生　禮記
第四十名　張崇禮　代州學生　詩
第四十一名　閻堪　榆次縣學生　易
第四十二名　李自治　榮河縣學生　書
第四十三名　馬崇謙　安邑縣學附學生　詩
第四十四名　楊崇儒　平陽府學增廣生　易
第四十五名　張以重　代州學附學生　詩
第四十六名　李承顏　曲沃縣學增廣生　書
第四十七名　栗永馨　潞安府學生　詩

第四十八名　楊大亨　潞安府學附學生　易

第四十九名　羅好仁　清源縣學生　春秋

第五十名　楊煊　蒲州學附學生　書

第五十一名　楊遇時　平陽府學附學生　易

第五十二名　郭熙皞　長治縣學附學生　書

第五十三名　趙城　陽曲縣學生　易

第五十四名　李學書　安邑縣學生　詩

第五十五名　李梗　翼城縣學生　書

第五十六名　喬梗　襄陵縣學生　禮記

第五十七名　張念　安邑縣學生　詩

第五十八名　衛廉　猗氏縣學生增廣生　春秋

第五十九名　陶登　絳州學生　書

第六十名　李三樂　太原府學增廣生　詩

第六十一名　戴天德　太平縣學生　易

第六十二名　趙敬脩　潞安府學生　書

第六十三名　吳養淳　安邑縣學生　詩

第六十四名　郭連城　夏縣學生　書

第六十五名　原乘雲　長治縣學生　易

第一場

四書

子路有聞未之能行唯恐有聞

張泰徵

同考試官教諭唐批（深得子路急行之心且行文典雅可誦取之）

考試官學正梅批（醇正）

考試官教授朱批（辭不費而意足）

門人於賢者而狀其聞斯行之之心焉夫以後聞爲恐則前所聞者急於行矣子路之善用其勇也如此且善之在天下也無窮吾人之聞之也亦無窮然聞以行爲貴行之敏爲尤貴其惟子路乎質本兼人而無間弗行欲以悉衆善於不遺性無宿諾而無行弗速欲以俟後聞於不已聞善斯行其心也或未能焉惕然於善之復繼而懼其聞之或壅所以奮迅於修爲者何弗至也有聞

則喜其心也或未行焉悚然於聞之復來而懼其躬之不逮所以激昂於邁往者何弗力也視善常有餘視行常不足皇皇焉日不暇給即其請益之心蓋善雖已行猶若未行者矣矧行耶方以有聞爲幸即以有聞爲恐兢兢焉不遑寧處推其果行之念蓋聞雖未有常若已有者矣矧已有耶是未能行者正其欲行之急而恐有聞者實其樂聞之本心也子路之勇用之於此其升堂也有以哉抑多聞慎行聖門之教也子路聞修己爲政之訓則少之聞浮海之嘆則喜是謂不知不闕無所取裁者也有父兄在夫子固嘗以退之矣雖然其視悦道而自畫者何如也學者以子路之勇而加以顏子之擇其庶乎

　　天地位焉萬物育焉
　　景明
　　同考試官教諭葉批（講一體處透徹有味殆究心於理學者）
　　考試官學正梅批（冲雅）
　　考試官教授朱批（理趣悠然）
君子贊化於一心體道之功極矣夫道涵於心與造化通也君子位天地育萬物而盡道於心者至矣哉子思之意若曰道也者其三極之精乎故心不離乎道而天地萬物不離乎心矣何也天地設位而中其體也君子中天地而致之則吾心與天地相對越矣由是陰陽順而確然者常清也剛柔理而隤然者常寧也高明博厚斂之一心而通之兩儀自各安其所矣其範圍天地而不過乎萬物并育而和其命也君子先萬物而致之則吾心與萬物相流衍矣由是絪縕合而氣化者醇如也精神會而形化者熙如也人性物性涵之一心而達之庶類自各遂其生矣其曲成萬物而不遺乎要之天地萬物莫非吾之心也位天地育萬物莫非盡吾之心也一心盡而性命全矣體道之極功如此哉夫以天地萬物而觀天地萬物也則至高矣至厚矣至繁矣以道而觀天地萬物也則天地一中耳萬物一和耳中先天地資萬物之始和生萬物而見天地之情君子致之而位育之者亦還其本體之真而已豈待於外而強之一哉故曰仁者天地萬物爲一體噫達於一體之義而道自不可離矣

　　使契爲司徒教以人倫父子有親君臣有義夫婦有長幼有序朋友有信
　　放勳曰勞之來之匡之直之輔之翼之使自得之又從而振德之
　　王忠顯
　　同考試官教諭王批（此題不難於措詞而難於莊整時義若此可以式矣）

考試官學正梅批（通篇練達無一字苟且）

考試官教授朱批（簡潔有味取之）

聖君命官以敷教而曲盡其教之之術焉蓋人倫者民性之固有也以此立教而曲盡其術焉聖人之憂民切矣孟子闢許行之意若曰聖人一身而任君師之責則民之逸居無教固其責之不容諉者也而豈能以無憂哉於是選於衆而得契焉使作司徒以掌教也教以人倫以正德也父子也君臣也夫婦長幼朋友也人之所爲倫也親也義也序別信也倫之所固有也因其有者而導之使有則所以爲之法者不得不詳矣是故放勳命契之辭有曰民性不齊教不可以概施也有曲成之方焉勞來以勸其善也匡直以救其失也輔翼於始而親義序別信之性使自得之斯已矣然人情易怠教不可以中弛也有加惠之術焉提撕之以牖其明也警覺之以作其勤也振德於終而親義序別信之倫使日新爲斯已矣是知聖人之憂民也既得人以弘其教而又立法以責其成仁天下之心固甚切也其何暇於耕哉嗚呼書有之愼徽五典五典克從言身教也故峻德明而萬邦時雍玄德升而四方風動聖人之立教蓋有本矣彼崇師重傳建學召儒教非不至而於化民成俗竟何補哉噫孟子論堯舜憂民而卒歸之蕩蕩巍巍其旨深矣

易

象曰大畜剛健篤實輝光日新其德剛上而尚賢能止健大正也不家食吉養賢也利涉大川應乎天也

張泰徵

同考試官教諭唐批（筆力簡古發揮體用合一之學殆盡）

考試官學正梅批（明當）

考試官教授朱批（爽朗可誦）

觀大畜之名詞而體用之學備矣夫體立用行學之備也卦具是義此大畜之所由以名辭歟象傳之意謂夫學以大正爲體而尤以經濟爲用是故畜匪大不足以弘其量卦名大畜者以內乾剛健而不屈於欲外艮篤實而莫掩其輝內外合而德不孤德之所以日新也非大畜所由名乎畜匪正不足以端其趨詞爲利貞者以變體剛上而尚賢卦德以艮而止健取舍當而守弗渝德之所以爲至正也非利貞所由係乎夫德妙日新道由大正自可見之行矣於此而不得乎君非君子經世之心也今六五有尚賢之義則大烹之典隆而所畜之大而正者不患於無用矣不家食之所以吉也於此而不得乎時非君子濟世之心也今六五有應天之義則經綸之猷顯而所畜之大而正者不終於

小試矣涉大川之所以利也吁大所畜而歸諸正體也莫非用也推所畜而見諸行用也莫非體也畜之道大矣哉大抵德非畜為難正為難伊尹以天民自任遂成救民之功非應天之業乎然堯舜之樂一介不苟所畜者正也彼好古如雄博學如通畜非不弘矣而所仕非人所售非時其何以大有為哉是故君子正之為貴

兌正秋以萬物之所說也
王藻
同考試官教諭梁批（行文潔淨形容說字清切可玩宜錄以式）
考試官學正梅批（簡當）
考試官教授朱批（明切無剩語取之）

論兌為收物之候而物由以遂焉夫天以秋收萬物而兌其候也物之所由以說者不在是哉大傳之意若謂氣機之出不能不入而其職必有所司所謂說言乎兌者何哉蓋兌前為坤雖入乎秋而猶未離乎夏非正秋也兌後為乾將離乎秋而已入乎冬非正秋也唯兌為正秋焉位居西方正金氣用事之候時當始肅值少陰利物之權萬物於此有不得其說者哉吾見仁以顯而漸藏萬寶之告成者油然其寧謐誠以通而漸復品彙之咸章者熙然其厭飫為大為小雖若至賾也一理之所翕聚各欣欣焉而順適非復昔之發舒而未斂者矣以形以色雖若不齊也一氣之所凝結各怡怡焉而充足非復昔之流形而未實者矣前之致養者至此而固其機後之相薄者至此而歸其命信乎兌為遂物之府而為帝之所乘以說者乎圖學之妙如此抑秋不可治以春治以春則華欲其說得耶一機感乎物有常說則五氣順布而化功成此又聖人贊化而與天地參者也故說在兌而贊之說者則在於聖人

書
帝曰來禹汝亦昌言禹拜曰都帝予何言予思日孜孜
王忠顯
同考試官教諭周批（來禹都帝四字正是虞庭都俞氣象士子往往遺漏此作提掇明白且辭意精練宜錄以式）
考試官學正梅批（保治之意發揮詳盡）
考試官教授朱批（莊雅無一剩語）

聖君求言於臣而大臣惟致意於行焉甚矣聖世君臣之心無窮也君以忠言望臣臣以力行自任保治之心其共切矣乎且夫天下之治每成於上下

之交修而圖治之實必期於言行之兼盡舜好問者也故曰來致其進也曰禹專其責也乃命之曰忠益當集夫衆思嘉猷不厭於再聞皋陶之言昌矣予之所深嘉也然治道無盡或不止於知人則凡有資於贊襄者不可以獨缺也亦或不止於安民則凡有可以啓沃者不容以獨默也況寅恭之衷既協而謨弼之懷素切汝其亦昌言矣乎是帝之求言若不及有如此者禹拜昌言者也故曰都美其問也曰帝啓其聽也乃承之曰進言者善不必出於已踐言者行唯恐惰於終皋陶之謨至矣予更何所言哉惟思治功以勤而成予之終日以圖之者期天工之恒亮也亦以怠而隳予之畢力以效之者欲天人之恒達也況爲治不在多言而臣職惟先敬事予敢不日孜孜矣乎是禹之輔治若不及有如此者吁君臣圖治而俱若不及此有虞之治不可及也嗚呼納言明試知人也修和府事安民也禹豈終於無言哉乃惟以孜孜爲思而皋陶亦曰朕言惠可底行蓋俱以力行望之君也然其君之樂取猶未已焉斯其所以稱明良與

三后協心同底于道道洽政治澤潤生民四夷左衽罔不咸賴
張問官
同考試官教諭周批（治化根本於心作者不浮則贅此篇獨爲得旨）
考試官學正梅批（構意精確攄詞簡潔）
考試官教授朱批（沉著可佳）

賢王於大臣期其同心以成治功焉夫澤生民而綏四夷治功成矣然非三后之同心同道何以致之康王所以期望於畢公也以爲人臣之經治也以道而其行道也以心心之不一道因之戾而治化不可成矣惟公之於二公也忠君之貞得於不二而圖化之意妙於相孚始之中之終之時不一也而化殷之心則百慮而一致以故克慎克和克成事不同也而化殷之道則殊途而同歸以是心也行是道也漸涵浸漬而化理之流通浹如也以是道也出是政也振飭修舉而紀綱之敷布秩如也夫政善則民安舉東郊之衆而沐浴於膏澤者將沛然其維新矣矧多遜之徒耶內順則外嚴率左衽之夷而懷服於德威者將帖然其永賴矣矧有夏之衆耶是則內外咸謐而皆由於三后之協心如此公可不既厥心哉大抵大臣之輔理成化莫貴於心之同也心同則事雖畢而相成心畢則事雖同而相悖亦顧其愛君體國之念何如耳三后相繼治殷時逾三紀矣寬嚴不同而致化維一則周召之同時輔君者其心又可知也周家有道之長胥此夫

詩

樂只君子殿天子之邦

劉敏寬

同考試官教諭葉批（認理精切措詞典確是深於詩義者宜錄以式）

考試官學正梅批（講殿邦意瑩徹杰作也）

考試官教授朱批（詞暢而氣充）

詩人美諸侯之德爲王國之所重焉夫德之有係於人國也大矣諸侯具可樂之德而王國不由之以取重哉今夫禮以覿君爲大德以鎭國爲難修禮秉德吾玆有取於來朝之君子矣蓋其欽翼內蘊形而爲祗愼之度者藹然栗而溫也寅畏中涵煥而爲齊遫之儀者肅乎恭而安也誠哉可樂之君子矣而有不宜殿天子之邦乎吾知冠裳一會而龍光咸在無忝王國之楨帶幅一萃而屏翰畢集允矣百辟之憲出其敬以修文可以綏太平焉邦家之元氣若或培之而使厚矣出其敬以講武可以勘禍亂焉國家之神氣若或益之而使重矣仁賢聚而朝廷尊王靈由之丕振國有君子而所以作臣民拱向之誠者其在是乎賢智庸而統體肅國勢由之增隆朝有重臣而所以懾遠人覬覦之私者端在斯乎夫然則在鎬之飮莫非君子之貽而車服之庸信予心之不能自已矣吁周王歌此以燕諸侯其得禮臣之道者乎抑論君臣相與非徒嚴分之貴而相須之殷乃相成之爲美有周盛時魚藻美君頌之也而規寓焉采菽答臣寵之也而勸行焉明良遇而情意浹宛乎都俞吁咈之遺響也噫此周治之所以稱隆也歟

武王靡不勝龍旂十乘大糦是承邦畿千里維民所止肇域彼四海

張柟

同考試官教諭王批（高宗中興之盛重在武德是篇獨得題旨取之不但以其文也）

考試官學正梅批（精透可嘉）

考試官教授朱批（純正無疵宜冠多士）

詩人頌賢王繼夫先德而因以統夫大業焉夫有土有人王業之大一統也自非有繼先之德而何以能兼履其盛如此哉此高宗之所以可頌也且帝王之中興也必有繼先之德而後有光前之業我祖成湯固以武德王天下矣其在武丁何如哉但見其總乾剛以獨斷而英聲之赫赫者質之於勇智而有光復舊物於維新而威靈之濯濯者考之於聖武而無愧其在百辟仰精明之

治焉而順治之武此其克纘之矣其在四夷仰撻伐之烈焉而威嚴之武此其克承之矣故萬邦之諸侯湯所貽之臣辟也茲惟有武德以聯屬之莫不飾車旂以就道奉大糦以駿奔合萬國而祀先王不依然方命厥后之舊乎率土之輿圖湯所貽之封域也茲維有武德以撫綏之是以邦畿雖限於千里提封則盡於海隅茌中國而統萬方不宛然奄有九有之日乎是知武湯作之武丁述之一德相承均之有商之令王也其敢忘所自哉抑高宗學於甘盤任用良弼君臣師友之間麴糵交修終始典學故中興之盛光昭千古蓋力學任賢之明驗也然則德配武湯誠有不專於武者矣

春秋

春王正月城楚丘（僖公二年）

何東鳳

同考試官教諭唐批（責桓公專封之罪詞嚴義正讀之凜凜）

考試官學正梅批（不逞浮詞而理趣悠揚）

考試官教授朱批（意精而詞更警拔）

春秋略霸主封國之功所以正王法也此見楚丘之城王法之干也宜春秋略之而不序與昔狄患迫而載馳賦桓也憂之楚丘所爲城也經宜美其功者何爲而反微之耶蓋聞興滅繼絕天王之大權也彼野處之衛非自遷之邢矣桓能請命而後城則赫赫義舉不出夷儀之上乎奈之何王命未將王臣未行一旦樹之君立之國爲甲士乘馬齊可戍諸侯可從而號令不宜自齊發也祭服重錦齊可歸衛可受而無虧不宜自齊遣也外却狄人之勢功非不崇矣而君令臣共之道未之聞焉君子謂是舉也功之首罪之魁也功固不足論也内存康叔之裔利非不溥矣而作威作福之義未之明焉君子謂是舉也知有衛不知有周也利固不足紀也噫詩稱朔方之城則曰天子命我稱東方之城則曰王命仲山甫未聞無王命而擅自城者桓之罪可勝言哉經故微而不序蓋曰寧可無一時之小惠而不可無萬世之王法也抑是狄也往歲入邢今茲入衛不無事矣桓公主霸果何所爲哉使能先事而備則衛可以不滅而楚丘可以不城矣桓卒不然是養亂以爲功也春秋誅意豈直不序之而已哉

晉趙盾帥師救陳宋公陳侯衛侯曹伯會晉師于棐林伐鄭（俱宣公元年）

曹署篆

同考試官教諭梁批（春秋無義戰晉帥救陳伐鄭此義舉也通篇發揮透徹得聖人與之之意）

考試官學正梅批（純正可誦）

考試官教授朱批（邃於理而暢於詞）

霸國得恤患討罪之義春秋兩子之焉此陳之救鄭之伐咸霸義之所當舉者也春秋予之也固宜且夫兵非聖王之所尚而恤患討罪則義之不可已者吾於晉人救陳伐鄭之役有取焉何言乎救陳也陳以先代之後而鄭附楚以侵之不義甚矣晉視陳固同室之災也豈容以坐視乎於是授鉞趙盾振旅前驅俾鄭不得附夷以滋北國之虐者是救之力也噫狼淵縱敵晉不在諸侯久矣而奮意今日有此舉也故特書曰救豈非重其恤患之義乎何言乎伐鄭也楚以猾夏之夷而鄭甘心附之不義甚矣晉視鄭固門庭之寇也豈容以長亂乎於是會師列國戮力徂征俾鄭不得棄夏以深南顧之憂者是伐之力也噫犖朔行成晉不能服鄭久矣而奮意今日有此舉也故特書曰伐豈非嘉其討罪之義乎夫觀救者為義則侵之者之罪益著觀伐者為義則見代者之罪益明聖人於夷夏之際嚴矣哉抑晉亦非無罪也當時宋鮑之逆不能討而入之賂又列之會顧乃示恩于陳示威于鄭是猶失肩背而養一指也卒使楚莊竊霸中國莫敢誰何其何詞以自解乎然則救陳伐鄭之役亦姑取節焉爾矣

禮記

紀綱既正天下大定天下大定然後正六律和五聲弦歌詩頌

景明

同考試官教諭葉批（筆力高古思致精邃而明瑩冲雅尤非淺學可及）

考試官學正梅批（說理之文旨趣自別）

考試官教授朱批（意味雋永）

賢者論禮序而樂和以明古樂之由興也夫聲音之道與政通也治定而樂作焉古樂之所由來者遠矣子夏語魏文侯蓋曰樂與音不同觀於古而樂其可知已昔聖人於大當之世固嘗立紀綱以維天下矣誠使人紀肇修而典常不紊則道德一者風俗之自同宏綱具飭而彝則克敦則軌物彰者名分之自定以恩合者定於家怡然有恩以相愛也以義合者定於國燦然有禮以相接也夫天下大定如此則太和在宇宙間矣樂其可以不作耶夫然後以六律弗正無以和聲也則酌元氣以定其損益之宜以五聲弗和無以協律也稽中數以諧其清濁之節由是弦以琴瑟渢渢其和鳴也至治之無聲者不於此宣其蘊乎由是歌以詩頌洋洋其盈耳也至禮之不讓者不於此泄其精乎夫樂以治定而作治以禮序而成古樂之隆如此彼溺音烏足以擬之抑治者德之施也樂者德之華也德苟至矣則君臣父子之間非禮弗履而身度聲律咸英

韶濩可繼響矣不然制作雖煩祗爲粉飾之具已耳其如禮樂何哉故曰不聞性與天道而能制禮作樂者末矣

　　其在朝廷則道仁聖禮義之序燕處則聽雅頌之音行步則有環佩之聲升車則有鸞和之音居處有禮進退有度百官得其宜萬事得其序
　　王立賢
　　同考試官教諭王批（體格莊重詞語簡暢場中如此作者絕少之錄之）
　　考試官學正梅批（雄渾警拔）
　　考試官教授朱批（有力量有識見）
　　聖君純於所養而其治成矣蓋身君萬化之原也養純而治成焉其機固如此哉且王者以一身而臨御天下所以任使群臣總理萬幾厥係重矣德盛而養之弗純可乎故以朝廷爲四方之極而仁聖禮義之序極之所以建也則於是而道之奉至德以周旋循其當然之則也述天理以時措順其自然之宜也猶未也於燕處則雅頌歌焉於行步則環佩鳴焉於升車則鸞和節焉致樂以治心所以養和平之蘊者至矣於居處必以禮焉於進退必以度焉致禮以治躬所以履中正之矩者嚴矣夫如是而治之成也不裕如哉吾見百官者儀刑於天子者也君身正則莫不承式焉大臣法也小臣廉也惟所用而皆賢矣萬事者統理於天子者也君德成則莫不順治焉大綱舉也萬目張也惟所施而皆當矣是知隨在致養天德豫也官宜事序王道行也盛德大業至矣哉雖然要不外於一敬也蓋溫恭具而後重華協聖敬躋而後昭假至古之聖帝明王率由此道而風動之休允殖之化胥此焉出也說者謂敬爲聖學始終之要信哉

第二場

　　論
　　天下文章
　　王忠顯
　　同考試官教諭周批（體格明整詞華雅暢而通篇歸重於誠有本之論）
　　考試官學正梅批（意義完足）
　　考試官教授朱批（雅當足式）
　　大臣以至誠之道事其君故不自用其文而文自顯於天下夫文何也生乎質者也質主於誠者也天下病夫質之俚故因以文之而彼大臣者固將以

文而潤色天下者也乃或曰斤斤焉求所謂文假先王之道以緣飾之苟可以收名不必於獲實將必闊略其事爲靡靡無當而所以經方致遠甄物成化之義舉廢缺焉即黼黻之飾麗藻之工也其何以章軌物樹鴻積哉故蹇蹇而匪躬者貞臣之行也抽辭而振藻者才士之效也吾無庸文以付天下之才之能者而吾惟大其所隆以豫其可文之實則道修而教備德尊而化光不顯亦顯孰非文者此誠之徵也韓魏公有焉公之相宋也歷事三朝定策兩主出入將相名耀夷夏所謂垂紳正笏不動聲色而措天下於泰山之安其德業豈不巍巍然爲有宋一代之鉅哉即庸人孺子而知之也而歐陽脩者起文敝之後力以斯文爲己任天下學士大夫翕然宗之至方韓愈氏其文章亦豈不炳炳燁燁聲稱耶或者以德業誦韓公而少其文公亦不自有文而以歸之脩於戲文非公本心也意者非其心而漫以脩爲解也曰非也相天下之文與文人之文異文人言必稱先聖明王道述禮樂聽之若軒縣金奏之音而視之有重錦綺錯之色乃音不必登之清廟色不必被之龍袞何者哉無當於實故也而相天下者誠异是上佐天子理陰陽順四時而下簡秩百職均一海內以制夷裔是故昭德塞違以明示衆庶燮和參贊文之經也紀綱法度文之紀也禮樂名物文之象也於昭風動文之輝也大夫章甫介士緩帶文之化也是必有積之無爲極之本根誠一無僞以揆叙亮工而後其文顯也夫本根實者枝葉茂文章枝葉者也天下未有培其本沃其根而萎瘁其枝葉者故文章之文有有也而無亦有也況夫以我之無收天下之有舉世之所謂文學道藝者而優以禁闥之寄議國是制辭命備顧問秉載記其所補於輔理承化之道寧不亦籍待吾收之而何以致然而亦何非吾之文也故智莫良於用才文莫大於兼善黃鐘之律自我正之而衆音諧也龍袞之文自我稱之而衆色彰也夫韓公亦猶是也當是時歐陽氏倔起五代之衰崇雅黜浮其思所表樹當不在韓公後而其文亦豈專文人之溺乃其文名矣韓公之所無也公以相天下之道任諸己而以文推之歐陽氏若曰人有之我用之而人亦我也噫此公之不自用其文也而亦不自有其文也夫公之相天下之文即無論其業何如觀其言曰凡爲臣者盡力以事君死生以之顧事之是非何如耳至於成敗天也不可豫憂其不成而遂輟此其義豈可以聲音笑貌爲之而其志亦豈易量哉故公當仁宗之世雖號治平然而西北多故日不暇給至英神之間益又异矣內廷猜貳賢邪并進而公以不撼不激之質砥柱乎其中忠誠意氣蓋素所熟試於其主而天下事直已揉摩於胸中而無所蒂儲貳未建則策定之非文則何以正而豫也兩宮互疑則道以至性而調之如初非文則何以和而中也請乘輿躬禱以答

天變而乞罷新法非文則何以剴而切也以執政則引范仲淹富弼以諫議則引蔡襄余靖王素非文則何以明而確也以紃嬖幸則空敕而不名非文則何以辨而嚴也是以三朝雖間亦有事而大要公在朝廷之上俊乂濟濟海內熙熙晏晏鮮陰陽四時之災契丹幸未侵暴而元昊瞻寒且稱臣於慶曆爲公之文章若此矣若乃溯公之生平以觀所謂文則如初知制誥之時經略延州之獻三判相州之政四策七事之陳率皆條理詳明章章然雅重中外而奏名瑞雲天象業已應之安在其少文也假令公之功業未盡章章如是而至誠惻怛之衷有所未至而猥以聲音笑貌爲之即五代有史兩制有集以稱於天下後世不過曰文人文人云耳奚益也故無聲之聲天下之正聲也不色之色天下之正色也不文之文天下之至文也故曰公不自有其文而非以脩爲解也蓋昔者子產之相鄭也國小而偪族大寵多外厭晉楚之求而內制伯有豐卷之汰彼其時辭命不一日廢也乃子產未自爲之則以命公孫揮而問四國之爲諸侯咸以爲子產有辭公孫弘以漢相起賢良文學明春秋之義輔漢武然而布被無實而不忍於一汲黯天下未嘗稱其文何者弘僞而子產誠也韓之於歐陽毋亦子產之謂乎而韓公誠以建業而終之以文則固不止於有辭已也故曰大臣以至誠之道事其君則不自用其文而文自顯於天下

同前
張泰徵
同考試官教諭唐批（詞華英邁無一浮浪語是留心於論學者取之）
考試官學正梅批（氣焰光芒誦之忘倦）
考試官教授朱批（有議論有學識）

人臣有至文焉章於天下而非天下之所能知也夫文而可名非至文也文而可名乃無關於天下之故者故天下知其文而不足以稱天下之文天下之文文之至也而天下之人不知之則固以其經緯之業超於詞章之外而天下之人日被其輝光而莫之能名惟不能名斯不能加而其文爲至矣天下文章莫大於是魏公之言其有得於相道也與哉且永叔之文章何如也謹嚴祖於昌黎簡古崇於師魯者也正文體而鉤棘險怪之習變進黨論而君子小人之朋分以至五代有史兩制有集追班馬而俾訓誥者當時誠重之矣魏公之爲相也而永叔爲學士得以文章鳴於天下則永叔之文章孰非魏公之文章乎噫公之文章以是名與公之文章而以是名也是時人之所謂文章也唐虞之世稷契皋夔俱稱聖賢之佐彼其垂休樹績昭日月而耀古今者豈在於銜

官屈宋奴僕離騷争奇鬭巧如文人墨士流哉夫擷華掇菁以矜字句之奇者此訓詁之文一人之文章也立言闡義以發今昔之故者此著述之文一家之文章也修飾潤色以誇交好之儀者此詞命之文一國之文章也一人者無論已即一家一國之文於天下奚稱焉宰相不自用然後能用人歐陽氏以文章鳴於天下也伊誰用之哉故順理成章諡以爲文而僕之與公叔子同升也孔子稱之曰可以爲文矣然則公之文章以此乎曰未也語文章之宗者即歸之孔子孔子之文章蓋性與天道之顯設也故曰文王既没文不在茲而文王之文光於四方顯於西土至其所以爲文也曰純亦不已夫論文章而不本於德業奚以言文章又奚以言天下之文章也魏公爲相之時何時也大本未立人心未固邊烽未息也公以一身而處危疑之際其所以振頽綱以祚宋室者未易更僕數矣至其定策兩朝以立大本調和兩宮以固人心經略西夏以靖邊塵其績偉也乘輿請禱而天變弭新法議罷而民心悦四策七事之陳而安攘賴此其德業奚愧於古人哉然即公之所以爲文章者也夫干將鏌鋣人知其爲利器也而不知射斗之光在是是故天下言干將鏌鋣之利而不言其文崑璧藍瑛人知其至寶也而不知應宿之輝在是是故天下言崑璧藍瑛之寶而不言其文今之論公何以異於是公以忠誠之德而運康濟之才不動聲色而措天下於泰山之安凡其所施皆足以珪璋治化黼黻皇猷昭華夷而耀今昔者蓋關乎天下也而謂之非文章乎無文之文天下之至文在焉則天下之文孰能有加而天下之人亦孰能以名之耶嗚呼雲呈五彩公之文章已預知於臚唱之時矣則公之重於天下者信不徒以詞章已也如必曰金輿玉輦之富也風檣陣馬之健也閑鷗立海輕雲蔽日之逸與麗也以論文章而且責之宰相也則安劉者何取於少文之勃賜周公之圖者乃不事詩書之霍光耶是故河南之簡盱江之鋭眉山之浩南豐之毅以文章稱雄於天聖慶曆間者非獨廬陵氏矣而相宋者必魏公也夫文而無補於世無關於天下詞家者流也非相也乃相則以正紀綱以安社稷以參贊天地詞章非所尚也故考究精專實踐未得即永叔之文且無裨於世用矣況其他乎昔者周公之相成王也王雖賢猶稱冲子也公負扆而輔之以裨君德而臻太和而公且亟亟焉吐握以下天下之士是故周官之文炳耀千古孔子稱之曰郁郁乎文哉夫郁郁之文周公之文也知周公可以知魏公矣然而先儒猶不足其規模之麤也抑以魏公之文章尚有歉於周公也

表

擬駕幸太學賜三氏子孫宴謝表

景明

同考試官教諭梁批（仰惟祖學賜宴乃我朝特典子能揄揚其盛蓋不獨四六之工已也取之）

考試官學正梅批（駢麗）

考試官教授朱批（忠愛之意藹然）

擬駕幸太學賜三氏子孫宴謝表萬曆四年八月某日恭遇駕幸太學伏蒙聖恩賜臣某等宴謹奉表稱謝者伏以化溥菁莪宏千載右文之治恩深湛露荷九重禮士之仁鵞王輅之遙臨辟廱風動喜龍光之下被俎豆春融寵溢黌宮慶流文軌臣某竊惟聖主必崇儒而重道明時斯建學以育才自教述六經木鐸洪鳴於泗水而蒙開萬古金聲大振乎尼山十哲雲從四科首例深幸私淑有地誰云未得為從博約親承功深卓爾誠明獨契統繼聞知相與後先啟授受之傳詎意今古錫聖賢之號道未墜地追封之特典時加文其在茲什奠之秩儀漸備闕里肇修大紀永平再舉曠儀輯美唐皇四拜禮隆於黻袞傳芳宋世五品錫渥乎儒臣所漸實德未崇奚取虛文徒飾隆污所在治忽攸關仰茲昭代弘模卓越前王彝梗恭惟皇帝陛下英明天縱仁孝性生郊禮同廟饗時親式重精禋之典常朝與講筵日御每虔延訪之誠筆底龍蛇不嗜鐘揮李篆宮中宵旰常酣孔思周情謂太學為賢士所關而先聖實生民未有宣齊心而視奠遂筮日以臨雍清蹕聲傳胄監睹鑾輿之近祥輝色耀宮牆瞻黼座之光翕遺壁之金絲雅音繼作委上方之玉帛紀事肅將喜洽泮芹心游神聖乃進官而論道爰愛屋以及烏氈集六儒坐講沐非常之寵鵷聯三姓傳頒欣既醉之榮伏念臣某等杏壇遺裔空含詩禮餘馨鄒魯庸流濫附冠裳未品學非穎達志非真卿養非孟敏魚麗誤辱於南宮飲效簞瓢飯效蔬食悅效夆芻燕享叨承乎北闕臣敢不舍咀道旨嚅嚌性真勉力象賢期無玷乎箕裘之舊協衷報主願少攄乎葵藿之忱伏願帝學益純聖真默契鹽梅麴糵嘗懷鼎鼐之思宗廟百官每切羹牆之見位君師而建極永調玉燭於萬年兼述作以成功常固金甌於億載臣無任瞻天仰聖激切屏營之至謹奉表稱謝以聞

第三場

策（五道）

第一問

王忠顯

同考試官教諭周批（我皇上約己裕民至意原自我二祖列聖政要中得來子能敷揚明悉而末復惓惓於保持節儉之義是沾濡王化而抱忠愛之心者宜錄以爲當寧獻）

考試官學正梅批（節儉我皇上至德而足國裕民之大本此作備悉此義無亦於王政而觀其深者耶）

考試官教授朱批（説催科之弊劘切錄之）

帝王之爲生民計者甚悉也有中正之法焉有法外之仁焉則壤成賦惟正之供法也法不得以過取則取之亦所以仁之也損上益下有孚惠心仁也仁則不欲其取盈所以維是法於不窮者也此古昔之縣以稱隆也顧其機在上不在下是故循其法制而劑量焉順其時宜而盈縮焉則必有所以爲之本者而生民之命脉所繫以厚也且賦稅之說何昉乎自夏以來財賦分爲三等有總銍秸服粟米之類有漆枲絺紵鹽鐵之類有玄纁璣組龜貝之類凡土所出者無不輸也然夏五十而貢未嘗加於虞商七十而助未嘗加於夏也自周以來財賦分爲三等有田畝穀米則掌於地官有園廛布縷則掌於載師有金帛泉貨則掌於太府凡民所有者無不稅也然鄉遂有貢十分取一都鄙用助九分取一是三代之制雖有不同而什一之法無或異也當其時富藏億兆之室祿養千八百之君國有餘財民有餘力康阜之治蔑以尚矣降及後世魯宣公履畝加稅以濟國用民由之困固矣而又無裨於國其後至於作丘甲而用猶不足則宣公啓之也君子曰宣之初稅畝也其倖心之萌乎漢文帝屢詔免租以甦民困天下之富庶固矣而又無妨於國太倉之粟陳陳相因其後至於遵洪業而財日以充則文帝留之也君子曰文之屢免租也其儉德之符乎漢以後無論已國家稽古定制因地宜而等則之歲有定額家有常數非若先度其數而賦於人者也隨其田之寬狹取其稅之多寡非若以一年之科率最多者以爲額也其數具於黃籍總於司農其徵輸期限責之藩服守令非若別設兩稅使以督之也有味乎陸贄之言曰其取法也遠其立意也深其斂財也均其成人也固其裁規也簡其備患也周此六言者其惟我國家經賦之制乎夫經制備矣而磽瘠不無也土地墾矣而逋逃不無也人民聚矣而歲祲不無也

歲時稔矣而意外之費不無也執一定之法以齊不一之遇其謂斯民何二祖列聖一德相承若曰國之本在民民之本在食重賦而奪之食非所以厚民本也食奪而民愈貧非所以培國本也以是蠲租之詔炳然如日中天有因地方凋敝而免者以助地利之不及也有因戶口逋逃而免者以助人之不及也有因歲時水旱而免者以助天時之不及也有因多事之後而免者以助流離轉徙之不及也或盡免者溥其施也或不必盡免者酌其宜也或今年既免而明年復免者重憫之也或今年免於甲而明年免於乙者變而通之者也今其令甲具在大都在洪永之際者十之六七在累朝者十之三四蓋甫定之民惆然待哺者甚夥也非大不得已則不忍輒取其民故居六七者若以為常也無事之民熙然樂業者甚夥也非大不得已則亦不忍不供其上故居三四者若以為間一行之者也總之二祖列聖所以愛養黎元以為培植基本之圖者其心一而已矣皇上登極以來總握元化默感太龢經制之備如舊也而地則日益以開墾矣民則日益以復業矣時和年豐矣荒服者獻琛納款邊陲靖矣嘯聚者改心易慮腹裏安矣則所謂意外之費者何有也乃聖念兢兢日惟惠民是務諸所核飭吏治者固畀之撫字以安吾民而有司未悉上意響相率而尚催科之靡文蓳蓳塞責以求日安乎其位嗚呼撫字之與催科勢相倍蓰者也急催科緩撫字辟之竭澤而漁者然呂氏春秋曰竭澤而漁豈不得魚明年無魚蓋取稅於民猶取魚於澤也澤以養魚必常有所養斯常有所生不慮其難以繼也而數罟日日臨之則一取而盡矣民以供賦必常有所恤斯常有所供不慮其難以繼也而峻法日日臨之亦一取而盡矣皇上洞見隱微詔責有司并免積逋此其約己裕民至意蓋有以同符二祖重光列聖而陋漢文於不居矣薄海內外罔不舉乎加額而歌皇仁誠千萬祀一時也即有司者何敢以不肖之心應之而不思所以仰承德意乎第經費有常歲出不可省而詔免積逋歲入不及額其所以濟盈縮以裕公私之用者果安在哉蓋我皇上節儉之性成於於天縱易簡之德懋於日新日與二三大臣前籌而講畫者莫非為天下愛惜此財計是故一常賚也必宗伯曰可左右大臣曰可然後給之而禮無闌施矣一興作也必司空曰可左右大臣曰可然後舉之而工無闌費矣一經用也必司農曰可左右大臣曰可然後取之而上供無闌需矣語云朝廷之一金民間之百金也朝廷之百金民間之萬金也皇上惜一金之費則天下饗百金之利惜百金之費則天下饗萬金之利此便計之在民間者也天下視以為百金唯惜一金之費而答其望天下視以為萬金唯惜百金之費而答其望此便計

之在朝廷者也以是天恩浩蕩無病於民亦無病於國信自有所本矣然非愚生之臆説也竊聞皇上萬幾之暇御書十二事扁之内庭曰謹天戒曰任賢能曰親儒臣曰遠嬖佞曰明賞罰曰審出入曰慎起居曰節飲食曰收放心曰存敬畏曰納忠言所以備觀省者亦既悉矣而歸於撙節用之一言則皇上之約已裕民非海内臣民所共睹記者乎抑愚猶有獻焉夫節儉者人主之所難持而群孽之所易奪者也出而接賢士大夫知所謹也入而處燕閑隱僻則忽之矣出而對圖書編簡以爲益也入而見紛華靡麗則忘之矣故令德之主不惟其始而惟其終昔曾鞏欲以景德皇祐治平户口墾田較其入稽其費而得浮約爲省併計先大學士丘濬亦欲以洪武永樂宣德正統户口墾田據其入考其出而得其盈虛之數令心計臣萃集以備九重觀覽而堅定撙節愛養之心我皇上節儉性成固無待於是者而臣子芹曝之忱庶幾爲儉德永助云

第二問

張泰徵

同考試官教諭唐批（論錢法洞悉本源而準諸理道子其非言利士乎取之）

考試官學正梅批（條畫詳明有裨時務）

考試官教授朱批（是攻古文辭者）

治天下者利人者也非利於人者也夫治以爲民利則其法必時所甚便而其制畫必甚周即卒然行之天下或泯泯失其依違而上與下不異響頤指臂運若轉環然私之蓄亦公之蓄是謂役財而卒未嘗不國利也故利民之主也法治之幹也時事之符也時以修利利以度法法以建事而治備矣嘗聞之昔人有言天下壤壤皆爲利往故繩約之使不越均節之使各争趨在上耳自農工商交易之路通而錢幣興焉聖王思以貿遷有無化居蓋自高辛時業已創著陶唐氏謂之泉而虞因之夏后氏謂之布而殷因之故伯禹鑄歷山之金成湯鑄莊山之銅上古所造要適世用顧法靡傳於紀籍莫得而考云訖於成周制乃大備大公望以尚父佐文武集大統立圜法以通貨賄謂之九府大率母子相權互出以息而龜貝金錢刀布之流各得從所宜爲幣尚故更調量之取勿滯也公旦作周官立司市以政令禁物靡而均市以商賈阜貨而行布以泉府同貨而斂賒若泉府則掌征布於市斂貨之不售及滯於民者以待不時之賈或從民貨則辨授之而定國服之息蓋微有所括於山澤工鹽之間而權其盈縮常在我然非利之也國有凶荒始無征而作布未聞所謂私鑄令也當是時天子治畿甸諸侯五服星列王朝卿大夫各食邑不領於大府之經費邊

徹無戎馬調遣之煩徹法委輸特以供宗廟聘乘輿御府等費而已入以制出出必規入所謂錢幣者誠令上下益饒足無所窒格同非富強術也然其制僅一再見於圜府周官而諸載記所睹寥寥焉至景王始修六錢之令是未必經久也說者謂周禮成書未及行殆其然矣漢承秦弊民無藏蓋作業劇而財匱於是更鑄筴錢文帝則之謂之四銖大較縱民得自鑄與時休息而吳鄧錢遍天下奸盜益衆故私鑄之禁生取懲不法一令也武帝置三官立平準變赤側爲五銖而令郡國無鑄唐設府院宋設諸路其稱名紛然未易指數大抵百姓患苦其重艱於折易則引而之輕流於荇葉綖繉然應乎輒破其弊至不可數轉顧仍重之而當千當百蓋皆時其低昂之柄而因以法乘除之俾可利國也惟國之利而漫無當於群庶之腴瘠非所爲訓也然當是時漢唐人主雖稱利乃其全盛天下類家給人足京師錢累巨萬貫朽不可校斗米十錢公私浮靭而桑晏之徒始得以其心計幹畫而制其便彼緡筭榷酤多不入好用之式爭獻少府以佐軍興營建禱祀諸需而已難損之下或益之上彼其錢之弊固止輕重銖兩之間而非甚有所壅關也夫輕重數易則下擾故惟五銖開元最中焉而開元迄今且傳之謂通塞不關於是不其然矣故錢幣在周利人者也漢以後利國者也乃今日視周漢則又有大不然者內而宗廟聘享乘輿御府外而宗藩百官邊鄙將士有一弗藉於民者乎正自總秪米粟蘭絲餘自關梁市肆鹽鐵有一弗籍於官者乎賦盡無益地而泉府斂布之法難究詰矣利盡無逸貨而榷酤市占之法既舉矣未豐其流先恐竭其源噫此所謂時也聖人不必於時能必時之不違則制而通之以法法者所以因時布利庇民者也若曰時不可而并法廢焉不亦以噎忘餐乎我國家自太祖開天建極創通寶者二成宣孝世四廟各更鑄以鴻號頃主上允滇中按臣之請繼又允科臣之請議令各省咸共鼓冶期在逖邇均布恭讀明旨即阜化之道不啻并周矣執事猶有宜民虔始之慮毋乃患其行之難而求所以易乎夫行之何也其弊有二夫所以易而行之何也其利有五累朝制寶初頒輂轂之民爭持入市燕齊晋宋之地猶然鱗集江以南巨室或市藏之貧者終未睹其式蓋誠病頒布弗廣矣而嘉靖錢復有如所稱金背火漆鏇邊者鏇邊捷便易折則金背格舊者日格而新者病弗廣其弊一也富商大賈駕輕車挽巨艦囊金篋中颷馳而電發攜錢則轉運維艱拘方阻廢彼行者不寶居者益不得致蓋誠病用之弗流矣而通都奸擅自鑄僻壤負山者間亦鎔冶以相規射民樂爲售而不辨僞錢日溢而制錢復不致其弊二也稽弊而亟反之何難焉夫王者布利豈必持籌握筭較短長於尺寸間哉計大於其細則細可無論也圖遠於其近則近可無論也

時之所謂錢寡豈非以三金之難充耶卓氏一遷虜即汶山鼓鑄至傾滇蜀之富何者其源衍也今銅山無論盡中國即大行王屋亦間産銅誠法禹湯即山之規各就岑谷多礦道者以開局取盈我常操其餘而人亦須其不足是因地之利也俗侈麗相高競以赤金爲玩具非蹄耶宛孔氏織嗇嬴得過當至巨萬蓋南陽何者其流不溢也今方申令銷廢器而愚民誑於耳目以爲故常孰先之矣故莫如法征布之遺意令天下以吏道賈道進者咸輸銅而會以值塞其廢之流而用恒因其廢是導人之利也專官則責殷顧諸省地方常千里夫千里遥制而冀血脉之聯貫難也誠轉責郡貳稽市之出入考其通否亦周官司市之義制利柄者也平价則衆趨顧所平者金背鏃邊耳今民間猶多舊藏錢而或雜於市淆也誠論之首納官爲之酬復於鑪冶亦三官銷鑄之義一利孔者也劉濞之鑄山也恃其宗疆而素封之駔儈也成於倚市此私之由也故真工大奸必罪無赦豪右觸憲必鋤毋寬利不分也夫舉五者之利而驅其弊弊驅則民宜民宜則時從即不必奇羨於目前而息出息入足下足上錢神不滯投金損珠之化且坐而致矣漢唐之盛何有哉故曰治天下者利人也非利於人者也厥或舍民之利而日求所謂鑄之之法行之之方以籠天下之財而曰吾以利國吾不信也

第三問

景明

同考試官教諭葉批（士子能明象緯者甚少是篇考究詳確迥出衆作可以覘所養矣）

考試官學正梅批（發揮明悉）

考試官教授朱批（才識俱可）

曆象之所係豈不重哉易賁之象曰觀乎天文以察時變而革之象則曰澤中有火革君子以治曆明時夫天下之可革者亦多矣而聖人必以曆爲言者得無以天時人事相爲感招而時之所以係於治者重也時不可以易知而其變則每每泄於日月星辰之象觀變而時可知觀曆而變可知曆之所係於時者重也顧其爲道高遠而觀窺其數微渺而莫可詰其參差盈縮之態又時出而不可窮昔人謂事之易差者莫如曆不可不修者亦莫如曆信矣曆象之所係又豈可易言哉太史公推曆之始謂神農以前尚已黄帝迎日推測建立五行起消息正閏餘蓋是時始有曆云其後修廢靡常治亂不爽姑無論已見於書所稱者欽若昊天敬授人時非堯之所以命羲和者乎在璿璣玉衡以齊七政非舜之所以先時度者乎協用五紀非箕子之所以陳於武王者乎三聖

人之致謹於天道也如此非徒以奉天也所以宜民也其宜民也正所以善治也秦不師古無足道者迨漢興渾天儀之法出焉其制始於漢元封其法最為精密朱元晦謂古必有其法遭秦而滅而楊子雲以為落下閎營之鮮於妄人度之耿中丞象之幾幾乎莫之能違固璣璿玉衡之遺意而天之所不能外也三代而下說天文者不下數十家而圖書之作亦頗稱浩翰其間占驗候卜之法類皆互有得失而日躔月離日法斗分氣盈朔虛之數往往不能無謬大都漢自張蒼劉歆而下曆凡五變而莫善於太初鄧平輩所造也其說本於黃鐘其數起於八十一步之以前曆而歲逢攝提格首之以建星而日得甲子日月如合璧五星如連珠晦朔弦望不忒其序而一十七家之曆廢矣唐自傅仁均李淳風而下曆凡八變而莫善於大衍僧一行所作也其法本於天地之二中其數始於冬至之中氣以卦氣定七十二候以中星正二十四氣天數始於一地數始於二彼則合二始以位剛柔天數終於九地數終於十彼則合二終以正餘閏章蔀紀元莫非易義而二十三家之曆廢矣此二曆古今極稱精密而要之皆根抵渾天而作者也梁令瓚李淳風之輩其法非不密而實囿於二曆之中矣自是而後若欽天應天等曆非不有可取者而惟勝國之授時曆乃郭守敬成之廣景測以稽運行取中數以為曆本元史所謂自古至今推驗之精無出於此信不誣矣是其所傳述莫非象衡之遺而推步則得於獨見之真也是故以察二曜則日之行每日遶地一周凡行三百六十五度四分度之一積三百六十五日九百四十分日之二百三十五而與天會是為一歲月之行每日遶地一周凡不及天十三度十九分度之七積二十九日九百四十分日之四百九十九而與日會是為一月而遲速因之而占矣以驗四候則日與天會一歲一次而二十四氣由之以生然二十四氣凡三百六十五日有奇而周則是於三百六十之外盈五日也月與天會一歲十二次而十二朔由之以生然十二朔凡三百五十四日有奇而周則是於三百六十之中虛五日也而消息因之以考矣日何為有法也一日為十二辰又細分為百刻而又細分之則如四分曆以為九百四十太初曆以為八十一大衍曆以為二千四十是也蓋取其便於步推氣朔而已斗何為有分也斗柄指十二辰而又細分為二十四度而又細分之則如太初以為三百八十五大衍以為七百七十九是也蓋取其便於觀候星辰而已有盈虛則有閏餘蓋定歲不可不依朔虛之數而節氣不可不數閏餘之月故三年一閏五年再閏積十九年七閏而氣朔又同日也然夏九月辰弗集房周十一月大火西流豈非失閏之過乎有日躔則有歲差蓋天道平運而舒則漸差而西日道內轉而縮則漸差而東故皇極曆以為

七十五年差一度大衍曆以爲八十三年差一度也然謂陰陽之運隨動而差差而不已遂與曆錯豈非已往之驗乎噫天地之數其妙不測者常在於秒忽毫釐之間而推移盈縮亦有時而不齊不可以一定求之者是以爲曆者其始未必不密其後多疏而不合者亦理之自然數之不得不然耳神而明之不亦存乎其人哉惟我國家承天膺曆高皇帝神智中啓凡象緯星度靡不周知惟時占天有臺造曆有官推步有法以釐百工而興庶務其制固爲精且密矣考之當時博士元統言於上曰國家承運以來曆雖以大統爲名而積分猶授時之數授時曆法以元至元辛巳爲曆元至今洪武甲子積一百四年以曆法推之得三億七千六百一十九萬九千七百七十五分經云大約七十年而差一度每歲差一分五十秒辛巳至今年遠數盈漸差天度擬合修改夫當元統上言歲在甲子而已云然矧今又曆幾甲子矣其年愈遠其數愈多其所差者當益甚也茲遇聖明在上敬天勤民孜孜不息天下臣民莫不快睹矣則講求曆法以昭一代大典非其時與夫釐正於千百世之下則當考察於千百世之前自古造曆者必先立元是以黃帝以來立元雖若不同而皆準度於甲子所謂夜半冬至而日月五星皆會焉以爲曆始此歷代宗旨也先民有言曆元止據目前考驗無證其術失之淺上推開闢冥測鴻濛其術近乎迂必也用太史公三紀大備之法范史紀元之目推上元甲子四千五百餘年則其時不遠不近矣斯言也獨觀其深者哉然此非易易也愚觀今曆數之職太輕而疇人子弟操其術授受若藝匠然蓋止能循其已往之筭而未能通其變於推移之外安望其曆之興耶宜重其職精其選仍博訪巖穴通習天文之士而遇之以禮其一在世業如漢馬遷歷朝太史授受有自律曆精專可也其次在於明經如詔御史大夫倪寬與博士共議可也其次在於通筭如洛下閎陽陰歷朔先後吻合可也而又得善立差法如邵雍者以任之曆其有興乎若究其本則統於人君之一心焉堯有曆象四時所由定而允恭執兢堯心有曆象矣舜有璣衡七政所由齊而惟時惟幾舜心有璣衡矣五紀協用皇極所由建而敬聖怠義勝欲武心有五紀矣是數聖人者皆以至誠之心而契造化之原有不徒恃乎象數之爲者時雍化洽所宜然也皇上聰明天啓睿智日新自強不息則體乾行健厚德載物則配地無疆以陰陽爲端則舒慘中節以四時爲柄則生息不窮以日星爲紀則照臨無外是謂一天人贊化育曆數之源固以一心而契其祕矣感召所在天且弗違而況於人乎當必有精於其數又精於其理者以膺其職而曆不患其不興矣

第四問

劉敏寬

同考試官教諭王批（鹽政關晉中大計士子皆剿習舊說此篇條陳詳悉如指諸掌是獨擅策場者取之）

考試官學正梅批（才思充贍而識見尤出人意表）

考試官教授朱批（條答明確宜錄以式）

天地有自然之利而所以生之者貴裕其源天下無不弊之法而所以袪之者貴通其變何則天之生財以爲民也國之置法亦以民也財本裕矣而生之者未盡其道何以資之而不窮法未善矣而操之者或泥其常何以行之而無弊蓋國依於商患不利商耳利於商而不利於國者否也商依於民患不便民耳便於民而不便於商者否也是故因其勢而利導之以裕生財之源酌其宜而變通之以去害財之弊寧非今日之急務哉愚請言之而執事終聽焉夫解之有池舊矣歷代之張弛沿革愚未暇悉也昔所稱爲瑩潔如玉甘美如穀亦宇内之所共喻也愚不暇論也祖宗時額鹽僅十萬耳至嘉靖中始增至十九萬有奇全晉關洛梁鄧之間皆有其轉輸之所也二百年來公私俱足在商人未嘗以山徑巇嶮稱難在三省未嘗以解鹽苦惡爲病何也法一而志定也自隆慶辛未雨決池防池水肆溢鹽不結聚當事者謂國計不可負始爲澆曬之術蓋以人力勝天時也然而硝與鹽淆不能一一而析之也有奸商者出焉乘間營私沙礫雜和故色愈變味愈惡而解鹽於是乎不可食矣民日夕翹首以俟商之至而商之所貨乃如此則其不樂售者豈情也哉於是商人坐官肆終歲不能銷引目所在長吏又從而代之斂散以取其值焉此不獨商困而民亦困矣是以民視商若贅疣而視解之産爲棄物無不利於食私販者民利於食私販而販者適至是謂兩相求兩相求則事密官卒緝捕惟賄是饜販者餌之是謂兩相利兩相利則防疏如是而淮蘆花馬之産紛紛四至勢惡得而禁之哉問嘗銷退引矣皆目也鹽僧四市而得之者也亦嘗獲私販矣皆貧負也法所謂易米度日者夫私販盛則商利薄商利薄則國賦病此而不爲之計將何所取盈哉所謂計者非必分地改額以滋聚訟也亦非必盡易其舊而創爲之法也愚所謂在酌其宜而變通之耳其一曰慎采取之時夫解鹽池産也與浙淮齊閩殊而反稽事浙淮齊閩鬻海法也其利在地不在天其袪弊之法在有餘不在不足乃解池則异是矣稽事憂旱而池利旱且利南風古所稱阜財解愠者是已夫天能使之常旱且南風乎恒雨則結者融恒北風則升者下此其時爲難鹽丁散處諸邑既難遽集俟其集而圖之則已解矣非預以待之

不可也春夏屆期此凝結之候也群各丁而聚諸池毋失其會暇則驅之采草以資蓋藏固未嘗虛其力矣矧若輩皆正役豈故淹之哉是采辦之所宜講也二曰廣召募之役池跨解安邑地近百里矣勢甚遼闊鹽丁僅二萬采取奚遍采之不遍地之所以有遺利也嘉靖丙午鹽嘗盛生矣募近民雜采之官取其七而以三充賞其利厚也競趨之已而與之一已而存其鹽而給以値又不以時於是召之不應矣夫民之漬手足裂肌膚而不憚者逐利也顧賞若是是督之遠也愚以爲宜厚之也試令近地之民毋論千萬置之長貳而籍其名於官則朝結而夕可集也民之趨利猶水也利則來不則去往有定令矣而自食之是上不信也今宜逮其報成而給以二仍朝驗而夕惠之毋令胥史持簿書而肆爲呵索民其有不樂於赴者哉赴益衆則采益時采益時則入益富一歲而不獲數歲之利者不然也此足以待凶年之額胡爲較錙銖而遺遠慮乎三曰貴采取之精夫各丁募群然并集不憂其入之不厚矣在官司或急成料以希功在丁夫或急采取以充數寧無雜硝石而并進者乎則分區畫地以程其工驗料計直以定其等屏惡存美以待夫商皆不可不爲之慮也四曰別遠近之地夫矖鹽非惡也稍帶硝性試灼以火則勝越而上無異池鹽此法河東諳之而遠人未諳也今矖亦無幾矣請以待近之求而減其价以爲耗遠征之商非池鹽不給則轉輸者皆飴鹽而商無不售之值民無境外之求矣五曰循支給之法夫所謂超支者非旋中旋支以勸商者乎商人中納次第掣支例也往以池鹽未結矖鹽未充無以給商而責之入乃隨募小販給以澆矖而籍其貲萬不得已之計耳而商人之停支者迄今遂不可復夫商傾貲以入公家以恒産在池也乃視其生而不得支何以异於農之耕耨而不得穫者哉今池平而花漸結矣采以時則蓄且倍也請絕小販之招以優舊商之困可乎六曰均商民之惠夫商人經年守支國課取足人情之所當優者也然而此輩則無厭矣籍口矖鹽肆爲插和以咨壟斷之計是故所在居民弃官鹽而樂私販爲官司者又從而強所不樂民之無告甚矣今宜遍檄諸司凡諸商無樣鹽即係飾僞樣鹽非官記即是私封沒其貨而置之法一懲而百警矣則商安所售其術而民有不樂於商之至者乎七曰禁太汾之票何者二郡固全晋之半也地多斥鹵采而煎之轉相輸販已非正法頃從其便給販者以券而歲徵其入此小票之所由名也彼皆自食其有矣解鹽入其境終歲束閣竟莫能售夫二郡去河東纔數舍耳法已莫可詰彼遠者奚讓焉矧二郡之民動以一田兩稅爲口實正謂業已供邊儲而又以輸鹽課且并其所謂私販者而忘之矣此非當禁之一耶夫惟慎天時也廣召募也精采辦也則盡人之力者盡地之利所謂生之貴

裕其源者此也惟辨遠近也循舊例也均商民也革煎販也則商無滯貨者民無艱食所謂救之貴通其變者此也此則不必分地而流布者自廣不必改額而壅滯者自行民亦何所爲而顧食私販以博罪哉雖然此皆自池鹽已生者計之也萬一事勢如昔當奈何嗚呼池之利在天不在人前已陳之矣夫鹽盡公課也鹽務盡公務也王者有分土無分民故以河東視三省誠難撓越若自國家統觀之則安可執一論也拓存積之淮蘆充有餘之花馬以寬不足之河東竢其生結而各遠其舊奚不可者夫據時宜而談利害環池之人類能言之至問上不病國中不病民下不病法則鉅公大人謇謇不欲語者何者扭於法之故也愚生之見若是執事其財擇焉

第五問

何東鳳

同考試官教諭梁批（立邊設防建官責守我國家之制原自周詳惟在當事者實心幹濟耳識無庸紛更爲也此作發出可爲邊臣忠告）

考試官學正梅批（三關責守事體論議明當）

考試官教授朱批（通達邊務）

善守邊者不拘於地善籌邊者不拘於守夫今議邊事者守爲上策矣而曩者虜蹂踐我內地材官騎士環視不能當一戰固戰不如守之明效也矧今天實不逞於虜畏威悔禍而吾得備之暇哉此議守之時也雖然未易輕議也其本在人其要在勢山西右屏畿輔外鄰沙漠所稱爲并冀藩垣者北則大同大同之南裏寧雁而折而之西則有偏老大同之邊虜也近不一舍遠不二三舍偏老亦然夫大同彼固有專之者矣如偏老寧雁所謂三關也三關之形若鱗次然東稍南爲雁門百八十里抵寧武又二百里抵偏關偏關絕懸西北與大同峙而雁門寧武者則猶有馬邑朔州之爲外藩也往以大同不能爲蔽故議與畫地而守之三關節制以屬全晉之撫臣而移總戎之駐偏頭者駐寧武若爲居中調度備東西策應也近籌邊者更議以爲不便謂弃外即內或以外地委敵而撫臣距疆場即遠病於請質之難偏裨孤居卒不得藉援於大將欲以撫鎮概偏老與大同相犄角并力要害脫虜自馬邑朔州入犯而吾猶得收弊於寧雁也噫是則然矣愚以爲制虜之術在扼其勢審勢者人也專計於人相宜而圖之則建官責守有可更者有不必更者夫撫臣折衝之任也非有親冒矢石列陳行間之事平居申約束明賞罰謹烽修隘備儲厲兵秋防駐代俾虜不是隙入一旦有儆當寇者走軍吏計事轅門而撫臣亦數馳赴之以便授策故在太原猶偏老也如必居偏老而後可是將親與抗也平居之所經略宜

何事耶假令虜大舉南侵則彼必數月集我必數月備悉吾之精銳視險易而慎守之慮必不濟若游騎突入禦之一健將事耳何足以辱撫臣夫天下之事恆起於時之所趨而亂於數易偏關之設也在洪武之三十三年而成化丁亥始創老營堡前乎此者未嘗命一卒守也亦未有大患乃今師武臣力開府運籌而猶懼有丁卯之患焉即多多奚益哉虜之畏我以有實也非畏名也今之所以稱藩而市馬者利金繒也弟必設撫臣以為名彼於畏何有議者曰設撫臣於偏老視延寧甘肅之例也夫事苟利固無庸例然而以陝例之者誤也延寧甘固實稱四鎮置三撫臣而固原一鎮以總督當之總督趨花馬池則以撫臣之在長安者移領鎮焉而固原而西至於蘭靖西南至於洮岷蓋方數千里番虜雜居烽燧時警然皆撫臣之在長安者兼制之陝西之撫內者何嘗不兼邊也山西幅員不滿千里民又甚瘠而三關固太原一郡地耳必以一郡建兩撫臣無論供億煩苛無益勝負之數而反以滋病即內有分地則外之召兵於內者難外有分地則內之轉餉於外者緩牽制沮格之患不可不虞也故曰建官惟其人不必備若乃總兵之移則有可言者總兵雖信大將與文吏異古者中軍在御援枹而鼓朱殷輪而不惰今猥以為持韜握鈐之臣虞偏關多故或失之而以移之寧武無謂也夫重移鎮者蓋以寧武之衝燕水雕窩陽方盤道相望廣衍紆漫騎得成列萬一虜擣我虛直入將狼顧失據焉噫獨不虞偏關之可達汾永乎馬邑朔州大同地也尚寄一帶之衛於寧雁而虜志俘掠則大同其壓足處耳壓足則不南望即南望吾且有備安得為虛耶偏關逼近虜巢即已款貢而板升叛人歲時窺伺又夷人叩關者月無虛日所不能高枕也故大將不可以深居深居則偏裨觀效士氣日懈夫寧武之赴偏關猶偏關之還而自救其地里獨雁門稍遠也誠令總兵移偏關仍協之以參將而寧武則撤馬站游擊居之偏頭加一大將與副將俱是鬪士倍也人情偷於習鼓於新旌幟一耀其耳目號令一作其頹靡則重關之固壯於戒嚴今之援寧武亦昔之援偏老矣夫何間也若雁門故有參備且近撫臣當必無害顧乃謂偏老遠不可居何歟總兵之設也始於宣德既罷復於弘治當是時皆偏老居也寧武設於成化丙戌置守備耳幸無事弘治間置守禦千戶所耳而亦無事總兵居寧武之議果何見耶要之撫臣職在謀筭者也總兵職在征戰者也二者甚可相能而不必并處故因勢以命職因職以任人因人以度勢建官之要罔逾於此矣雖然三關之地皆稱要也三關之守皆宜嚴也故有禦夷之遠略則何地而非守有體國之實心則何守而不固區區一隅一隙之補所見者淺也而責守之事且或有未盡者邊牆綿亙數百里戍卒僅四五萬星羅棋布殊多中空彼

聚而攻我驍騎衝軼直如決大河潰蟻壤此畫地而守之難故不如無與爭鋒各令收聚入保堅壁以待彼縱掠無所得又懼深入必自遁矣是求地利於人也戎伍隸尺籍者虛耗以半而日餉數錢多浚剝於渠帥老弱無營者應募勇悍多技多畏羈此無兵而守之難故如嚴核軍實養一夫必得一夫之力而又優幕府之用俾不取盈於下則備在我不在虜矣是求兵於將也往吾與虜防也邊氓懼爲俘戮故死不敢即夷人自爲守也今胡越一家而愚夫無遠略或爭趨之以辟賦就逸後將何支焉蓋亦拊循百姓輕其徭税俾居者固而去者思乎虜與吾市也馬皆异產不與中土習分發郡縣輒踣死而償之民也夫民無所得馬而樂於償固以免兵弭患彼亦與有利焉蓋亦以此補營馬之虛而仍輸郡邑之值將不軍知惠而市無損乎歲選内地丁壯修守邊隙顧募犒來之費全省以數萬計而丁壯至邊顧救死扶傷不暇安所裨於事哉蓋亦徵募金於官委輸邊郡召土著而簡練之止則爲民動則成旅而内地丁壯番休者則永以保障不調焉此其利固不獨貽三關磐石之固也凡此數者非益於兵與民之外而皆因其舊以重其守所謂先爲不可勝以待敵之可勝守亦戰也抑又聞之昔者李牧之備代雁門也趙彊起之恣所欲行牧日椎牛饗士具選車得三百乘百金之士五萬人觳者十萬先以數千委匈奴竟滅襜襤破東胡單於奔走不敢近塞魏尚一雲中守耳亦日饗賓客軍吏虜曾一入尚率車騎擊之所殺傷甚衆而上功首虜差六級竟坐罰作今元戎宿將即負巨伐能聽令出入軍市租不問乎能聽令以數千人委虜不計乎噫其不爲魏尚無幾矣如此其如建官責守之意何哉此固明問之所未及也而愚敢妄以爲言以備菲葑之采

山西鄉試錄後序

萬曆丙子山西鄉試竣役業以諸偕計士所爲文籍之矣在廷矗目而就業焉固渾渾灝灝之遺文如在也乃群偕計士振袂而申告之曰嗟而士也而亦知聖澤之所以裨益爾多士者乎諸所爲振風教而養惇裕者且勿論已先是晉地數苦虜患其防守在秋虜闌入烽火晝夜稱警晉以此不獨完何宣縵繆組練之夫曁彼齊民者至兢兢也即如而文士挾笈而讀聽鉦鼓而與之訌擔篆而游荷戈鋋而與之俱藉第令有主者而多士之心固旦夕嗜義而不能下咽也六七年間虜憬然款貢乃今愈益服習聖化邊鄙肅清而士也畢得愉快而譚詩書耽弦歌晉故要害不圖與與然文物之至於斯也凡是者孰非主

上聖神文武所變化哉士生其時而又得占一經以售於有司信厚幸矣是故在廷披籍而誦多士所謂文鬮經術津津如也持論侃侃如也標情宣德引經飾吏鏗鏗如也鑿鑿如也連類而詰射之洸洸洋洋如也所謂愉快而譚詩書耽弦歌者效居然可睹已楚有文人承蜩猶掇之也仲尼既聞其道顧謂弟子曰用志不分乃凝於神言所習者專也而士也洵美且都脫令虜不可懷馴如鄉時而且聽鉦鼓而且荷戈鋋則用志分而神不凝詎能愉快然收專一之效乃臻是乎而士也忧然思所以報稱之矣雖然士自束髮受書三歲而一上於有司幸而效也奚忍懸空文以自見而有司爲社稷得人則亦曰千里一士猶然比肩而立心故切切焉以才難爲懼而畢收之斯二者寧無當於求乎抑聞之困土之臣多智逸國之臣多迂士困於昔而逸於今固智與迂之所繇以辨也在廷願多士之爲智也毋芬華而離其質毋窳惰而小其器毋狃治安而不周於慮毋汩汩於利害失得而回謬其途域其心兢兢焉直若聽鉦鼓荷戈鋋而挾筴擔簦之不置也則國家之事可幾而理矣無若寶宵練者然古昔有寶宵練之劍者藏以千金之匣劍化而去猶然寶匣焉嗟乎寶匣而不寶劍虛文而不適於用者也迂亦甚矣而士也且新發於硎其尚爲鏌鎁爲干將以蘄不虛大冶者意也即所以圖報稱者其在斯乎其在斯乎

四川眉州儒學學正梅在廷謹序

萬曆七年山西鄉試錄

山西鄉試錄序

在令甲諸鄉國三歲論士則錄其人文之入穀者籍奏之上紀萬曆之七年巡按山西監察御史黃應坤在事夙夜懍懍務操精白爲百執事先提調則屬左布政使張士佩右政使呂鳴珂監試則屬按察使秦吉士副使王基會先御史賈如式遣聘諸文學自四方至則以教諭趙日新王銳主考試教諭朱綸莊文龍李希稷謝時泰侯賓家李中立同考試闈以内外陳力藏事惟其人乃合巡按宣大御史郭汝提學副使賀邦泰選士二千二百有奇三試之得俊六十五人文二十首將籍以獻日新自惟堅儒駑下猥辱任使竊附於以人事君以故不避不馴首宣言以諗多士頃自皇上初受曆數有司首舉賓興觀人文而化成蓋於茲三舉矣比年布功令廣萬視學諸臣直將洗舊染而一新之申令不啻三五其首舉也士若在蟄而昭蘇趯趯思奮再舉則毛羽既具躍然而知嚮方乃今三舉若起溟涬挾扶搖蓬蓬然天飛矣夫樹人如樹穀其必因地利乘天時雖有污萊不廢穅襲中歲而穰三歲而登三歲而升而平又三歲而太平矣山西古冀州地堯舜禹之所更都當堯之時封可比屋三聖相授野無遺賢其分職爲四岳爲十二牧爲九官其類族爲十六相其亮天工也爲二十有二人其褎然而首百官則得五臣而天下治矣其後千有餘歲唐叔始以晋封歷世阜昌文公始伯帥諸侯以獎王室世主齊盟乃若股肱之良則九宗五正咸在始於狐偃趙衰迄於叔向寔蕃有材遵主庇民視一匡爲尤烈後儒暗於大較直將以陪隸卑視之善謀國者將爲异代求材慨九原不可復作幸而借一國將有瘳如使資適逢時得聞孔子之道其所就業不亦誓乎大哉要以表裏山河林林然皆晋產也上之帝則帝臣王則王佐下之而伯不失世卿其斯爲九州之上腴其賦上上則自昔然矣其後千有餘歲覲明德而服西成都人士應感而興無异唐虞之際薛文清以躬行著皭然不緇列祀瞽宗於當世無兩邇者起家仕國往往具文武材宰執師保之臣踵相接也主上方作人以待舉至於再至於三經沃土而授上農庶幾得邁種者其人爲秋之實矣顧賓興之典昉於成周由前則揖讓而未遑由後則師武臣力而不急於時士

烝烝嚮用無庸鄉舉而里選自漢設科周制未改乃若漢霍宣成唐狄梁國裴晉國宋司馬溫國文潞國之數臣者率皆有待而興然或曠千里而一鳴或曠百世而一覯方諸疇昔宜若徑庭今制特詳於周官而多士咸誦法乎孔子概其所舉視三代之英何讓焉藉令粲者不鑿而萑稗先登誖矣以此而讓舉者將安所逭薄責哉及縱觀多士所爲文斐然較著莫不竭心思而中典要窮經術而達時宜即其緒餘亦皆援古而準今尊王而賤伯此故都之流風遺俗誦法之成效而振德之明徵也幸而得士若此舉者庶無罪悔矣乎既卒業而深惟中心之縣未解也古者以鄉三物爲教則德爲上行爲先借曰藝成於斯爲下及其以鄉射而賓多士規規乎程一藝而衡石之射義有言此可以觀德行彼其逄蒙鴻超甘繩飛衛紀昌之屬其德行寧有足多者邪何以得當君子觀也今多士不以射角而以言揚射之中侯宜莫如言之中窾也君子言必顧行故有德者必有言用是而觀其於德於爲近第帝堯在位比屋可封而靜言庸違四岳咸薦聽其言而信其行所不爲萑稗也者幾希抑或懲其不然惟其言而莫之信則皋陶賡贊厥有昌言雖有百揆聞言則拜有嘉於是乎罔攸伏矣言之不可已也如是無寧以一廢百乎哉昔者晉獻嘉禾史書諸策惟是爲王者之瑞而大鹵之金垂棘之璧汾之鼎不與焉晉之乘可考已爾多士以昌言進則爲嘉禾由此而薦馨香有司庶可藉手否則違言而爲萑稗豈惟爾多士之羞其在詩曰先民是程多士勉矣是役也總督軍務兵部左侍郎吳兌鄭洛巡撫右僉都御史高文薦巡撫大同右僉都御史賈應元燿武修文化興髦士巡鹽御史房寰肅寮貞度教洽黌宮閱視戶科右給事中姚學閔視師展采會逢盛舉督理糧儲郎中王學書主事劉啓元籌邊理餉樂觀厥成左參政賈待問右參政張柱蔡應陽左參議王子蕙右參議楊松鄧林喬副使蕭大亨霍維蓋胡來貢王璇僉事房如式季遐齡劉思中咸懷良行太僕寺卿李采菲少卿蔡可教總兵官麻錦太原參將王弼署都指揮僉事張崇德黃明臣翊襄輸力防範宣勤右參政杜友蘭副使李與善署都指揮僉事孔允熙俱以表賀行行人賈三策適以使事至例得并書

直隸寧國府旌德縣儒學教諭趙日新謹序

萬曆七年山西鄉試

監臨官

巡按山西監察御史黃應坤（惟簡　直隸歙縣人　戊辰進士）

提調官

山西等處承宣布政使司左布政使張士佩（玫夫陝西韓城縣人　丙辰進士）

山西等處承宣布政使司右布政使呂鳴珂（聲甫錦衣衛籍浙江麗水縣人　己未進士）

監試官

山西等處提刑按察司按察使秦吉士（子敬直隸曲周縣人　乙丑進士）

山西等處提刑按察司副使王基（啓亨山東青州左衛人　乙丑進士）

考試官

直隸寧國府旌德縣儒學教諭趙日新（用甫福建晉江縣人　辛未進士）

河南開封府中牟縣儒學教諭王銳（怡卿湖廣江陵縣人　丁卯貢士）

同考試官

陝西西安府三原縣儒學教諭朱綸（公言四川閬中縣人　辛酉貢士）

山東青州府益都縣儒學教諭莊文龍（德明直隸金壇縣人　癸酉貢士）

直隸真定府藁城縣儒學教諭李希稷（虞卿山東萊州衛官籍湖廣江夏縣人　庚午貢士）

河南開封府鄭州河陰縣儒學教諭謝時泰（汝亨江西安福縣人　甲子貢士）

陝西慶陽府安化縣儒學教諭侯賓家（行之陝西秦安縣人　庚午貢士）

湖廣靖州會同縣儒學教諭李中立（介卿廣西臨桂縣人　庚午貢士）

印卷官

山西等處承宣布政使司經歷司經歷孫惟顯（汝德密雲衛籍直隸合肥縣人　儒士）

山西等處提刑按察司經歷司經歷汪良舉（司直直隸休寧縣人　監生）

收掌試卷官

太原府知府張修吉（慎之山東高苑縣人　戊辰進士）

平陽府知府蹇達（汝循四川巴縣人　壬戌進士）

潞安府知府麻永吉（伯貞陝西慶陽衛人　乙丑進士）

太原府同知費標（元立順天府大興縣籍浙江慈溪縣人　辛未進士）

大同府同知蔡壁（伯宿錦衣衛籍浙江錢塘縣人　戊辰進士）

受卷官

河東陝西都轉運鹽使司副使陳大章（祖堯浙江鄞縣人　壬戌進士）

太原府推官王致中（懋和陕西宁羌衞籍直隸無錫縣人　甲戌進士）
平陽府推官王之猷（爾嘉山東新城縣人　丁丑進士）
大同府推官李驥千（伯顧山東招遠縣人　丁丑進士）
澤州知州于達真（子充山東歷城縣人　丁丑進士）
遼州知州岳維華（汝西直隸曲周縣人　乙丑進士）
平陽府蒲州知州何允升（晉甫河南杞縣人　甲戌進士）
平陽府絳州知州田子堅（茂甫河南永寧縣人　戊辰進士）

彌封官

汾州知州董選（叔仁河南嵩縣人　辛未進士）
太原府陽曲縣知縣屈灼（見夫陝西蒲城縣人　甲戌進士）
太原府榆次縣知縣姚德重（士欽山東濰縣人　甲戌進士）
平陽府曲沃縣知縣沈時敍（公納河南祥符縣人　丁丑進士）
平陽府解州安邑縣知縣羊可立（子豫河南汝寧群牧所籍直隸安東縣人　丁丑進士）
潞安府長治縣知縣馬化龍（雲從河南新野縣人　丁丑進士）
大同府大同縣知縣連格（孟式河南禹州人　丁丑進士）
澤州高平縣知縣劉一相（惟衡山東長山縣人　丁丑進士）

謄錄官

太原府永寧州知州許天球（汝器直隸婺源縣人　戊午貢士）
平陽府蒲州臨晉縣知縣王毓陽（春裕陝西綏德州人　甲戌進士）
平陽府蒲州河津縣知縣劉希孟（醇甫山東安丘縣人　辛未進士）
潞安府長子縣知縣霍鵬（雲程直隸井陘縣人　丁丑進士）
潞安府襄垣縣知縣陳三策（幼學山東武定州人　丁丑進士）
潞安府城縣知縣陳九疇（時敍山東歷城縣人　丁丑進士）
澤州沁水縣知縣曲遷喬（允升山東長山縣人　丁丑進士）
汾州孝義縣知縣李杜（介卿直隸肥鄉縣人　丁丑進士）

對讀官

太原府代州知州石朝選（寵之陝西同州人　乙卯貢士）
太原府岢嵐州知州謝明教（孟夫陝西藍田縣人　戊午貢士）
太原府保德州知州劉希皋（舜卿陝西保安縣人　己酉貢士）
太原府太谷縣知縣王元（叔調陝西寧夏縣人　丁丑進士）
太原府文水縣知縣郭宗賢（楨甫直隸邯鄲縣人　辛酉貢士）

平陽府洪洞縣知縣南兆（吉甫山東濮州人　丁丑進士）

平陽府蒲州猗氏縣知縣管暾如（汝明陝西白河縣人　甲子貢士）

澤州陽城縣知縣張應詔（叔宣陝西咸陽縣人　癸酉貢士）

巡綽官

太原左衛指揮使朱承恩（君寵直隸鳳陽縣人）

太原左衛指揮同知劉秉乾（健甫直隸濬縣人）

太原右衛指揮使王輅（遵商湖廣孝感縣人）

太原右衛指揮僉事朱邦奇（昇之直隸合肥縣人）

太原前衛指揮使俞應乾（純甫直隸江都縣人）

太原前衛指揮僉事秦大捷（子豫直隸清山縣人）

平陽衛指揮同知呂應岳（維翰山東曹縣人）

搜檢官

太原前衛指揮僉事汪宗堯（希聖湖廣安陸縣人）

平陽衛指揮同知閔世忠（貞甫山後金山人）

汾州衛指揮僉事齊綱（明正直隸任丘縣人）

太原左衛中左所副千戶田思忠（一臣直隸豐潤縣人）

太原前衛前所副千戶李應宗（道夫湖廣監利縣人）

太原前衛後所正千戶陳鐶（廷器直隸邳州人）

潞安衛左所副千戶任爾節（希武山西長治縣人）

供給官

山西等處承宣布政使司理問所理問丘梁（子高湖廣麻城縣人　丙午貢士）

山西等處承宣布政使司經歷司都事李夢相（惟肖水軍右衛籍湖廣臨湘縣人　甲子貢士）

山西等處承宣布政使司理問所副理問祝希哲（濬之江西籍密雲後衛人　丁卯貢士）

山西等處承宣布政使司照磨所照磨汪極（建之直隸績溪縣人　監生）

山西等處提刑按察司照磨所照磨彭士祖（汝德江西安福縣人　監生）

太原府通判宋瑋（邦奇直隸慶都縣人　監生）

太原府平定州知州陳銓（公選河南河南衛官籍直隸來安縣人　壬子貢士）

平陽府絳州稷山縣知縣王無逸（惟欽直隸獲鹿縣人　丁卯貢士）

潞安府經歷司經歷程應鵬（振翼直隸沙河縣人　選貢）
　　太原府經歷司知事曹汝學（存性陝西葭州人　監生）
　　太原府忻州判官盧可久（法朝直隸井陘縣人　監生）
　　太原府永寧州判官王與可（俞卿四川蓬溪縣人　辛酉貢士）
　　太原左衛經歷司經歷邵綰（紫卿陝西富平縣人　吏員）
　　太原右衛經歷司經歷王廷擢（君用陝西藍田縣人　吏員）
　　太原前衛經歷司經歷王瑤（君珮河南磁州人　吏員）
　　潞州衛經歷司經歷李梁（子任陝西涇陽縣人　吏員）
　　平陽經歷司知事沈良璧（全夫浙江蕭山縣人　吏員）
　　太原府陽曲縣縣丞李選（士賢陝西白河縣人　選貢）
　　太原府太原縣縣丞韓秩（汝宗浙江山陰縣人　監生）
　　太原府繁峙縣縣丞李邦仕（道顯直隸衡水縣人　監生）
　　平陽府趙城縣縣丞周廉（伯清浙江山陰縣人　儒士）
　　平陽府蒲州榮河縣縣丞趙以莊（汝臨河南河內縣人　監生）
　　平陽府解州平陸縣縣丞張鴻圖（明漸陝西延安衛官籍直隸定遠縣人　選貢）
　　潞安府屯留縣縣丞郭大儒（國珍江西新淦縣人　吏員）
　　太原府太原縣主簿張泮（惟東直隸任丘縣人　監生）
　　太原府榆次縣主簿張謨（啓忠遼東東寧衛人　監生）
　　潞安府壺關縣主簿刁尚質（宗商陝西成縣人　監生）
　　太原府陽曲縣典史王應聘（廷舉陝西涇陽縣人　吏員）
　　太原府祁縣典史孔依仁（德元河南鄧州人　吏員）
　　太原府徐溝縣典史郭宗仁（體元山東歷城縣人　吏員）
　　太原府樂平縣典史楊大濟（世寧江西豐城縣人　吏員）
　　平陽府趙城縣典史黃雲瑞（應祥陝西長安縣人　吏員）
　　平陽府絳州稷山縣典史汪雲穉（汝誠直隸蕪湖縣人　吏員）
　　潞安府襄垣縣典史陳堯賓（唐傑順天府遵化縣人　吏員）
　　澤州陵川縣典史劉桂（子攀山東掖縣人　吏員）
　　太原府陽曲縣凌井驛驛丞程希聖（汝賢江西樂平縣人　承差）
　　太原府祁縣賈令驛驛丞駱志良（希賢直隸深州人　承差）

第一場

四書

子曰予欲無言子貢曰子如不言則小子何述焉子曰天何言哉四時行焉百物生焉天何言哉　好學近乎知力行近乎仁知恥近乎勇知斯三者則知所以修身知所以修身則知所以治人知所以治人則知所以治天下國家矣　乃若其情則可以爲善矣乃所謂善也若夫爲不善非才之罪也

易

象曰地中有水師君子以容民畜衆　改邑不改井乃以剛中也　神而明之存乎其人　聖人之大寶曰位何以守位曰仁何以聚人曰財理財正辭禁民爲非曰義

書

帝曰咨汝二十有二人欽哉惟時亮天功三載考績三考黜陟幽明庶績咸熙　厥賦惟土上錯厥田惟中中　嚴恭寅畏天命自度　功崇惟志業廣惟勤惟克果斷乃罔後艱

詩

琴瑟在御莫不靜好　或降于阿或飲于池或寢或訛爾牧來思何蓑何笠或負其餱三十維物爾牲則具　之綱之紀燕及朋友百辟卿士媚于天子不解于位民之攸暨　日就月將學有緝熙于光明佛時仔肩示我顯德行

春秋

（丙戌公會鄭伯盟城武父（桓公十有二年）　夏齊侯衛侯胥命于蒲（桓公三年）楚屈完來盟于師盟于召陵（僖公四年）　公會晉侯宋公陳侯衛侯鄭伯曹伯莒子邾子滕子薛伯齊世子光吳人鄫人于戚（襄公五年）　冬公會晉侯宋公衛侯曹伯莒子邾子滕子薛伯杞伯小邾子齊世子光伐鄭十有二月己亥同盟于戲（襄公九年）公會晉侯宋公衛侯曹伯齊世子光莒子邾子滕子薛伯杞伯小邾子伐鄭會于蕭魚（襄公十有一年）夏公會齊侯于夾谷公至自夾谷齊人來歸鄆讙龜陰田（俱定公十年）

禮記

爵人於朝與士共之　故天下不愛其道地不愛其寶人不愛其情　論倫無患樂之情也欣喜歡愛樂之官也中正無邪禮之質也莊敬恭順禮之制也　仁者人也道者義也

第二場

論

明主游心帝王之術

詔誥表（內科一道）

擬漢令二千石勉勸農桑詔（建初元年） 擬唐以李泌同平章事誥（貞元三年） 擬以禮部左侍郎兼翰林院學士薛瑄從祀孔子廟庭子孫謝表（隆慶六年）

判語五條

隱匿費用稅糧課物　公差人員欺凌長官　文書應給驛而不給　原告人事畢不放回　有司官吏不住公廨

第三場

策（五道）

問　古帝王之學動息有養其勒於簸簾盤盂户楹矛劍者已燦然可睹矣乃猶不自滿假而作箴以致儆其義何居而其制何昉歟載稽往牒夏商史甲之箴尚矣他訓民生以在勤納褻御而悔過者亦能彷彿其遺意歟嗣是以來代各有作有獻大寶箴而旌其直者有獻丹扆箴而褒其忠者又有獻獄官箴於建中獻勸講箴於慶曆而并蒙嘉納者果皆益於規誡之實歟抑猶有遺憾歟恭惟我皇上天縱神明稽古典學頃於便殿集圖書爲燕息之所特取義周雅以離肅名之復命輔臣作箴揭書御屏時賜省覽於皇哉懿範英聲增光載籍蓋真與古帝王心法同符而近世所稱説方斯蔑矣諸士生際昌熙聞風感奮得無有願攄誠竭悃期裨聖學於萬一者乎夫臣子效忠廑間疏逖堯舜時雖稷契敷謨皋夔納誨乃努蕘邇言弗弃也其悉意陳之母但諉曰箴之説具備矣

問　教化國家之先務廉恥士人之美節昔譚尚之矣在昔成周盛時學校有教選舉有制考課有章所爲陶淑士類共惇行誼者法綦備矣厥科條成效具在方策可得而指言與抑有不盡於法者與秦漢而降教化浸微廉恥道喪即有稱杰才者憑技用力亦能策動爍譽播人耳目然考衷度中其節果足稱與明興法周爲治首崇教化凡所爲廣厲學官計偕有司與夫三年大察之典品式周備率有原本以故士人薰濡其間者爭淬勵濯磨以當上意迹其所樹茂德芳猷虎炳後先者會不異鎬京辟廱之盛若錄在理學名臣者可考而知也爰及今日士

學乏本原文止藻繢言務矜詡行闕真實甚則陽章逢而陰駔儈獵經生之名而躬穿窬之行方且目廉恥為曲謹焉茲果教化之不足恃與抑或文具實微不足以風士與夫挽風會之流以追蹤古昔當事責也不溷於俗矖然物表者士人責也諸生夙負豪杰諒有概於中矣試言之以卜出處事業

問　三晉河山之勝寓內稱雄焉地靈人杰所從來遠矣后稷以粒民率育龍逢以直諫顯名傳說以同心匡辟斯固五臣十亂之儔已三代以還節士才卿接迹而起無暇劇論姑掇其最著者與諸士評之有矢志受遺竭力股肱者有從龍定國屏迹綿山者有身任立孤下報十年之後者均之一死而孰輕於鴻毛有抗俗遺榮屢却秦兵者有見幾篤行無愧蔡碑者有上策著書托迹河汾之滸者均之一隱而孰裨於世用或圖功麟閣或取日虞淵與入相中國走卒知名者事功同也而行不無純駁或才稱命世或序重洪都與博極群書昌黎齊名者文章同也而品不無優劣之數君子可悉指而軒輊之與其於后稷逢說亦有庶幾焉否也夫高山仰山景行行止士君子將友天下以進於古人矧鄉先哲乎九原可作諸士將誰與歸也

問　學以致道道一而已矣乃先王立教分小學大學焉道果有二致乎內則稱十歲學書記十三學樂誦詩舞勺及射御二十學禮舞大夏則小學之教習藝其急矣至孔子論志道據德依仁非成德事耶乃游藝與之并稱何也載考周官保氏教國子以六藝則五禮六樂五射五御六書九數是已蓋古人以為日用不可缺者其名物可指言否後世禮樂闕而御不傳射與書數又等諸伎倆而不屑然則六藝者豈其無關世用可廢而不講與大學之教曾氏書尚矣士類能譚說顧出入口耳則易體會身心則難至真文忠衍之丘文莊又補之厥旨暢矣今二書具在其概可陳與學者每薄六藝而明德親民又以為家人言耳漫不彈心居胡以修身出胡以應世也諸士平生從事謂何盍共質之

問　設官分職計在敉寧烝民弼成治化也是故為之守令以拊其內為之將帥以捍其外三代而上亡論已漢世守令如穎川東郡扶風南陽吏治蒸蒸然顯於神爵五鳳間矣將帥則出上谷出雁門出代與隴西能窮龍成狼望之王庭固皆其衰然者孰為優與山西襟喉三關關而右為內地太平澤潞之間煙爨雞犬相逮相聞所待理於賢守令者至切也今之郡縣吏孰與漢循闕左地逼虜酋虜情叵測弱則竄強則跳梁即納款通市率亦羈縻未可忘戰當寧者嘗拊髀思將矣不識今之邊帥視在元朔元光間者足并程功否耶夫內地重牧外地重將固矣議者復責成守令嚴城堡繕甲兵不專於內而籌邊事者每欲調才望有司於附塞增厥秩祿需以歲月勉之拊循土著為邊郵重抑果有見與夫五內四

肢身兼所愛安内攘外切治不殊其勢相成其機諒有當先者不識果何居乎爾多士志在匡時願畢經濟勿獨使漢將吏擅美竹帛也

中式舉人六十五名

第一名　李永培　曲沃縣人　易
第二名　苗希益　平定州學生　書
第三名　荆州俊　猗氏縣學生　詩
第四名　陳震　太原府學生　禮記
第五名　成以蒙　山陰縣學生　春秋
第六名　李都生　屯留縣學生　詩
第七名　党一經　忻州學附學生　書
第八名　張美　蔚州學生　易
第九名　李圭　河東運司學生　詩
第十名　李如松　長治縣學生　詩
第十一名　萬自約　太原府學生　禮記
第十二名　文華　陽曲縣學生　詩
第十三名　趙復儒　潞安府學生　易
第十四名　趙璿　平定州學附學生　書
第十五名　吕洙　澤州學增廣生　春秋
第十六名　張大化　安邑縣學增廣生　詩
第十七名　宋一芳　潞安府學生　易
第十八名　楊俊臣　蒲州監生　書
第十九名　施重光　五臺縣學生　詩
第二十名　李杜　大同縣學生　易
第二十一名　王家璧　山陰縣學生　詩
第二十二名　張問明　長子縣學生　書
第二十三名　昝融　解州學生　禮記
第二十四名　王應期　河東運司學附學生　詩
第二十五名　仇時隆　曲沃縣學增廣生　易
第二十六名　任弘烈　長治縣學生　詩
第二十七名　姚進福　絳州學生　書

第二十八名　武世舉　大同府學生　易
第二十九名　王約　解州學增廣生　詩
第三十名　焦元卿　高平縣學增廣生　易
第三十一名　智周　忻州學增廣生　易
第三十二名　薛國民　絳州學增廣生　易
第三十三名　趙梓　解州學增廣生　春秋
第三十四名　劉以平　猗氏縣學生　詩
第三十五名　郗彬　平定州學生　詩
第三十六名　苗希禹　平定州學生　書
第三十七名　張時脩　蒲州學附學生　易
第三十八名　姚維新　臨晉縣學生　詩
第三十九名　賈鉉　解州學增廣生　禮記
第四十名　景登第　河東運司學生　詩
第四十一名　張純　陽城縣學附學生　易
第四十二名　衛都　解州學生　書
第四十三名　薛郭　河東運司學生　詩
第四十四名　王近臣　汾州學生　易
第四十五名　崔一鳳　安邑縣學生　詩
第四十六名　盧夢麟　洪洞縣學生　書
第四十七名　李光輝　陽曲縣學附學生　詩
第四十八名　侯齊　文水縣學生　易
第四十九名　吳内　萬泉縣學生　春秋
第五十名　朱繪　蒲州學增廣生　書
第五十一名　楊恂　代州學生　易
第五十二名　石岑　河東運司學增廣生　書
第五十三名　王體恒　太平縣學增廣生　易
第五十四名　張五典　沁水縣學增廣生　詩
第五十五名　尚從試　蒲州學附學生　書
第五十六名　杜凌雲　解州學增廣生　禮記
第五十七名　趙尚忠　太原府學生　詩
第五十八名　劉子靜　遼州學生　春秋
第五十九名　吳行可　平陽府學生　書

第六十名　韓思恭　榆次縣學生　詩
第六十一名　劉中寬　河東運司學生　易
第六十二名　王柱　觧州學生　書
第六十三名　趙天慶　榆次縣學增廣生　詩
第六十四名　段梧　高平縣學生　書
第六十五名　張書　文水縣學生　易

第一場

四書

子曰予欲無言子貢曰子如不言則小子何述焉子曰天何言哉四時行焉百物生焉天何言哉

李永培

同考試官教諭朱批（聖人欲無言與援天自況意俱在言外作者類支離煩冗此篇冲雅渾融語意逼真宜錄以式）

考試官教諭王批（沉鬱典重意更完足）

考試官教諭趙批（理精調雅）

聖人發至教於門人而因明以天也夫天不言而化成至教也聖人之教猶天然何謂無述哉且聖人無行而不與則有言非顯也無言非隱也顧人之默識何如耳乃學者多泥於言也夫子儆之曰予於二三子固嘗以言教矣繼自今其殆欲無言乎而無樂乎費詞也已子貢之學未超乎言語之外者乃疑而問曰學夫子之道者述夫子之言焉耳子如不言則小子何述焉夫子於此有難於自明者遂以天曉之曰教以明道也道出於天也使天道果俟於言則予何靳焉自今觀之天何言哉而其妙有不容祕者旋而為四時是天之氣機也吾見其行焉闔闢者常運而常新也散而為百物是天之法象也吾見其生焉小大者自形而自色也夫時非天不行物非天不生故觀乎其用而見天道之化然其行也以無言其生也以無言故采乎其蘊而見天道之神運乾元於於穆而理自彰斂天載於無聲而機自著此天之至教也善觀天者即此有餘述矣吾道之默不能藏也獨與天异乎哉賜也可無泥於言矣抑聖人果無言則六經不必作矣何諄諄也蓋觸目皆真超然妙悟惟幾於神化者能之若資非上智功非真積而遽望其自得於語言之外不為重誣人哉嗚呼此六經之教與聖人身教并行曾不若禪學之頓悟也已

好學近乎知力行近乎仁知恥近乎勇知斯三者則知所以修身知所以修身則知所以治人知所以治人則知所以治天下國家矣

苗希益

同考試官教諭莊批（此題不難於敷衍難於融鍊詞不費而旨躍然是作得之）

考試官教諭王批（刊落浮詞獨存神骨）

考試官教諭趙批（瑩潔精妥）

聖人論德所由幾因推其治所由達也夫德本固有強學則幾矣明此以脩身其於治乎何有夫子望魯君者若曰君人一身天德王道之會也惟昧於入德之方則身且不修矣如王道何故當思達德不遠於吾身企而及之存乎自勉耳茲所求乎智未能也吾從而好學焉則愚去而知可幾矣所求乎仁未能也吾從而力行焉則私去而仁可幾矣所求乎勇未能也吾從而知恥焉則仁智進而勇可幾矣之三者聚而爲德則身法建措而爲政則治法行人患不知耳苟能知此則知之盡行之至而入德無遺力斯德以備道以凝而修身有全功由是而及人則知人亦吾身也出吾德以區畫之人可從而理也由是而及於天下國家則知天下國家亦吾身也擴吾德以運量之天下國家可從而理也何也治身之緒也以三近而修身故其化溥德身之維也以三近而入德故其本端德以修身身以圖治是在強勉而已雖然功有三近而無欲其要也欲之在人能使人鋼蔽而失其本真一或汩焉三者亡矣況能拓萬化哉是惟戒慎恐懼培此真機擇善固執要諸純粹此堯舜精一之傳而文武周公之家法也故曰無欲之君可與言王道旨哉

乃若其情則可以爲善矣乃所謂善也若夫爲不善非才之罪也

陳震

同考試官教諭侯批（譚理精透體裁嚴整發性晴才三字出是知性者）

考試官教諭王批（精而不鑿鍊而不削）

考試官教諭趙批（峻潔明爽）

大賢道性善自情與才而決之也蓋情與才皆性出也觀情善而才無不善焉性善不有徵乎孟子曉公都子若曰天下率言性而不求其自然之故則其說之紛紛無惑也自今言之性一而已矣發而爲情運而爲才者皆是也使情與才而有不善焉則性可以不善言矣乃若其情則感而遂通常至順而不拂觸之斯應恒至正而無邪情效天下之動而其用未鑿者天理之流行也固

可以爲善也則知性立天下之有而其體未漓者天真之各足也乃所以謂善也蓋性不可見而見諸情因其所可見以溯其所不可見則性之本體可識矣若夫爲不善豈天之降才爾殊哉物至而化始乖其順應之常蔽交則遷遂失其用和之正才隨性具而習或移之容有濟惡其者矣此實人爲耳良能之妙用不如是也性與才凝而欲或汩之容有悖道者矣此實人謀耳真機之順動不如是也何可罪夫才耶要之方至靜之中則所性渾淪不知有情也亦不知有才也而其善已具及有觸之際則所性感動情胥此出也才亦胥此出也而其善始形吾之道性善而衆論不惑也以是耳子又何疑焉雖然上智下愚有生不移清濁厚薄分限各异人性果皆善乎嗚呼此氣質之性也性本無二顧天命之性附於形氣二五雜揉故不得而齊耳彼三說者彷彿氣質而未窺天命非孟子辭而闢之性學幾晦矣

易

象曰地中有水師君子以容民畜衆

張美

同考試官教諭朱批（題本正大但作者類剿塵言委屬可厭練達新警無逾此篇）

考試官教諭王批（體莊詞邕）

考試官教諭趙批（典雅可觀）

象傳發師義見寓兵於農之政焉夫兵非治世之所諱也君子觀象於師而寓諸農焉其爲天下慮遠矣夫子傳師之象以爲王者以德綏天下而不能去夫兵者凡以宣德威也此卦之象下坎水而上坤地水畜於地而其用常不測地容夫水而其體常至靜玩斯象也若天下之有師然君子體此謂恃承平而去武備勢必弛外黎庶而詰戎兵法必擾非善衛國者也於是以天下之利養天下之民以天下之民足天下之兵民方以生聚恃我而吾爲之足其財凡以撫之也然其生厚則其勇自充一訓練焉而折衝禦侮之士在兹矣民方以養恬恃我而吾爲之薄其賦凡以保之也然其養素則其忠自奮一倡率焉而尊君親上之衆在兹矣無事則群然樂業惟是比閭焉耳族黨州鄉焉耳而可使即戎也何民非兵有事則翕然用命惟是伍兩焉耳卒旅軍師焉耳而常寓於農也何兵非民此之謂天下之大慮此之謂天下之大政而與象之地中有水者何异哉吁君子之於師也深矣蓋古人寓兵於農必井田必封建必舉井邑丘甸之衆隸於司徒而有事始授司馬故能省供億轉輸之勞而民不稱病自兵民判而天下始多失所之民矣嗚呼古制不可復矣開屯田練土兵寬民

之力茲非明王馭世之長策哉

聖人之大寶曰位何以守位曰仁何以聚人曰財理財正辭禁民爲非曰義

李永培

同考試官教諭朱批（聖人功業場中發者率多冗浮此篇真切瑩暢可以式矣）

考試官教諭王批（冠裳雅練）

考試官教諭趙批（調古詞精）

大傳舉位重於聖人而功業弘焉蓋聖人之業非位不彰也居大君之位而功業弘於天下矣大傳論卦爻吉凶而及於聖人也若謂生物固在於天地而贊化實待於聖人此皆易理也夫聖人者肖天之易法地之簡豈不大德哉顧必作之君師而後可建功立業於天下則所謂大寶者位是已位實於聖人非固利之實惟資之也然天位惟艱孰與守之曰人焉耳人爲邦本人附而國隨之矣民心至渙何以聚之曰財焉耳財爲民命財散而民附之矣若夫聚民之財能勿理乎訓民之辭能勿正乎民之日入於非也能勿禁乎此皆聖人因天下之勢而爲之者其要維何亦曰義而已矣行而宜之之謂義是王道之紀而化裁天下之微權也聖人奉此以理財而民可富矣奉此以正辭而民可淑矣奉此以禁民非而民不底於頗僻矣蓋斟酌有道則其政平劑量得中則其化順此所以功業參天地而於大寶之位爲無負也不然於位奚取焉夫聖人之功業天地萬物賴之而卦爻吉凶實配之易書功用之大固如此雖然天下不可一日無聖人而聖人實未嘗計功於天下彼其一念兢兢動稽諸道即官天地治六合功業蓁隆自聖人視之以爲分所當然而此心無有焉盛德之至也故聖人之業并易簡而聖人之德合太極

書

帝曰咨汝二十有二人欽哉惟時亮天功三載考績三考黜陟幽明庶績咸熙

苗希益

同考試官教諭莊批（莊重謹嚴且發虞廷人法并任之旨透徹無遺）

考試官教諭王批（詞精確而意圓融）

考試官教諭趙批（整飭雅練）

聖世御臣有道治之所以隆也夫治必待人而舉也聖帝嚴飭而綜核之焉御得其道矣治之隆也以此在昔大猷之世君雖聖未嘗不任乎臣臣雖良

未嘗不勵以法是故法以馭人人以立政君哉舜也用是道耳觀其於岳牧則已詢咨於九官則已分任至此又總之以命而合衆職之兼咨所以申其意也敕之以欽而俾天工之寅亮所以作其勤也此其飭臣之詞亦既嚴矣然又以爲圖治固在任人考成不可無法於是試以三載則勤惰得其大端而考積之典立焉積之三考則幽明定於久任而黜陟之典行焉此其勵臣之法亦既精矣由是旌別詳明人心因之以競勸精神鼓舞治具由之以畢張觀績於九官則紀綱振舉咸熙於朝廷之上矣觀績於岳牧則化理恢弘咸熙於邦國之間矣至此則臣職盡明天功已亮而二十二人斯無負君命哉然亦孰非舜之圖任者先之也吁茲有虞之治所以不可及也已世稱唐虞多才舜始任法豈風會至此不能不因時以立政與然觀玄德在躬則其端拱穆清之上熙績光天之下者固自有本也豈徒法之能爲耶後之務勵精者不求其本而區區名實之綜核以求小補之未效亦已過矣

嚴恭寅畏天命自度
党一經
同考試官教諭莊批（商王之無逸在敬天而敬在無間此文剔旨明朗而詞復雅練深得訓誨之體錄之）
考試官教諭王批（渾融雅健）
考試官教諭趙批（詞簡義明）
商王敬以律身而無所於逸也夫敬修身之要也商王以此自律尚何暇逸之有是宜周公舉以訓成王也若曰君道之貴於無逸也惟其克敬天命者得之也吾觀商王中宗而知其有進於是矣彼天命之在人君非所自有者乎顧奉之在身而凝之則在敬也以逸豫失之者多矣其惟中宗莊重自居外無不嚴之貌矣又謙抑於應感之間何其恭與欽肅是運內無不寅之心矣又戒懼於宥密之地何其畏與存至敬於淵衷而檢身常若不及約此躬於矩範而事天真若有臨動無不敬罔褻天也愈矜持則愈檢束蓋由心之不敢褻者而自律焉其動無違理矣乎靜無不敬罔弃天也日收斂則日防閑蓋由心之不敢弃者而自飭焉其靜不過則矣乎心與天相游衍是謂以敬勝不以怠勝也理與身相周旋不惟不敢逸亦不暇逸也斯中宗之善凝天命而對越之也君德所以懋而享年所由永與嗣王監之哉抑人主守成志易盈於豐泰一有不敬侈肆乘之則保泰持盈誠莫敬焉要也中宗以繼體之君而知此得日躋之家法矣成王非守成者耶以中宗爲可法也則敬止執競之遺矩昭昭也噫疑

亦當時敷訓意也

詩

之綱之紀燕及朋友百辟卿士媚于天子不解于位民之攸墍

荊州俊

同考試官教諭李批（題意重明良保泰此作攄發透朗而詞氣爾雅詩人忠愛之意溢於言表取之不獨以其文也）

考試官教諭王批（詞意剴切脉絡融貫）

考試官教諭趙批（精鍊古雅）

王者克盡君道而臣民胥賴焉夫君道莫大於綱紀也綱紀振於上而臣民舉安矣此盛世之事而詩人爲嗣王願也意曰王者首出庶物而統理臣民非以其位之足以震天下以道之足以安天下耳茲惟嗣正修德任賢而爲四方之綱焉將見乾綱運於一人則道揆立而乂安之化以溥國紀昭於五位則法守一而輯寧之治以弘維皇建天下之極而羣工承其休贊襄於朝廷之上惟見其欽若焉耳矣大君執天下之樞而百寮宣其化承宣於邦國之間惟見其仰成焉耳矣何燕如之由是百辟卿士荷覆冒之仁而愛戴之心彌篤切圖報之義而忠藎之志愈殷以爲綱之張也一或解焉則紀尤必勵憂勤於無斁而一日履其位則一日立其綱俾民之待命於我者永有所庇焉可也紀之理也一或解焉則紊尤必持兢業於勿替而一日居其位則一日陳其紀俾民之望治於我者永有所依焉可也蓋必如是而後吾人媚茲之忱始慰吾君燕及之仁亦未艾矣寧非我周極盛之治哉嗟乎此人君御世之大權也民之休戚世之治亂恒必由之人臣以是媚其君非所謂忠而知誨者耶厥後王政不綱小國困弊而天下多失所之民焉至於黍離下泉之咏興而後知綱紀不解之説爲慮遠矣

日就月將學有緝熙于光明佛時仔肩示我顯德行

李都生

同考試官教諭李批（發成王勉敬求助意爽朗透徹而詞復雅練是深於詩者）

考試官教諭王批（典雅莊嚴）

考試官教諭趙批（意明體整）

賢王之勉敬也既勵其功於己復求其助於人蓋敬者人君祈天之道也合人己而交修勉敬之功至矣此成王所以保天命也想其答羣臣之戒有曰敬之爲道大矣聚之則爲光明之體運之則爲顯明之德人君所賴以勝其任

者恒於斯也維予小子不以質之不聰自委也而顯道之祇承思翼翼以鼓其進不以敬之未能自安也而明命之顧諟期亹亹以繼其功學之於日欲有所就焉尤必與日俱積務俾一真之瑩徹與顯思而相昭格斯已矣學之於月欲有所將焉尤必與月俱進務俾萬境之昭融與日監而相對越斯已矣夫勉敬者固小子志矣而輔德者非諸臣責耶當念予繼序之惟艱而時勤啓沃閔予基命之不易而各效贊襄顯道之具於人此德行之不容昧者爾其詔之以開予之蒙焉則就將之功有所從入而聰明其漸啓乎明命之體於人此德行之不容晦者爾其示之以覺予之迷焉則緝熙之學有所持循而光明其漸進乎夫然則仔肩之重可勝不易之命可保諸臣之所告戒與予之所訪落斯爲無負矣吁此成王所以爲守成之令王也歟雖然有自來矣文之敬止武之執兢此周之家法也成王能紹二后之心傳以撫二后之基業周家有道之長豈偶然哉至於臣戒其君惟恐其不能君望於臣惟恐其不盡又宛然虞庭交儆之風焉盛世君臣之相與固如此使後王能世守之周雖至今存可也

春秋

夏齊侯衛侯胥命於于蒲（桓公三年）楚屈完來盟于師盟于召陵（僖公四年）

成以曒

同考試官教諭謝批（調雅詞峻且發聖人不貴盟戰意委曲詳盡可以式矣）

考試官教諭王批（嚴整瑩潔）

考試官教諭批（詞調雄渾）

以信相諭者春秋善之以禮服遠者春秋美之此蒲之信召陵之禮均爲近於古也且于蒲何命齊衛以牧伯相推也春秋善之者何蓋信以發志信不足而從事于盟風之所以日漓也矧齊衛當兩伯要結之時孰不謂必盟而後定哉兹惟相諭以言相信以心東州有命齊無所虞也北州有命衛無所疑也視盟詛煩而亂是用長者不有間耶噫信修睦之道尚矣春秋之世乃有不盟而交乎如齊衛者寧非隆古之遺風哉故特書胥命著其善也召陵何盟齊桓退師以禮楚也春秋美之者何蓋招攜以禮禮不足而相尋於兵亂之所以日滋也矧齊桓於師強敵服之餘孰有不求快於一逞哉兹惟綏以文德臨以持重斂厚積之衆而退舍以避之也即喙息之餘而同好以徼之也視兵不戢而殘民以逞者不有間耶噫舞干囚壘之化貌矣春秋之世乃有不戰而屈人如齊桓者寧非末世之僅見哉故特書來盟序其績也夫重信則民不疑重禮則

民不争聖人經世之意深哉雖然齊衛信矣而桃丘之遇卒以詐魯召陵善矣而伐陳之役驕溢漸滋焉以是知伯功之假不足以語不息之誠也春秋與之姑以垂世教也學者尚合而觀之

公會晉侯宋公陳侯衛侯鄭伯曹伯莒子邾子滕子薛伯齊世子光吳人鄫人于戚（襄公五年）

呂洙

同考試官教諭謝批（進吳所以遵中國經義則然是作直揭其旨而詞復謹嚴乃錄之）

考試官教諭王批（鎔鑄左史）

考試官教諭趙批（體醇骨勁）

遠人慕義以修好春秋特進之也此吳人來會而不爲主春秋善之其重內抑外之微意歟且于戚何會吳請修好而晉合諸侯以會之也夫僭王之吳以嘗舉號以黜之矣茲何以稱人曰太伯肇吳實宗盟之裔胄也貶而黜之則罪有可懲者耳今也慕晉伯之方隆乃革心以向化始有聽好之請則壽越遣焉無敢抗也繼聞會期之徵則善道從焉無敢逆也夫會請于吳則是仗義在晉而慕義在吳其志既可尚已會徵于晉則是制命在晉而從命在吳其分未始瀆也嗚呼吳自伐郯以來其憑凌上國屢矣乃今斂强大之勢而降心相從則事殊於夷不得復以夷禮待之也吳自鍾離以來其狎主諸侯舊矣乃今易爭雄之習而戢志推先則事同中國不得不以中國之禮待之也故特進而稱人予之也予吳所以尊中國也而聖人重內抑外之意不居然可見哉抑吳之强也巫臣道之也而悼之伯也吳與有力焉若然則二國之交有由然矣夫子於數會而一進之蓋取節焉者也卒之黃池會而勢益張晉且聽命不遑矣詩云誰生厲階至今爲梗吾於晉悼亦云

禮記

爵人於朝與士共之

萬自約

同考試官教諭侯批（發先王命爵之公意明暢透徹且結歸養士探本之論也宜錄以式）

考試官教諭王批（純順雅暢）

考試官教諭趙批（贍整可讀）

觀先王命德之典而大公之心見矣蓋公論每定於朝廷也王者命德而

必於是謂非所以示大公也哉且爵賞天下之公器而舉賢士類之公心吾觀先王之頒爵也既審擇其人矣而寵命之隆錫之自公朝焉匪由內降也名位之重定之自公朝焉不以私授也若是者何哉亦惟與士共之而已蓋公朝士類之所聚而士類則公論之所出者也故王者之官人行藝有辨則爵之宜也顧登選之典不敢獨專於己而大廷晋接之所寔簡畀之命所由出明試有徵則爵之宜也顧進賢之道不可不同於人而庶明群集之地寔建德之舉所由行賢可庸也君行之群工成之雖制命在人君而未始不通乎衆志睹明揚之盛者知師錫之有在也斯則天命有德匪直一人作福之柄而已才可舉也上制之多士從之雖馭貴在天子而未始不協夫輿情睹觀光之會者知詢謀之僉同也斯則天職共治不爲一人作好之私而已是知先王之舉賢不惟擇之明而又行之公如此此朝無幸位而享得人之慶也與抑用人固貴乎公而養士實貴乎豫故成周造士之法若六禮七教至纖悉矣而得人之盛亙古一見焉使之不預預則雖詳且公其與幾何然則育賢者其尚知所本云

論倫無患樂之情也欣喜歡愛樂之官也中正無邪禮之質也莊敬恭順禮之制也

陳震

同考試官教諭李批（禮樂情官質制講者易浮靡此篇切實明暢可與言禮樂者）

考試官教諭王批（明順不整飭）

考試官教諭趙批（詳而有體）

記者詳言禮樂之義有屬之理者有屬之人者蓋情與質禮樂之本然而官與制則人之用禮樂者也知斯義也而禮樂其可興乎樂記之意蓋曰禮樂之在天下非可以私意創爲之也蓋有深意存焉而不明其義者難語制作之精矣何則樂以宣和必有情也情豈聲音之謂哉詩言志而足論律和聲而有倫雍雍乎洽滯之不形非樂之本情乎人心則有無聲之樂焉性真適而欣喜之自如也天機暢而歡愛之交通也則太和在吾心而聲氣之元已得由是咏詩歌調律品所謂論倫者殆管攝於是矣苟無其官作樂之主亡矣其如樂何禮以辨序必有質也質豈度數之謂哉行之中而無過不及立之正而無所偏倚秩秩乎邪僻之不作非禮之本質乎人身則有無體之禮焉主之嚴肅而儼乎其莊敬也持之退讓而翼然其恭順也則至序在吾心而秩叙之精已具由是觀會通行典禮所謂中正者蓋宰制於是矣苟無其制行禮之本失矣其如

禮何夫樂得其官則大樂所由興而聖人作之以應天者此也禮得其制則大禮所由立而聖人制之以配地者此也其意義之深夫豈人之易識也哉抑聞之心思不通乎性命不足以言禮樂則禮樂之義誠未可以易言也三代而後律品之爭在累黍長短之間而禮經出漢儒之附會則三千三百存十一焉耳非特義不可知而數亦未易陳矣然則有志興禮樂者性命之學可勿之講乎

第二場

論

明主游心帝王之術

施重光

同考試官教諭李批（以定志立論得漢臣進言之意至命詞遣調則寓馴於奇摛藻以雅論之杰出者宜錄以式）

考試官教諭王批（駕衡凌向當是作家）

考試官教諭趙批（古雅醇邕）

人主之心必有所用知所以善其用則志定而天下之治成何則人主惟一心天下之可願欲者安極而其勢又無不得於天下使中無所擇而紛然并馳則此心且不爲我有何以爲治故其道在擇術術者定志之具而適治之路也是故明主先焉孳孳問學誦法古昔行帝道而帝行王道而王自我決之而已矣明主游心帝王之術漢張敞爲宣帝言也嘗謂人主一身天所大奉四海九州梯航筐篚之物足以供服御離宮別苑參副之乘甲乙之帳足以待宴游左右褻御才智技巧勇力之倫足以奉指使凡天下之可願欲者無不可得獨以爲不可致者神不可知者耳而儇人媚子伺間投隙又爲之嚮導於外究其所爲不至車轍馬迹周行天下騁望琅邪之臺仁想蓬萊之丘未已也甚矣術之不可不審也冀北越南跬步千里審得其術則心逸而有餘審失其術則心勞而不足人主奈何舍逸而取勞去有餘而就不足也彼厭崇高富厚從事於方外以幾長生豈不以爲至愉快也及其焦神極能竟如景響不可得假令得之必且遺世獨立如山林枯槁之爲人主何慕焉然而快於此者不察故也當其不察而徒曰此非明主之所宜爲何以奪其所嚮往使幡然改圖蓋有術焉以易之自古及今治理者孰不曰二帝三王夫帝王之術非天降地出由人心生者也嘗誦二氏之典謨稽三代之載籍得其所爲術者精一執中時雍風動唐虞所以肇帝功也祗台平成懋昭表正緝熙新命作求成乎夏后殷周所以

開正業也此皆本於身心施於天下國家以俟聖人於百世如夏葛而冬裘渴飲而饑食也切而不可離也如規矩之於方圓準繩之於平直也至而不可加也是故明主游心焉夫人主之學不與衆庶同帝王往矣考信六藝自齊魯諸儒猶或難之況人主乎蓋非欲其貫數守墨以資博洽也亦非欲其含英泝潤以資辭章也游心焉耳矣語稱游藝記稱息游要以寄寓志意運用精神日玩索焉而不厭帝王之術庸主之所疑畏明主之所嘉樂也故心一也所游殊方與其游心萬里之外焦神極能而無益於得孰與游二三策之中設誠致行可使還至而立有效也故誦其言如親其人考其事如當其世以吾之心合古帝王之心而渙然釋怡然順焉此之謂游自古帝王蓋有不出戶而知星辰不下堂而知山川不越階序而知政俗者明目達聰也非以車馬也享國久延祚長聲施至今者清心寡欲約己厚民也非以方術也故目不廢玄黃黼黻之觀而無亂色耳不廢笙鏞靴管之聽而無奸聲身不廢靈臺囿沼辟雝之樂而無懕禮歲時不廢巡守省邁墮山禽河之行而無淫游夫帝王之術豈迂闊而遠於人情乎是故明主游心焉且人主所好尚群下之所趨赴也好車馬則周秦耄荒之說中好方術則燕齊迂怪之說中誠使移車馬方術之好以好問學慕帝王而顧無帝臣王佐持唐虞三代興理致平之術以中吾君者哉甚矣術之不可不審也睹日月而知列宿之微也測江海而知衆流之細也游心帝王而知百家之陋也故法圖信史參列左右則梯航筐篚之物輕矣疑丞輔弼賓友後先則左右儇媚之倫疏矣廣以廈細旃從容朝夕則駕乘供帳苑囿之娛末矣由是觀之帝王之術與外物之好异端之說此詘則彼信明主超然遠覽憬然獨悟心所嚮往不在彼而在此是其擇術審而用志定也及其成也群生和百嘉岊風雨節寒暑時三光常明四靈畢至躋一世於仁壽之域豈獨其身長生久視而已哉漢興於馬上不事詩書徒以節儉休養四十餘年天下物力方盛而人主侈心亦萌建元之間方士并進車馬四出於是祠泰一薦五畤禮壽宮作甘泉桂觀庶幾安期羨門之屬而海內耗矣宣帝因之復修其故事令詞臣建節遠求金馬碧雞而當世名儒號稱知學者且獻淮南鴻寶苑祕之方帝之心駸駸乎武帝之續矣夫表章六藝聚講石渠非不知有帝王之術也而辨之不蚤故其志靡定而异說得乘以入焉及一聞敞言悉罷上方待詔者此宣帝之所以為明也後世人主誠及車馬方士之好未萌而審於擇術知所以游心焉則事半而功倍則此其明又過宣帝遠矣

表

擬以禮部左侍郎兼翰林院學士薛瑄從祀孔子廟庭子孫謝表（隆慶六年）

楊俊臣

同考試官教諭莊批（叙文清從祀本末甚悉而立格渾成搆詞典麗是閑於抽對者亟取之）

考試官教諭王批（場中表不浮則冗此作根據磨鑢直歸大雅有宋人矩度）

考試官教諭趙批（典則可誦）

隆慶六年某月某日具官臣某伏蒙聖恩以先臣禮部左侍郎兼翰林院學士薛瑄從祀孔廟臣謹奉表稱謝者伏以禮嚴祀事殊恩下逮於先臣道重儒林曠典肇修於盛世議乎輿論裁自宸衷榮溢薦紳感深末裔臣某誠歡誠忭稽首頓首竊惟先聖教垂夫萬世特廟酬功群賢品列於四科分庭侑食得其門者或寡非其類則不歆錄韓愈於元豐望隆山斗邵雍於景定學究天人苟未臻堂室之區豈得陪廊廡之末美新徼幸即楊雄贊易在所當麾獻賦乞憐縱劉向傳經亦終見黜蓋秩祀昭隆師之盛典而崇儒寓激世之微權臣祖瑄崛起河汾遠宗濂洛修身復性談道淑人著述無聞未拓先民之緒躬行有得足開後覺之蒙初奮迹於賢科繼守官於憲府持衡鄒魯士還將淳樸之風攬轡湖湘吏肅澄清之政悟帝心於投杼旋申坐論之冤回天意以賜環復拜講筵之秩兼銜玉署參機密於中書晋貳春卿典絲綸於祕閣逮正色無嫌於投鼠而高風遠附於冥鴻環堵而居覺清修之彌勵考槃而樂守白賁以爲貞枕籍六經生平自適險夷一節沒世名稱故當肅皇嗣服之初已采諸臣從祀之議典維新以有待論既久而自公兹蓋伏遇皇帝陛下日就月將乾旋坤運躬親耒耜先知稼穡之艱臨幸辟廱獨謹庠序之教既勵精於正學因注意於修文謂臣瑄爲二百年理學之宏儒何止祀諸鄉校惟仲尼乃億萬載斯文之盟主端宜附於宮牆爰渙天章俾從廟食妥靈釋奠之側恍金聲玉振之親承游神宗廟之中儼江漢秋陽之載睹兩楹共邃樂并聽於宮懸八簋攸陳禮同申乎灌獻匪直褒崇既往庶幾風勵將來精爽如存幸吾道之未墮寵榮逾望欣世德之彌昭臣屬在雲仍分叨章披箕裘思紹衣鉢無傳詒厥孫謀幸有讀書之錄繩其祖武慚無從政之才敢不益戀家聲期以對揚休命伏願與人爲善能自得師進退古今挈諸儒之要領兼總條貫集群聖之大成尊所聞行所知四海仰純王之治慎其終惟其始萬年享有道之長臣無任瞻天仰聖激

切感戴之至謹奉表稱謝以聞

第三場

策（五道）

第一問

荆州俊

同考試官教諭李批（我皇上典學緝熙和敬并懋猶托物寓微望道未見之心也子能推廣其說以助聖德之萬一忠藎之忱藹然溢乎詞矣敬錄以獻）

考試官教諭王批（皇上稽古正學不忘顧諟即古先哲王何加焉篇內發揮詳盡而詞度馴雅取之）

考試官教諭趙批（問學深沉詞藻雅練蓋夙抱獻納之具者）

帝王之考鏡前烈也不貴有慕古之虛名而貴有法古之實學夫含英漱潤娛情翰墨陽浮慕之而飾太平之榮觀襲右文之嘉問者所以爲名也鶩仁義之塗遵三五之軌精神孚貫若見羹牆而陟庭序者所以爲實也學者有名實斯德有純駁德有純駁斯治有隆污以實而不以名此古聖帝明王所繇巍然煥然焉奕千載者也於乎非今日之盛其疇望哉嘗觀人主履至尊而制六合一念不謹隱憂伏焉故其心無時而可懈也奇袞靡麗快意當前者伺隙而狎進故其學無地而可馳也古帝王知其然世雖綦隆而不諱春冰秋駕之喻民雖熙皞而不釋恫瘝勝予之懷德雖叡哲而不厭逸欲傲虐之戒身雖隱獨而不忘臨汝時保之訓於是君詢其臣臣迪其君而箴作矣然箴何昉乎劉勰曰箴者所以攻疾防患喻箴石也故傳說引瞑眩而颺言凡伯即救藥而興唶古人取義蓋其淵矣粵稽夏商二箴猶存典策是禹湯之憂勤殆不止簨簴盤盂之儆已也辛甲虞箴體義更備是成周之兢惕殆不止戶楗矛劍之規已也風教房皇奕世載德即篳路藍縷之楚桑間濮上之衛亦能作在勤之箴以訓民納褻御之箴而悔過庶幾哉先王之遺意焉叔季以旋蓋亦各有作矣顧或組繪雖工而格心之道未豫或告語徒切而遇巷之情則疎太宗覽張蘊古大寶箴而旌其直翠微遼左之役則靡究於躬行也敬宗讀李德裕丹扆箴而褒其忠驪山魚藻之游則悅巽言而不繹矣裴諝睹德宗刑罰失中而獻獄官箴辭亦美矣然猜忌成性君子譏之趙師民因仁宗用兵西夏而獻勸講箴意非不勤矣然優柔不振君子有遺論焉方其借事陳規感時寓諷豈不自謂憂危之邇矩交儆之徽音哉乃美疢易深惡石難入藉令矇瞽不停吟師工不輟誦祇爲觀聽之具爾矣欲回皇心於粹白翼治績於昭登其可得哉我天子英資

首出統一聖真宵衣求理至勤也萬幾躬決至斷也閶澤汪濊至仁也書大經大法與十二事至戒也褒表循吏列百官於屏至明也皇稜震疊九夷解辮至武也試以古事揆之今土木罷營蘉鼓弗作離宮別館虛而不御寧有如大寶箴所謂瑤臺瓊室者乎減服官却貢獻近郊無誇胡羽獵之行內庭絕魚龍角抵之戲寧有如丹扆箴所謂宴游侈汰者乎欽恤之令歲下道靡褚衣吏鮮撟虔寧有如獄官箴所謂深文巧傅者乎造膝沃心歡同魚水金華虎觀罔間寒燠寧有如勸講箴所謂不酌古道者乎即使蘊古操觚德裕握牘裴諝師民之徒日簪筆持橐於側且將易箴爲頌以昭示乎無極況能飛輕塵於喬岳挹勺潤於滄溟哉我天子聖不自聖兢業愈嚴謂深宮燕閑不可有慢游也時御便殿而恭默以凝神謂細旃廣廈不可有間隙也日繙經史而多識以蓄德謂覽今不若監古之爲優也博稽周詩取雝肅之旨而肇錫以嘉名謂稱名不若思義之爲切也特命輔臣撰書屏之箴而顧諟以自儆弗師保而嚴弗旅賁而諫日月就將維奉維忞持此絜德義軒録功姚姒無難也愚生伏處奧漆末由窺天府祕館之藏竊計崇論閎議法語讜言凡可以副明主之虛懷據藎臣之極悃者箴之說具備矣圭篳何知而敢贊一辭乎竊嘗聞之乃言厎績而夏長楙儀式文典而周道穊人君所貴於法古者非欲法其名也欲法其所以爲名也人臣稽古以匡君者非欲法其迹也欲因迹而得其意也方今孝養慈闈化行宮壼固儼乎三朝刑于之風而極其雝矣然易之家人曰閑有家悔亡則在宮若不專於尚和也躬親廟饗薦瓚受臷固宛乎惠于宗公之度而極其肅矣然詩之下武曰世德作求永言孝思則在廟若不貴於徒敬也愚以爲關雎之情非不孚尤宜重雞鳴簪珥之益常棣之誼非不洽尤宜鑒削桐共輦之嬉御下未嘗少恩然嚬笑必謹而譽嘉樹假臂贉以市寵者勿得施睦親未嘗不厚然威柄無移而請考工奪沁園以恣睢者勿得肆如此則愛隆非過昵惠溥非過私而其不流矣乎瞻廟貌之清閟宜凛然思堂搆不易承仰祖德之崇巍宜儼然思謨烈不易守觀文始武功之舞宜思經營開創之艱難睹衣冠弓劍之陳宜思櫛風沐雨之勞苦如此則裸獻非虛文烝嘗非故事而敬其無斁矣乎雖然雝肅之爲用大矣發舒嚴凝則天地之撰也張弛互用則文武之軌也中正和平則禮樂之本也保合太和無逸乃逸則壽命之原也致和以臻位育篤恭以平天下則神化之極也豈特一在宮一在廟之當兢兢哉聖主誠能覽往喆之懿訓率理道之訏謨鏡保泰之長策懷慎終之令圖由在宮在廟而達於無不在由能雝能肅而達於無不雝無不肅以忠萬方以軼百代則太和充塞於宇宙至敬昭假於神人諸福之物可致之祥莫不畢集而無疆之大歷將功

與造化侔名與天壤俱矣愚何幸躬逢其盛

第二問

李永培

同考試官教諭朱批（欲端士習當崇本實此孔子從先進意也策中融會成章不激不靡足占樹立矣取範多士）

考試官教諭王批（寄思深遠吐詞慷慨）

考試官教諭趙批（純正雅練）

夫士之成習繇上劌也而譚者每咎夫士乃士罔應抑或飾其科條明其賞罰峻其防範救其頹靡謂士當束於功令振於督責幡然改轍惟上所使也而士又罔應此何以故哉蓋教化風俗兩者相待上以名繩下而惡士之嗇於實上以末驅下而惡士之暗於本此源未澄而求其流之潔也無是理已易名以實救末以本使天下日薰濡其內淬勵濯磨以當上意而莫知其所自起則惇本尚實之徵也故曰朝廷有教化則士人有廉恥士人有廉恥則天下有風俗持此以揆可與端士習矣愚請探古昔之所以盛察近代之所以靡而後陳變易士習之略以俟夫執事之裁擇焉蓋語士風之盛者莫如成周當其時兔罝詠于城而棫樸歌髦士豈不謂郅盛哉至其所繇致是者則家塾黨庠術序國學章其教也族黨升州鄉司徒升司馬重其選也六計弊群吏八柄馭群臣嚴考課也而又關雎麟趾以式化之鳧鷖既醉以漸涵之士之長本實而薄聲利有以也至秦以坑焚銷士氣而刑餘法律之徒競矣漢以罵溺折士鋒而販繒屠狗之輩顯矣唐宋以還古道愈邈或致用而非儒或真儒而莫用則當時策勳燦譽之士固亦憑技用力自效一時而考衷度中終乏完節教化之隆替其關於士習之美惡固若此哉明興法周為治首重作人如陳常敷教廣厲學官明經計偕續食勸駕考功課最三年大察品式備矣且永宣成治之間理道淳龐太朴未散朝有謇諤之臣卿有不貳之老原本端矣當其時士讓為大夫大夫讓為卿德者顯榮無德者終身沉滯而毫無覬覦至其貞白好修之夫特立獨行之士崛起中夏交映後先如河東薛瑄不憚權貴士類襟裾餘干胡居仁雅意靜恬正學矩矱陳獻章抗志於江門羅倫挺節於軒冕莊昶蔡清勢利若遺陳真晟鄒智冲澹自適其清風可以激頹俗其大節可以維世教顧不偉與夫何邇年以來士習漸漓屢厪皇上德意嘉納輔臣議著為令甲布諸學宮至備也明詔天下士釐正文體非明先聖之經習當世之法者弗錄至切也三年大察簡求卓異之臣褒美風厲有蕩於檢束者如法至著也士人邁維新之化動丕變之思卓然樹立用期無負者亦既蒸蒸矣而亦有不盡然者非不崇

學術也畔六藝之教而譚玄老莊舍易簡之理而馳心縱橫則學無統矣非不能文章也絺章繪句祇醨道真古字奇篇罔裨實用則文空飾矣述道必孔孟而口耳贅疣敷猷必伊呂而施爲跋疐則曲士之窾言也廉附巢由而蹈攫金之轍直負逢干而甘巽牀之陋則鄙夫之稗行也以闚覷爲精神以向背爲通變權之所集奔如歸市勢之既謝去若脱遺執事所謂陽章逢而陰覷會獵經生之名而躬穿窬之行者誠有之矣士風至此豈教化之不足恃耶抑風厲激勸之術尚未盡耶蓋聖人貴中行而思狂狷至無非刺之鄉愿豈不逼忠信而肖廉潔哉乃仲尼列諸狂狷之下且目爲稂莠目爲鄭聲而不欲其入室豈聖人峻絶人哉爲其似德而亂德會不若狂狷之志節可抑可策而入堯舜之道故其所取不在彼而在此也孟子亦曰君子反經而已矣經正則庶民興庶民興斯無邪慝矣嗚呼狂狷可進經正可興則章軌率士之道可知己竊嘗思起敝維風之術大端有四一曰崇正學蓋康莊坦夷而人趨曲徑者利其捷也吾道中正而士鶩曲學者利其便也善教者以綱常爲準身先爲範六經爲訓周孔爲鵠舉一切至空虛無實之譚縱橫捭闔之術極力屏絶而勿使之塗耳目蠱心志有不趨於正者否也二曰重節義蓋商山四老迹出安劉桐江一絲扶漢九鼎節義之士守正而不阿秉道而不回安車可致而不可屈以勢玄纁可聘而不可餌以利可貧可賤可生可殺而不可使爲邪故能綱常而維世道苟舍此不重而取其頑頓集詬軟糯易制者以充任使平居無事眊眊然與時浮沉保其禄位一旦緩急固將傳舍視其官國人視其君矣又何賴焉此節義之當重也節義重而奔競之風息矣三曰敦禮教禮之於人非爵非賞而可以鼓衆志不罰不刑而可以禁邪僻故法施已然之後而禮禁未然之前禮以章教教以維風將士皆純德而敗度者無有矣故禮教不可不敦也四曰重師傅夫有學校則有師傅師傅者表也士者景也表端則景直表枉則景曲理也師傅之不擇而徒取衰駑輩充之日嘆卑嗟窮握籌計橐無已時借令問程課幾何訓飭幾何彼固茫然莫對也以此備員士將衙官目之矣安望其樹模範而軌章逢也此非所以令士類化也惟繼今銓除掌教取諸乙榜而勿徒以衰駑尸位則士有矜式而不敢自底頗僻此又一術也修此四者而又飭庠序之規兼選舉之法嚴考課之典使士人曰範於禮度而厭飫乎道真充其所至上之可以立德次之可以立功下之可以立言將遠紹成周近淑先進而矜詡藻繢之習舉不足累之矣雖然有造士者有士之所以自造者商俗披靡無染於采薇晉俗清譚無改於運甓彼其中素定也士能燭義利之辨鏡内外之分無眩實以名無移本以末而持之以固居之以恒舉富貴利達而無一足介其中則執

事所謂不涸於俗矚然物表者在我矣蓋昔者墨子見素絲而悲曰入乎黃而黃也入乎蒼而蒼也於乎物繇染异爲上者慎勿爲習俗染哉

第三問

苗希益

同考試官教諭莊批（評三晉人物而以才節學斷之識其大矣非子國譽髦耶）

考試官教諭王批（品騭精當具見學識）

考試官教諭趙批（雅調藻辭）

古之人樹休當時蜚聲後世顧不易哉必有高天下之節而後可以貞遇必有超天下之才而後可以成能夫遇之不齊雖聖人不能違也而守之不渝則志士所自樹也是故重節至於廓清宇宙懋一代之丕績玄覽古今勒一家之名言自非卓犖瑰瑋之士未易能焉是故重才才與節合上也各得其性之所近次也就二者而權之則節尤急焉執是以尚論古人蓋莫有遁情矣且古今生人多矣其卓然而表見者惟才與節然有其節矣不兼之以才局曲之節也有其才矣不基之以節藻繢之才也有節與才矣而非原於聖人中正之道則所謂節義事功文章者或未免於偏倚駁雜之弊噫由聖人之道以善用其節與才非邃於學者其孰能之今夫太虛不能無氣氣不能不聚而爲萬物天地之正氣孟子輿氏之所謂浩然者也在天爲日星在地爲河岳在物爲鳳麟在人爲俊杰而道德有諸身則節義事功文章出焉其品不同以言其鍾天地之正氣則均也唐虞三代之世風氣醇凝君臣道合不蘄於工文而言立焉不蘄於抗節也而節伸焉不蘄於立功也而功見焉即道德性命之微矢謨吐訓渾渾噩噩謂之文章可也即吁咈儆戒未嘗苟同謂之節義可也即嘉言之底績九德之采采謂之事功可也若后稷以播穀垂勳龍逄以批鱗抗節傅說以納誨沃心非三晉之產而皋夔伊周之儔戒哉然亦自其所謂道德者發之爲節義爲事功爲文章欲據其迹而析言之亦淺之乎尚論也已三代以還聖遠言湮風會日下自夫人易久要於死生之際而計聲利於尺寸之間僞作符命競陳功德於是乎以身徇主以隱遺榮者出而節義名矣自夫人以清譚廢國事以廣交博虛聲首鼠兩端無當世用於是乎决筴毗主排難解紛者出而事功名矣自夫人之木強椎魯不學少文籍口於篆刻諱短於玄虛於是乎屬書摘詞揜灌揚芬者出而文章名矣其在晉中太行河汾之所炳靈即大鹵之金產之乘海內稱雄焉矧地靈人杰久而愈盛者乎姑就執事所問者而折衷之竭股肱之力而繼之以死使死者復生生者不愧苟息所以報晉獻公也隱

綿山之上而焚林抱樹耻貪天功以爲己力介之推所以報晉文公也全袴中之兒而視死如歸不以十五年而寒其盟程嬰所以報趙朔也如以其迹均可以愧人臣之懷二心者矣土然固有一死或重於太山或輕於鴻毛推之從難嬰之立孤業已成天下士矣揆以聖人之道可以無死也死不傷勇乎若獻公逐申生而立奚齊息不以正折之而徒以死殉之是其死輕於鴻毛與之推程嬰尤不可同日論矣文侯造館之日而鴻飛冥冥寢兵於强秦段干木之行也燕雀駢首之朝而鳳翔千仞不愧碑於中郎郭泰之行也獻策不用之後而退隱河汾并見多於朱程王通之行也之三子者蟬蛻囂埃之中自致寰區之外其節可謂同矣然聖人之道非徒獨善其身已也文侯以客禮遇干木迫斯可以見矣踰垣而避之非聖道之中也泰有澄清之志而非其時遂明哲以保其身雖收斂未盡而志潔行廉庶幾有冉閔之風焉通擬經不能無僭然多後人傳會之語至其中說發明王道蓋誠有足多者故程子以隱君子稱之方之於泰亦無軒輊蓋二子之才均裨世用若著述之弘通視泰爲猶賢矣受貴秉政竟垂勳於麟閣非霍宣成乎反周爲唐獨取日於虞淵非狄梁公乎入相宋室能寢謀於强虜非司馬溫公乎溫公以文章名世而以忠義自結人主之神哲兩朝可謂多故矣乃理財變法之議不依阿澒洫以中執政之驩而與公著同心輔治新法之蠹剷除殆盡固三晉人物之冠冕也梁公以不激不隨之身徊翔女主之朝卒能不危其身以濟其君非有超世之才者不能質之溫公亦有光焉宣城擁昭立宣始元地節間漢祚危而復安者光之伐也然不講於公職碩膚之義用舍進退輒以自便乘之迹其人品其在梁公之下乎命世良史之才見稱劉向非司馬遷乎落霞秋水之句推重南州非王勃乎玉珮瓊琚之文并美昌黎非柳宗元乎兹皆勒成一家之言以俟後之君子者也然器識未定勃來行儉之譏始進不正元附叔文之黨則亦文人而已惟梓人橐駞傳是足爲相天子牧斯民者法吾於柳州猶有取焉馬遷發憤爲史使上下數千餘年之事較如指掌亦已勤矣且其辭而不華質而不俚褎然今古詞宗雖以救陵賈禍而不失爲友生急難之誼據其文品其在柳之先乎是數君子者或以節義或以事功或以文章均之爲晉杰矣然士君子非節與才之難而善用之爲難故道德者所以善其才與節者也要之係於學矣夫梗枏豫章世之巨材也惟隆固挺直然後足以供清廟明堂之需垂綏琬琰世之美玉也惟潤澤而栗然後足以勝圭璋瑚璉之用節與才亦士之美也而非原於道德寧能免於偏倚駁雜之弊乎哉甚矣學之不可以已也故荀息推嬰節矣而不可以言中馬遷王柳才矣而不可以言節均之乎未聞道也王郭干木庶幾近道矣而事業

未著宣成庶幾立功矣而學術未優以梁公之才而大節弗純朱子於綱目示貶焉若夫濟之以節兼之以才其在朝也走卒知名有寄謝司馬丞相無去朝廷之言其入朝也遼人敕其邊吏有中國相司馬無生邊事之語是學本於誠一而以中正之道運其才節庶幾乎稷說龍逢者惟溫公乎雖然策樹鴻勳以垂方來者古人之懿範也鏡別群材以定取舍者尚論之權衡也是皆三代以下之人物也溯此而上龍逢之忠烈矣然願為良臣毋為忠臣古大臣之用心固如此九原可作其惟稷與傳說乎蓋其凝祥毓秀氣得中和戀學潛心養歸純粹不得其時為未舉之相為巖野之耕節高天下而不必於仕也得時而駕為播穀之臣為沃心之相才超天下而不必於隱也自蒸民乃粒格於皇天以言事功與夔契伊周齊驅矣自益稷之篇說命之篇渾渾灝灝可以言文章與皋謨伊訓并駕矣乃稷自為兒時屹如巨人之志與說之終始典學遜志時敏又皆致道德之精微焉此固振古之杰而三晉之首出者也即溫公且愿執鞭矣景行先哲微稷說吾誰與歸

第四問

成以蒙

同考試官教諭謝批（小學大學本自一貫是作發揮精透而訓調雅飭足覺群蒙矣）

考試官教諭王批（篇終力排二氏是能自信者）

考試官教諭趙批（明正的確）

天下之道一而已矣有徇象之敝而後有探本之論此道器之說所由始也君子之學致一而已矣有逐末之敝而後有務本之論此德藝之說所由始也夫道之與器固以形而上形而下言矣苟離之為二吾恐形上之理舍器則無所附麗也德之與藝固以成而上成而下言矣苟偏有所事吾恐成德之君子舍藝亦無所寄其精神心術之運也然則天下之道固一而已矣君子之學亦一而已矣執事發策而以先王之教下問承學是將以有德有造惠諸生而望其有修身應世之具甚盛心也敢因明問而復之夫道未嘗有小大也而先王之教胡以有小學大學之分耶小學之為教也蓋因小子之學而名之也其所習則禮樂之文焉射御書數之法焉如內則之所稱是已大學之為教也蓋因大人之學而名之也其所學則格致誠正以修己也齊家治國平天下以治人也如曾氏之所傳是已夫曾氏之傳家譚戶說夫人能道之矣乃六藝雖列之小學而多闕失不傳其名物之僅存於周官保氏者以五禮則吉凶軍賓嘉也以六樂則雲門大咸大韶大夏大濩大武也以五射則白矢參連剡注襄尺

井儀也以五御則鳴和鸞逐水曲過君表舞交衢逐禽左也以六書則象形會意轉注指事假借諧聲也以九數則方田粟米差分少廣商功均輸贏朒方程句股也此六藝之實也夫自六藝以藝名而世儒者徒聞聖人道器德藝之言而不得其所以言也於是有高譚玄妙之求所謂形而上者而自附於德成之君子一涉於名物器數則曰此藝耳此藝耳愚竊以為大謬不然也夫學之所貴非適用乎譬之衣焉需以禦寒布帛其常也如必求其華而美也則錦衣狐裘殆不可以易致然猶曰是真愈於布帛矣以為猶不足貴而求天孫雲錦之裳果有得於禦寒否乎譬之食焉求以濟饑菽粟其常也如必求其甘則美也而珍果膏梁殆不可以易得然猶曰是真勝於菽粟矣以為猶不足羨而思甘露醴泉之飲果有得於濟饑否乎今夫外器而求道也舍藝而論德也是棄布帛菽粟而求雲錦之裳甘露醴泉之飲者也匪直艱得無可得之理矣善哉先王之設教乎自成童以至弱冠凡教民誦詩舞勺習禮習射御者未嘗廢焉豈以徒藝溺其民也蓋以六藝之為教皆實用之不可缺而妙道精義又無不寓於其中故使童而習之俟其既長而與之相忘則即器而道存即藝而成德雖至耄耋亦是學也此古之人才體用合一有非後世所可及也歟然則六藝之不為徒器與藝也此固其一驗矣至哉吾夫子之論學乎自志道以至依仁無非成德之事而游藝之稱蓋與之并焉豈欲以藝士成其名也蓋以道德仁之理無不散見於禮樂名物之間而禮樂名物之跡固皆道德仁至理之所寓故朝夕游焉使其內外兩忘則體即道用即義雖至不逾矩亦此學也此聖人之學道器一貫有非世人之所可及也歟而六藝之不為徒器與藝也此又其一驗矣遠稽先王之教載觀夫子之訓則六藝之為教也果無當於用而不必習者耶抑切於用而不可廢者耶夫其謂之小學者以童子之知識則未廣也以才力則未充也教之之法當自此始耳非謂其學之小也所謂藝成而下者則指執技事上者言之蓋祝史射御醫卜百工之流專執一技以事上所謂不貳事不移官者而非君子之學也今厭小學之名而不為則將何以為大陋藝成之說而不習則將何以為德是欲陟九層之臺不由其階不循其級而思一蹴至也吾不知其術矣噫王道衰而實學廢聖教遠而異說興名物器數既鄙薄以為小學而不為乃明德親民又徒取其於出入口耳之間是何學術之壞至後世而極也宋儒真德秀氏有見於天下之道盡於大學一書從而衍其義焉始以帝王為治之序繼以帝王為學之本而明道術辨人才審治體察民情者則格物致知之要也崇敬畏戒逸欲則誠意正心之要也謹言行正威儀則修身之要也重妃匹嚴內治定國本教戚屬則齊家之要也首以聖賢之明訓參

以往古之事蹟以爲四者之道既得則治國平天下者在其中矣至我朝丘濬氏復仿其體裁而補其闕焉先之審幾微以補誠正之所未周繼之十二要以補治平之所未及而其所自爲序則又謂真氏之書主於理故所衍之義大而簡已之所補者主於事故所衍之義細而詳也嗚呼是二公者志則勤矣執事致意二書且惓惓以修身應世之學望諸生豈不以二書并有功於大學并有裨於致用固不容以人有古今而可略也愚生以爲不獨二書也即先生大學小學之教則大學主於理小學主於事固修身應世之至切者也彼於其事既廢而不講於其所遺之經傳又出入口耳而不知體焉則又何有於真氏之衍義又何有於文莊之補哉噫學術之壞未有甚於後世者也是有說焉而愚生姑舉其概請無罪焉可乎三代而上二氏之言未行於中國固其學一出於實士生其時所聞者實理也所習者實事也即未能融道器德藝而一貫之亦不失爲致用之才三代而下二氏之說浸行而末世儒者又多竊附之說故其學盡出於虛聰明才智之士所樂聞者玄妙之言也所喜譚者幽渺之論也舉一切應世之務而掃滌之故以之致用多礙矣士習之敝端在於此然則今之論學姑未暇及於一貫姑未暇及於語上也而務實勝者其救時反本之急務者

第五問

施重光

同考試官教諭李批（選將擇吏兩者安攘大計子先內後外之說洞燭時宜至末段意更緊切未可以書生目之）

考試官教諭王批（蓄威昭德五事鑿鑿可行）

考試官教諭趙批（區畫詳確）

蓋聞經國庇民之道若養身然善養身者先其五內後其四支而衛生周矣善爲國者始終內修終於外攘而衛國備矣腹心未固而手足之是謀不知類者也不知類者其究必硋懃戶口未實而疆圉之是庀不知務者也不知務者其究必杌隉察內外之宜循先後之序俾撲武之略寓於修文折衝之謀定於樽俎安居乎區中而威行乎方外此蓋臣之訏謨哲王之上務也且安攘之計大矣其大權在朝廷其分職宣猷者在守令將帥守令握章綬撫摩一方責在安內而休養元元實壯保障則所係固不專於內也將帥秉鉞仗旄司命三軍責在攘外而百萬貔貅仰給編氓則又未嘗不托重於內也此守令將帥相待爲理之說也古稱守令之盛者莫如漢五鳳神爵之間宣帝長於閭閻習民疾苦故其時重守令有治效異等者天子使使持璽書勞之增秩賜金九卿有闕者不次徵用一時循吏如潁川黃霸教化式崇東郡韓延壽禮讓樹軌尹

翁歸振潔於扶風召信臣播澤於南陽斯其選已而時方操切獨用寬和霸尤爲夐出焉古稱將帥之盛者莫如漢元朔元光之間武帝逞其雄材銳意邊功故其時重將帥有出塞得當者天子不吝數千户封之剖符錫券子弟在襁褓者皆得拜爵一時猛將如衛青出上谷而窮追龍城霍去病出隴西而遠絕狼望李廣奮臂於雁門公孫敖靮掌於出代斯其杰已而恩著拊循士樂爲用李將軍尤稱偉焉總之武帝襲文景之富庶故任將征討以快其好大喜功之心而海内虛耗此務外而不務内之明鑒也宣帝懲孝武之敝轍故選賢任用以佐其與民休息之化而呼韓款塞此内順治而外威嚴之明效也繇斯以譚三晉之事可得而衡度矣蓋山西幅員千里襟喉三關循關而右則煙爨相逮雞犬相聞者太平澤潞之内地也内地重守令今之郡縣守令水蘖自勵鸞鳳自許者固亦有之寧無以察爲明以刻爲威者乎寧無貪墨劘骷脧剥脂膏者乎寧無趾疏草野之間目絕蔀屋之下者乎即不然亦惟是簿書期會焉耳飭廚饌盛供具當使客意焉耳此亡論追蹤漢循即視近代悃愊之吏亦懸絕矣生民何賴焉故關南之務擇吏其急也循關而左則斥堠聯絡仆伍團結者大同一帶之邊地也邊地重將帥今之沿邊將領褫魄葹裘揚威虎帳者豈其無之不有出身紈袴韜鈐莫辨者乎不有起家債帥頑頓無耻者乎不有譚甲兵則縮頸而股慄聽鼙鼓則掩耳而疾走者乎即不然亦惟是樹威黷貨焉耳賈邊釁冒首功遷秩幕府焉耳此亡論媲美漢將即視近代虎賁之臣有餘愧矣邊庭何賴焉故關北之務選將其急也然此皆一隅之論非聖王先内而後外之良謨也蓋天下有不可易之紀綱有不可忽之根本天保以上治内采薇以下治外分不得相侵職不得相越守令將帥各事其事者不易之紀綱也然内可以兼外而外不可以兼内廉范守雲中而匈奴遠塞張巡守睢陽而保障江淮以守令之責兼將帥之事是不可忽之根本也故爲守令者其飭武備之術有二惇拊民之實有三一曰完城堡蓋論天下之形勝則九邊爲險論三晉之形勝則三關爲險論郡縣之形勝則城堡爲險城堡者民之緩急保聚而恃以無恐者也及今雉堞欲完以固湯池欲濬以深平居民樂安堵一旦事出倉卒而吾備已先從容應之矣此設險守國之道也二曰繕甲兵夫甲兵之繕非徒屬戈鍜矛貯諸府庫已也據保甲之法民自爲衛家自爲兵此不可施訓練乎顧有司不視爲故事則用以擾民亡益也所貴乎賢守令者除尺籍丁壯外簡城夫驍勇聯以什伍統以領率授以長短之兵旬月比試而軒輊之初賞其俊久并賞罰行焉如是而民不閑於武略者否也此所謂除戎器而戒不虞也且鄒魯家譚政事首務足食春秋書城築不時重用民力貴拊循也故爲守令者守

羔羊之節敦素絲之儉課來牟之勤挽蟋蟀之風以阜民財而民可富矣勿勞以營建勿役以三時勿疲以奔命勿擾以追呼以養民力而民可安矣生之而不傷厚之而不困事至而爲之備患生而爲之防以結民心而民樂於用命矣修此三者而宰之以誠居之以寬持之以健守之以恒兼之以城堡之固甲兵之屬而内治脩矣彼三關而外簡壯猷之方叔寄萬里之長城方其無事則選將帥清行伍訓士卒練士兵開屯田復鹽課實邊儲舉曩時所稱偷惰因循之弊一切刷去將使五内四支胥就奠安順治威嚴一統鞏固而爲國家樹億萬載不拔之基者端在兹矣又奚必調才望有司於附塞而後爲勝筭哉雖然猶有可慮者大同爲三晋藩籬京師肩背樹藩未固室家靡寧覆背未豐寒且及體是又何可忽也今大同之民疲矣寡閭閻桑梓之樂抱門庭枹鼓之憂加以軍屯之擾供應之煩地半荒隙而租稅之征求如故民喁喁然日望蠲租之令未卜也於是乎率育之念微而樂土之思作矣及今不存恤而招徠之板升之事不可爲炯鑒乎於乎此利害安危之機非守令將帥所能及也免曠土之租罷不急之役以豐肩背而固藩籬是在廟堂之上加之意耳

山西鄉試録後序

萬曆已卯山西鄉試録成本原晋事述唐虞夏后氏以來名世之倫用廣厲多士教諭日新論説具矣鋭復何言鋭竊惟恒山大河之間雖古帝王所更都乃其四封左擁燕薊右接秦關前引楚疆後控胡虜不無事矣在唐虞時壺口龍門則禹功所自始益棄稷播契乃振德以至編户可旌皋陶猶勤猾夏之憂惟是五官炳烺千古與山川不朽下迨五伯七雄之際三晋之地介乎秦楚爲天下樞日尋於干戈諸侯蠶食六卿瓜分征繕無寧日秦漢一統方内無事而匈奴爲患時入蹂躪建元元朔之間漢數遣將出雲中出代出雁門出定襄屯句注蜚狐征繕無寧歲唐阻澤潞宋淪金元當是時帝王之氣銷鑠且盡士方倚烽荷戈何暇論俎豆之業乎國家都燕則晋爲右輔皇風匝洽餘二百年以至嘉靖之季虜患不減漢時西河河東流血暴骨而士不廢業登俊如昔天子神聖垂意問學興建太平虜嚮風慕義願受約束世世保塞爲外藩坐息邊烽使全晋之士咽餔緩帶朝禮樂而夕詩書庸詎非千載一時盛際邪鋭嘗尚論典謨慨然遐想唐虞夏后氏之風雖不及身親見之夫平陽蒲阪安邑今猶古也顧安得西游其地而問俗焉乃今幸以聘至且得縱觀多士之文諸所論著雄渾博大稱其土風選學則精一執中闡德則欽明濬哲擬治則時雍從欲

叙功則平成永賴陳議則知人安民非堯舜不譚非禹皋不列濟濟乎斌斌乎盛矣雖然乘不必屈惟其才良也鼎不必汾惟其器真也多士晋産出爲國琛寧嗇屈之乘汾之鼎乎哉乃今固服興納廟之時良駑真贋於是焉在則多士何居末世夸士言高於青天行入於污瀆許身欲置五臣之中所就業尚出春秋列國諸子之下蓋堯舜御世野無遺賢極其選也僅僅二十有二人而五臣在焉兹籍而貢諸天府者一何纍纍也銳竊私計所籍六十五人者夫有一二庶幾五臣者乎微獨五臣夫夫晋産也請以晋論令多士爲政有趙衰趙盾士會士匄趙孟韓起魏舒無有乎謀國有狐偃先軫魏絳李克無有乎師保有荀息羊舌肸牛畜荀欣徐越無有乎咨度有師服史趙師曠蔡墨無有乎進賢有祁奚曰季魏成無有乎能言有周舍左師觸龍無有乎爲邑有尹鐸西門豹無有乎載在晋志惟多士所擇之此而無有何論五臣蓋鄒魯家言行勉不足言慎有餘今也不揆事實而概言唐虞夏后氏精一平成論雖篤猶色莊耳譬之圖繪非不爛然乃不可以適用以銳觀晋之風有二蓋天下莫先焉詩列唐魏二國好樂無荒儉也宛然左辟讓也非晋風邪粤在古昔不剪不椓而卑且菲焉不矜不伐而能且功焉斯亦唐虞夏后氏之遺也夫士有侈心則官墨而寵賂章士有競心（此處底本缺頁——編者注）

萬曆十年山西鄉試錄

山西鄉試錄序

　　萬曆壬午秋山西當大比士御史馬象乾奉上簡命馳至寔監臨之至則前御史劉士忠所聘四方文學暨諸百執事咸會乃以允芳暨教諭官延澤爲考試官教諭李起元吳時泰周至德吳守忠劉不息訓導馬希龍爲同考試官使職簾以內左布政使侯于趙右布政使嚴大紀提調按察使張九一副使麻永吉監試使職簾以外而御史躬秉要束譏防劫毖視昔有加焉于是合巡按宣大御史徐鳴鶴暨提學副使陸檄所選士二千三百有奇鎖闈三試之拔其俊六十五人籍其名氏若文以獻允芳竊惟孔子叙書斷自唐虞以下而司馬遷氏作本紀至西涉崆峒北過涿鹿漸海浮江以求黃帝堯舜之處而風教殊焉斷以爲古文近是夫蒲平陽安邑間爲堯舜禹所更都遷生其鄉習其風教甚熟豈必覽觀四方而後知其徵信于古文正見夫故都風教有獨异于四方者在也允芳今猥以校士之役憑軾而入其境遐想夫岳牧元愷師師濟濟之容思一覿其盛而無繇則咨咨嘆矣然而太行恒霍如故也洪河汾沁縈帶而演迤不改其流也主上游神垂衣之烈隆儒術而興太平而山以西聲教所首被便章昭明比屋可封之俗非易民而化也豈以舉士唐虞之鄉而憂之材乎顧聞之聖王在位百里一士猶無有也累世一聖千里一賢若比肩至矣則材大小之辨也明興二百餘年鉅公碩輔起家并冀而顯功名者何可僂數乃璧宮俎豆右祀薋宗之列或曠代難其人而河津薛先生崛起與焉國家得一薛先生而教化借以大重材誠在杰不在多也子諸士斌斌登貢籍甚盛第令續食計偕不辭無能析圭儋爵不讓無才惟產自唐虞之鄉繼河津而出則有不難于盛而難于杰者矣要之學以立身非以飾名仕以濟時非以干祿嘗考薛先生爲學從政一本諸篤實居平辭受取予操義甚嚴比當大節至遺利害死生不顧嘗言讀書窮理須實見得是然後驗于身心體而行之斯先生之所以深于道也爾諸士誠安于卑卑則已設欲蜚英騰茂巋然表樹于世而擅不朽之稱緣見習聞取法不遠舍河津將安師乎語曰至誠之極金石可靡其惟以誠心自任學蘄立身仕蘄濟世毋樹頤須而略躬行毋鶩虛聲而虧實際毋苟

寵榮而輕志意毋急功課而病雅俗寧椎魯少文毋謏張以譁衆寧介特寡合毋夸毗以趨時庶幾哉秉道循理之士無忝堯舜之風教而于先哲爲有光矣況進此乎昔趙文子始冠受規于公族以語張老張老曰善矣從欒伯之言可以滋范叔之教可以大韓子之戒可以成而欒伯主務實范叔主戒寵韓子主始與善此三言者文子終承之以克光紹成宣之業不隕其名允芳不佞無以佐諸士始進者第申晉人之語勖之諸士勉乎哉是役也總督軍務兵部左侍郎兼右僉都御史鄭洛巡撫右僉都御史辛應乾巡撫大同右副都御史賈應元飭武右文乂民興士巡鹽御史邢侗蕭度觀風崇雅貞教閱視兵科給事中田大年督糧户部郎中張彝訓主事程沂恤刑刑部郎中王道純會逢盛舉嘉樂賓興左參政胡來貢朱孟震右參政杜友蘭梅友松左參議栗在庭韓應元右參議劉忠中王學書副使鄧林喬錢進學僉事張惟誠劉葵總兵官王國勳參將雷以誠署都指揮僉事王國翰分獻展采範外宣勞右參政嚴用和副使宋應昌前期以入賀行光禄寺寺丞謝杰户科左給事中萬象春中書舍人劉任行人司行人林延陞龔仲慶後先以使事至法得備書云

山東濟南府德州儒學學正蘇允芳謹序

萬曆十年山西鄉試

監臨官

巡按山西監察御史馬象乾（體良廣東遼州籍江西泰和縣人　丁丑進士）

提調官

山西等處承宣布政使司左布政使侯于趙（宗度河南杞縣人　乙丑進士）

山西等處承宣布政使司右布政使嚴大紀（汝肅太醫院官籍浙江餘杭縣人　己未進士）

監試官

山西等處提刑按察司按察使張九一（助甫河南新蔡縣人　癸丑進士）

山西等處提刑按察司副使麻永吉（伯貞陝西慶陽衛人　乙丑進士）

考試官

山東濟南府德州儒學學正蘇允芳（敏躋廣東順德縣人　丁卯貢士）

山東濟南府泰安州新泰縣儒學教諭官延澤（潤只山東平度州人

庚午貢士）

同考試官

四川嘉定州夾江縣儒學教諭李起元（原貞四川瀘州衛籍陝西長安縣人　戊午貢士）

山東濟南府禹城縣儒學教諭吳時泰（文亨湖廣武昌縣人　丁卯貢士）

河南開封府中牟縣儒學教諭周至德（子中湖廣麻城縣人　丙子貢士）

直隸真定府趙州隆平縣儒學教諭吳守忠（子順江西上高縣籍高安縣人　丁卯貢士）

河南汝寧府光州光山縣儒學教諭劉不息（化甫河南祥符縣人　癸酉貢士）

陝西西安府乾州儒學訓導馬希龍（雲從陝西榆林衛人　戊午貢士）

印卷官

山西等處承宣布政使司經歷司經歷汪鐸（汝文直隸歙縣人　監生）

山西等處提刑按察司經歷司經歷彭士祖（汝德江西安福縣人　監生）

收掌試卷官

河東陝西都轉運鹽使司運使李充實（中虛直隸玉田縣人　乙丑進士）

太原府知府孫化龍（時際直隸獲鹿縣人　戊辰進士）

平陽府知府王汝魯（希曾河南南陽縣人　戊辰進士）

大同府知府高薦（子楊山東青州衛人　辛未進士）

潞安府知府朱衣（章夫陝西岷州衛人甲戌進士）

潞安府同知董仕（子學河南汝陽縣人　丁卯貢士）

受卷官

平陽府推官王之猷（爾嘉山東新城縣人　丁丑進士）

太原府陽曲縣知縣苑時葵（向卿直隸寶坻縣人　庚辰進士）

太原府榆次縣知縣劉羽國（辰熙河南唐縣人　庚辰進士）

太原府祁縣知縣張應舉（伯選陝西咸陽縣人　丁卯貢士）

平陽府翼城縣知縣周詩（言志山東德州人　甲戌進士）

大同府大同縣知縣連格（孟式河南禹州人　丁丑進士）

大同府懷仁縣知縣洪有聲（懋文福建南安縣人　甲戌進士）

汾州孝義縣知縣李杜（介卿直隸肥鄉縣人　丁丑進士）

彌封官

太原府推官王嗣美（實之陝西朝邑縣人　庚辰進士）

太原府忻州知州陶光寵（子恩直隸固安縣人　戊午貢士）

平陽府霍州知州吳過（自觀陝西寧□衛人　庚午貢士）

平陽府洪洞縣知縣喬因羽（思儀陝西耀州人　庚辰進士）

平陽府鮮州安邑縣知縣羊可立（子豫河南汝寧群牧所籍直隸安東縣人　丁丑進士）

平陽府鮮州夏縣知縣孫養默（右言山東鄒平縣人　乙卯貢士）

澤州高平縣知縣劉一相（惟衡山東長山縣人　丁丑進士）

澤州陽城縣知縣王象蒙（子正山東新城縣人　庚辰進士）

謄錄官

太原府代州知州張維翰（邦楨山東茌平縣人　辛未進士）

遼州知州岳維華（汝西直隸曲周縣人　乙丑進士）

太原府平定州同知李應辰（惟星浙江慈谿縣人　辛未進士）

平陽府蒲州猗氏縣知縣賈一鶚（文薦直隸霸州籍桐城縣人　庚辰進士）

平陽府蒲州臨晉縣知縣趙岸（登之陝西盩厔縣人　庚辰進士）

潞安府長治縣知縣馬化龍（雲從河南新野縣人　丁丑進士）

潞安府襄垣縣知縣陳三策（幼學山東武定縣人　丁丑進士）

潞安府屯留縣知縣孫光祖（孝光直隸玉田縣人　庚辰進士）

對讀官　平陽府蒲州知州何允升（吉甫河南杞縣人　甲戌進士）

大同府應州知州陳胤（子孝直隸豐潤縣人　甲子貢士）太原府文水縣知縣姜一鳴（聞甫陝西蒲城縣人　乙卯貢士）

太原府永寧州寧鄉縣知縣郭然（用可陝西咸陽縣人　庚午貢士）

平陽府襄陵縣知縣蕭大才（允成山東堂邑縣人　甲戌進士）

平陽府曲沃縣知縣沈時敘（公納河南祥符縣人　丁丑進士）

潞安府潞城縣知縣陳九疇（時叙山東歷城縣人　丁丑進士）

澤州沁水縣知縣曲遷喬（允陞山東長山縣人　丁丑進士）

巡綽官

太原左衛指揮同知劉秉乾（健甫直隸濬縣人）

太原左衛指揮僉事趙陞（覲君直隸壽州人）

太原左衛指揮僉事袁□蘭（德臺直隸定遠縣人）

太原右衛指揮使朱承恩（君寵直隸鳳鳴縣人）

太原右衛指揮使鄭官（惟賢直隸合肥縣人）

太原右衛指揮使王輅（遵商湖廣孝感縣人）
太原前衛都指揮同知劉一藩（維翰直隸大典縣人）
搜檢官
太原左衛都指揮僉事高承恩（德寵直隸定遠縣人）
太原前衛指揮僉事朱世璋（藎勇陝西南鄭縣人）
平陽衛指揮同知閔世忠（貞甫山後金山人）
潞州衛指揮使柴忠（必誠陝西禮店人）
振武衛指揮使季元臣（以忠山東武定州人）
太原左衛後所副千戶宋梅（白玉山後松歌峪人）
太原右衛右所副千戶蘇應元（子順湖廣監利縣人）
供給官
山西等處承宣布政使司經歷司都事劉甲（應一山東德平縣人　監生）
山西等處承宣布政使司理問所理問丁汝翼（伯佐湖廣龍陽縣人恩貢）
山西等處提刑按察司照磨所檢校楊文浹（躍冲山東泰安州人監生）
山西都指揮使司經歷司經歷杜學詩（興甫浙江仁和縣人　吏員）
太原府同知邢子嚴（泰中陝西南鄭縣人己酉　貢士）
太原府通判宋瑋（邦奇直隸慶都縣人　監生）
太原府平定州知州陳銓（公選河南河南衛官籍直隸來安縣人　壬子貢士）
太原府保德州知州劉希皋（舜卿陝西保安縣人　己酉貢士）
太原府徐溝縣知縣于彥英（子發直隸固安縣人　庚午貢士）
太原府交城縣知縣吳騰龍（雲從陝西咸寧縣人　丁卯貢士）
平陽府太平縣知縣胡璉（重器陝西城固縣人　辛酉貢士）
太原府經歷司知事楊嘉祐（汝吉山東膠州人　吏員）
太原左衛經歷司經歷邵縉（子卿陝西富平縣人　吏員）
太原右衛經歷司經歷王廷擢（君用陝西藍田縣人　吏員）
太原前衛經歷司經歷王瑤（君珮河南磁州人　吏員）
汾州衛經歷司經歷劉任（子重江西瑞昌縣人　吏員）
太原府祁縣縣丞赫選（文瑞直隸昌平州人　吏員）
太原府榆次縣縣丞趙守貴（克脩山東昌□縣人　恩貢）
太原府太原縣縣丞韓有良（子復直隸新樂縣人　選貢）
太原府徐溝縣縣丞鄭訓（子式直隸靜海縣人　監生）

平陽府曲沃縣縣丞楊本古（尚卿陝西漳縣人　恩貢）
平陽府蒲州榮河縣縣丞趙以莊（汝臨河南河內縣人　監生）
太原府盂縣主簿王東秀（震遠山東蓬萊縣人　吏員）
平陽府鮮州聞喜縣主簿文自易（應乾陝西涇州人　恩貢）
潞安府長治縣主簿蔡一潔（王夫直隸寧晉縣人　監生）
汾州平遙縣主簿許科（子登陝西寧夏衛籍錢塘縣人　監生）
汾州孝義縣主簿劉希曾（惟約山東青城縣人　監生）
平陽府蒲州吏目郭崙（西瞻山東陽穀縣人　監生）
平陽府吉州吏目傅應麟（仲祥直隸遷安縣人　知印）
太原府文水縣典史丁自東（伯震山東掖縣人　吏員）
太原府壽陽縣典史趙瀛（雲翰陝西華州人　吏員）
太原府代州崞縣典史趙兀夫（子仁山東平原縣人　吏員）
平陽府臨汾縣典史哈彬（汝均河南光州人　吏員）
平陽府翼城縣典史李渥（伯寵山東陵縣人　吏員）
太原府陽曲縣成晉驛驛丞田尚文（子周直隸新安縣人　吏員）
太原府代州崞縣鬧泥驛驛丞鄧鳳（九岡山西廣靈縣人　承差）
平陽府曲沃縣侯馬驛驛丞郭洋（子溢山西太原縣人　承差）

第一場

四書

君子學道則愛人　子曰天下國家可均也爵祿可辭也白刃可蹈也中庸不可能也　堯以不得舜為己憂舜以不得禹皋陶為己憂

易

公用享于天子　象曰大壯大者壯也剛以動故壯大壯利貞大者正也正大而天地之情可見矣象曰雷在天上大壯君子以非禮弗履　言行君子之所以動天地也　震一索而得男故謂之長男

書

同寅協恭和衷哉　古有夏先后方懋厥德罔有天災山川鬼神亦莫不寧暨鳥獸魚鼈咸若　明作有功敦大成裕　出入有爾師虞庶言同則繹

詩

雞既鳴矣朝既盈矣　以我齊明與我犧羊以社以方我田既臧農夫之

慶琴瑟擊鼓以御田祖以祈甘雨以介我稷黍以穀我士女　干祿百福子孫千億穆穆皇皇宜君宜王　不競不絿不剛不柔敷政優優百祿是遒

春秋

秋八月公及齊侯盟于落姑（閔公元年）　春王正月城楚丘（僖公二年）楚子圍鄭（宣公十有二年）　荊人來聘（莊公二十有三年）徐人取舒（僖公三年）公會晉侯宋公陳侯衛侯鄭伯曹伯莒子邾子滕子薛伯齊世子光吳人鄫人于戚（襄公五年）冬楚子蔡侯陳侯許男頓子沈子徐人越人伐吳（昭公五年）　冬十有一月庚午蔡侯以吳子及楚人戰于柏舉（定公四年）

禮記

凡為君使者已受命君言不宿於家　故禮也者義之實也協諸義而協則禮雖先王未之有可以義起也　春作夏長仁也秋斂冬藏義也仁近於樂義近於禮樂者敦和率神而從天禮者別宜居鬼而從地　儒有席上之珍以待聘

第二場

論

學先義利之辨

詔誥表（內科一道）

擬漢舉茂材異等詔（元封五年）　擬唐以張九齡為中書令誥（開元二十二年）　擬駕幸西苑御無逸殿命輔臣坐講尚書無逸篇詩豳風七月之章講畢賜宴謝表（嘉靖十年）

判語（五條）

官吏給由　功臣田土　上書陳言　申報軍務　辯明冤枉

第三場

策（五道）

問　制治稽謀莫大乎議堯有衢室之問舜有總章之訪皆議之謂也我國家重熙累洽於今二百餘年百度粲然具舉如議曆元議定都議張秋決河議撫處雲中眾論紛紜卒統於一我列聖鴻猷睿斷彪炳可述也乃至議交趾而指以畀夷則郡縣之者非與議營制而統以一勳臣則團營之設非與議貢

市而款塞不絕則拒之者非與抑各有所宜匪可執方論也夫議一也有當事而議者有睹事而議者有攬衆議而議者此三者孰爲難易與抑古人有言君畫之相守之相畫之百官守之則持議之權固有所獨重與我皇上神聖睿哲自臨御以來日明習國家事法度振飭方寓敉寧矣安所事議顧議論貴省非可盡廢也兹欲采群議以裨國是而資宸斷當如何而可願悉意陳之毋顧望不盡也

  問　周禮一書經畫大備王制冢宰以三十年之通制國用曰量入以爲出昔人理財未有一不定經制之書矣漢事無論唐元和間其臣撰國計簿上之即其意云迨於宋有不進錢穀之數君子以爲正有輒上會財之書君子以爲佞豈財用會計不當聞於人主與其後祥符熙寧皇祐治平元祐皆有會計錄可一一言之與即其中又孰爲得與我皇上御極以來修舉實政主計之臣思所以永利經制乃爲萬曆會計錄以上其於積貯大計果有裨與說者謂總括計錄財用之數歲入大不能當歲出居平無事且憂不繼設一旦有急何以應之此又主計者所握籌而思載筆不能盡者也今天下利源猶有可開其流或有當塞者籍令授筴諸子使佐大司農奚施而可願熟計焉

  問　帝王馭世之具曰大經大法今學士窮年佔畢於經勤矣至法律輒委之卑卑不足道不識二者果若枘鑿不相入與且禮經於刑法詳哉其言之矣試譚其概三典三訊奚由而設三赦三宥奚由而立均之法而有五禁五戒五聽之殊均之正法而有八刑八辟八成之异虞周五刑有無相沿後世六篇九章十二章以至五百餘條幾千餘條有無可議是皆法之當講者明興酌古準今裁定律令罔拘拘漢唐故事不知與虞周之意有同否也我皇上好生德洽邇歲分遣理官出讞疑獄復納臺臣之議欲令經生兼習法律其說度可行否夫煨燼六經以吏爲師此秦事之非者乃宋臣蘇軾又謂不讀律則致君無術爾多士將何從焉其爲我言之

  問　國家財賦歲有額徵今寓内墾田籍於官者四百六十餘萬耳粵昔堯分九州幅員未廣乃墾田以九百餘萬計秦漢而下頃畝不加至宋復浸縮矣我國家統一輿圖遠超前代乃墾田之數堇與宋治平中相埒此其故何也議者謂賦課縮額貧富不均則遂請度田然是度田之制豈直自今日始哉蓋其法始於周而行法之弊則莫如宋姑置勿論已在漢時或詔州郡檢核墾田或令牧守區種增耕或以山陽守所立條式班諸三府其法孰爲得與語有之民可與樂成難與慮始方始舉事時衆見刺謬吏間或陰格詔書今軌度明章以次報竣矣然慮始固難圖終非易即欲熟慮詳畫爲善後計者其道安在爾

諸士生長畎畝習聞之矣幸縱言之毋第□爾晋中事而已

　問　夷狄爲中國患非一日而中國所以制馭之亦非一策任德尚矣其次無出戰守和三者可得聞其概與有謂縉紳之儒守和親介冑之士言征伐當時謀國之臣可考而知也守和親者果皆縉紳言征伐者果皆介冑與且獨不及守何與有謂周得中策漢得下策秦無策然與所謂上策者又安在與國家自俺酋款塞以來邊鄙不聳可謂至治之世矣然和可恃爲長策與虜近失俺酋是師旅動靜之首也使虜不渝盟而常勝在我其道將安出夫徹土戒衹聖有明訓而雲中上谷爾諸士之鄉也今且寧爲過計毋寧爲後圖願借箸籌之毋讓於肉食者

中式舉人六十五名

　　第一名　　白所知　　陽城縣學生　　易
　　第二名　　張甲徵　　蒲州人監生　　書
　　第三名　　陳熺　　　高平縣學生　　詩
　　第四名　　周一梧　　潞安府學生　　禮記
　　第五名　　馮養志　　高平縣學生　　春秋
　　第六名　　余應泰　　天城衛學生　　易
　　第七名　　樊鎔　　　盂縣學生　　　書
　　第八名　　馬崇化　　河東運司學增廣生　詩
　　第九名　　賈涇澍　　長治縣學生　　易
　　第十名　　劉夢熊　　沁州學生　　　書
　　第十一名　李登魁　　陽曲縣學生　　詩
　　第十二名　王國楨　　河東運司學生　詩
　　第十三名　楊天民　　太平縣學附學生　易
　　第十四名　俞獻可　　太原府學生　　禮記
　　第十五名　沈懇　　　猗氏縣學增廣生　書
　　第十六名　吳養溫　　安邑縣學生　　詩
　　第十七名　馮嘉慶　　蒲州學生　　　易
　　第十八名　張泮　　　忻州學生　　　書
　　第十九名　張宗信　　寧武所人監生　詩
　　第二十名　王編　　　寧鄉縣學附學生　易

第二十一名　魏登　平定州學附學生　書
第二十二名　劉繼志　曲沃縣學生　春秋
第二十三名　關國盛　潞城縣學生　易
第二十四名　史東昌　蔚州學生　詩
第二十五名　李橘　代州學生　易
第二十六名　潘文　寧武所學生　書
第二十七名　霍應麟　屯留縣學生　詩
第二十八名　羅文俊　長治縣學生　易
第二十九名　介夢龍　解州學生　禮記
第三十名　楊畯　陽曲縣學生　詩
第三十一名　陳王道　寧鄉縣學生　易
第三十二名　盧應議　夏縣學生　書
第三十三名　閻國禎　太原府學增廣生　詩
第三十四名　張唐封　曲沃縣學生　易
第三十五名　李循　曲沃縣學附學生　書
第三十六名　張綰　盂縣學生　春秋
第三十七名　郭嗣煥　高平縣學生　詩
第三十八名　孔調元　澤州學生　易
第三十九名　李煥　忻州學生　書
第四十名　焦承光　大同縣學生　詩
第四十一名　薛九經　翼城縣學生　易
第四十二名　張崇榮　代州學生　詩
第四十三名　王政　孝義縣學生　禮記
第四十四名　陸敏捷　大同縣學生　易
第四十五名　楊教　臨晉縣人監生　書
第四十六名　武有備　壺關縣學生　詩
第四十七名　王兆河　陽城縣學生　易
第四十八名　張啓蒙　猗氏縣學附學生　書
第四十九名　劉漢書　蒲州學生　詩
第五十名　王秉道　蔚州學生　春秋
第五十一名　鄒魴　太原府學生　易
第五十二名　鄭國俊　解州學生　書

第五十三名　高登明　翼城縣學生　詩
第五十四名　閻墀　榆次縣學生　易
第五十五名　賈文魁　平定州學生　書
第五十六名　楊學詩　安邑縣學生　詩
第五十七名　李廷桂　鮮州學生　禮記
第五十八名　楊纘先　忻州學生　詩
第五十九名　董嘉謨　澤州學生　書
第六十名　鄭敦原　潞安府學生　易
第六十一名　閻庚　河東運司學生　詩
第六十二名　苗蓁　平定州學生　書
第六十三名　張承恕　太平縣學生　易
第六十四名　田可久　高平縣學生　春秋
第六十五名　羅昂　清源縣學生　詩

第一場

四書

君子學道則愛人

白所知

同考試官教諭劉批（仁愛原從人心上來是篇根極理要融會意旨杰作也錄之以式）

考試官教諭官批（體格莊重理趣悠揚）

考試官學正蘇批（精到典雅）

道為立愛之原學之不可已也天愛人固君子之心也然必於學道得之道其與政通哉子游治武城蓋尊其所聞者若曰善言治者以心善事心者以道偃也聞諸夫子矣蓋上之於民非徒以其分足以臨之謂其仁能以愛之也仁根於性雖非緣學而後有愛見乎情實則因道而後生道有恭儉而莊敬者君子學之以約此心於中也一中之渾涵愛於是乎立焉道有廣博而易良者君子學之以導此心於和也太和之融液愛於是乎流焉心固無外也學以制其私則廓然者與天地相似乾父坤母之量隨感之而輒應矣心本無間也學以忘其累則藹然者與萬物相通民胞物與之懷時措之而皆宜矣是君子之愛由心而出者也其於道自學而入者也養之有素則道不窮出之有本故施

不匱武城有爲君子者將責以愛人而不教之以學道其可哉吁於此見儒者用世之略也吾觀三代而上政與學出於一禮樂達於天下晚近世出於二禮樂遂爲虛文無善教斯無善學而民遂不蒙善治蓋自申韓學刑名而慘刻寡恩卒以禍天下彼而學道詎至是耶世乃謂儒者拘於道迂而無當非然也

子曰天下國家可均也爵禄可辭也白刃可蹈也中庸不可能也

張甲徵

同考試官訓導馬批（中庸難能即在事中見言者率多支離此作體認親切辭意高古必邃於理學者）

考試官教諭官批（見理精明修辭勁爽）

考試官學正蘇批（沖融警拔）

天下無難爲之事而難於中焉夫中固非絕德也而人之所能者獨中爲不易焉顧可忽之也哉中庸曰天下之道中焉止矣人皆有之宜人皆能之而民固鮮能者以其易而難耳何者今夫天下國家之均也爵禄之辭也白刃之蹈也據其事勢所在孰不視之以爲難然任智者能均之苦節者能辭之輕生者能蹈之隨其資力所近則皆勉之而可至三者而果難也世無能之者人苟能之君子以爲易矣惟就其可能之中求其所不可者其中庸乎中也者以之當治平之任則弛張闔闢有權存焉以之臨利害之間則辭受死生有義存焉智能可以自運而材質所賦或得其一偏則寬焉而慢猛焉而殘者有之矣名節能以自許而意氣所激或出於一時則辭而傷廉蹈而傷勇者有之矣蓋析義之不精斯見易惑非天資可以偶合也爲仁之不熟斯守易搖非人力可以襲取也故曰中庸不可能也嗟夫中以庸名理固易簡耳惟中故甯必庸而後可中彼稱賢知者乃厭其卑近而高遠是馳夫既不安於庸又安所得中耶藝如求狷如憲勇如仲由夫非一時之選與律之以中皆有間焉信乎中道之難能由賢智之易過也

堯以不得舜爲己憂舜以不得禹皋陶爲己憂

陳熺

同考試官教諭吳批（説透堯舜求賢圖治所以爲君道相業之大而理□周密體裁閑雅文之上乘也取之）

考試官教諭官批（温潤典雅當是作手）

考試官學正蘇批（精確不凡）

二聖之所急者惟爲天下得人而已蓋天下之治天下之人成之也堯舜任人以治其斯爲憂之大乎孟子所以言必稱之也蓋曰聖王治天下豈必如許子而後治哉勞於求賢逸於圖治如是而已矣吾觀陶唐之世以君有堯以相有舜焉夫堯既爲君凡代天以憂者皆君之事也乃堯曰天下可以一人君之何可一人理之側陋未揚登庸未舉則吾之相位尚虛天工其誰與亮是則可憂也夫是以皇皇焉爲四岳之詢也迨夫得舜以諸艱付之堯於是重裳而理矣至於舜既時叙天下頌如天者不曰舜而曰堯之仁堯固善用其憂耶舜既爲相凡代堯以憂者皆相之責也乃舜曰天下可以一人相之何可一人成之司空不能其官士師不得其理則君之庶官尚曠帝載其誰與熙是則可憂也夫是以急急焉爲四門之闢也迨夫得禹皋陶以庶績分之舜於是協帝而治矣至於禹皋陶奏功天下言好生者不曰禹皋陶而曰舜之德舜固善用其憂耶是則人君以論相爲職宰相以得士爲功賢者之治如此并耕何事哉雖然任人圖治自昔譚之然在唐虞以之基治後世或不免階亂焉顧所任者何如耳藉令堯舜權度不精使象恭庸違之夫與舜禹諸臣并列何以稱唐虞皋陶陳謨曰在知人有味乎言之也

易

彖曰大壯大者壯也剛以動故壯大壯利貞大者正也正大而天地之情可見矣象曰雷在天上大壯君子以非禮弗履

白所知

同考試官教諭劉批（勝人自勝所由一理善發大壯之蘊而規格簡潔脉絡聯屬易義之佳者）

考試官教諭官批（不事縟辭獨融真趣）

考試官學正蘇批（詞簡意盡）

觀大壯之象象而知君子之以理勝也夫君子所恃者理也以理勝人亦以理自勝斯其善處壯矣乎且天下惟禮爲至正亦惟正爲至大此造化人事之所以爲壯也吾嘗即大壯之名詞而觀之四陽盛長豪杰之會以開其時可以爲矣乾剛震動明作之功以建其才可以爲矣然時不可恃才不可逞由是有取於利貞焉良以大而必正固君子之道所以异乎小人正以成大亦君子之情所以通乎天地若是乎貞之不可已也然天下之難勝者小人之私也其尤難勝者一己之私也君子觀雷在天上之象有自勝之道焉一念非禮以爲非正大之體也而克之於幾微不使人得以勝乎天一息非禮以爲非天地之情也而防之於念慮不使欲得以勝乎理蓋如是而吾心之壯浩然其常伸世

道之壯亦賴之以維持矣乎噫欲勝人者當知所以自勝矣大抵克己之道不可以有所待故貴於剛去小人之道不可使之無所容故不可一於剛以壯趾之戒施之於勝私則怠矣以雷厲之強施之於小人則激矣有故曰告自邑又曰不利即戎噫聖人之慮深夫

　　震一索而得男故謂之長男
　　余應泰
　　同考試官教諭劉批（題本枯淡而發揮詳盡趣味悠長結意歸重元子尤爲卓識）
　　考試官教諭官批（構思精密措辭純雅）
　　考試官學正蘇批（融暢可嘉）
　　知長男之所由名而易之分昭矣蓋乾道成男也震得之於一索謂之長男也固宜且夫長長之義尚矣家則重乎長子國則重乎長君達之天下者也吾得文王命震之義矣彼乾稱父坤稱母震謂之男固也而謂之長男曷故哉蓋震之爲卦生於乾之初爻而乾之生震本於坤之一索索之於乾而得之於乾則從其陽之質也不得不謂之男索之於一而得之於一則從其陽之序也不得不謂之長乾坤之氣均賦以成形而震之得氣資始焉始乎諸卦自長乎諸卦而名之命也昭然其不可逾矣乾坤之理均受以成性而震之得理最先爲先乎六子自長乎六子而命之名也秩然其不可紊矣由是承祧於宗廟可以奉神靈之統也繼體於朝廷可以爲社稷之主也外此而坎之再索特中耳艮之三索特少耳安可與長男并哉吁震一出而乾坤可謂有子矣文王其察於人倫者乎抑此爲天王之元子發也蓋其生也謂之出震其出也謂之履乾而其聖也謂之元后然他日之元后即今日之長子故曰主器者莫若長子然則爲長子者當知出震體元之義

　　書
　　古有夏先后方懋厥德罔有天災山川鬼神亦莫不寧暨鳥獸魚鼈咸若
　　張甲徵
　　同考試官訓導馬批（夏后懋德格天是伊尹懇切講王處此篇命意周悉措辭醇雅可誦）
　　考試官教諭官批（不費詞說文理粲然）
　　考試官學正蘇批（語意精到）
　　夏王有聖德而休懲應焉蓋休徵之應天眷也夏王以懋德得之豈偶然哉

伊尹訓嗣王也意謂天命不常惟德是輔殷鑒不遠在彼夏王吾王亦知夏之所以興隆哉古有夏先后方其懋德之時也惟精惟一上接執中之統克勤克儉下開祗德之傳夫非有期於天之我眷也乃其德格于皇天則罔有災焉以象懸者萬象循軌無過忒也以氣行者四氣燮和無愆伏也而豈惟是哉大而山川鬼神皆受職於天者也於是不童而不涸焉來格而來享焉蓋天將奠其興圖保其宗廟畀之以神靈之統故亦莫不寧如此也山川鬼神何心耶微而鳥獸魚鼈皆受氣於天者也於是飛走各適其性焉潛躍各順其天焉蓋天將徵其太和呈其瑞應命之爲民物之宗故爲之咸若如此也鳥獸魚鼈何心耶夫天之眷夏后者如此皆懋德所致也使子孫能世其德雖至今存可矣吾王其鑒之哉雖然和氣致祥乖氣召戾自古記之若堯之水湯之旱則何以故也蓋天人之際微矣顧君德何如耳君而德則爲堯爲湯君而不德則敗亡之徵豈必天災也哉故人君脩其可必者而聽其不可必者不然見祥而喜其不化而爲災者幾希

　　明作功敦大成裕
　　樊鎔
　　同考試官訓導馬批（明作敦大總爲治體作者泥於分析殊失題旨此作理明辭雅宜錄式）
　　考試官教諭官批（見理精明屬辭冲雅）
　　考試官學正蘇批（融會經旨取之）
　　論篤治之體功欲勵而俗欲厚也夫政固有體也明作以立功惇大以裕俗新邑之治如此耶且夫治天下者一於寬大則近於弛一於奮勵則傷於急非政體也王既示群臣以意嚮其即有僚也當何如哉吾知事功興廢存乎人臣之無功者惟其狃於因循而振揚之氣寡也今皆知上意在立功而意氣若爲之會焉本之精白之心鼓以邁往之力明明在下將夙夜以趨之恐不及者由是臣無隱忠國有凝績且舉吾之不及爲者而光大之矣不亦有功乎俗化寬急視所尚民之不裕者惟其過於繩削而大雅之治衰也今皆知上意在厚俗而德化若爲之培焉主之惇厚之度持以博大之規渾渾其政將從容以俟之無敢迫者由是上無苛政下有醇風且舉東郊之不順者而涵濡之矣不其成裕乎知是則若彝撫事之道盡而新邑之治可謂有體矣王其永有譽哉雖然此非人臣所自爲也上使之也上嚴明則下無敢以慢應上寬和則下無敢以刻應周公之言伻嚮也有旨哉後世綜核者歸於苛察仁厚者失於優柔機始乎上而習成乎下治之不古宜矣有天下者鑒之

詩

以我齊明與我犧羊以社以方我田既臧農夫之慶琴瑟擊鼓以御田祖以祈甘雨以介我稷黍以穀我士女

陳熺

同考試官教諭吳批（報歲祈年公卿爲民全意此篇詞順氣和藹然一體之愛可錄）

考試官教諭官批（詞壯而雅意婉而明）

考試官學正蘇批（氣格春容辭理蔚邕）

公卿之所以事神者莫非爲乎民也蓋國家以有年爲慶也報之祈之公卿之爲民也殷哉歌甫田者曰有田祿之入者不敢忘其民尤不敢忘其神我觀今日之祭知公卿之慮民者周矣彼祭之有報所以答神貺也今也以我齊明粢盛潔矣與我犧羊肥腯具矣備斯禮也於以即方社之神而報賽行焉所以然者蓋我有黍稷藝之者農夫而錫之者方社也今此蓁蓁之盛我田亦既臧矣豈敢貪功於天哉良以農夫耘耔之勤上感乎神神以善有之慶溥及於農我實陰賴農夫之餘慶耳慶既在民則報不爲我也烏容以不舉哉報而即祈所以望神休也今也爰拊琴瑟間其歌矣爰擊土鼓協其氣矣和斯樂也於以御田祖之神而祈禱行焉所以然者蓋我有士女穀之者黍稷而司之者田祖也今此田祖之御甘雨由之祈矣豈徒徼福於已哉正以天澤之盛既普及於大田黍稷之茂可遍養乎士女我將永賴士女之餘休耳休既在民則祈不爲我也烏可以不舉哉吁若公卿者蓋無一念不在民矣抑此盛世太和之象也上之言曰農夫之慶曰穀我士女而下之思報則曰雨我公田遂及我私此豈復有君民之隔哉後世泰山梁父歲不虛祀而祝史陳詞無關民瘼民之疾視其上固宜矣

干祿百福子孫千億穆穆皇皇宜君宜王

馬崇化

同考試官教諭吳批（人君昌後之福從繼統上說深得祝頌之體）

考試官教諭官批（溫潤懇刲善發忠愛）

考試官學正蘇批（意味雋永）

詩人願王者之福惟後嗣之各宜其位也夫王者以昌後爲慶也子孫多而且賢何君王之不宜哉公尸答鳧鷖也若曰王者之興孰非天命是故既爲其身計又爲子孫計皆福之不易致者也吾王有顯德而天命申焉則是顯顯

之德若以干禄也而天禄自從人民之宜非以求福也而百福咸集曷以王之子孫觀之蓋萬世君王之位匪多子孫孰與共之天福吾王爲之世衍其派焉子以繼子也孫以繼孫也綿綿奕奕而千億相繩矣萬世君王之統匪賢子孫孰與守之天福吾王爲之世作其德焉聖敬日躋也章美中涵也穆穆皇皇而後先相繼矣嗣而多不患無君王之托也多而賢不患無君王之具也由是而支庶世有其國必能祗德亮采以式是百辟人將稱之曰顯諸侯也不宜君哉本宗世有天下必能篤恭豈弟以統馭萬方人將稱之曰明天子也不宜王哉夫宜君者一國福也亦吾王福也宜王者天下福也亦吾王福也百福之萃孰大於是誠願以是祝焉雖然人主之福誠在其後嗣乃公尸祝君必并言其嫡庶者蓋宗子維城而侯封藩屏亦有夾輔之道焉周之盛時同姓諸侯居天下半及衰也叔父之晋王室賴之人謂周過其歷由封建之多也然後知公尸之言不虛矣

春秋

春王正月城楚丘（僖公二年）楚子圍鄭（宣公十有二年）

馮養志

同考試官教諭周批（此題重君臣大節上是作發明通透而措詞謹嚴結構精密蓋深於春秋者）

考試官教諭官批（融會傳意莊重典雅）

考試官學正蘇批（有斷案有筆力）

春秋以大節律人有不論其功者有不錄其過者此封衛之桓入鄭之莊春秋皆略之者其有所重也夫且賞必以功罰必以罪者王法之常也功而不賞罪而不罰者王道之權也吾茲有感於齊楚焉桓之城楚丘也木瓜瓊瑤之咏其功高其利亦甚溥矣經乃深沒其迹者若曰臣而侵君罪也榮澤告敗衛社已墟而宗伯而几筵而内史舉無有建茅土之典者桓以諸侯封之非得罪於天子耶雖斬衛蓬蒿而新其朝市由君子觀之是皆小惠也已以其小者輕與之其可哉不書桓公存大節也莊之入皇門也肉袒牽羊之逆其勢急其情誠可哀矣經乃末減其罪者若曰臣而無上誅也徵舒不道陳刃已發而天王而方伯而四鄰舉無有正殘執之刑者莊以外夷討之非有功於中國耶雖入鄭國都而辱其君臣由君子觀之是皆小過也已以其小者厚誅之其可哉特書圍鄭取大節也是蓋所正者王法則衛不必存所重者人倫則鄭不必恤聖人爲君臣慮者至矣雖然桓能城衛不能却狄莊雖討陳幾於縣陳亡國而後存是假仁也蹠田而奪人是假義也其羞稱五尺得罪三王有以夫然皆能糾

合主盟則以仲父申叔爲之謀主二君能降心聽之故也國以賢興詎不信夫

荆人求聘（莊公二十有三年）徐人取舒（僖公三年）公會晉侯宋公陳侯衞侯鄭伯曹伯莒子邾子滕子薛伯齊世子光吳人鄫人于戚（襄公五年）冬楚子蔡侯陳侯許男頓子沈子徐人越人伐吳（昭公五年）

劉繼志

同考試官教諭周批（發揮春秋待聖賢之裔委曲詳盡且格力雅健詞語警校三復斂椎）

考試官教諭官批（體裁平正詞意馴雅）

考試官學正蘇批（得聖人善善之意）

春秋待聖賢之後志於善斯善之焉蓋聖人樂與人爲善也況明德之胄耶宜四國之不終於夷也聞之徐始稱王楚繼稱王吳越因遂稱王業已淪於夷矣夷狄於中國無時焉可通者然無亦念其先世也歟思祝融之烈欲識其子孫嘉伯益之忠當存其宗祀賢如太伯使之無後爲善者不亦懼乎功如神禹不得十世宥之懋勳者何以勸乎維茲聘莊之荆即祝融之裔也方慮其蠶食我諸姬今且執玉而來修束蒙之好焉不墜佐帝之聲已取舒之徐即伯益之嗣也方懼其朋附彼荆楚今且荷戈而往開南征之徑焉克纘相禹之緒已吳方強大非可責以禮者而壽夢之來俯首宗盟之晉來會而非往會其猶有荆蠻之讓耶越在僻遠非可望以義者而壽過之遺仗鉞朱方之圍從兵而實從義其庶幾防風之戮耶溯上世而論功德在人心者不容遂忘也今日以談禮義如中國者豈得終弃四國稱人蓋嘉其事也亦論其世也嗟夫聖人善善之心何其長哉四國淫名僣號惡莫大焉猶且推念其先引之使來旌錄其善接之以禮人知爲善足以庇其後孰不勉而之善哉後世乃有以子孫之故遂忘其先以父祖之愆并錮其後者是皆不講春秋之義也

禮記

故禮也者義之實也協諸義而協則禮雖先王未之有可以義起也

周一梧

同考試官教諭李批（禮本於義是聖人制作盡善處此作雅辭逸趣讀之題意宛然稱作家也）

考試官教諭官批（理精而明詞約而盡）

考試官學正蘇批（簡當可式）

禮爲義之定制以其本於義也蓋禮以達義則義所以本之者也觀此則

禮爲義之實不亦可見哉今夫天下有當然之至理而後有已然之成法是故禮非聖人意也義之實也吾心之制不可見而品節之爲中正之規運量無端者燦然可循也事理之宜無定在而裁定之爲不易之則通變無方者秩然可執也禮非義之實乎是何也蓋義者禮之權度而先王據之以定制者也故君子用禮豈成迹之拘哉亦取裁於義而已或因時以揆其宜即之吾心而安焉則義在此禮亦在此矣雖先王未之有吾可據義以創作之章程自是可立也或因事以通其會質之至理而當焉則義由此立禮由此出矣雖先王未之有吾可據義以品秩之典禮自是可興也夫禮起於義如此所以爲義之實而先王修之以治人情者謂不有由然哉嘗觀禮義均性之德若非待義而後定者惟吾性有宜品節斯斯之謂禮耳夫子不云乎義以爲質禮以行之此合内外之道也後世以義爲外者既不知義而以禮爲僞者又豈知爲性術之形哉學者尚合而觀之

春作夏長仁也秋斂冬藏義也仁近於樂義近於禮樂者敦和率神而從天禮者别宜居鬼而從地

俞獻可

同考試官教諭李批（說禮樂同流造化處體認真切發揮明盡且通篇簡粹無一贅語邃養之士也敬服敬服）

考試官教諭官批（精純冲邃迥异諸作）

考試官學正蘇批（文整意盡）

惟禮樂本於造化而所以合德者在是矣甚矣聖人制作之精也效法於天地而天地賴以成焉一體之應何如哉且禮樂之道原於天地制於聖人是故推之於始可以究制作之原要之於終可以觀合一之妙今夫天以陽生萬物而春作夏長皆仁也皆乾元之所以資始也以陰成萬物則秋斂冬藏皆義也皆坤元之所以代終也仁則綑縕化醇至和行焉氣之統同者近於樂矣義則品類各正至序立焉質之异宜者近於禮矣夫禮樂造端於天地如此究其用何如哉吾知仁者和也陽之伸而行於天者也樂作則太和自我鼓之天地之和感而益敦焉發舒乎常伸之氣而隨天運以不息矣義者宜也陰之屈而行於地者也禮制則物宜自我别之天地之宜因之各定焉收斂乎退藏之化而隨坤德以奠麗是則聖人之制作效法天地而同流上下如此亦惟理之一耳嗚呼此聖人制作之善也而所以基之者心也是故心天地之心而後能體天地之撰不然經曲咸韶固在也而合天之用不復見何哉然則君子欲究制

作之原當先禮樂之本

第二場

論

學先義利之辨

白所知

同考試官教諭劉批（發揮義利之辨若析秋毫而辭意精微筆力蒼古場中作者殆不多得）

考試官教諭官批（□闢操縱明瑩冲雅）

考試官學正蘇批（有學識有議論）

人心之天不可以有所雜也天無爲也雜之以有爲則人矣天人之介其端倪甚微其幾希甚隱其微隱之地甚難析純之而天則天焉雜之而人則人焉防之不豫將以人滅天而奔潰四出至於不可禦識之不真將指人爲天終身由之而有不自覺者噫嘻可懼哉宋儒張子之論學也而曰莫先於義利之辨夫喩義爲君子喩利爲小人孔子已言之矣故儒者譚義利若別蒼素是果何待於辨也嗚呼使義之與利信若蒼之與素又焉用辨惟夫利固爲利義亦有時爲利人而至於以義爲利則手目之指視所不及師友之箴規所不加其善與惡其欺與歉惟已所獨知者故利之爲利易辨也義之爲利未易辨也利之爲利即途人能知之義之爲利在儒者或不察焉則嘗怪師商在孔門稱高弟也乃記子張者曰學干祿孔子戒子夏曰小人儒夫學與干祿異事也儒與小人異稱也師商不能辨之庸非堂堂之習正才高意廣者之過紛華之悅即篤信聖人者且不免耶彼其誦詩書談仁義日以聖人爲之依歸豈不曰吾爲義也乃其心一有所爲而爲遂墮於利而不自覺甚哉義利之難辨也能辨之斯可以入道也辨之當何如我聞曰行而宜之之謂義義既曰宜則凡有所爲皆理之不得不爲非有所爲而後爲之也是故饑之於食渴之於飲宜也非爲人而食之飲之也寒之於裘暑之於葛宜也非爲人而裘之葛之也夫學亦當如是也博聞而强記非以待問也懷忠而守信非以待舉也積學而力行非以待取也蹈義而履仁非以邀譽也飭躬而勵行非以遠訛也以獨行爲義則毀譽是非無私計焉以致身爲義則死生利害無苟避焉以鞠躬爲義則成敗利鈍無逆睹焉董子曰正其誼不謀其利明其道不計其功辨莫辨於此矣不然者陽慕夫義之名陰濟其利之實內懷夫利之心外假其義之迹証父者利在於直辟兄者利在於廉辭千乘之國者利在於得名以家量貸民者利在於得

衆所爲在此而所欲則在彼義固不如是也是故齊桓推亡固存似惠也君子不謂之惠而謂之薄德宋襄不禽不傷似正也君子不謂之正而謂之已甚忠如楚令尹清如陳文子似仁也仲尼不許而曰未知豈非以其所爲者則是其所以爲者則未必是乎以是推之則急功攘善者利也有所爲而折節退讓者亦利也貪生忍死者利也有所爲而慷慨殺身者亦利也裂國以爭者利也有所爲而潔身辭祿者亦利也論而至是則非惟人不知其爲利雖已亦不自知其爲利者是則所當辨也聖賢之爲義則不然義在於與賢則禪而授非利人之德我也義在於愛弟則放而封非利人之友我也義在於急君則諫而死非利人之忠我也甚則傳子德衰也而禹爲之滅親非友也而周公爲之放伐非忠也而湯武爲之彼其心惟知如此爲義則如此爲之違計其於我有不利焉不利且爲之又違計其於我爲利焉故知聖賢之於義皆無所爲而爲者也無爲而爲此人之真心也一有所爲則僞矣真與僞之分是即義與利之辨也辨之不早則名曰義而實利矣適燕者北其轅適越者在南其轅南北之不辨則燕越終不可至也仲尼告子張以寡尤悔勉子夏以爲君子正欲其辨之也義利之差間不容髮舜跖之分良在於此噫可畏也哉雖然儒者論學既曰明辨之矣又曰篤行之何耶蓋坐而談道里者不若疾走者之至也立而言勝負者不若當奕者之審也世有知義之當爲或不能擴充以滿其量知利之不當爲或不免隱忍爲之此則非辨之艱乃行之艱也子張既聞言行之訓而問行問達不一而足乃子夏自謂交戰而勝焉子夏勝子張不勝商之過於師遠矣嗚呼此集義養氣孟子所以有功於後學也

表

擬駕幸西苑御無逸殿命輔臣坐講尚書無逸篇詩豳風七月之章講畢賜宴謝表（嘉靖十年）

張甲徵

同考試官訓導馬批（坐講賜宴聖朝盛典子揚以駢麗之辭發其忠誠之悃宛然明良氣象不獨四六之工也佳士佳士）

考試官教諭官批（氣格嚴整音韻鏗鏘頌不忘規尤見忠愛）

考試官學正蘇批（摘詞藻麗寓意淵微）

嘉靖十年某月某日具官臣某等恭遇聖駕幸西苑御無逸殿命臣等坐講尚書無逸篇詩豳風七月之章講畢賜宴臣等誠惶誠恐稽首頓首稱謝者伏以禁苑天開忻邁泰之景運講帷日近祇承晉接之殊榮敷陳靡效乎沃心拜賜已深於飽德省循知愧怵舞奚勝竊以義象乾坤道協於上行下濟舜歌喜起義重

夫元首股肱逮卷阿從游興思吉士若嘉賓式燕冀示周行蓼蕭揚豈弟之風湛露播令儀之雅明良相說鼓宇宙之太和儆戒無虞登國家於至理垂諸載籍允矣美談自往哲既湮而前徽斯邈深居高拱群臣莫得聞聲校獵奉觴一豫豈堪爲度東觀設橫經之席徒托空言南薰和觀稼之詩終歸縟節欲睹非常之曠典其惟不世之昌期茲蓋伏遇皇帝陛下毓粹貞元應時熙洽備中和以建極默成位育之功迪仁孝以綏獻永底豐亨之治協氣旁流於寰寓憂勤俯徹乎閭閻惟時惟幾方焦思而凝命省耕省斂欲觸目以警衷近即九闥規恢千畝聿崇便殿肇創鴻名屬萬幾多暇之辰正百穀告成之候鸞輿夙發森羽蓋之星輝鳳詔傳宣集冠紳而雲從嘉種植標於輂道豈云七聖皆迷奇禾呈瑞於軒埛快睹三農滿望旁搜風雅欲監成憲以無愆遐覽典謨將識前言而畜德謂周室本田功開國而姬公以王道事君無逸一篇述興衰之軌轍豳風七月詳稼穡之艱難爰采菲葑俾登廈霽威嚴乎咫尺優寵數於尋常虛以受人遠邁帝王之盛節坐而論道特隆保傅之上儀考芳猷於簡裘之中由今鑒古探奧旨於傳注之外得意忘言彼宣室之問鬼神何關民瘼即弘文之披典籍竟侈詞華方之於今瞠乎其後者也伏念臣等佔畢末學樗櫟凡材頌詩讀書恥躬行之弗逮惠疇亮采愧念慮之徒勤陪容與於上林怳若登閬苑瀛洲之勝備咨詢於經幄遂獲抽玉函金匱之藏榮藉文茵謬陳蕘論胥訓告胥保惠胥教誨忠勤竊愧於古人曰于耜曰舉趾曰滌場終始具詳乎民事雖涓塵無裨海岳而旒綴擇芻蕘玉醴寵頒宣鹿鳴之雅韻瓊筵弘啓泛魚藻之恩波蓋坐講之規久荒於元祐而從官之宴莫盛乎咸平詎意微臣乃兼殊遇恩仰酬夫鴻造期殫竭乎微衷非堯舜不陳於前永效靖共之誼有謀猷則告於后勉輸弼直之忱伏願主善爲師惟敬所作自朝至昃不遑食兢業克勤逮天未雨而先憂綢繆必豫則四人迪哲允符姬旦之箴而萬壽無疆群起豳人之祝臣等無任瞻天仰聖激切屏營之至謹奉表稱謝以聞

第三場

策（五道）

第一問

余應泰

同考試官教諭劉批（我國家立法稽謀範今垂後列聖皇上創始守成子能敷揚明悉而末復議定國是仰贊廟謨尤見忠盡可爲得人慶矣）

考試官教諭官批（今上纘承列聖議法修明此策酌古準今陳謨揚烈其留心國是者乎宜錄以獻）

考試官學正蘇批（議論精詳識見卓越錄之）

愚聞屈群策而握廟謨者英君之上務也酌時宜而定國是者哲士之忠謀也執事以國家大議策諸生稽列聖之鴻猷參今日之長計此豈可與拘儒道哉抑語有之愚者設慮智者擇焉敢籍茲以畢其説昔河汾王氏曰議其盡天下之心乎堯有衢室之問舜有總章之訪皆議之謂也唐虞而下則莫盛於我國家蓋自觀星築臺疇人群集是以有曆元之議或溯自至元辛巳或斷自洪武甲子即聚訟不殊矣惟驗諸七政之交會而不專定於二統故造曆授時迄今用之視崇天麟德不數歲而輒易者相去遠也自祝融失令蕭儀建言是以有定都之議臺諫隨聲而傳和公卿避罪而結舌幾於築室無成矣惟持初議而不撓合兩都以并建定鼎肇基傳之無極視數敬立談而即日駕之關中者尤卓越甚也自東堤橫潰糧餉愆期是以有張秋決河之議釣奇者擬復海運泥故者不厭陸輓吹竽其莫辨矣惟任劉大夏而不疑濬賈魯河之故道五旬竣役百世永賴彼沉璧負薪而塞瓠子者奚可同日論也自戌卒倡亂五堡再變是以有撫處大同之議恇懦者養亂於豢虎發憤者快意於禽薙猶治亂繩而焚之矣惟赦脅從以散逆黨殲渠魁以明天誅反側既安邊鄙不聳彼詐誘王弁而董乃勝之者相距奚啻萬里也之數役者當群言淆亂事機卒臨之際而列聖裁以宸斷動中機宜故創法貽謀若植表而望靡或忒矣應變戡亂若省括而發罔弗中矣挈前言而責後效若操券責負罔弗償矣茲非明斷兼資之驗哉顧猶有異焉今之安南都統非交趾藩司乎定之以張輔撫之以黃福業已入版圖矣因黎利之叛而畀之不武也然當天下一統之初則仗義以弔伐當瘡痍甫息之後則罷兵以安民事有同形而異時者此類是已今之戎政府非三大營乎營制之設變而為團營者十又增而為東西廳者十二夫既復其舊矣乃以一戎臣統之非制也然昔也統以六將軍而兵權分於衆今也統以一勳舊而副游參佐備其員均之不專屬也事有異名而同實者此類是已今之貢市諸酋非陸梁黠虜乎一請於史道再請於翁萬達皆閉關不受矣一旦而許之非計也然昔之請貢也有要心許之則近於示弱今之請貢也有順心拒之非所以示仁未可一概論也事有同體而異情者此類是已使徒執而議之曰至是之是無非至非之非無是也安見創守之同心而先聖後聖之一揆哉大都事無常形人無常見以一目視不如以衆目視也以一慮謀不如以衆慮謀也夫議惡可已矣顧居處异嚮則方隅易位東鄰之西即西鄰之東執方而指之非矣才情異稟則趣舍異路北人之不習於舟猶南人之不習於陸執一途而取之非矣故曰議者義也義者宜也其變通隨乎時推移隨乎勢

而議者日紛紛焉是故有目睹其事而議者有身當其事而議者有攬衆議而議者危坐游茵指顧而譚眭畞誠晰然甚辨曾不知操耒耜披簑薜者之獨苦心也是睹事而議者未易也對局運譜握手懸思自謂筭無遺筴曾不知袖手旁觀者竊笑其當局而迷也是當事而議者未易也淄澠合陳孰知正味朱紫眩目孰辨正色是攬衆議而議者未易也蓋嘗觀謀臣策士蒿目而憂當世抵掌而籌廟堂豈不自謂石畫之見顧意向稍偏而員機或滯睇審未熟而措置遂乖泥牽繫之轍者守故常譬則折旋而步傴僂而趨可以行邇不可以及遠也狃錙銖之筭者忘大計譬則程薪而爨數米而炊可以治小不可以治大也尚操切之法者忽訏謨譬則攻發之劑烏喙之毒可以療病不可以養生也彼衆言盈庭方各是其議而不肯相下也惟在持議者酌而用之耳故曰君畫之相守之相畫之百司守之此之謂也皇上御宇握乾於今十載日討祖宗故實而修之法令更新羣策畢舉今天下內寧外威赫然稱盛治焉皇上第垂拱受成而已又安所置議哉執事乃欲采長議以裨國計則愚何知焉敢掇摭所聞以對蓋昔楚莊大王問國是孫叔敖曰臣恐王之不能定也是定國是者君之責也唐之興也玄齡善謀如晦善斷以底貞觀之盛是協謀斷者相之責也方今海內恬熙舊章具在省議論而責成功之時也顧夫法度之修廢綱紀之弛張亦豈得晏然無議哉愚竊謂采議貴廣酌議貴虛定議貴審也語云以繢飾繢以素飾素何以知其美也善爲國家者集思廣益是非得失咸獲自效於前故言之而不用也不以爲愧令聽納未弘人懷疑阻出語稍弗當即譴斥隨之非所以開忠讜之路也采議廣則言路開矣兩智相爭一愚者從旁而決之非以智也以無心也人臣矢謀發慮期於共濟豈以其言之售與否爲勝負哉今天下積弊不在於撓法而在於諛法良由過揣摩議者之心而主以先入之見也酌議虛則厝注當矣歌者不期於繁聲期於中節騂者不期於利巧期於中繩故治貴宜民法蘄可久惟其審之豫也今一令之施方在聽睹而旋即窒戾至於捉襟見肘廓革摧毫而後悔焉所損已多故定議審則事功成矣雖然此百司職也宰相事也古人有言權者神聖之所資也獨明者天下之利器也獨斷者微密之營壘也聖王所以宰割萬幾者恃有此具耳天下之事紛然衆矣事宜變通而或關於成憲則有變亂之嫌事宜振飭而或錮於積習則有掣肘之慮得失相仍孰任其失利害相半孰當其害即如弃交趾定營制許貢市非宸謨獨斷其孰與成之夫惟聖主躬聽斷之權弘攬之量明示德意洞悉下情毋搖惑於浮言毋長奸於偏聽庶幾哉衆力競勸羣智效謀而熙雍之治可長保矣此非草莽之士所敢盡言也

第二問

樊鎔

同考試官訓導馬批（善理國者必先定經制主計者仰體皇上儉德纂成萬曆會計錄事綜意婉子能鏡古籌今而塞流節用尤爲確論是留心於世用者）

考試官教諭官批（會計錄足爲萬世經制之書此策條陳明備而區畫周詳足占經濟宜錄）

考試官學正蘇批（經生而達國計真俊杰哉）

蓋宋臣蘇軾之言曰爲國有三計有萬世之計有一時之計有不終月之計夫天地生財只有此數乃有所謂計萬世無匱焉者此豈有异謀奇筴鬼輸而神運之哉則其經制素定也經制二出與入而已其入也必有以取之取常在下常患不能當其出孔而或爲竭澤之漁其出也必有以耗之耗常在上常患不能顧其入孔而卒爲漏卮之泄澤而竭是天下之大殘也卮而漏是天下之大蠹也夫唯王政必自經制始經制一定量入爲出時其贏詘而輕重布之是故三年餘一年之蓄九年餘三年之蓄三十年餘十年之蓄用者常足而有餘蓄者常閑而無用即有水旱之災非常之變官可自辦而民不擾此之謂萬世之計也其法見於王制而詳於周禮周禮九賦以斂其入九式以均其出司徒以制其入太宰以制其出職內以會其入職歲以會出有日要有月要有月歲會大都不越出入贏詘之間而調劑之爾漢興人主猶知此意孝文問每歲錢穀出入幾何其時宰臣陳平不能舉謬對云有主者不當問宰相夫王制冢宰周禮太宰則宰相職也財賄出入然且制之彼陳平何人哉至孝武不勝富侈神仙土木邊費百出大司農往往告匱由是桑孔之徒起而扼腕言商賈事矣入之益衆出之益浮不及數年海內虛耗國家經制安可不先定哉唐元和間李吉甫首撰元和國計錄上之天子説者謂其網羅一時出納之數人主得以居今知昔劑量經費蓋猶得周禮王制遺意云其在宋錢穀之數陳晉公屢趣不進會財之書丁謂一語輒上之君子謂恕爲正謂謂爲佞要之此不可執一論也貫朽粟腐侈心之媒公私殫竭儉德之階時方承平府庫充羨人主一見可欲恐生侈心故有所躊躇而不敢進乃若財匱而君弗知民竭而君弗聞於斯時也曰吾爲恕不爲謂可乎其後林特上祥符會計錄王安石置熙寧旁通簿使真宗東封西禪歲無寧日神宗頭會箕斂民不完居則二子導之也田况錄於皇祐蔡襄錄於治平蘇轍錄於元祐夫仁宗節儉行之四十年治平元祐皆稱盛際三子即上錢穀數亦恕比也大抵君有侈心與

之言豐亨是從欲也君有儉德與之言虧竭是厚終也均一會計未可同日語者我朝稽古定賦輕重協中大司農領之以制其出入二百年來未之有改然至於嘉靖之季亦既不支矣皇上留心節縮用始差饒主計者欲考舊額裁積蠹垂之永久每以不得專書爲恨乃上法周禮王制之遺下采唐宋諸臣之議纂爲萬曆會計錄以上今其書具在誠一按籍而財用源委有無多寡之要可從舉矣雖然操奇贏而筭秋毫者細人之謀也會簿書而考出入者計臣之職也即出入之故審豐儉之宜以垂久大之利者則人主之事也今計錄所載歲入可一千四百六十一萬有奇錢鈔不與焉歲出需之內府者六百餘萬而以供祿俸糧芻商价邊餉諸費逾九百三十一萬是一歲之入常不能當一歲之出也歲稔時康且憂不繼卒然有警何以應之公私詘乏乃爲一切權宜補濟計非長筴也執事故以今天下財源猶有可開其流或有當塞爲問蓋嘗即是書考之曰省郡田賦所繇出也大司農歲按簿而責治粟使者治粟使者按簿而責州邑吏徵輸迫促逋負少矣曰漕運漕河之臣經營督察歲轉輸四百萬石無或損矣曰屯田比大核民田稍稍併核之即舊額未卒復而伏田稍出可次第理矣曰鹽法諸歲課輸太倉輸邊鎮凡百三十萬有奇利故鉅矣曰錢法自京師達藩省率官爲鼓鑄佐幣行矣曰鈔關歲遣司農若司空之屬臨督之諸所徵商舶貨賄罔亦少密矣曰雜課舟車有筭鐵冶有征間架有稅酒酤有榷民間所需尺寸以上靡不登課額矣曰積穀中外贖鍰一以佐儲備賑而又屬其令責有司取盈矣執事試籌今日於漢唐以來所謂財賦一有未備乎太史公傳貨殖善者因之其次利之其次整齊之下者與之爭今天下財源已盡開矣因而利之則可整齊之則可而復求所以開之是爭民之政也即桑孔且羞稱之矣毋已則塞其流焉爾今所爲耗財者不出是書所裁邊鎮也宗藩也營衛也光祿也監庫也夫邊餉至今日極已歲可三百五十餘萬餽餉稍後輒執券索負謂宜加練主兵少調客兵夫調兵一而當土兵之費十練多則調省而食減此一議也宗藩歲祿可九百萬盡天下不足以供而又日益夫有益祿而無增田將安取給哉謂宜稍限封爵而聽其從四民之利此又一議也金吾世官冗不可詰而軍校廚匠又數倍焉歲所糜漕糧二百餘萬太倉銀幣不下六七十萬盍核而汰之乎光祿自近年節省以來稍稍報羨邇來費出時溢額外又庖役數幾三千豈盡司膳者餂亦太糜矣盍稽而裁之乎至其大者則在監庫司會不會度支不制闌出入莫可問今宜使宮府合爲一體盈虛豐儉大臣得與知如周禮太宰掌王之玉府則玩好賜予之間上敬憚而慎於濫下畏忌而杜於侵又何憂耗蠹哉然此皆末議也竭九州之力以奉人主君心豐約

財用盈縮關焉皇上天縱睿智聖慎乃儉德御書十二事以自儆而歸重於撙
節用一言此臣民所共頌也比乃頻下所司取溢常額朴素之風漸不逮初誠
願按籍而稽量入為出省不急之費惜不時之賞又於前所謂耗財數者日講
求而裁省之撙節抑損自毫釐以上莫不有益行之既久積之自裕蓄有九年
計在萬世則是錄也雖謂周禮盡在是可矣不然者入之已多猶不勝其出出
之既浮將復盈其入是錄雖存祇陳牘耳即日程其錙銖奚裨焉

第三問

馬崇化

同考試官教諭吳批（經律一道儒者均不可廢作者多綴泛辭罔知實
用獨此篇條對博洽議論明凱足裨聖天子明刑之治矣允宜高薦）

考試官教諭官批（善達教人習律之旨而漢辭淵思足以發之子其通
儒乎）

考試官學正蘇批（明經學而通法家可為世用矣）

世之譚者類曰儒以聖人為師不以吏為師聞折衷於六經爾未聞折衷
於法家而號儒也嗟嗟為此說者是局井蛙之見而未闚滄海狃夏蟲之識而
冬冰之未睹耳道與法非二事也經與律無二道也學者縈神乎術埶之場抉
祕於篇章之□明先聖之道而不習當世之故則誦說雖勤祇供口耳藻繢雖
飾罔裨世務惡在其為有用之學與是惟鎔鑄六經游習法律不訒欵言而暗
治理不抱空文而缺實用儒斯其至哉愚生占秋一經未習當世固局曲佔畢
流耳執事遽與之譚法律豈欲其為通儒邪敢不抒僂僂以對蓋自司馬氏敘
六家班氏因之列九流而儒法之角立也不能相一董子條策於建元則欲尊
孔氏而絀雜學勿使并進路溫舒建言於地節則欲貴文學而賤獄吏以興太
平或謂儒與法不可溷而為伍也自徒法者言耳若仲舒溫舒之論則均切救
世豈謂法家為可剗耶奈之何拘學不與論廣淺見不以指遠師授遺經見偶
窺豹輒自命曰儒而以吏相詬病是徒知法律不伉於詩書未知經術之通於
世務也蓋六經帝王垂訓之書法律帝王馭世之具經以道勝法之體立律以
法勝經之用行禮禁未然之前法施已然之後曾有一之相詆哉今觀周禮一
書非周公致太平之具耶乃於刑法詳焉是故三典以刑邦國而新國輕典平
國中典亂國重典非斟酌其施與三訊以定服刑而或於群臣或於群吏或於
萬民非考核其真與情苟可原則有三赦而幼者老者愚者得以自全矣法或
偶觸則有三宥而不識者過失者遺忘者得以自免矣為之五禁則由宮而官
而國而野而軍無地非法也為之五戒則自誓而誥而禁而糾而憲無典非法

也爲之五聽則曰辭曰色曰氣曰耳曰目無舉非法也八刑之設非不孝不睦不婣不弟不任不恤造言亂民者乎八辟之設非議親議故議賢議能議功議貴議勤議賓者乎八成之設非邦酌邦賊諜與夫犯邦令撟邦令爲邦盜邦朋邦誣者乎夫周禮何嘗不言刑又何嘗言刑而不諄且懇也若虞之五刑則爲墨爲劓爲剕爲宮爲大辟爾已周之五刑則糾力糾守糾孝糾職糾暴爾已此古之所謂刑也總之上揆天理下揆人情劑寬猛之中益欽恤之意經以議道畫之則爲法律以議法裁之則爲道豈經獨名精法獨名粗若枘鑿不相入哉三代而下法令滋章爲六篇之律者李悝也爲九章之律者蕭何也爲十二章之律者玄齡也若乃因漢律九章而張湯趙禹廣至數千則楊雄所謂不必學者也因唐律十二章而長孫無忌董廣至五百則叔向所謂不必鑄者也科條不同要皆一代之法也已明興律令損益千古大都制辟以威則令之爲條一百四十五其法簡以嚴懸法以教則律之爲凡三百其法明以悉欽恤之德媲美虞舜糾虔之度追躅周官誠羽翼六經而卑視漢唐之制矣邇者皇上分遣理官出讞重辟頃復嘉納臺疏凡士占一經者令兼習法律真足霈雨露斂電雷而開經生蔀斗之迷矣執事令諸生度可行否豈非虞拘攣之見難於驟破而局曲之習非責實以課之終罔睹成效耶則嘗覽鏡往昔唐有律學宋有善聽獄訟盡公得實科而胡安定之教國子亦以經義治事揭齋名彼豈無所見而然邪玆欲使佔畢之士兼習法律非可嘗試而漫爲之也其機在上不在士焉今律令之書不載學官窮鄉下邑罕所睹見謂宜行所在黌序廣其梓本童儒出就外傅能受經者即令受律而又擇精曉者爲之講解布令已定耳目已熟人將視律猶視經且家傳而戶誦之也士於六經窮年矻矻白首不已者以起家在經也今鄉飲讀法矣賓興試判矣然皆習爲故事剿陳言以應誠使必通律理者與明經并進不諳律文者與失經旨同科彼知非律無以起家即禁之使不律不能也士操觚爲文刻心秦漢一行作吏不啻土苴兩造具備百態微曖高下輕重匪眇故焉謂宜取法呂刑重懲五過治倍律師心之罪嚴失出失入之罰士知苴官行法非律不可即欲空談六籍得乎今世皆軒冕六經糠粃法律有通曉者閭里隸目之無甚炫异士一登仕籍授之大邑於律茫然即引用不中輒恕之曰固經生態無足過督者夫張鵠以行賞無不射伐鼓以戒士無不奮人情鼓之則動激之則發懲創之則改漸摩之則成教訓之不預賞罰之不嚴如此而欲使天下改弦易轍反視易聽以從事於律吾知其不能也或者曰律非聖人意也勢也上古之時法懸而民不犯刑措而上不用秦不師古以律爲制此惡足法也嗚呼若是則虞不必象刑周不必呂刑先王讀法

之教周官象魏之懸皆可不用已今士無論為大吏即綰符佩印受寄百里能無法而可治乎士既屈首簿書日親刑獄訟興如蝟情隱如蜮能曰吾為經不為律乎苟師心自用比擬弗明大吏能不奉三尺以繩之乎如其不然而曰吾不為律是渡江河亡舟楫載南畝而舍耒耜也不預教於先徒責成於後是未稼穡而求獲未蠶績而求其帛也必不得矣大抵聖人議法以道儒者言律以經辟之醫然律則其方而審標表之宜者經也辟之奕然律則其譜而運動靜之機者經也秦取先王六籍付於煨燼愚黔首以師吏世豈有師吏而可治哉秦事之失斯誤之也今海內人師孔孟家誦詩書士生斯時復明習法令折衷六經斯稱通儒矣何秦事之云或又曰律可使人畏不可使人習人皆習律將倚法為奸此其亂如蝟毛起也是又不然弓矢戈矛以禦暴而奸民竊之為暴因其竊也遂廢之并禁民使不得蓄可乎典墳經籍吾儒竊以行私者何筭然則經亦可不讀與常人蹈夫故習曲士守其舊聞破拘攣之習務變通之宜是在通達國體者斷與不斷耳經生何敢贅為

第四問

周一梧

同考試官教諭李批（度田成賦此足國裕民之遠圖也子揚確古今洞悉利弊而酌議允當尤鑿鑿可行是通達世務者可以式矣）

考試官教諭官批（度田今時急務此策晰利害而酌興革若照燭指掌舉而措之誠百世利也錄之）

考試官學正蘇批（精確詳盡具見遠猷）

甚矣更化之難也晰利害之原者乃可與慮始酌興革之要者乃可與圖終夫天下之事利與害常相倚伏而一興一革匪可嘗試漫為之者也方未事之先群議紛撓非晰其原而斷之則徒滋築室之疑逮既事之後法令叢具非酌其要而行之則徒起烹鮮之擾是當事者所宜熟計而詳圖也今郡國吏奉宣詔書為黔黎計長遠者莫急於度田蓋其法始行於一方而民稱便焉已乃下諸郡縣著為令矣時人情方泥故常駭創見則從旁阻之曰版籍之定久矣第令均其兩稅時其催科公私不至甚病何至曰聚諸四民而馳驟之為且事成必更為籍籍必有所需即計田輸直乎民將嗷嗷不者而取具有司則贖鍰又已盡移之內帑費安從出宋熙寧中行其法十年而告成者菫菫六路尋以勞擾報罷茲往事可鏡成嗟乎事無全利亦無全害權其輕重以為弛張此可與拘攣者道哉田畝賦役上繫公家緩急而下關黔赤利病自度田法行則新斥之壤可以抵荒坍故額而國無虧課利一奸豪鉅室不得賄連胥史飛詭為

奸利二產去稅存絕籍貽累者自茲得稍蘇息利三且一勞永逸暫費永寧是百世利也廟堂之上力持其議四方群吏循軌而趨蓋報竣事如期者衆矣執事乃發策詢諸生圖所爲善後之畫非筆研之士所敢知也雖然問及之矣敢不據所聞乎蓋自堯堙洪水禹作司空辨九等之田定墾田九百二十萬頃維時水土方平荒服草昧所統者九州耳秦漢而下幅員日增而頃畝不能加闢也惟隋之開皇唐之天寶乃倍於前宋人北無幽薊西無寧夏而諸路墾田以頃計者不下四百六十餘萬我國家輿圖之盛遠視漢唐近陋宋代天下之田籍於官者董與宋治平中額數相埒抑何鮮也隆古之世淳風未泯未作未興其民率勤稼穡重轉徙即漢唐時猶有引水開渠歲增二萬頃者有築堰溉田獲利十餘倍者今燕薊諸邊夷爲沙漠徐邳淮鳳沮洳瀰漫即堯禹所營九州其爲可耕之地者凡幾而六軍萬姓咸仰給於東南持籌者憂之則數數建議欲闢污萊廣儲蓄而有司未有以應也然則土田之縮額也豈特隱匿之爲弊藪哉地有遺利民有遺力實使之然也顧亦有頹於東而復於西荒於昔而墾於後額課不均積弊相沿者其勢不得不爲度田之議而度田之制所由來久矣周司馬法六尺爲步步百爲畝畝百爲夫時助法方行公私區別民各畫地而耕法令不煩逮井田既壞兼併莫稽漢建武中詔州郡檢覆墾田有司多爲巧詐至度民廬屋里落優饒豪右侵剋羸弱自陳留吏牘徹於殿陛始有以度田不實蒙譴者矣顯宗令牧守區種增耕而吏務增額至於不種之地亦勒爲稅居巢侯劉般入言於上乃申敕刺史二千石務令實核其有增加使與奪田同罪建初間秦彭爲山陽守每於農月親度頃畝分別肥瘠定爲三品各立文簿藏之鄉縣詔以其所立條式班諸三府并下郡國而其法益加詳焉夫度田不實區種增耕祇擾里廬而無裨實用惟建初之法其近之乎今之有司兢兢奉詔履畝郊居辨界植埒要以如額而止宣朝廷德意甚盛也愚生猶有狂瞽之見願爲執事陳焉曰量程限也差等則也酌民情也寬閑田也議遷擢也夫法之始行也孰敢不竭蹶從事顧地形相錯白巧歷者不能窮眩瞀末從徒煩聽睹此得其指歸矣而或以它事去則請諸藩臬諸司又請諸撫巡大吏而攝其事者始踐更也乃藩臬撫巡之遷代又靡一也文移積而期會稽勢所必至將概致之期乎必且匆遽因循以圖塞責語云雖良馬疾行則蹶故曰量程限民家之以田相貿易也計畝合券惟得一老農面質曰歲輸幾何則忻然任之矣此無它惟其習故也今使里史胥徒握其尋丈而高下腴瘠懵然莫問殊不知赤淤黑壚异色陂原平澤异宜或隘而反腴或羨而反瘠辨之不審所害滋多昔周禮大司徒制地域而授民產不易之地家百畝一易之地家二百畝再

易之地家三百畝彼其等之差別懸殊也如是若第與民爭尺寸毫釐耳恐未盡犂然當矣故曰差等則自限田法廢今之田連阡陌者大都豪富鉅室也隱額逋課法誠不貸乃議者又憒其奴僕貧民以營素封則謂增之頃畝而不爲虐夫農民貸貲傅食常取具於鉅家比穫獲告成而主者獲其半焉是古者以全力供什一之稅而今以其半供之也蒼蒼蒸民孰非赤子而可以已意爲之衡耶曩吳中曾一度田矣先大學士王鏊謂輕者增之毋致太多則民不怨重者稍減分數即喜溢望外宜詳稽舊籍遞爲增減是劑量術也故曰酌民情管子曰澤之涸者地之不可食者百而當一今沿邊閒曠之地旱澇汙萊之區時有秉銚耨而耕爲旦夕計者未足爲恒業也吏或操一切繩之彼將虞後患而釋耒耔轉徙流移無復土箸是兩弃之也而獨懸空籍猶之塗羹塵飯奚益療饑孰若捐以與民之爲愈也故曰寬閑田方今守宰久任靡敢傳舍其官者顧計閱叙遷自有恒格間有丈核未竟除目已下上官馳一檄諭之俾終厥事未幾而代者至矣墨綬署宇揭以畀人攜攜一籍而躬閱理黠胥大猾相與日撼之曰奈何坐郵傳而斤斤不少寬假乎比既竣役則代者差其等而攤之糧譬猶挾貨而質於市業已籍其多寡評其紕美而售直受券者又一人焉安必其价之與物值耶愚謂壤則雖定而糧課未均吏未可遽易也故曰議遷擢凡愚所論非第爲桑梓計又非敢陽爲游說陰肆阻撓也事圖永利法貴精詳即執事下詢刍蕘恐亦寧詳毋略之意耳惟執事財擇焉

第五問

馮養志

同考試官教諭周批（籌邊者類曰戰守和而纚言無當子獨洞燭利害區別緩急而足邊餉專任將修戰守尤爲長計讀之竦然）

考試官教諭官批（斟酌古今度量時勢其胸中有甲兵者乎）

考試官學正蘇批（畫既周詳詞復俊偉宛然戰國策也）

今天下言邊事豈不人人晁賈哉究其要指則唐虞任德已爲希音所爲抵掌而譚緩頰而說者不過曰戰曰守曰和而已顧各是其腑腸致之用則無當各鼓其唇吻見之事則罔功此不可以策安攘備緩急也愚敢因執事之問先明其旨而後及今日之邊事焉蓋自蠻夷猾夏有苗逆命時非舜禹是遺之禽也乃舜咨牧以惇德允元益贊禹以誕敷文德夫角力者困恃智者危故威厲而不殺兵去而不用卒之干羽舞有苗格則任德者尚矣時不皆唐虞聖不皆舜禹犬羊桀鶩不可素以德禮柔也於是高宗伐鬼方三年乃克宣王伐玁狁六月興師敵加於己不得已而應之非快心狼望之北委財盧山之壑也

故刑罰不可捐於國誅伐不可偃於天下於是談邊者爭言戰矣其次則秦皇挾鞭笞之威盡收河南地拜河以東屬之陰山築長城之固延袤萬里踵昭王之緒而峻其防迹燕趙之餘而衍其趾斥胡虜於藩垣之外而以中國爲室宇夫墨翟却攻而免難尹鐸增埤而蒙賞於是談邊者爭言守矣又其次則高帝用婁敬之策文景續高帝之舊與單于約爲兄弟妻以漢文用以救安邊境紓歲月之禍蓋晉之和戎戎事晉也而獲其利漢之和戎漢事戎也而緩其害於是談邊者爭言和矣班固曰縉紳之儒守和親介胄之士言征伐自今觀之季布以勇名於項羽而窘漢王何其壯也面折樊噲而從和朱買臣以説春秋楚詞幸一儒生耳力詘公孫而陳戰且戰非守退無所據和非守何以禦不虞也吾於固不能無遺論焉嚴尤曰周得中策漢得下策秦無策匈奴無有於父何有於婦翁且漢已結配單于矣入代入雲中入雁門相踵也徒弊齊民以附夷狄使賈生流涕耳蒙恬單竭天下財力以築長城城成而秦亡秦亡非盡以城也即不城秦亦亡而限夷夏示險阻不可易也是秦尚未爲盡非而漢以坐見不讎夫天保治内采薇治外敵之伺已無間來則禦之去則勿追我之力常有餘周固上策哉吾又不能無遺論於尤矣總之任德勝常在我也和親勝常在虜也戰守勝負半也而盛衰者天也治亂者人也制馭者勢也何以明其然也匈奴當文景之時數入侵盜烽火照甘泉至哀平則呼韓邪來朝委質稱臣邊烽罷警非哀平盛於文景也又非文景無策以制而哀平能制其死命也是虜之時有利不利也其勝衰之數可睹已冒頓之猛鷙突厥之僥倖虜之雄也然爲害止於邊境地而不能尺寸有中國五部匈奴以震壞之餘漢遷之於汾晉卒以劉石作難非虜不能以強亂華能以弱也又非中國能拒虜之強而不能於弱也是我之謀有善不善也其治亂之機可睹矣齊趙列國耳齊破山戎於千里而獻捷趙并戎取代以攘諸胡漢唐則以天下禦之而不足非天下小而國大也又非虜弱於列國而強於漢唐也是我之勢有專不專也其制馭之略可睹已故以弛備爲德則迂矣以黷兵爲戰則黷矣以畫地爲守則困矣以忘戰爲和則危矣國家深惟社稷之計規恢萬世之業虜蒙全活稽首來臣蓋卓越千古碑版所不載者語云世無災害雖聖無所施其德上下和輯雖賢無所樹其功執事顧曰寧爲過計毋寧爲後圖所以下詢諸生甚殷也愚請畢其説虜近失俺酋説者謂宜亟定襲王王固中國之所以示羈縻也我懸之而虜絶欲得之則必益謹臣妾之禮我予之而虜視爲固有則或以生窺伺之心故不予非計也遽予之亦非計也乃愚之過計則此又非其急者時方議關市愚則以關市不足恃也中之以貨物則以爲欲啖以利財殫而欲無厭曉之以言説

則以爲欲折鞭辯詞窮而情益疏要之以明神則以爲欲懼以禍盟成而心轉猜懾之以威武則以爲欲劫以兵氣懾而謀愈詭且虜之闌入人人自爲戰在得鹵獲也今關市繒絮善美者虜多自與是蘊利而徵怨於下中國之將士冀一當者爲重賞使也今諸校具官待除鮮冠軍功而亦鮮冠軍之賞士卒甚者不能具糠核故以不相附之虜不益封之將士恐難責以尋盟而終無貳也又虜或德其保塞請求無已從之則類於養寇拒之則阻其來王非永持至安仁覆無外之鴻圖時方議減餉愚則以邊餉不可減也稷苴悉取將軍之資糧享士卒身自挏循而病者求行王翦日休士洗沐親與同食而軍中投石超距思欲赴戰民無常勇亦無常怯作其氣則怯可爲勇離其心則勇廢怯故兵凶器戰危事使民犯流失蹈白刃趨凶如吉就危如安父不能有其子己不能有其身者則以所至欲奪之耳故曰賞者士之所死國家亦既必罰矣獨以銖兩之報一籌之復使人走死地如鶩且見以爲無事形而又割損正數不足以更費四體不掩則鮮仁人五藏空虛則無立士非所以憂疾苦而固邊圉也時方議求將愚則以任將尤當專也兵法曰有必勝之將無必勝之民是故其擇而用之也惟其人不惟其類淮陰之微焉而將九江之纍焉而將驃騎之奴焉而將射鉤斬袪之讎焉而將既已知而任之矣則假之以便宜而不繩之以文法魏尚之以市租入幕府而不以爲貪李牧之以數千嘗寇而不以爲怯孟明之三敗而不以爲償魏絳之戮楊干之僕而不以爲逼使人得以各奏其所能而致其所極兵固難以遙度權亦不由中制語云善有章則士爭名利有本則民爭功如此而智者不騁謀勇者不奪力未之有也時方議撫綏愚則以戰守不可緩也説者謂自東勝內徙虜得牧河南地故宣大於虜門戶也以戰爲主山西於虜堂奧也以守爲主夫虜深入趣利則必蹶瓦合久攻則易解故曰敵先我動形見則勝可制彼躁我靜力罷則威可立謂山西主於守似也若宣大則虜日伺吾之隙而日可薄吾之城與之角戰數勝則虜之計益深數北則我之氣益挫非計之得也愚則謂山西主於守而張聲勢以遏其入是來則禦之之道也宣大參以戰而急收保以速其歸是去則勿追之道也又設覆而致如鄭突之衷戎使不得以長而軼我未陣而薄如魏舒之敗狄使不得以法而測我強弩乘城堅營固壘如馬燧之討南匈奴使不得以銳而凌我如是則不可勝常在我而可勝常在虜守也戰也均以爲和計也夫和在彼則和可久和在我則和易破是今日之長策也然皆佐勝之具也而非所以必勝也傳曰廟戰者帝執事與其進則更有任德之説爲明主籌焉

山西鄉試錄後序

　　延澤蓋嘗考夫晉之乘云昔者晉趙文子舉于白屋之士六十家而晉國以治名號顯榮士羽之也今延澤所籍奏士與文子等庶幾异日亦與有榮稱而籍手報上可不謂厚幸焉人亦有言千里一士比肩也而文子所舉乃獨章章如是則信晉多士矧今遭時盛平而沐浴膏澤之化哉夫時盛平固欣得士士之抱先憂者亦欣得盛平之時方爾諸士屈首治經豈不曰吾待時也而吾且矯翼厲翮乘之哉然時者難得而不易乘之機也時盛平而欲自表見則士難舉士盛平之時而欲士稱舉則延澤亦難傳曰天下無害雖聖人無所施才上下和同雖賢者無所立功時异乃爾今天子叡文纘歷服群工稟德百度昭登方内邕邕嚮比屋可封之盛北寧胡南靖粵窮髮一家士即材何施而當于世而上方廣薪檽之道弘網羅之目祇奉明詔而揚側微寧百趙但已乃延澤欲托晉國之士以自附于文子之功故曰士難延澤亦難也雖然延澤之難不難在諸士士方其待時之時云何而時得矣又自諉曰難將奚所際而愉快乎晉故堯壤當堯之時二十二人咸在事帝猶日疇咨唐代即多賢詎能有加于堯蓋明主不嫌博舉以鳩功蓋士不難憂治而籌世故駸明駸昌而維天下于泰山也上兢兢理天下與堯無兩求賢之詔歲益加詳即智效一官何嘗不亟甄之以需用而士乃沾沾謂盛時難乘或選耎不自振哉顧諸士報上之志何如爾且夫報豈有异術延澤嘗誦蟋蟀之詩而知晉良士之憂深而思遠有堯之遺風焉故其詩曰無已大康職思其居今天下信已盛平而政化信已醲洽士即欲報上其道無繇亦惟時時存大康之儆而思其居以無報報之耳繼自今諸士隨牒試上前幸而在職誠内顧而修之曰明天子在上臣何能臣第守瞿瞿蹴蹴之習夙夜奉公若渠堰閚括之于已而不敢與時浮沉自居康以是爲報有所補直鴻功則天也臣曷敢知嘻志如是而報可幾矣蓋士之所自存宜爾矣脫曰胡不即康以明遇之隆抑又馳騖于喬宇嵬瑣偷儒之行而爲聲利之計是之謂重負清朝奚以避辟吁士而底于辟也士罔自惜亦已矣而無亦孤天子之所以遇士之意乎晉人稱文子好學而能受規諫有孝德以出公族有恭德以升在位有武德以羞爲正卿身所舉士皆能獲其赤心公家賴焉延澤不佞既以文子之所舉擬諸士亦不厭以文子之善爲諸士規諸士誠知所爲報而延澤乃有以報矣勿第曰是晉語固諸士所習聞也者而弁髦之

　　　　　　　山東濟南府泰安州新泰縣儒學教諭官延澤謹序

成化二十二年鄉試錄

河南鄉試錄序

　　河南居天地中河岳嶽靈秀鐘爲异才惟商伊尹周甫申而自吾夫子周游其地時則有子貢子夏子張子羔子若原思諸賢厥後有唐韓昌黎宋兩程子謝顯道元許魯齊諸儒道學淵源不絕其間秉忠誼建勳業名文章者項背相望然則生才之資望化以有成也尚矣肆我皇明之興河岳之氣淳完固在列聖道化之涵養煦育百二十年于兹是宜賢才輩出侔諸往古甲於天下猗歟盛哉乃成化丙午歲當賓興河南布按二司具僚舉舊典白諸鎮守太監藍忠巡撫右副都御史趙文博巡按監察御史謝綱合議預聘佐與宋山劉頤馮誼徐哲彭凱歐陽文宋鐸爲考試官先是提學僉事石淮遍閱閻治庠生之業舉者覆閱于御史得可入試者千五百餘人既而佐等皆如期至御史爲監臨左布政使吳節右參政徐恪爲提調按察使劉珂僉事高銓爲監試而右布政使張謹左參政杜鈜于懋右參政南釗張驁副使張文昭右叅議舒清僉事傅希説董齡龐塗袁鳳則相理協防之洎諸執事咸遴以充比鎖院謹以我朝所頒纂修五經四書性理諸書若一祖三宗之聖製授爲義論策題而三試之諸生悉出其平日所誦習講行者著以爲文春容典雅蔚然可觀拔其尤八十人遵制額也爰第其氏名與其文之可式者裒成小錄以獻以流傳中外佐僭序之曰士患生不得其地學不得其師仕不得其時夫中和偏塞氣隨地殊則才生有高下大道典學傳緖師异則學成有弛□騷而明良之會則寔曠千百載而不常者也士豈易兼得之哉爾諸生夙稟河岳之靈秀以產中州沾溉夫子所□之遺化與諸賢儒之流風□韻有若親炙然者且際今列聖觀文化成之時三者可謂兼得之矣兹既被薦于鄉升與計偕行將會試禮部入對大廷其尚展乃抱負以博厥注措出乃蘊蓄以宏厥設施必公而毋私必正而毋回必一德而勿二三于以致君弗克俾厥后惟堯舜其心愧恥于以澤民一夫不獲時子之辜于以希賢而希聖顔何人也舜何人也弗優入厥域弗已夫然後人目是科得人之盛曰崧岳載降神矣曰伊洛西洙泗也曰皇明其永商周哉三者之所得不尤大矣哉苟徒階此進身而將來所建立乃或瑣焉猥焉與庸衆

伍寧不上負明時下負所學以參斯地乎於乎諸生尚加懋哉尚加懋哉予日望之

　　　　　　　　　四川重慶府合州儒學學正王佐謹序

成化二十二年鄉試

　　監臨官
　　巡按河南監察御史謝綱（振倫湖廣巴陵縣人　己丑進士）
　　提調官
　　河南等處承宣布政使司左布政使吳節（行□四川眉州人　甲戌進士）
　　河南等處承宣布政使司右參政徐恪（公肅直隸常熟縣人　丙戌進士）
　　監試官
　　河南等處提刑按察司按察使劉珂（尚珮江西安福縣人　甲戌進士）
　　河南等處提刑按察司僉事高銓（宗選直隸江都縣人　己丑進士）
　　考試官
　　四川重慶府合州儒學學正王佐（廷輔江西安福縣人　丁酉貢士）
四川成都府綿州儒學學正宋山（民止湖廣湘陰縣人　甲午貢士）
　　同考試官
　　四川重慶府合州銅梁縣儒學教諭劉頤（克正湖廣安鄉縣人　丁酉貢士）
　　直隸蘇州府長洲縣儒學訓導馮誼（克正四川金堂縣人　乙酉貢士）
　　浙江台州府儒學訓導徐哲（伯愚江西樂平縣人　辛卯貢士）
　　直隸安慶府桐城縣儒學訓導彭凱（舜臣湖廣巴陵縣人　丁酉貢士）
　　湖廣岳州府華容縣儒學訓導歐陽文（尚質四川瀘州人　庚子貢士）
　　陝西西安府儒學訓導宋鐸（大振山西聞喜縣人　庚子貢士）
　　收掌試卷官
　　開封府知府張岫（九雲山西安邑縣人　丙戌進士）
　　汝寧府知府羅元吉（大昌山西榆次縣人　己丑進士）
　　印卷官
　　河南等處承宣布政使司經歷司經歷胡緯（宗文山西交城縣人　監生）
　　河南等處提刑按察司經歷司經歷呂聰（孟奎山西平定州人　監生）

受卷官
南陽府知府陳鎰（時良山東臨清縣人　癸酉貢士）
彰德府通判賈汝楫（良濟留守中衛官籍黃岡縣人　乙酉貢士）
汝州知州張静（安之四川彭山縣人　丙戌進士）

彌封官
汝寧府信陽州知州江貴（公輔江西金溪縣人　乙未進士）
開封府鄭州知州郭定（静之山西高平河縣人　乙未進士）
懷慶府脩武縣知縣汪瀚（文淵四川聞縣人　辛丑進士）

謄錄官
彰德府磁州知州金源（大本應天府上元縣人　壬辰進士）
開封府睢州知州喻宗府（孔脩湖廣麻城縣人　辛丑進士）
開封府鈞州新鄭縣知縣黃肅（敬夫應天府六合縣籍浙江餘姚縣人　戊戌進士）
懷慶府濟源縣知縣蔣勛（世功直隸肥鄉縣人　辛丑進士）

對讀官
開封府許州知州邵寶（國賢直隸無錫縣人　甲辰進士）
衛輝府獲嘉縣知縣吳裕（天弘武功中衛籍浙江餘姚縣人　辛丑進士）
南陽府鎮平縣知縣劉勳（德光江西泰和縣人　辛丑進士）

巡綽官
陳州衛指揮使黃璋（邦貴直隸山陽縣人）
彰德衛指揮僉事胡莊（克敬直隸寧國縣人）

搜檢官
睢陽衛指揮使陳鳳（文祥河南鹿邑衛人）
信陽衛指揮同知葉錦（廷綉福建閩縣人）

供給官
河南等處承宣布政使司照磨所照磨劉珍（大用直隸任丘縣人　承差）
開封府同知張俊（世英直隸博縣人　監生）
開封府通判郝榮（士華直隸□□縣人　監生）
開封府祥符縣主簿吳選（大用湖廣□安縣人　監生）
河南府鞏縣主簿張禄（賢之山東□□縣人　知印）
汝州伊陽縣典史錢潤（彥德四川富順縣人　承差）
開封府祥符縣典史陶雯（天章山東東阿縣人　吏員）

彰德府鄴城驛驛丞謝麟（應文山西蒲州人　承差）

南陽府南陽縣博望驛驛丞張紀（惟善陝西咸寧縣人　承差）

第一場

四書

唐誥曰克明德大甲曰顧諟天之明命帝典曰克明峻德皆自明也　巍巍乎舜禹之有天下也而不與焉　君子之言也不下帶而道存焉君子之守修其身而天下平

易

六二之動直以方也　聖人久於其道而天下化成　一陰一陽之謂道　黃帝堯舜氏作通其變使民不倦神而化之使宜之易窮則變變則通通則久是以自天祐之吉无不利黃帝堯舜垂衣裳而天下治蓋□諸乾坤刳木爲爲舟剡木爲楫舟楫之利以濟不通致遠以利天下蓋取諸渙服牛乘馬引重致遠以利天下蓋取諸隨

書

放勳欽明文思安安允恭克讓光被四表格于上下克明俊德以親九族九族既睦平章百姓百姓昭明協和萬邦黎民於變時雍　修厥身允德協于下　我惟無斁其康事　爾無忿疾于頑無求備于一夫必有忍其乃有濟有容德乃大簡厥修亦簡其或不修進厥良以率其或不良

詩

瞻彼淇奧綠竹猗猗有匪君子如切如磋如琢如磨瑟兮僩兮赫兮咺兮有匪君子終不可諼兮瞻彼淇奧綠竹青青有匪君子充耳琇瑩會弁如星瑟兮僩兮赫兮咺兮有匪君子終不可諼兮瞻彼淇奧綠竹如簀有匪君子如金如錫如圭如璧寬兮綽兮猗重較兮善戲謔兮不爲虐兮　自天子所謂我來矣　保右命之自天申之　載芟載柞其耕澤澤千耦其耘徂隰徂畛侯主侯伯侯亞侯旅侯強侯以有嗿其饁思媚其婦有依其士有略其耜俶載南畝播厥百穀實函斯活驛驛其達有厭其杰厭厭其苗緜緜其麃載穫濟濟有實其積萬億及秭爲酒爲醴烝畀祖妣以洽百禮有飶其香邦家之光有椒其馨胡考之寧

春秋

春王正月（隱公元年）　公會王人齊侯宋公衛侯許男曹伯陳世子

款盟于洮（僖公八年）　楚子陳侯鄭伯盟于辰陵（宣公十一年）楚子圍鄭（宣公十二年）晉人執鄭伯（成公九年）鄭公孫夏帥師伐陳（襄公一十五年）叔孫豹會晉趙武楚公子圍齊國弱宋白戌衛齊惡陳公子招蔡公孫歸生鄭罕虎許人曹人于虢（昭公元年）楚子蔡侯陳侯鄭伯許男徐子頓子胡子沈子小邾子宋世子佐淮夷會于申（昭公四年）蔡朝吳出奔鄭（昭公十五年）楚人及吳戰于長岸（昭公十七年）吳敗頓胡沈蔡陳許之師于雞父（昭公二十三年）蔡侯以吳子及楚人戰子柏舉楚師敗績□吳入郢（俱定公四年）　楚子陳侯隨侯許男圍蔡（哀公元年）蔡遷于州來（哀公二年）

禮記

司徒修六禮以節民性明七教以興民德齊八政以防淫一道德以同俗是以祭祀弗用也詩云肅雍和鳴先祖是聽夫肅肅敬也雍雍和也夫敬以和何事不行爲人君者謹其所好惡而已矣　故君民者子以愛之則民親之以正君臣以親父子以和長幼此衆人之所難而君子行之

第二場

論

王者高拱於穆清之上

詔誥表（内科壹道）

擬漢賜天下今年田租之半詔（文帝二年）　擬唐以褚遂良爲中書令誥（貞觀二十二年）　擬宋以司馬光爲尚書左僕射兼門下侍郎謝表（元祐元年）

判語（五條）

私潛官物　私賣軍器　私役鋪兵　私鑄銅錢　私和公事

第三場

策（五道）

問　古之聖人不惟立德以爲天下先尤必立言以爲天下法也如庖犧氏之畫卦神禹之叙疇文王之繫易武王之衍洪範無非闡明斯道以垂教天下後世者也仰惟我太祖高皇帝製爲大誥三編太宗文皇帝輯成孝順事實爲善陰隲二書宣宗章皇帝纂爲五倫書宸翰奎章昭示中外即古聖人立言

之意也然大誥所載有表其善以示勸者有著其惡以示懲者可得而言歟陰
隲事實所載有爲將而存仁惠者爲相而存仁恤者有孝足以感天地者有孝
足以化强暴者可指其人歟五倫書所載皆克盡倫理者固難以垂舉矣其間
君道有仁如天智如神仁□□言可信者誰歟臣□有作無逸之書有爲卷阿
之詩者誰然萬古一理千聖一心三誥三書所載其與□□之類相表衷歟諸
士子佩服聖訓久矣幸詳舉以□

問　古之名儒若董仲舒楊子雲王仲淹韓退之四子皆有志於聖人者
也其見於著作則皆有可議者焉董子之天人三策醇正近理有稱其最有功
於學者也何又謂其未能窺大道之全歟楊子之作大玄幽深簡奧有謂其見
天地之心者也何又謂其擬易而實非易歟文中子之循規蹈矩極有格言固
有以是稱者矣然又謂其續詩書之甚謬果何所冤乎韓子之奧衍閎深佐佑
六經固有以爲功者矣然又謂其原道原性之未精抑何所指乎夫合於理者
存之害於理者去之則四子之純疵不能無异或有體而無用或有用而無體
則四子之優劣不能無殊諸士子博極辟書其於四子之學玩之熟矣幸明言
之無隱

問　文武并用古今皆然三代以上不復尚矣以漢唐宋言之武士多出
于草昧之初文士則每見于承平之後故漢高祖世祖之興則韓信吳漢之徒
出後雖衛青皇甫嵩亦莫之及而賈董馬班乃見于兩漢之中世前此未聞有
媲其美者唐太宗宋太祖之興則李靖曹彬之徒出後雖郭子儀岳飛亦不之
過而韓柳歐蘇乃見于唐宋之中世前此未聞有先其鋒者豈肇興之初獨多
武士而承平之世始生文士歟抑草昧之初人多尚武而太平之後士始崇文
歟亦或文章必待化成而後盛也方今致治百有餘年文運弘開於斯爲盛其
間以文鳴世者果直可與賈董諸公幷駕歟抑亦超越而可追三代歟文章與
時高下反今而歸之古亦必有其道也子輩方崇文者然武亦不可不備試詳
論之

問　河南中原之地人物之產於其間者從古爲盛如商之伊尹周之吕
望道德功業照耀汗青掀揭宇宙不待言而知之矣春秋之時有爲列國名卿
者有爲孔門高第者可歷數歟炎漢之世有與丁八俠位次者有與二十八將
圖像者可直指歟至唐人才輩出其間亦有圖像於凌煙閣者歟迨宋人才迭
興其間亦有圖像於昭勳崇德間者歟唐之時有以文章鳴世而爲後學所敬
仰者誰歟宋之時有以道學自任而爲後世所宗師者誰歟諸士子生長是邦
景行先哲有素矣不知嘗以何人爲法何人爲戒歟幸明言之以觀所志

問　水旱災傷無世無之所貴者備之有具而救之有策耳堯湯之民無損瘠者備荒有具矣其制何如周禮十二荒政救荒有策矣其目何似彼賈誼晁錯之論備荒可得聞歟李悝長孫平之論儲蓄果可復歟奏設常平耿壽昌之預防也而蕭望之獨非之何歟賣官鬻僧漢唐之故弊也而朱文公欲效之何歟說者謂有天子之救荒有監司之救荒有郡縣之救荒何不同歟又謂與其爲汲黯之矯詔不若爲壽昌之常平與其爲昌黎之罷稅錢草粟不若爲戴冑之義倉何所見歟他如趙閱道之在浙西陳堯佐之在杭州扈偁之在梓州富弼之在青州范文正之在兩浙蔡文忠之在京東皆有救荒之政又可得而懇陳之歟頃年以來河南之地歲□旱灾民遭饑饉流移甚衆爲盜亦多是果有之之具未預而救之之果猶未善歟抑亦民無素蓄而荒旱昌深歟爲今之計當以何者爲良法美与而行之可使民無殍徒之虞官無賑恤之艱而四境無警析之患歟諸士子抱藝而來必有能言之者毋縣

中式舉人八十名

第一名　羅玹　扶溝縣學生　書

第二名　梁錦　臨穎縣學生　詩

第三名　閻蕭　歸德州學生　易

第四名　王鑒　確山縣學生　禮記

第五名　高惠　鎮平縣學生　春秋

第六名　侯俸　儀封縣學生　詩

第七名　沈潮　歸德州學生　書

第八名　張景純　南陽府學生　易

第九名　強晟　汝寧府學生　詩

第十名　官仲魁　光山縣學增廣　禮記

第十一名　張瑞　羅山縣學生　春秋

第十二名　李寅　裕州學生　詩

第十三名　陳理　睢州學生　書

第十四名　吳仲金　新鄉縣學生　易

第十五名　陳雲逵　陝州學生　詩

第十六名　王寶　開封府學生　書

第十七名　周尚文　永城縣學生　詩

第十八名　　時相　　開封府學生　　易
第十九名　　劉宗尹　裕州學生　　書
第二十名　　王文瑤　陝州學生　　詩
第二十一名　宋琉　　光州學生　　易
第二十二名　李英　　洧川縣學生　書
第二十三名　符章　　親鄭縣學生　詩
第二十四名　趙珍　　臨潁縣學生　禮記
第二十五名　何銑　　靈寶縣學生　詩
第二十六名　郭聰　　磁州學生　　書
第二十七名　高達　　扶溝縣學生　詩
第二十八名　武□　　偃師縣學生　易
第二十九名　盛鵬　　襄城縣學生　詩
第三十名　　劉彝　　羅山縣學生　春秋
第三十一名　王幖　　汝州學生　　詩
第三十二名　張㲄　　舞陽縣學生　書
第三十三名　李祿　　湯陰縣學生　詩
第三十四名　尚繻　　睢州學生　　禮記
第三十五名　劉瑄　　許州學生　　詩
第三十六名　宋時儒　武陟縣學生　易
第三十七名　何景韶　信陽州學生　書
第三十八名　牛宣　　汝寧府學生　詩
第三十九名　劉文鉉　孟縣學生　　易
第四十名　　邊寅　　杞縣學生　　詩
第四十一名　安岩　　睢州學生　　書
第四十二名　曹宗璉　鄭州學生　　詩
第四十三名　張琜　　光州學生　　易
第四十四名　蔡宇　　開封府學增廣　詩
第四十五名　汪景芳　陝州學生　　書
第四十六名　劉輔　　安陽縣學生　詩
第四十七名　顧雲　　太康縣學生　禮記
第四十八名　宋珣　　延津縣學生　書
第四十九名　嚴玘　　陳州學生　　易

第五十名　高魁　親鄭縣學生　詩
第五十一名　郭洪　新鄉縣學生　書
第五十二名　徐永　鈞州學生　詩
第五十三名　韓進　通許縣學生　易
第五十四名　張轍　睢州學生　書
第五十五名　周爵　固始縣學生　春秋
第五十六名　李全　扶溝縣學生　詩
第五十七名　魯信　襄城縣學生　書
第五十八名　蘇玹　懷慶府學生　詩
第五十九名　莊宗錫　南陽府學生　易
第六十名　戴儉　祥符縣學生　詩
第六十一名　冉鼎　中牟縣學生　書
第六十二名　李志賢　祥符縣學生　詩
第六十三名　馮進　河南府學生　易
第六十四名　鄄璽　宜陽縣學生　詩
第六十五名　叚錦　舞陽縣學生　書
第六十六名　林洪博　祥符縣學增廣生　詩
第六十七名　李廷直　盧氏縣學生　書
第六十八名　田耘　祥符縣學生　詩
第六十九名　楊守清　光山縣學生　禮記
第七十名　喬恕　寧陵縣學生　詩
第七十一名　王寶　陽武縣學生　春秋
第七十二名　余欽　汝寧府學增廣生　易
第七十三名　蕭聰　新野縣學生　書
第七十四名　楊潤　儀封縣學生　詩
第七十五名　金聲　光山縣學生　書
第七十六名　王紀　濟源縣學生　詩
第七十七名　秦環　開封府學生　易
第七十八名　戴鑾　沔池縣學生　詩
第七十九名　靄霞　唐縣學生　書
第八十名　申高　葉縣學生　易

第一場

四書

唐誥曰克明德大甲曰顧諟天之明命帝典曰克明峻德皆自明也

梁錦

同考試官訓導宋批（講自明處詞贍意足）

同考試官訓導馮批（說理詳明優於衆作）

同考試官教諭劉批（此題重在皆自明也一句場中多不知此是篇體認親切宜錄爲後學式）

考試官學正宋批（措詞簡當）

考試官學正王批（理明詞順可取）

大學引三書明德之言結三書皆自明之意甚矣德之在己所當明也可不思所以自明之哉傳者歷引書而復結之有以失昔曾子傳大學釋明明德首引康誥之書蓋謂人之所得乎天者其明德也惟我文王緝熙敬止而克明之明焉而克則全體大用無不明矣繼引大甲之書又謂我之所以爲德者其明命乎惟我成湯日新又新而顧諟之諟焉而顧則參前倚衡常若見矣不寧惟是復引文臣之贊帝堯謂夫欽明文思德本大也堯克明之而光被四表焉允恭克讓德本峻也堯克明之而格於上下焉夫引三書之旨如此於是申言而結之以爲是德也明命也其皆文湯在己之德乎曰克明曰顧諟蓋言文也湯也自明焉自顧焉而已耳寧由人乎哉是明命也峻德也其亦湯堯在己之德乎曰顧顧諟曰克明蓋言湯也堯也自顧諟自克明而已耳豈與人乎哉夫三聖之所以自明其德如此則人之所當明明德之義可見口疑三書固皆自明之事然其言寧無序乎蓋誥通言明德而已大甲則明天之未始不爲人而人未始不爲天也其帝典專言成德之事而極其大焉大學君子誠能因其書而循其序則知所止之的而已德之明可以得止於至善矣新民之端豈不肇於是乎

巍巍乎舜禹之有天下也而不與焉

羅琁

同考試官訓導歐陽批（題本平易難於措詞此作筆勢滔滔略無凝滯足見本領之學）

考試官學正宋批（說舜禹有天下不與處親切可取）

考試官學正王批（意圓詞暢佳作也）

後聖贊前聖大所有而不樂所有焉蓋大莫大於有天下也今二聖有之

而不以爲樂則不囿於所有矣其高大也何如哉昔吾夫子贊舜禹之意若曰崇高莫乎富貴動心於富貴者恒卑巍巍乎首出庶物而其尊無對舜禹之有天下也何如其高耶容心於富貴者恒小巍巍然卓冠群倫而其大無外舜禹之有天下也何如其大耶夫舜禹之心何心也四夷來王舜嘗有天下矣舜則不有於富貴而猶陶河漁澤之心袗衣固有也鼓琴自若也其視天下自天下雖曆數之在躬判然於我若不相關焉一毫樂天下之意何存萬邦作乂禹嘗有天下矣禹則不有於富貴而猶手胼足胝之心宮室寧卑也飲食寧菲也其處天下自天下雖元後之終陟截然與我若不相與焉一息王天下之樂何有夫舜禹之所以高大者如此吾夫子并舉而極贊之其亦惟聖人能知聖人者歟雖然舜禹之不與豈恝然而忘天下哉憂不得人爲天下憂也克勤于邦爲天下勤也故詢岳咨牧肇州而濬川勞心焦思過門而不入蓋心有用於天下而不繫於天下嗚呼於此推之可以識舜禹之心矣

君子之言也不下帶而道存焉君子之守脩其身而天下平

閻焘

同考試官訓導徐批（言行本一理學者率岐之此作得旨可取）
考試官學正宋批（詞簡意足當是作手）
考試官學正王批（理實而詞足以達之）

論君子言雖邇而至理寓守雖要而大化成蓋至理遠而大化博也苟言焉而不能寓夫理之至守焉而不能成夫化之大又烏足以爲善哉昔孟子之意若曰言兼遠近道該博約莫非言也君子之言雖至近矣而至遠者於此乎存如曰事親之孝乃吾身目前之近事初不出乎帶之下然親親仁也達之天下無不同而仁之道具焉如曰事長之弟亦吾身目前之近事初不離乎事之上然長長義也達之天下無少異而義之道寓焉測之而益深窮之而愈遠夫豈語近則遺遠者哉莫非守也君子之守雖至約矣而至博者於此乎施如孝以修乎身身外無餘道也自近而□□□及人之親而人各親其親天下於是而興仁如弟以修其身修外無餘功也自邇而施有以及人之長而人各長其長天下於是而興義推之無不準動之無不化豈務博而不約者哉是則善言者即善道之所寓善道者即善言之所推孟子對舉而言之其示人言行之大要一何至矣嗟夫言之局於近易者既粗淺而無味過於隱僻者又荒唐而不實安在爲言之善乎守之取於爲我乾拔一毛而不爲流於兼愛者摩頂踵而太濫安在爲道之善乎嗚呼非善言善行之君子其孰知之

易

六二之動直以方也

閻鼐

同考試官訓導徐批（此題人多以人事言之與下文地道光者不合是篇行文滂沛筆力精健非熟於易者未易到也宜錄以冠本房）

考試官學正宋批（文詞典雅敻异衆作）

考試官學正王批（得旨）

論爻之承天而行乃德之自內而外此象傳之旨也蓋內者外之本也內直則外方矣六二之承天而動其以是夫象傳申爻之義如此原夫坤之爲坤上下皆坤爻至六二周公既繫以直方大之辭矣吾夫子從而申之意謂坤備純陰之體而二得坤道之純二之動其坤之動乎是故動也闢以兩而承夫乾之一者此六二之動也其動也剛以簡而承夫乾之易者亦六二之動也其動如此然德之直以方豈不於是而見哉蓋柔順正固坤之直也賦形有定坤之方也內之直所以爲外之方而外之方必本於內之直如飛而飛走而走一定而不可易固可見其方矣然必其德之內直而不可屈撓然後所以飛飛走走者不失其常焉是非直以方而何哉如草而草木而木確乎其不可移亦可見其方矣然必其德之內直而無所回曲然後所以草草木木者不易其類焉又非直以方而何哉論至于是則知方即六二之動而其所以方者實本乎德之直而直方則大矣夫子翼易之旨其精矣大抵坤之德有體焉有用焉直也者其體也方也者其用也由體以達用不直則不能方矣惟坤德之在人心也亦然直其正也方其義也不有本體之正將何以爲裁制之義乎□者以六二之坤而驗之吾心之坤則象傳之旨可識矣

一陰一陽之謂道

張景純

同考試官訓導徐批（凡大傳先須看本章而後奪求以盡之作者率泛而不□問有切者亦略而不備其備者又晦澀而不明快是篇理既精詳辭亦條暢用錄爲學易之通例讀者推類易道其□□矣）

考試官學正宋批（題用下文立講最難鋪叙理備詞整此作獨優）

考試官學正王批（講得道字親切足洗陳陋）

指二氣之迭運名一理之全體蓋理不外乎氣而實不倚於氣也大傳聖人指其迭運者以名其全體焉良有以夫且氣之靜而翕者爲陰氣之動而闢

者爲陽天地雖大也無非陰陽之運用事物雖多也無非陰陽之流行是以一陰之見於天地者或成藏而富有然其始也必一陽以肇之于以繼顯而日新焉一陰之見於事物者或效法而通變然其初也必一陽以啓之于以成象而極數焉一陰未幾而又一陽之相繼變化不窮若循環然無端倪也一陽未幾而又一陰之相續錯行不已如轉丸然無畢竟也夫陰陽之迭運如此果何以謂之道耶誠以分而言之則陰自陰陽自陽而局地一偏未足以名道矣合而言之則陰根陽陽根陰而渾乎兩在其所以爲道耶于焉而繼成顯藏之爲用富有日新之成功一此道之在天地間全體具足何滲漏乎于焉而成象效法之交錯極數通變之相因一此道之在事物間全體備足何偏倚乎聖人指而名之以爲道其殆親切而著明矣雖然道非器不形器非道不立苟混陰陽而言道則滯於有離陰陽陰而言道則淪於無皆不足以名道也聖人既發此論而又曰形而上者謂之道形而下者謂之器則可見理氣固不相混而亦不相離一形而上下之間耳然其所以然者則未嘗倚於陰陽故末曰陰陽不測之謂神吁論道而至於神然後可與言易

書

放勳欽明文思安安允恭克讓光被四表格于上下克明俊德以親九族九族既睦平章百姓百姓昭明協和萬邦黎民於變時雍

羅玹

同考試官訓導歐陽批（作此題者不失之泛則失之略令人厭觀此作融會傳注成文而筆勢雅從宜取之以冠本房）

考試官學正宋批（題本冠冕學者多分截不一此作卓有定見且措詞整潔故錄之）

考試官學正王批（簡當過人健羨）

史臣之於聖君既總贊其德業之盛必詳紀其德業之實交盛莫盛於聖君之德業也然非史臣詳紀其實抑何以見其所以盛哉昔虞史之意謂夫帝堯之大不可得而名德業之盛則可得而紀彼一職一事之克盡皆功也然所及者有限惟堯之功則蕩乎其廣大而無所不及焉一家一國之克治亦功也然所至者有方惟堯之功則巍乎其高大而無所不至禹何則功之盛者德之盛也以言其德則敬體明用文見思蘊一皆出於自然以言其行則恭爲允恭讓爲克讓一皆本於性之由是四表至逮也是德之光旁燭而無疆上下雖大也是德之光充塞而無間然是大德湛然其清明渾然其全備以之親九族則倫理正恩義篤而九族自雍睦矣以之平章百姓則仁讓興信義立而百姓自

昭明矣以之協和萬邦則黔首之民變惡爲善熙熙乎□康之域格心向化皥皥乎泰和之天而萬邦豈有不化哉德之盛也如此則所謂放勳者在是矣吁備天下之大德而成天下之大功此堯之所以爲盛也歟嗟夫高厚不可繪而細微易以描溟渤不可探而沼沚易以測帝堯五帝之盛帝其德業之盛固未易以名言也而史臣贊之曲盡其妙如此可謂善於紀載者矣千載而下惟吾夫子知之故曰大哉堯之爲君也巍巍乎其有成功也煥乎其有文章

我惟無斁其康事

沈潮

同考試官訓導歐陽批（成王留周公無非委重以安民之事説者多昧本旨求其詞理俱稱者無如此篇）

考試官學正宋批（説出成王挽留周公之意殆無餘蘊）

考試官學正王批（説理詳明復出入表）

願治之心不已此賢王自述以留大臣也蓋安民圖治乃臣之事而君之所深願也然則周公其可以去爲哉昔成王留周公治洛至此意謂宅洛以安民固出於我之心實仗夫公之力公之安民我若有厭則求去焉可也今我方倚任之而歆慕於公者視彼之肅將尤甚公之安民我若有斁則明農焉可也今我方仰賴之而愛悅於公者視彼之祗懽有加如不迷勤都公安民之事也迓衡雖在公而我則視之若己出和恒所願也居師所願也何有於厭而公乃求去乎誕保受民公安民之事也迪將雖在公而我則視之如己能若彝所欲也撫事所欲也何有於斁而公乃明農乎吁君既心乎臣之心臣當事乎君之事成王之留周公及此可謂懇切矣雖然功成身退者大臣之道而優禮大臣不煩以事者乃人君之盛德也成王於周公勉留之意既勤於欲退之時而命寧之禮繼舉於許留之後正以老成夙望人所素服而王業之成於是乎賴有不容於不留者厥後周公誕保文武受命歷七年而不去其亦有感於此也夫

詩

瞻彼淇奧綠竹猗猗有匪君子如切如磋如琢如磨瑟兮僴兮赫兮咺兮有匪君子終不可諼兮瞻彼淇奧綠竹青青有匪君子充耳琇瑩會弁如星瑟兮僴兮赫兮咺兮有匪君子終不可諼兮瞻彼淇奧綠竹如簀有匪君子如金如錫如圭如璧寬兮綽兮猗重較兮善戲謔兮不爲虐兮

梁錦

同考試官訓導宋批（見理分明行文平順有學之士也）

同考試官訓導馮批（此題頭緒頗多學者類講貫欠明體認真切無如此篇）

同考試官教諭劉批（國風中義理精微無如此詩若分析破是玉盤而玷缺之也此作破既渾成文亦蒼古非胸中有定見者烏能如此錄之以釋群疑）

考試官學正宋批（經旨明白詞氣老成）

考試官學正王批（詞簡意足）

詩人美賢侯之德必屢托興以咏歌之也蓋德由修飭而至於成則足以感人稱服而無適非禮矣武公能然詩人得不屢托興以美之哉是詩衛人美武公之德而作其托興之意若曰瞻彼淇水之隈綠竹有始生之美我有斐之君子德何自而成邪其必學問之無已如治骨角者既切而復磋之已精而益求其精自修之不息如治玉石者既琢而復磨之已密而益求其密由是矜莊威嚴一此德之光渾盛大宣著一此德之發越其為有斐君子如此思其德者何日忘之詩人美之不足而復托興以為瞻彼淇奧綠竹則堅剛而茂盛矣有斐君子瑱以塞耳焉則有石之美也王以飾弁焉則如星之明也服之尊嚴如此但見其矜莊威嚴斐然有文而慕之者不能忘盛大宣著蔚然有章而思之者不能已盛德之稱其服也何如哉詩人美之無已而又托興以為瞻彼淇奧綠竹則密比而至盛矣有斐君子義精仁熟若金錫之精純睟面盎背若圭璧之溫潤德之成就如此但見其宏大而於重較寬廣而有自如者存戲謔而不為虐和易而有中節者在盛德之中乎禮也何如哉吁托夫興者不一美其德者有加武公何以得此於人邪載考武公進德小雅有賓筵之自悔大雅有懿戒之自警拳拳乎威儀言語之修切切乎存養省察之密作聖之功老而不倦則其謂之睿聖也宜矣淇奧之作豈溢美乎

自天子所謂我來矣

侯俸

同考試官訓導宋批（題本平易作者窘於措詞多泛而不切是篇說理詳贍可取）

同考試官訓導馮批（出車一題不難於認理而難於成文此作會理為詞蓋亦善說詩者）

同考試官教諭劉批（形容王者勞還率之意文藻燁然略無窘束況七篇俱優非熟於本領者未易及也吾子他日效用肯使南仲專美有周乎健羨健羨）

考試官學正宋批（意孚言外杰作也）

考試官學正王批（理致明白詞亦可觀）

原其受命之由明其出師之意此大將令衆然也夫出師之命大將親受於天子也是宜舉之以令衆焉詩人於還歸之際述而勞之何其體悉之至歟昔有周王者之勞還率追言其始受命出征之時出車郊外以令軍衆若曰獫狁爲患邊陲爲之弗靖矣王欲往城于方以備禦之故進我於殿陛之間綸者渙發斧鉞是授大將之任於我乎托是我之受命蓋有所由也獫狁内侵疆圉爲之弗寧矣王欲城彼朔方以守備之故詔我於黼扆之下天語丁寧弓矢是錫分閫之責於我乎寄是我之出師蓋有所自也然王以是而命我者其責望之意重矣豈師出而無名哉所以我今日之來正欲率壓師旅肅將天威以成安攘之功使當寧無北顧之憂也爾軍衆可不敏於從事而敢以遨以游率其委任之意隆矣豈無故而出師哉所以我今日之舉正欲統爾士衆敵王所愾以著安攘之績徒邊鄙無意外之虞也汝士卒可不勇於赴敵而敢以舒以徐乎吁大將以是而令軍衆其嚴敬之意至矣尚何獫狁之足患哉大抵行師之道不專恃師旅之衆而惟在將帥之賢若南仲者始駕戎車即稱天子之命以警大衆可以見其有尊敬王命之禮有憂勤王事之意有整暇勇決之才有奔走犯難之忠矣宜其兵威一臨而獫狁畏服以奏于襄之膚公而爲王者之師非後世所能及歟

春秋

春王正月（隱公元年）

高惠

考試官學正宋批（得聖人經世之法取冠本經允協輿論）

考試官學正王批（題本春秋開卷第一作者多認傳之眞爲説紛紛惟此篇卓有定見不惑衆論允宜錄出以爲學者法）

聖人修經行夏時以垂萬世之法遵周朔以大一統之義此吾夫子修經之功所以爲大也且夫春者夏正建寅之時也夫子假史修經宜從周正建子之制矣曷爲書春於周月之上而欲行夏之時耶誠以建子之月一陽之氣猶潛生物之功未著惟建寅之月三陽交泰品物咸亨獨得夫時之正而令之善也兹欲行之萬世而無弊非夏時其何以乎故特冠春於周月之上于以明欽若昊天以寅爲首敬授民時以人爲正建諸天地而不悖質諸鬼神而無疑百世以俟聖人而不惑何其盡善而盡美歟昔聖人之告顔子嘗曰行夏之時今此書春蓋見諸行事之驗也若夫正月者周天子頒行之朔也夫子修經立法既以夏時爲可行矣何又書王於正月之上而欲遵周之朔歟誠以當是之時

周德雖衰天命未改凡封建之遠尺地莫非其有一民莫非其臣而政教號令猶行於天下也況生斯世而爲斯民舍周正其誰從乎故特繫王於正月之上于以示普天率圭周朔是承畿甸要荒周制是守車焉而同軌書焉而同文行焉而同倫孰敢异政而殊俗歟昔聖人之論禮樂嘗曰吾從周今此書王亦見諸行事之驗噫行夏時者聖人垂法於後世遵周朔者聖人守法於當時修經之功此其所以與天地并歟雖然聖人書春書王之意固如是矣然而不書公之即位者得無意乎蓋隱公之立內不承國於先君上不稟命於天子諸大夫扳已以立而遂立焉是與争亂造端而屬階所由生也春秋紬而不書以明大法而父子君臣之倫又以正矣吕□□曰始筆削皆有大義存焉於此尤信

公會王人齊侯宋公衛侯許男曹伯陳世子欵盟于洮（僖公八年）
張瑞
考試官學正宋批（詞贍理明非熟於經者不能）
考試官學正王批（胡傳之說已甚令□場中多士或以美伯功尊王人而并言殊戾本旨是作獨得春秋之意高薦何忝）

內臣奉王命而出盟春秋重王命以示尊夫春秋爲尊王而作也今王人奉命而出盟于洮得不序諸侯之上以示尊也哉何則齊桓會盟首止以來天下知戴子鄭爲君矣此惠王不禄而人心猶疑故遣王人而使齊告難由是桓合列國之衆特講于洮之盟于以奠襄王踐阼之勢于以弭叔帶窺伺之心夫王人下亡也齊宋魯衛方伯公侯也內臣之微者莫微於下士外臣之貴者莫貴於方伯公侯春秋以下士之微序於方伯公侯之上不無外輕而內重乎誠以普天之下莫非王土率土之濱莫非王臣今王□之出非以私事出朝也王命之以資謀於齊□亦非以私好出聘也王遣之以取策於衆也天威不違顏咫尺尊崇之道孰加焉坐食見於美牆對越之義孰大焉朝服雖敝必加於上弁冕雖舊必加於首不以其微故輕之所以然者非重王人也重王之命也方伯雖尊不序于上公侯雖大必列于下不以其貴故重之所以然者非輕外臣也尊君之命也由是觀之則知班列之高下不在乎內外特繫乎王命耳聖人之情見矣尊君之義明矣呵色勃足躩夫子尚敬君於過位之時吉月必朝夫子猶敬君於致仕之日況修春秋之垂萬世之法寧不尊君命以明君臣之大義而存天下之大倫乎不寧惟是首止會而殊會王世子葵丘會而首序宰周公翟泉柯陵雞澤平丘書法皆同噫聖人尊王之法詳切如是此先儒所以曰春秋大義尊君而抑臣又曰春秋以尊周爲本

禮記

司徒修六禮以節民性明七教以興民德齊八政以防淫一道德以同俗

官仲魁

同考試官訓導彭批（經文傳注甚明白學者不加之意率多失旨説理詳明措詞平順無逾於此宜錄以示來學）

考試官學正宋批（體貼經傳融會成文佳作也）

考試官學正王批（説理詳佳士也）

大臣之於卿學必兼體用以教民焉夫教民之法有體有用而不可以偏廢也然則大臣於卿學之民安得不兼之以爲教哉昔先王立卿學以教民必設司徒以總其政令然教之之法何如哉是故民莫不有性不知所以節之未有不至於流也必修冠婚喪祭卿相見之六體以節其流焉民莫不有德不知所以興之未有不至於廢也必明父子兄弟夫婦君臣長幼朋友賓客之七教以興其廢焉然民有欲不能無淫非政以防之則亦禮教之害矣故司徒又齊乎飲食□□事爲异別度量數□之八政以防其淫□□無過舉而教無過行也六禮七教八政皆□德之用而道德則其體也舉其用而不一其體又何以同其俗乎蓋道者人所共用一其道則民皆由其所當由德者人所同得一其德則民皆得其所當得由是天下之大莫不趨於禮教之中性焉以節德焉以興而會其有極矣四海之廣靡不歸於政教之内德於此興淫於此防而歸其有極矣吁司徒備體用以教民如此則化民成俗之意孰有加於此哉雖然此特司徒教民之法耳而下文又曰上賢以崇德簡不肖以黜惡則又取士之法也其教民也體用之備舉取士也勸懲之并行此先王之時所以治隆俗美而爲王□之成也歟噫世之司教民取士之法以弼王化者盍深體諸

故君民者子以愛之則民親之

王鑒

同考試官訓導彭批（題本近易人人能作詞順而意□者少此作□□立説□□可□令人□□得士如此蓋中州之杰然者也）

考試官學正宋批（詞理俱優可取可取）

考試官學正王批（措詞蒼古）

惟上以仁而字下則下以仁而事上蓋民罔常懷懷於有仁然君既以仁而字乎民則民豈不亦盡親親之仁以事其君哉昔聖人之意謂夫天佑下民而作之君君民者乘六龍以御天居九重而凝命其責豈易盡哉必以仁立政賑恤保

愛懇懇乎惠鮮之心撫摩鞠育切切乎懷保之念民性不復吾仁未盡也于以立學校明禮義以教之有若父母之誨爾子式穀似之也民生不遂吾仁未備也于以制田里教樹蓄以養之有若父母之保赤子心誠求之也夫君既以仁而字民則民豈不以仁而事其君哉殆見圓冠方履非一民也皆感其惠鮮之仁而親愛之無已聚廬托處非一人也咸悦其□保之仁而愛戴之有加蒙其教者則曰天子作民父母敏德遷善以歸皇極無異於人子從親之令疾視□君者奚有哉被其養者則曰元后作民父母奔走承順以趨王事無異於人子服親之勞咨怨其上者何有哉吁上愛乎下下親乎上一仁之感應耳君民者可不知所事哉大抵君者民之心民者君之體體從心者也民從君者也烏有君愛其民而民不親其君乎下章亦曰故長民者章志真教尊仁以子愛百姓民致行已以説其上矣合而觀之不益信乎有君國子民之責者宜鑒於斯

第二場

論

王者高拱於穆清之上

羅玹

同考試官訓導歐陽批（論有抑揚有歸冗超出棄作錄之□□□□）

考試官學正宋批（議論層疊詞理俱贍論場中之巨擘歟欣羨欣羨）

考試官學正王批（詞氣春容筆力□非稚作也）

論曰君天下者必有以操天下之至簡□後可以享天下之至逸蓋天下之理總其成者恒逸而得其要者必簡故至逸莫如君位至簡莫如王道以道爲治則所操者簡矣簡則足以御煩故無爲而成不動而化天下之逸孰大於是治不以道則不得其所操故或輕於有爲或荒於不爲皆無以成天下之治君位雖逸祇見其爲勞且殆耳是故逸可享也而亦不易享也王者享天下之至逸孰謂其不本於所操也哉程子論王者高拱於穆清之上而本於心政蓋有見於此矣愚請拾其遺説而備論之天下之歸王曰王者天下之所尊也故名其位則曰寶位名其堂則曰明堂名其廷則曰大廷有皋門應門以嚴其內外有太僕群僕以謹其左右尊之則曰天府邃乎其深遠也崇之則曰宸極迥乎其□清也王者居此宜可以高拱而自逸矣然而有不可得者小民怨咨欲其保之五品不遜欲其教之寇賊奸宄欲其禁之蠻夷猾夏欲其攘之庶頑讒説欲其察之然則將事事而爲之乎仰一無所爲而聽其自理乎一無所爲則弛而不振臨朝若神者可慨也事事而爲之則勞而無功傳餐後食者可鑒也王

者曾若是哉亦操其至簡者而已矣何則治本於道道本於心故曰誠心而王則王王者以純王之心行純王之政建皇極而統會乎八疇體乾坤而父母乎六子若無爲也而不流於優游放逸之歸若有爲也而不涉於拳謀術數之末其道豈不至簡矣乎故老老天下之同心也王者則老吾老以及人之老而使天下之老者得其養幼幼天下之同心也王者則幼吾以及人之幼而使天下之幼者得其得尊國老而躬事之此心之推也優庶老而時養之此心之推也百官協其心而行於朝諸侯體其心而宣於國庶人感其心而化於家始於畿甸畿甸此化也終于要荒要荒此他也其初也欣欣焉而興起其中也熙熙焉而丕變其後也不識不知焉而相忘仁孝大同而各親其親慈愛均一而各子其子合天下之親親而無失養之老合天下之子子而無失所之幼合天下之老幼而無不安之民當是時也欲賑貸而天下無阻饑之人欲慎徽而天下無違教之士欲用刑而天下無可懲之惡欲詰兵而天下無弗虎之國欲侯撻而天下無欺負之徒王者於此尚何爲哉履寶位開明堂臨大廷黼扆是負衣裳是垂冕□是戴金舄是履玉圭是執高拱於穆清之上而已矣是故朝焉而朝高拱於此也夕焉而夕高拱於此也朔焉而視高拱於此也鹿鳴之詩高拱以待賢也行葦之詩高拱以燕臣也洛矣之詩高拱以會諸侯也事有所可則都之俞之而吾之高拱自若事有所否則吁之咈之而吾之高拱自如於穆如天而機緘不露鎮靜如地而聲色不形夫如是可謂天下之至逸矣然果何以得此哉亦曰以心立政而操吾至簡之道耳故堯此道也高拱於唐而黎民於變舜此道也高拱於虞而四方風動聲教四訖禹以此道而高拱於夏也兆民允殖湯以此道而高拱於商也四海永清文武以此道而高拱於周也嗣是而後若漢之未央非不穆清矣然其道雜伯故歌風之思且形於創業之主欲高拱得乎唐之含元非不穆清矣然道雜夷故踣碑之悔不免地貞觀之末欲高拱得乎宋之乹元非不穆清矣然其道亦不古若故榻外之慮方勤於雪夜之幸而何暇於高拱哉吁後世之君位不殊於古之聖王也然一則逸而有餘一則勞而不足若是者何哉蓋彼得其所操而不可忽其繁故曰一日二日萬幾所享者雖逸而不可忘其勞故曰君子所其無逸簡以御煩勤以居逸此又古聖王所以永保天命者也後世僅至小康而遂已者豈知此道哉洪惟我朝太祖以道而垂統四宗以道而守成今聖天子在上道隆治洽高拱穆清萬世無疆真足以遠追堯舜禹湯文武之盛近紹一祖四宗之緒而陋漢唐宋於下風矣敢以程子之言爲今日之頌

表

擬宋以司馬光爲尚書左僕射兼門下侍郎謝表（元祐元年）

張景純

同考試官訓導徐批（得駢儷之體有□愛之誠）

考試官學正宋批（詳贍）

考試官學正王批（典雅可觀）

伏以紫府尊崇位應三星之象□樞密勿躬調七政之專濟彼巨川舟楫湏當時之碩望和玆臺鼎鹽梅必名世之奇才詎意凡庸猥承超擢仰荷重御而兼授俯思一芥以奚勝天寵孔殷泜競莫既捫心有愧圖報無由伏□臣光性本朴忠才非經濟感先朝之眷注攻新法之乖張請外補以知軍判西臺而歸洛尋驚衰病甘分迂疏自洛入朝已辱遣官之勞問知陳拜命又蒙過闕之殊留一職未供尚有慚於尸素重階誤進將何報於埃垠位正調元猶攝參謀之任職當東軸尚□□理之階叨自宸喪實非愚望□蓋伏遇聰明睿智文武聖神丕嗣鴻休聿更弊政大闡維新之化庶績感熙昭彰□□之公百揆時叙至孝□□於慈聖□仁遍覆於遐方臣蒲柳之□雖衰而股肱良具厭閑之蹄雖老而□□尚諝敢不救疾趨朝勉與入省身付醫而家付子心佳鈞衡議思夫而害思除誠傾葵藿雖無可係遼夏之重尚圖欲報天地之恩晚節彌剛終自堅於砥礪壯心未爍詎敢受於糜損務振元祐之風用還慶曆之治伏願達聰明目崇正道而用正人出震位離純王心以行王政鞏藝祖神基於永久保仁宗至治於無疆臣光無任瞻天仰聖激切屏營之至謹奉表稱謝以聞

第三場

策

第一問

王鑒

同考試官訓導彭批（五策條答無遺聖製一篇尤見作手允宜高薦）

考試官學正宋批（敷對詳明筆力雄健其必究心經史者宜置前列）

考試官學正王批（策有考據可取）

前聖制作見於古而垂世立教之功大列聖製作著於今而垂世立教之道同有一代不世出之聖君必新一代不世有之制作此犧禹文武之相承我朝一祖二宗之相繼制作垂教之意先聖後聖其揆一也慨想聖人未生道在天地聖人既生道在聖人是以不惟立德以爲天下先尤必言以爲天下後世

法故庖犧因河圖而畫八卦神禹因洛書而叙九疇文王之繫易辭武王之衍洪範其制作之善無以加矣肆惟我太祖高皇帝受天明命奄有萬方慮臣民不知趨善去惡也條成大誥三編其所載者如剛斷嫉惡不容奸偽之詹徽則表其善以示勸也大肆奸貪朋黨比周之郭桓非著其惡以示懲乎太宗文皇帝繼體守文一新王度慮臣民不知爲善行孝也製爲孝順事實爲善陰隲二書其所錄者如曹彬爲將而仁惠存於下江南之時裴度爲相而仁恤見於平淮西之際因母病而剖水躍鯉王祥孝足以感天地也奉母逃難而盜指以方非江革孝足以化强暴乎宣宗章皇帝克纘鴻勳益隆盛治又慮五倫之道未盡昭示臣民也纂輯五倫一書如帝堯仁如天智如神大禹仁可親言可信則君道有所盡也周公戒成王作無逸之書召公從成王陳卷阿之歌則臣道豈不盡耶宸翰奎章家傳人誦其所以爲天地立心爲生民立命爲往聖繼絕學爲萬世開太平與犧之卦禹之疇文之易武之範曠萬世而合符節豈不相爲表裏也歟愚也作養泮宮薰陶聖化蓋有年矣兹承明問姑述其概以復

第二問

閻嘉

同考試官訓導徐批（究四子之學而折衷以聖人之道灼然有見則吾子之所學可知矣）

考試官學正宋批（有事實有新□□□□於聖學者歟）

考試官學正王批（不爲理學所容條答逋暢而斷制詳明殆佳士也）

論四子之立言各有所得究四子之所言不無可議蓋學以求道言以明道所學有淺□則所得有純疵而所言有得失矣若四子者其著述雖各有所得而律之以聖人之道則皆不能無可議者焉請爲條陳之洙泗之源既微濂洛之流未續其間溯流尋源各以名家若漢唐諸子皆學以志乎道而言以明乎道者也如董仲舒之三策純正近理論學問行道之功搜尊聞行知之說真西山稱其最功於學者矣然終又惜其生於絕學之後而未能得聖人之依歸流於災異之術而未能窺大道之全體如漢儒之氣味何楊子雲之太玄幽深簡奥有以九日而當兩卦餘一卦當四日半者邵康節謂其見天地之心矣然臨川議其起數之法既非天地之正曆數之贊又强合之非如易道之實理何以至王仲淹之循規蹈矩極有格言程朱嘗稱之矣然其續詩書也高文武宣之制豈精一執中之傳曹劉沈謝之作豈物則秉彝之訓乎韓退之之奥衍閎深佐佑六經史氏嘗稱之矣然其原道也以博愛爲仁殆語用而遺體原性也有三品之分殆混氣以爲理乎由是辯去取於純疵別優劣於體用愚敢無謂

夫董子之學正而失之迂韓子之學達而失之淺固有以窺聖道之淵源蓋可取者大而可議者小焉通頗近正而價續經雄道清净而說艱深僅有以竊聖道之支流蓋可罪者多而可取者少焉然合而論之較書天禄非曰不勤而知務踐履何以及通董韓知道彼善於此然退而卷懷通又差勝楊也王也固不足以合於聖人而董也韓也其去聖人夫豈近哉故曰觀於海者難爲水游於聖人之門者難爲言愚於數子者固未能有及然竊有志焉乃所願則學孔子敢以是爲明問復惟恕其狂斐而進教之

第三問

羅玹

同考試官訓導歐陽批（策聲正欲觀多士才識此作考據精詳論議正大他日不負所學爲時偉人端有望於子矣）

考試官學正宋批（敷答詳贍宜置前列）

考試官學正王批（知古今達體用佳士也）

武以戡禍亂出必乘時之會文以綏太平成必洽化之餘此揮戈帶劍者多立功于肇興之初而操觚染翰者率成名于承平之日有以哉粵昔虞周盛時文武才全舞干羽者足以致有苗之格多才美者足以專東方之征人才之盛無復尚矣自漢而下人無全材草昧之初英雄奮呼而武將並起故高祖肇興有人傑之韓信世祖中興有英武之吳漢兩漢名將於斯爲盛後雖孝武之將衛青孝靈之將皇甫嵩卒亦莫之及焉太宗興唐有善兵之李靖太祖興宋有不伐之曹彬唐宋名將於斯爲盛後雖代宗之將郭子儀高宗之將岳飛卒亦莫之過焉何者草昧之初人多尚武英雄起而號召收用之固足以成一代之偉烈此乘時之會以出者也承平之世重熙日久而文士輩出故西漢至文武乃有董賈司馬之文東漢至明章乃有班孟堅之文兩漢文士至此始盛雖高祖之愛陸賈世祖之喜班彪不能出其右焉韓愈柳宗元之文見於元和之時歐陽脩二蘇之文見於熙寧之時雖唐初之虞孔宋初之陶王不能超其上焉何者太平之世士始崇文明君繼而培養作興之自足以成一代之杰作此洽化之餘而成者也是則武功固可立於一時而文教則必成於積久我太祖以武功定天下列聖以文教致太平薰蒸融液百餘年于茲密而館閣尊而臺省大而岳牧小而郡縣下而經生窮而處士或纂修著述以勒金石或考校淬礪以階科目或途歌里頌以鳴太平雖所詣不能無淺深所發不能無優劣要皆根本乎義理出入乎經傳炳炳琅琅與漢之董賈唐之韓柳宋之歐蘇殆爭光後先吁盛矣哉雖然有德者必有言文辭之於言尤其精者也今之以文鳴

者能持敬以立其體窮理以致其知反躬以踐其實如三代之士先德行而後文藝則發其精固足以媲訓誥之文出其餘又足以資鷹揚之武孔子所謂有文事者必有武備是已豈特并駕於董賈諸公哉謹對

第四問

梁錦

同考試官訓導宋批（叙鄉邦人物而律之以孔孟之學有志有識之士也高薦何忝）

同考試官訓導馮批（事有考據辭有抑揚善論古人而自勵者與允宜錄出）

同考試官教諭劉批（此作如海外奇秀風□水蝕而真液獨存識者必知寶之）

考試官學正宋批（尚友之志見於終篇可以占其爲中州豪杰士矣置之前列允愜輿論）

考試官學正王批（簡古可式）

論中州之人物當知其所自仰先哲之德業當擇其所從此周人岳降之詩孟子尚友之論非苟然也愚也生長中州景仰先哲固嘗竊識其所自矣雖不敏敢不擇其德業之尤其以爲我師哉明問及此請無隱焉河南爲天下之中太行亘其北大河經其中有嵩岳盤谷之蟠旋有伊洛瀍澗之環遶天地之氣恒萃於斯故人物之生冠冕天下理固然也粵稽諸古耕莘野而起作商家之阿衡者伊尹也釣渭濱而起作周室之尚父者呂望也其道德功業載之詩書萬世共仰春秋之時列國名卿則管仲有尊王之功子產有惠人之政皆有志於立功者也聖門高第則子貢以言語稱子夏以文學名皆有志於求道者也自□而彼兩漢鼎興而灌嬰之徒并列元功之位次東都□造而鄧禹之儔同上雲臺之畫圖唐圖像於凌煙閣者則有若長孫無忌劉政會宋圖像於昭勳崇德閣者則有若薛居正韓琦此皆見於功業者然也若夫文起八代之衰而道濟天下之溺韓子爲後學之山斗學本中庸之誠而道樓孔孟之緒程子啓諸儒之淵源雖其所造不同要之皆道德之歸也之數公者奮起於百代之上而流芳於百代之下豈直爲一邦之光而已哉此正諸生所願爲執鞭而不可得者也雖然道德功業皆原於學術而學術之正必宗於孔孟愚也讀其書則所學者其學也故嘗願私淑於二程之道德上希乎伊呂之事業而昌黎之文魏公之忠亦在所兼取焉斯無愧於孔孟之教矣管氏而下何足法哉嗟乎志大而行不掩狂者也閱乎道而自謂力不足自畫者也明問所及與其自畫

吾寧爲狂幸進教之

第五問

強晟

同考試官訓導宋批（荒政一策正欲咨當時之務此篇備舉古法而斟酌得宜施之於政必有裨益其嘗留心於民事者歟置之高選公論攸歸）

同考試官訓導馮批（歷舉古人行事而評議之若親見然□該博之學老成之識於此見之）

同考試官教諭劉批（荒政一策正欲資當時之務此策事實無遺而處置井然識時務者也允宜薦之）

考試官學正宋批（簡而備質而雅）

考試官學正王批（以人事勝天時立說而辭足以達之豈有科場之文邪可敬可敬）

有備荒政之具有救荒之策有其具無其策可也有其策無其具不可也此有備無患乃古人之至論而因時制宜豈其所得已哉明問及此將托此以資今日之急務歟請以平素講論而欲言者就所問而陳之夫氣化之在天地間有一定之數而人事足以勝之故堯有九年之水而堯之民不損瘠者蓋預備素至而又播五穀於水土平治之餘湯有七年之旱而湯之民不損瘠者蓋蓄積素具而又責六事於桑林請禱之日堯湯之荒政可見矣周禮荒政曰散利薄征緩刑弛力舍禁以示寬恤之恩而又曰除盜賊則禁奸無有不嚴曰去幾省禮殺哀蕃樂多婚以爲節制之道而又回索鬼神則廢祀無有不舉周公之荒政可知矣然行於古者或不可行於今故趙閱道發公廩減糴於淅兩陳堯佐招商賈增糴於杭州富弼以粥沼民於青州□稱以禄活民於梓州范文正在兩浙之典營造蔡文忠在京東之弛鹽利因其宜也行於下者或不可行於上故天子之救荒在恐懼修省減膳徹樂遣使發廩降詔求言監司之救荒在察鄉路以爲備察□內以爲計寬財賦督守令舍其緩而先其急郡縣之救荒在發倉廩行禱祀或施藥餌或蠲徭役因其時而制其宜隨其分也要之在於得人而已得其人則賣官鬻爵亦可行之而無怪乎朱子之效非其人則壽昌常平亦不可行而不免於□之之非此救荒之策然也然救之於已然不若備之於未然故或謂與其爲汲黯之矯詔吾寧爲壽昌之常平與共爲昌黎之奏罷稅錢草粟吾寧爲戴胄之義倉常平之法穀賤增價糴之以利農穀貴減價糶之以利民義倉之法分稅畝出粟而斂之於豐年賑饑貸種而散之於荒歲有備如此固無事乎救矣使不幸而處汲黯昌黎之時豈可坐視而不爲乎

賈誼晁錯論鬻爵儲粟之備邊李悝長孫平論儲蓄惠民之可復亦皆備荒之具所當講者其在今日則又難處矣和糴則府庫有乏財之憂勸借則居民有重困之患百孔千瘡隨救隨弊爲今之計莫如課農桑以興民利禁奢靡以節民財輕徭役以蘇民困濬河源以便轉輸廣儲蓄以實倉廩而又擇人以任之則壽昌之常平可行也戴冑之義倉可舉也文公之社倉可施也不然有其名無其實民□饑殍而官亦不勝其勞矣尚何望四境無警析之患哉朱子曰自古救荒只有兩事□在積蓄得人修德政以回天變耳二者兼舉而謂人事不足以勝天有是理耶愚敢以是質之明執事以爲何如

河南鄉試錄後序

　　辦天下之事者存乎才儲才而作成之存乎學校由學校而選舉之以入官存乎科目其制存乎朝廷其事存乎有司其所以副是名而不負乎其才者存乎其人紀成事以播于今而傳諸後者存乎斯錄今之錄即古賢能之書也前日之所儲養今日之所選舉他日之所施爲皆於此乎徵故錄不可不慎也河南爲天下大藩人才之由學校而出科目者於今爲盛成化丙午歲當大比藩臬重臣式遵舊典禮聘山等以司文衡八月庚辰鎖院相戒從事時巡按監察御史謝綱寔監臨之防範孔嚴鑒別惟允越丁酉而事成取人如制錄其文之尤粹者以獻于天子俟登庸焉慎之至也山觀諸士之文皆根據經傳明經起而辭以達之蓋筆札言語之間而精神心術之妙寓焉是可見其才矣然使前日不能慎之於學校則才弗可得而成也才成矣而不能慎選舉於今日則雖有才惡得而用之由今日之所選舉以致用於時大則公卿輔相寅亮天工次則藩屏郡邑修明職業天下之事皆賴之以辦則斯錄之所紀固足以播於今而傳諸後矣然言行相背始終异心負乎才而不能副其名者亦或有之斯固錄之所不能及也錄之所不能及則在諸士自慎之耳故董仲舒公孫弘舉於漢陸敬輿皇甫鎛舉於唐司馬光王安石舉於宋當其時夫豈逆知其人之若是殊哉至要其終則其賢否自莫逃於君子之論此則能自慎與不能之徵也烏虖學校科目之不慎上之人負乎才也士弛焉而不慎以取譏于當時貽笑於後世則自負其才矣如斯錄何山不佞庸序其概於末簡蓋以相斯錄之所不能及也

四川成都府綿州儒學學正宋山謹序

弘治八年河南鄉試錄

弘治八年鄉試

監臨官

巡按河南監察御史陸□（全卿直隸長洲縣人　丁未進士）

提調官

河南等處承宣布政使司左布政使□□（宗選直隸江都縣人　己丑進士）

河南等處承宣布政使司□□（德□山東曹縣人　己丑進士）

監試官

河南等處提刑按察司按察□□□鏡（文明江西弋陽縣人　己丑進士）

河南等處提刑按察司□□（宗周湖廣宜章縣人□□□□）

考試官

四川重慶府合州儒學學正李勤（充翼江西豐城縣人　癸卯貢士）

山西平陽府蒲州儒學學正侯相（良弼陝西武功縣人　己酉貢士）

同考試官

直隸蘇州府嘉定縣儒學教諭□成（朝□廣東海陽縣人　□□貢士）

山西澤州沁水縣儒學教諭□□（□□陝西□城縣人　癸卯貢士）

直隸鳳陽府壽州霍丘縣儒學教諭楊抃（□悅浙江餘姚縣人　壬子貢士）

直隸池州府建德縣儒學教諭姚朝端（邦直浙江餘姚縣人　壬子貢士）

四川眉州儒學訓導陳元（一廷福建莆田縣人　癸卯貢士）

山西太原府儒學訓導房瓚（廷用直隸任丘縣人　壬子貢士）

印卷官

河南等處承宣布政使司經歷司經歷戴簡（仲文四川璧山縣人　監生）

河南等處提刑按察司經歷司經歷張附翼（相之四川巴縣人　乙酉貢士）

收掌試卷官

開封府知府衛□（時獻山西洪洞縣人　癸酉貢士）

河南府知府劉瓛（廷珍山東濟南衛人　己丑進士）
南陽府知府徐傑（民望山西大同縣人　己丑進士）
受卷官
開封府鈞州知州董傑（□□直隸涇縣人　丁未進士）
開封府許州襄城縣知縣王玹（廷用山東海豐縣人　丁未進士）
開封府洧川縣知縣杜馴（克善山西徐溝縣人　癸丑進士）
彌封官
彰德府推官張拱（朝儀四川內江縣人　丁未進士）
開封府鄢陵縣知縣王時中（道夫山東黃縣人　庚戌進士）
南陽府鄧州內鄉縣知縣袁佐（國佐湖廣京山縣人　丁未進士）
謄錄官
南陽府裕州知州許綸（昌言浙江錢塘縣人　甲辰進士）
開封府封丘縣知縣袁仕（良輔湖廣襄陽縣人　癸丑進士）
衛輝府淇縣知縣顏頤壽（天和湖廣巴陵縣人　庚戌進士）
衛輝府新鄉縣知縣王統（必□江西臨川縣人　庚戌進士）
對讀官
河南府陝州知州汪濬（舜璣直隸□縣人　丁未進士）
河南府洛陽縣知縣楊滋（天□直隸定興縣人　□□進士）
南陽府裕州葉縣知縣秦志（養志山西臨汾縣人　辛卯貢士）
巡綽官
睢陽衛指揮使田裕（從仁直隸房山縣人）
河南衛指揮同知王臣（國□直隸定遠縣人）
搜撿官
宣武衛指揮同知徐慶（從善遼東廣寧衛人）
懷慶衛指揮同知蔡勳（□□直隸六安州人）
供給官
河南都指揮使司經歷司經歷韓定（靜之山西交城縣人　監生）
河南等處承宣布政使司經歷司都事郭瑛（文瑞湖廣沅江縣人　監生）
開封府同知劉緒宗（崇祖直隸易州人　壬午貢士）
開封府祥符縣知縣段鑒（緝熙山西河□縣人　辛卯貢士）
開封府中牟縣知縣郝滋（洪濟陝西高陵縣人　辛卯貢士）
開封府杞縣知縣劉益（謙之山東汶上縣人　辛卯貢士）

開封府臨潁縣知縣李濟（傅舟陝西三原縣人　監生）
彰德府磁州判官胡寧（中謐直隸溧州人　監生）
開封府大梁驛驛丞張繼宗（述之陝西華陰縣人　承差）
河南府沔池縣義昌驛驛丞王端（表正陝西華州人　□□）

第一場

四書

道之以德齊之以禮　誠者天之道也　求則得之舍失之□求有益於得也求在我者也

易

后以財成天地之道輔相天地之宜以左右民　當位貞吉以正邦也　成象之謂乾效法之謂坤　神也者妙萬物而爲言者也動萬物者莫疾乎雷橈萬物者莫疾乎風燥萬物者莫熯乎火說萬物者莫說乎澤潤萬物者莫潤乎水終萬物始萬物者莫盛乎艮故水火相逮雷風不相悖山澤通氣然後能變化既成萬物也

書

在知人在安民　先王昧爽丕顯坐以待旦旁求俊彥啓迪後人　天惟純佑命則商實百姓至人罔不秉德明恤小臣屛侯甸矧或奔走惟茲惟德稱用乂厥辟故一人有事于四方若卜筮罔不是孚　故忌罔有擇言在身

詩

七月流火九月授衣春日載陽有鳴倉庚女執懿筐遵彼微行爰求柔桑春日遲遲采蘩祈祈女心傷悲殆及公子同歸七月流火八月萑葦蠶月條桑取彼斧斨以伐遠揚猗彼女桑七月鳴鵙八月載績載玄載黃我朱孔陽爲公子裳　爾公爾侯逸豫無期　匪棘其欲遹追來孝　維天之命於穆不已於乎不顯文王之德之純

春秋

丁卯子同生（桓公六年）吳子使礼來聘（襄公二十九年）　大事于大廟躋僖公（文公二年）　楚子入陳（宣公十一年）楚子□鄭（宣公十二年）　叔孫豹會晉趙武楚公子圍齊國弱宋向戌衛齊惡陳公子招蔡公孫歸生鄭罕虎許人曹人于虢（昭公元年）

禮記

凡爲君使者已□命君言不宿於家君言至則主人出齊君言之辱使者歸則必拜逆于門外若使人於君所則必朝服而命之　大樂正論造士之秀者以告于王而升諸司馬曰進士　天子玉澡十有二旒前後遂延龍春以□玄端而朝日於東門之外聽朔於南門之外閏月則闔門左扉立于其中皮弁□□視朝遂以食日中而餕奏而食日□□朔月大牢五飲上水漿酒醴酏卒□□端而居　獨樂其志不厭其道備舉其道不私其欲

第二場

論

上下交而德業成

詔誥表（內科一道）

擬漢爲博士置弟子詔（元朔四年）　擬唐以裴度爲司空同平章事誥（寶曆二年）　擬宋以歐陽脩參知政事謝表（嘉祐六年）

判語（五條）

官吏赴任過限　禁革主保里長　邀取實封公文　詐教誘人犯法　失時不修堤防

第三場

策五道

問　法令出於一則民志定二則疑三則眩且亂而民無所措手是故法令不可不一也我太祖高皇帝以禮治民以法繩奸定爲大明律一書一一經睿覽留聖意酌古今之宜爲萬世之法然法以繩奸而天下之奸往往有出於法之外者於是近年以來又有所謂例者與律相輔而行蓋有律之所重而例輕亦有律之所輕而例重若此者從律乎從例乎且法令繁多又緣爲奸輕重在乎故議者或欲取近例一切芟去或又謂例以輔律之不逮欲一切用之二者何居乎昔人有云前主所是著爲律□王所是□爲令則例其可去乎又曰先王議事以制不爲刑辟則例其可增乎我聖祖之訓誥天下爲書甚多其尤注意者律也不知二者孰爲得聖祖之意合天下之心夫謹三尺考求立法之意而贊襄之亦儒者事也諸生其敬對毋忽

問　宋儒之言曰學者當以論語孟子爲本論語孟子既治六經可不治而明矣至近世名儒有著六經論者曰說天莫辯乎易說事莫辯乎書說志莫

辯乎詩說理莫辯乎春秋說體莫辯乎禮導民莫過乎樂其詳可得言歟又有著四子論者曰治易必自中庸始治書必自大學始治春秋必自孟子始治詩及禮樂必自論語始其實可得聞歟夫自有六經論孟諸書以來上下數千百年傳之旨非一家議之者非一人今欲來其統合之本原發用之端緒將自何經何傳而始明著於篇以觀所以用心於内者

　　問　三代之民田以井授使其比閭族黨各相親愛而又有宗法以維持之是故其民安居無事則往來歡欣而獄訟不生有事則彼此相助而緩急不背王者之教化固不止此而其所以使民各愛其身而不輕犯法此其本也秦漢以來法令峻急而宗法盡廢於是爭鬭之獄繁而禮讓之風息然賢人君子猶能識其先人之所自出而宗族不散則猶有譜之力自唐之衰譜牒不修而合族之道又廢今聖人在上先教化而後刑罰蓋將措斯民於三代不知宗法尚可復歟禮有五宗之說今略可講歟宋蘇氏嘗爲族譜又爲譜例今尚可考歟果可行於今之世歟夫欲使天下之民忠厚和柔而易治其道必自此始諸士子爲我言之毋諉諸迂闊

　　問　生于其鄉而不知其故君子所恥河南故多賢殷周之盛若伊尹申伯仲山甫見於詩書者純乎無以議爲也餘不暇深求博舉姑即其道德功業燁然於史册間者與諸士子評之以惠人稱於鄭者曰子産而刑書之鑄何以見譏於隣國以治行徵於漢者曰黃霸而鶡雀之奏何以貽誚於當時相開元者稱姚崇張說而二人之不相能果孰邪而孰正相慶曆者稱韓琦富弼而二□□□□隙果孰是而孰非節與智二□□□□房爲韓而創漢之業二者何□□□□與孝二事也潁考叔思親而格君之□二者何以俱合篤信聖人子夏見稱於孔門也與康節同里三十年而一言不及數學者豈自有所信歟已見大意漆雕開有得于聖人也讀鄂簿之詩而謂與曾點言志同者豈亦有所見歟杖策軍門者能中興于漢而聲振華夷者卒不能扶宋室之衰天邪人邪若其智略大端果孰優而孰劣旋乾轉坤者能綿祚于宋而魚水相投者竟不能噓炎燼之滅人邪天邪若其規模大約果孰大而孰密是皆諸士子所嘗景行仰止者就其間所願學者誰歟至於國朝人物之盛不讓前古而理學如薛文清勳業如李文達又其最也其於前數君子亦或有所似歟諸士子讀其書論其世知之審矣請詳言之以觀尚友之志

　　問　天生一世之財自足以供一世之用則一省之財足以供一省之用可知也且以河南論之國初蓋因地而制賦則有上供之數焉親藩之用焉官吏之俸焉軍衛之需焉固有常矣當戰國之世魏都於兹西備秦東備齊遠備

楚近備韓趙然不聞其兵食之不足今天下為一無敵國之憂有四方之助通計一省之財以十分為率上供之數居七其三以給親藩官吏軍衛所入之數恆少所出之數恆多每至於不足者何也豈取之有未盡其法歟抑地之遺利有未盡歟民之游惰未盡歸農歟將冗費有未盡除歟方承平無事且以不給告一或有水旱之憂則胡以相恤夫古者三年耕必有一年之積故公私俱充而豐凶有備不知何術以致此願以告我

中式舉人八十名

第一名　李鑾　南陽府學生　書
第二名　李茂元　祥符縣學增廣生　易
第三名　郝綰　懷慶府學生　詩
第四名　胡止　羅山縣學增廣生　春秋
第五名　許贊　靈寶縣學生　禮記
第六名　楊惟康　靈寶縣學生　書
第七名　張原明　儀封縣學生　詩
第八名　路直　河南府學生　易
第九名　連世祿　鄭州學生　書
第十名　吳昂　洛陽縣學增廣生　詩
第十一名　申環　洛陽縣學生　易
第十二名　王玥　許州學生　書
第十三名　馬卿　林縣學生　詩
第十四名　楊鷗　商城縣學生　春秋
第十五名　彭滋　商城縣學生　詩
第十六名　孟大通　洛陽縣學生　易
第十七名　蕭維翰　光州學生　書
第十八名　張士隆　安陽縣學生　詩
第十九名　許誥　靈寶縣學生　禮記
第二十名　張道　陽武縣學生　易
第二十一名　曹來旬　鄭州學生　詩
第二十二名　韋春　太康縣學生　書
第二十三名　夏瑭　鄢陵縣學生　詩

第二十四名　李希濂　河南府學增廣生　易
第二十五名　吴尚志　開封府學生　書
第二十六名　袁道　寶豐縣學生　詩
第二十七名　楊廷芝　舞陽縣學生　書
第二十八名　□宗厚　河南府學生　易
第二十九名　李應辰　儀封縣學生　詩
第三十名　阮吉　衛輝府學生　禮記
第三十一名　何鈜　靈寶縣學生　詩
第三十二名　馬龍　衛輝府學生　書
第三十三名　皮正　商城縣學生　詩
第三十四名　孫鳳　洛陽縣學增廣生　易
第三十五名　任昂　項城縣學生　詩
第三十六名　田洫　寶豐縣學生　書
第三十七名　袁岱　開封府學增廣生　詩
第三十八名　任賢　裕州學生　易
第三十九名　王璧　商城縣學生　詩
第四十名　常惠　彰德府學生　書
第四十一名　梁椝　柘城縣學生　詩
第四十二名　宋汝澄　武陟縣學生　易
第四十三名　王廡　大康縣學生　書
第四十四名　朱僊　杞縣學生　詩
第四十五名　賈昌　祥符縣學增廣生　書
第四十六名　李進　獲嘉縣學生　易
第四十七名　李滿　湯陰縣學增廣生　詩
第四十八名　苗雲　彰德府學生　書
第四十九名　許諫　洛陽縣學增廣生　詩
第五十名　翟瑚　河南府學生　易
第五十一名　謝瓊　商城縣學生　春秋
第五十二名　雷雯　上蔡縣學生　詩
第五十三名　靳章　衛輝府學生　書
第五十四名　李紳　陝州學生　詩
第五十五名　王尚綱　郟縣儒士　禮記

第五十六名　趙聰　衛輝府學生　易
第五十七名　張瀾　洛陽縣學增廣生　詩
第五十八名　安仁　太康縣學生　書
第五十九名　陳英　衛輝府學生　詩
第六十名　夏古淵　西平縣學生　春秋
第六十一名　孫贇　杞縣學增廣生　詩
第六十二名　陳素　靈寶縣學生　書
第六十三名　何延吉　靈寶縣學增廣生　詩
第六十四名　秦泰　河南府學軍生　易
第六十五名　王宣　內鄉縣學生　詩
第六十六名　韓澤　泌陽縣學生　書
第六十七名　李志學　通許縣學生　詩
第六十八名　張文琳　陝州學生　易
第六十九名　陳標　汝陽縣學生　詩
第七十名　張雲　信陽州學生　禮記
第七十一名　楊澤　儀封縣學生　詩
第七十二名　李顯　泌陽縣學生　書
第七十三名　梁嶽　裕州學生　易
第七十四名　和春　開封府學增廣生　詩
第七十五名　徐冒　彰德府學生　書
第七十六名　范金　武陟縣學增廣生　易
第七十七名　趙瑢　宜陽縣學生　詩
第七十八名　王廷相　儀封縣學增廣生　詩
第七十九名　李開　河陰縣學生　□
第八十名　彭洪　信陽州學生　詩

第一場

四書

道之以德齊之以禮

楊惟康

同考試官訓導房批（論語一題士子講德禮處多陳言可厭是篇詞約

而理自到佳作也宜錄之以式後學）

　　同考試官教諭王批（此題類多能作俱牽致浮語殊無可人意者晚得此篇辭簡理明讀之不能釋手是用錄出）

　　考試官學正侯批（詞暢理明不事雕琢如此篇者不多見也）

　　考試官學正李批（論語義淡而不厭簡而文此作其近之）

　　聖人論治民以身先之而以禮一之也蓋民非德不能感非禮不能齊也德以先之而禮以一之治民之道莫有加於此矣昔吾夫子論爲治至此若曰政刑能使民遠罪而已所當務者又有德禮焉是故凡民所固有者德也而行之者鮮必也躬行此德以倡率之俾於此乎視效凡民所同得者德也而失之者衆必也實踐是德以引導之俾於是乎景從如欲教民孝則自我之所以事父者而道之以德感德非空言也如欲教民弟則自我之所以事兄者而道之以心感心非末務也一德立而斯民之軌範成百行修而天下之儀刑具蓋皆示之以降衷秉彝而不假外求焉道之以德如此夫道之以德則民固有所觀感而興起矣然其間資稟有厚薄不能皆一也又必爲之禮文以一其所未一觀感有淺深不能皆齊也又必爲之禮節以齊其所不齊制度秩然使皆守之而不亂興孝興弟者無間於資稟之厚薄也品節燦然使皆循之而不逾事父事兄者無間於觀感之淺深也抑其過而賢者俯而就引其不及而不肖者勉而至蓋皆納之於規矩準繩而不容不齊焉齊之以禮□如此夫既道之以德而又齊之以禮則民自是而有恥且格非專事政刑所可及也爲治者可不知所務哉嗟非當春秋時上之人專務政刑而德禮皆廢吾夫子懼先王之德教不行於後世也故有此論然聖人治天下亦何曾有所偏廢哉蓋政者爲治之具刑者輔治之法德禮則所以出治之本而德又禮之本有政刑而不本之德禮則是徒法不能以自行有德禮而不施之政刑則是徒善不足以爲政此國吾夫子之深意也讀者求之

　　誠者天之道也
　　李茂元
　　同考試官教諭魏批（中庸文字拘於理者窘於辭縟於辭者戾於理不冗不腐辭能達理如此篇者殆亦難能矣是宜錄之）

　　考試官學正侯批（題本難作場中率爲所窘此篇體認親切詞理簡明視諸騁浮臆說者不侔矣可嘉可嘉）

　　考試官學正李批（中庸此語孟子亦嘗述之朱子注此曰天理之本然

（□孟子曰理之在我有可謂明白但學□體認不真多以在天之理與聖人之德立說惟此作詞理俱到蓋嘗□會而玩索之者錄之）

論實理之在人者一天理之本然也夫天理之本然一誠而已矣然則理之在人而謂之曰誠者豈非天之道哉昔子思作中庸引孔子之言承上文誠身而言及此謂夫天道流行賦予於人而人受之以爲性此所謂誠也自其未雜於欲而觀之五性方靜渾然在中而無一毫之虛假七情未生粹然在我而無一絲之僞安曰仁曰義表如是而裏亦如是由表及裏皆誠也曰禮曰智內如此而外亦如此自內及外皆實也夫誠者如此而何以謂之天道邪蓋天之所以賦於我者本誠也一有不誠虧其本體之真矣我之所以得於天者本實也少有不實失其本然之天矣今既曰誠則天道之本體爲元爲□而誠之通者咸在而無虧也天理之本然爲□爲貞而誠之復者全具而不失也理之自誠□受雖有天人之分而誠之在人與天則□□□之間不謂之天道而何哉吁在天者□誠而在人者亦此誠大哉誠也貫天人而□不有者也雖然誠固人之所自有也性成之後口鼻耳目四肢之欲得以蔽之而喪其本真者多矣是故各正性命本無間於衆人而從容中道乃獨歸之聖人也然則未至於聖人而欲誠之者當何如亦曰擇善而固執之耳果能此道焉則由賢入聖而天理之本然者復於我乎全矣不可不勉

　　求則得之舍則失之是求有蓋有益於得也求在我者也
　　郝綰
　　同考試官訓導陳批（場屋文字雖爲程式所拘然胸中有見者其詞致目別觀此可見矣）
　　考試官學正侯批（説性之所有處士子類能言之求其詞理透徹且不襲陳言者無逾此篇是用錄之）
　　考試官學正李批（發揮求在我處詞不贅而意自足）
　　原所求之有益以所求之在己蓋一求與舍之間而得失係之求之有益於得也尚矣然非求諸性分之內者安能如此哉吾想孟子之意若曰人固不可以妄求而亦不可不自求今有人焉不求則已苟能奮然用力而求之則所求者即此而得所謂欲之則至者是也求固可得苟或無所用心而舍之則所舍者即此而失所謂舍之則亡者是也夫求之未必得而舍之未必失謂求有益於得不可也一有求焉而得輒應之不墮於空虛無用之地其有益於得也何如一用力焉而得即隨之不歸於汗漫無成之境其爲得之益也何如夫求

之有益於得如此果何爲而然邪蓋所求者無他若仁若義皆天也所以賦於我而爲性之所固有若禮若智□□之所以得於天而爲□□□□具有是物必有是則非外鑠我也於此而求之豈有不得者哉有是形必有是理非自外至也於是而求之豈有無益者哉是則人之所當致力者性分之外固無餘事舍此不求而求之於不可必求者亦見其惑矣抑考下文曰求之有道得之有命是求無益於得也求在外者也以見其不可必求而他章又曰性也有命焉君子不謂性也命也有性焉君子不謂命也曰不謂命即此求在我者之意曰不謂性即此永在外者之意世降而戰國人唯用力以求富貴利達而忘其性分孟子切於救世故屢言之當時之人其亦曾有所警也夫

易

后以財成天地之道輔相天地之宜以左右民

路直

同考試官教諭魏批（題本冠冕但作□中無定見多漫說可厭體認親切如此篇者蓋不易得錄之）

考試官學正侯批（此作講左右民處體貼得出與牽合成文者不同）

考試官學正李批（易義潔淨如此蓋少）

人君體易贊化育以助夫民焉蓋財成輔相贊天地之化育也而所以左右民者在是矣非人君體泰烏足以與於此哉且夫乾坤合而陰陽和天地通而萬物遂泰之象也人君於此何以體之彼天地之道默運而不可窮則成之使不至於過如氣化流行節之爲四時地形廣邈限之爲四方凡所以制其過者皆所以財成之也天地之宜自然而不可違則輔相之使不至於不及如春生秋殺俾隨時而耕斂高黍下稻俾就勢而播植凡所以補其不及者皆所以輔相之也夫財成輔相之法立於是天下之民莫不用天時因地利相安養於覆載之中左之右之孰非吾君之所教率乎海内之衆莫不襲水土法天時相生育於通泰之日右之左之孰非我后之所匡翼乎吁人君體泰如此可謂有功於天地有功於斯民者矣抑論天地之化育既不能無待於人君財成輔相無得不當然也何獨於泰言之蓋泰則萬物茂遂乃可以施其功若天地否塞則有不可得而爲者嗟夫泰之時似可佚也而古之人君方且以左右斯民爲務後世一遇小康輒有豐亨豫大之說而君之志荒矣吾夫子發此於易其意不既深哉

神也者妙萬物而爲言者也動萬物者莫疾乎雷橈萬物者莫疾乎風燥萬物者莫熯乎火說萬物者莫說乎澤潤萬物者莫潤乎水終萬物始萬物者莫盛乎艮故水火相逮雷風不相悖山澤通氣然後能變化既成萬物也

李茂元

同考試官教諭魏批（本房士子作此題者不失之冗長則失之枯澀其文氣沛然而理趣亦到者無如此篇錄之以爲學易者程式）

考試官學正侯批（先天後天圖學與神之所爲發揮殆盡）

考試官學正李批（神妙萬物處講得透徹蓋嘗究心於理學者）

聖人論神妙乎物必即六子之用與其所以成用者而見之也蓋六子能致其用以陰陽各得其偶而莫非神之所爲也聖人論神妙萬物得不即此以見之哉說卦傳此章去乾坤而專言六子以見神之所爲謂夫乾坤之功散見於六子而六子之用總攝於一神是神也體乎萬物而未嘗倚于物無在而無所不在超乎萬物而亦不離乎物無爲而無所不爲妙萬物而爲言者也然何以見之蓋嘗觀諸後天之圖位東方而時乎春者震也震雷一動而物萌位東南而時乎春夏之交者巽也巽風一散而物舒動橈萬物者莫疾乎雷與風焉位南方而時乎夏者離也離爲火而性則炎位西方而時乎秋者兌也兌爲澤而性則說燥說萬物者莫過乎火與澤焉坎位正北時乎冬而象爲水艮位東北時乎冬春之交而成終始潤萬物者莫潤乎水而終始萬物者莫盛乎艮焉夫六子各致其用如此然非陰陽對待之體何以成其功邪又嘗觀諸先天之圖離居東而坎居西坎離相對水火不相射而相逮矣震居東北而巽居西南震巽相合雷風相與而不相悖矣艮居西北而兌居東南艮兌相交山之氣通於澤而澤之氣通於山矣夫坎離得偶故水火能變化燥潤之功於是乎成震巽得偶故雷風能變化動橈之功於是乎成艮兌得偶故澤能變化以說萬物艮能變化以終始萬物而其所以然者莫非神之所爲也神妙萬物豈不於此乎可見哉吁對待者非流行不能變化而流行者非對待不能自成先天後天圖學之妙有如此抑考上章言帝乘八卦以出入乾坤與六子并稱也此去乾坤而專言六子者蓋以乾坤者神之所蘊而變化之所自出言神于後天以六子之先神即乾坤之妙用也言變化于先天六子之後變化即乾坤之發用也故知變化之道則知神之所爲知神之所爲則知乾坤之所爲矣

書

先王昧爽丕顯坐以待旦旁求俊彥啓迪後人

李鑾

同考試官訓導房批（揭書出題本自平易但士子講丕顯待旦處多惑

於修德行政之說此作一主蔡傳且能體貼伊尹告君之意非素講貫者不能是宜錄之）

　　同考試官教諭王批（發揮啓迪後人之意明白必究心是經者）
　　考試官學正侯批（理明辭達蓋經學之優者）
　　考試官學正李批（能本蔡傳立説非他卷所及）

　　前王明德而行之也勤求賢而慮之也遠甚矣君天下之道未易盡也然非明德力行而求賢輔後又何以克盡其責哉宜大臣舉之以訓戒乎後王也昔伊尹之告太甲其意若曰王之位既於先王而是傳王之德可不於先王而是法乎是故德莫大乎仁也先王於昧爽之時洗濯非心以大明之視盤銘之戒爲有加德不外乎義也先王於晦明之頃澡雪邪思以懋昭之存顧諟之心爲不替孜孜然坐以待夫天之明以是德而措之於行何憂勤也汲汲然坐以俟夫日之旦以是德而達之於用何惕厲也先王急於爲善不遑寧處如此而又求之四方凡曰俊曰彥之才咸迪簡王庭與之治天職也徵之天下凡曰賢曰能之士咸有服大僚與之食天禄也于以啓而迪之俾嗣王灼然知德之當明要必造乎丕顯之域而後已焉于以開而導之俾後昆曉然知德之當行要必踵乎待旦之勤斯無忝焉今王其可不明德力行保守天位而越厥命以自覆哉抑考是篇乃太甲不惠阿衡之時故伊尹訓戒之者如此蓋以太甲之有天下由先王成湯創業之祖明德以得之與伊尹開國之大臣左右先王之所致太甲今日爲守成之主豈可忘先王而不念忽尹言而不從哉厥後營宮于桐果能處仁遷義翻然改悟克終之美光昭簡册伊尹訓戒之功夫豈小哉

　　敬忌罔有擇言在身
　　連世禄
　　同考試官訓導房批（吕刑題士子多□以威當實講此獨抑揚反覆詞理渾融迥异衆作故錄之）
　　同考試官教諭王批（講穆王訓刑處典雅可觀讀之猶見三代仁厚氣象）
　　考試官學正侯批（發揮敬忌處甚明白而詞亦莊重可取）
　　考試官學正李批（以威富貫講最是）

　　存諸已者致其謹形諸言者無所愧聖世典獄之官然也夫敬忌者用刑之本也苟能謹於已焉則刑皆當罪尚何有擇言之在身乎昔穆王訓刑而言及此其意若曰刑之用也民命關焉是可率意而行之乎必兢兢戒謹而凡輕也重也儼若上帝之臨汝而有所不忽焉刑之施也治化繫焉是可任情而爲

之乎必業業危懼而凡辟也宥也凛若天監之在茲而有所不敢焉不屈于威而勢無所怵也不徇于富而利無所誘也如此則存諸己者致其謹矣然或刑而爲勢所怵則發之於言人得以指其瑕疵矣今而敬忌之心恒存輕所當輕重所當重一出於大公何有於擇言之在身乎刑而爲利所誘則出諸其口人得以議其過差矣今而謹畏之念不忘辟所當辟宥所當宥一合於至正何有於片言之少忽乎不濫及於無辜而威無所屈也不幸免於有罪而富無所徇也如此則形諸言者無所愧矣噫虞廷之用刑純乎天德無不可舉以示人者如是穆王舉以爲言蓋欲當時典獄之官知所取法也歟雖然穆王訓刑而以敬忌爲言夫豈無所本乎蓋與舜之欽恤文王之敬忌同一心也然於五刑有贖未免戾乎先王之法但其一篇之中敬德之言諄諄不釋諸口曰以教祗德曰敬逆天命曰惟敬五刑曰有德惟刑哀矜惻怛藹然猶可想見三代仁厚之意□吾夫子所以錄之以垂示後世也歟

詩

七月流火九月授衣春日載陽有鳴倉庚女執懿筐遵彼微行爰求柔桑春日遲遲采蘩祁祁女心傷悲殆及公子同歸七月流火八月萑葦蠶月條桑取彼斧斨以伐遠揚猗彼女桑七月鳴鵙八月載績載玄載黃我朱孔陽爲公子裳

郝綰

同考試官訓導陳批（風義題長講多紛雜此作布置不紊詞旨通暢而豳俗之厚藹然溢於言表其范經中之杰出者乎是宜錄之）

考試官學正侯批（作長題而能概托妥貼文思遠到深得周公戒君之意是可與言詩矣）

考試官學正李批（模寫周家風化之遠暸然可誦是善説詩者）

詩人述豳俗以戒君既原其女工之始而有所感復言其女工之成而無所私甚矣豳民忠愛其君也一蠶績之始終感乎情而不私於己非風化之厚能如是哉昔周公述豳俗以戒成王謂夫今王徒知王業所由興不知風化所由始自我后稷公劉之居豳也時乎七月大火西流暑退將寒矣時乎九月霜降始寒則授衣以禦之焉然衣雖授於寒而工則始於煖故當春日溫和之始倉庚和鳴之候蠶之始生也女治蠶而執懿筐循微行以求柔桑于以飼蠶之始生者焉蠶有未齊也春日遲遲而舒長采蘩祁祁而衆多于以啖蠶之未齊有者焉而此姻連公室之女聿懷傷悲之情以爲婚姻之期近矣殆及公子而同歸歟男女之會至矣將遠父母而有行歟曷能已於情邪迨夫七月流火是

歲禦冬之備既成矣八月萑葦來歲治蠶之薄亦蓄矣然薄雖備於秋而用則在於春故於來歲治蠶之月桑可條取也則取彼斧斯以伐遠揚之枝桑可葉取也則取其葉而存其猗猗之條七月鵙既鳴矣八月麻載績矣凡此蠶績之所成者皆染之有玄黃焉而色之皆備有我朱焉而色之孔陽是雖成於閨門之手皆供公子禦寒之裳焉雖出下民之勞皆充公子卒歲之用焉曷容以自私邪吁忠愛之情溢于蠶績之間先公風化遠矣成王可不知所自哉抑觀豳人之俗不作無益而惟農桑狩獵之務不荒于淫而惟祭祀燕饗之禮愛下利上之情養老慈幼之節藹然熙皡之風非人力之能爲實風化之所在也周公戒君之意正在於此然此豈惟成王當知凡有天下國家者皆不可不知

維天之命於穆不已於乎不顯文王之德之純
張原明
同考試官訓導陳批（說理之文難工若是篇之簡潔精確宜在所錄也）
考試官學正侯批（理致深而辭能達之蓋有得乎詩人咏歌之旨者也讀之心目爲之爽然）
考試官學正李批（寫得文王之德之純的意思出）

詩人并舉天道聖德而嘆之所以贊聖德之盛也蓋天道無窮而聖德不雜文王與天一而已矣詩人并舉而嘆之其所以贊之者何如哉此祭文王之詩吾想詩人之意謂夫文王之德不可以易見觀諸天道則可見矣彼一理流通於冲漠之中二氣運行於亭毒之表此天命也於是遂嗟嘆之以爲此天之命無聲無臭何深遠而不可測歟無方無體何微妙而不可窺歟元而亨亨而利動靜□闢之相尋亘古今而無窮也利□貞貞而元屈伸往來之相代貫始終而不息也天道如此文王之德豈異是哉於是又嗟嘆之以爲赫然光輝之宣善煥然英華之發越豈不顯哉我文王之德衆善畢備外之顯者其內之充歟萬理昭融身之暢者其中之積歟仁極仁義極義粹乎天而不雜以人一天道之不雜也何純如之禮極禮智極智渾乎一而不間以二一天道之無間也其純何如吁文王之德一天也天之命一文王也天與文王夫何間然之有詩人以此歌於清廟其美盛德而告成功之意深矣抑論文王之德之純一誠而已唯其誠故形于家而關雎麟趾之化成著于國而鵲巢騶虞之仁應及于天下而汝墳遵化虞芮質成莫非此誠之形見也故曰唯天下至誠爲能化千載而下讀此詩者仰盛德之形容猶一唱而三嘆況聞於清廟登歌之際者宜何如其感慕邪

春秋

丁卯子同生（桓公六年）吳子使札來聘（襄公二十九年）

胡止

同考試官教諭周批（傳題人多能知求其融會傳意不滯不腐而發明帝王禪繼之義如此篇者蓋亦不易得也錄之以□多士）

考試官學正侯批（文有抑揚有斷制蓋邃於春秋者也）

考試官學正李批（發揮與子與賢處見理精切措辭簡健蓋麟經中之表表者宜冠本房）

春秋兼帝王之道有示與子之法者有示與賢之義者觀書子同之始生貶季札之讓國而禪繼之義明矣且夫唐虞禪夏后殷周繼萬世之通道也興賢貴於得人與子定於立嫡天下之達禮也春秋于何兼之而示法邪是故桓公六年九月丁卯子同生焉斯時也接以大牢而卜士負之食以士妻而□史名之所以承魯之世系者在是所以繫魯之人心者在是殆與夏商啓甲周之子誦同一嫡也是其分義既明名位亦定而凡嬖孽皆其臣子誰可班乎聖人修經以爲子可繼則以天下爲家而不必於讓國之義故於其始生也特重其家而大書于策若曰是嫡子也是宜受命有國者也此義行則以立嫡爲主而奪正之私自是息矣若乃襄公末年吳札承命而來聘焉斯人也父以爲賢而欲以國立之兄以爲賢而約以次傳之非溺偏愛之私情實得與賢之公義殆與堯之禪舜舜之禪禹同一意也何乃固遜不從介節自守而使僚光率於爭弒誰之咎乎聖人修經以爲賢可禪則以天下爲公而不拘於世及之禮故於其來聘也□其公子而備貴之者曰是季札也是嘗讓國生亂者也此義行則以得人爲重而蕭牆之□自是禪矣吁與子者三王繼之之義與賢者二帝禪之之義者春秋兼帝王之道有如此雖然天下無生而貴者必誓於天子而後得爲世子子同固以嫡長當立然未嘗告於周其不得書世子宜矣若季子者見禮而知政聞樂而知德春秋高士一人而已何責之深邪蓋春秋之法道中庸而季子之讓過乎中故責之深者望之深也此惟與天地同德而達乎時中者然後能與於此讀經者知之

叔孫豹會晋趙武楚公子圍齊國弱宋向戍衛齊惡陳公子招蔡公孫歸生鄭罕虎許人曹人于虢（昭公元年）

楊鷗

同考試官教諭周批（題本易見但場中士子多惑於諸家疏義又或穿

鑿附以臆説殊失經傳大旨晚閱是篇詞氣渾厚祖傳而不悖經蓋能矯近習之弊者宜錄之以式後學）

考試官學正侯批（于虢不書盟而先晉陳招不書弟而公子皆有深意此獨能發明之且詞氣雍容理極條暢視他作為優）

考試官學正李批（本胡傳立説得夫子筆削之旨）

春秋於夷夏講好也貴信而先伯國之臣正名以尊侯國之君此于虢不書盟而晉先於楚陳招不書弟而特稱公子也義各有在矣既昔春秋末年晉平繼伯楚假尋宋之盟聿講于虢之會主盟者楚公子圍也不書盟而以趙武列於上其意云何蓋天下莫大於理莫強於信義刑牲歃血非所貴也況中國之有夷狄猶君子之有小人豈可以強弱計邪今晉惑弭兵之説再締南北之交束牲不歃而楚圍握主盟之拳舊書仍讀而趙武守久要之信是楚重得志晉少懦矣苟以實書則中國之大亦可屈於刑蠻之盟誓如貴信之義何故特書會而以趙武先於楚圍若曰晉為信義之邦世主會盟之政而強弱不足論矣所謂貴信而先伯國之臣者如此且當是時諸國為之景從列卿於焉聽命與會者陳侯之弟招也不書弟而曰公子招其意伊何□禮奠大於分分莫大於名別嫌明微在所謹也況諸侯非始封之君則臣其諸父昆弟豈得以族屬通邪今招以陳侯之命來盟會盟之禮內憑君寵固以親而獲使外修國好亦□分所當為是親雖為弟而義則臣矣苟以弟稱則諸侯之貴亦可屬於族人之班列如正名之義何故不書弟而特書公子招若曰招為貴戚之卿亦在臣子之分而族屬不足言矣所謂正名以尊侯國之君者如此吁不以盟而先信則人皆知賤盟而貴信不以親而妨尊則人不敢介親以害尊春秋扶世之功大矣嗟夫楚之僭王猾夏久矣齊桓伯而服於召陵晉文伯而敗於城濮雖嘗竊發舉兵亦惟於江漢諸國而已何趙武為晉上卿拙於謀國既與之盟又與之會卒使其大會于申號令諸侯伐吳滅賴無敢違者中國幾何而不淪胥於夷邪噫此君子不得而予桓文關世變者傷之

禮記

大樂正論造士之秀者以告于王而升諸司馬曰進士

許僖

同考試官教諭楊批（作此題者不泛則冗此篇詞理簡當且能寫出先王不輕用人之意當為禮經之冠）

考試官學正侯批（題本枯澀此作不為所窘蓋亦士之秀者）

考試官學正李批（講進士處能發揮優於他作）

大臣論士之秀者而進之因以异其名也夫造士之秀才德成而可用者也大臣論而進之得不异其名爲進士哉且夫樂正之官掌國學之教嘗順先王詩書禮樂以造就夫國子民俊之才德矣兹當九年出學之期可不論之以驗其成乎故於造士之申論述其能師詩書之教而才德穎出于同輩者則曰其長於詩某長於書才以錄次其名而告于天王論薦其能循禮樂之教而才德超越乎等夷者則曰某優於禮□優於樂于以籍記其名而告于天子然論士□在於天樂正而入仕則掌於司馬故既達其□於天子即升其人於司馬焉吾知選法是司□定其論而錫之以爵也銓衡是執將核其實而予之以禄也是人也昔升於學名爲俊士而已今則進於王所將以服有官政而崇階之陟□兹始矣名曰進士不亦宜乎向養於學名爲造士而已今則進於王朝將以佐理治化而厚秩之膺由此基矣名曰進士不亦當乎是則士之秀出于學者必論而進之斯有進士之名先王不輕於用人也有如是夫雖然人固不輕於用也而亦豈易得哉蓋必教之於學校養之以德業論之以定期斯可得也古之人有見於此故陋地以立學設官以司教論鄉學之秀者於是年大比之時論國學之秀者於九年大成之□至於不帥教者則屏之遠方終身不齒焉其進用也難其立法也嚴則凡在學者孰敢不性其情以蹈中和之域而期底於有成哉此三代之王後世無及良有以也

獨樂其志不厭其道備舉其道不私其欲

許讚

同考試官教諭楊批（此題主樂舞立說作者率多牽合浮詞殊爲可厭此獨說理明白而措詞典雅主司能不爲之側目）

考試官學正侯批（發揮樂舞之理殆無餘蘊蓋嘗潛心是經者也錄之宜矣）

考試官學正李批（講成已成物處極是蓋深於禮者）

論樂舞之理成于已而不斁成乎物而必公蓋樂舞之理妙矣君子以之成已而成物何有厭斁私已之心乎樂記君子通論樂舞之理如此謂夫先鼓警戒而極幽不隱樂之道也著往飭歸而奮疾不拔舞之容也是樂舞也發於歌咏形於舞蹈莫不有道存焉故以之爲已也則和而平如歌咏可以和樂吾之性情舞蹈可以動盪吾之血脉也君子則載歌載咏志專於此而欣慕之務使性情爲之和樂以舞以蹈心一於是而愛樂之務俾血脉爲之動盪怡神於音律之中日繼以日無間斷也適意於動靜之頃時復以時無作輟也豈有厭

斁之心乎所謂學而不厭是已以之爲人也則愛而公如人之性情不知以樂而和樂人之血脉不知以舞而動盪也君子則備舉歌咏之樂以立教使人亦得以樂而和樂其性情推廣舞蹈之容以垂訓俾人亦得以舞而動盪其血脉擴在己欲立之心□欲人人之皆立藩籬不間也推在己欲達之念必欲人人之皆達限隔不生也豈有私己之意乎所謂誨人不倦是已呼既有以成乎己又有以成乎物樂舞之理其有益於人也何妙哉抑論之移風易俗莫善於樂生民之道莫大於樂其始也本於吾心之感物其終也極乎人心之感化然必和順積於中德性根於內由是而播諸樂器推以爲教則樂行倫清而人心無不感化矣否則推之而不準動之而不化欲其向化也厥惟艱哉故曰君子反情以和其志廣樂以成其教此記者推本之言也宜當參考

第二場

論

上下交而德業成

李鑒

同考試官訓導房批（論場正欲觀士子才識此篇近千言皆自肺腑中流出無一言蹈襲而抑揚開闔新意疊見且詞氣渾厚無斧鑿痕蓋積學之久而造道之深者擢冠多士宜矣）

同考試官教諭王批（議論正大不尚浮露而文藻燦然正猶干將鏌鋣藏鋒欽鍔而精彩旁達自有不可掩者閱卷至此爲之喜而不寐）

考試官學正侯批（辭自理出讀有餘味蓋論場之優者也）

考試官學正李批（論有間架有轉折有歸宿且雄健簡古不可以場屋文字目之也堪式後學）

論曰欲有爲於天下爲君者則必重其臣而爲臣者必自重其身重其臣非自屈也不自屈則其志不達於下重其身非自重也不自重則其志不達於上上之志不達於下下之志不達於上而能以有爲者自古及今蓋未有也夫自古爲君者孰不欲求天下之治而爲臣者孰不欲爲其君致天下之□然爲君者常患不得賢臣而用之而爲臣者又患其君之不能用相須甚急而相合甚難何哉韓退之云患在上之人負其位不肯顧其下下之人負其能不肯諂其上夫上之人不顧其下是誠不可若下之人不諂其上乃所以爲自重而何不可之有人君之勢如天下不患其不尊患其尊之過也而至於亢人臣之勢如地不患其不卑患莫卑之過也而至於諂使上之人曰位天位也寧忘吾尊

而士不可驕下之人曰位天位也寧不得位而道不可枉君不驕□是惟不得賢而用之則已苟得賢焉必與之共天位也與之食天禄也與之治天民也而不以崇高富貴爲重也臣不枉道是惟不得君而事之則已苟得君焉必責之以難事也引之於當道也納之於無過也而不以趨走承順爲恭也君不以崇高富貴爲重則上之志在於道□不以趨走承順爲恭則下之志在於道上下之志同在於道是惟無合合則固矣君以臯夔待其臣臣以堯舜望其君君曰是臣亦曰是君曰非臣亦曰非君曰可臣亦曰可君曰不可臣亦曰不可下有言焉上必信之上有意焉下必行之雖有巧言不得而組也雖有善問不得而窺也雖有奸宄佞幸無所投其隙也於是君道益隆臣節益著天下之政益理可以搜百代之曠典可以復千古之盛治國可泰兵可銷刑可措教化可行禮樂可興風俗可移四夷可賓萬物可育格天之業可成也其初起於上下之交而已在易天上地下曰否地上天下曰泰夫天上地下於位□□□爲否地上天下於位逆也而爲泰然則君臣之義斷可識矣故曰天地交而萬物通也上下交而其志同也嗟夫自周之衰而斯道廢爲君者唯知勢位之爲尊而爲臣者唯知勢位之可慕君日驕亢然於上臣日謟靡然於下宮中有九重之深堂上有萬里之遠終日見而不相知終日言而不相信上有懷焉下無由知之而上之勢日益孤下有挾焉上無由知之而下之勢日益隔讒賊由是而興禍亂因之而作是二者均有過焉而愚以爲起於下之人蓋下之人薄於道而厚於勢失其所以自重故上之人亦往往莫之重夫臣而自輕則上之人亦輕之未有君輕之而可與有爲者臣而自重則上之人亦重之未有君重之而不可有爲者然明君者豈爲一人之故而廢尊德樂道之心哉天下之大豈無自□之士昔有湯之於伊尹文王之於太□□皆是用道以成王業而齊王失之孟子卒以不振於乎後之欲有爲者可以觀矣

表

擬宋以歐陽脩參知政事謝表（嘉祐六年）

路直

同考試官教諭魏批（駢儷中而典雅渾成得歐文體）

考試官學正侯批（寫出文忠當時謝意）

考試官學正李批（語儷而渾事序而核非徉作也）

伏以國鈞至重新參式貳乎贊襄廟論殊深末學無裨於造化撫私心而兢惕畏公議之沸騰言念臣修性乏通明器非宏遠學僅知乎章句識未達於古今早蒙擢自孤寒備員司諫繼獲保全狂直待罪分符風波流落者十年雨

露生成如一日遂使苟存餘息乃能晚際通途再塵侍從之班復坫綵綸之職暫知貢舉未能變士習而騰誼旋轉副樞無以佐邊籌而竊祿自分獲罪不淺豈意蒙恩更深顧中書之缺員俾備數而承之經綸是任調燮奚堪茲蓋伏遇仁聖之資荷祖宗之業睿謨天啓敬德日新頃值西陲用師焦勞常著於色今致四方無事憂勤靡懈於心慮百姓之未蘇欲群臣之盡副方勤接引仍示優容不以在位多賢而吝連茹之拔不以守官無狀而廢一藝之收似此庸流亦登要地但愧用之太過獎之太深況臣便穀粟以爲文猶懼輪轅之虛飾乃今比梗楠而見用固知梁棟之難勝憂莫解於循牆咎罔逃乎覆餗惟涓埃之可罄願效丹衷倘溝壑之未填寧辭白髮尚當勉尋舊業奮企前修期輔政之同心敢妨賢而病國臣無任瞻天仰聖激切屏營之至謹奉表稱謝以聞

第參場

策

第一問

李鏊

同考試官訓導房批（此卷五策俱優首篇尤能敷揚聖祖定律與近例所以輔律之詳援古證今出入經史術又欲斟酌近例以成畫一之政卓有定見且文詞優裕器識閎遠聖化作人之效其有微於此乎擢冠秋闈允協輿論）

同考試官教諭王批（援古事而不遺證今制而有據是必□洽多聞之士也秋闈首選不能舍子矣）

考試官學正侯批（宏博之才深遠之識諸子未能或之先也敬羨敬羨）

考試官學正李批（此策於當代律例隨問隨答非平昔有講究而次問世者不能允宜高薦）

法之立也所以定天下之志而法之用也必求有以盡天下之情蓋一定者法也無窮者情也以一定之法而求合無窮之情則固有不能盡者矣是以律設大法而輕重損益付之乎人易曰窮則變變則通法之所窮損之益之輕之重之而不失乎立法之初意此善守法者也聖人尚德不尚刑者也推其意豈不欲盡去乎刑哉天下之奸不可去也抑豈不欲刑之簡且一哉天下之僞不可一也虞周之世有五刑有八議五刑定法也八議行法者也當是時可謂簡且一矣其後子產鑄刑書李悝造法經六篇則加詳焉漢蕭何爲九章又加詳矣魏劉劭衍爲十八篇晉賈充參爲二十篇又加詳矣唐長孫無忌又取漢晉魏三家而集厥成於乎其亦備矣豈非天下之情日趨於變故爲法者不得

不日趨於詳也哉然則後世之法其亦可知矣我太祖高皇帝肇造華夏創制法令命刑部尚書劉惟謙等重會衆律以□厥中每一篇成輒繕書上奏揭於西廡之□□親爲裁定其視漢唐又加詳矣歷世以來臣民遵守如日在天傳之萬世而無弊也律以禁奸而奸之發往往出於法外是以近年以不又有所謂例者與律相輔而行有律之所重而例輕者酌乎時之所當輕也有律之所輕而例重者酌乎時之所當重也是皆名臣之所建白宸衷之所裁處若是而盡欲去之其殆未可乎然歲月滋久積集繁多盈箱充棟難於披閱或用法者所見不同欲入則從重欲出則從輕高下在手出入師心若是而欲一切用之其亦未可乎故愚以爲二者宜酌厥中焉蓋律者天下之大法也例者所以輔律之不逮也昔子產鑄刑書叔向譏之曰先王議事以制不爲刑辟懼民之有爭心此言是也然以論先王之世則可後世之多僞而法可不詳乎杜周曰三尺安出哉前主所是者爲律後主所是疏爲令當時爲是何古之法此言非也然以時變推之其亦有不可廢者乎方今聖人在上好生如虞舜明哲在廷洲問如皐陶謂宜專命學有經法通知時事者數人盡取近年事例會議而折衷之審古今之所異酌輕重之所安其輕重不倫前後乖戾者削去之其參諸律意而無違推之輿情而可行者則疏而存之上呈乙夜之觀仍候允行之詔然後頒之天下藏之有司使中外曉然爲吏者不得肆舞文之奸而爲民者得以歌畫一之政豈不盛哉雖然古之所以一民軌俗法之外尚有大者焉其本末先後固未易遽言之倘因執事而得進於明廷其尚有以陳之

第二問

胡止

同考試官教諭周批（論學一策士子類能敷答不若此篇之詳盡亦足以見其該博矣宜取之爲本房冠）

考試官學正侯批（此答統會本原發用端緒處灼有定見蓋有得乎考亭之心者錄之以示後學）

考試官學正李批（有考據有議論蓋留心於理學者也）

六經統攝乎一心也四子同貫乎一道也前乎伏羲堯舜禹湯文武周公見諸經者此心此道也後乎孔子曾子子思孟子著於書者亦此心此道也心其心則洪荒隆古即旦暮焉道其道則汗牛充棟皆糟粕焉是則求六經四子之說者求諸吾心而有餘矣請詳陳之宋儒程子有曰學者當以論語孟子爲本論語孟子既治六經可不治而明矣斯言也朱子取以爲學者讀書之法至於六經四書所以相通之類則未嘗明言之近世名儒若金華宋濂有曰說天

莫辯乎易由吾心即太極也人之潔净精微則有得於易之教若京房溺於名數而世豈復有易乎說事莫辯乎書由吾心政事之府也人之疏通知遠則有得於書之教說志莫辯乎詩由吾心統性情也人之溫柔敦厚則有得於詩之教若孔鄭專於訓詁世豈復有書詩乎說理莫辯乎春秋由吾心分善惡也說體莫辯乎禮由吾心有天叙也導民莫過乎樂由吾心備人和也人之屬辭比事恭儉莊敬廣博易良則有得於春秋禮樂之教若董仲舒之流於灾异大小戴記亦多未醇世豈復有春秋禮樂哉此見於六經之論者然也至若義爲王樟有言易以明陰陽之變推性命之原然必本之於太極太極即誠也而中庸首言性命終言天道人道必推極於至誠故曰治易必始於中庸也書以紀政事之實載國家天下之故然必先之以德峻愈一德三德是也而大學自修身以至治國平天下亦本原於明德故曰治書必始於大學也春秋以貴王賤伯誅亂討賊其要則在乎正誼不謀利明道不計功而孟子尊王道卑伯略闢异端距邪說其與時君言每先義而後利故曰治春秋必始於孟子也詩以道性情而論語之言詩有曰關雎樂而不淫哀而不傷又曰可以興可以群可以怨禮以謹節文而論語之言禮自鄉黨以至朝廷莫又具焉樂以象功德而論語之言樂自韶舞以及翕純皦繹之說莫不備焉故曰治詩及禮樂必始於論語也此見於四子之論者然也自有六經論孟諸書以來上下數千百年傳者非一家議者非一人求其能知統會本原發用端緒未有如吾朱子者焉觀其言曰大學垂世立教之大典論孟應機接物之微言而中庸則又聖門傳授極致之言不先乎大學無以提挈綱領而盡論孟之精微不參之論孟無以融會貫通而極中庸之歸趣然不會其極於中庸則又何以建立大本經綸大經而讀天下之書論天下之事哉雖然求此理於方策莫若求此理於吾心大哉孔子之言曰吾道一以貫之有一本焉有萬殊焉一本者體之所以立萬殊者用之所以行體用一原顯微無間善學者培養其本而敷衍其因則凡自得於吾心者措之身以達諸家國天下可該括而無遺矣管見如斯惟執事其與進之

第三問

李茂元

同考試官教諭魏批（五策才氣宏偉學問該洽宗法一策歷言敦本厚俗之要真可舉行此今日之所急者不獨以其文而錄之也）

考試官學正侯批（述古今風俗歷歷如見可謂博學之士矣）

考試官學正李批（宗法不行久矣此答詳悉無遺蓋有志於復古者）

合族之法行於三代之前而不行於三代之後故澆漓之俗見於三代之

後而不見於三代之前夫風俗之厚薄政治之得失由之先王知其然是故爲之合族之法使天下之人知其先祖之所自出雖百世而不忘知其先祖之所自出則知愛其族人雖親盡而不絶知愛其族人則益知愛其親知愛其親故父子親兄弟和而夫婦相好夫民仰以事父母傍以睦兄弟而俯以恤其妻子則其所賴以生者重而不忍以其身輕犯法是故其民安居無事則往來歡欣而獄訟不生有事則彼此相助而緩急不背良以此也降及秦漢盡取先王之法而破壞之井田既廢而宗法亦墮富人子壯則出分貧人子壯則出贅家各有法舉一國之中而無有同俗者人各有心舉一家之内而無有同心者紛紛乎散亂而不相屬是故天下無事則務爲欺詐相傾以自成有事則流徙渙散相弃以自存無怪其然也然宗法雖廢而歷魏晉以至於唐譜牒猶在世之賢人君子猶能識其先人之所自出無廟而祖不忘無宗而族不散故天下往往有故家舊族秉德循禮而不溺於流俗愛親戀族而不輕於出鄉及唐之衰譜牒又廢士人大不講而世人不載於是乎由賤而貴者耻言其先由貧而富者不録其租而無知之民遂至於父子异居而兄弟相訟風俗日趨而愈下矣嗟夫三代之俗如此其厚雖欲不治其可得邪後世之俗如此其薄雖欲善治又可得邪今欲善治必先變俗欲愛俗無他在復宗法而已禮曰別子爲祖繼別爲宗繼禰者爲小宗古者諸侯之子弟异姓之卿大夫始有家者不敢禰矣父而自使其嫡子後之則爲大宗雖有世而宗子死族人爲之服不替是大宗百世不遷也別子之庶子又不得禰別子而自使其嫡子後之則爲小宗小宗之繼禰者親兄弟爲之服繼祖者從兄弟爲之服繼曾祖者再從兄弟爲之服繼高祖者三從兄弟爲之服而五世之外則無服而易宗是小宗五世則遷也凡爲大宗者一而小宗有繼高祖者有繼曾祖者有繼祖者有繼禰者與大宗而爲五此所謂五宗也今天下無世卿大夫大宗之法不可復矣而小宗之法豈有不可復者邪宋蘇明允慨宗法之不立嘆兄弟如途人乃自己身而上得五世自五世而上得一世本其所出而爲蘇氏族譜歐陽永州見而嘆曰吾嘗爲之矣出而觀之於是明允又爲大宗譜法以盡譜之變而并載歐陽氏之譜以爲譜例蓋蘇氏歐陽氏之譜爲法不同而皆出於宗法之遺意也今大宗譜法宜當存之俾人知所自出而譜例之作深合小宗之法皇有不可行於今之世邪愚生妄對如此執事誠欲輔佐聖天子脩合族之法以復古之治則天下之大豈無不忘其先人如蘇氏歐陽氏者尚從而質之

第四問

郝綰

同考試官訓導陳批（人物一策能悉舉故實而立論有據所志甚高必奇才也敬羨敬羨）

考試官學正侯批（上下千百年人物指陳歷歷如在目前且文辭淳雅志趣不凡蓋佳士也他日見用尚無忘斯言）

考試官學正李批（五策皆蒼答而此篇尤莊確其本房之巨擘乎）

觀維岳降神生甫及申之詩則孝中州之人物者當知其所自誦高山仰止景行行止之言則仰先哲之德業者當擇其所從執事先生發策下詢承學而以河南古今人才爲問悉盛心也愚雖不敏固嘗誦詩讀書而竊識其所自矣敢不論世尚友擇其德業之純者以爲我師哉請陳其說河南古豫州之域太行亘其北大河經其中有嵩嶽盤谷之蟠旋有伊洛瀍澗之環繞天地之氣恒萃於斯故人才之生自古爲盛如伊尹輔成湯而致格天之功申甫佐宣王而成中興之業見於詩書者純乎無可議也自是而降道德功業燁然於史冊間者代不乏人若鄭之子產惠人也刑書之鑄不害其爲惠而叔向譏之蓋有見矣若漢之黃霸循吏也鶡雀之奏頗亦近於誣而張敞劾之蓋有說矣應變成天下之務文章擅一代之宗開元賢相有姚崇張說述其心事不能皆正而其不相能者君子猶有取於姚焉宿望寒□賊之膽專對服壯虜之心慶曆賢相有韓琦富弼概其平生皆爲碩德而其互生隙者君子獨不滿於富焉張子房爲韓復讎而創漢高之業用知以全節而智乃節之餘也潁考叔輟羹遺母而感莊公之孝因孝而爲忠而忠即孝之推也程伊川與康節同里三十年而一言不及數學蓋有得於周子之傳而信之篤耳篤信聖人之子夏不可同稱哉謝顯道讀明道鄠簿之詩而謂其與曾點言志同蓋有見於道體之流行而樂之真耳已見大意之漆雕開不可并論哉若夫鄧禹中興岳飛泪死天意固不待言而光武高宗任將之優劣於是乎見矣論其智略大端則光明俊偉不敢以輕議焉司馬光建旋乾元之功諸葛亮不能遂噓爐之志人品固無容論而祚虞祚宋天意之所存亦不可掩矣究其規模大約則廣大周密無得而輕疵焉至於國家垂統涵養百年人物之盛不讓前古理學如薛文清者可以踵程邵之門牆而勳業如李文達者足以踐富韓之軌轍是皆山川毓秀豪杰挺生非中州之士天下之士也非一時之才百世之才也愚也生長斯也景仰斯人近考諸今則願取法於薛李二公遠求諸古則願志伊尹之所志學程子之所學而反覆如張說者則固非所敢爲也惟執事進而教之

第五問

李鑾

同考試官訓導房批（此策區處時務鑿鑿皆可行者他日臨政必有可觀之□□能占之不獨以此策之優也）

同考試官教諭王批（□□□□□此策尤憂深思遠蓋嘗留心於天下之□□預有以處之者高薦何忝）

考試官學正侯批（生財之道不出□□本節用讀大學者皆知之而此子獨能以□時務他日從政必以經術飾史事者）

考試官學正李批（時務一策處置得宜非素有抱負者不能亦可謂俊杰矣）

藏於天下者天子之富也藏於國中者諸侯之富也藏於篋笥者庶人之富也天子以天下爲家天下之財皆其財也天下富矣獨患其不足邪諸侯以一國爲家一國之財皆其財也一國富矣獨患其不足邪此所謂藏富於民以天子諸侯之尊不務藏於民而務爲庶人之富於乎其亦殆哉夫河南之地古爲豫州洛水流其右黃河注其中而經其左嵩岳峙其西大行以東諸山環拱乎其北前收汝鄧之富後據相鄴之饒而梁洛之間皆沃壤彌望所謂天府之國也昔者魏都大梁當戰國之土虞天下之衝內供千乘外給三軍合從連衡歲無寧日而不聞某兵食之不足夫山川古之山川也土地古之土地也何昔以之有餘而今以之不足苟曰取之未盡其術則山林陵麓關梁坊市無一地而無征舟車竹木茶鹽酒酤無一物而無搉取之可謂密矣愚於是不能無惑焉蓋嘗伏而思之得其一二大者或者其出於此也大學傳曰生之者衆食之者寡爲之者疾用之者舒今也不然生之者寡而食之者衆爲之者舒而用之者疾故愚推今日之弊以爲欲富國先富民其術亦不離乎大學□一曰務本二曰節用古者井田之□□□皆盡力乎溝洫故旱澇有備盡□□□□故負富相安今井田不可復矣獨不可□仿其意而爲之邪彼吳蜀之民側□以□尺寸之土而中州之地不能遍耕旱不知灌澇不知泄播種之後束手待成其熟也天也其荒也亦天也愚以爲可仿古人之法取若干畝而爲之陂池取若干畝而爲之溝洫陂池所以蓄水也旱則以灌溝洫所以行水也澇則以泄且使近河則引河近洛則引洛近淮則引淮其法始於一鄉推之一縣又推之一府然後推之一省爲之有漸則民不驚處之有道則吏不擾數年之後將無隙地之遺矣此之謂務本大一人耕之十人食之欲民之無飢不可得也一人織之十人衣之欲民之無寒不可得也今游手之民所在成群無名之實隨處而

是京師以華侈相高四方以靡□□尚喪葬嫁娶富者竭力以□俗□□□□以希富以天下論之其不時而貪不□□衣者又不知其幾千萬也欲民之無飢寒胡可得乎古者宮中有浣濯之風則天下以侈靡爲戒廟堂有脫粟之節則百僚以節儉爲先然則欲民間之節儉無亦當自近始乎且上供之數不可缺矣無名之稅獨不可蠲邪　藩府之封不可減矣法外之斂獨不可禁邪官吏之俸不可無矣官之冗獨不可汰吏之苛獨不可抑邪軍衛之需不可乏矣軍之疲獨不可簡士之游者獨不可驅以歸農邪此之謂節用古者三年耕而餘一年之蓄九年耕而有三年之蓄用此道也能於是而加意焉則民富民富則國富國富則天下可富雖有水旱非所憂也況區區之財用何足道哉

河南鄉試錄後序

　　鄉試有錄猶古之有賢能書也弘治乙卯河南鄉試畢取諸執事職官姓字與諸士子之名及文之佳者爲錄將獻于朝凡在是錄以人計之以內臺來監臨者一人以推擇而與試事者自河南藩臬而下四十四人諸士子以文而獲選者八十人而相等八人則以禮聘而至以文計之論孟中庸五經之義十有三論一表一策五而經義詔誥書□□題而無文者又十有七嗚呼是錄之成相固爲諸士子喜而亦不能不爲之懼夫諸士子生逢盛世作養有年昔未遇也固懼不得展其用今以文獲選登名天子之庭行將用矣其喜宜也而猶懼者何蓋無是錄則他日見用於世其賢與否不過被賞罰於一時而已今有是錄以傳後之人將必循其名而責其實因其文而求其行歷指而試之曰某也以道義稱某也以功業顯某也以文章著而某也以汙辱敗其德甚也以脂韋容其身是皆弘治乙卯河南所選士也某與某賢也其文固云然而今果然也某與某不肖也其文亦云然而今乃不然也使諸士子皆以道義功業文章自表暴固無負於盛世之作養而相與諸執事今日司去取者亦與有榮矣一或有敗德容身者出其間其如作養之澤何其如有司之公何其如在錄之文所稱□者何相□是不獨爲睹懼而又自懼也

山西平陽府蒲州儒學學正侯相謹序

弘治十一年河南鄉試錄

河南鄉試錄序

　　皇上御極之十一年爲弘治□年天下例當鄉試河南□□重臣白于巡按監察御史李瀚走幣聘琰及教授李濬學正李元宏教諭周昂王汝南毛鵬孟震林韜訓導林世瑞郭名世以司文衡先是巡撫右副都御史陳道偕瀚以貢院爲禮部羅賢才要地卑隘弗治殆非所宜乃協謀鎮守太監藍忠清戎監察御史□□檄所司充拓改作其布置結架悉費心思而整飭壯麗寔甲多省既而瀚復以職專監臨合提學副使車璽所取七郡士嚴加覆試而又增□所遺總一千八百人有奇八月庚午入院睹茲偉觀百司皆慶幸從事而試士之操觚染瀚者亦廣其心目文思川涌自覺倍於常日庚寅撤棘遵制額取八十人第其氏名錄其文之尤者將獻于上錄成故事琰當序諸首竊惟我朝自聖祖開科以來迄今百三十餘年兩京及十三省鄉試作序者多矣其戒勉諸士子者詳且盡矣琰不佞不敢爲贅詞祇請以目抽擊者豐告乎監臨方作新貢院之餘百方綜理至如一門之設亦必加手書於其上拳拳以公私理欲天地鬼神鑒照之言相警畏比鎖院籲天矢詞有曰凡徇私利顛倒是非神降百殃奪官殄祀聞者毛髮爲之森豎其敬事慎選之心無非欲爲朝廷得真才以輔成聖天子億萬年之盛治也即其小而可以十其大諸士子行將再試春官奉廷對以有官守宜何如其爲念哉亦惟曰國家之所以教育我也何厚有司之所以簡拔我也何重以其所學充其所用隨其職之所在立言政一以公不狃以私純以理不徇以欲對越天地而無愧要質鬼神而無疑必如監臨之戒誓以成光明俊偉之業使人皆曰其科得人之盛某主司之所取也琰等雖未能踵前輩稱公且明者芳躅亦將藉有明鑒之稱而無濫竽之誚矣諸士子倘無忽迂謬爲曾經人道者而取佩弦韋則未必無小補云維時內而提調則左布政使王珣右布政使徐鏞監試則按察使鄧庠副使張蕭與監臨實同心德外而防範則左參政張璥右參政顧福祝俓副使李經劉俊左參議康紹宗羅鑒僉事包裕彭綱馬騆閻璽皆竭力殫心而百執事亦未嘗有一之敢怠荒者焉猗歟盛哉

山東萊州府儒學教授濮琰謹序

弘治十一年鄉試

監臨官

巡按河南監察御史李瀚（叙淵山西沁水縣人　辛丑進士）

提調官

河南等處承宣布政使司左布政使王弼（德潤山東曹縣人　己丑進士）

河南等處承宣布政使司右布政使（徐鏞□和湖廣真國州人　己丑進士）

監試官

河南等處提刑按察司按察使鄧庠（宗周湖廣宜章縣人　壬辰進士）

河南等處提刑按察司副使張鼐（用和山東歷城縣人　乙未進士）

考試官

山東萊州府儒學教授濮琰（延芳直隸當塗縣人　癸卯貢士）

應天府儒學教授李溍（□哲福建莆田縣人　丙午貢士）

同考試官

直隸保守府安州儒學學正李元宏（擴之浙江黃巖縣人　癸卯貢士）

江西南昌府寧縣儒學教諭周昂（廷舉直隸祁門縣人　丙午貢士）

江西吉安府萬安縣儒學教諭王汝南（汝金浙江慈谿縣人　乙卯貢士）

直隸太平府繁昌縣儒學教諭毛鵬（文舉浙江鄞縣人　癸卯貢士）

湖廣長沙府瀏陽縣儒學教諭孟震（時鳴貴州貴州衛人　丙午貢士）

廣西柳州府賓州上林縣儒學教諭林韜（時用廣東東莞縣人　己酉貢士）

浙江紹興府嵊縣儒學訓導林世瑞（廷錫福建閩縣人　癸卯貢士）

順天府通州儒學訓導郭名也（晦夫山西安邑縣人　乙卯貢士）

印卷官

河南等處承宣布政使司經歷司經歷曹珆（廷用陝西郃陽縣人　癸卯貢士）

河南等處提刑按察司經歷司經歷謝慶（夫興湖廣黃岡縣人　丁酉貢士）

收掌試卷官

彰德府知府馮忠（原孝浙江慈谿縣人　戊戌進士）

開封府知府馬龍（文祥山東齊東縣人　戊戌進士）

受卷官

河南等處承宣布政使司照磨所照磨翟敬（行簡山西猗氏縣人　庚戌進士）

開封府同知謝景星（天瑞直隸邯鄲縣人　甲辰進士）

南陽府通判黃琪（文瑞浙江餘姚縣人　辛丑進士）

衛輝府推官蔣欽（子脩直隸常熟縣人　丙辰進士）

彌封官

南陽府鄧州知州吳大有（元亨直隸崑山縣人　丙辰進士）

汝州知州高達（弘□山東合鄉試縣人　癸卯貢士）

開封府鄭州同知黎臣（希夔四川長壽縣人　丁未進士）

汝寧府光州固始縣知縣施震（亨甫浙江平湖縣人　癸丑進士）

懷慶府河內縣知縣馬應祥（公順陝西西安左衛人　丙辰進士）

謄錄官

開封府原武縣知縣方憲（宜弼福建莆田縣人　庚戌進士）

汝寧府信陽州羅山縣知縣楊鉞（威之應天府句容縣人　庚戌進士）

開封府尉氏縣知縣張璀（伯純山西澤州人　丙辰進士）

衛輝府輝縣知縣劉玉（咸栗江西萬安縣人　丙辰進士）

彰德府湯陰縣知縣姚文淵（宗翰山東平原縣人　丙辰進士）

對讀官

衛輝府獲嘉縣知縣盧翊（鳳爾直隸常熟縣人　庚戌進士）

河南府洛陽縣知縣王尚賓（朝重山西陽曲縣人　丙辰進士）

開封府太康縣知縣楊溥（靜夫直隸長洲縣人　丙辰進士）

開封府陳州西華縣知縣楊鳳（文明湖廣黃州衛人　丙辰進士）

巡綽官

宣武衛掌衛事納粟都指揮僉事丁傑（國用直隸六安州人）

潁川衛掌衛事納粟都指揮僉事李淳（朴之山東莒州人）

搜檢官

河南衛指揮使尚鑒（耿之河南息縣人）

信陽衛都指揮使鮑威（德儀直隸壽州人）

懷慶衛指揮同知蔡勳（世功直隸六安州人）

南陽衛指揮同知李鯨（得時直隸邳州人）

供給官

開封府推官呂仿（好學陝西臨潼縣人　監生）

開封府延津縣知縣梁文盛（尚質陝西朝邑縣人　甲午貢士）

汝寧府確山縣知縣陳宏（崇德山西榮河縣人　甲午貢士）

南陽府南陽縣知縣李通（士達直隸潁州人　監生）

南陽府鄧州新野縣知縣宋琢（寶之江西新喻縣人　辛卯貢士）

南陽府鄧州淅川縣知縣沈鋐（廷器順天府大興縣人　丁酉貢士）

河南府盧氏縣知縣郭蕭（調元陝西朝邑縣人　甲午貢士）

河南府新安縣知縣劉濬（森深陝西綏德州人　辛卯貢士）

汝州伊陽縣知縣李安（定夫湖廣桂陽縣人　癸卯貢士）

彰德府磁州判官胡寧（中謐直隸灤州人監生）

開封府睢州判官張璣（天器陝西涇陽縣人　吏員）

開封府中牟縣縣丞李鈺（廷器直隸獻縣人　監生）

懷慶府武陟縣主簿閻肅（時雨山西絳州人　知印）

南陽府鄧州內鄉縣典史宋釗（文明陝西臨潼縣人　吏員）

開封府大梁馬驛驛丞張繼宗（述之陝西華陰縣人　承差）

開封府許州許州馬驛驛丞李槃（廷器陝西咸寧縣人　承差）

第一場

四書

孔子於鄉黨恂恂如也似不能言者其在宗廟朝廷便便言唯謹爾　君子之中庸也君子而時中　以君命將之再拜稽首而受其後廩人繼粟庖人繼肉不以君命將之

易

庸言之信庸行之謹閑邪存其誠　健而說決而和　言行君子之所以動天地也可不慎乎　是故履德之基也謙德之柄也復德之本也恒德之固也損德之脩也益德之裕也困德之辨也井德之地也巽德之制也

書

九敘惟歌戒之用休董之用威勸之以九歌　伊洛瀍澗既入于河□波既豬導□□□孟豬厥土惟壤下□□□厥田□□上厥賦錯上中厥貢漆枲絺紵厥□纖纊錫貢磬錯　敘時五福用敷錫厥庶民　穆穆在上明明在下

灼于四方罔不惟德之勤

詩

我覯之子袞衣繡裳　鍾鼓既設舉醻逸逸　王猶允塞徐方既來徐方既同天子之功四方既平徐方來庭徐方不回王曰還歸　烈文辟公錫茲祉福惠我無疆子孫保之無封靡于爾邦維王其崇之念茲戎功繼序其皇之無競維人四方其訓之不顯維德百辟其刑之於乎前王不忘

春秋

秋八月庚辰公及戎盟于唐（隱公二年）春王正月公如齊夏仲孫蔑如京師（俱宣公九年）　初獻六羽（隱公五年）初稅畝（宣公十五年）晉人宋人衛人曹人同盟于清丘（宣公十二年）　秋七月辛巳豹及諸侯之大夫盟于宋（襄公二十七年）叔孫豹會晉趙武楚公子圍齊國弱宋向戌衛齊惡陳公子招蔡公孫歸生鄭罕虎許人曹人于虢（昭公元年）夏楚子蔡侯陳侯鄭伯許男徐子滕子頓子胡子沈子小邾子宋世子佐淮夷會于申遂滅賴俱（昭公四年）叔弓如晉（昭公八年）秋公會劉子晉侯齊侯宋公衛侯鄭伯曹伯莒子邾子滕子薛伯杞伯小邾子于平丘（昭公十三年）

禮記

未賜圭瓚則資鬯於天子天子命之教然後為學　是故禮者君之大柄也所以別嫌明微儐鬼神考制度別仁義所以治政安君也　故聽其雅頌之聲志意得廣焉　事君大言入則望大利

第二場

論

脩德致和以契天地之心

詔誥表（內科一道）

擬漢命二千石撫循百姓詔（建武六年）　擬唐以姚元之為兵部尚書同中書門下三品誥（開元元年）　擬宋以程頤為崇政殿說書謝表（元祐元年）

判語五條

舉用有過官吏　卑幼私擅用財　禁止師巫邪術　縱放軍人歇役　詐欺官私取財

第三場

策（五道）

問　我國家聖聖相承萬幾之暇皆有著述以昭示天下萬世臣民浩瀚該博未易悉舉伏睹英宗睿皇帝憲綱一書專爲憲臣而作蓋述列聖之意以成言有憲綱有憲體有禮儀有事例有條格隆之以采訪彈奏之任專之以督察平反之柄而其訓戒之詞不曰存心則曰持身不曰循理則曰守法是又進之以向上之功本之以檢身之學其所以爲憲臣誨者至矣夫考古證今儒者事也請舉風憲一書爲諸生言之書曰爾陳時臬事周官小宰掌建邦之宮刑此風憲之始也秦漢以後御史典糾察之任而所居之署更改不時所任之官崇卑不一當時有執法蘭臺百僚敬所者有執法殿中公卿畏憚者有持平無私時君稱之者有恩不假人宰相畏之者漢時遣繡衣直指行郡國而不常置唐以後始有按察觀察采訪處置提刑等衔而所遣之人多寡不一所限之期久近不同當時有衣繡持斧出捕盜賊者有繩糾吏治所至震懾者有覆訊冤獄全活甚多者有作詩諭民強暴知悔者古今之所歆羨載籍之所襃美不能一一詳説其間亦有存心持身之無愧而内可格非外可及物者乎我國家尤重風憲内設都察院十三道外設按察司□諸分□内外相維長貳相承于今百數十年來遵守不改署有□□□有常額非若前代之更易無定而睿皇帝之書誨之諄諄是宜共成貞肅之改法濟昇平之治嘗觀今日特憲之臣類皆老成諳練之士講讀聖訓蓋有素矣然皂囊之疏相繼於彤庭而或遺當務之急星度之轺交馳於赤縣而尚多未雪之冤豈知之而不言不行歟抑人所未知歟或於聖訓所謂明白正大忠厚詳慎者體之未至持之不誠歟抑勢有所拘力有所不逮歟夫居其位而不知不智也知之而不言不行不忠也勢拘之力限之而不能去不勇也諸生行當有官守言責孔子曰如或知爾則何以哉

問　古者諫不設官而天下皆可諫之人廷無時諱而臣庶皆可言之士此德澤所以周流奸邪所以屏伏也後世諫有□員諫大夫設於何人諫議大夫改於何代置拾遺補闕置司諫正言又見於何君其間有諫封上林之令殺上林之鹿者有諫幸甘泉之獵願誅佞臣者或謂受諫不及貞觀而又諫同州之校獵或謂瓜果不必授官而又止拜相之白麻武臣立功當遷而堅執以爲請以君命取信於下而抗言不可更賢者不能留也欲留之者以其有山陵之功不肖者不能去也欲去之者不待其山陵之畢此皆善諫而盡職者可一一言之歟又聞諫之道有直有諷犯顏逆麟不顧剖心之誅古之直也後世以直

自許者或陰當邪謀阿附奸慝古之直殆不如此也微言婉辭托意於詩書之旨古之諷也後世以諷自名者或啓想神僊恣心游樂古之諷殆不如是也昔人謂下之不諫其弊不三弊果可去乎諫之法其術有五術果可用乎又有謂諫之道有三難是固然矣臣子儋人之爵食人之祿假處其難將以難而止歟玆欲直也不以爲詭諷也不以爲諛弊必去而效忠術不用而見聽善處難諫之道求合善諫之迹將何道而可諸士子抱藝進取將欲有言願明以告我

　　問　學必立體以達用古之聖賢莫不皆然以中州之士言之昔伊尹相商太公興周體用之道備矣陳平灌嬰之輔漢婁師德魏元忠之仕唐固皆一時之然於明體之學果何如哉漢唐道學明固亦莫之論也至於有宋人才盛出或兄弟聯名俱以文章顯或兄弟并貴俱以或業聞或三居言責數以論言去或屢使虜廷卒以相業顯或正色立朝而計安社稷或盡忠報國而幾復中原是皆效用之隆者抑亦具立體之學歟至於明道伊川之伯仲則上接孔孟之傳下開紫陽之統嗣道學之正明王道之體而功業則莫之見也使試於用功業亦可必乎亦可如諸公之盛乎先儒謂其道同論一無復彼此故稱之則曰程氏兩夫子述其言則合稱程子矣然而又謂明道似顏子伊川似孟子信若斯言則是有異同矣又以明道似顏子則絶相似伊川似孟子孟子□大恐非能及又若斯言則是有優劣矣諸說將何適從耶夫景行先哲固所當然審所師尚尤爲當務幸質論之以求體明而用達也毋徒曰妄議先輩則吾豈敢

　　問　刑爲生殺人之具故有曰死者不可復生斷者不可復續誠天下重事也以唐虞盛也而猶設士師文武聖君而尚粵庶獄輔治弼教不可無刑而亦不可□慎也古之刑官善者固有而□□□□試與諸士子評之爭辯孝婦而子孫封侯其與斷獄三十年用法平恕而名并于公者同科爭救使臣而刑部如議其與聽獄十二年天下稱頌而樹巢白鵲者同揆錄囚辯冤而貽母爲歡詣家勸諭而感子成孝以言解兄弟爭田而致其洒淚同居以恩感蠻夷獻馬而止受一杯餞酒觀書屢嘆啓妻疑問而欲求死獄之生貴戚殺卒驗屍以直而不懼拳右之禍此皆善可爲法者也可得而詳陳歟致若所愛者撓法活之所憎者曲法滅之何偏私也其視巧排大臣自以爲功者伯仲耳捕奸連坐逮十餘家論囚流血至數十里何殘刻也其視□爲鐵籠甚多誅殺者甲乙耳天資殘□自此石勒而終有抉目摘肝之報屢□制獄妄誅千人而竟招䆠身殞命之□與辦希奭推讞詔獄相勉以虐而□□之號播於當時希王安石職遷御史鍛錬城卒而羅織之名傳於當世數陷忠良報施嗣續而與蔡京同傳誣致逗留冤死父子而與秦檜同心此皆惡可爲戒者也可得而悉數歟諸士子抱藝賓興駸駸嚮用他日或居内

臺或在西部或任郡邑而皆有刑名之托善者可以為法惡者可以為戒是必講之熟而見之定矣請詳陳之毋諉曰君子□□□□其位

　　問　水在天地間有利於國者莫如河有害於民者亦莫如河河之為患惟豫為切而豫之受害惟汴為先今歲霖潦連綿河肆決溢延及四堤幾害城郭有志於民者忍無計以處之乎天水激而湍悍者河之性也土卑而質疏者豫之地也以是激而悍者乘彼卑而疏者其橫潰之勢宜所必至不知大禹疏導之時河水已經流於汴梁之地否歟或故道□失之後河水方改趨於洛汭之地否歟夫大伾而下是謂大陸釃為九渠合為一河以達於海此載於禹貢者甚明也何緣今河反合渦河以達清淮而入於海歟執否古之陳迹以御今之更變亦何不可而歷周漢以及宋元曾不得其要妙歟我朝建都北燕漕東南之粟以實京師必□□濟之境河之決也必不可使之□□□決而東則漕渠乾涸綱運不通矣無論民害如國計何茲欲處治得宜使無泛濫衝溢之患其法何在前世言治河之法有三曰疏曰濬曰塞何法為長疏濬之別有四曰生曰地曰故道曰河身曰減水何說為當賈讓之畫三策嘗用於當時否歟張商英之陳五事可用於今日否歟尚文為廉訪使曾陳治河大策未知其陳於元者可以施於後歟賈魯為漕運使嘗陳治河二策未審其驗於彼者可以施諸北歟以至宋濂作治河之議丘濬亦有治河之論果折衷之已當抑闕略之未免諸士子窮經待用而憂國憂民之心宜素具也幸詳陳之以俟夫當軸者采焉

中式舉人八十名

　　第一名　李東頤　儀封縣學生　　詩
　　第二名　宋汝濂　武陟縣學生　　易
　　第三名　何景明　信陽州儒生　　書
　　第四名　王光　　陽武縣學生　　禮記
　　第五名　袁鎔　　信陽州學增廣生　春秋
　　第六名　杜昌　　祥符縣學增廣生　詩
　　第七名　李希夒　彰德府學生　　□
　　第八名　閻禮　　河南府學生□
　　第九名　崔銑　　彰德府學增廣生□
　　第十名　徐憲　　歸德州學生　　易

第十一名　來亨　衛輝府學生　書
第十二名　方鏜　襄城縣學生　詩
第十三名　吳儀　衛輝府學生　禮記
第十四名　劉諭　衛輝府學生　詩
第十五名　李鳳　南陽府學生　書
第十六名　郭維藩　儀封縣學增廣生　詩
第十七名　史臣　南陽縣學生　易
第十八名　喻端本　光山縣學增廣生　春秋
第十九名　劉大謨　儀封縣學增廣生　詩
第二十名　李永暶　開封府學生　易
第二十一名　焦黃中　泌陽縣學生　詩
第二十二名　劉宗毅　裕州學生　書
第二十三名　王廷相　陝州學生　詩
第二十四名　王雄　河南府學生　易
第二十五名　蘇澍　鄭州學生　詩
第二十六名　嚴瑀　陝州學生
第二十七名　楊宗　洛陽縣學生　易
第二十八名　丁懲　杞縣學生　詩
第二十九名　李學　涉縣學生　書
第三十名　江海　洛陽縣學生　詩
第三十一名　方楷　河南府學生　易
第三十二名　秦旦　彰德府學生　詩
第三十三名　何景暘　信陽州學生　書
第三十四名　張希宗　通許縣學生　易
第三十五名　陰盈　汝寧縣學生　詩
第三十六名　高節　睢州學生　禮記
第三十七名　鄧興仁　河南府學增廣生　易
第三十八名　朱崇學　懷慶府學生　詩
第三十九名　戴誼　信陽州學生　書
第四十名　邢良　汝陽縣學生　詩
第四十一名　郭禎　陝州學生　書
第四十二名　桑蓁　原武縣學生　詩

第四十三名　李吴叔　河南府學生
第四十四名　張珌　羅山縣學生　春秋
第四十五名　李雄　開封府學生　書
第四十六名　倪琰　開封府學生　詩
第四十七名　蔡天祐　睢州學增廣生　易
第四十八名　劉奎　寶豐縣學生　詩
第四十九名　邵鵬　開封府學生　書
第五十名　謝在　南陽縣學增廣生　詩
第五十一名　張磊　洛陽縣學軍生　易
第五十二名　盛琛　商城縣學生　春秋
第五十三名　宋坣　延津縣學生　書
第五十四名　李應禎　儀封縣學增廣生　詩
第五十五名　賈希周　開封府學增廣生　易
第五十六名　李霆　衛輝府學生　詩
第五十七名　張鑾　彰德府學增廣生　書
第五十八名　安邦　汝寧府學生　詩
第五十九名　劉節　信陽州學生　禮記
第六十名　曹進善　柘城縣學生　詩
第六十一名　馬圖　衛輝府學生　書
第六十二名　張衍瑞　汲縣學生　詩
第六十三名　高惟賢　偃師縣學生　易
第六十四名　王徹　商水縣學生　書
第六十五名　師存智　太康縣學生　詩
第六十六名　劉仁　鈞州學生　禮記
第六十七名　田汝籽　開封府學增廣生　詩
第六十八名　黃宣　湯陰縣學生　易
第六十九名　胡冲霄　光州學生　詩
第七十名　徐昌　彰德府學增廣生　書
第七十一名　徐環　羅山縣學生　春秋
第七十二名　黃□珍　杞縣學生　詩
第七十三名　俞鼎　河南府學增廣生　易
第七十四名　牛佐　固始縣學生　詩

第七十五名　王希孟　汲縣學生　書
第七十六名　蔡銓　開封府學生　詩
第七十七名　劉璨　懷慶府學生　易
第七十八名　閻茂　河南府學增廣生　詩
第七十九名　趙文鳳　開封府學生　書
第八十名　侯錫　儀封縣學生　詩

第一場

四書

孔子於鄉黨恂恂如也似不能言者其在宗廟朝廷便便言唯謹爾

李東熙

同考試官訓導郭批（揭書出題本平易要寫出聖人氣象自難此作獨能發之若親炙聖人者取冠本房無忝）

同考試官學正李批（形容聖人□□宛然在目佳作也）

考試官教授李批（分明畫出一箇聖人蓋必用心於學聖之工夫者歛衽起敬）

考試官教授濮批（發揮盛德自中乎權理明詞正僅見此篇）

門人記聖人隨其所處之地而言貌有不同焉蓋鄉黨廟朝地不同也則其言貌夫豈同哉聖人德盛而周旋中禮有如是夫昔門人以孔子之動靜無非至教故於其言貌無不謹書蓋曰鄉黨者父兄之所居宗族之所聚夫子於此也何如肅恭斂容而恂恂乎信實之形敦本尚質而恂恂乎誠慤之著有問斯對宛若不能言而訥者非真訥也謙以自處不敢以賢而先乎人當言斯言儼如不能言而默才非真默也卑以自牧不敢以智而加乎彼是豈矯揉而然哉在鄉黨自當如此一盛德之符焉至若宗廟朝廷禮法之所在政事之所出夫子於此也何如便便以問而欲詢其禮法之詳便便以言而欲審其政事之實問夫禮法而精微委折之不明不□也□謹其所言不敢有所放耳言夫政事而是非得失之未明不徒已也但謹其所發不敢有所肆耳是豈勉強而然哉在廟朝自當如此一盛德之隅焉在鄉黨如彼在廟朝如此此聖人之言貌有以極自然之妙也歟抑考之鄉黨一篇門人所以記聖人者不止乎此朝聘□相衣服飲食以至賜予餽問接人升車之類不一而足無不謹書而備錄之今讀其書即其事宛然如聖人之在目也程子講分明畫出一箇聖人尤信有志於聖者宜潛心焉

君子之中庸也君子而時中

宋汝濂

同考試官教諭孟批（作此題者率多牽合補綴殊不愜人意此篇明白簡當讀之令人痛快）

同考試官教諭毛批（中庸一題理學難作此篇體認親切鋪敘典則宜錄出）

考試官教授李批（理學如此篇明台拭目）

考試官教授濮批（兼體用說最是）

中庸申明君子能體乎道以其德之備而行之宜也夫德之備行之宜則其體用全矣君子所以能體道者固如此哉昔子思子爲道學之憂而作中庸此則引孔子之言以釋首章之義謂夫中庸者不偏不倚無過不及而平常之理乃天命所當然精微之極致是中庸也雖曰眾人所同具而存焉者寡惟君子爲能體之而與中庸爲一焉雖曰眾人所同有而昧焉者從惟君子爲能體之而與中庸無二焉君子之所以爲中庸者何哉蓋其戒慎之誠每懸於念慮而預存天理之本然者以周是以君子之德渾然備於已而無或虧也恐懼之誠常在於思惟而預養天理之本然者以至是以君子之德粹然有於我而不或欠也此則不偏不倚而中庸之體立矣不寧惟是又能隨時以處中事有千變而各當其可時不同而中亦不同未嘗膠柱適莫之見以泥於中焉因時以用中行有萬殊而均適其宜時有异而中亦有异未嘗執拳可否之論以拘於中焉此則無過不乃而中庸之用行矣吁動靜不違體用兼備體道者之能事尚何有餘蘊哉大抵天下之道至聖人而止聖人之道至中庸而止然豈易知易行哉必知仁勇之兼備斯可矣若知賢之過愚不肖之不及亦安望其道之明且行哉子思子爲此懼故述所聞父師之意以立言而此則又引夫子之言以發明之其欲人之體道也切矣嗚呼憂之深慮也遠朱子真知子思者歟

以君命將之再拜稽首而受其後廩人繼粟庖人繼肉不以君命將之

何景明

同考試官訓導林批（作孟子義要有孟子文氣此篇得之他日用世必能成英俊事業）

同考試官教諭王批（不襲故語而出新意自有動人處偶得此篇於眾作中真若連日啖菜茹而忽嗜膾炙咀嚼不能下嚥）

考試官教授李批（發明國君養賢之禮無餘蘊當是作手）

考試官教授濮批（理明詞暢錄之）

大賢論國君之養賢當曲盡其禮也蓋不以命餽則慢而數以命餽則勞也然則餽於前而繼於後國君養賢之禮豈復有餘法哉昔者孟子因萬章之問而告之以此謂夫人君既有以悅乎賢者必有以養乎賢者養之宜何如如食必用粟也初以君命將其粟寵光俯臨於舍舘而緇衣之好有加穀必用肉也初以君命將其肉恩榮旁燭乎鼎俎而枕杜之愛無已君餽如此為之賢者必再拜稽首對答於登嘉之頃于以昭君命之寵光而罔敢以或違稽顙再拜欽肅於來餽之時于以承君惠之恩榮而罔敢以或怠自是而後粟或無也廩人之掌粟者自以常職而繼之粟所謂每食無餘無有焉肉或無也庖人之司肉者自以常職而繼之肉所謂每食不飽無有焉夫廩人繼粟則其餽不以君命為辭矣所以然者非簡也正欲賢者免再拜之勤耳庖人繼肉則其餽不以君命為名矣所以然者非慢也不欲賢者亟拜之勞耳吁國君養賢之禮如此繆公亟致鼎肉之餽以勞僕僕之拜子思標使者之出而讓以犬馬之畜不亦宜哉抑考易曰大亨以養聖賢聖賢之貴養也明矣觀繆公之于子思不可不謂之養也但未盡養之之道耳故孟子之立此論以為養賢之法而下文併以尊賢為言為人君者苟能交盡其道則太平之業豈可勝言哉噫能養能舉悅賢之至也唯堯之於舜為能盡之

易

庸言之信庸行之謹閑邪存其誠

閤禮

同考試官教諭孟批（九二乃龍德中正之聖人動容周旋自中乎禮初不待夫學而能也學者講貫不明往往以用功立說殊戾本旨此篇獨違衆見故錄之）

同考試官教諭毛批（題不難於造辭而難於識理此作兩得之其積學有待者歟）

考試官教授李批（工於説理老筆也）

考試官教授濮批（簡潔得旨）

德極其盛而持守尤嚴九二大人然也夫庸言亦信庸行亦謹德極其盛矣而持守之嚴猶不能已焉非九二大人其孰能之哉文言申乾九二象傳之謂夫九二大人雖未得君人之位而已備君人之德是故庸言易忽孰能信之大人德極其盛故凡發於言者雖答述之常自無不信初不以庸言而有忽所

謂口無擇言是已況加乎民者有不信哉庸行易怠孰能謹之大人德極其至故凡形於身者雖周旋之微自無不謹初不以庸行而有怠所謂身無擇行是已況見乎遠者有不謹哉盛德之至如此純一之天固無非僻之可干矣大人之心檢身若不及曷嘗謂已信而忘其自保乎邪不必防也而過防之于以存固有之誠使吾之純一者常純一而不雜焉真實之地固無非外誘之可至矣而大人之心望道如未見曷嘗謂已謹而忽其自守乎私不必禁也而猶禁之于以存本然之誠使吾之真實者恆真實而不妄焉噫德之至既有以著其善於外保之嚴又有全其善於中此九二君德占之所以利見也歟抑論之易者理學之宗乾坤又易學之宗也夫子文言於乾九二則曰存誠於坤六二則曰敬以直内蓋誠者天道敬者地道始於伏羲心畫而萬世理學之所自出也或者以卜筮小吾易烏足以知易哉

是故履德之基也謙德之柄也復德之本也恆德之固也損德之修也益德之裕也困德之辨也井德之地也巽德之制也

宋汝濂

同考試官教諭孟批（九卦乃文考友身修德之事夫子陳之以爲萬世法此篇足以發之殆學易而有得者歟）

同考試官教諭毛批（題本平易作者率多臆説且文法破碎厭觀此篇辭理俱到故錄之）

考試官教授李批（組織傳注成文佳作也）

考試官教授濮批（體認親切可取）

大傳歷陳九卦而各著其爲修德之事也夫易聖人憂世之書修德之事備矣非大傳歷陳九卦而各著之何以知其然哉大傳陳九卦以明處憂患之道謂夫處憂患莫要於修德而修德不外乎易書是故履之爲卦上天下澤定分不易爲德而非履則流蕩而無所立履其德之基乎謙之爲卦山在地中以卑蘊高爲禮而非謙則驕抗而無所執謙其德之柄乎雷在地中卦名曰復在人則心不外而善端存所以反求之者要矣非德之本而何雷風相與卦名曰恆在人則守不厭而常且久所以自檢之者嚴矣非德之固而何懲忿窒慾以爲德之修者又必於損而得之蓋以其卦山澤相臨有損之義也遷善改過以爲德之裕者又必於益而得之蓋以其卦風雷相助有益之義也澤中無水卦名困也而困之道能通人必處困能亨然後可以驗其力是困爲德之辨焉木上有水卦名井也而井之體不遷人必自養不變然後可以成其德是井爲德

之地焉至若巽者一陰伏於二陽之下是能巽於理以酌時之宜順於理以制事之變所以為德之制者有不在於巽乎然九卦之間析之則各一其事合之則各有其序修德以處憂患之道無餘蘊矣大抵處順者易為功處逆者難為力而文王作易適于丁憂患之時故以憂世之心悉寓之易所謂危者使平是也然治平昌大之道亦何莫而不與哉觀夫井所以勞民而勸相謙所以稱物而平施履所以辨上下而定民志也可知已故謂處憂患之道不外乎易則可謂易之道不外乎處憂患則不可

書

九叙惟歌戒之用休董之用威勸之以九歌

何景明

同考試官訓導林批（民心和樂形於歌咏治功之成有足徵者且又足以維持之於永久題意如此作者多不識往往牽合上下文貫講此篇認理真切而詞氣醇贍故錄之）

同考試官教諭王批（此篇融會蔡傳成文而有虞君民樂生保治之旨發揮殆盡具潛心璧經而有得著）

考試官教授李批（模寫大禹告君養民之政詞整理明殆如親立虞廷之上而聞謦政者也允宜高薦）

考試官教授濮批（古之大臣論治氣象宛然）

治功之成也驗諸詩治功之保也歸諸詩甚矣非治功之成固無以使民咏之歌也然徒治之以法而不勸之以歌又何以保其治功於永久也哉昔大禹因益言儆戒之道而嘆美之及此意謂善政固在於養民養民莫先於府事然謂之九叙惟歌果何如耶蓋必水火金木土穀財用之所自出者本於天而各順其理正德利用厚生人事之所當為者行於人而不亂其常由是民享府事之利莫不熙熙乎歌咏於飽食煖衣之地以樂其生民仰修和之治莫不洋洋乎咏歌於綱常倫理之域以遂其性夫如是則養民之功成矣然民情不必其有常而治功難保其不廢故必民之勤於修和者則戒喻而休美之示以今日之勤固善而他日亦當如是也民之怠於修和者則督責而懲戒之示今日之怠固非而繼此不當仍之也然又以為事之出於勉強不若感於自然故復即其前日歌咏之言以勸相之不徒協之律呂而又播之聲音不惟用之鄉人而且及於邦國以其出於性情者感乎性情使民必脩必和奮迅踴而趨事之不已也以其咏夫府事者倡乎府事使民益修益和歡忻鼓舞而赴功之不怠也吁養民治功之盛尤欲保其常盛如此大禹舉以為帝舜告聖人之心其不

自足如此哉抑考此章大禹推明伯益儆戒之謨其曰惟修惟和惟□惟歌以見致治之道必造其極即所謂無虞之時也其曰戒之董之勸之以見保治之道不一而足即所謂儆戒之道也古之大臣告君養民之政詳盡如此此其治之所以不可及也歟

斂時五福用敷錫厥庶民

李希夔

同考試官訓導林批（題本平易而作者於敷錫處欠明此篇認理透徹而詞足以發之讀之令人躍然）

同考試官教諭王批（不窘不泛而理致明白殆閎於中而肆於外者歟）

考試官教授李批（本建極化民立說良是）

考試官教授濮批（詞典而贍可嘉）

觀人君建極之效不惟有以厚其身而又有以厚其民蓋君之建極而福集於上有以厚其身矣以之而溥於民則民其有不厚者乎箕子衍皇極這疇至此以爲人君中天下而立定四海之民福不期斂也而斂之有其本斂未易能也而能之有其道誠能盡人倫之極致全義□□當然則有以荷天之休而佑命之惟純受□□慶而眷命之用懋不惟富壽而且康寧焉福□之隆如日之方升不惟攸好德而且考終命焉福履之成如川之方至從容於九重而休嘉之來愈盛而不衰矣優游於五位而吉祥之集有隆而不替矣夫人君集福於上如此豈特自厚其身而已哉又使天下之民觀感興起化於人倫之中感動奮發歸於義理之內亦富壽也亦康寧也而餘慶溥及於八荒亦攸好德也亦考終命也而利澤廣被於萬姓出以作入以息免於刑戮而囿乎時叙之天仰以事俯以育無有遘疾而陶於時雍之地是則君膺福而曰斂者極建於上而福自來民獲福而曰錫者極建於此而民自化人君建極之效有如此夫抑皇極一疇乃九疇之樞紐五行之統會能建極於上則凡有血氣者皆面內環觀有不取則於此而保之者乎君道所係之重如此故箕子因武王訪道而陳洪範至此衍皇極之疇而極其詳以見八疇之理皆爲皇極之所以建所以行而治天下之大經大法無餘蘊矣是知箕子非特爲武王告而實爲天下萬世告

詩

王猶允塞徐方既來徐方既同天子之功四方既平徐方來庭徐方不回王曰還歸

李東熙

同考試官訓導郭批（反覆其詞以歸功於天子朱傳明白有以王曰還

師一句剝出作班師之命為破者殊戾本旨）

　　同考試官學正李批（作文氣勢如鵬鶚得秋風便當上戾霄漢取冠人房無忝不知他房有能頡頏未）

　　考試官教授李批（講王道服遠前後照應得反覆意思）

　　考試官教授濮批（作大雅義如此者不多見當錄出）

　　詩人反覆以王道服遠歸其功於君焉蓋王道甚大而遠方懷之非獨兵威然也詩人反覆其詞而歸其功於君其寓意深矣昔宣王自將以伐淮北之夷詩人美之至此若曰威天下不以兵革之利服夷狄不在征伐之勤肆我周王勵志中興光復舊物以實德化萬國而不庸偽行大小遐邇一此德之流通王道何蕩蕩也以誠心臨庶事而無事虛文禮樂征伐一此心之敷布王道何平平也是以徐方之夷雖嘗背叛也今則聞風而來歸矣雖嘗渙離也今則率眾而來同矣來非畏威懷王道而來赫赫天子有此元功也將帥何預焉同非懼殺懷王道而同明明天子有此駿功也臣鄰無力焉夫叛者既服四方共睹安靖之休亂者既平四方自無繹騷之患然徐方不徒來也稱藩君門悉囿於王道之中尚何敢弗庭乎徐方不但同也甚心臣節相忘於王道之內尚何敢復違乎吾工於此亦惟曰徐方來歸兵不可窮也萬乘之師可以反旆還矣淮墳豈久處之地哉徐方來同武不可黷也六飛之眾可以卷甲歸矣徐土豈遲留之境哉詩人反覆言之如此豈非欲其不事兵威而專尚王道褒美之中寓規戒之意也歟抑論禦戎之道若舞干而苗格因壘而崇降舜文其上也次于陘而屈完盟會蕭魚而鄭不叛其次則齊桓晉悼是也宣王之勝徐則亦桓悼之師耳而詩人推而納諸舜文之域傳所謂因以為戒者有焉嗚呼美不忘規頌而不諂其常武詩人之謂乎

　　烈文辟公錫茲祉福惠我無疆子孫保之無封靡于爾邦維王其崇之念茲戎功繼序其皇之無競維人四方其訓之不顯維德百辟其刑之於乎前王不忘

　　杜昌

　　同考試官訓導郭批（管弦之音而文章欲近之斯其難矣此作形容功言之意殆盡真佳作也）

　　同考試官學正李批（詩有六義故體製不同為文不能一例此篇得作頌文之體不獨明音訓文義而已者故錄之）

　　考試官教授李批（文體不類時作則筆力過人遠矣錄之為經生式）

考試官教授濮批（得上歌獻頌之體）

王老歸諸侯助祭之功而示以報功之意尤必戒勉之也夫臣有功君固當報之也然又必有以戒勉之焉其愛人以德之意何如哉此祭於宗廟而獻助祭諸侯之樂歌謂夫顧此烈文之辟公相我宗廟之祀事方其對越在天而介我以繁祉是辟公錫此祉也奔走在廟而貽我以多福是辟公錫此祉□然豈有目前淺近計哉蓋惠我無窮使我子而又子永言保之也申錫無疆使我孫而又孫勿替引之也厥功如此報之當何如且爾在封邦也不封以專利不靡以傷財著此愛民守法之盛德我固當隆其禮於今日使之逾越等階以寵異之焉又念爾在宗廟也盡誠以薦牲致孝以格□□□助祭錫福之大功我又當致其報於後裔使之繼續封爵而益大之焉然感發之意不盡故又戒勉之曰莫強於人道以四方皆以為訓也莫顯於君德以百辟皆以為刑也遂嗟嘆之以為我皇祖文王沒矣其德所以彌久而人不能忘者無他術以用此道焉我皇考武王往矣其德所以愈遠而人不能忘者無餘法亦用此道焉爾辟公克盡此道而備此德則所以報之者豈徒今日而已哉吁既報之於前復戒之於後美不忘規周之王者真可謂得待諸侯之體者歟抑論諸侯之致君得福此固臣之功也亦臣之分也周之王者依依然不忍忘褒其功德衍慶子孫且又以道德之言而丁寧感發之蓋愛之無以尚報之無以加真忠厚哉於戲山河帶礪之盟未寒而家無唯類之禍旋及雖其臣之不能自全亦其君之不能保全烈文之詩宜其萬世之永傳也

春秋

秋八月庚辰公及戎盟于唐（隱公二年）春王正月公如齊夏仲孫蔑如京師（俱宣公九年）（此處底本缺頁——編者註）

故特書曰初□稅畝之舉孰為之宣公因國用之乏用增賦斂也聖人於此亦曰初者蓋謂井田之制民得九公得一所以均上下古自殷人而助周人而徹上惻怛以愛下下竭力以奉上君民一體頌聲交作真可行之萬世矣傳臣宣公乃有稅畝之奉公私混於一途財賦加於百姓使先王分田制祿之大法於茲始虧不□深可罪乎而後世效尤以自肆者則紛然矣若成公丘甲之作哀公田賦之用豈無自哉故亦書曰初吁樂有定制而魯僭之田有定法而魯廢之安在其為秉禮哉抑因是而有感焉制禮樂以教天下立井田以定人心者周公也周公欲行之天下傳之萬世而身後與子孫皆違之九原有知亦必有大不安者周公其哀矣乎孔子安得而不嘆春秋安得而不作

禮記

未賜圭瓚則資鬯於天子天子命之教然後爲學

王光

同考試官教諭林批（題本平易而難於鋪叙此作詞整理足且以諸侯功德初受封立說最是故録之以爲學禮者式）

考試官教授李批（禮教自天子出此作得之）

考試官教授濮批（措詞平整）

人臣備事神之禮也求於君人臣立教民之地也聽於君蓋鬯所以事神學所以教民也二者皆不敢自專如此其一道德以尊天子也何如哉記王制者知其然謂夫君之大柄不可以下移臣之大分不可以上僭諸侯之行禮立教果何如耶一惟請命於天子耳彼圭瓚者酌鬯之爵而宗廟之祭未有重於鬯者也是瓚也天子於諸侯必其功懋而後賜之功未懋者弗之賜焉必其德盛然後錫之德未盛者弗之錫焉夫然則鬯不敢以自爲矣而宗廟之禮容可廢耶於是春礿夏禘必請命天子以求其鬯歸則□彼璋瓚以是而灌地降神也秋嘗冬烝必受命於王朝以資其鬯歸則璋瓚是用以之而求神於陰也人臣備事神之禮有求於君如此至若教者化民之本而國家之務未有重於學者也是教也天子於諸侯既立國矣而民德當新遂有渙汗之是頒焉既受封矣而民性當復斯有綸音之是出焉夫然則學始得以自立矣而一國之教其可緩耶於是經之營之建小學於公宮南之左灑掃應對之儀於是乎肄習也規之度之立大學於國門外之郊格致誠正之道於是乎講明也人臣立教民之地有聽於君又如此一鬯之用一學之設皆有待於天子其尊之也至矣大抵天下之勢不可不一一則拳有歸事有統世道愈隆矣故上文有曰天子賜諸侯樂則以柷將之賜伯子男樂則以鼗將之諸侯賜□矢然後征賜鈇鉞然後殺於此又言之若是合而觀之可見禮樂征伐教化皆出自天子而諸侯不敢專也世道之隆何以加此孔子曰天下有道則禮樂征伐自天子出信□□

事君大言入則望大利

吳儀

同考試官教諭林批（此題自有明注只平說去便了場中多以上文事人講似亦穿鑿此篇獨本傳注成文得旨）

考試官教授李批（詞順理明）

考試官教授濮批（形容大言大利處甚明白其亦志於進大言者歟）

下之事上也既納非常之論則期非常之功蓋言之大者功必大也人臣非常之論既見納於上矣得不以非常之功而自期哉見於表記其旨知此謂天人臣之事君也以下奉上以卑承尊所知宜無不諫所見宜無不告是故一獻納也莫非嘉謀嘉猷有以致君之從一論思也無非弘規遠圖有以動君之聽道莫大乎仁義而仁義在所當言也必以仁義之大言日陳於前臣曰是君亦曰是無咈逆焉政莫大乎教養而教養在所當言也必以教養之大言日進於上臣曰可君亦曰可無扞格焉夫大言既入則諫行言聽而吾道可大行矣是以心之所期惟欲所獻納者措政事之間以臻其明驗志之所願惟冀所論思者見諸設施之際以著其極功如仁義之言陳矣則望吾君以仁而育萬民以義而正萬民使仁義之澤遍敷九有而流惠無窮天下後世同一利也如教養之言進矣則望吾君以教而復民性以養而厚民生使教養之澤覃被四海而垂裕無已天下後世均一利也吁因其言之所入而望其功之所成如此人臣事君之忠也何如哉抑考古之為臣者其經世之學皆預定於已至於事君則前定之規模先形於言以為籍然後自獻其身以成其信也苟言焉未入而欲望其利之及人得乎嗚呼大言入則望大利小言入則望小利臣之所以事其君者固如此而君之所以報其臣者何如亦必視其言之大小而養之以祿耳故曰不以小言受大祿不以大言受小祿

第二場

論

修德致和以契天地之心

方鏜

同考試官訓導郭批（深探聖祖之心鋪叙聖訓之義詞嚴理正僅見此篇錄之以示承學）

同考試官學正李批（初場得子已知非為常器及觀此場干莫不加也噫金錫美火齊得刑范正殆有自者少加辟灌不為天府寶哉）

考試官教授李批（主之以理而氣以輔之有發揮有起伏有結束論乎之表表者群士當讓地一馬頭）

考試官教授濮批（通場多不知題意惟此篇得之論德論和論天地之心處甚精切蓋本六經先儒之緒論非臆說者而詖□□壘勢若江河篇終歸美不繁不略蓋嘗究心於聖製而能以理學為時文者允稱初考）

本諸身以和天下聖人之心與造化之心符矣夫天地位而萬物順造化

之心也聖德修而萬物和聖人之心也天地聖人其心一而已矣世之人主非不欲契天地之心然天德弗純自強之功或息不足以致天下之和則與天地不相似烏足以契天地之心耶惟聖人之心與天地同運聖人之德與天地同流故和氣充塞於兩間一世民物皆相安於德教之中相忘於道化之外天監伊邇豈有不感格於上哉詩曰降福穰穰又曰貽我來牟此其徵也嗚呼天地之大德曰生好生者天地之心非修德致和不足以與之契天人相與之際甚可异也愚嘗莊誦五倫書至我太祖高皇帝却群臣瑞麥之賀有曰修德致和以契天地之心大哉皇言一哉皇心誠足為天地立心為生民立命為萬世開太二者也猗歟休哉請暢厥旨天地至大也人君之身亦大也彼自視欿然者觀之視天地為至大視吾身為至小將謂大者之難契而小者不足以契之矣殊不知乾稱父坤稱母天地者萬物之父母而大君者父母之宗子也世之父母孰不愛其子鞠育而懷保之愛之也鞭朴而教戒之亦愛之也為之子者父母愛之喜而不忘父母惡之勞而不怨是能以父母之心為心其善事親者矣天地之於人君也亦然付之以天位之尊托之以天下之重為一世民物之主降之祥瑞固愛之也降之災异亦愛之也為人君者可不求所以契天地之心乎契之何如亦惟修德致和而已然德何為而修之耶天地之德曰元曰亨在人為仁為禮人君從而修之體仁以長人嘉會以合禮天地之德曰利曰貞□□□義為智人君從而修之利物以和義□□以幹事視聽言動思五事也修而使之□宜喜怒哀懼愛惡欲七情也修而使之中節今日如是明日如是無時而不謹洋洋乎鬼神之在也深宮如是廣庭如是無處而不謹凜凜乎上帝之臨也瞬有存息有養而戒懼之心常存出有師入有保而恐懼之心匪懈一日二日可樂也而曰有萬幾焉匹夫匹婦至愚也而曰一能勝予焉人君修德至此由是見於動靜也則舉措順理而有以致一身之和矣著於家庭也則閨門雍肅而有以致一家之和矣修仁之德則萬民以育萬民皆和也修義之德則萬方以正萬方皆和也禮義三百威儀三千無一而非此和之流通□無不準動無不化無一而非此和之充塞安舒翕合與和風慶去同一機歡忻鼓舞□五音六律同一致時若之和著於雨暘無旱澇□咸若之和見於飛鯨無殰殈也以至百穀用成乂用明俊民用章家用平康人人而五福之是勸也人人而六極之是懲也人君修德致和至是盡矣天地之心庸有不契者乎蓋仁禮之德有以契天地之元亨義智之德有以契天地之利貞大哉乾元萬物資始吾誠之原也脗之合而無間至哉坤元萬物資生吾誠之復也符之國酬不戒吾之心正始天地之心亦至□□有順而天地之氣亦順脩德以之體致和

以契天地之心子乃貴藝而肯穫厥父基厥肯堂兒父母之所以付托而無遺人君至是可謂善甚是以或地有心聖人聖人有功於天地天地聖人天何然上地位人民育國家之瑞未有大於此者何莫而非修德致和中來耶豈自小其身以大天地者之所能耶德則致祥不德致异瑞麥宜賀也而却之聖祖之心以爲物固瑞矣人未可瑞也諸郡可賀矣四海未可賀也欲使時和歲豐爲國家之瑞而已厥後畿甸獻兩蒂之瓜京師有五色之雲皆抑而不受且拳拳以禎祥無徵災异有驗爲言而戒之以誇侈之心生則戒慎之志怠是聖祖之心即天地之心也亦聖子神孫之心也四海臣民之心也故天心仁愛不徒屢獲豐年以臻至瑞且瑞於家而關雎麟趾繼繼繩繩瑞於朝廷而卿士皆鳳凰之賢瑞於郡國而百辟皆騶虞之美瑞於天下而群黎咸樂於鳶飛魚躍之中瑞復有過於此者哉是皆聖祖一心之所致也考之於古堯之欽若昊天舜之烈風雷雨弗迷禹之昭受上帝湯之欽崇天道文王之燕及皇天武王之襲於休祥何莫而非契天地之心者乎降及漢唐宋元諸君專事其末而不探其本其於修德致和之功廖廖無聞天啓我太祖高皇帝聖由天縱起握乾符一洗腥羶載清疆土萬方來王四海爲家嘉瑞駢臻休徵屢告淵衷謙抑不欲昭布德已盛而思益修和已洽而思益致即二帝三王之心也我宣宗章皇帝御製五倫書而於君道篇特昭示天下後世則又商書所謂視乃烈祖周詩所謂繩其祖武者也嗚呼維天之命於穆不已我高皇之德也倬彼雲漢昭回于天我章皇之書也猗歟盛哉謹論

表

擬宋以程頤爲崇政殿説書謝表（元祐元年）

李東熙

同考試官訓導郭批（語意渾厚深得宋表體也可嘉）

同考試官學正李批（以駢儷之文序事詳委曲盡陳謝之意）

考試官教授李批（典則有事實可取）

考試官教授濮批（麗而有則）

伏以神聖黃虞厪合室掄章之問側微伊呂應亳都岐邑之招禮意萬萬於尋常舉行遼遼於百一草茅何幸淵谷若臨臣頤誠惶誠恐稽首頓首竊以聯班紫殿日華在咫尺之間麗彩緋袍天寵居二三之列顧造端於景祐特示寵於昌朝六經四書宜厭飫其趣味百家諸子多乖戾於聖賢自非學貫天人奚以講明蘊奧兹蓋伏遇聰明首出乎庶物睿知足臨乎萬邦富妙齡而剛德夙成御正位而離光繼照崇儒當道不惑於紹述之浮言稽古尚文克就乎休

嘉之盛治明明藝祖彝憲與日月齊光穆穆太皇仁恩與天地同久傾心襄大化髦士充朝拭目觀太平頌聲載道揆茲左右前後之士類皆孝仁禮義之賢□□□□因旁求而濫又蘭臺所掌俾□□□□伏念臣性本朴忠才非明睿□□□□從俗窮經而弗克濟時父兄之□□莫傳師□之道胏無得言必誠信行不逾乎一夫動遵禮儀事匪兼乎六藝弱冠曾陳闕下王道斯崇艾□□□□□□□□□矣叨沾乎恩命遽然過信乎薦章教授西京方掩□□□疏校書內閣復改命於說書欲與帝王并駕齊驅豈效書生尋章摘句郎階直信卓爾其不群光貴邙山殆陡然而增勝臣敢不內告外順式裨良顯之休夕惕朝兢不替論思之益少成若天性習慣如自然工夫有在聖言必可信王政必當行本實宜敦進學在致知方朝垂百世之鑒涵養須用敬無敢忝一時之榮鹽梅不待傳說而自調袞闕不煩山甫而後補火然泉達望善端無頃刻之滯留日升月恒仰新德如春秋之鼎盛臣無任感天荷聖激切屏營之至謹奉表稱謝以聞

第三場

策

第一問

李東熙

同考試官訓導郭批（博雅之才純正之學高明之識吾於子見之其亦青衿中之白眉乎高薦允稱）

同考試官學正李批（長江大河平流順下一瀉千餘里偶遇石焉則泙湃洶湧又是一翻水勢此策似之故錄）

考試官教授李批（敷揚聖製殆盡策子也）

考試官教授濮批（申明聖訓而未復丁寧風憲之戒即其詞而可想見其為人矣）

欲盡風憲之職當求身心之間夫心者萬事之所由出身者眾人之所具瞻彼有一家一邑之責者必于是致力焉而況履繩違之北寄生死之司欲扶之於至正稱之於至平顧可於此有所歉哉噫風憲之職難乎其盡矣論思啟沃則在於忠誠彈壓奸邪則在於剛勁廉察賢否則在於哲智疏雪冤滯則在於欽恤是必有正大光明之心忠厚詳慎之意而出之以公勤率之以禮法然後能盡其職而不負於國也洪惟我朝聖聖相承皆有製作以立言垂訓而英宗睿皇帝憲綱一書則專為風憲而設切切乎存心持身之戒歟列條示申命

之不已此居其位者所當究心也請陳之風憲之設其來尚矣周官御史掌邦國都鄙萬民之治令戰國秦趙沔池之會各命御史書其事則職司紀載而不輕也審矣秦漢以來以御史典糾察之任而所居之署或謂之御史臺或謂之蘭臺寺或謂之憲臺或謂之肅政臺名有不同而地無不要所任之官有大夫有中丞有侍御史有監察御史有御史裏行御有不同而職無不重富時有若傅賢之執法蘭臺百僚敬服幸宣之執法殿中公卿畏憚武元衡之持平無私而時君稱之杜衍之恩不假人而宰相畏之皆在内之可稱者漢武帝遣直指使者督郡國而不常置以後或遣博士或遣侍御史唐貞觀初遣大使十三人巡省天下以後分爲二十道或十道或十五道道各一使於是有按察采訪觀察處置司之名宋開寶初遣常參官四人分詣諸路以後諸路各置提點刑獄或以輕運使兼之多寡不同或再周而罷或三年一奏久近不一亦皆重之以耳目之任假之以風霜之威當時有若暴勝之衣繡持斧出捕盗賊韋見素繩糾吏治所至震懾焉亮之覆訊冤獄全活其多何畔之作詩諭民強暴知悔皆在外之可稽者我國家稽古建官尤重風憲内設都察院十三道外設十三按察司并諸道署有常名員有常額而非若前代之紛更于以使之總察群寮于以使之典掌衆政白簡飛霜豪強歛迹繡衣行部守令解綬朝廷倚之以尊安邦國賴之以清肅職任之重視昔有加英宗睿皇帝慮居其位者之或敗度也爰述列聖之意製爲憲綱一書俾遵守焉有曰風憲存心須明白正大又曰風憲之官須存心忠厚又曰居風憲者須持身端肅公勤詳慎又曰行止語默必須循理守法進之以向上之功本之以檢身之學蓋欲其戒奸回之私祛刻薄之行而純其心以出政端其本以率物非徒隆之以雄峻之勢專之以崇特之班也當其事者苟不盡誠於身心之學幾何不爲聖訓之孤哉然漢唐以後能無愧於身心者莫過於周程二子故程子爲御史裏行則以拾遺補闕爲己任使得久於其職格非之功大矣周子爲提點刑獄則以洗冤澤民爲己任使得竟其所施及物之功溥矣今目秉德憲之士類皆練達之人其於聖訓講之有素佩之無遺執事謂或遺當務之急尚多未洗之冤亦春秋責備之義也蓋君子饑渴民隱急務敢略疏皂囊以達彤庭者何者非輔世之良圖其未敢陳者恐亦細故耳瘝民生冤獄敢忘走星軺以馳赤縣者何者非救民之至論其未敢辯者恐爲疑獄耳又謂聖訓所在體之而未至持之而欠誠未必其無而方圖自勉其云拘於勢而限於力風憲不有也雖然風憲責人者也人亦得而責之居其位而有所不知知之而有所不行行之而君子病焉小人幸焉風憲之責也風憲縱不能自責如天下之人何敢以此爲司風憲者告

第二問

宋汝濂

同考試官教諭孟批（於鋪叙之間而有抑揚低昂家數善於策者）

同考試官教諭毛批（類能答之而筆力強勁吾惟得之於子也當刻）

考試官教授李批（不拘問目用新意以飾故實可嘉）

考試官教授濮批（有考據有議論）

論諫諍之法於三代之前似疏而實密論諫諍之法於三代之後似密而實疏而大要皆以忠誠爲之本也蓋忠誠則直言而君不以爲訐諷言而君不以爲譏可以引君於當道可以納君於無過而彼三難三弊五術之説有不必論矣不然則雖進萬言殞九音尚何盡諫君之職而成諫君之功哉傳曰勿欺也而犯之又曰君子信而後諫未信則以爲謗已也勿欺而信其忠誠之謂乎慨昔唐虞三代之時君以納諫爲明臣以進諫爲良内自臣工外及甿庶皆可言之人無常員也若箴若頌若議若謗皆可盡之言無時諱也故德澤不至壅於下流奸邪不至蔽於上聽猗歟盛哉自漢孝武置大夫□武改諫議大夫而諫官有定職唐置拾遺補闕宋置司諫正言而諫官有常員如是而欲聰明無所遺政事無所失得乎然其間有職於諫而不敢不言有不職於諫而不能自默故有若張釋之諫封上林之令東方朔諫殺上林之鹿欲獵甘泉薛廣德謂關東困極以阻其行尊禮張禹朱雲願借劍尚方以誅佞臣是皆諫之名於漢也又若魏徵諫悟太宗不及貞觀之初劉仁軌諫止太宗校獵同州之舉欲官獻□果而陸贄力言公器不可輕欲相裴延齡而陽城欲壞白麻以慟哭是皆諫之名於唐也至若武臣有功當封太祖堅執終可其奏者趙普也命令不可屢更仁宗感悟卒納其言者尹洙也蔡□之君子英宗欲去之傅堯俞謂其有山陵之功而不能去高居簡之小人哲宗欲留之司馬光謂其不待山陵之功而不能留是又宋之名能諫者然又聞諸孔子之有直諫有諷諫以直諫言之龍逢比干之犯顏逆鱗不顧剖心之誅至今生氣凛然後世若谷永之越職抗議劉栖楚之叩墀死爭似慷慨矣或陰爲黨王氏之謀或第欲附逢吉之意直如此乎若是者非直之病諫乃諫者之未效於直也以諷諫言之傳説周公之微言婉辭托意詩書之旨至今高風宛然後世若相如子虛之賦子雲羽獵之賦似委曲矣或適啓神僊之想或反滋游樂之心諷若是乎若是者非諷之病諫乃諫者之不善於諷也陸贄謂下之不諫其弊有三諂諛者順旨而忠實之旨不聞顧望者自便而切磋之詞不盡畏懾者避辜而情理之説不申仗焉不鳴首鼠自默其弊誠有也至若蘇洵謂游説之術可法於諫者五理諭之勢禁

之利誘之激怒之隱諷之是也然以忠誠自盡猶慮有失彼游説之士或可以機智勇辯濟其詐進諫之人則難以機智勇辯濟其忠若此五術可使法於諫乎吕伯恭謂諫諍之道難於爲言者二遠則勢不接疏則情不親驟則理不究固也然欲勢近情親見數言漸則可諫之人少不可諫之人多可諫之時少不可諫之時多畏此三難可遂廢其諫乎姑因明問所及如此然竊有説焉漢唐宋之諫者雖富時有名執事謂皆善諫而盡職未也顧其心術不能無純疵之殊而行事未免有賢愚之異特取其一時一事之言亦皆愛君愛國之意可矣若論其極則豈無可議哉士君子儋人之爵而食人之禄寄之以諫之職而責之以諫之任幸而當諷諫之時必以傳説周公爲法而曲盡納約自牖之道不幸而居直諫之地必以龍逢比二爲法而務竭披肝露膽之心盡忠誠於直諫而□□□□爲詭盡忠誠於諷諫而使□□□□也陸贄之所謂弊全無忠誠□□□□□□誠焉烏見其弊哉吕伯恭之所謂難未盡忠誠者也苟盡忠誠焉何有於難哉精忠貫日月雖驟見容有易從之理至誠動天地雖疏□容有可入之幾而彼蘇洵之所謂術者正不可用且不必用而亦不能用也管見如斯倘與其進而有言責或直或諷動法前哲而彼漢唐宋諸君子之往迹不必求其皆合也執事以爲何如

第三問

何景明

同考試官訓導林批（此蓋素有講明而發之於詞渾融可愛非若他人之東牽西補以塞問目者）

同考試官教諭王批（議論切當而未似伊尹太公自期待善師古者）

考試官教授李批（前二場俱優而此場稱是當置高薦）

考試官教授濮批（援引詳明而歸宿至當蓋者學之士也合冠本房）

體立而用行也故著於用者知其體之立體具而用周也故備其體者知其用之全然體之立也有偏全則用之見也有純疵時之濟也有違合則用之見也有大小知其體之全者固可必其用之大見其用之大者豈盡信其體之明乎夫聖學大明講論有素則士知全體之學而功之盛者固得之學問之充也學雖無傳質乃純粹則士有一得之明而功之成者成於天資之美古之君子莫不皆然豈獨中州之士哉然中州之士愚生願仰望以爲的從者也敢因明問所及而言之三代以上道學大明故伊尹有君臣一德之美而輔商之功以成太公有丹書敬義之戒而興周之業以著漢唐以來此學不講陳平灌嬰功業之建於漢者固士矣而所以得此者天資之美耳要其學雖文如賈誼者

且未知之何暇他及乎婁師德魏元忠忠藎之竭於唐者固至矣而所以得此者亦天資之美耳論其學雖文如韓愈者且未盡之豈遑他求乎五星兆祥於奎斯武寔是昌於宋然不登濂洛之門則未窺大道之要其間有若宋祁宋庠兄弟皆以文章顯著述之美近於知道者而不純韓絳韓維伯仲皆以相業聞建明之大邁於立體者而未全呂誨之三居言責輒論刻大臣之得失屢黜無所悔富弼之屢使虜庭以身繫天下之安危去就無所累雖其學問之功不可誣然聖賢之道未必有也韓琦垂紳正笏不動聲色而措天下於太山之安岳飛盡忠報國屢奏捷功而致中原有幾復之勢雖其識見之大不可及然道學之傳莫之許也斯文天啓兩程勃興上接孔孟之傳下開紫陽之統道學之正印以承王道之大體以立使得其時而爲之則功業之盛當亞伊呂豈在諸公下哉然二子師授之原既同造詣之途無异故其議論之間無復□□之辯朱子稱其人則曰兩程述其言□□□子以其道之同也至謂明道純粹□□□蓋其渾然天成之妙明道之於顔子固相似矣謂伊川英發如孟子則其命世亞聖之才伊川之於孟子或未及焉其源同也故稱其同者非詭隨語其所以同也其成异也故稱其异者非牴牾辯其所以异也以道相正夫豈得而無言哉中州之士體用之學大率如此然皆非後學之敢輕言亦非後學之所能學也雖然論學問則當以明道爲標的論功業則當以魏公爲準繩學問不期於明道是弃其身者也功業不期於魏公是忘其國者也由程韓之學問功業等而上之尚何伊尹太公之德業有不可致之哉高山景行之思未嘗敢忘於須臾之頃也

第四問

崔銑

同考試官訓導郭批（悉數□古善惡之鑒戒而末復設議以告將來文章之有益於人者如此哉）

同考試官學正李批（條答詳明而筆力健詞氣壯無忝作家）

考試官教授李批（策有事實可刊）

考試官教授濮批（條答無遺）

制刑有輕重皆所以爲天下之防用刑有善惡皆可以爲天下之鑒蓋教以祗德刑以弼教制刑雖有重輕無非所以防天下之人使之去惡而從善率性而循理用夫刑者使皆體夫刑期無刑式敬由獄之言而不二三其心高下其乎尚何有刑罰不中而壞天下之防哉請因明問而條陳之刑爲生殺人之見死者不可復生斷者不可復續故大易一則曰電雷噬嗑先王以明罰敕法

二則曰雷電豐君子以折獄致刑刑固爲天下之重以唐虞盛世而猶設士師文武聖君而尚專庶獄輔治弼教不可無刑而亦不可不愼也考之古昔司刑之官善者固有而惡者亦多以其善者言之爭辯孝婦殺姑之冤而致天兩歲豐之感此東海于公之仁也拜相封侯子孫貴盛人以爲仁德之報矣郭弘在穎川三中年存心忠誠斷獄平恕而享年幾百於于公有不并哉爭救十二使臣之罪而得刑部如議之命此判官孫立節之直也遷官進秩嗣續顯榮人以爲充氣之報矣盛吉爲廷尉十二年決獄無滯天下稱平而白鵲巢樹於立節有不同哉至若出獄數多母乃喜笑或無所辯母即怒嗔非隽不疑爲京兆尹而行縣以錄囚乎戒母告子母即感悟爲陳人倫子亦成孝非仇覽爲蒲亭長而以德化陳元乎又若蘇瓊之爲清河太守因乙普明兄弟爭田而諭以兄弟難得田地易求致其叩頭洒淚而復同居之義李素立之爲御史都護因唐高祖欲殺小罪而諫以法若動搖民無所措是以恩感夷人而致餽獻之誠他如綿泗推官歐陽觀也夜治官書屢發嗟嘆而妻乃疑問觀語之曰此爲死獄我求其生可生而聽人至於死此觀之不爲也嗣子賢貴豈無徵哉開封助曹陳洎也章獻臨朝族人殺卒而吏欲掩飾洎折之曰彼實冤死待我而伸懼罪而驗屍不以實此洎之不肯也名聲赫奕豈不虞哉之數公者皆用刑之善者焉以其惡者言之撓法而活其私所愛曲法而滅其私所憎此周陽由爲郡守之偏酷後竟弃市理之宜也張湯爲大中大夫而舞智弄人從暴治獄巧排陷於大臣逞威福於私己讓陽由不多哉捕奸而連逮千餘家錄囚而流血十餘里此王溫舒爲郡守之殘刻後亦自盡天之厭也索元禮爲武后推使而曲順上旨妄戮善人作鐵籠以訊囚窮根柢於連坐違溫舒不遠哉以至注醯囚鼻溺矢囚寢來俊臣爲御史中丞然也厥後抉目摘肝宜西市人之恨其殘而快其死焉承詔決獄大肆誅殺周興爲秋官侍郎然也厥後竄身殞命宜天下之喜其敗而洩其忿也又若李林甫引吉溫於門下吉溫乃與羅希奭推讞詔獄以虐相勉時稱鉗綱之名此吉溫之酷暴無似也王安石遷蔡確爲御史蔡確遂希王安石鞠問城卒鍛鍊而成日肆羅織之毒此蔡確之殘虐無倫也安惇爲御史而密設傾搖之奸計雜治同文之謗獄致忠良殆盡後未幾時而二子貶死史臣列與蔡京同傳非直筆乎万俟离爲提點而妄劾忠良之逗留竟致父子之冤死使和議遂成後不旋踵而忤心奸檜謫死歸州史臣編與秦檜同傳非公論乎之數人者皆用刑之惡者焉是則一善一惡昭著如此而皆所以爲天下後世之鑒戒也雖然又有說焉今之議者以慈祥則忠厚而近於善威猛則風力而近於惡非也慈祥本善而流於姑息則不善威猛非惡□過於慘酷

則為惡不有折中之道乎亦惟不狃於私不撓於勢輕不至縱重不至苛苟不當刑不藏怒於怨家在所必刑不樹私於恩地一遵帝王之訓以無忘□□之心耳愚不敏倘責司刑不敢不以此言自勵

第五問

李東熙

同考試官訓導郭批（有考據有識見非博雅之士不可及此）

同考試官學正李批（議論弘博斟酌詳審與牽制著筭肆為妄說者不侔）

考試官教授李批（條答治河事宜如指諸掌臨筆三嘆）

考試官教授濮批（治水一策鑿鑿□餘言不徒資文王觀覽而已此可與智者道）

審天下之勢者不鑿以人為成天下之功者不專於己出何也勢因乎天而地天者不可不順功成於人而在人者不□不公故君子之處事不患乎無其智所□者不能循其勢而失之鑿不憂乎無其功所憂者未能參諸人而失之專孟子曰所惡於智者為其鑿也中庸曰為政在人朱子曰為政不在於用一己之長論治河者亦審諸此而已舍此而他求未見其有濟也請為執事言之夫水在天地間實造化之始巨而四海次而四瀆治之而順其理皆有以益於國而澤乎民是莫不有利也治之而失其道適足以病夫國而傷夫民是莫不有害也然求之書質之史而驗之於事則水之為利固莫如河水之為害又孰大於河哉嘗考河之為水濫觴崑崙洶湧萬里莫知紀極大禹疏導之時河尚未經於汴而洛汭實河之故道也觀禹貢導河東洛汭至於大伾北過洚水至於大陸又北播為九河同為逆河入於海之文可知矣降至戰國各以堤防自固河水東抵齊堤則反而西泛趙魏自河內黎陽至魏郡昭陽以東百餘里間河水再西三東不勝迫阨故周定王五年河徙砱礫則漸遷於東南而不循故道及秦始皇使王賁以魏決河溝之水灌大梁之城其所決遂天而不可復補漢元光間故道嘗復而不能久至於有宋始復南決而莫能救南渡之後遂由彭城合汴泗以入淮而向之故道又失矣逮至於今則由汴城而亳□自渦口達淮而向之故道愈失矣禹貢之河道豈今日之河道乎蓋國朝正統以前河淤北而勢趨於南故決於滎陽東越汴城南而迤邐入淮是時汴城在河之北弘治以來又淤南而勢趨乎北故決於原武東北過沁水溢流為一延及張秋之運河自是汴城在河之南矣昔之害莫切於兗今則切於豫昔之害首受於□今則受於汴今歲霖潦連綿河肆決溢護城之堤雖足捍禦而附郭之家

類居沮洳當職者之憂孰大於此乎且激悍爲河之性卑疏爲豫之在以彼乘此橫□□無足怪者而惟治之有法耳夫循古聖之成法以禦河道之更變固無不可然河害於漢而漢不知因其勢害及宋元而宋元罕能成其功豈不由害之以人爲而不因乎天專之於己出而不公諸人哉洪惟國朝建都燕薊漕粟以實京師而必取之江淮諸郡造閘以制運河而惟匯夫沁潞諸川一決於張秋之口則害及博濟之境餉道爲之枯涸綱運爲之遏絕如國計何如民患何是誠不可聽之東行而滋其壅塞也茲欲處治得宜不失成法是固愚□之所欲言亦皆國家之所已試嘗觀近歲張秋之決上廑宸慮特遣在廷重臣以主之又分委藩臬諸臣以輔之而責任得人處治有道先鑿滎澤之地潛祥符之壅以殺其勢繼塞孫家渡荊隆等六口以截其流而治之者因其勢矣是故水患既去運渠復通其於前□□法今日之宜亦已審矣然踵大禹之迹以并治河之方亦各不同彼如釃河之流因而導之曰疏去河之淤因而深之曰濬抑河之暴因而扼之曰塞此前代治河之三法皆可舉行生地有直紆鑿之以就故道故道有卑高治之而使相就河身有於難受水者闢之廣難爲岸者禦之減水河有狂而放曠者制之怒而隳突者殺之此前代疏濬之四端咸可師法漢待詔賈讓治河三策其上欲決之使通其中欲分水溉田最下乃爲堤防之作雖未嘗行於漢然參酌而用亦可行於今日宋待制張商英治水五事一曰行古沙河口二曰復平恩四埽三曰引河從漳入海四曰開御河東堤之積五曰開水門洩徒駭河東流雖未得施於宋然采擇而行亦可用於今時尚文爲元廉訪使而獻大策欲於蒲口決處築長堤以御泛濫開淤塞以通東隘而又遷民村落以避衝潰給民退灘以償所失亦救弊良法也豈徒施於元而已哉賈魯爲元都水使者而陳二策欲於濟陰決處一則修築北堤以制水之橫潰一則疏塞并舉挽河東行以復故道亦嘗試善謀也豈徒美於前而止哉國朝翰林承旨宋濂之論治河而欲分其流者蓋祖大禹釃爲九渠之說而申余闕多爲之委之意國子祭酒丘濬之論治河亦欲不惜棄地不惜動民以成遠大之利擇任心膂委從便宜以盡疏濬之術是皆折衷之當而無闕略之患然原其本意求夫實功孰非因其水勢而不與水爭地以滋其潰決又孰非委任人才而不咈民從欲以墮其績用哉爲今之計莫若俟水涸之候纘前日之功河雖不害於漕而必求其有利於民堤雖已成於北而不使其爲壑於南滎澤七十里之新河時加疏濬使無至於淤澱祥符二十里之故道時加開拓使不至於狹小水既南下勢必橫溢南岸捍禦尤不可後乘時之隙役民之力相度沿河地勢建築縷水堤防務使霖潦之雨有所備泛濫之水無所肆城郭免萬

姓之憂漕挽資百世之利暫勞而獲永逸小費而成大功豈不偉哉賈魯舊河已置北堤之內絕流日久不復論焉此蓋治河之一事耳若夫論道經邦輔理承化之說欲言而未有其階也惟執事恕其狂瞽而進之

河南鄉試錄後序

河南居天地之中士生其間者洪河高嵩之靈以鍾其秀明道伊川之傳以宗其學幸而遭際明時刑范陶鑄以成其器所以出而躋台鼎弼聖化者視昔為有加猗歟盛哉乃弘治十一年戊午秋八月當鄉試之期維時藩臬重臣凡興舉綜理之謀務極精詳而巡按監察御史李瀚實總其事先期進諸執事而告之曰朝廷設科取士品式未周無以裁抑僥幸禮文未隆無以招徠豪傑乃斟酌事宜拓新貢院變湫隘為高廣易苴葦以梗樟厚幣聘之禮豐燕享之儀士之與是選者真若躍龍門步瀛洲矣撤棘之晨觀者數萬計莫不嘖嘖歎文明之盛而得人之多也雖然今日之所試者文也所未試者行也文有典雅浮躁行符之昔唐韓愈以六經之文為諸儒倡反頑以樸劖偽以真粹然一出於正其徒李翱輩從而效之文體至元和而益工宋劉幾為文險怪歐陽脩知貢舉決意痛懲凡為新文者一切弃黜時體為之一變文章至嘉祐而始盛然則轉移之機在作興操柄者之何如耳故二子力主之濬歮較文之後朝夕披閱以思辭之華實理之醇漓別白之咀嚼之皆有典雅而無浮躁聖化涵養之深且久有足徵矣嗚呼法式之嚴密去取之公明凡我在位當事者若無憾焉不知諸士榮膺斯舉何如其為報稱耶茹商山之薇猶知德周矧士□□□□□□□聖世而沐清化誦詩讀□□□□□□□知所以報稱□□□□□□儋爵享受恩遇祿食之隆必□□□□□□實文而華國以實行而濟□□□□□而庶幾可言□□□□□□書以俟之應天府儒學（此處底本缺頁——編者注）

弘治十四年河南鄉試錄

弘治十四年河南鄉試序

　　相稱一則曰使中外文□□由科舉而選嗚呼我太祖以神武取天下而於干戈□集之秋汲汲焉興賢能進岩壑詩書之士而庸之當時得士之盛治安之效實爲國家豐芑之仁列聖相承益崇益重三年率由未始愆忒于今日三十餘年上之取于下下之應於上皆不能是越而其所以所以應者又皆本諸六經四書之□濂洛關閩之論而一切异□之説罷黜不用此我朝取士之途所以惟科舉爲最正得人爲最盛天下所共榮而他途弗齒也弘治辛酉又維其期巡按河南監察御史羅賢自惟監臨之重舉舊典謀協于鎮守太監藍忠巡撫右副都御史鄭齡清戎監察御史董鑰暨諸藩臬僉謂是重事也其慎之哉乃相與師儒是擇惟公匪私幣聘來至而鼐與訓導陳言實典考試學正張曙教諭劉濟望亢時霖朱澯曾憲訓導張琭何繼周談一鳳則同考試于時提調則左布政使李進右布政使曹元監試則按察使文貴僉事彭綱與凡百執事慎選咸備而巡按御史實總理監臨之皆精白以即事八月辛亥鎖院癸丑之夕相與焚香告天矢得真材啓經命題杜革私弊甲寅試之丁巳再試之庚申三試之來試之士一千六百有畸皆董學副使車璽之所造就校閱而巡按御史又從而覆簡之者也凡所以供試之事與所以防之者視昔加備且嚴而相與維持贊襄於外者則左參政熊禄右參政陳周常麟李延壽副使崔文奎張恕陳壯左參議康紹宗右參議温璽僉事馬騆閻璽王欽沙立實皆心志克協共濟厥業也鼐等受事惟謹窮晝夜竭精力公去取摘其文之合程式者得八十人遵制額也爰次其姓氏與其文之尤者萃而爲録鼐當序其首自鄉舉里選之法壞後世始設科以取士若孝悌力田若孝廉賢良若博學宏詞明經進士諸科是也時勢益殊取士之法不得不歸之科舉然在諸士子特進身之階耳古之人所以取重於當時流聲實於後世者或以道德或以功業或以文章而科第不與焉今爾諸士子登名斯録行當上春官對大廷鄉里榮之親戚榮之朋友榮之可樂也然方其始進也人惟科第之榮及其既仕也則將官守言責是求備焉一弗勝則辱及矣其不大可懼哉可樂而以懼樂斯在矣懼

非患難樂非安榮弗樂猶可弗懼償我古今人有進身於科第而正直而忠誠而廉潔而功業文章赫然琅然爲天下後世所仰望者則懼其無之也有進身於科第而脂韋而激詭而貪墨敗度而不恤居職早計後來者則懼其有之也懼可既哉無其所可懼則有其所或樂是故達之而可行窮之而可傳內之而心其民外之而心其君卑之而無不宜高之而無不勝樂又可既哉則聖詔所謂名實相稱者其庶幾乎不知出此徒以科第爲蹊徑而惟世俗耳目是關以役其心焉其不負科目負所學負人望也哉姑以是勖諸子

順天府通州儒學學正逯鼏謹序

弘治十四年河南鄉試

監臨官

巡按河南監察御史羅賢（大用山西清源縣人　庚戌進士）

提調官

河南等處承宣布政使司左布政使李進（時勉山西曲沃縣人　己丑進士）

河南等處承宣布政使司右布政使曹元（以貞大寧前衛官籍直隸含山縣人　乙未進士）

監試官

河南等處提刑按察司按察使文貴（天爵湖廣湘鄉縣籍廣寧左屯衛人　乙未進士）

河南等處提刑按察司僉事彭綱（性仁江西清江縣人乙未進士）

考試官

順天府通州儒學學正逯鼏（調元山東章丘縣人　壬子貢士）

直隸松江府儒學訓導陳言（大猷浙江慈谿縣人　丙午貢士）

同考試官

陝西延安府鄜州儒學學正張曙（啓東遼東廣寧左衛人　乙卯貢士）

湖廣武昌府通城縣儒學教諭劉濟望（充仁江西安福縣人　丙午貢士）

山西潞州長子縣儒學教諭亢時霖（希説陝西藍田縣人　丙午貢士）

湖廣武昌府江夏縣儒學教諭諭朱溁（源潔福建晉江縣人　己酉貢士）

應天府溧水縣儒學教諭曾憲（勉章江西泰和縣人　己酉貢士）

直隸鎮江府儒學訓導張珨（文貞江西弋陽縣人　己酉貢士）

直隸常州府無錫縣儒學訓導何繼周（繼周福建閩縣人　壬子貢士）

浙江嚴州府桐廬縣儒學訓導談一鳳（文瑞直隸無錫縣人　壬子貢士）

印卷官

河南等處承宣布政使司經歷司都事張拯（望之陝西鳳翔人　監生）

河南等處提刑按察司經歷司經歷陳昺（克昭湖廣茶陵州籍廣西柳州衛人　辛卯貢士）

收掌試卷官

開封府知府王瓚（宗器陝西通渭縣人　辛丑進士）

汝寧府知府張子麟（元瑞直隸藁城縣人　甲辰進士）

受卷官

開封府鈞州知州李隆（世昌山西榆社縣人　丁未進士）

開封府鄭州知州趙士元（君聘陝西河州衛人　庚戌進士）

開封府太康縣知縣楊溥（靜夫直隸長洲縣人　丙辰進士）

彰德府湯陰縣知縣姚文淵（宗翰山東平原縣人　丙辰進士）

彌封官

南陽府鄧州知州吳大有（元亨應天府上元縣人　丙辰進士）

開封府睢州知州徐鎰（時用浙江山陰縣人　庚子貢士）

汝寧府信陽州羅山縣知縣楊鉞（威之應天府句容縣人　庚戌進士）

南陽府泌陽縣知縣李天賦（凝道山西交城縣人　癸丑進士）

河南府登封縣知縣鄺珩（廷用直隸任丘縣人　己未進士）

謄錄官

汝寧府信陽州知州張拱（朝儀四川內江縣人　丁未進士）

彰德府磁州知州李溥（宗大直隸定州人　丁未進士）

河南府陝州知州邢懋（德懋山東濱州人　丁酉貢士）

開封府封丘縣知縣王麟（體仁湖廣黃岡縣人　己未進士）

開封府原武縣知縣張愷（舜卿通州衛人　己未進士）

對讀官

開封府許州知州馬謙（益夫山西大同縣人　丁酉貢士）

南陽府裕州知州王錫（天寵山西高平縣人　己未進士）

開封府尉氏縣知縣張璡（伯純山西澤州人　丙辰進士）

河南府宜陽縣知縣胡獻（時臣直隸興化縣人　丙辰進士）

巡綽官

宣武衛指揮使李震（用初直隸沭陽縣人）

懷慶衛指揮同知徐文林（德茂直隸亳州人）

搜檢官

宣武衛指揮使夏廣（文博直隸徐州人）

彰德衛指揮使梁泰（國鎮河南孟縣人）

宣武衛指揮同知胡琰（宗璧直隸巢縣人）

弘農衛指揮僉事呂璽（國用直隸廣平縣人）

供給官

開封府通判劉玉（德蘊陝西咸陽縣人　丁酉貢士）

開封府通判任敏政（克修陝西耀州人　庚子貢士）

開封府祥符縣知縣張衡（公器山西臨汾縣人　癸卯貢士）

開封府陳留縣知縣張途（九達山西蒲州人　甲午貢士）

開封府鄢陵縣知縣任恕（本忠山西孝義縣人　甲午貢士）

開封府延津縣知縣孫車（世用直隸新城縣人　丙午貢士）

開封府陳州西華縣知縣李景（世瞻直隸濬城縣人　癸卯貢士）

開封府陳州商水縣知縣栗經（大正山西孟縣人　丁酉貢士）

河南府陝州閺鄉縣知縣孟周（宗魯山西朔州衛人　丁酉貢士）

河南府偃師縣知縣魏津（弘濟陝西郃陽縣人　庚子貢士）

懷慶府脩武縣知縣張甫（廷儀山西岢嵐州人　庚子貢士）

彰德府磁州涉縣知縣徐廷錫（天祿直隸南皮縣人　庚子貢士）

開封府大梁驛驛丞韓衮（守榮浙江餘姚縣人　承差）

彰德府鄴城驛驛丞顧源（本清直隸臨淮縣人　承差）

第一場

四書

當仁不讓於師　道也者不可須臾離也可離非道也是故君子戒慎乎其所不睹恐懼乎其所不聞莫見乎隱莫顯乎微故君子慎其獨也喜怒哀樂之未發謂之中發而皆中節謂之和中也者天下之大本也和也者天下之達道也　易其田疇薄其稅斂民可使富也食之以時用之以禮財不可勝用也

易

勞謙君子萬民服也　利有攸性利涉大川　是故蓍之德圓而神卦之德方以知六爻之義易以貢　萬物出乎震震東方也齊乎巽巽東南也齊也者言萬物之潔齊也離也者明也萬物皆相見南方之卦也聖人南面而聽天下嚮明而治葢取諸此也坤也者地也萬物皆致養焉故曰致役乎坤兌正秋也萬物之所說也故曰說言乎兌戰乎乾乾西北之卦也言陰陽相薄也坎者水也正北方之卦也勞卦也萬物之所歸也故曰勞乎坎艮東北之卦也萬物之所成終而所成始也故曰成言乎艮

書

食哉惟時柔遠能邇惇德允元而難任人蠻夷率服　克享天心受天明命　而康而色曰予攸好德　昔君文武丕平富不務咎底至齊信用昭明于天下則亦有熊羆之士不二心之臣保乂王家用端命于上帝皇天用訓厥道付畀四方

詩

望楚與堂景山與京　賓之初筵左右秩秩籩豆有楚殽核維旅酒既和旨飲酒孔偕鍾鼓既設舉醻逸逸大侯既抗弓矢斯張射夫既同獻爾發功發彼有的以祈爾爵　穆穆文王於緝熙敬止假哉天命　以介眉壽永言保之思皇多祐烈文辟公綏以多福俾緝熙于純嘏

春秋

柔會宋公陳侯蔡叔盟于折公會宋公于夫鍾公會宋公于闞（俱桓公十一年）公會宋公于虛　公會宋公子于龜（俱桓公十二年）齊師宋師曹師次于聶北救邢　邢遷于夷儀　齊師宋師曹師城邢（俱僖公元年）　公會齊侯宋公陳侯衛侯曹伯伐鄭圍新城楚人圍許諸侯遂救許（俱僖公六年）會王人晉人宋人齊人陳人蔡人秦人盟于翟泉（僖公二十九年）狄侵齊　晉人秦人圍鄭（俱僖公三十年）　閏月不告月猶朝于廟（文公六年）

禮記

禮義以為器故事行有考也　是故清明象天廣大象地終始象四時周還象風雨五色成文而不亂八風從律而不奸百度得數而有常小大相成終始相生倡和清濁迭相為經故樂行而倫清耳目　聰明血氣和平移風易俗天下皆寧　致物用以立民紀也　鄉飲酒之義主人拜迎賓于庠門之外入三揖而後至階三讓而後升所以致尊讓也盥洗揚觶所以致絜也拜至拜洗

拜受拜送既所以致敬也尊讓絜敬也者君子之所以相接也君子尊讓則不爭絜敬則不慢不慢不爭則遠於鬬辨矣

第二場

論
王者至大至正

詔誥表（内科一道）
擬漢單于稱臣赦天下詔（五鳳四年）　擬唐以郭子儀爲天下兵馬副元帥誥（至德二載）　擬宋加韓琦尚書右僕射謝表（治平元年）

判語五條
賦役不均　禁止迎送　盤詰奸細　囑托公事　冒破物料

第三場

策五道
問　我太祖皇帝既定天下致太平懼臣民之或懼于法也乃製大誥以昭示之使皆知所趨避伏讀官親起稿一章有曰秦不可法自周至于漢晋唐宋當時賢人君子臣於斯歷代者受任方隅所任之事必躬親理之又伏讀胡元制治一章有曰臨政之時袖手高坐謀由吏出縱是文章之士不異胡人大哉皇言一哉皇心蓋深懲胡元以吏爲源之弊而警飭臣工以勤自勵以惰自戒也聖訓流布彌彰聖子神孫率由靡忘所以百數十年來勤實道昌浮惰俗革官稱其職吏供其役治效之盛比隆成周而軼漢晋唐宋矣夫古昔方隅之臣能親理所任之事者多矣姑舉一二與諸生論之北山大夫朝夕從事城彼東方夙夜匪懈何事不親理也諸生講之乎賢否盡知各有記籍精力推行不辭米鹽何事不親理也諸生慕之乎惜分陰而屏曠達者人謂其似孔明勤勸課而絶縱橫者自謂其繼羊公有政尚清毅吏不敢犯者有敷陳剖判下筆如流者洗雪冤滯何瘴癘之不憚簿書文檄何檢察之必親之數子者果如聖制之所指乎抑亦有當式效者乎綜核名實漢道以興清虛相尚晋轍不洛近年以來俗尚漸移日享優閒者目之爲高致歲困簿書者概之以常員此其漸不可不塞也昔人有云諸公道德恢弘當今之世稱俗吏者非我而何其言是歟非歟文章可以潤身政事可以及物其言又是歟非歟今欲概古人之言行考

聖製以不謬落浮惰獎勤實是必有道諸生服膺聖訓飽抱而來不宜遜讓明著于篇以觀所學

　　問　上之求才士之求進其為道一也諸生知之乎法行而道非盡善弊生而法隨以隳其為勢一也諸生又知之乎是故科舉以取之資格以叙之而天下人才盡在羅籠之中而不能逸矣使上古聖王復生不能舍是以取士使上古賢臣復生不能外是以進身其勢則然也莫公於科舉厥後乃有不公之訾莫常於資格厥後乃有不常之誚昔人有曰古人行已似不如此又曰爵位品秩一一稱滿其意將無以役使群臣語其法如是而況於徇情者乎風行於上而成於下道二於此而原於彼試與諸生論之悉黜請托視私其鄉人者何如不造郡齋視投牒求進者何如以舍人而四遷至五大夫以大僕而三賜至執圭視徒步數年至封侯一言旬月取宰相者何如科舉不能累人自是人累科舉故殿前對策者道學自傳進士題名者大成是集待常才以資待非常之才以望故有舉處士堪登三事者有舉郡守堪為宰相者法無不可人則萬殊科舉之行久矣或有以賈人之行為法累者君子則曰彼無我與也而高見遠識之士抑有不局於科舉者乎資格之行久矣而超資越次者亦比比也抑有抱真蓄大晦不自售陸沉於下者乎士而不局於科舉是其所以進身者特施其餘耳而其所獨至者固非科舉所能累而亦不累之也士而拘於資格而不得盡其才展其志則其所能為與其所當為又有出於仕進之外者矣道有所極至勢有所不能拘此非分外事子曰盍各言爾志趙孟曰請七子皆賦以觀鄭志

　　問　今北虜跳梁侵擾三邊烏合星散出沒無常防此則窺彼備東則寇西聚多則士卒不充布少則侵軼莫禦誠不可不慮也夫戎狄之患久矣備禦之略多矣諸生能言之乎或陳征伐之謀或立表餌之說或興和親之議或建農戰之策或築三城於磧口或建三城於西南或欲蓄之以犬羊或欲移兵於邊郡或啖之以金幣或假之以封號其利害得失可得而言歟抑亦有可行於今者歟兩年以來士不解甲農不停餉而克捷之功未聞烽燧之警猶急豈將帥之不得其人歟抑有所牽制而不得展其力歟將十羊九牧而謀不斷歟抑敗軍者逋誅逗留者受賞安居者論功死戰者不錄而士卒解體不用命歟將謂進死退生預有為之所者而一切不戰歟抑士素不訓練而見敵恐怖歟將謀略勇銳之士乏而不足用歟抑有之而不知知之而不舉舉之而不用用之而不專不能盡其才力歟昔人有言匈奴之眾不足當漢之一縣今舉天下之全力以禦之而反罷於奔命其故何歟將隸籍食糧之兵半役於拳門在邊聽

戰之士多隱城帥幕而彼衆我寡勢反不敵歟備邊之事前代成敗明驗歷歷可考諸生行將委質若得當一面則何以哉儒者於天下事皆合理會而況今日之所甚急人所共憂者乎其敷陳以成策母委曰軍旅之事未之學也

問　漕運之不可不講也信矣平時以給京師有事以餉軍旅至重而最急也我國家建都上地轉漕東南若江浙之東西淮湖之南北歲漕數百萬石自儀真至通州導善河數千里舟楫往來穩於履陸北方之粟貢本色者亦由水漕齎糴直者則由陸路川舟引而連檣陸輦驅而接軫百數十年上下稱便漕法之善前代莫及比者獫狁匪茹腥膻疆圉出没不時禍心叵測至勤朝廷命將出師遠駐西鄙相持日久粮餉不給乃移河南粮一十八萬石往饋榆林今欲運本色則山路阻遠輦駄無由計數石猶恐不能致一石欲齎糴直則邊郡被毁内地懼旱縱有可買之處而脚力亦無所措出不得已多費不恤然今歲役之民力已殫繼此以往役或再興則將若之何哉誠不可不預講之也夫歲漕山東四百萬石止用卒六萬人其法何居歲漕江淮一百一十萬石無升斗覆溺者其計何在節級轉般視和糴三輔河東粟者孰優燒石沃醯視開運道十八里者孰得致瀕海之粟於河北何如關中之轉輸運冀州之粟於烏巢何如祁山之牛馬漕運和糴各有短長緩急所需難執一説故昔人謂將國用當權輕重此其爲説始能不頗也今醜虜陸梁未即殄滅西陲之運河南之人殆不能免若措置失宜則恐夷患未除而腹裏已先搔擾諸生抱策來試而是役之艱亦既目擊之矣明以告我以觀憂世之志

問　省饋餉合兵民固本國威夷狄莫良於屯田古今皆然也試與諸生言之有田塞下者有田燉煌者田湟中者羌服田許下者兵强陳項壽春皆設屯田尋牧混一之功關中諸鎮皆置屯田遂臻治安之效河北諸路大興營田陝西州軍亦置屯田一以防寇一以足食此前代屯田之明驗也我太祖皇帝既定四海設衛以治軍給田以啓屯大率以二分居守八分務農歲收所入以給軍食以紓民力神謨聖猷布在天下我太宗皇帝尤留聖慮詔旨丁寧惟恐弗至此祖宗之時所以食足兵强以征則勝以守則固也諸生能知之乎承平日久法制漸弛有屯田之名無屯田之實於是兵餉之出於民者什常八九而州縣歲入有常歲用日增財力漸竭顧此失彼兵且日餒如河南衛所有經年不得支升斗者諸生又知之乎今塞下之屯地廣矣而都弃於無用徒貽餉丁綱吏之困苦腹裏之屯地多矣而概没於久假徒勞使者有司之交爭茲欲令諸邊之卒各田其地歟則未耕方施而突騎已至稼穡甫登而踐踏即及施何策以防之欲令腹裏之士各田其地歟則欺隱於奸猾而智能蔽所司之耳目呑占於强大而力能沮守臣之核

實用何方以處之始也有衛必有田今或衛遷而田存始也有田必有屯今則田在而屯亡苟盡歸於朝廷則百姓裕盡收於邊廩則戰士飽夫且耕且戰以食以守今日急務古先良規詳陳勿諱試將采焉

中式舉人八十名

  第一名 何瑭 河內縣學生 詩
  第二名 李昇 鈞州學生 書
  第三名 鄭選 光州學生 易
  第四名 朱琰 固始縣學生 春秋
  第五名 許汝進 睢州學生 禮記
  第六名 李緋 固始縣學生 詩
  第七名 焦鵬 河南府學生 易
  第八名 姚諒 開封府學生 書
  第九名 盧盤 汝寧府學生 禮記
  第十名 吳道純 信陽州學生 春秋
  第十一名 張伊 汝寧府學生 詩
  第十二名 馮世昌 獲嘉縣學生 書
  第十三名 馮澤 儀封縣學生 詩
  第十四名 喬木 新野縣學生 易
  第十五名 李鉉 蘭陽縣學生 詩
  第十六名 藺珮 陽武縣學生 書
  第十七名 馬鑽 信陽州學生 易
  第十八名 李潺 許州學生 詩
  第十九名 張沂 南陽府學生 書
  第二十名 李勳 葉縣學生 易
  第二十一名 吳魯 固始縣學增廣生 詩
  第二十二名 安廉 鈞州學生 春秋
  第二十三名 孟洋 信陽州學附學生 書
  第二十四名 翟賢 陳留縣學生 詩
  第二十五名 孔慶 宜陽縣學生 易
  第二十六名 徐𦵮 鈞州學生 書

第二十七名　陶俸　開封府學生　詩
第二十八名　張澤　安陽縣學生　書
第二十九名　柴郁　孟縣學生　禮記
第三十名　方富　內鄉縣學生　詩
第三十一名　王傑　脩武縣學生　易
第三十二名　何玠　開封府學生　書
第三十三名　郭鏡　磁州學生　詩
第三十四名　馬錄　信陽州學生　易
第三十五名　藺澤　汝寧府學增廣生　書
第三十六名　張大威　布政司候缺吏　詩
第三十七名　韓宣　湯陰縣學生　易
第三十八名　崔遇　鞏縣學生　詩
第三十九名　張璿　羅山縣學生　春秋
第四十名　萬玘　歸德州學生　詩
第四十一名　李教　洛陽縣學生　書
第四十二名　王友　確山縣學生　詩
第四十三名　彭公溥　靈寶縣學生　易
第四十四名　馬魴　西華縣學生　詩
第四十五名　宋誼　洛陽縣學增廣生　易
第四十六名　楊來鳳　汝陽縣學生　詩
第四十七名　袁澤　原武縣學生　易
第四十八名　喬儀　襄城縣學生　詩
第四十九名　劉國翰　睢州學生　禮記
第五十名　李時用　衛輝府學生　詩
第五十一名　任祐　南陽縣學生　書
第五十二名　底蘊　考城縣學生　詩
第五十三名　袁昆　魯山縣學生　易
第五十四名　崔景山　考城縣學生　詩
第五十五名　梁緒　新鄉縣學生　易
第五十六名　杜雄　永寧縣學生　詩
第五十七名　毛鳳翔　西平縣學生　書
第五十八名　劉鳳儀　新鄉縣學生　詩

第五十九名　劉堅　鈞州學生　書
第六十名　孔銓　太康縣學生　詩
第六十一名　李鵬　新蔡縣學生　春秋
第六十二名　胡瓚　信陽州附學生　詩
第六十三名　張秉彝　鄧州學生　易
第六十四名　鄭繼宗　鞏縣學生　詩
第六十五名　袁文光　鄭州學生　書
第六十六名　王金　臨潁縣學生　詩
第六十七名　陳瀾　武陟縣學生　易
第六十八名　崔冕　輝縣學生　詩
第六十九名　武信　蘭陽縣學增廣生　書
第七十名　王相　光山縣學生　詩
第七十一名　李緯　鈞州學生　禮記
第七十二名　曾槐　商城縣學生　詩
第七十三名　馬瑾　淅川縣學生　易
第七十四名　楊昭　陝州學生　詩
第七十五名　趙瀾　脩武縣學生　書
第七十六名　李鑾　汝寧府學生　詩
第七十七名　李廷俊　鄭州學生　易
第七十八名　趙彥璋　靈寶縣學生　詩
第七十九名　郭珍　宜陽縣學生　易
第八十名　劉宗敬　懷慶府學生　詩

第一場

四書

當仁不讓於師

何瑭

同考試官訓導張批（場中作者多於當仁處講勇為有戾朱傳唯此作得之是用錄出）

同考試官學正張批（說出以仁為己任而必為有意思是究心於理者）

考試官訓導陳批（題出揭書初看似易下筆便難此作說出聖人勉人

之意隱然在目）

考試官學正逯批（聖人言語渾然而意思深遠此作發揮殆盡）

任夫理之在己者不遜人之誨己者蓋仁乃理之在己而師則人之誨己者也今任其理而不遜乎師非的然有見者能如是哉昔聖人勉人爲仁其意若曰人有此生即有此仁是乃天之尊爵也人之安宅也若畏縮而不敢當不幾於自弃乎必也寬廣其心胸毅然以爲己任而擔當之不自弃以離吾仁也若退托而不肯任不幾於自暴乎故必弘大其度量奮然以爲己責而負荷之不自暴以舍吾仁也彼師以傳道解惑爲事在所當讓也仁則吾所自有而自爲之非有爭也故當勇往而必爲視聽此仁言動此仁于以尊天之尊爵雖師亦何所讓哉師以進德修業爲教在所必讓也仁則我所固有而自行之無所爭也故當身體而力知作止此仁語默此仁于以居人之安宅雖師又安所讓哉夫然則天之賦於我者以全我之所得於天者以復人之爲仁孰有加於此耶抑嘗因聖人之格言驗聖門之高弟顏子嘗當仁矣而克己復禮爲之必勇仲弓嘗當仁矣而主敬行恕行之必力師如孔子大聖尤所當讓當時不聞二子以仁讓聖人爲者得無以自爲自有之仁而無所與讓耶有志於仁者必以二子爲有而後可

道也者不可須臾離也可離非道也是故君子戒慎乎其所不睹恐懼乎其所不聞莫見乎隱莫顯乎微故君子慎其獨也喜怒哀樂之未發謂之中發而皆中節謂之和中也者天下之大本也和也者天下之達道也

李昇

同考試官訓導談批（作長題者病難收拾整齊嚴肅無如此篇）

同考試官教諭亢批（寫出所以道不可離之意蓋玩索理學而有得者）

考試官訓導陳批（道不可離之意融貫會通是故錄之）

考試官學正逯批（動靜之功體用之妙宛然在目造道者之言也）

中庸論道不可離而詳其功必明其不可離之意焉夫道原於天而備於人其不可離也審矣中庸詳其功而明其意其示人之意一何至歟且夫道者日用事物當行之理皆性之德而具於心充塞乎天地無物而不有不可須臾而離也使其可離非率性之道矣貫徹乎古今無時而不然不可頃刻而違也使其可違又豈率性之道哉夫道不可離如此由教而入之君子當何如用其功耶故於其靜也目雖無所睹亦戒謹而不敢忽耳雖無所聞亦恐懼而不敢怠存養如此所以存天理之本然而使斯道不離於須臾也於其動也幽暗之

中人雖不知也而吾之神明獨知何著見也是以君子雖常戒慎矣而於此益致其力細微之事人雖不覺也而吾之天君獨覺何明顯也君子雖常恐懼矣而於此益密其功省察如此所以遏人欲於將萌而使斯道不離於隱微也然道之所以不可離者何哉蓋人之一心有喜怒焉有哀樂焉方其未發也渾然在中無所偏倚不謂之中乎及其已發也一皆中節無所乖戾不謂之和乎中乃性之德即天命之謂也而天下之理皆由此出道之體在是矣非大本而何和乃情之德即率性之謂也而天下古今之所共由道之用在是矣非達道而何是道之體用即吾性情之德也此其所以不可須臾而離也歟抑考中庸之書子思子憂道學之失其傳而作也此章上文言道之大原出於天而不可易此則言其體備於己而不可離以信存養省察之要下文則又以聖神功化之極爲言推而論之一篇之中無非此義文雖簡而義則周體雖微而用則費學者誠能反求諸身體驗而擴充之則將駸駸乎入於聖賢之域而斯道不患其無傳矣不然其不流爲異端者幾希有志於斯道者宜於此而潛心焉

易其田疇薄其稅斂民可使富也食之以時用之以禮財不可勝用也
鄭選
同考試官訓導何批（上節既説民可使富下節又以節儉言之必有故也此作得之）
同考試官教諭曾批（足民之政此章盡之是作最善發揮而感慨溢於言外必佳士也）
考試官訓導陳批（題目有關世教而此作亦非虛言無補者）
考試官學正逯批（説得孟子之意出是故錄之）

有所以富民之道有所以足財之道善治天下者然也蓋民者國之本財者民之心也富民足財各有其道尚何天下之難治哉昔孟子之意若曰國以民爲本民有不富如治道何有天下者誠知農事至重使民耕治之而遠近悉無荒蕪之田能以民事爲急使民經理之而高下□爲禾黍之地是田疇治矣九一而助惟正之供不橫征以厲民什一而賦常制是取不暴斂以自奉是稅斂薄矣將見田之所入者多歲之所收者廣仰足以事父母俯足以畜妻子民豈有不富哉民以財爲心財有不足如治道何有天下者誠知食不以時民妄費矣如朝焉則饗之如夕焉則饗之凡飲食之間必嚴妄費之禁非食以時而何用不以禮民侈用矣如冠婚之用截然品節之具存喪祭之行秩乎制度之周密凡用度之間必謹侈用之戒非用之以禮而何殆見民之所用者少家之

所積者厚隨所取而無不給隨所用而無不周財豈可勝用哉吁既務本以豐財之源又儉約以節財之流爲治之道孰有加於此耶抑考時至戰國君失厥道非惟之不能教民而反有以厲民者故民皆安於游惰習於侈靡又苦於橫征暴斂無怪乎民窮而財盡也孟子目擊其弊不忍君民之胥失乃詳舉聖人治天下之道以詔當世冀其得聞而用之惜乎蔽固深而不能用使孟子托諸空言也噫

易

勞謙君子萬民服也

鄭選

同考試官訓導何批（發明大臣有勞而不伐殆無餘蘊矣且講萬民服處轉挽可佳）

同考試官教諭曾批（理明而不鑿詞達而不泛傑作也是用錄也）

考試官訓導陳批（意新辭健迥出衆作置之高選允協與情）

考試官學正逯批（化陳爲新佳作也异日建功名于竹帛之可以占子之心事矣）

功忘于己者人所難人服于心者爲無間此謙九三之象傳也蓋有功不居非厚德之君子未易能也而謙九三以之其致人心之歸服也夫豈有間哉昔謙九三周公繫其爻曰勞謙君子有終吉夫子象傳申之謂夫九三君子秉剛正之德當大臣之位上焉君所任輸忠悃爲奠安宗社之謀功業樹建于當時下焉衆所依運心思爲保固生靈之計政績煌于天下有功于君其心以爲功雖高分所當爲也退處謙冲欿然不自居其功蓋人情之所難而君子之所養者見焉有勞于民其心以爲勞雖大職所當盡也斂歸恬淡寂然不自伐其勞蓋君子之至厚而淺薄之太露者愧焉謙之九三如此殆見天道之所益地道之所流者在是鬼神之所福人道之所好者在是群黎百姓仰勳勞而起敬者莫不慕其才而所其謀猷之廣遠庶民小子沐謙光而興思者莫不薰其德而服其器量之恢宏上孚于君无功高不賞之嫌所謂生祝其壽死立其祀者則有之矣是人心之愛戴寧有間于彼此乎下孚于民无率怠弗協之理所謂君子親賢小人樂利者則有之矣是人心之閱服曾有間于遐邇乎若使九三君子一有恃勞矜功之心則天下閧然群起而爭之矣有終之吉惡能保哉周公許其終以示占孔子驗其實以申象其爲有功大臣之戒勸者深矣嗟夫周公當成王寄托之任輔成王室自古功高未有若此者而周公赤舄几几非惟不以爲功且引以爲罪卒之大風拔木金縢啓而成王悟流言息而東山歸天

地佑焉鬼神相焉豈特萬民服焉而已周公以其心事特筆于爻而孔子於象傳復申明之蓋爲萬世功臣之龜鑒也後世猶有若渾濬之平吳鍾鄧之伐蜀互相争功至不保其身者其亦可慨矣夫

是故蓍之德圓而神卦之德方以知六爻之義易以貢

焦鵬

同考試官訓導何批（揭書出題本不計其難易但作者不失之簡必失之泛惟此作平順通達說理了了場中如子豈多得耶）

同考試官教諭曾批（連日閱卷未有甚可人意者此作詞理通暢其易義中之優者歟）

考試官訓導陳批（說得蓍卦爻三者明白可取）

考試官學正逯批（說理妥帖潔静精微之義固當如此）

大傳指易之所有各著其理之所寓焉蓋易之所有蓍卦爻而已而圓神方知易貢之理各有攸寓易之所以能開物成務冒天下之道也有以哉今夫易何爲者也昔者聖人幽贊神明而蓍以生剛柔摩盪而卦爻以立自蓍之德言之其策四十有九用于卦畫未成之先分揲而掛敕寓變化于枯梗之中參伍而錯綜寄神妙于尺櫝之内或一二焉或三四焉進退離合不可以方體求或七八焉或九六焉陰陽奇偶不可爲典要拘其爲德也不亦圓而神乎自卦之德言之其數六十有四見于蓍變已動之後文成象定事人一定之理内貞外悔理有一定之則或健與順或動與止截然不移皆有所據而可求入與陷或麗與說確然不易皆有所見而可考其爲德也不亦方以知乎至若六爻之義有陽爻百九十二焉而或變爲陰有陰爻百九十二焉而或變爲陽位雖有承乘比應之同也而告人以吉凶之兆則隨其所向所以開狐疑而決超避者屢遷無常焉爻雖有遠近貴賤之等也而曉人以悔吝之萌則指其所之所以明失得以濟民行者變動靡定焉其爲義也又非易以貢乎是則圓神也方知也易以貢也三者皆蓍卦爻之理也而聖人體具于心得其理而不假其物此其所以能明天道察民故興神物以前民用也哉抑論卦爻者蓍之體蓍策者卦爻之用徒有卦爻而無蓍策則法象虛陳而易道幾乎息矣然易本爲衆人作使人皆聖人焉則心易之理自具知來藏往之妙雖蓍卦爻皆可無也奈之何易既作而斯民猶有不知趨避者此聖人拳拳憂世之心所以不能與民相忘于無易之表

書

食哉惟時柔遠能邇惇德允元而難任人蠻夷率服

李昇

同考試官訓導談批（題本正大場屋士類能言之但佳作絶少理明辭贍而中有作家法度僅見此篇）

同考試官教諭亢批（作舊題有新意其氣充然可以為文矣）

考試官訓導陳批（虞廷咨牧之意模寫殆盡豈士之傑然者與）

考試官學正逯批（通篇典雅不涉浮誕錄之）

惟政治無不宜斯遠人無不服聖君命州牧然也夫善政之得民心也尚矣苟能處之各得其宜又何遠人之不服哉史臣記帝舜命十二州牧之辭有曰爲治莫大於遠人之服服遠莫要於政治之修彼王政以食爲首而農事以時爲先也欲足民食在於民時春耕夏耘使得盡力於畎畝而役之必乘其隙東作西成使得有事於田疇而使之必以其暇遠者宜在所略而近者宜在所詳也欲盡其詳先於其略寬而撫之使四境之外一仁恩之浹洽擾而習之使邦域之中一德澤之周流若然則重民食一遐邇處之各得其宜矣以至佩仁服義忠信誠愨有爲君子者焉則惇厚之允信之迪簡在王庭不致有簡賢侮德之誚懷奸稔惡包藏凶禍有爲小人者焉則疏斥之拒絶之不與同中國不致有聽讒用邪之譏若然則親君子遠小人處之各得其道矣夫如是豈徒中國順治而已遠而八蠻慕王道之蕩蕩相率而來王稽首稱藩蓋不特一處爲然也外而凡夷仰王道之平平相率而來享傾心向化蓋不但一國爲兩也吁內治既舉外夷自服如此汝十二州牧可不可以是而殫厥心乎抑考夷狄之爲中國患自古爲然也特在御之得其道耳蠻夷率服在於內治之修有苗來格在於干羽之舞後世智不出此而乃築長城於秦結和親於漢借兵勢於唐甚至稱子於石晉稱臣於南宋愈趨愈下其不能久安長治也宜哉有志用世者讀舜典之書當一唱而三嘆

克享天心受天明命

姚諒

同考試官訓導談批（此篇講天心主啓眷求說受天命處不用有天下事混講殊有定見）

同考試官教諭亢批（題本難作此篇獨善發揚而理自見必佳士也）

考試官訓導陳批（體貼經傳融會成文取之）

考試官學正逯批（見之真者其作義自別錄示來學）

能當乎天心丕膺乎天眷君臣一德所致也蓋惟德可以動天也有商君臣咸有一德豈不能當天心而膺天眷哉昔伊尹將告歸而陳戒於太甲其意謂夫莫難當者天之心莫難受者天之命是故監于萬方啓迪有命天嘗有心而求其人矣天下之大其能仰承天心者誰歟惟尹暨湯咸有一德而能當乎天之心焉眷求一德俾作神主天嘗有意而求其主矣四海之廣其能上當天心者疇歟惟湯及尹皆有一德而能承乎天命雖無常也則面稽天若而有以膺之眷命用懋申命用休于以荷天之休百祿是遒受明命於昭昭之中而仰焉之無愧也昔之保佑於桀者今則舍桀而歸湯矣天命雖難諶也則克配上帝而有以受之自天申之保佑命之于以荷天之寵百祿是總受休命於蒼蒼之表而俯焉之無怍也向之純佑於夏者今則舍夏而之商矣吁天心未易享也而能享之天命未易受也而能受之皆本於君臣之一德如此今王可不純一其德享天心以永天命哉抑有一代之君必有一代之臣雲龍風虎之相從水濕火燥之相説此固理也亦勢也天生勇智之湯而必有元聖之伊尹明良相逢一德相協故能當天之必受天之命而成吊伐之功伊尹告老將歸恐太甲德不純一乃作誥而以成湯之所以得天命者告之惟欲其常厥德而保天命於無窮大臣之用心固宜如此也史臣詳而記之所以曉天下後世立乎人之本朝者

詩

賓之初筵左右秩秩籩豆有楚殽核維旅酒既和旨飲酒孔階鍾鼓既設舉醻逸逸大侯既抗弓矢斯張射夫既同獻爾發功發彼有的以祈爾爵

何瑭

同考試官訓導張批（揭書出此題頭緒頗多難於措詞是篇斂煩就簡且筆力雄健必熟於葩經者宜置前列）

同考試官學正張批（此題亦叙事體能發揮親切而不晦不冗者僅見此篇）

考試官訓導陳批（事不遺□文條暢可佳）

考試官學正逯批（鋪叙燕射禮儀之盛宛然在目是宜錄之）

古人因射而飲禮儀極其盛焉甚矣古人飲酒之不苟也兹因射而飲其禮儀之盛如此又何過舉之有哉是詩衛武公飲酒悔過而作也此言因射而飲者始時禮儀之盛謂夫當射禮未行之先適迎賓即席之始有列於筵之左者秩秩乎其不紊有列於筵之右者井井乎其不雜籩豆所以盛殽核楚然羅

列之整齊殽核所以實籩豆旅然陳設之俱備清酒在罇味調而氣馨也飲此醑矣齊一而不亂也迨夫將射也樂賓之鍾鼓先陳於堂上者司樂之屬則遷設於下以避射位焉飲賓之醻爵已奠於席前者執事之人則舉而行之往來有序焉射有大侯也始焉掩束今也繫其下綱而既抗矣射有弓矢也始焉載橐今也亦既出之而斯張矣有三耦焉亦既比也獻夫發矢之功有眾耦焉亦既同也奏夫舍矢之績於是各心競云我非徒發也正欲發彼有的以祈豐上之爵而飲乎汝焉我非徒射也惟欲中彼大侯以祈豐上之觶而飲乎爾焉夫一射飲之間禮儀之盛如此是無過之可舉矣武公悔過而以此為言非篤於自修者能如是哉抑論之酒之為物郊祀之所必先燕饗之所必用誠不可缺者也但飲之而不節則內有以喪其德外有以喪其儀甚則釀成家國之禍者有矣故武王於康叔嘗作酒誥以訓之今武公飲酒悔過自作此詩以戒焉一篇之中丁寧反覆極言飲者常始乎治而卒乎亂匪徒自戒所以戒人也匪徒戒人所以戒後世也若武公者可謂能守武王康叔之家法者歟世之酗酒怠政者尚其鑒之

穆穆文王於緝熙敬止假哉天命

李緋

同考試官訓導張批（寫出周公告戒之忠溢於言表當是作手）

同考試官學正張批（緝熙敬止文王之所以為聖者盡在是矣非學力有得者能如此作乎敬羨敬羨）

考試官訓導陳批（此三句正所謂非周公不能作者子能盡以於筆端其亦知周公之言者歟）

考試官學正逯批（講天人處親切有味）

惟聖德純乎敬故天命所由集夫德者得天之本也今聖德深遠而不已其敬如此則夫大哉天命豈能舍之而他往哉昔周公追述文王之德以戒成王及此謂夫我有周受命而興也豈偶然哉良由我文王幽然而深聲也之不大淵淵其淵探之無涯涘也玄然而遠形迹之不露浩浩其天測之無限量也夫德之深遠敬之不已耳遂嘆美之以為我文王也一敬常存而繼續光明有如一元流通貫四時而無端何有於窮已乎一敬不雜而連屬昭著有如二曜循環運晝夜而無窮何有於止息乎夫以文王之敬純一不已如此是以上帝眷之而不易之峻命惟周是集有以成三分有二之鴻圖本宗百世為天子者於是乎肇基矣彼蒼眷顧而大哉之天命惟周是歸有以垂九年未集之大統

支庶百世爲諸侯者於此乎托始矣夫文王德盛而得天命如此此我周所以受命而代商也爲嗣王者可不知所自哉大抵源深則流自長德盛則澤自遠惟文王也生而緝熙其敬没而於昭于天是以子孫蒙其福澤而君有天下焉周公推本所自以告成王者亦惟欲其致勉於此敬耳厥後成王果爲有周之令主而致雍熙泰和之盛治實有自於勉敬中來也噫若周公者可謂善道其君者矣

春秋

公會齊侯宋公陳侯衛侯鄭伯曹伯伐鄭圍新城楚人圍許諸侯遂救許（俱僖公六年）會王人晉人宋人齊人陳人蔡人秦人盟于翟泉（僖公二十九年）狄侵齊晉人秦人圍鄭（俱僖公三十年）

朱琰

同考試官教諭劉批（此題傳意自明不費臆說場中多牽強不合獨此迥出衆作是用録出）

考試官訓導陳批（春秋屬詞比事此作得之）

考試官學正逯批（理明詞正得春秋謹嚴體）

春秋紀二伯有事於貳國有美其因外患而能移師以恤之者有譏其因外侮不能移師以却之者此齊桓能移圍鄭之師以救許晉文不能移圍鄭之師以却狄春秋備書其予奪之意見矣且夫我僖六年齊桓主伯因鄭逃首止翼戴儲君之盟遂合列國伐鄭而圍新造之邑聲其無王之非而罪著於上問其即夷之故而討顯于下楚於是時興師圍許蓋欲攻所必救以釋鄭也使桓公不移圍鄭之師以救之則攘夷安夏之義失矣幸而有見乎此即解新密之圍以赴許人之難緩不急之討而舉拯焚救溺之義隳垂成之功以慰嘉穀霖雨之望禦彼門庭之寇恤此倒懸之民下視晉文之行事不啻若天淵之懸絶矣春秋於伐鄭之後書楚人圍許諸侯遂救許者所以著其爲善之尤也詩曰豈不懷歸畏此簡書桓公有見於此與馴至我僖季世晉文繼伯首因鄭人背叛不禮既盟翟泉以謀之繼欲觀其可攻與否又提師旅以伐之載書共讀於壇坫之上戎馬蹂踐乎溱洧之區狄於斯時潛師侵齊蓋間晉有鄭虞欲以侮晉也使文公能移圍鄭之師以伐之則方伯連師之職修之兵徒知夙夕睚眦之怨在所必報不知夷狄豺狼之人尤不可厭舍大敵而計小忿縱遠夷以陵中國回視齊桓之所行不啻若水炭之相反矣故春秋於翟泉之後書狄侵齊晉人秦人圍鄭直書其事以貶之也詩曰戎狄是膺荊舒是懲文公誠有昧於此矣噫此齊桓之伯所以爲賢有非晉文所可比者良以此耳不特是爲然桓公得江黃而不用於伐楚文公謂非致秦則

不可與楚争楚抑而秦興桓公會則不逾三川盟則不加王人文公會畿內則抗矣盟子虎則悖矣桓公寧不得鄭不納子華懼其獎臣抑君不可以訓文公爲元咺而執君窮經歷數無施不然否則仲尼稱其一匡孟子與其爲盛何爲而不及文公哉此又讀經者之所當知

閏月不告月猶朝于廟（文公六年）
吳道純
同考試官教諭劉批（此題場中作者皆以閏月不告月爲惜其禮之廢與幸字相對甚失傳意此篇得之是宜錄出）
考試官訓導陳批（寫出聖人愛禮之意非明於經者不能也）
考試官學正逯批（詞嚴理正得春秋法）

春秋之於望國紀其禮之不當廢幸其禮之不盡廢夫禮之係於人也大矣春秋既紀魯文之不告朔而又幸其朝廟斯可見焉且閏月雖爲非月之正然唐典以是而定時成歲周制以之而詔王居門終月是古者天子班告朔於邦國未嘗以爲附月之餘而弗之數也奈何春秋中葉魯文在位當夫閏月之臨不行告朔之禮昏庸怠惰上不稟夫君親之命沉溺宴安下不授夫萬民之時徒知此爲非月之正禮可殺也而不知節氣象數之所關徒知此爲附月之餘禮可簡也而不知朝野政事之所係今魯文公執一己之偏見蔑天下之通禮安知後世不因此循襲效尤而亦廢此閏月之禮邪春秋紀之者以此孔子曰周公其衰矣觀此益信其然當是時也使魯文迷而不悟後先一轍則尤可憾也幸而舉行故事猶朝于廟冠服楚楚趨進於廟庭之中環佩鏘鏘躬拜乎堂階之下雖曰大典既失而禮義之天未泯雖曰舊章已壞而君親之念猶存夫以魯文前過固不可贖一節猶有可取安知後世不由此而因名求實以復此閏月之禮邪春秋幸之者以此孔子曰我愛其禮觀此亦可以釋憾矣噫魯號儒書秉禮之邦今文公名不稱情如此良可慨夫大抵周公制禮作樂欲傳之天下後世豈意數傳而至文公之子孫如是不軌耶不特是觀其以練祭則緩於作主以宗廟則大室屋壞以賦政則四不視朔以邦交則三不會盟其尊王事伯之禮事神治民之道俱失矣先儒謂魯國之衰自文公始詎不諒哉

禮記
禮義以爲器故事行有考也
許汝進
同考試官教諭朱批（此篇用前章事入講渾然不露圭角初若不經意

者宜取以冠本房）

考試官訓導陳批（典實）

考試官學正逯批（圓融可嘉）

聖人以道而爲治則治功有所成矣蓋道不外乎禮義也能用禮義如成器則事之所行豈有不得其成者哉昔記禮運者意謂聖人之作則也於凡天下之事惟其制之也有道故其行之也有成何則禮者原於天道之亨降衷所均賦也聖人因而修之以爲制事之器則夫綱維世變防範人心者自不能舍之而他圖義者本於天德之利秉彝所共有也聖人因而達之以爲處事之具則夫裁制人情楷興事理者自不能違之而遠取如君臣父子固有親義之理矣豈能徇情而自盡哉必以禮義而正之篤之不啻持權衡以較輕重焉兄弟夫婦固有別序之理矣豈能率意而自行哉必以禮義而睦之和之不啻以規矩而正方圓焉夫聖人用禮義如成器如此吾知禮一立而萬事序自無紊亂錯雜之弊加於身而錯於前者無不得其宜也義一行而百度舉自無混淆倒置之非發乎邇而見乎遠者罔不得其當也如正君臣篤父子則因正極其義而尊卑之分定因篤極其親而慈孝之愛隆事之不底於成者何有乎睦兄弟和夫婦則因睦極其序而塤篪之奏協因和極其別而關雎之化行事之不逮於考者何有乎吁治道即盡治功自成聖人之作則有如是夫抑論此章言聖人作則者凡十條無非致治之良法也而終之曰四靈以爲畜何哉蓋天地萬物本吾一體聖人克盡治道於己而其效至於孚格鳥獸固其宜矣周子曰聖王修禮法明教化三綱正九疇叙百姓太和鳥獸魚鱉咸若亦此意也噫爲政而欲求治效之隆盍於其所自圖之是故清明象天廣大象地終始象四時周還象風雨五色成文而不亂八風從律而不奸百度得數而有常小大相成終始相生倡和清濁迭相爲經故樂行而倫清耳目聰明血氣和平移風易俗天下皆寧

盧盤

同考試官教諭朱批（作長題能於整潔此篇法度森嚴詞理順當錄之以式來學）

考試官訓導陳批（體格自別）

考試官學正逯批（得聖人作樂之本意）

樂之作也備法制之詳樂之敷也極功效之大甚矣樂觀其深也然非備法制之詳安能致功效之大若是哉想昔樂記之意謂夫君子之作樂也原諸

性情之德極夫感通之妙是故天道本清明也樂聲之清明廉而無疵皦而不雜者寧不有以象天乎地道本廣大也樂體之廣大備乎道器貫乎精粗者寧不有以象地乎終於仲呂之上六始於黃鍾之初九其與春而夏秋而冬序相肖焉曲直繁瘠之有倫俯仰詘伸之有度其與散而風潤而雨節相似焉聲有五矣配乎五行之色則各成文而不亂音有八矣配乎八卦之風則各從律而不奸度有百矣自一度衍之而至於百則百度豈不各得其數而有常乎以至樂有小大也宮羽錯雜而小大之相成樂有終始也律呂調和而終始之相生一唱一和迭相爲經縈縈乎如貫珠或清或濁還相爲主洋洋乎其盈耳夫樂之作如此由是樂教敷行人心感格將見親疏貴賤之倫因之以清明長幼男女之理賴之以宣著奸聲不留亂色不雜耳目以之聰明也剛氣不怒柔氣不懾血氣以之和平也君上所化之風移未淳者而復之諄民下所習之俗易未美者而歸之美暴民不作諸侯賓服雍雍乎至治之流通兵革不試五刑不用熙熙乎太和之融液其天下皆寧也何如哉吁備法制於作樂之初獲功效於樂行之後君子於樂是豈徒爲者耶雖然樂之作有本有文德者樂之本也器者樂之文也君子反情和志比類成行則樂之本立矣然後發以聲音飾以羽旄而樂之文備矣噫德性蘊諸中器數從於外有相乎之實無襲取之弊此功效之大所以至於移風易俗天下皆寧也歟作樂君子尚當致察於斯

第二場

論

王者至大至正

何瑭

同考試官訓導張批（論能化陳腐爲高古當非專事舉業者）

同考試官學正張批（論場多以四時五行日月霜露等語分裂對待千篇一律殊爲可厭此作説理渾淪精到而詞能力去卑弱可賀可賀）

考試官訓導陳批（能以古作爲時文而詞不險怪説理又有源委其邃於文者乎）

考試官學正逯批（此篇説大字正字原於易已自得作文法而通篇皆高古雄雋無一字蹈襲況初考通暢稱是將理學詞章俱茂者不圖科場有子也可獻矣）

論曰舉天之所以爲天者而全有之於己王者所以父天也夫天之所以爲天者穆焉浩浩無所倚著難乎其同哉而覆載之中乃有一人全其道焉是

能繼天之志述天之事克負荷而不墮者也乾之稱父也孰不同乎而不克肖焉則不可以爲子丹朱不可以爲堯之子商均不可以爲舜之子以其不肖也啓爲禹之子而肖禹武王爲文王之子而肖文王王者肖天所以爲天之子也天之所以爲天者何如也大之至也正之至也聖人之所以爲聖人者何如也大之至也正之至也大與正一道也大不出乎正之外正實行於大之中非大則正者狹矣非正則大者偏矣至則各極其至而無以復加也道具於天而全付於聖人之身聖人全受之而惟肖焉譬之父子其幹蠱肯堂者歟聖人者先天而天弗違後天而奉天時所謂震爲長男所謂天君者吾父母宗子者也先儒胡仁仲曰王者至大至正請申之無外之謂大不偏之謂正易曰大哉乾元天之大也利見大人聖人之大也剛健中正天之正也龍德正中聖人之正也臨之大亨以正天之道無妄之大亨以正天之命而聖人同之也聖人作易而於天與聖人一則曰大一則曰正誠以大與正盡乎天與聖人之道而況於至者乎天與聖人一體也天之於聖人也其用意亦勤矣形之以其氣性之以其理自其蒼蒼冥冥而保佑之申命之誘其衷而聖之六龍以御之九重以居之皇極以建之百官萬民以下之萬幾以憂之爲之去其害而安之出眚以仁愛之昌其運以久之凡父之所以爲其子謀者天皆施之於王者焉天之於王者其用意亦勤矣王者何以得此於天哉惟克肖之耳天與王者一氣之流通也親不異於父子勢不殊於一家使王者之所存所行而一不合乎天則獲罪於天矣天其子之乎孟子曰不順乎親不可以爲子曾子曰爲人子止於孝然則爲天之子者其所以順焉而止其所者果何如哉天有是道而王者亦有焉則父子一道矣是故乾道變化各正性命此天道之所以至大而無不正也王者之首出庶物萬國咸寧者以之於穆不已繼善成性此天道之所以至大而無不正也王者之富有日新裁成輔相者以之天下爲度萬物皆我即天之無不覆幬體物不遺者也不偏不黨王道平平即天之栽培傾覆虧盈益謙者也帝德廣運與上帝降衷者同一致表正萬邦與并育并行者同一揆今夫天之於物也鼓之以雷霆潤之以風雨日月運行一寒一暑而天下之物形者自形色者自色榮悴者自榮悴中國自中國四夷自四夷也天何嘗限之以遠近偏之以彼此哉一至大至正之道耳王者奉行天道擴一心之大以包天下之大操一心之正以正天下之不正井田以養之學校以教之綏之動之予之奪之刑之賞之宮中府中俱爲一體王國邦國各施其道而天下之衣者衣食者食枉者直邪者正善者勸惡者懼中國以治四夷以服也王者何嘗施彼而遺此澤其一而慳其二哉一至大至正之道耳大之所以爲大者皆中正仁義之理正

之所以爲正者皆光大高明之事大之外別無大極其大之至矣正之外別無正極其正之至矣天得是而爲父王者得是而爲子至是而王者與天爲一矣至是而王者之盛德大業無以復加矣然天之道天自有之而無假於外王者之道得之於天而措之德業之盛不可以不保之也故伊尹以惟天無親克敬惟親戒太中傳說以惟天聰明惟聖時憲戒高宗夫二君者皆至大至正者也而伊尹傳說猶拳拳焉豈非欲其保天命於悠久哉人君一心攻之者衆苟不知所以持之則其所已能者或有所移易而況能至乎敬焉憲焉持之之方也敬則不敢怠惶憲則不敢褻慢察之日用之意防之隱微之際勿褊狹以小之勿邪詖以頗之勿聲色貨利游牧以伐之勿土木以荒之勿優柔不斷以弱之勿异端以惑之勿溺於私昵嬖幸以敗之勿智術以欺之勿昏昏以淆之勿察察以苛之而凡行於家施於邦國天下者久如是暫如是中心無爲以守之則天之所以子之者亦鑒厥恒久將子孫萬世無窮矣雖然用功之方亦有其要焉曰格物曰致知曰誠意正心是爲論

表

擬宋加韓琦尚書右僕射謝表（治平元年）

何瑭

同考試官訓導張批（富麗可取）

同考試官學正張批（表佳）

考試官訓導陳批（表得體）

考試官學正逯批（表詞麗而能括當時事不覺其煩）

臣琦伏承聖恩加臣尚書右僕射稱謝者臣琦誠惶誠恐稽首頓首上言伏以峻秩崇階匪才德而焉授特恩异典何衰薄之遽加虛濫叵居滿盈合懼兹蓋伏遇鳳姿日耀龍德淵潛上帝篤生默定神人之主先皇簡在入符中外之心恢纘洪休光膺駿命南向而讓西向而讓盛節高於漢文見堯於牆見堯於羹大孝齊乎虞舜嘗緝熙之正始欲亮陰以無言道合上玄德超邃古臣民仰戴天地維持初運啓把符已卜無疆之壽乃疾稱勿藥果從有喜之祥孝感神明誠乎上下慈闈知可付托大政遂以歸聽斷萬幾儀刑百辟代玄功而造物協神化以開祥九譯承風八紘受朔方登才良而黜偷惰仍念故舊而獎老成顧尚書北斗之司官尊省閣而右弼上台之叙職重平章鼎鉉望高調陰陽而贊化嚴廊地密本政事以經邦宜畀德以優賢亦循名而責實伏念臣百年遭際一介迂凡歷翰苑軍州職無補於毫未在封疆樞府才每愧於駑駘北虜可虞未能奠枕西戎稽討每爲軫心荷先皇以愚直賜知密勿逾於五稔蒙陛

下以勤勞過念寵遇首於群僚每慚應辦非崇敢謂重厚同勃中台獨晦共看宿緯之光元首自明何賴股肱之力惟鈞石之難任將骸骨之乞歸豈謂恩私重加叙進舊班不改新命愈專伏彤廷而懇辭自紫霄以申錫戰競夫次捧受皇駭將覆餗之是憂何匪服而不歉臣敢不委捒殘喘策勵初心益殫犬馬之勞用答乾坤之造伏望孝心純篤豫聖母以安九廟之靈仁澤敷流洽民物以衍萬年之慶臣下情無任瞻天仰聖激切屏營之至謹奉表稱謝以聞

第三場

策（五道）

第一問

何瑭

同考試官訓導張批（有考據有歸宿是能服膺聖訓而企仰先正者）

同考試官學正張批（詞贍而健當是策手）

考試官訓導陳批（説出聖祖懲胡元以吏爲治之弊而警飭臣工以勤自勉以惰自戒以古人自矜式意思明盡是能服膺聖訓者允宜録出）

考試官學正逯批（策於款答問能簡健其語而歸宿於崇勤實戒浮惰將□事虛文者況五策皆稱而初場二場亦通暢宜首多士）

對克艱厥臣虞廷陳謨敬爾在公周家厎成古先哲王知爲臣之道在於勤故所以陳於廷與所以戒其臣下者一惟艱難敬慎云耳夫艱與敬勤之謂也惰之反也我太祖高皇帝勉群臣以親理職事而戒其袖手高坐者其諸克艱敬爾之謂歟請詳言之昔我聖祖以天縱不世之資乘胡元瀆濁之餘握乾符而起淮甸揮江漢以洗腥膻天下既定法制既立猶懼臣民之或懼于法也乃製大誥三編以昭示之使知所趨避聖訓流布家傳人誦聖子神孫率由靡慝愚也幸生聖世沐聖化嘗伏讀官親起稿一章有曰自周至于漢晉唐宋當時賢人君子受任方隅所任之事必躬親理之胡元制治一章有曰臨政之時袖手高坐謀由吏出縱是文章之士不異胡人愚於是有以知聖祖之意蓋深懲胡元以吏爲源之弊而警飭臣工以勤自勵以惰自戒以古之賢人君子自矜式也夫歷代方隅之臣多矣質六經考諸史姑舉一二焉以周言之王事靡盬朝夕從事有北山之大夫賦政于外夙夜匪懈有城齊之山甫以漢言之賢否盡知各有記籍東海尹翁歸其人也精力推行不辭米鹽潁川黄霸其人也陶侃之在荆州惜分陰而懲曠達劉弘之在荆襄勤勸課而絶縱衡非在晋方隅之臣乎政尚清毅吏不敢犯廣州都督有宋璟焉敷陳剖判下筆如流忠州

別駕有陸贄焉非在唐方隅之臣乎周濂溪之在廣州洗雪冤滯不憚瘴韓志獻之在相州簿書文檄檢察必親比則宋之賢人君子任方隅之責者也噫綜核名實漢道以興清虛相尚晉轍不洛此我聖祖之訓所以諄諄切切勉群臣以躬親職務而戒其袖手若尸也昔阮孚謂卞壼曰君常無閒泰如含尾石不亦勞乎壼曰諸公道德恢弘風流相尚執鄙吝者非我而何歐陽脩曰文章可以潤身政事可以及物蓋晉是時方以清談爲高以勤政務爲俗吏壼深嫉其壞天下脩以文章名當世而尤勤於吏事不欲以彼妨此故其言如是觀數子之所行究二子之所言皆尚勤實戒浮惰者也考諸聖製可以不謬傳之今日宜爲法則若夫近來之弊誠有如明問□□□所以落之獎之之機則在上而不在下愚何敢言

第二問

張伊

同考試官訓導張批（策能款答而要其歸於弗勢非外重而內輕者録之以爲訓）

同考試官學正張批（題欲觀士子趨向若是作庶幾）

考試官訓導陳批（策能言其志當是學者）

考試官學正逯批（說學者自有一等至到去處非科舉資格所能奪甚明白而考據不差文彩爛然必通古今而能不失其所守者取之）

對至重者道也至輕者勢也夫道有所極至知其所在而求其止焉則道重而勢輕矣是故君子弗勢也請因明問而陳其道之所以重勢之所以輕可乎出於天者道也制於人者勢也上必求賢以致其理士必求進以致其用天理之所在也故曰其爲道一也法立而時爲炎低昂道在而人爲之二三時政之所制也故曰其爲勢一也夫科舉資格所以羅籠奔走天下之人才者至矣使上古聖王復生不能外是以取士使上古賢臣復生不能外是以進身其爲法不可易也然楊龜山曰古人得已似不如此謂科舉使人輕於進也司馬光曰爵祿品秩一一稱滿其意將無以役使群臣謂當時資格之不守也不究理致而惟程式是拘不思國體而惟人情是徇風行於上而成於下道二於此而原於彼於是乎有不公之誚有不常之訾李昂司考悉黜請托是矣而楊大年之私其鄉人何哉司空圖應舉不造郡齋似矣而盧多遜之投牒求進何哉科舉果皆至公乎樊噲以舍人而四遷至五大夫夏侯嬰以大僕而三賜至執主公孫弘徒步數年至封侯田千秋一言旬月取宰相資格果皆有常乎殿前對策不妨程伯子之倡道學進士題名不妨朱晦翁之集大成曾何科舉之足累

乎徐稚處士也陳蕃薦登三事張柬之郡守也狄仁傑薦爲宰相又何資格之必拘乎法無不可人則萬殊今科舉之行久矣彼以賈人之行爲法累者君子弗與焉而高見遠識之士固不薄之而不就亦不局之而自卑也資格之行久矣彼才望之超資越次者蓋比比然而抱眞蓄大拘格陸沉者抑或不能無也士而不局於科舉是其志有所在學有所到日尋向上思齊古人而不爲時文之所奪矣士而拘於資格則其所以檢察其身與所以推明理道以垂不朽者固所當爲抑所能爲也又焉肯以世俗耳目役其心哉道至是而始道勢至是而始不勢雖然士之自處固當如是然二者實方今取士之途用人之法不可不慎也惟主司之至明宰執之至公使楚無獻玉之泣齊無吹竽之濫然後爲得其道也謹對

第三問

李昇

同考試官訓導談批（兵不可易言此欲責任將帥是得其安錄者執此以往虜不足平矣）

同考試官教諭亢批（事核而文其有抱者乎）

考試官訓導陳批（能言禦戎之方）

考試官學正逯批（詳陳今日之弊如指諸掌知非腐儒可薦）

對自古及今有不能禦戎之將而無不可禦之戎有不能備邊之兵而無不可備之邊選將訓兵以戰則勝以守則固矣我國家西自岷洮東盡遼海迤迴萬里控扼諸邊河山險阻盡爲我有使得將以馭兵有兵以衛將則何戎狄之難禦邊塞之難備哉請因明問而陳之戎狄之爲中國患也尚矣漢有匈奴唐有回紇吐蕃宋有契丹女真而其備禦之方若王恢陳征伐之謀賈誼立表餌之說婁敬興和親之義晁錯建農戰之策張仁愿築受降三城於朔方李德裕建仗義禦侮柔遠三城於西南白居易欲畜之以八羊郭子儀欲移兵於邊郡宋人以金幣啗胡人以封號予元昊論其利害得失則王恢失之貪賈誼失之疏婁敬失之弱而晁錯張仁愿李德裕郭子儀之策揆之於今得若人焉皆有可施行者而不得其人則徒擾無益耳白居易欲禦其來捨其去是亦確論宋人勢弱反媚夷狄無足取者今北虜不恭寇我疆場窺我之宣府挑我之大同入我神木縣據我黃河套時去時來或聚或散備東則擾西防此則奔彼二年于茲迄無休息朝廷徒有出師之勞塞上不聞克敵之實榆林之師老而無功寧夏之卒困而不出今日報某縣被掠男女幾百明日報某鎭被掠牛羊幾千而鎭帥若無聞也以有數之男女有盡之牛羊供其無窮之掠而我曾不敢

出一卒發一矢以加之戎有不生心者哉昔人有方匈奴之衆不足當漢之一縣今舉天下之全力以當之而不能制其命是必有其由矣古者用兵號令出於一人士卒受其指麾令朝出而朝行報夕至而夕發信賞必罰人思自奮今十羊九牧而計畫不協彼此牽制而從違靡定遲回不決而緩不及事敗軍者通誅逗留者苟免安居者論功死戰者不錄偏裨各有倚靠每懷不戰之心士卒素不訓練先存退怯之意行伍之下豈無智謀勇銳之士其如不用何哉況各邊軍士寡弱倉廩空虚人無鬭志彼此觀望此其所以不能制勝也爲今之計誠在慎擇總兵巡撫專其委任責其成功而嚴以勸懲使將帥監司各得其人則謀畫協一賞罰明信智勇并用士卒訓練倉廩尤實而守無不固戰無不勝若李牧之在趙李廣之在漢而匈奴不敢近邊韓范二公之在宋而西賊寒膽又何虜之足慮哉愚也草茅賤士芹藻迃生抱悃欸以無施懷奮激而長默伏承明問發其狂言進退之惟命

第四問

鄭選

同考試官訓導何批（能言古能適時誰謂科舉而不可得豪杰士乎若此非耶）

同考試官教諭曾批（論國用惟陸贄最不頗此篇知之）

考試官訓導陳批（處置餉邊有法當是學者）

考試官學者逯批（餉邊今日急務書生能言之非況古而不通今者進而用之）

對轉漕於國家無事之日其事雖難而差緩轉漕於軍旅方興之時其事既難而尤亟緩者日征月邁勞息以時而事無不濟亟者風催火促一日後期則功隨以墮此餉軍之漕所以又重於無事之日也請因明問所及而陳之昔者漢唐皆都關中漢武帝時鄭當時漕山東粟四百萬石止用卒六萬人唐肅宗時劉晏漕江淮粟一百一十萬石無升斗覆溺皆由江入渭經底柱之隊險而卒收成效以任用得人也裴耀卿於三門東西各置倉漕舟輸其東陸運輸其西節級轉般復由舟以達京師雖能避底柱之險終不若耿壽昌和糴三輔近郡之爲優也李齊物鬥底柱以通漕道山巓以通輓燒石沃醯而鑿之然弃石於河激水湍怒舟不能入新門終不若李泌開運道十八里者爲之得也秦人致瀕海之粟於河北袁紹運冀州之粟於烏巢其心侈矣烏得而不亡蕭何漕關中以給擊楚之兵孔明置牛馬以便祁山之運其策良九烏得而不濟噫關中之地阻山帶河歷代之漕溯河入渭或直達或轉般或和糴或給京師或

餉軍旅各因其時皆能濟事我國家建都上地轉漕東南若江浙之東西淮湖之南北歲漕數百萬石自儀眞至通州導善河數千里舟楫往來穩於履陸一夫牽輓優於六騾北方之粟貢本色者亦由水漕齎糴直者則由陸路百數十年上下稱便漕法之善前代莫及比者獫狁匪茹腥膻圍圉出沒不時禍心叵測至勤朝廷命將出師遠駐西鄙相持日久糧餉不給乃移河南糧一十八萬石往饋榆林山路阻遠輦馱無由欲運本色則脚价幾倍欲齎糴直則易買無所出不得已多費不恤然此虜不滅用兵不已西運之役或至再興苟無善處之術必有內困之弊且如漢唐漕運皆由三門以給關中今河渭無常漕之道陝西非常運之所轉般和糴優於直達緩急所需難持一說陸贄有言欲制國用當拳輕重今日之事惟視歲之豐歉與事之緩急何如耳歲豐而事緩則齎糴直而行和糴之法或投糴直可也歲歉而事急則運本色而行轉般之法或即直達亦可也惟民不擾而兵不饑斯爲得策耳管子曰粟行五百里眾有饑色孫子曰千里餽糧士有饑色今各邊糧料勢所難少內地人民理所當恤若操畸盈者別有轉移通融之術使近邊千里五百里以內郡縣專實邊廩而免令內地轉輸尤爲良便不然則夷患未除腹裏或先騷擾誠不可不慮也謹對

第五問

何瑭

同考試官訓導張批（屯與漕相緩急屯治則漕省矣此篇能知之而因問款對文且通暢當是佳士）

同考試官學正張（批策場能款答者極少晚得此卷甚愜讀之不釋手卜子他日當爲是科之榮）

考試官訓導陳（批詳言屯田之弊而欲防禦塞下核實服裏其有用世之志者乎）

考試官學正逯（批屯田之弊已甚書生能言之其學爲有用矣錄之）

對田疇易而民富孟氏之論有徵金湯守而惟粟墨翟之言無朽此屯田之利弊不可不究也已利當興而不興是之謂慢弊當革而不革是之謂欺慢與欺君子弗由也請詳言之省饋餉合兵民固本國威戎狄莫良於屯田也尚矣漢文帝募民屯塞下漢武帝遣士由田敦煌趙充國屯湟中而眾開服棗祇田許下而魏兵強陳項壽春皆置屯田晉所以吞江左關中諸鎮皆置屯田唐所以奠中國宋人北與遼接境而於河北諸路大興營田西與夏連塞而於陝西州軍皆置屯田一以防寇一以足食此漢唐宋屯田之明驗也我太祖皇帝既定四海設衛以治軍給田以啓屯大率以二分居守八分務農歲收所入以

給軍食以紓民力聖謨神猷布在天下我太宗皇帝尤留聖慮詔勅旨丁寧惟恐弗至此祖宗之時所以食足兵強以征則勝以守則固也承平日久法制漸弛有屯田之名無屯田之實於是兵餉之出於民者什常八九而州縣歲入有常歲用日增財力漸耗兵且日餒如河南衛所有經年不得支升斗者言之可慨惠之無由使國初屯田皆在而無隱皆治而不荒則軍士何患乎餒百姓何病乎餉也是故連城繞堡者塞下之屯田而都弃於無用跨州軼縣者腹裏之屯田而多沒於久假餉丁綱吏徒自勞苦使者互相同異始也有衛必有田今或衛遷而田存始也有田必有屯今則田在而屯亡爲今之計莫如分遣將士列屯塞內考晁錯農戰之策究充國便宜之條寇來則戰寇去則耕庶幾乎塞下屯壤之粟盡入於邊廩而戰士飽矣委任忠誠查究卷籍以公道爲主宰以核實這倚靠毋奪於利毋怵於勢庶幾乎腹裏屯壤之粟盡歸於朝廷而百姓飽矣今夫古今天下之事利與害公與私而已矣利害係乎天下不係乎己公私係乎己不係乎人苟行之認公則凡所以興利除害爲國爲民者惟以事之是非理之可否爲作輟而千鎰萬鍾不吾誘勢威挫黜不吾遷也苟出於私利則趨利避害止計一身而患得患失無所不至矣是故公而不私則天下無不興之利無不革之弊私而不公吾末如之何也已書生無通變之見請舉腐儒之常談以爲對執事以爲何如

河南鄉試錄後序

惟河南古豫州之域當四方之中去京師纔千餘里聖化漸初率先諸省一時賢俊之出歷中外爲耳目之官心膂之寄台鉉師保之重望碩輔在今日爲最盛焉嘗考豫之爲言舒也人稟中和之氣性理安舒也然則中州之人物瓖奇禮教修明信有由哉乃弘治十四年辛酉秋河南以取士較文之任屬諸言等錄成僉謂言宜有言以序其後竊謂東西南北地異其方剛柔善惡人異其質而中和之鍾於人者果何同與異與孔子之言性相近兼氣質而言周子剛柔善惡之論是也孟子之言性善以理而言周子中正仁義之論是也是則有同者焉不能以或異得於天命之本然不假於修爲者也異者焉不能以皆同囿於形氣之龐雜必假於修爲者也師之所以爲教士之所以爲學必先乎此若古之成德達材或進之或退之今之爵賞憲令或予之或奪之無非抑其偏以歸之中而已當今之世一道德以同俗仰重明麗正之治而成雍熙泰和之化雖要荒海徼之地而皆儲梁棟枘榱之才況中州之士生養毓秀于嵩

洛之英靈步趨仰止於程邵之門牆產非遐陬學皆正學其所以薰陶於善士良治者固宜其蘭芷之芳撙疊之古也哉言等幸與試事窮日夜殫心力閱几案之易書聲氣之發越雖不能悉其人必求其辭之平淡典則敦厚易直中而無陂和而不戾者錄之否則不與焉爾多士既幸揚名接武于王庭尚當功交動靜效臻位育以翊明天子協中之治使天下匹夫匹婦咸會極歸極於無黨無偏之地庶幾乎中和之稱情而無後乎東西南北之人可也

　　　　　　　　　　直隸松江府儒學訓導陳言謹序

正德二年丁卯科河南鄉試錄

河南鄉試錄序

　　皇上改元之明年適天下貢士之期河南牧伯憲臣白於巡按監察御史鄭陽會舉文學掾之可以典司文衡者密具書幣遣使者四出聘之既至陽俱考舊章咨故實精慮審裁綱條宏密前此入試之士數惡猥多選定比昔務期約損則以屬之提學副使宋禮精校閱嚴去取無私之至神明可質則以屬之恂及學正秦鎰教諭李翰郭基倪域訓導朱祖元逯塡王朝臣張輅汪穎充奉百費訓飭群臣則以屬之左布政使張子麟右布政使南鏗禁私戢偽防遏奸非則以屬之按察使朱恩僉事仲本其餘執事悉由才選此皆爲乎其內者耳爲乎其外則以屬之左參政車璽右參政劉約左參議馬騪右參議田彭副使閻璽楊壽鄭端僉事席書薛英韓蕭於時鎮守太監廖堂清戒監察御史馬驟實共參懷務期作興先是司禮監右少監閻宣戶部右侍郎林泮刑部左侍郎王鑒之錦衣衛指揮使韋順奉敕按事於河南之南鄙御史陽與在聰事乘遽而會於南陽諸使者以賓興務重勸之遄歸不然□日既迫事□慮煩亦未必能專一詳緩致整暇若是也處分既畢官修其方自始迄終無愆違者終事取士八十人制額所拘弗敢過也薦書成以序見屬恂惟國朝采唐宋之制以文取士或謂异乎成周鄉舉里選之法竊不謂然漁之綱罟罾罩不必同而同期於得魚畋之弓矢罘罝不必同而同期於得禽選舉之法雖五帝三王亦异其制期於得士而已矣何必同哉且古人之所謂文有謂經天緯地者有謂道德純備者有謂勤學好問者有謂愍民惠禮錫民爵位者夫大極於財成輔相小極於講習討論內極於盡性至命而外極於輔世匡時語文而至於是殆無以復加矣此豈薄物細故而可少之以爲不足以得士乎若謂今之所取在於詞章非此之謂則凡文在其中者流動充滿憤盈發洩心聲意匠落紙自殊雖云詞章發由性命此尚不足以得士邪而東坡蘇氏乃謂較之以聲律取之以糊名而异人出焉非人之力歸於天相誠疑非至論也前輩論文士并稱韓歐歐之言曰我所謂文必與道俱是文與道猶二物也至韓之原道則謂其文詩書易春秋正符朱子道之顯者之意卓識精論迥异歐說聖人復起不易斯言即

詞章之文根本淵源其深猶若此而南豐魯氏又謂文章得失繫於治亂其重又若此由是觀之則我朝以文取士比之成周之法何必多讓而得士之盛則亦何愧哉抑語有之志存焉學不至焉不可也學存焉辭不至焉不可也辭存焉時不至焉不可也今諸生之志與學與文皆至矣所需者時耳而方值聖天子建中立極董正訓勵四海之士莫不洗濯其心以嚮風承德真其時也諸生行且舉制科服官政循資而往公卿可致其所以立功立事以見於世者於古人之所謂文苟有一焉亦足不朽而況其備乎諸生其勉之恂輩所以處懷期物者蓋無以易此矣其毋曰吾何安於是是非予言也是周公之所謂文也

陝西鳳翔府儒學教授李恂謹序

正德二年河南鄉試

監臨官
巡按河南監察御史鄭陽（宗乾直隸安肅縣人　丙辰進士）

提調官
河南等處承宣布政使司左布政使張子麟（元瑞直隸藁城縣人　甲辰進士）

河南等處承宣布政使司右布政使南鏜（彥聲陝西商州人　甲辰進士）

監試官
河南等處提刑按察司按察使朱恩（汝承直隸華亭縣人　甲辰進士）

河南等處提刑按察司僉事仲本（與立直隸寶應縣人　庚戌進士）

考試官
陝西鳳翔府儒學教授李恂（子實山西霍州人　己酉貢士）

順天府涿州儒學學正秦鎰（國重直隸無錫縣人　壬子貢士）

同考試官
直隸松江府上海縣儒學教諭李翰（文卿廣東新會縣人　壬子貢士）

山東青州府臨朐縣儒學教諭郭基（維德浙江東陽縣人　乙卯貢士）

直隸廬州府舒城縣儒學教諭倪域（邦正福建建安縣人　戊午貢士）

浙江杭州府海寧縣儒學訓導朱祖元（廷望江西豐城縣人　己酉貢士）

順天府固安縣儒學訓導逯塤（克諧山東章丘縣人　甲子貢士）

浙江紹興府上虞縣儒學訓導王朝臣（維化江西安福縣人　辛酉貢士）

直隸保定府蠡縣儒學訓導張輅（從殷湖廣江夏縣人　甲子貢士）

直隸蘇州府常熟縣儒學訓導汪穎（秀夫湖廣江陵縣人　戊午貢士）

印卷官

河南等處承宣布政使司經歷司經歷張興（廷賓廣西靈川縣人　辛卯貢士）

河南等處提刑按察司經歷司知事房振（廷舉山東范縣人　監生）

收掌試卷官

汝寧府知府蔣昇（誠之廣西全州人　丁未進士）

衛輝府知府史俊（景賢順天府薊州人　甲辰進士）

受卷官

開封府同知郭經（載道直隸盧龍縣人　丙辰進士）

南陽府推官江文敏（克學直隸旌德縣人　乙丑進士）

開封府鄭州知州翁文魁（希魯浙江蘭溪縣人　庚戌進士）

衛輝府胙城縣知縣張仲賢（尚德山西陽曲縣人　乙丑進士）

河南府陝州閌鄉縣知縣王億（本一陝西鳳翔縣人　乙丑進士）

彌封官

開封府通判艾英（邦彥湖廣襄陽護衛人　壬子貢士）

汝寧府光州知州薛瑩（全卿直隸魏縣人　丙辰進士）

懷慶府河內縣知縣李暘（□脩直隸棗強縣人　乙丑進士）

開封府歸德州寧陵縣知縣楊輔（介卿直隸邳州人　乙丑進士）

彰德府安陽縣知縣王銳（進之山西振武衛人　壬子貢士）

謄錄官

開封府許州知州王尚賓（朝重山西陽曲縣人　丙辰進士）

汝寧府光州固始縣知縣師皋（汝明陝西長安縣人　乙丑進士）

衛輝府淇縣知縣劉繼祖（光世直隸祁州人　壬子貢士）

懷慶府武陟縣知縣江章（良圭直隸歙縣人　丙午貢士）

對讀官

河南府登封縣知縣王光佐（克盡江西新昌縣人　乙丑進士）

衛輝府輝縣知縣于範（覺西山東鄆城縣人　乙丑進士）

汝寧府遂平縣知縣李瑄（廷□直隸元氏縣人　癸卯貢士）

開封府原武縣知縣劉瑾（鳴玉直隸定興縣人　己酉貢士）

巡綽官

宣武衛指揮使夏廣（文□直隸徐州人）

宣武衞指揮使吳忠（宗誠直隸灤州人）

搜撿官

宣武衞指揮同知徐節（朝信遼東廣寧衞人）

宣武衞指揮僉事林桓（廷武江西南昌縣人）

宣武衞衞鎮撫孫進（廷璋山後人）

宣武衞前所副千戶朱永齡（壽鄉直隸江都縣人）

供給官

河南布政司照磨所照磨儀瑃（廷珪山東高密縣人　官生）

開封府杞縣知縣白鑒（孔彰山西陽城縣人　丙午貢士）

開封府陳留縣知縣林定（靜之廣東新會縣人　乙卯貢士）

衞輝府新鄉縣縣丞崔節（以時陝西綏德州人　監生）

開封府祥符縣典史□中福（天爵陝西渭南縣人　吏員）

開封府尉氏縣典史崔天祿（萬鍾直隸安肅縣人　吏員）

開封府大梁驛驛丞郭經（天營山西夏縣人　承差）

衞輝府衞源水馬驛驛丞李滋（宗潤直隸宜興縣人　承差）

開封府洧川縣洧川驛驛丞黃鳳（朝陽陝西鎮源縣人　承差）

開封府許州襄城縣新城驛驛丞王縉紳（廷儀陝西乾州人　承差）

南陽府南陽縣博望驛驛丞王亨（文通直隸沙河縣人　承差）

第一場

四書

克己復禮爲仁　博厚所以載物也高明所以覆物也　智之實知斯二者弗去是也

易

忠信所以進德也修辭立其誠所以居業也　巽而順剛中而應是以大亨　備物致用立成器以爲天下利莫大乎聖人　乾健也坤順也震動也巽入也坎陷也離麗也艮止也兌說也

書

八音克諧無相奪倫　惟學遜志務時敏厥脩乃來允懷于茲道積于厥躬惟敩學半念終始典于學厥德脩罔覺　予嘉乃德曰篤不忘上帝時歆下民祗協唐虞　稽古建官惟百內有百揆四岳外有州牧侯伯庶政惟和萬國

咸寧夏商官倍亦克用乂明王立政不惟其官惟其人

詩

采采芣苢薄言采之采采芣苢薄言有之掇之采采芣苢薄言捋之采采芣苢薄言袺之采采芣苢薄言襭之　天保定爾亦孔子之固俾爾單厚何福不除裨爾多益以莫不庶　虎拜稽首天子萬年　憬彼淮夷來獻其琛

春秋

公伐齊納糾齊小白入于齊（莊公九年）　宋公陳侯衛侯曹伯會晉師于棐林伐鄭（宣公元年）　楚師鄭師侵衛公會楚公子嬰齊于蜀（成公二年）　公會劉子晉侯宋公蔡侯衛侯陳子鄭伯許男曹伯莒子邾子頓子胡子滕子薛伯杞伯小邾子齊國夏子召陵侵楚蔡侯以吳子及楚人戰于柏舉楚師敗績（俱定公四年）

禮記

是故天時雨澤君子達亹亹焉　然後立之學等廣其節奏省其文采以繩德厚律小大之稱比終始之序以象事行使親疏貴賤長幼男女之理皆形見於樂　及夫日月星辰民所瞻仰也山林川谷丘陵民所取財用也　民入孝弟出尊長養老而后成教成教而后國可安也

第二場

論

學貴大成

詔誥表（内科一道）

擬漢戒二千石修職詔（景帝後二年）　擬唐以郭子儀爲河中節度等使誥（廣德二年）　擬進賀□等聖節表

判語（五條）

磨勘卷宗　違禁取利　服舍違式　私賣軍器　干名犯義

第三場

策（五道）

問　建都會畫疆域有天下之大規模也今天下都會南莫壯於金陵北莫雄幽冀我太祖高皇帝建都金陵據南方之全勝太宗文皇帝遷都北平控北方之上游二都形勝載于大明一統志諸書可參考矣然自古北可以馭南

而南不可以統北自周迄今歷可數者我□□智出□□□□不及此公矣□□移鼎北□□□萬世永□祖宗神謨聖筭固有在歟今天下疆域北則至於胡漠南則抵於交阯我太祖高皇帝北驅胡元設大寧都司于燕薊東北太宗文皇帝南平交阯設都布按三司于九真日南二域顛末載于國朝大學衍義補諸書可互推矣是皆域中閫壤宇內山河尺地寸金不可弃者逮我太宗繼統徙大寧都司於關內宣宗纘業隸交阯郡縣於安南二聖繼志述事固有居歟繼今聖子神孫固都會於靈長壽疆域於悠久繼體守成之道固具存也諸士行將觀光上都宣政遐荒願有以鳴其盛

問　□□□□造書契以代結繩之政而文籍注□□□五典八索九丘相繼而出吾天子□覯史冊之浩繁懼覽者之不一遂刪詩書定禮樂贊周易修春秋餘皆黜之然後六經之道煥然明著秦收天下詩書百家語詣守尉雜燒之六經盡被燔滅矣而今夷考六經若皆全書缺文斷簡概不多見有若未遭秦火然者想得漢儒口傳家蓄旁搜廣索以致是爾若然漢儒之功亦大矣最可稱者幾何人哉先儒有曰經不亡於秦火而壞於漢儒其咎漢儒毋乃過於已甚乎今之窮六經者漢儒之說悉置不論易惟本程子之傳朱子之本義書本蔡傳詩本朱傳春秋本胡傳禮樂本陳澔氏之集說書詩禮樂不聞异議程子易傳有謂不看本文自成一書者胡氏春秋傳有謂多牽強處不合聖意者程胡之見是不□□□或者易春秋之旨比諸書禮有□□□世又謂易失之賊書失之誣詩失之愚春秋失之亂禮樂失之煩奢是果爲經發歟抑爲傳發歟學者之於六經猶布帛菽粟日用而不可缺者也至此必有定論焉

問　封建者先王之制鹽鐵者後王之法自秦罷封建之設而易以郡縣後世卒莫能復有欲復者時議曉曉事竟以寢自管仲興魚鹽之利而重以搉法後世卒莫能罷有欲罷者國用炭炭事復旋行唐柳宗元論議封建勢不可復宋儒胡致堂力破其說至千百言不衰後之君子多是胡而非柳以今折衷二家之論竟孰長歟漢丞相御史建白鹽鐵有資國用當時賢良文學力辯其事至千萬言不已以今崔衡二家之論竟孰便歟我國家封建□□□規模髣髴於三代近日分封□□□廣□□莫給有司累請當寧僅能借歿足此迄無善術我國家經理鹽鐵法意遠過於漢唐近日法制凘敝邊費缺供朝廷累遣憲臣僅能因陋就簡未見良法夫二事關於今日正不細也方來日復一日不知何處而後可諸士平居未試則曰天下無難處之事今問有及試爲我言之

問　景行先哲學者事也且以河南言之中州文物之盛甲於天下其見於經傳者若輔商湯而成格天之業相周宣而擅中興之美者卓乎不可尚也

然相鄭稱古之遺愛而刑書之鑄或見譏於賢者守潁爲治行第一而鵙雀上言或不滿於時論開元之治姚張首稱而二人每相矛盾豈其所見不同歟慶曆之盛韓富最□□二公間生嫌隙豈其所見或异歟□□封□輟羹遺母感悟君心而或者實其忠孝之兼有其義何居有爲家世志於復讎終成漢業而議者稱其節智之兩全其理何在杖策軍門者能中興於漢而唾手燕雲者卒不能揚天山之斾天邪人邪旋乾轉坤者能綿祚於宋而情同魚水者竟不能噓炎爐之燼人邪天邪兄弟同倡道學與兄弟連魁天下者孰得父子同立戰功與父子同膺顯爵者孰勝之數人皆中州之彦諸士素所企慕者其所願學者誰歟詳著于篇以觀尚友之志

　　問　黃河之經中州自神禹以到于今遷變不知幾次疏治不知幾人茲方講求今日之急往事不暇論矣竊有疑焉古今一河也古之治河者率挽之而從北今之治河者率導之而從南何古今之懸絶歟□□一河也近有塞之而慮其有損於□□又有□之而欲其有利於漕者何彼此之背馳歟先代善論河者無如漢賈讓不知讓策可施於今歟□代善理漕者無如陳恭襄不知厥蹟可比於古歟金龍口今運道之要害也或者慮其障塞莫禦欲於淮泗下流分數河以泄上流之勢其策可推行歟汴梁城古中州之都會也或者慮其形勢卑下欲擇上地遷省城以避潰決之虞其事可遂舉歟二策一有不可將使運道會通朝東海於無極汴藩壯固拱北辰於無涯其策將安出歟或不得已二議亦可取歟今聖人龍興將畫河圖以獻諸士生長是邦必有能助我者

中式舉人八十名

　　第一名　劉啓東　羅山縣學生　春秋
　　第二名　趙繼英　祥符縣學生　詩
　　第三名　李謨　鈞州學生　書
　　第四名　韓宗福　汝寧府學生　易
　　第五名　張傅　汝寧府學生　禮記
　　第六名　李獻　洛陽縣學生　詩
　　第七名　曹來聘　鄭州學生　書
　　第八名　王尚志　淅川縣學生　春秋
　　第九名　劉乾亨　河南府學增廣生　易
　　第十名　紀純　磁州學生　詩

第十一名　何岩　扶溝縣學生　禮記
第十二名　周棠　新鄭縣學生　書
第十三名　方仕　固始縣學增廣生　詩
第十四名　郭鳳翱　祥符縣儒士　易
第十五名　邢城　臨潁縣學生　詩
第十六名　吳江　睢州學生　書
第十七名　張凌霄　裕州學生　易
第十八名　熊榮　光山縣學增廣生　詩
第十九名　郭鳳　蘭陽縣學生　書
第二十名　侯宜正　河南府學生　易
第二十一名　許遠　固始縣學生　詩
第二十二名　魏謐　汝寧府學生　春秋
第二十三名　戴冠　信陽州學附學生　書
第二十四名　陳璟　汜水縣學生　詩
第二十五名　管世禄　河南府學生　易
第二十六名　時應璧　商水縣學生　書
第二十七名　王選　尉氏縣學生　詩
第二十八名　周欒　新鄭縣學生　書
第二十九名　馬希龍　鈞州學生　禮記
第三十名　周汝勤　上蔡縣儒士　詩
第三十一名　黎良　河南府學增廣生　易
第三十二名　牛士元　唐縣學生　書
第三十三名　姚鳳　彰德府學生　詩
第三十四名　張經　南陽府學生　易
第三十五名　宋昌隆　裕州學增廣生　書
第三十六名　李文　宜陽縣學生　詩
第三十七名　李逢陽　光山縣學附學生　易
第三十八名　趙孜　汝寧府學生　詩
第三十九名　高自脩　原武縣學生　春秋
第四十名　王應禎　上蔡縣學生　詩
第四十一名　朱鸞　睢州學增廣生　書
第四十二名　李惠　祥符縣學生　詩

第四十三名　王騰　河南府學增廣生　易
第四十四名　孫昌　陝州學生　詩
第四十五名　柴士元　商水縣學生　易
第四十六名　張志道　蘭陽縣學生　詩
第四十七名　王道生　衛輝府學生　書
第四十八名　張漢卿　儀封縣學增廣生　詩
第四十九名　李愈　祥符縣學生　禮記
第五十名　趙文奎　開封府學生　詩
第五十一名　劉棐　郟縣學生　書
第五十二名　陳紳　孟縣學生　詩
第五十三名　王俊　河南府學增廣生　易
第五十四名　張文魁　蘭陽縣學生　詩
第五十五名　胡瀚　內鄉縣學生　易
第五十六名　賈蘭　臨潁縣學生　詩
第五十七名　劉進學　襄城縣學增廣生　春秋
第五十八名　易訪　固始縣學附學生　詩
第五十九名　趙邦域　裕州學生　書
第六十名　唐釗　汝寧府學生　詩
第六十一名　張昂　長葛縣學生　書
第六十二名　杜遇霖　開封府學增廣生　詩
第六十三名　陳以道　湯陰縣監生　易
第六十四名　谷鍾英　臨潁縣學生　詩
第六十五名　袁咨　蘭陽縣學生　書
第六十六名　王言　陝州學增廣生　禮記
第六十七名　董正　鄧州學增廣生　易
第六十八名　蔡翠　光州學生　詩
第六十九名　何純　光州學增廣生　春秋
第七十名　余璣　固始縣學增廣生　詩
第七十一名　張進德　睢州學生　詩
第七十二名　孟宗孔　永城縣學生　易
第七十三名　王汝衡　鄭州學生　詩
第七十四名　許儒　靈寶縣監生　禮記

第七十五名　溫琦　武安縣學生　書
第七十六名　楊魁　儀封縣學增廣生　詩
第七十七名　董和　洛陽縣學增廣生　易
第七十八名　朱良　夏邑縣學生　詩
第七十九名　孔孟富　汝寧府學生　詩
第八十名　田璋　登封縣學生　易

第一場

四書

克己復禮爲仁

劉啓東

同考試官訓導王批（論語題似易而實難非的有見者辭多悖理況克復處尤難體貼此作辭不煩而意自足本房之冠舍子其誰）

考試官學正秦批（理學文字簡明似此者蓋不□）

考試官教授李批（講克復處良是）

去其不可有而還其所固有則心之德全矣蓋私欲於身不可有而禮則吾之所固有者也人能克而復之則心德豈有不全者哉夫子因顏淵問仁而告之以此蓋謂己者吾身之私欲已有不克則有以害吾之仁矣禮者天理之節文禮有不復則無以全吾之仁矣故一念方形欲心或有所萌動則力以勝之如將之克敵于以復吾之規矩而有所持循七情已發欲心或有所縱放則決以去之如水之制火于以歸吾之彀率而有所執守肌膚之會以固邪僞無由而内入動容周旋自中乎禮也筋骸之束以堅非僻奚從而外至動靜云爲自合乎中也克去己私復歸於禮由是向焉天理人欲每相雜於吾前今則人者泯天者定太空無雲而靈臺爲之湛然本心之德復全於我矣昔焉人心道心每相攻於吾内今則危者安微者著明鏡不塵而□□爲之泰□固有之善復備於我矣呼加克□□功全本□之德爲仁之道外此其何以哉嗟乎問仁多失唯顏淵告之以此蓋夫子授以傳道之心法也理在天下曰道道切人身曰仁斯道也曾子得之曰誠正子思得之曰戒懼孟子得之曰明誠伊洛諸儒千言萬語皆不外此也聖賢之言具在方册欲爲仁者請事斯語

博厚所以載物也高明所以覆物也

趙繼英

同考試官訓導汪批（此題場中作者類能言之但於博厚高明處講欠精切此卷分析曉然必嘗究心理學者）

同考試官訓導逯批（寫出聖人與天地同用之意不泛不略宜冠本房）

同考試官訓導朱批（講覆載處迥异衆作宜置高選）

考試官學正秦批（明淨可錄）

考試官教授李批（詞整而理足）

中庸論聖德之者所積同乎地之用所發同乎□□用蓋聖□之德一誠而已則其所積所發□□與天地□其用哉中庸發明天道之意如此謂夫聖人至誠之德存於中者不息而有常驗於外也悠遠而無窮自其悠遠所積者言之仁恩覃被浩乎廣博初無涯涘之可窺德澤弘施淵乎深厚初無限量之可測持載之妙有形有色悉奠於化育之區負荷之神無小無大咸安於長養之域彼至哉坤元萬物載焉地之用廣矣聖人之博厚載物如此與地何殊哉自其博厚所發者言之功業之成巍然高大而卓冠群倫文章之盛焕乎昭明而光被四表凡林林而生者皆在所包含曲成之而不遺也總總而聚者皆在所照臨遍覆之而無外也彼大哉乾元萬物覆焉天之用大矣聖人之高明覆物如此與天何异哉吁天地至大也而至誠之功用同之此聖人所以參天地而爲三也歟抑又論之此特言聖人與天地同用耳下文又曰博厚配地高明配天悠久無疆則言聖人與天地同□□然天能覆而不能載地能載而不能覆聖□□□輔相□復載而有焉則是聖人不但同乎天地而天地且有賴於聖人矣此又不可不知

智之實知斯二者弗去是也

韓宗福

同考試官教諭倪批（講弗去處親切有味必允蹈者吾於子不獨取其文也）

同考試官教諭李批（發揮智之實殆盡）

考試官學正秦批（明淨無疵）

考試官教授李批（簡當宜錄）

大賢論智之所以爲智在知道之明而守之固也蓋道莫大於孝弟也於斯二者知之明而守之固非智之實而何哉昔孟子論仁義之實至此謂夫明義理

識時勢智固無所不知矣而其爲道不有切近精實者乎知古今達事變智固無所不通矣而其爲道不有近裏著已者乎蓋孝以事親固爲仁之實矣智則識見內融真知□□□之經□地之義也而非外鑠之物弟以□□□爲義□實矣智則神明內蘊灼見其爲民之彝也物之則也而非遠人之道知不徒知必祗服父事而始終之無間一出言而不敢忘一舉足而不敢忘也見不徒見必克念天顯而久暫之如一造次必於是顛沛必於是也夫如是則其知也非聞見之知所謂無所不知者皆發端於此矣其見也非皮膚之見所謂無所不通者皆托始於此矣然則智之所以爲智者豈可舍是而他求哉吁仁義之實固在於孝弟而智之實亦不外乎孝弟孟子以是爲言其開示人心之意深且切矣大抵事親從兄乃良心之發而人心之所同也天下之道皆原於此然必知之明而守之固然後節之密而樂之深也奈何戰國之時人心陷溺墨子以兼愛爲仁楊子以爲我爲義至於縱橫游說之徒遍滿天下不知斯道爲何物孟子目擊其弊而此章反覆詳明以曉告之可喫緊爲人處也惜乎當世之人□□□深莫□□也意

忠信所以進德也修辭立其誠所以居業也

韓宗福

同考試官教諭倪批（此題場中作者不腐則泛殊爲可厭是篇能融會本義成文平淡醇雅殆絲竹繁奏而希聲窈渺者歟）

同考試官教諭李批（此內外交修之功場中作者多平平說去殊無意義惟此作曉然且說理真切是必不怠於進修者也）

考試官學正秦批（說理明白必嘗用心於內者）

考試官教授李批（簡明說理文字當如此）

文言論乾九三君子有學之誠乎內者有學之誠乎外者蓋學不外乎一誠也內外交致其功德業之所以盛者有由然哉昔文言申九三乾□□厲之意若謂君子身處乎危厲之地故心□□進修之誠彼理之得於心者德也心有不誠則念皆妄矣德何自而進耶必主於心者真實無妄而邪念之不形所謂毋載爾僞者是已□□□者至□不欺而僞妄之不雜所謂毋貳□□□是已□誠主於內則己德常明不以一毫私意自□日新又新駸駸乎自造於廣大之□矣天理常在不以一毫私欲自累日就月將□□乎自達於高明之境矣忠信所以進德君□□乾惕若者非以此歟夫既有忠信以誠於內又可不修辭以誠於外乎彼理之見於事者業也辭之不修則誠不立矣業何自而居耶必發於言者躁妄是禁而言爲有物使吾心之誠確乎不拔也出於口者鄙

悖斯遠而言爲可法使在心之實堅乎不渝也夫誠修於外則措諸躬者無非可常之事充積之盛馴致乎可大矣見之外者無非可蹈之實光輝之著漸極於富有矣修辭立誠所以居業君子乾乾惕若者非□□與吁合內外於一心之誠致進修於德業□□君子聖德之學斯其至矣抑論之忠信心□蘊於心者所以見於事修業事也實於言者所以養其心□人之學內外一誠交相警發又□□□息之□哉若湯之日新又新文王之純□□□周公□憂勤惕厲皆所以極此心之誠於德業之間□噫微斯人吾誰與歸

備物致用立成器以爲天下利莫大乎聖人

劉乾亨

同考試官教諭倪批（揭書命題本自平易作者往往鑿意求之多以卜筮入講殊戾本旨此篇理足而氣充今人愈讀而愈有味蓋嘗潛心易學而有得者乎）

同考試官教諭李批（此題體認不真則覺意思重疊難於措詞是篇條暢而有則宜錄以式學者）

考試官學正秦批（易學文字潔淨似此篇者絕少）

考試官教授李批（以制作之大歸功於聖人深得本旨）

盡制作之大在制作之人蓋制作以利民爲大□□夫用無不周而人無不利者非聖人其孰□□哉昔大傳論造化人事功用之大以明著□功用□大謂夫上古之時人皆莫知其用聖人則制器以□民用彼萬物散殊有可爲棟宇□□有可爲□維者焉必備此物以致居處被□□□則宮□衣裳之制以定有章有服而成器不於此而□乎百物不廢有可爲服乘者焉□可□□事者焉必具是物以致引重明決之□□□□書契之制以成同軌同文而成器又□□此而立乎由是使天下之人宮室以安其居衣服以華其身措世道於一新之會利其利而莫知推之所爲也車輿以通民財書契以察民偽妙黎元於於變之機宜其宜而莫知誰之所使也然此果何人能之哉惟在於有德位之聖人而已誠以智者固善於創物矣然能一而不能二非所以爲大也惟聖人出類拔萃智足以周物□物之至粗者而知有至精者寓故能盡此變通之妙而利及乎天下智者能彷彿其□□耶巧者固善於述之矣然宜此而不能宜□□非所以爲大也惟智人首出庶物明足以□理□□之至微者而知有至妙者存故能盡此宜民之神□爲法於天下巧者能窺測其一□□□制作□於聖人而垂範妙於無窮此聖人□以爲大□蓍龜功用之大於斯亦可

見矣抑論制器尚□不世之大功制度考文三王之□重故□變通之妙以爲天下利者非聖人之□□也取於易之象而後成耳亦非一人能之□□數世數聖人而後備焉斯人生生之道若此其難而聖人所以生生斯人若此其勞也故曰如古□時無聖人人之類滅久矣信夫

書

八音克諧無相奪倫

李謨

同考試官訓導張批（虞書一題類能言之但分析未明語多重覆無愜人意者獨此作融會傳意辭不費而理自足其積學有得歟）

同考試官教諭郭批（學者童習此題便能口誦今出試多士無弗爲所窘者惟此作能於克諧無奪倫處挑剔明白而辭氣春容宛然寫出虞廷樂和氣象宜錄以式來學）

考試官學正秦批（辭理簡暢錄出）

考試官教授李批（得旨）

□□□極其□聖君期樂官然也天樂以和爲□□和而不□其倫則和之極矣謂非人聲之和之所致哉□帝舜命夔典樂教育子而推言□□□□音樂和固所以教人人聲和斯可以□□□□樂之爲音其凡有八若金石若絲竹□□和也今以人聲之和被之而爲樂焉莫不有所依據自離離乎其和鳴若匏土若革木最難諧也□以人聲之和播之而成樂焉莫不有所憑藉自洋洋乎其諧協翕如純如譬之五味之相濟何涾灃之有盡善盡美譬之五色之相成何促迫□有夫和一於和則和乖矣群音并作之中井然條理之有在初不相侵而失次上下迭奏□際秩然條貫之自存初不相越而亂倫脉絡雖貫通也一間一合之惟序陰陽其定□□節奏雖始終也一倡一和之相承晝夜其□□□□作樂之妙如此雖神人亦且和矣而□□□□不可教耶大抵樂本於人心而被於八音八音既和則人心益有所養而無不和是□□□之流□也胄子之教孰大於是虞廷典□□□非后□曷足以當之哉厥後作樂果能格神人舞獸□可謂無愧於聲樂之作而亦無□□□□之命也歟

稽古建官惟百内有百揆四岳外有州牧侯伯庶政惟和萬國咸寧夏商官倍亦克用又明王立政不惟其官惟其人

曹來聘

同考試官訓導張批（措詞簡當說理明快蓋嘗究心於經學者）

同考試官教諭郭批（題不甚長而意難收拾此作依傳敷去掃陳言之陋作家也本房得士如此良可籍手以獻矣）

考試官學正秦批（寫出唐虞夏商制治保邦之意）

考試官教授李批（明整可誦）

□□□□代建官有其效必指其建官之要也□致治固在於建官建官莫要於得人也古之□□□然賢□述之以訓官其知本歟且成王□□□謂若□唐虞堯舜之帝天下也仰稽古□建官則惟□焉内而百揆四岳總治於王朝□□□□侯伯總治於方岳内外相承體統不□□□□庶政之多或咸熙或其凝無一之不□□萬國之廣或時雍或風動無一之不寧也及至夏商禹湯之王天下也上視唐虞建官則惟倍□□治不止於揆岳總之者增其數外治不止於牧伯總之者加其員會通是觀繁簡以制故當時大功叙而耿命釐庶政亦惟和也文命敷而兆民殖萬國亦咸寧也是皆歷代建官之明效如此其要果安在哉蓋唐虞明王之立政也□□惟百豈貴官之多耶凡在百之列者必惟三德六德之翕受也曰俊曰乂之敷施也□□惡德何有哉夏商明王之立政也建官惟□□□□之冗耶凡在倍之數者必惟曰賢曰□□□□也即宅即俊之克用也官及私昵何□哉是其制□而治以至保邦而邦以安者如□□□訓迪□□可不知所監耶大抵主治者□□□者臣□□王既舉外攘之功即嚴内治□脩而拳拳□建官也然此歷述唐虞夏商之□□□□前代之宏規成一時之定制下文又□□□□德以爲之本焉嗚呼爲政在人取人□□此成周之治所以不可及也成王其賢矣哉

詩

天保定爾亦孔之固俾爾單厚何福不除俾爾多益以莫不庶

李獻

同考試官訓導汪批（人臣願君舍天福無以爲言此篇體貼出詩人忠愛其君之意是亦有忠愛之心者歟）

同考試官訓導逯批（臣子答君意思正如此子能言之是亦忠愛其君者也尚有驗於他日）

同考試官訓導朱批（揭書出題本自平易作者多不玩傳注惟此篇形容詩人答君之意宛然在目錄之）

考試官學正秦批（詞不繁而意自足佳作也）

考試官教授李批（理明詞整）

□□□天眷□□至而使之獲福之隆也蓋眷□至而福之□人君所大

欲也臣子言其君之□□□□如此忠愛之意何切哉昔天保臣子□□□□而歌此詩以答之其意謂夫吾君爲□□子奉天之道而天之眷之者何如其必蒼□之中保之佑之而安定孔堅九重泰然無震騰也□□之表栽之培之而寵綏甚固清穆晏如無杌陧也于以使之受天之祜茀祿是康渾淪磅礡而不可以限量窺荷天之休純嘏是常廣大豐裕而不可以涯涘測不惟厚也罔不舊者將除新者已生休徵相繼綿綿乎其不絕往者方□□者即續嘉慶頻仍亹亹乎其無窮天之福君單厚而除也蓋如此且又俾之多福之□□者敷錫有加日進於無疆穰穰乎其盛也□□□□荷者甲重不已日增於無際簡簡乎□□□□徒益也莫不群然畢集如幾如式足□此而充於□朝夕與之俱焉林然駢臻時萬□□□於内□□於外左右與之會焉大之福□□□而庶□□如此□托天眷君之至使君□福之隆天□臣子其亦飽君之恩而答稱之□□□□□鹿鳴以下五詩君所以燕其臣天□□□□□所以答其君也君之燕臣則極致□□勤篤厚之意臣之答君則深願以盛大悠久之福君燕其臣臣媚其君此所以爲乾之同聲相□□之上下相交也此有周之所以卒致雍熙泰和之治而爲有道之長也猗歟盛哉

虎拜稽首天子萬年

趙繼英

同考試官訓導汪批（臣子報謝其君之意於程文矩度中發之佳士也）

同考試官訓導逯批（穆公敬君祝君之意發揮殆盡是亦善說詩者）

同考試官訓導朱批（七篇俱優獨此篇寫出古人愛君之意殆無餘蘊得此爲之躍然詩房之冠舍子其誰）

考試官學正秦批（純正之文錄以式後）

考試官教授李批（典雅）

□□致敬以□□君賜致祝以謝乎君恩夫君□固當致□以受之也然非祝之以壽考則何□□□□報謝之私哉詩人美召虎平淮南之□□□□策□如此意謂惟召虎建平夷之大□□我周舉報功之盛典恩命既頒於殿陛策書遂錫於岐周虎之於此展拜于文祖賞功之廟稽□□夔仰策命如仰天顏也行禮于召祖受命之所稽顙翼翼對策書如對斧扆也若圭瓚若秬鬯宸章烜赫欽受於俯伏之時肅乎恭敬之匪懈若山川若□田睿藻輝煌敬承於舞□之際凜乎戒慎之靡寧當斯之時虎也感君恩之□□如天之高也果將何以爲報乎荷寵命之隆重如地之厚也抑將何以爲謝乎惟願□□□子

眉壽萬年荷天和以康強黃其髮台□□□□中興之景運萬年如一日也勉勉□□□□歲享遐齡而吉慶昌而大耆而艾□以鎮再造□洪圖萬載如一時也吁君之報□□□殊常之□臣之報謝而致無窮之祝盛□□□可謂各□施報之道矣抑又論之召公□淮南之夷□宣□舉報功之典固禮也然必□□□□□岐周從其祖康公受命於文王之□□□□者何哉蓋國莫重於世臣而臣莫□□世功故耳宣王平淮南而有召虎之爲將伐淮北而得皇父之治師其所以能致中興之盛者□□賴此世臣之助也哉

春秋

公伐齊納糾齊小白入於齊（莊公九年）

聖人謂其傷勇而以自經溝瀆賤之也不然則忍之節義傳播於天下矣春秋書伐齊納糾而不書□者明糾之不當立也以此若小白亦襄公之庶子嘗出奔於莒矣一旦駕反國之轅自□□齊以立其位爲當斯際也莒之力孤而弱□□□□而強輒乃據國以入可謂難矣且內□□□□先君上不稟命於天子王法所宜絶□然立庶以□天下之達道小白乃子糾之兄□□□儲副國□所固有也位其所宜居也噫□□得而得□幾哉正名乎此官仲輔相桓□聖人謂其□義而以一匡天下稱之也不然□□□□暴白於當世矣春秋雖不稱公子□□□□□者明小白之當立也以此吁兄弟□□長幼之節有一定不可易之理春秋譏子糾而□桓公其意深矣雖然子糾固不足論矣然小□□於糾尤有可議者仁人之於弟也不藏怒焉不宿怨焉親愛之而已矣糾雖急立越在他國置而不問可也必請于魯殺之然後快

王尚志

同考試官訓導王批（揭書出題本自平易場屋中多騁浮詞殊失輕重晚閱此卷體貼親切其邃於麟經者乎宜錄出之以矯時習）

考試官學正秦批（說出春秋正名分之意）

考試官教授李批（春秋以天理裁世事此作得之）

□□□國者著人心不附而明其不當立於□國者著王法不容而明其所當立此子糾特□□而不書子□白不書公子而繫之齊也春秋□名定分之□何其嚴哉昔齊襄遭禍國嗣□定有如子糾乃襄公之庶子嘗出奔於魯矣□□□□國之心自魯伐齊而欲奪其位焉當□□□□□管□爲之輔外有魯莊爲之援宜□□國以聽莫之拒也然群臣異向而不以爲君百姓共疾而不以爲主人心已不附矣且弟不先□□今之通義糾乃小白之弟又未嘗爲世子國非其所宜有也位非其所宜居也噫非其有而有之不幾於亂倫

乎此召忽致身子糾于心何不仁之甚耶此所以仲尼之徒無道齊桓之事者

　　公會劉子晉侯宋公蔡侯衛侯陳子鄭伯許男曹伯莒子邾子頓子胡子滕子薛伯杞伯小邾子齊國夏子召陵侵楚蔡侯以吳子及楚人戰于柏舉楚師敗績（俱定公四年）

　　劉啓東
　　同考試官訓導王批（晉吳之得失見於經傳□□□□紛紜雜揉剖析欠當惟此篇□晉予吳宛然在目非他□□□及矣）
　　考試官學正秦批（得春秋謹嚴之旨）
　　考試官教授李批（鋪叙兩傳俱勻稱）

　　□□貪利而隳安攘之功春秋必陋之遠人從義而成安攘之功春秋特善之此晉定召陵之役不□伐而書侵闔閭柏舉之戰不舉號而稱子也春秋罪晉予吳之意深矣何則我定之世楚爲無道爲裘馬之故拘唐蔡之君於是蔡侯既歸往請于晉大舉召陵之師焉斯時也孰不曰晉主夏盟中國所仰若嘉穀之望兩也安夏攘夷□其職耳夫何苟寅之貨未得蔡侯之請遂辭假以水潦方降聊爲淺事之侵托以中山□□遂下班師之令上爲徒勤天子之元老下□□□□國之諸侯勢雖足以有爲而心則沮□□□□利者人欲之私今晉定惟利是求而□安攘之功如此雖無專命之愆其事何足算□□春秋於□□之役不書伐而書侵者所以□□也□□□□不於是而衰乎自是以往楚□無忌長惡而不悛興師以圍蔡於是蔡侯莫□□□□吳遂興柏舉之師焉斯時也孰不曰□□□□天下莫強豈諸侯所能以乎救災恤□□□所望也幸而從蔡侯之請伸簡書之義舍□淮汭撲楚焰於方張振旅漢陽拯蔡危於既溺上□以達天子之命下有以成伯討之功心雖出於不誠而事則適於義矣噫義者天理之公今闔閭惟義是從而成安攘之功如此雖無恤患之實其事不亦善乎故春秋於柏舉之戰不舉號而稱子者所以善之也晉伯之罪不於是而□□是則有請於晉如彼其難有請於吳如此其易易者反難而難者反易其得失固不□□而明矣雖然召陵之陋不足議矣柏舉雖□□□□言救乎救大矣闔閭子胥宰嚭皆懷□□□□蔡人往請會逢其適非有救災恤鄰□中國從簡□之實也聖人道大德宏樂與人□□時□六事□善而進之故其書法如此

禮記

是故天時雨澤君子達亹亹焉

張傳

考試官學正秦批（此題亹亹字多認之不真有指爲學□者有指爲政言者又有專指祭報言者紛紜錯亂令人厭觀此篇說理詳明措詞豐整可以爲式矣錄之）

考試官教授李批（據理爲文無泛略之弊）

上天運生成財物之功君子悟生成不息之妙此祀典所由起也甚矣雨澤之有資於財物也君子悟其妙而達其生成之無已安得不致其報本之誠乎記禮而推原其由謂夫祭有輕重皆□財物是祭祀固因財物以致義君子則因雨澤而達理時而春也物皆萌動非雨無以□□□彼蒼者天油然作雲霢霂之澤由高及□□□□既渥也時而夏也物皆長養非雨無□□□□□矣上帝沛然下雨霶沱之澤由近□遠既霑而□足也瑞靄瀰布於雨間庶類自□□熙熙□□□之不被其澤邪和氣絪縕於□□品物□爾□勃勃何一物之不蒙其濡邪□時雨澤如此君子之達之也何如哉蓋必即□□□□微於彼大化橐籥之理而因有以默□□□□事可知其道於彼大造流行之妙□□□以洞察其幾微仰而觀焉則曰大哉乾元萬物資始資始之功亘萬古勉勉而不已也俯而□焉則曰至哉坤元萬物資生資生之功歷萬世亹亹而不息也夫知天道不已之功則用財物以祀天而凡日月皆在所祭矣知地道不息之功則用財物以祀地而凡山川皆在所祀矣先王因物致義之由如此則夫祭也者實爲報□□典豈徒事乎虛文也邪抑合前章而論□財物天地之所生外心君子之所貴天地□□陰陽昭著盛大溥遍於萬物是其理之所□□□□物之所成者博易曰天地之大德□□□□□君子有見於此斟酌於心思之間□□於昭□□□神人感應施報得宜誠百王□□□制□豈□之郊禘與祀文王祀爰居名□□□者可擬

民入孝弟出尊長養老而后成教成教而后国可安也

何岩

考試官學正秦批（題本揭書而出無其難者士子之作不失之略則失之煩理明詞暢者僅見此篇）

考試官教授李批（聖王制禮之益宛然寫出）

民有德而化行國之所以寧也蓋民莫難於有德有德則化行矣國之所

安者豈外是哉見於鄉飲酒義其旨如此謂夫鄉飲之禮匪直所以脩禮文實乃所以安人國也彼坐立有序俎豆有數□之行也固如是民之得於觀感者入而□也孝以事親而發言舉足之不忘弟以事兄□□□隨行之匪懈出而外也隆之以禮而於□□□□至安之以道而於老者養之周民之□□□如此吾知科條方設施也仁讓之教即□然而大興□一詐愚苦怯者無有矣模範方□□也禮義之□即條然而振舉求一脅弱暴□□無□□□化□行也又如此由是國其有不□乎治見自□自東環一邦而托處者莫不遵□□□俯仰於彝倫攸叙之日所謂人人有君□□□□疑之禍不作何安如之邪自南自□□□國而總聚者莫不會極歸極優游於五□克從之天所謂比屋有可封之俗而叛背之□□□何安似之邪吁鄉飲之禮所以感人心而馴致於□行國安如此此先王所以務重之而不敢忽歟抑論民心無常從違靡定以禮服則效順以勢迫則背馳故先王制為禮教以防範之如鄉□之禮一舉貴賤以明隆殺以辨和樂不□弟長無遺安燕不亂不特足以正身也□□國安天下皆係於此焉其有益於世道也□□哉故孔子曰吾觀於鄉而知王道之易易□□□

論

學貴大成

劉啓東

同考試官訓導王批（五峰此語本自中庸□來此作説宋儒之言用唐人之句發中庸之理不失當學□不必□較朱陸直欲上宗孔氏如尋河源于崑崙之下不較涇渭清濁者有本者固如是邪他日學造大成吾於子有里矣）

考試官學正秦批（此論有源委有波瀾有歸宿如大河之水發源崑崙千里不息而懸注於海彼行潦無源安能彷彿其萬一耶）

考試官教授李批（理明詞暢當是作手）

□□君子之學非務為大也率吾之本自大也□□吾本自大者非私也固天之所以命於我□□□人之所以托於我也天之命於我也其□□分為甚足而其托於我也其任為甚重吾□□□有以副其重與足者而後可也天固足□□□□固歉之天固重之吾固輕之是自小□□□□也豈善繼善述善事其天者哉此□□君子之□不屑於小用不苟於小成必貴□□□□□大□之域而後止者蓋必有以自□□□□□□不□不率其有也彼挾一長持一□□藝以自□其學者豈吾所謂學哉吾所謂□□□者其亦異乎世之學也世凡言學者虛□□□□之教權謀術數之習諸子百家之

□□□□列儒科者吾無論矣若夫游儒者之□□門讀儒者之書華言而華服繩趨而尺步□□□非所謂學耶詢其所以學者尋章摘句□□掇華鈎奇剽竊陳言以為富記誦隱僻以□□為博□皆網利媒祿之計固不足以名吾□□學也若乃自立一家之文欲馳聲於翰墨□□窮箋一經之注欲寄籍於名流茲二氏者□□□規利祿之學固不類矣然汲汲於名□□者亦汲汲於利也天之所以命我托我者□□□在茲邪天之命與托者果不在茲君子□□□□詎止於茲邪然則君子之學果何□□□□形於上者天也形於下者地也命於□□□間者□也三才鼎立中有仁義道德之□□□□□□□之□文物禮樂之具是謂天□□下□□天□以□地得以寧人得以安者□□故天之一是人也必命之心以涵天下之□□□□之身以負天下之極命之耳目□以□□□□□言□天下之極人必盡極然後可□□□俯仰無怍然則天之命我者大邪小邪□□然所以命我者又必有以托於我也天不□□□□清地不能自寧人物不能自安必俟□□夫能盡此極者付以參贊之責然則天之□□托我者小邪大邪斯命也斯托也惟聖人□□能盡之達推參贊之功於時窮守參贊之□□具於己自聖賢而下未有不須學而能造□□□者聖人懼夫後之人生不知學學而□□不知所謂大也筆之書以詔後之學者使□□□知所依歸下學君子誠知聖人之所教□□□□大之所以命我托我者率此則公□□□□□私率此則正入彼則邪正且公為□□□成私□邪為小用如此則進於聖賢如□□□□□於□近如此而窮餓不悔如彼而□□利達□為□學□門户在大學自格致誠□□□而進□以求至乎治平之大知學之精□□□□□中庸必自戒懼慎獨而精之以求至□□□□□□極學之魯論以求存養夫本體□□□之七篇以求擴充夫善端學之六經以□□求陰陽造化之變聖王經理之法析其精□□□衆理於萬事括其大斂萬物於一原優□□而游之漸而進之月計不足歲計有餘不□□以旦□之益為功不以尺寸之補為賢積□□久而允然有得所謂天下之極者會之一□□心無不足任之一身若有餘入耳無逆經□□□無障出乎口者足以宣其鬱而達其平□□則天□命於我者始不孤矣吾學矣不幸□□而未獲所遭抱吾學以自守幸而托身廊□□□□□學以上致吾君下澤吾民納一世□□□之極之中天工未完我其補之地極未□□或我其維之人道未中我其建之日月星辰□□□上山川□□華於下華夏夷狄安□□於□□所□彌綸參贊之責皆於我乎攸□□□□則天之托於我者至是始無負矣是孰□□□□吾學為之也仰觀圓

蓋浩無際也俯□□□□□茫無涯也吾以孑然之身率其所□□□至與天地參而兩之可不謂之大成邪□□彼規□利祿者無足與也獨惜夫皓首鑽□□□□日多而道日晦日視此何如邪抑斯□□言也□五峰之言也子思子之言也思□□孟子之後率其大者誰歟河汾二子遭貞□□□之感而未大其學關洛諸儒積淵源之□□學而□大其用時之與學不能兩濟三代□□□□下桓病於此可多嘆哉然學固貴於大□□成術□不可不慎王臨川學古而偏不能□□□取機於名教入道之始可不知所擇歟□□□□千載得學術之正無如河南二程□□□傳而至南渡諸儒象山陸氏專於先大□□□為本考亭朱子攻其類禪欲自格致而□□入□□務□遠者猶不能無爭是將何所□□歸□□□下□道□孔子而止得傳孔子者□□顏淵為□的其發夫子之教曰博我以文□□□以禮此萬世傳道之心訣也學大成□□□□□於斯其庶乎學術之無誤矣

表

擬進賀□壽聖節表

趙繼英

同考試官訓導汪批（忠愛之心溢於言表非但長於四六而已）

同考試官訓導逯批（寓忠愛於駢麗語中佳士也）

同考試官訓導朱批（表得忠愛之意可嘉）

考試官學正秦批（表麗而則）

考試官教授李批（表佳）

□□□□□恭逢正德二年九月二十四日□壽聖節者誠歡誠忭頓首頓首上言伏以□生□□□萬□荷□□之慶□作□□□八□開□域之辰具□夙兆於河清芹悃敢虔乎嵩□□渾允矣其時□□歲為□實惟斯數臣等誠歡誠忭頓首頓首□惟自古帝王之生聿多徵應之異□□堯龍感大禹珠明瑤光呈玄聖之詳鎮□宿兆升平之慶在古可驗於今益隆恭惟皇帝陛下齋莊中正恭敬溫良□知□行誠繼天而立極□姿日□克濟世而安民用稽天人交會之□仰惟□□日具瞻喬嶽拱□□□□純穆如清風沸海之波不作□維乎瑞藹歡動九嬪□昭乎□輝□韜□□□□□□于聖□□□□□加□幾如式百神□護□壽□康□主邕□□宮戀學夙彰于中外凝旒極□恩□□于邇遐惟茲□恭逢□□彼百辟莫竭涓衷列士上公拜舞循官□□外夷內夏儀幣隨方上之宜□□養詩歌□保伏願□日新□月盛□□天而不以為大益嚴至微於無虞□□而不以為高乃致太平於有象凡在□□下均霑覆載之無任瞻

□□忻□感□□之至謹奉表稱賀以聞

第三場

策（五道）

第一問

李謨

同考試官訓導張批（我□□□□□魚道江湖鳥飛太空忘其所以此策一出君子識□大中八識其小矣是用□□□復之策史筆者有徵焉）

同考試官教諭郭批（鋪張我□□代之□□□筆點盡□□□□□之）

考試官學正秦批（此策正欲知□□□□之留心於用世久矣）

考試官教授李批（條答無遺必積學待用者）

□□帝王經理天下施爲次第可一言而盡者□□善繼□之志善述人之事也竊觀我□宗□於□□疆域或開創於南以統北或遷□□建於□以馭南或闢土於荒外或封土於□□遠夷□人之所□□人固不識也要其建國家丕大□□之基爲子孫經遠之計策出萬全道傳百□□豈出□繼善述之一言哉故文王得武□□夫子□其無憂武王繼文夫子稱爲達孝□□□□後聖夫豈有二道歟今天下都會有□□□□金陵之地長江繚其西北連山拱□□□□□鍾山龍蟠石城虎踞秦始皇望有□□□之氣諸葛亮知爲帝王之宅江南形□□勝□□壯□此□□昔孫吳創始六朝南□□唐不□以□大□天□厭元德我□□□皇帝□戈南渡駐蹕於此徐起而平定□□□之曆數誠有待矣□□□□詔天下以金陵大梁爲南北京往□□□來巡狩尋以六朝祚數不久初議大梁以□□四面□敵而不果再議長安謂漕運艱難□□□已□□讀詔告有曰□邦基以成大業興王之根本爲先□□居中夏而治四方立國之規模爲重始知□□□□相遷□之心固定有待於後矣幽燕之地居□□□□而□□星向離而聽天下左環滄海右□□擁太□蘇秦所謂天府百二之國杜牧所□□謂土不得不可爲王之地冀北形勝未有□□□□□者自昔契丹竊據金與胡元皆起□□□□□不足以當大運天祚□□□□文皇帝天□南□□靖內難即以北平爲□□北京□之□渾□□在矣繼統初累詔有□□□□□□巡省各以二月巡幸北京□體□□□□□心未遂眷茲幽土山川之勢實雄□□□□□宮殿告成遂□□今讀□□有曰□倣古制肇建兩京爲子孫帝王萬□□□其□所

以紹□□太祖高皇帝之初志始知我□皇遷燕因寔繼述於先也竊嘗謂王祝都吳□文武之營豐鎬□□□都□□成王之營洛邑制必累歷乎數君□□□□□始□□成於一代帝王經略次第固有後□□先豈□功收於一人治定於一時然後爲□□□□今天下疆域有可言矣大寧在薊州東□□□□□胡之地山川險峻附燕遼二地之□□□□□□兩口之喉自昔契丹僭據女直□□□□□淪□冠裳者數百年我□□受命□將□達□□除氛祲於喜峰口外設□□□寧□司於治□□分□□藩□王室逮我□□□北平數征沙漠備諸夷狀以胡地不□□□□□耕胡人不足以爲使戍卒苦於裂□□□□□費艱於輓運始徙大寧都司於畿內□保定□□□寧□□江西南昌所屬營州諸衛亦省入順□□天□□府以守內地邊關以大寧之地□□自古北□至山海關立朶顏衛自廣寧前□□□□至□雲山立泰寧衛自白雲山至開原□□立□餘衛錫印置官以指揮千百户分領□□□□部□□指揮都督總領諸酋百餘年來□□奉我□貢聽我征役作我藩蔽我無屯守□□□□□有扞衛之資皆□□□□□有道也安南在桂林西南古交趾□□□□□秦置象郡功跨古人漢立銅柱勳勒□□□□□自唐祚運衰歷宋迨元不復郡縣者□□三百□我□□受命□主陳氏□□納□□□□祖訓不許侵伐其國我□□陳氏爲酋孽所殲因漢唐故事復立□□□□□皇帝時以守臣失謹黎利猖亂以求得□□陳氏□爲請□□□□□所及非春秋所治得不足爲榮□失□□□□恥乃從交人之請因體□□□之心□繼陳氏之後不虞黎利懷奸竊有□□也利□臣累請興兵征討□□□□□三司郡縣之設封九真日南之□□或聽□部使自爲領聽其民使自爲生八□□□□來秦我正朔受我錫命執我朝琛我□□□□□之質彼有稱藩之誠固□□□□□之有容也竊嘗謂□□□□□即王者不治夷狄之心□□□之處□阯□王□□□建萬國之意海隅皆□□于宇內皆民帝□□萬物各得其所爲極□□□□必□兵以屯其地設郡以隸其民然□□□□□有哉愚故曰帝王之治可一言而□□□□□繼之志善述人之事也□□□□百四十年京師麗日月之華疆域鞏□□河山□固凡皆斯道而已愚也仰止□盛□□□□□爲報者商邑翼翼四方之極壽□□□□保我後生願以商頌之詩爲今□□□天之下莫非王土率土之濱莫非王臣□□願□□雅之詩爲今日□□□□陳執事者欲進承學仰圖報稱復以繼守爲問此固忠願之心也然斯道也□□□□矣愚也幸爲□□□樂鳶飛魚躍之不暇尚奚能贅一□□□□

第二問

張傅

考試官學正秦批（士子之於六經猶菽粟水火最切場中多捉風捕影初無定見此篇歷叙顛末顯晦而歸功於宋儒非素有抱負者不能噫子真知所務者矣）

考試官教授李批（此策正欲觀諸子博古之學考據議論停當無如此篇本房之冠無能出子矣）

□□□□書不絕於煨爐之餘而漢儒之□□□□□六經之理復明於穿鑿之後而□□□□□功爲尤大甚矣六經之書皆天地□□□□□□寓也天地能示人以知而不能□□□□□□能示人以行而不能使人必行□□必生□人以作六經垂示萬世天地之望□□□□□人也厚矣聖人之補於天地也大矣□□□□□□其道而燔滅之不有漢之諸儒□□□□□□六經之書幾乎泯滅漢儒不明□□□□□穿鑿之不有宋之諸儒出而正救□□□□□幾乎□□是漢儒固有功於聖□□□□之諸儒□□功於聖人也歟請因□□□□□陳之書契之作既成典籍之興□□□□□□義神農黃帝之時則有三墳言大□□□□□□顓頊高辛堯舜之際則有五典□□□□□道也八卦之説謂之八索求其義也□□九州□□謂之九丘叙其聚也以至攝提□□□□等□脩飛流訖等載簡□重大而出□□□□□□籍浩繁而入則充棟其書不可□□□□□□遠其言荒其簡編脱漏而不可□□□□□□矣故吾夫子生獨取詩書禮樂□□□□□□而删定之而贊脩之以爲六經□□□□□範圍天地造化之大實切於民生日用□□之常天地之間不可一日而無也不幸始□□□□毁詩書以愚黔首乃令天下之守尉□□□□□□時易以卜筮春秋以紀事首末□□□□□□遵秦火詩雖相傳亡其六篇或謂□□□□□□篇原未有詞是詩亦未嘗亡也禮□□□□□□無成書且純駁相半□□□□亦未足□□之疵也所可恨者獨□□□□周之書百篇缺亡殆盡有漢肇興□□□□□旁求儒雅以闡大猷濟南伏生□□□□失其本經口傳二十餘篇魯共□□□□壞孔子宅爲宫又於壁間得所藏書□□增多□生二十五篇餘皆不可得已或曰□□□□之國尚有存者特以禁嚴不入□□□□未可知已當是之時易與尚書□□□□□何以有傳焉詩與禮樂賴申公□□□□□以有傳焉春秋賴公羊穀梁鄒氏□□□□□傳焉之數儒皆有功於聖經者□□□□厥□□家之徒散布甚衆人持一經而□□□各開□

牗人挾一見而各騁軌轍此所以□□□經不壞於秦火而壞於漢儒之議也□□□□□九江鳳鳴周程張朱相繼而出□□□□續孔孟千載不傳之緒得有所□□□□二家似是之非程子作易傳朱□□□□沉□傳而易□之理燦然□□□□子作詩□□安國作春秋傳陳澔□□□□□説而詩春秋禮樂之理昭然益□□□□穿鑿不破而自息孔孟之正宗□□□□□盛奈何文王周公之易本卜筮□□□□也程子易傳專以理言所以論君子□□豹變□發自暴自棄之説論君子得輿而□□□風□泉之論其與文周之易若相背□□□□曰不看本文自成一書非以此□□□□□春秋魯之史記也而胡氏春秋□□□□□事或求一字以爲一事之是非□□□□□以爲一人之得失其與孔子之□□□□□若□□矣故晦菴曰多牽強處不合聖□□意非□此歟夫六經之道未嘗不同六經□□□□□未嘗不異善學者德益進而業益脩□□□□□流日遠而弊日甚如潔淨精微□□□□遠溫柔敦厚易書詩之教也務易□□□□務書而趨於事務詩而溺其志□□□□無□□誣自用之愚其能免□□□□□恭□□敬廣博易良春秋禮□□□□□□屬比而作其法禮亡其體樂徇□□□□□之亂過當之煩好大之奢其能□□□□□□善學者之所致爾若善學者□□□□□深養之固見天地之純全古人之大□□體亦□無此失矣哉謂載道之經明道之□□□□於此哉雖然天位乎上使無日□□□□以成乎天地位乎下使無山川□□□□□成乎地上天下地之宇往古來□□□□□使無六經流行於其間亦無以成□□□□□天不愛道地不愛寶篤生聖人□□制□□是六經雖作於聖人而實關乎□□天地六經者天地之道也聖人既生道在□□□□□聖人既往道在六經天豈能忘情於□□□□□此觀之秦火一然漢儒競出穿□□□□儒迭興天地未必無深意於其□□□□

第三问

劉啓東

同考試官訓導王批（封建鹽鐵士大夫讎論不一此□□年未了之公案也此策判斷往古如子貢陳利害於兩軍之間兵爭□□篇末歸論政務義氣逼人得士如此主司無汗顏矣）

考試官學正秦批（有考據有區畫可以驗他日之致用矣）

考試官教授李批（不泥於古而達於今子其識時務者哉）

□□□欲推於後世而或未便法之私□□□□於後世而或未能封建者法制之□□□□古所有而後世之所無也鹽鐵者□□□□□最私也後

所有而古人之所無也□□□□者不能如鹽鐵之法可以行於後□□所
□□者不能如封建之法可以廢於今□□虞□君相不逮秦漢任法之主秦
漢君□□□□過虞周作法之聖哉愚嘗展轉思之□□□□□公則天私
則人公則人私則已□□□□兼并之念私則便已取給之情□□□□過
亦勢所遭而然也夫豈道之□□□□□□□□廷諸侯井天下之田與
□□□□□□國與有功者同自秦□□□□後世相沿雖賢如唐
太宗輔以□□□□古今事殊竟不克復當代儒臣□□□□□見未一
柳宗元建論以爲封建□□□聖人意也勢也極推先代相承之敝□□世
□邑之宜不必拘泥古制宋范蘇二□□□□之獨致堂胡寅爲之説曰封建
□□□□□所以順天理承天心公天下之火□□□□也郡縣者覇世暴主
所以縱人欲□□□□□一身之大孽大賊也論辯千言如□□□□□判獄
聽者頷首此不易之言也然□□□□既□時更勢積譬之黄河南決奔流倒
□□雖□禹復生不能挽而北向宗元之言可□□□□□子推百世而所損
可知封建之廢□□□□□一人損之一言也愚竊以爲使體□□□□廷尊
封建可也郡縣可也使紀綱廢□□□□□人道長君子道消雖八百諸侯能
□□□□□□□□有分矣先王之於山澤□□□□□□□□利采
貢從民而不自□□□□禁貢海循襲至漢廢於高文繼□□□□□□窮
費冗尋復踵行孝昭策賢良□□□□□□□鹽鐵桑大夫持議以爲鹽鐵
國□□□□禁□□軍國之費下佐百姓之急罷□□□疑□未便當時
丞相御史亦各附之賢□□□爲之論曰王者抑末利而開仁義□□□□
六所以培國本也覇者忽先務而□□□鹽鐵均輸所以□國脉也反覆萬
□□□□□□醫推根按病聞者心醉此不刊之□□□□□權既久上安下
便譬之佛法内□□□□□□衆雖韓愈表爭不能驅而西歸□□□□□法
能盡廢乎孔子推百世而所益□□□鹽鐵□輸固在吾聖人益之一言也
□□□□使國勢安經費省罷禁可也弛□□□□□不幸國歲兵荒府庫虚
耗與其剥□□□□□凡若資商之利苟益吾國亦何拘
且矣法無今古顧用之□□□□□□皋藩環峙鎮地規模遠出於秦漢
□□□□□募粟實邊法制遠過於漢唐魏□□□□□有不俟問而知者
執事發策不□□□□問諸藩不言仁義而言財利愚□□□□事者所不
取也雖然愚固知執事□□□□□而言也□□□□□廣隨在富足百餘
年來賦額有□□□□□窮撥此足彼軍士無食者頻年□□□□□裁之
則勢不能仍之則後莫繼月□□□□□不知流弊之所止愚則曰此譬則

□□□□□量千金以經制出入可也昔鄭□□□□□一小國而處春秋兵爭之地尚能□□□□□禦晋楚之强豈巍巍□□□□□之富制天下之財而不能內贍□□□□□爲今日計宜□□□□□計今歲用若干計今不敷若干計□□□□□□□□計諸藩地利之饒若□□□□□□□之一二准地利以抵□□□□三已往者著爲成式將來者約□□□□□矣□□□邊飛□有賴數十年餘竈丁流□□□□日虧弊積奸生執券候支者累年□□□□令則商習未便袪弊則豪奸莫□□□□漏無如邊賦之難充愚則曰此□□□□之家有千金而不善運用也昔□□□□□以一鹽鐵使當安史兵亂之餘尚□□□□□鹽以贍軍國之用豈堂堂天下□□□□□時專南北之利不能外充邊費□□□□□日計宜仿古市糴之令折衷損益□□□□□□限人賣煎給券以令人糴販□□□□□計引得十之四今也見糴計引□□□□□巨富末業之人得所私營兼幷□□□□□則邊計再倍于昔矣雖然此有□□□□□□□耿蓋有日矣方將明□□□□□□坐移不能傾瀉二□□□□□進對□□□馬之忠願有以□□□□□

第四問

韓宗福

同考試官教諭倪批（尚友古人必心有所向慕而欲□□無不可到者此策以伊仲二程爲師而不屑屑於功利末後又以窮達言之□□心固有在矣噫若子者可謂窮有守而達有爲者歟）

同考試官教諭李批（□□□哲不過求不深許皆就□□而言之非講之有素者不能使諸公閱之亦將含笑於地下矣）

考試官學正秦批（夷考古人無不得其情者可以知其趨向矣）

考試官教授李批（立志不高則其學皆常人之事願學伊仲幸無負此言）

□□□□□必恭敬止尚友古人者當先於□□□□高山仰止景行行止尚友鄉人者當□□□□□氣習前後不異後之□□□□□□既同安得不以鄉邦□□□前人之行□其志尚亦有不同者□□□□德其次立功其次立言舍此則不□□□□欲取則又安可泛焉無別而不□□□□□取法於賢人不敢以吾爲不賢□□□□也人亦肯以我爲賢執事發策以□□□□□爲問而且欲觀其尚友之志愚□□□□□條陳而幷以所志爲復且河南□□□□□域當天地之中有長河大山之□□□□□嵩行之險宜必有環奇雄偉者□□□□□其在商也伊尹釋莘野之耕居□□□□相成湯以霖雨取天下而變七□□□□□業相太甲以儉德嗣

王業而永六□□□□功格皇天不其聖乎仲山甫以□□□□爲中
興之佐外則總領諸侯而□□□□則輔養君德而典司政本王□□□□
具賢乎子產聽鄭國之政孔子□□□□□□□□之鑄不□其爲愛也
□□□□□□□□人而不任法其譏之□□□□黃霸爲穎川守宣帝以
治最徵□□□□鵠雀之奏雖自知其爲謬也張敞□□□□多僞而不情則
譏之也不爲□□□□與宋璟并張說文譽與蘇頲□□□□有可稱者而二
人每不相容八柱□□□□順序贊雖□矣然志如市人之□□□□
則止焉能掩其異韓魏公之稱□□□□鄭公之居右揆亦皆爲大賢也而
□□□□嫌隙如契丹歲幣之數獻與之□□□□□也然心如車人之推
轂穀行則□□□□□□爲同輟美遺毋考叔之孝也莊□□□□而遠
毋則其孝又有以忠其君矣□□□□□子房之節也沛公破秦而竟從
□□□□□又足以保身矣鄧禹追見光□□□□□一見語合而成中
興之業岳□□□□□復唾手燕雲大功垂成而竟沮□□□□□□當高
宗□世非光武□□□□□成溫公之相元祐力□□□□□旋
乾轉坤之功武侯之遇昭烈□□□□□□而不能成誅操破孫之績蓋孔
□□□□□□衰非宋祚之隆盛功烏乎其□□□□頤以道學倡天下孫何
孫僅□□□□魁一時同一兄弟也然文章惟魁□□□□□學則傳於萬
世文章豈道學匹□□□□□宗著忠勳於光武夷簡公著膺□□□□
哲同一父子也然夷簡相才雖□□□□□則不足夷簡豈賈復儔乎之數
□□□□□州之產非天下之賢聖則一時□□□□何容喙哉然有一説焉
伊尹樊□□□□□待言矣自漢而下諸公之勳之德□□□□有未盡
則取之或未明不可也□□□□□獻是故以將略言之子房謀□□□□
百發百中佐漢高定一天下皆其□□□□八陣之圖木牛流馬之法佐昭
□□□□□□□也岳飛以八百衆而□□□□□□日而擒楊么於湖
湘□□□□□受約束或議弃燕山其茂績又□□□□□相業言韓琦佐仁
宗則西戎寒□□□□□佐英廟則捲聽政之□調兩□□□□也富弼之河
北燕然手所撫□□□□庭士夫相慶何傑也溫公與呂□□□□哲宗明道稱
爲二龍都人留爲□□□□豈之宿弊復慶曆之舊觀又何□□□□以道學
言之明道如春風育物雖□□□□惡伊川欲坐而講道雖黨議不□□□□
之録輝於星斗正義之編昭如□□□□立德立言而功垂於萬世者也
□□□□禹以功名終賈復以剛直著亦賢□□□□者上攀伊尹仲山甫之
駕次□□□□則追子房韓富諸公之蹤苟□□□□富傳二程之脉絡如此

則下可□□□□立命上可以爲國家開太平我□□□□□□不以我爲賢哉管見□□□□□□甚

第五問

趙繼英

同考試官訓導汪批（大凡圖事揆策必胸中卓□□□後措諸言論如懸河倒海論黃河於今日不當如是耶昔□□□不求辨事之人而求曉事之人子論河於昔日如彼論河於今日如此可謂□□者矣拔子以進欲更觀者溟之浩瀚也）

同考試官訓導逯批（古人不出門而知天下之事此策論治河邇省灼有定見雖陳賈復生無以易此噫若子者可與論事矣）

同考試官訓導朱批（治河一策正欲試士子平居□□□之志此篇處置得宜一如子言則河爲安流而城爲安阯漕汴□□聞之可以就枕矣）

考試官學正秦批（此策自胸中流出非卓有定見□□□□以子平居講之素矣）

考試官教授李批（知古蹟識時務如身臨而足及者□□空言者比耶）

□□□□□可也慮其不北今之治河也慮其□□□□□□民害爲重今之治河□□□□□□□□今之勢達變通之宜□□□□□□治河也□夫天下之水黃河爲□□□□□患黃河爲大執事策河南之士□□□□者愚也飲河水而但知有飽□□□□問乎然聞諸故老嘗有得於□□□□自神禹以來世變時更遷徙無□□□□□而下地平土疏衝決無常漢世□□□□□大勢雖北亦嘗有時而南徙矣□□□□□尚存一失而漫流無紀自元迄□□□□□大勢雖南時以運道居東一決而□□□□故司河渠者一挽狂瀾而北倒□□□□而南之其勢使然也執事北而□□□□□□今運河要害無如安平鎮而河□□□□□□此鎮之門戶也此門不塞則□□□□□□守黃陵岡失守則安平鎮可慮□□□□□□矣今運河險峻無如徐吕二洪□□□□□家道口□二洪之咽喉也此□□□□□□□□不□則二洪淺澀□□□□□□□□□□使者□則塞其害之□□□□□□疏其利之本夫道一而已矣執事□□□□□□非矣漢賈讓欲内徙民居以爲□□□□□□大河以入渤海將建千載之業□□□□□之地策寔上矣然施於漢世可□□□□□□□東郡適漕運之途清河乃舟楫□□□□□讓策於今日則運道所經或高□□□□□堤岸或深之而爲黃流今則礙矣□□□□□以古法不能推於今此亦可以

驗□□□□□治湖通渠導江舟以達淮引汶□□□□舟以達衛轉江南之財賦給冀□□□□□則偉矣然施之於今日可也□□□□□長安淮之漕舟不入于汴汴之□□□□于河推瑄蹟於先代導淮之功□□□□蔡汴二洪之業莫施於三門古則□□□□□不能□於古此亦可□□□□□來□當慮者金龍□□□□□□之門介石之心不可不謹近時□□□□□欲於南流之下分數河以泄上□□□□□亦深矣愚嘗觀南流最下淮泗□□□□□河口匯而爲一惟一道以奔□□□□□以疏河爲斯策者蓋亦未試其□□□□□流既滯則上流必壅吾懼此口□□□□□將爲涸轍矣可終不爲計乎汴□□□□□□堤之下復隍之戒不可不思近時□□□□□□議欲擇形勝便地遷省城以避河□□□□□亦至矣愚嘗觀省城之內□□□□□鱗鱗居無類萬計當民窮財困□□□□□舊營新之舉畫此議者蓋亦不□□□□□因循數年河日以淤城日以□□□□□封一損汴城將爲釜魚矣可終□□□□□考古治河之法不出曰疏曰濬□□□□□必三策并舉而後大患可圖今□□□□□而無□譬之止兒啼□□□□□□□無患不可得已今之□□□□□者有堤而無濬譬之防民口而塞□□□□□畜而不泄不可得已欲揆策於流有殺而後金龍口無壅滯之□□□□□□濬而後汴城無潰決之危淇□□□□□□道也今此水東與衛合北會清□□□□□沽竊謂宜於武陽舊道疏河流□□□□□□引於淇門北入于海又於舘陶□□□□□長堤以防東潰則上流勢殺而金□□□□□砥柱矣朱仙鎮古蔡河道也今□□□□□河通南會潁汝以達正陽竊謂□□□□□舊口濬河流五分之一引於蔡□□□□□淮又於祥符以南作長堤以防□□□□□勢分而汴城安於磐石矣又□□□□□之金龍口居河之北汴梁居河□□□□□則汴梁無慮南傾則金龍口無□□□□□夫濬二地必有一害上流兩殺二□□□□□必導□殺一以從南□□□□□□□□□人岐而之毫之宿之□□□□□□下流泄而上無壅滯左右殺而中□□□□□道永賴既全大利於天下汴藩□□□□□□患於一方此策果建豈曰小□□□□□□事至再至三拳拳爲中州慮□□□□□慮患於中州者曰黃河也愚竊□□□□□患尚有大於黃河者執事未之□□□□□而鳴人必以爲怪倘與其進焉□□□□□於家者一鳴□□□□□承學者之分也亦承學者之責也□□□□□其狂簡而裁之

河南鄉試錄後序

　　□□□□制越三載天下有司□□□□興隸屬之賢以□□□□二年正德丁卯寔維□□□也巡按河南監察御史□□□□□□諸□預聘鎰□□□□□□至期合提學□□□□使宋禮所選士千六百□□□□□圍棘三試之得文詞□□□□正者八十人擇其尤□□□□十篇繕刻成書□□□與主司僉謂宜有言□□□□□簡竊惟河南乃中州□□□□區分七郡以總其綱□□□□而分屬之州縣百有□□□□□百一十有五間之□□□□□舜而談道德之士不□□□□萬餘加以吏民之秀辟□□□□□□尺籍弟子之□□□□□□吐氣思策一□□□□□於有道之世俯首就試□□□□□學止拔千六百有奇□□□□試焉纔得十之一已□□□□五房分較一經主司□□□□核之再披再閱胥審□□□□□詞嚴誼正質聖賢經□□□□□髮無戾方在甄錄矢□□□□盟鬼神慎拔其尤止□□□□人遵□□□□□提學所選又未及十□□□□焉此外雖有詞嚴誼□□□□□不背經傳者亦忍而棄□□□□是錄其難矣□□□□□程其文章獻□□□□□傳播四方垂示不朽□□□□鳴而賓興之鄉里親□□□□供帳迎歸邸第有司□□□□事以表其閭同袍之□□□□有先著鞭之羨鄉里□□□□□推本其父祖厥德之□□□□□榮矣哉多士焚膏繼□□□□垢磨光極力於燈窓□□□□者不計年歲無非工□□□□章求遂於主司而期□□□□□榮也今既遂所願矣□□□□□夫□乎身則□□□□□□及乎物則為□□□□用也有文章無政事□□□□體而無用有體無用□□□□有政事無文章則有□□□□□無體有用無體則繆□□□□行將上南宮對□□□□登臚仕其榮益非今日□□□□也毋忘以攻文章之心□□□□政事務殫心思竭智□□□□□□□下為民以皋夔稷契□□□□周召為丕式務使今□□□□□文章徵而為他日之□□□□□政事皆自今□□□□□舉指之無相□□□□功業不患不著於時□□□□不患不加於民聲名□□□□□不昭之簡冊大纛高□□□□階重祿□□□有寵錫之典而榮庸□□□□既乎展是錄而觀者指□□□□行或一言推本於主□□□□□等亦與有榮焉若以□□□□□為弁髦一遇富貴利□□□□學而棄之庸瑣委□□□□榮是謀大非主司以□□□□□之意也大負主司□□□□□□鬼神之誠也大□□□□掄材以圖報□□□□也

順天府涿州儒學學正秦鎰謹序

正德八年河南鄉試錄

河南鄉試錄序

　　我太祖高皇帝建元洪武之年始定河洛謂君天下非中州不可夏四月躬率禁兵泛舟江淮溯河入汴將擇而居之既而鼎定金陵不果至而二年三年春免租之詔每及茲地九年秋社感侍臣言猶勤山川與古今人物之思聖心之拳拳中州者如此太宗文皇帝北都幽薊亦惟于是供億之省材勇之惜德澤之布必先焉列聖相承世積熙洽百四十餘年士生其間沾被教養於兩畿爲密邇視諸藩爲獨厚激昂奮發得之相觀今日之人才殆非國初比矣科目之所取者其能盡乎今聖天子即位之八年八月天下當大比河南巡撿監察御史陸鰲謹循舊典諗于藩臬預聘賢等以柄校文比至如期入院鰲職在監臨謂賢偕學正王學夔職考試學正鄧鏞教諭楊澤鄒府林寬黃永椿桑濟邦訓導秦錡職同考試若提調則右布政使楊子器左參政何孟春監試則按察使陳璘副使沙鵬是職其他執事皆出懋簡各有專責簾內外惟公惟慎申飭備至乃合提學僉事劉玉所簡士三試之卷册浩穰辰分奎聚文辭典麗玉映珠聯盛哉河南之士之文也而制額限焉拆卷錄名定八十人而止賢於國初額數計之固有以知今日中州人才之盛于昔也於是錄其在前列者文二十篇餘文雖美不盡錄錄成當獻諸上而賢當序諸首簡或曰河南天地之中古多帝王立國之地聖賢發迹之區虞夏前世遠姑弗論詩書所稱若周召之所治申甫之所生孔孟之所游萬世一日古不既盛矣乎秦漢而下士之以學行名業顯者未易僂數漢若賈誼有王佐才唐若韓愈推文章大家宋程氏兄弟爲道學真儒不亦其中之盛者乎今科目所取固文也於古里選之法异然有司舍是亦將何所據依賈誼之通達國體盡自其書見之韓愈之第號龍虎榜重其文也程頤氏試論一出識者知其有聖賢之學然則謂科目不足得人文不足取士也可乎伏惟國家養士學校無非先王三物之教科目之所取者在是因言探心即文占行古今之所不能廢也中州自宋南渡陷沒金元我朝始復文明之舊今日之盛豈非祖宗之蚤顧而深眷者有以再造之耶時鎮守太監王宏自薊移鎮省城實重是舉巡撫左副都御史鄧璋行部方岳之餘

念當試期遂預回鎮稽據品式凡宜作興視昔加備清軍監察御史許完又奉命當至右參政胡玥臧鳳劉顯副使李璽文皓左參議董銳右參議石昭僉事陳和王玹何正王納誨馮相劉文寵劉澤甯河魯大顯相與贊襄厥事務爲朝廷得人以稱今日之盛其用心均也抑賢於是重有感焉辛未壬申之歲盜發畿甸軼河南北戎馬生郊氛厲遍野使賓賢之期弗適平盜之後八郡士皇皇焉行畏豺狼居苦荆棘安得從容暇豫旅集藝場抽悶騁妍以決進取而爲之鎮巡者方身任安危勞精役知帷幄間藩臬重臣亦皆躍馬總干奔命行陣諸有司憂切扞防安得曠月相從以畢意於鉛槧然則今日衣冠慶會風恬日熙寔上天眷命皇上而特祐才賢使輔治于方來也夫豈偶哉今在選之士極藹濟濟之盛行將上春官對大廷布列有位尚相與勉之所以保豐持泰億萬斯年以酬聖顧答天眷者是科當必有人爲踵洛出而肩岳降吾有望於是科得人之稱盛矣

直隸順德府儒學教授陸賢謹序

正德八年河南鄉試

監臨官

巡按河南監察御史陸鰲（鎮卿直隸吳江縣人　壬戌進士）

提調官

河南等處承宣布政使司右布政使楊守器（名父浙江慈溪縣人　丁未進士）

河南等處承宣布政使司左參政何孟春（子元湖廣郴州人　癸丑進士）

監試官

河南等處提刑按察司按察使陳璘（邦瑞山西陽曲縣人　癸丑進士）

河南等處提刑按察司副使沙鵬（騰宵直隸江都縣人　己未進士）

考試官

直隸順德府儒學教授陸賢（淵之湖廣嘉魚縣人　丙午貢士）

湖廣郴州儒學學正王學夔（一卿江西安福縣人　丁卯貢士）

同考試官

直隸淮安府邳州儒學學正鄧鏞（朝器江西豐城縣人　丁卯貢士）

山西平陽府洪洞縣儒學教諭楊澤（天恩陝西西安左衛人　庚午貢士）

湖廣武昌府興國州大冶縣儒學教諭鄒府（孔脩廣東廣州左衛人丁

卯貢士）

　　江西瑞州府高安縣儒學教諭林寬（仁量福建懷安縣人　丁卯貢士）

　　陝西西安府乾州武功縣儒學教諭黃永椿（壽卿直隸江都縣人　庚午貢士）

　　山西平陽府絳州垣曲縣儒學教諭桑濟邦（良弼陝西西安前衛人丁卯貢士）

　　陝西西安府興平縣儒學訓導秦錡（汝和山西曲沃縣人　庚午貢士）

印卷官

　　河南等處承宣布政使司經歷司經歷丁文（憲章陝西吳堡縣人　監生）

　　河南等處提刑按察司經歷司知事李隆（本立廣西懷集縣人　監生）

收掌試卷官

　　開封府知府賀銳（廷器山西臨汾縣人　己酉貢士）

　　彰德府知府趙廉（一清武驤右衛人　丙辰貢士）

　　汝寧府知府畢昭（應章山東新城縣人　己未貢士）

受卷官

　　開封府鄭州知州童寬（栗卿陝西葭州人　戊辰進士）

　　彰德府安陽縣知縣章綸（理之浙江嘉興縣人　辛未進士）

　　汝寧府光州固始縣知縣盧瓊（獻卿江西浮梁縣人　辛未進士）

彌封官

　　河南府推官向信（秉誠四川岳池縣人　辛未進士）

　　懷慶府濟源縣知縣張英（伯含順天府三河縣人　戊辰進士）

　　開封府杞縣知縣劉廷簹（器重江西安福縣人　辛未進士）

謄錄官

　　開封府許州知州王龍（納言直隸束鹿縣人　乙卯進士）

　　彰德府磁州武安縣知縣梁敏政（人道順天府房山縣人　戊辰進士）

　　汝寧府上蔡縣知縣許翔鳳（國禎山西洪洞縣人　辛未進士）

　　開封府陽武縣知縣張作襄（汝贊四川內江縣人　丙午貢士）

對讀官

　　開封府推官陸傑（士期金吾右衛官籍　戊午貢士）

　　開封府許州臨潁縣知縣樊繼祖（孝甫山東鄆城縣人　辛未進士）

　　彰德府磁州涉縣知縣黃卿（時庸山東益都縣人　戊辰進士）

巡綽官
宣武衛指揮使吳忠（良臣　直隸灤州人）
河南衛指揮同知李斗（拱辰　直隸沛縣人）
搜檢官
宣武衛指揮使白繼本（紹元　遼東廣寧衛人）
睢陽衛指揮僉事高金（汝礪　河南湯陰縣人）
供給官
河南等處承宣布政使司照磨所照磨李綸（廷濟山東東平州人　監生）
開封府通判王淮（宗海順天府涿州人　乙卯貢士）
開封府通判趙從龍（子雲山東膠州人　戊午貢士）
開封府鄭州同知吳鑾（和仲直隸吳江縣人　監生）
開封府祥符縣知縣程讓（守謙直隸衡水縣人　壬子貢士）
開封府歸德州同知掌卦丘縣事張守（惟約陝西涇陽縣人　乙卯貢士）
衛輝府胙城縣知縣孔鳳（廷瑞山東寧海州人　乙卯貢士）
開封府襄城縣縣丞羅禮（尚和陝西徽州人　監生）
開封府大梁馬驛驛丞林玉環（恒寶福建莆田縣人　承差）
開封府尉氏縣尉氏馬驛驛丞韓文明（景昭山西代州人　承差）
開封府睢州葵丘驛驛丞劉斌（世用直隸永年縣人　承差）

第一場

四書

富與貴是人之所欲也不以其道得之不處也貧與賤是人之所惡也不以其道得之不去也　苟不固聰明聖知達天德者其孰能知之　聖人治天下使有菽粟如水火菽粟如水火而民焉有不仁者乎

易

初六有孚比之无咎有孚盈缶終來有他吉　王假有家交相愛也　謙也者致恭以存其位者也　往者屈也來者信也屈信相感而利生焉

書

肆類于上帝禋于六宗望于山川遍于群神　欽厥止率乃祖攸行　是訓是行以近天子之光　爾身克正罔敢弗正民心罔中惟爾之中

詩

二之日其同載纘武功言私其豵獻豜于公　衆維魚矣實維豐年旟旐矣室家溱溱　鳳凰鳴矣于彼高岡梧桐生矣于彼朝陽菶菶萋萋雝雝喈喈　君子之車既庶且多君子之馬既閑且馳　休矣皇考以保明其身

春秋

諸侯遂救許（僖公六年）諸侯遂圍許（僖公二十有八年）　楚子入陳（宣公十有一年）楚子圍鄭晉荀林父帥師及楚子戰于邲晉師敗績（俱宣公十有二年）晉樂書帥師救鄭（成公六年）前滅偪陽（成公十年）　齊侯使國佐如師及國佐盟于袁婁（成公二年）　突歸于鄭鄭忽出奔衛（俱桓公十有年）公伐齊納糾齊小白入于齊（俱莊公九年）荊伐鄭（莊公二十有八年）吳伐鄭（成公七年）

禮記

二者居天下之大端矣故貫四時而不改柯易葉故君子有禮則外諧而內無怨故物無不懷仁鬼神饗德　故曰生民之道樂爲大焉　誠信之謂盡盡之謂敬敬盡然後可以事神明　人苟或言之必聞其聲苟或行之必見其成

第二場

論

聖人能使天下順治

詔誥表（內科一道）

擬漢召河南守吳公爲廷尉詔（文帝元年）　擬唐以魏徵爲秘書監參預朝政誥（貞觀三年）　擬宋司馬光進稽古錄表（元祐元年）

判語（五條）

無故不朝參公座　私剏庵院及私度僧道　公差人員欺陵長官　文書應給驛而不給　虛費功力采取不堪用

第三場

策（五道）

問　帝王之學尚矣堯舜禹授之間告戒數語而一心天日於是昭揭湯之建中武之建極寔得於此湯武之後君不必皆聖聖不必有位心學不傳而

後孔子傳之大學之書其言格物致知誠意以正其心以爲修身齊家治國平天下之本以爲萬世法者至詳悉矣我太宗文皇帝嗣承高皇洪業思厥創造明昭有訓是儀是式以爲作之於前不有以繼之於後無以承藉悠久遂于幾務之隙采古嘉言編爲聖學心法一書面命傳于聖子神孫有綱有目有統言者有專言者篇目之第具載宸翰所序丹青炳煥累數千言而修德保位序末貽訓尤學拳拳焉綱首君道目先學問若心法之所指固有在也不知于堯舜禹之所授受何所發明視孔氏大學之所條列孰爲詳盡茲欲對揚燕翼之謀仰贊危微之旨綱之所統言者在以何爲要目之所專言者在今日以何爲急諸士子潛心聖學有年願敬陳之有司將轉而上聞以裨我聖天子夙夜敬止之盛德非徒問也

　　問　孔子曰吾未見剛者而孟子則曰我善養吾浩然之氣夫天地之氣人所同得養而充之固無難者而乃爲聖人所未見惟孟子爲善養之其故何也戰國之士固不必言聖門聰明才辨者不爲不多乃卒無一剛者乎又況氣之所賦剛柔異質必至於剛必至於浩然而後爲此氣之充則夫沉靜愿慤之質其皆不足以與此邪或以爲士氣之振靡由於人主之好惡是故有周之士貴秦之士賤之說然以嫚罵之時而乃有茹芝之老驕怠之俗而乃有聲揖之憤凡有志者則亦何嘗拘於崇獎者之爲而謂氣節之難邪或以爲天下之事惟有才氣者能主張之是故有剛則不回柔則不立之說然龍門風裁卒以成黨錮之□伏闕抗言乃不免編管之禍則又何用於激烈者之爲而謂氣之可集事邪諸生皆豪杰有志者也其平居之所以善養與其所以自任必有得於孔孟之家法者矣試一言之亦今日學力之驗他日遠到之地也

　　問　諸子之能見道者在唐莫過於韓子而諸儒之繼絕學者在宋莫先於周子韓子當文氣卑弱之餘力起而扶之有謂其識見之大千餘年後斷得分明其取重如此今其文具在可以舉而論之乎周之生於道喪千載聖遠言湮之餘有謂其不由師傳默契道體今其書尚在亦可以一論之乎然韓子文人也周子大儒也韓之不可儗乎周人皆知之吾亦安敢兩重而無拳衡之知哉特其所以爲優劣者亦不可無從違之的而未有舉其實不并論之焉原道以博愛爲仁謂其遺體而愛曰仁之說不同是病邪言誠正而不言格致謂其無本而守貴行利之說恐亦未之及也原性論上中下三品彼剛柔善惡中之說非其遺意乎原鬼謂無形聲與氣彼神妙萬物之說非其遺旨乎夫以其言之大略相當如此則固無優劣之可言而謂韓之不可儗乎周益又甚矣將所以優者乃在於人而不在於言乎幸爲我一辨之

問　養士必於學校取士必以貢舉此古今之通制也我國家百四十年以來所與共圖治理者亦惟建學設科以待天下之才耳然學校者教士之本原貢舉者選士之要法以學校言之有不毀鄉校者有未遑庠序者何所見不同歟抑不知不毀者果用之以養士而未遑者又將養士於何他也以貢舉言之有別立制舉者有專於文載者何立法不一歟抑不知制舉者果取之於鄉校而文藝者又將取之於何學也夫士養於學校則行業專而資用之材博其不由學校而出者亦有用世之效否邪起於貢舉則趨向正而僥幸之途塞其不由貢舉而起者亦有不壞士習者否邪茲欲廣育才之方盡取才之法以裨當世之用正今日急務也諸士子幸折衷往昔悉所見以對

問　時務之急非一今日之所當議若兵與食尤不可缺也河南山東流賊之害始息而江西暨川蜀諸郡亡命之亂未殄數年間典兵戎者動以單弱上聞職供餉者每為匱乏之請事付廷議蓋嘗發禁兵矣調邊兵矣又令調土軍矣嘗給內帑矣借邊儲矣又輸粟納銀納馬例矣憂貽宵旰事出權宜老成于此甚非得已也國家承平日久休養生息不為不至而所在地方一遇警急輒弗自支吾不知府衛平素之所訓練而赳赳稱武者置於何地田賦往昔之所征斂而陳陳相因者積於何所居重馭輕國之大勢顧此失彼人之通患而不虞之變代不能無苟事往而弗圖將事至而無措禁兵其可常發邊兵其可當調而土軍之獷悍其可常用乎內帑其可常給邊儲其可常借而輸納之例其可常開乎夫安不忘危慮當及遠一之已甚再必難繼茲欲增壯丁以助戎行之不足而或者病其妨農欲清屯地以補稅額之舊逋而或者議其厲衆善後之計當何所從識時務者在俊杰諸士子以俊杰而自待者矧足食足兵孔氏有訓幸毋悋我告焉

中式舉人八十名

第一名　李濂　　開封府學生　　書
第二名　李茂元　河南府學生　　詩
第三名　吳瀚　　洛陽縣學生　　易
第四名　張景　　汝寧府學生　　春秋
第五名　尹倫　　汝州學生　　　禮記
第六名　車富　　開封府學生　　易
第七名　杜桐　　臨潁縣學增廣生　詩

第八名　田滋　開封府學生　書
第九名　李汝梅　上蔡縣學生　詩
第十名　鄭重　固始縣學增廣生　春秋
第十一名　車竉　開封府學生　易
第十二名　谷鐘麟　臨潁縣學生　詩
第十三名　王前　鈞州學生　禮記
第十四名　耿瑤　盧氏縣學生　書
第十五名　郭鐘秀　汝寧府學生　詩
第十六名　張鳳翼　裕州學生　易
第十七名　邊彥駱　杞縣學生　詩
第十八名　李紳　祥符縣學附學生　書
第十九名　王邦瑞　河南府學附學生　易
第二十名　王迥　尉氏縣學生　詩
第二十一名　李金　原武縣學生　書
第二十二名　藍瑞　鄧州學生　易
第二十三名　張儒　南陽府學生　詩
第二十四名　劉可　羅山縣學生　春秋
第二十五名　羅玶　扶溝縣學生　書
第二十六名　賈汝淮　臨潁縣學生　詩
第二十七名　高義　葉縣學生　易
第二十八名　朱錦　信陽州學生　詩
第二十九名　張榮　祥符縣學生　書
第三十名　賈鰲　臨潁縣學增廣生　詩
第三十一名　白清　靈寶縣學生　禮記
第三十二名　倪守仁　汝陽縣學增廣生　詩
第三十三名　陳情　河南府學附學生　易
第三十四名　楊世祥　汝陽縣學增廣生　書
第三十五名　王良輔　獲嘉縣學生　詩
第三十六名　吳瀛　洛陽縣學附學生　易
第三十七名　許經　彰德府學生　書
第三十八名　衛道　葉縣學生　詩
第三十九名　辛東山　河南府學生　易

第四十名　張九陽　獲嘉縣學生　詩
第四十一名　陳師夔　光山縣學生　春秋
第四十二名　劉鳳岐　衛輝府學增廣生　詩
第四十三名　李正　鎮平縣學生　書
第四十四名　王泮　磁州學生　詩
第四十五名　于淳　河南府學增廣生　易
第四十六名　許濟時　杞縣學生　詩
第四十七名　袁冕　魯山縣學生　易
第四十八名　朱旒　信陽州學增廣生　詩
第四十九名　李璿　鈞州學生　書
第五十名　王輔臣　陳芻縣學生　詩
第五十一名　高鳳鳴　祥符縣學生　禮記
第五十二名　王洧　沈丘縣學生　詩
第五十三名　徐固　郾城縣學生　書
第五十四名　劉林　汝寧府學生　詩
第五十五名　吳鉞　光山縣學生　易
第五十六名　胡東魯　鄢陵縣人　監生　詩
第五十七名　曹彪　河南府學增廣生　易
第五十八名　畢伸　儀封縣學生　詩
第五十九名　魏河　羅山縣學增廣生　春秋
第六十名　楚儒　滎陽縣學生　詩
第六十一名　張鐘　臨漳縣學生　書
第六十二名　孫貴　汝陽縣學生　詩
第六十三名　王舜民　陳州學生　書
第六十四名　張國儒　鄧州學生　詩
第六十五名　張績　確山縣學生　易
第六十六名　魯教　羅山縣學生　詩
第六十七名　楊自勤　新鄭縣學生　書
第六十八名　張淵　信陽州學生　詩
第六十九名　劉萬　鄭州學生　易
第七十名　彭危行　固始縣學附學生　詩
第七十一名　高士　臨潁縣學生　禮記

第七十二名　孫懷綸　杞縣學附學生　詩
第七十三名　趙應式　鄢城縣學生　易
第七十四名　張鶚　信陽州學增廣生　書
第七十五名　張相　汝陽縣學生　詩
第七十六名　張惟恕　汝寧府學增廣生　易
第七十七名　趙永亨　杞縣學生　詩
第七十八名　傅仰賢　洧川縣學生　書
第七十九名　谷遠　開封府學生　詩
第八十名　何士　信陽州學生　書

第一場

四書

富與貴是人之所欲也不以其道得之不處也貧與賤是人之所惡也不以其道得之不去也

李濂

同考試官訓導秦批（他作多形容富貴貧賤而於不以其道處却無一言發揮此作知輕重有斟酌筆力且老健宜取以置高等）

同考試官教諭桑批（典雅溫厚詞不費而理自足佳作也）

考試官學正王批（體貼審富貴而安貧賤處甚有分曉）

考試官教授陸批（講爲仁親切非獨優於經學者）

聖人論君子之爲仁在審富貴而安貧賤也蓋富貴貧賤取舍之間實用力於仁之所以君子能審之以義而安之以於命則取舍之分明矣爲仁固如是夫昔聖人之意若曰仁體物而不遺人無往而可忽彼富與貴皆順境雖有志者不能無覬覦之私人孰不欲之然有義存焉在審之而已苟或授受不合於禮進退不由其道是富貴所不當得矣不當得而得之君子則曰富貴可欲而吾心之仁尤可欲於此而處之寧不害吾仁乎于是繫馬千駟視之如浮雲也祿以萬鍾棄之如敝蹝也其審富貴而不處也如此若貧與賤皆逆境雖有守者不能無憂戚之態人孰不惡之然有命存焉在安之而已苟或事勢出於不虞變故起於無妄是貧賤所不當得矣不當得而得之君子則曰貧賤可惡而吾之不仁尤可惡於此而去之寧不違吾仁乎于是飯糗茹草若將終身也困窮拂欝若固有之也其安貧賤而不去也如此夫審於所欲則非決性命之

情以饜富貴安於所惡則非徇人欲之私也厭貧賤取舍之分明而本心之仁全矣此其所以能成君子之名而獨有以異於衆人也歟大抵富貴貧賤好惡異情取舍異向自非樂天知命君子孰肯舍其所好而取其所惡哉求之於古吾於孔孟見之矣觀其不主彌子與不受齊卿之祿君子固窮與不遇魯侯之說同一審富貴而安貧賤耳他如子貢猶不免於貨殖而冉求亦爲之聚斂其餘可知也已噫仁與不仁之分公私義利之間而已矣學者不可不辨

苟不固聰明聖知達天德者其孰能知之

吳瀚

同考試官教諭楊批（場中作者頗多不斷正意而講多不順本文俱失經義之體故錄此作以爲之式）

同考試官學正鄧批（庸文字直須句句理會過此亦潛心於性理之學者）

考試官學正王批（合全遍之旨講本題之義而詞不繁複弗初學之士所能到）

考試官教授陸批（理勝於文）

實有至聖之德能契至誠之道甚矣唯聖人能知聖人也然則至誠之道非至聖其孰能與於斯乎中庸三十二章承上章大德敦化而言天道至此意謂至誠之道妙知化於窮神至聖之德克踐形之惟肖苟非有聖人者出具聰明聖知之資而天之所賦於己者備其全而不偏達仁義禮智之德而性之所出於天者究其極而不昧吾見質非生知則無以爲凝聚培植之基德非至聖則無以爲融會貫通之地體之未至見之未真岐性命於兩途而天之與人判然其間隔矣行矣不著習矣不察視道器爲二物而人之於天邈然其懸絕矣想像於形迹之粗所謂經綸大經而與仁無二之妙探之而愈遠也測之而愈深也孰能超詣頓悟而真知其蘊奧邪議擬於口耳之間所謂立本知化而天淵合一之妙仰之而彌高也鑽之而彌堅也孰能神會默契而洞見其精微邪夫至誠之道非至聖不能知至聖之德非至誠不能爲則亦非二物矣子思發明聖人天道之極致尚何以加于此哉抑又論之天下之言二有有德之言有造道之言中庸所謂大德敦化小德川流發明聖人天道至此而無以加矣求其可以當之者惟吾夫子焉耳故非夫子之聖不足以知之亦不能以體之而子思子又何知之之悉邪夫中庸之知乃至聖之知非聞見之知也子思之言其亦造道之言也歟

聖人治天下使有菽粟如水火菽粟如水火而民焉有不仁者乎

李茂元

同考試官教諭黃批（就使字上説治天下之意最是且不炫於慳吝不仁之説此真有學識者）

同考試官教諭鄒批（場中作此題者多以教養立説殊戾本旨是篇詞簡意盡故表而出之）

考試官學正王批（脱去浮華而歸於雅淡若此篇者亦鮮矣）

考試官教授陸批（文字著實見識超邁非苟作者）

聖人之治世惟有以裕乎民因有以化乎民蓋民富則善心生善心生則於治亦易矣君天下者曷亦自其先者而圖之乎昔孟子之意蓋謂民可使之富也亦可使之仁也聖人有見於此故其治天下也必使易田疇薄稅斂凡可以厚民生者無不用也食以時用以禮凡可以教民儉者無不至也藏富于民而菽粟之入隨用隨有譬諸水火至是求者無弗與矣散財于下而菽粟之積隨取足譬諸水火之多與者無或悋矣夫如是吾知財用饒洽之餘既有以遂其俯仰之願飽煖安逸之後又得以存吾固有之天禮義之心生而淳龎之風著會極歸沛然德化之大同也焉有偷薄而爲不仁者乎廉恥之俗振而雍熙之化成遵道遵路藹然德教之洋溢也曾有放僻而爲不仁者乎吁不患民心之未仁而患民用之不足民用既足則民心自仁而治道畢矣聖人之治天下孰有急於此者邪雖然禮義生於富足固也後世乃有頭會箕斂而爲富國之計者殆亦弗思之甚歟夫君民一體君苟富矣而民貧焉則劫奪之禍起而所謂仁心者喪矣雖有粟吾得而食諸此孟子所以拳拳欲人君先足乎民也有若告哀公亦曰百姓足君孰與不足合而觀之益信

易

王假有家交相愛也

吳瀚

同考試官教諭楊批（題本不難作而場中士子於假家處竟不能化本義一語有併勿恤吉而入講者至交相愛處不免語意滯複今人厭觀此作不然是宜錄出）

同考試官學正鄧批（文詞整潔可喜）

考試官學正王批（結有力非苟作者）

考試官教授陸批（易義合作）

象傳舉王者納後之辭而著其兩相與之情也夫家人相與貴乎內外有

同德也九五有家而得其人焉其情之相愛也可知昔夫子小象釋家人九五爻義謂夫九五剛健中正男之正位乎外者也下應六二之柔順中正女之正位乎内者也以是相求則是王者及嬿婉之辰而天作之合中饋獲歸於所主后妃有窈窕之淑而文定厥祥君子獲諧其所配陰禮聿脩無非無儀閨壼于焉而肅穆矣母訓不忘必敬必戒邦家可期於順成矣周公之意如此蓋以夫能正室由内之和婦克宜家乃德之化今九五之家内外皆得其人吾知一剛一柔以德合德心孚意契而險詖私謁之不形一健一順以賢配賢氣同情協而儆戒相成之有道内助之懿夫實愛之固非昵於慾也此唱彼隨琴瑟鐘鼓曾是以爲樂乎刑家之化婦寔愛焉亦不失其正也彼感此應觸燧箴管其足以爲好乎於乎五之於二相求之理既正而相與之情自篤占者有其德則勿用憂恤百吉也信可必矣抑聞之傳曰夫婦人倫之始上以事宗廟下以繼後世也匹夫畸人必懷有家一或不能以德相愛鮮不顛殞厥類而況於有國與天下者乎王者之道始於家而閨門之化達之天下天下治忽於此乎繫聖人序易配咸桓於乾坤而家人之卦又拳拳焉姬氏八百年之長曆文王太姒關睢之德實啓之所謂正始之道王化之基有天下者施于家之首政信矣

謙也者致恭以存其位者也

卓寵

同考試官教諭楊批（場中作者於謙與致恭處類無异詞其异之者又遠于章旨獨此篇體貼得出説存位充分曉故錄之）

同考試官學正鄧批（氣充詞贍而不失潔净精微之旨作乎作乎）

考試官學正王批（謙之爲德發揮盡矣）

考試官教授陸批（明暢可錄）

大傳論君子能不居其有乃所以保其有也蓋有而不居人之所難能也君子之行如是其得有終而吉也固宜昔大傳聖人釋謙九三爻義至此謂夫傲凶德也而人不可有謙美行也而人不可無彼九三君子有勞不伐而有功不德處心於厚而以功下人内之所積德則欲其盛而充實之如山外之所施禮則欲其恭而卑下之如地是謙也者非致恭以存其位之道邪何則九三君子上下所歸使有功勞而自伐自德必不可以持滿故謙而致恭不忘乎下人之心焉於德禮而不盛不恭必將至於招損故致恭于謙常謹乎卑牧之志焉其事上也坎之自牖睽之于巷事不敢以直遂上其不信任之乎其臨下也屯之下賤大有之尚賢行不敢以驕傲下豈不悦服之乎吾知其位雖極於富也

滿而不溢可以常守其富有朋龜之益而無鼫鼠之厲矣吾見其位雖處於貴也高而不危可以常保其貴不朱紱之慶而無鞶帶之褫矣噫此君子之謙而位之所以存也有終而吉之道為何如哉雖然謙者君子之常行豈為欲存其位而為之而言存其位者程子謂能致恭所以能存其位謙之道其效固如是耳學非為錄也而錄在其中善非為名也而名由此立修天爵而人爵至矣君子何心焉而或者乃欲持祿養資柔筋曲體甘髊骸以求容悅托名於謙以為固位之術非九三之罪人歟

書

欽厥止率乃祖攸行

李濂

同考試官訓導秦批（題本平易作者多牽致于儉德從事之說殊戾本旨此作一本傳注且能體貼伊尹告君之意是用錄之）

同考試官教諭桑批（詞約理明不事雕琢如此篇者亦少矣）

考試官學正王批（發揮敬止法祖處甚明白佳作也）

考試官教授陸批（伊尹告君之意合是如此）

大臣告君以處事惟欲敬其度之本然遵其度之已然也甚矣事必有度也人君處事可不于吾心之本然與前人之已然者交致其力邪昔伊尹作書以訓太甲至此意謂虞人之射且省括于度矣人君處事豈無度可省乎是故吾心所止足以綱維乎事物者即本然之度也不知所以敬之則本不立矣要必方寸之中有嚴有翼一肅恭而無縱弛虛靈之境亦臨保常收斂而無放肆勿貳以二勿叁以三使天理昭融而不為外誘之移無有作好無有作惡俾至善渾全而不為人欲之累所謂敬吾心之本然者如此先王所行足以啓佑乎後人者乃已然之度也不知所以循之則用不行矣又必仰惟時若不愆不忘而舊章之率由篤于前烈是矜是式而成憲之必監以義制事以禮制心乃祖之家法其在勿作聰明以亂之懋敬厥德克配上帝乃祖之令緒可嗣罔以側言而改之所謂遵先王之已然者如此吁敬止以立本法祖以致用處事之度不外是矣吾王能于是兩盡焉尚何過舉之有哉抑考太甲自底不類欲敗度縱敗禮其於所謂本然之度與夫已然之度蓋胥失之矣伊尹有見于此故已投以受病之藥而又喻以處事之要忠愛之言不一而足老成之告君類如此卒之克終允德而配天之澤上與湯并謂非阿衡啓迪之力哉

是訓是行以近天子之光

田滋

同考試官訓導秦批（蔡傳言是訓是行可以道天子道德之光華此作形容親切）

同考試官教諭桑批（布置齊整而不腐不新自是作家手段）

考試官學正王批（文有典則氣出渾雄科場中佳士也）

考試官教授陸批（尔雅沉著無逾此篇）

民不違乎君之教斯不遠乎君之德蓋敷言之教所以納民於極也民既由之而不違則於君德其庶幾乎昔箕子衍皇極之疇以告武王至此若謂君以建極爲教民以好德爲心是以民於極之敷言以諷以誦而佩服之不違宛然耳提面命也以歌以咏而思念之不忘恍然口傳心授也不徒知之必躬行之而俯焉以盡其力既允蹈之必心得之而執焉以復其性遵義遵道遵路會其有極者异其人而同心蕩蕩平平正直歸其有極者殊其途而一致然民之性皆復于善如此則可以近天子道德之光矣吾知人慾消而天理明道德同而風俗一日月照臨之地孰不依餘光以自新雲漢昭回之天孰不覽德輝以自耀秉彝之心人所同得君有之而民化之位雖异而性則同矣一辈子道德之光華不既相近矣乎降衷之理人所均禀上行之而下效之分雖殊而理則一矣惟皇道德之光輝夫豈相遠矣乎吁在上者修道以立教在下者率性以爲道此成周之民所以爲皇極之民也歟抑考傳曰堯舜帥天下以仁而民從之桀紂帥天下以暴而民從之其所令反其所好而民不從是則民之從化于其所行而不于其所言也敷言之感豈特言語之所致哉蓋皇極之君躬行心得有以爲之地耳後世詔令蓋紛紛矣詞非不美法非不密而民終不能感化者何益於治故爲政不在多言

詩

衆維魚矣實維豐年旂旐矣室家溱溱

李茂元

同考試官教諭黃批（宣王承饑饉流離之後所願者歲熟民滋耳此篇摸寫詩人語意如身親見者然可謂善說詩矣）

同考試官教諭鄒批（周人獻吉夢于王正如此或謂考牧之詩說夢爲之頌禱非也錄此以祛群疑）

考試官學正王批（意思悠遠而語致從容視它作特异）

考試官教授陸批（文從理順讀之令人灑然）

即牧人夢兆之异占國家富庶之祥蓋既富且庶有國家者所深願也牧人夢兆有祥而所占乃爾詩人得不備述以獻于上哉是詩言牧事有成而牛羊衆多至此意曰國家之興必有禎祥吉夢之占必有徵應蓋人惟萬物之靈魚特鱗介之類則夫人所生固不如魚所生之多也牧人夢人爲魚是維以少變多之象其占也不將爲豐年之穰穰乎殆見饑饉之餘豐稔疊至陰陽以和風雨以時自天降康雲漢無旱魃之灾也五穀以熟百物以充迄用康年桑柔無捋采之憂也然夢兆之祥不特此耳在郊野則載旐在州裏則建旟則夫旐所統固不如旟所統之衆也牧人夢旟是又以寡得衆之象其占也不將爲室家之溱溱乎殆見流離之後生聚日繁往者還之擾者定之究安宅而閭閻相望鴻雁無中澤之勞也危者安之散者復之達四境而雞犬相聞黃鳥無此邦之嘆也是知年豐則國用以足民衆則國本以固宣王牧事有成而獻吉夢者如是中興氣象亦可以想見也夫抑考厲王之時百姓背叛四夷交侵宗周之業已板蕩矣宣王即位遇灾而懼撥亂反正内修外攘天下喜於王化復行而頌禱之詩洋洋盈耳奈何末年失政償千畝之師料太原之民拒樊穆仲之諫而令終不保此牂羊之歌作而無羊之迹熄矣可不畏哉

休矣皇考以保明其身

杜桐

同考試官教諭黃批（成王始即政深懲管蔡之事恒以不能保明其身是懼故惓惓□是延訪群臣學詩者多不能體認率以浮詞長語敷衍其義殊較可厭及得是卷爲之喜見顔色）

同考試官教諭鄒批（詩人思慕意心氣發揮親切庶幾可與説詩者）

考試官學正王批（用本色語組織成章舉子中之熟於經學者）

考試官教授陸批（寫出訪落之意）

嗣王之延訪群臣惟欲賴先王之休以自善而已夫保明其身則嗣王之所以爲善者有其道矣然非仰賴先王之遺休抑亦何由而致此乎昔成王既朝武王之廟因作詩以道延訪群臣之意至此意謂我昭考武王之道仰之而不可及就之而未能合然豈無以恤我乎哉蓋上下於庭乃昭考燕翼之迹于此而思所以紹之庶幾賴其休於上下之時臨之如在前也質之如在旁也陟降於家乃昭考貽謀之地于此而思所以嗣之庶幾藉其休於陟降之除坐則見於牆也食則見於羹也夫我以家之多難固方罹考遺休足爲顧藉是引是翼有以保吾身於不危患生而能備害至而能防九重之尊即吾優游之境矣

莽蜂辛螫寧復自求矣乎是啓是迪有以明吾身於不昧物來而先知事至而先覺萬幾之務在吾洞察之中矣桃虫拚飛寧不自戢矣乎噫先王之道遠矣即其事而求之則道之在先王者在吾身也爾群臣尚堪為我一助焉大抵成王以幼冲踐阼乃能延訪群臣如此此其所以緝熙宥密而能安靖天下他日訓迪百官既曰制治未亂保邦未危又曰亂爾有政以佑乃辟亦知慎終如始而永保大命也已持盈守成者當以成王為法

春秋

諸侯遂救許（僖公六年）諸侯遂圍許（僖公二十有八年）

張景

考試官學正王批（聖筆褒貶文於一字之間此作闡揚微意既明且盡而下筆不迂不迫較具文體甚為莊重是可以式矣）

考試官教授陸批（春秋經世大旨重在夷夏君臣之間此桓文救許圍許之事所以可善是篇筆力簡健而經旨甚明必深有得於春秋者）

霸主急於恤患春秋深善之霸主明於討罪春秋亦善之此齊桓之遂救許晉文之遂圍許皆有得於大義之所當為者何莫而非春秋之所善也哉且伐鄭新城之役非許所專楚人欲救而圍乃及許固將以撓我師也然當是時鄭尚未服雖緩恤之也何嫌桓以為救分之禮在所當急夷得猾夏伊誰之咎況致圍者以吾收貳之故乎吾寧舍鄭不可以負吾許于是遂解新城之圍往為許人之救水火之害惟恐其拯之不早簡書之畏惟恐其為之不力雖墮楚之詭計不恤也是非勇於義者其能急人之急如此桓之此舉安攘之功於是為大春秋書曰遂救許救固為善其曰遂救者善之尤者也非深善之而何若踐土河陽之地於許為近天子再至而朝獨無許固可謂慢其職也然當是時踝已反旋雖姑置之也何傷文則以征討之法在所當明臣敢慢君人得而討況出覲者又吾舉廢之志乎吾欲尊周不可以違此許于是遂率于溫之衆往為許人之圖數其一不朝也而不臣之罪以聲數其再不朝也而無君之惡以懲雖非周之發禁不計也是非明於義者其能不後其君如此文之此舉尊獎之名於是為正春秋書曰遂圍許圍不為甚其曰遂者繼事之詞也又非善之而何是則許之遂救也而夷夏之大防以立其遂圍也而群臣之大分以明桓文之霸此其所以為可稱與雖然救許善矣滅黃敗徐之坐視何不克終圍許可矣翟泉子虎之上盟何不自考要之均未聞王者之道而不免假之者也君子於二公取人之恕衛道之嚴又可兩偏也哉

齊侯使國佐如師及國佐盟于袁婁（成公二年）

鄭重

考試官學正王批（是作依經據傳筆下操縱者健說出晉人服敵待敵之失詳盡無遺非得春秋心法者不能薦之必有用之學）

考試官教授陸批（不熟讀三傳恐不能作此）

春秋紀霸臣於敵至而要信也原其無服人之義責其無待人之禮此國佐之如師晉但能使之求免而袁婁之及盟晉不能制之甘心也春秋致意於是良有以哉慨昔于鞌有戰齊師告北侵車東巡晉忿未息於是齊有國佐之遣而晉因爲袁婁之盟焉夫以齊之強而晉能致之人固謂其與齊桓之致屈完者等爾不知服人有義以力屈者非所謂服也齊之暴不如楚而憤不可逞晉苟負繫強扶弱之心數其罪而不加兵焉則所仗者正而齊固自服矣今者得國佐之如師是果義以服人乎雪一笑之恥至於殘民毒衆之慘不道之加爲暴已甚亦何以厭其心哉但見賂持甗磬惟知求免雖曰如我師也彼特懼吾之迫而勉強於一時焉耳在晉也者豈知所以服齊若屈完之歡者哉夫國佐既返而晉乃盟之人亦謂其與齊桓之盟召陵者等爾不知待人有禮以盟要者非所謂待也國佐之服不如完而勢不可挾晉苟知招携懷貳之德綏以誠而不敢遂焉則所示者大而齊固自幸矣今者逮袁婁以與盟是果禮以下敵乎恃一戰之捷至有質母東畝之命不衷之發爲悖已甚亦何以免其倨哉卒之假使魯衛去而復要雖曰聽于盟也彼蓋陋吾之識而勉強於一與焉爾在晉也者豈知所以待齊若召陵之盟者哉聖人以爲制敵莫如伏義天下莫大於理而強有力不與焉故於國佐如師之下而反以及盟在晉若曰晉之不義不能致其服而其悖理徒以強其盟也一變文間而晉之曲於此焉見春秋曲直之繩墨有如是夫雖然齊果無罪乎房帷不謹而至於喪師失地幾見執獲固先有以自取矣特郤克挾主盟之勢行其私憤是以反爲國佐所折非齊之本直也噫晉有郤克雖嘗敗齊也而已大至於損威齊有國佐雖嘗見敗也而亦差能以伸氣此于蒲之盟晉不免於收拾而雞澤以後齊率至於抗衡矣國□之於人所繫亦匪輕哉

禮記

故曰生民之道樂爲大焉

尹倫

同考試官教諭林批（樂記一書多論樂道化人之義然未有如此章直指君子小人同歸道化之妙者此作備見聖樂之化存於聲容之意宛然在目

回視直述上文牽合他章經語成文而了無歸宿者大不侔矣是宜錄出）

考試官學正王批（樂記義類此作者絶少）

考試官教授陸批（講既明㸃點亦有見）

記者引言人道莫大於樂以其爲化民之本也夫樂之於人其感化也至矣曾謂生民之道而不以是爲大乎樂記君子因論樂舞寓化民之理而引古語以結之意謂樂之爲道發於聖人而感於天下至大而無尚也何以見之是故民之有生心未必皆一也非有以一之則民風不能移情未必皆同也非有以同之則民俗不能易然欲一民心而同民情其惟樂之爲道乎樂也者本諸復情和志之功而有窮本知變之妙其作也極聲音之和而鐘鼓管磬之相宣凡心之所動莫不形見而無遺所謂天地之命者在是極動靜之變而羽籥干戚之迭舞凡情之所蘊莫不表暴而無餘所謂中和之紀者在是人惟無聞於樂也一有聞焉則慾心自釋躁心自平君子以之而好善非特使學之者不厭其道而已矣人惟無聽於樂也一有聽焉則侊能思初安能惟始小人以之而知過非特使教之者不私其欲而已矣夫化於此或遺於彼非大也君子化之而小人亦化之則心一情同有舉世甄陶之氣象小補不足以并稱也感於彼或遺於此非大也小人感之而君子亦感之則風移俗易有同歸道化之規模小康不足以儷美也謂之曰樂爲大焉不亦信哉抑又論之人道以樂爲大固也然自節事天地之神辨君臣上下長幼之位別男女父子兄弟之親昏姻疏數之交而言則有禮以爲大自夫婦別父子親君臣嚴而言則有政以爲大蓋各舉其重而言也然政之所脩者禮禮之所和者樂其實一貫而已嗚呼禮樂政事合而爲一此古之治所以爲善歟

人苟或言之必聞其聲苟或行之必見其成

王前

同考試官教諭林批（題本平易作者不明傳注誠字之意遂以言行必本於誠主說殊戾本旨此作只依題上字面平平說去未嘗不通故刻之以爲式）

考試官學正王批（題意渾然最難立說此作庶幾不失該括言行之義故宜錄出）

考試官教授陸批（言行二字相應講最是）

實有言行之著必有言行之徵蓋有是物必有是事也人之所以聞其聲見其成者有不在於言行乎昔記禮者述吾夫子之言及此蓋謂君子以言行爲樞機耳目以聰明爲彝則故樞機方發於我而聰明已審於人自不可得而

過者矣彼人於日用常行之間莫不有言焉言也者物感於外情動於中本之氣以宣其蘊者也使言藏於心則無迹之可求固有傾耳而聽之不可得而聞者矣惟宣之言也則因文以達其志而清濁高下之有倫由辭以發其情而喜怒哀樂之殊應故善言出則仁義之聲入於人不善之言出則非僻之聲入於人未有有言而無聲有聲而無聞者也言之有徵也蓋如此人於應事接物之際亦莫不有行焉行也者有踐履之方施爲之序本諸身以體夫事者也使言而不行則無形之可驗固有正明目而視之不可得而見者矣惟涉於行也則發乎邇而見乎遠有卓然不易之規加於身而措於前有巍然不動之象故行之而善則人莫不見其德之成行之而弗善則人莫不見其過之成未有有行而無成有成而無見者也行之有徵也又如此吁言必有聲行必有成然則君子於言行可不謹哉抑考此章上文有曰苟有車必見其軾苟有衣必見其敝皆言有是物必有是事也車誠設不可欺人以無軾衣誠服不可欺人以無敝況言行乎君子知其不可欺也故言擇其可而非法不道行擇其可而非道弗行焉夫子於此引其端不竟其說蓋欲學者體會於心而自得之耳不然言非其法行非其道平旦之思獨無自怍於心乎

第二場

論

聖人能使天下順治

李濂

同考試官訓導秦批（論場中正要於議論中看人識論理要得理趣事要得事情反覆委曲含蓄痛快乃見胸次乃見筆力而近時士子科舉之作承習學究一種活套文字遇題不問出處但字面有近似者輒移其意以入其說陳俗腐爛有所不計主司以其說偶合而備選者多矣古人以言觀人之法將何所施此弊何時而改邪檢閱數日食次忽得此論爲之三嘆其人胸次筆力俱不凡必是學有根據且能爲古文者錄之可以袪場中之陋習矣）

同考試官教諭桑批（因程子之言而發明周易艮止之義得其旨矣且立意高遠措詞老成而開闔起伏自有法度可取可嘉）

考試官學正王批（不古不今長江大河說去而意態層出無一字看人俗格允宜錄出）

考試官教授陸批（觀其論知其人使歐陽公司文柄亦當讓子出一頭地也）

天下安聖人之所止者有理爲之據耳天下無理外之物無事外之理萬物庶事必有所止無所止則不得其所歸止必有所據無所據則不得其所聖人天下之所歸也聖人之止將以歸天下者也天下於我乎歸而不爲之所其能爲我止乎爲之所矣爲我止矣而不爲之據其能爲我安乎我之止有未得其所我之止之所有未得所據止而安一身有未易者況天下乎是有理焉理聖人止之所也聖人止之所聖人之所據而與天下共之者也天下事物莫不有理莫不有其所理之所在事物所當止之所也聖人於此以爲天下所與共之者也是故其所止也不敢以私于其身而止之也亦非有強於人是故聖人之止天下歸之而聖人止之天下無不安之程子曰聖人能使天下順治其理如此甚矣天下之生也物有萬焉事有萬焉有萬其情喜怒哀樂發焉有萬其變吉凶悔吝出焉尊卑异臨大小异行親疏异分內外异制遠近异視衆獨异處重輕异置今故异襲久暫异習同异异識孰者爲得孰者爲失孰者爲過孰爲不及孰是孰非孰美孰惡孰公孰私孰順孰逆紛紜膠轕將迎滿目舉天下何等非物物接乎我何等非事攘攘貿貿於何所歸聖人者出若之何而歸之歸之未易若之何而止之止之未易又若之何安之噫是亦有理焉爾失理在天下在萬物在萬事理在聖人在其身心天下事物有一物即有一物理有一理即有一理事事物有萬理亦有萬萬物備於聖人而聖人之心具乎萬理聖人所治舉天下萬物庶事又何等而非理之所在邪嗚呼此聖人所以爲天下歸聖人之止之所之所據所以共乎天下天下事物所以各有當止之所而聖人止之所以安其所而止也無尊卑無大小無親疏無內外無遠近無衆獨無重輕無今故無久暫無同异而能得之是審失之是察謹仰其過勉其不及去非即是弃惡成美革私從公遠逆依順隋所居之位而不違乎當然之則嗚呼固聖人所以公天下之人而爲止之之理也止之而止止之得其所也止得其所得其理也其理則其所據之具也物得當然之則以爲之據金之於範泥之於鈞奔者之於机休者之於喬木而有不止不安者乎是理也在書曰皇極在詩曰物則在周易之艮則所謂背而孔氏於大學直指爲至善者也昔者聖人作易次艮於震而吾夫子傳之於止之而止之理言之悉矣猶懼學者或有所未達也於是授門人以大學之道其綱領三其條目八二百五字之間泄露無餘其示虞人之的而授匠氏之規矩乎聖人至善之止不獨止乎其德之明將民之新也物格知至意誠心正而身之修固將家之齊國之治而天下之平也易有之曰艮其背矣曰艮其身矣艮其背其止以天下天下之止聖人之止也艮其身其止一身而已聖人弗取也聖人之止公乎天下如是理固聖

人所與天下共之非可得私而所謂明德者聖人與人同得於天不此有彼無不彼豐此嗇者也特人不能無氣質物欲之累而無以充其全體故天下之明德不能不賴于聖人以明而新民之責聖人不得不以之自任雖然非人力私意有所付畀增益之也人有之不及知知之不及行而行之者不及至也聖人於是歸之于當止之所而止之以當理之則立必俱立成不獨成亦何事於強哉至善之止聖人無分己所有於人之惠而人亦無受其所有於聖人之謝止之各於其所而已矣止之不於其所則無可止之理天下事物得其所則安失其所則悖其安其悖一視乎理而已矣愚故曰天下安聖人之所止者有理爲之據耳止則治安則順矣此程子順治之說所以爲易艮止而發而有及乎孔氏門人傳釋大學所引之言朱子深有契焉二書之注交明互舉曲暢旁通伊川示我無欲無思之境紫陽勉我必至不遷之地當止之所於是爲極學者於是地而求之可以立仁宅可以闢義路可以設禮門可以開智牖可以升孔子之堂而入其室矣謹論

表

擬宋司馬光進稽古錄表（元祐元年）

車富

同考試官教諭楊批（司馬公進稽古錄表自有手筆此篇擬之頗相類）

同考試官學正鄧批（駢儷有則亦非不能爲四六者）

考試官學正王批（字字句句著實宛然寫出溫公頌忠君父之志）

考試官教授陸批（作表之法忌排□忌牽合忌失平仄此作甚得體）

正議大夫守尚書左僕射兼門下侍郎臣光稽首頓首上言伏惟堯舜之事載于典謨循之可以致治文武之政布在方策舉之存乎得人歷觀既往之盛衰足爲將來之勸戒切念臣酷嗜史學每厭繁文通志修而卷帙猶多敘述詳而檢閱難遍乃自羲農以入戰國由秦漢以至本朝上下幾四千年記纂纔二十卷仿春秋之筆削愧乏三長竭旦暮之劬勞較有一得恭遇繼離出震旋乾轉坤纘太祖太宗之基圖而負荷不墜承太皇太后之佑啓而孝養不違式尚典刑延登耆舊臣已廢復起既老且衰扶病趨班豈堪重任損軀報國用畢愚誠凡今日所當盡之心皆平生可對人之語冒陳鄙拙仰稔恩私伏願明目達聰改新法而竟除四害隱惡揚善察邇言而試用五規力回慶曆之徽風無蹈熙豐之覆轍臣無任懇切願望戰汗屏營之至謹以所譔稽古錄隨表上進以聞

第三場

策

第一問

李茂元

同考試官教諭黃批（堯言布天下宜人人能誦之而心法一書士子知者蓋鮮此策獨能敷對無遺篇終所以自獻又不出聖訓中數語而忠愛宛至他日經筵進講吾有望於子矣）

同考試官教諭鄒批（心法一書我文皇所以繼聖學而傳之聖子祖孫以開太平於萬世者其洪綱要旨御製序文昭示甚悉他若在昔聖賢格言於四卷中又悉載矣今日有司之意不過欲敷揚聖謨以仰神聖德而場中答者乃茫無所知篇終之獻往往別爲一說徐而觀之皆老生之常談耳此策不然其能服膺祖訓者歟）

考試官學正王批（敬天法祖勤政用人謹好惡辨邪正明賞罰繼世而有天下者修德保位之大端也故文皇於心法序中必就天心人心君心言之此策能悉以陳而謂今日之所要者急者在是可謂能仰識聖心者矣錄之庶有所藉以達于吾聖天子）

考試官教授陸批（於聖製中及心字者敷陳盡矣非留心聖學之士何能如此）

帝王之治出於道而道不外乎心帝王之學原於心而心不離乎道蓋道者治之本也必心以爲之歸宿外乎心則治不出於道矣心者學之源也必道以爲之生宰離乎道則學不原於心矣治不出於道既無其本雖有小小之補塞不足以稱治學不原於心既無其源雖極區區之探討不足以成學此我太宗文皇帝聖學心法一書之所田輯而有以繼往聖之絕學以開今日之盛治也愚嘗伏讀高皇帝聖諭有曰帝王莫盛於堯舜然觀其授受在允執厥中文皇聖諭亦曰堯舜相傳允執厥中便足爲治大哉王言一哉王心舜之所受於堯而益之三言以授禹者心法首載之矣非即我祖宗之所爲授受者歟是書所集皆聖賢之言文皇自謂於正心修身齊家治國平天下之要道大略已見其于孔氏之書微詞奧旨類從來錄統言專言之間綱提目舉寧復有遺憾乎今御製序文具在序括諸篇篇爲之釋事必求道言必原心論天而必反諸躬取人而必考諸己丹青炳煥歷世弗渝雲漢昭回有目同仰所謂萬事根於一心先明諸心使無毫髮之蔽裁制萬物各得其宜則體周用備者首是書之旨

也所謂天命無常惟德是與惟能修德以合天心則天命眷顧久而益隆者終是書之意也而又謂人心之敬忽有間天命之去留無常者序敬天也祖宗之法以爲後世當敬守之不可以忽者序法祖也一心之用周流天地德以服人宜莫如勤者序勤政也一人之心有好惡衆人之議合至公者序用人也序謹好惡則有心之好惡不可不慎苟爲不慎蔽固溺深之徹序辯邪正則有明君之心公以正君子之心有所合而偏邪之人無自入之論序明賞罰則又有人君以天地爲心則賞罰必當之說凡此皆所以原心而求道者也而序之終篇又欲聖子神孫觀是書者先觀其序以知其用心其詞旨之丁寧誨諭之詳至舜禹而後實見于今列聖相承聿修厥德誦服是書成憲以監古訓有獲四方用靖萬邦作孚於萬斯年受天之祐所以永宗社之慶於悠久以無負皇祖之訓者蓋世有哲王道此一道而心此一心矣而執事尤以今日之要且急者爲問豈不以敬天法祖勤政用人爲大且要而謹好惡辯邪正明賞罰又其當急者乎聖謨洋洋嘉言孔彰斂袿展卷日星在懸老生之常談愚豈容復贅而天下大器保之最難善保則完不善則壞欲不可縱心不可侈以道制欲以理制心庶幾寡過之訓又祖宗之所拳拳以致慎於將來者蓋治世之龜鑒保邦之藥石草茅之賤倘荷收錄獲覿于聖天子經筵之日願隨執事奉此以往謹對

第二問

張景

考試官學正王批（士之所以能自樹立者以此氣爾子知所以善養而且以不待於人爲決在之論固已可偉末篇集義知命之說又有得於孟氏心法之外者即其所充吾知其他日立朝風采必有可以竦人者矣子其母負主司者之深屬也哉）

考試官教授陸批（文勢汹湧直欲推倒一時豪杰非經學隊仗舉子所能及）

氣之於人也大矣其善養之機由於已而無所待於人者也夫氣吾氣也人之所同得而本自浩然者失所養則至於自餒而不能以自拔矣此善養之說所以爲聖賢之大致而學者所當從事也易曰立天之道曰陰與陽立地之道曰柔與則立人之道曰仁與義自夫陰陽剛柔仁義之説立而世之言氣者異矣天地之間莫非此氣動直者陽而動闢者固陽也流動者剛而時立者固剛也發舒者仁而決裂者固亦仁也力之有强弱者氣禀之不齊養之皆浩然者體段之本無異爾懦弱邪佞之病固不可以語氣之充而沉静愿愨之質正所以爲大勇之本也顧世之人歉於義者不能以自奮而重於得喪者又不免

待人而興焉子曰無是餒也又曰豪杰之士雖無文王猶興噫能知此者寡矣是亦何怪吾夫子有未見剛者之嘆而孟子以善養自許哉但其一時問答之詞非已矣之絕嘆而學者於此自當有以求其實而取則之也即孔子觀之司寇之位方及七日而誅少正卯者不少逭夾谷之會魯盡岌岌矣從容數語齊且謝過不暇此其氣何如也顏子至明至健而爲邦之問毅然以王者之事爲己任曾子唯一貫之速而弘毅之力量尤不可以狎視他如子夏之謹嚴子路之勇果固皆有以進乎是曾謂聖門無剛才乎自夫子有剛之說而養氣之論獨發於孟子觀其在賓師之位非齊王所能臣而於公孫衍張儀輩直視之爲妾婦其氣之充要亦無愧於孔子者當時如告子樂正子之流咸得其一偏而望迹如魯仲連者亦庶幾矣秦漢而下此風泯泯間有能存者雖不敢望孔孟之轍差亦足以扶衰救敝抑邪伸正是皆可與者焉茹芝如四皓卒能成輔翼之功擊輯如祖逖猶足發申原之憤一揖而去不克而死其氣固浩然矣它如李膺諸君子之風節而漢脉之一綫猶繫楊宏中輩之抗言剴切而當時之奸惡以暴彼豈虞成夫黨錮之變而求名於編管之禍者哉亦其氣之浩然而若是焉耳甚矣夫此氣之在人不可不養也苟以其爲不足以集事而不待養邪則夫孔孟之爲何往而非氣之充者苟以其爲所興起而後可邪則夫士之幼學壯行者果何事而必待上之人成之春秋戰國之世亦有作孔孟之氣者在于其上乎揚子曰周之士也貴秦之士也賤此蓋論世變之說而張子所謂剛則不回柔則不立者固學之明戒也學者知所以自立則無不可爲之事而其所養也充矣雖然氣之所以充者其功何如也始於義之能集而有以伸吾之氣終於命之不能知而不沮喪於趨舍進退之正夫然後能以自立有不待人而興起矣夫士之所以自任者固宜如此而愚生所論亦惟爲士言之爾爲人上者顧可聽其自至不思所以振之乎蓋不有以礪天下之銳則無以伸天下之氣不有以伸天下之氣則無以絕天下之佞是故人主以名驅人而以義激之使天下皆相率以售其直嗚呼是惟受人之所畏而不甘人之所喜者能之敢以是爲明問復

第三問

李濂

同考試官訓導秦批（記誦多失本直答問不相對值策場中之通弊也此策爲場中最優者故取置前列）

同考試官教諭桑批（衆言必折諸聖儗人必於其倫此古今聽言觀人之法也是作得之）

考試官學正王批（韓周二子人皆知之至其所以爲優劣者則皆未之深考而莫知所適從此篇辨析二子立言之當否者明白整詳一本於理未復概其爲人而直著夫造詣淺深之實以爲立言之本非深有所見不能也）

考試官教授陸批（此語精當見理分明非聽他人之問而從旁竊記者）

聽言者必揆諸理而後可以爲折衷之準觀人者必論其世而後可以盡儗倫之公夫疑似之説不可以易辯而優劣之實不可以輕議也即言而儗人者不以理揆固無所據以爲是非之決不以世論亦何所徵以極知言之道也哉執事發策及於周韓二子而欲得其所以爲從違者承學生晚而敢輕爲之説邪惟知言之功爲格致之始事而尚友之道又取正之大端恭承之下則亦不能以默無所請矣韓子起於八代文衰之後其所著原道讀荀等篇皆欲以明乎道者其言曰孟氏醇乎醇者也又曰荀與揚也擇焉而不精語焉而不詳夫自孟氏没道學不傳而尊孟氏之説者甚鮮愈獨出而尊信之可謂難矣程子謂其千餘年後斷得分明者正謂此爾周子生於千載道喪之時特作太極一圖正所以啓夫學者其圖之説曰無極而太極又曰太極本無極夫自孔子有太極之説未有言無極者而周子獨得而指言之可謂精矣朱子謂其不由師傳默契道體者正謂是爾夫即韓子之説固亦若有所得而杰出於諸家者但其以學文爲第一義則不免於牽制詞章之習而周子之學性諸天成諸己上接洙泗千載之統下啓河洛百世之傳固非韓之所得而并矣或乃疑其言之相當而無所於從違彼固未揆諸理而概視之爾原道以博愛爲仁不免遺體而通書之所謂愛曰仁者蓋別其用而因以名體也於大學言誠意正心而不及致知格物是爲無本而通書所謂守之貴行之利者蓋承仁義中正而言本末之序亦明矣人性本無不善原性分以爲三品其説固差彼剛柔善惡中之説則指氣禀而反之者言此豈愈之所能識也鬼神不過一氣原鬼以土石風霆與之對言尤爲不經彼神妙萬物之説則以不滯於有無而論此豈愈之所能知也蓋愈之資才甚高而因文見道是以無窮究精察之實而周子之書不盡言圖不盡意蓋脉絡分明而規模宏遠矣是其優劣固不待辨而謂其言之大略相當者不已過乎執事猶以爲所優者乃在於人而不在於言夫即其言而考其行韓子之爲人也其平居則不地酣飲博奕之樂其自負則止惟功名進取之念其排佛老之功未布而潮州之寂寞乃遂變其處禍福死生之際若謝潮州表及張籍侑奠之詞則有愧於異學之流甚多是其見道不精而徒用力於言語文字之間者矣周子聞道甚早信古好義胷次洒落而光風霽月之趣可挹遇事剛果而玉色金聲之著尤毅其家甚約而其意甚適其取名甚

短而希世徼福之念甚薄蓋其析之有以極其精而不亂合之有以盡其大而無餘則夫推明究極之精而有以盡其蘊者固其所也夫以其人大致又相遠如此然則學者之所從違復何待於他考而後爲準哉雖然韓子特不及周子爾秦漢而下至於隋唐異端之說盛行而正學蕪矣愈獨推尊孟氏發明王道而自托於不得其傳之後使天下復知有正學者誰之力也嗚呼愈豈可少也哉謹對

第四問

吳瀚

同考試官教諭楊批（場中答此策者往往掇拾源流至論之緒餘而敷衍成篇殊無可人意者此答有考據有折衷而詞簡理明蓋不可以科舉文字視之也）

同考試官學正鄧批（此策不難於答而難於斷制觀子之答有斷制必有用之才矣）

考試官學正王批（議論平正詞氣雍容比於騁浮華以幸一得者遠矣）

考試官教授陸批（此典實之作參之前二場皆稱故取之）

養士於學校則行業專而無他岐之惑取士於貢舉則趨向正而絕幸進之途此實求賢之要術圖治之良規也是以治天下者必以此爲當務之急焉甚矣賢才之有益於人國然則當何如其作興長育而後得其用邪古昔盛時陶和毓粹人之所以自負者甚厚而其所以自進者甚重有不待於學校之所養貢舉之所取也三代以來上有以求于其下下有所待于然黨庠遂序之法行鄉舉里選之法立而成周致治亦由於是我朝仿古爲治用人之效其盛矣乎愚生有志用世久矣而無由自達茲因執事所問試一言之周室之季諸侯之士歲不以獻故子産有不毀鄉校之議而學校之教無傳焉嬴秦之後智謀之士各逞其雄故漢高有不事詩書之失而學校之教無聞焉觀此則凡後世養士之不備概可見也唐之取士既有學館生徒州縣鄉貢矣又復別立制舉而不專於鄉校宋之取士既有賢良之舉進士之科矣又復增以漕試而兼考其行藝觀此則凡後世取士之未盡亦可知也是以徇名責實之意廢敦本務實之風微而成周良法更變已不知其幾也祖宗設學校以教天下之士亦因成周黨庠遂序之法而爲之爾日省之月試之而歲一考之蓋以學校者教化之本源舍是將無以責其成矣設貢舉以取天下之士亦因成周鄉舉里選之法而行之爾舉于鄉貢于禮部而策于大廷蓋以貢舉者取人之正途舍是將無以招其至矣是則法之盡善固無容議其所可言者特以學校之養固欲得

人以資用也然更出迭入而習爲浮華進寸退尺而幸於聲利行業已不專矣它何望焉貢舉之科固欲求賢以圖治也□□綺子弟得預計偕驕惰鄙夫濫登仕籍趨向已不正矣餘何望焉爲今之計必擇業毅方正之人以居師儒之職則所養之士必端矣何至士風之不振乎擇忠厚正直之人以居考校之任則取士必得矣何至士習之大壞乎雖然成天下之治者在機不在勢運天下之機者在上不在下方今聖天子操制作之機而賢公卿大夫又相與協力于下所養所取莫非正人其所以治隆俗美寔有望于今日愚生菲薄而言之及此位之罪也執事以爲何如

第五問

尹倫

同考試官教諭林批（時務策答者多就問目遂句敷衍而此作獨不然他人之所詳者我略他人之所略者我詳可不謂有識之士乎）

考試官學正王批（策問中有許多說話而此答能略之豈謂事已往者自不必致論邪）

考試官教授陸批（不爲問日所窘真策手也）

論天下之事不可不先事而憂任天下之事不可不先事而處論事而不知所憂必不能得事之情任事而不知所處必不能勝事之責不能得事之情則不足與論事不能勝事之責則不可使任事天下之事多矣今日論事者有能盡知所憂者乎今之任事者有能盡知所處者乎而執事以兵與食下詢承學謂時務之急非一而此尤今日之所當議者執事寔寄憂於此不知執事之所欲先事而處者何如諸生不敢爲出位之思雖然亦嘗於此憂焉既承明問敢無詞以復乎請自兵言之古者寓兵於民三時務農一時講武六鄉之內六軍屬焉六遂之內軍又倍焉卒有四方之役畿內之兵不出而二伯專征諸侯共之其或冢宰徽師不過元戎十乘爲啓行之先耳而調兵諸侯各從其方之便不聞有奔命之勞也諸侯之□□王命不敢私用其用之也所在皆贏股肱決射御之士其不用也所在皆力農桑知孝弟之民不聞其征調之苦也請自食言之古者京畿千里自甸服百里賦納總至於五百里采而五百之外皆諸侯國不過任土作貢以輸王府而賦稅米粟則未嘗徵之當時宗廟百官有司之事軍旅之需千里之內賦稅取之而自足不聞其仰餉運於畿外之諸侯糴米粟於畿內之百姓也三年耕而餘一年之積九年作而有三年之儲雖水旱爲災不聞其有損瘠之民也後世井田廢而兵民分封建罷而郡縣置舉天下之丁夫惟上之役盡天下之賦稅惟上之供而兵之與食視三代顧有不足之

憂是必有其故也兵之不足政失之也食之不足事耗之也三代無論姑舉漢事以明今日之始末漢初南軍守宮北軍護京皆調發郡國材官騎士分番爲之又選天下林力武猛者以爲輕車騎士材官樓船各於其地所宜講課武事平地用車騎山阻用材官水泉用樓船制爲近古及光武之世都試既罷外兵不練雖彊場之間復因外寇增廣屯戍而國有征伐終藉京師之軍以出自建元以及漢衰連年暴露禁旅無復鎭衛之職此政之失也今之兵制能守祖宗之法而無變焉一如漢高祖時列郡有守有都尉都尉佐太守典武職甲卒王國則以內史比郡守中尉比都尉侯國則亦有相秩比令長每歲八月會太守郡尉令長相丞咸預各以其方之所習而課殿最焉強幹弱枝防微杜漸體統周密倅有盜賊何假邊禁兵邊兵又土軍之調發臨時而取辦乎漢文帝時封國漸衆諸侯王自食其地王府所入蓋寡又與匈奴和親歲致金繒後數爲邊患天子親將出擊復因河決有策塞勞費大司農財用宜不致充溢而文帝在位十二年即賜民田租次年遂除之粟陳貫朽以貽武帝之世乃外事四夷內興土功用度不足遂募民入奴婢得以終身復及入羊爲郎又令民買爵置武功爵造皮幣白金置鹽鐵均輸官筭商車緡錢榷酒酤卒之盜賊蠭起而有輪臺之悔此事之耗也今之賦稅能守祖宗之法崦無變焉一如漢文帝時恭儉在上百金之費亦不苟用宮闈是仿流傳國都莫有奢侈之習海內富庶家給人足天下之治清和咸理自無他變萬一不虞何假於內帑邊儲之借與輸納銀粟之令當事而會計乎若夫執事所謂壯丁之增今無事之時籍其人而團結教集必將廢其生理而又使之自備器械自齎食用必有所不能辦將以食于官則官亦不給將以免其正差則均徭之在所司紛如牛毛又將移之誰乎吏奸黠者與之爲市家至戶至追胥迫脅錄放之間害民滋益多而事終無所濟若彼民壯令甲所著當免羨丁以貼助其役今有司審編中間丁軍力弱無所仰給不能自脱者亦多矣終歲奔走豈專爲城守計貪冒之徒又從而科削之爲今之計州縣獨可照額選補民壯精健勇敢務足其數仿宋弓箭社槍仗手管操官員以時教習驗覆等第致其賞罰凡例所應優免有糧免糧有丁免丁以惠恤之大州縣蓋數百人小縣亦百十餘人緩急遣用豈不亦可助戎行之不足邪屯地之清河南民俗力健此訟始因年儉棄賣祖業漂流異鄉經涉數代歸還廬井鄰里非舊桑榆改植年載既久易生假冒遠認死亡之族旁引親舊之人或訴水退地出或稱產去稅存孰官孰私莫可取據良疇委而不開柔桑枯而不采寔由經界未正故也愚以爲所爭之地宜限年斷事久難明悉屬今主亦息訟之一端若夫補稅額之舊逋蓋不係此今各州縣民戶有有稅

無田者有有田無稅者或緣侵耕失稅或推割不行或兵火後稅籍不存彼此求脫或詭名寄產或逃戶遺稅逃田積稅人得推托負責本里藏情隱奸致爭非一有司能就本里以無田之稅均增於原額之田無稅之田減均於原額之稅人已稱善不知減均得偏輕之利而均增得偏重之害也爲今之計宜依朱子漳州經界奏札推擇官吏委任責成步筭畝數攢造圖帳費從官出隨產均稅特許過鄉通戶均紐庶幾百里之內輕重齊同一邑行之既協人情移之他郡當無不可行者然行之詳則足爲一定之法行之略則適生他日之弊此責成之要得人也執事之所憂而欲處者豈止是而已乎民壯田稅在執事處之易易耳兵食之大者廟堂之議必將以入告于吾聖天子易傳有之節以制度不傷財不害民不傷財不害民矣不傷財則足食而不害民則足兵矣宋人黃紙放白紙催行於赦令之餘初刺手繼刺面見於敕榜之後然則孔子所謂足兵民信之者獨何歟謹對

河南鄉試錄後序

　　論學術於三代之後者必以宋爲上漢次之唐爲下夫漢唐所以不及宋者非其文不足以特所務者文焉而已矣有宋真儒繼作而堯舜禹湯文武周孔千載不傳之緒賴以復明士生斯時幸矣然目以朋黨斥以僞學乃使道學之名爲世大禁而真儒之用不獲盡展此寔幸中之不幸者我祖宗創業垂統聖子神錄嗣守鴻圖百五十年于茲一惟敦尚名教尊崇正學人非堯舜禹湯文武周孔之書不讀學非堯舜禹湯文武周孔之道不用以故士之所業粹然歸於純正殆復過于宋焉漢唐無論也正德癸酉秋河南例當開科取士凡執事者咸祇若國家盛典矢心殫力莫敢怠遑振作士類視昔有加而所取士有限者遵定制爾錄既成學燹濫竽考校之末宜序諸末簡噫士不幸生不逢時猶當違俗以強學冒禁以成身今河南爲萬古斯文所發之源爲宋程氏兩夫子所出之地而況接壤帝畿風化之所漸涵者最先且盛諸士子幸而生于其鄉又幸而遭逢其時茲乃賓興而來隋計而往嚮用高遠此其權輿要皆慎始慎終正已正物相與弼成太平熙洽之治於億萬年也大抵科目取士雖以文而主司所望乎士者不徒以文士之進身雖以科目而所以自成其身者不可徒恃乎科目設（此處底本缺頁——編者注）

正德十四年河南鄉試錄

河南鄉試序

　　正德己卯當天下鄉試期而河南則監察御史王以旂主之自始事至撤棘舉行如故事惟謹錄成中當叙諸首簡曰夫試之道四而錄備矣吏簡而慎士核而勸題明而奧文麗而則錄之善制也董事者值夫望也事事者拔乎良也夙夜在公罔有弗虔餼廩譏呵罔有不飭而況其大者乎故曰簡而慎達道者舉濟時者取強聞者進敬業者錄達道者舉則違道者棄矣濟時者取則趨時者斥矣強聞者進則寡陋者愧矣敬業者錄則荒怠者戒矣惟公惟明而人不與也故曰核而勸本之經以端其習參之子以探其趣徵之史以觀其博夫人得而知也夫人不得而盡也故曰明而奧傳曰豫之言舒也言人禀中和之氣性理安舒也中膺聘而來履古豫之域覽其山川察其風俗以驗其所謂中興和者而又得遍觀夫所試之文鏗金戛玉千態萬狀而卒澤於聖人之道是非禀夫中和之氣者然耶夫虎豹變者其文炳蔚也雉耿介者其文炫燿也與選之士和德充溢其文煥也故曰麗而則於戲盛矣哉然孰知我　列聖涵養教育百五十餘年之深耶夫吏即題以試士也士成文以見用也口道之而身有焉黼黻潤澤舉一世而經緯之斯士之所謂文也國家所養主司所望舉是焉在若惟其辭而已於其所以潤澤而經緯者昧焉甚或并其所言而喪之是文之賊而已士擇乎哉是役也內官監太監劉璟以鎮守右副都御史沈冬魁以巡撫右副都御史龔弘以治河監察御史喻茂堅以清戎相與振作而贊襄之提調則左布政使李承勳參政秦文監試則副使陶照王鏗遴士待試則副使王韋協力防維則右布政使林正茂參政陳琳王震副使董銳參議宋冕李際可僉事范嵩閻欽孫孟舉郭震江文敏劉秉監翟瓚都指揮僉事鞏臣考試則中與教諭吳洲同考試則教授馬昱史智教諭劉文詔譚矗吳迪訓導李濟監臨之任則御史王以旂也

湖廣安陸州儒學學正楊中謹序

正德十四年河南鄉試

監臨官
巡按河南監察御史王以旂（士招應天府江寧縣籍直隸吳縣人　辛未進士）

提調官
河南等處承宣布政使司左布政使李承勳（立卿湖廣嘉魚縣人　癸丑進士）

河南等處承宣布政使司左參政秦文（從簡浙江臨海縣人　癸丑進士）

監試官
河南等處提刑按察司副使陶照（時明浙江秀水縣人　庚戌進士）

河南等處提刑按察司副使王鏜（彥聲營州中屯衛官籍直隸徐州人　乙丑進士）

考試官
湖廣安陸州儒學學正楊中（致行直隸無錫縣人　丁卯貢士）

湖廣郴州桂陽縣儒學教諭吳洲（居可福建莆田縣人　丁卯貢士）

同考試官
陝西岷州軍民衛儒學教諭馬昱（景暉山西臨汾縣人　戊午貢士）

江西九江府儒學教授史智（仲樂廣東揭陽縣人　己酉貢士）

直隸蘇州府常熟縣儒學教諭劉文詔（廷綸江西安福縣人　庚午貢士）

陝西西安府涇陽縣儒學教諭譚黌（重器四川銅梁縣人　丁卯貢士）

山東青州府壽光縣儒學教諭吳迪（子吉直隸休寧縣人　庚午貢士）

直隸河間府任丘縣儒學訓導李濟（時濟山西壽陽縣人　庚午貢士）

印卷官
河南等處承宣布政使司經歷司經歷丁文（憲章陝西吳堡縣人　監生）

河南等處提刑按察司經歷司經歷劉璿（伯璣山西汾州人　監生）

收掌試卷官
開封府知府張鍵（君重山西石州人　戊辰進士）

河南府知府于範（覺甫山東鄆城縣人　乙丑進士）

受卷官
汝寧府同知張經（正之直隸任丘縣人　戊午貢士）

南陽府推官殷承叙（民化陝西蘭州人　甲戌進士）

開封府許州知州顏木（惟喬湖廣應山縣人　丁丑進士）

汝州知州張崇德（履謙山東沂州人　甲戌進士）

開封府歸德州鹿邑縣知縣張濂（景周萬全都司籍薊州人　丁丑進士）

彌封官

開封府推官張希尹（子脩山東臨清衛籍山西萬泉縣人　丁丑進士）

汝寧府推官張淮（豫卿直隸太倉衛官籍　丁丑進士）

開封府鄭州知州劉仲和（中甫山西臨縣人　戊午貢士）

南陽府裕州知州郝世家（道傳陝西三原縣人　甲戌進士）

汝州郟縣知縣袁淮（伯昭直隸任丘縣人　丁丑進士）

謄錄官

南陽府通判李文欽（天存湖廣麻城縣人　戊午貢士）

南陽府鄧州知州程鵬（萬里山西解州人　辛未進士）

開封府許州襄城縣知縣李孟旭（大昕山西靈丘縣人　辛未進士）

開封府陳州西華縣知縣黃文蕭（煥章廣西橫州人　乙卯貢士）

汝寧府光州固始縣知縣秦祐（順甫山東臨清州人　丁丑進士）

對讀官

河南府洛陽縣知縣鞏思憲（廷章山東東平州人　甲戌進士）

開封府太康縣知縣劉搏（咸表江西萬安縣人　辛酉貢士）

懷慶府溫縣知縣王民表（道立山東招遠縣人　甲子貢士）

開封府許州臨潁縣知縣趙鼐（尚用山東臨淄縣人　辛酉貢士）

衛輝府汲縣知縣余翱（大振直隸定遠縣人　辛未進士）

巡綽官

宣武衛指揮使魯鎧（秉武直隸灤州人）

睢陽衛指揮僉事唐金（汝礪直隸巢縣人）

搜檢官

陳州衛指揮使陳厚（洪載直隸無為州人）

懷慶衛指揮同知徐丙中（立之直隸亳州人）

供給官

河南等處承宣布政使司照磨所照磨宋玉（美珍山東德州人　吏員）

河南等處承宣布政使司理問所理問祖守京（廷華山西靈丘縣人　監生）

開封府通判劉欽（以安陝西西安衛籍直隸蕪湖縣人　甲子貢士）

懷慶府脩武縣知縣冷宗元（體仁四川榮昌縣人　甲子貢士）

衛輝府淇縣知縣杜巖（世瞻山西陽曲縣人　辛酉貢士）
南陽府南召縣知縣彭綸（惟誠湖廣安陸州人　戊午貢士）
開封府祥符縣縣丞顏受（尚義陝西徽州人　監生）
開封府鈞州吏目張永相（世卿山西陽曲縣人　承差）
開封府陳州吏目陳輔（廷弼萬全都司懷來衛軍籍直隸和州人　監生）
開封府扶溝縣典史鹿昂（冲軒直隸海州人　吏員）
開封府大梁馬驛驛丞何琛（廷璧四川西充縣人　承差）
河南府偃師縣首陽馬驛驛丞馮昭（德音山東蒲臺縣人　承差）
彰德府湯陰縣宜溝馬驛驛丞李志芳（廷春湖廣道州人　承差）
開封府許州襄城縣新城馬驛驛丞王嘉（邦用直隸容城縣人　承差）
開封府中牟縣圃田馬驛驛丞徐龍（天祥陝西涇陽縣人　承差）

第一場

四書

爲人君止於仁爲人臣止於敬爲人子止於孝爲人父止於慈與國人交止於信　仁者安仁知者利仁　地之相去也千有餘里世之相後也千有餘歲得志行乎中國若合符節先聖後聖其揆一也

易

知至至之可與幾也知終終之可與存義也　家人女正位乎内男正位乎外男女正天地之大義也家人有嚴君焉父母之謂也父父子子兄兄弟弟夫夫婦婦而家道正正家而天下定矣　生生之謂易　離也者明也萬物皆相見南方之卦也聖人南面而聽天下嚮明而治蓋取諸此也

書

以昭受上帝天其申命用休　旨哉說乃言惟服乃不良于言予罔聞于行說拜稽首曰非知之艱行之惟艱王忱不艱允協于先王成德惟說不言有厥咎　天畏棐忱民情大可見小人難保　惟周王撫萬邦巡侯甸四征弗庭綏厥兆民六服群辟罔不承德歸于宗周董正治官

詩

維鵲有巢維鳩居之之子于歸百兩御之維鵲有巢維鳩方之之子于歸百兩將之維鵲有巢維鳩盈之之子于歸百兩成之　天保定爾俾爾戩穀罄無不宜受天百祿降爾遐福維日不足　明明在下赫赫在上　載見辟王曰

求厥章

春秋

兀年(隱公)元年(桓公) 秋大水無麥苗(莊公七年) 楚人侵鄭(僖公二年)公會齊侯宋公陳侯衛侯鄭伯許男曹伯侵蔡蔡潰遂伐楚次于陘楚屈完來盟于師盟于召陵(俱僖公四年)六月癸卯晉師滅赤狄潞氏以潞子嬰兒歸(宣公十有五年) 晉趙鞅帥師納衛世子蒯聵于戚(哀公二年)齊國夏衛石曼姑帥師圍戚(哀公三年)

禮記

凡三王養老皆引年 故聖人之所以治人七情修十義講信修睦尚慈讓去爭奪舍禮何以治之 大樂與天地同和大禮與天地同節 天子聽男教后聽女順天子理陽道后治陰德天子聽外治后聽內職

第二場

論

人主自為社稷計

詔誥表（內科一道）

擬漢議可以佐百姓者詔（文帝後元年） 擬唐以宋璟為黃門監蘇頲同平章事誥（開元四年） 擬宋以司馬光知諫院謝表（嘉祐六年）

判語（五條）

擅離職役 別籍异財 申報軍務 良賤相毆 盜決河防

第三場

策（五道）

問 君子以治曆明時為有國者之急務孔子告為邦首及夏正蓋所以授人時以前民用苟氣序錯亂歲月無紀則修為者失其候耕作者愆其期其所關繫豈淺尠哉然而天人之際遠哉微矣其間盈縮疾徐固有常數使一藝之士布算積分雖千歲之日至可坐而致而世所謂歲差者果何自而生耶論者多矣卒莫之有定也逮我皇祖承運以大統名曆當時曆家有建白者謂年遠數盈漸差天度擬合脩改適因月食時刻分秒有所不合至於上厪聖慮乃詔太史以新法參驗夫天文為國所禁非疇人子弟不得習而通之新法蓋不可考而古之推步多所著見於記載者請試講之以告于太史或庶幾有補云爾

問　郊社之禮所以祀上帝也宗廟之禮所以祀乎其先也而大宗伯掌建邦之天神人鬼地示三禮是則國之大事無復有過於郊廟者三代以上其說見於經傳雖皆可據奈何後世議禮之家甲可乙否而莫之底定矣且以郊社言之郊與社對固也復制北郊若於義爲贅地與天對固也并置社稷若於事爲褻五帝之文見於周禮六天之說起於漢儒或一歲而二祭或三歲而一郊其間得失有可議與以宗廟言之天子七廟禮也其於薦寢之義何所居三昭三穆禮也其於不毀之廟何所取洛邑之祀爰始於周原廟之設復興於漢或曰祭於祖考或時享於先王其間是非有可正與我國家稽古定制郊廟之禮咸正無缺然事或怠於故常制或略於循習考求其說亦儒者事也尚當一一陳之或有裨益否耶願聞其悉

　　問　文章盛衰爲世道治忽所關科目取舍又爲文章盛衰所關蓋上之所好下必趨之理勢相須古今共貫姑以唐宋之迹考之唐之治道莫盛於貞觀開元當時文體尚蹈襲六朝之舊及昌黎韓氏出始力變而之古至於元和蓋彬彬然矣而貞觀開元之治竟不可復宋興至於嘉祐慶曆號稱太平文章終有愧於古廬陵歐陽氏出以昌黎自任而文體亦爲之變自熙豐以至元祐文章體裁幾復西京然國事漸多故矣果科目取舍直足以振文體之衰而文章乃無裨於治道何歟抑其陰相默助於無形之中有不可得而指言者歟昔者孔子成春秋而亂臣賊子懼文之有益世道如此後世寢淮南之謀者乃出於戇直之汲黯豈於儒者無其人歟抑轉移之幾固有所在歟諸生行將觀國光奉大對治安之策子將奚先

　　問　記曰臨財毋苟得臨難毋苟免語曰見得思義見危授命斯二者士人立身之大節也三代而上無容議矣秦漢以來能思義而不苟得授命而不苟免者亦代不乏人何宋岳武穆乃曰文臣不愛錢武臣不惜死天下太平矣夫以二者分責文武若文臣亦可以苟免武臣亦可以苟得與太平之治果有關於是否也我國家培養文武士百五十餘年其廉勇之士固彬彬而在朝矣然以貪墨而犯法以畏怯而債事亦或不免伊何道以處之俾皆不苟得而苟免也抑子思作中庸曰爵祿可辭也白刃可蹈也中庸不可能也然則財不苟得難不苟免而克協於中庸必有其要請詳言之以睹平生學力之所得

　　問　兵定於籍民供其賦國家宣威裕用舍是無以爲也奈何近日之兵數羸而實虛民力微而賦重有不可以弗講者姑以河南論之稽勾之籍歲常再下解發甫爾而追呼至矣里閈騷然逃逋如故軍政之廢弛未有甚於此時者也求之前代番府廂禁與今日什伍之制何大相遠而彼不聞其有此歟況新配之卒日增於舊勢宜勝而反微抑何故歟部運之役經歲不除舊貸未絕

而新檄至矣受鞭笞繫縲絏蕩貲產鬻妻孥兩河之凋敝未有甚於此時者也不知視前代衛前諸役其輕重何如而差助二法有可行於今者歟議者或請數歲一更其役或議州里共償其費果若人言不識真足以解倒懸而就衽席歟夫病於塞必有通之之術傷於困必有起之之方茲欲使兵常足而伍不缺民雖役而力不勞何爲則可諸生率言之毋隱

中式舉人八十名

第一名　蘇清　開封府學生　書

第二名　鄭坤　光州學生　易

第三名　李汝楫　汝寧府學生　詩

第四名　許論　靈寶縣學生　禮記

第五名　方禄　羅山縣學生　春秋

第六名　焦希程　泌陽縣學附學生　易

第七名　饒秀　固始縣學增廣生　詩

第八名　張楫　南陽府學生　書

第九名　毛鴻之　衛輝府學增廣生　詩

第十名　王金章　睢州學生　禮記

第十一名　孫應奎　河南府學生　易

第十二名　李宸　開封府學生　詩

第十三名　劉一經　羅山縣學生　春秋

第十四名　王政　睢州學增廣生　書

第十五名　陳鈞　祥符縣學生　詩

第十六名　郭鳳儀　開封府學附學生　易

第十七名　吳崇儒　光山縣學增廣生　詩

第十八名　朱重光　鈞州學生　書

第十九名　蔣堯賓　嵩縣學生　易

第二十名　李福　彰德府學生　詩

第二十一名　李承恩　祥符縣學生　書

第二十二名　高叔嗣　祥符縣學增廣生　易

第二十三名　張芹　許州學生　詩

第二十四名　黃世隆　蘭陽縣學增廣生　春秋

第二十五名　周卿　延津縣學生　書
第二十六名　盛本謙　河南府學增廣生　詩
第二十七名　朱鳳　陳州學生　易
第二十八名　吳傑　杞縣學附學生　詩
第二十九名　劉遵　南陽府學生　書
第三十名　徐道存　儀封縣學增廣生　詩
第三十一名　郭重　武安縣學生　禮記
第三十二名　熊選　汝寧府學生　詩
第三十三名　蔡復元　河南府學附學生　易
第三十四名　李愚　開封府學增廣生　書
第三十五名　王誥　西平縣儒士　詩
第三十六名　史臣　通許縣學生　易
第三十七名　武重光　蘭陽縣學附學生　書
第三十八名　秦川　汝州學生　詩
第三十九名　朱篪　光州學生　易
第四十名　姚志達　淅川縣儒士　詩
第四十一名　白㻞　開封府學生　春秋
第四十二名　翟居仁　安陽縣學生　詩
第四十三名　陳界　泌陽縣學生　書
第四十四名　張治　潁川衛軍生　詩
第四十五名　張惟易　汝寧府學生　易
第四十六名　鄭德成　上蔡縣學生　詩
第四十七名　陳穀　信陽州學增廣生　易
第四十八名　陳官　商城縣學生　詩
第四十九名　李祥　安陽縣學生　書
第五十名　余紳　汝陽縣學增廣生　詩
第五十一名　高拱辰　睢州學生　禮記
第五十二名　魯周　信陽州學生　詩
第五十三名　柳江　睢州學生　書
第五十四名　楊本仁　杞縣學增廣生　詩
第五十五名　李易　鎮平縣學生　易
第五十六名　胡浩　商城縣學生　詩

第五十七名　黃嘉緒　羅山縣學增廣生　易
第五十八名　王守訓　臨潁縣學增廣生　詩
第五十九名　楊真　考城縣學生　春秋
第六十名　俎琚　磁州學生　詩
第六十一名　柳律　睢州學生　書
第六十二名　毛麟之　汲縣學生　詩
第六十三名　王豫　布政司候缺吏　書
第六十四名　彭存誠　鄢城縣學生　詩
第六十五名　孫良輔　河南府學生　易
第六十六名　荊鸞　汝寧府學生　詩
第六十七名　郭伸　南陽府學生　書
第六十八名　閻鳳　汝州學增廣生　詩
第六十九名　陳師臯　光山縣學生　易
第七十名　李維機　開封府學增廣生　詩
第七十一名　楊梅　陝州學生　禮記
第七十二名　李應春　河陰縣學生　詩
第七十三名　傅宗魯　尉氏縣學增廣生　易
第七十四名　張葵　潁川衛軍生　書
第七十五名　郭堅　鄧州學生　詩
第七十六名　李孔曦　開封府學生　易
第七十七名　曾光　商城縣學增廣生　詩
第七十八名　王卿　鈞州學生　書
第七十九名　李有隆　衛輝府學生　詩
第八十名　蕭體元　新野縣儒士　書

第一場

四書

為人君止於仁為人臣止於敬為人子止於孝為人父止於慈與國人交止於信

鄭坤

同考試官教諭劉批（仁敬孝慈信俱涵精微之蘊場中作者窘於用事

而發揮欠明此作頗合傳注而辭典旨明其深於理學者也）
　　同考試官教授馬批（描寫文王心事如親領教於曾子者披閱再三真如拱璧可愛可羨）
　　考試官教諭吳批（朱傳意正如此）
　　考試官學正楊批（辭明意盡）
　大學歷言聖人隨其位而安所止之至善焉蓋聖人人倫之至也則其所以止於至善者夫豈有所勉哉昔傳大學者申時釋止至善如此意謂事有至善固人之所當止然物欲蔽之能得者寡矣惟文王則能安所止焉自其大者言之文王之爲人君也發政施仁而民胞物异之恒切敬天體元而春生秋殺之并行爲君何其仁邪文王之爲人臣也蹇蹇匪躬不徇私而忘國諄諄納誨惟陳善以閉邪爲臣何其敬耶曰仁曰敬文王豈容心哉一出於自然也子之止曰孝文王仰事乎父得非止於孝歟竭力於先意承志之間曲盡夫幾諫不違之道事父而止於孝則不至於陷父矣父之止曰慈文王俯育乎子顧不止於慈歟篤恩義而愛之必勞也有典則而慮之甚遠也育子而止於慈則不至於敗子矣曰孝曰慈文王初何意哉一安其所止也至若交國人之至善在於信也文王與國人交則號令注措之不食其言而必近於義約會誓戒之不愆其候而自利於貞其所以止於信者又豈待於思勉哉吁聖人之止無非至善不特此大者而已學者苟能究其精微之蘊而加以推類之功天下之理其庶幾乎抑此五者固爲文王之能事矣要之以孝爲本以敬爲要蓋文王之孝在於善繼善述而問安視膳抑末也其所以終守臣節率汝墳之丁夫以供役於商者孰非聿追來孝也耶孝立於親而忠移於君則凡咸和萬民懷畏友邦而訓武王以晦養於鑠之師皆於是乎在矣夫忠孝立身之本而求忠臣必於孝子之門此又師文王者所當知

　　仁者安仁知者利仁
　　李汝楫
　　同考試官教諭譚批（論語義似易而實難場中作者類能敷演然非拘即泛令人厭觀此作體認真切而文足以發之錄出以式多士）
　　考試官教諭吳批（發揮安利處殆無餘蘊矣故錄之）
　　考試官學正楊批（文有理趣僅見此篇）
　聖人論人之於理有得之深者有得之淺者夫理欲不容并立也人之造理雖有淺深之殊然豈外物所能奪哉且夫不仁之人失其本心固不可以久

處約長處樂矣求其可以處者其惟仁知矣乎謂之仁者義理昭融而物我無間湛然太虛之清明也私欲淨盡而查滓不存渾然本原之澄澈也仁者則能安仁焉蓋其心與理一而毫髮扞格之不形理與心融而一時間斷之無有優游於安宅之中心以廣而體以胖不見其可憂也裕處夫尊爵之內手以舞而足以蹈自有所可樂也窮通以之得喪以之一無入而不自得焉其安仁也何如謂之知者辯義利於幾微而靈□中啓何昭昭也別是非於彼此而藻鑑精明不昏昏也知者則能利仁焉蓋其理有定見而不違於終食事有定守而不變乎平生知之真而好之切出入起居一由夫安宅也何嘗曠而弗居察其幾而致其決動靜語默一尊夫天爵也何嘗行之弗篤順逆以之豐約以之一欲仁而得仁焉其利仁也何如是知仁一也而有安利之殊雖其造有淺深皆非外物所能奪矣豈不仁者可同日語哉雖然外物之所奪不徒富貴貧賤之間而已也其小而取與大而死生苟處之一失其道是皆不仁之類也而獨以約樂言者所以舉人情之易見耳故曰仁者不憂知者不惑蓋與此意互相發明但安利之者則有淺深之辯而不憂不惑其所蘊者益廣矣

地之相去也千有餘里世之相後也千有餘歲得志行乎中國若合符節先聖後聖其揆一也

蘇清

同考試官訓導李批（孟子一題場中作者多識理不真措辭冗雜此作闡揚舜文之道宛宛如親睹於虞周時宜錄爲式）

同考試官教授史批（長題宜簡明諸篇多騁辭可厭此作獨能斂華就實得孟軻氏之旨真杰作也）

考試官教諭吳批（詞理俱足讀之令人起敬）

考試官學正楊批（文簡氣充）

大賢論二聖所生異而所施同必原其所以同也夫道一而已矣則聖人之行道宜無不同者也豈以生之先後遠近而有間哉昔孟子之意謂夫人知聖人之所以生者異而不知聖人之所以聖者同粵昔聖人有舜焉有文王焉以地言之則東夷西夷相去千有餘里聲迹若是乎其遼邈也以世言之則有虞有周相後千有餘歲時代若是乎其懸絕也然考之典謨徵之風雅舜爲天子得行其道於天下文爲方伯得行其道於中國德化之漸被海隅如是江漢如是遠與近而一致有若符篆之相合焉政教之敷施張則俱張弛則俱弛先與後而一轍有如信節之相契焉夫舜爲先聖擬之文固宜不同文爲後聖擬

之舜亦宜有异顧乃若是之同者何哉我嘗揆之時有古今而道之在聖人也無古今地有遠近而道之在聖人也無遠近緝熙敬止之學即精一執中之傳同此授受則同此道也舜豈异於文乎重華協帝之德即日月照臨之本同此源流則同此道也文豈异於舜乎是知道之所傳者一故道之所行也同孟子其善言聖人者哉考之史曰三聖相授守一道韓子曰堯以是傳之舜舜以是傳之禹禹以是傳之湯湯以是傳之文武周公孔子則千聖一心萬古一道奚獨舜文爲然先儒胡氏以爲舜於君臣處其常於父子處其變文於父子處其常於君臣處其變其事不一也而尤足以見其道之一是又發孟氏之所未發學者不可不知

易

知至至之可與幾也知終終之可與存義也

焦希程

同考試官教諭劉批（至之終之處不難於作而貴於體認連日閱卷求其體認親切而辭旨簡明者無逾此篇矣其殆學易而有得者歟）

同考試官教授馬批（進修之事誰不知之至於知其爲聖人之學者蓋寡矣是篇講進修事不數語而辭旨了然一結尤能發聖學之蘊作易義者不當如是耶）

考試官教諭吳批（非苟作者是可以爲式矣）

考試官學正楊批（明暢可誦）

能盡進修之事斯有進修之益夫進德修業宜各有所事也知至至焉知終終焉則其事盡矣豈不有以來所益哉文言申乾九三之義如此謂夫九三君子所以乾乾而惕厲者何哉蓋惟進德修業而已忠信固所以進德而進德之事何如是故德之進也必有所至而君子知之蓋已深體夫造詣之方審究夫底止之處由是而至焉于以見之躬行而必用其極施之日用而各止其所如行者之赴家食者之求飽不易志也夫如此何爲而可與幾耶蓋幾之在事非昏惑者所能通也故惟知止有定者而後能旁燭於無形知類不反者而後能明炳於未著以斯人而與之吾知其心之所契殆有融會貫通之妙而無捍格不勝之患矣謂之曰可與幾信乎其可與也其德之進寧有窮哉修辭立誠固所以居業而居業之事何如是故業之成也必有所終而君子知之蓋已真見夫歸宿之地深識乎成就之境由是而終焉于以止諸其躬而强忍不變久於其道而安固不摇猶農者之於耕工者之於肆弗徙業也夫如此何爲而可與存義耶蓋義之在人非躁妄者所能守也故惟德性堅定而後不爲外物之

所移事理端凝而後不爲人欲之所奪以斯人而與之吾知其身之所處殆有敦厚專確之美而無壞亂不修之病矣謂之曰可與存義信乎其可與也其業之修豈可量哉夫知而至之者其知已明知而終之者其行已固知行并進德業兼隆此乾九三所以爲君子也與抑斯言也聖人不獨於文言發之所謂文行忠信即其事也蓋聖人教人未有外是二端者其先於德爲深其後於業爲力是故大學之道始於格致而終極於平天下者亦在乎此然并而論之則文言不如大學之詳大學不如文言之要至其所謂忠信立誠云者又所以提挈大學之綱維也學者宜并考之

生生之謂易

鄭坤

同考試官教諭劉批（題本難言作者類騁浮詞□非潔净本旨此作就造化流行說去而生生本旨自見是可錄也）

同考試官教授馬批（場中作此題者多用繼善成性諸語餖飣成文似失之太泥惟此篇就題發明而詞氣充蔚必佳士也）

考試官教諭吳批（理到詞豐錄之）

考試官學正楊批（有體認有發明）

因造化流行之機著造化變通之妙蓋變通以盡利者易之妙也不自造化之流行者而觀則易不可見矣抑何以知其妙哉吾夫子作大傳明道之體用至此謂夫盈天地間不過陰陽兩端而已是故太極之動而陽生焉然陽之所以生者本乎陰蓋静極之餘而鼓動乎發生之氣初不倚於陰也太極之静而陰生焉然陰之所以生者本乎陽蓋動極之餘而停蓄乎斂藏之氣初不倚於陽也如寒暑之推遷日月之升降前者引之後者達之有若循環然者何有一息之停如天地之闔闢呼吸之往來既作於前復承於後有若嗣續然者何有一時之□夫陰陽之生生如此然則何以謂之易耶天下之事限於物者滯於形妙於道者周於用是故陰不生陽則道止於陰不可以言易也惟其生生不已而後變動之利爲無窮陽不生陰則道止於陰不可謂之易也惟其生生不息而後變通之妙爲無已或在此而屈也又或在彼而信也屈信相感初非方所之可求或在彼而爲剛也又或在此而爲柔也剛柔相推初非形體之可執錯行代明而有動盪推遷之用往過來續而有周旋斡運之能謂之曰易不亦宜乎是則以理言之則顯於造化者此易也以書言之則具於卦畫者此易也大傳發以示人無餘蘊矣大抵天地之道有所謂立本者有所謂趨時者不

立其本則易之大分不明不趨其時則易之大化不顯故曰分陰分陽立本者也互爲其根趨時若也然則生生謂易其諸趨時者乎孔子所謂太極即此章所謂道也易以道爲體而道以時爲用此人大傳言外之意

書

以昭受上帝天其申命用休

蘇清

同考試官訓導李批（場中士子多於昭受處窘筆此作發揮明瑩而詞意頗足是用錄出）

同考試官教授史批（君德格天理甚微妙子能寫出無遺高薦奚忝）

考試官教諭吳批（講有源委）

考試官學正楊批（深得大禹告君之意）

惟人君有本以感乎天自獲眷命於無窮也蓋大德者必受命也人君克盡交修之道天休其有窮乎禹推謹位之謨以告舜至此蓋謂人君之謹位莫要於修德而修德之效豈止於得民而已耶是故天不可信固難乎其昭受也今以君臣之協德而受天之明命殆不見其難諶焉皇天無親固承命之不易也今以內外之交修而昭受於上帝殆不見其難親焉在我之德協帝之德上下自然其感應冥冥之中簡在之意定矣一不疾而速也以我之心合天之心天人自爾其潛浮昭昭之際眷顧之心凝矣一不行而至也夫昭受上帝如此吾知荷天之休如山之壽而川之至穰穰焉有以衍鴻休於勿替荷天之寵如月之恒而日之升簡簡焉有以總百祿於無窮貴爲天子天命固渥矣繁祉日增命于昔者申於今何休如之休之所加德之所致也富有天下天眷固厚矣保佑滋至眷於前者續於後何美似之美之所在德之所召也夫以天命之眷顧本於君德之交修則天位惟艱可知矣此其所以當謹也歟抑天人之際微矣自古帝王之有盛德者固未始不得乎天而腥聞在上者自速其辜矯誣上天者假手有命亦未嘗不相通也後世君日驕而臣日謟不知其所以鑒戒而曰有命自天其亦可哀也已學者熟玩大禹安止之言而質以皋陶一日萬幾之語則謹位之旨無餘蘊矣此又不可不知

惟周王撫萬邦巡侯甸四征弗庭綏厥兆民六服群辟罔不承德歸于宗周董正治官

張楫

同考試官訓導李批（此題他卷多以巡守四征混爲外攘而內治處又

簡略不稱殊失本旨惟此篇叙事簡核而言有據依非究心壁經者疇克爾耶）

　　同考試官教授史批（説出周官作之之由殆無餘蘊使周史復生不易子言矣）

　　考試官教諭吳批（外攘内治處發明殆盡當是作手）

　　考試官學正楊批（詞能達意）

　　史臣之紀賢王既舉外攘之功而益嚴内治之修也甚矣内治之不可緩也賢王外攘之功舉矣則其歸宗周而嚴於治官者得無意歟史臣紀成王訓迪百官而先叙其意如此想昔周王撫盈成之運而萬邦之土宇盡屬其版圖舉時巡之典而侯甸之群后來朝於方岳諸侯之有弗庭者則躬行天伐而詰爾戎兵于以安斯民於反側之後非黷武也肅將天威而除其邪□于以正四國於危疑之秋非窮兵也由是仰德意而對揚者侯甸雖异而心無不同孰敢有越志者乎慕德威而祗若者采衛雖殊而志無或二孰敢有方命者乎若然則外攘之功舉矣成王夫何爲哉班歸于侯甸之邦而宅中以圖治歸止於鎬京之域而居重以馭輕明明在朝非一職也于焉因時損益而品制之甚明穆穆布列非一官貢于焉訓迪精詳而職業之畢舉若尊若卑務欲其體統相承而一代之治體於是乎立也曰大曰小務欲其德義相勸而一代之治功於是乎成也是知内者外之本也外雖攘而内不治豈得爲成周之盛歟大抵文武并用長久之道也世有勤于遠略而不事内治者必終於自耗亦有徒事文治而不修武備者則終於不振成王以幼冲之君而能知急先務豈非心領立政之書而無遺壽耉之明效歟卒之觀文王之耿光揚武王之大烈謂非周公治功不可

詩

天保定爾俾爾戩穀罄無不宜受天百禄降爾遐福維日不足

李汝梓

　　同考試官教諭譚批（雅詩本莊重而措詞易失之浮騁晚得此篇典雅有則且能説出臣子祝君之誠精於詩學者也）

　　考試官教諭吳批（甚得祝君之體）

　　考試官學正楊批（詞充義正）

　　詩人願天之福君有敷錫於無間者有申錫於無窮者蓋無事而不錫者福之無間無時而不錫者福之無窮也臣子願天之福君如此何忠愛之至歟想昔天保臣子答君之意若曰臣之所尊者君君之所奉者天區區愛君之誠所以望於天者寧有既耶吾願惟皇上帝相吾君於冲漠無朕之中而保之佑

之仁愛之意有隆而無替□吾君於坱圠無垠之表而安之定之寵綏之命有加而無已保定維何蓋天被爾禄非此豐而彼嗇也吾見元吉焉大亨焉而行無不得昌熾焉壽富焉而動罔不利將俾爾以盡善之福焉是必深居九五而安享乎咸宜之慶近宜其臣遠宜其民而百順攸萃事事而快於心也端拱穆清而坐收乎馨宜之休內宜其家外宜其國而衆善咸歸在在而適於意也豈有一事而非保定之所存乎且爾受天禄既如幾而如式矣而又自天申之隆眷注於九五之間自天祐之昭錫予於穆清之上將降爾以遐遠之福焉是必臣工益勸而民俗向淳純緞綿綿乎其未艾舊者除新者生雖日晷之舒長不見其有餘也家慶愈昌而國祚漸隆繁祉永永乎其無強往者過來者續雖日力之優裕惟見其不足也夫豈有一時而非保定之所在乎夫然庶有以固吾君寶曆之傳而盡吾臣子涓埃之報矣抑王者以鹿鳴以下五詩燕其臣而臣以此答之君臣之間可謂各盡其道矣然徒願其獲福於天與神而不及修德正事何哉蓋君之所畏者天與祖宗知畏天則所以祈天永命者必謹矣知畏祖宗則所以率乃祖攸行者自不容已矣詩人之言得無寓諷諫於祝頌之表也歟

　　載見辟王曰求厥章
　　李宸
　　同考試官教諭譚批（玩朱傳先言來朝禀法則法不止於祀典明矣獨此得之宜錄以為學詩者式）
　　考試官教諭吳批（辭麗而正兼得頌體）
　　考試官學正楊批（形容諸侯尊周之意甚明）
　　修覲禮而禀成法有周之諸侯然然也蓋王者立法以令天下者也今諸侯入覲於王而禀受其成焉則有周一統之盛豈不可以想見也哉此詩說者以為諸侯助祭於武王廟而作也此則先言其來朝禀法之意若謂當九廟載啟之辰適萬國來王之日大邦小邦秩異等也一皆望皇都以于邁近服遠服爵殊封也莫不指帝闕以徂征駕金輅策象輅而雍雍以有來秉桓圭執躬圭而肅肅以至止帶裳芾舄輝映堦墀于以快睹乎龍飛之天子斧扆尊臨之地衣冠萃止之會也琚衡璜瑀鏗鏘庭陛于以利見乎虎變之大人冕旒端拱之區玉帛璀璨之所也當斯時也修斯禮也果何為乎誠以居重馭輕王有典則于焉屏息鞠躬而咨禀之惟虔宅中圖大國有紀綱于焉拜手稽首而禀受之必慎昔嘗用重典矣今或宜於輕而不宜於重則一一而講求之昔嘗以柔克

矣今或宜於剛而不宜於柔則歷歷而疏請之正朔若何而一制度若何而同祗領於渙號敷宣之下何敢以賤而□專乎五禮若何而修五器若何而如欽承於□命頒布之餘何敢以愚而自用乎是則諸侯之來朝稟法如此是雖未嘗見昭考也而前日尊君親上之心即今日尊祖敬宗之心矣于以歌於對□之頃不亦宜乎大抵國統之盛衰係人□之□合甚可畏也舜避位於南河而朝覲者之焉禹即會稽以朝會而執玉帛者萬國識者有以窺虞夏之盛然則八百諸侯之會於孟津固武王所以綿國祚於無疆者也此詩不知作於何時當時君臣瞻望於朝祭之儀而想像於無競之烈其亦有感也夫孔子謹春秋朝□之書而以此係之頌遠矣哉

春秋

秋大水無麥苗（莊公七年）

方禄

同考試官教諭吳批（畏天灾重民命聖經垂戒天下後世之深意最難形容此作質實平順而發揮透徹讀之令人凜然）

考試官教諭吳批（詞理俱足）

考試官學正楊批（得胡傳意）

春秋謹灾變有示敬天之意有示勤民之意蓋天灾不可忽而民命不可輕也魯之秋大水無麥苗春秋必謹而書之聖人之情見矣何則魯莊君國德政不修召陰沴之為災致國中之氾濫二麥無成五稼見害夫以天灾流行國家代有亦時事之常耳聖人修經至此必謹而書之曰秋大水曰無麥苗者豈無意歟所以畏天灾而重民命也自天灾言之和氣致祥乖氣致异故堯憂洪水而曰浲水儆予其不敢忽如此兹秋大水天之所以眷顧於我公者亦至矣忽之而不懼是為逆天王者之心肯如是哉其必恐懼修省不徒應之以文而必應之以實如六事檢身可也如克正厥事可也如側身修行可也若然則君德修而天心順將轉禍為福矣書云天既孚命正厥德詩云畏天之威于時保之聖經垂戒之意然也魯莊何足以語此自民命□之國以民為本民以食為天故舜憂阻饑而□播時百穀其不敢輕如此兹無麥苗民之所以仰賴於我公者亦切矣輕之而不圖是為弃民王者之心忍如是哉其必安集撫綏不徒治其名而必治其實或發廩以賑乏可也或移粟以通用可也或徙民以就食可也若然則君政修而民心遂將轉凶為豐矣書云德惟善政政在養民詩云哿矣富人哀此煢獨聖經垂戒之意然也魯莊何足以知此吁秋大水畏天灾也無麥苗重民命也□書法間而敬天勤民之心俱見謂為百王不易之大法

豈不信夫抑仲尼修經爲天下後世非獨魯也而拳拳之意亦有在焉是時莊公不能防閑其毋陽淑消而陰慝長考南山載驅之錄於國風而曰魯道有蕩災變之作有自來矣公不知懼而猶用兵暴亂之弗已上失天心下失億兆心其何以爲國乎噫

　　楚人侵鄭（僖公二年）公會齊侯宋公陳侯衛侯鄭伯許男曹伯侵蔡蔡潰遂伐楚次于陘楚屈完來盟于師盟于召陵（俱僖公四年）六月癸卯晉師滅赤狄潞氏以潞子嬰兒歸（宣公十有五年）
　　　　劉一經
　　同考試官教諭吳批（題本平易作者多牽合兩傳成□不免失之繁冗此篇斷制議論嚴謹親切而兩傳之意自得其邃於麟經者歟）
　　考試官教諭吳批（謹嚴可錄）
　　考試官學正楊批（善說春秋予齊罪晉之意）
　　伯主攘外而得用兵之道春秋予之伯主□外而失用兵之道春秋責之此齊桓服楚賢於晉景之滅狄也何則楚乃祝融之後子文執政勢益浸強敢距懿親之邦近在王畿之側此非細故將以覘我中國之盛衰正門庭之寇不可縱而莫之禦者維時齊桓主伯決策討之大合次陘之師往爲南征之舉先侵蔡而蔡潰遂伐楚而楚人震恐師出爲有名矣使桓暴骨以逞則大勞未艾而民命已殘豈不爲伯德之深累哉幸而屈完之納款方投而召陵之□禮隨定以律用師而不暴以禮下敵而不驕怗荆之績成矣視大舜舞干而苗格文王因壘而崇降豈不近於王者之事哉春秋所以予桓也經伐而書次書盟屈完稱來而書其名氏意可知矣至若潞氏赤狄之餘種酆舒執政反德爲亂棄仲章而乃奪黎之土□伯姬而尤傷君之目此其可罪未始侵我晉陽之境土非門庭之寇可以置之而弗問者維時晉景在伯心欲圖之惑於伯宗之謬言特遣林父之上將爰整大衆而以攻取爲事深入不毛而以殄滅爲期師行亦已暴矣使景誅止其罪則諸狄自服而強域以安豈不爲伯事之義舉哉顧乃敗曲梁以覆其師執嬰兒以歸其國奪人土地使不得有其人民毀人宗廟使不得奉其社稷狄人之祀亡矣視伯禽征徐夷東郊既開而止宣王伐獫狁至于太原而止豈不遠於王者之事哉春秋所以責晉也經滅而稱日稱師狄舉號及氏而稱其爵意可見矣吁二伯行事不同而春秋予奪隨异所以示後世用兵禦敵之大略也雖然景勿足論吾於桓有遺恨焉伐楚之師上不請命葵丘以後志不逮□□康成謂桓德極而將衰此其所以爲伯也故曰仲尼之徒

無道桓文之事者其以此夫

禮記

大樂與天地同和大禮與天地同節

許論

考試官教諭吳批（大樂必易大禮必簡故成功與天地同其和序此作得之用錄以式學者）

考試官學正楊批（語莊而和）

論制作之成功同造化之妙用蓋禮樂之制作本乎天地者也則夫成功之所合何間然之有哉想昔記者之意若曰天地先禮樂而位禮樂後天地而作然則要其成功夫豈有間乎哉是故五聲六律之各異其文謂之樂可也而非樂之大者也樂而謂之大者必其以吾心之愛而道之於五聲六律之表自與天地同□和焉蓋天地之和陽之動而生物者也氣行而不乖一易知者耳大樂雖曰發于幽獨之中而實契乎天地陽生之妙盪滌其邪穢而倫理之間一忻喜通焉即其絪縕化醇者也消融其查滓而綱常之內一歡愛洽焉即其合同而化者也大樂之成功不與天地同其和乎經禮曲禮之各殊其事謂之禮可也而非禮之大者也禮而謂之大者必其以吾心之敬而寓之於經禮曲禮之內自與天地同其節焉蓋天地之節陰之靜而成物者也質具而有秩一簡能者耳大禮雖曰動於念慮之小而實通乎天地陰成之機節文乎天理而尊卑之等一進退肅焉即其天高地下者也儀則乎人事而親疏之別一周旋慎焉即其萬物散殊者也大禮之成功不與天地同其節乎吁始也本天地以有作終也與天地而同流禮樂之成功一至是哉抑考孔門弟子有曰見其禮而知其政聞其樂而知其德苟非有聖人之德政則吾心之愛不足以道和吾心之敬不足以明節豈能與天地同哉故孔子謂韶盡善謂武盡美至觀周禮則曰周公其衰矣夫非以其德政之異哉漢儒記禮樂與天地同而亦兼以刑政仁義爲訓其有所本矣夫

天子聽男教后聽女順天子理陽道后治陰德天子聽外治后聽內職

許論

考試官教諭吳批（君后所聽者雖各有三事其□員不出乎男教女順之修而已若逐句立講未免繁冗此作詞簡理明而自有可取殆學禮者之巨擘也）

考試官學正楊批（文有精采）

記者歷言君后之職而有内外之異焉蓋君治外而后治内固各有其職
也記者歷言之以示人其旨深哉想昔記昏義者之意若曰治必本於朝廷禮
尢始於夫婦則夫天子與后之職烏可以不明哉是故法乾之健位外朝而爲
天下之父者天子也天子既爲天下之父則必修六官之職以明章天下之男
教六禮修之于以立彝訓而正人心七教明之于以端懿範而厚風俗不以預
於后焉體坤之順居中宮而爲天下之母者后也后既爲天下之母則必修六
宮之職以明章天下之女順建立内則俾皆順舅姑而和室人整肅家政俾皆
全功容而備言德不以累天子焉夫男教既聽則凡男之所以正其室而爲陽
道者果得與天子賞之抑失與天子罰之陽道非天子之所理乎女順既聽則
凡女之所以宜其家而爲陰道者果成與后則勸之抑否與后則懲之陰道非
后之所治乎夫男教脩矣陽道得矣但見三公九卿慎厥攸司庶績熙也大夫
元士虔共爾位衆工舉也天子聽外治何如哉女順修矣陰道成矣但見夫人
九嬪端莊静一利女貞也世婦御妻婉娩聽從遵姆教也后之聽内職何如哉
是則天子與后各盡其職如此此古之帝王所以家齊國治而天下平也歟大
抵天地位而萬物育君后正而萬民化其理一也故堯女釐降舜所以成風動
之化太姒維行文所以建修和之功記昏義者之旨亦淵矣哉雖然孔子贊乾
曰君子以自強不息而於坤則曰先迷後得主利惜乎漢儒之言不及此

第二場

論

人主自爲社稷計

饒秀

　　同考試官教諭譚批（論場皆能鋪敘但好奇者失之險怪好易者失之腐
熟殊無可人意者此作議論風生筆力雄健如行雲流水略無停滯而關鎖頓挫
之妙自不容掩且結語論及宋事尤有識見造詣至此足以占子之不凡矣）

　　考試官教諭吳批（形容人主愛惜人才之意層見叠出讀之亹亹令人
忘疲末復發揮君臣一體各以安社稷爲己任尤出人意表真杰士也）

　　考試官學正楊批（文體莊嚴而議論曲折如觀嵩岳大河巍然正峙而
沛然順注信非他作所可儔伍宜録爲學論者式）

　　帝王推一念之仁以待人才非人才之利固帝王之所以自利也夫人才
志於經世而恒憤於時之弗我珍帝王待之以一念之仁而人材藉焉夫孰不
曰夫人之利哉帝王奉天者也天弗能自計社稷而以托於帝王則帝王決不

敢自私其身而不出之以任社稷故社稷者帝王之所自有而推仁于人才以資佐理之功者尤帝王之所以自利者也天吾父也地吾母也社稷吾家也民同胞而物吾與也天下人才尤吾同胞之秀出者也故曰自蓋帝王固以其身當之而弗敢以爲外矣外天下之人才是外社稷也疇昔天之所以托我者何而我之所以自任者何不爲人才計獨不爲社稷計哉計社稷而及於人才帝王之仁推矣仁推於一念之間而化乎於四海之表於是乎人才彙征而社稷安於戲夫亦孰非帝王之所以自利也乎人主自爲社稷計元城劉氏有是言請申論之今之欲求大木以治室者必植之於十年之前而愛惜之方周采於人而試之擅斬伐者訟於官見芻牧者訾焉而況帝王之計社稷乎計社稷者之資人才猶治室者之資乎木也而可以弗愛惜之乎哉天爲吾民立社稷而帝王自有之天爲社稷生人才而帝王自用之自有之而自壞之自用之而自傷之而謂帝王忍爲之乎必不然矣故曰帝王待人才之道有五善焉而必本諸身帝王愛惜人才必先愛惜其身日御經筵以正其學退息深宮以頤其性致考敬于天地祖宗以斂其心勿荒于田游勿迷於貨利弗惑於神仙黃老弗甘於諛言惟忠言是聽是信而必措諸行則帝王之身修而后五善有可言者何謂五善培欲豫擇欲精知欲深任欲重禮欲厚蒙以養之而皮弁祭菜以示敬也肆之雅皷之篋警之夏楚選師儒以端其範謹科條以課其業數勸懲以作其氣護其純一之初心而弗之斲也夫是之謂培之豫考其德審其行試其藝稽於衆謀於心而登之否則弗等也論辨而事之事治而爵之否則弗事弗爵也夫是之謂擇之精日與之接以聽其言退而察其所行以驗其心敏者吾知其才也忠厚而正直者吾知其德也清苦是甘而弗慕弗求者吾知其廉也毅然不奪者吾知其剛挺然直前而無畏者吾知其勇委身事國而弗以利害改節者吾知其忠而毀之者消譽之者沮莫投吾隙而惑吾見也夫是之謂知之深疑則弗任任則弗疑諫必聽也計必從也開闔操縱惟其自裁而弗參以私見恤其志之弗遂而弗使制於權幸憂其勢之孤立而弗間以匪人夫是之謂任之重錫之以康侯之禮施之以朱紱之恩朝有燕而使有遣也不幸而罹罪罟則又諱之以全其恥議其賢議其能而弗遽置之於法篤緇衣之好也夏屋渠渠而有終也夫是之謂禮之厚培之豫則善弗梏擇之精則進弗雜知之深則見弗惑任之重則守弗撓禮之厚則情弗疏以弗梏之善應弗雜之進遇弗惑之見堅弗撓之守以投弗疏之情而恒以吾身爲其所倚藉焉社稷大計吾見其優爲也於是乎以格君而君正以治民而民乂以立紀綱而紀綱頓肅

以處親藩而親藩效夾輔之勞以懷庶邦而庶邦布旬宣之力以之糾察而奸回無所於售焉以之戍守而夷狄相戒以逃戮夫君者社稷之主也民其基也紀綱其柱石也親藩其屏翰也庶邦其藩垣也奸回其狐鼠也夷狄其豺狼也主尊於上基固於下柱石屹於中屏翰立而藩垣外崇狐鼠失其恃而豺狼伏焉社稷萬萬年無疆之休端在是矣帝王之愛惜人才其效有如此者果為人才計耶抑亦以自計其社稷耶舜命九官一則曰予工二則曰予上下草木鳥獸周武王亦曰在予一人古之計社稷者率身任之以為自有故予之予之故自之而愛惜之念油然莫之禦已夫豈為人才計哉人才之在天下愛則盛不愛則衰惜則長不惜則消在人才無足為欣戚者在社稷則其所關係者大矣故曰非人才之利也雖然伊尹之相湯以定社稷曰朕哉周公相成王以安社稷曰予室家則又皆認為自有之物而予之朕之不為諱抑又何也蓋帝王愛惜人才而自為社稷計則人才之樂為帝王用者又安得弗以自任而委諸帝王之自有哉君臣一體此君曰吾自計社稷也而弗委之於臣臣曰吾自計社稷也而弗委之於君一德一心無內無外社稷于是乎有賴矣抑元城之時何時也惟時神宗之求治太銳安石之持法過嚴雖一變于司馬而再復于惇卞元祐諸賢自以社稷為任而畢力以爭趙宋之君乃不愛惜人才以自計其社稷顧使群小乘之而國祚中微然則元城之言其亦有感也夫

表

擬宋以司馬光知諫院謝表（嘉祐六年）

孫應奎

同考試官訓導李批（發揚老臣忠愛之誠殆盡而句法莊整引論切當非專事駢儷者表而出之）

同考試官教授史批（司馬光心事惟以建儲為第一義此表首尾及之可與言天下之大事矣讀之終篇不覺起敬）

考試官教諭吳批（得諷諫體）

考試官學正楊批（麗而有則）

嘉祐六年月日伏蒙聖恩以臣光知諫院者伏以明目達聰聖哲永開乎言路繩愆糾謬忠良懋著於諫垣實惟獻納之司矧列清華之禁規誨常關治體肅清不避時權允宜鯁亮之賢遽濫迂愚之賤臣光誠惶誠恐稽首頓首竊惟虞廷以弼直垂訓周禮以詔美設官蓋將啟沃之是專不謂聽納之未廣師箴瞍賦衆所必稽讜論嘉謀職惟斯舉簪筆虎門之左實重班行束帶螭陛之間爰親侍從往稽盛世歷溯明王命官莫之或同招諫未嘗有異故賊□忠輔

商以致亡而監弭謗言周名爲厲鴻儒碩德欽承漢武之朝慈旨溫顏忻贊唐宗之世從諫則聖在古已然責難爲恭於今益著□天禧之詔兩省定員殆明道之臣屢求置院盛典興而甫始疏才何以能堪臣光涑水布衣拜州判事謬稱文學雖登進士優崇新布科條况禁輔臣論薦曾獻三章之諫未蒙四匭之投儲位尚虛愚衷正切疏偶陳乎日食忱已達於天聰書雖無所不通道亦有何能補唐介已復却愧□官范鎮既辭自憐异姓詎意軒墀之列誤登草野之夫兹蓋伏遇恭儉律身仁恕及物財以聚人曰富刑以弼教示威上承祖宗之心下開道學之懇惻怛以康政本忠厚以培國基不□愆違尚存防檢豈有闕失大事乃資直諒多聞惟木從繩允懷謙抑以人爲鑒克濟誠明臣敢不俯據忠懇仰答恩光知無不言而言無不盡尚畢芹誠諫則必聽而聽則必行不遺芻采伏願事惟圖大德乃懋新早建元良軫念宗祧之重□親忠益用延社稷之休臣無任瞻天仰聖激切屏營之至謹奉表稱謝以聞臣光誠惶誠恐稽首頓首謹言

第三場

策

第一問

鄭坤

同考試官教諭劉批（曆法本微妙歲久而差者度之常也象革而治者勢之宜也此卷根理測數上窺聖祖制作之精義而推曆於律步而驗之必有合者録之以爲太史左券）

同考試官教授馬批（治曆之法儒者忽焉聖朝□曆明時之意子能條答無遺準酌有法獨契羲和於千載之上可敬可敬）

考試官教諭吳批（曆之數至煩而能約之以理故言簡而意明非通三才者安能爲此）

考試官學正楊批（談天下不謬科目信有人哉）

有造化自然之數必有造化自然之理蓋數也者所以周乎造化運行之迹者也理也者所以主乎造化運行之機者也推造化而不以數則無以盡乎盈縮疾徐之常而混淪磅礴茫乎不能求其故論造化而不以理則無以極乎盈縮疾徐之妙而流行運用渾乎不能測其機知乎此則曆家之說可得而言矣然則曆之爲說果昉於何時□神農以前尚矣皇帝考定星曆建立五行而董興著焉由是堯命羲和欽若昊天而作曆象舜察璣衡以齊七政歷夏商周

莫不各致其謹而武王洪範之傳五紀之疇不能已也蓋聖人誠有見夫天道之不可以不明而人紀之不可以不定也於是盈縮疾徐之法立焉推步考驗之道生焉是豈聖人之私智耶然造化之變無窮而聖人之術有盡以有盡之術人該無窮之□於是理有出諸數之外者聖人於是徒曰敬授人時而已徒曰以閏月定四時成歲而已推步考驗之法雖妙於數言之中而盈縮疾徐之機則含於不言之表豈聖人不知而弗言哉亦豈聖人知之而故秘之哉蓋亦有不能言與不容言者也是故當堯之時冬至之日在虛至周之時則在牽牛矣及宋之時則在斗初矣其氣候不齊而次舍無方者何也或曰四時寒暑無□而運於下日月星辰有象而見於上二者常動而不息一有一無出入升降或遲或疾不相為謀其久而不能無差忒者勢使之然也夫以歲差而歸之勢此所以愈求而愈不合古人所謂以曆之數合天之行不及則增太過則減者此也故虞喜之論失於太過何承天之論失之不及逮夫劉焯乃取二家中數定為七十五年雖曰庶幾亦未精密所以然者豈無故哉天下□事以數而該之者有盡以理而約之者無窮□其數則雖千變萬化有時而竭據其理則雖往古來今而無所不通是故聖人不能使曆之無差常因其差而正之以理而曆家者流往往各持其議以相矛盾主其議者又從而以私意輕重之漢唐以來曆之所以數變而無一定之說有由矣朱子嘗曰今之學曆者但知曆法不知曆理揚雄知曆法又知曆理程子嘗曰邵堯□立差法冠絕古今於日月交感之際以陰陽求之大抵陽常盈陰常虧者曆之理也由是言之數推其顯理通其微苟以陰陽虧盈之變而盡乎盈縮疾徐之常隨時占候脩改以與天合則前乎千萬世之既往後乎千萬世之方來執此以應之若持左券而無有弗順者矣我朝大統之曆本於授時而授時之曆準乎大衍其法甚妙而其道甚精也洪武初漏刻博士□統乃以差法為言盡誠有見矣當時未聞有所修改以授時之日計之至於國初則逾百年以國初計之至於今日則逾百五十年年遠數盈漸差天度真有如元統所疑者考之月食時刻分秒有所不合端可見矣苟能據劉焯損益之期推邵子虧盈之理以求所謂至當不一之說雖使容成復起有不能易吾言矣大抵天下之事滯於法者不盡乎意□通於意者不□於法譬之律焉求聲以律造律以黍者法也即數也因之神存本乎自得者意也即理也通乎律則通乎曆矣太史公言律必兼曆而後世宗之先儒亦曰洛下閎算法以律起曆良有以也然律之為學不傳久矣今之所正豈惟曆學耶先乎律而後及於曆可也故曰黃鍾萬事根本尚當次第求之

第二問

蘇清

同考試官訓導李批（鋪叙我祖宗列聖郊廟之禮隱然啓聖主欽天法祖之心且辭氣春容評論正當中州人物子其優者耶）

同考試官教授史批（聖代郊廟之禮非淺見薄識者所可擬議子能繪天地探溟渤於萬一亦可見其留心於國典者矣）

考試官教諭吳批（我聖祖仁孝之心溢於言表是可錄也）

考試官學正楊批（禮莫大於郊廟此卷用中立說而折衷衆言具有依據不可謂風簷寸晷之下無文也）

聖人之禮中而已矣有之而不盡者曰慢慢非禮也盡之而有餘者曰瀆瀆非禮也禮始□揖讓進退之小而施諸□昏喪祭之大其間節文數度莫不各有自然之中聖人建於此而示人以企及之不使過之者流於瀆而不及者失之慢也而況郊廟之祭又禮之大者聖人於此豈苟然而已哉萬物本乎天人本乎祖報本反始之誠天理人情之至也故聖人立爲郊社之禮焉祭天於郊祭地於社而所以報乎天地者備也立爲宗廟之禮焉宗以尊之廟以貌之□所以報乎祖考者隆也且以郊社言之蓋聖人之爲郊也非徒於陶匏繭栗蒲越槀鞂之尚而已而其郊兆之大則有不可不講者觀乎舜之受禪群神畢告而於地祇不詳武王克商山川亦望而於地祇獨略何也況大裘而冕之文亦有可推者乎其曰社與稷對者蓋非天子不祭天而庶人亦得祭社黃幹所謂尊父親母之義不爲無見也然則北郊之說獨於周禮言之□他不經見爲可疑焉一歲而二祭者春以祈穀秋以報成非縟禮也若夫三歲而一郊何其稀闊之甚耶是則漢人之失耳非鬼爲諂淫祀無福五帝之分六天之號一則周禮之彌文一則漢儒之附會皆未可以爲法也以宗廟言之蓋聖人之爲祭也非徒於俎豆儐列黍稷馨香之尚而已而其制度之大則有不可不究者觀乎王制七廟之說而儒者宗之祭法二祧之語□禮家議之是也況七世觀德之書又有足據者乎其曰不毀之廟者蓋祖有功而宗有德劉歆所謂宗不在此數中不爲無見也然則薦寢之義獨於月令言之而他無左證爲可疑焉時享於先王者春祠夏禴秋嘗冬烝非簡禮也若夫日祭于祖考何其煩瀆之甚耶是則漢人之謬耳神有常饗禮有定制洛邑之祀原廟之設一則聖人之變禮一則後儒之陋習皆未可以爲據也大抵議禮如訟而是非之辯難齊執經如仇而可否之言不一要之制禮者至聖人而定論道者至聖經而決於此求之殆庶幾乎烏乎郊社之論至是贅矣然此特言其偏耳至於配享之義執事

之所未及也或主以嚴父之說或主以尊祖之義而不知并配之為當也可謂知禮耶宗廟之議至是繁矣然此特言其概耳至於禘祫之辯執事之所未發也或謂祫大於禘或謂禘大於祫而不知尊卑之有別也可謂知禮耶蓋禮也者理之所寓也其緣飾於外也雖在乎文而其根抵於中也則主乎理故曰惟仁人而後能享帝惟孝子而後能享親所謂仁人孝子又不在乎繁文縟節之間而已也我太祖高皇帝於有國之初即築壇為南北郊後復更為合祭之典太廟之建禮隆義正所謂仁人孝子之心自有得於古人禮文之外者孟春一郊而精禋上達於明靈蓋不必終歲二舉而所謂祈穀報成者已兼之矣四時五享而奔走實乎於昭鑒蓋不必一日一舉而所謂踐位行禮者已盡之矣此皆聖子神孫萬世所當永保而不替焉者也禮曰明乎郊社之禮禘嘗之義治國其如示諸掌乎愚敢以此言為聖祖頌焉

第三問

毛鴻之

同考試官教諭譚批（韓歐本用世之文其所以無救於時者幾也此卷能別文品而主張論辯胸中自有定見筆下自無浮詞亦可謂之文也已宜置高選）

考試官教諭吳批（士子窮年為文及至評品便覺閣筆如此作者所得多矣）

考試官學正楊批（明道之文自孟氏後不傳久矣子能溯流窮源而歸重於今日之文教使宋伊洛諸儒雖亡猶存者噫豈嘗私□而有得歟）

文之品不同論者當要之道文之功不同論者當職其幾文者載道之器也道有淺深而文品之高下隨之時有用舍而功用之大小以之故觀文者不可不論其人而尤不可不考其時也執事謂程試係文章之盛衰而文章關世道之治忽不易之論也乃致疑於唐宋文章盛衰似與治道相悖此愚生之所嘗廢卷而嘆者也請略陳之文之品大概有三有明道之文有用世之文有詞章之文孟軻氏沒明道之文鮮矣若唐韓愈氏宋歐陽脩氏不獨長於詞章而兼出入於仁義禮樂之場非有志於用世者乎愈之佛骨一表凜然衛道之正論庭湊一使吃然君臣之大防使當時能用其言則異端闢而王道明體統正而藩鎮服貞觀開元之治可復也惟斯義不行乃有置戒壇度僧尼口唱經梵如懿宗之為者位都統握重兵無討賊之志若高駢之為者而唐事去矣脩之朋黨有論邪正之辯明矣宦官有傳履霜之戒微矣使當時能用其言則群賢進而君德修讒佞退而禍機息嘉祐慶曆之治可保也惟斯義不明乃有如蔡

京輩之禁錮忠賢斥爲奸黨者如童貫輩之規取燕雲横挑強胡者而宋室危矣自今觀之愈之功有迹可見者文起八代之衰而已修之功有迹可見者力變崑體之陋而已抑孰知夫讜言正論激貪立懦扶人極而裨治道者固自不爲少也世之論者恒曰儒學之士多文少實建功業者別有其人公孫弘之多聞固不知汲黯之戇直是知文之名而不知文之品者也知其器之同而不知所載之不同也執事見弘爲淮南之所輕黯爲淮南之所憚而疑當時儒者無其人竊以爲過矣夫弘之阿世誠不如黯之戇直矣而董仲舒之正學又豈黯之可班乎且黯內多欲而外施仁義之一言簡而富直而不訐真天下之至文也謂黯非儒者可乎仲舒之天人三策正義明道數語宛然孔氏家法謂仲舒非科目所得可乎夫弘儒之賊者也黯儒之直者也仲舒儒之純者也使武帝能用仲舒爲相使黯在御史大夫之位則淮南之謀固不敢萌而田蚡之金亦自不敢受矣漢德之隆可少訾哉蓋嘗聞之春秋作而亂臣賊子懼此孔子之文也後世推其功賢於堯舜七篇成而楊墨之道熄此孟子之文也後世推其功不在禹下此所謂明道之文體用兼全不與功業期而功業自盛董韓歐陽之文用世之文也雖有明道之功而終不免隨世以就功名之志下此若公孫弘之流代不乏人辭章以媒利禄而已耳以鈞虚聲而已耳不惟無裨於治道而反大害焉有之不如無之爲愈也蓋自濂洛生而後孟氏之道統續考亭出而後諸儒之大成集此實斯文中興之運也嗚呼諸儒之生也相去百年而皆弃擲於宋室之庸君没也三百餘□而同遭遇我朝之列聖表章襃大使其說與六經孔孟之書并行學宮非是莫以教科目非是莫以取士習以端文風以盛百五十餘年治化隆盛遠追三代而陋漢唐宋於不居者宋諸儒之力而實我列聖文德覃敷之大效也嗟夫可不知所自耶可不知所法耶

第四問

蘇清

同考試官訓導李批（廉勇一策正欲觀士子趨向此策獨能尚友古人而以窮理致知集義氧氣爲本非特占子之志識亦足爲有官者之指南也況前場超出群作秋闈首選舍子其誰）

同考試官教授史批（有學有守爲君子之全德此策盡之矣他日雋偉事功吾於子拭目以俟）

考試官教諭吳批（誠哉岳武穆之言出於有激也然非素有節義者亦不能發出）

考試官學正楊批（子之詳品人物理直氣壯如老吏讞獄條貫既熟取

舍素定奮勇直前莫有能攖其鋒者噫壯矣哉）

　　成天下之事者有天下之節者也立天下之節者高天下之學者也何則集事在於才才不藉乎節則或奪於利害而事不可就矣成事在乎節節不由於學則或倚於一偏而節不可貞矣故士能完天下之大節固難而聞天下之大道尤難也執事秋闈策士首稱廉勇而遂及於中庸蓋以天下之全才而望天下之人才也敢敬陳之三代以上其君則堯舜禹湯文武其臣則皋夔契稷伊周其道則精一執中建中建極惡有所謂廉者哉惡有所謂勇者哉若伊尹之一介不取可謂見得思義矣君子不稱其廉而稱其任則廉不足以盡尹之聖而其辭受取與一以道為之折衷也若比干之剖心商庭可謂見危授命矣君子不稱其勇而稱其仁則勇不足以盡干之賢而其所以自獻自靖者一以道為之依歸也爰及周衰世道日降蓋自夫不義之物交於前而後廉之名立不義之事迫於身而後勇之名立若子罕之不貪仇牧之死難固不多見矣而況秦漢之下欲以全才望士不尤難乎于時有若諸葛孔明之廩無餘粟陶元亮之恥於折腰幾於中矣他如鍾離意以珠委地劉恕之封還衣襪之類安得不以廉歸之乎守死善道龔勝有焉睢陽死守巡遠以之幾於道矣他如稽紹之身捍御輦杲卿之至死不屈之類安得不以勇稱之乎然廉者未必皆文臣也勇者未必皆武臣也至宋岳武穆始分言之詞氣抑揚不無偏重之弊而考其心彼蓋有激而然也耶當是時為將而精忠自負力戰討賊置死生於度外者飛也為相而賄賂公行力主和議置國事於度外者檜也不愛錢之言意者為檜輩歟不惜死之言其自誓之誠歟此數言者激烈不平檜寧不聞之而不愧之恨之乎矧所言或不止此又當何如激烈而檜之愧之恨之又當何如也於戲身有高名事有大功已不為奸佞所容矣而又激烈以促之悲夫使飛學道謙恭於中庸所謂不可能者早有聞焉安有是哉我祖宗列聖以儒學養文士以武學養武士陶鎔淬礪蓋有年矣固有如劉敏之不受瓷器凌漢之不受報金者矣而貪墨犯法者亦或不免固有如花雲之罵賊不屈孫炎之服裘以終者矣而畏怯償事亦不能無宜乎執事憂當時之弊而欲求救之之方也然愚以為此非法之可繩也鼓舞振作之權亦在上之人何如耳誠使廟堂之上以清約相高而革章賂之弊獎有守之士則天下文武之臣相師成風惟廉是尚即有貪墨非惟不容于眾亦且自愧不遑矣以忠孝相勸而崇旌功之典嚴黨惡之誅則天下文武之臣相習成俗惟勇是礪即有逗遛非惟不齒于人亦且自赧不暇矣何完節之難保乎然完節固難保而大道尤難聞宜明問引子思之言而欲求其要此非一言可盡也物必有則事各有理誠能窮理以致其

知使在我有定見則於豐約死生之際判然無所疑矣集義以養其氣使在我有定守則於取舍進退之間毅然無所□矣又何大道之難聞乎夫使大道得聞則可以爲三代以上人才而秦漢以下有不足論者矣敬因明問而述其概如此執事以爲是非可否何如也

第五問

方祿

同考試官教諭吳批（清配卒以益伍責有司以寬役此救偏補弊之常務而主司所切切焉者子復以莫可致詰莫敢誰何者爲今日拔本塞源之論才識過人遠矣）

考試官教諭吳批（議論正而詞氣充真俊杰之士也）

考試官學正楊批（時務一策非練達世故者不能言之親切而有味此篇援古證今區畫穩當雖老吏亦拜下風得士如此可以自慰矣）

法不容於無弊者勢也而不容於不救者亦勢也勢之所趨可以潛奪而不可以強爭可以理挽而不可以力遏知者知其然觀法之弊也必究弊之所由生因其自然之勢而徐爲之所在我無變法之名而天下固已享變法之利矣嗟夫安得如斯人者而使之救今日清戎部運之弊乎請試爲執事籌之三代而上不免用兵而兵無不足者兵農一也下此則有可言矣宋之廂禁不如漢之踐更漢之踐更不如唐之府兵至於藩鎮則弊之極矣然不聞有單弱之患者養之過於厚也國家所衛之設已有定額而刑書所載又有謫配之條清理有專官存恤有常令宜無失伍之患而今不然者力盡於私役財罄於掊尅而不得休息也千里遠戍廩餼愆期寒無衣饑無食而居無廬也稔惡不悛之心怙終苟免之志往往得行也配所欲勾取而無其名清戎欲稽考而無其籍無怪乎數日增而伍日缺也議者皆曰莫若充發之時定配之所清理之吏皆移文以會之而使其各隸于籍一遇迯匿彼造籍而稽勾此按籍而清解而又申嚴私役剝削之禁以時而存恤之則士常在伍而無不足之兵矣此亦一策也成周而上不免役民而民不告勞者役使均也下此則有可議矣法莫善於唐之庸調莫不善於宋之查助而衙前一役則弊之極矣然不至爲天下通患者救之有其術也國家部稅之役已有常規而近日河南之役中歲則僉簡以殷實名爲大戶本籍其力非斂其財而今不然者有妄報之苦有科索之苦甚至陪補之費有數倍於本价者而況承攬之徒乘勢而高其估豪橫之甚又擅利而後其輸縲紲鞭笞殘其體鬻妻破產傷其心無怪乎民愈困而役愈頻也議者皆曰莫若慎僉於始責在守令科索而黜罰必行嚴督於終責在監臨弊

滋而過謫不免如此不必數歲一更其役而役自均也不必州里共償其費而費自省也法嚴而弊自革弊革而力自紓役使常均而無不安之民矣此亦一策也而生亦有一得之愚請終日正言而無誅可乎夫法之有弊當觀所以弊之之由救弊之術當立所以救之之本軍伍之制行於昔者猶夫今也昔常足而今多亡專咎夫法可乎部運之役僉於今者猶夫昔也昔則裕而今乃困果法之罪然乎剝削之弊朝章具存又特立重典以懲戒之禁非不嚴矣而犯者日多歸罪行伍則曰衛所之誅求也稽於衛所則曰舊規之不可廢者也過此則付之莫可致詰矣科索之弊國典昭然又時出新例而播告之法非不密矣而犯者如故責之里胥則曰郡縣之徵派也問之府縣則曰公用之不可免者也過此則付之莫敢誰何矣嗚呼欲起軍民之困在得其心欲得軍民之心在裕其力人皆有是心也而卒付之莫可致詰莫敢誰何者謂非勢使之然耶然天下無不可為之事無不可轉之幾順其理循其勢去此深痼難拔之弊以救軍民於水火之中此肉食者之事也生何知焉

唐而宋因之弗變當時賢能無論巨細凡有志乎用世者莫不胥此焉出學者競相沿襲以逐時好於是德行道藝操修於家誦法先王以強力不反為己任者別為一途謂之古學而時文之學祇以為僥求榮達之階無復強力不反之助遂使士之自好者多厭弃之而有不屑焉者矣於乎道一則學一學一則文有二乎哉科目之求士取必於文而文之所求取必於道若徒以文詞而已矣則豈設科取士之初意哉洪惟我太祖高皇帝稽古右文以嘉惠天下士養之於學校教以經術之正而於科目焉取之大司徒所謂德行道藝即於是乎在而固無事於他求也操修于家誦法先王以強力不反為己任童而習之壯而欲行之其必能融液敷達而善言之矣言之善者文之善道固未嘗判也方今之士由是科而出者德行道藝往往超雋不群而列聖以來輔相佐理之業光明偉大無愧隆古蓋即其道以見於言即其言以施諸事非若前代文詞之士所學非所用者比也是故凡在陶鎔甄拔之下者莫不以德行道藝自致其間或有反其所學小則喪己大則病國以淪落於罪戾者皆昧乎朝廷嘉惠之至意而獨以時文之學自待者也是錄也錄其文僅二十篇而文有未盡錄者存其概耳於乎凡登於是錄者尚無以時文之學自待也哉

嘉靖元年河南鄉試錄

河南鄉試錄序

　　上紹統之明年改元嘉靖爲壬午鄉試之期監察御史王溱按河南謂茲盛典適維新之會視往昔可不加慎重哉乃謀藩臬幣聘考試官夙乂乃事有弗若于茲丕厘靡遺及期試如故事罔敢違越乃若命題純而全顯而邃者弘大道也搜閱上嚴而祖跣被髮弛焉崇大體也場東西藩之者防逾越也緘封必公堂杜緣私也食豐于昔隆其禮也郡縣之士校于提學副使王韋僅千五百以待試亦精矣而尤合藩臬分經覆試殿最焉而封識之備校勘精其選也凡以救弊而還之淳也夫弊也久矣比場屋多割裂章旨而道湮道湮故士習壞比監臨尚苛急譏呵非禮而大體不存故士氣喪比防閑疏弊端滋故幸者進而賢者廢其何以稱國家求賢之盛舉邪夫惟弊端塞也則幸者遠矣夫惟大體存也則士知重矣夫惟大道弘也則真材遂矣此皆前未之有者御史王溱咨諏繹同而修舉之視昔不益慎以重乎既鎖院三試之視其業首經書則昌明閎博純正爾雅而雕篆靡麗于道戾者黜次論判表制則奇瑰而典則次策問則條對質亮援古今羅經傳渢渢乎若賈董之不可以窮也而怪誕而陰僻而膚淺者弗之取取如□擇其文之尤得二十篇并氏名錄以獻鏞也序之曰於戲休哉是何材之多而文之盛邪夫天降時雨山川出雲理固然爾傳曰賢材出國將昌是故在昔有殷不競而高宗興時則有若甘盤傅說有周中微而宣王出時則有若申甫南仲粵古人材必與亨嘉之運符焉爾也惟我聖天子起郢循豫歷燕趙以陟帝位也聿新厥治以丕揚我祖宗之休命奚啻高宗宣王之于殷于周也五百年而王者出不其符哉然氣運會合必有偉然名世者出以當其盛也夫河南豫州之域也天地之中而靈秀之萃也重以神聖過化之妙孚佑而作新之今之材若是乎多也固宜雖然諸士子之符運而出也乃或悖于獲喪于氣畔于道將不忝于是科負于時也乎於戲慎哉斯舉也考試則學正鏞教諭陰汝登同考試則學正洪經教諭劉潛胡梅張憲楊喬孫接武錢文訓導吳資胥柄乎文內官監太監呂憲以鎮守工部右侍郎李瓚以督河右副都御史何天衢以巡撫監察御史喻漢以清戎而謝汝儀以馬政

至胥作乎士禮部郎中楊應奎刑部郎中陳能行人史立模張岳施一德進士任淳王重賢胥使乎茲提調則左布政使閔楷左參議徐文溥監試則按察使余祐副使王綖胥悉乎內右布政使劉文莊左參政陶照右參政鮑繼文孫祿董銳副使張羽李際可劉乘監張翰僉事孫孟舉郭震翟瓚蔣亨張天性李翰臣都指揮徐節藍佐張承恩白恩胥飭乎外而相厥成焉錄成并諸執事名附焉者均之斯錄之重也於戲諸士子其知重哉

直隸保定府安州儒學學正鄧鏞謹序

嘉靖元年河南鄉試

監臨官
巡按河南監察御史王溱（公濟直隸開州人　辛未進士）

提調官
河南等處承宣布政使司左布政使閔楷（正甫直隸任丘縣人　乙丑進士）

河南等處承宣布政使司左參議徐文溥（可大浙江開化縣人　辛未進士）

監試官
河南等處提刑按察司按察使余祐（子積江西鄱陽縣人　己未進士）

河南等處提刑按察司副使王綖（邃伯直隸開州人　乙丑進士）

考試官
直隸保定府安州儒學學正鄧鏞（朝器江西豐城縣人　丁卯貢士）

湖廣岳州府澧州安鄉縣儒學教諭陰汝登（民獻四川內江縣人　癸酉貢士）

同考試官
湖廣永州府道州儒學學正洪經（伯常廣西桂林中衛籍興安縣人　己卯貢士）

四川潼川州中江縣儒學教諭劉潛（孔昭江西贛縣人　癸酉貢士）

浙江湖州府長興縣儒學教諭胡梅（叔調江西新喻縣人　庚午貢士）

山東萊州府平度州昌邑縣儒學教諭張憲（于成福建閩縣人　庚午貢士）

江西九江府德化縣儒學教諭楊喬（遷之廣西蒼梧縣人　丁卯貢士）

直隸淮安府鹽城縣儒學教諭孫接武（紹祖山東濟寧州人　癸酉貢士）

浙江嘉興府嘉興縣儒學教諭錢文（實甫南京府軍衛衛籍直隸長州縣人　丙子貢士）

湖廣黃州府黃岡縣儒學訓導吳資（天錫廣西象州所人　庚午貢士）

印卷官

河南等處承宣布政使司經歷司經歷王珫（延壁陝西清澗縣人　監生）

河南等處提刑按察司經歷司經歷劉璿（伯璣山西汾州人　監生）

收掌試卷官

衛輝府知府翟鵬（志南直隸撫寧衛籍山東武定州人　戊辰進士）

南陽府知府宋延佐（良弼陝西乾州人　辛未進士）

受卷官

河南府同知桑溥（汝公山東濮州人　甲戌進士）

汝州知州馬性魯（進之志應天府溧陽縣人　辛未進士）

開封府許州知州顧□（英玉應天府上元縣籍直隸吳縣人　甲戌進士）

南陽府裕州知州竇明（惟遠山西武鄉縣人　辛未進士）

衛輝府新鄉縣知縣茹鳴鳳（瑞父太醫院籍直隸無錫縣人　戊辰進士）

彌封官

汝寧府信陽州知州李培齡（仁卿金吾右衛人　乙丑進士）

彰德府臨漳縣知縣張寶（君信山西盂縣人　丁丑進士）

汝寧府遂平縣知縣賈璘（文璧山東陽信縣人　丁丑進士）

懷慶府武陟縣知縣李昌（德隆直隸滑縣人　丁卯貢士）

懷慶府濟源縣知縣周傅（汝弼湖廣麻城縣人　庚午貢士）

謄錄官

懷慶府通判劉績（克建直隸任丘縣人　庚午貢士）

河南府洛陽縣知縣李美（善之山東東平州人　戊午貢士）

開封府歸德州鹿邑縣知縣王朝鎏（仲冕陝西朝邑縣人　丁丑進士）

開封府祥符縣知縣趙時寧（康伯順天府文安縣人　辛巳進士）

開封府許州臨潁縣知縣鄒瓚（獻卿錦衣衛籍浙江餘杭縣人　辛巳進士）

對讀官

開封府同知張進言（藎臣山西絳州人　辛酉貢士）

開封府儀封縣知縣周綜（仲義錦衣衛官籍浙江遂昌縣人　辛巳進士）

汝寧府光州固始縣知縣李鳳來（德儀順天府大興縣籍直隸桐城縣

人　辛巳進士）

　　河南府宜陽縣知縣杜蕙（維馨直隸任丘縣人　辛巳進士）

　　河南府嵩縣知縣張濟（汝任湖廣黃岡縣人　甲子貢士）

　巡綽官

　　宣武衛指揮使魯鎧（秉武直隸永平府灤州人）

　　宣武衛指揮同知柳勇（尚義直隸通州三河縣人）

　搜檢官

　　南陽衛指揮僉事張齡（鶴年直隸鳳陽府定遠縣人）

　　懷慶衛指揮僉事賈宗仁（從善直隸鳳陽府亳州人）

　供給官

　　河南等處承宣布政使司理問所理問周文（得中金吾左衛籍山西代州　丁卯貢士）

　　河南等處承宣布政史司照磨所檢尚志（希賢山西臨晉縣人　監生）

　　河南都指揮使司斷事司副斷事唐卿（堯弼直隸開州人　監生）

　　汝寧府西平縣知縣江珙（良燦直隸歙縣人　甲子貢士）

　　河南府陝州閿鄉縣知縣胡永華（彥實湖廣黃岡縣人　丁卯貢士）

　　開封府通許縣知縣許濂（文化四川成都左護衛官籍　甲子貢士）

　　汝寧府信陽州羅山縣知縣段永常（守經直隸東勝右衛籍山西臨汾縣人　庚午貢士）

　　開封府鄭州滎陽縣知縣李清（靜甫直隸薊州衛人　丁卯貢士）

　　開封府鄢陵縣知縣徐翀霄（潛甫山東堂邑縣人　甲子貢士）

　　彰德府鄴城馬驛驛丞謝輔（良左湖廣江夏縣人　承差）

　　彰德府湯陰縣宜溝馬驛驛丞李志芳（延眘湖廣道州人　承差）

　　汝寧府西平縣西平馬驛驛丞王佑（良輔山西襄垣縣人　承差）

　　南陽府裕州赭陽馬驛驛丞王璣（天度直隸獻縣人　承差）

　　懷慶府河內縣覃懷馬驛驛丞余達（行仲四川內江縣人　承差）

　　河南府陝州甘棠馬驛驛丞王重（起望陝西咸寧縣人　承差）

第一場

四書

天何言哉四時行焉百物生焉天何言哉　唯天下至聖為能聰明睿知

足以有臨也寬裕溫柔足以有容也發強剛毅足以有執也齊莊中正足以有敬也文理密察足以有別也　以友天下之善士爲未足又尚論古之人頌其詩讀其書不知其人可乎是以論其世也是尚友也

易

大明終始六位時成時乘六龍以御天　內陽而外陰內健而外順內君子而外小人　化而裁之存乎變推而行之存乎通　知幾其神乎君子上交不諂下交不瀆其知幾乎幾者動之微吉之先見者也君子見幾而作不俟終日易曰介于石不終日貞吉介如石焉寧用終日斷可識矣君子知微知彰知柔知剛萬夫之望

書

九德咸事俊乂在官　導河積石至于龍門南至于華陰東至于底柱又東至于孟津東過洛汭至于大伾北過洚水至于大陸又北播爲九河同爲逆河入于海　徽尋懿恭懷保小民惠鮮鰥寡自朝至于日中昃不遑暇食用咸和萬民　惟齊非齊有倫有要

詩

九月築場圃十月納禾稼黍稷重穋禾麻菽麥嗟我農夫我稼既同上入執宮功晝爾于茅宵爾索綯亟其乘屋其始播百穀　樂只君子天子命之樂只君子福祿申之　威儀抑抑德音秩秩無怨無惡率由群匹受福無疆四方之綱　敬之敬之天維顯思命不易哉

春秋

及宋人盟于宿（隱公元年）衛侯朔入于衛（莊公六年）　公子友帥師敗莒師于酈獲莒挐（僖公元年）盟于召陵（僖公四年）　滕子來朝（桓公二年）杞子來朝（僖公二十七年）楚子使椒來聘（文公九年）吳子使札來聘（襄公二十九年）　蔡侯以吳子及楚人戰于柏舉楚師敗績楚囊瓦出奔鄭（定公四年）

禮記

主佩倚則臣佩垂主佩垂則臣佩委　君子如欲化民成俗其必由學乎　樂也者情之不可變者也禮也者理之不可易者也樂統同禮辨異禮樂之說管乎人情矣　和寧禮之用也此君臣上下之大義也

第二場

論

聖人人倫之至

詔誥表（內科一道）

擬漢置三老孝悌力田常員詔（文帝十二年）　擬唐以皇甫德參爲監察御史誥（貞觀八年）　擬宋經筵講論語讀寶訓錫宴賚銀帛講讀官謝表（元豐八年）

判語（五條）

官員赴任過限　禁革主保里長　術士妄言禍福　邊境申索軍需　失時不修堤防

第三場

策（五道）

問　帝王鼓舞天下存乎詔令固也粵若虞舜氏夏后殷周氏訓誥誓命於斯爲經秦無足論兩漢而下稱七制焉文中子取之續經君子曰僭甚者賤詆之信乎抑有何說也豈舜禹湯武固非高惠文景諸君敢望者邪不然訓誥曰經誓命曰經而漢之詔令顧若是不倫之甚邪然則論其世竟無相及者邪唐宋何如夫固有待也邪惟我太祖高皇帝踐阼有詔太宗文皇帝紹復有詔聖聖相承類有詔伏讀之訓誥誓命也經也今聖天子入繼大統登極改元天詔渙發焉大矣詳矣仰窺一二有若展大禮而隆惠藩對者親親也有若舉直諫而起廢黜者惜賢才也有若表精忠而優之癮敘者重節義也有若求直言利弊者廣言路也有若蠲租賦賜今年之半者寬民力也有若清內使汰海户而爲厲禁者謹近習也裁匠校諸色目者去冗食也擅威福失軍機者罔赦正大綱而嚴邊防也之數者宏綱大要也天旋地轉不與訓誥誓命同功邪同者安在可比舉邪抑亦尚有可論者邪漢唐宋詔令將無同者邪沐德化者毋徒頌焉耳矣可也

問　孟子没道喪文弊經殘教弛衆說紛紜而理學病乃濂溪有周子橫渠有張子伊洛有程子考亭復有子朱子夫當時著述今在也或者疑其圖疑其未至□其太過彼疑者何如人果能見之真歟不知若人作之能出其上歟夫易傳既作本義復作圖有解而復圖之啓蒙意若不相入不相下者無怪乎疑者云云也四子著作并傳至于今無異說若四子者更生於時有無說也今

之學者居則曰周程張朱云爾試詳說而反之約何如

　　問　三代聖人治天下大則封建次則井田次則肉刑三代降强弱吞而諸侯滅貧富幷而井田壞劓刖戕人而肉刑廢儒者往往咨嗟太息欲復之古而卒莫之能可詳論之乎以三者爲非歟三代聖人以之治天下千百餘年未嘗變也當時亦莫之或非自漢至今亦數千百年時用時舍迨今掃蕩無餘天下未嘗不治必井田必封建而肉刑如若論乎今任民之田而出之租弊巧百出豪猾利而若者莫伸近乃均租之議起而閭巷騷然尚亦莫究其終將無擾也乎　宗藩盛而祿莫之給且不靖以逞者數數然也脫异其制分其地臣其民能保其妥而息肩乎捶笞而徒以配民若弗堪而乃肉刑黥面者割鼻刖足者相望於道路不亦怪而駭觀乎如之何其可也儒者之論迂焉矣乎忘於古今天下事者其出所見爲之說

　　問　儒者之論曰三代兩漢人才之盛風俗之美後世莫及取之以行不以言故也乃欲科舉之外略效其法更爲科目夫三代兩漢其法何如不投牒乞試不糊名易書不詞賦經義其行何從見乎政使舉之鄉選之里可以爲據乎夫不詞賦不經義尚有可以爲言者乎敷奏明試唐虞已有然者非取人之法乎它未暇論近世明道考亭諸大儒往往科目出而人者將不在三代之列顧出兩漢下乎楊瑒楊綰之徒每每欲奏罷之而未能茂才异等賢良方正諸科代有之得其人乎今之懷才抱德山林隱逸何由之者不多見而必科舉乎乃今有聖賢者出將由此進否乎或者天子公卿取之者有本未爲不可也儒者爲之論而竟亦莫能爲之所不托之空言乎爲政取人天下國家首事也從事於斯者自以爲如何

　　問　弭盜以安民攘外而安內國家政務之急者也往者賦役繁興河之南北豺虎搏噬曰有以致之也今非昔矣乃或白晝剽而奪市人之金甚者劫掠四境每勞安集往者將卒驕惰關之西北犬羊陵縱曰有以召之也今非昔矣乃或黃河斷而牧胡人之馬甚者烽火三邊再勤經略更化善治垂二年尚應爾乎議者曰弊政革而民尚貧瘡痍之夫猶之昔也朝廷正而內尚虛覬覦之奸猶之昔也夫豈天下事名未孚其實邪斯二患者唐虞三代不免焉無惑乎漢唐以還相踵也當其時鉆笓鉤鉅三表五餌以爲術外戶不閉胡越一家以爲功與夫憂腹心之疾而思禁止勅出塞之侵而欲篤信者可知也祛斯二患得上策焉可用於今者又何如也夫夷狄盜賊治亂安危繫之無說可乎

中式舉人八十名

第一名　王夢旭　開封府學生　詩
第二名　張元孝　汝寧府學生　春秋
第三名　傅明弼　泌陽縣學生　易
第四名　張晏　洛陽縣學生　書
第五名　馮時隆　湯陰縣學生　禮記
第六名　王琇　開封府學生　詩
第七名　溫秀　河南府學增廣生　易
第八名　曹來賓　鄭州學生　書
第九名　郭寶　衛輝府學生　詩
第十名　胡瀹　河南府學生　易
第十一名　王納言　信陽州學生　詩
第十二名　陳璣　鄢城縣學生　書
第十三名　戴玉　儀封縣學生　詩
第十四名　孔泗　河南府學生　易
第十五名　盧輔　許州學生　春秋
第十六名　崔應極　通許縣學生　詩
第十七名　王潘　磁州學生　書
第十八名　閻滿　信陽州學增廣生　易
第十九名　王胤明　中牟縣學生　詩
第二十名　楊儒　孟津縣學生　禮記
第二十一名　郭孔完　新鄉縣學生　易
第二十二名　周仁　商城縣學生　詩
第二十三名　王家相　永寧縣學生　書
第二十四名　李凝忠　杞縣學生　詩
第二十五名　呂瑩　開封府學附學生　易
第二十六名　王浙　商城縣學增廣生　詩
第二十七名　劉鑾　唐縣學生　書
第二十八名　曹祖儒　衛輝府學生　詩
第二十九名　黃棟　湯陰縣學生　易
第三十名　羅鼐　商城縣學生　春秋

第三十一名　劉光遠　杞縣學增廣生　詩
第三十二名　張朝銃　澠池縣學生　書
第三十三名　張木　中牟縣學生　易
第三十四名　張時興　鄢陵縣學增廣生　詩
第三十五名　鈔奇　彰德府學生　書
第三十六名　常淶　鄭州學生　詩
第三十七名　寇學禮　洛陽縣學增廣生　易
第三十八名　王寶　扶溝縣學生　詩
第三十九名　牛沈度　葉縣學生　書
第四十名　李軒　開封府學生　禮記
第四十一名　高鉞　信陽州學生　詩
第四十二名　畢獻　河南府學生　易
第四十三名　馬豸　滎澤縣人監生　詩
第四十四名　白廷珪　唐縣學生　書
第四十五名　蘇紳　考城縣學生　詩
第四十六名　張輝　洛陽縣學增廣生　易
第四十七名　張梅　陝州學生　詩
第四十八名　李天然　洛陽縣學增廣生　書
第四十九名　趙友書　靈寶縣學生　詩
第五十名　王傅　洛陽縣學生　易
第五十一名　李禄　汝寧府學生　春秋
第五十二名　崔滂　彰德府學增廣生　詩
第五十三名　許遷喬　睢州學生　書
第五十四名　李玠　襄城縣學生　詩
第五十五名　陳可　鄆城縣學生　易
第五十六名　吳鳳　固始縣學增廣生　詩
第五十七名　謝泳　鈞州學生　書
第五十八名　馬路　裕州學生　詩
第五十九名　周南　郟縣學生　書
第六十名　趙迎　鞏縣學生　詩
第六十一名　馬允　陳留縣學生　禮記
第六十二名　王沂土　輝縣學生　詩

第六十三名　李繼賢　裕州學生　易
第六十四名　張承祚　汝寧府學生　詩
第六十五名　來同　衛輝府學生　書
第六十六名　陳繡　扶溝縣學生　詩
第六十七名　楊雲　洛陽縣增廣生　易
第六十八名　李枝　開封府學生　詩
第六十九名　楊得仁　鈞州學增廣生　書
第七十名　戚大英　羅山縣學生　春秋
第七十一名　胡守中　寧陵縣學生　詩
第七十二名　張相　衛輝府學生　易
第七十三名　張璉　延津縣學生　詩
第七十四名　劉聰　嵩縣學生　書
第七十五名　尤時熙　河南府學增廣生　詩
第七十六名　張爵　洛陽縣學增廣生　易
第七十七名　王同　郟縣儒士　禮記
第七十八名　劉格　彰德府學生　詩
第七十九名　孫恪　信陽州學生　書
第八十名　張琛　商城縣學生　詩

第一場

四書

天何言哉四時行焉百物生焉天何言哉

張晏

同考試官教諭楊批（作者至兩何言處便難乎爲言四時行百物生殊覺繁腐此作脫略故習而精確舒暢讀之鏗鏘有餘味可謂善言天者矣大手筆自別）

考試官教諭陰批（文簡而意足追古作矣）

考試官學正鄧批（句句貼題而不局促）

聖人即天道不言之妙所以明在已之無言也蓋不言而化成者天道之妙也聖人亦天而已豈假於言哉吾夫子曉子貢之意蓋曰予之無言何患乎無述也獨不觀諸天乎今夫天蒼蒼正色有象可見者也冲漠無朕其何言邪

高高在上無聲可聞者也覆幬無垠其何言邪天不言而化則行焉但見陰伏而陽之長也於是乎爲春爲夏陽微而陰之盛也於是乎爲秋爲冬氣序循環而無端不曰四時行乎天不言而化則成焉但見物之各具一太極也自形自色而性命之各正物之資始於乾元也以化以育而絪縕之化醇品彙生成而不息不曰百物生乎四時之行也天統之而已矣化機自爾其默運有無容言者焉百物之生也天主之而已矣妙用自爾其潛乎有不待言者焉予之無言亦猶是也賜也復何疑哉蓋嘗觀之天道不言而成化聖人不言而成教知天則知聖人矣無言之教何述之疑子貢之賢不免焉當其時以言語觀之者獨子貢也哉夫子曰天何言曰天何言開示者至矣子貢异時天道得聞之嘆其亦庶幾乎得無言之妙者歟

唯天下至聖爲能聰明睿知足以有臨也寬裕温柔足以有容也發強剛毅足以有執也齊莊中正足以有敬也文理密察足以有別也

王夢旭

同考試官教諭錢批（題目大而頭緒多作者不繁則拘因文命意字字拈出獨見此篇）

同考試官教諭孫批（文體方正而宛轉流動）

同考試官教諭張批（不假過接而意自通貫）

考試官教諭陰批（講無費詞）

考試官學正鄧批（發揮明盡）

中庸論天下之至人備天下之至德甚矣德之至者人之至者也中庸以是而言天道有以也夫子思子發明小德川流者如此謂天人曰聖焉人之至矣聖曰天下焉聖之至矣惟此天下至聖也爲能聰無不聞明無不見而清明之在躬睿以通微智以藏往而志氣之如神生知之質如此于以嚮離明宰群動蓋將臨之而有餘矣天下難乎有容也仁以居之弘焉優焉何寬裕也和焉巽焉何溫柔也雖四海亦可保矣豈不足以有容乎天下難乎有執也義以主之奮發自強無怠弛也剛健果毅無委靡也雖萬變亦有定矣豈不足以有執乎非禮不足以言敬也齊於内而莊於外立乎中而主乎正所性有禮焉敬於是乎在矣非智不足以言別也文焉有章而條理之不紊密焉無遺而辨析之不爽所性有智焉別於是乎存矣是則天質美而天德全焉非天下之至聖其孰能與於此哉抑此至聖之德備於己者然也乃若溥博淵泉出焉至於配天功用之盛其天道之極乎故天道之極者至誠之道不能外矣雖然至誠之道

非至聖不能知至聖之德非至誠不能爲故曰苟不固聰明聖智達天德者其孰能知之意蓋如此

以友天下之善士爲未足又尚論古之人頌其詩讀其書不知其人可乎是以論其世也是尚友也

傅明弼

同考試官教諭劉批（詞旨超詣殆真友古人者豈天下士邪）

同考試官學正洪批（順講而精采倍常當是作家）

考試官教諭陰批（老於文者如此）

考試官學正鄧批（有奇氣文哉）

盡所友而復進乎古斯進取友之道矣夫友天下善士盡乎今者也乃不自足而必進之古焉友道豈復有遺者哉孟子告萬章之意蓋謂天下之善未易窮而取友之道不容已是故取善而至於天下善亦廣矣推而極之將有尚於此者可自足邪盡友而至於天下友亦衆矣等而上之將有進於此者可但已邪奮乎百世之上有古人也又從而論之不自畫焉等乎百世之前有古人也吾從而取之思與齊焉於是乎頌其詩則凡善在於詩者皆得而取之矣不知其人不可也尤必考其當時行事之迹果如其詩之所云乎於是乎讀其書則凡善在於書者皆有以取之矣不知其人未可也又必論其當世行事之實果如其書之所載乎夫如是則人雖生乎今也而不以今人自處取友於古者無復上矣人雖遠於古也而必以古人自期取善於古者亦既進矣尚友古人則不止爲一世之士而已一鄉一國豈足言哉萬章者可以知友道矣嗟夫章何人哉可以語此觀夫三遷之訓齊梁之游私淑諸人而願學孔子焉則尚友千古非孟子而誰所以謂萬章者得非其自況者歟盡心知性而知天雖與造化爲友可也嗚呼孟子諄諄焉告萬章者亦所以爲萬世告也後之人少有所得而侈然自大亦小矣無怪乎今之人無友也夫

易

大明終始六位時成時成時乘六龍以御天

傅明弼

同考試官教諭劉批（此題重在乘龍御天上作者往往體認欠真偏重首句□天道易并言殊失本旨此作語有斟酌故錄之）

同考試官學正洪批（講得元亨意分曉蓋潛心於易者）

考試官教諭陰批（意圓而語不滯）

考試官學正鄧批（文無長語可錄）

聖人深知天道而妙之于行所以爲元亨也夫聖人與天爲一者也明天道而妙于行焉則元亨可見矣夫子彖傳之意謂夫乾之義固見於天天之道則備於聖人曷觀聖人之元亨乎彼乾道始于元必終于貞也唯聖人大明其終則有始之機貞之終所以爲元之始也唯聖人深契其貞下則妙則見卦之六位遠近貴賤而成列者一因其時而終始之道以寓承乘比應而成章者各以其時而貞元之妙攸存然聖人豈徒大明于心而已耶於是以六位之陽因時而變化也則以時乘之神其化以宜民六陽之龍隨時而進退也則以時乘之神其道以設教弛張闔闢一適乎時措之宜蓋一身之運用莫非天道之敷布矣天不爲聖人之所御哉操縱予奪一合乎時中之則蓋萬幾之施設莫非天道之流行矣聖人不有以御乎天哉是則聖人得天位行天道則德化大行之日即雲行雨施之時也元亨孰有大于是哉抑論易之爲道時焉而已終始者天道之時也六位時成者易之時也時乘六龍者聖人之時也天道非易不具而易非天道不明然又皆非聖人不能體焉夫子於此首發時之一言以聖人乘龍御天言之良有以也

化而裁之存乎變推而行之存乎通

溫秀

同考試官教諭劉批（此章三言變通皆在卦爻陰陽上說場中諸說紛紜殊無定見明白簡當無逾此篇）

同考試官學正洪批（化裁推行說得兩存字意出當是健作）

考試官教諭陰批（不主聖人用易說良是）

考試官學正鄧批（理到詞明）

聖人制易而達其用各有所在也夫變通之理易用之所以利民者也聖人裁制推行之妙其在是哉大傳詳言卦爻變通至此謂夫卦爻有道器之分亦有變通之妙是故陰陽不定其位動靜各從其時其間自此而之彼者有自然之化也因其化而裁之立制用之法使爲陰爲陽而各成其文妙裁成之方使當動當靜而各定其象若是者存乎變焉蓋卦爻之中進退既極而陰陽爲之易位動靜既分而剛柔以之趣時是變者乃聖人因而化裁者也使無是變則所以化裁之功隱矣故曰存乎變若夫剛柔之推既定失得之報以明其間因占以達變者乃可行之道也于焉推而行之擬言議動審易貢而達之於百爲趨吉避凶究典禮而施之於萬變若是者存乎通焉蓋卦爻之內變以趣時

而各寓當動之理易以從道而各有可行之幾是通者乃聖人因而推行者也使無是通則所以推行之妙息矣故曰存乎通是則隨時者易也變通者時也隨時變易以從道易之用妙矣哉雖然易道貴乎時易理具於心人能窮理於易而會易於心則動惟厥時而變通在我矣何功業之不成乎下文推神明之人而歸於德行意正如此嗚呼安得明心易之人而與之論變通也哉

書

九德咸事俊乂在官

張晏

同考試官教諭楊批（作題者漫述腐語成篇類欠斟酌此講咸事在官經旨宛然）

考試官教諭陰批（沉著爾雅經義之善者）

考試官學正鄧批（說出虞廷得人氣象）

大臣陳謨欲賢才皆為之用焉蓋天下之治必待賢才而後成者也有虞之世九德俊乂皆服事而在官焉豈非知人之所致哉皋陶陳謨於舜及此若曰翕受敷施才無遺者矣又豈不各適其用哉是故天下之事人君不能以獨理也蓋率作興事惟有德是賴焉但見德之所備有其三有其六多寡雖異也而事乃事者未始以或異浚明於日宣之餘人之有常者舉得以效其用亮采於日嚴之後士之惟吉者舉得以盡其長乘時以趨事而天工之代者皆有所歸矣因事以赴工而庶政之釐者皆有所寄矣寧有有是德而無是事者乎帝庭之臣職守不可以或闕也蓋稽古建官惟俊乂是屬焉但見俊乂所兼有千人有百人大小雖殊也而官其官者未始以或殊有服百僚濟濟乎多士之彙進布列庶位穆穆乎群才之咸集不但浚明有家之得人也凡才足以修政者皆充任使焉不但亮采有邦之得人也凡能足以立事者悉勞王家焉寧有有是才而無是官者乎吁以天下之才任天下之事唐虞之朝下無遺才上無廢事有由然哉大抵堯舜之世先務為急者親賢已矣堯之所以獨憂而舜之所以闢四門命九官知人之道宜無不盡者皋陶之謨尤拳拳焉先之曰身修思永則所以取人者固自有本也人才之盛治道之隆高出千古焉宜哉故曰為政在人取人以身

徽柔懿恭懷保小民惠鮮鰥寡自朝至于日中昃不遑暇食用咸和萬民

曹來賓

同考試官教諭楊批（經義難得活暢此作直述正意而自有波瀾且文

王無逸處躍然在目子將善於告君者乎）

考試官教諭陰批（詞意渾成有體認者）

考試官學正鄧批（峻整疏通）

前王聖德之盛有以恤乎民而勤以裕乎民也蓋德者近民之本也前王德盛而有及民之實焉其所以無逸者從可知矣周公告成王之意謂夫文王無逸者不獨崇素儉而已也恤孤獨勤政事尚有可則者焉是故巽順中涵而凌暴之不作謂之柔柔而徽焉柔之善者也謙抑中孚而傲慢之不形謂之恭恭而懿焉恭之先者也柔恭之德既備於已平易之政自及於民小民可近也於是乎懷而保之優游之敷愛之如子者邪鰥寡可憫也於是乎惠而鮮之煢獨之哀視如傷者邪自朝至於日之中食浮其侯矣乃不遑暇蓋食為緩民為急也由中至於日之昃食爽其節矣尚不遑暇蓋食為輕民為重也勞心於施仁使凡有生於西土者咸被其澤焉加志於誠和使凡托處於四方者各得其所焉是知文王之德之勤一至於此享國永年宜矣為成王者可不知所務哉抑有周之先太王王季克自抑畏其所以無逸者源流遠矣周公於成王首以為訓而於文王尤諄諄然言之者何邪蓋幼沖之志難持而宴安之情易溺閭閻之艱難易忘而天命之精微難測故也逸淫樂益以戒舜它可知矣嗚呼八駿周游非其子孫哉有天下者可以觀矣

詩

威儀抑抑德音秩秩無怨無惡率由群匹受福無疆四方之綱

王夢旭

同考試官教諭錢批（題本平易作者牽綴重複多戾詩人稱願之旨此作詞理明潔且過接處不覺費力必有學識者也）

同考試官教諭孫批（文暢理明筆力精健錄之）

同考試官教諭張批（發揮詩人稱願之意覆異他作）

考試官教諭陰批（詞氣雄偉善說詩者）

考試官學正鄧批（詞不費而理自明佳作也）

惟能修德而任天下之賢故能獲福而統天下之治蓋獲福統治有修德任賢為之本也詩人以此願王者之子孫其亦忠愛之至哉假樂之詩公尸所以答焘鷺也至此意謂子孫皆賢固所以為福而適嗣之賢實賴以繼序吾王之適嗣也和順積中發而為威儀之美可畏可象遠暴慢於不形可抑抑乎道德在躬著而為聲譽之隆彌遠彌芳極稱頌於不已何秩秩乎且能公以任人而私怨不蓄群匹之長已之長也因能授職而虛懷於登庸之下急於取善而

私惡不留衆賢之技已之技也量材任使而推心於甄錄之時夫如是則所以獲福而統治也有本矣將見一德之修自有以來百禄之會崇高富貴我其宜之洪休不可以紀極也衆賢之進自有以召萬福之同安富尊榮我其受之純嘏不可以疆限也嚮離明而操獨運之權禮樂征伐胥此焉出範圍天下一網之總乎目也何有於渙散乎宰群動而執專制之柄政教刑賞皆其所施統括四方一目之繫於網也何有於離叛乎夫以適嗣之賢如此則付托有人固王之大欲也而吾臣子稱願之意亦庶幾少罄矣抑考人君一身之福修德或可以自致子孫之賢與否未可以必得者歷觀往古可知已故既醉有孝子不匱之祝有駜有穀貽孫子之禱蓋與假樂詩人同此心也皆可謂善頌善禱者矣噫鳬鷖之燕其臣假樂之祝其君君臣相愛賡歌一堂所以上下交而德業成也有周國祚之永其有以夫

敬之敬之天維顯思命不易哉

王琇

同考試官教諭錢批（此題顯斯處士子皆以福善禍淫入講與傳中聰明字不相應此作體認親切語意渾厚足以占忠愛之心矣）

同考試官教諭孫批（此題士子多拘於舊說言詞直遂殊戾本旨是篇辭意委曲宛然與周王對言者且文有繩墨擺脫腐冗錄之可以式矣）

同考試官教諭張批（詞能達意自是健筆）

考試官教諭陰批（得進戒意取之不獨以文也）

考試官學正鄧批（造語有分曉）

王者述群臣戒已以敬正以天之明命難保焉蓋敬爲基命之本也群臣以此進戒其深有意於君者哉成王受群臣之戒而述其言曰惟德可以動天惟敬足以集命吾王紹先世之統藉祖宗之業一時不敬適以貽莫大之憂王其敬之而兢業恒存於念慮一事不敬足以致無窮之患王其敬之而惕厲不已於思惟嚴理欲之防動無異於静也勿以承平之世而曰何過慮乎謹邪正之辨隱尤密於顯也勿以閒暇之時而曰何足畏乎蓋以彼蒼者天垂聰明於監觀之下于宮于庭無事而弗燭蓋有莫遁其情者矣懸視聽於潛默之中于言于行無時而弗察蓋有難掩其真者矣是以假哉之命雖或與之亦或奪之轉移無常將以視德之厚薄也是豈可以幸致哉雖或去之亦或就只變遷靡定將以視治之隆替也是豈可以易保哉夫以難保而欲保之莫如一敬而已矣吾王何不從事於斯以爲祈天永命之本乎抑考敬也者千聖傳心之要法也故仲虺告湯曰欽崇天道

尚父告武王曰敬勝怠者吉是創業垂統者固在於此敬而持盈守成者尤不可以不敬也然則成王欲保天命不可他求亦惟勉於此而已厥後學造緝熙爲周令主而國祚永焉進戒之臣有益於人國也哉

春秋

公子友帥師敗莒師于酈獲莒挐（僖公元年）盟于召陵（僖公四年）

張元孝

同考試官訓導吳批（二傳甚明而作者昧之子以許禮二字定予奪噫使季友齊桓可作能不深服乎子之言邪）

考試官教諭陰批（得屬比體）

考試官學正鄧批（明而切簡而整春秋之精者也錄之）

詐以禦敵者春秋責之禮以制敵者春秋予之蓋王者之待敵以禮而不以詐也季友之敗莒桓於齊桓之服楚矣春秋予奪之宜哉且于酈何爲而敗也季友因莒挐之責賂而敗獲之焉君子曰詐是故不陣不戰王者之師也使友知此則抑鋒止銳喻以詞命使知不縮而引去善也何乃師出否臧機變是逞師未陣也而文告之罔修兵既接也而詭遇之是獲敗其師禽其將一詐之爲也而豈王者之師哉噫古人有五步六步而止者孰謂友之賢而違之春秋責備賢者故以季友爲主而書敗獲所以備其責也如此若于陘何爲而盟也齊桓因屈完之惠來而盟結之焉君子曰禮是故修德來遠王者之事也使桓昧此則恃兵之強利敵而往致彼不服而抗衡恥也幸而武功不修文德是尚師雖強矣以律用之而不暴敵已服矣以禮下之而不驕盟其使納其成一禮之爲也不庶幾王者之事哉噫古人有舞干羽而格者孰謂桓之伯而能之春秋樂與人爲善故書盟于召陵所以序其績也如此吁責友則知詐力之賤予桓則知禮義之貴春秋之明王道何如哉抑季友詐矣而落姑之盟僖公之立安定國家以迓續我禽父之祀則輔相之功也烏可少齊桓美矣而濤塗之執江黃之伐驕盈震矜以隳壞其垂成之業則伯功之卑也奚足道傳曰好而知其惡惡而知其美其明於春秋之義也乎

蔡侯以吳子及楚人戰于柏舉楚師敗績楚囊瓦出奔鄭（定公四年）

盧輔

同考試官訓導吳批（此題頭緒頗多作者往往得此失彼獨是篇驥括無遺而詞亦簡當可謂善說經矣）

考試官教諭陰批（發揮傳意殆盡）

考試官學正鄧批（斷制精核無一長語其經義之杰然者邪）

春秋予遠人仗義而深罪伯主略遠人假義而特貶外臣此吳之救蔡名善而實非也而晉定囊瓦之罪見矣昔者蔡困楚圍乃請吳人之救吳師伐楚遂有柏舉之戰一鼓而楚師敗北再鼓而囊瓦奔鄭焉春秋于吳何以稱子彼楚也長惡王法所當討也吳能自卑聽蔡義以赴援達王命以致討楚虐頓銷而蔡叔之祀復延其功不愈伯乎稱子所以大其功也然晉主夏盟中國所仰宜以安攘爲急焉者而乃沮徇利之臣廢簡書之義坐視蔡圍孔棘而遺其義于吳也安望其爲伯哉故蔡用吳師特書曰以其罪之爲何如然吳曷爲不言救彼吳也爭長君臣實謀楚也蔡人往請適幾會之是逢遂師旅之是應蔡難雖紓而利楚之謀已憯其志豈在蔡乎不書救所以責其實也然囊瓦執政楚國是賴宜以社稷爲憂焉者而乃貪珮裘之獻甘亡命之辱卒使國破君奔而貽其禍于後也將焉用彼相哉故記其出奔而特稱人其貶之爲何如春秋書法如此不亦嚴矣乎雖然吳之功過固不相掩焉矣獨惜囊瓦以利敗楚荀寅以利誤晉而其君卒莫之寤焉其何以保楚之不敗而晉之能復伯也夫伊訓以徇貨比頑爲三風而中庸賤貨貴德爲九經其垂戒也遠矣於乎放於利而行多怨以此坊民後世猶有任弘羊以権稅用延齡以聚財寵安石以言利如漢唐宋者亦獨何哉

禮記

君子如欲化民成俗其必由學乎

馮時隆

同考試官教諭胡批（昔人謂相染爲俗夫成俗在化民也未有舍民而可以言俗也士子往往裂而講之謬矣子能渾成語意躍然明快蓋究心於學記者）

考試官教諭陰批（明净可録）

考試官學正鄧批（講學處亦透徹而結出一敬字尤爲知要）

君子欲成天下之化必先天下之教夫學也者治化之原也君子欲成化於天下而可不先於學乎學記至此蓋謂天下有難治之勢君子有善治之術是故俗以民習也不化民而欲俗之成得乎君子如欲妙鼓舞之機化導斯民使之以漸以摩而臻雍熙之美不以目前小康自足焉俗由於民也民不化而能成其俗乎君子如欲運作新之妙變化群生使之胥則胥效而成休明知隆必如盛世時雍爲至焉間閻風動之俗一民心孚格之地也俗庶其有成乎天下於變之民一習尚大同之化也俗不其有成乎君子有志於治化如此舍學

何以哉蓋必心體大學之道講明敷施以爲化成天下之本肇修大學之教開導啓迪以爲變化四方之極體立於我而用施於彼匡直輔翼之方有不令而行之妙矣不學而能之乎道成於上而化行於下提撕警覺之功有不言自喻之效矣不學能如是乎君子治化之由于學也如此豈但諛聞動衆而已哉此學之所以先也抑學也者教也教也者化也先王建國君民以立教立學首務王制曰天子命之教然後爲學商書曰念終始典於學學之有關於治道也何如哉然所以爲學者有要焉曰敬也夫敬也者聖學之所以成始而成終者也敬以立其心學以明其道則道以成化化以成俗而治可常保矣故曰明君以務學爲急聖學以正心爲要

樂也者情之不可變者也禮也者理之不可易者也樂統同禮辨异禮樂之說管乎人情矣
　　馮時隆
　　同考試官教諭胡批（題本明白作者狃於集說謂情理因禮樂而後不可變易殊不知情理禮樂之體也禮樂因情理作而不能變易乎情理也此篇體認真切講亦明暢讀之可以知禮樂之妙矣）
　　考試官教諭陰批（講情理爲禮樂本體良是）
　　考試官學正鄧批（禮樂最難名狀此作近之）
　　記者原制作之定體而著制作之功用焉蓋情理禮樂之本體也所以管乎人情則其功用之妙何如哉且夫禮樂緣人情而作人情以禮樂而治是故情之播於聲者樂也感物無常人情固多變矣然發於聲音者一自然之情耳或哀也或樂也哀樂异趣而音隨之其可變邪理之燦于文者禮也隨時有异事理固多易矣然著之節文者一本然之理耳若隆焉若殺焉隆殺异制而文成之其可易邪惟不可變也故有以合乎人之情和順道德而純然無間也是樂之和不有以統天下之同乎惟不可易也故有以別乎人之理謹審節文而截然不亂也是禮之序不有以辨天下之异乎由是觀之則知禮之制也非泛然無益之物也凡人情之异者皆禮以爲之管束矣而嚴不至於離也禮之說其用何切邪樂之作也非蕩然導欲之具也凡人情之同者皆樂以爲之統攝矣而和不至於流也樂之說其用何妙邪吁禮樂之制也本於一而其功用之極也如此先王之制作豈苟焉而已哉易曰上天下澤履君子以辨上下定民志雷出地奮豫先王以作樂崇德則禮樂也者原于天地而制乎人情者也治隆俗美古之極也後世不究其本尊君抑臣之儀芝房寶鼎之歌而於天下無

與焉亦末矣故曰三代而上治出於一而禮樂達乎天下三代而下治出于二而禮樂徒爲虛文諒哉

第二場

論

聖人人倫之至

王夢旭

同考試官教諭錢批（場中作此題泛者專講人倫拘者專言堯舜君臣之義而五倫未備於孟子本意不見歸著此作提掇慎徽五典敬敷五教爲主以君道臣道該乎五倫衮衮數百言皆堯舜事實而本章互言之意庶幾貫通是用錄出以袪論者之惑）

同考試官教諭孫批（凡文立意爲先造語次之此篇意高而語自雄）

同考試官教諭張批（議論出入經傳開闔操縱亦自有規矩矣）

考試官教諭陰批（論有根據有關鍵）

考試官學正鄧批（平正中出奇高論高論）

論曰聖人立人極於天下本諸身而已矣夫天下之人之身所同者人倫也而夫人乃或未之盡則人極之立始有不能不望於聖人者而聖人亦豈外身以爲人倫外人倫以爲極哉蓋秉彝之良全於我者天下不能异而範圍之則我之立焉者天下莫能違也夫不能違者天下常行之理至於聖人而止者也蓋自其心而充之於身達之於家國天下當時尊之萬世仰之所謂人極立焉者必如是聖人之志始遂而責不孤人之所以望之者如斯已矣孟子曰聖人人倫之至而曰君道而曰臣道必歸之堯舜者均之立人極而本之身焉者也蓋嘗論之天下之生久矣昔者庖羲神農黃帝繼作人極肇焉一再傳而陶唐氏出堯爲君而舜爲之臣矣曰欽明文思安安曰允恭克讓曰其仁如天其智如神非堯之所以爲堯而聖者乎曰濬哲文明曰溫恭允塞曰明於庶物察於人倫非舜之所以爲舜而聖者乎夫堯之聖如此舜之聖如此其所以立人極者豈外此邪然而當是時也洚水儆予矣下民其咨矣黎民阻饑百姓不親而五品不遜矣堯之治民舜之事君者寧能若是恝然而已邪天下之望之者何如而乃不爲之所其能自已邪於是乎人極之立蓋有不容已者矣自今觀之堯之命舜曰慎徽五典堯之所以爲人倫之至而言由中出者如此也舜之能慎徽五典者蓋其執中之傳本之身而見之乎人倫者又如此也然則堯之爲君而治民舜之爲臣而事君其所以立極者豈外人倫哉故舜之命契曰敬

敷五教在寬舜之命亦猶堯之命也不忘乎臣道者也不外乎人倫以治民者也放勳曰勞之來之匡之直之輔之翼之使自得之又從而振德之者凡以此也然則乘彝之良範圍之則天下自不能异而違之矣是故天下之父子有親也是故天下之君臣有義也是故天下之夫婦有別長幼有序而朋友有信也故曰五典克從夫豈無徵者哉蓋堯舜立人極而本之身如此故有親睦九族者焉故有克諧以孝烝烝乂不格奸者焉故有嬪於虞舘甥貳室迭爲賓主者焉夫豈獨此哉若曰曆象授時有能俾乂若曰納百揆齊七政輯五瑞若曰巡狩奏言象典刑詢四岳咨十二牧若曰明刑典樂工虞秩宗納言之有命者皆君道之所在也臣道之所在也人極之所賴以立焉者也至此則堯舜之道真足以建天地而不悖質鬼神而無疑俟聖人而不惑矣豈非所謂人倫之至者邪抑孟子之言有爲而言之也蓋當其時爲之君者桓文之慕而已矣爲之臣者管晏之談而已矣君臣之所以爲治者暴其民而已矣君道何在臣道何在人倫何在而所以立人極者又何在也堯之爲君舜之爲臣無望焉孟子言必稱堯舜其所以望於當時者厚矣而卒不悟謂之何哉然則不法堯舜而曰人極之立不可也今夫規員之至也而天下之員者不能外今夫矩方之至也而天下之方者不能外聖人立人極於天下無异於規矩天下之望聖人而歸其極者無异於方員知規矩而方者員者不能外則聖人人倫之至之說盡矣

表

擬宋經筵講論語讀寶訓錫宴賚銀帛講讀官謝表（元豐八年）

張元孝

同考試官訓導吳批（經筵關繫君德最爲喫緊當時君臣知重而吾子能言之讀者當自感動）

考試官教諭陰批（講讀官乃有此遭際寧獨感恩而已邪）

考試官學正鄧批（駢儷中表表者）

月日臣等伏蒙法駕御邇英殿講讀論語寶訓既徹錫宴及銀帛者橫經殿禁兼遠宗近守之謨渙命軒墀肆昭德酬功之典幸少裨於聖德喜溢心顔遽過蒙乎寵榮憖生冠佩臣等誠恐頓首頓首竊以微言自洙泗而啓博傳二子之門人景運由河汴而昌焕發三朝之國是始於節用愛人以至尊美屏惡皆君道所關先之政體聽斷以達將帥邊防悉廟謨攸萃蓋道至素王而極心政兼存法惟昭代爲精典則備具口相受授出秦坑孔壁之餘首用編摩發金匱石室之秘篇目分齊魯誠哉致治鴻猷光烈邁古今允矣保邦龜鑒趙普相於開寶自多半部之功王曾比於貞觀有裨正史之義讀之彌久但覺旨趣深

長守之不移最是規模宏大實上通乎帝學匪徒小子過庭諒遠貽乎孫謀端在後王肯構嘉言炳炳均有切於天下國家聖謨洋洋統不外乎人倫日用是知文章法理莫過二書啓沃論思可通千古自惟疏賤何幸遭逢兹蓋伏遇體元居正重道崇儒天表粹溫日華煇燿殿上御紫宸之慶宮中協赤光之符屛熙豐之宿奸却于闐之异貢春秋方盛尊德性以涵頤夙夜惟勤恤民隱而咨訪踐阼未逾乎一歲登筵自謹於萬幾廣廈細旃特賜清閑之宴宏詞奧義俯開聽納之聰快瞻日鑒於宸居忻接天顏於斧扆彤帷甫徹縟禮沓頒綺席叨陪歡聲并和乎呦鹿寶函敬捧文光聿映乎蟠螭侈桓榮稽古之蒙陋元宗麗正之賜雅歌湛露示恭敬慈惠之誠優渥自天寓範圍裁成之義壁堂奠崒誰謂過三玉府獻儲奚啻旅百代用酬幣寵逾幅尺銖兩之間侑以上尊榮在几筵杯酌之外君恩是荷方之車服以庸儒道相高敢以官閥爲次醉之以酒飽之以德餘味忽忘其初服之無斁用之不窮殊錫荐荷其庇多儀邁夏禮重鈞臺備物如周珧齊大呂臣等敢不俯躬循省策力驅馳積學而待諏詢窮經以資化理嘗鼎烹之雋永不於富貴而朵頤接晉錫之便蕃肯以飽煖而易志臣等無任瞻天仰聖激切屏營之至謹奉表稱謝以聞

第三場

策

第一問

張晏

同考試官教諭楊批（聖製一策我皇上再造乾坤蕩蕩難名者子能鋪揚其盛而據諸經且詞氣純古終篇不忘規諷其所養可占矣）

考試官教諭陰批（五策條答無遺而是篇仰窺詔旨縷析尤精通前二場觀之一一說理詳明措詞雅健高薦未爲忝竊）

考試官學正鄧批（聖製主道心之純而本之執中之傳經生有此足知致用之學）

聖製之純者道之純也聖道之純者心之純也心者道之寓而道者製之所據以出者也心純道純則製之爲典溫醇正大真切誠愨足以垂憲百王矣此我聖天子之明詔所以近紹祖宗列聖而重光遠追舜禹湯武而同符也猗歟盛哉乃若心雜道雜則製之爲詔令者卑陋寒狹瑟縮觳觫不過粉飾一時之具而已矣此漢唐宋之詔令所以止於漢唐宋也執事舉訓誥誓命而擬諸聖製之同其感黃鐘而動者歟草茅下士亦游泳聖澤而窺其萬一者其能默

乎蓋嘗考之太古忘言之化形迹忠而言語泯矣慨自樸散淳漓以神相示以機相使心術意旨始有不可得而秘者自夫敗德有訓慚德有誥亂德有誓崇德有命而甘誓而太誓而三盤五誥訖於文候置命昭昭乎具在焉然而伊訓之所以訓者湯之典刑也湯誥之所以誥者克綏厥猷也徂征非誓也千羽兩階所以爲誓崇德非命也齊聖廣淵所以爲命例其餘安往而非精一執中建中建極爲之邪舜禹湯武所以爲道爲心爲純爲經者此也降自春秋戰國訓誥誓命猶在也定哀靈景齊宣梁惠何如主也縱橫捭闔之辯視尚書諸篇純邪秦不足道漢興高文諸君求賢詔勸農詔定筭笞輪臺孝廉諸詔令所謂七制則如斯而已唐德宗之罪已宋高宗之恤民寬厚諸詔亦庶幾者矣考其實則馬上之習未遑之讓多慾刑名猜忌刻薄畏懦而無剛果者曾得精一執中之傳邪魏隋晉宋齊梁陵夷至於五代金元何望焉世無純聖安能有純經者邪夫曠百世而相感者心未嘗泯關千聖而相傳者道未嘗絶也心純道純我祖宗列聖過舜禹湯武遠矣太祖高皇帝仗義驅胡復帝王自立之地踐阼明詔首之以立君安養者純哉言也太宗文皇帝舉兵靖內弘皇祖創立之規而紹復之詔終之以恭儉至仁者純哉言也聖聖相承而生物安民守成法祖者皆明詔第一義殫莫能述焉豈非訓誥誓命者邪我皇上起藩封而繼大統春秋鼎盛睿慮淵閎譬則海曙之日出而當空清虛何如也貞下之元轉而開泰和煦何如也太始渾淪判而鴻濛淳厖又何如也何者非道謂不與精一執中群聖同揆邪登極之明詔一下而天下翕然興太平之望不與訓誥誓命同功邪今夫隆禮親親時庸展親也舉直惜賢式商容閭也節義之重封比干墓也言路之廣天道之訪也民力之寬四海之賚也近習之謹風愆之戒也冗食之去儉德之慎也邊防之嚴六師之張皇也詔旨之同於經者如此也彼漢唐宋之詔令彷彿一二者敢望下風也邪則明詔之爲經也信哉此執事之言也所敢言者也終之曰尚有可論者執事未盡之意也所不敢知也雖然言及之則有不敢不言者無虞之戒克終之訓經也朕不食言令出惟行經也明詔所及近者或少有异同之漸矣親親矣或者天潢演而優養未足尚未有處乎賢才惜矣或者復有執法不撓被讒逮繫而謫者乎節義重矣或者失其真偽將爲有力之私者地乎言路廣矣或者復有正論忤旨而試薄罰陰阻其氣者乎民力寬矣或者不法之產沒而內入實惠未霑不厭衆心乎近習謹矣或者復有夤緣而踵故習者乎冗食去矣或者亦有內降復進者乎邊防嚴矣或者大奸網漏而武弁罔所懲邊徼尚有敢爲不法者乎有一於此皆傷道而累心者也必親賢焉必講學焉必念中興之難焉必鑒殷之不遠焉斯萬世無疆之休而明

詔者真萬世之經也已不然吾恐後之論續經者視執事亦猶今之視王通也

第二問

傅明弼

同考試官教諭劉批（四醇儒以理學開發後學而有此疑議未決久矣得子發明讀之釋然）

同考試官學正洪批（合异爲同而四子之説不悖子亦造理之真者邪）

考試官教諭陰批（精微之論當如是）

考試官學正鄧批（有考據有見識）

造理之真者雖未信於人不害其爲真也造理之同者時或涉於异不害其爲同也何者理原於天而賦於人天不可易則理不可易理不可易人豈得而易之哉則夫造理有得者見之著述亦自不容易矣昧者莫覺而妄議之譬則瞽者之誤評宮商也已矣乃若造理同而立言措旨或不能無小异於其間譬則百川同歸於海也已矣然則真者何損於真而同者乃所以益見其同也歟執事慨理學之病幸而得一二真儒者出主盟斯道而繼往開來爲萬世太平計然於此不能無論者執事之慮深矣切矣承學私竊有志者也有所見焉則固不能已於言者蓋自黍離降洙泗湮而七篇之雄辯亦且雜乎异端功利之説矣趙宋隆興崇化勵賢周子者起於濂溪倡明道學觀夫太極有圖有以發是理之幽秘易通有書有以闡是圖之精微圖具無窮之義書存不盡之言潛玩而有得焉可以探二氣五行之運可以見仁義中正之本可以識動静闔闢之妙雖則廣大高深之旨實亦人倫日用之常傳者乃以圖爲書之卒章朱震胡仁仲輩乃謂其得之陳摶种放穆修之傳而非其者也夫理至無極而太極二氣五行萬事萬物胥此焉出而猶以爲未至無極之外尚復有理乎不知圖是不知理也然而圖固圖也彼自不知爾觀朱子手授二程之論而其妄當自詘矣張子者起於橫渠一變至道觀夫西銘之作理一分殊之論仰觀於上將以參乾父之覆幬俯察於下將以配坤母之持載天地之塞吾其體則天地不出吾身之外天地之帥吾其性則天地亦在吾心之中民吾同胞物吾與則民物皆不出吾身心矣蓋不囿於形而求之理如此也或者如劉安節輩妄自詆訶未通其文義者流也蓋梏於小則天地誠大吾誠小矣充其大則何物非我何我非物而天地果出吾身心之外乎彼詆訶者非惟不知天地亦不知身心矣然而銘固銘也彼自不知爾龜山何人且疑其過乎中庸象山亦有兼愛之疑亦獨何哉觀程明道天德王道之説當自悟矣乃若出於河洛者程氏兄弟而伊川則道德純備著述甚富而易傳一書因理明象體用一原隱顯無間

蓋使學者沿流而求源由辭而得意者也静春劉氏論宋文字四篇而傳序當其一焉則其於易究之精矣自是而後子朱子者出於考亭得中原文獻之傳聞河洛之學而慨然有求道之志矣窮理致知精思實體遍交當世有識之士而私淑周程諸子之書以繼道統之傳大義鬱而弗章者則爲之裒集發明以盛行於世其於易也求其本義攻其末失而於太極先天之圖精微廣博者爲之解剥條畫而天地之本原聖賢之蘊奥於是乎發矣故謝方叔之言曰本義啓蒙所以闡揚乎太極之理且曰太極得朱子表章而益明觀此則作而復作圖而復圖者豈如執事云者則四夫子之著述統其宗會其元而理之出於天者真有不可得而易者疑不必論也异不必論也儒者造理之方入道之門積德之基致用之學洞然而有指歸之地執事可以無憂矣猶曰四子更生當有無說也昔人不有云乎東海有聖人者出西海有聖人者出南海北海有聖人者此心同此理同也孟子曰先聖後聖其揆一也豈欺我哉承學之見也執事以爲何如

第三問

張元孝

同考試官訓導吳批（古今時异勢殊天下事誠有不可泥者子知變通之策矣）

考試官教諭陰批（時勢立說要之理不可易）

考試官學正鄧批（有定見有定論非迂者）

法行於古而易者時也法行於今而難者勢也蓋法者聖人緣人情而爲之者也人情之所趨由乎風氣者也風氣所至而人情趨以安焉法必變而從之斯可矣冬裘而夏葛饑食而渴飲皆人情也人情所在聖人不違也大學曰如保赤子心誠求之求其情也又曰民之所好好之民之所惡惡之豈外人情哉故聖人之法未嘗不善其不謂之善者非法之過也亦非人之過也時也勢也使聖人處之必有不狃乎時不沮乎勢不拂乎人情不爲泥古不爲徇今者也粤自古昔封建以定天下之君井田以安天下之民肉刑以維持君民而爲之紀綱執事曰法之大者良是也考之書參之傳袞冕衣裳之制興以至於建邦啓土封建設矣當斯時也以尊臨卑以下奉上而已矣經土設井之利興以至於九一百畝井田開矣當斯時也豪强不得以兼并貪暴不得以多取矣三典三刺三就三居之制興以至於墨劓剕宮肉刑具矣當斯時也天下太平刑措不用矣此三代時然也繼自秦皇罷候置守而封建壞焉魯宣稅畝李悝盡地力商鞅開阡陌而井田壞焉鯨劓斬趾赤族之慘亦秦也漢之高帝約法三

章而文帝則肉刑除焉肉刑之所由壞者也自是而後寥寥幾千百年竟未有能復之者觀夫六國之後方議而幾敗乃翁事之罵酈生真暨儒者哉賈生衆建諸侯之論亦托之空言而已其它如董仲舒石苞者流論議徒爲紛紛已矣蓋井田之説爲代田爲均田爲世業諸法嘗行之於漢武嘗行之於晉武又嘗行之於魏之孝文北齊之孝成與夫後周之柴世宗宋太祖亦未見其效也夫後世之土地三代之土地也後世之人民三代之人民也而法者三代則能用之後世用之未能如此者其時乎其勢乎何以言之蓋夏商周之世去古未遠民則尚淳事則尚簡迹其實玉帛萬國矣無從匪彝矣不期而至矣此人情何如也於是雖封建可也庶土交正矣老弱餽餉矣耕者讓畔矣此人情何如也於是雖井田可也有獄訟者搖鞀而已矣民失職者自責而已矣虞芮獄者質成而已矣人情有何如也於是雖肉刑可也況乎祇台德先任土作貢而下車泣罪焉禹之所以聖也萬邦惟懷不殖貨利而罪予一人焉湯之所以聖也以服事殷惟正之供而澤及枯骨焉文王之所以聖也當其時人情有不翕然從化者乎歷春秋而戰國諸侯放恣爭地以戰而視人命如草菅然欲封建欲井田欲肉刑則失其本矣雖欲行之勢有所不可也不然皇降而帝帝降而王當其繼天立極開物成務其能安其常而不變邪易曰通其變使民不倦苟有聖人則造化之妙轉移之機將有不疾而速不行而至者矣乃或惟法之圖如漢唐之君甚者如王莽之奸亦竊取聖人之法而用之非其人而行其道天下寧有是邪吾恐儒者有遺論矣此則區區之見也

第四問

王夢旭

同考試官教諭錢批（科舉之法稽諸古驗諸今揆諸理度諸勢本不可易所以欲罷者竟不能欲改者更無法此作發至殆盡）

同考試官教諭孫批（科目士子所從事由之而不得其説奚以士爲條答如此見出科目之外矣）

同考試官教諭張批（取士之科我朝大備矣政使龜山可作當無異議）

考試官教諭陰批（歷代科目名能多陳説傳洽之士）

考試官學正鄧批（文體渾厚筆端老成）

有取士之本有取士之法本立焉法非所論也蓋法者取士之具耳所以維持培植鼓舞感動自有超乎法之外者士皆由之而不知如天地造化陶冶萬類而其妙有不可測者在焉非惟士不之知雖上之人亦不自知也何也人君之身天下之所觀望而士類尤其甚焉者故能以身爲之標準雖庸衆人亦

皆會極歸極矣風化之美蓋由於此執事感於楊中立之論而以科舉發問焉此其志可窺矣蓋嘗考之中立之言曰三代兩漢人才之盛風俗之美後世莫及焉欲科舉之外略效其法更立科目者中立之言有見也乎蓋也乎蓋天下之士可以科目取而不可以科目拘不然則亦科目之士而已矣夫科目之設自周始著前乎夏商經無見焉北吏劉景安獨有鄉塾貢士之說自今觀之野無遺賢九德咸事唐虞之朝不謂得士乎周之法人見其天官冢夫書能者書良者地官大司徒以六德六行六藝而賓興之又見其三年大比登名天府又見其命鄉論秀曰選士曰俊士曰造士曰進士又見其論於郊或以德進或以事舉或以言揚遂謂其為取士之法也亦其末者矣夏之取士其法不可詳也吾以為迪知忱恂當時之士聞風而起矣商之取士其法不可詳也吾以為嚴惟丕式當時之士聞風而興矣周之取士如前所云者固也吾又以為克知宅心灼見俊心則夫濟濟多士不有由哉秦不足論矣自漢以來數千載間取士之科有可考者高帝舉明德文帝舉賢良方正直言極諫而親策焉武宣而後文學高第茂才异等孝廉有道至孝諸科目可考也而董仲舒蕭望之范滂李固之流相望而出者皆科目中人也蓋自過祿一祀嚴陵一禮而所以作其氣者有自來矣魏文帝五經課士而晉室之舉賢良孝廉隋文帝舉賢良而煬帝課試十科未嘗無古法也彼篡竊之徒取人無本者謂可以得士乎唐之取士多因隋舊由學館曰生徒由州縣曰鄉貢其明經其俊士其進士諸科目在也當時陸贄韓愈元微之白樂天諸人相望而出者亦皆科目中人也蓋自十八學士瀛洲之遇所以重其望者為之先矣宋之賢良方正直言極諫博學宏詞其為科目數易矣如韓琦范仲淹歐陽脩蘇軾以及文天祥謝枋得其勳業文章名世者未可一一論而明道程子晦菴朱子聖賢者流且出其間謂科目不得其人不可也又孰知尊賢敬士所以風勵天下者有素哉金元無足為論我皇明崇儒重道稽古右文所以作新獎拔乎人才者至精至備矣故取士之法舉之鄉試會之禮闈策之大廷必三年焉者上無异教下無异習也經明行修道德文學之士彬彬乎後先奮起百五十年來名臣碩輔望隆朝野功在社稷者人才可謂盛矣風俗可謂美矣豈漢唐以下雜立科名更改無常者比哉夫科目得人一至於此雖投牒待試糊名易書可也雖有聖賢者出由此而進亦無不可也懷材抱德山林隱逸自幸遭逢出科目而為世用者抑豈少哉然則取士有本而立法無弊至昭代詳且盡矣嗚呼盛哉雖萬世行之可也儒者之論可無講矣

第五問

王琇

同考試官教諭錢批（夷狄盜賊均之爲患大抵分亦有异立論有斟酌而區處有方向轉之上聞可助廟謀矣）

同考試官教諭孫批（時務策士子類能言之患之所由成知者鮮矣此作有以發之剛正之氣凌逼霄漢可敬可服）

同考試官教諭張批（條陳古今天下大患如指諸掌當是有識之士）

考試官教諭陰批（切中時弊）

考試官學正鄧批（博古通今之學）

御夷狄者順其性而已矣御盜賊者體其情而已矣夷狄异類也類异則性無所以御之者不可不順其性盜賊同與也與同則情同所以御之者不可不體其情何謂性吾強則服吾弱則叛夷狄之性也其自然也順其性威之而已矣何謂情富足則禮義生饑寒則攘奪起盜賊之情也不得已也體其情富之而已矣威之者自修其備富之者因其利而利之者也執事慮邊陲之擾而憫門庭之寇取而策問焉末學何足以知之雖然天下之事吾分內事也諉之曰不知可乎請陳之夫天地間有陽則有陰故有中國則有夷狄有君子則有小人自蠻夷猾夏寇賊奸宄而鬼方之克東夷之伐大司徒除盜之政小宰除盜之職易有誨盜之辭而康子有患盜之問則斯二者唐虞商周之時固已爲患矣然當其時但見無怠無荒也誕敷文德也曰慎德而却西旅之獒也曰苟子之不欲雖賞之不竊也所以御之者如斯而已矣迨夫閭左之戌起而鼠竊狗偷滿乎山之東矣漢高帝納劉敬之說而爲和親之計文帝因匈奴入蕭關乃勞軍親征亦但逐之出塞而已賈生之說未見其能行也武帝遣衛青李廣諸將出萬騎以擊胡宣帝因呼韓單于之款塞禮加於諸侯王之上光武則閉玉門關謝西域之質矣夫窮兵遠討武帝失也與之和親位之候王之上何爲者邪唐太宗北擒頡利西滅高昌東破高麗百濟遂至胡越一家何必乃爾邪宋之太祖篤信保境夷狄畏服太宗治國修德置四夷於度外善矣真宗主和議輸金幣後世遂至南渡始終不競顧應爾邪此則御夷狄者大抵如此也漢武帝天漢間群盜阻山遣直指使者分部逐捕宣帝渤海盜賊但付之龔遂而潢池盜弄之赤子悉平矣李唐之朝庸懦在位厚賦深刑黃巢起而國不可爲矣外戶不閉能如疇昔邪宋之藝祖恩信以諭賊徒高宗責監司之侵刻宗戒官吏之貪求寧獨無見邪此則御盜賊者大抵如此也當時之見不同而效亦隨之豈夷狄之性盜賊之情固如此而所以御之者亦有不容易者邪我太祖

高皇帝淮甸奮起平諸鉅寇遂逐胡元而北之迄於今日太平矣往者奸豎流毒關之西北河之南北其爲患者誠如執事所云矣究其時僥幸之狂徒脫巾之困士邊徼疲亦甚矣夷狄側目視之其犯順者固其性也貢獻之科索土木之興作中原擾亦甚矣盜賊之肆行者豈其情哉幸而皇上光紹大統再造區夏而群穢掃清數年之沉痾去矣然而疆場未靖胡馬長嘶羽書馳而經略之命且出矣閭閻未阜夜犬頻驚赭衣逞而安集之策且講矣此其故可知也當夫釐革之初一時之風聲中外想聞而萬世之公法未幾中變元惡尚存而閫外之債帥猶有在者也黨與未盡而海內之貪墨猶有在者也則所謂二患者豈能除哉爲今計者精選將帥如前云者盡搜而除之則剝削免矣由是邊塞有椎羊釃酒之樂有投石超距之氣士氣自倍而中國強矣彼夷狄者尚足爲患邪慎選守令如前云者盡獮而去之則侵漁絕矣由是田野有耕食鑿飲之利有含哺鼓腹之樂民生自厚而枹鼓息矣彼盜賊者尚復爲患邪故曰上策莫如自治惟執事者采焉

河南鄉試錄後序

　　古者庖羲氏出乃作書契于天下三墳五典八索九丘古文尚書毛詩春秋繼作文斯備矣子魯子思孟軻氏授受斯文之極也秦漢而下稱作者訖莫逮焉李唐獨韓愈氏爲近之宋與濂洛關閩諸儒者醇如也我皇明百五十年餘斯文不振矣此其故何也夫氣有數也化有感也文有徵也文徵於人才化感於神聖氣數之會造物者爲之也皇上誕膺駿命嗣大歷服藩邸奉迎首出河南河南多士一時改觀風生雲從奮起焉者勃勃也未幾劃凶邪振幽廢光復祖宗憲章直追隆古皇王之盛而繼之元化橐籥一斡而轉也會河南鄉試汝登應聘爲考試官校其文也清新遒勁蔚乎淇澳之竹典重古雅環乎郟鄏之鼎雄渾奔放沛乎長河東注峻拔根據巍乎屹嵩邙拱太行連崑崙碣矹龍從駕群峰而傾西北也斯氣也化之感也氣以理充理以道形道以文著徵於才如斯也乎不然郡邑猶夫地鍾毓猶夫人庠校猶夫業而有是哉夫文言之精也華焉外著者也言而躬行志守令而牧愛藩臬而旬察臺諫而繩違糾慝卿相植立人紀黼黻皇猷經緯天地措諸事業斯華國也華而實者也若徒潤身爲文具甚則文過文奸嗚呼文之弊而習之過者也誣之曰氣數誣也非聖神之世宜有者也諸士子戒斯（此處底本缺頁——編者注）

嘉靖七年河南鄉試錄

河南鄉試錄序

　　嘉靖戊子天下當大比士維時皇上勤政懋學七年于茲治被海內乃河南中土德意實先焉文獻一時丕變維校文往年率周儒職而取士或不專至錄文多非士子作非設科意矣頃者大臣上其事校文用六科部屬庶職而文惟士子之作是錄蓋慎之也上可之維時士心罔不胥慶乃今年維首舉比期禮部上請呂璆暨主事袭考試河南命下祗懼靡夙靡夜乃如期至則百務周悉實維巡按監察御史譚纘經畫精密鎮守則太監呂憲巡撫則副都御史潘塤雅重文事總河政者右都御史盛應期也乃若學正梁舉教諭李一清鄧公度張賀林大道馬驎訓導梁文重陳汶嚴玉振先是以御史纘屬左布政使董鋭右布政使蔡潮禮聘亦如期至事事而提調則參政許復禮伍全監試則按察使張翰僉事王洙贊翼惟慎其參政丁致祥陶諧參議鄭雲翔王至善副使翟瓚樊繼祖周忠顧□僉事祁鶴初杲溫濡張庠張綱都指揮僉事霍汝愚李郁則皆于試事與有勞與者乃合提學副使楊維聰所簡士二千人三試之得士八十惟制錄其文之如式者以獻亦惟制璆不肖維諸執事之相與共是役也罔有不盡乃心乃力者冀惟得人為天子使耳嗟爾諸士遂以言進其亦思國家所以求士之意乎夫乎士雖以言而豪杰之士每於此得之謂言不足以知人不可也惟爾諸士庶毋忽今日之言乎古之人有伊尹者諸士之鄉先哲也方其耕莘而樂堯舜之道其志固素定矣至膺聘而出即以天民自居而自任夫先知先覺之責及其相湯成治堯舜君民罔不如其所言爾諸士生長河洛其地同矣誦詩讀書其道同矣平居慕古得無有志尹之所志者乎今日之言果皆由中而出如尹之以天下自任者乎夫言者言志也人莫不有尹之志而或不能自立人莫不能尹之言而或不能自踐嗟爾諸士曷思所以自立自踐乎夫自踐厥言在自立厥志耳自立厥志則存乎其人故觀伊尹者不于其阿衡之功而于其膺聘之言不于其膺聘之言而于其耕莘之志言與志所係大矣嗟爾諸士庶毋忽今日之言乎庶無負平日之志乎如是乃無忝于國家求士以言之意矣乃無愧於鄉先哲之風矣而璆不知言之罪亦或可少逭矣

惟爾諸士其敬慎之哉其敬慎之哉

　　　　　吏部稽勳清吏司主事蕭璆謹序

嘉靖七年河南鄉試

監臨官

巡按河南監察御史譚纘（元孝四川蓬溪縣人　丁丑進士）

提調官

河南等處承宣布政使司右參政許復禮（稚仁順天府東安縣人　辛未進士）

河南等處承宣布政使司右參政伍全（思謹江西安福縣人　戊辰進士）

監試官

河南等處提刑按察司按察使張瀚（汝楨騰驤右衛籍遼樂廣寧後屯衛人　乙丑進士）

河南等處提刑按察司僉事王洙（崇教浙江臨海縣人　辛巳進士）

考試官

吏部稽勳清吏司主事蕭璆（子鳴湖廣辰州衛籍江西盧陵縣人　癸未進士）

刑部福建清吏司主事袁袠（永之直隸吳縣人　丙戌進士）

同考試官

湖廣岳州府澧州儒學學正梁舉（德甫廣東南海縣人　丁卯貢士）

江西南昌府進賢縣儒學教諭李一清（應乾廣東東莞縣人　己卯貢士）

浙江湖州府歸安縣儒學教諭鄧公度（汝弘廣東香山縣人　壬午貢士）

浙江台州府寧海縣儒學教諭張賀（國儀福建龍溪縣人　庚午貢士）

山東兗州府泗水縣儒學教諭林大道（學勤福建莆田縣人　壬午貢士）

山東東昌府博平縣儒學教諭馬驥（伯遇陝西長安縣人　乙卯貢士）

浙江嘉興府嘉興縣儒學訓導梁文重（士任廣東東莞縣人　丙子貢士）

江西南昌府靖安縣儒學訓導陳汶（宗海貴州清平衛籍湖廣鄆縣人）

壬午貢士　湖廣黃州府黃梅縣儒學訓導嚴玉振（汝成四川綿州人　乙酉貢士）

印卷官

河南等處承宣布政使司經歷司經歷王珌（廷璧陝西清澗縣人　監生）

河南等處提刑按察司經歷司經歷林正華（孔實直隸楊州衛泰州千户所人　監生）

收掌試卷官

開封府知州劉漳（允濟陝西蘭州匠籍湖廣黃岡縣人　丁丑進士）

河南府知府范鏓（平甫遼東瀋陽中衛籍江西樂平縣人　丁丑進士）

懷慶府知府及宧（士顯直隸交河縣人　甲戌進士）

受卷官

開封府推官楊經（庭訓陝西寧夏儀衛司人　丙戌進士）

南陽府鄧州知州余承業（懋賢四川青神縣人　癸未進士）

河南府宜陽縣知縣蔣卿（良貴山西振武衛官籍直隸和州人　丙戌進士）

南陽府裕州葉縣知縣李充濁（澄之直隸永平衛官籍　丙戌進士）

汝寧府遂平縣知縣詹文慶（用升湖廣江夏縣人　己卯貢士）

彌封官

開封府許州知州任轍（子明四川巴縣人　丙戌進士）

開封府睢州知州林幹（克貞福建懷安縣人　甲子貢士）

開封府歸德州同知陸冕（子端直隸崑山縣人　癸未進士）

開封府許州同知王召（子行直隸無錫縣人　癸未進士）

開封府祥符縣知縣魏頌（美之湖廣蒲圻縣人　丁卯貢士）

謄錄官

河南府推官張鵬（鳴南山西沁州人　丙戌進士）

開封府陳州知州葉淳（仁甫浙江桐廬縣人　丁卯貢士）

開封府歸德州虞城縣知縣盧瓚（宗獻廣西臨桂縣人　丙子貢士）

汝寧府汝陽縣知縣白鋼（世堅陝西儀衛司籍山西榆次縣人　丙戌進士）

汝寧府真陽縣知縣計朝聘（莘夫四川成都縣人　庚午貢士）

對讀官

汝寧府通判劉光（德厚湖廣麻城縣人　庚午貢士）

開封府歸德州鹿邑縣知縣華淳（宗樸順天府大興縣籍浙江秀水縣人　甲戌進士）

河南府盧氏縣知縣郭時敘（慮揆山東濟陽縣人　癸未進士）

開封府陽武縣知縣范箕（斗南順天府大興縣籍直隸吳江縣人　癸

未進士）

開封府許州郾城縣縣丞段繽（紹先陝西蘭州衛軍籍山西陽曲縣人癸未進士）

巡綽官

宣武衛指揮使魯鎧（景武直隸濚州人）

睢陽衛指揮使干宗仁（德甫直隸和州人）

搜檢官

宣武衛指揮使孫勝（世勇直隸巢縣人）

河南衛指揮使尚熊（應兆河南息縣人）

弘農衛指揮同知李良臣（維忠直隸虹縣人）

南陽衛指揮僉事王□（汝登山後人）

供給官

河南等處承宣布政使司理問所理問吳鼎（大器四川南川縣人　吏員）

河南等處承宣布政使司照磨所檢校寵文（載道直隸蠡縣人　監生）

開封府通判胡鑄（孔成山西翼城縣人　癸西貢士）

河南汝州同知王玹（汝玉四川閬中縣人　丁卯貢士）

開封府陳州同知徐純（一卿福建莆田縣人　吏員）

河南府新安縣知縣李敦（仲學山東萊陽縣人　庚午貢士）

河南府陝州閿鄉縣知縣王珏（同德四川郫縣人　癸西貢士）

南陽府桐柏縣知縣張應宿（文昌湖廣華容縣人　丁卯貢士）

汝寧府光州固始縣知縣鄭本廉（介甫山西朔州人　丙子貢士）

開封府太康縣縣丞岳溥（汝霖山西洪洞縣人　監生）

開封府陳州西華縣主簿衛綸（理之山西潞城縣人　監生）

開封府封丘縣主簿符珽（上玉陝西鄉縣人　監生）

開封府鄭州滎澤縣典史鄧普（惟寬四川資縣人　吏員）

開封府大梁馬驛驛丞石繼恩（宗仁直隸滁州人　承差）

開封府鈞州清穎驛驛丞熊溉（育之江西南昌縣人　承差）

河南府洛陽縣周南驛驛丞戴廷茂（叔馨廣東番禺縣人　承差）

南陽府南陽縣博望驛驛丞王誥（汝制山東歷城縣人　承差）

彰德府鄴城驛驛丞楊紹華（承實直隸丹徒縣人　承差）

彰德府湯陰縣宜溝驛驛丞趙相（希韓湖廣巴陵縣人　承差）

汝寧府汝陽縣汝陽驛驛丞田澈（汝潔貴州婺川縣人　承差）

第一場

四書

參乎吾道一以貫之曾子曰唯君子之所不可及者其唯人之所不見乎大人者言不必信行不必果惟義所在

易

先王以作樂崇德殷薦之上帝以配祖考　艮其止止其所也　通乎晝夜之道而知　天下之動貞夫一者也

書

帝德廣運乃聖乃神乃武乃文　欽予時命其惟有終說復于王曰惟木從繩則正后從諫則聖后克聖臣不命其承疇敢不祗若王之休命　天惟純佑命則商實　穆穆在上明明在下灼于四方罔不惟德之勤

詩

南有樛木葛藟纍之樂只君子福履綏之南有樛木葛藟荒之樂只君子福履將之南有樛木葛藟縈之樂只君子福履成之　神之聽之終和且平　維此文王小心翼翼昭事上帝聿懷多福厥德不回以受方國　思元邪思馬斯徂

春秋

王姬歸于齊（莊公十一年）公及齊侯宋公陳侯衛侯鄭伯許男曹伯會王世子于首止（僖公五年）　楚人伐黃（僖公一年）狄侵衛（僖公十三年）　晉侯使韓穿來言汶陽之田歸之于齊（成公八年）公會晉侯齊侯宋公衛侯鄭伯曹伯莒子杞伯同盟于蒲（成公九年）叔弓如晉（昭公八年）公會劉子晉侯齊侯宋公衛侯曹伯莒子邾子滕子薛伯杞伯小邾子于平丘（昭公十三年）　楚公子貞帥師伐鄭　（襄公八年）

禮記

毋不敬儼若思安定辭安民哉　四者君以正用之故君者立於無過之地也　人生而靜天之性也感於物而動性之欲也　夫孝置之而塞乎天地溥之而橫乎四海施諸後世而無朝夕推而放諸東海而準推而放諸西海而準推而放諸南海而準推而放諸北海而準

第二場

論

古之學者爲己

詔誥表（內科一道）

擬漢舉賢良方正直言極諫之士詔（建元元年）　擬唐以孫伏伽爲治書侍御史誥（武德元年）　擬宋司馬光進三事五規表（嘉祐六年）

判語（五條）

制書有違　收支留難　奏對失序　驛使稽程　斷罪不當

第三場

策五道

問　昔者堯舜禹之相授受也曰人心惟危道心惟微惟精惟一允執厥中此帝王道統之源也禹之傳湯湯之傳於文武皆不外此固可得而言矣漢唐而下無聞焉其故何耶我太祖無所授而得之天性其見於典故君臣問答之間微詞大旨固亦有可言者與列聖相承同底於道有由然矣方今皇上望道拳拳真有紹堯舜禹湯文武以及我祖宗之所傳者故敬一有箴五箴有注明白淵微誠有非世儒牽合文義所能及者御製御翰布之天下諸生誦法久矣亦有能仰窺聖製之奧妙者乎其於帝王祖宗相傳之道亦有相發明乎其敬陳之毋忽

問　周禮爲周公致治之迹而春秋則孔子所筆削此固無疑者或者乃詆周禮爲瀆成陰謀之書而謂春秋爲腐爛朝報其僭謬固不待辨及若我國家明經取士而周禮獨不列於學官列聖崇儒右文而春秋獨不進講此其故何歟將二書者果在可疑如何休董所云乎不然何其抑而不見尊信也且考工一記或者以爲漢儒所補而黜周王魯雖儒者不能無疑焉其然豈其然乎且治周禮者劉德也劉歆也鄭玄也是三子者孰得孰失傳春秋者左氏也公羊也穀梁也是三家者孰劣孰優可得而悉聞歟且二書之興廢意者有所待歟將二書之外更有可采者歟引而不發固願諸生者之從之也

問　古今人豈相遠哉何今之人才浸不如古也三代而王固未暇論漢唐宋而下自賢良方正明經詞賦以至律歷卜筮農宮水利皆有精通其業者何今之不如古也說者多謂糊名易書不如鄉舉里選之善此其說無乃迂遠而難行歟或者又謂制科不舉辟薦不行師儒不重資格不議則人才終不如

古此其説是歟否歟將作興鼓舞更有出於四者之外歟夫平居無事則文武之吏待次於都下者幾數千人矣何一遇警急則常有乏人廢事之嘆也茲欲變而通之使今之人才卓如古昔必如之何而後可願諸生終日盡言以觀所蘊毋徒掇拾舊聞卑之無甚高論也

問　董子有言天人相與之際甚可畏也夫變不虛生信矣而所以弭之者亦必有術如商宗之感祥桑宋公之退熒惑要自有不可誣者今聖天子在上敬天法祖百度維貞宜乎休徵滋至而災異滅息也夫何水旱不時風霾屢作日食地震星殞火災其他怪異機祥往往有之抑何以致此歟昔在漢室宣帝固中興之賢主也何史臣之紀災異獨宣帝為最詳歟漢儒言天人者莫善於董仲舒亦莫不善於董仲舒以其惑於災異而泥於氣數也然弭災救變之術在今日宜若所急者願諸生悉意以對亦聖君賢相之所願聞也毋徒曰不在其位不謀其政

問　今天下之事其可言者多矣固未暇悉數試以事之切於河南者與諸生商之漕渠淤塞人皆知其為患也而勞民傷財卒無定議治河之策不可不講也潞賊猖獗人皆知其可憂也而覆軍殺將卒無成功弭盜之方不可以不陳也亢旱為虐雲漢之詩甚可閔也又加之以蝗螟兩河南北災傷極矣何以處之徭役太煩鴻雁之什殊可哀也又加之以片調十室九空疲敝久矣何以恤之夫識時務者在俊杰凡此數事皆諸生之所見者諒籌之孰矣請極言之上之人或有聞焉庶乎其不為無益也

中式舉人八十名

第一名　陳大壯　洛陽縣學生　　　易
第二名　陳岨　　封丘縣學生　　　詩
第三名　王朝良　信陽州學生　　　書
第四名　胡經　　磁州學生　　　　春秋
第五名　高拱　　新鄭縣學增廣生　禮記
第六名　趙鑰　　祥符縣學生　　　書
第七名　陳乙　　杞縣學增廣生　　詩
第八名　張浹　　河南府學增廣生　易
第九名　劉柬　　扶溝縣學生　　　詩
第十名　丁鵬程　夏邑縣學生　　　書

第十一名　　杜學易　　祥符縣學生　　春秋
第十二名　　賈希顏　　開封府學增廣生　　詩
第十三名　　李希程　　蘭陽縣學生　　易
第十四名　　葛臣　　汝寧府學生　　禮記
第十五名　　李華魯　　開封府學生　　詩
第十六名　　楊廷臣　　信陽州學增廣生　　書
第十七名　　袁方　　開封府學生　　易
第十八名　　張燫　　穎川衛軍生　　詩
第十九名　　范守平　　鈞州學生　　書
第二十名　　高惟孝　　偃師縣學生　　易
第二十一名　　王朝賢　　太康縣學增廣生　　詩
第二十二名　　高璉　　祥符縣學生　　書
第二十三名　　王訓　　西平縣學生　　詩
第二十四名　　張誥　　汝寧府學增廣生　　易
第二十五名　　張檀　　穎川衛軍生　　詩
第二十六名　　李常　　河南府學增廣生　　易
第二十七名　　黃繻　　密縣學生　　詩
第二十八名　　宋時俊　　祥符縣學生　　易
第二十九名　　韓永齡　　武安縣學生　　春秋
第三十名　　馬尚德　　裕州學生　　詩
第三十一名　　任肅　　裕州學生　　書
第三十二名　　劉鈞　　河南府學生　　易
第三十三名　　陳璋　　光州學增廣生　　詩
第三十四名　　楊大器　　遂平縣學生　　書
第三十五名　　符仕　　寧陵縣學生　　詩
第三十六名　　李尚時　　河南府學增廣生　　易
第三十七名　　張樞　　郟縣學生　　詩
第三十八名　　姚汝耔　　襄城縣學生　　書
第三十九名　　許詩　　靈寶縣學生　　禮記
第四十名　　谷雍　　臨穎縣學生　　詩
第四十一名　　蔡復貞　　河南府學生　　易
第四十二名　　賈曉　　臨穎縣學生　　詩

第四十三名　張守中　開封府學生　書
第四十四名　李蓁　開封府學附學生　詩
第四十五名　陳與音　衛輝府學生　易
第四十六名　胡愷　南陽縣學生　詩
第四十七名　楊亨　鈞州學生　書
第四十八名　趙紀　宜陽縣學生　詩
第四十九名　胡鯨　汝寧縣學生　易
第五十名　陳情　杞縣學增廣生　春秋
第五十一名　郭學書　鈞州學生　詩
第五十二名　余棠　開封府學生　書
第五十三名　高雲鵬　安陽縣學生　詩
第五十四名　張汝基　唐縣學生　易
第五十五名　江麗　信陽州學生　詩
第五十六名　曾釗　河內縣學教諭　書
第五十七名　李鯨　永寧縣學生　詩
第五十八名　趙應元　氾水縣學生　書
第五十九名　鄧鳳　開封府學生　詩
第六十名　陳萬言　懷慶府學生　禮記
第六十一名　劉喬桂　杞縣學生　詩
第六十二名　吳景晨　陽武縣學生　易
第六十三名　閻周民　密縣學生　詩
第六十四名　冉崇禮　中牟縣學生　書
第六十五名　毛珣　蘭陽縣學生　詩
第六十六名　董汝豫　洛陽縣學生　易
第六十七名　張曰可　河陰縣學增廣生　詩
第六十八名　馬允升　睢州學生　書
第六十九名　張鵬翼　虞城縣學生　春秋
第七十名　孫應辰　考城縣學生　詩
第七十一名　牛綱　祥符縣學生　易
第七十二名　張四術　考城縣學生　詩
第七十三名　劉沛然　商水縣學生　書
第七十四名　王汭　祥符縣學增廣生　詩

第七十五名　陳大有　洛陽縣學附學生　易
第七十六名　張士奇　郟縣學生　詩
第七十七名　楊自效　新鄭縣學生　書
第七十八名　李宋　開封府學附學生　詩
第七十九名　朱家相　歸德州學生　詩
第八十名　朱徵　唐縣學生　春秋

第一場

四書

參乎吾道一以貫之曾子曰唯

陳俎

同考試官教諭林批（詞簡而意亦備錄之）

同考試官教諭鄧批（發明心學之旨殆無餘蘊）　同考試學正梁批（詞義雅健可以式矣）

考試官主事袁批（想見授受之妙）

考試官主事蕭批（文有思致）

聖人傳道之妙大賢應之速而無疑也夫一以貫之道莫有妙焉者也夫子以是傳之曾子而應之曰唯聖門心法於是可見矣此夫子因曾子之力于學而將有所得也故告之若曰參乎吾之道豈多乎哉一以貫之而已蓋心外無理理外無事事事而容心焉則泛而寡要非吾之道也一以貫之則至簡至易而天下之賾舉弗能外矣隨事而致力焉則散而無統非吾之道也一以貫之則不貳不雜而天下之故感而遂通矣吾之道豈多乎哉於是曾子應之曰唯蓋三省之功積累之已久故一貫之旨領悟而無疑其契之也以心而無有乎捍挌一唯之外口耳非所與也至道其昭彰矣乎其應之也如響而不涉于濡滯一言之約擬議無所事也心法其明盡矣乎由是觀之聖人之道非難非易難乎其人耳曾子得之以魯子貢疑之以達道豈可以私見為哉大抵學貴于真志實功也尚矣聖門學者聰明才辯不為不多至於聞道則唯顏子愚曾之魯而日月至焉者且弗能與況其他乎故忠恕發明於言意之表卓爾有見於博約之餘而非諸子之所能及者有以也吁此聖道所以非難非易而學者當自勉也在於真志實功而已矣

君子之所不可及者其唯人之所不見乎

陳大壯

同考試官教諭馬批（此題作者多浮泛可厭就題立論無一稚語僅見此篇）

同考試官教諭張批（說理文字正不必尚詞藻讀此作豈亦究心於內者邪）

考試官主事袁批（說慎獨處不類他作）

考試官主事蕭批（簡潔可錄）

君子之所以异於人者在謹其獨而已矣蓋獨者人之所易忽也君子謹焉此其所以不可及歟中庸三十三章引詩而言謹獨之事若曰天下之理本於一君子之學審其幾是故君子以爲己之心而盡下學之事其得於天者性與人同也其率夫性者道與人同也本無所异於人而人於君子自有所不可及者豈有他哉惟其獨而已矣夫獨者孰不以爲莫予見而可肆也君子謹焉蓋有甚於見者幾微之際其善惡之分乎亦孰不以爲莫我知而可忽也君子慎焉蓋有甚於知者念慮之微其公私之辨乎人知顯之爲顯矣而不知微爲天下之至顯君子之所不可及者正唯有得乎此耳人知見之爲見矣而不知隱爲天下之至見君子之所异於人者正唯有在於此耳否則修於明顯而肆於隱微君子亦猶夫人耳何不可及之有哉抑論子思之作中庸所以明性也故其言雖極於聖神功化之不可測究其開端用力之地不越乎謹獨而已從事於斯則所謂上天之載無聲無臭者要不出此先儒謂天德王道其要只在謹獨是也後世不知乎此而求之高深玄妙之域其離道遠矣豈亦未達此章之旨歟

大人者言不必信行不必果惟義所在

張洓

同考試官教諭馬批（峻整可觀）

同考試官教諭張批（文有發揮）

考試官主事袁批（意婉辭莊三復不厭矣）

考試官主事蕭批（雄渾如此作者絶少）

大人之於言行惟其宜而已矣夫所貴乎大人者以其能通變焉耳苟不擇於義而徒事夫言行之信果則亦奚足貴哉孟子發此以爲執一旨之戒若曰事之來也無常形而所以處之□有定理神而明之者其惟大人矣乎是故

二三敗德言之貴信也尚矣然或不擇可否規規於言之可踐是諒而已矣大人則圓神不滯可以信可以無信雖曰擬之後言而實未嘗預期其信也豈若是之諒也哉果斷罔艱行之貴果也審矣然或不顧是非硜硜於行之必決是固而已矣大人則旁行不流可以果可以無果雖曰議之後動而實未嘗預期其果也豈若是之固也哉然則如之何而後可亦曰有義存焉耳時以出之而淺深詳略一以義爲權衡義可信則信如其非義雖不信無傷也是義之所以即言之所在聲固可爲律矣孰能如其信也哉孫以行之而操縱闔闢一以義爲準之義當果則果如其非義雖不果無害也是義之所在即行之所在身固可爲度矣孰能如其果也哉是則信可也必於信則不可果可也必於果則不可無意無必而義之與比非大人其孰能之抑此大人者其惟孔子當之耳觀其一言一動從心所欲而不逾矩何莫非義之所在乎雖然義亦難辨矣見之不的而徒曰我不心信我不必果未有不率意而挾私者先儒有言求大中者不可不知權學者合而觀之思過半矣

易

先王以作樂崇德殷薦之上帝以配祖考

李希程

同考試官教諭馬批（講崇德處殊有源委）

同考試官教諭張批（崇贍者繁蕪黜浮者艱澀是作免於二者之病矣）

考試官主事袁批（典而暢易義如是足矣）

考試官主事蕭批（辭氣和平可誦）

先王體豫之象而極作樂之用焉夫作樂崇德其爲用亦大矣極其盛而言之則薦上帝而配祖考者亦豈出此哉且夫豫以和爲義而雷出地奮則和之至也先王觀斯象也於是乎作樂以導和焉殆必既象其聲而制爲五音六律之變又取其義而飾以歌咏舞蹈之節肅雍和鳴清濁之相宣也優柔平中高下之克諧也夫樂以導和亦以象德吾見聲容盡善而至德之光悉于此乎奮發所謂如天之覆如地之載者有焉情文具備而心術之蘊悉於此乎形容所謂清明象天廣大象地者有焉然樂之爲用豈止此而已邪極其盛而言之圜丘以享帝也則郊祀我祖以配帝使得同享其成焉洋洋乎合衆樂而交作非樂何以通神明之既乎明堂以祀天也則宗祀我考以配天使得均致其敬焉渢渢乎極矣變以大成非樂何以合神人之和乎吁明則已德可崇幽則天神可格作樂之用於是爲大而體易之功亦蔑以加矣昔者先王功成作樂樂者所以象成者也故曰大章章之也咸池備矣韶繼也夏大也殷周之樂盡矣

而郊祀上帝則大合古今之樂而奏之周禮大司樂圜丘之奏樂極矣變是也樂之功用其大如此後世新樂代變而妖淫愁怨之刺興治不古若宜哉噫

　　通乎晝夜之道而知
　　陳大壯
　　同考試官教諭馬批（春容醞藉而其氣蒼然是之取爾）
　　同考試官教諭張批（深得大傳肯綮）
　　考試官主事袁批（約而不晦是必達於易教者）
　　考試官主事蕭批（講晝夜處有根據而文亦精緻）

妙陰陽之理而契之心聖人至命之事也夫晝夜陰陽之理也通而知之非聖人其孰得與於此且太極動而生陽陽之根陰即晝之繼夜也太極靜而生陰陰之根陽即夜之繼晝也是晝夜之道即陰陽之理也聖人何以能通而知之邪蓋易以道陰陽而天命之流行亦惟陰陽二者而已聖人以易至命則窮神知化而上天之載乎契於洗心之餘知來藏往而維天之命融會於齋戒之頃明也生也神也晝之道也不但知晝而且知夜又知晝之根於夜焉幽也死也鬼也夜之道也不但知夜而且知晝又知夜之根於晝焉往者過來者續陰陽無端固有默而識之者矣往者屈來者信動靜無始固有神而明之者矣聖人以易至命如此則所謂無方而易無體者蓋可見矣大傳之旨精矣哉大抵有天地之易有易書之易有聖人之易而其實則陰陽二者而已故曰易與天地準而下章復曰一陰一陽之謂道舍陰陽而言道其不以易為卜筮之書者幾希

　　書
　　帝德廣運乃聖乃神乃武乃文
　　趙鑰
　　同考試官訓導嚴批（典謨義渾噩庶乎得之）
　　同考試官訓導陳批（廣運就德上說良是）
　　考試官主事袁批（分析精確）
　　考試官主事蕭批（伯益告君之意或如此）

大臣贊聖德之盛而極不測之妙焉夫大而不息帝堯之德可謂盛矣聖神文武孰得而測之哉昔伯益因舜尊堯而遂美堯之德以勸之意謂克艱厥后固惟帝時克矣要之則本於其德耳蓋我帝堯之德巍巍乎與天為大而萬善之兼該蕩蕩乎民無能名而百行之具備其大而無外有如此者道心為主而合上下

以同流成性常存而妙陰陽以并運其行之不息有如此者自其大而化之而言則不思而得不勉而中淵乎無形迹之可見是其聖矣自其聖不可知而言則不疾而速不行而至渾乎無方體之可求又何神焉既聖且神固有莫測其機者矣言乎其威之可畏也則發强剛毅而神武有不殺之妙是其武矣言乎其英華發外也則文理密察而篤實有輝光之著又何文焉既武且文固有莫窺其際者矣夫帝德之盛一至於此此其所以克艱厥后也歟宜乎其受天命而君四海也觀伯益之言所以勸勉乎舜者至矣嗟乎舜之德何愧於堯而伯益必欲稱堯之德以勉之哉蓋謙虛者受人之本而儆戒者進言之規虞廷君臣其都俞吁咈互相可否略無一毫滿假之心所以聖不自聖而同底于道也故觀舜之稱堯也足以見謙已之美觀益之贊堯也足以見責難之恭

　　天惟純佑命則尚實
　　任肅
　　同考試官訓導嚴批（沛然有□益足以達意者）
　　同考試官訓導陳批（說天佑商處甚懇切）
　　考試官主事袁批（周公忠愛之意猶可想見作者作者）
　　考試官主事蕭批（能說周公勉留召公之意）
　惟天之眷商也篤故商之得人也多夫國以有人而實也商室得人之盛非天眷之隆何以致是也哉吾想周公勉留召公之意謂夫殷之所以配天致治者固六臣輔君之功然非六臣能自致其功也天實爲之耳是故用集大命天嘗佑商矣而眷顧之篤益乎於克享之餘受天明命商嘗得天矣而申重之休聿懷於昭事之下荷天休于滋至而所以陰騭乎商者純一而不雜難諶者於是乎可諶矣凝駿命于孔固而所以寵綏乎商者專一而不分靡常者於是乎有常矣是非商之有求於天而天之有私於商也一德感乎而天人相與其理則然耳惟其如此是以庶明勵翼而岳牧之充庭百工允釐而俊乂之布席如伊尹如伊陟如臣扈此其顯者耳內之疏附後先何莫非藹藹之吉人邪曰巫咸曰巫賢曰甘盤此其著者耳外之奔走禦侮何莫非濟濟之多士邪夫天眷商室而得人之多如此爾君奭正宜念天命之不易而匹休於商之六臣可也如之何其欲告老邪抑於此而見古人之篤於愛君也夫周至成王之時道洽政治禮節樂和召公之告老而去宜若無不可者而周公必反覆以留之者何哉蓋當是時三叛方寧頑民未化在召公正宜同寅協恭以成和衷之治而可以輕去也哉厥後召公既相成王復相康王再傳而未釋其政其亦有味乎

周公之言歟

詩

神之聽之終和且平

李華魯

同考試官教諭林批（士子於和平處多淺之爲説此作蓋識其大者）

同考試官教諭鄧批（辭氣和平可與言詩矣）

同考試官教諭梁批（通篇無一滯語）

考試官主事袁批（成周太和氣象模寫曲盡）

考試官主事蕭批（文得旨一結尤佳）

神於篤夫友道者而相之無不至焉夫友者友其德也人能篤夫友道則夫神之聽之固宜有和平之應矣此周王燕朋友故舊之樂歌也若曰友道之係於人大矣自天子以至於庶人未有不須友以成者是故神無方而亦無私也人能竭真誠於朋友而道誼之無虧則幽明感應之機若或有臨之者能無恒久之報邪神至幽而亦至聰也人能孚心志於故舊而先施之克盡則天人相與之際若或有監之者能無和平之應邪蓋同聲相應同氣相求是雖朋友之交而思若啓之行若翼之實惟鬼神其依也樂豈相從今固無不和也過此以往而和者益惇翕乎八音之克諧矣簡易相與今固無不平也自今以始而平者益篤坦然周道之如砥矣和氣洽浹於酬酢之間所以召天地之和者在是友道其可以不厚邪實竟充周於交際之表所以平天下之情者在是友道其可以不篤邪蓋明則有禮樂幽則有鬼神其理固未始不相通者人於朋友其可不加之意乎嗟夫周王之視其臣也不曰君臣而曰朋友重之以鬼神之説要之以和平之終相資相信相期相保一時爲之朋若友者咸要以自喻矣天保之詩固臣之視其君者也曰孔固曰降爾遐福殆亦伐木有終之意上下交而德業成亦何怪哉昔人謂太和在成周宇宙間觀於二詩見之矣

維此文王小心翼翼昭事上帝聿懷多福厥德不回以受方國

賈希顔

同考試官教諭林批（場中作此題者絆纏舊説可厭詞理兼到無如此篇）

同考試官教諭鄧批（周公忠愛之意溢於言表錄之）

同考試官學正梁批（天人相與之際以明殆盡）

考試官主事袁批（脉絡縝密而詞亦雅健）

考試官主事蕭批（講敬德處極精邃）

詩人於聖君必極言其以盛德而受命也蓋天命君德相為流通者也文王德盛而大命受焉其亦簡在之必至者歟此周公戒成王之詩至此言文王之德蓋謂夫人之際甚微感應之幾則速自我文王觀之德盛而心愈小化成而敬日躋一念必謹得之憂勤惕厲者罔非其難其慎之誠一物不容藏之淵穆深微者率皆亦保亦臨之道存心所以事天也對越有常上帝以之而昭格難忱之表不其祗承矣乎太德所以獲福也承藉有基繁祉隨之而嚮用可致之祥不將懷來矣乎但見其無偏無黨一本之純王之心而已爾天下之慕德者自不能違徹始徹終惟示之純王之政而已爾天下之遵化者自不能外天命所在人心繫焉四海歸周之勢至此固已響應矣方國不既受乎人心所在土宇繫焉上天轉商之命至此固已潛決矣王業不既造乎是則純敬心者格天之本受方國者得天之徵文王之德於斯為盛為嗣王者尚其念諸嘗謂天下大器也舉天下之大器重任也成王以一人當之其能不賴于輔相乎周公舉天命以告戒首言殷嫡之廢繼言文王之興其意蓋曰敬則文王否則殷嫡可畏也他日成王不敢康寧基命宥密殆有得於周公今日之說也邪

春秋

王姬歸于齊（莊公十一年）公及齊侯宋公陳侯衛侯鄭伯許男曹伯會王世子于首止（僖公五年）

杜學易

同考試官教諭李批（春秋正名分此作得之）

考試官主事袁批（修詞峻潔字字不苟）

考試官主事蕭批（得謹嚴體）

嘉禮行於上春秋同詞發正大倫賓禮行於上春秋殊詞以正大分蓋夫先婦從君尊臣卑尚矣夫諸王姬之歸齊王世子之會首止聖筆何精歟且天下之大倫莫先於夫婦而陽唱陰和貴賤不容異體也王姬下嫁于齊車服雖盛禮秩雖隆下王后一等然實諸侯之配邦君之妻也棠棣替肅雍之德樛木承福履之休其婦道之當執與諸侯卿士之女有敬戒之命有順承之道何異哉昔帝堯之女必曰嬪于虞平王之孫必稱子于齊固未嘗異文也經於王姬亦書歸于齊蓋同詞以正大倫焉此義行則男正位乎外女正位乎內夫夫婦婦而家道正矣若天下之大分莫嚴於君臣而天尊地卑貴賤所由定位也王世子下會于首止神器未安人心未一視大君有間然實天王之貳天下之本也萬方宗少海之流四表仰前生之照其君道之常尊與三公宰臣之任有進

退之節有均勞之義豈同哉昔帝堯授命必先元后皋陶賡歌必先元首固未嘗混稱也經於王世子必書及以會蓋殊詞以正大分焉此義行則乾道運于上坤道承于下君君臣臣而世道隆矣吁叙先後之倫而典可惇秩上下之分而禮可庸春秋非聖人莫能修豈游夏所能贊歟惟此義不明後世有使男事女夫屈於婦以貽牝鳴鹿聚之禍者　班位莫定上下陵替至猶土梗弁髦之視者天經隳矣地維□矣人紀壞矣悲夫

　　晋侯使韓穿來言汶陽之田歸之于齊（成公八年）公會晋侯齊侯宋公衛侯鄭伯曹伯莒子杞伯同盟于蒲（成公九年）叔弓如晋（昭公八年）公會劉子晋侯齊侯宋公衛侯鄭伯曹伯莒子邾子滕子薛伯杞伯小邾子于平丘（昭公十三年）
　　陳情
　　同考試官教諭李批（旨遠詞文必非稚筆可到）
　　考試官主事袁批（文有軌度錄此爲浮夸者式）
　　考試官主事蕭批（融會傅意文采爛然）
　　春秋既譏失信啓貳者徒要以盟復譏崇侈啓貳者徒示以威此汶陽之田虒祁之宮皆叛之招也而蒲之盟平丘之會適增其叛耳晋至景昭何以伯諸侯哉且汶陽固魯之故田也晋初下令而反之韓穿來言俾魯成以獻焉噫誠者動物之基信者感人之本無輆無輆易食易生明訓何如也予奪之易發命不衷授受之私食言罔顧無惑乎諸侯之解體也奈何顯信以要蒲之盟邪申蟲牢之約尋馬陵之歃不知固結之本徒事詛盟之末何益哉夫信在言前不言而自喻誠在令外不令而自行景之所爲若是世業何由振哉經於韓穿歸田之後特書同盟于蒲蓋深罪之若虒祁非晋人故宮也昭方創制而落之叔弓往使偕諸侯以賀焉噫儉維德之共侈維惡之大清調茅屋峻宇雕墻明徵何如也仁賢政事弗慮弗謀宮室臺榭是崇是飾無怪乎諸侯之貳心也奈何示威以徵平丘之會邪既治辛未之兵復建壬申之旆無忠信誠愨之心肆恫疑恐喝之術何爲哉夫德日新萬邦惟懷志自滿九族乃離昭之所爲若是世業其浸微矣經於叔弓如晋之下直書會于平丘蓋深惡之屬比而觀則知服人之道貴信不貴盟以德不以威可以爲永鑒矣大抵天下莫大於理莫強於信義而盟誓不足恃詐力非所先也子曰大道之行三代之英丘未之逮焉其所感也深矣春秋時猶有如齊桓者衣裳不歃血兵車無大戰一匡之業其在兹乎晋亦有之五會之信推誠而鄭不復叛三駕之兵善陣而楚不能爭悼

其有君子之資歟然由管仲知鮑佐之也故曰得人者興能自得師者王君人者宜鑒于斯

禮記

毋不敬儼若思安定辭安民哉

許詩

同考試官訓導梁批（不泛不晦安民處語有劑量）

考試官主事袁批（以敬字立説卓有所見）

考試官主事蕭批（意足辭暢非苟作者）

記禮者詳君子修己以敬而嘆其效之大也甚矣敬者修身之要也而其效足以安民然則敬者君子之所以成己成物者乎此古禮經之言也想其意謂敬德之聚也政之本也君子務焉主一無適而禁止乎非僻之干莊敬日强而絕去夫慢易之失閑邪以存誠也克己以復禮也而身心一於敬矣容色不端非敬也君子則嚴威儼恪顒然丰範之端凝若有所思而不敢肆者貌之肅者心之敬也言辭不審非敬也必安舒詳緩秩乎德音之簡易若有所防而不敢出者言之定者心之敬也若是則修身之要盡而出政之本立矣吾見篤恭不顯自足以神觀感之機瞻其顏色而民弗敢爭也恭己無爲自有以妙儀刑之化望其容貌而民弗敢慢也上者下之倡也建其有極則所以神道設教者不出乎反身自治之中四海其升猷矣君者民之表也慎厥身修則所以奠麗陳教者不出乎修己以敬之内兆民其敏德矣故曰安民哉者信乎無一人之不得其所而上下一於恭敬矣修身之效大矣哉記禮者首以爲言其示人主敬之意切矣嗟乎古昔帝王之所以彌綸參贊孰有不本於敬者哉如堯之欽舜之恭禹之祇德湯之懋昭文之敬止武之敬勝皆是物也故曰經禮三百曲禮三千一言以蔽之曰毋不敬

人生而静天之性也感於物而動性之欲也

高拱

同考試官訓導梁批（此題非深於性與天道者不能言是作其庶乎）

同考試官主事袁批（有原委有開闔而辭亦精瑩可與言性情之妙矣）

考試官主事蕭批（文有機軸蓋嘗用心性學者）

論人心之寂感而有性情之分焉夫心統性情者也未發者爲性而已以者爲情先王之所以制作禮樂者蓋原於此矣且夫合虛與氣有性之名合性與知覺有心之名而心也者則統乎性情者也是故有静之時焉有動之時焉

自其静者觀之人之生也寂然不動無感無形而湛一之常存退藏於密何思何慮而真純之內蘊非惟人心之知覺不可得見而道心亦不可得而窺矣若是者何以爲天之性耶蓋有是形即有是性而性者天之所命也吾知真精凝於妙合而純粹至善者實帝降之衷太極具於化醇而有物有則者一民稟之懿敦化爲川流之本也黃中極通理之妙也性之體本若是其静耳故曰人生而静天之性也自其動者觀之物之感也由中應外而五性出焉于以達思通之用事至物來而七情生焉于以神妙應之機非惟道心之知覺於是乎生而人心亦胥此焉出矣若是者何以爲性之欲邪蓋有是性即有是情而情者性之所發也吾知形生神發而耆欲之將至一出乎良能知誘物化而情偽之相感漸流于人欲攻取肇其端也好惡決其幾也性之欲不能不動耳故曰感於物而動者性之欲也是則心一也動静分而性情著先王之所以制作禮樂者亦惟節民之情以復其性焉耳樂記君子其有以達性情之妙而窺禮樂之本乎大抵人有性情而情之所感每失之動故惟聖人爲能主静以制乎動先儒所謂情順萬事而無情者非主静何以能之學者未至乎是其亦静存動察之功加之意焉爾

第二場

論

古之學者爲己

陳俎

同考試官教諭林批（諸作多剽竊陳言冗雜可厭此論意議亦層叠而獨能約束筆勢千鈞末證呂中庸下學之功尤見親切非素養深厚諒不及此）

同考試官教諭鄧批（微詞奧義中斐然成章中州俊才如吾子者豈可多得）

同考試官學正梁批（心外無道道外無學學之不明吕其心之蔽也此作只于古人立心專一處言而末學紕離之弊自在言外且文辭端雅未嘗用一隱僻語自有奇氣可以占吾子之心之學矣）

考試官主事袁批（削黜浮辭三覆不厭）

考試官主事蕭批（析理精明曲中程度可與共學矣）

古人之實學始諸其立心而已矣何也學以致道者也而學之成與不成則惟其立心何如耳心乎爲己則所學者實實則一一則道斯致而己成矣取諸至近而萬物備斂之至密而功化全而古人之學可識也否則二交而異異

紛而支支流而僞僞極而亡茲固所謂今之爲人者而可與語古人之學也哉故求盡古人之道者自其學始求盡古人之學者自其心始古之學者爲己吾夫子有是言也夫學奚有初乎自古人始也古人奚爲而有學也所以學爲聖人也夫其學爲聖人也聖人之道各具於夫人之身而奚以外求爲哉自夫人之不知此也喪其眞於情欲之感奪其志於攻取之端梏其量於見聞之小變其守於顯微之間馳其情於是非毀譽之途而道日遠矣夫是之謂之失己失己者古人之學乎古人之學有三而功化不與焉得擇而決得誠而固得天而定夫唯其擇之決也則内外有辨理欲有分而在人者弗足以惑誠之固也則忠信以居果確以執而在人者弗足以誣天之定也則安土敦仁窮理致命而在人者弗足以動弗惑也斯在己者一弗誣也斯在己者信弗動也斯在己者安由是蘊之爲德行以之爲事業上而天地中而民物遠而古今擧弗能外吾學而吾學畢茲學也吾夫子言之未詳也中庸一書首之以性命道教之原終以聖神功化之極實之以舜之知文之純武下周公之制作其言學問之極功固已盡矣及其末也卒歸之尚絅之一言究其說惟曰闇然惟曰淡而不厭簡而文溫而理惟曰無惡于志惟曰不言而信不動而敬殆亦始諸立心而已爾嗚呼茲固吾之所謂實學者也茲固吾夫子之所謂爲己者也蓋嘗執是而求之聖門諸子有專於爲己者顔氏之庶幾是也有專於爲人者子張氏之賤儒是也若子夏之入見夫子之道而閟出見世俗之紛華而閟其猶在爲人爲己之間乎是則爲人之病雖賢者不免他奚足云宜夫子之有是言也千載而下吾于董生差有取焉其言曰正其誼不謀其利明其道不計其功豈亦有得于爲己之學者邪謹論

同前

張浹

同考試官教諭馬批（立意高邁修辭雋永且議論識見卓犖有度珍訝珍訝）

同考試官教諭張批（力去陳言一自肺腑流出簡古中湍瀾曲折有一瀉千里之勢傷今懷古其志修然物表奇才）

考試官主事袁批（鍛鍊精奇步驟閑雅起伏頓挫蛟騰虎踞感慨中醖藉含蓄如聞韶鈞一倡三嘆他自翺翔橫鷔凌□蹂躪文不在兹乎錄之以俟知音君子賞焉）

考試官主事蕭批（立論奇特無一俗句知非尋常擧業士也）

天下之道散於博而統於約後世之學遺於内而詳乎外而聖人始有取於古矣天下之道固亦天下之人學之也而聖人者豈固嘉彼以病此樂前以虞後而取古以廢今哉惟夫後世之學檠之於其變也雜之於其動也紛更之於其多端也心痼於有我志眩於沉思道狃於多岐學病於罔覺紛紛蠱惑卒無所定而天下之道始不可以其身有矣夫己者寄道之具也學者萃道之府也失之寄以求其具壞之府以求其萃略之已以求其成昧之學以求其道未之見也是豈聖人所望於天下而學之貴哉春秋之世斯風熾矣聖遠言湮道出多門讒人鼓頰學士失真雖以由求子張之徒卒以糜於利禄之從而弗知警則其世可以卜矣孔子曰古之學者爲己嗚呼其有感於今哉且今猶古也人物之萃生怕相同也性道之流出怕相類也時教之植立怕相關也正學之游息怕相一也而古之學者卒若此今之學者卒若彼予於是嘗有以求其故矣夫兩儀奠位元化攸生五性感動咸居其所道斯出矣賦性有高下資稟有强弱才思有昏明多者衰之寡者益之奠麗和則以引以翼教斯立矣玉不琢不成器馬不調不爲良人不學不知道高山景行先民時若遜志時敏乾乾不息學斯建矣是故敦典庸禮以若其性匡直輔翼以誘其質侯明撻識以并其生離經辨志以考其成鞭朴夏楚以董其威博依雜咏以精其藝退息居業以敕其幾性若則理斯復矣質誘則才斯達矣生并則仁斯久矣成考則賢斯就矣威董則殆斯決矣藝精則末斯兼矣幾敕則本斯固矣理復而不危才達而不限仁久而不息賢就而不弃殆決而不疑末兼而不偏本固而不搖是故賦形有定從違有常貞固有永操執有經尋向有門外不詳内不略人不虞而已是爲此其所以爲古之學而非瑣瑣者之可倫也及其流風既遠愈久愈失真傳不見僞學迭興執守之心喪馳騖之念長窮經之意衰浮利之志動貪者慕朵頤辨者競游說愚者苦昏惑智者逞譎詐強勇者樂饕餮夫然後真性失於昏惑之岐道義喪於异端之圖知能鶩於鴻鵠之務道心危於困蒙之遠天理賊於視履之錯中心搖搖靡知所趨意緒紛紜往來無所然後迪教履道之能精義入神之極盡性希天之妙窮理知化之學始不足爲若人者望矣嗚呼人一也而有古今之异學一也而有人己之异道一也而有從違之异此其所以一古一今一彼一此一得一失而聖人之拳拳於是矣雖然孔子之斯意也亦屢見矣直道之行不已於嘆或是之亡三致之辭豈天之降才果爾殊而人之爲學果今古之不同歟嗟夫亦其時焉耳矣夫唐虞之民也完其極也流而爲野夏之民也質其極也流而爲文周之民也文其極也流而爲史江河日轉愈趨愈下孔子之所以致謹於此其爲世慮也至矣夫觀變以易化地聖也矯時以

從俗者明也孔子備明聖之德而不得用於時從使其説著於言語文字之間甚哉春秋之世亦可卜矣

表

擬宋司光進三事五規表（嘉祐六年）

劉束

同考試官教諭林批（得四六體）

同考試官教諭鄧批（老臣謀國用意忠厚此作得之）

同考試官學正梁批（典雅渾厚）

考試官主事袁批（议事有體）

考試官主事蕭批（不尚辭華且有諷諫忿）

嘉祐六年某月日臣光言昨象聖恩以臣知諫院謹以所草三事五規上進者謀猷入告九重垂兼聽之明儆戒相成一得效颺言之職事存敷奏義切箴規臣光誠惶誠恐稽首頓首竊念忠臣愛君在納誨以輔德聖王從諫恒虚已以受人合宮來底績之謨衝室播省成之訓詩夸補袞書叙從繩徇木鐸於遒人征丹書於尚父疇咨風遠獻納司存慨治安數千言設施未究暨太平十二策論列徒勤仰惟則側席之虛懷祇若和美之休命忠非逆耳道豈格心理亂興衰粗陳榆梗概是非名實詳析幾微庶愚衷上達於宸旒望下體不遺乎葑菲茲蓋伏遇體元歛福則大凝圖澤溥氾以無私道含弘而不殺式奏舞干之績載歌茅拔之篇俊乂明揚工師競勸如臣迂謬亦辱甄收曩嘗遠儀宗儲過蒙采納頃者條陳日食□□傷容超躐班階叩塵諫諍循牆是懼綱庸奚能念涓流廳益於江河而大廈或資於榱桷首開三事繼進五規曰君德曰馭臣曰揀軍皇王之道備矣如惜時如遠謀如保業古今之鑒昭然深致意於謹微欲求端於務實綱宏目細綴緝無遺事核詞繁贊襄不暇自謂勉傾夫葵藿敢云切中乎膏肓倘垂一夜之觀戒備萬幾之助臣光潛修涑水何意登庸試判并州豈圖知遇有懷必吐肯負明時無言不酬冀收實效蓋平生學力盡在此書而天與朴忠竊嘗自許遂忘固陋少答恩私伏望戀止輦之芳規時時省覽宏轉圜之雅量一一施行離照緝熙忠邪不惑乾剛獨斷威福必行仁明武以交修庶富教之克盡本支百世益培豐芑之遺歷數萬年永繫苞桑之固臣無任瞻天仰聖激切屏營之至謹以三事五規隨表封進以聞

第三場

策

第一問

陳乙

同考試官教諭林批（古之帝王及我聖祖神宗維持世道以成太平無疆之休惟有此學此道我皇上會其全闡其妙亦惟在此子能歷歷言不愧中州之士矣）

同考試官教諭鄧批（揄揚聖學之文貴於平正嚴肅是作不尚刻削不事詞華蓋庶幾有得於此者）

同考試官學正梁批（初中二場已占子邃博之學及得五策氣昌辭渾聖制一策尤見周悉不獨對揚而已佳士佳士）

考試官主事袁批（道統之傳聖學之妙善於鋪張錄之）

考試官主事蕭批（五策俱不凡是篇條陳帝王道統之傳以及我祖宗開國啓後之意既已悉備其于皇上躬行心得之妙亦能窺識豈亦沾濡之久者乎）

道有大統至聖人而後會其全學有心法得聖人而始闡其妙夫會其全則兼統條貫治道由之而大成矣闡其妙則告詔箴規聖德因之而日著矣以一心而契帝王道統之傳以數言而盡古今授受之妙何幸於我皇上今日見之愚也不敏敢因明問而摹寫其萬一以復夫斯道在天下三極賴之以立者也心學在聖人道統因之以行者也有其心斯有其學有其學斯有其道有其道斯有其治自古聖君賢相以訓以謨以箴以戒心以明此而已求諸五帝之世黃帝嘗有巾几之箴矣一傳而執中再傳而精一其統同其道同也求諸三王之世大禹嘗有夏氏之箴矣商繼而建中周繼而建極其道同其心也降而漢唐大風有歌柏梁有咏丹扆君位政刑諸箴非不蔚乎成章也視吾聖敬之道何居降而趙宋修身有訓自戒有詞元良六藝內侍諸作非不粲然成文也方諸誠一之道何預無怪乎治功之不振統紀之不明也我太祖創業垂統以心學作之於前列聖繼體守文以心學傳之於後是故允執厥中之旨晦蝕於天下也久矣至洪武五年而始講明誠一弗二之學遺忘於後世也久矣于觀心亭而始表章他如洪範則御注大學則親覽尚書直指春秋直指以次而成聖學心法周易大義更世而作一二百年天清地寧民康物阜遺吾人以太平之盛者豈偶然哉至我皇上首出庶物卓冠群倫以聖人之資居大寶之位道已至矣而憂勤惕厲之恒存心已存矣而告戒箴規之罔怠覽范浚之心箴有

得則注而釋之心身主使之說何其明而悉也讀程頤之四箴有悟則分而解之動與禮合之言何其約而盡也若夫敬一一箴則又道統淵源所繫聖學終始所關首曰人有此心萬理咸具蓋烝民之秉彝也而吾心之大原以闡繼曰匪一弗純匪敬弗聚文王之緝熙也而存心之要領以明曰政曰仁曰誠曰德言雖殊矣而理未嘗不一曰畏曰勤曰肅曰慎旨雖異也而功未嘗不同言天則嚴其心之所自出言民則謹其心之所由施靜虛無欲心之寂也左右輔弼心之感也萬邦則正心之感也聖賢之所受授祖宗之所述作會其全而無遺闡其妙而殆盡豈尋常章句者可得而擬議之哉嗚呼盛矣雖然漢申公有言曰爲治不在多言顧力行如耳愚也竊嘗聞而知之我皇上自繼統以來宵衣旰食示天下以勤制禮作樂示天下以孝求賢重道示天下以文柔遠能邇示天下以武要皆敬一之所發也則夫登斯世于夏商周之上陋漢唐而不居又奚以他求乎哉書曰念終始典于學詩曰日就月將示我顯德行執事倘與進焉敢執是以爲廟堂獻

第二問

陳大壯

同考試官教諭馬批（詞意婉轉引證詳明譬之大河有源有委支流脉絡秩秩可觀末復致意於昭代何其忠愛懇切也他日事業吾於此卜焉）

同考試官教諭張批（五策俱善條答經義一問尤見考據精核且議論博主司得此可以自慶矣）

考試官主事袁批（學以明經致用爲貴所謂明經者訓詁之謂也謂其能博古通今也此作縱橫出入識見不凡必有用之學也首薦何疑）

考試官主事蕭批（周禮春秋周孔心術盡在於此本自明白正大疑之補之穿鑿附會者世儒之陋也此作無所因襲獨能發揮大旨而辭亦暢達讀之足吕破群疑矣）

聖人之道不明不行於天下非道之過也學之者之失其傳也夫道之在天下如菽粟水火之不可無而其明且行也如日之麗天而水之行也地曷嘗有疑而不信抑而不尊者哉其所以不明不行者則由於學之者之失其傳耳夫惟失其傳也是以衆言淆亂而聖人之微言大義或幾乎息矣不是之求而惟道之咎甚矣吾見其滋惑也執事發策諸生若有疑於周禮春秋二書者愚固知執事之引而不發也請條其説夫周禮之作於周公春秋之筆削於孔子雖五尺童子無疑者吾不意漢武之好文何休之多識而乃致底於周禮也一則曰瀆亂不經之書一則曰戰國陰謀之書是何其謬歟然彼自謬耳於周禮

乎何損吾又不意夫王安石之博聞慕古而乃深譏夫春秋也曰此腐爛朝報耳是何其悖歟然彼自悖耳於春秋乎何尤考工一記此河間獻王之所補也殊不知司空一職固已散見於五官之中矣而乃以百工技藝之事補之續貂之陋朱子譏之當矣黜周王魯此何休之所疑也殊不知所書之王即平王也所用之歷即周正也所稱之公即魯隱也安在其黜周而王魯乎素王之說杜預辨之詳矣治周禮者始於劉德立於劉歆傳於鄭康成是三子者其用心亦勤矣然德之失在上亡歆之失在於輔莽而康成之失在於私意臆決旁據曲證就而論之則鄭氏其最失乎觀其惑於緯書泥於司馬法亦略可見矣春秋之傳則左氏艷而富穀梁清而婉公羊辨而裁是三家者其於道亦幾矣然左氏之失也誣穀之失也短公羊之失也俗要而論之則左氏其稍優乎觀其依經以辯理錯經以合异亦略可推矣執事又謂國家明經取士而周禮不列於學官列聖崇儒右文而春秋不以進講是則有說矣夫周禮之不列於學官蓋自漢已然矣虎觀之校讎石渠之同异五經博士之置惟易詩書春秋大戴小戴禮耳我朝之不列於學官者非襲漢氏之陋也蓋禮記之王制尚書之周官皆周禮也又何必并列而後為重乎春秋之一不以進講蓋自王安石始耳貢舉不以取士庠序不以設官經筵不以進讀而國是無所折衷矣我朝之不以進講者非踵王氏之失也蓋五經之立配之五行而取士之科固治春秋也又何待進講而後為重乎雖然程子有言有關雎麟趾之意而後可以行周官之法度我國家稽古建官一放乎周官之意而損益之師其意不泥其迹此則善用周禮者也不然雖列之學官無益也董子有言有國者不可以不知春秋前有讒而不見後有賊而不知為人臣者不可以不知春秋守經事而不知其宜遭變事而不知其權今天子文武聖神垂情於治亂興衰之故若春秋者雖以之進講可也夫周禮可以師其意矣而儀禮乃禮經之經也獨無可采者歟春秋可以進講矣而綱目亦春秋之翼也獨無可取者歟書生之見如此不識執事者以為何如也

第三問

張爌

同考試官教諭林批（酌古準今鑿鑿可行此必有用之志者）

同考試官教諭鄧批（氣昌詞健如探囊取物隨取隨有非積蓄深厚進恐不能到）

同考試官學正梁批（通變神明非可以輕議者此作語有劑量是之取爾）

考試官主事袁批（策士正欲觀其才識此作議論滂沱綜理周悉其才識

可知矣)

考試官主事蕭批(養用人才處籌度精密其熟於世故者與)

人才之在天下不患其不足用而患乎用之不得其道養之豫而求之廣擇之精而任之專有鼓舞之機焉有奔走之術焉有綜核之實焉如是而曰人才不足用如是而曰今之人才不如古人吾不信也請以是爲明問復夫今之人才豈惟有愧於唐虞三代視漢唐宋亦有間矣且今之賢良方正者誰歟明經詞賦者誰歟至於律曆卜算農官水利非惟無其人而其學殆且廢矣方其平居無事則羣聚而試於有司其待次於都下者蓋不特數千人而已也所謂一官而三人共之者豈虛語哉及遇警急則倉皇畏縮一無可否求其發謀出慮輸力效忠斷斷乎可以隨用隨效者蓋鮮矣此秉鈞衡者之所以有乏人廢事之嘆也說者乃歸咎於糊名易書之制不如鄉舉里選之善夫以一日之長而欲觀其終身之實誠若有可議者然今之所謂豪杰者大抵出於科目耳謂糊名易書不足以得人者非也乃若鄉舉里選之法惟成周能行之至漢則不然矣蓋所謂鄉舉里選者無亦因人之毀譽而爲低昂耳彼劉毅之所謂中正八損者庸可恃乎上下相欺名實相眩非惟其勢有所不可而其法亦難以相信矣謂鄉舉里選盡足以得人者誠迂也夫糊名易書之制乃我聖祖神宗斟酌損益以立萬世不刊之典而可以輕議也哉執事必欲變而通之使今之人才卓如古昔無已則舉制科耳行辟薦耳重師儒耳議資格耳夫以經義取士是矣然習經義而不通時變無乃流而爲學究乎請於科目之外略仿宋人制科之意或九年一舉或六年一舉嚴立章程定爲規制如宏詞博學如陰陽技藝如甲兵錢穀皆得以專門應制或京朝官或有司或學士弟子員或布衣韋帶之士皆得以所長自售不惟其類惟其人吾見上以是求下以是應如是而异才不出者吾不信也夫以科目待士足矣然取文藝而不采行義無乃胥而爲浮靡乎請於制科之外議爲辟薦之典撫臣責之監司監司責之守令訪之嚴穴參之縉紳有道德隆重者有孝弟力田者有行義潔修者有問學淵深者則稽其實疏其名以聞或一省一人焉或數省一人焉或通天下而一人焉而又必以賢才之多寡爲司府之殿最隱匿者有罰冒濫者有罰不惟其數惟其人吾見上有好者下必有甚焉者矣如是而人不競勸者吾亦不信也今之所謂師儒者國學則大司成也鄉校則小學正也而督學者則憲臣也司成尊官憲臣要職其重也久矣惟司鄉校者官守既卑禮待甚薄其間能自振拔者什之一二耳彼方以上之人不加優异而甘心於自弃也是以職業不修絃誦不聞甚則黌校鞫爲蔬圃者有矣請自今以往銓除之必慎禮待之必優教授則

以進士爲之學正教諭則以舉人爲之訓導則以貢士爲之其稱職者則稍加優异不次超遷如是則師儒重而人才衆盛矣今之所謂資格者科目也例貢也吏役也科目正途其重也久矣惟例貢吏役局於流品限於資格其間能自奮立者百之一二耳彼方以上之人概無甄別而絶意於進取也是以廉耻不立篝篦不飾甚則奴隸而呵斥之者有矣請自今以往不以流品爲高下而以賢否爲低昂拔吏役之稱職者躋之例貢之上拔例貢之稱職者列之科目之間如是則資格定而官方得人矣夫此非紛更變法也四者之中惟制科非祖宗之法耳然所謂制科者非廢科目也謂與科目并行也乃若辟薦之典師儒之重資格之議則先朝有故事矣國初如宋濂如劉基非辟召之尤者乎如宋訥如胡儼非師儒之著者乎乃若以吏役至卿佐者如楊時習況鍾之徒不可悉數孰謂其不足以得人乎夫重師儒則養之豫失開制科則求之廣矣舉辟薦則擇之精矣議資格則任之專矣率是以鼓舞中才奔走豪杰而又加之以綜核之實吾見今日之人才雖躋之三代可也而何漢唐宋之云哉夫所謂綜核者非督責之謂也循名以求其實稽事以考其成庭別以興其耻黜陟以作其懦敦本實而抑浮華獎直節而察顯譽凡所謂疑心而任耳目者一切不行而必以至公至明臨之務使上下相安莫有因循苟且之意如是則雖不舉制科可也不行辟薦可也不重師儒可也不議資格可也而人才异矣不此之務而徒紛更於法制之間是不琢玉而求文采也亦何益之有哉吾固曰不患其不足用而患乎用之不得其道也

第四問

胡經

同考試官教諭李批（弭災敦變要在修德而已吾子惓惓致重於此其亦知要者邪）

考試官主事袁批（説天心仁愛之意甚懇切）

考試官主事蕭批（意婉而文亦順叙可謂善言天矣）

灾异之來可憂也亦可喜也何也乖氣致戾和氣致祥灾异之來固未有無因而至者如之何其易憂也然天之所以告戒乎我者容詎知其非仁愛乎我也哉知此則可憂者未必不可喜而所以反灾爲祥者固有在人而不在天者矣彼以灾异爲不足憂者固不足現而惑於氣數拘於事應者亦豈足以知天人相與之際哉執事有感於今日之灾异而以消弭之術下詢承學愚也何足以知之姑舉其所知者以對昔者楚莊王以國無灾异禱於山川曰此天忘我而孔子之作春秋也如日食不兩星隕大水之類皆存而弗削至祥瑞則削

而弗錄此其意可想也是以有天下者不取必於或然之數而求盡夫當然之道不求之天而求之人憂勤惕厲恐懼修省曷嘗敢一毫放肆也哉夫修玄德而祥桑枯死此殷大戊之可稱者也發善言而熒惑退舍此宋景公之可錄者也豈惟二君爲然堯嘗有九年之水矣而拳拳於四岳之咨則堯之所以事天者何如也湯嘗有七年之旱矣而懇懇於六事之責則湯之所以事天者何如也吾獨惜夫董仲舒之善言天人而猶惑於氣數也觀其火災以証高園便殿之失其用意非不深且切也但拘於某事應某事則其義迂矣其後淮南衡山之獄株連蔓引得非仲舒啓之歟乃若宣帝之厲精圖治而史臣之紀災異獨爲最詳者蓋深有取夫宣帝之綜核名實克謹天戒以爲災異雖多固無害其中興之治也然而申韓雜用刑名繩下卒之啓三大釁者得非宣帝之過歟今聖天子敬天法祖親賢遠奸固宜其休徵滋至而灾异滅息矣夫何邇年以來旱澇則不時矣風霾則屢作矣日食地震星殞火災亦既相仍矣是豈乖氣之相感歟蓋天之仁愛我君其意固有攸在而執事必欲求夫弭災救變之術則竊有說焉夫遍走群望此磔禳之末節耳戒飭百工此粉飾之虛文耳反灾爲祥之術果在是乎昔宋儒真德秀有言祥多而自恃才未必不危异衆而知懼者未必不安顧人主所以應之者何如耳然則洪範庶徵之說月令五行之應其今日之所當致意者乎乃若開言路以來諫諍端士風以抑僥幸清吏源以去冗濫慎民牧以求循良干政者黜之失律者誅之幽滯者揚之放逐者錄之則又當今之所不可闕者執是以求弭災救變之術思過半矣杞人之憂不自知其疏謬故敢爲執事者陳之乃若聖君賢相之所以格天者則自有道固非狂瞽之所能窺測其萬一也

第五問

王朝良

同考試官訓導嚴批（說時事甚整切末復歸重於得人此誠不易之論也）

同考試官訓導陳批（文有頓挫而處置甚詳必非迂儒可到）

考試官主事袁批（憂深言切子其識時務者歟）

考試官主事蕭批（時務條悉無遺可與論天下事矣）

天下之事在於審勢達變而已矣因勢以通變隨秋以從宜則天下之事始無不可爲者矣書曰有備無患此言防之於未然也易曰繻有衣袽終日戒此言救之於已然也今河南之事其未然者無復可圖矣其已然者寧可坐視其弊而不爲之所乎黃河爲害遷徙不常漕渠淤塞矣頃者動三省之民以疏之而塞者如故意者未究乎治水之道歟水之性分則衰順之則安爲今日之

計莫若疏金龍口以通北鎮之門戶疏丁家道口以通徐吕之咽喉孫家渡河疏也則朱仙鎮之故道通而河勢漸分矣趙皮寨可疏也則黃陵岡之下流通而水怒少殺矣又必濬渦河以通宿遷濬白河以通中牟導其下流決其壅滯堤築之必固蓄洩之以時而得人則如夏忠靖之理江淮陳恭襄之開通濟任之專而不惑於浮議行之漸而不急夫近功如是則漕渠其可通矣否則勞民傷財如之何其有成功邪潞賊恃險干逆天紀勢甚猖獗矣茲者連二省之兵以勤之而叛者未寧意者未盡夫用兵之道歟用兵之道動靜相時翕張視勢為今之計莫若塞壺關之口以遏其奔衝據林邑之險以防其出沒禁旅可用也分番迭肆則彼之精銳羈矣士兵可用也堅壁清野則彼之樵采絕矣又必用鄉導以察其險易懸重賞以疑其腹心脅從者不問投降者不誅攻其所不救掩其所不備而選將則如充國之坐制先零李愬之雪夜破蔡假以節鉞而無中制之憂錄其功賞而嚴失律之罰如是則小醜其可殄矣否則覆軍殺將如之何其不旰食邪亢旱為虐麥禾不收民之憔悴甚矣又加之蝗蝻兩河南北赤地千里茲欲處之亦惟為守令者布寬恤之恩罷督責之令踏勘必實先期奏聞或蠲夏稅之太半或蠲秋糧之什七又必發倉以賑之移粟以撫之凡可以恤民隱者力為之圖如富弼之在青州趙閱道之在浙西則民沾實惠而雲漢之什可無作矣徭役太煩勞者下息民之疲敝久矣又加之以征調十室九空朝夕不保茲欲救之亦惟為守令者禁額外之誅求罷不急之營繕樽節有方稍加存恤開河之役暫停勤賊之兵不出又必視戶之上下均其賦稅量丁之多寡節其庸調凡可以拯民窮者曲為之處如陽城之撫字如黃霸之愛養則民獲安息而鴻雁之苦庶有瘳矣雖然治河有說矣而轉般之法亦不可不預講民弭盜有方矣而安輯之計亦不可不先圖也旱蝗可憂而長平義倉之設其亦有可采歟徭役可閔而差役免役之法其亦有可仿歟凡此四者皆目前之急務謂如拯溺救焚之不暇者而審勢達變愚則四存乎其人也若曰坐而論天下之事也易進而處天下之事也難則執事可以無問而愚也可以無對矣

河南鄉試錄後序

裒奉命校文河南道出燕趙涉衛趨大梁降觀于郊野其土風往往嗇而愿約而愉憂勤而寬舒及試士其言亦多毅而不隘直而不夸孫而不迫辨而中其義核其慮詳雍容和平蓋猶有先王之遺焉夫河洛故都會而天地之中

其書圖則羲禹之所則也禮樂則周公之所制作也周之盛也其在成康之際乎成王營雒以正四方於時風俗和平賢才衆興故詩人美之曰藹藹王多吉人曁乎漢室梁孝王嘉禮儒術招致賓徒時則有鄒枚司馬之流相與作爲賦頌以襃贊功德其制度宏麗文辭瑰瑋蓋亦雅頌之亞也嗣是無聞焉豈世道升降使然哉我明興設科取士其始賢良文學太半出於荆揚吳粤之間河洛之士蓋鮮焉乃孝廟時則彬彬矣今天子修弘祖構海内興起禮文偏隅下邑亦蔚乎多士在河洛固宜有异材茂等如周之所謂藹藹吉人者奮出其間區區詞賦之徒直薄不爲耳昔者先王之制治也以質文相救後世則文敝而質日衰識治者蓋深憂焉夫文勝則變而趨質質勝則變而趨道是故與其文也寧質河洛之文不勝其質吾是之取爾吾是之取爾袠也不敏惴惴焉惟不得人以塞明詔是懼故敢盡布其説以爲諸生告若夫低昂之衷閑衛之密則珍也序之詳矣袠故略焉

　　　　　　　　　　　刑部福建清吏司主事袁袠序

嘉靖十三年河南鄉試錄

第一場

四書

知者不惑仁者不憂勇者不懼　詩曰在彼無惡在此無射庶幾夙夜以永終譽君子未有不如此而蚤有譽於天下者也　其爲氣也至大至剛以直養而無害則塞于天地之間

易

象曰天地交泰后以財成天地之道輔相天地之宜以左右民　王假有廟致孝享也　引而伸之觸類而長之天下之能事畢矣　易之爲書也不可遠爲道也屢遷變動不居周流六虛上下无常剛柔相易不可爲典要唯變所適

書

水火金木土穀惟修正德利用厚生惟和　監于先王成憲其永無愆　凡厥庶民無有淫朋人無有比德惟皇作極　乃命三后恤功于民伯夷降典折民惟刑禹平水土主名山川稷降播種農殖嘉穀三后成功惟殷于民

詩

有杕之杜生于道左彼君子兮噬肯適我中心好之曷飲食之　春日遲遲卉木萋萋倉庚喈喈采蘩祁祁執訊獲醜薄言還歸赫赫南仲玁狁于夷賦政于外四方爰發　喤喤厥聲肅雝和鳴先祖是聽我客戾止永觀厥成

春秋

春鄭人來輸平（隱公六年）三月鄭伯使宛來歸祊良寅我入祊（隱公八年）鄭伯以璧假許田（桓公元年）　冬楚人伐黃（僖公十有一年）夏六月乙卯晉荀林父帥師及楚子戰于邲晉師敗績（宣公十有二年）晉欒書帥師救鄭（成公六年）　八月晉荀吳帥師滅陸渾之戎（昭公十有七年）

禮記

天子以德爲車以樂爲御諸侯以禮相與大夫以法相序士以信相考百姓以睦相守天下之肥也　天尊地卑君臣定矣卑高以陳貴賤位矣動靜有

常大小殊矣方以類聚物以群分則性命不同矣在天成象在地成形如此則禮者天地之別也氣上齊天氣下降陰陽相摩天地相蕩鼓之以雷霆奮之以風雨動之以四時煖之以日月而百化興焉如此則樂者天地之和也　尊仁安義可謂用勞矣　垂之如隊禮也叩之其聲清越以長其終詘然樂也

第二場

論
君子尊德性而道問學

詔誥表（内科一道）
擬漢舉賢良文學詔（始元六年）　擬唐以孫伏伽爲治書侍御史誥（武德元年）　擬宋以趙普爲司徒兼侍中謝表（太平興國六年）

判語五條
官吏給田　欺隱田糧　御賜衣物　宿衛人兵仗　修理倉庫

第三場

策（五道）

問　自古創業之君必定一代法制爲子孫世守自今觀之國之急務最宜裁酌精密俾永久不敝者尤在于財與兵而已蓋民以財爲心以兵爲衛國家安危所係焉者孔子論政所以先乎此也洪惟我太祖高皇帝戡定禍亂統一華夏太宗文皇帝再清海宇英謨睿訓所以垂示乎聖子神孫者至精且備矣若皇明政要一書紀我祖宗嘉言善行者四十條中有節財用賑荒歉修武備固封守四事其詳可得聞與國家仰承皇祖之訓有國以來家給人足四方無虞久矣今聖天子修複中興之治懷保民無窮之心每憂及此然禁奢之詔屢下而國賦未充救荒之策屢講而凶歲迭見部伍多缺邊陲數警誠不可無備也祖宗之法有可申明于今日請敬陳之勿略

問　禮者所以辨上下定民志也國非禮不治家非禮不正學非禮不立周禮一書法制最備論者曰周公致太平之書又曰文王治岐之書又曰成周理財之書或又曰漢儒附會之書何所見之不同與今考其故又大有可議者且周禮周官一代之制也周官首三公次三孤次六卿次百司周禮有六卿而無公孤周官紀天子諸侯巡狩朝覲之期周禮無其文茲非細事可略也何相背若是與周禮缺冬官或者以考工記補之考工之説可盡冬官之意否與或者又爲注之果得作者之意與後世有慕其書而行之者往往未獲其效果書

之罪邪抑行之者未善也我國家制度準周官而作而其間有不同者此又何故也今日百六十年承平既久而治化浹洽正制禮作樂明光德業之時不知周禮爲書尚有可補我國家之治者乎而古禮果可復于今否乎諸士請著于篇以覘他日爲國之術

問　人心與天地一本善反之則天地之性存焉詩之秉彛物則書之精一執中古今言性言學者之權輿也後世大儒有以中興豪傑自謂者其論性也則以孟子之言未備無以服告子之心其論學也則以朱子道問學爲多而於尊德性若在所憾者今觀七篇之中言性善者不一而足朱子則集諸儒之大成者乃以爲未備而偏許焉者何也考之於書若皋陶曰九德箕子曰三德豈綱民柔善惡固亦可以言性而未備云者是或一道與二程之於二陸其兄弟師友之間所以共力斯道宜無不同者一則以記誦爲玩物喪志一則欲將聖人言語玩味人心一則宗程氏之學不稱於俗一則聽伊川之語而訝其非豈其所入之途自得之趣各有不同然卒與朱子之學同歸者何與茲欲究性善之原不知所以爲入門實地者安在也請言之以觀一以貫之之學

問　詩曰高山仰止景行行止諸君子生長伊洛之地景仰有在試舉地時師友淵源之懿商之夫程氏上接孟氏所謂千載不傳之緒者可得聞與嗣是而傳其學者甚衆其不謬於聖人者鮮矣望重道南者不免於晚出之議學稱美才者莫逃於禪學之譏過化便所存者神存神便所過者化其言視性性爲能存神物物爲能過化者同與異與由誠而至明由明而至誠其旨與誠則明矣明則誠矣者同與异與易未易通也而終乃謂之通易者何與春秋未易傳也而有獨屬之爲傳者何與聽講論語者何爲得一貫之旨能道中庸者何由得不逆於心四賢之咏爲洛中一時之壯其言辭何者爲近最愛之稱爲高弟一時之評其氣象何者爲優以高識入者何以有俊逸之稱以篤行入者何以有終守之論而請益之方其於二者孰爲切與有尊嚴自處者何以自謂所不及有和易可親者何以衆皆悅從而成就之益其於二者孰居多與至稱不雜者三人不失其正者一人其亦有所試與凡此皆道學源流之所繫而當時之教必有最親切處可指言與噫典刑不遠遺風猶存諸君子必有心存得師而相起予者執事者願有聞也

問　自箕子陳洪範以人之五事配天之五行所感休咎各以類應其論精矣然漢諸子五行傳皆原於春秋洪範以陰陽徵應爲言互有异同其間旁引曲證似有發明者而乃有深辨其非者何與又謂以孔子作春秋言災异而不言事應斷之若然則休咎之理將難指陳而洪範五事之論不免膠固不通

不足以語造化之妙矣五代史著其災異削其徵應或謂其妖妄之學欺天欺人眾說紛紛何所取乎則彼休咎之徵何以別於箕疇而感應之理不幾於息耶不知與天人相與流通無間果何所得與恭惟皇上聰明憲天側身修德其興除利弊率作事功而惓惓於宵旰之憂固宜諸福之物可致之祥無不畢至矣夫何邇年以來災異屢見其召致之由消弭之方關於人事者二三子試極言之固當寧之所欲聞也

中式舉人八十名

第一名　吳三樂　洛陽縣學生　易

第二名　劉敏政　寶豐縣學生　書

第三名　王嘉言　杞縣學附學生　詩

第四名　張應　光山縣學增廣生　春秋

第五名　李檀　汲縣學生　禮記

第六名　王曰然　衛輝府學增廣生　詩

第七名　祝永順　太康縣學生　書

第八名　陸柬　祥符縣學生　易

第九名　王堯日　鹿邑縣學生　詩

第十名　李凌雲　鈞州學附學生　書

第十一名　朱用　河南府學生　詩

第十二名　高捷　新鄭縣學生　書

第十三名　李春　彰德府學增廣生　詩

第十四名　張東銘　開封府學生　春秋

第十五名　尹樂堯　鈞州學生　書

第十六名　張四維　開封府學增廣生　易

第十七名　王納諫　信陽州學生　詩

第十八名　尹樂舜　鈞州學附學生　書

第十九名　孟淮　開封府學附學生　禮記

第二十名　張良魁　西華縣學生　詩

第二十一名　彭應壽　光山縣學附學生　易

第二十二名　曹亨　新蔡縣學生　詩

第二十三名　李洛　祥符縣學生　書

第二十四名　張孝　汝寧府學生　詩
第二十五名　李天寵　孟津縣學生　易
第二十六名　徐自得　杞縣學生　詩
第二十七名　黎黔　羅山縣學生　春秋
第二十八名　李登雲　鈞州學生　書
第二十九名　李之本　河南府學增廣生　易
第三十名　周鎬　衛輝府學增廣生　易
第三十一名　周誥　汲縣學生　書
第三十二名　熊希豸　杞縣學生　易
第三十三名　鄒臣　安陽縣學增廣生　詩
第三十四名　王繼洛　鄭州學生　書
第三十五名　牛珠　通許縣學生　易
第三十六名　劉濟民　河南府學增廣生　詩
第三十七名　蘭子充　汝寧府學生　書
第三十八名　孟鏜　洛陽縣學附學生　詩
第三十九名　胡自化　羅山縣學生　春秋
第四十名　毛芄　南陽縣歲貢生　易
第四十一名　張溱　彰德府學生　詩
第四十二名　李良能　郟縣學增廣生　書
第四十三名　趙汝大　汲縣學增廣生　禮記
第四十四名　劉志泂　衛輝府學生　易
第四十五名　沈文玉　光州學生　詩
第四十六名　馬錫　尉氏縣學生　易
第四十七名　魏廷芹　許州學生　詩
第四十八名　孫良心　滎澤縣學生　書
第四十九名　高尚仁　新蔡縣學生　詩
第五十名　韓維翰　河南府學增廣生　易
第五十一名　張九棘　羅山縣學生　春秋
第五十二名　甯友直　湯陰縣學生　詩
第五十三名　黃如帶　睢州學生　易
第五十四名　齊君問　偃師縣學生　書
第五十五名　何思經　杞縣學生　詩

第五十六名　劉一鵬　寧陵縣學生　書
第五十七名　楊嘉績　衛輝府學生　詩
第五十八名　吳道南　布政司候缺吏　易
第五十九名　戴延容　衛輝府學增廣生　詩
第六十名　胡賓　光山縣學生　春秋
第六十一名　王家賓　光山縣學生　詩
第六十二名　張翊　光州學生　易
第六十三名　黃堂　內鄉縣歲貢生　詩
第六十四名　張洧　彰德府學生　詩
第六十五名　陳東光　鈞州學生　書
第六十六名　張養德　歸德州學增廣生　詩
第六十七名　李秦　彰德府學生　詩
第六十八名　宋時　鈞州學生　書
第六十九名　李筵　湯陰縣歲貢生　易
第七十名　魏鐸　汝寧府學生　春秋
第七十一名　岳東升　信陽州學附學生　易
第七十二名　顧詔　陝州學生　禮記
第七十三名　溫伯仁　儀封縣學生　詩
第七十四名　蔡揚金　衛輝府學生　易
第七十五名　王真儒　滎陽縣學生　書
第七十六名　方鯨　祥符縣學生　易
第七十七名　許際可　固始縣學附學生　詩
第七十八名　徐行　開封府學生　詩
第七十九名　王庇　尉氏縣學生　易
第八十名　楊傑　汝寧府學生　詩

第一場

四書

知者不惑仁者不憂勇者不懼

吳三樂

同考試官教諭劉批（此學之序作者多狃於中庸達德之說殊失本旨

求其體認親切意味雋永夫僅見此篇）

　　同考試官教諭辛批（模寫不惑不憂不懼自是典則）

　　考試官學正王批（意明語潔）

　　考試官教授許批（平實）

　　聖人言進學之序欲人知所求也夫知仁勇學者所當求至焉者也否則惑與憂懼不免矣可不自勉也哉夫子示人之意如此蓋曰夫人不可闕焉者求道之功也不可紊焉者進學之序也是故學以知及爲先人之不能無所疑者必其知之未至也夫惟知焉理之散於萬而原於一者先明諸心矣虛靈之體寂而涵也明覺之用感而通也睿以燭事理之幾而聞見之知非所溺矣夫何惑知以仁守爲貴人之不能無所憂者必其仁之未至也夫惟仁焉理之純乎天而不雜以人者復還於我矣順理則裕無惡於志也隨寓而安無動於中也理以勝天下之私而物欲之累非所患矣夫何憂至若仁知合一而勇以強之斯學之全也然勇有未至則懼心生矣夫惟勇焉浩然之氣善養其初天德之剛克全於我則見義必爲當大任不動其心也自反而縮遇事變不喪其守也中有所主而外無所慮矣何懼之有邪是知不惑則知至而道以明不憂則仁至而道以行不懼則勇之至而道亦無不強矣學者可不驗吾學之所至而求以造其極哉抑是道也即所謂達德焉夫子嘗以之自道矣然則學者果何所入邪中庸曰好學近乎知力行近乎仁知恥近乎勇此又入德之事也從事於斯則知如大舜仁如顏子勇如子路之所聞者亦或幾矣此固夫子屢言之意也有志者其念諸

　　詩曰在彼無惡在此無射庶幾夙夜以永終譽君子未有不如此而蚤有譽於天下者也

　　　劉敏政

　　同考試官教諭張批（引詩證君子六事兼備乃可得譽作者類多失旨此篇上下文意有照應有歸求當是作乎敬羨敬羨）

　　考試官學正王批（詞不煩而意自盡）

　　考試官教授許批（未有不如此處就題發揮得子思口氣）

　　中庸引詩以明王制盡善而後有聞於世也夫王者備衆善而天下之譽歸之否則見其無聞也已中庸二十九章承上章居上不驕而言以發明人道意謂君子制作之盡善而能致天下之順治者不觀之於詩乎彼振鷺之詩有曰在彼無惡在此無射庶幾夙夜以永終譽蓋言名譽之永由於人心之孚則

君子之致譽可知矣是故王天下之君子必操三重之權備六事之善而後可以服天下之人心固也若夫不知而作之者人極欲立而範圍或繆其方所謂本諸身徵諸民合前聖於既往者未能也王制欲修而裁化弗妙其用所謂參天地質鬼神契後聖於將來者未能也將見禮不足以爲節度不足以爲式文不足以爲書法雖立也行有戾乎人情民將有弗信者矣何以垂悠久之則政雖施也動必垂乎物理民將有弗從者矣何以協遠近之歸求寡過於天下不可得也又豈有不善其道而享天下之譽者哉是必居王者之位行王者之道定王者之業君子之能事畢矣嗟夫唐虞三代遠矣時至戰國功力相尚無制作也率不能修德凝道以爲之本無怪乎治之不善而譽之無聞也子思有憂于此而反復言之其垂訓後世之意亦可謂詳且切矣居上者盍鑒之哉

其爲氣也至大至剛以直養而無害則塞于天地之間

王嘉言

同考試官訓導余批（浩然之氣形容殆盡錄之）

同考試官教諭趙批（能說出充塞意）

同考試官教諭馬批（有關鍵有思致可取）

考試官學正王批（體認真切）

考試官教授許批（其氣亦似浩然者）

大賢論氣本體之盛善養之則充矣夫浩然之氣人得于天地者也苟有以養這斯充塞而無間矣孟子舉其長於告子者以答公孫丑及此若謂存乎人者不動心非難而養氣爲難浩然之氣雖未易以言語形容矣然其本體之實亦有可言者焉何則陰陽變化神無不合吾萃其精英以爲四體之充雖曰有形而不依于形其諸一元之充滿者乎何至大也五氣交感化無不宣吾得其醇一以爲此志之輔雖曰有物而不囿于物其諸大造之直遂者邪何至剛也夫是氣也人皆有之病于弗求戕于欲速者衆矣誠能自反而縮務去處梏亡之害俟其自得不參以作爲之私如是則至大不蔽其量至剛不虧其體天地之綱緼而磅礴者吾氣之經緯錯綜也始非有合終非有離矣蓋天下莫能哉焉乾坤之混闢而妙合者吾氣之周流變通也此非有餘彼非不足矣蓋天下莫能破焉夫浩然之氣塞于天地亦存乎所養我之長於告子如斯而已矣豈以卿相霸王動其心乎嗟夫孟子之養氣知言雖有攸屬而實則察乎性命之間非二物也惟其賦生之初純駁不齊是以不能盡性而知命告子之義外公都子善不善之性橫議天下甚則慕儀秦之勢以爲大丈夫豈所謂當大任

而不動心者邪故嘗謂孟子之道大於性善精於存心而歸其極于知言養氣之旨知斯三者而後有以見其學孔之志配禹之功矣

易

王假有廟致孝享也

吳三樂

同考試官教諭劉批（易義明潔如此作者蓋不多見）

同考試官教諭辛批（氣昌辭整可嘉）

考試官學正王批（知萃道者）

考試官教授許批（縝密雅健）

人君臨奉先之所盡饗親之誠夫誠以饗親孝子之行也王者至廟而矣致之此世道所以萃也與萃之象有曰王假有廟夫子象傳申之以爲昔者明王以孝治天下也必本於自盡其見諸行事也恒慎于祭義是故爲之宮室以依祖考之神設其宗祧以叙昭穆之統斯固王者之有廟矣當聚之時猶必在中而莅夫祀事者豈徒然哉誠以祖功宗德昊天罔極大業洪圖萬世永賴報本追遠之心可但已乎慮事以豫具物以周于時對越而致其慤焉吾之孚信與先王之精神本爲流通真若有以聞乎容聲嘆息者矣禮樂以叙百官以備于時奠獻而致其愛焉吾之志意與祖考之神明相爲感格真若有以見其嗜欲居處者矣夫王者至廟以致孝如此是以上獲神眷而福無不受下攝衆志而人無不和萃天下之道豈有加於此哉或曰萃以假廟渙以立廟時異而事同何也於戲此聖王制禮之清義治國如視掌者豈易言哉蓋天人一道幽明一理明德之馨足以動天地感鬼神況民物乎以萃則益聚以渙則合散百世以俟聖人而不惑也夫祀國之大事有事于祀典者尚鑒於斯

易之爲書也不可遠爲道也屢遷變動不居周流六虛上下無常剛柔相易不可爲典要惟變所適

陸柬

同考試官教諭劉批（屢遷以下多不能體認此篇直造精微蓋讀易而有得者錄之）

同考試官教諭辛批（易義能體義發揮無疵者）

考試官學正王批（屢遷處明徹）

考試官教授許批（殆亦不遠易者）

大傳論易切于人心必詳其道之變者以見之也夫變易以從道易書之

體要也知乎此則所以不可遠者思過半矣夫子示人以學易如此蓋謂聖人之作易也開物成務百姓之愚咸以與其能極深研幾萬物之情靡不彰其類其為書也蓋有不可須臾遠者矣嘗自其道之屢遷者觀之易有卦爻所以極賾效動也推行不倚于一隅易貞不屬于方體何莫而非陰陽之變動乎卦有六位所以稽實待虛也乘承而無專質比應而無定名何莫而非陰陽之周流乎自內而外則賤乘乎貴由悔而貞利遠取乎近一上一下有常分而無常運矣進極而退則陽居乎陰消極而長則老交于少一剛一柔有定體而無定用矣是蓋隨機裁化不可以一時之宜而索設卦之蘊變之所適道亦寓焉趨時致變不可以一事之利而明觀象之故情之所遷理亦至焉吁至一者天下之理也至變者易書之妙也非一則不能神化以盡懷非變則不能會通以盡言茲其所以不可遠也與雖然天生神物圖書是陳易之原也知來藏往神武不殺易之體也利用出入民咸用之裁于上而效于下者也是故有忠信之事則可以卜筮具神明之德則可以作易故曰苟非其人道不虛行或者乃以畸贊晝夜自謂足以明易而不知其道之不能變也噫

書

監于先王成憲其永無愆

劉敏政

同考試官教諭張批（寫出法祖意僅見此篇）

考試官學正王批（簡明）

考試官教授許批（講法祖無愆處親切得老臣忠愛之意）

大臣告賢王以法祖之有益所以揭為學之準也蓋前人之法後人之鑒也守之將無不善矣大臣論學而以是歸之宜哉傅說告高宗及此若謂人君非務學無以通古之道非法祖無以適今之宜吾王既典學而德修矣可不以先王之法為監乎蓋先王以建中之聖而謨訓有可師以垂統之君而典刑為當守必祖武是繩視其所以修身者而修身即昧爽丕顯之謨以求成德之允協也攸行是率視其所以治人者而治人即克綏厥猷之典以求明哲之作則也若是則何過之有哉蓋道涉于多岐而我失其定據欲免過也難矣今所法者聖祖則有所特循而將止於至善所守者詒謀則不事紛更而自合乎大猷以之修己則台德以立足以紹齊聖之懿率舊章而不忘也以之治人則兆民以康足以繼輯寧之化訓成式于永乂也夫如是則學有實用而非徒學矣王其以是務乎大抵創業之君理天下也至周憂天下也至悉而其所以慮後世也至遠世守其法雖萬世存可也繼世賢君欲大有為于天下亦必守祖宗之

法而勵精以圖之將與古先哲王并美焉不然吾恐叢脞之多患也伊尹之于太甲傅說之于高宗言則必稱先王者真深長之慮哉

乃命三后恤功于民伯夷降典折民惟刑禹平水土主名山川稷降播種農殖嘉穀三后成功惟殷于民

祝永順

同考試官教諭張批（通篇脫去陳腐而詞語敷暢體裁峻整轉東處亂有思致可謂明經之士矣）

考試官學正王批（得訓刑意）

考試官教授許批（雅健）

聖君命群臣有爲于天下則事治而民阜矣蓋君得臣而後功可立也此帝舜憂民之功所以必資於三后歟昔穆王訓刑首述帝舜之事以爲昔帝舜之遏苗民也既清問以得民之情又敷德以動民之化然豈止於是而已邪蓋知治世以安民爲本而成功以任賢爲急故既咨伯夷復命禹稷使各致其憂民之功焉當是時也民之所可憂者詛盟之習尚在昏墊之患未除而阻饑之厄未已也伯夷則典三禮以息其邪說播五刑以齊其未化禹度土功而對表山川所以奠其居也稷教稼穡而樹藝五穀所以厚其生也三后上承君命之重而勵翼經效其勞下憫民命之艱而奮庸以熙其載則其功不既成乎將見當時之民神人之典既明邪妄之俗浸革天地平成不復巢窟以爲居蔚然於咸寧之治也蒸民乃粒不復艱食以爲患熙然於九叙之歌也其恤民之功一至是哉吁聖君命官以憂民而民享其利如此乃有弗率其化者則刑斯加矣兹非用刑之本邪穆王訓刑而以帝舜爲稱似有志於聖王之道而欲師往古之法者然操其中則大不然也帝舜刑所以防奸究而輔民彝天下之公穆王訓刑不過欲贖刑聚貨以爲巡游無度之費一人之私也其所以稱述聖王者無乃畏公議而借以自文邪然其爲言也惻然有哀矜無辜之心此孔子所以取之歟

詩

春日遲遲卉木萋萋倉庚喈喈采采蘩祁祁執訊獲醜薄言還歸赫赫南仲獫狁于夷

王嘉言

同考試官訓導余批（能道周家勞帥之意）

同考試官教諭趙批（筆力駿發不枯不腴宜錄）

同考試官教諭馬批（詞氣典雅得溫厚之體）
　　考試官學正王批（春容爾雅　）
　　考試官教授許批（寫出盛時氣象）

詩人述大將還師之樂而表其成功之大焉夫乘時而奏凱信可樂也伐遠功成者以之不亦可勞乎此勞還師之詩若謂我將帥之于征也昔固睹雨雪而懷憂矣今其歸也不有感時而或樂者邪是故青陽應侯暄和而舒長維天時則春矣卉木含滋蒙密而茂盛觀物態則變矣倉庚之聲清和圓轉得氣何先也采蘩之女往來衆多治鹽何蚤也斯時也轅門繫當訊之渠魁行間從被獲之群醜却狄之功成矣即長途而悠悠于邁指王國而驍驍啓行全歸之樂遂矣是果誰之功哉乃我南仲才足以禦侮威望素著于華夷謀足以折衝聲名丕顯于遐邇其于獫狁也據形勝以竣大防潛消其桀驁之氣無復猾夏之敢圖孔棘之患維其紓矣嚴城守以建長策陰折其覬覦之心無復王誅之敢干孔熾之難其免矣夫謂之曰于夷信乎不戰屈人而外患寧矣雖然來則禦之去則勿追先王制禦夷狄之常道也而或者猶有說焉曰其本不在威強而在德業其備不在邊鄙而在朝廷其具不在兵食而在紀綱噫此探本之論禦戎之方掌邦政者所宜知也雖然豈獨司馬而已哉

　　賦政于外四方爰發
　　王曰然
　　同考試官訓導余批（敷腴典則寫出經營意思）
　　同考試官教諭趙批（講賦政爰發之意明盡）
　　同考試官教諭馬批（詞語莊重宜錄以式多士）
　　考試官學正王批（能道中興復古氣象）
　　考試官教授許批（文有思致）

宣化於天下而皆得其應王命大臣之職也夫經營職之重者也化宣于外而丕應焉職斯盡矣王命大臣而以是期之宜哉昔宣王命仲山甫城齊而尹吉甫作詩以送之此則述王命以經營之職若謂夷厲以來不用其良四國之無政久矣甫其循行方國來旬來宣渙中興之命令共和當國未究其施人心之望治功矣甫其遍歷侯邦咨謀咨詢振維新之事功順天下更失理所以謀之廟堂者其即敷之下國乎喻德教舉遺士所以圖之密勿者即施之有政乎是政也上賦之下未有以應之猶賦之未至也其感之必發渙汗之下凡仰中興之治者咸興媚順之心導之即從振刷之餘凡沐維新之化者同起來歸

之念天下順而人心服也失理更而治道隆也四海雖遠殆有禽然其向風者矣德教喻而士民慶也遺士舉而賢才進也天下雖大殆有截然其順治者矣否則如政之布何哉吁此見山甫德之全而任之重也固宜吉甫述之以慰城齊之心哉抑觀聖主得賢臣而弘功業在古然矣宣王有吉甫召虎山甫數臣用以攘狄平夷城齊卒有成功固可嘉也雖然地道無成有終誦烝民諸詩而益見周家中興之盛云

春秋

冬楚人伐黃（僖公十有一年）

張應

同考試官學正韓批（此題重在責齊作者類以憫黃并講殊戾本旨是篇深得傳意錄之）

考試官學正王批（得聖人罪齊意）

考試官教授許批（謹嚴）

春秋特紀遠國之被兵所以深罪伯主之失職此齊桓始結黃而終弃之春秋特書以致意宜哉且楚何爲而伐黃也以黃職貢之不至也職貢不至而楚伐之宜罪之不在齊也春秋特書伐而异於滅弦滅溫以罪桓公者何居誠以事莫能於謀始尤莫難於慮終齊得黃而與之盟則足以成伯業桓之始謀也楚伐黃而不能救則無以宗諸侯仲之終慮也使桓不以已之謀爲可恃而以仲之慮爲可聽雖無當時服黃之功亦未必有今日滅黃之慘夫何違敬仲之嘉言結貫澤之新好齊喜於得黃而制楚之謀遂決楚憾於附齊而取黃之心已萌曾幾何時楚暴遂肆兵傳城下已歷三時之久告至臨菑竟無一騎之援殊不思救患分灾同盟事也攘夷安夏伯主職也黃既有剝床近膚之憂齊遂當爲被髮纓冠之舉顧乃袖手旁觀寒貫澤之盟而罔恤忍心坐視弃禮義之君而莫圖借曰道遠行艱莫能救也然黃昔以遠而至中國今奈何以爲遠而弗往救乎借曰小國不恭自取禍也然黃以恃齊而不歸楚貢今奈何使讎人甘心而弗動念乎卒之楚氛益惡黃社遂墟回視前日即華之行適爲今日滅亡之地桓之罪其可逭哉故春秋於滅弦滅溫皆不書伐者以其非同盟也特書伐於滅黃之上者罪桓公既與會盟而又不能救也聖筆之嚴有如是哉抑又論之遠國慕義背夷即華正也仲欲拒之非矣仲之意特料桓公無以善其後故也伯益戒於舜曰無怠無荒四夷來王仲不能示其君以怠荒之戒而預憂其弃黃亦非忠臣事君之道也雖然仲不死則黃未必滅若仲者又豈可以盡非哉

夏六月乙卯晉荀父帥師及楚子戰于邲晉師敗績（宣公十有二年）
晉欒書帥師救鄭（成公六年）

張東銘

同考試官學正韓批（林父欒書用兵得失胡傳甚明作者往往遺之此作會傳成文故錄以式）

考試官學正王批（有斷制）

考試官教授許批（聖經予奪意如此　）

交兵而失專制之義者可責恤患而得專制之義者可予此林父之戰楚敗績欒書之救鄭還師其得失俱不容掩於書法間矣在昔宣公中年楚伐鄭而晉救之于邲交綏晉以敗告則辱可知矣春秋既不以救鄭書而又以林父主是戰者豈不曰無故伐鄭楚則有罪也亦既退師與鄭平矣使為林父計者無及於鄭全師而還猶之可也夫何輕與楚戰喪師辱國誰之責乎借曰先縠欲戰不得已而從之耳殊不知將在軍君令有所不受況當是時不欲剿民者三帥也違命濟師特先縠一中軍佐而已不能執專制之權而以軍法行之乃畏失屬亡師之罪從韓獻子分惡之言忿不思難遂與楚戰則是亟戰殘民進退不由於己者也林父之罪重矣春秋不以救許晉而及在林父其責之也蓋如此成公初年楚又伐鄭而晉救之桑隧一遇晉以師還則功無可錄矣春秋乃以救許晉而深善欒書之不戰者豈不曰乘喪伐鄭楚固不能無罪也然既釋鄭以還師矣使為欒書計者致怒于楚決意進師亦何取哉所幸還師避敵保國惜民何功如之借曰軍師欲戰者八人盍從衆以濟事乎殊不思閫以外將軍制之況當是時不欲亟戰者三帥也而欲阻兵以逞特同括董六軍之屬而已乃能持專制之柄而以軍法斷之不遷戮以怒楚遂退師以全民我則未病鄭亦無虞則是以下不戰為功進退必於己者也欒書之功偉矣春秋以救許晉而深善其不戰其予之也蓋如此噫同一救鄭也林父將則辱國欒書將則全民人君用人之際可不慎哉大抵天下有大道理名與分而已矣先縠同括六軍之佐屬也乃不奉主帥之命而輒欲行己之私是懵於道理不知名分為何物也卒之先縠不得其死同括亦以譖而就戮雖能逃一時之斧鉞而終無以免後日之禍患則亦其無上之心有以取之耳噫以此垂訓後世猶有慢軍令而舍水上山如馬謖違節制而深入不已如任福者自取夷滅亦獨何心哉

禮記

天子以德爲車以樂爲禦諸侯以禮相與大夫以法相序士以信相考百姓以睦相守天下之肥也

李檀

同考試官教諭張批（此題作者多於天下肥處不能形容此作發明殆盡宜錄出以式學者）

考試官學正王批（簡明可取）

考試官教授許批（能發揮大順意）

舉天下之人盡其道見天下之治極其充焉甚矣治以大順爲至也人人盡其道而天下平矣非聖王孰能與於此禮運言修道之教及此謂夫聖王之治達於順猶人之食期於肥然治之所謂肥焉者豈特由身而家而國然哉推之天下亦有可見者矣是故天子者德以出治德匪車也仁義之道利攸往矣其以德爲車乎樂以導和樂匪御也鸞和之聲行斯中矣其以樂爲御乎諸侯相與朝聘以時也大小竭藩屏之誠大夫相序等威已辨也上下安靖共之位篤信之道久要不忘者士之行也和睦之風遍爲爾德者民之尚也夫自天子以至於庶人天下之人盡之矣一有乘馬不足以言肥也今也天子和德於上矣臣民和德於下矣泰和之治達之天下者無間也其充盛矣乎正朝廷以正百官矣正百官以正萬民矣維新之化放之四海者皆同也其至足矣乎是知人身之肥充於食天下之肥則充於化也大順之道有如此豈非聖學之極功哉抑是道也即易之化成書之於變也豈易致哉必成已之功盡而後成物之效臻其序有不可紊其功有不可闕者後世大學之道不講舍其田而不治者多矣無惑乎大道之日隱也喟然之嘆有由然矣

尊仁安義可謂用勞矣

孟淮

同考試官教諭張批（說尊安用勞字自是明暢錄之）

考試官學正王批（詞意俱優）

考試官教授許批（得旨）

詳及之物之勞著顯親之孝夫仁義盡於已而功勞自及於物矣由是以成其親焉可謂中孝也已曾子言孝有三此則舉中孝也意謂不容己者人心之孝也不可逾者天下之分也所當自盡者天下之道也所謂中孝用勞者果何如哉彼爲諸侯卿大夫士者知仁者天下之表所當尊重而不可忽焉者則

天爵是尊大其心以體天下之物也良貴是崇弘其量以擴無我之公也民胞物與之施一皆惻怛慈祥之愛矣育民之道其盡矣乎義者天下之制所當安行而不可悖焉者則正路是由裁制之而不過其則也大道是行錯綜之而不爽其宜也執世宰物之政一皆權衡矩度之施矣正民之道其盡矣乎夫如是豈非用勞之孝哉蓋尊仁以育民而民得其育焉則吾之勞著於民之育矣眾譽攸歸之下人之敬於我者亦不弃其親也吾親之譽隆謂非吾尊仁之所致邪安義以正民而民得其正焉則吾之功著於民之正矣國人稱願之歸所以成其身者亦所以成其親也吾親之名成謂非吾安義之所致邪所謂用勞之孝蓋如此是知仁義者道之所當盡也用勞者孝之所由成也中孝君子當知所事矣抑孝也者天之經也地之義也拘於分固有三者之異要其心之所以自盡者則一而已矣不然則菽水盡歡者不足以為孝而歷山之耕何以稱其為大孝終身之慕邪孟子曰孰不為事事親事之本也孰不為守守身守之本也然則事親者必達於所守之本而後可

第二場

論

君子尊德性而道問學

吳三樂

同考試官教諭劉批（此題作者類皆掇拾浮詞殊戾本旨惟此篇論尊德性道問學只以道一為主而以學二要其同歸詞不繁而理獨至且通篇無一險怪語非邃於理學者不能允宜高薦）

同考試官教諭辛批（士子作此雖皆知為存心致知而不知其同歸於道以道一為說僅見此篇）

考試官學正王批（作理學論如此篇者絕少）

考試官教授許批（道一之說諸作皆不能到）

學以盡道為極道一而學有二焉君子當要其所歸也夫道者率性而已有二乎哉而學者之法二之者何也不如是不足以盡道也道盡則無二矣夫君子之學主於盡道而已道一而學二以學之二而會道之一君子奚病於學哉尊德性而道問學子思之言也尊德性學求於心也道問學學求於迹也夫道一而已而學者之用力异焉此君子所以當要其一也何也道根於心普於身而宜於天下者也聖人之德王者之業一而已而學之二者果幾乎以背道邪夫學以至乎聖人之道也是故以矜持入道道熟而矜持泯矣以聞見識道

道融而聞見黜矣又何以見學之二哉今夫道固未嘗二也然自其體段而言則謂之大發育萬物峻極于天是也自其條理而言則謂之細經禮三百由禮三千是也語其大天下莫能載焉語其細天下莫能破焉其大也有所不能勝而其細也有所不能悉是故學者不以其學之之法而欲至於道者未也何者亦求之乎心迹之間而已矣心者統乎性而具太極之全體者也與天地無少异也備萬物而無遺也迹者必性之散殊也一理而分於萬萬理而原於一也是故心者道之大也迹者道之細也合内外之道也孔子曰人生而静天之性也感而遂通天下之故此之謂也若是則吾與道一矣所以必待于學者何也性具於心者天也形生知發五性感動利害交攻則天者斲矣感之而通者理也往古來今天覆地載事有千百萬變物有千百萬化不可以意而窮也君子者不求於心則欲汨而心不弘矣心不弘則無以盡道之大是故有尊德性之功不求于迹則聞見隘而知不至矣知不至則無以盡道之細是故有道問學之功致廣大也極高明也溫故也敦厚也所謂尊德性也盡精微也道中庸也知新也崇禮也所謂道問學也尊德性所以去欲而存其心心存而天下之理已具道問學所以窮理而致其知知至而吾心之理愈充是故其心合乎天地而無外其知周乎萬類而無餘發育萬物峻極于天吾之矩度也經禮三百曲禮三千吾之經緯也根於心善於身宜於天下矜持去而聞見忘矣又知其孰爲心孰爲迹孰爲大孰爲細哉由是處上下不違其道遇治亂不失其時聖人之德已全而王者之業可立也此君子存心致知之功豈可以强而能邪甚矣心迹之不可判也清静寂滅權謀術數异端之學非聖人之道也然其始也無亦專求于心獨泥其迹故其失之至此歟陸象山養性之功多幾入于禪韓昌黎問學之功多不免因文見道而已所學之偏重故也是二者可舉一而廢一哉世之學者恐其學之不重于人也乃异其説以欺天下高談性命遺絶世故歸之于杳冥荒唐而不知其所窮於二端之學俱失之矣不知孔孟之所以告天下者皆斯人切近可行之事而其言天言性者亦未嘗不以人驗之何則學將以有用也今之學者以是爲不足爲則其道將出于孔孟之上邪吾獨悲夫聖賢以有用之學而其流之至此也

表

擬宋以趙普爲司徒兼侍中謝表（太平興國六年）

劉敏政

同考試官教諭張批（立言忠懇叙事詳實使中令當時敷奏亦不過是蓋嘗究心于四六而有得者）

考試官學正王批（寓感激意于對揚中深得謝體）

考試官教授許批（騈麗有則當是作手）

伏蒙聖恩以臣普爲司徒兼侍中者天朝知遇久叨社稷之臣帝命兼臨益荷乾坤之造貪榮爲懼遜請莫諧苟一息之尚存誓九死而圖報臣誠惶誠恐稽首頓首竊惟五教三物司徒并重于虞周六贊四加侍中荐列于漢魏逮夫後葉雖沿革之靡常稽諸當時皆高華之妙選蔡道明十詔不拜孔安國一人是榮宋德龍興官名鴻制緣地卿之舊异數特躋于公孤仿常伯之遺寵任不殊于丞弼是宜旁招俊乂以充不備之官詎可錄及衰殘以忝兼攝之任伏念臣幽薊凡產寒牘庸流方聖神開國之初即樞筦承恩之始手不釋卷志在匡君獨相十年極知力小而謀大薄麾三郡實惟罪重而罰輕上答無階賜還敢望茲蓋恭遇聖德難名神功若寂兄弟世及以爲禮堯舜揖讓而得仁惟茲曆數之歸爰遵金匱之約日華天表共瞻有道之聖人虎步龍行盡識太平之天子崇儒重道庸復先聖之家正藝昭文經錫白鹿之洞襃田錫而作敢言之氣任李覺而成迪德之譽賢俊滿朝勳庸善世采荇菲之體識駑駘之途命則維新人惟求舊念臣樸忠自許曾效勞于先皇知臣權幸所排願畢忠于今日再登密勿俄朝請之班過被寵光空懷家食之吉大疑大政入參廟圖斯謨斯猷出惟后德蓋論語半部不托諸空言而犬馬餘生必竭其素力尚賴鼎鐺有耳執謂樞軸無機矜名位而伐功勞服膺聖戒舉賢能而明賞罰戀勵初心上以凝宗社奠安之休下弗爲子孫恩澤之計伏願任賢勿貳納諫如流大度有容神武不殺春秋大一統亟收取漢之功車書正萬邦允惟纘禹之服天地交而成泰陽長陰消神人助而得尊遏惡揚善臣無任瞻天仰聖激切屏營之至謹奉表稱謝以聞

第三場

策

第一問

吳三樂

同考試官教諭劉批（政要一書皆臣下輯錄我祖宗言行政事之大者其間若足食足兵又今日之急務是作鋪張忠兼藹然置之同等良協輿論噫吾之知子以文也此殆未盡子之蘊焉尚據忠于大廷之對）

同考試官教諭辛批（政要四事非涵泳聖化而有得者不能揄揚若是是以取之）

考試官學正王批（聖祖之法今時之務敷陳有條必通達國體者）
考試官教授許批（語朴意宛善言祖訓者）

立法以垂訓者未有不善之法守法以紹先者當有不易之守立法無不善者慮之周也守法不容易者行之利也故曰遵先王之法而過者未之有也此聖祖神宗貽謀之遠我聖天子繼述之善皆可得而言者請敬陳之創業之君得天下也至艱慮天下也至遠處天下也至周故必立一代規制垂之子孫以爲萬世法也然事有重輕用有緩急執事以財與兵二事尤宜裁酌者誠是也何也修典禮待諸侯賑貧窮給軍餉財也財乏則國用不足威夷狄壓奸邪保封強存良善兵也兵弱則國勢不張孔子論政先乎此者豈好貨黷武哉我太祖高皇帝平定華夏太宗文皇帝再清海宇良法美意垂示于聖子神孫者至矣于此二者尤爲之加意焉觀皇明政要一書其節財用也曰小用不節大費必至曰節儉二字非徒治天下當守治家亦宜守之是故宮殿新成喜其不侈宮中隙地輒令種蔬此大禹克儉之謨也言救荒歉也曰民旦暮待哺如涸魚欲水曰國家儲蓄上以供國下以濟民豐年則斂而凶年則散是故費震發倉且赦其罪淮安請粟倍增其多此虞庭阻饑之憂也其修武備也曰刃不素持必至自指舟不素操必至傾溺弓馬不素習而欲攻戰未有不敗者曰士卒撫之厚則報之至是故制兵以擇將爲先私役有罰錢之例此張皇六師之意也其固封守也曰盡力求利商賈之所爲開邊啓釁帝王之深戒曰城堡堅固糧儲充足士卒精練哨瞭嚴謹虜何能爲患是故伏甲兵以自防立坼堠以知警此制禦夷狄之道也是皆立萬世不刊之典爲國家無疆之休也百六十年家給人足四方無虞有由然矣近年以來則非向日之財兵非向日之兵毋以承平既久冗費多而怠玩興邪惟我聖天子入繼大統行聖王之道修中興之治躬耕以勸農親蠶以率織慮俗之侈也下詔以禁之憂歲之凶也積粟以備之神武素揚于沙漠遠夷寒心天兵近出于邊陲叛賊獻首執事猶以財乏歲凶兵弱邊患爲憂者圖治無窮之心也然祖宗之法亦豈無可申明于今日者乎傳曰無戎而城仇必保焉善治國者不患無臨事之謀而患無先事之備聖天子躬行節儉矣而軍國之冗費或未裁也存心荒政矣而四方水旱之報則未已也武備雖不乏用然國中之兵久忘鋒鏑聞戰則懼況用之乎邊疆雖皆保完然夷狄爲中國患自古爲然可一日無備乎嘗觀事有也于天下之所共知衆人之所共言者聽其言皆尋常而無奇异之論然不如是則不足以集事爲今之計亦惟曰以祖宗之法申明遵行之而已無虞之世儆戒存焉安不忘危則然也惟執事者圖之

第二問

劉敏政

同考試官教諭張批（周公是書所以致當時之治而開萬世之太平者也真氏有言必有公之心而後可行公之政我皇上德兼三王舉周公制作之懿與祖宗之洪謨大訓并行不悖使天下家習人誦獲睹今日道化之盛豈非臣民之幸歟此宜子之深致願望也忠愛之誠於此見之）

考試官學正王批（文章病在點綴麗詞浸失古體觀子策學似知所本者）

考試官教授許批（古禮今禮同异非知禮者不能道高薦允宜）

稽往古之法會其意則弗疑師往古之法權其宜則弗背古人之法今難盡識不會其意其法晦矣古人之法今難行不權其宜其法廢矣古今之時不同而所同□心古今之勢不同而所同者理心同□□會其意理同則可權其宜會其意法□□無疑權其宜法行而不背此周禮一書所以可用於今日也請因明問而復之天高地下禮制興焉禮者理也故曰治定而後制禮周禮一書周公所作也損益夏商之制斟酌文武之規以冢宰掌邦治司徒掌邦教宗伯掌邦禮司馬掌邦政司寇掌邦禁司空掌邦土每卿六十屬凡百司庶務以及百工技藝無不備焉以三百六十而歸于六以六而統於一故曰辨方定位體國經野設官分職以爲民極者也朱子曰周公致太平之書信乎非聖人不能作也或者以爲文王治岐之收不知郊祀之典封建之制果侯國所行者哉或者曰成周理財之書然倡九牧阜兆民豐專爲理財而已哉若夫公孤之官不列而朝巡之制不載與周官异者則亦有說也蓋周官者史臣紀成王訓迪百官之詞故惟備其大體周禮者周公課責百官之法故獨詳其細理特非此邪冬官本缺劉德以考工記補之好古博雅固可取也然審曲面勢之法材美工巧之論與居四民時地利者果可同哉周禮無傳鄭玄注之引用緯書固可議也然發明制作之意豈可少哉或以爲漢儒附會之書正以有見劉鄭二君子之爲而不能不爲之疑也若使全出漢儒之手則冬官之缺奚用考工記補哉蓋是書壞散于秦火補緝于漢儒非全書也又何足深疑圖畫夫有關雎麟趾之意而可以行周官之法度逆莽宇文泰之輩不足道矣王仲淹模仿舊文而自比孔子禮豈可以僞爲乎唐太宗詳于制度而略于綱常禮不可以虛行也豈書之罪哉我朝建官臺閣之設即周公孤之體也六部之設即周六卿之制也而其間有不盡同者古今之勢异也故曰五帝不相襲禮三王不相沿樂況至今乎國家承平既久正制禮作樂光明德業之時執事欲行周禮于今是也愚謂禮者得其理而已泥古不通俗儒之陋也隨時變易聖人這道也周公

居其禮如此使周公居今其禮未可知也是故親疏有等尊卑有分則禮行于家矣君攬其權臣承其令大吏持其綱小吏分其紀則禮行于國矣萬國奉命四夷不侵民安其業物遂其性則禮行于天下矣今之禮即古之禮也叔孫通之綿蕞將安施哉不識執事以爲然否

第三問

王嘉言

同考試官訓導余批（性學一題正以觀士子平日涵養體認之學此篇以孟子言氣爲既備朱子論學爲不偏皆鑿鑿有據非剿空妄說者可比錄之以釋衆惑）

同考試官教諭趙批（此策言性學一以孟氏朱子爲宗而於諸說得失皆辨析明盡蓋嘗留心於聖賢之學者可嘉可嘉）

考試官學正王批（有考據有斷制錄之）

考試官教授許批（言性學處良是）

統天下之道者存乎性盡天下之性者存乎學性也者合理與氣而爲體者也言性而不兼乎理氣則性之體爲不明學也者合知與行而爲功者也言學而不兼乎知行則學之功爲不備此古之言性者或專於氣言學者欲去乎知皆所以滋後學之惑也與請因明問而敬陳其說夫詩曰天生蒸民有物有則民之秉彝好是懿德性之源也書曰人心惟危道心惟微惟精惟一允執厥中學之始也自秉彝物則之說不明於天下告子以生爲性是有見於氣而無見於理也故孟子道性善言必稱堯舜以實之草廬吳氏乃謂其言之未備無以服告子之心是徒知夫理氣之全而不察聖賢救世之志徒據其問答之迹而不知其言之不終肆者孰非孟氏迴瀾之力也自是以還精一學熄分門對壘竟失所歸朱子乃取語孟六經諸書而訓釋之使學者有所憑藉以爲學問思辨之地而不陷於荊棘護阱之塗則其措之行也必矣草廬吳氏乃謂其道問之功居多而以象山陸氏尊德性方之是徒見其著述之詳而不察其憂深慮遠之意習聞乎頓悟之說而不知博學詳說者所以爲蓄德之地也正今觀這周子以義直斷嚴幹固爲剛善猛隘強梁剛惡又以慈異順爲柔善懦弱無斷邪佞爲柔惡俾人自易其惡以至於中爲其性附於氣質之中所以不能無數者之別由其性體之本善是皆可以變其異而反乎同也而執事又以皋陶九德箕子三德例舉并言于此尤可見乎人之德多寡大小莫非天質而聖人之威福予奪進退抑揚正爲人之囿乎氣者設也學者誠通乎此則知君子不謂命之說孟子亦未嘗以氣爲非性也象山之學以吾儒釋氏所見爲同以一

切見聞爲意見嘗謂人曰伊川之言奚爲與孔孟之言不類是徒閱於持敬之約而憚乎觀理之煩其禮伊川由讀書窮理達之躬行實踐者正相反也執事又欲以明道與子壽參其异同蓋明道以謝良佐記誦爲玩物喪志伊川語尹焞將聖人言語玩味人心則各因二子之長而進其未至子壽於秦檜當國之時程氏學廢獨宗其說則有見乎其學之正而降心從善耳由此推之則朱子之所以宗信二程者正以其知行并進非如象山之淪於空寂而不自知也是故由前言之必理與氣合而後可以言性之全由後言之必知與行并而後可以爲學之正否則性之不明無以盡天人之奧學之不備又何以爲盡性之地也哉而執事又以入門實地下教承學愚也淺陋何足語此雖然誠敬踐履之說是固然矣書曰知之非艱行之惟艱故未知則敬以知之既知則敬以行之則庶乎知行并進成始志終而紛紛之議息執事以爲何如

第四問

張應

同考試官學正韓批（伊洛之學當時師友間文學言語散諸紀載子能一一條答無遺非有深信篤好之志者不能故錄）

考試官學正王批（宋儒得道統者人率能言之至游楊諸子能繼程子之微其功亦不可没子獨能於篇終發之且議論醇正殆嘗潛心於伊洛之學者）

考試官教授許批（是説道學文字）

道統之絕續繫乎造詣之淺深道學之明晦繫乎議論之純駁何也造道而弗深則其爲學也雜亂偏曲而無以得道統之傳論道而弗純則其爲言也誕漫支離而無以明道學之蘊知乎此者可與觀伊洛之學矣夫伊洛之學何學也堯舜以來所相傳之學也至孟軻氏没而其傳不屬故韓子曰堯以是傳之舜舜以是傳之禹禹以是傳之湯湯以是傳之文武周公文武周公傳之孔子孔子傳之孟軻軻之死不得其傳焉寥寥上下千五百年乃始有程氏二子者出得不傳之學於遺經以興起斯文爲己任而上接乎孟氏久絕之緒夫所謂不得其傳者若有所授焉而無以承之也所謂上接其□者若有所絕焉而始以繼之也於戲絕而復續晦而復明豈非斯道之大幸哉今觀其學尊王黜伯而表章六經主敬存誠而深斥佛老其心法所存殆若與孟氏親爲授受者矣嗣是而及門之徒浸衆其學之深言之純而不謬於聖人之道者蓋不能多見焉何則道傳南國楊中立之學力深矣而竟壯趾於權奸之門明辨練習刑明叔之天資美矣而終濡首於禪學之陋過化便所存者神存神便所過者化顯道之言似簡切而有味也然不若性性爲能存神物物爲能過化爲足以形

容王道之大由誠而至於明由明而至於誠子厚之訓似質實而近理也然不若誠則明矣明則誠矣爲足以發明天道之純謝氏景溫本非能通易者也而程子以通易許之特取其能虛以受人焉爾非謂其能知變化之道也劉質夫本非能傳春秋者也而程子以作傳屬之特以其能篤信果行焉爾非謂其能通聖人之蘊也自下學以至上達天聽謝氏之見聖道不可謂不大矣然於一貫之旨亦豈能深知其妙讀其書已能不逆於心游氏之悟訂頑不可謂不速矣然於中庸之理亦安能亟會其全邵子洛中四賢之咏固非甚爲溢美者也然彥國諸人奚可與伯淳并稱謝氏游楊見愛之論固非虛不獻諛者也然中立定夫亦豈有二程氣象思叔以高識入道而俊逸之稱及慮其師辟之過彥明以篤行爲學而終守之論亦與其參魯之賢以主一爲敬而告之和叔以直內用敬而告之彥明其意互相發明而其言亦各有攸當也至於叔子以嚴重自處嘗自歎不及其兄而師道亦因以爲重伯子常和易可親衆皆悅而從之而後學成就爲居多明道嘗曰顥接人多矣其不雜者三人豈非以子厚堯夫司馬君實皆醇乎其醇者乎言三人則其他之弗醇也可見矣伊川嘗曰我死而不失其正者惟尹氏之子豈非以彥明之學獨得其宗而不流於異端者乎言尹氏則其他之弗正也可識矣至於伊洛之所以爲教也又有可言者焉誠敬以爲入門踐履以爲實地自致知而至於知止自誠意而至於平天下自洒掃應對而至於窮理盡性是真有以發明堯舜以來相傳心法之要而衍道統於無窮也惜乎游楊諸人不能速肖之爾雖然不有以作之孰從而述之不有以繼之孰從而傳之是故道學之統孟子而後有周子以繼其絶至程子而始著由程子而後得游楊諸人以繼其微至朱子而始全是以吾道之在天下炳乎如日月麗天沛乎如江河行地而人不昧於所趨也愚也生長於伊洛道學之區上遇我國家道化之盛又惡敢不以學之濃者自勵而言之不純惟執事者擇焉

第五問

李檀

同考試官教諭張批（春秋洪範言雖弗同而義實表裏後儒誦言忘味緣飾災變惑上誣下流弊滋甚子能究折其蘊惓惓以堯湯望聖明可謂忠敬之士豈徒其文之可錄哉）

考試官學正王批（窮詰數子無所用辯仲尼之徒皇極之臣爾固其人乎）

考試官教授許批（能達天人之理取之）

人君之治天下莫先於辨天人之理而識其感通之幾卒然而值莫知其

端或合或離竟無以遁其情幾之謂也形殊而勢懸外若睽逆而其生化消息潛通而默運弗間毫髮則其理之一也知其理之一而所以察其幾者將不處是而得之矣慨自仲尼歿而大道弗明於天下由是諸子各以其意之所見援古權今肆其頰舌自謂明於天人之際甚析也然執於有者昧其理之一淪於無者弗察其機之神類皆眩術逞數雜以符命讖緯詭怪之言方其偶合億中則固可信可愕徐求其故而不得凡天下大異殊祥關於理亂皆將視爲適然之故蠱治害政可勝言哉方今聖明御世敬一成德聰明憲天其所以側身修行經綸海宇者莫非欽若敬授之誠其於天人之理辯矣治化之成比隆唐虞羽瑞卉珍四方疊上聖心不自滿假益存儆畏近緣白鹿之貢詔天下以勿獻其於感通之幾審矣雖然爲而治可也夫何邇來水旱星火屢形奏牘徵應匪類而事理之極甚不相值固宜執事慨然發策而有穎於春秋洪範之說也夫春秋洪範董仲舒劉向之徒嘗學之矣彼皆所謂漢之儒者而猶不達夫聖人之本意顧愚至淺極陋靡所知識況求諸天人之際乎雖然執事非真求諸茫昧不可徵者也蓋將聞致異之由與夫弭災之道以裨時政甚盛心也故敢忘其淺陋以誦所聞天道流行萬物發育萬物之性即所受於天者然物不能以自養自存也故命其人之聰明睿知能盡其性者起而君師之是天地之不及者賴聖人而成故曰裁成天地之道輔相天地之宜以左右民聖人雖聰明睿知而其見諸禮樂刑政以開先天下者不能不賴之天天亦未始忘情也故曰天垂象見吉凶聖人象之可出圖洛出書聖人則之又曰天乃錫禹洪範九疇彝倫攸叙如是則人君之與下甞子之於父母而呼吸動靜異世相感其理有不一而其幾有不孚者邪世之君臣往往疑於異同離合之間又見彼數子者議論紛繆以爲彼皆習於春秋洪範者如此將遂弃其說而不之信吁惑亦甚矣夫孔子修春秋正王法明天道經世之要先王之志也故日食星殞山崩地震螽螟水旱書其事而不著其應說者謂天道遠人道邇聖人蓋慎之誠是也今考其書比類屬詞因時核實雖不明言徵應而所以召致之由已暴白而不可掩蓋即洪範之精義也箕子爲周武王陳禹所有洪範之書條其事爲九類別其說爲九章以天之五行配人之五事而附庶徵於其間蓋曰五事得則休徵各以類應五事失則咎徵各以類應此理之大較也然實重於皇極而庶徵乃其一疇故必敬以五事厚以八政協以五紀又以三德明以稽疑然後本之五行以驗庶徵之實未嘗分屬類配決其徵應此即春秋比事不辯之旨大同而小異者也將使人君因其感通之理求體天心畏敬從事而不敢忽此固箕子深行天理而達神禹之心也夫洪範之庶徵配以五行五事他疇固各自爲

言不相附屬而劉向伏勝之徒作五行傳強援皇極以足咎徵之說一蟲一木質以禍福推類相附遂使洪範之道失其倫理雜沓冗細而與蟊蟘角其得失蓋以人事相與之迹而語天道感化之妙此愚之所謂不識其理者夾漈鄭氏因向勝之失而併疑春秋之傳以爲妄學欺人妖學欺天歐陽脩則又稍倣春秋削五行之徵應存其災異似皆有見矣然至欲盡去三家褒貶之例五行相應之詞不免於矯枉過直此則愚之所謂不識其幾者揆諸闡天弘法之義舉無發明又烏足以語聖人之道哉書稱天聰明自我民聰明天明畏自我明威達於上下敬哉有土言天人之理一也常厥德保厥位惟吉凶不僭在人惟天降災祥在德言感應之幾存乎已也故洪水大旱堯湯致治桑穀雊雉丁戊興王朱鳳芝草無救桓靈之亂宣公大有年君子猶以爲異可以識天人之際矣然則今日之上下交修反異致和參天地而贊化育又豈外是哉夫災變之來仲舒以爲天心仁愛蓋其震蕩駭異之形皆吾修身圖治之資又何慮焉今欲求其感召之故必將責其嚮應之實是又所謂某得則某效某失則某應之謬矣執事所欲聞者豈其然乎愚聞陰陽不調三辰失行不足懼而賢人隱匿四民遷業深可畏山崩川涸螽賊傷稼不足懼而廉恥道消直言蔑聞深可畏小人訛謠不足懼而毀譽亂真深可畏今日之不足懼者未必如彼之甚而其深可畏者容或有一于是乎誠有之則其所以消弭之者可以深長思矣草茅之士罔知忌諱執事倘與其進尚當發春秋之旨明皇極之道據芹曝若夫補偏救弊僕僕于事爲之未蓋將有言焉而未暇也謹對

河南鄉試錄後序

是歲八月既望河南鄉試事竣錄且告成矣應槐以執事當序諸末簡乃言曰錄也者錄多士之名與文以示不朽者也夫以一日之文見錄於有司而遂謂名與文皆於是乎在此衆人之見而君子之所深懼也是故虛車而飾用者勿取過情之譽君子恥之可弗懼乎我國家設科取士豈惟詞華之尚而聲稱之貴將以覘其行考其實以求真才焉耳然文者公私之念決是非之見定而好惡之情公義利之辨明而取舍之分嚴此固多士之文用以應世者果無悖焉則行成而實著文可以華國而名可以永世矣夫是之謂不朽爾諸士盍亦知所圖哉應槐責在校文而多士以文進故於終也舉是爲之告多士其勗諸應槐亦將藉以無懼矣

山東東昌府高唐州儒學學正王應槐謹序

嘉靖十六年河南鄉試錄

河南鄉試錄序

（此處底本缺頁——編者注）著爲成典沿襲既久經生學子抉奇眩异綴爲新語争相效慕渾樸散亡世風漸斲皇上應運中興上嘉黃虞修明禮樂屢詔有司定著條章淊濯士習裁正文體天下士固蹶然興矣况河洛當天地之中河嵩效靈世鍾聖哲風澤存焉兹復沐被更新之化一時人文丕變垂髫之童濡毫闈辭操牘之吏執帖就試矧兹髦士翕然粹雅稽古者抽其玄辨義者明其志陳禮樂者達其本述道德者發其微乃於是嘆曰懿哉河洛之文乎其得圖書之秘乎萃尹之藏修乎姬旦之制作乎頤顥之淵源乎又作而嘆曰明天子邇不作人功化之神一至是乎諸士子由是升歌鹿鳴振武鴻漸據經濟之蘊炳忠亮之節樹震古之勳要無聖明負哉或者猶謂一日之長遽懸去取飾外者或淺中工詞者或戾行竊爲諸士過計者豈其然哉昔者九方皋索駿于沙丘驪黃失對秦穆公怒孫陽曰皋之所觀天機也取諸内忘其外也既而馬至果天下之良而九方皋神其明今之擇爾者抑亦因文卜行取諸内也吾無方皋之明爾獨非沙丘之品乎不然是擇駿而駑矣天民與爾不同負聖明哉吾固知諸士之不爲駑也是役也左參政朱檠楊守禮右參政陸銓查應兆左參議李宗樞雒昂右參議左傑副使張綸胡松王煒傅鑰僉事袁士奇王昂孔天胤張冕都指揮僉事胡永錫張藎臣署都指揮僉事湯卿共襄於外法得備書以告成事尚賴多士不愧賢能之書焉

浙江嚴州府儒學教授宋天民謹序

嘉靖十六年河南鄉試

監臨官

巡按河南監察御史王鎬（宗周直隸灤州人　己丑進士）

提調官
河南等處承宣布政使司左布政使姚文清（廉夫山西陽曲縣人　辛未進士）

河南等處承宣布政使司右布政使陳講（子學四川遂寧縣人辛巳進士）

監試官
河南等處提刑按察司按察使楊銓（仲衡江西豐城縣人　甲戌進士）

河南等處提刑按察司僉事張恂（醇夫山東陽穀縣人　辛巳進士）

考試官
浙江嚴州府儒學教授宋天民（若尹福建莆田縣人　壬辰進士）

江西袁州府分宜縣儒學教諭莫如爵（仲修浙江安吉州人　乙酉貢士）

同考試官
直隸大名府開州儒學學正許來學（汝聞浙江餘姚縣人　戊子貢士）

江西贛州府興國縣儒學教諭龔鐸（孔音福建福清縣人　戊子貢士）

湖廣荊州府監利縣儒學教諭趙勅（惟誠四川內江縣人　乙酉貢士）

直隸和州含山縣儒學教諭楊應和（子聲福建長樂縣人　甲午貢士）

直隸太平府當塗縣儒學教諭蔡鴻漸（于磐浙江鄞縣人　戊子貢士）

汝寧府光州知州朱朝（效忠直隸保定右衛人　己卯貢士）

開封府祥符縣知縣李錦（子美直隸完縣人　壬午貢士）

開封府儀封縣知縣張瑨（彥石湖廣蘄水縣人　己卯貢士）

開封府許州襄城縣知縣王德純（勉之湖廣羅田縣人　丙子貢士）

開封府鈞州新鄭縣知縣洪勳（守謙湖廣攸縣人　癸酉貢士）

衛輝府輝縣知縣方綱（汝立山西太原左衛人丙子貢士）

謄錄官
南陽府同知孟霂（孔彰山西澤州人　己丑進士）

開封府推官閔煦（和卿直隸任丘縣人　乙未進士）

懷慶府推官程珝（子彬直隸德州左衛人　壬辰進士）

南陽府推官陳鳳（羽伯南京留守後衛籍浙江會稽縣人　乙未進士）

汝寧府推官蔡其潮（時信浙江海鹽縣人　乙未進士）

河南府陝州知州閻俸（允廉陝西隴州人　丙子貢士）

汝州知州江銳（全之應天府江寧縣籍江西清江縣人　丙子貢士）

對讀官
開封府鄭州知州胡萬里（伯明陝西咸寧縣人　己丑進士）

開封府陳州知州李充拙（逸之直隸永平衛官籍　乙酉貢士）
南陽府鄧州同知周大禮（壬和直隸崑山縣人　壬辰進士）
汝寧府光州同知陳鈇（惟鉉留守前衛籍常熟縣人　己丑進士）
開封府杞縣知縣戴夢桂（仲芳山東濟陽縣人　乙未進士）
河南府偃師縣知縣韓煖（子春直隸任丘縣人　壬午貢士）

巡綽官
宣武衛指揮使王佐（子才山東沂州人）
宣武衛指揮同知毛世威（宗德直隸儀真縣人）
南陽衛指揮同知李廷臣（良弼直隸邳州人）
睢陽衛指揮僉事張拱辰（天極順天府遵化縣人）

搜撿官
宣武衛指揮使卯孟暘（文明山後人）
信陽衛指揮使方巡（朝度鳳陽府懷遠縣人）
宣武衛指揮同知徐夢麟（子仁遼東廣寧衛人）
陳州衛指揮僉事徐仲鼎（震卿直隸六合縣人）

供給官
河南等處承宣布政使司理問所理問高巖（方瞻直隸金壇縣人　監生）
開封府封丘縣知縣易冲（推本湖廣巴陵縣人　己卯貢士）
河南府新安縣知縣楊琯（伯玉山西安邑縣人　戊子貢士）
南陽府裕州舞陽縣知縣張穎（性之湖廣廣濟縣人　乙酉貢士）
南陽衛經歷司經歷蘇鼎（調元四川安居縣人　監生）
開封府祥符縣縣丞王祿（與賢順天府豐潤縣人　監生）
汝寧府新蔡縣縣丞張維賢（仲德陝西環縣人　監生）
開封府陳留縣主簿靳大寵（君顯陝西隆德縣人　監生）
開封府太康縣典史李昂（德彰四川雙流縣人　知印）
河南府孟津縣典史袁林（宗喬鳳陽府壽州人　吏員）
開封府大梁驛驛丞李嘉賓（朝用山東博平縣人　承差）
開封府歸德州虞城縣石榴固驛驛丞張佐（君輔山東陽穀縣人　承差）
開封府鄭州管城驛驛丞王應選（朝中陝西安定縣人　承差）
河南府陝州硤石驛驛丞趙禎（天祥山東博興縣人　承差）
彰德府鄴城驛驛丞楊東生（震白雲南安寧州人　承差）
衛輝府淇縣淇門驛驛丞王錢（天雨陝西安定縣人　承差）

懷慶府孟縣河陽驛驛丞馮天澤（道亨直隸南和縣人　承差）

汝寧府汝陽縣汝陽驛驛丞劉鉞（秉威順天府寶坻縣人　承差）

第一場

四書

宗廟之事如會同端章甫願爲小相焉　誠者不勉而中不思而得從容中道聖人也　始條理者智之事也終條理者聖之事也智譬則巧也聖譬則力也

易

知至至之可與幾也知終終之可與存義也　引吉无咎孚乃利用禴　言出乎身加乎民行發乎邇見乎遠言行君子之樞機乎樞機之發榮辱之主也言行君子之所以動天地也可不愼乎　復小而辨於物

書

禹曰都帝慎乃在位帝曰俞禹曰安汝止惟幾惟康其弼直惟動丕應溪志以昭受上帝天其申命用休　啓乃心沃朕心　五皇極皇建其有極斂時五福用敷錫厥庶民惟時厥庶民于汝極錫汝保極　惟周公克慎厥始惟君陳克和厥中惟公克成厥終

詩

于以盛之維筐及筥于以湘之維錡及釜方叔元老克壯其猶方叔率止執訊獲醜戎車嘽嘽嘽嘽焞焞如霆如雷顯允方叔征伐玁狁蠻荊來威　夙夜匪解以事一人　無封靡于爾邦維王其崇之念茲戎功繼序其皇之

春秋

秋公會衛侯于桃丘弗遇冬十有二月丙午齊侯衛侯鄭伯來戰于郎（俱桓公十年）春正月齊人衛人鄭人盟于惡曹（桓公十有一年）　取汶陽田（成公二年）　春王正月公會齊侯宋公陳侯衛侯鄭伯許男曹伯侵蔡蔡潰遂伐楚次于陘楚屈完來盟于師盟于召陵（俱僖公四年）晉欒書帥師救鄭（成公六年）公會晉侯宋公衛侯曹伯齊世子光莒子邾子滕子薛伯杞伯小邾子伐鄭會子蕭魚（襄公十有一年）　公會晉侯及吳子于黃池（哀公十有三年）

禮記

凡三王教世子必以禮樂樂所以修內也禮所以修外也禮樂交錯於中

發形於外是故其成也懌恭敬而温文　中正無邪禮之質也莊敬恭順禮之制也　君子之所謂孝也者國人稱願然曰幸哉有子如此所謂孝也已　是故君子議道自己而置法以民

第二場

  論
   大人不失其赤子之心
  詔誥表（内科一道）
   擬漢春和議賑貸詔（文帝元年）　擬唐以韓愈爲吏部侍郎誥（長慶三年）　擬宋賜兖州學田生徒謝表（乾興元年）
  判語（五條）
   講讀律令　失占天象　優恤軍屬　孳生馬匹　盜決河防

第三場

  策（五道）
  問　京師諸夏之本四方歸焉昔者武王克商既都豐鎬成王繼之復宅洛邑必兩都之建者何與我高皇帝驅逐胡元即金陵以定鼎文皇帝克靖内難即北平以建都今兩京并峙其視周之東西都者可相方與下是若漢唐以長安爲西京洛陽爲東京宋以汴爲東京洛爲西京亦可以例論否與然京師一也何成周歷年之長而漢唐宋延祚之未永與國家據南北之勝建萬世之基皇上中興益隆繼述卜世之長與天無極而周而漢而唐宋皆不足言矣然居安思危者帝王守成之道憂治世而危明主者臣子愛君之忠諸士子涵育學校明君臣之義達當世之務殆有日矣兹必有治安之策可爲今日獻者請第陳之問道原於天而寄之於人人有存亡則道有絶續原道統者謂堯傳之舜舜傳之禹禹傳之文武周公孔子孔子傳之孟氏信矣然曾子子思皆號謂能體聖人之道者也何以不與豈傳之未得其宗與夫統必有承而堯之道果得統於誰邪後之論道統者亦謂孟子既没至周程而後得其傳程子既没至朱子而後得其傳信矣然康節橫渠南軒東萊皆同時相講論性道者也何以不及豈所造之或異與夫學必有師而濂溪之學抑果何所授邪且程子之學於濂溪猶朱子之學於延平也論道之傳則以程子繼濂溪而不以朱子繼延平何邪豈發端之功雖同而中正之極有別與且以程氏之門言之切

問　近思勇於克己窮探力索所得最深是皆所謂升堂睹奧者也雖其師亦以吾道有望與吾道已南許之矣不知异時衣鉢之傳亦有受之否邪以朱氏之門言之明睿端莊造詣純篤博聞精識剖析秋毫是皆所謂親承面領者也雖其師亦云斯道有望與以天道之妙語之矣不知晚年牌笏之屬果有承之否邪自是而後有學師朱子而濂洛之道益明有慕尚邵子而自任斯文之重論世君子亦稱其有扶植人極之功自致聖賢之道不知果可以與道統之傳否與天必知傳道之人則可以為造道之極諸生學道有日必明辨於此矣請詳言之以開吾惑

問　漢之黨錮唐之藩鎮宋之新法皆一代治亂之機其始也必有以致之其繼也必有以激之其終也必有以成之可得而聞其詳與夫人之不能皆賢法之不能無弊在唐虞三代之時亦不能免釁生而豫防勢熾而善處此治之所以不可及耳漢唐宋一時賢人君子亦有見於未然而深憂遠慮者有欲斡旋調停而期不至於大敗者其說具載史冊然皆不獲信用於當時至今有遺慨焉夫天下之事何必盡同有似黨錮藩鎮新法而勢不可彌者不可不思所以處之則當時賢人君子之議論不可不講也幸明言之毋略

問　箕子洪範庶徵修五事休徵應失五事咎徵應漢儒作傳以演其說果得其意否與後世論者乃力詆之亦何所見與然泛觀傳記所載者有曰天雨粟有曰天降秬秠有曰慶雲興有曰電光繞北斗則五事何修而得此也有曰震雷擊齊臺有曰虹垂飲於宮井有太白食昂有曰枉矢光熒襲於月則五事何失而致此也尚有可議者力行恭儉海內富庶乃有日蝕地震之災荒淫多欲幾蹈覆亡乃有赤雁芝房之瑞抑又何與洪惟我皇上聰明聖智格於皇天登極以來黃河清甘露降白鵲白鹿瑞麥瑞粟產於海宇者恒相繼焉文明之祥中和之致無以加矣乃今歲窮陰苦雨動連晦朔齊魯梁宋荊楚吳越之間漂毀園盧湮沒禾稼昏墊之嘆殆復興矣何崇盛之時而有此邪又何災祥之并至邪招致之由消彌之術達天人者為我言之

問　識時務者在俊杰所謂時務利與害而已諸士亦知中州之利害否乎中州西北有礦洞之利東南有黃河之害天地自然之利固民之所利也然禁之太嚴則有盜竊之虞取之以公不免賠擾之患黃河本中州一二州縣之害而河夫之累遍及一省河夫本力役之征而計畝科產甚於賦稅其故何與夫天下之事患不知其利害之所在故無以施其興之除之之法今利之所出害反隨之而以曠犯法破家者獨甲於無礦之地知河之害矣不惟不能除之又從而推廣之以及于河所不害之民謂非所以興之除之有未善可乎諸士

生於中州見上之人區畫矣宜固有欲言而沮於出位之思者姑試陳之苟可以經濟一方他日推之天下亦可占也

中式舉人八十名

第一名　王西星　洛陽縣學生　易

第二名　劉選　汝寧府學生　詩

第三名　楊冀龍　襄城縣學生　書

第四名　盧際可　許州學附學生　春秋

第五名　魯東周　睢州學生　禮記

第六名　陳周　祥符縣學生　詩

第七名　黃正色　光山縣學附學生　易

第八名　張恩　開封府學增廣生　詩

第九名　許遷職　睢州學生　書

第十名　楊龍光　衛輝府學生　詩

第十一名　何學禮　陳州學生　易

第十二名　谷嵩　臨穎縣監生　詩

第十三名　胡宗信　洛陽縣學生　易

第十四名　宋守志　延津縣學生　詩

第十五名　張翔　開封府學生　書

第十六名　陰秉暘　衛輝府學增廣生　詩

第十七名　李嵩　歸德州學增廣生　易

第十八名　張循　固始縣學生　詩

第十九名　馮時雨　裕州學生　書

第二十名　朱惟一　光州學附學生　春秋

第二十一名　王雍　衛輝府監生　詩

第二十二名　孔弘化　陳留縣學生　易

第二十三名　扈廷相　儀封縣學生　詩

第二十四名　張牧　裕州儒學訓導　易

第二十五名　史策　鈞州學生　書

第二十六名　劉修已　新蔡縣學生　詩

第二十七名　魯變　睢州學增廣生　易

第二十八名　吳昻　羅山縣學附學生　春秋
第二十九名　樊從簡　祥符縣學生　詩
第三十名　王承蔚　陝州學生　禮記
第三十一名　趙遷　固始縣學生　詩
第三十二名　宋魯　葉縣學生　易
第三十三名　周輔　新蔡縣學生　詩
第三十四名　彭好古　夏邑縣學生　易
第三十五名　牛沈裕　葉縣學生　書
第三十六名　李從今　內鄉縣學生　詩
第三十七名　趙珮　鈞州學生　書
第三十八名　高汝鑒　確山縣學生　詩
第三十九名　喻希學　光山縣學增廣生　春秋
第四十名　黃景熙　光山縣學生　易
第四十一名　劉涇　懷慶府學附學生　詩
第四十二名　王世光　河南府學生　易
第四十三名　李景賢　汲縣學生　詩
第四十四名　劉希仁　鈞州學生　書
第四十五名　甯管　懷慶府學生　禮記
第四十六名　袁永爵　開封府學增廣生　易
第四十七名　海宇康　上蔡縣學生　詩
第四十八名　劉大實　確山縣學生　易
第四十九名　劉師孟　臨漳縣學生　秋
第五十名　王守身　上蔡縣學生　詩
第五十一名　潘繼光　汲縣學生　易
第五十二名　何可能　衛輝府學生　詩
第五十三名　楊栢　歸德州學附學生　易
第五十四名　朱禮　南陽縣學生　書
第五十五名　冀國　輝縣學生　詩
第五十六名　張松　河南府學生　易
第五十七名　甯策　河內縣學生　詩
第五十八名　馮九韶　鈞州學生　書
第五十九名　溫沛然　汲縣儒士　詩

第六十名　　喬岱　　河南府學增廣生　　春秋
第六十一名　陳嘉言　開封府學生　　易
第六十二名　沈良　　祥符縣儒學教諭　詩
第六十三名　陳大化　睢州歲貢生　　書
第六十四名　張淵　　陳州學附學生　　易
第六十五名　黃廷言　衛輝府學增廣生　詩
第六十六名　劉瑤　　胙城縣學生　　易
第六十七名　林曉　　開封府學附學生　詩
第六十八名　薛彥　　安陽縣學生　　書
第六十九名　楊灝　　汝陽縣學增廣生　詩
第七十名　　馬載道　尉氏縣學增廣生　春秋

（此處底本缺頁——編者注）

矣先王制賓禮以親邦國則有會同之事焉發禁施政而宣傳揖讓之體固有秩然不易殫者矣是事也君主之相從而相之服以玄端昭其莊也冠以章甫重其瞻也赤何人也而敢以大相自處然志在是也而願為小相焉在宗廟而或列於祝史之後于以翼贊乎主君之行禮則凡駿奔登降之節固不敢自負少裨於精禋然因之而可與聞乎俎豆之事矣在會同而或廁于擯介之末于以周旋乎主君之共事則凡宣傳揖讓之體固不敢自信能昭乎事序然因之而可獲聞于表著之位矣夫以亦之所志若此即其謙遜不居之辭氣固足以徵其優為矣抑孔子嘗曰能以禮讓為國乎何有以是觀之則赤之優於為國又可知矣然夫子不取赤而取點者何蓋禮樂之與治國皆迹也由浴沂風雩之氣象充之則大禮與天地同節大樂與天地同和而三子者祇見其小矣故夫子不取赤而取點也

誠者不勉而中不思而得從容中道聖人也
楊冀龍
同考試官教諭林批（從容中道雖是承上兩句然聖經無贅辭中間意思自別此作理會得到）
考試官教諭莫批（性命處不輕下語便是有見）
考試官教授宋批（語簡意足）

中庸指至誠自然之道而歸之於聖焉蓋聖誠而已則夫天道之本然非聖人莫可以與此矣子思引夫子告哀公以誠身之道及此謂夫誠之原於天也一而已然有所謂人斯有所謂天矣既謂之天不能不別於人矣誠者之為天道何如也蓋用力而求者謂之勉誠自性出則行罔弗中何勉之有有心而求者謂之思誠自性通則心無弗得何思之有行之中固誠也亦道也道不假於勉則從容而行中乎道矣其殆自然而無過不及者乎心之得固誠也亦道也道不假於思則從容而知中乎道矣其殆自然而不偏不倚者乎由誠而觀行主乎中知主乎得也由道而觀行之中固中知之得亦中也知中乎道是為生知行中乎道是為安行生知安行非聖人而能若是乎蓋自其誠不失乎本原而言之故謂之天其實天已屬之人矣自其人之不能不思勉而較之故別名之曰聖其實人之合乎天者也中庸既以誠者為天之道又以天之道為聖人其旨微矣大抵天下無不誠之道而不能無非道之誠故中庸言誠者之不思不勉而又歸諸中道以誠之至耳若誠之者所擇之善謂之實理則可謂之道猶不能無少異焉蓋必如舜之擇其兩端用中於民然後可謂中道此又聖人之所以終異於賢人也

始條理者智之事也終條理者聖之事也智譬則巧也聖譬則力也
王西星
同考試官教諭蔡批（孟子此章稱孔子意甚精微此作頗得其旨）
同考試官教諭趙批（題本難於發揮得此篇可以式矣）
考試官教諭莫批（可冠多士）
考試官教授宋批（文亦明暢）
大賢著聖道之全而必復明其義也甚矣聖道未易形容也以樂著其全以射明其義大賢深知聖人故其稱述如此孟子之意以為孔子之聖獨異於群聖矣而其所謂集大成者何也今夫始條理者樂之未作擊金以宣其聲者也其諸孔子之智乎蓋造道以智為先金以一音而宣眾音即智以一心而貫萬理通天下之故而無餘矣終條理者樂之既闋擊玉以收其韻者也其諸孔子之聖乎蓋會道以聖為極玉以一音而收眾音即聖以一身而備萬理體太極之真而無外矣始以宣之終以收之則樂無不備智以知之聖以會之則道無不全其斯以為大成矣乎然不觀諸射又何以見聖智之義邪故智者知所止之謂也殆如射者之巧焉蓋巧寓夫中的之機而智得乎適道之準也夫何異哉聖者造其極之名也殆如射者之力焉蓋力則有貫革之勇而聖則收盡

道之功也夫何异哉運之以巧發之以力善射者也先之以智歸之以聖善道者也孔子聖智無不備巧力無不全以故仕止久速各當其可而爲聖之時也彼三子各極其一偏者烏足以擬之夫君子之學進取貴宏識道貴精而立志貴遠也伯夷也伊尹也柳下惠也皆古聖人也軻氏概舉其事而尊崇慨想之意溢於言外進取之宏也以古聖人而各議其偏卒折衷於孔子識道之精也然必舍三聖而願學孔子者立志之遠也此其所以爲軻與

易

知至至之可與幾也知終終之可與存義也

王西星

同考試官教諭蔡批（知行非二事幾義只一理識得先後內外之辨措詞自不相背）

同考試官教諭趙批（字義明白方認理無差此作得之）

考試官教諭莫批（簡潔可取）

考試官教授宋批（體認真切）

君子盡知行之功而能各得其理焉蓋幾以知與義以行存其理固如是耳君子進修之功可偏廢哉文言釋乾九三爻義蓋曰君子進德修業其本不可不立其事不可或偏是故理之至當而不易者謂至使見有未真理孰爲至知而弗至理由何得惟知其爲吾心之所當至而以心至之嘗恐或廢于半塗斯時也端兆而隱動微而辨毫釐千里之介雖藏于無朕而意見之靜專足以早辨而豫析之蓋理無至外之幾知以至之而精幾固不能惑也幾辨而德進矣理之已至而當守者謂終使知或少變心將方信忽疑至而弗終勢必隨得隨失惟知其爲吾身之所當終而以身終之必欲服膺于弗失斯時也以事處事因物付物無適無莫之際雖紛然靡定而董度之精切可以爲質而與比矣蓋理得而心有所制時出而施無不宜義固由此而存也義存而業居矣是則知而欲至知即行也終尚欲知行即知也義在終先爲幾幾在至後爲義其理一而已矣雖然此龍德也使當飛見之時不過舉此措之耳惟其所處万危故不免于惕厲苟得其情則伊尹畎畝之樂范仲淹江湖之憂易地皆然矣

言出乎身加乎民行發乎邇見乎遠言行君子之樞機樞機之發榮辱之主也言行君子之所以動天地也可不慎乎

黃正色

同考試官教諭蔡批（中孚是好的感應咸是不好的感應結以理心二

字別之致慎言行方有下手處）

同考試官教諭趙批（天人一理感應相同苟能致慎大人俱不違矣是篇能知此意者）

考試官教諭莫批（講慎處不苟）

考試官教授宋批（說出聖人警省意甚明）

言行極感應之大而慎不可已焉夫人易其言行不知感應故耳知感應之大敢不慎歟大傳釋中孚爻義若曰感應之理其端甚微而其究甚大夫亦觀諸言行而已且言自身出耳然吾言之必有從而聞之者聞即加乎民矣行自邇發耳然吾行之必有從而見之者見即見乎遠矣言行其君子之樞機乎樞運而尸之闔闢以之機運而矢之中否以之一言行之召乎榮辱也所應在人所召在我是應者非主而召者為主矣在人非主而在我為主矣不持此耳言行之發修省而祥生狎侮而集人榮之天地亦從而福之人辱之天地亦從而禍之加民見遠之道豈非徹上徹下之理乎夫言行自我若可忽也然既應即非我之所能復與矣可不自夫由我之時而先慎邪應感在彼若可諉也然方感我實召之以其類矣可徒悔於彼應之際而不戒邪大傳言此無非欲人吃緊於言行之間而敬慎自不能已也雖然君子固不可不知感應之理而亦不可先存感應之心知其理則於言行之間因應而反求於感存此心未免因感而責備於應矣此即咸之憧憧往來聖人所深憂也理與心其辨遠矣

書

禹曰都帝慎乃在位帝曰俞禹曰安汝止惟幾惟康其弼直惟動丕應徯志以昭受上帝天其申命用休

張翔

同考試官教諭林批（舜禹都俞之意未易形容此作獨能寫之必通於書者）

考試官教諭莫批（是篇宜如是作）

考試官教授宋批（文有體裁）

大臣致意告君以謹位而因推其所以謹也甚矣天位當謹而謹之有道也大臣推言以告君其責難之義至矣昔禹陳謨於帝舜之前而深致其意先則曰都曰帝然後曰慎乃在位焉夫曰慎乃在位者蓋言天位之艱不可以或易而忽也然必曰都以致其美曰帝以起其聽者豈非謨謀之大而言之不容以或輕與帝也承之遂曰俞焉蓋聞謹位之言不覺其虛受之至也豈惟不致其咈抑且不致其吁蓋有若自己出而先得其心之同然焉禹也因帝之俞不

能自己復繼之曰安汝止惟幾惟康其弼直焉曰惟動丕應徯志以昭受上帝天其申命用休焉蓋以謹位者非自位而謹之也亦曰君者謹之本也苟至善之不得其止則人心惟危幾康之不致其審則義理必悖修之於身信乎不可以不盡也臣者謹之輔也左右臣隣所以詔其微繩愆糾謬所以正夫德資之於人信乎不可以或遺也內外之修既至則天人之理已孚由是動而欲善而民善雖渙汗未施也然至愚而神固有先意而徯我者聞于上帝而帝休雖無圖度之心也然惟德是輔必有眷命而用懋者以上則可以得天以下則可以得民是何也民之所助者信天之所助者順耳若然則謹位之道已盡而治功可保於無窮矣大禹之謨必至是而後已其忠愛之心何如邪嘗謂有虞何如其君臣也而其治何治也舜也咨皋未已而咨之禹禹也孜孜未已而又慎之舜上下皇皇若朝夕將有亂然聖人之心何如是其過求也及讀易而見苞桑堅氷之戒而後嘆聖人必有如是之心而後享如是之治也後世時方小康君則有滿假之心臣則進豐亨豫大之說吁何怪其治之不唐虞邪

五皇極皇建其有斂時五福用敷錫厥庶民惟時厥庶民于汝極錫汝保極
許遷職

同考試官教諭林批（題本明白作者不究其義故覺其難是卷文不窘束至講斂福錫保處其義尤精可以錄矣）

考試官教諭莫批（有詞有理）

考試官教授宋批（訓說明白）

君子衍皇極之疇而推其君民相與之盛焉夫君民相與大道之公也建極之治其盛有如此夫昔箕子衍疇以告武王若曰疇雖有九而五則中範雖不同而極為大禹於五之中數而第之以皇極者何也蓋以中正貫天下之道而人君之身則仁義禮樂之主也必叙夫彝倫而一兆民之趨向焉高拱有清穆之尊而朝廷之上乃表則具瞻之地也必立之標準而為萬姓之法程焉如是則惟皇之極建矣夫極者福之本也極建則福自集盛德日新而吉慶之俱大業富有而慶與之同以一身而聚乎百順苟或不備諸福則非建極之全功矣君人者無私福也福斂用敷之民群黎百姓蒙平康之治日用飲食皆君上之餘無一人之罹乎六極苟有不被其澤則非敷錫之大同矣夫錫福於民則是與民以極矣惟時庶民則以今日多福之受皆惟皇之賜也弗保其極則是自棄其福矣莫不彝倫是迪遵道遵義之惟勤惟恐不協乎善而孤夫敷錫之恩焉惟皇多福之敷由建極之斂爾永膺其福豈可或外其極乎莫不標準是

式會極歸極之不怠惟恐或罹乎咎而負乎于帝之訓焉民之保極如此則於君之錫者又有以與乎君矣君民相與如此大道爲公之治不亦有可見乎抑於是而見皇極之大也君建極而錫福則以民爲一體民嚮福而保極則以君爲一心昔禹見罪人而嘆民心之不古豈非病夫錫福之未盡而保極之未純與夫民自爲心固爲皇極之病然下車之泣則一體之仁見矣噫皇極之疇禹豈特能第之而已哉

詩

方叔元老克壯其猶方叔率止執訊獲醜戎車嘽嘽嘽嘽焞焞如霆如雷顯允方叔征伐玁狁蠻荊來威

陳周

同考試官教諭楊批（就題鋪叙自有許多婉轉）

同考試官教諭侯批（讀其文自覺爲王者之師）

同考試官教諭王批（文有體認點綴處尤奪目）

考試官教諭莫批（流暢可讀）

考試官教授宋批（明整）

詩人於大將南征美其得伐遠之道要其成服遠之功蓋全勝之道固在威謀兩具也然大將所以服遠者豈專於此哉宣王命方叔南征詩人美之若曰國莫重於用兵兵莫要於擇將顧茲蠻荊干紀天討必加王命方叔之賢付以師貞之寄蓋其歷事王朝而齒先乎百辟實一代之元老也任專閫外而計出乎萬全運幃幄之壯猷也是爲有能之將而謀先定矣率此師旅執其訊獲其醜咸奮厥武也駕彼戎車嘽嘽而焞焞如霆而如雷皆作其氣也是爲有制之兵而威先者矣然顯允方叔威謀雖懋于今日素望實孚于平時蓋昔也鎬方告急與總乎薄伐之旅太原旋凱同策乎飲至之功由是勳名赫奕足以成我軍之先聲謀不必試而蠻荊自畏服矣風望著聞有以爲敵人之奪氣威不必宣而一方自底定矣是則成不戰之功全不殺之仁此其所以爲中興之將王者之師與抑傳曰甲胄起戎言兵不可玩也故古之帝王必不得已而後用之然周之北伐逐之而已南征威之而已且未嘗交鋒以逞漢武帝乃至連年出塞無故加兵者何哉海內虛耗不亡亦幸矣噫不戢自焚可畏也哉

夙夜匪解以事一人

張恩

同考試官教諭王批（此題殊不難作而作者便堆積浮冗可厭刻此者

取其簡約而明暢也）

　　同考試官教諭侯批（只平平說去結不數句有警策）

　　同考試官教諭楊批（就夙夜上說匪解尤切）

　　考試官教諭莫批（詞盡而意無窮）

　　考試官教授宋批（舂容可誦）

　　詩人美大臣勤於其職者所以忠於其君也甚矣能勤則有繼也大臣之所以忠於其君者豈外是哉仲山甫城齊而尹吉甫美之至此述其職業之盡若曰天下之事成于勤而廢于怠也非有體國之公者孰不溺於宴安之私哉惟山甫不然蓋其秉國之鈞中外倚焉其責重者其憂深故勤恪自將不敢一日之少暇執國之政機務總焉其任大者其心危故黽勉從事不敢一息之或弛昧爽而興晝之所為必盡其夜之所計慮其夙其慎勵匪躬之蹇蹇也嚮晦而息夜之所思必可為日之所施行雖休勿休成天下之亹亹也然此豈故為是過甚哉蓋大君端拱於上而所責成者相也所以匪解者孰非戀丞弼之義乎大臣股肱於下而所承事者君也所以克勤者孰非盡輔相之道乎內保王躬外式百辟人見其拮据之盡瘁而不知實欲持衷美以效之君也入司喉舌外任經營人其鞅掌之弗堪而不知實欲宣忠藎以輸之上也夫然則職業之盡懿德之備皆可見矣其無負天之所以昭假於周哉城齊之役乎何有抑觀周公告成王著無逸之篇吉甫贈山甫申匪解之說盛世君臣朋友交相警戒皆是道也後世諂諛興而乏謇諤之風傾軋成而鮮寅恭之誼視古何如哉噫敝也久矣

春秋

春王正月公會齊侯宋公陳侯衛侯鄭伯許男曹伯侵蔡蔡潰遂伐楚次于陘楚屈完來盟于師盟于召陵（俱僖公四年）晉欒書帥師救鄭（成公六年）公會晉侯宋公衛侯曹伯齊世子光莒子邾子滕子薛伯杞伯小邾子伐鄭會于蕭魚（襄公十有一年）

　　盧際可

　　同考試官教諭龔批（此題殊難敘事能融會傳意約以成文僅見是篇可錄）

　　考試官教諭莫批（得聖人不戰仁民之意）

　　考試官教授宋批（精切）

　　春秋屢善霸國之師以其皆近王者之事也夫不戰而成功王師之仁也齊桓欒書晉悼有焉所以見予於春秋且舞干苗格因壘崇降古聖王固以不

戰而服人也孰意春秋之時乃有庶幾於此者有如楚為鄭患齊桓伐之鄭困伐喪欒書救之晉悼伐鄭而蕭魚之會講焉夷考桓之伐楚也師帥八國潰蔡先聲楚人於是震恐矣孰不志於一逞乎桓則以為戰危事也苟楚能服義吾斯已矣由是陘亭有次文告是修屈完惠來盟禮斯定桓之謀審矣序其成功蓋不戰而制勝也不然倔強如楚兵力足以遽屈哉書之救鄭也遇于繞角禦諸桑隧軍帥胥此獻謀矣孰不快於一戰乎書則以為戰觀釁也今楚師已去吾可還矣乃能信用忠言不惑邪議戒於遷斁下令班師書之計善矣雖云無功蓋不勝而自武也不然申息一令成敗其能逆睹哉若悼之伐鄭也東門觀兵伯駢行成人皆謂鄭已莫支有不戰戰必勝矣悼則謀魏絳以息民聽武子以敝楚子展入盟蕭魚有會推誠待物傾懷不疑而鄭自此不復叛焉是悼之功又成於不戰也否則反覆如鄭安能致其久從哉是則桓也書也悼也皆以不戰而成功則固仁人之心王者之事也春秋樂與人為善而不汲其功故皆特書而善其事也與雖然桓若可與而行荒業怠無補於道書若可善而弒君幽國不可以訓悼若可賢而通吳失陳亦未為善也春秋之取於齊晉其亦弗獲已也

公會晉侯及吳子于黃池（哀公十有三年）
朱惟一
同考試官教諭龔批（此題作者往往傳外生意過於穿鑿簡約明白僅得是篇）
考試官教諭莫批（得謹嚴之旨）
考試官教授宋批（能發傳意）
觀春秋夷夏講好之書見聖人治內禦外之意蓋夷不謀夏古之制也黃池之會所以致意於書法與且吳本東夷憑陵中國黃池之會固其所主也然吳主會而先晉吳稱王而書子者何聖人之意豈不以晉之主會自文襄以來未之有改也何晉定之弗競與吳之僭王自壽夢以來未之反正也今夫差則益橫矣爭長之辨雖強夷伯之分尚敕苟以其強先之則人將謂夷狄伯中國矣惡乎可故先晉以紀常不與吳人之得先焉兵威雖雄於天下曆數未改于東周苟以王爵與之則人將謂吳人有常尊矣惡乎宜故稱子以正名不與夷狄之上僭焉書法如此者正以訓後世之君使知中國之勢常尊而自治也嚴外夷之分常卑而為備也至信任仁賢修明政事先王之所以治內者何如也而不容以不講修爾車馬固爾封疆先王之所以禦外者何如也而不容以無事或修禮而內親則否泰

之義所當明也不然則中國一霸外夷亦竊霸矣何以杜其窺伺之念邪或不道而肆侮則膺懲之訓不可緩也不然則中國一王外夷亦僭王矣何以絕其覬覦之心邪噫此夷夏盛衰之機所關而世道升降之會攸繫此聖人重爲世道之憂而再以及書者若曰順天地之經皇祖之所都今之南京也鍾山龍蟠石城虎踞非諸葛亮稱爲王者之宅乎雖六朝之君亦嘗都之然一隅偏安江漢之餘波也豈若皇祖膺天眷之全運而一統之邪幽燕我太宗之所都今之北京也左環滄海右擁太行非杜牧所謂王不得不可以爲王之地乎雖以金元之君亦嘗都之然夷狄竊據日月之隙光也豈若太宗膺中國之曆數而一統之邪故概而論之天下財賦出于江南金陵據天下之大利也天下戎馬壯于冀北幽燕據萬世之大勢也兩京不相侔乎究而言之幽燕可以漕江南之財賦金陵不可以兼冀北之戎馬自古北可以統南南不可以統北天下大利大勢不皆在於北乎然以皇祖智冠百王豈慮弗及此竊緣自淮甸而渡江則金陵實皇祖始都之地東南人心繫之勢不得不都南也自北平而靖難則幽燕實太宗始封之國西北人心屬之勢可因以都北也伏聞皇祖正位之後嘗有都大梁長安之議矣是未嘗無都北之心也太宗宮殿之成嘗有繼皇考初志之詔矣是不過因其都北之心而廣之也故建都於南者即武王之都鎬建都於北者即成王之宅洛先後不同軌乎此國家南北都之大略也前此若漢高祖因劉敬之言而西都長安光武噓炎漢之燼而東都洛陽唐高祖除隋亂而都長安後以洛爲東都宋太祖受周禪而都大梁後以洛爲西都者不過援前人之故事爲一時之踵承漢唐似爲得策而宋則兩失之矣豈足與國家例論哉至若享國之數八百年於周四百年於漢三百年於唐於宋者要之因國勢而兼培以仁義周之所以長也恃國勢而徒雜以智術漢唐宋之所以短也又豈可與國家并論哉執事又謂皇上善繼善述卜世之長與天無極者非以其能致中興之業邪蓋自正德以來天下日敝矣皇上起而振之稟乾剛神聖之資施精明博大之治紀綱法度煥然一新正彝倫之典修禮樂之制敬天肇兩郊之祀孝先弘九廟之規親蠶有行籍田有耕國學有幸無逸有亭主敬有箴稽古禮文之事蔚乎盛矣由是至誠感格天效其靈和氣協應比者前星大耀三皇嗣繼生本支競茂中外交歡九廟在天之靈殊亦慰矣功光祖宗業垂後裔雖商之高宗周之宣王奚足儷之然愚生方欲效擊壤之歌執事顧欲聞賈誼治安之策意者天下之患常生於意料之所不及而愚所謂治忽之機者或不可以不察邪然今天下殆無可言之事執事適以都會策承學姑就近京邊防略商其概可乎竊觀前代都關中者去邊皆千餘里未有若今京師百里之外即爲邊關壤連胡穴者天造之險雖不必於過虞孤懸之勢則亦何妨於多備

愚嘗稽諸往牒聞諸故老或謂大寧都司興營等衛昔之捍蔽山後者今則撤入畿內矣朵顏諸夷昔之遠居隔域者今則占遽近地矣自居庸而東黃花鎮適要害之地守備可付托乎自有山海而西古比口諸處皆受敵之衝樊衛不尚疏乎畿內撫臣皆有障翰之責而薊州之控制尤切董任或尚輕乎況營屯雖列士伍空懸勾取至而隨以放逃刺配遣而旋即賄免弱將羸兵無裨效守鈍戈朽甲何恃折衝夫襲弱已久積痼已深非大振治之不可起也以愚計之惟在廟廊咨議請敕在廷諸臣素負經濟大略者委以巡邊之任付以便宜之董按行山川之險夷默察夷情之向背一切邊防之事悉以委之或有興舉之大利堅於必行不嫌於更張或有增置之衆役盡於區處無惜於小費必使重關巨鎮屹於金湯甲士材官奮於貔虎壯千里之藩籬固北門之鎖鑰外安陵寢內保京師萬年國勢不益重乎措置既效外而宣大遼左沿陝三鎮所當次第舉行者亦惡容已乎昔范仲淹請築京城於仁宗全盛之日其言若迂識者固謂其能達機也愚也書生安敢妄附昔賢但明問下及姑就事論事無能他及也倘得進對大廷尚有治安之大者次第陳之

第二問

楊冀龍

同考試官教諭林批（孔孟以前其道不容說至宋諸儒便自不同子能□其淺深得失之歸而復知推重朱子可以洗近時一種異同之論矣）

考試官教諭莫批（條答詳盡）

考試官教授宋批（有折衷）

道無存亡而其絕續也存乎人世有先後而其同異也存乎學夫學所以明乎其道者也學有淺深則道有得失道有得失則心有同異故其先後相承之間統緒相傳之致必有與與不與之殊是固有微妙之理而不可以臆度懸斷者然則欲論其人之道苟非有一定之見亦安能有以得其得失異同之實哉執事以道統下詢是欲觀尚論之志而期以斯文之末甚盛心也愚也不足以知之姑拾所聞以復明問之萬一焉夫所謂堯傳之舜舜傳之禹禹傳之文武周公孔子孔子傳之軻氏此韓子之言見於原道之篇為不妄矣然以曾子子思傳道而乃不及者豈不以曾在聖門難以并言思為私淑不必□叙舉孔孟則二賢可以例見與執事疑為以其傳之未得其宗者殆非也若夫堯之道則伏羲神農黃帝繼天立極固其一緒之相承者也黃勉齋以為堯得統於天者則以黃帝以前其學未聞執中之言至堯始發爾夫豈無所見哉孟子既沒至周程而後得其傳程子既沒至朱子而後得其傳此勉齋之言見於晦庵之

狀固可信矣然以康節橫渠南軒東萊之賢而皆不與者豈不以演皇極者偏於數作正蒙者過於苦廣漢早世而學未成金華博學而約則未與執事所謂所造之或異者信然也若夫濂溪之學則不由師傳默契道體天之所畀而與乎斯文者也晦庵所疑希夷种放之傳則以張忠定公嘗從希夷其論公事有陰陽之言有合圖意故耳或者以爲師鶴林壽涯者何其無稽之甚與彼夫舂陵再見而發其吟風弄月之趣延平早歲而親□冰壺秋月之容程朱之游乎周李之門其授受之同固矣但默坐澄心者欲觀喜怒哀樂未發之前而主靜則過未若著書立圖者則見太極動靜循環之妙而體用俱全其以程子繼濂溪而不以朱子繼延平者得非以此與執事所謂發端之功則同中正之極有別者是矣至於程氏之門賢才多矣切問近思而爲克己之學有吾道有望之許者非上蔡乎窮探力索晚年所得最深有吾道已南之稱者非龜山乎升堂睹奧宜乎能傳其師之道矣然謝則才高而鮮沉潛之意楊則氣弱而少矯勵之功故朱子謂其皆與其師不相似異時復有二先生衣鉢無傳之言由此觀之伊洛之道固非楊謝之所得與矣朱氏之門英才多矣明睿端莊造詣純篤而稱爲斯道有望者則直卿也博聞精識剖析秋毫而與聞天道之妙者則季通也親承面領不宜乎能傳其師之道矣然蔡□杰然於紫陽之門未若黃之深造乎敬肅之妙故董氏謂其得紫陽之正傳而當時精舍之試乃欲請其掛牌秉笏由是觀之考亭之傳得非勉齋之獨承乎自是而後魯齋之學一以朱子爲師而陳氏則謂濂洛之道賴以益明歐陽氏至稱其自謹獨之功充而至於天德王道之蘊表裏洞徹而超然於不動而敬不言而信之域其於斯道之傳宜若可無憾矣草廬之學尤以邵子爲慕而虞氏則謂其日就月將自致聖賢之道揚徯斯至稱其磨研六經疏瀹百氏著書立言師表有百世其於斯道之傳亦宜若可無愧矣但文正之仕元則君子病其失夫出處且或譏其近於佛老之學見於靜修退齋之記可考也幼清之立言則後儒疑其喜於著述而或背夫詳說反約之功觀其學統纂言諸作可見矣則於斯道之得亦未見其真可以接濂洛而承關閩也□□先儒所論而愚生之所聞者不知其□□否邪執事復謂必知傳道之人乃可以爲造道之極愚未有知敢有造道之望乎但誦說有年亦或窺見古人之一二私嘗以爲堯舜禹湯文武周公孔孟道之宗也周則至精而其業未廣程則至正而微言未析許至純也或未極其分殊吳至博也而未極其理一若大極其精貫之王得理一分殊之義而有言富業廣之美者其惟朱子乎固生之所願學者也若夫康節橫渠南軒東萊則爲程朱之夷惠龜山上蔡勉齋西山皆非關洛之顏曾雖不敢望其藩籬若所學則

姑舍是執事以斯文相期不敢不言其志惟進而教之

第三問

王西星

同考試官教諭蔡批（黨錮藩鎮新法場中士子多能記述大略至於治亂幾得古今時勢□□達識斷僅見此策）

同考試官教諭趙批（士子讀史乃經濟之見此策出入漢唐宋諸史援引裁斷參以時事已見如老將用兵部伍嚴肅料敵設機謀猷萬全子蓋邃養靜觀而有得者）

考試官教諭莫批（往事得失後人龜鑒士子平日看史無掩卷之思臨事鮮不復蹈書轍吾觀子所不滿於漢唐宋諸君子其所以有負待用者可式矣允宜高薦）

考試官教授宋批（古人議論行事行失能以意見縱橫折辨曲盡治亂之原）

天下之勢何能以盡絕乎小人處之有道雖小人不能爲君子之害天下之法何能盡保其無弊救之以漸雖弊法不至爲天下之禍夫天下既不幸有小人矣猶幸有君子維持其間以救害之什一攻之太過而授之以指摘之隙併其身與黨且不能一日安乎其位而尚何能爲斯世斯民之□乎法之不能無弊尤勢之不能免者勢者能免而縱其弊之所至固必至於大壞極亂而後已懼其大壞而竭力并智一舉而更易之以快其意則其奔驟抗敵之勢將不益助其弊以重爲天下之禍乎愚嘗謂漢之黨錮君子之不善處乎小人也唐之藩鎮不善救弊而聽其大壞者也宋之新法既不能善處乎小人又不能救弊而急之使變兩失之者也夫唐虞三代可謂治之極矣然當時豈盡無小人弊法矣乎四凶之比周管蔡之流言何异朋黨三苗之負固義和之黨羿何异藩鎮盤庚之起信險膚太甲之顛覆典刑何异新法然禁之則止誅之則滅更之則服豈非以其預防而善處乎漢自陳蕃李膺用事而門戶已立竇武劉淑爲君而標榜愈高夫小人之類雖盛世不能盡無而君子之名在小人未嘗不好別白太甚勢固激矣張儉□□郵之微而舉劾中常王允以郡吏之賤□捕殺黃門恥不與黨徒爲助火之薪不謝霍諝過拘不寶之諒其禍盡歸罪於小人可乎唐自十道置使而藩鎮之根萌彍騎募卒而藩鎮之權重大宿衛之兵虛名空伍邊塞之強兼統久任漁陽啓釁勢何能已矣自後機會一失於肅宗而連州統郡無復節制之綱姑息再縱於代宗而易主更官縱其驕橫之欲甚至誘王弁而斬之也惜不能信之於先陸贄居重馭輕之疏杜牧尾大中乾之

嘆元氣調補之意也惜不能用之於後蘇洵辨奸之論呂誨新參之劾固不可及矣然熙寧之時使如鮮于侁三難之善邵康節一分之賜安石何至打盡一網乎元祐之時能聽范純仁熟講緩行之議蘇軾相因有漸之言章蔡何至怨恨切骨乎此皆往事之謬噬臍何及執事乃謂事有似黨錮藩鎮新法而不可□者不可思所以處之愚書生也何足以知此然亦竊有迂野之見焉今天下聖明在上百僚同心誰敢爲黨然議論不合于廷謨雖有經世之略疏而不用心迹偶舛于時宜縱有悔悟之誠擯而不齒擴大公之道以收流落之才舉量移之法以作鯁直之氣得非所以消黨隙於將來乎今天下法令修明兵威振飭誰能爲矍然任事之豪杰或以偶挫而被斥養寇之常才或以

河南鄉試錄後序

　　序曰自昔君子之大有建立於天下也良不偶焉其初也恒由養以充之其終也未嘗不因於所遇以玉其成猶之木然長養於山林之中雨露之所膏潤煙霞之所披拂非不森然秀穹然大也而柯幹柔脆任重不力匠石者無取焉遲之以歲時而卒遇霜雪過之嚴凝寒凓之氣迭相摧剝使其堅實挺直斯可登而材也故一出而堪棟梁之用以壯夫廟堂之觀吁亦難哉（此處底本缺頁——編者注）

嘉靖十九年河南鄉試錄

河南鄉試錄序

（此處底本缺頁——編者注）先二月至永懷時屈允釐□勤用休于資乃若總理河道右副都御史郭持平撫□□陽右僉都御史戴時宗監察御史巡鹽舒遷党承賜□馬黎循典咸贊厥成右布□□查應兆左參政胡體乾□□政王慎中劉友仁左參議□良傳右參議左傑王傅□□王袞湯紹恩端廷赦張素僉事張冕林雲同趙彥之張鵬翰江東高世彥都指揮僉事胡永錫湯卿王三錫各事事於外如期乃合提學副使陳束所選士二千二百有奇凡三試之得士八十人疏名梓文以獻恒職當序諸首序曰賢材之興孰非由上之所作哉蓋觀於此方人士之盛而知□□今河南所履之域則商□□墟與周之新邑在焉方殷之末民化於紂亳相千里之□皆爲頑民武王以群后之師濟于孟津爲牧野之陳會旦而商郊清明其後嘗衰矣宣王中起則自濟之洛狩于圃田以至敖山而朝諸侯故周之盛時人才衆多詩人歌之藹藹王多吉人生甫及申維周之翰之詩列之於雅以著中興得人之功雖其仁澤之厚道化之深積漸所致然君子所過固有以化人者禮□修於戊甲之中聲明動於□服之表宜其昏者以明衰者以起而成有周之隆也□□宋季豫州久汙於胡不見王者之物已數百年惟我高皇帝以神武啓運再造區□當其時大輅親臨徯后之民遽睹聖人之作歡暢鼓舞如蟄斯震淫昏鄙倍之俗其去也忽焉蹈習於仁義發形於禮樂出而副上之求堪世之用者宜其衆也今天子建中下民以道術陶成□□德意感孚固已不大聲色而儀刑遍於四方頃者孝思永念展謁寢園興從所由往反皆出豫州之境四海黎庶引領舉踵欲見無從而車馬之音羽旄之美中州之人獨得於見聞昔東都之狩人睹其堅好之車調齊之馬嗟嘆而頌之曰是大成之君子不可名言其德惟其有聞而已也是知聖君之旂色鸞聲昭回喤喊皆所以改新中州之耳目而聳其震曜之氣誘其濯磨之心□濟多士之生有不思奮共臣同於惟天子使之願哉凡天子之行無非事者陳詩□□合瑞審量養老助農以觀好惡出誅賞其大者乃在於敷奏明揚故甫草之役所以□徒記所謂射而取士者是也今論選之典

適應其期必有异材孕岳而降如詩人所稱爲申爲甫者以鳴中興之盛則諸士之進固關於王□□大政以明聖君之行之有事非獨爲三歲而比之常典已也蓋賢材之□由於上之所作及其成也則上之治常因以明而其名常因以行此烝民崧高之所□爲宣王之美也夫士能興於聖人之化以自成其材又以其材見於用而名於世□□頌聖君修道致治之美者於此乎徵而恒也實始進之豈不與有幸與

　　　　　　　　　　　江西袁州府儒學教授趙恒謹序

嘉靖十九年河南鄉試

監臨官

巡按河南監察御史陳蕙（邦□福建□□□人　己丑進士）

提調官

河南等處承宣布政使司左布政使范鏓（平甫江西樂平縣籍遼東瀋陽中衛人　丁丑進士）

河南等處承宣布政使司左參議周相（大卿浙江鄞縣人　癸未進士）

監試官

河南等處提刑按察司按察使龍大有（道亨湖廣茶陵州人　丁丑進士）

河南等處提刑按察司副使張承恩（君賜直隸易州人　辛□進士）

考試官

江西袁州府儒學教授趙恒（志貞福建晉江縣人　戊戌進士）

江西饒州府樂平縣儒學教諭童珂（仲輝□□□□□人　戊子貢士）

同考試官

直隸真定府深州儒學學正孫勳（建卿廣東南海縣人　甲午貢士）

直隸廬州府無爲州巢縣儒學教諭鄭豸（秉憲福建□□□人　己卯貢士）

湖廣永州府道州江華縣儒學教諭李資仁（厚德廣東宜山縣人　丁酉貢士）

浙江台州府寧海縣儒學教諭陳席珍（□聘福建侯官縣人　戊子貢士）

山西沁州武鄉縣儒學教諭雍焯（閻仲陝西狄道縣人　丁酉貢士）

廣東惠州府龍川縣儒學教諭蕭試進（躍之江西新淦縣人　甲午貢士）

山東濟南府淄川縣儒學教諭杜潮（信甫山西陽曲縣人　甲午貢士）

直隷鳳陽府儒學訓導張永昌（仁□直隷永年縣人　辛卯貢士）

印卷官

河南等處承宣布政使司經歷司都事溫廷玉（□璽陝西華州人　吏員）

河南等處提刑按察司經歷司經歷單哲（文賢陝西金州籍江西高安縣人　監生）

收掌試卷官

開封府知府賈應春（東陽直隷真定縣人　癸未進士）

衛輝府知府歐思誠（純甫順天府薊州籍福建□□縣人　己丑進士）

受卷官

開封府同知楊昫（伯春江西進賢縣人　丙子貢士）

開封府通判漆廷資（憑衡□□□□縣人　丙子貢士）

懷慶府通判張源（清甫直隷吳江縣人　壬午貢士）

彰德府推官黃潯（世清江西豐城縣人　乙酉貢士）

彰德府磁州知州金淳（仁夫直隷□□□人　戊子貢士）

南陽府裕州知州劉廷臣（伯□山西□□□人　戊戌進士）

開封府祥符縣知縣劉乾（□坤直隷唐縣人　戊戌進士）

彌封官

彰德府同知朱懷幹（守正浙江歸安縣人　壬辰進士）

開封府推官劉廷誥（汝欽浙江慈谿縣人　戊戌進士）

南陽府推官靳學顏（子思山東濟寧州人　乙未進士）

開封府鄭州知州孫璧（文甫山西蒲州人　戊戌進士）

開封府許州知州張良知（幼養山西安邑縣人　戊子貢士）

開封府鈞州判官田大有（豫甫山東東平州人　壬辰進士）

謄錄官

南陽府同知毛鳳韶（瑞成湖廣麻城縣人　辛巳進士）

汝州同知范愛（體仁營州中屯衛籍山東汶上縣人　壬辰進士）

開封府杞縣知縣朱尚文（質□直隷新城縣人　戊戌進士）

開封府尉氏縣知縣韓志□（德夫山西蒲州人　辛卯貢士）

河南府盧氏縣知縣李應時（際可□□□□縣人　己卯□□）

河南府孟津縣知縣王堯弼（臣汝陝西華州人　乙酉貢士）

對讀官

衛輝府同知程綬（德仲浙江蘭溪縣人直隷神武中衛籍　丙戌進士）

開封府睢州知州吳江（道南江西□□□□　戊子貢士）

衛輝府獲嘉縣知縣吳鯉（□如直隸太湖縣人　庚午貢士）

懷慶府孟縣知縣任官（堯卿直隸獲鹿縣人　戊子貢士）

汝寧府上蔡縣知縣葉本（敦叔浙江慈谿縣人　壬午貢士）

河南府陝州閿鄉縣知縣李應奎（文徵湖廣□□縣人　壬午貢士）

巡綽官

宣武衛指揮同知徐夢麟（子仁遼東廣寧衛人）

宣武衛署指揮同知田世威（維揚山後龍門縣人）

南陽衛指揮同知李廷臣（良弼直隸邳州人）

睢陽衛指揮同知梁棟（選□□□□縣人）

搜檢官

宣武衛指揮使魯鎧（景□直隸灤州人）

宣武衛指揮使王佐（子□山東沂州人）

潁川衛指揮使鞏世（伯紹山東嶧縣人）

信陽衛指揮使方巡（朝度□□□□縣人）

供給官

河南等處承宣布政使司照磨所照磨王彥廣（德宏直隸合肥縣人吏員）

河南等處承宣布政使司理問所理問張恩（天澤陝西□□縣人監生）

河南府新安縣知縣郭淳（子美直隸□邑縣人　壬午貢士）

開封府蘭陽縣知縣劉嵒（□嶽山東成山衛人　監生）

開封府陳州西華縣知縣劉文瑞（廷鳳江西浮梁縣人　監生）

開封府鄭州滎陽縣知縣姚拱極（德化陝西淳化縣人　監生）

汝州魯山縣知縣劉玠（宇奇陝西華州人　監生）

開封府陳州吏目喻柯（子□四川內江縣人　監生）

開封府封丘縣主簿劉惠（體仁直隸泰州人　監生）

河南府盧氏縣主簿楊柏（叔憲遼東廣寧左屯衛人　監生）

河南府宜陽縣主簿汪茂槐（廷植直隸績溪縣人　監生）

開封府太康縣典史李昂（德□□□□縣人　知印）

開封府大梁驛驛丞王鎬（子京浙江奉化縣人　承差）

開封府陳留縣萃城驛驛丞高應熊（夢□山東膠州人　承差）

衛輝府衛源驛驛丞李元芳（時□陝西長安縣人　承差）

開封府延津縣稟延驛驛丞李佾（天和湖廣鄖縣人　承差）
彰德府磁州滏陽驛驛丞歐陽闕（崇臣□□□□縣人　承差）
河南府新安縣函關驛驛丞郝廷錫（時寵山西太原縣人　承差）

第一場

四書

克己復禮爲仁一日克己復禮天下歸仁焉爲仁由己而由人乎哉　修身以道修道以仁　見其禮而知其政聞其樂而知其德由百世之後等百世之王莫之能違也自生民以來未有夫子也

易

臨剛浸而長說而順剛中而應大亨以正天之道也　九五甘節吉往有尚　夫易何爲者也夫易開物成務冒天下之道如斯而已者也是故聖人以通天下之志以定天下之業以斷天下之疑　是故易者象也象也者像也

書

帝曰咨四岳有能典朕三禮僉曰伯夷帝曰俞咨伯汝作秩宗夙夜惟寅直哉惟清伯拜稽首讓于夔龍帝曰俞往欽哉　若作酒醴爾惟麴蘗若作和羹爾惟鹽梅　王省惟歲卿士惟月師尹惟日歲月日時無易百穀用成乂用明俊民用章家用平康　惟文王尚克修和我有夏亦惟有若虢叔有若閎夭有若散宜生有若泰顚有若南宮括

詩

南有樛木葛藟縈之樂只君子福履成之　我覯之子維其有章矣維其有章矣是以有慶矣　成王之孚下土之式永言孝思孝思維則　王釐爾成來咨來茹嗟嗟保介維莫之春亦又何求如何新畬於皇來牟將受厥明明昭上帝迄用康年命我衆人痔乃錢鎛奄觀銍艾

春秋

三月公會鄭伯于垂鄭伯以璧假許田夏四月丁未公及鄭伯盟于越（俱桓公元年）　秋公子友如陳（莊公二十有七年）　冬晉趙穿帥師侵崇（宣公元年）秦師伐晉（定公二年）　春王正月晉人滅赤狄甲氏及留吁（宣公十有六年）晉伐鮮虞（昭公十有二年）秋晉荀吳帥師伐鮮虞（昭公十有五年）

禮記

明七教以興民德　故學之爲父子焉學之爲君臣焉學之爲長幼焉父子君臣長幼之道得而國治　德者性之端也樂者德之華也金石絲竹樂之器也詩言其志也歌咏其聲也舞動其容也三者本於心然後樂器從之是故情深而文明氣盛而化神和順積中而英華發外惟樂不可以爲僞　射鄉之禮所以仁鄉黨也食饗之禮所以仁賓客也

第二場

論

吾道一以貫之

詔誥表（内科一道）

擬漢令郡國舉孝廉各一人詔（元光元年）　擬唐以刑部尚書宋璟蘇頲同平章事（開元四年）　擬宋以尚書左丞李至吏部侍郎李沆并兼太子賓客謝表（至道元年）

判語（五條）

擅離職役　隱蔽差役　禁止迎送　從征僞期　聽訟迴避

第三場

策（五道）

問　宋儒言帝王之學與韋布不同章句之業與經綸异夫古者人生十五歲則自天子之元子衆子下逮士庶人俊秀皆入□學不知古天子與庶人之學其亦有同乎否宋儒之所謂學者其於古者大小學之教又何如也夫人君以務學爲急聖學以正心爲要固矣然又欲□主讀經史則以尚書唐史爲先者其□可互相發明與且二書之尤爲急者其於帝王之心學何如也肆我列聖繼作懋學興理至于東宮授受又獨明備誠以天下之命所係而諭教不可不先者也我太祖高皇帝嘗采經傳格言爲儲君昭鑒錄以訓戒太子我成祖文皇帝則又采聖賢之言爲聖學心法一書綱目具舉則知宋臣之言良不爲誣而我二聖之微指大義質諸大學而無疑者也亦可贊揚其萬一與我皇上敬一有箴五箴有注獨契道體於千百載之上雖非專爲東宮爲之而所言莫非正心修身之道固二聖心法之傳也不知今日在宮寮所以輔成勸相者亦可以不外于茲□其敬陳之

问　人之言曰爲君難爲臣不易君之大者曰克終臣之大者曰履盛滿至於保泰一事君臣共之遭際不預焉從古君臣知而善處之者誰與慶曆元祐□□盛矣擬之太甲成王或未及也其中登用之臣若范文正公司馬溫公俱一代偉人仁哲二宗之信任初亦甚篤□皆立朝未久身就退閑用不及究業無光顯豈盡遭際之難邪抑二公當待舉動亦間有失其失之最大者何事可得聞與時固有議之者果定論與二公無亦志伊尹之志學周公之學者何卒不能致其□爲太甲成王而保持豐亨豫大之業其故何與使諸士子身親其□果將何以慮始何以令終格正燮和之道必有説也願詳著于篇以觀經濟之學

問　讀史非徒以其文也可以辯王伯勵□節謹邪正審義利觀忠孝明出處者也試舉平日所疑者言之于泓之□不□不□列中牟之役擊金而退均之爲仁也而成敗何以異登牀一盟竟以救宋救陳一退遂以安民均之爲義也而心術何以分是王伯之當辯也以大將軍之貴而爲之揖客其所執者何禮稱天下之平而爲人結轡其所示者何意是氣節之當立也投巫于河止殉□葬其術同也不知何者爲仁立公孫洩存伍員祠其見同也不知何者爲正是邪正之當謹也左袒以安社稷勃之忠也而亦有謀傾諸吕者不知何者之功爲大殺使以復父讎琇之孝也而亦有請代父死者不知何者之行爲優是□孝之當觀也魯儒之歸陳步愚則甚矣而兩生尚在何以長往四老之避秦政行則清矣而太子一迎何以遽至是出處□當明也不受賕錢之賜介矣較之見幾去官而受賜黃金者孰誠邪請□助邊之□義矣較之上麥濟軍而不領馮翊者孰正邪是義利之當審也此皆有疑於史而未定者諸士子習之久矣其折衷之論去取之意幸詳以告我

問　先儒程子有云國祚之所以祈天永命常人之至於聖賢皆工夫到處則有此應夫祈天永命如三代有道之長尚矣下此如馬上藉一劍之任者惡聞儒書之説晉陽甘臣虜之恥者遂失義兵之正陳橋倒戈大綱掃地皆能光有天下祚延數百豈必皆有道以致之與由臨淄而入靖宮闈之亂者自不免於奢縱之風乘夷難而起承炎宋之統者亦不脱乎□懦之習而皆撥亂爲治身致中興又何故與學而至於聖賢如道統□諸人尚矣下此如治天人之學者或□於陰陽之秘著原□之篇者或遺夫格致之功入仕胡元未免失身彼皆爲時名儒尊崇聖學豈其於道有未聞與繼僞學之後而願爲朱子忠臣者尚未明於存心致知之辯值靖康之際而獨得程氏真傳者亦未見於出處去就之機而皆講學爲功道賴不墜又何故與抑別有可取與夫國統正於上

道統明於下二者世所須也然不知得國者如何而可以祈天永命傳道者如何而可以超凡入聖與古之賢君醇儒之有得於此者不知何者可爲法與試一言之

　　問　國家經□仰給東南而戎兵盛於西北乃自古記之矣今東南連歲災傷民力罄竭非昔之東南矣承平日久有兵之名而反虞兵之害此二策者不可不熟計□且夫漢漕之初歲數十餘萬而足至武帝益而爲六百萬乃昭帝之初一年而盡減之今天下晏然無事而公私之用常患其不足況可得而盡減者邪唐宋之季兵數患多而疲耗驕惰爲害於民今計之國初則一衛僅及其半或什二三朝廷非不屢遣使清勾而法司往往謫有罪以戍守而兵數猶不能復其舊此諸唐宋而其盈虛多寡又若是不同□也或欲通海運以寬河漕又或欲舉虞集之說廣置海田以漸減歲運之數而卒病於難行何也或欲依仿韓魏公刺義勇於陝西之法盡籍四輔之民給之田而以爲兵可得數十萬以爲如此則幾于唐府兵之遺制矣又或欲舉富鄭公因饑募兵之法以□邊以爲釋一兵而可得十兵夫爲前之說果無言於民爲□之策真無損於官邪夫陸贄蘇軾諸□其於當時國計皆有所建明今觀其所患者似又不在於田之不墾歲□之□□加□何也歐陽脩胡寅之在宋論治兵爲獨詳焉誠如其言則今日惟即吾見在之數亦可使將勇兵強而國威以壯矣乎諸生皆窮居而有范仲淹之志者是以執事者願一聞焉

中式舉人八十名

　　第一名　尚維持　羅山縣學附學生　春秋
　　第二名　孫科　睢州學生　詩
　　第三名　何維　太康縣學生　易
　　第四名　劉第　扶溝縣學增廣生　書
　　第五名　馬斯臧　鈞州學生　禮記
　　第六名　許廷用　許州儒學學正　易
　　第七名　劉戈　光山縣學增廣生　詩
　　第八名　楊諧　鈞州學生　書
　　第九名　郭中　開封府學附學生　易
　　第十名　王字民　西華縣學增廣生　春秋
　　第十一名　彭嘉謨　固始縣學增廣生　詩

第十二名　劉誨　汝陽縣學生　易
第十三名　李闊　懷慶府學增廣生　詩
第十四名　馬應辰　汝寧府學增廣生　易
第十五名　程大用　河內縣監生　詩
第十六名　劉服膺　鈞州學生　書
第十七名　謝夢顯　儀封縣學生　詩
第十八名　張鈿　沔池縣監生　易
第十九名　王左達　衛輝府學生　詩
第二十名　董治　洛陽縣學附學生　易
第二十一名　呂尚古　靈寶縣學生　書
第二十二名　何岑　扶溝縣學生　禮記
第二十三名　余士登　永城縣學生　詩
第二十四名　陳錡　洛陽縣學附學生　易
第二十五名　周漢　羅山縣學生　春秋
第二十六名　趙守義　鈞州學生　詩
第二十七名　宋伊　裕州學生　書
第二十八名　胡淳　潁川衛軍生　詩
第二十九名　張永錫　河南府學生　易
第三十名　吳過　汝陽縣學生　詩
第三十一名　任淮　宜陽縣學生　易
第三十二名　李一經　睢州學生　書
第三十三名　李履繩　杞縣學生　詩
第三十四名　劉時進　祥符縣學生　易
第三十五名　李宗木　內鄉縣學生　春秋
第三十六名　李約　彰德府學增廣生　詩
第三十七名　楊璘　葉縣學生　易
第三十八名　安九思　太康縣學生　書
第三十九名　王冑孺　獲嘉縣學生　詩
第四十名　馬鈇　睢州學增廣生　禮記
第四十一名　田可徹　上蔡縣學生　詩
第四十二名　張天敘　永寧縣學生　易
第四十三名　徐衍祚　鈞州學生　書

第四十四名　黃嘉猷　寧陵縣學生　詩
第四十五名　黃鑒　光州學生　春秋
第四十六名　吳崇文　光山縣學附學生　易
第四十七名　張襲賢　光州學附學生　詩
第四十八名　劉永康　河南府學增廣生　易
第四十九名　王家士　永寧縣學生　書
第五十名　丁堯相　汝州學生　詩
第五十一名　劉輔興　光山縣學附學生　易
第五十二名　王言大　衛輝府學增廣生　詩
第五十三名　盧煌　鄭州學生　易
第五十四名　牛拱辰　柞城縣學生　書
第五十五名　戚仲義　羅山縣學生　春秋
第五十六名　閻應綸　汝陽縣學生　詩
第五十七名　陶汝弼　鄢城縣學生　易
第五十八名　黃謐　汝陽縣學生　禮記
第五十九名　徐洛　許州學生　詩
第六十名　張化　安陽縣學增廣生　書
第六十一名　黃鈞　歸德州學生　詩
第六十二名　蔡承舉　洛陽縣學附學生　易
第六十三名　黃梅　獲嘉縣學生　詩
第六十四名　王堯弼　河南府學附學生　易
第六十五名　董威　信陽州學增廣生　書
第六十六名　劉容　羅山縣學增廣生　春秋
第六十七名　熊麟　歸德州學增廣生　詩
第六十八名　李潛　開封府學附學生　易
第六十九名　貴儒　汝陽縣學生　詩
第七十名　翟鑛　河南府學附學生　易
第七十一名　柴肱　南陽府學生　書
第七十二名　丁堯莢　汝州學附學生　詩
第七十三名　李復亨　河南府學附學生　易
第七十四名　蕭侶　彰德府學增廣生　詩
第七十五名　都文奎　開封府學生　禮記

第七十六名　王嘉孝　鈞州學生　書
第七十七名　胡景暘　內鄉縣學增廣生　春秋
第七十八名　張守介　確山縣學生　易
第七十九名　葉珠　南陽縣學生　書
第八十名　趙秉中　儀封縣學生　詩

第一場

四書

克己復禮爲仁一日克己復禮天下歸仁焉爲仁由己而由人乎哉

何維

同考試官教諭蕭批（禮欠缺處只爲己私占去分數故己克禮便復意思甚明場中類不能知此作獨能道到且講一日克己復禮天下歸仁處得夫子言意於章句之表殆神解者子非□斲輪手與）

考試官教諭童批（説理文字似此渾成者絶少必素養有待之士也）

考試官教授趙批（孔顏傳□之學形容特盡宜錄出爲學者式）

聖人示大賢以仁道之全而尤贊以必爲之勇焉夫克己復禮則於仁道全矣矧效有必至機且無難爲之能無勇哉昔吾夫子語顔淵以此若曰人知仁之當爲而不果於爲者良以懼其罔效而又甚難焉耳子欲知所以爲仁乎彼禮者理之節文而仁之形體也己則吾身私欲與禮適相反焉必也克去己私以復於禮明健兩進之餘務屏使邪妄爲之退聽物感不擾之際自將見真純於焉復初不失乎天之所以生物之心且盡乎人之所以爲人之理其斯以爲仁矣乎然誠能用其力於仁真積力久以至一日之間己克而禮以復將見流其仁之聲體信達順雖以天下之大遠望而近不厭矣是何也蓋秉彝好德人心所同天下之廣一日之仁容有遠焉而未及知可必其知焉而無不與者矣效之速大也何如矧夫仁者身之所由以立其爲用之急既非夫人之所可同爲仁者吾之所當自力其幾微之間亦非夫人之所得與矣是何也蓋己克以心也禮復以心也事本於心人不及見可以己得之仁而使之歸與不可以莫見之事而使之同力矣機之在我而無難也又何如夫以效可致之於人機實決之于己仁道雖大爲之要亦無甚難也子亦何憚而不勇爲之哉雖然亦在人也聖門諸賢問仁者多矣雖隨其資性各有所得然未有若語顔子者端的而又明備焉豈非以其學焉己近可以語之以上而望其必成者乎若概曰無難概曰必效而可勇以爲之則子貢

樊遲之徒皆得以與於此矣而何爲未達一間獨一回也哉故曰亦在人也

　　修身以道修道以仁
　　劉第
　　同考試官教諭雍批（意到詞精乃理學之深者佳士佳士）
　　同考試官教諭鄭批（此篇乃孔門明德新民之學此二句又一篇體要義理至大而極精非平日真有得者不能作此作發揮真切句從心出是能用力於其仁者錄之不徒以文）
　　考試官教諭童批（理明氣昌發揮□仁處無遺誠擅場之作）
　　考試官教授趙批（講以道以仁處詳□真切是能修身修道者宜錄）

　　中庸推極夫身之所以修所以端人君出治之本也蓋仁以貫道修身之要具是矣出治者可不先於是以立其本哉此夫子致望魯哀公中庸引之以明費隱者也其意若曰古之明王之所以致盛治於天下也無他道焉本之身以制政焉爾矣是故以人立政而身焉爲之則茲欲修之使其中正明粹而足以爲鑒別之地其必以道乎蓋道者天下所共由而身之所由以管攝者也必也表彝常以爲度而凡居身臨物盡之而弗虧本倫理以求端而凡制行飭躬遵之而罔越以至一言一動之微莫不各循當然之則將見雜然内出者閑而之正也有其準紛然外至者約而之中也得其機身其可得而修矣夫以身取人而道焉爲之的茲欲修之使其真純完美而足以豫修省之基又必以仁乎蓋仁者人心之生理而道之切近精實處也必也洽恩意於五常之中於以戀一德而盡吾性敦至理於庸行之際於以管大道以歸一誠凡其燦然者之敷施皆此藹然者之發越將見親疏同愛既不使之散漫不倫蹈迪有歸亦不至於空虛無物道其可得而修矣是則以仁則道立矣以道則身修矣以是身而取人而行政又何難於致治哉雖然此非哀公之事也哀公制於二桓政柄且不在己雖欲修之爲之亦將何以藉手邪況乎忘父母之大懟而僭行郊祀眇周室之凌夷而不修覲禮父子君臣之倫一不能□道之大綱廢矣何有於仁又何能於政邪夫子此言固以俟之後聖焉已矣

　　見其禮而知其政聞其樂而知其德由百世之後等百世之王莫之能違也自生民以來未有夫子也
　　尚維持
　　考試官教諭童批（子貢善觀聖人與所以推尊之意此卷獨説得明白

剴切佳士哉）

考試官教授趙批（此題子貢語意全重在德政所以必言禮樂者只爲德政與百王俱往無從得知借其所遺禮樂以考定之耳若吾夫子則子貢所親炙德政種種在日何須禮樂又所云不違是百王優劣不能違我則上等字方有着落場中作者體認不□講不違類漫述知政知德講夫子率牽扯見禮聞樂殊失題旨此作獨能超悟□言政□僅其斟酌四□言德必及其宗主萬世而□歸之聖人所遇之時方結得吾夫子□盛□案噫子殆智足以知聖人者）

賢者言古人之情見于制而因之稽聖人之獨盛焉夫禮樂所以志德政者也稽之則其情見矣然獨盛者又孰有過於孔子哉孟子示公孫丑之意蓋謂論人固難而論聖人尤難我之謂夫子非夷尹所能班者豈獨宰我曾及之哉昔者子貢亦有言曰禮以飾政者也古之人與其政往矣似難得其經綸之詳也然治定而制者有禮在焉見其禮不可以知其政乎樂以彰德者也古之人與其德亡矣似難悉其心術之微也然功成而作者有樂在焉聞其樂不可以知其德乎蓋德政雖寓于制作之中而禮樂實發其精微之蘊矣是以我也由百世之後執此仰稽於隆古之前但見盡百世之王優劣莫遁於品量之下而因見夫子之不可及焉是何也蓋以百王而較百王則百王自有其等以百王而較吾夫子則夫子獨出其類自有生民以來□間盡制而王盡道而聖者雖不乏人至如夫□之聖則又達乎天地冠乎古今也而莫與擬□來動和之化捷應於得邦家之時禮酌四代百王且在其範圍焉此政之餘蓋莫有遺政者矣吾道一貫之神不涉乎思勉之迹教垂萬世斯文實賴以宗主焉此德之外蓋莫有遺德者矣謂爲獨盛豈不信與夫即子貢此言觀之則夷尹何人也顧可以班於孔子哉我之所以願學厥有由矣抑考聖人無不同之心則無不同之德德而不同不足以爲聖人矣是故伏羲神農黃帝堯舜禹湯文武周公以及孔子一也其爲德同其所以爲政則因時創制結繩非疏而書契非備也禪繼非順而征誅非倍也制作非近而論述非遠也亦爲其所得爲而已矣使堯舜數聖人而當孔子之時則亦能爲孔子之事此無他道在故也故曰聖人無優劣

易

九五甘節吉往有尚

許廷用

同考試官教諭蕭批（節道之大制數□□德行二者所以品節人之性情使合於□大抵人情便肆惡檢便肆情之過惡□性失之不及聖人乃爲之

節制使合於中其先便與惡生於過與不及今既得中本原復而真好出矣故甘節甘字不獨在上所行直欲驗之人心之説服如五味和而人甘美之然也此作能道盡殆有得於中正之通與）

考試官教諭童批（説出節道之宜民而能致治意趣宛然且詞健格高非苟作者可錄）

考試官教授趙批（潔淨精粹易義必如此乃佳）

爻以陽居尊聖人著其節道之善而示以治道之成焉夫節而能甘可謂善矣則夫吉而有尚寧非治道之成哉周公擊其辭如此旦節□□五居卦之尊爲節之□是當位而中正者□□當位則大觀在上而宰世罔敢或撓中正則□德蘊中而範物爲之有本是以其節天下也□革惟順事以平施齊其政不异其俗損益□□時以達變修其教靡拂乎經自一身以及兆民制度章程軌迹夷易不外乎會通典禮之常由朝廷以達邦國體統等威成法昭明惟合乎大中至正之矩夫節之甘也如此而其占曰吉曰往有尚焉蓋任知經始者負□譽之累通變宜□者茂圖大之功將見教立表端絕無徵不信之嫌充然王制之盡善禮達分定無作好作惡之議允矣民過之可寡制度章程推無不準一人達之天下遵其路也體統等威動無不化大道之公萬方爲之程也吉而有尚又如此是則非節之難也甘節之爲難非甘節之難也德位兼備之爲難大君治道之成有由然哉抑人有言非常之原黎民懼焉故協民之衷乃所以□治若上非天時下非地利中非民則方非時□而以言治者誕也是故備物制用立成器以□天下利聖人馭治之道大矣末世之務動不□民封禪興而海内耗新法作而天下擾殆不□易哉

夫易何爲者也夫易開物成務冒天下之道如斯而已者也是故聖人以通天下之志以定天下之業以斷天下之疑

何維

同考試官教諭蕭批（聖人作易以前民用厥功大矣此作敷説既明而理致尤渾融□括必學易而有得者錄之）

考試官教諭童批（易備群用之妙作者類能知之但其體紛而不整其意斷而不應殊無可觀獨此作得其旨歸而且端潔通暢必深於易之士也允宜高薦）

考試官教授趙批（易道之大此作盡之匪是無以崇易教者宜表出以式）

大傳推極易道無非以前民用者也夫聖人□易以前民用則易固群用

之妙者也是故□□發其義也如此其言曰夫自天不愛道而神□生聖人成能而易象作人知夫易也卦以觀□蹟爻以觀其動而不知循名以測義原始以要終夫何爲者也蓋事物將至有開必先幾至秘也而易固開之是晰于未朕察于未形者也天下之動殊途異致務至紛也而易固成之是利於攸往妙於致用者也而又函括萬理極其悉備而不爲功綜紀庶倫撰于雜物而不爲有易之爲易固如此矣夫唯開物也則昭示詳而有燦然者矣成務也則群動一而有亹亹者矣冒天下之道則稽實待虛於無窮執古御今之不禦者矣是蓋使天下之民外部以撤中膈由明而惠迪從逆之故若或啓之也志有不通乎變而通之鼓之舞之而盡利盡神之妙若或翼之也業有不定乎指其所之則向往明而不眩適其所值則憂患釋而無歧疑有不斷乎是故□理設而聖人之精以明人鬼謀而百姓之□□與易斯其至矣抑易本於天殽于地通乎□□賁于經緯而以民用卜筮盡之不既小與□□非以彰淺非以晦深故太極者非潛卜筮□□顯也潛非精而顯非迹也楊子雲之玄曰晦其位而冥其畛攘其功而幽其所以然是貪天功而愚之民也豈聖人之所爲哉

書

若作酒醴爾惟麴蘗若作和羹爾惟鹽梅

劉第

同考試官教諭雍批（麴蘗作酒醴鹽梅作和羹作者類能言之求其能以柔濟剛□□否意思驅括其間一滾寫出則絕少子□□之且辭旨簡遠典重疏通知遠而不誣者非子邪）

同考試官教諭鄭批（高宗命說訓志本自學之罔顯而來麴蘗鹽梅蓋亦借爲父□進學之喻耳作者每每說不到此是篇獨能推明詳盡且辭理該括宜冠多士）

考試官教諭童批（簡而盡明而順）

考試官教授趙批（高宗命相之意□□明白簡切高薦允宜）

賢王資相臣之訓志兩托物以深致其意焉蓋君臣之相須以成德猶物理之相資以濟用也賢王托物以爲喻可謂相信之深者矣昔高宗之命傅說其意蓋曰君臣之逢每病於勢分之隔德業之盛恒資於上下之交爾說之訓于朕志也抑何所似邪譬之酒醴之作必資乎麴蘗也爾其爲朕之麴蘗者乎蓋作酒者麴多則失之苦蘗多則失之甘必甘苦適中而酒斯成也爾說也啓沃之誠順適於開導之餘勿曰過剛以逆朕志也誨迪之切謹愼於朝夕之際無或過柔以遜朕志也庶乎剛柔相濟猶麴蘗之相資吾之學可底於顯也不

但是也若夫和羹之作必資乎鹽梅也爾其爲朕之鹽梅者乎蓋作羹者鹽過則失之鹹梅過則失之酸必酸鹹適宜而羹斯和也爾說也知無不言而可焉□□輔之翼之務引君志以道寧也言無不盡□□焉必替匡之直之昭乃辟德永無愆也庶乎□否克諧猶鹽梅之相成吾之學不終于廢也□以微物自托於己而以訓志深責於人其言之懇至如此謂聖人任輔相之道非邪嘗于是而觀高宗之于傅說帝賚于夢形肖于傅巖遇之奇也與之語爰立作相用之驟也輔德之喻曰麴糵鹽梅曰舟楫霖雨不一而足情之孚也遇之奇則可以驗格天之速用之驟可以觀帝德之果情之孚則形迹相忘而陋後世矣此其所以君臣共成嘉靖殷邦之治而久享國祚也□雖然史臣頌高宗永年之德曰言乃雍不敢荒寧曰迪哲然則君道豈易言哉

　　王省惟歲卿士惟月師尹惟日歲月日時無易百穀用成乂用明俊民用章家用平康
　　　楊諧
　　同考試官教諭雍批（此題頭緒多端作□難之故於省歲月日處每多脫略此篇□□能講明省意并說出王所以當省歲卿□□以當省月師尹所以當省日意思而辭□□從容若甚易然淮陰將兵多多益善所其□勝與）
　　同考試官教諭鄭批（庶徵一疇所重者省驗而休咎感應固其理之自然者是篇發明本旨不浮不略蓋亦嘗究心天人間者宜錄）
　　考試官教諭童批（致休祥不難省德爲難蓋王者盡人事以俟天之意此篇獨挑剔明白末又以敬念收盡大意誠有用之文也是宜錄出）
　　考試官教授趙批（說出省德迓休之意明暢可誦）
　　賢者言君臣所省當因其分因著休徵所感之大焉蓋修德以承天休君臣所當自盡也能隨其分而省驗之則休徵之所感也固不大與箕子演庶徵之疇而以其理語武王者如此意□五事之得失而五行之休咎各以類應如此□人之省驗容可緩乎是故王者立於臣民之□奉天意以從事所繫誠甚重也故於庶徵之□咎思所以憲聰明慎舉動以省失得者其徵則以一歲之利害焉王人而下卿士次之以輔德爲職也故於庶徵之利害有係於一月之當省者克有常憲求盡其調燮之方其徵則以月焉卿士而下師尹又次之以修輔爲職也故於庶徵之利害有係於一日之當省者各守爾典圖惟其祗辟之道其徵則以日焉夫君臣同德所省之分如此誠使人主和德於上裁成輔相之功已盡而雨暘燠寒風不失其時群臣輔德於下對時育物之典畢舉而歲月日時皆順其序吾知

天道既正地利攸興語百穀皆能有順成豐穰之實用不患於不足矣歲功得成衆功皆廣語治道則用臻昌大休明之盛化可幾於無爲矣天下之俊民相時而動也茲惟天地泰而賢人出光賡明揚之盛矣有不感之以奮庸□乎家國之理亂與時相倚也茲惟陰陽理而□道成悉底咸寧之域矣有不允升於大猷者□夫以休徵之效所感如此由是知天人相爲□裏而君臣當各任其責者矣箕子之言念用庶徵也有以哉嘗謂天人相與之際其機甚微而理誠不可誣也箕子於庶徵之疇則曰念於五事則曰敬誠欲建皇極者修五事之德爲感召之本以敬念爲之主耳故周禮保章氏司天以察妖氛月令順四時以撫五辰有深意焉古之人欽若授時察衡齊政皆以是道也失此不察則飾虛文以掩實玩時愒日不知所省爲何物矣噫以此立教猶有遜於乾封咎在坊門而自文之者

詩

南有樛木葛藟縈之樂只君子福履成之

孫科

同考試官訓導張批（德以致福此作得之是見大意者□）

同考試官教諭杜批（此篇冲淡中有□□講福履處尤爲渾成）

同考試官教諭李批（春容温厚足占其□）

同考試官學正孫批（模寫后妃逮下之德殊有思致）

考試官教諭童批（說出下人稱願其上之意明白妥貼可以勸忠愛矣）

考試官教授趙批（詞順氣和是讀詩而有養者可敬可敬）

詩人興君子德有可樂而福無不就焉蓋福無私就惟其所感耳后妃有可樂之德則福之成之也固宜后妃能逮下而無嫉妒之心故衆妾樂其德而稱願之曰人情羣處則争争則寡恩多忌則忤忤則速戾何福之足言也君子不然盍取諸物乎南有樛木勢若俯而就也葛藟旋之因其勢而維之焉物理相因有如此者況乎君子以聽陰教章婦順也而其志則可以羣以序宫寵溥厥愛也而於物則無所忤睽孤之□不立旁行之仁以流可樂莫加焉夫人之所□天必應之茲固理耳福其有不成乎吾知助□恒基於履信視履則可以考祥身之所在天□茲至徙吉而不蒙難也位之所在多福聿懷利施而不遇坎也渙者已萃而翕受有歸就者如期而連續無間君子以一德凝之猶夫樛木葛藟矣夫豈幸致者哉是則恩以行義可以觀德德以聚福可以觀感詩人之詞非溢美矣而文王刑于之化又可誣哉抑論萬化昉於閨門君德成於内助以文王之德之盛而不能無賴於太姒之賢豈以免□芣苢之化皆樛木螽斯之所釀與噫作述俟咏嗣音興歌其所由來者漸矣故女史授環彤管記過

以養慈和之德以厚風化之原慎內以治外也讀詩者知之

　　王釐爾成來咨來茹嗟嗟保介維莫之春亦又何求如何新畬於皇來牟將受厥明明昭上帝迄用康年命我衆人庤乃錢鎛奄觀銍艾
　　劉戈
　　同考試官訓導張批（詞嚴義正周王□□氣象宛然在目）
　　同考試官教諭杜批（醇雅明暢當是作手）
　　同考試官教諭李批（長題能鋪叙婉轉此此篇者絶少）
　　同考試官學正孫批（王者戒農官之意正重在及時務農是作得之故錄）
　　考試官教諭童批（詞詳整而意無遺是老於詩者）
　　考試官教授趙批（農事之所以重此作盡之且意明詞贍用世之文也可以式矣）
　　王者之戒農官惟欲其求成法以修職業也夫國之大事在農也王者詳於戒焉其亦知所重矣哉意以爲國富恒藏於民而農事貴修於豫爾農官其知之乎是故國有成法農事之條理秩焉王固賜之爾則受之所賴經畫以贊其成者也可不咨謀以求其故邪爾爲保介者宜□違安矣于是聲嗟以發其志申命以作其勤□暮之春天時協焉爾亦何所求哉亦惟奉天□時矣新畬之田地利繫焉爾今如之何哉亦□盡地之利矣夫修吾之職凡以望有年耳當弗謂豐年之占隱而難必也於皇來牟雖非日至之時而成熟可期將受明昭之賜則既有明徵矣然天眷無窮雖新畬可知也而上帝降康不有可預期者哉失今不治則惠之天者虛之人矣亦弗謂收成之利遠而難見也命我衆人協力以赴功庤乃錢鎛制器以利用今方始其事矣然時變甚速去西成伊邇也而銍艾之施不有得於奄觀也哉失今不治則愆于素者罔有秋矣兹皆成法之所在也賜於王者甚重而係於民者匪輕爾農官其勉之哉大抵周人開國所重惟農飭疆場者非以厲民康田功者非以殖貨重民食者非以侈心祖宗沿襲與民俱安而爲之臣者又能以豳風無逸翼其君於不怠焉此敦龐之風洽於宇宙而爲有道之長也噫太原料民周德衰矣可慨也哉
　　春秋
　　三月公會鄭伯于垂鄭伯以璧假許田夏四月丁未公及鄭伯盟于越（俱桓公元年）
　　尚維持
　　考試官教諭童批（意雅詞健迥异衆作可錄）

考試官教授趙批（此作主合傅良是且格調高古詞語典重二引證處尤不尋常殆麟經之翹楚者）

春秋兩原求好者之志而俱貶夫徇之之非焉夫交鄰國有道若事有非義人有弗祥而皆獲其求則爲罪也滋甚矣且夫祊歸而許未入鄭之未肯甘心於魯也是以有會垂之請而竟以璧假焉夫會者外爲志雖有罪亦鄭受之也而於魯何貶誠以許之在魯如非受之於君父則彼無幾求此亦未可貳若之何其以一地取憎於大國哉今也版章昭周公之勳朝宿自成王之賜則許非桓之許而君父之許也乃以其請而遂與之假何邪噫鄭得一許而魯之忠孝與許俱失矣在春秋時有以一環之寶而見桓於鄭之商人猶非官司之守器也乃晉不能得之鄭而鄭能得之魯哉是故不言易而言以璧假若曰鄭亦何厭之有而舉以假之者非矣魯桓之惡雖諱而實貶也桓立而位未定魯之不能不倚庇於鄭也是以有盟越之請而卒得鄭援焉夫及者內爲志雖有罪亦魯受之也而於鄭何尤誠以桓之在魯如非得罪於君父則二國有盟好惡同之若之何其以一盟而不惠徼於魯之先君也今也蔿氏預羽父之謀逆弟襲君兄之位則桓非魯之君而天下之惡也乃不能討而又與之盟何邪噫魯列於盟而鄭之爲臣子去魯無幾矣在春秋時有以內臣之請而見辭於齊之管仲以其爲世子而奸君父也乃鄭不能得之齊而魯能得之鄭哉是故直書盟于越若曰魯亦何足責之有而盟以黨之者非矣鄭莊之罪不待貶而自見者也噫人知鄭之貪而不知假許之惡浮于鄭人知魯之懼而不知盟越之罪同于魯聖筆之義精存天理抑人欲之意遠矣抑魯鄭之交始於輸平歸祊者鄭也而其惡足以及于魯假許是也無君者魯也而其罪亦及于鄭盟越是也二國所以相報者如此其視君父何如邪吁利誠亂之原夫子蓋罕言之以是哉

冬晉趙穿帥師侵崇（宣公元年）秦師伐晉（宣公二年）

王字民

考試官教諭童批（融會傳意且修詞峻潔非苟作者）

考試官教授趙批（說出春秋誅心之法不費一詞而字字嚴謹比對自然錄之以式）

春秋謹伯臣上侵也既因用兵而誅其心復因致兵而證其實此見穿盾平秦無成而適以禍晉其侵上專兵之意不容掩矣且晉之於秦積而交惡蓋自敗殽之日已然矣穿乃以師侵崇是或致鄭求成之一策者君子則以爲平邦國有大道不在乎兵革之利也穿果爲國平秦者則文告以申舊誼禮幣以

篤新懽將甥舅之情故在矣何有於一成今也不投以好而虐其所與之崇以逞穿非病狂盾且多略乃出此必不可行之謀如至愚之人焉此其意不過欺晉君之不明乘趙宗之方熾托於伐國以潛移其衆已矣私門之朋黨是樹國事之是非不計□□懸哉春秋以其求成非道也而書曰侵穿盾□侵之心於此已可見矣秦之於晉轉不相能蓋於侵崇之役益甚焉茲遂以師伐晉疑其拒鄰弃好之非義者君子則以為惟干戈省厥躬在先於曲直之辯也秦果無隙於晉者則新成雖未及締舊釁亦已不尋將報復之兵永戢矣何至於來伐今也不蒙見德而撓其同好之國以求晉以為榮秦且屢辱故致此必不可已之師以至圍其焦焉比其事良由穿以得兵為利盾以庇族為心厚於植家以貽禍於邦已矣私門之羽翼已成公室之威權日替害曰深哉春秋以其用兵問罪也而書曰伐且不言圍焦穿盾上侵之實至是益可驗矣是知穿之侵者非崇也晉也秦之伐者非晉也穿也孰謂晉室之禍獨在桃園之日哉公欲辯之則此其時矣乃昧於坤初六之義而失於畜六四之計使盾穿竟巧於謀主而靈公遂失於馭臣豈不悲夫是故人君之德以剛為主

禮記

故學之為父子焉學之為君臣焉學之為長幼焉父子君臣長幼之道得而國治

馬斯臧

同考試官教諭陳批（作此題者文多纏繞可厭獨是篇融會本文而條理分明誠佳作也可錄）

考試官教諭童批（講道得國治處語尤明暢可愛）

考試官教授趙批（先王教世子之道發揮明盡）

先王以道養世子而因有以成夫化焉夫道莫大於人倫也先王以之養世子而化焉有不成者哉世子之記有曰一天下以定大本為急正國本以明大倫為先君之於世子也教可以弗慎乎是故父在斯為子知為人子斯知所以為人父也則於入學而教之讓欲其因居子之節每因心而觸類大撝謙之德思廣孝於所親天性之懿由之而克篤也君在斯謂之臣知為人臣斯知所以為人君也即於始教而尚之齒欲其因居臣之節恆小心而畏義篤忠貞之念求無貳於所尊天秩之分由之而克全也必有先也言有長也又使之因齒讓以善上下之交無疾行以先夫長明事使之禮無挾貴以友夫人而知為人長幼之序焉是以世子之德習與性成而率履不越理與心會而兼體不遺於親親而能仁也於尊尊而能義也於長長而能順也道之行於世子者不遠於

心而得之矣然三善得於世子初不期於國之治也將見相觀而善有以激其同然不令而行群黎遍爲爾德爲子見之而知孝也爲臣見之而知忠也爲幼見之而知弟也善之及於人者遠而國無不治矣夫道得於世子則懸天下之命也有元良化行於國人則垂無疆之休也有至計人君之養世子其效有如此者是又惡可以弗豫也哉大抵世子之性純明自天而崇高之地易於驕佚故養之以誠敬則誠敬篤於其心矣習之以僞妄則僞妄篤於其心矣誠敬則內聖之德涵外王之業具此三代享有道之長而齒學一事正以習其敬而養之誠也乃若博望之通承華之略徒爲文具而生禍釁得非僞妄之習乎有君父之責者其鑒于兹

　　德者性之端也樂者德之華也金石絲竹樂之器也詩言其志也歌咏其聲也舞動其容也三者本於心然後樂器從之是故情深而文明氣盛而化神和順積中而英華發外惟樂不可以爲僞
　　何岑
　　同考試官教諭陳批（此題場中士子類能成文而求其血脉貫通理致明悉如是篇者絶少宜録以式）
　　考試官教諭童批（鏗鏘可誦）
　　考試官教授趙批（恭儉莊敬而不煩亦文之明者也）
　　記者原樂之所由生而推其妙以見作樂之不容僞也蓋樂由中出故有以極其妙也然則樂也者豈容以僞爲之哉樂記君子謂夫德昭於樂而天下之心和樂行夫教而君子之德著則樂之爲道可知已矣是故德也者根於吾性之固有粹然呈露端之可見者也樂也者乃其天德之良能煇動於內華之不可掩者也有金石焉若鍾磬之屬有絲竹焉若琴笙之類斯則樂之器而已何也蓋人之志動于中則發之言而詩成焉咏之聲而歌出焉動之容而舞形焉□三者雖形于外而實非始于外也一欣喜歡愛以凝其真而志意以涵聲容以妙應感之變皆于是而流通也謂非本人心之動而後有乎雖本于心而不能不飾于外也故文采節奏以比之器而詩咏以節歌舞以間中和之紀始于是而大備也豈非本人心之感而後從乎故樂之在人情有未至者不足以言文必感之深而文斯明所謂審一以定和比物以飾節者是已譬則天地之於物氣有未充者不足以語化必積之盛而化斯神所謂天地絪緼萬物化醇者是已惟情之深和順積諸中而樂爲之有官故文之明英華發於外而樂爲之盡善由是觀之則樂之爲樂文之宣者情之宣也感深而達一理之不可誣

者文之著者德之著也積盛而發一誠之不可掩耳苟徒矯以鄙詐之私而直爲夫觀美之具抑末矣本之則無如之何記者原其始而推極其妙作樂之道無餘蘊矣抑夫子嘗曰人而不仁如樂何又曰樂云樂云鐘鼓云乎哉樂誠不可以强作也然禮理也樂和也萬□各得其理而後和是以古者聖王先序之以禮而後和之以樂天下化中道配天地有由然矣後世禮法不修代變新聲祇爲助欲長怨之具尚安望其致治邪是又大人之所當考而不可忽者也

第二場

論

吾道一以貫之

許廷用

同考試官教諭蕭批（理之一本在心散殊在事故理得則應事自然條理此□門有體有用之學而知所先后之宗旨也其□則出於天之至誠無息而萬物各得其所此作能以小大二字立論而本之於天就驗之夫子之生平可謂得聞聖學之宗者矣末後又結出曾子得聞之故尤爲有功後學録之）

考試官教諭童批（夫子傳心之要□□形容場□□者非泛則淺殊無可觀此作□□論宏深根據允確就夫子事發揮無餘且體格莊重筆力渾健必真積力久而布曾子之專用心於内者與得子良用自慶）

考試官教授趙批（能深探聖人傳心之祕而就其實履發之蓋亦知所傳旨録之以明宗統）

惟聖人有以獨擅其大而後天下之事始索然小矣夫天下未嘗無大事也至擬之於理則通之有機總之有要而後難以語大凡人周旋於酬應之中而不勝其事之浩然臨我則以理之大者未有得爾聖人獨擅其大者於天下而凡天下事之巨巨細細歷於吾前惟以一理包括而通貫之使之各得其所不啻足矣然則雖謂之天下無大事焉其亦可也吾道一以貫之請以是論今夫萬物之有求於天也亦多矣天之以造化之物應之也亦復不少焉是故雨□□潤也日月星辰欲其□而明也雷風欲其震□也飛潛動植之屬欲□遂也四時寒暑欲其□序也山川欲其流峙也其端不一其來無□至探之於冲漠無朕之中惟一至誠無息而萬物遂各以其分取足焉蓋已充滿乎萬有不齊之量而上天之體猶自若也聖人之道亦天而已矣其存也至虛其由也一理淵涵靜定之際而天下之至大者卓然先立於其中諸凡事物四至而取酬者隨以其理而順應之則莫不各得其宜各當其所焉而聖心之涵一以虛者

猶初也貫之而未嘗動於貫也蓋非事物之皆小爲其大者既聖人之所獨擅而外物之大亦難爲大矣自夫人之未窺聖人之大也而以迹觀焉即其聞命疾趨過位色勃敬事後食吉月必朝則曰是其道之見於事君也敬也即其轍□夫下思濟斯民歌鳳不衰擊磬不忘則曰是其道之見於救世也仁也即其致辟正卯加兵萊夷□强家之成遏陪臣之叛則曰是其道之□於攝相也義也即其□□而删正六經小之而□能於藝辯肅慎之□□商羊之謠則又曰是□道之周於考物也智也即其以女樂去魯□問陳去衛進以禮退以義以爲出處去就之盡道如此也即其誾誾侃侃也申申夭夭也衣裘相稱也饐餲不食也則以爲一言貌衣服飲食之微末又各盡道如此也事事而求之節節而推之而以爲聖人各置心焉不但甚勞且將□天下之事物以臨我而自失其大者以與之周旋抑亦見其窒礙而不行偏倚而不周矣天心普萬物而無心者天之所以物各付物也情順萬事而無情者聖人之所以泛應曲當也精粗巨細羅於前而聖人所以裁之也不雜焉亦曰至一而已矣經權順逆變於前而聖人所以馭之也不偏焉亦曰至中而已矣古今物我高卑遠近之迹散殊於前聖人所以化而通之也不隔焉亦曰至神而已矣一理之純也中理之正也神理之妙也是皆所謂天下之至大焉者□聖人運此以應於天下而平萬物理萬事猶有□用豈必曰逐物推□□後爲盡道哉故人見□敬也而不知其理之在於事君者當然耳非以敬而爲之也人見其仁也而不知其理之在於處世者當然耳非以仁而爲之也人見其義也而不知其理之在於攝相者當然耳非以義而爲之也人見其周物之多智出處去就之適宜一言貌衣服飲食之必正亦以爲有心爲之也而不知其一視理之當然者貫之而已耳心不勞焉故處事而欲其當則必有不得其當者矣宰物而求其平則必有不得其平者矣惟無□事於當與平也者明於心以隨順之則無所往而不宜焉此無他尋迹者昧其原主理者得其本故也況乎天下莫大者理而事爲之紛錯瑣屑固莫與京焉大者既爲聖人之所獨擅於于宰制乎其小者貫而通之又何難之有哉易曰天下何思何慮天下殊塗而同歸一致而百慮天下何思何慮言惟理之爲大其致一也□□寂然不動感而遂□天下之故言事物之故□通於理其應神也□□斯可以語於吾夫子□道矣曾子之在聖門隨事精察而力行之□□子於迹既有年矣真積之深將悟而入是以時而告之果能於一唯之餘而發揮以忠恕之旨將粗迹之永刊得斯理之真在而一旦釋然皆道焉然人知其今日有得之爲可樂而不知其昔日用心之爲獨苦錯仰良勤莫既高堅本根方迷徒披枝葉又斯甚可戚也世之學者不欲備嘗其苦

而輒欲坐致其樂動則曰一貫一貫云者吾見其無能貫也已矣

表

擬宋以尚書左丞李至吏部侍郎李沆并兼太子賓客謝表（至道元年）

尚維持

考試官教諭童批（知體式有□致是優於四六者且於稱謝中寓祝願之意蓋□見其大矣）

考試官教授趙批（典雅清新無□□□表場無出其右者可錄）

至道元年月日臣至臣沆伏蒙聖恩命并兼太子賓客者伏以潛龍振德兆乾象于木天靈鷥飛章渙巽音于綸閣瑤籍擬金甌之覆銀章暎蒼璧之輝職比師資人當妙選臣等誠惶誠恐稽首頓首竊惟命凝匕鬯故主器莫若長□政理神人在典樂以教胄子才非亞聖□能位重賓師望若太公始得官隆襎祼彌諧審論備左右前後之正人羽籥干戈盡春夏秋冬之時術四歌起咏徒貢紛諛三善揚休斯稱至德建安有斐陋七子之徒文縱嶺無歸擅三窮以何濟業當崇夫四術幾可見於二疏故義取周官資公孤而行保傅乃員稽唐制選賓客以備論思寧於先王成憲思為天下得人茲蓋伏□千年履運六位時行旰食不遑錄囚深下車之泣澣衣常御節用邁曳地之風敦朴為天下先和平而王道得緋魚寵孫奭光被章縫和藥賜曹彬恩覃介胄憂蝗重嫁誠哉競業聖人賞花釣魚久矣太平天子俯從群議盍建承華磬海嶽以獻禎協華夷而均慶矧茲賢明仁孝夙徵對日之奇重以禮樂詩書每服趨庭之誨惟知子莫若父謂賓臣而可王何意庸流仰膺靈寵臣等文無變豹技有雕虫顧非冀北之良且鮮洛中之譽同銜修史有愧□□□疏論兵相期□袞正幾衡而酌北斗□□喉舌之司握永鑒以稱東銓未展股□□力聯□蕢城已重玷於鵷行接翼鳳條益滋憂於蚊負遂之能者庶逃張佚之譏簡在帝衷不遂桓榮之讓捧白麻而泚顙傾丹藿以輸心期成蒙養之功勵茲篤棐用永元良之譽庶竭忠貞敢曰範形真若在治之金聊擬為錯可比他山之石飛塵集嶽不以微辭尺霧障天要於净撤鍾間鶴禁澤麗龍淵伏願帝德萬年隆啟賢而可繼神明兩作光武述以無憂晏少海之清波柔茲重譯敷前星之景曜戀□緝熙受丕丕基為仁義禮樂之主作明明后聽謳歌訟獄之歸臣等無任瞻天仰聖激切屏營之至謹奉表稱謝以聞

第三場

策（五道）

第一問

何維

同考試官教諭蕭批（五策皆佳此篇尤於我朝重儲崇學之意推說明悉而句語渾成意思忠懇□復歸結於人臣輔道之意是有用之文也端可式矣）

考試官教諭童批（敷答明備可觀）

考試官教授趙批（藹然有忠愛意）

對帝王之學其求之也博而其反而□□也不外乎吾之一心其主之也約而□□而行之也至使天下無一人之不被□□故其學爲天德之精而其治爲王道□□此從古帝之所以帝王之所以王而我列聖所以繼繼承承作民君師之道莫不本於此也今夫道也者天之道也人君也者天之子也人君受天之命以主天下舉天下而無一民一物不在其所統之中而況斯道之統非君主之而誰故孟子歷叙執中之傳自堯舜至于文武皆主於其君而其臣則皆見而知之文武而下既不復有聖人居天子之位而後其道在孔子矣夫道在孔子非孔子之幸乃天下之不幸也是以孔子思明王之不興嘆天下之莫吾知而不得自比於皋陶伊傅諸臣者也夫自古帝王之學非與其臣下岐而爲二也雖其責任有重輕而功化之所就者有大小然伊尹不曰唯尹躬暨湯咸有一德□□是故文王世子主於教世子而國子□□爲王制主於教國子而王太子王子□□焉固不特於大學言之也乃若後世□□以發策決科爲志以專門記誦爲工而後世之君躬膺曆數之傳乃不知學爲何事元良述謂覃研典籍探頤古今者則帝王之事學聊以資聞見已耳如此則豈惟韋布之學非古有大小學之教也哉是以宋儒程朱二子深慨帝學不明天下卒無善治而不願人主以帝王之尊下學士庶人之事蓋有所感而云然也至所謂帝王務得其要而措之事業之言與古者自其洒掃應對達之至于窮神知化博施濟衆之意若出一軌然則士庶人之學又可獨异乎哉胡武夷曰人君以務學爲急聖學以正心爲要則務學即所以正心而其學非虛羅豫章曰讀經則以尚書爲先讀史則以唐史爲首則讀經史即所以務學□□學非雜曰尚書論人主善惡爲多唐□□朝廷變故最盛則即程子所謂得其□□措之事業而非以資辯博爲矣蓋□□□學得數子而明備而數子者又豈韋布章句之業也哉噫斯道自文武沒後而統不自天子出久矣我太祖高皇帝挺生於千百載之後默契自天觀其語先臣曾魯曰自古帝王之治莫盛於堯舜觀其

授受其要只在允執厥中味斯言也則上接帝王於既往而開聖子神孫千萬世道學之淵源者實自高皇帝始執事謂東宮授受尤獨明備者則列聖繼述之意深矣是故聖祖之爲昭鑒錄也則成祖既廣之而爲文華寶鑒矣而其授皇太子曰修己治人之要具載此書帝王之學貴於知要則是書之旨者也我□□成祖之爲聖學心法也則嘗出示翰林學□□廣矣其言曰帝王之學但得其要篤□□行足以爲治此心法之旨者也□二書□謂帝王之要者何也帝王之心是也而□所以操持是心之法綱目具舉要而言之則敬之一言盡之矣故我皇上於敬一之箴五箴之注發其蘊焉百餘年來家齊國治天地位而萬物育斯民復見堯舜之治則亦以我列聖之於道也得其要而推行之也有其□焉爾然則斯道之統在乎上諸臣躬逢其盛得無有見而知之者乎竊聞之賈誼曰天下之命繫於太子太子之善莫先於蚤諭教與選左右也今宮寮諸臣既皆出于聖心之所簡擇而諭教之方豈草茅之所敢與知然獨無忠愛之心乎蓋嘗伏讀御製而有以仰窺其萬一矣曰夫敬者存乎□而不忽之謂也□者純乎理而不雜□□也又曰若此心忽而不敬則此□豈□□而不雜哉故其於箴也求之於郊求之於廟求之於明庭閒居要之亦欲是心之純乎天理而勿貳勿叄耳其終曰君德既修萬邦則正天親民懷永延厥慶光前垂後綿延蕃盛則我皇上躬自蹈之德洽神人和于上下有以上慰祖宗之心而所望於後人以衍無疆之慶者亦豈有外于此也哉然爲之有其目焉□心之所以不敬而德之所以不純者耳目之欲害之也此四勿之訓所以繼克復而言而五箴之注在我皇上不少緩焉是故書過有史不書則非其史徹膳有宰不徹則非其宰不然僚屬具員而無保傅之嚴講讀備禮而無箴規之□宋人已深慨之可以諸臣見而知之而□如漢之賈生邪抑愚又有說焉皇上敬一之功自謂因讀書而有得焉而□□之末也又惓惓於諸侯卿大夫之主敬□一以保祿位然後知帝王未嘗廢讀書□宋臣所謂尚書唐史者固正心之功所不可偏廢而非若唐宋諸臣之所謂學云耳而今日縉紳之士又豈可自謂章句之業與經綸异使後人慨嘆於有君而無臣者哉草野之臣不知僭妄惟進而教之幸甚

第二問

尚維持

考試官教諭童批（太平之業商莫盛於太甲周莫盛於成王二君先俱無初後却乃克有終其所由致當時全是得伊尹周公二公志與學其大者伊尹全在伊訓太甲二篇周公全在無逸立政各篇中大者全是欲王敬德敷求

哲人二事反覆開陳不一而足蓋猶□匠之規矩然舍此無所事事者□爲在□□是名臣於此二事皆不□能如伊周□□□釐革事務則其失之大者卒不能致□□□終人德與究己所用者以此當□只□□□□得其細耳此作能語次中及之殆有志於□以幸惠斯民者錄出以宜日中）

　　考試官教授趙批（保泰之道包荒用馮河不遐遺朋亡得尚于中行士子類知及之至於帝乙歸妹以祉元吉則無一知之者此作首能陳到之所力臣知所格君矣）

　　嘗讀易觀聖人所以繫泰六五九二之辭而知保泰之道責在君臣而於臣爲尤重也故六五之辭曰帝乙歸妹以祉元吉九二之辭曰包荒用馮河不遐遺朋亡得尚于中行夫君之所以居泰者亦何爲哉惟得夫中行之臣可以任責而代吾事者委己以聽之則受福而獲吉矣而代君之事任君之責者忿嫉而隘於量則不足以□容因循而乏於勇則不足以有爲慮不□而忽於遠則近憂之所由起私不勝□□於愛則隱禍之所從生故非有包荒之□馮河之剛不遐遺之智朋亡之公則不□尚於中行而中行之克尚聖人猶不繫□以吉亨蓋惟如是而後其責塞以能終君之事而已也是則人之言皆曰爲君難爲臣不易而未知臣之視君爲尤難也四者備而尚於中行矣而包荒爲之先聖人之意豈不以寬裕含弘爲長衆民出萬事之本其明作之剛慮遠之智克愛之公非此則莫之行也執是以觀則前之有保泰之責者其得其失必不越乎此矣昔在聖哲克終厥德惟聖時憲惟臣欽若是故儆戒無虞罔失法度則舜益都俞之辭也無教逸欲兢兢業業則禹皋交勵之道也故天工時亮庶績咸熙盛德大業蔑以加矣成湯爰革夏正奄有九有至于太甲固曰□之治也顛覆典刑敗度敗禮嘗底于不□矣伊尹勉以□□像怠惟□永圖而□□終允德之美武王燮伐□□永清四海□□成王固盈成之運也□予小子遭家□造嘗訪予落止矣周公戒以天難□斯□易惟王而成緝熙光明之學此後世歌太甲成王之賢而稱伊尹周公之功不衰也保泰之道孰過于是哉有宋之興英君繼作仁宗寬明仁恕至誠節儉慶曆之初拔去群奸登進衆賢可謂盛矣時則范仲淹爲之相裁削幸濫考核賢否以十事□□章之對以四論救時政之失□羌服□□德中外想其功業慶曆之治□之功□□也王堯臣稱其忠義知勇不當置之散□呂本中謂本朝人物以仲淹爲第一非溢美矣然議者猶惜其立朝未久身就退閒無以成先憂後樂之志何邪蓋古人非無功之患功而善處之難也仁宗之時賢□登用憸夫猶在側也淹也以包荒之□□馮河之勇則不□□□□□□□□□廣裁抑太驟由

是小人有□□□□□□之計行而河陝兩路視師之□□□□夫朋黨禍作而國以不競者雖天□爲□亦人謀之不臧也當時議其規模太闊更張無漸豈過實之論哉哲宗養德幼冲稟承母訓元祐之初徵用故老收還遷人亦可謂盛矣時則司馬光爲之相首開言路力罷新法弛御前之作息西路之兵天下鼓舞以觀太平遼夏感服以問起居元祐之治光之力居多也朱熹稱其活國救□可謂智仁勇張栻稱其不論利害□□終條理非過論矣然議者猶惜其用不及究業無光顯無以竟旋乾轉坤之功何邪蓋古人非改作之難改而以其漸之責也哲宗之時群小在朝國是尚未定也光也以包荒之量出馮河之勇則非疾之□甚□□□急於更張忽於講畫由是君子□□和□心卒使□□□議□□□□諸□□復之勢遂成□□□□□國□□□命實爲之亦人謀之不盡也□□□以□其太甚熟議緩行豈無見之言哉□則二公之不得爲伊尹周公而不能使二宗之爲太甲成王也豈獨時命哉然愚於溫公猶不能無惑焉夫當安石之行新法也邪正并用彼徒欲其法之行也向使溫公少俟其定而委曲喻之當無不濟者小人無隙之可乘矣及其爭而不勝彼方□之益堅黨與進而善類遠矣□變安石之新法也則又急於更張放逐無日由是媒蘗乘之激成紹述之禍矣可勝嘆邪蓋此非愚之言也程伯子之言也嘗試譬之治病者必先究其致病之由起而徐爲之理則其病易愈而吾之效易臻不然無補于病□氣日以索矣天下之事何以□此□□聖明在□倫制具舉□□□□□□□□□□德所謂□階常平□□□□□□□□□□□□□□□比隆唐虞陋夏商于不居□□□有□之事又奚足爲執事道焉

第三問

楊諧

同考試官教諭雍批（凡論人憑意見每失人歸之正心良是）

同考試官教諭鄭批（□題古人的有考據雖鑒之空衡之平亦不是過□□有窮□□心之學者不能至此天下□士舍□而誰）

考試官教諭童批（□□□□□□允確有蘊有識之士也□初二場俱優千里之驥豈直馳驅於中原者乎）

考試官教授趙批（比迹論心精當如此篇絕少）

於楚（篇絕少）非□惡之實者其惟史乎寓懲勸之機□□□史乎夫善惡無不紀史之□□□□□□文何以□□□□□□□□□□□勝□惟其義□□□□□□□□□□□□□□□其文□則□於見矣正□□□□□

骸□義否則滯於私矣何者今之□籍□劫宋事也古之人事今之學術也學莫嚴於王伯志莫先於氣節道莫謹於邪正幾莫微於義利分莫大於忠孝守莫要於中處皆君子立身行己之不可廢者也古人行之而史得備載焉則行實□□千百載之上而善惡散於數百家之□是可以□見盡之乎是非定於一人之論而懲勸□於天下之公是可以偏見裁□□故窮理者讀史之功而正心者玩史之要請因明問而遂陳之宋襄公之戰於泓也不鼓不成列示不忍以謀勝矣然殱官殞衆不忍□□而獨忍於吾民乎故宋師之敗理□紀□幸也趙襄子之伐中牟也因□城□□□而退□不忍以要□矣□□□□求□於中牟□□□□□□□□□□也非當□□□□□□□□□□□宋華□夜□子反之□□□□□□辯□言告之蹈險莫甚焉而子反顧爲□之人賴以平亦其術勝已矣陳國被伐楚師之焰可懼也吳季子獨旋救陳之兵而以務德安民之言諭之示弱莫甚焉而子期卒爲所感民賴以寧亦以誠動已矣夫假仁一也敗之則襄公勝之□襄子心術一也正之則季子反之則華□是王伯□僞於此辯矣汲黯之戇直漢武亦諒之矣衛青雖以大將於黯何有也而獨爲之揖客則内不失己外不失人其剛直之資有以守禮者也張釋之之明允天下知之矣王生自以老賤於釋之何加也而□爲之結□則未能重人先己輕己蓋若老之術欲□愚人者也夫自重其身以與□則□□□孺之高藉□之術以自□□□□□□□辱是氣□□□□□□□□□□□□□西門豹投巫□□□□□□□□□□□□救民□□□正也若陳子□□□□之殉未至殺人故得危言以□之□與□异矣伯有爲厲鄭子產立後以歸之而公孫洩并立焉蓋禮以釋崇鬼之疑也權也若狄梁公於伍員之祠特感復讎乃過以己意而存之事與產异矣夫止妖止殉各行其仁而道不悖而存後存祀各有其義而事或偏則邪正非所論也諸呂之亂漢室劉章以貴戚而從中制之戮醉人鋤逆黨識者咸大其功其視周勃之左袒一呼社稷底定者不有間乎蓋章能防患於先勃僅收功於後以功論賞雖百里之地不足封也而文帝反後之漢於是乎有闕典矣張審素死于楊汪張琇以其子而狙伏擊之殺唐使復父冤議者皆壯其孝其□□掙請□□□竟以恩宥者□□□乎蓋掙以情請□□□□□殺而□亦殺□□□□□□也而玄□竟□之唐於是乎□□□□夫以處君臣周勃成其忠而劉章成其□以處父子吉掙當其易而張琇當其難是忠孝所當觀也孔甲率諸儒以歸□涉愚則甚矣兩生之賢獨知幾以長往雖漢祖之興亦不應召前不從甲後

不從通何器識之定也四皓避秦政以隱商山□則幾矣老成之年宜愛身以完節何惠帝一迎幡然即至昔則以志今則以謀終習術之爲也夫不失身於非類之從□生不失於正而卒移情於賓客之就四老自累其□是出處之當明矣漢明頒賜贓貨鍾離□乃辭之然君賜臣受禮不爲嫌而□母盜泉□亦未正是特出於矯□之私也若兩疏見幾而解師傅之任雖□金之□受□□害於義乎□□銳意邊功□□□窺之故□事南越□□□□□繼□□□□□粟助邊蓋以□□□□□地也□□□□□麥以濟關中之□雖馮翊旦不□□豈有所利乎夫均之爲辭受也□也詐疏也誠均之爲尚義也丹也狷式也譎是義利之當審矣雖然辯王伯所以審尚也不有所謂以德行仁者乎而詭道濟私者非矣勵氣節所以重道也不有所謂剛健中正者乎而以亢以屈者非矣謹邪正所以衛世也不有所謂辟邪距淫者乎而以忍以私者非矣審義利所以別嫌也不有所謂□之與比者乎而以詐以謀者非矣觀忠□所以達德也不有所謂夔夒篤棐者乎而以幸以忿者非矣明出處所以修身也不有所謂時行時止者乎而以固以隨者非矣愚生明不足以窮理學未至於正心其於善惡之微懲勸之故妄有折衷去取之如此尚有未盡其義者惟執事教之

第四問

孫科

同考試官訓導張批（此篇問□頗繁士子類皆掛漏間有不漏者亦鮮知折□此作叙述無遺商確各中情實博而能精者子宜冠士）

同考試官教諭杜批（場中策問□□觀士子之學識子於漢以下之賢君并諸儒議論詳盡末復以上下□須爲言而尤致重於□上綽有定見其才識真可謂不□者矣）

同考試官教諭李批（□□道統一策正以定國是端學術所繫大矣子能反覆敷陳卒得其要識高論正其過人遠矣哉）

同考試官學正孫批（評品古人得失如□諸掌可錄爲斷案）

考試官教諭童批（詳整得體）

考試官教授趙批（明辨有□佳士也）

對夫識延促者明治體者也辯醇□者攬道樞者也愚也□膺執事太問□□及焉雖然敢遂妄陳□□□□□而道□□□足與經世橫臆以□□□□以尚友□□迹其理道而外□之業可明也□其淵源而內聖之學可究也且夫天下不可一日無君也故國統之傳莫之有重焉道在天下未

嘗一日亡也故道統之係莫之有重焉然驗乎天者修乎人异其域者同其趨其延從者其敬怠异者邪其醇疵者其□詣殊者邪程子曰國祚之祈天永命□□之至于聖賢皆工夫到處則有此應試以國祚論之唐虞啓運于前夏商周際昌于後睹典謨訓誥誓命諸篇固知非盡□□數也蓋亦聖德懋焉自兹以降收功焉□者不事詩書臣虞晋陽者未聞仁義陳橋之變則冠履倒置天地易位矣然皆易姓而王天下開基而傳奕世宗祐□食率三四百年者蓋寬仁大度好謀能聽□高之以拓統也厲精任賢從□恤民□□□□錫祚也□□□□□□□宋祖之□□裕也前事之失□□□□□事謂有□□致者此其是也治其中葉唐以播遷宋以震蕩玄宗起自藩邸靖難宮闈理亂非下稔也鑒戒非不近也而離貞敗□貨黷色荒靈根撼矣高宗遭時不造草昧而復大寶憤激非不烈也經略非不閑也而制于奸佞忘親甘讎神器危矣至其撥亂反正號稱中興非以其初政尚善邪蓋玄宗□哲天啓躬約履素有姚崇以應變者宋璟以守文高宗乘時應人將士效命李綱位其内宗澤任其外此其所優也使玄宗□國忠林甫之誤可以無馬嵬之行高宗□汪黄秦檜之欺可以復廣輸之舊是均之爲理道者也而理亂异焉是謂驗□天者修乎人非邪以道統論之圖書□於伏羲大成集於宣父觀易書詩春秋禮樂之教豈不由天縱也然有敏求之學焉自兹□餘則□□□□□□□□而陰陽□□其失□□□□□□□□矣而□□未及其失則疏扶植人極開□太平謂其無□德矣而失身仕元大閑已逾然皆動必中律言必稽古名重一時或□山斗者蓋正義明道高明光大仲舒所以□越也深探本原言成一家退之所以不群也慨然任道饑渴嗜學乎□所以□异也一□或疵難概論焉執事謂于道未聞恐□□也若夫朱子之學其論存心致知詳矣而饒仲元之見則有异同程氏之門其論出處去就審矣而楊中立之行則有可議□其有功斯文道賴不墜者非以其可取□多邪蓋以温故知新爲皆知以敦厚崇禮爲皆行仲元之小疵矣而末世自信不惑流□則義利之分明晚年出處□爲禄仕立朝建明不中時宜中立亦有悔矣而伊川嘆其不□于夷狄胡文定比之下惠則學力□□□□□□□□仲元得□□以依□□□□□□□□□立非蔡□□薦引可以□群議之疑然均之爲尚往者也而造詣殊焉是謂同其趨者异□域非邪雖然天人相與而感應昭焉故王者守成至豐亨而益兢屈伸相感而終始出焉故君子修道先積小以高大何者夫延保勢也敬怠機也機動而勢形故根掊者實剥基厚者墉堅機使然也夫醇疵驗也□詣力也力久而驗發故膏沃者光燁源深者流遠□使然也夫

賢君二代尚□若漢文之恭儉唐太宗之聽納宋仁宗之□□其不營一臺也鷸死懷中也百姓戴若父母也今其本紀固在固不足法與夫醇儒孔孟尚矣若周程之精正邵張之弘毅晦菴之集成其太極有圖也定性有書也四勿有箴也皇極西銘之作也章句□義之著述也今其遺編固在固不足師與雖然國統□□□□□□□□者也□□元氣□□□□□□□脉亦在上□□之是其爲相須則殷其鼓舞感勵厥責□有歸焉執事其以爲然乎否與謹□

第五問

馬斯臧

同考試官教諭陳批（救弊須從生弊處下手生弊代爲不同故有前言難試往行未□者觀是作盡達於此）

考試官教諭童批（兵食國之大計□□救弊不可不預爲之所也此策援古證今綽有處斷未復有餘責焉思慮深長可以占子之所養矣）

考試官教授趙批（練以精兵節以裕用正是時務）

論天下之弊於未弊之先則天下幸其不至於弊而常以爲迂論救弊於既弊之時人知其非迂矣而又□□時勢之不易逡巡而□□□□天下之弊□日甚而□□至此□□□□已然□□□策士常□□下之一改爲而心切太息者也愚也生長草茅不足與聞天下之大計執事既進而策之矣請終日正言而無罪可乎執事曰國家經費仰給東南而戎馬盛於西北豈非以東南之不足於兵猶西北之貢賦也邪今言東南有連歲之災物力罄竭乃西北數州又赤地千里螟螣蔽天呻吟之聲匄伏於衢路者不可億計也如此則西北之不足恃也又可知矣幸聖明在上民心歸戴夷虜運衰而天下無甚干戈之警不然則西北既非昔日矣惡在乎視東南獨爲强壯也哉夫農夫之遇凶歲與士卒之遇敵其爲國家生民之□幸則均爾今天下之農富者已貧貧者已亡斯其猶士卒之遇敵而北矣而今之士卒則幸其猶若中歲之農然萬一邊陲之清少異於□□□□可不動心□之二者□□爲患有□□□弊或未瀕□不可救□□之於今均不爲迂苟察此而不以聞則非國家所以蓄養臣下之理與夫有司盡忠之職分者也是故以漢言之當其開創之初建置之用賞賚之優六軍百官之費非不侈然盛也然流移未盡復夷傷未瘳是時平原曠野未盡闢也然漕山東之粟以給京師歲十餘萬石而足則亦何事於海□武帝時征歛煩苛河渠通利漕益□□□猶不給也則用度固不在於計歲漕之多寡矣今天下晏然無事一歲之入不足以供一歲之用況可仿漢昭故事一

年而盡免漕也哉夫海運之未可卒通海田之未可卒置也明矣當旦夕切身
之憂而徐思千百世之計愚故知議之既非其時縱爲之亦豈可以旦夕就也
執事曰唐宋之時兵數患多而疲耗驕惰爲害於民固也而又深慨□盈虛多
寡之數□得□於□□何也夫唐時藩鎮□兵半□天下與□□之禁兵爲敵
內輕外重之勢正今日之所宜戒也若宋司馬氏論國初之兵不□比于英宗
時十之一則以當時召募冗濫聚之于京畿有漢唐之患而無漢唐之利蘇軾
氏已憂其然矣今者兵不加於唐宋而亦有其患否乎而議者只以淸勾而不
復其隊伍之舊爲憂則亦仿韓富二公募民爲之甚易耳而其見在之數執事
□復慮其徒有兵之名何哉嗚呼天下之所不可一日廢者財也而其不得
免於用者兵也二者自古稱國計焉是以聖人未嘗有一日之乏而猶爲數十
年之慮而其於兵也雖當天下無事之時而常爲有事之憂今東南爲財賦之
藪而其民既如彼西北爲戎馬之區而其兵又如此此愚所以謂雖其爲患有
緩急而弊未瀕於不可救然議之於□□不爲迂執事固□憂國之□□而何
□□時勢之□易爲□哉是故□□賦言之則人皆曰海運可通也蓋負海諸
郡之粟秦人已致之以攻匈奴矣萑□之地可耕也蓋兩浙水田之法虞集已
仿而爲之于元矣而愚以爲此特豐財之說耳不曰財不可豐去其害財者而
已乎不然而何唐陸贄言之也而宋蘇轍又言之也贄之言曰能節雖虛必盈
不節雖盈必竭則財固不豐於豐而豐於節者也而求之今日則額外之官世
襲之家有可節者乎賞賚之厚斧斤之役有可已者乎由是寬一分則民受一
分之賜矣不然河不足而又求之海東南沃壤且有不耕之夫而況京東瀕海
之處也哉譬之治生之家方其窮困時所望不過十金計其平生之費出入於
十金之中而有餘及其少有蓄積則欲愈廣而財愈不供也即使數十萬粟可
刻期而□則亦有□下者□十金焉□□豐財與□財之說□也以□戎言之
□□皆曰饑民可募也則富弼嘗行之京東吾獨不可行之於兩河乎義勇可
刺也則韓琦行之陝西而民病之吾獨不能處畿輔之民而使之利之邪而愚
以爲此特益兵之說耳不曰兵貴于精不貴于多者乎不然而何宋歐陽脩言
之也而胡寅又言之也脩之言曰今所在教習追呼上下主教者非將領之才
所教者無旗鼓之節則多兵非強訓練之有道爲強者也而求之今日則汰其
疲老而歸之耕升其壯健而教之藝時衣糧之給以厚其生嚴私役之律以養
其力由是得一兵而有一兵之用矣不然竭天下以養兵見額之數農夫既已
不堪而況又從而益之哉譬之越人有千金之璧而以與童子守之及寇至而
後知童子之無能爲也今天下之兵雖多而不如越人之童子者□矣此□兵

與練□□説者也□事勢既極不變□敗天下□□知也爲彼之説策之未必皆非而爲之實難爲愚之説言之未必皆是而行之實易夫履至極之勢而迫於旦夕之憂固當自其易者而先有以處之耳不然則天下之患豈特此二者而其所當爲者固亦不止此矣雖然節費所以裕民天下之民譬之猶羊乎而使狼牧之吾雖欲裕之其誰與我故長民之吏不可不擇而漢時屠伯之殘虐在今日亦有當治而未治者邪教士所以足兵百萬之師譬之猶狼乎而使羊將之吾雖欲治兵其誰與我故三軍之將不可非其人而晚唐債帥之禍在今日亦有當戒而未戒者乎要之則修又謂治天下者雖有憂勤之心而不知致理之要則心愈勞而事愈乖而琦亦欲宋之先治內患以取外憂其言具在宋史可考也使二子而□□也則可不然則□事所問□□謂今日□有之矣而愚所□琦不謂□□之慮皆能及之也乎迂儒之言惟執事諒其心而不罪其僭幸矣敢自附于范希文之後也哉

河南鄉試錄後序

　　序曰自昔君子之大有建立於天下也良不偶焉其初也恒由養以充之其終也未嘗不因於所遇以玉其成猶之木然長養於山林之中雨露之所膏潤煙霞之所披拂非不森然秀穹然□也而柯幹柔脆任重不力匠石者無取焉遲之以歲時而卒遇霜雪過之嚴凝寒溧之氣迭相摧剝使其堅實挺直斯可登而材也故一出而堪棟梁之用以壯夫廟堂之觀吁亦難哉河南昔稱多賢之地名德碩輔自二程司馬而下未易縷數以今觀之曾有一之不由此其選邪夫急小成者無以與於遠大之規懷安便者終不能勝於負荷之任此無他無所於激而發□之不立而氣餒焉故也天下之事孰不藉氣以有成哉集義深者其氣大以剛更事多者其氣閑以定艱苦備嘗者其氣厲以烈世而有大經綸大建置焉其必自此人爲之兹觀於諸士子之文也談經者核其真論史者摘其要洋洋乎二程氏之遺也然猶其肄業及之者非其至焉利病之稱述如其身親見之政理之敷陳即今日而可推之行事洸洸乎司馬氏之略也然猶其見□之有得者亦非至焉乃於文字之外詳而玩之則見其壯概相先奇氣可挹上焉者剛毅以正直前有爲如馳駿足於萬里之程不論嶮夷而勢必達又如植以擎天之柱不問重與輕而負戴之其次則肅然特立不與物俯仰或翛然清遠不比於俗斯皆天下之正氣也夫以氣焉如是志固有在矣志焉如是即事業可知矣諸士子養於學校之中詩禮優游弦歌上下道非所以

致此也而有是氣何哉噫有田矣間者河南比歲不登菜□相望者遍乎百餘州縣又屬有賊盜之變兵戈之擾至廑 聖天子遣使賑恤之士生斯際厥惟艱哉窮阨流離之狀呻吟愁蹙之聲非其親姻則其里閈又多有躬自罹之者其所以消磨其優閑之習而立之懦激發風流以起其高者固於摧挫困抑中得之此氣志之所以异於曩時而將來□待者也豈不猶梗楠豫章□剝於霜雪以就其大材與□曰□□之民不□□也瘠□之民莫不向義□□□□□徵矣昔傅說之相也以傅□膠鬲之舉也以魚鹽管夷□之用也以士苦其心志勞其筋骨空乏其身而拂亂□□將動其心性益其所不能以降之大任爾矣從古賢聖豪杰皆以得所遇而玉其成今諸士既同其遇矣自茲以□尚其持此初志以無餒□□使可以登用於國家弘濟於生民則今日□□之意也夫如傅說膠鬲者□一人□猶足以□□□□□數人比肩并出□□□□□以張矣豈非主司□□□□於戲豈非主司者□

江西饒州府樂平縣儒學教諭童珂謹序

嘉靖二十二年河南鄉試錄

河南鄉試錄序

　　夫河南天地之中在昔王者所更居也故聞人茂士代有其□□□恒曰中土多才云今上即位□□十二年□當嘉靖癸卯會鄉試之期□歲巡按御史楊勉學被命來按茲土寔監臨之申布令規祇敬必飭先期聘節等典司考試比至校易則教授李應霑教諭曲履繩校書則教諭張偉魏濠校詩則教諭李鼎陳繼文春秋則教諭劉寵禮記則學正楊道南而節與教諭莫倖謬總校事於是以左參政馮亮右參政李充濁爲提調以按察使雒昂副使李仁爲監試下迄諸執事悉簡賢而任之蓋重求賢之盛典而思得真才以獻之當寧之上者也汝多士其念哉自夫河洛發祥隕祉圖書并出示象之文著而含章之義宣文不在茲乎國家以文取士蓋因文以見士而士則以文自見苟不本於心則奏末技托空言有道者之明忌而深黜焉者也亦奚取於文哉君子之學學諸心而已矣道德積於中而文自著見其外故文者道之顯德之華也古之人湛道德浮英華發而爲文措之爲大業孔子所稱躬行君子者邪奈何綴文之士絺句繪章炳若縟繡外雖雕琢曼辭以自飾夷考其中則泯然無足稱者而猶自列於君子之林適足以自點耳此所謂漸漬於失教而被服於成習者乎明興百有七十餘年道化汪濊漸被宇內至弘治間文體渾厚宏博爾雅莊正一時公卿大夫士吏斌斌多文學之士斯其盛矣正德以來文極盛而詞益工旨恢之而彌遠思按之而逾深視昔少異焉迨我皇上紹三五之統昭至熏配天地崇化屬賢勸學制禮宸章聖藻煥乎有文天下之學士靡然鄉風矣士之生斯時者身被聖人之化而親睹中興之盛豈非幸哉余聞之夏之糜商之伊陟傳說周之申伯甫侯仲山甫皆茲土之產中興之名輔也其在當時翊運庇民各相其主成一代穆清之烈而文采表後世希在方策今皆可得而稽云汝多士生同其地而復際此貞期行將脫巾笈仕誠能錯事展采奮庸熙載效欵欵之忠以進結於明主以輔今日中興之治與數君子者比迹後先斯舉也亦將與有榮耀矣乎否則據徽乘邪以求一日之富貴重爲天下觀笑余甚懼焉汝多士其念哉是時巡撫右僉都御史李宗樞作率庶士文教以興總督軍

務右侍郎翟鵬奠綏障徼內地晏然而士皆安業總理河道尚書周用撫治鄖陽右僉都御史王守監察御史巡監裴紳曹邦輔印馬項廷吉夙重文學崇尚賓興署員外郎劉永行人張玶溫新奉使於茲樂觀厥成左布政使孫存右參政蕭一中左參議龔良傳張舜元右參議王崇副使喬瑞柴儒黃潤吳悝僉事翟鎬劉澍呂懷健余承業顧翀王三聘都指揮僉事沈一元景紹宗王執敬則皆先後贊襄協厥衷焉茲試也提學副使葛守禮選士一千八百七十五人遵制三試之中式者八十人錄文凡二十篇

湖廣荊州府江陵縣儒學教諭張節謹序

嘉靖二十二年河南鄉試

監臨官

巡按河南監察御史楊勉學（仲潛山東茌平縣人　壬辰進士）

提調官

河南等處承宣布政使司左參政馮亮（執夫浙江金華縣人　壬辰進士）

河南等處承宣布政使司右參政李充濁（澄之直隸永平衛官籍盧龍縣人　丙戌進士）

監試官

河南等處提刑按察司按察使雒昂（仲俛陝西三原縣人　癸未進士）

河南等處提刑按察司副使李仁（元夫山東東阿縣人　癸未進士）

考試官

湖廣荊州府江陵縣儒學教諭張節（亨甫廣西臨桂縣人　辛卯貢士）

陝西漢中府金州平利縣儒學教諭莫伴（仲齊貴州青平衛官籍直隸江都縣人　丁酉貢士）

同考試官官

直隸順德府儒學教授李應霑（伯兩陝西三原縣人　癸酉貢士）

直隸廬州府無為州儒學學正楊道南（載吾福建懷安縣人　辛卯貢士）

直隸常州府宜興縣儒學教諭張偉（子成江西貴溪縣人　辛卯貢士）

浙江湖州府武康縣儒學教諭魏濠（方舟福建福清縣人　甲午貢士）

直隸蘇州府吳江縣儒學教諭劉寵（承之江西鄱陽縣人　戊子貢士）

陝西漢中府寧羌州沔縣儒學教諭李鼎（新之雲南保山縣人　丁酉貢士）

山東濟南府陵縣儒學教諭陳繼文（道卿福建長樂縣人　甲午貢士）

江西贛州府會昌縣儒學教諭曲履繩（子循湖廣沅陵縣人　甲午貢士）

印卷官

河南等處承宣布政使司經歷司經歷李輻（文輿江西吉水縣人　監生）

河南等處提刑按察司經歷司經歷單哲（惟賢陝西金州籍江西高安縣人　監生）

收掌試卷官

開封府知府白濬（子深廣西臨桂縣人　己丑進士）

河南府同知楊儒魯（得之湖廣興國州人　丙戌進士）

受卷官

汝州知州高遠（近思南京武德衛籍直隸宣城縣人　戊子貢士）

開封府鈞州知州范惟一（于中直隸華亭縣籍吳縣人　辛丑進士）

開封府杞縣知縣朱尚文（質卿直隸新城縣人　戊戌進士）

開封府歸德州虞城縣知縣汪瑞（子賢湖廣澧州守禦千戶所籍江西鄱陽縣人　乙酉貢士）

河南府鞏縣知縣謝九敘（重勛山東章丘縣人　壬午貢士）

河南府盧氏縣知縣莫如爵（子脩直隸龍驤衛籍廣東新會縣人　辛丑進士）

彌封官

河南等處提刑按察司經歷司添注知事昝如思（子學陝西三原縣人　乙未進士）

汝寧府通判劉士達（伯鴻浙江慈溪縣人　壬辰進士）

南陽府通判許檣卿（舟仲浙江海寧縣人　丙戌進士）

南陽府推官靳學顏（子愚山東濟寧州人　乙未進士）

開封府陳州同知陳叔頤（子貞陝西涇陽縣人　壬辰進士）

謄錄官

開封府推官宋治（時雍直隸臨淮縣人　辛丑進士）

汝寧府推官黃鉦（克靜江西宜黃縣人　辛丑進士）

河南府洛陽縣知縣張詔（朝宣山東濟陽縣人　戊戌進士）

懷慶府河內縣知縣陳志（惟學直隸德州衛籍宿松縣人　辛丑進士）

河南府偃師縣知縣胡熙正（惟德山東黃縣人　辛卯貢士）

衛輝府獲嘉縣知縣吳鯉（曜如直隸太湖縣人　庚午貢士）

對讀官

南陽府裕州知州王正容（德輝山東寧陽縣人　辛丑進士）

開封府陳州知州王大紹（惟孝直隸清苑縣人　甲午貢士）

河南府嵩縣知縣劉應熊（體陽陝西隴西縣人　辛丑進士）

汝寧府光州固始縣知縣顏嘉會（子亨湖廣長沙縣籍攸縣人　戊戌進士）

開封府鄢陵縣知縣張祥（元吉南京錦衣衛人　辛丑進士）

開封府陽武縣知縣承林（茂卿直隸德州衛官籍江陰縣人　壬辰進士）

巡綽官

宣武衛指揮使王臣（本忠直隸定遠縣人）

潁川衛指揮同知李柱（廷立山東莒州人）

睢陽衛指揮僉事高儒（宗孔河南湯陰縣人）

睢陽衛指揮僉事湯易（宗義直隸來安縣人）

搜檢官

宣武衛指揮使魯鎧（景武直隸灤州人）

宣武衛指揮使劉寶（國賢山後人）

南陽衛指揮使夏葵（君向直隸含山縣人）

潁川衛指揮僉事武世爵（子延交趾峽山縣人）

供給官

河南等處承宣布政使司經歷司都事陳應元（文魁浙江平陽縣人監生）

河南等處承宣布政使司理問所理問張恩（天澤陝西伏羌縣人監生）

開封府照磨所照磨熊應弼（汝徵萬全都司右衛人　監生）

開封府祥符縣知縣葛經（仲當山東昌邑縣人　乙酉貢士）

開封府洧川縣知縣衛綸（理之山西潞城縣人　監生）

汝州寶豐縣知縣夏麟（仁甫直隸冀州人　儒士）

衛輝府汲縣縣丞蘇楠（汝培山西夏縣人　監生）

開封府祥符縣典史靳良（美之直隸肅寧縣人　吏員）

開封府中牟縣典史王元（體乾福建福清縣人　吏員）

河南府鞏縣典史彭穮（萬鍾直隸全椒縣人　吏員）

開封府大梁驛驛丞王世隆（永昌山東陽穀縣人　承差）

開封府杞縣雍丘驛驛丞李添鍾（鳴之四川雙流縣人　承差）

開封府尉氏縣尉氏驛驛丞原仲果（自成山西長治縣人　承差）
開封府中牟縣圃田驛驛丞周化（育之湖廣麻城縣人　承差）
衛輝府衛源驛驛丞李元芳（時榮陝西長安縣人　承差）
河南府鞏縣洛口驛驛丞黃宗儒（用甫江西南昌縣人　承差）

第一場

四書

有德者必有言有言者不必有德仁者必有勇勇者不必有仁　性之德也合內外之道也故時措之宜也　予未得爲孔子徒也予私淑諸人也

易

坤至柔而動也剛至靜而德方　有孚中行告公用圭　是以君子將有爲也將有行也問焉而以言其受命也如嚮无有遠近幽深遂知來物非天下之至精其孰能與於此　昔者聖人之作易也將以順性命之理

書

既月乃日覲四岳群牧　若金用汝作礪若濟巨川用汝用舟楫若歲大旱用汝用霖雨　亦惟助王宅天命作新民　思其艱以圖其易民乃寧

詩

鳲鳩在桑其子七兮淑人君子其儀一兮其儀一兮心如結兮　以祈甘雨以介我稷黍以穀我士女　鎬京辟廱自西自東自南自北無思不服　其笠伊糾其鎛斯趙

春秋

紀子伯莒子盟于密（隱公二年）　春公伐戎夏公至自伐戎秋公會宋人齊人伐徐（俱莊公二十有六年）　十有二月狄入衛（閔公二年）夏六月邢遷于夷儀齊師宋師曹師城邢（僖公元年）春王正月城楚丘（僖公二年）　晉人執季孫意如以歸（昭公十有三年）春意如至自晉（昭公十有四年）

禮記

天子諸侯宗廟之祭春曰礿夏曰禘秋曰嘗冬曰烝　是故禮者君之大柄也　是故情見而義立樂終而德尊　仁之爲器重其爲道遠舉者莫能勝也行者莫能致也取數多者仁也夫勉於仁者不亦難乎

第二場

論

聖王作民君師

詔誥表（內科一道）

擬漢賜天下今年田租之半詔（文帝二年）　擬唐以溫彥博爲右僕射誥（貞觀十年）　擬宋以韓琦范仲淹爲樞密副使謝表（慶曆三年）

判語（五條）

漏泄軍情大事　任所置買田宅　禁止師巫邪術　詐教誘人犯法　失時不修堤防

第三場

策（五道）

問　自古君天下者或創業以立法或緣時以救弊行於當時垂之久遠損益因革雖有小異莫不著有成書以詔後世洪惟我太祖高皇帝立法創制高出千古列聖相承重熙累洽典制疊出若夫斟酌古今會稡無遺則具於大明會典一書焉竊嘗伏讀武廟御製序文而有以窺其一二矣夫提挈綱領布列條貫皇祖之制誠億萬年之大法也然中歲晚年間有續定者果可得而聞歟鴻猷聖烈政化旁行列聖之心誠皇祖之心也然隨時與事代各不同者亦可得而言歟論典謨禮制而有稱其大備者舉會要諸書而有許其尤詳者豈唐虞而下後世制作亦有可取者歟至於開局纂輯義必有主而類以何書附以何事簡帙燦然有目共仰爾諸士服膺聖訓爲日已多請明著于篇以觀對揚之懿

問　移風易俗莫善於樂故樂由中出音以心生協之律呂感於神靈敦和飾喜未有不由斯者是故非明於天地則禮樂不能興焉稽之在昔虞廷之樂典以后夔直溫寬栗依永和聲不可尚已降及三代太師掌六律六同以合陰陽之聲至於末世尚能逾河蹈海潔身亂邦去古未遠彼亦聖賢之徒歟秦漢以下作者益鮮如魏如隋如宋雖一時有志之士往往未得其要至於神解暗解者世亦未嘗無其人焉其他如觀雲色而知孟春之氣扣食器以諧絲竹之音聞磬聲而得其月數遇乘馬而究其凶吉彼皆何道以致然歟豈其領悟之妙魏宋諸賢顧有所不逮歟抑小智偏長別有一得之妙也仰惟我朝禮樂明備奏之郊廟奏之朝廷情文兼盛真有非後世能及者不知一時領樂之官果能因其文而得其情

歟或但紀其鼓舞鏗鏘而未能言其義歟茲欲推本聖朝之樂所以追并虞廷而遠過後世者以爲當寧之獻諸士幸相與鋪張揚厲之

問　天子建德因生以賜姓胙之土而命之氏故氏族者古史官所記也秦既滅學公侯子孫失其本系漢興司馬遷父子約世本修史記因周譜明世家而後知姓氏之所由出今姓氏不分久矣而世遂以氏爲姓蒙竊惑焉今試舉已往之事請諸士相與明之昔者帝堯嘗以姓氏賜伯禹又以賜伯尼矣不知其所謂姓者何如所謂氏者又何如傳曰諸侯以字爲氏因以爲族又曰官有世功則有官族邑亦如之其視帝堯所賜者豈盡合歟三代以下其事彌繁有氏於國者有氏於諡者又有氏於官氏於爵氏於居氏於事者其詳可得聞歟晉宋以降去古雖遠譜諜猶嚴地望有所繫而不惑姓氏有所質而無疑如過江則有以爲僑姓者東南則有以爲吳姓者又有爲郡姓爲虜姓者其實亦可指歟夫人無所守則士族削士族削則國從而衰然則氏族誠非細故也烏得以不辯

問　古之君子遇則仕以行其學不遇則修其辭以明其道故雖人品不一識見殊途要厥所至於此二端其必有合也維茲梁豫古號多賢申吕伊尹詩書所稱不待論矣試以唐宋數君子言之有左右六經爲文粹然一出於正者有論決大事粲然成文可書而誦者或廷詰北虜以一身爲中國之重或聲色不動措天下於太山之安或歷縣令而專尚德化或負高識而振起斯文或三居相位獨以寬弘範俗或三居言責皆以彈奏去職或去一字而來善學之譽或攝邑事而有明鏡之稱此數子者孰爲行道而致身孰爲明道而立言造詣孰爲純粹功業孰爲顯著乃吾子所願將以何者爲法也請言之勿讓

問　中州之水其大者曰黃河其次者則汴河焉堤防疏浚世有其方揆策圖事代不乏人昔禹之行水施功最多故歷三代而無河患由禹故迹未嘗變也至周定王之時禹迹一改而河失故道患由此多議因以起有欲索故迹而穿之者有欲出之胡中者有以爲天事可勿理者有以爲宜空水衝以縱其決穿漕渠以通其勢者有以爲宜弛灌溉之防使水得自行者有以爲計堤防又以爲堤防非義者可歷指其人歟汴水自禹於滎澤分大河爲陰溝出之淮泗至於浚儀渠分爲二或疏之以灌魏郡或自五池以注鴻溝或循河故瀆以入浚儀或累石爲門以遏渠口或欲通之而不果或更疏鑿以漕運又有建議大發丁夫起滎澤而達江淮千有餘里者亦有用淮南租船泝鴻溝而輸河陰運米七百萬石者可歷詳其事歟夫決堤蕩畝損人耗財黃河之害誠不可有至於鍾美出惡以漕以灌汴河之利似亦不可無者今欲去無已之害以興自

然之利以上數事孰可從違諸生必有能折衷者

中式舉人八十名

  第一名 曹金 開封府學生 詩
  第二名 孫觀 鈞州學增廣生 易
  第三名 張養性 南陽府學生 書
  第四名 謝孟金 陳州學生 春秋
  第五名 孟澤 開封府學生 禮記
  第六名 劉大恩 新蔡縣學生 詩
  第七名 林密 汝寧府學生 易
  第八名 孫域 睢州學增廣生 書
  第九名 李仕 睢州學生 詩
  第十名 婁焵 懷慶府學附學生 春秋
  第十一名 邢守庭 臨潁縣學生 詩
  第十二名 張四知 汝寧府學生 易
  第十三名 楊守綸 汲縣學生 書
  第十四名 田鰲 汝寧府儒學訓導 詩
  第十五名 陳耀文 確山縣學增廣生 易
  第十六名 符載 內鄉縣學增廣生 詩
  第十七名 任思恭 睢州學生 禮記
  第十八名 周詔 延津縣學生 書
  第十九名 張德恭 光山縣學附學生 易
  第二十名 羅進兆 內鄉縣學附學生 詩
  第二十一名 劉溱 彰德府學附學生 書
  第二十二名 任照 信陽州學增廣生 易
  第二十三名 孫洙 考城縣學生 詩
  第二十四名 賀賁 靈寶縣學生 春秋
  第二十五名 王懷忍 商水縣學生 書
  第二十六名 呂孔良 河南府學附學生 易
  第二十七名 祝安 洛陽縣學附學生 詩
  第二十八名 韓爵 河南府學生 易

第二十九名　何立　　信陽州學生　　書
第三十名　　韓以孚　汝陽縣學附學生　易
第三十一名　彭範　　靈寶縣學生　　春秋
第三十二名　孫東　　開封府學增廣生　詩
第三十三名　邢泗　　河南府學生　　易
第三十四名　楊仲經　儀封縣學附學生　詩
第三十五名　宋宸　　汜水縣學生　　書
第三十六名　翟濤　　安陽縣人監生　　詩
第三十七名　李九功　裕州學生　　易
第三十八名　張鹵　　儀封縣學增廣生　詩
第三十九名　李秉魯　陳留縣學生　　禮記
第四十名　　張四隅　汝寧府學生　　詩
第四十一名　馮應昌　偃師縣學生　　易
第四十二名　劉芳聞　陳州學附學生　　書
第四十三名　王惠　　開封府學增廣生　詩
第四十四名　趙誥　　睢州學增廣生　　易
第四十五名　王天祐　偃師縣學生　　詩
第四十六名　賈濂　　夏邑縣學生　　春秋
第四十七名　吳思誠　陳州學生　　易
第四十八名　張宗信　河內縣學生　　詩
第四十九名　張禩　　開封府學生　　書
第五十名　　王思虁　彰德府學生　　詩
第五十一名　許世道　河內縣學生　　易
第五十二名　盧尚志　陳州學生　　詩
第五十三名　林梓　　杞縣學生　　春秋
第五十四名　李邦臣　陽武縣學生　　詩
第五十五名　王堯卿　河南府學附學生　易
第五十六名　宋儒　　安陽縣學生　　詩
第五十七名　郭從義　鈞州學增廣生　　書
第五十八名　陳邦瑞　孟津縣學生　　易
第五十九名　王世業　偃師縣學生　　禮記
第六十名　　王汝　　彰德府學增廣生　詩

第六十一名　張進舉　洛陽縣人監生　易
第六十二名　王明汲　懷慶府學生　詩
第六十三名　王欽理　衛輝府學生　書
第六十四名　劉棐　河南府學生　易
第六十五名　張孟容　汝寧府學生　春秋
第六十六名　齊場　新野縣學生　詩
第六十七名　李法　安陽縣學生　書
第六十八名　沈應時　河南府學附學生　易
第六十九名　馮三接　汲縣學增廣生　詩
第七十名　連琱　汝州學生　禮記
第七十一名　房楠　汝寧府學附學生　詩
第七十二名　荀天常　洛陽縣學附學生　易
第七十三名　王可贈　内鄉縣學生　詩
第七十四名　李嘉祿　鈞州學生　書
第七十五名　翟希魯　洛陽縣學附學生　易
第七十六名　蕭淮　商水縣學生　春秋
第七十七名　衛東吳　葉縣學增廣生　詩
第七十八名　戴冕　洛陽縣學生　易
第七十九名　齊先之　偃師縣學增廣生　書
第八十名　郭佑　彰德府學增廣生　詩

第一場

四書

物也帥理以御氣故動不過則也昔宰予著科于言語而孔子改其聽由也稱勇于過我而好謀非所長内外體用聖門之嚴于致辯久矣

性之德也合内外之道也故時措之宜也

曹金

同考試官教諭陳批（性之德而無内外辭義連絡時措之宜本於有得傳注明白人多不解以致下筆浮泛此篇會傳爲文自覺理明辭順取冠多士允宜）

同考試官教諭李批（性理之文雋永可誦善作中庸手段錄之以範後學）

考試官教諭莫批（講時措處有精神有作筆）
考試官教諭張批（中庸義如此作絕少）

中庸論誠之者理原於一本而其用各當焉夫仁也知也所性而有合內外而一之者也以時措之而皆宜焉誠之能事畢矣中庸論誠而及其能誠之妙若曰夫道一而已矣自其成己而為仁成物而為知是豈有外於性而各為一理者耶且自其本言之由成己有仁之名是仁也即吾性之全體不息者是也原諸降衷而理非由於外鑠由成物有知之名是知也即吾性之虛靈不昧者是也根於天命而道不假於外求仁主於存豫內者所以立利外之基是內一外也知主於發而致用者有以妙入神之義是外一內也夫性本不二仁知異情而合德道統於同內外相資而一原此誠所以盡天下之道也是故反身而誠則所性之德全而天下之理得由是成性存而道義出自有以妙其感於不窮大本立而達道行自有以神其應於各當時之所值不一也而所以推行之者莫非所性之運用則雖效天下之至動而以事處事皆得乎順應之道矣事之所遇不同也而所以時出之者莫非一理之顯設則雖御天下之至煩而因物付物自協乎眾動之宜矣夫仁知合一而妙用各當能誠之妙有如此者是故君子誠之為貴也嗟乎此義微矣君子析之不精而認己為內是自私也認物為外是用智也自私者小用智者鑿此性學之所以不明而後世鮮大公之治也善乎程伯子之言曰君子廓然而大公物來而順應此則合內外之道而聖人之能事也故曰仁知合一存乎聖

予未得為孔子徒也予私淑諸人也
張養性
同考試官教諭魏批（孟子雖不顯然以道統自任而隱然自有不可得而辭者其曰私沾淑諸人者謙也此篇說得孟子意出錄之）
同考試官教諭張批（不作聞而知之最是子豈究心孟子而有得者邪）
考試官教諭莫批（深而不晦佳作也）
考試官教諭張批（說理之文异夫今之趨時好者）

大賢言已於聖人之道未得於親傳竊得於再傳也蓋見而知之者此道而再傳則亦未遠也大賢自表其為聖澤之及其自任之不輕隱然矣昔孟子因歷叙列聖之事至於孔子而及此意謂私淑艾者是亦君子之教而自得師者亦在能者之從予之於孔子何如也生不逢辰而無行不與之教竟隔於師承言志言學與聖人相聚於一堂弗得而與也會不逢適而叩其兩端之訓匪

親於答問聞詩聞禮與數子周旋於一世寔所不逮也是固非及門者矣然去聖未遠而口澤之猶新親接其師承者固有其人焉文獻足徵而聖言之如在得聞其答問者非無其人焉故我之明善誠身而亹亹不息於典學亦嘗求以自淑矣竊之於人而莫非聖澤之衣被也闢邪崇正而惓惓固守乎仁義亦欲庶幾爲善矣聞之於人而莫非聖道之津涯也我竊於人而人得於聖殆與親授者一道耳視彼教弛經殘絕不相涉者有間矣敢自外於模範乎始沿其流而終逢其原殆與薰炙者一致耳視彼聖遠言湮判不相及者有异矣可不知所從來乎是知表其受教於夫子相須之殷也敘其得後乎列聖相承之不可誣也自謙之中而寓自任之意其亦有不可得而辭者耶然夫子聖之盛也亦嘗序堯舜禹湯文武之事而終不敢以已干之其辭聖與仁若恐其不可解者而何孟子之急於自附也嗚呼道不同而時不可以例論也夫子之大雖黨人知之而門弟子又皆智足以推尊故惟恐其不辭也若孟子當處士橫議之時人皆詆爲好辯其徒如公孫丑亦高管晏而期之其道孰從尊乎故孟子之急於尊道不暇私其身也雖其氣象未及夫子而實亦時之不得不然耳後之中說擬論語太玄比易汲汲欲以聖自待者則不知其何説也

易

坤至柔而動也剛至靜而德方

孫觀

同考試官教諭曲批（近時經生騁辭者多泛而不切平實者又晦而多滯如此篇之潔淨精微不易得也錄之可以式矣）

同考試官教授李批（至柔至靜動剛德方場中作者多講卦體殊非文言以地道明坤之義此作認理真造詞當必中州之佳士也）

考試官教諭莫批（純雅可觀）

考試官教諭張批（文辭雅健善作易義者）

文言著坤道之順而能健所以釋牝馬之貞也夫至柔至靜順也而剛方則曰健焉文言以之釋牝馬之貞也此蓋曰昔者聖人之于坤也遠取物以象其宜而係之以利牝馬之貞焉其義何哉蓋自夫坤道之承天者言之機至遂而不撓也自夫坤道之資生者言之理有怕而不易也故人見夫坤也退焉以爲守而無敢成也順從以爲職而無攸遂也若曰言天下之至柔者莫坤加矣然至于承乾之施順而應之無或禦焉禽而受之無或阻焉凝妙合之感不依形而立也盪絪緼之化不待疾而速也蓋後天而不爲始未始不配乎天也可謂虛而不屈動而愈出者矣不亦剛乎人見夫坤也涵以淵默而無所事事也守以潛伏而斂之

若寂也若曰言天下之至靜者莫坤加矣然至于資生之際萬物作類咸取足焉物以群分各正性焉生生者生矣孰凝其和也形形者形矣孰定其命也蓋物物而不爲有而物未始有違也可謂連而不相及動而不相害者矣不亦方乎夫剛以言乎其不撓也不撓則與乾同其體方以言乎其不易也不易則與乾同其用文言發明坤道斯其至矣抑剛方非坤所宜有也而聖人爲之發其隱繹其旨者蓋聖人之論道欲其并舉不欲其偏廢剛以柔用柔以剛立也靜以御動動生于靜也故禪代之妙聖人不能違其命交互之機造化不能逾其則

是以君子將有爲也將有行也問焉而以言其受命也如嚮无有遠近幽深遂知來物非天下之至精其孰能與於此

張四知

同考試官教諭曲批（題本平易作者率多浮泛冗雜殊無可觀晚得此卷理明辭雅讀之令人洒然敬羨敬羨）

同考試官教授李批（發明尚辭尚占之事明皙精潔易義如此真可錄者）

考試官教諭莫批（說理之文無一羨詞取之）

考試官教諭張批（明潔）

大傳論尚辭尚占之事必即其感通之速而深贊之也蓋感而遂通辭占之用有如是也然非天下之至精烏能若是其速哉且夫以言者尚其辭以卜筮者尚其占易之有聖人之道固矣然所謂尚辭尚占之事何如蓋君子裁天下之變不能以無爲運百爲之用不能以無行也必也假蓍筮之常擬之而後言盡人鬼之謀議之而後動焉易則受人之命而無弗應也有開必先而應若嚮也明失得之報決存亡之術無有遠邇機未彰也易則有以彰天下之未彰洞于物始不得匿其情矣通神明之德晰機祥之蘊無有幽深兆未形也易則有以形天下未形炳于幾先不得隱其朕矣由是觀之有迹可指者易之辭也而其理則非迹之所能擬有體可據者易之占也而其理則非體之所能盡蓋涉于迹者囿于方以之應用則滯而辭則誠精故明清通而無間也涉于體者執于器以之推行則窮而占則神應故妙純粹而至善也不然則非至無無以含天下之至有不能物物而且物于物矣非至虛無以待天下之至實不能過化而且滯于化矣故曰非天下之至精其孰能與于此嘗論聖人作易以前民用則易固卜筮之書也然至其括天地之奧綜人物之紀合功于鬼神效法于性命辨類于淑慝相謀于政理一卜筮固未足以概之矣蓋奇耦畫而陰陽列貞悔立而變動禪辭占設而吉凶明聖以作之明以述之夫固不得已也世儒

智非肇始動爲模仿或依文而竊其義或起例以演其數辭不撰方占不會象豈惟不精亦將賊道嗚呼聖人之憂曷維已哉

書

既月乃日覲四岳群牧

張養性

同考試官教諭魏批（題本明白作者往往牽引浮詞讀之殊爲可厭獨此作專以冒玉爲言詞約意完迥出衆作是宜錄之）

同考試官教諭張批（正始聖人所以嚴天下之防故舜覲臣必於既月乃日者以此是篇揮殆盡其得聖人謹於正始之道乎）

考試官教諭莫批（得帝舜攝位正始意）

考試官教諭張批（理明詞暢足占佳士）

聖人隨時以觀天下之臣正始之道有在矣蓋人君大政莫先於正始也苟非隨時以觀群臣則詢察之禮意疏矣聖人豈爲之哉史臣紀舜攝位所行之大事此則觀群后也蓋謂封建者天道之大公正始者君道之先務舜既斂瑞於正月矣既盡此月則萬邦有來朝者矣將有事於詢察之禮而同觀於一日則日有所不足將無事於詢察之禮而大觀於天下則化有所未更故夫諸侯散布於四方而來廱廱者不必其期之一定也隨其先後而來則日日而觀之而晋接不以爲繁牧伯分列於九州而至止肅肅者不待其人之畢集也隨其絡繹而至則常常而見之而禮度不厭其數桓圭信圭躬圭受其贄而真僞之必辨堂陛雖嚴而君臣之禮無日不講也穀璧蒲璧冒其瑞而考核之必精位分雖殊而上下之情無時不通也蓋至則見之以明其非朝會之常而少以接之則得盡其詢察之意正始之典禮一行而天下之政令維新矣聖世大一統之治也如是夫抑人君一身天人主也舜既攝位則敬天觀臣所宜先者故觀象祀神以寓敬天之誠若觀臣則既斂玉而尤日觀者一王之法示焉四方之僞消焉一統之治大焉世泰民安皆職乎此史臣于是而記載之不惟見聖人行天下之大事尤見聖人謹天下之大防

若金用汝作礪若濟巨川用汝作舟楫若歲大旱用汝用霖雨

孫域

同考試官教諭魏批（高宗喻望傅說三語雖一意而一節深於一節最難模擬此篇體認真切發揮殆盡錄之以示浮誕者）

同考試官教諭張批（此題雖正大但士子難於形容此作詞無補綴質

任自然蓋嘗究心於聖學者耶）

　　考試官教諭莫批（句法親切是蓋庸心於理學者）

　　考試官教諭張批（得高宗倚重傅說意）

　　賢王望相臣輔德之切而屢托物以致意焉甚矣相道有關於君德也觀賢王屢喻以輔德其望於相臣也切矣昔高宗既命傅說爲相此則望之以輔德意謂台德弗類固欲汝朝夕納誨矣相須成德之義不有即諸物理而可喻乎若金焉必得礪石之磨而後用斯利矣吾之所望於汝也學問有所琢磨事爲有所承弼不敏之資將因之而變化寡昧之質可藉是以光明汝其作朕之礪乎不但已也又若濟巨川者必得舟楫之利而後濟可通焉吾之望於汝也時進夫獻替之益無倦於啓迪之勤利涉有功庶涵泳乎聖涯致遠可濟冀先登乎道岸汝其爲朕之舟楫乎不但已也又若歲之大旱焉必得霖雨之降而後率土之濱生植之繁既優既渥既霑既足矣吾之望汝納誨也優柔厭飫俾渾然之德性浹洽於一心漸涵浸漬俾沛然之德教洋溢於四海汝非朕之霖雨者乎是則望之也深故其喻之也切倚之也重故其命之也詳高宗之於說眞得任輔相之道者矣抑因是而知古之君臣相感以心相尙以道也高宗之命說曰納誨輔德而托物之喻不一而足是以進言而望諸臣也說之復於王曰從諫則聖而進諫之臣不命其承是以聽言而望諸君也心之相同道之相濟殷邦嘉靖良有以夫

　　詩

　　鳲鳩在桑其子七兮淑人君子其儀一兮其儀一兮心如結兮

　　曹金

　　同考試官教諭陳批（發明君子用心均平專一甚親切且辭氣溫厚有風詩意味是可錄也）

　　同考試官教諭李批（取義之興體認明白儀一心結處發揮得因外知內之意可謂得詩人立言之旨矣）

　　考試官教諭莫批（清順而暢）

　　考試官教諭張批（措詞典雅有得於詩者也）

　　詩人托興以美君子容之純而心之固也夫威儀者德之隅也君子存心既固則德一而周旋中禮矣宜詩人取興於鳲鳩以美之也昔曹人美其君子若曰凡人因物而遷者則心失其平心失其平皆作德之累也君子則不然觀於鳲鳩在桑棲有定所一本諸物性之良其子七兮飼極均平一由於氣感之適況我淑人君子發而爲威儀也暢於四肢而柔嘉維則敦臨協威如之吉施

於四體而淑慎不愆觀盥有顒若之美動容貌而遠暴慢周旋折旋秩然於規矩之中貫隱顯而不變也觀會通以行典禮可觀可度肅然於瞻視之表歷久暫而弗渝也是豈勉於一時而不可常者耶其儀如此吾見外見之文悉本於一心之蘊宣著之盛實符其在內之貞淵乎其退藏者堅於金石居之安而守之固他岐不足以惑之寂然其中涵者凝於膠漆養之深而處之定外累不得以干之不猶物之固結而不可解者耶是知儀之一由於心之固故欲方其外固不可不直其內也然則鳲鳩君子其賢乎抑吾於是而深有所感焉誦蜉蝣之咏既見國人玩心於細娛讀候人之篇又知國君惑志於小人曹之爲曹如此乃猶有若鳲鳩君子者可謂不受變而超於風氣之外者矣苟俾之有位曹之弊風庶其有瘳哉時不能然徒使獨善而不得以兼善可慨也

　　鎬京辟廱自西自東自南自北無思不服
　　劉大恩
　　同考試官教諭陳批（詩美武王之服人心以文德不專以武功也此作發揚切當而典雅可觀）
　　同考試官教諭李批（讀之儼然如見文教大行於當時者可謂善形容盛世氣象矣）
　　考試官教諭莫批（平淡而文彩可掬）
　　考試官教諭張批（文氣和平）
　　聖君遷國而成化天下之民歸心焉甚矣教化足以服人也武王遷鎬而首辟廱天下之咸服也宜哉此詩述武王遷鎬之事意謂立國以安民爲務致治以正俗爲先武王於此將何如哉是故四方攸同民既衆矣則豐邑不足以相容而鎬京不容以不作於是率子來之民而相厥攸居凡築城作室翼然其鼎新居重之勢成而慰止之衆可奠矣宅是鎬京邑既成矣則逸居非所以導民而辟廱不可以或後於是因從遷之衆而圖惟厥終凡講學行禮翕然其并舉王教之本端而髦髦之士有賴矣夫建國所以萃民心凡仰乎大壯之觀者孰無傾企之念興學所以新民志凡觀於人文之化者孰無樂育之思自西自東地雖廣袤而風聲所暨者一出於順德之以應曾何分於道里之殊哉自南自北勢雖遼絕文德所被者同率於建極之歸何限於地勢之睽哉是知一遷國之間得人心之服如此然則周民固非懷利以要君武王亦非違道以干譽盡當然之理而獲自然之應耳克盡君道其信然歟考之書曰天佑下民作之君作之師爲人君者亦惟克相上帝耳今觀武王遷國建學則君師之道於是

乎盡而丕承之烈萬世有光矣向使紹其業者恒守此道雖周至今存可也夫何數傳之後王迹熄於東遷禮樂出於諸侯其於君師之任何如耶

春秋

十有二月狄入衛（閔公二年）夏六月邢遷于夷儀齊師宋師曹師城邢（僖公元年）春王正月城楚丘（僖公二年）

謝孟金

同考試官教諭劉批（齊桓救邢封衛得失功罪士子類能成篇止以入衛邢遷在題遂致顛倒錯亂不能為文此作依經會傳鋪敘明白文體整肅是可以冠多士）

考試官教諭莫批（斷案明白齊桓可作當自心服）

考試官教諭張批（得春秋予奪桓公旨義）

二國被外難而霸主存之春秋美其恤患而不與其專封也蓋恤患乃霸主之義封國則天子之權也春秋于城邢城衛之役原始要終而詳略其辭得失自白矣昔狄人不恭虐我中華入衛也而衛之宗社以亡伐邢也而邢之朝市以遷二國緣此其胥溺矣維時桓公主霸責任安攘既合三師以城邢復率諸侯以城楚丘焉夫城邢之役其事擅矣而春秋美之者何蓋邢以播遷之餘而宗社尚存救患分災乃霸主職也桓使恝然而坐視其亡於義可乎幸而有見於此率聶北之眾為城邢之舉結纓冠而拯塗炭之厄解倒懸而措袵席之安遂使廣平之國鍾虡不移廟貌如故伊誰之力耶簡書之畏桓其無忝矣借曰專以行師于義為背然邢人之難禍在朝夕此嫂溺手援之時而可責以授受之正乎是周命可請也而邢亦不可輕棄也春秋于邢遷之下再序三師城邢見國未滅而救患之義可與者以此若楚丘有城厥功大矣春秋罪之者何蓋衛自渡河而東宗社已毀建國封侯惟天子可也桓果銳然而請命以行於義得矣今乃罔見於此不聞上請於鞏洛相率擅城於楚丘甲士戍而黼扆未設服馬歸而策命未作雖使康叔之國既滅而興既亡而存果誰之命耶無封不告桓其自蹈矣借曰順以建侯其事為利然衛之封國昔自宗周此有父兄在而可聞斯行之乎是衛可存也而周尤不可不尊也故春秋于狄入衛之後而深沒楚丘之城見國已滅而專封之罪可譏者以此吁美城邢者一時匡天下之義權也而大防以立譏城衛者萬世尊天王之義正也而大分以明即此而觀聖人經世之法備矣雖然城邢美矣使齊桓于救邢之初急赴其難邢何以遷惟其遲遲不前以致奔亡然後起而城之後雖有功何足贖哉楚丘之地雖出于桓公而衛文自強于政治秉心塞淵卒致富庶之效可嘉也觀是二者則

知以力假仁之失又見處困而亨之爲貴

晉人執季孫意如以歸（昭公十有三年）春意如至自晉（昭公十有四年）

婁烱

同考試官教諭劉批（晉人徇利操縱意如本不難知惟兩傳大多士子漫無主張反苦爲文此作以利爲主不出數言而斷案明白眞漢廷老吏之剖決也嘉士嘉士）

考試官教諭莫批（講晉人徇利之弊簡潔而明）

考試官教諭張批（是謹嚴義利文字）

霸國于內臣始不當以利而討其罪繼不當以利而釋其罪此見晉人於意如其操縱皆放於利也違道甚矣春秋兩致其譏也宜哉且意如何爲而執也晉豫邾莒之訴究其不共之以即于平丘而執之也吾聞意如不君之臣執之是矣而君子曰否蓋意如之強梗不令固可罪矣使能數其事而討之則執得其罪是霸主所以行諸侯也執得而議之今乃專權僭恣之惡舍曰不討虐小不共之故遷怒以執忘大惡而治小過誅小利而昧大義不亦異乎于是云執祇見其自損耳吾未見可以威人心也故春秋于意如執而稱人蓋微詞以罪其偷也意如既執矣胡爲而歸也蓋晉因惠伯之請用叔魚之策舘于西河而釋之也夫魯爲兄弟之邦歸之是矣而君子曰否蓋晉人爲夷而執親固已誤矣使能知其過而釋之則歸之以正是霸者所以時鄰國也執得而議之今乃棄蔡討魯之失未之有悔廣土具命之説遂假其罪聽利謀而縱元惡甘迷復而罔自悟以是云歸益見其不振耳吾未見可以感人心也故春秋于意如歸而書自晉蓋直書以貶其失也是則討罪以利則威不足懾天賜人心侮釋罪以利則恩不足懷而人心渙晉霸之業自是衰矣春秋不取於晉昭蓋所以示後世戒也雖然晉之求利而自敗固不待貶矣獨怪夫魯以周公之後人望之尊昭公拒於平丘意如執而守以狄人其困辱甚矣昭公歸國而未聞有憤恥自強之志意如恐懼逃歸未聞有申大義而惠徵周公之請昭於意如之不立若此其受制於霸國也咸其自取焉耳於人乎何尤噫

禮記

是故情見而義立樂終而德尊

孟澤

同考試官學正楊批（情見於樂之初化成於樂之終二言似不難解至

於作文鮮不蹈於晦澀者理致明悉如此篇者蓋不多見）

考試官教諭莫批（說義立德尊處良是）

考試官教諭張批（深達作樂之本者）

記者即樂之始終見君子之所蘊焉夫樂非無因而作也原始要終而君子之德義見矣記者論樂道之大如此謂夫聖王之作樂也雖本于天地之和而實寓乎吾心之理是故情之未見義之立者固未可知也苟審一定和性術播於聲音比物飭節天機形於動盪生於心者成於象器數之顯設一中心之慘舒也藏於密者顯諸文宮羽之抑揚一志意之宣暢也情見如此若無與於義矣殊不知性術一變而裁制之妙於是乎維持淫邪不得以干之天機一動直方之體於此乎橐籥鄙詐無因而入之不然則道心不足以制欲而湛一或奪於攻取矣其能善樂之始耶樂之未終德之尊者亦未可知也苟協氣流通施於邦家而彝倫正大樂磅礴達之天下而衆成寧治道成而風俗易也人心感而百化興也樂終如此若無與於德矣殊不知化以德洽和平公愛者悉本於充養之純粹而庶事未能或之先也和以德召優柔平中者悉由於造詣之精熟而百爲不能出其右也不然則天真不足以勝私而大化或間以人爲矣其能善樂之終耶是情發於義立則知義不可以不由化成於德尊則知德不可以不進廣樂以成教者盍亦從事於斯乎大抵樂以彰德動已而天地和星辰理非徒曰感人動物而已也德豈由於外鑠哉吾固有之在於存養省察而已苟人欲盡而本體全蘊之於身爲至德發之于樂爲至樂達之於治爲至治然後爲樂之全功也後世不知出此一切從事於儀文度數之求自以爲樂而不知本之則無如之何記者論始終之樂而歸之德義教人務本之意遠哉

仁之爲器重其爲道遠舉者莫能勝也行者莫能致也取數多者仁也夫勉於仁者不亦難乎

任思恭

同考試官學正楊批（此題場中作者類以重與遠爲取數之多殊覺纏繞可厭此作開闊明暢是用表而出之）

考試官教諭莫批（融會本文詞不費而意到）

考試官教諭張批（仁道之難發揮明盡）

聖人極言仁道之難盡所以示人以求仁也夫仁道至大非全體不息者不足以語此此其所以勉之之難與表記述夫子論仁如此意豈不曰立人之道有仁焉至理不假於外求全體不容以易盡何則器以前民用而輕重有倫

惟仁則兼統衆善無方體之可言擬之於器其重器矣乎道以達天下而遠近有等惟仁則貫徹古今無窮盡之可指擬之於道其遠道矣乎惟其重也雖欲奮發以舉之吾見得其偏未會其全負荷之餘亦畏難而苟安耳勝何可得耶惟其遠也雖欲勇往以趨之吾見究其端未竟其極推行之際亦半途而自廢耳至何可得耶仁道如此至於取數則隨事皆在不見其不足有難以一二名者體物不遺無適而非道有難以定數執者取數既多仁果易勉乎蓋理出于天非至健不能致其決幾非在我非至明無以察其微雖欲免強以造之而一節之虧或此心之病蓋有終身之弗得者矣雖欲議擬以求之而一息之間或爲性真之累蓋有近似之未能者矣噫仁道至大而難能如此君子當致慎於其難不可自沮於其進了抑考夫子嘗曰道不遠人人之爲道而遠人不可以爲道蓋人之求道自有遠近之別而道初無遠近也今觀此章既以勉仁爲難矣至於他日則曰有能一日用其力於仁矣乎我未見力不足者何哉蓋仁人心也爲之由已若中心安仁則惟聖者能之克己者易爲力希聖者難爲功此難易之辨而夫子抑揚之意也學者不可不知

第二場

論

聖王作民君師

林密

同考試官教諭曲批（題本冠冕士子作文不難千餘言率多浮漫可厭此作本題立論不事詞華而開闔抑揚俱中肯綮其近裏著己者與錄之以爲騁詞者式）

同考試官教授李批（聖王君師億兆有德有位而教養舉萬世不易之論子能鋪叙成文層見叠出且造語高古時文中有若此者耶冠場之作允宜高薦）

考試官教諭莫批（議論精切可取）

考試官教諭張批（純粹之詞昌大之氣論之優者）

聖人之御世也承天之責以經民而因民之猷以弘化蓋人之有道也其原秩於天而其紀備於人其理達於下而其極繫於上聖人任天之責者也反諸其身則天下之德在我而所以經綸天下者其本敦寄之以位則天下之權在我而所以宰制天下者其勢順故其始也以其身先天下而立極之道可以神運而不窮出其道也以天下之所有而導天下之人則綏猷之化可以四達

而不悖嗚呼此聖人所以承天意理人群而納軌物之要道也朱子曰聖王作民君師其此之謂歟且天下之生久矣洪荒之世淳風未開茹毛而血飲相安於榛榛狉狉之俗而不識不知惟曰帝力何有於我而已中古以還浇穆日漓智慧日長其所以相生相養有非復作息食飲之舊焉者而世道始紛紛然矣不有以治之其孰從而遂之不有以覺之其孰從而復之古耶斯民也即上古之民也其群然而生者未始不秩然而叙也由相臨有君臣之倫焉由相親有父子之倫焉由相合有夫婦之倫焉由相聯有昆弟之倫焉由相與有朋友之倫焉是道也天之經也人之紀也出於人心之本然而古與今之所弗異也自夫理以氣拘性以情蕩心以物遷其初始於不親不遜而其流至於相欺相軋相殘而無所底止此非天之所能及也代天工而贊化育不有待其人而行者乎是故天將降大任於是人也必先與之以任之之資焉賦之德矣而不重之以權則不尊而天下不信重以權矣而不敦厚其德則無本而天下不從故天將委以經世之責者必聖人在天子之位而後可也書曰天降下民作之君作之師天果無意於聖人乎蓋惟聖人作民之君也則行其師道以率天下而其權始尊惟聖人作民之師也則出其君道以臨天下而其本斯豫此聖人所以承天之責而必兼君師之任也惟王盡制惟聖盡倫制其君之道乎盡倫其師之道乎夫道一而已倫與制非二物也自其本之於身而建天下之皇極則盡倫自其措之於業而秩天下之大猷則盡制制即倫之所爲也此天之委聖人所以必兼德與位而聖人所以副天之托者必盡倫與制而後君師之道全也是故聖王之於天下也治之而爭奪息矣導之而生養遂矣不有以教之則胥人道以群鳥獸非所以承天之意而盡綏猷之責也聖人有憂之必欲舉一世而甄陶之而其心始釋然耳故其始也必以其身先於天下而典自我敦禮自我庸自宮闈以及於朝廷篤父子之親正君臣之位理陰陽之教敦行葦之仁章顯比之道蓋明昭至德以臨照風勵乎臣民者無弗盡其道焉則天下之人極立矣此聖人以身教天下也猶以爲未可以齊也于是制之以太學有上下庠之設也有東西序之立左右學之建也又有爲瞽宗爲東膠爲虞庠爲辟廱成均者矣而又以時臨之所以身親天下之教也乃於是推其制以及於天下群之學校聯之師儒綜之以黨庠術序比之以左塾參之以先路次路而又有州長黨正以糾改之上老庶老以臨率之里胥鄉長以綜理之所以廣勵學官之路也又于是著之話言予之法制陳之藝極定之章程委之常秩所以廣教也而命簡其不帥教不變者移之屏之以至終身不齒所以紬惡以示戒也然猶懼其弗若於訓也於是乎又制爲之刑以弼之齊八政以防之又所以輔教

之所不及而善其道於無窮也夫聖人之於天下帥之以身廣之以學條之以制長之以人而又輔之以刑如此乎其詳且備也而要其所爲教者修六禮明七教不越乎君臣父子夫婦昆弟朋友之間而孰非天下之所固有者乎聖人亦因其所有而品之節之鼓舞而振德之使天下各循其所有以還乎其初耳是故聖人之於天下也導之而弗牽順之而弗咈而天下涵濡於聖人之教也景從而谷應風行而海流而明倫之化天下大同矣此聖人所以財成天地之道輔相天地之宜以左右民必如是而後君師之道無負於天之責也嗚呼古之聖人若堯之協和也舜之慎徽也禹之敷文命也湯之修人紀也武之建皇極也是數聖人者當繼天立極之會爲制法興王之君而德位兼隆倫制并舉盡君師之道以終代天之功而時雍風動之休平成表正之績永清垂拱之治天地以位萬物以育其萬世君師之極者乎是故聖人君師之道又所以贊天地之所不及而與之參焉者也嗚呼此聖人之所以有功於天地也

表

擬宋以韓琦范仲淹爲樞密副使謝表（慶曆三年）

曹金

同考試官教諭陳批（氣溫詞雅得臣子對揚之體篇終慷慨激勵有規無謟韓范立朝大節溢然言表矣）

同考試官教諭李批（引用精當音節和平宜錄以式）

考試官教諭莫批（典則中有藻麗）

考試官教諭張批（是長于四六者）

慶曆三年月日伏蒙聖恩命臣琦臣仲淹爲樞密副使謹上表稱謝者伏以鴻樞密勿切瑤極之清華卿宷明揚次鈞衡而峻陟官雖列于陪貳恩已極于章縫聯絲綍以同升顧寵光而交愧臣等誠惶誠恐稽首頓首上言竊惟安危注意于將相資廟筭之萬全出納惟允于樞機接台辰之三曜虎符專典參帷幄以運籌龍節遥分統韜鈐而禦侮入則叙百揆之重帝載咸熙出則張九伐之威王猷允塞風人矢咏吉甫隆業于中興太史策勳子儀挺生于再造蓋才必兼乎文武故任可屬以腹心若非長子之貞曷稱价人之選兹蓋伏遇至仁享帝峻德配天統乾元以時乘假豐亨而宜照六卿分治仰聖人之無爲一怒安民識仁者之有勇邁以獯夷革面狼燧息煙謂忘戰之則危乃用人而惟舊本兵副職猥及書生宥府崇階謬充下質臣琦臣仲淹瞻卿雲之五色一芥躬逢并屬響于四賢孤忠自許嘗聞俎豆無柳渾之知兵徒讀父書愧謝安之料敵班先鵷列才匪鷹揚剡腹背之毛思扶搖而罔力顧玄黃之乘希沃若以

中疲連茹以征何幸占其泰運積薪取誚無乃累于離明沾翠渥以知榮翔金華而自分惕若棟撓之懼深惟餗覆之愆敢不捐七尺以折衝庶幾效寸長于牧圉幸揀掄于哲匠可云柱石無能叨剸緋于神工不覺騰驤有意屹長城之萬里臣何有焉見多壘于四郊心之憂矣伏願因時講武戢干戈以事農思患預防聽鼓鼙而任將欽降王于河隴柔重譯于要荒璇璣齊七政而氛祲消干羽舞兩階而聲教訖廣輪鰲極拓禹迹之興圖天位龍飛偃周波于瀚海臣等無任瞻天仰聖激切屏營之至謹奉表稱謝以聞

第三場

策（五道）

第一問

曹金

同考試官教諭陳批（我朝典憲酙酌古今蓋至我皇上而後明備皆時之不容以已也子能於一篇中三致意焉非泛然口耳之學者高薦宜也）

同考試官教諭李批（制度有本有文我國家制度蓋先本後文由內及外以抵於聖神功化之極所謂兼本末合內外以收夫全體大用之功者此篇所陳庶幾得之）

考試官教諭莫批（以鄉校儒生而於昭代故實敷答無遺足占所養矣）

考試官教諭張批（因革損益燦然如指諸掌蓋長於贊聖德之形容者）

理有不容以不一者聖人經制之大法理有不得以盡同者聖人彌綸之妙用甚矣制作聖人能事也經制於前者所以立大中之本彌綸於後者所以適通變之宜一天理之公而已聖人何嘗容心哉是故經制達之天下彌綸通於無窮此創造者貴緣物以立極因事以昭則而繼承者當通其變不膠其故師其意不泥其迹貽謀裕后之規克纘前修之美諒無以易此矣洪惟我太祖高皇帝以聰明睿知之聖垂中正仁義之統驅胡元之亂嚴華夷之防制禮作樂建制立法纖悉委曲罔不畢備固足以俟后聖而不惑矣列聖相承益隆繼述治化洋溢協氣流通美矣盛矣然而參酌古今會稡典制則無逾於大明會典一書焉其開局纂輯一以諸司職掌為主類以祖訓等書附以見行事例大綱既正萬目畢舉大明中天誠有目所共仰者也請舉其大者揄揚於萬一可乎惟始聖祖稽古定制斟酌會通可以謂之無遺矣然中歲晚年間有續定者如置大宗正院掌玉牒也初領以親王繼改為府而以勛戚掌之置中書省總政務也初領以左右丞相繼革其官而以六部分理之去樞密之職總其政于

兵部革行省之名統其事于藩臬兵以振國威也罷諸翼而設督府分督府而為五府統外衛于都司隸都司于諸府其他一事一物綜理周密正朝廷以正百官正百官居以正萬民聖祖精神心術之微雖不可得而聞其可聞者寧不在茲乎聖子神孫丕承洪業然事與時移政由俗革亦後世守成者之不容已也是故在成祖文皇帝則以置諸司于行在嫌于南北并建官制于是乎有損益矣達漕運于北都因而疏渠浚淮水利于是乎有變易矣在仁宗昭皇帝則郊祭尊太祖成祖以配天廟享合文武功臣以并配在宣宗章皇帝則革交趾之一道中國不混于夷設屯田之專官兵食自裕于用在英宗睿皇帝則立團營而督以重臣崖河道而理以憲職在憲宗純皇帝則復軍運之舊例而民力紓設理河之府職而責成備在孝宗敬皇帝則崇孝養而定親王表賀之儀嚴報本而有寢殿祧廟之建列聖精神心術之微雖不可得言而其可言者又不在於茲乎夫作於前者至精而至密述於後者盡善而盡美即乎人心之安合乎天理之正雖其因革損益間有异同列聖之心一皇祖之心也孰能出其範圍之神耶彼周禮一書文質監于二代其法非不備也唐之六典損益出于一時其文非不詳也其視我朝之制散之汗青則星繁日麗藏之私府則圖見龜呈信非前世之所能及也然行之既久其勢有不得盡合者將不有待於今日耶肆我皇上紹履慶基恢弘大運遠追聖祖之心法近紹列聖之制度錯綜斟酌兼總條貫雲行雨施盡舉曠世之典日臨月照獨觀萬化之原蓋集群聖之大成立一王之昭憲者也自今觀之九五有齋恭默有室郊社兆南北之位日月定朝夕之儀肇圓丘以祀天而尊祖以禮備開明堂以享帝而嚴父之義昭其他如復躬耕之典正孔子之祀神機運用不一而足禮以義起政與時宜皆所以擴列聖所未盡而會聖祖所欲為者矣亦何嘗容心於其間哉故其奎章天藻暉映寰區將與天地相為終始豈特一代制作已耶詩曰貽厥孫謀以燕翼子聖祖之謂也傳曰聖人不凝滯於物而能與世推移列聖之謂也易曰通其變使民不倦神而化之使民宜之今上之謂也愚何幸躬逢其盛

第二問

孫觀

同考試官教諭曲批（帝王禮樂之善良由至德為之本也我朝之禮樂所以追并虞廷豈偶然哉子能鋪張殆盡而歸我皇上修道之言可謂達禮樂之本者歟）

同考試官教授李批（慕古樂而述我朝禮樂之盛他日有裨於治道必矣）

考試官教諭莫批（昌大之詞可以知吾子之所養矣）

考試官教諭張批（敷對詳明蓋嘗究心於樂者）

聖人以器寓聲故作樂者當先聲而後器聖王以和宣樂故考樂者當先治而後音夫比音而成之者樂也而實始於聲氣之元候氣而得之者聲也而皆召於和平之治世治人和風氣以正律本以定而至樂形焉迄于後世古制莫考而知要者始以求中聲爲的彼探之於渺茫億之以測識者固不足以語此矣執事策士而獨詳於樂固以樂者爲政之本而筮仕者所當究心也請條陳之記曰聲音之道與政通又曰樂者天地之和也周惇頤曰移風易俗莫善於樂又曰德盛治至道配天地古之極也則樂也者其大人以昭天地而管人情者乎稽于虞舜命夔典樂教胄子而必丁寧於詩歌聲律之和蓋以樂形和樂之始也夏禹則以九功之叙勸之九歌又欲聞六律五聲八音在治忽以出納五音蓋以樂察政樂之終也至於成周大司樂以樂教樂語樂舞教國子大師以合律呂典同以辯天地而樂於是大備矣降及周禮在魯詩樂殘缺夫子一嘗正之而大師以下皆知散之四方雖非聖人之徒而皆有得於俄頃之化者也自是而後蕭韶絕響而言治者惟求之刑賞號令之末踵律失傳而言樂者但紀其鏗鏘鼓舞之粗烈然則樂終不可作乎樂之義終不可講乎蓋天地之數不可見而形諸聲音聲音之數不可紀而假于律呂故作樂必以求中聲爲要中聲不得則千二百黍之實無以吻合黃鍾之管一十七萬一千一百四十七之數無以統十二律正變之成或數則多至於大也必逾宮矣或數則少至於細也必逾羽矣聖王治世中和之氣鍾於嶰竹之均厚子穀秬黍之適中故因容以度管因管以求實因實以審聲因聲以窮數因數以稽變因變以考成而樂斯作焉此伏羲紀陰陽之初以爲律法黃帝使伶倫取竹吹之以爲黃鍾之宮皆有取於此也後世黍龠之容失其准聲氣之求無其端雖有作者不過矯飾於器具襲習於賤工而已而豈知樂之本乎此房中之樂寶鼎之歌大安大晟之奏漢唐宋之所以失而昭武之變靈應之巧東西之舞南北之商晉魏隋梁之所以陋也故一時有志之士有求之於尺者矣然尺不生於律度則長短不可據也有求之金石者矣然金石傳於久遠則真僞不可辨也至於以鍾律爲本而下聲沮於鑄工王朴之所以疎也以秬黍定律而尺常至於丈二范鎮之所以拘也故其播之絲竹被之歌舞雖名爲虞已竦神洞心駭目而於大要皆未有得焉者究而言之其惟蔡元定之說乎其著爲新書始之以十二律相生之數五聲損益之次明其正也次之以宮徵二變相生之法窮其變也終之以正變之倍半八十四聲六十調之起畢合正變而要其成也而其求中聲之法則惟多截竹以擬黃鍾之管更迭吹以求其聲淺深列以

求其氣固可爲千載卓然之見矣朱子稱其明白淵潔縝密通暢豈溢美哉至於荀勗之暗解阮咸之神解雖偶有所合而未極其精他若信都方觀雲色而知孟春之氣萬寶常扣食器以諧絲竹之音張文收聞磬聲而得其月數裴知古遇乘馬而究其吉凶固皆偏長一得而未究心於大要者也仰惟我朝國初命陶凱作樂泰階平九章即九變之制也方響以應四清聲即半聲之義也奏之朝廷郊廟以協大和之治猗與休哉甚盛善矣列聖相承禮明備迄于皇上修道以爲樂本制禮以爲樂先而鍾律之未備嘗命大常更定之矣聲音之既諧又付神樂習熟之矣於是以至和而宣至樂以至樂而形至政情深而文明氣盛而化神天地訢合神人協諧追并虞廷遠過後世而古樂復見於今日有由然矣豈必築室布灰度管按律盡合古制而後謂之大樂哉故夫上古之樂樂以知其政今日之樂政以知其樂愚生敢以是爲當寧獻

第三問

張養性

同考試官教諭魏批（氏族所以別生分類倫理實係之然必譜諜正而後氏族明故譜諜之係於風化不淺也此策發明詳悉議論純正蓋嘗究心於古今名族者歟）

同考試官教諭張批（天下之生久矣氏族變更何可悉數此策援事引證俱有考據可以觀博古之學矣）

考試官教諭莫批（策有斷制非徒事記問者）

考試官教諭張批（體制嚴整典故明備可式）

勢有似渙而聯天下之俗者氏族是也法有似疏而維天下之化者譜諜是也何也天之生人其初一本也自其生之繁而群然聚也不別其類則混而不相從其別之而粲然列也不要其本則離而不相統不相從則爭爭則人道不可以立而天下之俗敝不相統則散散則人心不可以維而天下之治衰王者知其然故於其群也握其權以統於上而所以聯屬天下者其勢似渙而實合明其制以達於下而所以綱維天下者其法似疏而實詳嗚呼此氏族之所以有關於天下而譜諜之學所以不可不講也吾嘗博稽載籍之傳沿考上世之故而知姓氏之來尚矣蓋生人之初也不制之姓則孰從而別之不因其生則曷由而顯之故曰別生分類蓋別其姓族分其類使相從也又曰錫土姓蓋以新生之土賜之爲姓以顯其德也古之帝王自黃帝顓帝以至於帝嚳帝堯帝舜皆爲姬姓其姓同也而异其國號以章有德故黃帝爲有熊顓帝爲高陽帝嚳爲高辛堯爲陶唐舜爲有虞其氏不同也此姓氏之大較也左氏之言曰

天子建德因生以賜姓胙之土而命之氏蓋姓之爲言生也以此爲祖令之相生所以統繫有世使不相別也氏之爲言屬也旁支別屬各自爲氏所以別子孫之所出使不相亂也若堯之賜伯禹也其姓曰姒而其氏則曰有夏賜伯尼也其姓曰姜而其氏則曰有呂是所謂賜之姓而命之氏也傳曰諸侯以字爲氏因以爲族又曰官有世功則有世族邑亦如之如鄭子國之後遂爲國氏子駟之後遂爲駟氏是所謂以字爲氏而因以爲族也蓋賜之姓而命之氏天子所以總其權於上而統括天下之勢也以字爲氏而因以爲族諸侯所以廣其制於下而分理天下之羣也故曰天子賜姓命氏諸侯命族族者氏之別名也則雖不必盡合於堯而其義固相沿而起者也呂祖謙曰三代之時曰姓者統其祖考之所自出也百世而不變者也曰氏者別其子孫之所自分也數世而一變者也其諸姓氏之大義歟古之王者重天下之本敦教化之道而於天下之氏族官之小史以定繫世辨昭穆紀之世本以備名號明繼統使天下曉然皆知本系之所由來則反本之心生而睦族之念篤親長之化達而天下之形聯是以隆古之世士庶人能世其家卿大夫能世其族諸侯能世其國而王者所以有道之長也降及暴秦之世滅絕侯王煨燼典籍公侯子孫失其本系而姓氏因以遂亂至漢之興司馬遷父子世掌太史之官于是約世本以修史記因周譜以明世家而姓氏之源始著焉吾嘗考之先世之所以得姓雖一而後之子孫別而爲氏者日繁有以所封之國爲氏者矣若齊魯秦吳是也有以先世之謚爲氏者矣若文武成宣是也有以所居之官爲氏者矣若司馬司徒是也又有氏於爵者矣若王孫公孫是也有氏於居者矣若東門北郭是也有氏於事者矣若巫乙匠陶是也自其枝分派別初若系之散出參錯而難齊及其反本窮源則猶綱之有綱統約而可理呂祖謙曰孟仲季臧東門子叔同出於魯也游國封印公父伯張同出於鄭也向華蕩樂鱗魚仲老同出於宋也欒高崔國叔仲東郭同出於齊也嗚呼沿四出之流可以遡泉達之源而即遠揚之條可以尋復命之本此氏族之制所以隆於先王而天下所以聯屬於下者由此道也自漢而來猶未盡廢其在魏氏立九品之制置中正之官以尊世胄以界寒士而姓氏亦因可考晉宋因之賈氏王氏各有譜學之作由是設譜局以清世系具史職以兼厥官而譜諜之制猶嚴焉吾嘗考之當時之爲姓雖殊而人之宗系各有所屬而不亂如過江則有以爲僑姓者矣而王謝袁蕭其大也東南則有以爲吳姓者矣而朱張顧陸其大也山東則有以爲郡姓者矣而王崔盧李鄭其大也關中亦號郡姓矣則韋裴柳薛楊杜首之也代北號爲虜姓矣則元長孫宇文于陸源竇首之也自其繫之世望則閥閱之傳遠而彌章質

之姓氏則本系之來久而彌著柳芳氏曰山東之人質故尚婚婭其信可與也江左之人文故尚人物其智可與也關中之人雄故尚冠冕其達可與也代北之人武故尚貴戚其泰可與也嗚呼即其因方致尚雖不足以還敦寵之風而要其合族統群猶可以約天下之俗此譜諜之制所以猶存於後世而人君所以維繫天下者未必不賴於斯也及其敝也尚婚婭者先外族而後本宗尚人物者進庶孽而退適長尚冠冕者略伉儷而慕榮華尚貴戚者徇勢利而忘禮教四者失其所尚則人無反本之思而天下之情渙士無統族之道而國家之勢孤安望其能久安而長治也故曰人無所守則士族削士族削則國從而衰信斯言也氏族誠非細故也後世姓氏不分而遂以氏為姓其甚焉者若疏之去足而為束沈之去水而為尤滕之冒母而為孫劉之比伍而為員是皆不有其祖而自滅也果安責其能倡義而惇族哉故嘗推本論之氏族之制其權統於君其道始於士而救之莫若以忠何也氏族之敝起於文勝之流極忠厚之道亡而其本漸離也夫欲運而轉之豈必家喻户曉之乎天子以天下為家操轉移之機於其上而凡士有經世之責者其修之家也能稽古諜以明其本始遵彝訓以篤其族屬則一鄉之人寧無感而興者乎而一鄉之族可敦矣其行之天子之庭而達之天下也廣德意以敦世教明譜諜以興民行則天下之人誰獨無反本之心乎而天下之族其亦庶幾可敦矣然要其所以反極重之勢而迴文勝之流則莫若救之以忠此又轉移天下之大機也吾故曰其權統於君其道始於士而救之莫若以忠不識執事以為何如

第四問

謝孟金

同考試官教諭劉批（人物一策正以觀尚友之志此作條對詳明末復以禹周孔孟為期其所趨向迥出尋常他日所就豈可量乎）

考試官教諭莫批（發策取士以觀趨向此篇末後數言見大意矣敬羨敬羨）

考試官教諭張批（敷對明考究當佳作也允宜高薦）

有古之功業有古人之道德天下之道出與處而已古之聖賢其出則行義達道而功業著其處則立言垂訓而道德明本道德以為功業則昭一代文明之治而功業不止於近效蘊功業以為道德則接千載不傳之緒而道德不安於小成道德者其敦化乎功業者其川流乎知此然後可與論古人矣請因明問而陳之三代而上道德功業出于一三代而下道德功業有所擇如大禹之地平天成周公之制禮作樂功業似不可及矣至於玄德升聞明德惟馨則

大禹周公之功業未始不本於道德也孔子之江漢秋陽孟子之七篇仁義道德似不可企矣至於繼往開來辟邪存正則孔孟之道德亦何嘗不著爲功業哉惜乎三代而下全才間出以功業著者道德或不足稱以道德顯者功業或無所見此人物必歸之三代之上而後世之所鮮及也惟中州古梁豫之地而人物之鄉也如伊尹之克相有商申呂之藩翰周室執事略而不論乃獨致詢於唐宋諸君子者無亦慨末世功業道德之殊以觀承學平生尚友之志耶愚不敏敢舉所聞以就正於有道唐之韓愈氏者文人之雄也原道一篇追蹤孟氏史稱其左右六經是矣然道足以濟天下勇足以奪三軍而身不能一日安於朝廷之上君子不能無惑焉宋之張方平氏者公輔之望也毀譽不動得喪若一蘇軾稱其善斷大事是矣然悅之者寡不悅者衆雖貴而不用用之而不盡識者不能無惜焉又有若富鄭公者出使專對嘗一身繫中國之重矣然生民戴其德史官書其勛使虜一事特其大者爾有若韓魏公者擁英立神嘗措天下於太山之安矣然卿雲見於臚昌譽望憎于西人邁往之氣蓋其素定耳明道之於伊川或爲令晉城而專務德化或少負高識而身任斯文至規模廣闊與夫文理密察兄弟所趨亦各有自得者焉呂文穆之於獻可或以寬弘三相或以峭直屢黜至於先見亟稱於司馬與夫氣量見重於太宗二子所養亦自有不同者焉以至謝顯道去矜字而伊川嘆其善學朱公掞攝簿事而縣人稱爲明鏡究其所入則謝之切問近思朱之學本忠信雖曰師友之傳有所自而學問之力亦不可誣也嗚呼古人之行不同也生於數百年之後而欲議得失於數百載之前亦難矣若據其已往之迹則富韓二呂之與方平位之崇卑雖有不同皆所謂行義以達道者究其功業則韓富其最著者乎愈也二程也謝與朱也顯晦亦各有异皆所謂立言而垂訓者語其造詣則二程其最深者乎雖然楊子有云觀乎聖人則見賢人又曰衆言淆亂折諸聖今觀諸賢施設布置非不足以恢皇治道也議論文字非不足以涵泳道真也要皆得其偏而未會其全窺其粗而未窮其妙又必如大禹周公之功業孔子孟子之道德然後爲至也愚也草茅之士也事功所就誠不敢有大禹周公之望若道德所造無己則願以孔孟爲法也謹對

第五問

孟澤

同考試官學正楊批（河汴利害今時要務夫人皆知其概考究詳悉區處精當獨此篇見之其真俊傑之士識時務者是宜允薦）

考試官教諭莫批（援古證今條答無遺有用之才非獨以文求售者）

考試官教諭張批（經濟之學即此可占）

河之害未易已也善導者貴於因其勢河之利未遽興也善用者貴於因其時夫就下者河之勢也欲已河害而逆其勢是救焚而揚者也如之何其可已也异遇者人之時也欲興水利而不於其時是兩而桔橰者也如之何其有益也知此則古人之商河害而勢有從違計汴利而時有緩急皆可得而論矣今日之事固亦可從而折衷也執事發策以河汴下詢意爲豫土興大利除大害也愚雖未睹汴之爲利而河之害則人受其敝者久欲有言而無由也請得因明問而昌言之而汴之爲利亦可得而具陳矣夫河之源蓋聞其出崑崙之隅凡九折而入中國禹鑿龍門納而東焉自大伾之北釃而爲二至於大陸又播爲九然後同爲逆河入於海故歷三代無河患禹之功也及周定王時失於決排而禹迹遂改於是自渤海以至濠梁以漸而受害矣倡議疏治代不乏人而莫詳於漢有欲索故迹而穿之者許商解光也然治之有道不必故迹而填淤可卒復乎有欲出之胡中者齊人延年也不知疏浚之功將何以施而胡虜可假道乎其以爲天事可勿理者田蚡之竊便奉邑谷永之講求事應也空水衝而縱其決穿漕渠以通其勢者關并之欲洩尾流賈讓之自謂中策也弛灌溉之防使水得自行張仲義之說而決渠灌田恐非不利於水也徙之寬平使乘高而下王橫之說而相度地勢似爲得水之道也王延世以竹絡盛石計補決堤亦一時之救災也平當以堤防非義博求疏浚則大禹之遺意也要之金堤固而壅流亦穿石堰逼而漲水愈怒故不若順水之性勿與爭能則游波庶可安流耳此又賈讓之上策也夫汴之源亦聞其發廣武之下夾兩城而流澗中禹分大河出爲陰溝自滎澤接於淮泗至浚儀西北分爲二渠是以河流濟汴通美利於東南也秦漢以下多仿其意爲之而開浚有加於是漸次而大灌溉之於轉漕無不可焉其曰鴻溝者秦始皇疏之以灌魏郡者也曰浪蕩渠者自五池口來注鴻溝者也漢明帝循河故瀆作渠流注浚儀曰浚儀渠漢靈帝於敖城西北累石爲門以遏渠口曰石門渠因其汙塞欲通之而不果者桓溫之於大和中也浚而岸潰更疏鑿以漕運者劉裕之於義熙間也皇甫誼發丁夫百萬開之起滎澤入淮千有餘里更名之曰通濟渠隋大業之初也裴耀卿言江南租船自淮泝鴻溝轉輸於河陰運米柴百萬石唐開元之際也要之小疏則民利大疏則國利因隋舊迹以便轉漕坐而享厚利者非玄宗之受成乎此河汴之已然者也由今觀之黃河自孟津而上莫之有改也豈以其岸高而束固乎其東則地平土疏水勢漫衍而沙泥且過半焉是以隨潰隨淤朝田暮壑由周而來河決之害未有如豫土之數者也治河之說賈讓固有上策乃揆

之今日之勢而又有不同焉古之治河專以防害今之治河則兼資其利是故愈難言也夫自禹迹之改每徙必南以地巽東南故也往由魚碭直侵運道呂梁之險河駕其上焉然漕渠不容致氾濫於徐沛之間故議者疏白河疏渦河分之於南以殺其勢而水得就下遂至大勢全歸長南赴而不返也然以其出呂梁之下運船無渡洪之資乃又疏賈魯河疏趙皮寨河以挽而北勢既趨下強之就高則難故浚無虛歲而塞不逾時其河南北往來當其交衝者若睢州等十餘郡邑互為漂蕩而丁夫埽銀徵發無停期全豫之民一河有餘害矣宜厪執事之憂也然必欲防河之害非捐其利不可也且運河初開匪藉黃河浚泉治渠積水以濟斯亦自足轉運何必力挽不為吾用之水以幾不可必濟之功乎愚以為宜仿賈讓之上策就河所在之處寬其衝激以縱水性但於兩岸數十里外遙為堤防不必近水捲埽以與水爭咫尺仍於近海寬閑之處仿禹九河多為支流以利其入海之勢則河既就壑當不復漫賈讓所言可千年無害者也若果運道淺澀疏泉未利則糧運半出黃河陸運至衛亦可以達計其輓輸之需恐亦不加於挑河之費也如歲一挑河則歸睢數處之患無已時而全省生民之農功血肉常填巨浪曷克以堪乎此固不可不為之通計也若夫汴河之渠原出滎陽原武浚儀之間今盡為河所占沒漢明順靈之堤堰漫無可考周世宗所疏達於江淮之迹泯無可復矣竊意今所謂孫家渡河者亦自滎澤而下引河為渠由朱仙鎮東南達於淮泗似亦汴渠之意特民不知灌溉而水利不興不近都會而轉漕非其所資且今大河灌淮何有於此雖然苟有能興水利者督其民仿覃懷之用丹沁作渠灌溉則萬頃之沃野可成即今東南百貨往往自達而千里之舟楫固不為無便然則是汴渠意也司水利者盍知所以變而通之乎草茅迂疏未達除害興利之大計姑以耿耿於夙衷者為執事陳之倘采其意而轉聞於上庶幾魚鼈之民或有時而免歟

河南鄉試錄後序

　　皇上嘉靖宇內之二十二年文教融洽譽髦斯士是歲天下復當大比中土之英蔚然裒集大梁者蓋千八百有奇進而三試之其言雖淺深异得要之本德行明道藝鮮有懿者俾為之躍然曰郁乎文哉經經緯史錯而成章斯才俊之由衷也争耀滿前將人可充貢其能盡羅而致之乎古稱豫土為陰陽之所和固宜其人濟濟若是既限於例反復遴儉取八十人以禮賓之來為科目羞者亦往往可指兹豈敢謂盡無其人歟書曰稱匪其人惟爾不任萬一有不

如其言至使有償民事者仿澤宮之制而讓其不恪則將奚辭哉是則可恤也夫多士之言本德行而明道藝矣豈其忍弃信以貽主司憂然出見紛華而説者亦賢者未絶之欲也故不變塞爲强而聖人嘆其難以况夫一言一舜而懷拳拳爲利之心亦恐或有之不亦譎士乎哉易曰觀國之光利用賓于王言六四離下而上士之遇也至於履之初九則曰素履往无咎言不可以往遇而廢平生欲人謹其始進也是故多士遇矣苟不耻爲譎士則吾不敢知其或有賢者不免之欲則願申此言相規庸展一日相知之雅云爾也若夫降崧岳之神藉途科目出而爲國之翰如甫及申以多助我皇上中興之治則又非侔之所能知也

　　　　　　　　陝西漢中府金州平利縣儒學教諭莫侔謹序

嘉靖二十五年河南鄉試錄

河南鄉試錄序

聖天子御極誕敷皇猷懋昭文化開科取士至是蓋凡九舉焉法愈精嚴視往昔稱得人尤盛猗歟休哉誠昭代之盛典也今歲丙午秋復當其期河南遵制舉其事監察御史侯度奉命巡按茲土實監臨之體忠效信申飭規程惟嚴惟公且克翼焉先期幣函遍詣延聘師儒以司校文之役及期畢至則以入繩暨教諭鄭用賓爲考試官學正林金教諭蔡節崔縺胡東陵楊淮鄭臣李應科爲同考試官僉以是役重且艱胥飭胥毖提調則左參政金清右參政丘茂中監試則按察使朱良副使陳洙及諸執事悉遴選以充乃於八月庚寅入院御史侯度登堂集衆申重盟誓期於澡瀹志慮秉操衡鑒務得真才以上副聖天子側席求賢之意以少塞我臣子職分衆罔不唯唯是承既鎖院乃合提學副使孫應奎所選士千九百有奇三試之拔其俊者八十人錄其文之精者二十篇以獻入繩猥以執事例當有言竊惟河南當天地之中古羲禹之遺迹而成周之故墟也嵩行盤礴河洛逶迤風氣萃交多產賢哲載昔可稽矣入繩於是役也固心領其必得人矣肆觀其文則見其言非徒文理契於心道德性命闡其奧天時地理述其詳人情物則究其端爲政致治之義開陳而無餘法且博達閎衍可以徵才淵涵停蓄可以識量灝發流暢可以占氣操切峻凝可以證節皆本之乎平正光明之懿矩而宣洩乎趨向存舍之妙義罔非大受遠到之資而誠可以應今日之賢能之選者也匪徒以其綜輯辭采錯比文華燦然蔚然已爾不其偉歟豈其以山河之靈淑鄉先哲之遺澤然乎者嘗讀詩而見有周人才之盛一時疏附先後奔走禦侮罔不充備竊以爲天厚有周而產才若是及讀棫樸之章則又曰周王壽考遐不作人然後知有周人才之盛固化使之然也弘惟我皇上資稟神聖極建中和德澤教化汪濊旁達既亦有年薄海內外胥成於變而位育之效至於格鳥獸被草木無愛道無愛寶者矣矧茲耄土涵濡漸摩獨深者乎又矧茲土密邇畿甸沾被尤先者乎則今日人文之盛固宜彬彬濟濟高出成周之而非以其山河之靈淑鄉先哲之遺澤已也雖然愚尤有言焉嘗聞之山谷出雲而雨乎天下河海委潤而澤乎千里言致

用也爾多士績學種德於鄉所以希采擢以求表見於世嘗虞其不獲進今幸進矣將通仕籍以服有政矣其亦思所以致用也哉仰惟聖天子在上明良之遇亙古爲難勵翼效忠正其時也尚思所以表庸樹勛以廣其致用之術以求無負賢能之選則名流芳播他日人固指之爲某科得人則予主司亦與有榮光矣若曰藉是以爲富貴之媒而裂維潰防則上有負聖天子之作養下有愧山河之靈淑而遠亦含羞於鄉先哲之遺澤矣非予輩所望於爾多士者也其尚與勖諸夫是舉也則有巡撫右副都御史柯相戀勤保釐篤興文教總理河道右副都御史詹瀚撫治鄖陽右副都御史葉照胥敕典常振起士風巡鹽監察御史王忬張洽篤修憲彝用作士類刑部郎中王崇義行人王楠趙軏宿應參王鶴徐洛皆以公事至樂觀厥成焉若左布政使李充濁右參政李仁左參議李樂右參議常時平副使商大節何繼之劉汀李冕僉事劉佐李延康張舜臣許天倫唐錡劉望之都指揮僉事李胤王執敬周寶皆素裨士教今則防範於外於法得備書云

　　　　　　　　　　江西袁州府分宜縣儒學教諭曲入繩謹序

嘉靖二十五年河南鄉試

監臨官

巡按河南監察御史侯度（憲甫山東東阿縣人　壬辰進士）

提調官

河南等處承宣布政使司左參政金清（廉夫應天府上元縣籍直隸昆山縣人　己丑進士）

河南等處承宣布政使司右參政丘茂中（子時福建莆田縣人　辛巳進士）

監試官

河南等處提刑按察司按察使朱良（遂夫浙江慈溪縣人　甲戌進士）

河南等處提刑按察司副使陳洙（道源浙江上虞縣人　己丑進士）

考試官

江西袁州府分宜縣儒學教諭曲入繩（子約湖廣沅陵縣人　甲午貢士）

浙江衢州府常山縣儒學教諭鄭用賓（于觀福建莆田縣人　丁酉貢士）

同考試官

湖廣靖州儒學學正林金（聲之福建連江縣人　丁酉貢士）

直隸保定府安州新安縣儒學教諭蔡節（介夫廣東順德縣人　壬午貢士）
　　直隸保定府清苑縣儒學教諭崔綖（淳甫直隸江都縣人　癸卯貢士）
　　湖廣長沙府湘潭縣儒學教諭胡東陵（君山貴州普定衛籍直隸華亭縣人庚子貢士）
　　陝西西安府咸寧縣儒學教諭楊淮（子東四川綿竹縣人　甲午貢士）
　　江西贛州府雩都縣儒學教諭鄭臣（佰相廣東海陽縣人　甲午貢士）
　　直隸池州府貴池縣儒學教諭李應科（用行廣東南海縣人庚子貢士）

印卷官

　　河南等處承宣布政使司經歷司經歷梁松（節卿直隸雞澤縣人　監生）
　　河南等處提刑按察司經歷司經歷李德元（謙甫直隸定州人　監生）

收掌試卷官

　　開封府知府白潛（子深廣西臨桂縣人　己丑進士）
　　汝寧府知府潘子正（汝中直隸六安州人　壬辰進士）

受卷官

　　懷慶府知府唐寬（栗夫山西平定州人　壬辰進士）
　　南陽府裕州知州王正容（德輝山東寧陽縣人　辛丑進士）
　　開封府鄭州知州陳珤（朝重廣西臨桂縣人　乙酉貢士）
　　河南府宜陽縣知縣雷世榮（子抑山西蒲州人　辛卯貢士）
　　懷慶府河內縣知縣陳志（惟學直隸德州衛官籍宿松縣人　辛丑進士）
　　開封府陽武縣知縣蔡朴（初直隸滄州人　甲辰進士）

彌封官

　　河南府知府楊守約（允中彭城衛籍湖廣長沙縣人　乙未進士）
　　開封府推官汪一中（正叔直隸歙縣人　甲辰進士）
　　汝寧府新蔡縣知縣閆東（啓明四川內江縣人　甲辰進士）
　　汝寧府光州固始縣知縣申旟（儀卿直隸魏縣人　甲辰進士）
　　歸德府鹿邑縣知縣夏寶（彝仲江西南城縣人　戊子貢士）
　　開封府鄢陵縣知縣趙孔昭（子潛直隸邢臺縣人　甲辰進士）
　　開封府封丘縣知縣文大才（希周湖廣廣濟縣人　辛卯貢士）

謄錄官

　　歸德府同知焦璉（子重順天府涿州人　乙未進士）
　　開封府許州知州黃潯（世清江西豐城縣人　乙酉貢士）

開封府延津縣知縣黃鏜（德揚通州衛籍福建連城縣人　辛卯貢士）

開封府洧川縣知縣陳秉忠（汝誨順天府遵化縣人　辛卯貢士）

河南府洛陽縣知縣任大和（文中山西平定州人　辛卯貢士）

河南府嵩縣知縣劉應熊（體陽陝西隴西縣人　辛丑進士）

對讀官

河南府同知劉逸（士勤直隸潼關衛籍順天府良鄉縣人　己卯貢士）

開封府通判劉源澄（印清山東臨清州籍江西廬陵縣人　壬午貢士）

開封府通許縣知縣李梓芳（啓孝湖廣華容縣籍江西豐城縣人　戊子貢士）

開封府儀封縣知縣谷鳳喈（之桐直隸當塗縣人　甲午貢士）

開封府杞縣知縣蔡時雍（道亨山東□□縣人　丁酉貢士）

汝寧府汝陽縣知縣李淳（彥穆四川夷□縣人　甲辰進士）

巡綽官

宣武衛指揮使丁守之（鎮遠直隸六安州人）

河南衛指揮使尚允紹（允孝河南息縣人）

睢陽衛指揮僉事湯易（宗義直隸來安縣人）

信陽衛都指揮僉事楊樟（豫章直隸和州人）

搜檢官

宣武衛指揮使王臣（本忠直隸定遠縣人）

南陽衛指揮使夏葵（君向直隸含山縣人）

潁川衛指揮同知李柱（廷立山東莒州人）

弘農衛指揮僉事陳力（以相直隸當塗縣人）

供給官

河南等處承宣布政使司理問所理問吳槐（與植江西東鄉縣人　監生）

河南等處承宣布政使司織染局大使邵泰（時亨浙江武義縣人　吏員）

開封府同知何尚德（汝脩山西猗氏縣人　壬午貢士）

開封府經歷司經歷王懋貞（世忠湖廣沅陵縣人　監生）

開封府經歷司知事謝一龍（伯雨浙江餘姚縣人　知印）

開封府祥符縣知縣祁春叙（仲典山西蒲州人　癸卯貢士）

開封府中牟縣知縣宋相（伯寅直隸固安縣人　甲午貢士）

開封府尉氏縣知縣曾嘉誥（時錫湖廣麻城縣人　戊子貢士）

汝寧府光州固始知縣丞韓邦翊（汝翼陝西安邑縣人　監生）

開封府儀封縣主簿馮虞（尚伯陝西藍田縣人　知印）
衛輝府輝縣主簿劉大倫（秉彝直隸定興縣人　吏員）
開封府中牟縣圃田驛驛丞周化（育之湖廣麻城縣人　承差）
開封府尉氏縣尉氏馬驛驛丞張永（德厚直隸定州人　承差）
河南府陝州硤石驛驛丞劉慶年（惟禎四川巴縣人　承差）
懷慶府武陟縣寧郭馬驛驛丞曹楫（汝濟貴州宣慰司人承差）
懷慶府孟縣河陽驛驛丞王世勛（汝襲湖廣穀城縣人　承差）
歸德府虞城縣石榴固驛驛丞冀璽（君信山西太原縣人　承差）

第一場

四書

仰之彌高鑽之彌堅瞻之在前忽焉在後　誠之者擇善而固執之者也　得天下英才而教育之三樂也

易

黃裳元吉文在中也　動靜不失其時其道光明　子曰易其至矣乎夫易聖人所以崇德而廣業也知崇禮卑崇效天卑法地天地設位而易行乎其中矣成性存存道義之門　發揮於剛柔而生爻

書

翕受敷施九德咸事俊乂在官百僚師師百工惟時撫于五辰庶績其凝　嶓冢導漾東流為漢又東為滄浪之水過三澨至于大別南入于江東匯澤為彭蠡東為北江入于海　皇建其有極斂時五福　公其惟時成周建無窮之基亦有無窮之聞

詩

蔽芾甘棠勿翦勿伐召伯所茇　天保定爾以莫不興如山如阜如岡如陵如川之方至以莫不增　維秬維秠維穈維芑　貽我來牟帝命率育無此疆爾界陳常于時夏

春秋

春鄭人來輸平（隱公六年）　王人子突救衛（莊公六年）春王正月城楚丘（僖公二年）　六月公會單子晉侯宋公衛侯鄭伯莒子邾子齊世子光己未同盟于雞澤（襄公三年）　春王三月及齊平夏公會齊侯于夾谷公至自夾谷齊人來歸鄆讙龜陰田（俱定公十年）

禮記

故人情者聖王之田也　大學之法禁於未發之謂豫當其可之謂時不陵節而施之謂孫相觀而善之謂摩此四者教之所由興也　子曰仁之難成久矣唯君子能之是故君子不以其所能者病人不以人之所不能者愧人　射者何以射何以聽循聲而發發而不失正鵠者其唯賢者乎

第二場

論

君子莫大乎與人爲善

詔誥表（内科一道）

擬漢定振窮養老之令詔（文帝元年）　擬唐以孫伏伽爲諫議大夫誥（貞觀元年）　擬宋以歐陽脩參知政事謝表（嘉祐六年）

判語（五條）

工樂户及婦人犯罪　守支錢糧及擅聞官封　收藏禁書及私習天文　私出外境及違禁下海　毆制使及本管長官

第三場

策（五道）

問　一代之興必有一代之製典謨訓誥垂布萬世帝王德業具在邈乎上矣降而漢唐宋英君誼辟代亦有作其間有稱號令文章煥然可述者有稱爲文賦詩贍麗沖邁者有稱援翰屬思極其精妙者擬之帝王之製不識有相類歟其於治理關係何如也我太祖高皇帝開基於前成祖文皇帝繼統於後皆有製作以詔天下家傳人誦者久矣敬舉一二與諸士頌之如大誥有編資世通訓有書所以勸戒臣民綱維治理者憂世之念深矣其詳有可言歟精誠有錄存心省躬有錄所以察於敬忽明於災祥者兢業之必切矣其義有可聞歟孝順事實有書爲善陰騭有書諄諄焉勵俗勸世宏綱要領可舉其一二歟聖學心法有書性理大全有書惓惓焉立教修身微詞奧旨可測其端倪歟經緯天地昭如日星誠一代之製也迨我皇上聰明神聖應運中興發爲聖謨以光宇宙如明倫大典而萬世之綱常以定敬一有箴五箴有注而千聖之道統以傳與夫欽天記頌平臺之咏雖未易殫述而至德要法巍然煥然真有以媲美帝王同符聖祖爲法於天下而垂之萬世者矣諸士於此服膺有年願有以鋪張而揚厲之

問　教養之道自古帝王致治之大經大法也故唐虞命弃命契首於工虞夏商周制産建學時其變通而未之有改于時民康物阜道化宣昭後世稱盛治者必歸焉有由然矣恭惟我太祖高皇帝掃除腥穢正一統宇即位之後首以農桑學校詔天下即古帝王傳心之要此治之所以紹隆邃古傳盛萬世者也然其宏綱大旨可得聞乎自是蠲免天下稅糧詔凡幾下無非厚生之意不知深仁厚澤所以形於播告者抑何歟至若惇庸典禮申牖民性其出自淵衷昭于綸綍如誥禮部國子監論太學生國學師徒省頑文凡此皆雲漢昭回江河行地固莫可得而議擬者也不知其開示蘊奧以導民之趨者其旨又何歟夫天造之初財用宜不足而顧有餘教化宜未遑而獨首舉其道又何繇也昔周公嘗陳公劉后稷風化之所由以告成王豈非以守成者之所必欲聞耶我皇上祈天永命世德作求而於教養斯民尤倦倦焉如躬耕籍田時御西苑所司奏災亟加賑貸一遇水旱竭誠祈省且又親灑宸翰頒布學宮申飭中外明著章程洊厘文體一歸於正所以勸天下之農而教天下之士上符皇祖而緝熙宥密真出周成王之上矣然其躬行於上而以創以承風行於下而以足以明必有本焉又不專以經綸之迹求之也諸士子盡敬陳之以表芹曝之悃

　　問　周官設馮相氏保章氏之職專以掌紀歲月日時其義攸在而孟子亦以爲苟求其已然之迹千歲之日至如指諸掌則雖天辰高遠亦有可知之理蓋治曆明時乃聖王之所先而曆家測天之說亦吾儒之所不可忽焉者也粵自黃帝迎日推筴以來代嘗有之其間或略或詳不知當時所司者何人而所指者何事漢之曆凡五變何者稱善唐之曆凡八變何者爲懷宋曆未嘗不當至元郭守敬而其術愈精國家大統曆多或取之豈亦理之所在不以勝國而可廢耶曆家之議有日躔月離有氣朔盈虛有日法斗分有閏餘歲差執此以求豈各有分而不可混耶先儒謂曆法大抵主於日月又謂於日月交感之際以陰陽質之方得不差然則數果有一定而不忒耶夫定曆固在於明陰陽至要莫先於精差法說者謂差法之精其道有四得人爲本立元繼之測侯次之準古又次之誠由是而精之則驗其數於秒忽毫厘之積分觀其象於日月星辰之躔度徵其氣於寒暑晝夜之往來以辨叙事以詔救政曆法明而治道出矣關係於世豈曰小補之哉執事者願有聞也

　　問　士儒修於家而效用於世也其大要所需有二曰德器曰才識二者不容或偏蓋有德者必有才有才者未嘗不本於德故孔子曰君子不器然亦有不能盡然者嘗夷考古今人物而因論其才德每每有不能相爲流通者焉試與諸士子評之度越諸子者胡爲乎著論美新振頽八代者胡爲乎上書干

進其氣節不無有歉身任阿衡者而或少乎持滿之戒功在社稷者而猶略於蜀鏡之答其學術在所當急治行第一而功名損於爲郡務養名節而就職卒無建白豈事業有難易歟有王佐之器而將略非其所長有忠義之心而才力有所不逮豈知受有大小歟精忠勁節力扶漢運者或昧聲討之權建功立業宣力唐室者或蒙事讎之恥或重厚而不知錢穀之數或純謹而不識剛正之字或以諫諍鳴於時而拙於徵科或以文章重於世而失於所從然此皆才德不能以兼全豈德與才有二也耶諸士子博古通今者也願悉陳之以觀尚友之學

　　問　世之言善治者在得人以分任衆職務使天下之民舉安而後可也公卿而下孰非任職之人然稱至要而近民唯守與令焉豈以內外之體有相關歟夫亦爲民之師帥以承流而宣化者非彼有不能歟黷貨而淫刑者戕衆性庸而才劣者佐奸執拗而乖方者僨事望風而頤指者敗紀咸足爲有位之蠹民將奚所賴歟或有以治圃喻足用種樹喻任人而又以役使非時善斂課最爲戒擇而行之不識有宜於民否歟職政所在理效不殊漢傳所紀獨詳守相凡令若長略而不書豈爲邑者績用不逮於郡歟紀有詳略宜人無所於勸乃稱漢治獨爲近古抑又何所據歟迨宋天聖熙寧以至於元祐相繼而其事益舉其任益重矣所以爲善者比之於漢果相類歟明興設官分職雖各攸重而於守令尤加意焉愛養元元至優渥也是以我太祖高皇帝乃於有司超群者十有餘員嘉勞賜級彰往而勸來凡以爲民也其詳可得言歟自是而後浸以無聞豈有之而不著抑人之難得而職司者之弗稱歟茲欲各舉其職使天下之爲守若令者皆賢以免民愁嘆之聲仰副我皇上視民如傷之心不可謂世無其人也然則何道可以致之歟幸相與講求其故將以告於今之司民牧者

中式舉人八十名

　　第一名　申嘉瑞　葉縣學生　　易
　　第二名　劉淮　　衛輝府學生　詩
　　第三名　孫榮仁　鄭州學生　　書
　　第四名　何思　　光山縣學生　春秋
　　第五名　楊永貴　睢州學生　　禮記
　　第六名　賈選　　開封府學生　詩
　　第七名　溫如春　洛陽縣學附學生　易

第八名　李希孔　開封府學生　書
第九名　劉希尹　汲縣學生　詩
第十名　孫文登　淇縣學生　春秋
第十一名　林桂　中牟縣學生　詩
第十二名　董遂　嵩縣學生　易
第十三名　侯欽　彰德府學生　書
第十四名　楊枚　開封府學生　詩
第十五名　劉贄　洛陽縣學生　易
第十六名　牛麟　偃師縣學生　詩
第十七名　張冲霄　封丘縣學生　禮記
第十八名　任應龍　鈞州學生　書
第十九名　王聘　靈寶縣學生　易
第二十名　馬德懋　汝州學增廣生　詩
第二十一名　董世彥　鈞州學增廣生　書
第二十二名　羅田　光山縣學生　易
第二十三名　張思正　汝寧府學附學生　詩
第二十四名　朱繼立　羅山縣學增廣生　春秋
第二十五名　張廷槐　陳州學生　書
第二十六名　曹楠　睢州學生　易
第二十七名　朱大紀　中牟縣學生　詩
第二十八名　劉思間　孟縣學生　易
第二十九名　白梅　陳州人監生　書
第三十名　李士元　洛陽縣學增廣生　易
第三十一名　黃文選　滎澤縣學生　春秋
第三十二名　王嘉實　磁州學生　詩
第三十三名　王雲鷟　夏邑縣學生　易
第三十四名　衛東楚　葉縣學生　詩
第三十五名　陳九疇　歸德府學生　書
第三十六名　許可學　歸德府學增廣生　詩
第三十七名　王用　汝寧府學附學生　易
第三十八名　郭之屏　開封府學增廣生　詩
第三十九名　馬時泰　陳留縣學附學生　禮記

第四十名　田維樂　開封府學生　詩
第四十一名　范崇儒　歸德府學增廣生　易
第四十二名　李朝陽　信陽州學生　書
第四十三名　馬嘉謀　上蔡縣學附學生　詩
第四十四名　王正國　宜陽縣學生　易
第四十五名　賈學禮　淇縣學生　詩
第四十六名　楊逢節　固始縣學附學生　春秋
第四十七名　侯州　武陟縣學附學生　春秋
第四十八名　陳嘉道　獲嘉縣學生　詩
第四十九名　李芬　鈞州學生　書
第五十名　楊桐　祥符縣學附學生　詩
第五十一名　朱本固　河南府學生　易
第五十二名　李維喬　開封府學附學生　詩
第五十三名　舒惟春　祥符縣學附學生　春秋
第五十四名　魏卯　許州學生　詩
第五十五名　陳嘉慶　穎上千戶所軍生　易
第五十六名　張鏞　懷慶府學附學生　詩
第五十七名　吳宗堯　睢州學生　書
第五十八名　吳三聘　洛陽縣學生　易
第五十九名　孟津　開封府學生　禮記
第六十名　劉衍祚　洛陽縣學生　詩
第六十一名　王卿　內鄉縣學生　易
第六十二名　李應元　開封府學增廣生　詩
第六十三名　董堯封　洛陽縣學附學生　易
第六十四名　劉賡　鈞州學生　書
第六十五名　王惟善　新蔡縣學生　春秋
第六十六名　郭郊　衛輝府學增廣生　詩
第六十七名　宋國用　鈞州學生　書
第六十八名　張守愚　夏邑縣學生　易
第六十九名　王大經　南召縣學生　詩
第七十名　靖四方　淇縣學附學生　禮記
第七十一名　王鳳翥　開封府學附學生　詩

第七十二名　王同人　葉縣學附學生　易

第七十三名　熊勉學　汝寧府學生　詩

第七十四名　王天敘　孟津縣學生　書

第七十五名　韓恩　河南府學生　易

第七十六名　王濟美　汝寧府學生　春秋

第七十七名　劉光迎　杞縣學附學生　詩

第七十八名　嚴肅　汲縣學生　易

第七十九名　白鶴　安陽縣學生　書

第八十名　都温　獲嘉縣學生　詩

第一場

四書

仰之彌高鑽之彌堅瞻之在前忽焉在後

劉淮

同考試官教諭李批（高堅前後處說者多支離可厭子作獨體認親切無一贅語其殆學顏而有得者乎是之取爾）

同考試官教諭胡批（此正中庸不可能特於高堅前後處見之讀子之文不但可冠中州焉已也）

考試官教諭鄭批（說顏子嘆聖道之妙精到）

考試官教諭曲批（莊重可式）

大賢極嘆聖道之妙而其所得可知矣夫求道而難於用功聖道之妙之至也大賢發嘆至此非學既有得而深知之者能然乎昔者顏淵學孔子之道蓋欲進於孔子也三月不違固有徵於請事斯語之後矣當乎未領其要也而進之則患於無由者其視道固惟有見於高妙之難求耳乃喟然發嘆以為夫子之道自其峻然者而觀之則云高矣然非高以絕人也吾嘗景慕以求其端焉則仰之莫及如不可階升者顧彌高而上達之未易能歟自其渾然者而觀之則云堅矣然非堅以拒人也吾嘗研慮以窺其內焉則鑽之莫入如不可貫通者顧彌堅而聖域之未易造歟何者夫子道之管也崇效乎天而天下莫能載精入於微而天下莫能破是道之無窮盡有如此吾將何如以為功耶以至凝神於心目之間瞻之若可睹矣而神應無方不可典要者則不恒在於前誠定向之難求雖欲與之偕行而不可得也其顯微無間者焉注思於感通之際

引聘若在前矣而變易無體唯變所適者則忽移於其後實擬議之莫定雖欲與之游衍而不可能也其動靜無端者焉何者夫子道之會也參乎其前而步之不可瞠乎其後而趨之不可是道之無方體有如此吾將何如以用力耶吁此固顏子求之切故有見於用功之難然非知之深亦豈能發嘆之若是哉雖然夫子之道根於天命人心之正散於人倫日用之常不越乎中庸而已夫何高堅前後之有顏氏之嘆蓋藉是以嘆中庸之不可能也博文約禮則所以示人知所趨而一乎高堅前後者也既竭吾才所立卓爾固駸駸乎上達之幾而中庸其在我矣又何有於仰鑽瞻忽之難哉惜也止於具體而微而不免於一間之未達則天也非人也

　　誠之者擇善而固執之者也
　　何思
　　同考試官教諭鄭批（辭無枝蔓而理自足中庸義宜如此作）
　　考試官教諭鄭批（典實可錄以式）
　　考試官教諭曲批（明暢）

中庸申言誠之者之功惟致夫精一而已蓋理欲雜而實德鮮矣察之必精而守之必一焉則實德在我而誠者之地豈難至哉誠之者之道有如此夫子之答魯君其意以為性命於天本無不實之理性鑿於情始有不實之心去其偽以存乎誠復其同以變乎异是固所謂誠之者而為人之道矣然果何如以為功哉蓋不思而得固聖人之能事也而未逮乎此者不有以擇之則欲易得以間矣必精以致察焉有一念之發則辨是與非何者而為天命之本然務使昭晰於中已私弗得以混淆之也如是則能擇矣善不由是而明乎不勉而中固誠者之自然也而未及乎此者不有以執之則偽易得以參矣必一以致守焉有一善之得則服膺弗失確乎以全人心之固有務使貞固不變外物弗得以搖奪之也如是則能執矣身不由是而誠乎是則能擇善則知足以及而有以啓誠之之端能固執則仁足以守而有以致誠之之實此固天人合一之學所謂成功則一之道也公其知之乎抑斯道也堯舜以來相傳之道也夫子舉之以語魯君者蓋以入聖之道望魯君耳惜乎魯君自諉於不足而竟使夫子徒托之空言也雖然自斯言出而思孟傳之厥後宋儒繼之而吾道得以不墜是夫子雖未行於魯而固行於天下後世也哉後之學者其尚知所求乎

得天下英才而教育之三樂也

申嘉瑞

同考試官教諭崔批（雅健而不浮舂容而不滯殆中州之英才歟）

同考試官學正林批（理致有醞藉是用錄之）

考試官教諭鄭批（讀之充如可錄）

考試官教諭曲批（平順）

得人以溥斯道之傳君子澤世之心慰矣蓋君子者有世道之責者也斯道之傳而盡得其人焉則澤之所及也遠矣其樂寧容已乎昔孟子立言之意以為體萬物而不遺者君子之道曠百世而相感者君子之心故君子既樂得其道矣而豈如是止耶蓋道者天下之公英才者傳道之器也如其道既我得矣風聲所感而天下之廣凡負明睿之資者罔不相率以宗予教自我立矣意氣所招而一世之人凡為俊髦之流者莫不翕然而就正不愧不怍之學不專有於己也必推而與之同成德達材蓋有舉天下而喻於道焉者矣於天於人之樂不獨善其身也必推而與之共答問時兩蓋有盡一世而囿於教焉者矣夫如是豈非君子之三樂乎何者蓋君子之心固欲與人同歸於善者也而勢之在人者常患其難於必得固欲使人各得其道者也而機之不由己者常苦於有所未遂今也英才盡得於天下則心法傳授之懿付托得人善之有諸己者將覃被於天下矣不可必得者而幸得之斯文之慶殆與天性真樂者無異焉甄陶既合乎一世則道統相承之緒賴以不墜道之得於己者將流衍於後世矣不可必遂者而今遂之名教之樂殆與天倫至樂者不殊焉是則君子之三樂而性分之在己者至此始全則夫王天下者固宜有所不與存矣抑斯樂也惟吾夫子足以當之觀其與顏曾由夏之徒相與周旋問答而侍側之樂油然自不容已故其言曰有朋自遠方來不亦樂乎蓋皆為斯道得人幸也孟子得統於孔子者也豈不欲傳其道於天下後世乎奈之何萬章公孫丑諸人舉不足以任斯道之寄則孟子之惓惓有望於一世之英者其能以自己乎噫君子三樂之教其重有所感也夫

易

動靜不失其時其道光明

申嘉瑞

同考試官教諭崔批（當其可之謂時雖動亦止場中作者率多未瑩達是旨者僅見此篇可以式矣）

同考試官學正林批（易奇而法作義者類皆粗淺此篇詞理精潔是遂

於易教者）

考試官教諭鄭批（體認切當可錄）

考試官教諭曲批（學易而有得艮之義者）

動靜各協於一止之道斯顯矣夫道一而已動靜而能協焉止之道不其顯矣乎夫子之意蓋曰理之不可易者止也行之不可違者時也時固未始有定用而理實未始無定在君子亦惟協諸理而已是故卦以艮名有止之義焉而時有動靜焉則各有止之道也故夫時止則止之時行則行之是蓋感物而動將有猷有爲焉斯時也豈固爲是憧憧者耶感於動也吾不可以有止也出謀發慮允爲順應之常揆事宰物不拂大中之矩蓋有見於理而無見於人行亦止矣動之時不隨之而變易也哉至若寂然不動而何思何慮焉斯時也豈固爲是含章者耶定於靜也吾不可以有行也一貞自如而渾無偏倚之雜洗心藏密而確有靜正之守蓋有見於理而無見於己止亦止矣靜之時不與之而偕行也哉夫動靜各止而皆不失乎時焉道不其光明矣乎蓋動焉而有物欲之擾不免爲邪暗之塞靜焉而有意必之私其何爲昭明之融今則其動也直其靜也虛純一不雜而自有篤實不掩之著其靜亦定其動亦定內外俱泯而自有誠精而明之妙成心忘而真性湛執極而不變者燦乎明通而丕顯矣泰宇定而天光發推行以爲通者煥乎緝熙而懋昭矣其光明也爲何如哉由是觀之道之所貴者止也而止之所貴者時也艮之義大矣伏羲名卦豈徒也哉嘗觀止之爲道雖妙於一動一靜之間而所以止之者非無爲也無心也非無心也無私心也私則雖槁灰一念亦動也無私心則雖酬酢萬變亦靜也是故聖人立極而唯主於靜者非無動也雖動亦靜者也若專事於靜而淪於寂者亦豈可以言止乎要之無欲而靜無爲而爲斯可矣

子曰易其至矣乎夫易聖人所以崇德而廣業也知崇禮卑崇效天卑法地天地設位而易行乎其中矣成性存存道義之門

溫如春

同考試官教諭崔批（題本正大而體認精切者殊少是篇詞不煩而發揮明盡必有得之士也允宜高薦）

同考試官學正林批（簡約而理自足佳作也）

考試官教諭鄭批（潔净可錄）

考試官教諭曲批（明潔）

大傳贊易道之至即聖人之全體至極者焉蓋聖人德業配天地可謂全

體至極者矣而皆不外乎易焉易之道何其至哉昔孔子深見易道之無窮而聖人莫能違也乃言曰易之爲書也蓋不徒卦爻之布列象數之顯設而已而包涵盡天下之理精蘊達造化之微其斯至矣乎何以言之彼凡言盛德者孰不曰聖人言大業者亦孰不曰聖人而不知聖人德之所以崇業之所以廣者而皆資之易焉是故惟易理之散殊而不可象也聖人窮之有精義入神之妙心與易而流通矣知不亦崇乎惟易理之體事而無不在也聖人循之有從容中道之美身與易而合一矣禮不亦卑乎然高明莫如天而知之崇也效之蓋與不冒不遺者而同神卑順莫如地而禮之卑也法之蓋與順承時行者而同體夫知崇禮卑則德崇而業廣矣妙用不自此出乎蓋自造化觀之天位乎上地位乎下而兩儀奠矣則陰陽之往來生成之變化而大化行焉殆猶聖人知禮效法乎天地而成性存存於不已由是全體立而妙用出大本固而達道行凡散殊而爲道者莫不自吾心以發越蓋足以周萬用之資矣曷有窮乎凡裁制而爲義者莫不自此心以呈露蓋足以達萬變之妙矣寧有既乎是知天下之理盡於易而聖人全體妙乎易易道之至曷以加哉抑易書之作聖人所以前民用者也而天地鬼神之奧道德性命之微無不具焉雖以用之卜筮而實盡乎義理者也故孔子既以盡性至命歸之聖人用易之事而于此復以聖人德業言之可謂盡易之道而達易之神矣世儒考象辭者泥於術數而不得乎弘通簡易之法論義理者涉於空虛而不適乎仁義中正之歸而易道微矣噫是又烏足與議於斯也歟

書

翕受敷施九德咸事俊乂在官百僚師師百工惟時撫于五辰庶績其凝

孫榮仁

同考試官教諭楊批（皋陶欲帝舜盡用天下賢才此有虞之治所以稱盛是作獨能發揮其義）

考試官教諭鄭批（用典謨自相發明讀之想見有虞都俞氣象）

考試官教諭曲批（説賢才并用及相觀法自效處俱明核有體）

用賢才而成治功大臣陳謨於聖君也蓋任賢圖治君道之急務也君以任人爲務而臣以盡職爲賢天下之治豈有不舉者哉有虞皋陶以知人之謨陳於帝舜至此若謂人君宰制天下必在於任用賢才以御一世者何哉蓋未有不勤於求賢而能逸於得人以致治者也是故廣進賢之路四門雖嘗闢矣其能無或遺者乎或有德或有才必合而受之茅茹兼收明明之在朝也揆庶官之政九官雖嘗命矣其能無不備者乎或以賢或以能必布而用之圭璋并

列穆穆之在位也夫如是則大賢小賢莫不以德稱位疏附先後九德與共天事非特三德六德之見用也多才多藝莫不以能稱職綱紀經營俊乂皆在官使非特有家有邦之得人也將見賢俊滿朝而群后德讓大臣以法小臣以廉也負乘而非度者何有焉謨猷濟美而百職奮庸五行不忒四時無易也後時而弗諧者何有焉由是天功時亮六府為之孔修禮樂其宣和矣政刑其平措矣國家不自爾而雍熙也乎帝載惟熙九功為之各叙教化其誕敷矣民物其咸遂矣天下不於是而康定也乎噫大臣以是忠告於君而聖神功化之極要不出此忠愛又孰有大焉者哉盡用天下之才以成一世之治此虞帝之所以不可及也舜以不得禹皋陶為己憂信夫抑君道固必急於親賢而大臣猶必勞於吐握聖君賢臣之遇皆不偶也故伊尹勤於鼎俎傅說伏於版築太公鼓刀奚之自鬻值此患也若謂世既有賢智之君亦必有賢明之臣進退關其忠任職行其術此猶未盡之論何足以與此

皇建其有極斂時五福

李希孔

同考試官教諭楊批（皇建之極即天命極至之理天人一氣流通中和位育其諸福百祥皆太和元氣也篇中類能言之可謂能闡其義者）

考試官教諭鄭批（推明禹第皇極居洛書中數為天地之心是禹由精一之極得執中之要正見衍疇授受心法）

考試官教諭曲批（皇極為九疇樞要建極斂福是天道自然此作得之）

人君以至德先天下而隆眷命者天道然也蓋極者天德之至善而福者天心之眷愛也君以至德先天下而隆眷於上焉豈非天道之自然哉昔者箕子衍洪範皇極之疇以告武王若謂人君受天命以居天下之正位體元資始萬物之所睹也首群動而立天下之大中履端酬物萬夫之所望也然中正之德純粹之善豈非君身所固有哉是故帝有降衷所以寵綏四方也則帝命是敕為天地而立心天有顯道所以陰騭下民也是天叙是惇為斯民而立極標準建而民志自此定也經綸正而民行自此同也躬行盛德凡威儀言辭之繫觀聽以昭法則者皆足以正朝廷而式萬方焉風示儀刑凡綱常典禮之盡倫制以表中正者皆足以修人紀而張四維焉夫如是則皇極建矣吾知修禮達義惠迪之吉慶與善而并臻體信達順福善之祥效以類而自應道積於躬而哲命其自貽也心純乎天而天地其弗違也純嘏是錫福履其永綏矣保佑之薦至者夫豈有不周矣乎繁祉是增降福其孔皆休祚之聿懷者夫豈有未全

矣乎夫人君居五位之尊建斯民之極而獲眷命之隆者如此則天下之所以有賴而各遂者豈不繫於一人也哉大抵天人福極其理一也善之所至福亦至焉誠能上下一於恭敬則天地自位萬物自育四靈畢至又何啻斂福於身而已箕子衍洪範以著天人之學而皇極者洪範九疇之樞紐也建極之義寔又神禹抑稽天地之心而發明授受執中之要周家之所以致太平爲民極者不亦有由然哉

詩

天保定爾以莫不興如山如阜如岡如陵如川之方至以莫不增

劉淮

同考試官教諭李批（錫福之全擬諸高大盛長而以興以增義實相承無非形容臣子愛君無已之意發揮明暢讀之可以興焉）

同考試官教諭胡批（寫出臣子祝君之意整雅可錄）

考試官教諭鄭批（昔謂太和在成周宇宙間讀此前益信）

考試官教諭曲批（是善於忠愛其君者）

臣子願天眷君以全福而必歷擬諸其形容焉夫福以高大盛長爲全也臣子願天眷君而必以是焉忠愛之心寧有既乎周之臣子歌天保所以答君貺也至此蓋曰人君不難於身享天下之福而難於福兼天下之全使天之錫之也而有歉焉是豈吾人之所願哉吾願天心隆其簡在斂五福於宗子之愛而單厚多益之祉固愈熾而愈昌也上帝肆其監觀會百順於大君之宜而戩穀罄宜之休固彌壽而彌臧也而亦何有弗興矣乎夫福矣而高大之未至不可以言興也今夫休禎磅礴莫與京焉殆如山阜岡陵者乎物之高大盡乎山阜岡陵而君福之不可以限量窺者似之蓋巍乎不可及矣福而盛長之未至不可以言興也今夫瑞慶流衍有難量焉殆川之方至者乎物之盛長盡乎川流而君福之不可以涯涘測者似之蓋沛然莫之能禦矣由是純嘏有緝熙之妙其來也幾微其究也廣大是克當乎天心者君也而申錫之下將有與造化同其悠久矣天休有滋至之美其發也日新其積也富有是栽培乎有德者天也而眷顧之餘將有與天地相爲終始矣而亦何有於弗增耶是則唯興也而盛斯不窮唯增也而興斯有繼保定之福必如是而後全而天心之仁愛斯其至矣抑人臣祝君未有如天保之盛者也至推其極始本於先王之孝享終及於群黎之遍德而惓惓法祖勤民之意溢於襃美祝頌之外此其所以爲愛君之實者歟噫有周盛治氣象觀此益可想見

貽我來牟年牟帝命率育無此疆爾界陳常于時夏

劉希尹

同考試官教諭李批（不侈雕琢而蔚然可觀可以爲式矣）

同考試官教諭胡批（周人頌后稷之意藹然寫出）

考試官教諭鄭批（頌義是如此作宜錄）

考試官教諭曲批（典雅不浮）

聖人承天意以養民而因得以教民焉蓋教養治之大經也聖人繼天養民而教成因之如此此其文德之至所以克配天也歟周人郊祀獻后稷追述其德以爲樂歌也意謂有不可忘之德者斯有不容已之報我后稷之所以克配彼天者固以其有粒民之至德也然何以見其爲德之至哉蓋來牟之播所以導其養以拯阻饑之民者固稷憫時以奉職也而其始非稷也嘉種之降所以普其利以惠艱食之民者固稷開物以成務也而其意則天也何者天生物以養人不能以直遂也固必有待於人美利利民天蓋命后稷以成其能焉爾天無心而成化不能以自弘也固必有藉於人粒我烝民稷蓋順帝則以贊化育焉爾如是則民生遂矣民性不由是而可復耶吾知疆界所限習俗若是其異齊也而綱常之懿則人固有之生養遂而倫理明曾何疆界之足限乎風氣所囿好尚若是其異宜也而秉彝之心則人同得之衣食足而教化行曾何風氣之可囿乎五教可敷焉五典可惇焉遍爲稼穡之區皆其明倫之地也是典教者雖司徒之職也而所以使民得率其教者稷之功實有足多矣百姓以親焉五品以遜焉盡乎時夏之中皆其正經之所也是司教者雖契之責也而不有斯民得遂其養焉契之教豈能得行耶吁此后稷之德所以爲至而郊祀以配天夫豈不宜也哉抑周人以農事開國者也所以成八百年有道之長實肇端於此故其制禮舉郊祀之典尊后稷以配之不忘本也而又追述其德以爲樂歌昭其功也不忘本者情也昭其功者義也情義備而仁孝達矣書曰黍稷非馨明德惟馨其是之謂乎

春秋

春鄭人來輸平（隱公六年）

何思

同考試官教諭鄭批（君子恥言利當防其源也而不知爲國有大義焉觀鄭之納成意欲離魯之黨而解宋之圍終亦不免於炭炭矣利之不可恃有如此春秋書之以示戒也作者往往失之此篇發揮傳意殆盡讀之凜然）

考試官教諭鄭批（説義利處明潔可錄）

考試官教諭曲批（得謹嚴體）

內外以利結成春秋貶之以示戒也此見爲國以義不以利也鄭魯之平异是春秋貶之以示戒也宜哉且鄭魯搆怨爲日已久茲胡爲而平耶蓋以鄭間宋魯之隙用離合兵之黨于是乎來輸平焉春秋何貶之彼修睦以蕃王室者諸侯之職循義以保治安者立國之本今乃假釋怨之名而利交是奉崇鄙夫之行而大道罔聞前乎此者狐壤之止宿地之盟宋魯之恩怨明矣茲果何爲而向背若是其舛耶後乎此者祊田之歸郜防之取宋鄭之讎好驗矣又果何爲而從違若是其悖耶鄭之意豈不以伐國圍邑被宋之困極矣與其較兵革以取勝曷若散黨與以求安殊不知自强爲善者雖大國何畏焉顧欲賂友邦以紓目前之患其謀國亦疏矣魯之意豈不以勤兵會伐爲宋之役頻矣與其尋舊好而無功孰若許新成以獲地殊不知以理律身者雖天下弗顧焉遽欲絕友邦以快啓疆之心其制行亦卑矣以若所爲利源開而末流之弊愈滋善念微而效尤之風益熾將使爲臣懷利以事君爲子懷利以事父爲弟懷利以事兄法軌既斁而乖戾特興其何以致理乎諸侯求以利其國大夫求以利其家士庶人求以利其身綱紀既失而攘奪必至豈可以爲訓乎聖人特稱輸平以貶之明有國者正其義不謀其利著守國保家之道也由是觀之聖人不以輸平爲難而以明義爲貴然則崇小善而潰大防者烏足取乎抑鄭魯之失豈止於是鄭莊克叔設而兄弟之情薄魯隱擅即位而君臣之義乖他何足責哉聖人嚴義乎之辨特假輸平以立法耳他日孟子述其意以告梁惠王而宋牼之對反覆推明其說蓋學孔子而有得者然則有國者可不慎諸

春王三月及齊平　夏公會齊侯於夾谷　公至自夾谷　齊人來歸鄆讙龜陰田（俱定公十年）

孫文登

同考試官教諭鄭批（魯有三家而不能專用孔子是貽敵於齊也故始爲求好而無所處繼歸侵田而不能久魯亦奈齊之何作者非泛則俗周悉明整僅見此篇錄之以式多士）

考試官教諭鄭批（有斷制是長於春秋者）

考試官教諭曲批（精到）

望國始結成而有以畏乎大國繼講好而有以化乎大國夫兵非爲國可恃而理乃化强之本也考請魯定之行事而其義自明矣昔定公當國齊魯交兵至是魯欲釋齊之怨遂要齊侯以平兩君相好而休兵息民之令行焉是舉

也請之者魯許之者齊何以見魯之畏耶蓋以定公初年三家專政欲其歸怨於君上顧乃導公以虐齊方其初侵也爲陽州之次激其出戰之心及其再侵也故廩丘之郛致其焚衝之慘魯無大義可執倡甲冑啓戎之端齊無大罪可討犯佳兵不祥之戒於是惴惴以求好用蓋前行之愆汲汲于行成以息將來之報不然則景公無四境之虞而國夏諸臣又非久於下人者安能忘侵犯之故而即魯以平哉故紀平書及以見其我之所欲魯公以弱畏人之失不于是可見乎嗣是魯再尋齊之好復有夾谷之會公方至國齊以鄆讙龜陰之田歸焉是舉也請會者魯歸田者齊何以見魯之化耶蓋以定公中年孔子攝相知齊有用詐劫好之常乃預爲左右司馬之具壇坫初登也萊兵方起則折以用夷亂華之罪會好既成也享禮將設則正其嘉樂野合之非從容於禮文之間而犂彌之計無所施發強於行事之際而侏儒之誅尤可懼于是君則引咎責躬而以相率夷狄爲恥臣則謝過以質而鄆讙龜陰來歸不然景公方強於爲國而晏子賢臣又未可以力勝者安能致屈服之誠而惟魯是聽哉故於夾谷之會繼以三田之歸聖人以理化強之效不于是可徵乎夫魯一也用失其人則悖用得其人則強然則人君之用舍可不擇哉大抵定公非有爲之君魯國終於不治亦其自致也三家植根膠固乃去之不決孔子過化存神乃用之不專三都雖墮而公室弗張女樂一阻而孔子遂去厥後國都被伐宗社震驚卒無以勝齊之強豈不深可惜哉夫子修經拳拳於平會之間立法以訓後世有國者可不鑒乎

禮記

大學之法禁於未發之謂豫當其可之謂時不陵節而施之謂孫相觀而善之謂摩此四者教之所由興也

楊永貴

同考試官教諭蔡批（豫時孫摩處士子作者多欠發明此作詞意充足蓋留心于體認者錄之以式）

考試官教諭鄭批（教興處發明殆盡）

考試官教諭曲批（精切）

記者詳大學之法因著教之所由成焉夫教明乎道而立於法也聖王之教以是焉而有不成焉者鮮矣記者述之所以詔爲師者如此若曰爲政以人才爲本人才由善教而成大學教人之法果何如耶是故人之生也不能無欲俟其發而制之計亦晚矣故必窒慾之方施於念慮之將萌閑邪之術運於事機之未露先事而慮不見是圖也不有所謂豫乎學之悟也自有其機及其至

而達爲則沛然矣故必因其能憤悱也而後加夫啓發之功見其將自得也而後益以時雨之化觸機而應適當其期也不有所謂時乎學莫要於循序躐等而教是誣之也于焉進必有方不陵躐以强其不能因才而篤必優游以待其自化事有難易教有本末也非孫耶成德莫貴於交修孤立無與則業荒矣于焉見賢思齊使知善之可爲不賢自省使求義之當徒交相切磋互爲砥礪也非摩耶夫豫則有以防其情時則有以成其性科設而軌範以端孫則有以因其類摩則有以輔其仁法立而化裁以寓施之者非悖也求之者非拂也誘掖獎勸之下咸有成德達材之望將日成其亹亹矣師之所以爲教者善教也弟子之所以爲學者善學也觀感興起之餘咸有懋修錫類之功將日見其濟濟矣夫教之興也孰能禦之此士有成德而治有成功不其然乎抑大學之法固足以致教之興矣然非諸身則亦徒法焉爾也故先王昭德塞違立於無過之地是以言不逆理而民作辭行不逾矩而民作則教之成也特易易耳後世知不出此而規規於條教之末無惑乎人才之不古若也故曰古之成材也易今之成材也難

射者何以射何以聽循聲而發發而不失正鵠者其唯賢者乎

張冲霄

同考試官教諭蔡批（善形容何字意子其禮樂兼得者耶可嘉可嘉）

考試官教諭鄭批（詞理俱到）

考試官教諭曲批（典雅可觀）

聖人論射者兼盡禮樂之難而因歸之君子焉蓋射比禮樂而實難於兼盡者也自非君子其孰能與於此哉記射義者引夫子之言有曰射者男子之事而可數爲以立德行者也先王恐其愿慤無文而不足以飾天下之觀也故嘗飾之以禮樂矣然豈可以易能耶蓋聽樂以耳而容則運于身者也使射一于射則凡動容合禮者皆可能矣奚其難惟夫射不專于禮也而復欲節比于樂焉吾知心在于樂則容節或有所遺矣何以能聽樂之音而不失射之容矣乎聽一于聽則凡審聲知音者皆可能矣奚其難惟夫射不專于樂也而復欲容比于禮焉吾知心在于禮則音節或有所遺矣何以能善射之容而能聽樂之音矣乎禮樂既涉于异致射聽信難于兼得矣求其循聲而發而音射之相協發中正鵠而舍矢之如破其唯賢者乎蓋賢者樂以治心而和順素盛于中積禮以治躬而威儀素安于卒度情深而文明也體具而用周也蓋不惟容比于禮而且節比于樂矣聲音與耳謀也動容與身謀也蓋不惟聽足以聽而且

巧足以中矣否則得乎樂或失乎禮心乎射或忘乎聽矣彼將安能以中哉射聽兼得信非賢者不能也射者豈可以射爲易而不以賢者爲則耶雖然射一藝也而奚必禮樂之皆得耶蓋古者諸侯歲獻貢士于天子天子試之于射宮其容體比禮節奏比樂而中多者益地以示慶其不能者削地以讓之夫其所繫一至於此是射也而可以弗重乎是故先王隆之也奈何尚德之風微而貫革之射興則不知所謂射者爲何物矣如禮何如樂何此孔子所以思古也嗚呼射禮至今在也有志于射者其圖之

第二場

論

君子莫大乎與人爲善

申嘉瑞

同考試官教諭崔批（文似織錦理如貫珠聖人公善之心宛在意表自非積學之士惡能以及此耶）

同考試官學正林批（大舜與人爲善之旨未易形容場中作者非泛則深漫無眞見此卷體格渾成才思清逸有養之士也高薦何忝）

考試官教諭鄭批（思婉意足場中獨見此篇）

考試官教諭曲批（精確）

性統天下之善者也聖人取善於天下而天下勸於聖人是故聖人之善合天下而成其大矣夫善原於性雖有人己之分而實無彼此之間者也夫惟有我之心勝則見己而不見人故善之在人者止於人而無以與於己善之在己者止於己而無以及於人無與於己則善猶在人也無及於人則善猶在我也人己分而善始小矣聖人之善本足於己初無待於取之天下也天下之善各足於身初無待於聖人之取之也然而聖人見人之善則不知在人而取之於我人見聖人之取善則知善之在我而咸爲之勸是聖人不以有我間之而合天下以成其善善之所以爲大歟噫此孟子卽舜之與人爲善而著其大其示人以盡性之極乎今夫天生人而賦之性純粹以精莫不各有本然之理也人之生也而各一其性無少駁雜莫不全其固有之良也率吾之性循吾之良而善在我矣何待於取人何利於人之取我亦何必無間於人己而後大也蓋善之在人雖人之所同有然惟聖人能全之而衆人不能使無聖人以勸之則天下終無以歸於善而聖人之善亦於是乎小矣是故善也者衆人有之而未能全君子全之而未能大聖人則合天下而大焉者也是非有所加也蓋善之

在人本自大也蘊之爲德則五性具焉所以立天下之有者此也措之爲行則衆妙出焉所以一天下之動者此也發之於事業則功化昭焉所以畢天下之能事者此也理雖具於一心而道則極於天下苟於其本大者而挾之以有我之私見己之善而不知公於天下見天下之善而不知公於在我岐物我而爲二則善雖有於己而不及於人善雖有於天下而不與於己既無以會體用之全亦何以語盡性之極哉是故聖人者視天下之人惟我而視我惟天下之人善言善行感而遂通焉好問好察用中於民焉固不見其善之在己在人也然而天下之人見聖人之取其善也則知聖人之所欲者在是吾性之所具者在是即其善而益自勵焉則吾之所取者人之善也人之被勸者亦我之善也分殊也而機則相通迹異也而理則一致孰知天下之善爲聖人之善聖人之善爲天下之善乎善而至是則勸者既多而告者益廣無間而心無不虛也無在而善無不取也無所喜而人無不告也無所拜而言無不聞也其取善也固無窮矣然而底豫於親讓畔於耕善公於家於鄉者可徵也百工熙熙四門穆穆善公於國者可徵也萬邦協和黎民敏德善公於天下者可徵也其與人爲善又豈有窮已乎是其始也以天下之善而萃之於一人終也以一人之善而達之天下大哉舜乎所以合天下而成其大也雖然聖人萬理咸備固非必取足於天下而天下之善固非有過於聖人而取之也蓋天下之理無窮善無微而可忽是故不能已其取善之心而況性者萬物之一源人性之未盡己性之有歉也又豈能已其勸善之心乎嗣是而後有不自滿假者焉有用人惟己者焉有好問則裕者焉皆是道也故曰聖人通天下爲一身又曰聖人同乎人而無我斯之謂矣

表

擬宋以歐陽脩參知政事謝表（嘉祐六年）

賈選

同考試官教諭李批（說參知政事處無一語蹈襲優於衆作錄之）

同考試官教諭胡批（同心輔政最是且引用俱當時實事華而不浮其學歐而有得者乎）

考試官教諭鄭批（麗而有則）

考試官教諭曲批（典雅）

嘉祐六年月日伏蒙聖恩命臣爲參知政事者班聯紫府與參密勿之謀身上彤闈式佐台衡之寄禮實隆於異數恩仰荷於曲成聞命增漸循牆知懼臣脩誠惶誠恐稽首頓首上言伏以平章爲時膴仕宜集衆思參政乃國之大

臣實資忠益故軒轅首命乎六相而堯舜遍宅乎百揆蒼姬綿有道之長貳公弘化東郊侈得人之盛三后協心漢置御史大夫戒重權於獨用唐列中書門下主衆務於分曹天啟皇圖堂開政事輪班知印用以佐鼎實而總朝綱書敕齊銜行得贊國鈞而陪廟論共謀可以底績臻道揆法守之良斷金本於同心運謨明弼諧之化職思稽往牒之善官階居次相之榮苟非其人實難斯任故呂餘慶猶須於慎擇雖薛居正不易其名稱齒伍上公以竇偁之人之介設磚別殿見蒙正之量之宏引對彰賢剛方表績顧迂拙獨漸於前輩誤寵光比及於匪人雖自慶其遭逢實無由於酬答茲蓋伏遇如天之仁根於成性好生之德洽於民心澤溥汜以無私道舍弘而益裕萬幾總理四海乂安謂臺閣之深嚴本圖協贊以樞機之繁劇要在參聞非直以資兼聽并觀之明蓋欲以成大道爲公之治俾令承乏偶爾缺員貳政非才自合奉身而退分符要地將貽持祿之譏矧當韓琦富弼之才諒無庸於借聽正際上恬下熙之盛恐莫裨於贊襄辭避未能顛迷無措人以爲寵者臣以爲憂世之所榮者臣之所懼竊念臣粗知章句罔識時宜昔讓移書幸承主聖頃裁文體肯恤人言諫院久塵奚補袞之足賴詞林虛辱實華國之未能茲復甄拔之隆益矢涓埃之報苟曲學而違初志亦何顏以見古人事出廟堂共圖畫一之守計關民社相期謀斷之資居攝總於元勛豈敢懷召公之弗悅阿衡協於一德惟知效仲虺之胥匡此惟國是之能諧庶亦臣心之少遂也伏願體乾健坤厚之誠德既聖而益聖保豐亨豫大之業治已隆而愈隆壽祚延於無疆民生康於有永臣無任瞻天仰聖激切屏營之至謹奉表稱謝以聞

第三場

策

第一問

孫文登

同考試官教諭鄭批（敷對聖製難於詳整子能一一條答詞意莊肅且復仰窺制作之本足占所養矣豈亦涵淑聖化而有得者歟）

考試官教諭鄭批（聞見該博筆力雄健錄之以式多士）

考試官教諭曲批（明悉可錄）

文之爲用大矣聖人用之以化成天下也則爲經世之文焉用之以傳授心法也則爲道統之文焉夫文一而已而其用則殊惟於其所謂一者而有得焉由是存之則爲心學發之則爲事業自其心學者出之而道以明夫是之謂

教天下之文道統之傳是也自其事業者昭之而道以行夫是之謂治天下之文經綸之迹是也治教雖异致而必本於道然後謂之文否則惟於其用之殊者徒得其似而未聞乎本之一焉以是而謂之文吾見其用亦小矣未敢以為與於斯文也鴻濛之初人文之理雖具而隱於無自河圖洛書肇開萬古之秘而天下之文始燦然矣然其理則不外乎圖書之所謂極也堯舜禹湯文武以是相傳以成二帝三王之治而典謨訓誥於是乎出蓋嘗讀其書而於所謂精一執中祗台敬翼之傳者有以見心學之文焉又於所謂昭明於變誕敷章信怙冒永清之治者有以見治功之文焉然非有意於文者也而萬世之文莫加焉道在此而文自不能外也降而漢唐宋之君於斯道之極概乎其未有聞矣雖有漢孝武之號令文章煥然可述唐太宗之為文賦詩贍麗冲邁宋太宗之援翰屬思極其精妙若可稱矣然内多欲者而治以虛耗尚功名者而不及禮樂機深事隱而徒以崇儒幸學為文所謂帝王之文魏然煥然之本固已無矣區區辭藝之末雖有可稱於治理何關也洪惟我太祖高皇帝龍飛淮甸經綸海隅肇造區宇而開創於前成祖文皇帝光臨璿極修輯六經丕承鴻緒而繼統於後聖神相繼遂能驅逐夷狄開蕩函夏弘宣文教再睹太平自古帝王之土宇已淪而廓清萬世生民之綱常既絕而復續自其心之所存者言之則帝王之盛德也自其功之所及者言之則帝王之大業也是以製作之文經天緯地而渾噩之體襲典參盤蓋二祖之心即堯舜禹湯文武之心故其治即二帝三王之治而欲其言之不典謨訓誥不可得也是故以言乎勸戒臣民綱維治理也則有大誥三編焉為條二百有四以華風淪没彝教傾頹私勝公微多致愆罪而作也有資世通訓焉為章凡十有四總先賢之論托諛者之評以世人性愚見淺而作也二書皆托始於君臣五常要終於頒行禍福救世之心切矣以言乎察於敬忽明於灾祥也則有精誠之錄焉上采六經旁稽傳記其所載則敬天也忠君也孝親也有存心省躬二錄焉一則舉自古帝王徵驗之迹一則惟以漢唐宋臣下而言其所言皆祭祀灾祥之事禍福感應之機也而精誠之一心存省之一誠慎修之旨微矣皆我太祖之文也若夫至德要道存乎孝而孝者萬善之本也故與人為善也則舉卓然可述者二百有七人而作孝順事實之書以虞舜大孝為首又采傳記得百六十有五人作為善陰騭之書而以蔣王靈應為首二書體天地之撰而皆以匹婦之事終之正制序所謂一念之善通乎神明抑推天而驗之人言人而徵諸天者耶真得勸世勵俗之道矣千聖萬古妙於心而性者心之所自出也故存心養性也則采古聖賢嘉言而作聖學心法以君父子臣厓為四卷而揭其綱又統言專言分為三十一條而

詳其目輯先儒成書及論議格言而作性理大全以周張邵朱二蔡六儒之撰列於先以理氣鬼神性理道統論學諸子歷代君道治道詩文十類之說序於後二書盡天下之道而獨以心性之名命之正制序所謂萬事必根於心而學之至則可以爲聖人學不至於聖人則不足謂之學者也真得修身立教之道矣皆我成祖之文也肆天下家傳人誦寡過而歸極迴心而鄉道淳風翔洽聲教宣流天下泰和者垂百七十餘年於兹矣乃我皇上聰明神聖應運中興以天縱之資纘溥將之緒乘禮樂之期操制作之柄恢弘聖猷大新物睹稽古禮文之事蔚乎盛矣乃又發爲文章以光宇宙首制明倫大典一書推明統嗣之不同詳論義情之兼盡立人極而光聖孝所以定萬世之綱常也敬一之箴五箴之注致謹於言行樞機之初益密於郊廟天人之際妙心傳而熙聖學所以接千聖之道統也若夫欽天記頌蓋以明昭受之誠平臺咏歌又以啓臣鄰之勸則又莫非敬一之寓者也天藻奎章紛綸葳蕤未易殫述其文皆天地日月也其旨則圖之所謂太極疇之所謂皇極二帝三五相授而守之一道也於此益有以見我皇上之媲美帝王同符聖祖□非漢唐宋諸君之所可望矣然皇上以神聖之資光大之學迥越千古而於爲文乃惟祖宗是法者此正漢唐宋之君所不得而聞者也伏讀祖宗之文明白易簡不爲文采緣飾而開心見誠入人之深天下誦之以至於今而用之不窮者此正二帝三王無意於文而言之自文行之自遠之妙道而我皇上之爲文也多於君臣恭和從容燕咏之際此即聖誥之君臣同游帝王之明良喜起者矣是以海内向化譽髦彙征而作人之化昭如也愚也陶育於菁莪棫樸之中而涵濡乎禮樂詩書之教爲日久失於聖製之對敢不以經世道統之說而揚厲之

第二問

申嘉瑞

同考試官教諭崔批（王政莫大乎教養我聖祖與皇上惓惓焉以此爲急保民致治之道無以加矣此作鋪張殆盡是善頌聖政者歟）

同考試官學正林批（說教養處鑿鑿可據是達於治體者）

考試官教諭鄭批（以教養歸之誠深得探本之論）

考試官教諭曲批（典實）

帝王之御世也有冒天下之至仁有先天下之實政仁也者所以存於中而爲政之體政也者所以布於外而爲仁之施非仁則政爲徒法而惠澤不足以下究非政則仁爲徒善而法制不足以成能故有慈愛惻怛之心存於中而復有紀綱法度之施布於外仁以基政政以達仁則開創於前者有以垂休於

不替紹述於後者足以保治於無疆矣此我太祖高皇帝於天造草昧之初首舉農桑學校之政而皇上於重熙累洽之世益以勸農教士而纘承興大之凡以至仁之心而達之實政者也治化日隆而風俗日美有由然哉請為執事竟其說粵稽古昔聖神繼作之世制器尚象之餘茹毛飲血之風變而耒耜之教興結繩而治之俗易而書契之制作此其教養斯民之法於此乎肇端矣逮及唐虞命弃為后稷以教稼穡命契為司徒以教冑子三代則有貢助徹之異制庠序校之異名此其教養斯民之政於此乎漸備矣夫天立君以為民君承天以作極使或不能以遂民之生復民之性其何以膺繼天立極之任盡裁成輔相之道以成位乎其中哉自是而漢而唐而宋中間世道之升降不一而世主之純駁不無可議者降及胡元以夷狄入主中國則魚肉我生靈而人不知衣食之樂矣磔裂我冠裳而人不知彝倫之叙矣不有聖人者出則世道民物吾不知其何所止極也我太祖高皇帝以天縱之聖應運而興掃除腥羶正一統宇知農桑為衣食之本學校為教化之原故首頒條章凡有司給由赴京者若無桑株數目學校緣由論擬違制其崇重之意已見於此矣故即位之後念齊魯之民饋糧給軍而免山東秋夏之稅平燕都下晉冀念民之困於徵斂而免北平河東山西之稅因軍國取給供億浩繁則寧國太平等四郡再行蠲稅焉因民力勤勤轉運艱難則河南等省揚州等府盡蠲稅糧焉其免山西陝右之稅則因軍城轉運宮殿經營也其免姑熟六州四縣之稅則因甲仗之餘供億之盛也至十三年則又下詔曰荷上天眷佑君主華夷十又三年倉廩盈府軍充今民力未甦凡天下今年夏稅秋糧盡蠲免之其深仁厚澤形於播告者蓋以民承胡元之後塗炭已極而繼以轉輸供億之苦故其存恤之典欲甦民生於久困以遂其生也嗚呼其所以凝天命結人心以培千萬世不拔之基者不在此乎又以教化為國之首務故誥禮部尚書則曰為國之治道非禮則無法所以禮之為用表也法之為用裏也故設官備禮協和人神務得通今古博群書明於禮而善周旋者乃為是任誥國子祭酒有曰太學之設不獨教生徒而已王者親祭必寡故設官以代之其職在潔牲牢净厨竃精籩豆祭不失時尚竭乃恭而臨祭靜乃神以對神於太學生有諭則敕以篤道之志申以亂常之法欲其志在謙柔恭謹固守仲尼四非之篤於國學師徒有諭則謂師必盡師者之禮學必盡學者之誠欲其時忽有言使得聞嘉言善行發先聖之幽德以資後嗣其省頑有文則欲人慮患以防險修德以善終且其國學之建已於未登極之前三年而詔立郡縣學即於登極後之二年而於八年即詔天下以立社學其申牖民性昭布綸綍者以胡元之後民皆染汙俗而不知仁義禮樂之

教諄復之訓欲啓民生於久瞶以復其性也嗚呼其所以成人才厚風俗以垂億萬載無疆之休者不在此乎夫膺命之初萬事草創則用宜不足矣而顧有餘者蓋萃人心於既渙之餘而摶節愛養之深至耳教化宜未遑矣而獨首舉者蓋斡世道於維新之時而化導興起之恐後耳一時仁厚之化薰蒸透徹盛治氣象藹然宇宙間矣易謂聖人作而萬物睹兹其會哉列聖相承益隆紹述康阜之休百餘年猶一日也至我皇上纘繼前烈益潤鴻猷以聖祖之心爲心以聖祖之政爲政而於農桑學校尤惓惓焉自今觀之如躬籍田之耕時西苑之御聞奏災而亟加賑貸遇水旱而竭誠祈省神機運用無非休息之實蓋與聖祖同出一軌也有明倫大典以定綱常有敬一之箴以布學校定文體而澆訛之習去正士途而倖進之門塞宸翰布昭無非惇庸之典蓋與聖祖同出一心也是皆仁厚一脉綿綿相傳作於前者有以開光明俊偉之業大於後者足以衍雍熙悠久之盛齊民安享於樂利之天多士沐浴於菁莪之化泰和景象雖唐虞盛時又何以加於此哉夫爲政之本不外乎君心之仁而此心之存不出於誠之一字故孟子謂先王有不忍之心之政而治可運諸掌中庸以天下國家之九經而行之以一不忍者仁之端而一者誠之謂也苟仁而非誠則仁爲有間而凡紀綱法度之布徒爲文具之末禮樂刑政之施祇爲粉飾之具此爲治之大經大法皆不外一誠以爲之地也我聖祖開創於前皇上建極於後是皆於教養斯民深致意焉前創後承一皆以至誠爲之匪徒事乎虛文是以德意宜昭和氣充暢而收家給人足之效成遵道遵路之風矣昔周公陳后稷公劉風化之所由以告成王而成王以此守成卒爲周之令主蓋周家王業之本端在乎此而帝王傳心之要亦不越乎此今皇上緝熙宥密而上符皇祖真出周成王之上此祈天永命之道社稷靈長之慶也雖然愚尤有説焉立政以心固也不曰爲政在人乎夫養之道至矣而所以任養民之責者則在乎守令宋朱光庭有言圖治莫先於擇守令郡守得其人則千里受其賜縣令得其人則百里受其賜誠使慎簡於斯不顢顢於考校必試其人之果諳於民事而篤厚者而後授之而重任之則必能宣布德意以撫綏民物而民之被其澤者益深矣教之道至矣而所以任教民之責者則在乎師儒宋程伯淳有言治天下以正風俗得賢才爲本宜擇學明德尊者太學師次以分教天下之學擇士教之以升於朝誠使慎簡於斯不拘拘於資格必試其人之果深於經術而老成者而後授之而重禮之則必能敷揚禮教以成就人才而士之成其德者益廣矣然此固愚平日所聞於前哲之言耳惟執事者不以老生常談弃之或以轉聞於上未必不爲今日盛治一助

第三問

楊枚

同考試官教諭李批（治曆能明差法則其時自正而至要尤不外於周官以辨敘事以詔救政二語士子往往不知題意所在此作引對詳切而忠告之意溢於言外錄之非但以其文焉已也）

同考試官教諭胡批（興事謹變爲治曆之要子能鋪敘條析辨而有則其強學待問者乎）

考試官教諭鄭批（説天人交贊處學步董賈場中如此作者絶少中用之士無能出其右矣）

考試官教諭曲批（條對中不失渾厚遠到之器也）

對觀象以應時者推天以合人理之不容變也因時以立政者修人以奉天機之不容已也何則天運於上非有理以推之則高遠者不可得而知也人爲於下非有機以通之則感召者不可得而言也聖人者出揆之以理不泥於迹握之以機不拘於時則推之於積分而其數可稽焉考之於躔度而其象可占焉審之於代謝而其氣可協焉故凡垂象以示人修政以合天蓋交相贊也尚何差殊之足言哉知乎此則聖人之制曆以辨敘事以詔救政有可得而言矣雖然曆豈易言哉人非天不因爲天之説者一寒一暑以爲歲一盈一虧以爲月一晝一夜以爲日一經一緯以爲星辰則天之所運而人所不能違也天非人不成爲人之説者質之錯行而歲無不成稽之晦朔而月無不明審之甲乙而日無不正辨之縱橫而星辰不序則人之所推而天亦不能外也然天運雖有常而動靜消息實則微妙而難窮人事雖有貞而吉凶悔吝係於感通而難必乃若以次星致位以景儀致晷以冬夏致日以春秋致月此周所以設馮相氏之官職司其常以辨敘事而興民功者出於此矣以分土觀妖祥以歲星觀吉凶以雲辨襑象以風命乖別此周所以設保章氏之官職司其變以詔救政而謹天戒者由於此矣曆之作也夫豈徒哉求之於前黃帝使羲和占日常儀占月區車占星象大撓作甲子而總其術則有容成氏焉少昊使玄鳥氏司分伯趙氏司至青鳥氏司啓丹鳥氏司閉而爲曆正則有鳳鳥氏焉法因之而漸著矣堯命仲叔以主四時所以爲敬授者有其本焉舜察璣衡以齊七政所以爲省方者有所自焉法因之而大備矣是故制其器以尚象占其數以授時因其序以分職觀其文以察變所以承天而宅民者何嘗不本於曆哉求之於後漢之曆凡五變其善而可取者唯司馬遷乎蓋其大初曆原於鍾律以黃鍾八十一分爲日法復自前曆上元推之得歲之甲寅又自十一月冬至逆之得

時之甲子日月如合璧五星如連珠故其晦朔弦望無一毫之殊焉唐之曆凡
八變其最而可稱者唯僧一行乎蓋其大衍曆本於蓍策以二始位剛柔以二
終紀閏餘以卦氣定七十二侯以中星正二十四氣以晦朔正日月之會以日
度正周天之數且其推移增損無非大易之準焉宋元以來之曆非無可取其
至當而可尚者其惟郭守敬乎蓋其授時曆多本於一行考正者凡七則自冬
至以迄日行創法者凡七則自日行以距白道凡夫推步占侯無非大衍之法
焉是故改歲而正始明孟月而象魏布順令而彝典修遇灾而警惕著所以酬
世而宰物者何嘗不本於曆哉明典稽古圖治尤先於曆璣衡有官而羲和之
職舉焉銅侯有儀而推測之法昭焉圭景有晷而占步之數準焉頒布有時而
臣民之式具焉履端立極體其元也布象考績正其朔也平秩勸工唯其時也
五刑九伐順其氣也朝會封告率其期也眚灾吊賵虔其度也是故歲周於上
而天道明統正於下而人紀立其與黃帝之儀軌今昔如一道而損益勝國之
法取其順承之理曆名大統監曰欽天其與堯舜之敬授先後同一揆所以贊
化育囿斯世於熙和蓋有非漢唐宋元所可望其下風矣猗歟偉哉夫制曆固
足以善治而議曆尤貴於得法於此考究之弗精則敘弗順其常天時愆度而
不知詔弗隨其變人事乖違而罔覺矣然則其法豈可以不論乎議曆有日躔
者日之行每日遶地一週凡行三百六十五度四分度之一積三百六十五日
四分日之一而與天會是為一歲也月離者月之行每日遶地一週凡不及日
十三度十九分度之七積二十九日九百四十分日之四百九十九而與日會
是為一月也日與天會者一歲一次而二十四氣由之以生日之所以盈者基
於此也月與天會者一歲十二次而十二朔由之以生日之所以虛者本於此
也分一日為十二辰又細分之為一百刻氣朔假此以推步而日未嘗有法也
分斗柄指十二辰又細分之為二十四度星辰乘之以觀侯而斗未嘗有分也
閏餘者氣朔盈虛之所致故三年一閏五年再閏積至十九年七閏而氣朔又
同日也歲因之以定而節令由之以彰乎歲差者天運日躔之所致蓋天道平
運而舒則漸差而西日道內轉而縮則漸差而東度數積於盈縮而勢不得不
因之以差乎故程子有言曰曆象之法大抵主於日月一事既正其餘可推邵
康節於日月交感之際以陰陽求之方於差法不失而朱子以為冠絕古今蓋
有見矣是故日者實也陽之積不得不盈月者闕也陰之積不得不虧合盈與
虧而閏生焉蓋無閏則時不定時不定則歲不成三年不閏則差一月而以正
月為二月九年不閏則差三月而以春時為夏時寒暑失常歲事罔功矣此治
曆必在於制閏月而制閏尤先於精差法然其道非一端之可言焉一曰得人

誠得通星曆之要如郭守敬者以盡考求之責明天人之理如許衡氏者以盡講究之方則觀於天文察於時變可坐而得之矣二曰立元至朔同日謂之章同在日首謂之蔀蔀終六旬謂之紀歲朔又復謂之元變化殊方朓朒异分由此而正之矣馬融謂上天之體不可測知天之事者唯有璣衡可恃即世之渾天儀也誠能模仿設立則運旋轉之體以窺七曜之行考驗非所當先乎李謙曰上能合於數百載之前則下可垂之永久丘濬曰以今曆與古曆相較比則其疏密自見誠能斟酌損益則即本定之制以合已往之迹准古非所當求乎准古者稽其同异使之有所取衷也考驗者辨其徵應使之有所觀感也立元者要其終始使之有所契合也得人者明其理數使之有所擬議也曆之道盡於陰陽也陰陽盡於差法也差法盡於四者之要也由是推之於秒忽毫厘之積分其數有可驗也考之於日月星辰之躔度其象有可觀也審之於寒暑晝夜之往來其氣有可徵也以辨敍事者敍此也以詔救政者救此也孰謂曆法有不明而治道有難成哉古有之聖人不能違時而能以事適時適時者其功大此之謂矣方今聖人在上以天地為本以陰陽為端以四時為柄以日星為紀七政齊而三光全五氣布而四時行愚生咸育於帝德廣運之中蓋已有年而於此猶惓惓焉蓋天辰之高遠而吾能揆之也以理則日至之微不能於前知天運之流行而吾能握之也有機則感召之頃可默回乎元化誠弗恃其一定之形而不委之於適然之數則增修之愈勤所以凝承者有其道而已至者可恃之於悠久矣謹畏之益加所以消弭者有其要而未形者不至於譴告矣奉順於上以為治曆明時之本變調於下以為敬天勤民之助則在吾君吾相加之意焉而已矣愚生何容喙焉

第四問

孫榮仁

同考試官教諭楊批（條答無遺品藻曲當且詞氣浩博不浮莊重有要是必有才有德之士錄之非以其文耳）

考試官教諭鄭批（有考據有斷制是善尚論古人者）

考試官教諭曲批（鋪敍得體當是作手）

古之才德原於一後之才德岐於二夫德者本也才者末也一則本末兼該二則末焉而離其本者多矣何也學也者學夫道也學道而有得於心者德也才禀於氣氣有昏明強弱之等故其發之於事功或异焉者才爾殊也古之君子優於德而達於才其出而任天下之事心術正大事功俊偉故曰原於一

而本末兼該後世之士任其氣質之偏隨世以就功名故風節著矣而於德或違事功懋矣而於德或病故曰岐於二而離其本者多矣請因明問而陳之粵自唐虞三代之盛皋夔稷契之爲相伊傅周召之爲臣都俞吁咈勤勞篤棐渾渾然相忘於道化之中德泯於無亦不知有所謂才也自是以降光岳氣分士習漸靡因資禀以爲學任血氣以從事於是德器才識始岐而爲二有不相爲用者矣白居易曰存諸中者謂之德發諸外者謂之才德如大圭不割也才如利刃不缺也司馬光曰德勝才者爲君子才勝德者爲小人是則德器也才識也可相有而不可以相勝者也歷考諸古人如楊雄著書張□邵雍稱其盡陰陽之變見天地之心可謂度越諸子矣然著美新之論竟不免投閣之辱韓愈爲文蘇軾氏稱其文起八代之衰道濟天下之溺可謂一代山斗矣然勤三上之書卒不免一飽之嘆是蓋屈身於勢利役志于功名不復知有節義之懿矣霍光之出入禁闥小心謹畏朱熹張栻嘗稱其功同伊尹當大事屹如山岳大節不可奪矣而班固作傳以爲不學無術以其驂乘庇顯也趙普之匡輔三朝終始勤慎朱熹亦嘗稱其區處天下有仁者之功偉績不可泯矣而藝祖因事嘗嘆須用讀書人以其改元蹈蜀也是蓋闇於大義寡於見聞不復知有經術之學矣黃霸治郡八年安養教化治行爲第一及徵拜丞相史論其功名損於治郡殷浩屏居十年務養名節人期以管葛及起刺揚州史論依違無所建白是知霸之才惟長於治民浩之操之不務於實用相業非郡事之比清談無事功之實故耳孔明之在三國也感三顧之勤得出處之正朱熹稱其爲王者之佐而陳壽以爲將略非其所長張浚之當南渡也感知遇之恩盡匪躬之節朱熹稱其有忠義之心而又議之曰才力有不逮是知亮之仗義討賊先立其大浚之銳志恢復奮發於誠大受固其所長小知或有所歉故耳李固杜喬精忠勁節不避黨錮之禍漢家之氣賴以維持乃於梁冀之逆昧於聲討坐失天事機之權張栻蓋嘗論之二子可謂忠則忠矣而識何其疏耶王珪魏徵隨事納忠卒致功業之盛貞觀之治庶幾成康乃於玄武之役不能成仁未免事讎之恥范祖禹蓋嘗論之二子可謂才則才矣而義何其虧耶周勃以重厚之資誅呂以安劉乃不能對錢穀之數此其所以終見詘於陳平矣張禹以純謹之行始終無過舉乃不識剛正之字此其所以卒得以保身矣陽城諫諍之疏與日月而爭光及出補外郡乃自署曰催科政拙其偏于撫字者乎蔡邕兩漢之史與班馬而爭衡及應董卓徵召一歲九遷何取于文章也耶嗚呼鑾輿在前屬車在後清道而後行必稱德之驥始可以駕君之車及用之戰陣施之狩獵則非駿足疾驅超軼而絕塵者不足以多獲而取勝然則曰德器曰才識亦各有

取焉爾也雖然論人於三代之上者不可不備論人於三代之下者不可不恕於諸子中求其長而舍其短執其大而略其細吾於孔明有取焉觀其寧靜致遠以爲學開誠布公以立業八陣圖而變合之機神出師表而忠義之氣烈信王者之佐伊呂之儔也陳壽以私怨訾之豈足以知孔明者哉噫才德兼全尚矣君子果能涵養本源以蓄其德精深造詣以充其才出而見用於世其建立必有大可觀者又進而爲三代之英唐虞之佐裁成輔相之功全儒者之能事始畢矣愚生學未能以通古今之故智未足以悉品藻之公迂疏之見掇拾之聞敢以就正於執事不識以爲何如

第五問

楊永貴

同考試官教諭蔡批（守令人知其重而不知其所由重吾子反覆言之切中肯綮用世之志可以占矣）

考試官教諭鄭批（以前修之卓然者取以爲勸有見之言也）

考試官者教諭曲批（詞可爲訓錄之以式多士）

對欲民之安貴乎知要而要之所在莫先任親民之官別其繁簡稽其賢否久其職業又必隆其激勸而後任使之道得焉是故繁簡別則才不枉用賢否稽則志得向進職任久則事可責成激勸隆則願各攸遂要莫先於此矣要得而民可安民安而治天下不猶運之掌哉執事發策乃以安民之要在擇守令爲言其不忍聞田里之愁嘆而思欲以手援之者乎愚請終日言之幸借聽焉天生烝民不能自治必有任其責者然不能不資人以共理之凡以爲民也故內而公卿外而司尹無非任職以治事而守令又所以奉其令以致之於民者也自昔重其任而不輕者蓋付之以安民之寄而上之良法美意咸藉以行之否則扞格淤壅而有所不通矣是故輕守令是輕民也而可哉矧夫守令之所行與內而公卿之所爲實相關焉人心有欲節制之使歸於一民好異宜調劑之使得其平是即冢宰掌邦治之事也申布條教以淑民性安擾衆庶以歸至順是即司徒掌邦教之事也秩事祭祀以和上下是即宗伯掌邦禮之事也修其戎作以禁凌犯是即司馬掌邦政之事也刑以禁暴止邪使民日遷善遠罪者非即司寇之掌邦禁乎土以興事勸功使民得居業阜財者非司空之掌邦土乎是故事者民之脈也內者外之原也公卿者守令之宗也天下者郡縣之總也事異而脈未嘗不通也勢異而原未嘗不合也分異而宗未嘗不統也行異而總未嘗不該也內而提綱挈領公卿之所涖事者以澤民也外而承流宣化守令之所涖民者以報政也其實一而已矣然公卿之涖事者雖職贊佐

以治民其勢遠遠則未免於民疏又孰若守令之躬以施政於民者尤爲至近而最親哉黷貨而淫刑是戕衆者也性庸而知劣是佐奸者也執拗而乖方是債事者也望風而頤指是敗紀者也是皆有位之蠹爲民之殃所不容於堯舜之世執事之所欲去者諒無以出此矣乃如公儀子之治圃是裕民者也公叔之種樹是任人者也不以艾大夫之使民者使其民是弗擾者不以羊叔之課最者課其最是弗取者也是皆庶職之良爲民之福誠無忝於父母之任執事之所欲擇者諒無以易此矣夫職之所在固無彼此之別而權之所寄容有低昂之分漢紀獨詳守相此其微意有在矣蓋縣幾倍於郡令幾倍於其廉其貪其才其庸況得枚舉而總計哉誠得一賢守以臨於其上則爲令若長有所勸沮善者自奮而不肖者將無所容矣故訓戒丁寧唯守相之是及矣六條問事專二千石之獨察矣此傳所以不詳於令夫豈令之治效不逮於郡耶觀王尊之守安定則出教告屬縣以明謹所職而毋以身試朱博之爲冀州而以兩令換縣因其有才不職而改任之薛宣亦以刺史當察墨綬之長吏夫告之者守任之者守察之者又守也則上下相維政事自舉史稱漢治之近古不足徵於此耶迨至於宋損鎮將之權而其事益舉選京朝之官而其任益重宋治之過於詳慎此其意蓋有在矣蓋天下至廣也人民至多也其利其害其安其危豈能家喻而戶至哉誠能得一賢守以統於其上則爲令若長有所仰承膏澤日下小民將無所不被矣故民不得盡愛得一賢令足矣令不能盡知得一賢守足矣此宋所以獨重乎郡要以郡之職任或優於邑耶觀天聖之詔則欲守臣歲舉縣令一人以備選用熙寧之法則欲知州課縣令三條以俟黜陟元祐之制則欲守倅察縣令四善以明殿最夫舉之者守課之者守察之者又守也則尊卑相統綱紀自張史稱宋法之獨善不有驗於此耶執事謂職任之舉郡雖重於邑愚則爲事體之屬令無异於守何者天下一身也郡猶臂也令猶指也身之使臂臂之使指係於血脉之貫通淤之則病生天下之有郡郡之有邑實則事體之聯屬缺之則民病豈俟智者而後知哉明興用人圖治各有攸司而於守令親民之官尤加意焉愛養元元至優渥也我太祖高皇帝是以於有司超群者嘉勞賜級以爲臣民之激勸者蓋十有餘員焉是故陳希文爲懷寧縣縣丞則因指揮圖民地而執法不從是以有太守之擢王復春爲宜興縣主簿因本府不公事而陳論不避是以有同知之轉李善陸鑒皆縣佐也一則以弊政事聞而即升爲同知一則劾旗軍害民而即擢爲通判畢輝王搏奏旗軍持正道而拜夫尊酒之賜此縣官之守正爲何如王希賢陳維賢奏舍人馳當道而蒙夫尊酒之勞此郡守之執法爲何如至於父老詣闕陳情而得復本官者

非朱允恭知諸城之爲政有方歟他如守饒州而斯民咸賴以安全者此陶安之惠政所以見稱也統處州而生靈賴以保障者此胡深之撫衆所以爲可美也章溢之鎭撫處州減賦稅而寬民力其愛民也可知李文鼎之判簿祁門陳民害而除弊政其治蹟也何如其所以表守令盡職之榮而爲天下有司之助者蓋獨至矣自是而後聞者孰不奮然有所興起而矵於卓有立之者乎如況鍾之爲蘇州知府簡屬官以去貪庸定徵糧以備緩急置綱運簿以稽侵盜置舘夫簿以防需索此其表表者乎劉實之爲南雄知府請寬貸以救歲旱免雜差以重信義節省商稅以贍學宮節減供應以抑權貴此其赫赫者乎乃若通漕省億萬之費鎭靜革誇詐之俗非林億之兩授蘇鎭而何蒼頭供應門之役异政集去思之碑非楊繼宗之荐知嘉興而何又如胡儼之奏免積逋王恕之屢辨疑獄岳正之修復古禮而桐城莆揚之人至于今仰之有可徵也張寧之先教後刑鄧廷瓚之威服夷獠許逵之練武却賊而汀番樂陵之人至于今思之有可考也是皆爲郡而卓有异蹟爲邑而綽有令聞比與陳希文輩特伯仲之間蓋當時未蒙顯錄是以知之者鮮非泯泯無聞也意者治化之所沾被士有君子之行禮法之所漸磨屋多可封之俗靖共以圖報稱者比比而然也每人而顯錄之其將能勝乎故夫爲守若令誠能以前數者之賢爲法而以今之所當爲者自勉尙何政之不舉民之難安而於皇上圖治之心有不可仰副於萬一哉所以致之當有道矣夫亦使之以器乎人之才有能不能老成練達者處之以繁劇而得展其謀悃愊無華者處之以簡僻而不苦其難隨其才之所施而民自有得所之望矣無已徵之以事乎才之用有效不效尙賢以崇德如赤子之慕慈母也簡不肖以紲惡如鷹鸇之逐鳥雀也分其類之不爽民將免播惡之患矣無已責之有要乎有志者或數易則賢者之功不能以及其成必循六年九年之例俟有顯效旌异賞勞增秩加官不少靳焉則民無迎送之費而且得服馴之利矣升轉者或不重則勸士之輕不足以酬其志果於出政保民之間著有成績京丞卿佐臬省撫督必拔擢焉則人有遠大之期而自堅向往之念矣不但已也於此又有要焉持大公以立其本定紀綱以飭其法二者並行而守令之賢可必至矣所謂持大公以定紀綱者豈他求哉付之監司以核名實責之制使以明舉措總之臺省以計殿最歸之政本以行黜陟焉已矣執此之令堅如金石行此之令信如四時弗苟且於目前務求臻乎實效則政不勞而卧赤子於袵席矣田里愁嘆將安生哉然非愚一人之言乃國家已試之政顧操柄者力行何如耳不識執事發爲然否

河南鄉試錄後序

歲丙午天下當大比取士河南省臣遵例舉故事一時慎選僚屬充內外簾役罔不惟公惟寅期於必得良士以爲聖天子獻業既竣用賓濫與考文之列法亦得申告乃颺言曰爾多士進矣進以文也三試之而學以明經行以迪德識以用世雖未見底裏而士之呈身以靖獻者斯亦知其大端成周之所謂賢者能者非耶且爾知夫是舉乎固將歌鹿鳴而講賓興之禮籍其姓名文字偕計吏以貢於上登于天府暨會於南宮又將乘傳導之使行夫士而未進誠草茅之流也今一旦與諸大夫相酬酢是以賢能之可尊而尊其人也以草茅之言而獲登之天府是以賢能之可敬而敬其書也行得與公使并驅而舘穀之是以賢能之可重而重其往也若是則爾多士亦可謂榮而遇且幸矣盍自省焉吾之經術果能明以戀學乎吾之德行果能飭以治躬乎吾之才識果能備以用世乎有一弗當是爲不衷恥莫大焉主司者復諄諄然求之於言語文字之間唯恐不力是其責抑又浮於士矣吁可懼乎哉昔宋朱熹議程氏子貢舉之說有曰欲求程子這樣事須得程子這樣人然則苟得顥頤其人以當此時賢能之求則吾主司之責或亦不孤不亦快然有所慊於心乎顥頤二子生於河洛爾多士之鄉人其在當時卓然自立如青城講書根極理要龍門傳易研徹精微其經術有如此者玉色金聲氣象和粹規圓矩方操履端嚴其德行有如此者裨贊宋朝得御史體衍說義理真侍講宮其才識有如此者續鄒魯道學之傳負康濟民物之略誠命世之儒而爲善治之軌也固有志嚮往而尚友者之弗能外焉爾多士之明經而迪德識達而用世果能尚友其人而有獲於嚮往之餘否乎如果嚮往而尚友之以有獲焉則出而贊翊治化康理民物固自有不負朝廷側席之求而吾屬以人事君之責亦庶乎其少塞哉夫不知其人者愚也知而嚮往之弗勤者怠也溺於習俗而莫克尚友者是自卑也士而愚且怠以卑乃猶曉曉焉真贗胥淆癇然欲售於世殆凡民之不若匪直恥也螫將至矣於乎不恥不若人何若人有爾多士其勖之哉

浙江衢州府常山縣儒學教諭鄭用賓謹序

嘉靖二十八年河南鄉試錄

河南鄉試錄序

　　嘉靖己酉秋八月時當鄉試河南有司舉如制巡按監察御史張英寔惟監臨乃預檄所司徵禮儒官之賢者以柄試事及期畢至爰循舊典以銓暨教諭林烑爲考試官教諭羅見麟鄭喬周儒黃坫葛永泰劉岸毛凰爲同考試官布政司左布政使王汝孝左參政馮岳司提調按察司按察使陳燿僉事王言司監試其餘百執事咸慎選以充諏日入院齋瀹洗心執競將事進提學副使翁大立所簡士二千有奇三試之拔其儁者八十人第其名氏并文之可式者以獻錄成銓當序諸首用告多士竊惟河南古豫州之域星分大火當天地之中乃羲昊之遺址而成周之舊墟也嵩岳降神圖書呈瑞人文之盛載昔可稽矣始銓應聘而來也蓋嘗望太行瞻嵩岳盤礴千里曰兹生申甫之地也其靈乎涉滎氾睹河洛川澤瀠匯曰兹神物之鍾也其異乎比入都邑采民風大小相恤耕行崇讓曰兹中和之氣表見于人物者也其美乎因意必有哲人者出爲我國家名世之瑞然欲知之無從也既得肆觀其文則見其學識本原辭尚體要闡性命之蘊酌今古之宜究禮樂刑政之中悉人情物理之變言雖人人殊要皆本聖門之奧義敷至治之精華岡非大受遠到之器而誠可副哲人之想者也豈以其山河之靈異而宣泄于人文者如是乎昔嘗讀詩見人才之盛者莫如周故曰有疏附曰有先後曰有奔奏曰有禦侮竊以爲天之純佑而周實若是及讀棫樸之章則又曰周王壽考遐不作人然後知久德化成其功不可誣也恭惟我皇上御極中興躬修文德敬一有箴五箴有注以續虞廷精一之傳以闡聖門心學之奧凡黌序俊髦岡不佩服聖學游泳神化矧中州密邇畿甸沾被尤先者乎固宜思皇多士生我明盛如昔之所謂申與甫者出于其間蜚英耀采遠追成周之盛美而非特獨得於山河之助已也雖然尤有説焉蓋教化者造士之本也禮義者士人之坊也然士人之效用又莫重于始進若昔大猷正教崇化士咸以禮義自固故其進以正而臻迓衡用乂之休迨後漢唐之世士緣立教之疏而所以自待者亦薄夫立教疏則士習日頹自待薄則士坊愈潰不知其于教化義禮何如也故曰周士貴秦士賤豈以士有貴賤也

耶顧其始進何如耳今爾多士學古入官誦詩達政固將爲進之始也使其如此而言如此而行殫其所學爲明謨爲保惠以翼我皇上中興之運則亦申甫之儔也不然則剽竊枝葉毀失根本得人爵以弃天爵甚至競取名位榮身肥家而無裨于政理則上負朝廷掄材圖治之意下負主司以人事君之忠將不淪于可賤之耻也耶爾多士其慎諸是舉也巡撫右副都御史彭黯保厘中土篤興士類總理河道右僉都御史方鈍撫治鄖陽右僉都御史任瀛胥敕彝憲丕植人文士習均有賴焉者也至于有事讞政則監察御史劉應熊朱有孚有事馬政則監察御史陶欽臯有事平獄則刑部郎中金翮有事理賦則户部主事洪公諧盧鳳儀有事典禮則行人邵惟中張雲路張柱皆祗役庚止雅意崇尚者也若夫襄勞于外贊理惟寅則右布政使王楊右參政楊宜左參議翟鎬許天倫副使陳儲秀蔣懷德唐曜僉事沈民悦牟朝宗劉光文李兆龍都指揮僉事李胤高鴻儒以奉表行則右參政何繼之副使王橋以部税行則右參議李文進咸始事預勞於例得書

直隷太平府蕪湖縣儒學教諭敖銓謹序

嘉靖二十八年河南鄉試

監臨官

巡按河南監察御史張英（彥實福建莆田縣人　辛丑進士）

提調官

河南等處承宣布政使司左布政使王汝孝（紹甫山東東平州人　丙戌進士）

河南等處承宣布政使司左參政馮岳（望之浙江慈谿縣人　丙戌進士）

監試官

河南等處提刑按察司按察使陳燿（德孚直隷静海縣籍浙江山陰縣人　丙戌進士）

河南等處提刑按察司僉事王言（代言山東登州衛籍招遠縣人　辛丑進士）

考試官

直隷太平府蕪湖縣儒學教諭敖銓（平之江西高安縣人　丙午貢士）

浙江金華府武義縣儒學教諭林烁（貞義福建閩縣人　癸卯貢士）

同考試官

直隸淮安府沭陽縣儒學教諭羅見麟（于時廣東番禺縣人　癸卯貢士）

江西南安府崇義縣儒學教諭鄭喬（于遷廣西桂林右衛籍湖廣廣濟縣人　庚子貢士）

湖廣荊州府夷陵州遠安縣儒學教諭周儒（醇卿雲南右衛籍直隸桃源縣人　丙午貢士）

陝西漢中府南鄭縣儒學教諭黃坫（元崇四川富順縣人　癸卯貢士）

山東濟南府臨邑縣儒學教諭葛永泰（世昌陝西蘭州人　癸卯貢士）

山西平陽府翼城縣儒學教諭劉岸（汝登陝西高陵縣人　庚子貢士）

直隸廣平府邯鄲縣儒學教諭毛凰（仲鳴山西代州人　丁酉貢士）

印卷官

河南等處承宣布政使司經歷司經歷梁松（節卿直隸雞澤縣人　監生）

河南等處提刑按察司經歷司經歷李德光（謙甫直隸定州人　監生）

收掌試卷官

開封府知府劉廷臣（伯鄰山西洪洞縣人　戊戌進士）

汝寧府知府李丕顯（憲文福建長樂縣人　乙未進士）

受卷官

河南府知府畢竟夔（叔元江西貴谿縣人　辛丑進士）

彰德府推官黃墱（元登四川富順縣人　丁未進士）

開封府鈞州知州阮高（思抑直隸大寧都司保定中衛人　戊戌進士）

開封府許州知州姚九功（惟敘山西襄垣縣人　丁未進士）

開封府祥符縣知縣李敏德（伯修山西長治縣人　丁未進士）

開封府杞縣知縣眭明才（哲卿四川資縣人　丁未進士）

彌封官

歸德府知府李念（惟克山西平定州人　乙未進士）

衛輝府推官黃宸（戀箴陝西咸寧縣人　丁未進士）

汝州知州崔錦（中美直隸太平縣人　丁酉貢士）

衛輝府汲縣知縣梁紹胤（存賢山東東平州人　甲午貢士）

河南府洛陽縣知縣沈紹德（明甫直隸安州人　丁未進士）

河南府嵩縣知縣陳善治（時化四川巴縣人　丁未進士）

謄錄官

衛輝府知府郭乾（孟復直隸任丘縣人　戊戌進士）

彰德府通判吳璁（世振江西臨川縣人　乙未進士）
南陽府推官包燿（蘊之浙江鄞縣人　辛卯貢士）
開封府鄢陵縣知縣張守蒙（啓哲山東滕縣人　甲辰進士）
汝寧府信陽州羅山縣知縣陳文昌（子華浙江象山縣人　丁酉貢士）
汝寧府確山縣知縣許大來（惟朋福建同安縣人　辛卯貢士）

對讀官
彰德府同知符驗（大克浙江黃巖縣人　戊戌進士）
開封府通判姜仲賢（汝爵湖廣蘄州人　辛卯貢士）
懷慶府通判雷世榮（子抑山西蒲州人　辛卯貢士）
汝寧府上蔡縣知縣王許（汝和浙江東陽縣人甲午貢士）
汝寧府光州商城縣知縣萬炯（彥明浙江武康縣人　庚子貢士）
南陽府裕州舞陽縣知縣王近素（子先湖廣崇陽縣人　戊子貢士）

巡綽官
宣武衛指揮使丁守之（鎮遠直隸六安州人）
河南衛指揮使尚允紹（元孝河南息縣人）
南陽衛指揮使夏葵（均向直隸含山縣人）
弘農衛指揮同知李世卿（嗣忠直隸完縣人）

搜檢官
彰德衛指揮使吳旂（子陽直隸昌黎縣人）
陳州衛指揮僉事徐季彥（子賢應天府六合縣人）
陳州衛指揮僉事劉時寅（宗夏直隸唐縣人）
睢陽衛指揮僉事湯易（宗義直隸來安縣人）

供給官
河南等處承宣布政使司理問所理問吳槐（與植江西東鄉縣人　監生）
河南等處承宣布政使司經歷司都事朱良諫（臣信直隸華亭縣人監生）
河南都指揮使司斷事司斷事傅藩（子臣直隸霍丘縣人　監生）
開封府通判劉永鷹（從文直隸任丘縣人　戊子貢士）
歸德府睢州柘城縣知縣賈東山（道夫山西蒲州人　辛卯貢士）
南陽府鄧州淅川縣知縣諶忠（原孝四川犍爲縣人　丁酉貢士）
開封府陳州沈丘縣知縣陳達之（均漸福建莆田縣人　監生）
開封府儀封縣知縣葛之奇（子才直隸沭陽縣人　監生）
懷慶府孟縣縣丞徐元相（冠卿山東長山縣人　監生）

開封府陽武縣縣丞李柰（珍之雲南太和縣人　知印）
開封府祥符縣典史王恩（國寵直隸寶應縣人　吏員）
開封府扶溝縣典史王欽（敬夫山東陽信縣人　吏員）
開封府蘭陽縣典史汪參（敬之直隸婺源縣人　吏員）
開封府許州臨潁縣典史王英（士豪山東蓬萊縣人　吏員）
開封府中牟縣圃田驛驛丞石暹（文耀貴州思南府人　承差）
開封府鄭州滎澤縣廣武驛驛丞李耀（東彩山西襄陵縣人　知印）
懷慶府武陟縣寧郭馬驛驛丞楊惟喬（遷之雲南太和縣人　承差）
河南府鞏縣洛口馬驛驛丞蕭卿（朝用四川瀘州人　承差）

第一場

四書

子適衛冉有僕子曰庶矣哉冉有曰既庶矣又何加焉曰富之曰既富矣又何加焉曰教之　致廣大而盡精微極高明而道中庸　大舜有大焉善與人同舍己從人樂取於人以為善

易

六二直方大不習无不利　中孚以利貞乃應乎天也　可久則賢人之德可大則賢人之業易簡而天下之理得矣天下之理得而成位乎其中矣　有大而能謙必豫故受之以豫

書

克明俊德以親九族九族既睦平章百姓百姓昭明協和萬邦黎民於變時雍　德惟一動罔不吉　我聞在昔成湯既受命時則有若伊尹格于皇天在太甲時則有若保衡　立政任人準夫牧作三事

詩

如切如磋如琢如磨瑟兮僩兮赫兮咺兮　鉤膺鞗革八鸞瑲瑲服其命服朱芾斯皇有瑲蔥珩　顒顒卬卬如圭如璋令聞令望　我將我享維羊維牛維天其右之儀式刑文王之典日靖四方伊嘏文王既右享之我其夙夜畏天之威于時保之

春秋

秋宋人齊人邾人伐郳（莊公十有五年）　冬齊高子來盟（閔公二年）楚屈完來盟于師（僖公四年）　楚子伐鄭（宣公十年）　公會晉侯齊

侯宋公衛侯鄭伯曹伯莒子杞伯同盟于蒲（成公九年）甲午晦晉侯及楚子鄭伯戰于鄢陵楚子鄭師敗績（成公十有六年）

禮記

凡居民材必因天地寒暖燥濕廣谷大川异制民生其間者异俗剛柔輕重遲速异齊五味异和器械异制衣服异宜修其教不易其俗齊其政不易其宜　處其所存禮之序也　大學始教皮弁祭菜示敬道也宵雅肄三官其始也入學鼓篋孫其業也夏楚二物收其威也未卜禘不視學游其志也時觀而弗語存其心也幼者聽而弗問學不躐等也此七者教之大倫也記曰凡學官先事士先志者其此之謂乎　作者之謂聖

第二場

論

聖人法天立道

詔誥表（內科一道）

擬漢舉質樸敦厚遜讓有行者詔（永光元年）　擬唐以宋璟爲黃門侍郎誥（神龍元年）　擬翰林學士胡廣等進五經四書大全及性理大全表（永樂十三年）

判語（五條）

同僚代判署文案　器用布絹不如法　見任官輒自立碑　從征守禦官軍逃　偽造印信曆日等

第三場

策（五道）

問　宋儒論五經之有春秋猶法律之有斷例信乎律例之足以擬經矣我太祖高皇帝明先王之正法製爲大明律大明令以昭示臣民真大聖人仁天下之書也其詳可得聞與列聖相承益隆繼述又著爲問刑條例擴其所未發增其所不備凡以儕律也五經春秋之旨果無以异乎至於三典三居三赦三宥五戒五禁皆古律也擬之今律亦有相孚者與虞書所謂五刑周官所謂五刑與後世所謂五刑可究其同异之實與說者謂今律皆本於唐律而損益之則其餘又皆有可法與諸士子窮經致用其於法律斷例固嘗熟誦而詳說之以爲致君之術矣願攄其義

問　先王制禮以節事修樂以道志傳稱見禮知政聞樂知德豈無謂哉三代而後禮書猶有可考樂書不傳然代更世易有難以折衷焉者姑舉其一二論之叔孫曹褒之制貞觀顯慶之儀夫孰曰非禮而又有禮閣新儀曲臺新禮開寶通禮禮閣新編者果孰爲得耶王禹獻二十四卷劉向校二十三篇夫孰曰非樂而又有嘉至永至之名休成永安之號十二和十五和之法果孰爲優耶至於黃初之裁定天始之削除梁之裁成隋之述著制各不同也政亦有可取者與劉宋以永爲名蕭梁以雅爲名陳以韶爲名隋以夏爲名各有取義也德亦有可録者與夫致禮樂之道舉而措之天下無難矣多士睹昭代禮樂之盛必有達其本者也毋諉之曰未能

　　問　射所以觀德也古之王者以六藝設教而尤重於射是故成周澤宮之制孔子矍圃之觀所以序進賢能而考見德行其示人以讓道至矣然射有名物度器之節尊卑上下之等官職有司之異何與自是以降缺焉不講其間英明之主有行大射于辟雍者有習射殿廷者有演於武德殿前者有行於景福樓下者果可以復于古與當時有志之士銳意古道如舉古賓射於武昌而嘆其有洙泗之風桑弧蓬矢以習射而縣令率屬往觀之不可謂非觀德之舉也其亦有裨于古道否與肆我皇祖於開國之初命天下郡縣立學而并建射圃於黌序以便肄習所以作興士類嘉惠天下者至矣皇上恪遵成憲敦崇古制邇因撫臣建白禮官覆請慨然俞允而申飭之薄海內外喁喁向風于觀德之化行見禮讓行而風俗美比隆三代之治而下陋叔季之習矣諸士由茲選者其酌古準今言之毋諉曰其義難知也

　　問　昔之人君嘗見均田圖慨然嘆曰此致治之本也王者之政自此始夫均田王政之一事爾何以爲致治之本耶今其圖尚存推而行之果足以致治耶抑時异世殊而猶有所未盡也試舉中州之田而詳議之禹貢豫冀之地墳壚白壤土不可謂不美也國初得地二十九萬永樂間增而爲三十六萬成化間復損而爲二十八萬疆域既定孰從而增損之也豈農有勤惰地有興廢政有得失而致之耶我皇上視民如傷孳孳圖治每以及時耕耘勸諭百姓天下之人皆仰窺大聖人憂民之心無時不然中外臣工固罔敢怠荒矣夫何務本者苦於盡力詭計者巧於規避侵占者善於蠶食無异乎田畝之不增也而有司者紛紛然議均田以救其弊果可施於今日否與且今之訟田土者曰一地二糧也地去糧存也逃户地糧也聽者咸以爲健且繁矣而不知此乃近歲既均之田也果何故耶諸生抱策入比心有所以塞守臣之責紓九重之憂者當何施而可其詳著於篇

問　禹之治水也行其所無事也古稱十三年過家不入門隨山浚川任土作貢宜萬世無弊也夫何黃河遷徙不常衝決日甚故道之失已非一日然則禹之功亦有所未盡與其治河之法言人人殊或謂初平三策與至正三策治法無愈之者其詳可得聞與邇歲大雨河溢王家樓等處水氾濫入舊堤河之勢亦殺矣且下流衝突曹縣幾沒而理河諸臣方議開趙皮寨口以殺水勢苦其難者又議開孫家渡口以邀近功果孰爲良法與今計其勞費財與力不下十餘萬縱使成功其水勢未必能殺而疏薄沙鹵之土隨浚隨淤疲勞貧困之民日征月役二議恐均有所未盡也況末流巨匯逼近皇陵全河南徙爲漕洪深慮者耶茲欲節省而不妨開浚之議輕減而不失保障之宜土著者必有畫一之策矣其悉陳之當轉聞於上

中式舉人八十名

　　第一名　魯邦彥　睢州學增廣生　書
　　第二名　董選　嵩縣學生　易
　　第三名　李邦器　寧陵縣學生　詩
　　第四名　徐養相　睢州學生　禮記
　　第五名　張道充　歸德府學生　春秋
　　第六名　吳三省　洛陽縣學增廣生　易
　　第七名　張注　新蔡縣學生　詩
　　第八名　馬斯祖　鈞州學附學生　書
　　第九名　劉選　祥符縣學生　易
　　第十名　高才　新鄭縣學生　詩
　　第十一名　李惟勤　許州學生　禮記
　　第十二名　王陽生　洛陽縣學生　易
　　第十三名　李思選　杞縣學附學生　詩
　　第十四名　李用賓　鈞州學生　書
　　第十五名　劉貞一　通許縣學生　詩
　　第十六名　牛若愚　開封府學生　易
　　第十七名　蔚元康　祥符縣學附學生　春秋
　　第十八名　堯允和　衛輝府學生　詩
　　第十九名　陸陽　嵩縣學生　易

第二十名　皇甫鍾岳　睢州學生　書
第二十一名　賀國定　獲嘉縣學生　詩
第二十二名　傅朴　洧川縣學生　易
第二十三名　劉東立　潁川衛軍生　詩
第二十四名　王宩　洛陽縣學生　春秋
第二十五名　苗自碩　鈞州學生　書
第二十六名　秋良幹　汝寧府學附學生　易
第二十七名　黎來　真陽縣學增廣生　詩
第二十八名　王永亨　河南府學生　易
第二十九名　劉調鼎　睢州學生　書
第三十名　陳璐　洛陽縣學附學生　易
第三十一名　鄭東　歸德府學生　春秋
第三十二名　趙江　開封府學增廣生　詩
第三十三名　朱裳　溫縣學生　易
第三十四名　穆鐸　扶溝縣學生　詩
第三十五名　李春馨　開封府學附學生　書
第三十六名　胡魁　汝寧府學附學生　詩
第三十七名　王廷弼　陳留縣學生　易
第三十八名　皇甫鍾乙　睢州學生　禮記
第三十九名　石漢　汝陽縣學增廣生　詩
第四十名　唐時雍　汝寧府學增廣生　詩
第四十一名　丁寧　鄢城縣學生　易
第四十二名　郝守業　鈞州學生　書
第四十三名　沈鯉　歸德府學增廣生　詩
第四十四名　李際觀　潁川衛軍生　易
第四十五名　蔡光　光山縣學生　詩
第四十六名　周汝器　羅山縣學附學生　春秋
第四十七名　陳楓　許州學生　易
第四十八名　劉繼芳　封丘縣學生　詩
第四十九名　崔棟　泌陽縣學生　書
第五十名　辛自脩　襄城縣學附學生　詩
第五十一名　師宗魯　太康縣學附學生　易

第五十二名　關紳　扶溝縣學生　詩
第五十三名　焦冕　靈寶縣學生　春秋
第五十四名　李逢時　涉縣學生　書
第五十五名　閻忠信　孟津縣學增廣生　易
第五十六名　馬思誠　淅川縣學生　詩
第五十七名　張智望　太康縣學生　書
第五十八名　劉欲仁　陳留縣學生　易
第五十九名　孫以德　懷慶府學生　禮記
第六十名　徐可觀　衛輝府學增廣生　詩
第六十一名　史官　河南府學生　易
第六十二名　王獻圖　寧陵縣學生　詩
第六十三名　劉涝　開封府學附學生　易
第六十四名　高等　開封府學附學生　書
第六十五名　王嘉臣　羅山縣學生　春秋
第六十六名　張臻　新鄉縣學生　詩
第六十七名　王廷儒　真陽縣學生　書
第六十八名　梁鑛　鹿邑縣學生　易
第六十九名　王佐才　封丘縣學生　詩
第七十名　白元　寶豐縣學生　書
第七十一名　賈實　祥符縣學生　詩
第七十二名　王弘化　睢州學生　易
第七十三名　李柵　許州學生　詩
第七十四名　何永慶　河內縣學附學生　禮記
第七十五名　溫如璋　河南府學生　易
第七十六名　魏琯　淅川縣學生　詩
第七十七名　金鏡　洛陽縣學生　易
第七十八名　徐方　虞城縣學增廣生　詩
第七十九名　王家相　汲縣學生　詩
第八十名　宋國祚　鈞州學增廣生　書

第一場

四書

子適衛冉有僕子曰庶矣哉冉有曰既庶矣又何加焉曰富之曰既富矣又何加焉曰教之

魯邦彥

同考試官教諭葛批（帝王爲治之道不過教養二事子能以生成二字發揮卓冠群作且詞氣充暢中州佳士也取之）

同考試官教諭周批（純正典雅講富教處殆無餘蘊足式多士）

考試官教諭林批（辭理暢達聖賢爲民行道之意溢于言表可嘉）

考試官教諭敖批（識見卓越詞氣純雅佳士）

聖人有感衛民之衆因論夫生之成之之道焉蓋萬物以各得其所爲極至也既庶而富而教誠蓋利之而已其施爲有序何如哉昔夫子適衛而御以冉有因民生之衆而遂感諸言蓋地闢民聚既喜施澤之有地而濟時行道足慰其利見之懷者也冉有從而請曰國以民爲依恒患乎弗庶也既庶而無以加之可乎子告之曰君之於民也使司牧之勿使失所故庶而不富非所以生之也民其如我何則爲修六府以裕其財焉定九賦以薄其征焉天地本有生民之政而吾所以利導而撙節之者不過因民之所利而利之俾群然而生者亦熙然而樂焉斯可矣可以庶而但已哉冉有又從而請曰民以食爲天恒患乎弗富也既富而無以加之可乎子告之曰君之於民也使師保之勿使失性故富而不教非所以成之也我其如民何則爲修七教以興其行焉敷五典以和其衷焉天地本有成民之德而吾所以輔翼而匡直之者不過因民之所固有者而裁之俾有是恒產者亦有是恒心焉斯已矣可以富而自足哉夫庶而養養而教一答問之間而經世之法備非聖人其孰能之抑教養之説昉於何時書曰政在養民敬敷五教堯舜以來相傳之法也夫子之世若齊若晉若魯民非不庶而特發於衛焉蓋魯衛之政兄弟也魯固以至道望之矣今於魯不可吾舍衛何適哉此固夫子致嘆意也然而衛不能用夫子且奈何哉雖然庶矣富矣教矣致治之道萬代如見夫子未爲不遇也

致廣大而盡精微極高明而道中庸

李邦器

同考試官教諭鄭批（理明詞盡中庸義宜如此作）

考試官教諭林批（理性題作者多失之晦此篇明暢典實是用錄式）

考試官教諭敖批（語意峻潔發修德凝道之旨無遺敬服）

君子修德之功心體求復其初而事理必造于極也蓋吾心與事理相資者也於此交致其功則德修矣道其有不凝乎且夫天下之道統會於人心而散殊於事理君子修德凝道固在存心致知矣然豈以一端盡乎彼吾心之體本自廣大惟有所蔽始狹小矣要必不以私意自蔽焉廓吾心以配天地而不見其不足也含萬物以歸吾心而不見其有餘也則廣大致矣然心與理相涵而物理之精微初不因廣大而或遺也故必於禮儀威儀之散見者精義以入神通微以作睿則析之極其精者合之盡其大心非虛位而理有定歸矣修德凝道其在此乎吾心之體本自高明惟有所累始卑暗矣要必不以私欲自累焉神運於天地之外而不可拘也見超於萬物之表而不可眩也則高明極矣然心與事相符而處事之中庸初不於高明而有外也故必於禮儀威儀之發散者錯綜之以盡變權度之以用中則旁行而不流者知周而不過中有真見而事有定執矣修德凝道其在此乎君子之學交相為功如此此聖人之道必待君子而行也雖然道有費隱無精粗有體用無內外廣大精微非廣大尚粗而精微始精也高明中庸非高明在內而中庸在外也要之精微盡者始為廣大蔽於私者必雜而不精中庸道者始為高明累於私者其去中道遠矣此致一之道也非深造君子其孰能知之

大舜有大焉善與人同舍己從人樂取於人以為善

董選

同考試官教諭毛批（詞氣渾成卓越群作有養之士也錄之）
同考試官教諭黃批（發明大舜公善之心殆無餘蘊敬服）
考試官教諭林批（詞語充足而思致縝密文字之最優者）
考試官教諭敖批（說理精切非有得於道者不能作此）

大賢表前聖之大必即其公天下之善者以見之也蓋物理皆吾度內也聖人忘其善於人己之間其斯以為大乎孟子論聖賢樂善之意蓋曰聖人以天下為度取善以大同為極彼禹與子路好善之心固誠矣進而上之虞舜為弗可及矣乎吾見含弘廣大以天下之公理而與天下共之渾然物我之兩忘焉明道公溥以斯民之懿德而與斯世同之泯然形迹之俱化焉斯其所以為大也而何以見其然耶是故重華協帝明物察倫舜固未嘗有未善也而自足者未有不滯於是已矣彼則懇昭乎無我之衷每舍己以從人遷善徙義之餘一物來順應之妙也是其道可以配乎天地而望道猶有所未見夫何有於係

吝之私哉理無不在言弗可略人固有善之可錄也而忌能者未有不狹於取人矣舜則式彰乎若虛之量恒取人以益己好問好察之餘一執中用中之地也是其德既已躋乎帝王而求善猶有所不及夫何有於勉強之意哉夫始也虛其心以爲天下而終也聯天下以成其身忘己忘人無內無外舜之大于禹子路如此者宜孟子表之以示人也與抑舜之心其天地之心乎無不覆載者天地之體無不容納者聖人之量苟有所遺天地之化且偏矣況聖人乎是故衢室之訪非以飾智也岳牧之咨非以眩觀也此天地積小成大之意聖人純亦不已之心也學者未造乎至誠之地而欲以語聖人樂善之心抑末也已

易

六二直方大不習无不利

吳三省

同考試官教諭毛批（易道之大此作盡之匪是無以崇易教者宜表出以式）

同考試官教諭黃批（敷說詳明語意渾厚必學易而有得者）

考試官教諭林批（說出不習無不利虞真得聖人作易本意非苟作者宜錄）

考試官教諭敖批（潔淨精微易義必如此乃佳）

聖人於坤之六二著其德盛而安焉夫德有所勉則未安也六二直方大而極其盛焉奚假於習乎哉宜聖人著以示占也何以言之直方大者坤之德也未有不出於自然者矣六二柔順中正得坤道之純者是其性立天下之有而中焉不倚道周事物之用而智爲不過生理本直者不撓於攻取之私內焉與柔順正固同其直也稱物平施者適得乎哀益之宜外焉與賦形有定同其方也合內外而成其能備體用而造其極直方之盛又與德合無彊同其大也夫是謂德之盛矣然亦何者而非自然哉吾見性性存神默成信於不言物物過化變通妙於無爲心即體體即道非有所存而自不忘一坤德之直無所於容心也欲即用用即義非有所理而自不亂一坤德之方不見其應迹也內外兩忘幾不在我顯微無閒動皆以天非有所矯勉而化不可知一坤德之大而有合一不可測之神也夫是謂德之安安矣何假於習而後利哉吁六二之德其同地者也占者而知所勉則六二之德在我矣雖然乾之九二則不言德而即以大人當之何耶蓋九二龍德而正中者也坤之六二則猶始於敬義夾持而後其德始不孤九二性之也六二反之也學者能盡敬義之功而進於不習无不利之地則際出潛之日自亦可成利見之功此乾坤二爻命詞之意學者

合而觀之聖學天德王道之始終性反之分陰陽之義皆可見矣

可久則賢人之德可大則賢人之業易簡而天下之理得矣天下之理得而成位乎其中矣

董選

同考試官教諭毛批（渾雅精到殆邃於經學者）

同考試官教諭黄批（根理之文工邃養之學讀之令人起敬）

考試官教諭林批（明潔精偉詞理璨然是可式矣）

考試官教諭敖批（明瑩透徹正是説理文字）

聖人著法乾坤者學之所至由賢而入聖也夫易簡盡天下之理也兼體不累何聖賢之不可至哉大傳論乾坤之理而人兼體之至此蓋謂易簡之道盡於乾坤效法於君子固其幾相感而其理相須矣所造至此果何如哉蓋由易知而有親焉是以獨得之妙驗人心之同志向於是而專一矣故曰可久德至於此則體驗真切下學已造其極執復盡性上達將底於成雖非不已之純亦守之而幾於化也由易從而有功焉以樂取之善大同人之公體用於是而兼該矣故曰可大業至於此則協力以踐其實功不止於小成兼外以成其能效已獲於積累雖非無疆之盛亦未達一間也其賢人之德業矣乎夫賢者固不可及然道不終於此也過此以往至健在我而合德於乾天下之理不外於易而吾之心無遺理也至順在我而合德於坤天下之理不外於簡而吾之事無遺理也德妙於日新業成於富有人極以立參天地爲三才矣廣大悉備也内外合一也成位乎中配造化於兩間矣其聖人之能事矣乎此體道之極功不外於易簡而得之也希賢希聖者其知法乾坤之道與大抵吾身之理即天地之理求天地之理於吾身則吾身一天地矣夫何學易者謂易簡不足以盡道而求遠且難者是故日用而不知也成天地之能使百姓與能者其唯聖人乎體易者止諸至足由賢而聖亦易易也

書

克明俊德以親九族九族既睦平章百姓百姓昭明協和萬邦黎民於變時雍

魯邦彦

同考試官教諭葛批（破意用善推成化于經解甚明且據理爲文體格平正可以知子之能道式矣）

同考試官教諭周批（俊德全用欽明二句語意渾成以親上補身修意

出則齊治平亦爲有本經學之明無逾子矣敬服）

　　考試官教諭林批（理明詞達蓋得于典謨之深者可式）

　　考試官教諭敖批（典雅縝密僅見此篇）

　　聖君能明其大德而善推以成化焉蓋德以敷化則其出爲有本矣而家國天下推之有弗準者乎史臣言此以著帝堯放勳之實也意曰大哉堯之爲君也其德業之盛固大而無所不至矣然果何所徵耶彼德者夫人之所同具限于天者不可以言大而爲物蔽者不可以言明惟帝欽明文思安安也允恭克讓也蓋德之性諸天者無一之不備而其備諸己者無一之不明則德極其盛而身無不修矣而推行豈無其漸乎故于家而九族焉以是德而親之則情誼洽于彝倫之厚仁讓興于惇叙之深親親恩篤而家於是乎齊矣于國而百姓焉以是德而平章之則大道公而人紀可立軌物彰而民彝以全式昭明德而國於是乎治矣以至萬邦之廣則盡乎天下矣以是德而協和之但見合同而化大順之俗成焉從欲以治雍熙之象昭焉順帝則而不知忘帝力于何有則於變時雍而天下不其平乎是則俊德克明于一身而大化遂成于天下所謂放勳之實于茲見矣而被四表格上下豈虛語也耶大抵天道不言而神化聖人法天而難名其所以然者要亦有德以爲之先焉耳今觀堯能明德而家國天下之治舉不外此然則有治平之責者曷亦端其本乎本端則化成而帝堯之治夫何難致也耶

　　我聞在昔成湯既受命時則有若伊尹格于皇天在太甲時則有若保衡

　　馬斯徂

　　同考試官教諭葛批（通篇脫去凡俗而詞語敷暢體裁峻整轉束處尤有思致明經之士也）

　　同考試官教諭周批（以輔聖輔賢立意甚得本旨且保衡下補對格天之意迥出諸作宜冠多士）

　　考試官教諭林批（周公留召公之意宛然在目可以爲文矣）

　　考試官教諭敖批（意精詞雅經義之最佳者宜錄以式）

　　大臣舉有商之元聖既輔聖以成治復輔賢以保治夫治至格天治之極也商臣兩相其君而功化若此其斯爲聖之任也與想昔周公勉留召公之意蓋曰迓衡固得于天休而致理寔資乎相道然我之所以不欲公去者蓋嘗聞之商事而知其然矣夫啓運之君有成湯焉盛德受命宜無賴于賢臣之輔矣時則有若伊尹者應元聖之求肇維新之命一德咸有克立夫昭受之基萬民

誕保乂弘乎丕冒之績商邑之用協也四方之見德也其道化漸被蓋與天之無不覆幬者同其用矣而左右之功焉可誣耶所謂輔聖以成治者如此其嗣運之君有太甲焉繼體守成亦足以致一時之治矣時則有若保衡者蓋伊尹以宗臣之舊任阿衡之職匡救之資殆一身而二任輔理之助將异世而同功用協者如昔也見德者如昔也其奕葉相承蓋與湯之丕釐耿命者同其休矣而格天之治曷有艾耶所謂輔賢以保治者又如此是則伊尹始相成湯以成治者非有所冀也君臣道合自莫遏其達行之機其繼相太甲以保治者亦非有所繫也而老成謀國蓋有不忍于去者矣今公亦周之舊臣也而自處顧异于伊尹者意獨何哉雖然召公非有异于尹也即其相周輔武王以開永清之治輔成王以致鳴鳳之符其格天之功業亦懋矣而周公猶致懇于公者蓋以滋至之休非一人所能戡而篤棐之責必同心乃可濟而示以凝命圖終之道也噫此則周公勉留之意也此召公之所以爲公留也其致主之義俱可識矣

詩

如切如磋如琢如磨瑟兮僩兮赫兮咺兮

張注

同考試官教諭鄭批（詞古而理足三讀之有餘味錄式）

考試官教諭林批（文思簡古字義精當場中無以逾此矣）

考試官教諭敖批（發明武公爲學處精切典雅可嘉）

詩人擬賢侯盡修德之功而極著外之盛焉夫功已至而益求其極德無不修矣然則其容之盛又惡可已哉衛人美武公作此蓋曰學每病於止足道莫貴於勉修我公德裕于身固吾人所望而震矣而其始之修德也何如彼物理無窮之妙非致知無以會其通也彼則考德於講習之餘理既明矣而探索之益至極深研幾務求至乎精義入神之域猶之治骨角者既切而復磋焉殆已精而益精者耶天人貞勝之機非力行無以致其決也彼則省察於理欲之間幾已審矣而克治之益力釋回增美務求造夫萬理明净之天猶之治玉石者既琢而復磨焉殆已密而益密者耶至是知行之功盡所以致養乎內者不足言矣而其發之於外也何如吾見敬足以勝怠儼然而臨之以莊禮足以治躬肅然人望之而畏德既盛而容亦盛瑟焉僩焉有莫知其所爲者其有道之氣象矣乎暢於四支皆英華之旁達發於面背一睟盎之流形養既充而發亦充赫焉咺焉有莫測其所以者其君子之暉吉矣乎至是光輝之謂大所以豫利乎外者不足言矣是則功純於積久德發於內充此天理自然之妙非武公其孰能與於斯抑此其乾坤之義乎乾曰君子以自強不息而於坤之六二有

取于中順之德蓋天地之道相禪無窮而君子之學緝熙不已仁以爲已任雖一息尚存而不懈道足以物身有不知老之將至云爾衛武公知此蓋亦聖賢之徒也讀詩者合易而觀之思過半矣

　　　　我將我享維羊維牛維天其右之儀式刑文王之典曰靖四方伊嘏文王既右享之我其夙夜畏天之威于時保之
　　高才
　　同考試官教諭鄭批（文思典健得周人敬天法祖意）
　　考試官教諭林批（精警可誦）
　　考試官教諭敖批（醇正之作）
　　周人尊親配帝有所以冀其享者而思以保之焉夫奉祭固貴於盡誠也然謂誠之足以格神而或弛焉豈能永保其享乎周人所以深致意也蓋曰明堂之禮固由於義起矣然唯仁人孝子爲能享帝享親也顧我今日之祭何如哉彼至尊莫如天也我則以牲雖不樂於葆大而繭栗豈足以盡情進以少牢而儀物之甚備享以太牢而牲特之甚充其志厚者其義章其心誠者其體辨意者有皇上帝如哉鑒之以慰吾洞屬之念乎至親莫如文也我則以感通雖原於一本而繼體實妙於善承率乃攸行以靖今之天下鑒于成憲以撫今之萬民爲於前者美而章爲於後者盛而傳吾知伊嘏文王享之來享以綏吾思成之懷乎夫天與文王既皆右享我矣其所以右享者誠也我其可但已乎必時幾以惕其志肅然明命之有嚴庶神與天游所以鑒我者無已焉否則一時不謹而怠心生可冀天之常格哉夙夜以警諸懷儼然明威之是畏庶心與文合所以享我者不窮焉否則斯須不敬而慢心作可保文之永綏哉吁茲見周人無時而非敬天法祖之心則無往而非祈天永命之道矣明堂之祀而豈徒哉雖然祭不可瀆不欲煩也南郊之祭既尊稷以配天而茲復以文王配焉何與王者德厚可以流光力大足以及遠苟可以致吾敬而以天下儉焉仁人孝子之心兩有歉矣況祖功宗德禮尤不可已乎故尊尊所以廣仁而亦以達義也親親所以崇孝而亦以示信也周道之備其不在茲乎苟不聞性與天道其孰能知之

　　春秋
　　秋宋人齊人邾人伐郳（莊公十有五年）
　　張道充
　　同考試官教諭羅批（有才識有斷制）

考試官教諭林批（詞正理明）
考試官教諭敖批（謹嚴）

春秋紀兵舉而見伯業之未成望其孚衆志也甚矣衆志孚而後大業集也伐郳之舉序宋於首其望齊桓盡孚衆之道與曷爲乎伐郳也宋公討叛桓伯偕行其序宋下何猶未成乎伯也何以知之以諸侯之未孚知之今夫天下之勢之一也誠以喻之則易力以合之斯難桓自北杏有盟于鄄兩會欲長諸夏伯圖漸張雖王迹已熄而天下尚知宗周故桓伯初起而疑信之者過半是伐也奉號令以馳驅聽指揮而左右初不嫌于屈焉蓋前乎此者宋雖見從尚懷會伐之嫌後乎此者鄭復間好敢肆侵宋之逆且魯又人望也如齊一舉締好方新夫郳宋役也馬首是瞻乃爲宋以討叛魯宋黨也率賦以從欲因魯以結宋吾意其經營圖謀期得上公之歡心以風動乎小國謙已下人欲因近者之孚喻以協同於四方蓋遑遑焉以恤宗周之闕篤簡書之義是究是圖者矣據其迹所伐之國甚小而事淺所附之宋甚寡而勢弱爲桓仲謀者當何如其盡孚衆之本以振賜復之舊勳乎故于茲役而猶序宋下若曰伯業未成所以謀之之心不能已耳其深望之以爲世道慮也至矣抑于是時管仲相桓爲政已五年矣懲戒游逸寄政軍令是以民皆勉于善而安其居其規模次第亦可想見惜乎以節制之兵輕爲譚遂之滅諸侯來同而鄭詹之執不旋踵焉律之王者反身修德之懿其有愧乎春秋與之也蓋有不得已焉爾

冬齊高子來盟（閔公二年）楚屈完來盟于師（僖公四年）
蔚元康
同考試官教諭羅批（發明精切）
考試官教諭林批（融會傳意明白可誦）
考試官教諭敖批（詞意俱足）

平內難者伯臣奉使之權服伯義者外臣奉使之權觀春秋賢僎之定魯進完之服齊皆以其明臣義而不辱君命也夫魯自慶父構禍武闈再釁于是曠年弗戢矣高子奉桓公之命來省難也蓋欲覘其虛實以行兼國之私非有汲汲焉申安危繼絕之義也僎乃憫周公之明祀將湮僖公立焉以正我是急念龜蒙之人心未定鹿門城焉以安我是違桓始以利動而僎乃以義行使魯受平難善鄰之德桓免幸災樂禍之愆賢哉僎之盟魯也故稱子不稱使而曰來盟權在高子也且桓率八國侵蔡命管仲問楚于是次陘以待之屈完奉楚成之命來觀師也蓋姑伺其強弱尚蓄倔強之念非有惴惴焉輸降心聽命之

誠也完乃知戴宗周之明德諾以包茅之賦欲同于夾輔審德力之輕重承以寡君之願欲附于諸侯成以觀釁爲先而完以效順是急使齊收擾夷尊主之功楚專輸誠納欸之美美哉完之盟齊也故以姓氏通不稱使而曰來盟權在屈完也吁使人臣而知此義可以廣君人之德識奉使之道此固聖人之意乎由是觀之君制命者臣守義者君人者必得正已物正之臣與之論道經邦斯能以義制事而命令信人臣必能道濟智周不以成敗利鈍移易其心斯咸有一德如書傳所紀皆在我矣惜乎俠完二子器局淺而習染深不足以副春秋期待之深意焉

禮記

處其所存禮之序也

徐養相

同考試官教諭劉批（此題上言聖人所以制禮下言斯民所以由禮作者多不以處存爲制禮不知所處者何事殊爲欠通此作認理親切而措詞不苟蓋深於禮者）

考試官教諭林批（雄渾典雅可以爲文矣）

考試官教諭敖批（訓嚴義正宜錄以式）

記者推聖人制禮之原而因及禮之所由定也蓋造化禮之原也以是制禮者而復何疑於天下哉此可以見聖人參并之實矣記者欲人君求端於天也故言此以爲聖人所以參并造化者夫既在於治政矣而治政安在哉亦曰禮而已蓋天地之闔闢雖無言矣而固禮之所由始也聖人欲敷以降命也則仰觀俯察於天高地下之間鬼神之屈伸雖無形矣而固禮之所由寓也聖人欲揭以示人也則極深研幾於萬物散殊之内本高卑之體形之而爲倫理之別焉經畫區處皆所以體天地之撰乎本殊散之理昭之而爲節文之著焉參伍錯綜皆所以建陰陽之情乎如此而禮有不達者哉蓋作之者非出於一己之私則有以盡天下之制而所以防範人情者皆約之於中正不易之規出之者不鑿以一人之智則有以盡天下之倫而所以綱維世變者皆律之以常久不已之則大而倫理之分至不齊也而性命之各正以類聚者以群分矣是何也聖人本天地以成能而自不出其範圍之外耳小而節文之著至不一也而等級之甚嚴其統同者其辨异矣是何也聖人本萬物以順治而自不能出其曲成之外耳是則禮制於上見聖人效法之有本禮達於下見聖人成功之有合此其所以參天地而并鬼神也而豈徒哉雖然此固人君法天之事也然所謂天者理而已天地覆載陰陽往來固莫非天也而謂天專在是焉則未也古

人有見於此出王游衍樂且不違其命宥密畏天者也蓋真有以識此矣噫天其可以他求哉

作者之謂聖

李惟勤

同考試官教諭劉批（聖人所知者情也所作者由情以達文也似不難解及至作文往往混而無別明白簡潔如此篇者可謂知作者之心矣）

考試官教諭林批（平淡中有餘味可嘉可嘉）

考試官教諭敖批（精切簡當非苟作者）

樂記於禮樂之創始者而定之以極至之名焉蓋禮樂之道至大而自我作始焉固亦難矣非天下之至聖其孰能以與於此且夫至難知者禮樂之情也至難作者禮樂之事也既識情而能作矣謂之作者本其所先覺之理而以之議禮考度焉凡所以嘉天下之會者皆於我乎成能即其所獨得之妙而以之審音正律焉凡可以平天下之情者皆於我乎托始雖曰起先王之所未有而所以開物成務者此也雖曰創曠古之所未聞而所以繼天立極者此也若此者不特作之為君可以臨天下而已而其性之所賦夫固聰明睿智之盡者也不特作之為師可以覺天下而已而其中之所涵夫固仁義中正之極者也內妙聖敬之躋外觀會通之典而凡儀文之設皆幾微為之妙應也不曰天縱之將聖乎而何以能創所未有如此也心建中和之極耳妙聲氣之元而凡音律之正皆天機為之默契也不曰聖其合德矣乎而何以能開所未聞如此也是聖人之未作也而道在天地聖人之既作也而道在禮樂然則聖人其天地矣而豈述者所能擬議之哉抑觀聖王之制作以經世也周自平王而後王道不行雖述者之明亦不可復得由是而經世之意微矣夫子斟酌四代之禮樂而發之顏子固萬世常行之典也道在而位不在焉作者之難不其然乎必有聖人之德而在天子之位然後可

第二場

論

聖人法天立道

魯邦彥

同考試官教諭葛批（氣象恢宏詞意雅健讀之有一倡三嘆之遺音焉高薦何忝）

同考試官教諭周批（發揚題意滾滾千餘言有才氣有學識敬服敬服）
考試官教諭林批（通篇論議不出乎本題之外非留心經史而有得者耶）
考試官教諭敖批（步驟不凡議論叠出真高古之作也宜錄）

　　道其原於天乎聖人之治天下憲諸天而已矣夫仁者天之道也聖人者道之管也天以仁覆萬物而不有其迹是故天下之物取足於天之化而忘其爲仁聖人生萬民而其道與天并是故天下亦囿於聖人之仁而不知其同于天故其道始大而與天爲一也苟參以有我之私則與天道不相似而至仁之用幾於息矣然則聖人之所以治天下其諸憲天之道而不私者乎今夫立天之道曰陰曰陽而已陽之舒也而爲春爲夏有生殖之道焉固仁之所以出也陰之慘也而爲秋爲冬有振耀之德焉固義之所以出也幹流而不息闔闢而不窮顯仁藏用而不匱天何嘗有心於物而爲之者耶然喙息蠕動根著之物自是廣育各正不相假借天道之大於是乎不可測矣聖人者作將以承天之道立人之極齊物之軌其責負爲甚重而天下之紛紛焉相率而求以遂其欲使無以副其望亦或肆其臆見强爲法制以把持之欲天下之順吾治吾知其必不能矣聖人憲天以爲聰明固不敢妄有所事以絶天下之望亦豈敢自諉而不爲之所以負上天付托之重哉吾知其承天之意以爲民用者固有所不容已焉耳自今觀之六府三事之修以遂民之生也五典之惇以成民之性也五禮之庸以防民之欲也勞來匡直以翼民之行也物采之彰藝極之陳以端民之趨也五服之命以彰民之有德也五刑之用以罰民之有罪也聖人所以爲民之道若是亦既詳且備矣或者曰聖人之所以愛養者仁吾民者也刑罰者適以戕吾民而非聖人之仁也若無與於天也不知天道至大至正不能以獨運不得不待聖人以成其能而聖人敦大履正亦兢兢焉以奉若乎天道愛養刑罰之用一皆代天而行之一毫有我之私不與焉至有殺之而不怨及刑期於無刑卒以成其愛而後能使天下被聖人之仁於無窮所以爲仁也夫道者天之用也仁者道之用也聖人者管是者也道立則天用彰仁昭則聖功溥其理一而已矣惟理之一也故典曰天叙禮曰天秩德曰天命刑曰天討凡群動之宜亦不過因美利而導之上下是何與於聖人耶若果出於聖人之爲則是出於有我之私而其所以愛也養也爲私恩爲小惠賞也刑也爲私喜爲私怒其出也無本其究也易窮而何以立道于天下耶是故其愛養者聖人之仁也而其所以爲愛養者固天之生長於春夏也陽之舒也刑罰者聖人之義也而其所以爲刑罰者固天之秋肅也陰之慘也天覆萬物而無所偏聖人憲天之道亦溥愛而無所私天無私故能極其大聖人無私故能立其道而以仁覆

天下庶無負於天之所以付托於聖人之意而天下之所以望於聖人者始爲不孤矣夫天以是道付之聖人聖人亦能任其責於我以天之道神天下之化裁成輔相率本於天之所爲而不敢有所欣戚震懼于天下以孤其所望是故其政惻怛而不徇優游而不驟并覆包函而不遺卒而天下之治而與天者同其用故天下之人老有所終少有所養鰥寡孤獨得其所君臣以義父子以親兄弟以順上下以序仁誼行而禮節重教化成而風俗美天下之衆舉不奸於其道而道立矣由是行帝道而帝者此也行王道而王者此也爲而不有應而不求至順而天下治則天與聖人爲一而法天之能事畢矣故曰聖人之治天下憲諸天而已矣雖然憲天豈易言哉必有純天之德而後有格天之心有格天之心而後有憲天之治有憲天之治而後有同天之功若昔大猷時雍風動神化極矣嗣東周以後王者迹熄道術遂裂漢武帝承秦之敝不能洗而除之乃廢先王德教之官而專任執法之吏蓋至是而法天立道之意荒矣宜有以激仲舒之爲是言也治天下者能鑒於兹存至公無我之心體天地至仁之道以溥其德愛於天下而不徒事乎法制文爲之末則所以永底民生導迎善氣而祈天凝命之本在是矣唐虞之治豈得專美於前也哉

同前
牛若愚
同考試官教諭毛批（此作以乾卦月令發明法天立道義甚真切且篇末歸重董子正心之説尤爲有見擅場之作也宜錄以式）
同考試官教諭黃批（天道之春生秋殺同歸于仁聖人仁育義正皆法乎天乃董子闡道救時本意此作援引經傳發明聖同天之意一一詳盡且體裁高古豈讀漢文而有得者乎錄之以并三策）
考試官教諭林批（就題立論而切近精實意自無窮殆如有制之兵而操縱闔闢舉在吾手子其學博而取約者與允宜高薦）
考試官教諭敖批（是題場中作者類多浮襲時言敷演成文塵雜可厭此篇援經質史順題發明反覆千言英華叠出蓋造詣精邃不可以時士之文目子也敬服敬服）

聖人之仁天下其事甚詳而其爲道甚約也何也聖人承天意理萬物視天下弗獲其所誠若恫瘝其身凡吾政教慶惠惟恐旦發而夕不至也況天下求仁於吾者意甚切至吾將博觀遠覽靡所究竟雖竭智畢議而天下無少裨益則豈所以奉神靈之統而操化理之術哉乃思曰吾位天位理天職期以興

致太平甚盛而吾所爲有不求端於天則謬矣於是法天立道天無私吾亦無私天以生道仁萬物吾亦以生道仁萬物則操約施博太平可立致矣夫所謂法天者何聖人始作設卦觀象六陽之卦其名爲乾乾者天道故其辭曰元亨利貞以此見天之道大通至正溥愛而無私也孔子析爲四德明君人之道準於四序故元爲春爲仁亨爲夏爲禮利爲秋爲義貞爲冬爲智惟元兼總四者故曰乾始能以美利利天下不言所利明君人體元之義亦溥愛而無私也今夫天之於物必有日月風雨以運之陰陽寒暑以經之故少陽見春物始孚甲太陽見夏物始長嬴少陰見秋物始斂藏太陰見冬物始凝結皆各司其命以順元化非有假借者也今謂春生夏長是天仁萬物則信矣秋冬萬物剝落天之仁宜無可見而仁則存焉者氣不禽不聚聚然後物成成之也者將生之也聖人觀乾見天則觀復見天心蓋謂此也是故聖人之理天下春居青陽行春令則親農桑發倉廩安萌芽養幼少夏居明堂行夏令則斷薄刑出輕繫行水利達道塗秋居總章行秋令則簡兵實詰暴慢修法制繕囹圄冬居玄堂行冬令則培城郭固封疆備邊境完要塞夫聖人終歲之間無少休暇若此而又因朝日以修陽政習地德因夕月以治陰教紀天刑則自昧爽至于晦息殆無一念不在天下也聖人豈樂詳於事哉夫天運而不積故能成其大溥而不私故能成其公吾所爲有一弗當天心弗協天道而欲含氣之物無夭昏札瘥之憂視聽之類各得其所不可得已是故聖人春令不同其爲生之一也夏令不同其爲長之一也秋令不同其爲收之一也冬令不同其爲藏之一也四時之令各不同其爲仁一也故曰其事雖詳其爲道甚約也東周之時民困已極孔子雖以天自處不得位故退而修春秋惇典庸禮命德討罪皆原諸天則又繫王於天界之體元之責其曰元年春王正月者示君人謹元始而大居正也隕霜不殺桃李冬華則謂天之不仁春秋惡之明秋冬而行春令亦非所以威懾不軌保全元元也孔孟既没天道不明邪說暴行有作申韓李斯之徒壹切細苛上操下急民不堪命蓋至秦而壞亂已極是豈徒闇於天道哉亦不睹之春秋矣董生爲漢大儒深明斯旨思以天道興起漢治故其言曰春者天之所以生也夏者天之所以長也霜者天之所以殺也見殺之者亦生之德刑非可偏廢也又曰聖人法天立道溥愛而無私其意尤欲人主任德不任刑者非偏也漢承秦敝宜專務德化博大敦裕斯可舉明主於上世之隆俾至德揚詡薰爲太和跂行喙息蠕動之物無不咸若而天道始終也惜哉武帝昧此誠使君人者能明於春秋之旨體乾元之義順月令之宜救偏而不舉之處而又從董生正心之說求所謂天道無私者於吾心則仁覆天下興致太平信無難矣

表

擬翰林學士胡廣等進五經四書大全及性理大全表（永樂十三年）

劉選

同考試官教諭毛批（以典雅之詞發理性之旨表之最佳者取之）

同考試官教諭黃批（用事切實措詞典雅讀之如聆韶護之音不覺神思飛越也敬服）

考試官教諭林批（麗而則樸而文四六之難得者録之以式多士）

考試官教諭敖批（體裁正大鋪叙詳明可佳）

永樂十三年九月十五日翰林學士臣胡廣等謹奉欽命編輯五經四書大全及性理大全今繕寫已完總二百二十九卷進呈者伏以聖王繼天立極弘昭道統之傳明主稽古右文聿闡休明之化心法實相爲授受治功由是以彌綸展也大成匪徒小補臣等誠惶誠恐稽首頓首竊惟洪濛判而儀象分風氣開而人文著帝王之治本於道桓因性以牖民帝王之道寓於書必隨時而立政龍圖獻瑞八卦始畫於伏羲龜兆呈祥九疇載叙於神禹虞廷精一之訓萬古有光成湯執中之言百王不易文演易于殷室丕顯文謨武受戒于丹書茂承武烈姬旦兼三王而施四事孔丘列群聖而集大成心印獨授於顏曾真派并流於思孟即其親炙私淑之微旨無非天德王道之實功異端起而大義乖邪説滋而正經息嗟群籍大厄于秦灰幸斯文僅存于漢壁詩書不事自安馬上之風禮樂未遑何補躬修之治橫經講道臨雍徒侈乎彌文午夜觀書反躬祇益夫慚德自兹以降鮮有可稱逮宋室之隆興焕星纏而奎聚濂洛關閩之儒迭出堯舜禹湯之緒彌光宏開正學之宗大掃横途之塞聖經賢傳衆星紛雜辨之天諸子百家萬水支流歸諸海遭胡元之竊據致治教之陵夷道不虛行時將有待恭惟皇帝陛下重華協帝一德格天丕闡鴻圖恢創業守成之道嗣承寶曆奮南征北伐之威允武允文克明克類體元協夫四大定鼎式于九圍著聖學心法之書頒歷代臣鑒之訓治已至而猶以爲未至道已純而猶以爲未純乃於投戈講藝之餘爰舉重道崇儒之典謂經書爲列聖傳心之要時允貴于表章以性理爲諸儒衛道之言善尤資於兼體乃渙大號於彤陛兼開經局於銅龍袞延文學之臣均給尚方之惠繼膏油于藜火窮緗袠于木天神會心融仰贊化工之妙條分縷析率循敷訓之章惟聖王能自得師故君子與人爲善經筵進講致詳於出入起居之間士庶均陶悉納於平康正直之域淵源遠矣雖百世而可知綱目瞭然指諸掌而易見聲爲律身爲度學務底於惟精尊所聞行所知俗期封於比屋一洗襲沿之陋期回淳古之風俾吾道如

日中天庶萬年若水行地俟後聖而不惑質鬼神以無疑信帝王自有真惟聖人乃立極也臣等衡茅下士章句蕪儒學素慚於面牆識僅同於窺管身膺珮綬稽古儧儗夫桓榮志切經綸談經竊比于劉向幸際文明之運濫叨校劘之司編輯成書裝潢進御共效雕虫之技庸塵清燕之觀豈惟上助乎聖修亦可取裁於治化伏願學懋緝熙煥周文之郁郁德隆廣運欽堯思之安安作之君作之師與治同道得其名得其壽以經法天咸五登三建億兆臣民之極參天兩地收中和位育之功綿萬年景運之長洽四海篤恭之治臣廣等謹以經書性理大全若干卷隨表上進以聞

第三場

策

第一問

劉貞一

同考試官教諭鄭批（我皇上好生之德同符聖祖遠邁百王子能鋪張揚厲且于歷代刑名之制考究精詳可式）

考試官教諭林批（律例一策諸士子類能言之悉未得肯綮此作援古證今條折無遺可以知子他日之服政矣錄之以式）

考試官教諭敖批（以制刑成德立意甚是且體格平正詞采充瑩高薦）

聖人以道御天下不得已而詳於法者義也示民不可犯者仁也是故法豈聖人樂爲用哉天下日趨於僞猶江河日趨於下不以法坊之則不止故坊民之僞甚於坊川川壅而潰傷人則多民僞而滋害治尤甚聖人以爲驅天下麗於法則吾豈忍縱天下入於亂又焉用司牧者爲哉是故詳於法以明有義示之不可犯以明有仁仁義并用則久安長治之策也知乎此則可窺我皇祖創法之意暨我列聖保治之謨矣嘗考國家所著定刑書自大誥之外科指精切可世世通行者三一曰令二曰律三曰條例皇祖御極即布令于天下爲類有六爲條百四十有三亦既櫽括事情根極理要俾民易知難犯矣民果無犯則律可無作既而復命尚書劉惟謙損益舊文著爲大明律者是非皇祖所得已也律之爲書上揆天道下悉民情兼總古今參酌化理可謂至極宜無復加矣列聖相承復有條例至弘治間乃命尚書白昂等兼采廷議彙爲成書是條例之設又豈孝廟所得已哉民生有欲情僞相感蓋自上世以來漸趨於僞故軒轅之世即有刑官有虞氏興象刑斯著夏有政典商有官刑皆是物也成周儀鑒前代置法益詳列在秋官不可殫述姑從明問考之虞有三居此量遠邇

言仁在遠邇間也周有三典此權輕重言仁在輕重間也五禁五戒士師掌之仁在未罪前也三赦三宥司刺掌之仁在已罪後也墨劓剕宮大辟者虞周所謂五刑笞杖徒流死者後世所謂五刑然觀皋陶之命則笞杖徒流虞已用之國語稱薄刑用鞭朴而周禮有嘉石役法則周亦用是也但肉刑著在令甲如周禮所載爲條二千五百吕刑所載爲屬三千雖詳略不同其示民不可犯一也由此觀之聖人用刑義在法中仁周法外不得已而用之固未始廢刑也史稱有虞氏畫衣冠异章服以爲戮其説始於慎到而尚書大傳白虎通論皆踵言之是泥於五刑有服而不知所謂服者乃謂服罪若謂冠服可以示戮又何須三就五宅哉我國家定律上仿虞周兼采唐律今觀舊律凡六百有六條爲篇十有二後又別爲六類而析户婚爲户役婚姻鬭訟爲鬭毆獄訟廐庫爲廐牧倉庫職制爲公式受贓撮要舉凡去苛就簡殆非唐律可及然所以獨采唐律者以其更李悝蕭何陳群劉邵賈充王叡諸人秦漢魏晉齊隋諸代而長孫無忌輩特集其大成耳昔胡安國謂五經有春秋猶法律有斷例愚亦謂大明律一書真可與五經并行于世明吉凶則盡易之變定經制則述書之事飾喜怒則發詩之情正名分則體禮之經薄過誤則導樂之和而尤謹華夷之防詳義利之辨別故失之等定首從之差雖春秋謹嚴亦不是過是即虞之象刑周之中典而與五禁五戒三赦三宥相爲出入大抵使人易避難犯以仁天下之心行正天下之義也知五經不可衰益則知律文不可增損乃復設有條例非以濟律之不及也凡民之情重刑易入輕刑易犯故弘治十年詳擬罪名即死刑真犯雜犯重加斟酌懼其易入也明年始著條例欲其難犯也我孝廟仁天下之心至此極矣然條例之中間有過重是當時諸臣議擬未精至正德間雜例愈多注疏者輒以旁附律文之下目爲繼例豈不謬哉聖天子中興首革雜例仍敕所司不許深文參語濫及無辜所以上體天德下惠元元甚盛渥也邇年屢俞諸司之請斟酌新例多有條例所不逮者聞之法官亦既裒采成編登諸史局行將增入會典頒行四方矣四方治獄之吏未見全文往往捃摭雜例轉相比況禁防浸密律意浸微甚者文致成奸因緣爲市所欲出則傅生議所欲入則予死比甚非所以仰體聖天子好生之意也昨者廷臣建議仍欲會集諸司增定條例務求厥中俾治獄者有所持循麗法者無至枉抑此今日仁義并用祈天永命之道也愚何幸躬逢其盛

第二問

魯邦彥

同考試官教諭葛批（考列前代及述我皇祖功德之隆與皇上著作之

懿發揚殆盡且於古樂三致意焉其真涵濡而有得者矣）

　　同考試官教諭周批（是篇學有根據氣昌辭偉叙論國家制作之盛本於中和之極可謂識其大者信中州奇士也）

　　考試官教諭林批（鋪叙明盡可以爲式）

　　考試官教諭敖批（深得探本之論）

　　帝王之治本於道而後治可大帝王之道本於心而後道可成何謂治教化是也何謂道禮樂是也治而不本於道則所以治之者無其具欲教化之行不可得矣道而不本於心則所以行之者無其實欲禮樂之興不可得矣治可以易言哉先王之治天下也以人生有欲不能不爭爭則亂亂則窮故制禮以序之作樂以和之使欲不窮於物物不屈於欲然後志氣天人交相感應而雍熙太和之治可馴致也苟推之無本行之無道徒區區從事於儀文器數之間抑末矣故記曰禮也者反其所自生樂也者樂其所自成又曰先王之制禮也以節事修樂以道志觀其禮樂而政治可知也試爲執事誦所聞夫禮樂何爲者也天高地下萬物散殊而禮制行矣流而不息合同而化而樂興焉明於天地然後能興禮樂也考之周禮大宗伯以天產作陰德以中禮防之以地產作陽德以和樂防之有宮室車輿以爲居衣裳冕弁以爲服樽爵俎豆以爲器金石絲竹以爲樂以適郊廟以臨朝廷以事神而治民莫不一出於禮樂天下安習而行之不治所以遷善遠罪而成俗也及三代以降遭秦變古漢唐宋相繼而有天下觀其名號位序國家制度宮車服器其間雖有改作不能超然遠復三代之隆大抵率其時俗安於苟簡而已如漢高祖嘗有意於興禮矣而魯兩生不肯行叔孫通爲綿蕝之儀多仍秦之舊習曹褒繼之取法舊典雜以五經讖記之文特以補綿蕝之遺耳唐太宗嘗有意於興禮矣而當隋隳滅之餘房玄齡有禮文之獻名爲貞觀禮無忌繼之增益舊儀作爲顯慶禮特以輯貞觀之略耳韋公肅錄開元禮爲禮閣新儀後王彥威爲曲臺新禮以繼之唐非無禮也劉溫叟取唐開元禮爲開寶通禮後王皥撰禮閣新編以繼之宋非無禮也是漢唐宋君臣所議之禮其間雖有損益之不同謂之合於古禮可乎漢武帝時王禹受河間樂有二十四卷之獻劉向則校書二十三篇計其所存者僅有樂記樂本樂詩等諸篇而已其樂奏樂品樂始等篇無傳焉及大祝迎神於廟門奏嘉至入廟門奏永至而見其行步之節既饗登歌奏休成就酒東厢奏永安而見其事神之禮此漢樂之可考者也唐有祭畢而還之樂在貞觀則有十二和在開元又益之十五和此唐樂之可考者也是漢唐宋君臣所議之樂雖有詳略之不同謂之合於古樂可乎至魏黃初所定之儀晉天始所更之制

與梁武帝五禮之裁成隋文帝北齊之取法名雖不同而其失實則一焉劉宋終獻之樂以永爲名蕭梁出入以雅爲名與陳所用之韶隋所用之夏號雖不同而其乖義則一焉是五季所議之禮樂又非漢唐宋之可比矣是何也君子曰甘受和白受采忠信之人可以學禮苟非其人道不虛行得其人之爲貴也若漢高祖之規模宏遠唐太宗之萬目畢舉宋太祖之忠厚立國卓然爲三代以下令主非不足與於中和也但漢雜霸唐雜夷宋亦不能無疵雖有安民濟世之功而無躬行心得之實欲作禮樂以事鬼神諧萬民致百物吾見其難矣所謂見禮知政聞樂知德者不其然與洪惟我太祖高皇帝膺天眷命用夏變夷恢復文明之統蕩除腥穢之風治定制禮開國之治何治也功成作樂奠安宇宙之功何功也萬古之綱常既立一代之創始自明觀天下初定即開禮樂二局既命儒臣陶凱等撰郊祀禘祫等禮又招俊乂梁寅等編集大明集禮等書觀心有亭精誠有錄此禮樂之在於心身者也嚴郊廟之祀肅宮闈之禁此禮樂之修於其家者也君臣同游即虞廷之都俞學士醉歌即小雅之周行此禮樂之宣於朝廷者也由是而正神祇之號均父母之服禁兄弟之婚定上下之式宗周官讀法以行鄉社遵朱子家禮以行民間而禮達之天下矣大祀樂章則親御宸藻大成樂器則頒習庠校俾冷謙正舞佾之位及詹同製燕享之辭厭前代鄙陋容悅之聲禁胡虜誼淫舞隊之戲而樂無不正矣中庸曰君子之道本諸身徵諸庶民考諸三王而不謬建諸天地而不悖質諸鬼神而無疑百世以俟聖人而不惑我朝禮樂監視前代損益百王其冠古而獨盛者乎嗣是而後列聖相承益彰繼述肆惟皇上懋德格天纘承丕緒純心守敬一之箴修身建中和之極由是天地爲昭人文載啓首以綱常爲重也纂修明倫大典則簡命儒臣焉復以典則當詒也重修大明會典則歸之史館焉他如敕諭輔臣更正典禮定丘澤之方位配日月之晨昏岳瀆從類而社稷各處其尊祖考攸崇而帝王則歸本廟欽天有頌大報有歌除夕有咏平臺有作皆裁自聖心協義而協所謂與天地合德日月合明四時合序鬼神合吉凶者也仰觀俯察彬彬焉洋洋焉如今日之盛誠千古一時矣但樂書不傳古樂莫考非所當修復以彰功德之盛而媲典謨之美者乎記曰五帝殊時不相沿樂三王異世不相襲禮必待后夔而後作樂師曠而後審音豈理也哉世無后夔師曠而后夔之心師曠之耳今不異於古也昔宋季改鑄鍾磬徐復笑之以爲聖人寓器以聲當先求其聲而不必更其器正謂此耳故孟子曰今之樂猶古之樂也試使知樂者由今之器寄古之聲如蔡元定之律呂新書朱子之通解鍾律可考而知也如呂氏春秋通鑒外紀及隋志所載黃鍾含少之數與朱蔡异者可按而

校也依俗法之所移換尋古調之所抑揚然後被之於絲吹之以竹宣之以金收之以石作於一堂之上而有應和之美則有以開萬世之和平與古帝王異世同符而鳳儀獸舞將特見於今日矣愚敢以爲聖明獻

第三問

王陽生

同考試官教諭毛批（射禮一策正欲究士子觀德之學場中作者不失之昧則失之疏漫不知爲何物子能酌古準今以實心實政歸本言之有用之學也取之取之）

同考試官教諭黃批（射藝之格久矣主司發策探其留心否也子能歷舉成周之政而發揚聖明之治可謂不專章句者矣然則子非文武之才也邪）

考試官教諭林批（讀子之策鑿鑿可行非徒事博洽者）

考試官教諭敖批（能條答詳明足占所蘊）

聖王之以射教天下也非故漫然而强人以太勞也蓋必有文焉以爲淑世之具有本焉以爲出治之基文者何儀章度數是已本者何恭敬溫和是已是故無本不立無文不行先王導民善俗之政靡不由之此其所以卓越萬代而非漢唐宋可追也且射之義何昉乎伏羲神農開物成務于天下久矣其時猶未有射也乃若弧矢之作始於黃帝侯明之典見於虞書夏商無文周制大備時則有若周公制禮作樂以相成王之治於是乎射義之所由起焉自今觀之其在當時一曰大射天子將祭于群臣諸侯習禮則然也二曰賓射諸侯來朝天子入而與射也三曰燕射天子舉群臣燕息之射也四曰鄉射卿大夫貢賢能之後詢衆庶而射也是故有六弓焉曰王弓弧弓夾弓庾弓唐弓大弓之異也有八矢焉曰枉矢絜矢殺矢鍭矢矰矢茀矢常矢庫矢之殊也以言其射侯也則天子與其諸大夫之異侯者所以辨其等也賓射燕射天子與其諸侯大夫之同侯者所以一其權也以言其射耦也則天子六耦諸侯四耦孤卿大夫三耦士二耦而耦則不同也以言其射地也則天子於郊諸侯於境大夫於鄉士於學而地則不同也天子百二十步諸侯九十步大夫七十步士五十步明尊卑所服有遠近也天子合九而成規諸侯合七而成規大夫合五而成規士合三而成規明尊卑所統有廣狹也然猶未也天子以騶虞爲節騶虞者樂官備也諸侯以貍首爲節貍首者樂會時也卿大夫以采蘋爲節采蘋者樂循法度也士以采蘩爲節采蘩者樂不失職也是故古之射者則然也此天下師門弟子學士疇人考之於古質之於周禮可見矣然其數可陳也其義難知也執事欲得其義乎蓋射者男子之事有四方之志而飾之以禮樂者也天子既

以三射擇人而又澤宮以選士鄉射以教士其容體比於禮焉節奏比於樂焉其中多者得與于祭其容體不比于禮節奏不比于樂而中少者不得與于祭其叙進於射也又曰射中而多者得爲諸侯射不中而少者不得爲諸侯故曰射者射爲諸侯也是以君臣盡志於射以習禮樂故當其時教化興行人才衆多致治之盛光映簡册有由爾哉嬴秦焚籍古典盡湮後之君臣有志射禮者吾陋焉漢之明帝習大射於辟雍矣唐之高祖行大射于殿廷矣太宗貞觀則演於武德殿前玄宗開元則行于景福樓下此四君者非不銳然于古也然不過侈園橋之聚觀逞雄心于一試是乃爭能較勝之意而非尚德序賢之舉噫亦末矣至晉之庾亮于武昌作帥也行鄉射之禮仿古周制親執其事而洋洋有洙泗之風漢之劉昆陳留野儒也教授弟子春秋饗射備列典儀桑弧蒿矢以射菟首而縣宰率屬以觀此二臣者亦可謂有志矣然徒慕其名而不究其實行於暫而不能持於久要之習於苟簡格於時勢亦無補於觀德之舉也故曰苟非其人道不虛行其是之謂乎肆我國家太祖創造鴻業成祖丕隆善治訏謨度越乎百王睿見超出乎千古即位之初常令群臣以時合射天下甫定遂詔内成均博士弟子員及郡縣庠序之士皆建圃習射于學宮今大明集禮所載至爲明備即成周鄉射之遺意其於先王之禮教人以立德行習禮樂蓋先後一揆异世同符所當服行無斁者也我皇上神聖御極禮樂作人菁莪棫樸之化恭敬仁讓之俗彬彬焉洋洋焉與三代同風而射禮一節則又恪遵成憲敦崇古制尚行而不尚文師意而不泥迹使天下章縫之士頌讀之餘詣圃而習射亦既敦行德讓矣然臣下遵行日久未免有偏而不舉之處學舍鞠爲蔬圃士風流於鹵莽觀德之意浸失其初宜厪執事之問也豈任事者執古以好奇通變之或缺業舉者隨時以遷就苟簡之是襲乎記曰作者之謂聖述者之謂明明聖者述作之謂也則夫振厲作新之機化民成俗之治宜我聖心之惓惓而不能以自己焉邇者皇上因撫臣之建白禮官之覆請慨然嘉納遍行兩京國子及天下諸學一仿大明集禮督令生徒朔望習行甚盛意也一時人士得於耳目觀感之餘有不丕應侯志向風承德乎然善俗者法也行法者道也故純心乃善治之原而至誠爲參贊之本然則修明之政惟以實心行之焉耳何也射者六藝之術三物之教也然變通神化古諸射禮雖難盡卒行也而鄉射則達之士人詢于衆庶選其賢能定于澤宮者非取其有貫革穿札之勇也舍拔覆哨之捷也習於容止揖讓而賢不肖以判焉等於行同能偶而好惡趨舍以分焉本之以和順從容之心形之而爲發揚蹈厲之節無事於矜驕誇詡之習而自消乎鄙陋陵躐之氣仁愛可以推之庭塾焉忠敬可以推之君長

焉恂篤可以推之州閭焉慈惠可以推之民庶焉故曰射者鵠也爲人君者以爲君鵠爲人臣者以爲臣鵠爲人父者以爲父鵠爲人子者以爲子鵠鵠者正也各欲正己而已矣是不可行乎雖然猶有說焉三代之時上無異教下無異習仁義并用文武同方比閭族鄰民也亦兵也陳師鞠旅者將也亦相也周公篤棐而有東山之征太公鷹揚而有丹書之授伐玁狁者元老之方叔同燕喜者孝友之張仲今之爲士者呻其佔畢之功沒於帖括之習視觀德之學爲長物細故漫不加意是以文之鄙武不識一丁武之譾文徒事文墨今欲使操觚染翰者一折衝禦侮之能爲干城腹心者悉兔罝中林之士則澤宮之制顧不可斟之酌之而一舉乎雖然愚又有說焉君者民之表上者下之倡也故君好之民必從之上爲之下必安之風行草偃之勢也然則欲舉先王之實政以成天下之人才夫豈有他術哉無亦曰加之意而已我皇上稽謀自天多聞縱聖穆清之上春秋之暇仿大閱之制振曠古之典於大射賓射燕射間一舉之俾中外臣民有所觀法天下士庶得以率作而又行鄉射遵大明集禮以歲考責之督學之憲臣以時練稽之提調之有司帥之以儒官本之於儀注俾天下人士身安而體習日劘而月練陶成于禮樂羅網于科目則士人兼文武之才朝廷獲得人之效閭里興遜讓之風觀德之治尚何有不舉哉夫然後道德一而風俗同雍熙太和萬物咸若之化遠追唐虞三代而獨盛於今日矣愚也何幸親見之

第四問

李邦器

同考試官教諭鄭批（均田一策作者每無根著獨是篇區畫周悉敷答明暢其識時務者與宜錄以式）

考試官教諭林批（策內區處明當而歸于守令之得人知本之論也足占子經濟之略）

考試官教諭敖批（措詞典則通達治體真有本之學也佳士佳士）

阜天下之利者厚民之紀也通天下之變者因時之治也夫天下之民非政以治之則罔克胥匡以生王人導利于上下如其狃于故常安于積習而不因時以達天下之治其何以厚民之生而善其治于不窮哉知此則可以論均田之法而復執事之問矣粵自井田之制肇於黃虞歷千百年至成周乃備養民之政莫善於此矣然猶有貢助徹之不同者豈夏商周之聖人事不師古而好爲是更張耶蓋亦因時以立政通變以宜民而其什一之賦愛民之心則一而已矣及周之衰稅畝之法行而井田之意遂微阡陌之利開而井田之法盡

廢至治以來咸踵其弊富者連阡陌之田貧者無立錐之地古人良法蕩然無存迨唐長慶間元積有志於均天下之田上圖策而未果於行後周世宗見其圖嘆曰此致治之本也詔諸路議均定民租何行之未久世族蜂起而廢之司牧者亦不能為之禁也要之積成以漸而于宜民之道有歉焉耳亦何怪其政之不終也他如漢之十五稅一三十稅一五十稅一雖有愛民厚生之意要之皆非中正之法唐之租庸調以取民雖為一代征賦之典要之亦非近古之制嗣是而後益無足言矣洪惟我太祖聖神啓運驅逐胡元寧一海宇復自古帝王之土地定天下省會之疆域創制立法分田成賦人有常業糧有定額即三代什一而賦之制而陋漢唐於不侔矣列聖相承益隆德化春初有勸農之諭水旱有蠲免之惠仁澤汪濊浹於民心迨我皇上視民如傷孳孳圖治每以及時耕耘勸諭百姓海宇黎庶莫不忭戴天地飽沐仁化凡中外臣工亦皆仰體洪慈不遑寧處固宜戶口增繁田畝墾闢乃今有未盡然者即以河南考之蓋古豫冀之地也厥田中上厥賦上中墳壚白壤不可謂不美矣洪武初當草創之際得地二十九萬永樂初得地三十六萬至成化以後乃復損而為二十八萬戶口版籍莫可為憑稅糧逋負殆又甚焉且以河南一省若是他省亦可類推豈非臣下奉行日久政弛民惰之故耶考之國初分田之制有四曰魚鱗有圖曰刑嚴詭寄曰律禁欺隱曰籍沒有稽夫魚鱗有圖則疆界明矣刑嚴詭寄則法令行矣律嚴欺隱則賦役均矣籍沒有稽則官民辨矣而且賦有定期役有常額此師古而迹不泥政善而民宜焉者也今則豪右之兼併也而賦獨輕問之曰何不舉初年之法乎則皆曰南陽弘農不可問奸猾之詭射也而役不供問之曰何不舉初年之法乎則又曰投鼠忌器城狐莫究夫兼併不抑則無土之民必逃詭射不問則守法之民必貧夫兼併何以能驅民於逃也得其地而遺其糧賦奚以供而可獨存乎詭射何以能致民於貧也差重而供之者寡役奚以辦而能獨供乎故地去而糧存兼併者使之也人逃而賦存詭射者為之也況兼併必勢豪其財智足以迷吏書而賦獨減詭射必貴顯其位望足以懾官守而役獨蠲由是鬻產者逃而責陪於里甲里甲復逃而均之縣包陪不勝而告者紛紛矣守令無如之何而均田之說起矣蓋古之所謂均田者因人而授之田而無不耕之夫顧賦有定籍法不可以盡壞人有定業勢有難以遽奪是未可行也今之均田云者無亦欲因田以平其賦使無不稅之田乎然行之未得其道弊且緣是以興其故何也蓋國初以監生供丈量之差履畝畫圖有差錯則罪之以故法行而難犯今則民偽滋甚法有難以盡行者且田有等則賦有上下不論其等則欲盡取而均之則官民莫辨肥瘠無等吾恐法雖

行而弊之踵于昔者愈滋矣何也蓋兼併詭射者威既足以制人賄又有以通神向也賦雖匿而名猶存今則併其名而亡之矣向也役雖隱而籍猶存今則併其籍而去之矣矧夫投獻過寄流弊日深有長民之責者寧恝然而不爲之所哉兹欲除其弊以復其舊使不去其所以爲法蠹者可乎夫田不可均固也而兼併獨不可抑乎糧不可均固也而詭射獨不可革乎然抑兼併之法有三曰稽田地曰重差役曰先徵科產去稅存則稽鬻產者誰也由是計畝而責之催收田多糧少也由是則稽其脫漏而責之收籍此稽田地之法也富者必重其差役必先其科徵役重則不勝其差之繁彼或且無樂其業之廣徵先則不勝其督之嚴而亦將苦其糧之多此重差役先徵科之法也稽詭射之術有二曰慎優免曰考寄莊夫優免免其本業耳今則廣收富人之田以射利欲慎之則近日之例可尋也寄莊者寄其廣布者耳今則借豪貴之名以隱差欲革之亦近日之禁可尋也至於投獻有例强占有禁其法具存也其他荒蕪汙下之地糧不可減也召民耕種之使之止供輕糧而差不與焉獨曰不可乎河水衝決之地糧不減也則以淤漲者補給之計畝而不使贏焉獨曰不可乎是皆救振之急務而通變宜民之至術也舉而行之則利不必興也去其害利者則利自興矣法不必改也去其蠹法者則法無不善矣夫然則積弊已革賦役已均流亡漸復荒蕪漸墾如是而其民有不富盛而其法有不行者吾未之信也若曰必欲行均田之法則將奪富人之所有給貧者之所無情屈勢格必群起而爭之况司府會計之煩郡邑踏勘之擾又有不勝其弊者乎故朱子謂均田爲東坡之戲論良有以也雖然善天下之治存乎法行天下之法存乎人先正亦曰有治人無治法夫守令之任最爲親民不得其人而任之欲其更化善治亦難矣果得忠實才識之士布列州縣守令之官而又復久任以固其志精考課以稽其政嚴舉刺以甄其類明黜陟以示其典則感激奮勵之餘必有守己愛民之實使之敦行節儉輕徭薄賦使民安其政而有常從其好而不貳則田雖不均而阜成之政舉矣何必專事于法古爲哉方今聖明在上百辟承式宏謀淵籌固不假於芻蕘之言者然菲葑之采或集思廣益之道也惟進而教之幸甚

第五問

徐養相

同考試官教諭劉批（考據精詳處分明當通篇以時勢立意而一言一意皆敷己見爲文子其抱先憂之志而不從事于章句者乎傑士傑士）

考試官教諭林批（治河之議紛紛靡定子援古證今據事論勢卓有定見其通達治體者與）

考試官教諭敖批（治河一策條析明盡可行取冠多士）

議治河者相古今之時則不泥常理以幸一時之功權輕重之勢則不執己見以妨天下之計何者天下時與勢而已矣計天下之事相時與權勢而已矣究而言之則時者勢之趨也勢者時之會也故時有古今固不得執時以論勢勢有輕重亦不得拂勢以徇時變而通之則天下之勢會同于一心而至順在我矣其于河之治也夫何難哉然則有經國之慮者可以深長思矣執事以河務下詢承學然識在俊傑顧章句之儒何足以知之雖然亦嘗聞之矣請以時勢復明問可乎按河之源出崑崙之隅凡九折而入中國禹鑿龍門納而東焉自大伾而下則析為三渠大陸而下則播為九河而為逆河入于海故歷三代無河患禹之功也及周定王時河始南徙訖于漢而禹之故道失矣是非禹蹟之替也亦時勢之變為之也厥後倡議疏治代不乏人如許商索故道之迹延年壯胡中之謀張仲義弛灌溉之防王橫度就下之勢皆徒托空言罔裨實效夫何暇論也耶就中舉其已試者賈讓當哀平之世河徙汲郡乃應詔陳三策其略有曰內徙民居以為曠地北放大河以入渤海不與水爭咫尺之地上策也多穿漕渠分殺水勢中策也至于繕完故堤增卑倍薄則謂之下策是三策若皆可行然決黎陽遮害亭以全冀州為金堤水門以漲淇口蓋就夫漢之時勢論云爾而今果可以盡行乎賈魯當勝國為總治河防使言治河之法有三曰疏曰浚曰塞故釃河之流因而導之之謂疏去河之淤因而深之之謂浚至于塞者抑河之暴因而扼之之謂也是三法若皆可行然防龍口之潰而勞憊無時收北岸之功而糜費無紀徒以倡亂焉耳其于時勢何如也故丘文莊有曰後世言治河者莫備于賈讓之三策又曰所以治之之法莫出于賈魯之三法焉得非取其言之善與然歷代所用皆不出其下策者亦以河之徙決無常有不能執故道以施疏浚之力而因潰致防于拯溺之功易效也耶洪惟我國家漕會通之河輸東南之賦邇者二洪梗澀取濟黃流適天啓之會也但丹沁同歸流必旁溢河淮并入勢為兩大而橫潰之禍將所不免者若往歲河決曹單民用蕩析其理河諸臣議開趙皮寨孫家渡以殺河勢體國恤民意亦周至然詢之民情察之地宜二河之開似有未易言者以趙皮寨言之在蘭陽之北僅數里由畢莊接舊河至懷遠荊山口入淮昔以曹沛之溢議開此河其故道可考也今沈莊至丁家集開淤計三百餘里其事勢誠為艱大蓋夫役之勞必動數十萬眾工費之煩必捐數十萬金矧夫復渦河之流則壽春之陵可虞分南注之勢則徐呂之洪罔濟而蘭儀寧柘又將不為水鄉耶是趙皮寨之不可開也明矣以孫家渡言之在滎澤之東數十里接白露河入淮昔以張秋之

決議開此河其故道可考也今姚家村一帶開淤止四十里其功力若可爲者然河當汴藩之北今析之而南則兩流夾衝勢恐危殆其滎項通扶諸邑經流渙漫禍必騰播矧夫皇陵值淮泗之衝運漕梗徐沛之道是所關繫蓋不止一郡一邑之利害則孫家渡之不可開也亦明矣用是觀之趙皮寨之開非苦其難也時勢妨之也孫家渡之開非幸其易也而時勢亦有同于趙皮寨者故近功有不爲也夫二河既不可開而或者之議是徒有見于曹單之可憂而無見于瀕河之民之可憂有見于疏治之爲功而無見于皇陵運道之大有可慮者矣是其輕重大小之勢又何庸于煩較也耶乃若執事欲求爲畫一之策使節省而不妨開浚之議輕減而不失保障之宜然事關大計非愚生之所敢與也嘗考之宋儒朱熹氏有曰禹之治水只是從低處下手下面之水盡殺則上面之水漸淺呂祖謙又曰禹不惜數百里地疏爲九河以分其勢善治水者不與水爭地也斯二說者其知治水之要乎蓋天下之事就其所利者易爲力而圖其所不敢必者難爲功夫曹單之決適然之變也未幾而旋復故道固河之利也今惟用古之法而不失今之宜師禹之意而不泥禹之迹浚其下流以順其利達之勢寬其束隘以緩其湍急之性使其上無所激而接河濟洪之道如舊也下有所納而由清河達淮會淮入海之道如舊也故曰勢者時之會也萬一河流衝齧洪水肆溢則相其便宜以爲分殺之計然困敝之民不堪重役淤徙之性難責成功此又不可不爲之慮也故必節役以恤其力計費以惜其財時挑浚以保垂成之功治遙堤以備不虞之患失業之民可憫也則清退灘之田以償之積侵之弊可革也則平稍芻之價以抑之丁夫派及于通省非計也則申飭舊例以爲可守之規貯積近輸于戶曹非例也則力懲往事勿蹈取盈之戒凡其有裨于河防關于民瘼者罔不周處而詳慮之如此則不惟遠陵寢之害濟漕洪之利而瀕河之民俱免困敝其曹單之憂亦可以少紓矣此之謂行所無事之智而乘時達治之良猷也故曰時者勢之趨也至于以爲水性就下必欲倡南浚之謀然今河行之勢獨非下乎又以爲水惟安其故道假使水性無常全河南徙則今日之道又將不爲他日之故道乎是皆未之思耳若夫弃魚臺之地而引沁以濟洪浚武陽之道而由北以入海此又計一時之利害而不可與語今之時勢者也故曰變而通之則天下之至順在我矣愚生管見如此惟執事因其言而裁試之幸甚

河南鄉試錄後序

　　嘉靖己酉秋河南省校士自御史暨諸執事業有成勞矣行且進多士歌鹿鳴而賓興之也烁不佞猥佐校文之役乃申言曰爾多士進矣主上敛才圖治之意其在茲乎臣子以人事君之忠其有藉於是乎然才賢之生也不偶其出而名世也亦不易是故匪地弗毓靈异之所鍾也匪天弗啓氣機之所導也匪時弗顯道化之所隆也中州之域太行磅礴黃河蕩瀁而又風雨之所交焉陰陽之所合焉其山川幽淑之鬱積不在于物則在于人謂不稟于地之靈乎故曰維岳降神生甫及申有由爾也夫天人相爲流通景光由于感召時值洪濛則人物爲之榛狉運當熙洽則太和爲之流行然虎嘯而風冽龍興而雲升又氣類相從也故曰天降時雨山川出雲者欲將至有開必先謂不啓之以天運乎皇祖宅夏當天一時佐命之士風猋景附乘時樹勳中州俊乂輩出并爲明輔迨聖天子應運中興統一聖真振厲儒術文命誕敷即遐陬罔不融浹乃中州密邇畿輔諸士衣被聖化最深且久日漸月劘無不丕應僾志以承休德是以文質彬彬稱君子焉易曰聖人久于其道而天下化成是之謂矣雖然孕靈者地也必當有以煥其靈啓運者天也必當有以昌其運應時者人也必當有以濟于時爾多士以言進矣行將擢秀南宮而觀光上國矣盍亦思所以言行相顧之義乎是故古之人有曰伊傅曰周召固中州之產聖人之儔而前修之可法焉者伊尹以天下爲己任矣傅說相高宗致中興矣周公之篤棐王室召公之保厘西土其功業光映簡册歷萬年如一日非爾多士所當致力者耶繼自今列于有位服在大僚其必矢乃志毋流于卑一乃心毋溢於貳澡浴其德而慎修其言與行侈有令圖用匹美於前聞人庶無忝於秀靈無戾於氣運無負於聖人之神化是誠河洛之英而亦殷周之才也已豈惟多士之休主司亦有得人之慶焉否則言於静而庸或違昧自獻之誠爽成身之信亦何貴于科目爲哉書有云舉能其官惟爾之能稱匪其人惟爾不任則今日主司與爾多士交相贊以有成者也烁不佞重惟一日之雅故於終篇惓惓焉無亦曰忠告善道之意也

　　　　　　　　　　　　浙江金華府武義縣儒學教諭林烁謹序

嘉靖三十一年河南鄉試錄

河南鄉試錄序

昔我皇祖之有天下也深惟燕貽大計務在搜延賢俊以樹屛輔康乂之烈乃損益百王賓士監周懸科準漢粲然神謨垂萬世之範迨我皇上臨御以來右文閎化鉅人碩輔炳蔚輩出猗與盛矣嘉靖壬子秋八月河南鄉試適當其期監察御史浦之浩奉命巡按茲土貞度肅憲職在監臨於是夙夜祇惕曰以人事君其敢不虔以將承德意亟馳使函幣趣先御史王楠走聘諸校官者胥至乃以學正存義教諭方沂暨教諭梁存誠胡廷順崔栢強自省丁成式滕霄周讓職考校布政司左布政使高世彥左參議黃洪毗職提調按察司按察使鄒守愚副使傅鎮職監試下至百執事悉遴選以從鎖院而誓曰是役也有如天地日月厥惟彰顯哉乃又夙夜殫精瘁力彌愼彌嚴合提學副使王應鍾及先副使翁大立所選士二千二百有奇三試之拔其尤異者八十人并刻其文以獻存義謹稽首而序曰存義聞之也古者鄉大夫三年則大比考其德行道藝而興其賢者能者以禮賓之獻賢能之書于廷拜而受之登于天府夫其以賢且能也則固民焉而已爾而賓之且拜之者何也天民也之秀也蓋曰吾將以共理之者也敢不得乎古者諸侯貢士一適謂之好德再適謂之賢賢三適謂之有功夫其貢士于天子職也而好德賢賢且以爲有功者何也士者天地之紀而社稷之衛也蓋曰不欲獨以其身爲之者其忠不亦大乎夫岳降生申帝賚夢說天之生材也本以爲世用也蓋從古以然矣師師濟濟商實周楨天下賴其力百代流其譽士之用世也亦將鏗鍧炳耀于世是故明良喜起昔有謂之千載蓋言艱也夫河南固古之所謂天地之中者距畿甸密邇鍾异近光寔先寓內存義茲來受其文而縱觀之竊謂其憲古通今敏達而昌朗其出爲識治經國之臣勁氣鯁論沉毅而不懾其出爲蹇諤綱紀之臣高心潔行秉正而不阿其出爲淸修莊介之臣博雅淵源洞於理亂益損而不竭其出爲鴻碩論議之臣彌綸康濟任重受大而不驚其出爲鼎鉉柱石之臣爾多士有一于茲將以稱於天下曰期嵩行河洛之所爲靈而我皇上久道作人之效以成今之聲髦也顧不偉哉善醫者莫如華佗察色辯聲至以洞視其微存義固操

是以爲盡心焉而已耳夫古之君子修之至豫而操之至定若商之伊尹固兹土之名臣前修其曰俾后堯舜與其民也一言而決諸莘野爾多士所熟聞也夫修之至豫則事不臆衷而樹烈操之至定則身不易節而毀名汝多士其懋哉如其志不如尹則寧獨爾多士之所懼也乎是舉也巡撫右副都御史謝存儒秉誠布公保厘滋茂總理河道右副都御史曾鈞撫治鄖陽右僉都御史沈良才奠土靖疆篤隆文教監察御史清軍雍焯印馬陶欽臬巡監尚維持吳遵振揚風紀飭厲士風右布政使王昺左參政喬世寧右參政趙正學魏良貴副使潘鈬張堯年宋淳僉事賈樞郭惟清程紳程時思張淑勵李彖都司署都指揮僉事陸勛井田楊表綜理防範恪循品式若兵科給事中楊允繩户部主事祝天保刑部員外郎馬震章行人紀公巡李邦珍丘橚高敏學丘文學以奉使至左參議俞維屏副使蔣懷德以稱賀入右參議敖宗慶副使趙大綱僉事張才以部稅督兵行於法鈞宜書

順天府涿州儒學學正劉存義謹序

嘉靖三十一年河南鄉試

監臨官
巡按河南監察御史浦之浩（子化山東登州衛籍直隸嘉定縣人　辛丑進士）

提調官
河南等處承宣布政使司左布政使高世彥（仲脩四川內江縣人　壬辰進士）

河南等處承宣布政使司左參議黃洪毗（協恭福建莆田縣人戊戌進士）

監試官
河南等處提刑按察司按察使鄒守愚（均哲福建莆田縣人　丙戌進士）

河南等處提刑按察司副使傅鎮（國鼎福建中左千户所籍福建福清縣人　壬辰進士）

考試官
順天府涿州儒學學正劉存義（管卿湖廣襄陽衛人　丙午貢士）

浙江杭州府於潛縣儒學教諭方沂（宗魯江西浮梁縣人　丙午貢士）

同考試官
直隸順德府任縣儒學教諭梁存誠（元豫廣東新會縣人　辛卯貢士）

浙江金華府湯溪縣儒學教諭胡廷順（貞孚福建閩縣人　庚子貢士）
江西南康府建昌縣儒學教諭崔栢（少貞廣東番禺縣人　癸卯貢士）
山西平陽府趙城縣儒學教諭強自省（允脩陝西鳳翔縣人　丙午貢士）
陝西西安府三原縣儒學教諭丁成式（汝訓山西蒲州人　癸卯貢士）
直隸徐州沛縣儒學教諭滕霽（子開濟陽衛籍福建建安縣人　庚子貢士）
直隸徽州府績溪縣儒學教諭周遜（士遜福建莆田縣人　庚子貢士）

印卷官
河南等處承宣布政使司經歷司經歷梁松（節卿直隸雞澤縣人　監生）
河南等處提刑按察司經歷司經歷沈綸（大經陝西寧夏中衛人　監生）

收掌試卷官
開封府知府王撫民（仁甫直隸真定衛籍山西清源縣人　辛丑進士）
河南府知府吳相（汝立直隸內丘縣人　戊戌進士）

受卷官
彰德府知府陳洪濛（元卿浙江仁和縣人　辛丑進士）
歸德府同知冷珂（鳴叔四川榮昌縣籍　湖廣麻城縣人　戊戌進士）
南陽府推官王汝安（子樂直隸雄縣人　庚戌進士）
開封府許州知州曹麟（汝祥湖廣黃梅縣人　庚戌進士）
開封府杞縣知縣麻瀛（登之直隸宣城縣人　庚戌進士）
開封府儀封縣知縣陶應龍（文化直隸棗強縣人　庚戌進士）

彌封官
衛輝府知府劉光濟（憲謙直隸江陰縣人　甲辰進士）
開封府同知蕭鳴邦（子和江西清江縣人　戊子貢士）
歸德府推官路楷（子中山東汶上縣人　庚戌進士）
南陽府鄧州知州王道行（汝輔山西陽曲縣人　庚戌進士）
汝州郟縣知縣尹庭（子紹山東肥城縣人　庚戌進士）
汝寧府西平縣知縣劉寅（用直湖廣廣濟縣人　丁酉貢士）

謄錄官
河南府同知張嘉孚（以貞陝西安定縣人　丁未進士）
懷慶府通判雷世榮（子抑山西蒲州人　辛卯貢士）
開封府推官姚世熙（思載貴州新添衛籍直隸舒城縣人　庚戌進士）
衛輝府推官劉效祖（仲脩武驤左衛籍山東濱州人　庚戌進士）

河南府宜陽縣知縣衛心（之正山西陽城縣人　庚戌進士）

汝寧府光州光山縣知縣錢鑄（宗顏順天府大興縣籍直隸吳縣人庚戌進士）

對讀官

河南等處承宣布政使司理問所理問皇甫濂（道隆直隸長洲縣人甲辰進士）

彰德府推官姚紹祖（景芳直隸德州衛籍浙江蘭谿縣人　庚戌進士）

汝寧府推官馬卿（惟職山東壽張縣人　乙酉貢士）

開封府鄢陵縣知縣蹇應祺（伯吉陝西涇陽縣人　庚戌進士）

開封府原武縣知縣黃元吉（用裳江西貴溪縣人　丁酉貢士）

開封府鄭州滎澤縣知縣毛夢龍（大化浙江餘姚縣人　戊子貢士）

巡綽官

宣武衛指揮同知徐夢麟（子仁遼東廣寧衛人）

信陽衛都指揮僉事袁燦（文卿湖廣江夏縣人）

陳州衛指揮僉事陳大儒（弘道直隸和州人）

河南衛指揮僉事昌壽（子仁山後開平州人）

搜檢官

睢陽衛指揮使田濂（界夫順天府房山縣人）

南陽衛指揮同知李世祿（天爵直隸山陽縣人）

彰德衛指揮僉事張森（仲培順天府大興縣人）

潁川衛指揮僉事元渭（元清山東陽信縣人）

供給官

河南都指揮使司斷事司斷事鄺民望（時霖湖廣臨武縣人　監生）

河南等處承宣布政使司照磨所照磨張美（汝充四川西充縣人　吏員）

開封府通判李鈞（公秉山西太原右衛籍山東歷城縣人　戊子貢士）

汝寧府通判馬自強（用脩直隸江都縣人　辛卯貢士）

開封府陳州知州周戴（汝乾湖廣麻城縣人　癸卯貢士）

汝寧府汝陽縣知縣陰惟肖（仲說四川內江縣人　丁酉貢士）

汝寧府新蔡縣知縣於文徵（信夫湖廣武陵縣人　庚子貢士）

開封府鈞州密縣知縣艾儒（宗道江西崇仁縣人　庚子貢士）

開封府經歷司知事倪瑢（嘉甫浙江鄞縣人　知印）

開封府照磨所檢校楊邦梁（子正陝西永壽縣人　監生）

歸德府永城縣縣丞何位（子立順天府三河縣籍浙江山陰縣人　吏員）

南陽府裕州葉縣主簿佀瓚（玉夫遼東廣寧中屯衛官籍監生）

開封府祥符縣典史李文質（德昭直隸任丘縣人　吏員）

開封府許州長葛縣典史陳寶（待用山東黃縣人　吏員）

開封府中牟縣典史滕智（守之直隸繁昌縣人　吏員）

開封府通許縣典史張元相（世卿陝西臨潼縣人　吏員）

開封府大梁馬驛驛丞齊景春（大節直隸束鹿縣人　承差）

開封府鄭州管城驛驛丞張克讓（遜之陝西涇陽縣人　承差）

河南府鞏縣洛口馬驛驛丞歐陽鎮（日恒湖廣襄陽縣籍江西泰和縣人　承差）

南陽府南陽縣博望驛驛丞楊俚（從道山東禹城縣人　承差）

第一場

四書

切切偲偲怡怡如也可謂士矣朋友切切偲偲兄弟怡怡　君子之道淡而不厭簡而文溫而理知遠之近知風之自知微之顯可與入德矣　仁也者人也合而言之道也

易

元吉在上大有慶也　大壯大者壯也剛以動故壯　乾坤其易之縕耶乾坤成列而易立乎其中矣　昔者聖人之作易也將以順性命之理是以立天之道曰陰與陽立地之道曰柔與剛立人之道曰仁與義兼三才而兩之故易六畫而成卦分陰分陽迭用柔剛故易六位而成章

書

天命有德五服五章哉　若金用汝用礪　立政任人準夫牧作三事虎賁綴衣趣馬小尹左右攜僕百司庶府大都小伯藝人表臣百司太史尹伯庶常吉士　出入自爾師虞庶言同則繹

詩

四月秀葽五月鳴蜩八月其穫十月隕蘀一之日于貉取彼狐狸爲公子裘二之日其同載纘武功言私其豵獻豜于公五月斯螽動股六月莎雞振羽七月在野八月在宇九月在戶十月蟋蟀入我牀下穹窒熏鼠塞向墐戶嗟我婦子曰爲改歲入此室處　民之質矣日用飲食　鞗革淺幭鞗革金厄　以

介眉壽永言保之思皇多祜

春秋

春齊人陳人曹人伐宋（莊公十有四年）　八月公會齊侯宋公鄭伯曹伯邾人于檉（僖公元年）秋齊侯宋公江人黃人會于陽穀（僖公三年）春王三月宋人執滕子嬰齊夏六月宋公曹人邾人盟于曹南（俱僖公十有九年）　冬十月公會晉侯宋公衛侯鄭伯曹伯莒子邾子滕子薛伯杞伯小邾子同圍齊（襄公十有八年）公至自伐齊（襄公十有九年）　秋蒐于紅（昭公八年）大蒐于比蒲（昭公十有一年）大蒐于昌間（昭公二十有二年）

禮記

仁者義之本也順之體也得之者尊　廉直勁正莊誠之音作而民肅敬寬裕肉好順成和動之音作而民慈愛　致物用以立民紀也　民不求其所欲而得之謂之信

第二場

論

知天地之化育

詔誥表（内科一道）

擬漢開籍田親耕以率天下之民詔（文帝二年）　擬唐以裴度爲中書侍郎同平章事誥（元和十年）　擬宋曾公亮上新唐書表（嘉祐五年）

判語（五條）

官員襲廕　欺隱田糧　服舍違式　驛使稽程　私鑄銅錢

第三場

策（五道）

問　禮以章化刑以防奸古先聖王之所不可廢者故令典良法具在簡册自今觀之五禮六典周官悉矣而冬官之闕補以考工之一記是與否與五刑三就虞典詳矣而史臣之贊止於欽恤之一語豈別無可言者與當是之時禮俗已成於永清也儒者乃謂其百年而後興民德已期於無刑也君臣猶慮其奸宄之未戢抑又何與漢唐而下議禮制刑浸不如古我太祖撫世開物考禮正刑我皇上體天法祖用中建極遠邁虞周之盛不可尚已伏睹大明集禮

所以垂憲章者至矣及大明會典成而儀制愈著今又命儒臣更爲修緝上之天府粲然明備真萬世法程也其與周禮六官之書果若是同乎大明律令所以一法守者至矣及問刑條例行而名義益詳今又命憲臣重加刊訂出自宸斷祥刑一念行于海内也其與虞典欽恤之心果若是同乎中間因革損益可得聞其概與茲欲禮至不讓刑措不用以媲虞周之美以成雍熙悠久之盛諸士子講之素矣幸盡言之

　　問　先儒有言曰石稱丈量徑而寡失此可爲論人之法故論人可以觀己也試以一二與諸士言之儒一也有謂游俠之儒游説之儒游行之儒者經一也有謂文人之經禪者之經儒者之經者將一也有謂天下之將一國之將一軍之將者兵一也有謂技擊之兵節制之兵仁義之兵者何若是之異與抑有得失於其間與夫道德微而典墳湮韜鈐隱而討伐晦世之能以是顯名者亦寡矣然亦豈無其人耶茲欲儒行修而經學明將才得而武事備亦何術而後可其慎擇之毋讓

　　問　道者天地之心也聖人得天地之心以爲心故能泄天地之秘昔圖書呈象伏羲則之以畫卦實萬世斯文之鼻祖而天地之秘泄矣文王作彖辭周公作爻辭孔子作繫辭易道無餘蘊矣夫千聖一心也卦辭一理也伏羲之卦體用已備文王周公孔子之辭得無贅耶抑伏羲之所畫猶有隱而未盡與厥後若太玄洞極潛虛之作果足以續斯道之傳與然又有皇極經世之書易學啓蒙之書其言亦有優劣否與不知亦足以發四聖未發之旨而無嫌於爲贅否也諸士登畫卦之墟拜衍易之里服膺周孔之訓必知所以究心者原四聖詳略之因折數子制作之蘊執事者願有聞焉

　　問　二程鳴道于河洛朱子鳴道于考亭皆得道統正傳信矣然程朱以道淑人其徒甚衆得其傳者固不乏人而倍其師說者亦或不能盡無也今自二程之門觀之有資質溫厚而道學足以覺人者有德器純粹而鄙薄之態不形者有持守有餘而主一之功多者有爲切問近思之學而致吾道有望之許者是皆得伊洛之傳者也而何朱子又曰程子門人無有無病者夫既受學于程門矣何以有多病之累乎自朱子之門觀之有明睿端莊而斯道有望之不輕者有精詣卓絕而聞性與天道之妙者有志趣操守非他人之可及者有學有根據能舉先王之典者是皆得考亭之傳者也而何朱子又曰正叔講說終是葛藤不斷夫既受學于朱子矣何以有葛藤之譏乎是果諸儒氣禀學問之□□□亦未得其傳與其造詣之淺深學術之優劣固當自有辨也盍盡言之以觀尚友之志

問　先王之制以井田爲尚而其通變宜民者莫貴於均田之法河南古爲豫州田賦夙稱饒裕夫何今日有地不盈畝而賦起斗粟者有田連數頃而稅止石餘者推究其弊一邑一郡輕重之數相爲徑庭田賦已垂於則壞矣若彰輝懷慶諸郡比之汝南歸德其相去又不知其幾倍也丈量則時制有違因循則百姓告棘果何道以處之國家之稅以京邊爲重而其最難區處者莫急於王府祿糧中州之民輸賦夙猶輕省夫何今日有一縣增糧至千石者有一郡增糧至萬餘者推原其故蓋自正德以來宗室諸王僅至千位祿糧猶可以輸納矣迄今宗室日增幾至五千餘位其相去又不知其幾倍也取之官則帑藏空虛取之民則閭里匱竭果何道以裕之茲欲爲議均地糧之策區處祿俸之方務期法久可行民不稱病爾多士其爲我條陳之

中式舉人八十名

　　第一名　　紀朝宗　　陳州學附學生　　詩
　　第二名　　鈔介　　彰德府學生　　書
　　第三名　　張九一　　新蔡縣學生　　易
　　第四名　　鞏邦固　　通許縣學生　　禮記
　　第五名　　李貞　　潁川衛軍生　　春秋
　　第六名　　王來濟　　澠池縣學生　　易
　　第七名　　李一原　　澠池縣學生　　詩
　　第八名　　楊謐　　延津縣學生　　書
　　第九名　　韓三接　　懷慶府學生　　易
　　第十名　　梁梧　　汝陽縣學生　　詩
　　第十一名　　楊旆　　延津縣學生　　禮記
　　第十二名　　藍偉　　鄧州學生　　易
　　第十三名　　劉希稷　　汲縣學生　　詩
　　第十四名　　杜謙　　裕州學生　　書
　　第十五名　　黑士元　　磁州儒學訓導　　詩
　　第十六名　　董繼文　　睢州學生　　易
　　第十七名　　趙維紳　　羅山縣學增廣生　　春秋
　　第十八名　　叚文清　　開封府學生　　詩
　　第十九名　　王用予　　祥符縣學生　　易

第二十名　　高鈞　　襄城縣學生　　書
第二十一名　李向陽　温縣學生　　詩
第二十二名　陳銓　　洛陽縣學增廣生　易
第二十三名　周文進　陳留縣學生　　詩
第二十四名　黃家棟　息縣學生　　春秋
第二十五名　宋惟馨　長葛縣學生　　書
第二十六名　軒尚朱　鄢陵縣學生　　易
第二十七名　李羣英　郟縣學生　　詩
第二十八名　衛陽和　葉縣學增廣生　　易
第二十九名　宋儒　　裕州學生　　書
第三十名　　孟洙　　開封府學生　　易
第三十一名　崔岩　　陝州學生　　春秋
第三十二名　徐鳴鶴　杞縣學附學生　　詩
第三十三名　陸槐　　懷慶府學生　　易
第三十四名　張綱　　安陽縣學生　　詩
第三十五名　高鐙　　襄城縣學生　　書
第三十六名　傅鳳　　臨漳縣學生　　詩
第三十七名　方時學　河南府學生　　易
第三十八名　張士愚　信陽州學生　　禮記
第三十九名　胡子田　歸德府學生　　詩
第四十名　　馮善　　汝寧府學生　　詩
第四十一名　鄭逢乾　鄢陵縣學生　　易
第四十二名　劉孝　　彰德府學生　　書
第四十三名　張珊　　開封府學生　　詩
第四十四名　王可賓　内鄉縣學生　　易
第四十五名　劉楠　　郟縣學生　　詩
第四十六名　李蓘　　内鄉縣學附學生　春秋
第四十七名　王三聘　開封府學附學生　易
第四十八名　王可賜　内鄉縣學生　　詩
第四十九名　金作礪　閿鄉縣學生　　書
第五十名　　趙晴　　杞縣學生　　詩
第五十一名　宋繡　　歸德府學增廣生　易

第五十二名　高尚志　睢州學附學生　詩
第五十三名　喬寵　寧陵縣學生　春秋
第五十四名　倪佳僎　鈞州學生　書
第五十五名　姚隆　河南府學增廣生　易
第五十六名　孔惟德　汝陽縣學生　詩
第五十七名　周壎　郟縣學生　書
第五十八名　馮鎰　河南府學生　易
第五十九名　張承禮　鄭州學生　禮記
第六十名　陳魁　安陽縣學生　詩
第六十一名　許乾　河南府學生　易
第六十二名　許光大　彰德府學增廣生　詩
第六十三名　徐濂　蘭陽縣學生　易
第六十四名　張藎臣　長葛縣學生　書
第六十五名　盧脩可　許州學生　春秋
第六十六名　張培　潁川衛軍生　詩
第六十七名　朱潤　南陽縣學增廣生　書
第六十八名　程純　光山縣學增廣生　易
第六十九名　劉自養　扶溝縣學生　詩
第七十名　高殿　歸德府學生　書
第七十一名　趙義　彰德府學增廣生　詩
第七十二名　朱桂芳　裕州學附學生　易
第七十三名　盧嘉慶　開封府學生　詩
第七十四名　王夢賢　睢州學生　禮記
第七十五名　陳麟　河南府學增廣生　易
第七十六名　羅夢麟　睢州學生　詩
第七十七名　馮鑰　河南府學生　易
第七十八名　白夏　潁川衛軍生　詩
第七十九名　王宗禮　光山縣學生　詩
第八十名　韓希龍　安陽縣學生　書

第一場

四書

切切偲偲怡怡如也可謂士矣朋友切切偲偲兄弟怡怡

紀朝宗

同考試官教諭周批（旨趣明白子真可謂士矣）

考試官教諭胡批（得孔子告子路本義）

考試官教諭方批（說到人倫切于人處人不能及錄之以式多士）

考試官學正劉批（渾厚典雅）

聖人語賢者以爲士之道而欲其辨於所施焉蓋切切偲偲則朋友之義敦怡怡則兄弟之恩篤知辨乎此士道其庶幾矣夫子以之語子路若曰天下之道不假諸外求君子之學反身而自足由知所以爲士乎蓋自夫宅心不情者恒詭隨以徇物未足以語士也必其信以發志告語出於由衷誠以修辭勤勉致其詳盡凡所以相與者無所不極其至其切切偲偲有如此者自夫立已於峻者每凌節以狹人未可以語士也必其順德中涵發之以柔嘉之色和氣外溥洽之以樂易之誠凡所以相接者無所不用其情其怡怡有如此者是蓋踐履篤實仁義兼體而不累詞氣中正剛柔相濟而不偏士之爲道不外是矣然道固貴於兼盡而分不容以概施切切偲偲裁乎義者也朋友以義合者也以其切切偲偲者施之焉則長其善而救其失而麗澤之益斷金之利於是乎在矣如其失之怡怡則責善之道廢矣可哉怡怡者尚乎恩者也兄弟以天合者也以其怡怡者施之焉則聯其情而敦其愛而一體之親因心之友於是乎在矣如其失之切切偲偲則天性之情睽矣可哉是知兄弟也朋友之交也皆人倫之切於人者也盡道其間而知所辨焉士之道盡矣雖然士果如是而足乎夫子蓋亦因子路之行行者而教之中也已要之庸言庸行盡倫盡性而其所以爲士者卒亦不外於此者何也由切切偲偲而推焉爲不謟爲不瀆以至於責難陳善之大由怡怡而推焉爲愉色爲婉容以至於愛民利物之遠皆其事也故曰聖人之言如天其大無所不包信矣

君子之道淡而不厭簡而文溫而理知遠之近知風之自知微之顯可與入德矣

鈔介

同考試官教諭丁批（篇中以下學立心發明涵養本原之善最是取之）

同考試官教諭强批（莊重可誦）

考試官教諭方批（發揮爲己實學無逾此篇）
考試官學正劉批（精確之文）

君子爲己而知幾則進德之基在是矣夫學莫先於立心也苟爲己以存其誠而又知幾以辨其趨何德之不可入哉中庸示人以下學之要意謂天下之道以神化爲極功以立心爲要務君子知其然也志專於實勝美蘊於在中泊然存之以淡矣而道腴充涵天下之至味也焉何有厭也朴然存之以簡矣而篤實輝光天下之至斐彰焉何其文也渾然存之以溫矣而黃中通理天下之至辨寓焉何其理也此其中之所藏有以黜乎作僞之念而養之以本原之真者矣又以理貴於豫辨事析於先幾知民之所以向背也本詣其身而察邇遠之應焉知身之所以得失也根諸其心而測風自之感焉知藏之于其至隱也達于至著而審微顯之機焉此其心之所燭有以晰乎天人之際而決之以從違之趨者矣如是則君子之道皆實學也以其存誠者由是以極其進修之懿而成身成性此其階矣以其知幾者由是以竭其造詣之力而知至知終此其漸矣察之至精而高明者極焉斂之至密而廣大者生焉豈不可與之以入德乎吁此下學立心之始不如是則其功不可得而用也學道者其可不反求于心乎抑聞之天下之道聚於一心而造於聖神功化之極不外乎誠與幾而已非誠無以立天下之有非幾無以通天下之故要之學者與聖人均也聖人純乎天者也學者極其人以合乎天者也然非基本之正積累之漸其能以有成耶斯所以有感於尚絅之作也子思子之傳授心法端在於此而後猶有超悟之説者何哉

仁也者人也合而言之道也
張九一
同考試官教諭崔批（形容仁與道之義迥諸作）
同考試官教諭梁批（辭雅理邃）
考試官教諭方批（簡明平正是説理文字）
考試官學正劉批（純粹）

大賢指人以爲仁因著其爲道焉甚矣仁具於心而道出於仁也反而求之在我而已矣學者可以不先辨於其始乎昔孟子之意蓋謂心非可以泛用學莫貴於反觀今夫求仁者孰不曰天之元也善之長也不知仁也者其人之謂乎繼善成性人其完具之咸畀於有生之始降衷秉彝人其全受之不虧於成形之後心之所以神明而不測者仁之所以周流而不窮也仁其人之自成

者乎氣之所以充塞而無間者仁之所以運動而不息也仁其人之良能者乎然則求仁者初非求於人之外也而人顧有遠人以求道者不知仁者理也人者物也以仁之理合於人之身則理與氣之相爲貫通也而衆妙之門闢焉有所離焉則不能矣氣與理之相爲統攝也而百順之途出焉有所遺焉則不能矣合之乎其倫則經綸大經有以立人極於率性之懿合之以盡乎其用則酬酢萬變有以察帝則於中正之履然則求道者亦非求於仁與人之外也是則離人非仁也離人而語仁則非吾之所謂仁也離仁與人非道也離仁與人而語道則非吾之所謂道也此之謂幾微之際學者其務先辨之哉抑吾孟氏之言似夫子也夫子曰仁遠乎哉我欲仁斯仁至矣又曰道不遠人人之爲道而遠人不可以爲道夫舉仁與道而均謂之不遠者以吾身而知之也孟氏其有得於此乎嗟乎所貴乎人者以其體仁也以其弘道也斂之不外乎一心而廓之可發配天地故曰人者天地之心也鬼神之會也然則人之一身其可以易言耶

易

元吉在上大有慶也

張九一

同考試官教諭崔批（詞不煩而理足文之工者）

同考試官教諭梁批（闡明易教僅見此作）

考試官教諭方批（體認元吉明切宜錄之）

考試官學正劉批（詞理嘉邑）

象傳即履道之成而著其獲福之隆也甚矣君子之道達諸天也然履道既成則其受福也宜矣豈有感之而不應者哉夫子舉履上九之辭而申之曰君子以成德爲行以格天爲極盡人以達天履之至善者也今上九居卦之上處履之極而其辭曰元吉者是蓋踐履獲純粹之懿由中以達于外無適而非作德之休周旋協中正之極自始以至于終無往而非順理之裕身之所履吉之所歸也善之所積祥之所萃也其不大有慶乎蓋德馨之達有以上合乎天心而百順爲之咸備惠迪之吉有以昭受乎帝貺而繁祉爲之畢集天福其謙迓之爲滋至之休者昭之爲無私之眷也愈昌而愈大雖欲辭之不可得者矣天佑其德萃之爲可致之祥者本之爲自求之祜也彌增而彌庶蓋其感之所必至者矣夫以履道之極宜無有加於此者而大獲其慶信非君子不能也觀於此而可以見天人合一之機矣大抵履者德之基也聖人設卦繫爻教人以成身成性與天合德而已其言考祥非誣也蓋天之理具於人心本無不善而

人之善與天流通亦非二致故行不足以集祥非行之成也善不足以格天非善之至也天人之機合而後可以言上達矣此君子所以取必于其身而無待於外者也是豈可以僞爲者哉故詩曰豈弟君子干祿豈弟

乾坤其易之緼耶乾坤成列而易立乎其中矣
王來濟
同考試官教諭崔批（乾坤之緼發明殆盡足占所養）
同考試官教諭梁批（得潔淨精微之旨）
考試官教諭方批（文有理致是潛心于易學者）
考試官學正劉批（典實）

大傳論陰陽爲易之體必即其成易者以見之也夫易不外乎陰陽也有陰陽則有易矣若舍是以求之烏足以知易者哉且夫陰陽之理本於天地而泄於聖人故謂聖人之立象盡意者而豈徒哉蓋一而實者奇也奇則謂之乾焉乾爲陽儀而凡易之以陽剛成體者孰非乾乎二而虛者偶也偶則謂之坤焉坤爲陰儀而凡易之以陰柔成體者孰非坤乎一動一靜由是以爲之經緯包括之而無遺一闔一闢由是以爲之錯綜蘊蓄之而無外謂乾坤非易之緼耶然果何以見之蓋乾坤不畫固無所謂易也惟奇偶之既陳全體煥然而已具陰陽之攸分定位森然而不易乾坤則成列矣雖曰蓍策變化之未見也然動而生陽靜而生陰而立本之機于是而發其秘足以俟之于不窮矣雖曰剛柔摩盪之未生也然進極而退退極而進而成文之妙于是而涵其有足以待之于無方矣以此而開物以此而成務易不立乎其中耶吁此乾坤所以爲易之緼也然則舍乾坤以言易也夫豈足以知易哉大抵易之爲道秘於天地而泄於奇偶之二畫散於天下而聚於吾人之一心使非聖人仰觀俯察則象何由而立卦何由而作耶雖然聖人之心與天地爲一涵之於未有畫之先顯之於已有畫之後而未嘗一息不流行於天地之中者此之謂聖人之易然則乾坤非聖人不著

書
天命有德五服五章哉
鈔介
同考試官教諭丁批（此篇深得皋陶立言之意）
同考試官教諭強批（明暢可實）
考試官教諭方批（章服就理之所從出由于天命見得分明可嘉）

考試官學正劉批（鬯達）

大臣陳謨于君原彰善之典出于天焉蓋惟辟作福而所以福善者天也知此者其得安民之要道與昔皋陶陳謨之意若曰惟天惠民不越乎命討之公惟辟奉天致謹乎賞罰之用誠以驚賞之典雖出于人君遡其道之大原寔天命之有在也章服之制雖定于朝廷究其理之所從出皆上天之所命也故人臣有大功德于民者天助其順昭寵錫于穆之中人有以是德動于天者神福其謙隆休命于無言之表因其德之大小而爲服制之等差自九章以至一章吕秩於是乎不紊視其德之多寡而稱象服之隆殺自一命以至九命等威自是其森嚴三德爲大夫服焉六德爲諸侯服焉凡綴清班而荷天休者物采之輝煌所以彰是德之光華也因人之可賞而賞之王人不得而私焉庸非天理之自然乎卑者不以逾尊焉賤者不以僭貴焉凡被休光而膺帝賚者黼黻之炫赫將以昭有道之容儀也因理之當好而好之己私不得而與焉豈非天道之至公乎是知彰善一也天以之愛乎人則謂之命君以之安乎民則謂之政事安民則惠皋陶陳謨之意如此夫雖然舜之時從欲風動天下之民舉安宜若無俟于命討之典矣而皋陶陳謨先及此者蓋以有功必賞有罪必罰帝王所以勸懲天下也舜之所以舉八元愷臣五人咨十二牧用是道也易之大有曰遏惡揚善君子以順天休命憲天之君臣以此交相勉焉可也故曰政事懋哉懋哉斯言也可爲萬世安民之法

立政任人準夫牧作三事虎賁綴衣趣馬小尹左右攜僕百司庶府大都小伯藝人表臣百司太史尹伯庶常吉士

楊謐

同考試官教諭丁批（歸重于知恤意正如此）

同考試官教諭强批（鋪叙詳盡）

考試官教諭方批（成周得人於斯爲盛此作得之）

考試官學正劉批（説得瑩徹）

大臣歷叙王廷之臣皆得人之盛焉夫大臣者庶官之表也自三宅以至于侍御都邑皆惟其人焉非文武盡知恤之道乎周公述之以告成王意謂文武之克知灼見固所以盡知恤之實矣内外得人之盛何其大備乎嘗稽其立政也設官分職以爲民極有任事之公卿曰常任焉有守法之有司曰準人焉有牧民之長曰常伯焉叙之官聯以定其名使之主事而事治焉使之明法而法正焉使之牧民而民乂焉本之論定以分其業此王朝三宅之官以表百僚

者也以言乎侍御之官司射御而有虎賁氏司服器而有綴衣氏司内厩而有趣馬氏以至小尹爲小官之長左右携僕爲扈衛之人百司庶府爲司裘之屬秩雖不同也非以其親近于王所爲職者耶以言乎都邑之官總攝而有大都分理而有小伯執技而有藝人以至表臣百司爲外府之司屬太史以公天下之是非尹伯以維天下之體統爵雖不一也非以其有事于王畿爲職者耶夫三宅也侍御也都邑也咸内廷之官也難乎其皆賢矣然而服在太僚者恒其德貞莫非清修之士論思獻納其允爲百官之綱紀矣乎列于庶位者彰厥有常亦皆純德之賢疏附先後其足爲王家之藩屏矣乎于此見先王之勞于求才焉善于知人任使焉爲吾王者當知所法矣大抵人主以論相爲職而三宅則百官之長者也立政一書周公告成王以專擇百官之長蓋三宅得人則庶官皆賢矣故曰則克宅之克由繹之所以重其選也雖然取人以身而其要則本于人主之一心周之文武緝熙敬止不泄不忘取舍之極已定于内故其内外得人於斯爲盛而成修和永清之化也泰和在成周宇宙間信哉

詩

四月秀葽五月鳴蜩八月其穫十月隕蘀一之日于貉取彼狐狸爲公子裘二之日其同載纘武功言私其豵獻豜于公五月斯螽動股六月莎鷄振羽七月在野八月在宇九月在户十月蟋蟀入我床下穹窒熏鼠塞向墐户嗟我婦子曰爲改歲入此室處

紀朝宗

同考試官教諭周批（此等修詞真不可多得）

同考試官教諭胡批（得詩人之旨）

考試官教諭方批（措辭命意字字苦心可以爲文矣）

考試官學正劉批（精潔）

豳民屢感時以禦寒而忠君慈幼之情見矣夫禦寒不可不預也而豳民上則輸其忠下則廣其愛其斯以爲厚乎今夫天時之變徵於物人事之修觀於時我豳民先事之備蓋有感於仰觀俯察之間矣夫四月陽之極也由是而五月而八月以至於十月陰始生而向純乎時則葽既秀矣蜩既鳴矣禾之早者可穫而草木亦隕蘀矣孰使之然哉氣也是大寒之漸也非重裘何以禦之思以繼蠶桑之不足則一之日二之日正吾竭力奉公之時矣率我同事負寒而取狐貉獻皮以爲裘尚其温也竭作以纘武功私豵而獻豜貢其大也是蓋急從獸之役事不懈於趨時懷無褐之憂義惟先於報主其愛上有如此者夫五月陰之始也由六月而七月八月九月以至於十月陰漸長而用事乎時

則斯螽躍矣莎雞飛矣蟋蟀自野而宇而户依人而入床下矣孰使之然哉氣也是寒至之徵也非燠居其何以避之思以防風氣之内侵則穹與鼠墐與户皆吾室熏塞墐之力也嗟我婦子寒暑相催則歲成今何時也天道之運一周其殆改歲之候乎三時務農則野處今既寒矣人事之務亦已可以室處之時乎是蓋憫終歲之勤動遺之以一時之安順天地之閉藏萃之以室家之慶其慈幼有如此者於此見豳俗之厚爲吾王者可不知其所自哉大抵周先公有保惠之仁故其俗作忠有敦化之本故其俗作慈忠故民知有尊也慈故民知有親也尊尊而親親周之所以興乎七月之篇大義數十而二者固王道之大端也是故君子觀於豳而知王道之易易也然則后稷公劉之化遠矣周公所以教王之意豈其微哉厥後成王卒爲基命宥密之主其亦有得於此詩者夫

民之質矣日用飲食
李一原
同考試官教諭周批（此作美民俗之淳可謂度越諸子矣宜錄之）
同考試官教諭胡批（是大家文字）
考試官教諭方批（王者之民皥皥以此福君忠哉此作能發其義）
考試官學正劉批（雅健）

　　舉天下而還于淳臣子願神之福君也夫君之所恃者民也民淳則天下之治成矣福孰大於是哉天保詩人歌此答其君作也蓋曰君人者以天下爲家則必斂天下以爲福神之福吾君果何如耶一民未淳王道之累也我願觀俗于野無有作好渾乎敦樸之習觀風于民無有作惡藹然沕穆之風喬而野朴而不文率性之真無餘巧也慤而愿質而不華任天之便無矯飾也民生而非飲則渴吾見其日用以足乎飲而已孳孳乎以是爲樂利之計自飲之外無聞焉民生而非食則饑吾見其日用以充乎食而已汲汲乎以是爲厚生之原自食之外無聞焉適乎其情而不相求也安乎其分而不相躙也未始投之以可欲之形而易其飲之常矣吾君不亦可優游而恭已於上乎連而不相及也動而不相害也未嘗示之以易開之隙而失其食之性矣吾君不亦可垂拱而安享其盛乎吁此之謂大同而皥皥之治不可尚已所願於神之福君者豈有大於此哉抑周之天下固已趨于極文之世而長慮却顧者蓋亦逆知其勢之不可以不救也天保之作本以侈大其頌禱之忱而托於民質者以爲福焉其亦有見於此乎蓋常觀于康衢帝力何有之謠以爲堯之極盛而未施敬而民敬未施信而民信獨歸諸虞夏之世然後知天保之忠愛至懇也其善於頌禱

者乎

春秋

春齊人陳人曹人伐宋（莊公十有四年）

李貞

考試官教諭方批（桓公節制之兵管子內政之助語意宛然可誦）

考試官學正劉批（謹嚴）

伯方節兵以討罪春秋微詞以與之也夫兵者聖人不得已而用之無制則毒民矣齊桓之節制春秋所以予之也宋背北杏之會齊桓是以有辭於討也討而稱人何以爲予誠以天生五材民并用之兵也者威不軌昭文德孰能去之然而其制備於周官其法掌於司馬無事而蒐苗獮狩寓之於農有事而閒胥比長率而爲兵役不逾時用不忒制先王之兵所以方行而無敵於天下也春秋諸侯虛內以事外浚民以病國祈父興譏而大東起刺矣有能節制如桓者哉蓋其滅譚之後相管仲以圖伯功作內政以寓軍令以威天下不在兵革而在富強善制國者不在用武而在得眾知節用以強本矣未嘗輕用以毒民知經制以舒國矣未嘗無制以病國茲伐宋也以將則卑而授鉞不及乎命卿蓋曰苟可以聲吾義焉斯已矣以師則寡而荷戈不悉乎大眾蓋曰苟可以致吾伐焉斯已矣此其藏富于國兵以不盡用爲威養銳於民士以不盡役爲勇故惟無動動則必威故惟無戰戰則必勝矣是謂節制之師挫強楚而抑秦晉夫豈偶也稱人以伐所以予桓管仲之賢胥著矣嗟夫治忽無常而致理有經寧人以存已聖人務焉管仲雖脫檻車之辱察其分鄉兵數權修務市之論庶幾哉司馬法之遺乎是之謂齊和之兵進於是矣才有餘而器不足遂使桓之節制卒不足以當湯武之仁義此其所以短與

八月公會齊侯宋公鄭伯曹伯邾人于檉（僖公元年）秋齊侯宋公江人黃人會于陽穀（僖公三年）春王三月宋人執滕子嬰齊夏六月宋公曹人邾人盟于曹南（俱僖公十有九年）

趙維紳

考試官教諭方批（以威信定齊宋之得失真千古之斷案也錄之）

考試官學正劉批（真有史筆）

春秋紀二伯威信之迹而予奪見矣夫伯者之所以行乎諸侯威與信也得則爲齊桓失則爲宋襄成敗之相去豈不遠哉姬轍東而天下不知有周猾夏而干紀荊楚於是乎可憂矣齊桓創伯不能恤鄭而制楚猶謂其能昭舊職

乎所幸聽管仲之言而急簡書之義其所圖者安攘而已矣今觀其始而勤鄭既偕群后而會檉繼而謀楚復結江黃于陽穀友邦僇力内以振中夏之威遠國締成外以剪荆楚之黨言義足以安靖乎懿親語謀足以坐制乎江漢桓之威信如此鄭懷而楚屈不待异日而后見矣齊桓没而天下不復有伯弃好而即戎諸侯於是乎不協矣宋襄嗣起苟能字小而綏貳謂不足以繼先烈乎奈何違子魚之諫而昧省躬之義其所競者威力而已矣今觀其始執滕子惟恃其强大之威繼歃曹南徒事於要結之末責人恕已以刑則不中見小欲速以盟則無益言威不足以招解體語信不足以致宗盟襄之舉動如此兵敗而身傷不待异日而后見矣吁此談五伯者以桓爲獨盛宋舍無成非不幸也考經而予奪見矣雖然襄則失矣而桓亦未爲得者也夫制勝非難而持勝爲難滿損謙益益以贊贊禹而况若桓乎屈完甫來而濤塗遂執師及于陳不待葵丘而矜已振矣陽穀受盟而黄滅不救小國失恃伯業其益替乎是故君子察此而知王伯所由辯矣

禮記

仁者義之本也順之體也得之者尊

筆邦固

同考試官教諭滕批（分別仁義順語有斟酌具見學力）

考試官教諭方批（説理明净讀此可以觀子之深矣）

考試官學正劉批（清瑩）

記者論仁統天下之善因著其體仁之效焉夫仁之爲道大矣而義與順之所出也苟能體之豈有不尊者哉禮運君子言此以爲天下之至難得者人也而人之所以至難得者以其有仁也聖王以仁爲治情之具者夫豈徒哉今夫錯綜變化形之爲裁制以成天下之務以公天下之利是之謂義若無與於仁也殊不知道之大原出於天而後可以圓神而不滯德之全體蘊於内而後可以旁行而不流所謂義者宜此者也仁非義之本乎人徒見夫利用出入推之爲順適以人情則無不洽以物理則無不諧是之謂順若非由於仁也殊不知本其廓然而大公者以運乎順應之妙發其融然而至和者以履乎惠迪之吉所謂順者順此者也仁非順之體乎夫仁道所以爲大如此使君子者能全受其秉彝之懿而湛一之體不虧充積其和順之衷而公溥之機在我由是而本仁以行義則有以統括乎萬善而天之尊爵也人之良貴也此其備矣天下無得而并焉由是而體信以達順則有以偏覆乎四海而大君之宜也萬夫之望也此其有矣天下孰得而逾焉是知身不自尊而尊於仁則仁之所係誠大

也有志於長人者夫亦體仁而已矣雖然仁之在吾心也理而已矣而聖王治人情之田不過聚其所本有者而已乃曰得之者尊不幾於有意爲善乎蓋全其德而不望其報者君子之心也爲其事而卒獲其效者必然之理也故孟子曰仁則榮亦據其理言之耳古之聖人如后稷者積功累仁祿及子孫先儒以爲植本固而發源深則又萬世之仁也豈特一身之尊已哉

廉直勁莊誠之音作而民肅敬寬裕肉好順成和動之音作而民慈愛
楊斿
同考試官教諭滕批（審音而知民情此作能發之可與言樂者）
考試官教諭方批（聲音之道與政通誦子所作宛然在目）
考試官學正劉批（雄健）

正樂興而知民心有所畏樂興而知民心有所悅蓋樂音由人心而生者也即其音之正與和而民心之畏悅可知矣樂不有以觀其深乎樂記者之意蓋以民心之感物無常而樂音之應感有定故觀民心以觀國政者亦惟審諸樂音而已矣何則民之作敬不可得而見也惟音之起也或爲廉直焉森嚴而有分際徑出而無委曲也或爲勁正焉堅強而無撓屈中正而無邪慝也或爲莊誠焉端重而不流于放真純而不奸于僞也此其音之所作雖不同而同於敬心之感者矣吾知不必入國問俗而後可以視其履也然而分定於禮教之達而寅畏之中存心惕於軌物之遵而祗敬之弗怠其所以振肅其邪心而消融其逸志者自昭然於節奏之間者矣其敬心感者其聲直以廉烏有藏其心而不可測度者哉民之作愛不可得而見也惟音之起也廣博而不隘優柔而不迫何其寬而裕也圓瑩而無瑕通滑而無滯何其肉而好也終始相生而不亂小大相成而不乖何其順成而和動也此其音之所作雖不同而同於愛心之感者矣吾知不必省方觀民而後有以考其行也然而情足以相恤而不離罔非慈良之發越恩足以相聯而不害咸皆惸怛之流行其所以發泄其良心而融溢其和氣者自顯設於鏗鏘之下者矣其愛心感者其聲和以柔豈有隱其情而不可周知者哉是則音不自生也其生於人心之感矣乎民心非能自爲感也其繇於政治之得矣乎然則慎其政之所以感人者豈容已耶大抵聲氣之在天下非人之所能爲也有元氣焉有元聲焉是故元氣者樂之本也元聲者樂之用也夫感於物而動形於聲而應其亦求之民心而已推原其本則在君人者有體元之政而後可以培養乎此也後人不達乎聲氣之元而區區於秬黍之較焉不知夫民心之敬也愛也果秬黍之較焉不知夫民心之敬也

愛也果秬黍者之足以感之乎否耶

第二場

論

知天地之化育

紀朝宗

同考試官教諭周批（發明聖人天地之妙曲盡無遺佳士也）

同考試官教諭胡批（灼見道體獨見此篇）

考試官教諭方批（根極理要殆胸中有化育者錄之）

考試官學正劉批（昌蔚）

聖人之心所以妙合乎造化者純乎誠而已矣誠也者造化之樞紐彙之根柢而天地生生之命也夫天地之化紛綸而無紀汹穆而無際發微而不可見充周而不可窮然其究也誠以運之而已誠故神神故化而陰陽之迭運屈伸之相感變化極矣而天地無心焉耳聖人之心亦惟其純乎誠也是故性即天命而心即天神其感而寂與天地同體而非無也其寂而感與天地同用而非有也體用一原顯微無間而聖人亦無心焉耳是謂至誠知天地之化育而聖人之知非聞見之知也今夫天地之所以高深萬物之所以并育日月相推而明生焉寒暑相禪而歲成焉野馬絪縕無非理也糟粕煨燼無非教也而聖人者何以獨知天地之化育乎夫天地之化育廣矣大矣有必求而后知者有不求而自知者求知之知其知淺不求之知其知深是以鉤深致遠測其微矣而未能體天地之撰也探賾索隱窺其秘矣而未能契化育之蘊也夫聖人者無俟於強探而合德於兩間不假於推測而成能於天地乎所以然者純乎誠而已矣誠也者天地聖人有所不能外者也天地惟誠其見於化育也雖有磅礴萬變之殊而皆不能有外於陰陽二氣之爲雖有雜揉紛擾之異而皆不能有處於屈伸相感之理何也陰陽之氣非動則靜非屈則伸其伸也爲元爲亨爲春爲夏爲直遂爲發散自無而向於有所以鼓萬物之出機也其屈也爲利爲貞爲秋爲冬爲專一爲翕聚自有而向於無所以鼓萬物之入機也天地以陰陽而神其化育聖人亦在寂感而妙其體用蓋常人之心非無寂也寂而不虛而不足以立感之體非無感也感而不化而不足以妙寂之用聖人者極誠而無妄者也惟誠則明明則瑩然洞徹而無所於蔽矣惟誠則公公則湛然純一而無所於雜矣故方其無感無將迎無意必內者不出而外者不入吾見其廓然太化而已矣及其感也體信而達順順事而恕施以有爲爲應迹以明覺

爲自然吾見其物來順應而已矣未應非無也幾微故幽感之體所以神乎既感非有也神應故妙寂之用所以化乎寂而不淪於無即坤之闔而藏諸用者也感而不滯於有即乾之闢而顯諸仁者也天何言哉動而未嘗無靜靜而未嘗無動也聖人何心哉寂而未始無感感而未始無寂也是故忽然而明忽然而晦忽然而燠忽然而寒春生也忽變而爲秋殺之威和煦也忽變而爲雷霆之擊時闔時闢此天地之動靜也時乎而予時乎而奪時乎而喜時乎而怒好生之德或變而爲有苗之征溫良之仁或變而爲正卯之戮時張時弛此聖人之寂感也要之天地無心而陰陽尸其化聖人無迹而動靜時其中而已矣故曰窮神故能善繼其志知化故能善述其事也使參以一毫有我之私則寂者汩而不神感者物而不化矣惡能與天地相似而默契乎化育之理哉不然潛虛洞極后有作者於天地之化育未爲無知也而可以語聖人之能事哉噫此必至誠爲能默契乎造化而非薄聞淺識所能與也雖然至誠之心純乎天者也學者欲至於誠以求肖乎天地事心之學盡之矣事心之學慎獨盡之矣夫能戒懼以慎獨由是大本立而寂之體信矣達道行而感之用順矣內外交養而體用不偏天德純而造化在我矣故曰善事其心所以善事其天者也

表

擬宋曾公亮上新唐書表（嘉祐五年）

鞏邦固

同考試官教諭滕批（其事核其文典取之）

考試官教諭方批（麗而則詳而有體）

考試官學正劉批（深得敷陳之旨）

嘉祐五年六月二十四日臣曾公亮等以所撰新唐書二百二十五卷進呈者伏以政代結繩察治始資於書契史專載筆是非咸定於春秋事以制而不迷言必文而後遠臣公亮等誠惶誠恐稽首頓首上言竊惟有唐一代幾三百年受隋禪而宅師式稱英主紹周官而制治亦頌明時柱國之家譜久傳仙李之靈根孔固化張萬目匹休東西漢之隆道闡六經盡變南北朝之陋貞觀而後史法肇修政要出於吳兢稱直筆實錄成於韓愈名負儒宗曆數有若柳芳全書無逾劉煦價爭誇於得玉久欽前哲之長藝空老於斵輪致遠舊史之失紀言紀動體裁猶混於齊陳傳信傳疑旨趣尚違夫左轂時如有待史不虛成茲蓋伏遇聰明睿智文武聖神主善爲師深造乎危微精一學古有獲旁搜夫墳典索丘敷賁人文誕登道岸謂因時立政乃百王開創之英度德論功寔千古經綸之迹慕商周之長久感漢唐之治安奈閏位五季之衰立言者少

能盡意俾唐家一代之實稽古者無以考祥頃因邇臣之所陳適契上心之攸閱發珍藏於秘府琬琰畢呈開藝苑於仙曹槧鉛咸集臣公亮等既專提舉分效編摩玷儒學之清班共加刪定忝修辭之重寄彌切戰兢慨往躅之難親幸前言之是據誼兼述作已集衆思事備君臣爰裁興論苟有關諸因革更何恤乎异同冠本紀以明尊增輝殿陛敘列傳而辨等垂範堂簾刪禮樂儀衛之繁發天地律曆之奧食貨後於選舉刑法先乎藝文兼載官聯崇宗室之世系特書方鎮別夷夏之鉅防類以聚而群則分事雖增而文獨省循良顯懿寧接簡於宦官節義幽光可聯蹤於酷吏文苑拔劉蕡之直外戚揭吳漵之忠華實持衡敢以玄而尚白魯魚毛刊謬庶吹波而助瀾效孔氏之闕文瑞未騰夫麟狩問揚雄之奇字珠將探于驪龍臣公亮食邑叨二千百戶聚精歷十有七年費日月而云多豈平子兩都之賦縻廩祿而增悚無陳思七步之才抱牘告成覆餗知罪念方人之不易矧作史之尤難游夏靡贊乎一詞尚稱文學班馬擅長於累世難掩瑕疵愧買櫝而還珠慮反鏡以索照也伏願留神五夜辨皇帝王伯之原會道一中紹堯舜禹湯之統卜世上追於姬曆斂福遠邁於唐宗臣無任瞻天仰聖戰慄屏營之至謹以所撰新唐書隨表上進以聞

第三場

策（五道）

第一問

紀朝宗

同考試官教諭周批（我皇上重修大明會典及問刑條例斟酌損益良法美意可謂無遺子復以保治之猷望之忠悃可嘉）

同考試官教諭胡批（我皇祖考禮正刑垂憲于前列聖相承增美于後我皇上修典慎刑光先裕後子能揚厲之可謂識其大者）

考試官教諭方批（此策引用易道詮次先禮後刑之旨真確論也得士如子可以自慰矣）

考試官學正劉批（觀子所陳其沐浴於膏澤最深者與）

帝王之經天下有大典而其齊天下也有大法大典者所以教天下之中也蓋取諸履大法者所以肅天下之治也蓋取諸豐履之象曰君子以辨上下定民志則坊德而綏猷蓋帝王之本心也豐之象曰君子以折獄致刑弼教而輔禮者豈聖人之得已哉夫禮以經之則禁於未發之謂豫而廣運之化成矣刑以齊之則震無咎者存乎悔而從欲之治普矣此我皇上繼天立極保世滋

大備明聖之德操制作之柄睿制皇猷洋溢寰宇而至禮祥刑真足以上體皇祖貽燕之心遠邁虞周之盛矣猗與休哉愚也沐浴於禮教之中久矣請得而鋪張揚厲之可乎且古之稱盛治者必曰唐虞成周自成周觀之修五禮以和邦國修六典以治邦國其禮備矣而冬官之文獨缺者乃雜見於五官之中實未嘗有所亡也何必考工之補其缺乎自唐虞觀之五刑以糾其罪三就以異其處其法備矣而語刑必以欽恤者乃聖人敬忌之至必如是而後為明允也豈更有他說于其間乎是故成周之時四海永清禮已浹於民矣而儒者乃謂百年而後興者固久道化成之意而有周之積功累仁信非一朝之致也唐虞之世民協于中刑已期于無刑矣而君臣猶有奸宄之慮者實保治無窮之心而有虞之兢業儆戒固不以已治為足也自周而下叔孫綿蕞之儀玄齡貞觀之制已不足以復古刑書刑鼎之鑄法經法律之造已不可以靖民蓋其禮非先王之履而刑非先王之中矣恭惟我太祖高皇帝受命統天肇建皇極豐功偉烈超越萬古懼民之有邪心也於是有頒製大明集禮之書若吉禮之十四也嘉禮之五也賓禮軍禮凶禮之二也以至冠服車輅之等也儀仗鹵簿之飾也宗學樂律之備也此其有典有則盡制盡倫一洗胡元之陋而垂萬世之法程者矣若大明會典則創於敬皇正以申重乎集禮而為之者也貽謀仰承乎英廟而繼志適伸成袟頒出於武宗而錫極始廣可謂至精至密光前而垂後矣至我皇上深惟治化之要寔在此書重命儒臣更加修緝分條附例綱舉而目自隨舉要刪繁文約而事悉備因革損益酌古準今我國家之經制紀綱粲若日星之為麗矣其名曰重修大明會典此皆聖謨之默運上符聖祖而宏規懿範永布寰區同文同軌不有以煥千古文明之治也哉我太祖又懼民之有爭心也於是有頒製大明律令之書以令言之大而綱常倫理之重小而器用輿服之差芟蕪就簡直言知其為條凡一百四十有五焉以律言之首以名例列之以六曹總括事類切當倫要其為條凡四百有六十焉此其垂憲象魏屬民讀法建立一代之典而定天下之法守者矣若問刑條例則成於憲廟正以羽翼乎律令而益之者也嚴遏奸之必禁增其所未詳參新例之宜行輔其所不及可謂至明至仁昭制而布憲矣至我皇上深惟好生之德莫先是書復命憲臣更加刊定文義簡切而人易諭曉情罪適均而法可久行斟酌益損明議黜罰我國家之敕法防淫肅乎四時之為信矣其名曰重修問刑條例此皆聖仁之溥博上符聖祖而刑章憲典昭布海宇止辟無刑不有以成天下熙皞之化者哉抑愚聞之帝王之治本於道帝王之道本於心我皇上制禮明刑質諸皇祖而有光考諸虞周而獨盛者豈無所本而然哉蓋敬一之衷上統於帝王

仁孝之道合德于天地故其運之於仁義禮樂煥之於綱紀法度未有不斷自聖衷而施之天下者則至禮而不讓措刑而不用至誠無息端在今日而執事猶復以爲詢者愚也豈能復於巍巍蕩蕩之外而欲以贊堯者哉守國家畫一之法衍社稷靈長之祚愚何幸躬逢其盛

第二問

李貞

考試官教諭方批（此篇以儒明經將馭兵爲對評品明確其文武全材者耶允宜高薦）

考試官學正劉批（經學將略叙述甚悉可以徵用世之志矣取之）

君子尚論夫古人擬之不可以不盡而擇之不可以不精也夫擬之盡則得失以明而道無偏駁之累擇之精則法戒以昭而人有中正之趨彼附景而逐響者隨世以爲臧否也背鑒而决衡者戾古而廢省觀也而可語尚友之學哉是故君子必求所爲醇儒爲明經而欲兵將之各盡其善也嘗聞淳化之世天下爲公道出於一累聖迭紹風恬俗熙雖議道置法修德建功亦未嘗有成名也故黨庠塾序莫不有學德行道藝莫不有教或屬閭胥以讀法或誘農民以爲士未聞以儒名也皇帝之書掌之外史邦國之志掌之小史或一年離經而辨志或十三學樂而誦詩未聞以經名也其公卿大夫無事則贊襄於朝有事則帥兵以出而爲出車之維棘爲六月之有嚴及事之畢也歸而聽政焉未聞以將名也其鄉遂丘甸無事則服耕於野有事則隨帥以往而爲采薇之不遑爲杕杜之靡監及事之畢也退而還農焉未聞以兵名也蓋自以賢得民以道得民而師與儒分矣以事詞勝以道法勝而史與經分矣文以致治武之戡亂而相與將分矣田以出粟賦以出軍而農與兵分矣是四者各分而爲二已非在昔所有者而況儒也經也將也兵也各有其三耶今夫儒有三游作氣勢結私交以立強於世游俠之儒也田仲王孟是已飾詞辨要時執以馳逐於世游說之儒也蘇秦張儀是已挾術干時連黨邀譽而擅權利於天下游行之儒也李斯商鞅是已經有三岐因文説理浮靡足以勝質文人之經也蘇軾陳少南是已妄意談禪空幻足以惑俗禪者之經也張子韶輩是已承傳有自而大功於聖門儒者之經也濂洛諸儒曰已若夫周公東征制彼裳衣以安社稷爲心以救生民爲計則天下之將矣方叔南征克壯其猶應變而决機攻破而擊服則一國之將矣皇父平淮闞如虓虎臨敵而不懼期戰而必勝則一軍之將矣又若齊之囚山借水擊後衝前挾弓矢以平驅樹戈矛而互動其技擊之兵乎桓文步伍有法帥長有要所屯雷電相潛所至秋毫無犯其節制之兵乎湯

武仁人在上天下所仰如子弟之衛父兄如手足之捍頭目其仁義之兵乎自今觀之三游無足論矣三岐以周程爲正將非知道者其孰能主之而運籌無智敵憛無勇亦不可也兵則强國之事純任力霸國之事純任法信不若王者之所以撫綏天下者也亦嘗載稽往籍竊附臆見而度其可以當此者董仲舒明道正誼爲漢儒之醇王仲淹樂天知命爲隋儒之杰是能不蹈夫三游而庶幾於不愿不閔不陨穫不充詘者矣石介之氣正故宋頌無愧於猗那尹洙之文簡故皇雅可媲乎堯典是能折衷夫三岐而庶幾於不愚不誣不奢賊不煩亂者矣他如鄭德之膽略李靖之威名吾取其近於勇陳平之奇計謝安之秘略吾取其近於智惟夫張良之從容孔明之正大則有周公之志而可以安天下之民也又如韓信之捲秦李愬之入蔡有似於技擊晋人之州兵唐人之府兵有似於節制惟彼高祖之興漢太宗之造唐是無桓文之實而徒假夫仁義之名也當是時也而謂之無儒無經無兵將可乎抑豈無以是數者顯名於天下者乎但世無完名士鮮實用聖賢不數生才德不兼備刻意儒行潛心經學者固不能無矣其有儒能戴仁而立抱義而處經以會言之樞闑道之蘊者吾未必其盡然也豫養將才素閑兵略者固亦不少矣其有將能敬謀無曠敬職無曠而兵又可禦不完可擊不勝者吾亦未之多見也然其爲參商之誤貽蹞步之羞者亦衆矣故嘗就而言之太極之圖定性之書可以翼經破斧之勤赤舃之忠可以勵將載旆之莫遏清明之有象可以戢兵又進而言之孔孟其千載之真儒乎典謨其萬世之全經乎大禹承舜命而舞干苗格其二帝之名將乎文王篤周祐而因叠崇降其三代之義兵乎又再合而言之黜勢利而使儒風之尚同可也罷諸子而使道術之歸一可也文武一體而勿俾其相悖財力互養而勿俾其偏累亦可也蓋至於此四者之道庶乎其無遺論矣有尚友之志者其擇術於斯焉

第三問

韓三接

同考試官教諭梁批（理數之辨擴前聖所未發此作得之）

同考試官教諭崔批（深得羲文本旨）

考試官教諭方批（闡明易道有宿抱者也錄之以示來學）

考試官學正劉批（雄渾）

易其本於天地乎天之生聖人也發天地之蘊者也易其作於聖人乎天之生諸儒也傳聖人之心者也何也天地之蘊也聖人之心也理與數而已矣夫理也者數之原也數也者理之會也理自行乎數之中數實本乎理之妙易

起數以定畫因畫以生辭因辭以明象因象以盡意幽而神明之德顯而萬物之情大而極于無間小而大於無朕無以逾于此矣然則天地之蘊非聖人不能發而聖人之心亦非宋儒不能傳也學者合而觀之則知聖人之易也有功於天地而諸儒之學易也有功於聖人矣自夫河以通乾出天苞洛以流坤吐地符而圖書呈象蓋天啓聖人以作易之原也伏羲仰觀俯察綿絡天地因而則之以爲乾兌離震巽坎艮而八卦生焉八卦之上因而重之而六十四卦出焉所以泄天地之秘而爲萬古斯文之鼻祖者是則所謂先天之易也逮文王有彖辭之作以斷一卦之吉凶周公有爻辭之作以明六爻之得失孔子作十翼而文言興焉此四聖作易之大綱而後易之道無餘蘊矣嗚呼千聖一心也無文之易有文之易一理也伏羲之卦畫非不足於辭而有所永備也卦畫既陳易之立體以待用者無不畢具引伸觸類開物成務而天下之能事畢於此矣文王周孔之繫辭非有待於言而故爲是贅也辭一繫而易之觀象以盡變者無不昭顯雜物撰德探賾索隱而天下之亹亹成於此矣蓋一則生于上古之時世質民淳所謂得理而忘言得意而忘象者是也一則興于中古之後憂深慮遠所謂旨遠而辭文因貳以濟民者是也豈非異世而一心同條而其貫者哉商瞿而後炎秦烈焰易特以卜筮而獨存然去聖已遠其學未彰當是時也易之道不絕如綫然猶賴有田何施孟之師授皆足以擅名一世延而至於王弼何晏之徒益昌其説於天下然九師興而易道微豈有所感而云耶其間若關子明之著洞極二十七象以生資育爲傳以釋其蘊爲經緯十一篇又爲圖以序其象其曰象生有定數吉凶有前期見於文中子之所載者蓋亦奇矣然自唐之時或以爲亡篇過半或以爲阮逸僞作是又可以無論矣楊雄之太玄以首擬彖以贊擬爻以測擬象以元文擬文言以攡瑩捃擬繫辭總之爲八十一首是欲以準易也不知艱深淺近之消氣朔日月之議果易之與天地準者合乎司馬光之潛虛以源委擬水以熒焱擬火以本末擬木以卯刃擬金以基冢擬土總之爲五十五行是欲以準玄也不知五五乘兩之法氣體性名之圖果易之成始成終者合乎以此而發四聖之易是真所謂扣槃捫燭之見也烏足以明易哉時至有宋諸儒輩出邵雍始爲皇極經世之作以元會運世歲月日辰盡天地之始終以水火土石日月星辰盡天地之變化以性情形體飛走草木盡萬物之感應以皇帝王伯易詩書春秋盡聖賢之事業而其起數也則一而二二而四四而八八而十六而天地之道畢此其書方象數之學而未嘗不寓乎理也程明道稱其有內聖外王之道者是矣邵子之學茲其有得于先天之妙者乎嗣是而朱熹則有易學啓蒙之作蓋以明圖書經緯之妙推

天地大衍之數稽考占求卦之法而其爲卦也自本而幹自幹而支本原正而位列明挂扐定而趨避審此其書言卜筮之理而未嘗不該乎數也魏了翁稱其上該太極不爲無體下濟生人不爲無用者是矣朱子之學茲其有得于易道之精者乎是二書者真足以發四聖未發之旨而有非子雲君實之所可及者矣然合而言之邵子之學本出於希夷涉乎數者也探月窟躡天根雄視萬古蓋自秦漢以來一人而已朱子學則淵源於濂洛一乎理者也達群哲會百聖主盟斯世蓋自洙泗以還先生一人而已此二子優劣之所以分也蓋嘗觀之天下之道不外乎理與數而已矣易之作也本於卜筮以前民用聖人所以藏往知來者莫非其自然之妙春秋之季若左氏所記筮短龜長之說無非占卜筮二之法探其淵源究極終始而其數一皆出於河圖本理以行乎其數之中即數以窮乎其理之妙談易者無以出此矣若夫考象數者泥於術數而不得其宏通簡便之法談義理者淪於空寂而不適乎仁義中正之歸有如朱子之所譏者而曰足以知易者未之有也善學易者其必養其齋戒神明之德究其潔淨精微之旨畫八卦於見兔玩乾坤於觀梅則太極之妙先天之學不必登羲之臺游文之里而四聖之易在我矣執事以爲何如

第四問

杜謙

同考試官教諭丁批（辨析精嚴子之趨向於此可占）

同考試官教諭強批（擲地金聲可謂文矣）

考試教諭方批（詞旨超詣視他作最優）

考試官學正劉批（明潤古雅）

導性而曲成者傳道之師也洗心而上達者繼志之士也道必遇而後傳質善改而始化已心之嚴師既懈雖日正於有道將何述焉先入之客感未除雖時敏於問學亦奚裨焉夫學之有統道之有歸變化之有漸授受之有機師可以默而成非待言而盡也學必忘言而悟非待師而興也苟明其所長昧其所短矜其所得諱其所失窮道德之淵奧則欲入於無形探六藝之崇廣則欲聘於不匱哂前人之木工忘已事之已拙趨函丈而有遐心離師輔則多燕辟斯教之所由廢道之所益孤矣知此則程朱之傳道其所與傳者不可不歸其功而其所難化者固有專任其責也乎請因明問而終言之夫古今爲師爲弟子者孔門其極矣夫子曰不憤不啟不悱不發舉一隅不以三隅反則不復也聖人豈吝其道而不使其早有知乎問之切而聽專思之深而取固不專不固而可以入者口耳之贅也不盡言盡意而俟其化者精神之契也輸扁善應心

之技庖丁悟游刃之神可以喻大矣迨孔氏歿而微言絕七十子隱而大義乖漢唐諸儒其於道何如也宋以奎聚之詳當復古之會二程得統於濂溪大發千古不傳之秘其教人也以居敬窮理爲先天下翕然宗之曰程夫子今之顏孟也朱子得統於濂洛有集諸儒大成之稱其教人也以誠意正心爲先天下又翕然宗之曰朱夫子今之二程也師道既立學者宜粹然一出於正矣以程氏門人言之器質温厚清德重望師世範俗時則有若游定夫而楊中立之天資夷曠德器早成純粹而宏深簡易而平淡飲人以和而鄙薄不形亦其著也持守確然主一主敬師世勵俗時則有若尹和靖而謝上蔡之天性英果學識博雅切問而近思升堂而睹奧能充其才而吾道有光亦其著也然考亭乃曰程子門人無有無病者自今觀之顯道之記誦其博終爲玩物中立之出處未明終無救正應制策而不對者似矣而格物之功未至讀西銘而不逆者似矣而他岐之惑難免是皆不能以無病也蓋諸子之在程門親炙不久探索未深宦游四方別立一家各仍其氣習之偏而爲造詣之等耳程子且奈何哉以朱氏門人言之明睿端莊造詣純篤黃直卿以之若夫精詣之識卓絕之才能達性與天道之奧則非季通不與焉正氣剛果志操超越徐子融以之若夫有據之學無私之政能舉先王已墜之典則非德明不與焉然考亭乃曰余正叔講說終是葛藤不斷自今觀之不獨正叔然矣論太極萬物之意止得大概論律呂周徑之說未免牽強氣質之性即是本然之性所以解枯槁論性之惑鳶魚所在便是道體所在所以答鑒影論道之說是皆不免於葛藤也蓋朱子之爲教意有未喻則委曲告之問有未切則反覆戒之門人各因其知識之所及而爲契悟之能否耳朱子且奈何哉噫程朱之設科固自附於孔孟之後學者之求道尚未副夫程朱之心其故何耶知止而不惑於异物者靜定之效也潛心而善變其氣質者省私之發也昔子貢以貨殖薰心子路以好勇成嚍其病根之難除何以异程門諸子之失乎樊遲問仁智而未達公孫丑惑王齊而滋其其良知之難啓何以异正叔葛藤之失乎然四子者卒成名於後世而不負其師傳則學問之爲功果大得聖賢爲依歸果難也若愚者回稱魯者參見卓爾於竭力唯一貫於積久彼豈言語文章之尚哉君子察於此可以有志於本矣雖然程朱門人豈果無得其傳者哉楊謝二君長進游酢非昔日之游酢固可喜矣愚獨取夫尹彥明焉其爲學也得涵養用敬之言加之以切實持守之力是以造詣獨深邪說不惑程子嘗以不失其正許之彥明亦自謂能不倍其師也季通吾之老友子沉作書集傳固可喜矣愚獨取夫黃直卿焉其爲學也得致知力行之說而加之以操存涵養之功是以造詣精深講說簡易朱子固以

吾道有望許之黃氏亦謂其能得紫陽正傳也此固門人優劣之辨而孰非程朱造就之功乎抑愚猶有說焉先王之時所守者一道所傳者一說化之如此其至异行者有懲异言者有禁防之如此其備況以孔孟爲之師宜萬世之所宗也分黨洛蜀争辨鵝湖未乎夫君子之志涪州是行僞學是禁又厄夫上下之交乃得尹黃爲之徒亦一時之大幸也千聖一心萬古一道愚生雖無程朱門人之質而尚友者端有在焉實不欲以數子所至自處也執事幸進而教之

第五問

梁梧

同考試官教諭周批（是篇深得補偏救弊之要足卜經濟）

同考試官教諭胡批（簡古之文）

考試官教諭方批（足用宜民此策發之其抱先憂者乎）

考試官學正劉批（真兩漢文字）

事勢有可以更畫而法制不可以輕易者惟善變者可與計之善變者因其制而通其意之謂也因其制則勢無所激通其意則法行可久安常處順之中而損益裁酌之道寓焉此矩民之要術而經國之大計也夫是之謂善變故可議也不可行也君子弗之議也可行也不可久也君子弗之行也彼疏略而淺謀輕試而寡效一舉而中沮遂至置法而不敢議者奚足以語此哉今河南田賦之不均甚矣宗藩之禄不足久矣此其事勢何可以不更畫也而法制又不可以輕易愚故曰惟善變者可與計之請就執事之問者而質焉夫河南之田賦在國初時當民力饒裕未嘗患其不均也今合八郡而統論之則彼此大懸絶矣故重者計畝逾斗而輕者畝不逾升以不逾升者而較之逾斗者其相去蓋十位矣此或謀始者之未審與而豪右之兼併奸宄之隱漏又多有之民如之何而不病也故議者亟欲均之夫均之誠是也然以人情觀之則可行于一邑不可行于一郡而一省則尤難矣況又制額之不可易乎河南之宗藩在正德時至一千餘位常禄固已難也今合數藩而并計之已至五千餘位矣其歲費至一百餘萬而歲額止五十萬餘耳以五十萬之額供百餘萬之費其常數正少半矣是安可不慮其所終與而水旱之蠲除貧難之逋負又間有之禄如之何而可充也故議者思以處之夫處之誠是也然自前時觀之則歲增一歲日難一日恐十餘年之後益難爲處也又況制令之不可易乎比年以來計臣之義田賦也始以守臣之建白繼以小民之奏訴蓋屢申均田之令矣豈非以民瘼當恤而欲爲通融之法乎然未言均及郡省也儒臣之慮宗禄也請以御札下大臣熟議又以御札下親王議陳蓋深慮事體之重矣豈非欲取合併

之論爲長久之計乎然至今未見其所爲議也何也法有不可以易議而制有不可以輕變者也故守法者謹于習故而議制者難于盡言斯亦人臣之道宜爾也然于循法因制之中而不有通變化裁之道其何以宜民而利用哉愚竊以爲田賦之制額誠不可變也而救弊之術可得而議者有數端焉一曰殊正派謂實徵折布之類以糧之重輕定數之多寡也二曰均兌軍謂汝南二郡之稅均輸水次與諸郡等也三曰別糧價謂重糧得輕價輕糧得重價也四曰酌歲辦謂非常之雜供歲不常有令糧重者常得脫也五曰核徭役謂移其糧重者之徭而加諸糧之輕者或十之二三可也之五者迹似循仍而意實厘正百姓亦陰受其惠矣且又無丈量之繁而足表公平之體奚爲而不可也宗祿之制令誠不可變也而裕用之術可得而議者亦有數端焉一曰核濫逾謂妾媵之數與恩幸之請嚴禁而必止也二曰正增加謂王祿有定數而偶以特恩加者不得援以爲例也三曰同減折蓋先是撫臣已奏行矣然止行于周府亦可推此例于諸府也四曰清屯田蓋先是撫臣已奏聞矣謂以故護衛之田準歲供之常祿也之四者事率令典意承惇睦而宗藩亦不失其常矣且又無加賦之擾而陰省處補之費奚爲而不可也而愚所私慮者則以官不久任而當事者少迹多嫌疑而核實者難故田賦以計處爲末議宗祿以補湊爲長策蓋曰田賦者祖宗之定法也而不復審其所始宗祿者祖宗之定制也而不暇度其所終斯二者盡有千百年無窮之利以目前小不便而莫之爲矣亦有千百年無窮之患以目前尚無事而莫之慮矣今田稱不均者盡天下之郡縣皆然也祿稱不給者盡天下之宗室皆然也其利害大略如斯矣小處之則不見其益大處之則人以爲駭竊以因循之害最深而姑息之愛爲小若必更化以善治深計而圖終令田賦盡平宗祿恒足則惟我皇上軫念元元篤厚親親爲宗社萬年計耳即使小民日訴守臣日核夫誰敢更易制額也即使大臣熟議親王議陳夫誰敢更定制令也端有望于聖明精察而獨斷耳愚又聞之古之作事也簡而易行今之作事也繁而難舉古之取賦而制用也量入以爲出而今之取賦而制用也則量出以爲入出者既多則入者難裁故取則日增而用則難節此古今文質豐約之殊也民生日瘁經用不給蓋有所從來矣轉移變通以求富國裕民之術經國者其亟圖焉

河南鄉試錄後序

　　嘉靖三十一年壬子河南舉試事沂承之當告厥成夫化洽在中仁成以世聖哲之徽猷古今之所同也周公經邑奄觀九隩陰陽攸會式定東郊豈非謂寧宇之中乎粵自圖書發祥道統迭續至于漢宋和亦鍾之伊洛滋衍名世之賢非一族矣我朝混一寰宇南沂鍾陽北拱畿甸舟車於此鈞焉淑氣久萃人文丕煥寔以發泄地靈垂耀無極視振古之馨烈有加猗與盛哉我皇上臨御以來道洽政治按典謨而校德眇羲禹而程功風動四方罔有遠邇況中原麟鳳其能自外於郊藪乎維茲入簾之日羲馭正輝三試屆期休徵錫兆閱文而求其人不激音於靡麗不眩藝於技葉嚴密喧赫有淇園箂竹之風泓涵豪邁有大河底柱之勢高峻擬於嵩岳幽邃象於二室委蛇曲折如瀍澗淮濟匯流於禹迹醇明淵粹如尹謝游呂摳趨於程門蓋去偏黨而化中敦仁讓以歸皇極者豈無周楨之申甫濟之美之尹陟出於其間耶沂也固知幸矣然言以足志文以足言君子以此考祥焉聽言而行是信沂竊懼之是役也巡按御史浦之浩矢心殫力百度咸貞慎簡內外期得真才求盡以人事君之義焉耳矣爾多士其毋忘自勵云

浙江杭州府於潛縣儒學教諭方沂謹序

嘉靖三十四年河南鄉試錄

河南鄉試錄序

　　嘉靖乙卯歲在賓興乃河南當天下文明之中際聖主萬年之運被服儒術之士以鴻漸之翼戢于草野延頸而瞻併肩而奮盱衡而趨彬彬蒸蒸何其盛也先是巡按監察御史蔡朴展采錯事既修既戒會請告上特命御史李初元來代之初元既受命唯謹趨程而進至則厲士風揚德意靡夙靡夜風采振肅經畫精密期於得真賢濟實用以上慰聖明側席寤寐之懷是時巡撫右副都御史今陞戶部右侍郎鄒守愚夙著勛猷人文丕煥巡撫右副都御史張烜保釐方新聲教允達總理河道工部右侍郎兼右僉都御史曾鈞撫治鄖陽右副都御史劉伯躍耀威寧宇邇遠無恐巡鹽御史曹光李禎督馬御史徐紳苟穎肅修風紀振揚文教咸相與協衷以共熙典秋八月至期御史遴選百執事以從而諸校官胥以聘至乃以學正袁隨教諭何子顯蕭謙朱褒程汝昌劉澤吳朝周吳守蒙分經而校而屬資教與教諭胡直使總其事曰學以徵業也文以徵志也真才是庸罔敢弗虔以左布政使鄭綱右參政裴紳司提調按察使張渙副使雷賀司監試分職而按而屬右布政使岑萬左參政周大禮左參議曹忭孟養性副使焦璉扈永通寇陽僉事李㸂許彥忠楊廷相朱舜民與署都指揮僉事陳惟喬程宣呂繼隆各嚴其防範曰簾以內毋出也簾以外毋入也祇奉憲章罔敢不慎比鎖院乃又申誓之合提學副使徐栻所取士約二千有奇三試而拔尤異者得士八十人并刻其文以獻資教謹稽首序曰資教聞之昔者周之盛代也明良康乂泰和流於宇宙然始未嘗不以賓賢斂才為先務故其時歌之曰藹藹王多吉士惟君子使媚于天子又曰藹藹王多吉人惟君子使媚于庶人周之稱為上為德為下為民樹勛名而耀龍光者宜篾以逾於此矣光岳氣完賢哲并毓聖作物睹實維其期是以佇思皇之譽崇蒸髦之美故其歌曰周王壽考遐不作人龍興而雲虎嘯而風豈其機則然乎我國家之興也變夷而華撥亂而治功超萬古比於開闢之一初視周則過之我聖祖創垂鴻烈列祖綏和茂勛至于我皇上以大聖人之德體仁履義經文緯武涵漸而化成之功實并於天地泰和之氣燁燁乎真與盛周比隆矣夫山以岳為尊

嵩宅中而鎮水以瀆爲長河繞地而抱降神儲精環四履而疆也於茲土獨先焉爾多士之生也豈其徒哉矧我皇上右文弘化彝倫式叙至道沕穆湛恩洪鬯德至于天而慶雲見甘露降德至于地而靈芝生嘉禾秀乃茲歲逢兎而長生星見丙而呈瑞熙鴻號而受長曆萬壽無疆之頌正在今日又我國家所未有之盛者此與周之壽考作人者絜功較德不啻矣昔人有言不養士而求賢譬如不琢玉而求文采也乃若多士漸濡于大聖人之世也雲蒸雷動斯蓋其時矣其又不爲幸耶資教受其文而竊觀之憲聖稽賢淵源道真則性命之奧摘藻紓英文質幷茂則和順之光經務成化揚摧古今則彌綸之業吉辭勁氣砥節厲心則忠直之操上之可以黼黻帝猷下之可以康濟民欲蓋皆贊世之國華挺時之民望也斯亦周時楨國常吉之朋矣資教固日月以冀也藉是以少逭於戾其曰惟爾多士其或异時文斐而用疏靜言而庸違行汙而寄治詭正而翼奸褊陋而志弗昌蓄縮而氣弗振夸詐而事弗衷蹩䠥而節弗立恐諛而職弗修忮害而心弗廓有一於此其流將何所不至哉士之蠱也斯所謂實弗中聲虛名而寡效者國家亦何賴於此乎資教又緣是而夙夜以憂也將亦不免是懼亦曰惟爾多士於乎爾多士敬之哉語不云乎唐虞之際於斯爲盛士蓋無負於周矣孰謂爾多士也顧不比於鳶飛魚躍獨有負於大聖人之世者耶研慮攄力勉卒景行資教第觀之是役也右參議李豸僉事王之誥以入賀行右參政董德明僉事陳夢鶴以兵賦出始事鈞勞所不可泯保定侯梁繼璠安鄉伯張鐸兵科給事中曹禾户部主事沈應乾劉效祖中書舍人謝朝錫行人司行人祝堯焕金應奎蕭九成以奉使至雅意崇尚又咸喜中土人文之盛而樂觀厥成云

陝西西安府同州儒學學正史資教謹序

嘉靖三十四年河南鄉試

監臨官

巡按河南監察御史李初元（少貞四川營山縣人　甲辰進士）

提調官

河南等處承宣布政使司左布政使鄭綑（子尚福建莆田縣人　己丑進士）

河南等處承宣布政使司右參政裴紳（子書山西蒲州人　戊戌進士）

監試官

河南等處提刑按察司按察使張浼（文甫直隸定州人　戊戌進士）

河南等處提刑按察司副使雷賀（時雍江西豐城縣人　辛丑進士）

考試官

陝西西安府同州儒學學正史資教（立甫山西蒲州人　甲午貢士）

應天府句容縣儒學教諭胡直（正甫江西泰和縣人　癸卯貢士）

同考試官

山東萊州府膠州儒學學正袁隨（民悅直隸通州人　己酉貢士）

直隸真定府冀州棗強縣儒學教諭何子顯（彥忠福建福清縣人　庚子貢士）

直隸真定府冀州南宮縣儒學教諭蕭謙（茂亭福建莆田縣人　己酉貢士）

直隸鎮江府丹徒縣儒學教諭朱褒（崇勛湖廣鄖西縣人　丙午貢士）

浙江金華府蘭谿縣儒學教諭程汝昌（以順江西浮梁縣人　丁酉貢士）

福建福州府侯官縣儒學教諭劉澤（□□廣東南海縣人　丙午貢士）

湖廣德安府安陸縣儒學教諭吳朝周（忠甫雲南臨安衛籍直隸丹徒縣人　己酉貢士）

山東濟南府武定州陽信縣儒學教諭吳守蒙（伯啓直隸歙縣人　己酉貢士）

印卷官

河南等處承宣布政使司經歷司經歷崔師程（子正直隸元氏縣人監生）

河南等處提刑按察司經歷司經歷沈綸（大經陝西寧夏中衛人監生）

收掌試卷官

開封府知府翁時器（德卿浙江餘姚縣人　丁未進士）

汝寧府知府王光祖（子孝直隸魏縣人　甲辰進士）

受卷官

彰德府知府馬震章（國華應天府溧陽縣人　甲辰進士）

歸德府推官路楷（子中山東汶上縣人　庚戌進士）

汝寧府新揚州知州鄒察（明卿直隸長洲縣人　癸丑進士）

開封府祥符縣知縣段顧言（汝行順天府遵化縣籍山西臨汾縣人　庚戌進士）

開封府杞縣知縣李一科（志道山東東平州人　癸丑進士）

汝寧府光州商城縣知縣鄭佶（元健湖廣黃陂縣人　庚戌進士）

彌封官

歸德府知府王有爲（希顔湖廣黔陽縣人　丁未進士）

彰德府推官姚紹祖（景芳直隸德州衛籍浙江蘭谿縣人　庚戌進士）

汝寧府推官毛鋼（伯鍊順天府薊州衛籍山西太平縣人　癸丑進士）

開封府鄢陵縣知縣崔大德（子謙山西長治縣人　癸丑進士）

河南府宜陽縣知縣衛心（之正山西陽城縣人　庚戌進士）

汝寧府光州光山縣知縣沈紹慶（子善直隸崑山縣人　庚戌進士）

謄錄官

開封府同知何鏜（振卿浙江麗水縣人　丁未進士）

懷慶府推官周璣（天儀江西餘干縣人　丁酉貢士）

汝州知州徐善慶（元禎江西金谿縣人　癸丑進士）

懷慶府河內縣知縣楊世鳳（應韶山東臨清衛籍山西絳州人　癸丑進士）

汝寧府新蔡縣知縣朱茹（以彙四川瀘州人　癸丑進士）

汝寧府光州固始縣知縣孟重（汝器陝西渭南縣人　癸丑進士）

對讀官

衛輝府推官王宗舜（用中山西聞喜縣人　癸丑進士）

開封府許州知州朱熙載（懋勛山東平山衛人　甲辰進士）

南陽府鄧州知州張僎（誠之江西浮梁縣人　癸丑進士）

彰德府臨漳縣知縣吳思敬（德欽山東德州衛人　癸丑進士）

河南府洛陽縣知縣江北（拱北順天府霸州人　癸丑進士）

南陽府裕州葉縣知縣柳東伯（孟卿湖廣武陵縣人　癸丑進士）

巡綽官

宣武衛指揮使卯孟鉞（子乾山後人）

睢陽衛指揮使田濂（介夫直隸房山縣人）

河南衛指揮同知王復乾（一貞直隸定遠縣人）

南陽衛指揮同知李世禄（天爵直隸山陽縣人）

搜檢官

宣武衛指揮使夏振（威遠直隸徐州人）

陳州衛指揮同知魏安定（府一河南祥符縣人）

潁川衛指揮同知鞏夢圭（敬夫山東嶧縣人）

信陽衛指揮僉事楊遇春（子發直隸和州人）

供給官

河南等處承宣布政使司理問所理問梁睿（以思廣東三水縣人　監生）

河南等處承宣布政使司照磨所檢校景應奎（文兆陝西安定縣人監生）

河南都指揮使司經歷司經歷王宦（均榮直隸德州左衛人　監生）

開封府通判胡昂（文宿陝西扶風縣人　癸卯貢士）

開封府通判劉克文（伯脩直隸完縣人　丁酉貢士）

南陽府通判熊旂（□勉貴州安莊衛籍湖廣桃源縣人　癸卯貢士）

開封府鈞州知州謝瀹（禹川浙江奉化縣人　庚子貢士）

開封府鄭州同知吳孜（勉之江西浮梁縣人　監生）

開封府洧川縣知縣申邦永（子延山東章丘縣人　乙酉貢士）

開封府陽武縣知縣張邦禮（汝復山西蒲州人　癸卯貢士）

河南府澠池縣知縣潘應科（文伯山東齊東縣人　辛卯貢士）

河南府陝州靈寶縣知縣萬羢（土化湖廣麻城縣人　丁酉貢士）

開封府經歷司經歷方可久（子易直隸江都縣人　監生）

開封府經歷司知事張大韶（鳴虞直隸易州人　知印）

開封府中牟縣縣丞陳采（璹齡四川璧山縣人　監生）

開封府祥符縣主簿楊補（朝衮江西臨川縣人　監生）

開封府中牟縣典史李耀（均寵陝西華州人　吏員）

開封府原武縣典史楊東之（希周陝西寧州人　吏員）

開封府許州郾城縣典史陳魁（文徵直隸成安縣人　吏員）

歸德府夏邑縣典史曹文壽（子仁湖廣武昌縣人　吏員）

開封府陳留縣莘城驛驛丞尹文傑（漢臣山東歷城縣人　承差）

開封府洧川縣洧川馬驛驛丞申守敬（子直貴州婺川縣人　承差）

開封府許州馬驛驛丞趙應奎（文光直隸定州人　承差）

開封府鄭州滎陽縣索亭驛驛丞劉汝才（均用山東蒲臺縣人　承差）

第一場

四書

子曰志於道據於德依於仁游於藝　溥博如天淵泉如淵　禮之實節

文斯二者是也樂之實樂斯二者樂則生矣生則惡可已也惡可已則不知足以蹈之手之舞之

易

乾元者始而亨者也利貞者性情也乾始能以美利利天下不言所利大矣哉大哉乾乎剛健中正純粹精也　惠我德大得志也　是以君子將有爲也將有行也問焉而以言其受命也如嚮无有遠近幽深遂知來物非天下之至精其孰能與於此　有天道焉有人道焉有地道焉

書

天叙有典敕我五典五惇哉天秩有禮自我五禮有庸哉　惟臣欽若惟民從乂　貌曰恭言曰從視曰明聽曰聰思曰睿恭作肅從作乂明作哲聰作謀睿作聖　道洽政治澤潤生民四夷左衽罔不咸賴

詩

羔裘晏兮三英粲兮彼其之子邦之彥兮　彼爾維何維常之華彼路斯何君子之車戎車既駕四牡業業豈敢定居一月三捷　遹求厥寧遹觀厥成自今以始歲其有君子有穀詒孫子

春秋

秋齊侯宋公江人黃人會于陽穀（僖公三年）　楚人伐鄭（宣公五年）春晉趙盾衛孫免侵陳（宣公六年）　宋師伐陳衛人救陳（宣公十有二年）夏楚子伐宋（宣公十有三年）　盟于召陵（僖公四年）夏四月己巳晉侯齊師宋師秦師及楚人戰于城濮（僖公二十有八年）晉欒書帥師救鄭（成公六年）夏五月甲午遂滅偪陽（襄公十年）

禮記

郊之祭也迎長日之至也大報天而主日也兆於南郊就陽位也掃地而祭於其質也器用陶匏以象天地之性也於郊故謂之郊牲用騂尚赤也用犢貴誠也　故樂者天地之命中和之紀人情之所不能免也　昔者聖人建陰陽天地之情立以爲易　志之所至詩亦至焉詩之所至禮亦至焉禮之所至樂亦至焉

第二場

論

仁智合一存乎聖

詔誥表（內科一道）

擬漢舉賢良方正直言極諫之士詔（文帝二年）　擬唐以陸贄爲翰

林學士誥（建中四年）　擬宋以杜衍同平章事兼樞密使謝表（慶曆四年）
判語（五條）
　　官員赴任過限　檢踏災傷田糧　丁夫差遣不平　詐欺官私取財
修理橋梁道路

第三場
策（五道）
　　問　大學一書帝王修齊治平之要道與典謨訓誥相爲表裏宋儒真德秀著爲衍義其綱領條目無非羽翼聖經敷陳治道君人者所宜留意焉者夫何陳之當時多悦而不繹而傳之後世亦未有深知而篤好者也洪惟我太祖高皇帝甫定天下即銳志講學因宋濂之請命左右大書衍義於兩廡朝夕諦觀以代丹青即盤銘豆觴之遺意也時與侍臣議論聖謨洋洋具載典策不識諸士子亦有所聞與我皇上受天明命丕振中興益懋聖德維時輔臣首請以大學衍義進講皇上欣然嘉納乃默契化源親揮宸翰因賦五言古詩十韻命二三輔臣賡相倡和萃而輯之名曰翊學詩心學淵源與聖祖先後一轍猗與盛哉傳播海内諸士子誦而習之蓋有年矣請明著於篇以觀對揚之懿

　　問　治曆明時作樂崇德大有關于治道在儒者所必講也以帝舜之聖而首察璣衡以后夔之賢而專職音樂則其事亦有未易言者漢而下論曆律者代有其人據其説果足以被之琴瑟管絃而克舉乎保章馮相之職與唐一行論氣朔推步者凡七議曆數者十有二其詳可得聞與元郭守敬曆法或者謂太衍莫過焉果何所取衷與宋蔡元定律呂證辨者凡十論本原者十有三其説可悉數與黃鍾分寸或者執含少之説以疑之抑自有見與夫曆莫重于曆元而其要在侯氣律莫首于黃鍾而其要在定管制作之方諸家必有可憑者即欲開局求人以專斯業爾多士豈無羲夔之選乎願有以先告我也

　　問　昔之君子所以垂世而不朽者曰道德曰功業曰文章是三者非判然不相須也惟兹中土雅號多賢若格天奕業降岳楨時詩啓二毛學傳一貫于斯三者亦兼之矣自是以降代不乏人雖才器不同而顯微可述有智爲帝師功成高蹈者有外寬内明士民歸心者有攬轡澄清願爲容接者有平心化盜私謚文範者有舉親却敵聞捷不動者有望高一時器异三蘇者有忠義報國矢志恢復者有十事要説救時自慶者有決獄有聲急流勇退者有唱名奏瑞竟安社稷者有大節難奪彥博并稱者有杖策一言遂定大計者有孤城抗賊保全江淮者有德量難測人稱顏子者其于古人之功業有相彷彿否與有

陳至言而動主者有受易學而東歸者有進策治安號通國體者有較正六經立碑大學者有作申鑒以匡時政者有修直史人稱董狐者有寢處百日指玄著論者有佐佑六經斗山著望者有高潔工詩冲澹可法者有賦二京兼精曆筭者有不愧科名兄弟并美者有博覽洽聞類物辨俗者其于古人之文章有相彷彿否與其所謂功業文章果皆不詭于道與道學初明真儒挺出若其參造化關盛衰今古賴之似又不可以一鄉論也諸士子高山景行將誰與歸願詳述之以觀尚友之學

　　問　兵者所以明德除害也故舉得於外福生於內三代而下談說經武要略無慮數十百家今所存七書而已乃其攻討克備貴謀多筭行之有順逆用之有巧拙昭然可睹識矣遡觀古昔若減竈增竈之殊其形囊沙量沙之異其用百里趨利則馬陵之斃軍志所戒也或曰兵貴神速何與包原隰而陣則稱歸之役宜為人所乘也乃又裹甗深入何與魚腹列陣誠三代才也而或謂運用之妙存乎一心嚴飭部伍真漢名將也而有不擊刁斗者將才無出其右其故可得聞與夜半奪關不逾易字多多益辨以簡得之其義何所指與至於聚米指畫虜在目中矣何以曰兵難遙度養虎遺患敵固不可縱矣何以曰窮寇勿追背水之陣與冰堅可渡者其指安在淮淝之捷與赤壁之戰者其計安得夫掎角之勢覆人之達計也奇正之變馭敵之祕機也呼吸存亡於茲攸繫昔人所稱微乎微矣孔子曰我戰則克其必有所以矣諸士握機抱筭而來豈以是為危事而諱言之耶

　　問　古者制民之產田以井受民安其生然井田之中溝涂川澮疆理限隔設險之義存焉故其時人樂為善至比屋可封後世阡陌久廢貧富不均易與為奸乃今河南所在平曠盜賊四起小行剽劫大且嘯聚豈無能為生耶抑地險不足人懷恣睢也說者謂古昔能止盜者莫善於漢言治盜者莫詳於宋今觀渤海弄兵安之而治冀州起刺到部屏息有三科募士而稱明朝歌有單車之職而更生魚釜至於賈父清平歌興交趾朱君良計戒於納降又人人殊矣而當時所稱有謂簡別流民弱黨殲渠不勞而定者豈確論與宋之名臣或謂縻用兇險以消始禍或謂籠取豪猾使自歛利其意同與至於歐陽四事太虛二弊固禦盜之律令也而所謂折氣攜心尤為至計可得悉言其義與夫比追胥施刑慶建樓置鼓義營賞告之法有司之已事也能不廢格足矣探本銷萌達權握筭必有出於是者何以告我而擇行之

中式舉人八十名

第一名　陳加命　杞縣學生　詩
第二名　趙賢　汝陽縣學生　易
第三名　羅許　永寧縣學生　書
第四名　王家卿　南陽府學生　春秋
第五名　許份　靈寶縣學生　禮記
第六名　劉黃裳　光州學生　詩
第七名　許經　葉縣學生　易
第八名　王汝魯　南陽府學生　書
第九名　崔守一　輝縣學生　詩
第十名　張子奇　潁川衛軍生　易
第十一名　羅名士　光州學生　春秋
第十二名　楊士廉　洛陽縣學生　易
第十三名　司光祖　開封府學生　詩
第十四名　孫坤　睢州學生　書
第十五名　李際春　杞縣學附學生　詩
第十六名　宣敬甫　葉縣學生　易
第十七名　許任　靈寶縣學生　禮記
第十八名　石櫃　汝陽縣學增廣生　詩
第十九名　魏任　葉縣學生　易
第二十名　姚燭　襄城縣學生　書
第二十一名　劉仿　杞縣學附學生　詩
第二十二名　張繼勛　開封府學增廣生　易
第二十三名　辛自明　襄城縣學生　詩
第二十四名　高槐　偃師縣學生　春秋
第二十五名　郭桂　安陽縣學生　書
第二十六名　周自任　河南府學附學生　易
第二十七名　李繼業　襄城縣學生　詩
第二十八名　王謨　潁川衛軍生　易
第二十九名　王洛　郟縣學生　書
第三十名　郭襟　洛陽縣學增廣生　易

第三十一名　官思恕　光山縣學生　春秋
第三十二名　張士特　臨潁縣學生　詩
第三十三名　王訪　河南府學附學生　易
第三十四名　劉檢　彰德府學附學生　詩
第三十五名　齊至魯　歸德府學生　書
第三十六名　沈兆蕃　祥符縣學生　詩
第三十七名　楊松　洛陽縣學增廣生　易
第三十八名　張縉　安陽縣學增廣生　詩
第三十九名　王同倫　輝縣學增廣生　禮記
第四十名　郭元孝　磁州學生　詩
第四十一名　張一霱　睢州學生　易
第四十二名　甯笏　懷慶府學生　書
第四十三名　許個　靈寶縣學生　詩
第四十四名　劉澤深　河南府學生　易
第四十五名　楊善謨　商城縣學生　詩
第四十六名　張雲翔　上蔡縣學生　易
第四十七名　胡靖　光山縣學生　春秋
第四十八名　賈光大　杞縣學附學生　詩
第四十九名　王相　彰德府學增廣生　書
第五十名　李渭　祥符縣學生　詩
第五十一名　李賁　新安縣學生　易
第五十二名　閻立　杞縣學附學生　詩
第五十三名　張思聰　舞陽縣學生　春秋
第五十四名　王尚才　鈞州學生　書
第五十五名　邊拱　葉縣學生　易
第五十六名　王化光　淇縣學生　詩
第五十七名　徐可大　衛輝府學生　書
第五十八名　尚宣　睢州學生　禮記
第五十九名　黃鶴　杞縣學附學生　易
第六十名　房桂　汝寧府學增廣生　詩
第六十一名　劉克孝　陳留縣學生　易
第六十二名　蘇朝宗　衛輝府學生　詩

第六十三名　王自脩　鹿邑縣學生　易
第六十四名　胡銳　光山縣學生　春秋
第六十五名　周寵　延津縣學生　書
第六十六名　李錦　潁川衛軍生　詩
第六十七名　曹楠　泌陽縣學生　書
第六十八名　牛若虛　祥符縣學附學生　易
第六十九名　王之藩　彰德府學生　詩
第七十名　李必聞　睢州學增廣生　書
第七十一名　許希孟　固始縣學附學生　詩
第七十二名　董用威　洛陽縣學生　易
第七十三名　宋訓　新蔡縣學生　詩
第七十四名　孫黃　河南府學生　易
第七十五名　王進朝　許州學生　禮記
第七十六名　徐詔　羅山縣學附學生　詩
第七十七名　梁策　鄢陵縣學增廣生　易
第七十八名　郭庭梧　新鄉縣學生　詩
第七十九名　高三益　襄城縣學增廣生　書
第八十名　胡恪　汝寧府學生　詩

第一場

四書

子曰志於道據於德依於仁游於藝

趙賢

同考試官教諭劉批（此題聖人示人爲學全功說者多支離可厭此作獨體認真切殆有得於心學者乎）

同考試官教諭程批（本末内外義發明殆盡而文尤純雅可觀）

同考試官教諭朱批（體裁思致俱出人意表宜錄之）

考試官教諭胡批（明瑩）

考試官學正史批（詞不費而意獨至）

聖人示人體道之學在以序而會其全也夫道無所不備也先乎大而及其餘體道其全乎夫子示人以爲學之方也意謂天下有合一之道君子貴兼

體之功循序而入則幾矣何則士莫先於辨志而道也者志之的也必也求大中以爲進修之則而□勉以有爲者不分於他岐之惑審至正以端向往之趨而克念以從事者不淆於似是之非夫固以天下之定理爲吾心之定見而所入之途正矣夫道而曰志猶未得也至於得之而爲德焉不有以守之可乎必也隨吾踐履之所有益敦夫固執之功即吾力行之所至恒懋夫秉持之力蓋有始終如一而日新又新者矣夫德而曰據猶與我二也至於熟之而爲仁焉不有以存之可乎必也奉帝則以周旋而全體之不息順天理以游衍而成性之恒存蓋有常變一致而終食不違者矣夫然則大本已立而學亦至矣至若藝者又至理所寓而日用所須也不有以游之亦非所以多識而畜德矣是必朝與游焉旁通之以極義理之趣夕與游焉博觀之以盡事物之情則應務有餘而此心不放中之所養者益熟矣夫本與末而兼該內與外而交養輕重不失先後有序謂非聖修之極乎雖然志也者聖學之所以成始而成終者也是故始乎此志終乎此志一志立則道可全而德可備仁可熟而藝可精不然則學荒于志靡將無以要其成矣記稱士先志而孟子論士之事亦以尚志盡之志其可緩乎噫聖人自叙必首志學而至是又以志道始焉其旨深矣

溥博如天淵泉如淵
陳加命
同考試官教諭吳批（形容盛德充積處最精切非有養之士不能此）
同考試官教諭何批（題涉理性卒難搆詞是篇博而不泛深而不晦真擅場之作）
考試官教諭胡批（説二如字有精神有筆力）
考試官學正史批（中庸義如此作絕少）
中庸於至聖之德必兩擬其充積之盛焉夫聖人上下與天地同流也則其充積之盛謂不如天如淵也哉中庸發明天道至此蓋曰聖人以聰明睿智之資具仁義禮智之德其充積於中也果何如其盛哉彼性立天下之有而充周不窮誠貫天下之道而廣大莫禦聖人之德固有所謂溥博矣仰而觀之其如天矣乎蓋其冲漠無聯積元氣以上浮渾闢無窮普貞觀以下濟言天下之廣大者至天焉極矣而聖人之德如之則是大心體物無一理之不備者即天之無不覆幬也全體大極無一善之不該者即天之無不包含也天也聖也固有異象而同體者矣聖同天不其大乎至若寂然不動靜以涵萬化之原湛然無欲虚以妙萬物之感聖人之德固有所謂淵泉矣俯而察之其如淵矣乎蓋

其山下出泉而源之所發者深地中有水而流之所達者遠言天下之靜深者至淵焉極矣而聖人之德如之則是洗心以藏密而探之莫究其極者即淵之渾淪而無涘也資深以逢原而取之莫盡其量者即淵之涵蓄而不竭也淵也聖也固有異形而同理者矣聖同淵不其深乎夫聖德所積至於極盛如此由是而發見有不當其可哉大抵有盛德必有大業如天如淵言聖德也至於聲名洋溢華夷尊親則仁覆天下而冒之以天澤被生民而潤之以淵參天地贊化育固溥博淵泉之極功也豈特如之已哉雖然人心本自廣大而自私者隘之人心本自淵深而自蔽者淺之學者苟能從事於戒懼謹獨以復其本然之體則至大至深而聖可幾矣

禮之實節文斯二者是也樂之實樂斯二者樂則生矣生則惡可已也惡可已則不知足以蹈之手之舞之

羅許

同考試官教諭蕭批（本題作者每難之獨此篇體裁莊整理趣舂容是遂于理學者錄之不徒以文也）

考試官教諭胡批（詞理俱到）

考試官學正史批（切近精實）

大賢究禮樂之實亦惟於孝弟極中和之妙而已夫禮樂不出乎所性之外也於孝弟而極中和之妙則其本立矣禮樂之實不在茲乎此孟子示人以盡性之學也蓋曰道不可以泛求學莫先於盡性仁義智之實固在於孝弟矣而禮樂豈外是乎今夫禮嘉天下之會而儀文度數特其華耳以言其實亦惟於孝弟節文之而已蓋愛敬之用情勝則易流也必損過就中不使之蕩焉而無節親長之事恩勝則易略也必釋回增美不使之簡焉而無文天叙之惇本乎天秩以爲之則藹然相愛之中固有截然而不紊者矣人紀之修本乎人文以爲之賁井然有辨之際固有燦然而可觀者矣斯則品節既極其詳而推行曲當其可天下之大中在我矣舉而措之以嘉天下之會禮可勝用哉樂以平天下之情而聲容節奏特其文耳以言其實在樂乎孝弟而已夫惟樂也吾見悅諸心而融諸慮天性之由衷者既非勉強以從事則根於心而生於色至情之活潑者自將隨感而即形由是心和則氣和而日新月盛有欲罷不能者以達其機也由是氣和則形和而足蹈手舞有不言而喻者以彰其化也斯則和順積於中而神應妙於外天下之至和在我矣推而達之以平天下之情樂可勝用哉是知禮樂之實舉不外於孝弟人能從事於此則立於禮成於樂而盡

性之能事畢矣亦何必遠有所慕哉斯義也有子嘗言之矣曰孝弟也者其爲仁之本與曰禮之用和爲貴蓋達禮樂之致而探其本者矣孟子之傳得之聖門固不信與然學者何以進之曰禮可以強而立而樂不可強而致有事勿忘而俟其化斯得之矣故曰惟樂不可以僞爲

易

乾元者始而亨者也利貞者性情也乾始能以美利利天下不言所利大矣哉大哉乾乎剛健中正純粹精也

趙賢

同考試官教諭劉批（理明詞峻得潔静精微之旨）

同考試官教諭程批（天道類非淺學能言此作指造化如掌說天莫辨於子矣）

同考試官教諭朱批（説乾元之意明透）

考試官教諭胡批（精邃不類衆作）

考試官學正史批（簡潔）

文言申四德之運必極推而贊之也夫四德運於一元而統之者乾也乾元之大有如此宜文言有以贊之也且天地之間本一氣之流行而有動静耳自其動而言之有所謂元亨也蓋其由入而出而物之苗其萌者暢茂之莫遏元亨於是乎見矣自其静而言之又所謂利貞也蓋其由出而入而物之歸其根者性情之各足利貞於是乎見矣夫四德之流行如此究之豈外於一元之運哉蓋乾元之妙其始也運亨嘉之利而萬象維新其既也斂神化之功而機緘盡秘是紀綱造化而爲用而終始萬物以成能蓋有微元無以爲動静者矣乾之元不其大乎然一元之貫通固矣統之又豈外於乾道之大哉蓋乾之爲道不撓不息純乎剛健之至也而不雜於陰柔不過不偏粹乎中正之極也而弗流於邪枉且天載泯聲臭之俱無而帝則妙幾微於莫測蓋極天下之至精以爲德者矣乾之大不其至乎夫語乾道而至於精則所以幹一元之樞而宰四時之運者固有在矣夫子贊乾其至哉雖然乾天道也亦君道也天以陽生萬物以陰成之而一元之氣未嘗不流行於其間聖人以仁育萬民以義正之而好生之意未嘗不浹洽於其内兹其乘龍御天而成萬國咸寧之化矣聖人與天合一吾於此尤信

是以君子將有爲也將有行也問焉而以言其受命也如嚮无有遠近幽深遂知來物非天下之至精其孰能與於此

許經

同考試官教諭劉批（說辭占至精無餘歉矣錄之）

同考試官教諭程批（來物遂知即如嚮中事士多不能發明精瑩之作獨于子見之）

同考試官教諭朱批（講至精處極有精神）

考試官教諭胡批（明順）

考試官學正史批（精思雅作如子可敬）

大傳即辭占感應之妙而決其理之精焉蓋辭占之理極其精則體無不備矣以是而應天下之感尚何有不妙也哉夫子推尚辭尚占之事而贊之也意謂天下之不可窮者事之變也其所可周者聖人之易也辭占之可尚何哉彼君子之於事也或欲措諸躬焉或欲行之天下焉探吉凶於幾先決言行之定向抱蓍問易夫固其所不能已也易之所以應命也叩之即應酬酢啓佑神之機感之遂通易貢極知來之妙機動於此神應於彼蓋有應之如嚮不俟夫擬議之勞者矣且其所以如嚮者事無遠近而得失之故咸通理無幽深而機微之情畢見問之無弗知知之無弗速蓋有兼體不遺不倚于一偏之累者矣若此者非辭占至精之所爲乎蓋天下之事盡於理而天下之理盡於辭占純粹不雜蘊之易者既以極天下之至精故神應而妙達之人者自以通天下之至感如嚮之應應以此也來物之知知以此也使非至精則亦物焉而已矣安能隨感隨應而極其速哉吁此辭占所以爲天下之至精也以言以卜筮者其可忽諸雖然亦聖人之精爲之也蓋其心靜乎天地之鑒萬物之鏡也虛而能照應而不藏以是心而泄之於易故辭占之至精聖人之至精也不然是亦推測之知而已矣烏能神故曰聖人之精畫卦以示聖人之蘊因卦以發諒哉

書

天叙有典敕我五典五惇哉天秩有禮自我五禮有庸哉

羅許

同考試官教諭蕭批（典禮惇庸意剖析精到錄之）

考試官教諭胡批（莊重不浮）

考試官學正史批（醖藉典實讀之親切有味）

大臣言典禮出於天而有相之道存乎君也夫天之立君以爲民也相天道以立民極謂非君之事哉皋陶陳安民之謨而迪之舜者如此蓋曰君道以

安民爲要安民以教化爲先何則自夫人有五倫而爲萬世不易之經者謂之典是典也吾見其井然叙矣孰叙之乎恒性本於降衷而物則俱畀彝倫定於陰騭而相協惟均天叙之也然天能叙之豈能使民之必惇哉正其典而俾益厚蓋有賴於君矣是故因性牖民正其經以還民生之厚緣物作則綏其猷以篤天性之良凡父子也君臣也夫婦也昆弟朋友也以天合者以情屬以人合者以義維務使各率爾典而後君師之責盡其殆相天之叙乎自夫典有等級而爲上下民志之坊者謂之禮是禮也吾見其森然秩矣孰秩之乎天地設位而乾坤之分定卑高以陳而貴賤之體明天秩之也然天能秩之豈能使民之必庸哉用其禮而俾有常殆有賴於君矣是故立綱陳紀閑之以等威之辨考度飭憲約之以品式之詳凡父子也君臣也夫婦也兄弟朋友也貴而尊者其體隆賤而卑者其體殺務使各遵其常而後軌物之道盡其殆相天之秩乎夫典禮自天人道之所由立也惇庸由君天道之所由成也安民莫先於教化如此人君其圖之哉大抵天地設位聖人成能不以可憂同其無憂者有相之道存焉相與之際固有相成者在是故以神宰御則格天有勛以妙參贊則配天有道皋陶斯言不惟啓萬世性道之源而且求端於天謂非觀其深識其大乎雖然惇典庸禮德教不可尚已至於不率教者則又明刑以弼之卒使民協中焉然則皋陶其亦有功於典禮也夫

道洽政治澤潤生民四夷左衽罔不咸賴
王汝魯
同考試官教諭蕭批（道洽政治四字作者類皆浮漫無據此篇認理精切修詞雄健錄之）
考試官教諭胡批（得康王期待畢公本意）
考試官學正史批（說成周化殷功效處有氣象有思致）
　　賢王期大臣治功之成而因大其效焉夫化被中國而施及四夷治效可謂大矣然非三后治功之成何以致之昔康王命畢公保釐東郊而預期之若曰天下之治本於道天下之道本於心三后之相繼心同而道亦同矣要其功效之成何如自夫心思之運顯而爲經世之猷者謂之道道固未易洽也兹焉仁義并施而感之者久剛柔交濟而入之者深凡因時致治以立化殷之本者罔不融液流通而無有間隔者矣自其變通之權推而爲宜民之法者謂之政政固未易治也兹焉樞機周密而大綱之克舉品式咸備而萬目之畢張凡謹始成終以爲化殷之具者罔不明作敦大而無有叢脞者矣治功不亦成乎由

是近而殷民號稱難治也今則道久而化以成德施而惠自溥率由訓典沐浴於膏澤之中會歸皇極涵泳乎泰和之化有淑之可旌也無慝之可別也蓋有優沃乎江河之潤而均霑乎雨露之恩者矣尚安有凌德滅義而不蒙至治之澤者乎遠而四夷左衽固難於遍及也今則內治修而遠人自服邦本固而外患不作引領遐荒仰一王之聲教并生天地藉中土之餘□□□不來享也莫敢不來王也蓋有以徽懷柔之□□□□伐之及者矣尚安有干紀猾夏而自外於覆載之內者乎是則三后治功之成而化協於遠邇如此然非畢公保釐之政則亦無以保終吉矣成終之責將安所諉哉抑於是而知周之至仁享國之所以永也夫以屢迪不靜之民舒徐容與遲之以三世之久至望畢公之成終猶以潤澤咸賴為言有若弗克轉移之者其化之何其漸而望之何其厚乎夫化之久則入之深入之深則其去之也自難此其所以衍而為八百之曆也康王其賢矣哉

詩

羔裘晏兮三英粲兮彼其之子邦之彥兮

陳加命

同考試官教諭吳批（體貼精到文亦粲然此詩善擬大夫之美子又善擬詩人之言者佳士佳士）

同考試官教諭何批（講邦彥處不俗不□殆非漫然以為文者宜錄以式多士）

考試官教諭胡批（理既精切文亦雅飭其善說詩者）

考試官學正史批（精緻）

詩人有取於大夫必即服以表其人之美焉蓋人之美無所見稱其服者象其人也詩人之於大夫如此亦善於形容者哉想其意及此若謂有君子之服者不在承之以君子之名而貴將之以君子之德我觀大夫取適燕間而製彼羔裘安節之貞弗過也但見其晏然鮮盛殆于如濡而增美焉備其物采而尚以三英等威之辨以昭也但見其粲然光明視諸豹飾而益著焉夫是固足以華君子之躬而彰有位之儀矣然大夫孰不服此而何之子之可美耶蓋其三德日宣而章美之內含者不愧於浚明之良一忠自效而英華之外發者無忝於亮采之佐自夫順命以居身則成仁取義而光大之行赫然炳朗以完名由之而羽儀一方庶幾乎虎變以為□者矣斯人也不將與羔裘而并晏乎自夫司直以事上則持公秉正而俊偉之業褒然朝野而出色由之而文明一國庶幾乎龍光以為德者矣斯人也不將與三英而并粲乎即是而知有服以表

德則德爲益著服固不可已也有德以充服則服爲益美德尤不可已也詩人極美於鄭之大夫其意不可想見哉抑考鄭在春秋若子良子太叔之謀固子皮子產之爲政皆能竭盡忠赤侃侃不回而國社賴以爲安者詩人之所咏豈其人乎或者又疑此詩爲緇衣之遺而謂仍取於桓武也噫允若兹鄭之良不亦侈乎故以若人用以維風宜無不可乃時猶有不修德隅如子臧之鷸冠坐取不衷之誚也豈諸良無所與耶吾於是乎有感

自今以始歲其有君子有穀詒孫子
劉黄裳
同考試官教諭吳批（是作體裁整齊文詞典雅而意□曲盡殆□□諸子之撰也高薦允宜）
同考試官教諭何批（□□作者多以子孫繼述言殊非本旨子獨就魯君身上説甚是是用錄之）
考試官教諭胡批（是當時祝頌之意可以式矣）
考試官學正史批（詞婉意足）

魯人愛君之情在於足國裕後而已矣蓋年豐則國足善詒則後裕也兼而有之夫非斂福之極與魯人以是願君而忠愛之情見於辭矣且君者以安民爲心而又以善後爲悦者也吾人承君之燕何以致望於君哉亦曰國依於民民依於食年必貴於順成固也我魯慨自歲事告侵夫固觖望於食矣安得自今伊始天心仁愛以其庇吾君者推以及吾民兩暘順若而三時不愆螟螣斂息而百穀用實不獨一歲爲然也且由稔而登而大熟焉自天降康而樂歲爲之頻仍由登而成而大有焉將受厥明而豐穰爲之無已至如不雨而書無麥而書者固無慮也夫然則粒食之源不竭以充國用以蕃民生相依以爲安者不自此其永賴耶吾人所望於君者固如此不寧維是彼祚保於胤胤保於賢善必貴於相延固也我魯慨自人往政息道固待人而行矣安得君子有穀取其承於前者庸以垂於後或繹思禮教而修飾以衍其傳或推本信義而敦崇以復其舊不徒自善其身也由之而詒厥孫謀凡勸學興禮以順彼長道者期於自我而作則由之而式穀爾子凡明德慎儀以昭格烈祖者必使咸正而無缺諸如禮詒於周教詒於魯者罔垂後也夫然則敬承之賢可啓以遵成憲以保侯封克承於先世者不自此其永托耶吾人所望於君者又如此要而言之年不徒豐也必有所以兆之之機善不易傳也必有所以圖之之要魯人頌禱之誠雖殷而意亦端有在矣何者君所以格天也敬所以聚德也故豐不豐

天也而天不可必善不善人也而敬宜自勉若能以人合天以敬作所則世守一德而祈天之本立一機相感而豐年之應隨矣此魯人美不忘規猶足以續卷阿泂酌之音者説者概謂其詞誇噫殆亦未之深省與

春秋

秋齊侯宋公江人黃人會于陽穀（僖公三年）

王家卿

同考試官教諭吳批（齊桓攘楚之謀作者多恢張之其意殊淺此篇辭不費而意足錄之）

考試官教諭胡批（簡明）

考試官學正史批（得聖人予齊桓意）

春秋于伯主之講好而深善其得攘外之謀也夫制敵莫先於謀也陽穀會而攘楚之謀定矣獨非春秋之所善乎齊桓主伯志在安攘合諸侯以謀楚是以爲陽穀之會也春秋善之者何蓋伯者之匡天下也固在於兵之強而其用兵也猶在於謀之善使桓舉兵而無謀焉其能得志于楚乎幸而有見于此以師非厚集不足以威敵也戒茲八國陳兵以震吾之威焉聚而爲正可以聲楚人之罪也兵無外應非所以濟□也諭彼江黃按兵以爲吾之援焉分而爲奇可以擬楚人之後也固不待陘亭之次楚師之震恐也先事以爲圖桓也籌之素矣強敵之楚有出于桓之謀哉固不必召陵之盟屈完之輸歉也慮勝而後會桓也計之久矣萬全之策何有于楚之兵哉聖人以攘夷安夏伯者事也而況好謀而成者乎是會也震中夏之威抑外夷之橫世道之大幸也故諸侯皆在而末言者善是謀也抑桓之茲謀豈一朝之可能哉貫澤之盟江黃已結楚之黨孤而我之勢盛其所以爲楚計者不可謂無備而猶事于陽穀之會蓋慮楚之強而念之勤矣終焉弗怠王道可幾也何楚人已服而其志遂驕侵陳之兵已非而視黃之患弗救豈伯主之職哉是故聖人深善攘楚之謀所以大尊王之義而紀伐黃之師猶欲其敦不息之誠也

宋師伐陳衛人救陳（宣公十有二年）夏楚子伐宋（宣公十有三年）

羅名士

同考試官教諭吳批（講非義失謀婉曲可愛佳士佳士）

考試官教諭胡批（得旨）

考試官學正史批（謹嚴）

春秋于大國虐貳之兵而兩托詞以罪之也于以見宋之伐陳非義而失

謀也春秋致意於書法也有以哉且宋何爲而伐陳以其從楚也如是則討貳之兵矣春秋何以責宋夫用兵者非不武之難而無義舉之難當陳之貳于楚也伊誰之咎哉釋陳罪而遺之楚無乃己德之闕乎不自省而責人之貳己是先事而加人也兵舉弗義衛是以有救陳之師焉夫衛宋之同盟也救陳則背盟矣衛何心哉而甘于話言之食誠有弗忍于陳者經以陳有可救之善衛是以有能救之名書救而宋之罪著矣不然則失信之衛春秋且惡之矣而何以書救哉謀國者非敵強之患而惟無備之患方楚之脅夫宋也抑何爲計哉惜民力以固其本寧非禦敵之道乎昧自治而攻楚之與國是無故而啓釁也爲謀不臧楚是以有伐宋之師焉夫陳楚之新得也伐陳是伐楚矣楚何人哉而肯於與國之弃是宜弗甘于宋者經以宋有可伐之罪楚是以有能伐之名稱爵而宋之罪見矣不然則猾夏之楚春秋方懲之矣而何以書爵哉雖然宋之罪大矣衛之罪可恕耶楚不足責而晉實可尤也清丘之盟恤病討貳乃宋之伐陳衛可以救而宋之被兵晉可以弗救耶春秋端本澄源故責宋爲深而清丘之信誠有不待貶者故曰盟非春秋之所貴于此益信

禮記

故樂者天地之命中和之紀人情之所不能免也

許份

同考試官學正袁批（命紀皆統聲容此作獨能體認錄之）

考試官教諭胡批（深達治情之道者）

考試官學正史批（善發先王立樂本意）

記者著正樂之用大而於人爲甚切焉夫參造化而管中和樂之爲用大矣治情之道孰有切於是乎此記者歷言樂教之感而結之以此若謂人情必有所樂而先王則惡其亂夫固制爲雅頌之聲干戚之舞以淑其身心矣是樂也豈其微哉蓋人受天地之中而塞以成形帥以成性者維天所命也然天固命之而踐形盡性之不與樂則參贊以通其神明之德輔翊以成其恭肅之儀是天地之所賦非樂無以成其教矣樂其天地之命乎心具性情之德而至中無倚至和無戾者人皆有之也然人固有之而盡善盡美之難兼樂則裕之於內而志意自融暢之於外而動容自中是中和之所稟非樂無以統其全矣樂其中和之紀乎夫天地中和之道無非人情之寓也樂既觀其深矣人情其能免乎故樂必發於聲音情之不可以已也則有所防而不至於流天下孰能舍是以爲之聲樂必形於舞蹈情之不可以已也則有所制而不至於蕩天下孰能外是以爲之容遵其命焉而道迪其天性之良以爲持情合危之具非僻之

私無自而入也奉其紀焉而檢束其固有之真以爲平心宣化之資和順之心隨感而應也人情其何以免於樂乎如其可免則天地中和之道或幾乎息矣樂豈細故而可須臾去哉大抵樂非自先王作也樂之如本於天地而以治人之情故其成也明備而天地官焉合一之理則然耳中庸原天命而繼之以致中和終之以天地位萬物育意類如此然則聖人修道之教樂固不居其大端乎此又學者所當察

志之所至詩亦至焉詩之所至禮亦至焉禮之所至樂亦至焉

許任

同考試官學正袁批（五忠不外禮樂禮樂實原一心是篇歸重於心是有志子民者）

考試官教諭胡批（説禮樂處最是）

考試官學正史批（説至字精切）

聖人推治道相因之盛欲賢者達禮樂之本也蓋心者出治之本也志極其至則詩禮樂一以貫之矣治道寧復有餘蘊哉夫子因子夏五至之問而告之也若曰致治之道充之雖極於天下而斂之則原於一心夫人特患所存之未至耳誠使子民者以參贊爲極功而念慮之經畫期於兼濟天下而無外以化育爲能事而精神之運用必欲曲成萬物而無遺如是則志可謂至矣由是而言焉雖非有期於詩也然詩以言志者也有諸中者自形諸外歌咏之所發抑揚足以盡變也聲韻之所宣節奏足以成文也以觀民風以達國政悉於此乎攸寓矣志至而詩有不至乎由是而立焉雖非有期於禮也然禮者履此者也感之深者自立之固威儀之齊壹而維民之則具焉品節之修明而維皇之極建焉以辨等威以定民志咸於是乎取衷矣詩至而禮有不至乎然和序一理也有其序必有其和而樂亦於是乎極矣吾知協氣嘉生泰和充溢乎宇宙也大化均調歡欣交通於兩間也臣民和於下一人和於上順氣於玆而成象矣禮至而樂豈有不至哉夫樂因於禮禮因於詩一機之相成而不容自己者也然其始基於志焉禮樂之原不遠於心而得之矣子民者其尚求其至乎雖然志之所關大矣一念雖微人之聖狂治之隆汙係焉故志苟至矣則詩以風天下禮以序天下樂以和天下而王道胥此焉出不然則詩邪禮慝樂淫治斯替矣可不慎乎是故先王慎所以感之者

第二場

論

仁智合一存乎聖

張子奇

同考試官教諭劉批（題本明正作者類不脫塵雜可厭獨此論得張子立言本意而文更俊逸佳士也）

同考試官教諭程批（詞理精明說聖人仁智合一之妙宛然可誦非深養之士不能也用魁多士）

同考試官教諭朱批（文不俗而理透不可以時論目之）

考試官教諭胡批（冲雅可錄）

考試官學正史批（簡古）

聖人盡人道之極亦惟全乎所性而已矣夫性者萬物之一原無人己無內外而一之者也人惟牿之以一偏之見是以人己分而內外判內外判而體用離以言乎成己也自私而已矣自私則惡物惡物則非仁以言乎成物也任數而已矣任數則忘本忘本則非智聖人陰陽合德而仁智兼備盡人道之極者也豈有待於外哉亦惟全乎所性而已故曰性之德也合內外之道也張子豈無稽之言耶雖然聖人亦天道也吾觀太虛之中冲漠無眹而萬象森羅自其冲漠謂之體內而非內也自其森羅謂之用外而非外也是以感遇聚散鼓之爲風霆潤之爲雨露孚之爲飛走草木含靈蠢動糟粕煨燼無非天也無非天則亦無非性也人性諸天者也其體用猶是也但眾人有之而不知賢人知之而未盡是故仁者見之謂之仁智者見之謂之智見仁則偏于內偏內則窒見智則偏于外偏外則離仁智合一之道其誰知之聖人形天之形也帥天之帥也其氣之清明質之純粹有若獨厚於天者而成性存存之地物欲不得而與焉故其靜與天俱也渾焉噩焉而富有之業以根靜涵乎動也動與天游也弘焉博焉而日新之德以著動涵乎靜也靜涵乎動則無內動涵乎靜則無外無內則神無外則化窮神知化德之盛也非聖人其孰能之人但見其冲然虛而已淵然邃而已無將迎無內外而一疵不存則曰聖人之仁也亦智也及其觸之即覺感之即應變而通之以盡利鼓之舞之以盡神則曰聖人之智也亦仁也仁存乎內而不可測智運乎外而不可窮流行於天下磅礴乎萬物而無乎不至順理而動緣機而起錯綜有倫而無乎不足又孰非聖人之仁爲之哉何也聖人者秉天地之精立中和之極內外兩忘體用兼備其所造睠乎不可及矣由是會人物於一身通古今於一息以之宰世馭物經紀明時使天下由

其理而不知循其軌而不亂以奠天地以序四時以明日月以行江河以蕃草木以蓄鳥獸其功用有如此是皆聖人智之所運也而亦孰非其仁也哉蓋智而非仁則敦化之原不深仁而非智則川流之用以息仁敦化則體一用也智川流則用一體也體用一原顯微無間非天下之至聖其孰能與於此雖然一至誠而已矣蓋誠者物之終始不誠無物聖人之所以為聖亦誠乎此而已成己成物皆其事也是故成己為仁誠之存也成物為智誠之發也是皆性之德而無一有待於外也故誠則無事矣未至於此者當何如亦曰擇善而固執之也惟擇而固則盡人而天而至誠可幾矣又何仁智之不可及哉故曰及其成功則一也是為論

　　同前
　　陳加命
　　同考試官教諭吳批（仁智本誠論中且驟括義命動靜陰陽性道意最是至引西銘形聖人仁智尤親切有味足徵子自得之學矣）
　　同考試官教諭何批（文與理俱邃宜錄為支離者式）
　　考試官教諭胡批（有見識有論議非苟作者）
　　考試官學正史批（論之佳者）
　　聖人所以貫天下之道者誠焉而已矣夫誠者天之道也人心之所自來也聖人純於天道而全體不息焉以立人極是故由其體也而誠斯立焉由其用也而誠斯通焉存之而為仁發之而為智仁智一而聖人之事備唯誠以貫之也是故以揆義命而理達以效動靜而神存以體陰陽而道行以窮性與天道而妙合大哉誠乎斯其至矣非聖人其孰能與於斯今夫天以太極之理運行於兩間宰之不遺施之不匱攝而不有而其所以顯諸仁藏諸用合一而不測一誠為之也蓋天之所以為天也天惟誠故真實之理流行賦予物與無妄參和不偏合仁與智德性之所固有也聖人與人同耳乃庶民去之而體用之理淆君子存之而內外之跡判於是有是內非外者於是有徇生執有者是內非智而亦不得為仁執有非仁而又不得為智聖人之道遠矣故曰仁者見之謂之仁智者見之謂之智百姓日用而不知嗚呼非聖人其孰與於斯聖人者承天之道而立人之極者也所謂陰陽之會動靜之交義命之準而性與天道之極致也而莫非一誠為之也故仁智者聖人之道而誠者聖人之本也仁智合一非誠其孰為之聖人之仁智原於性統於心流行於事物充塞乎天地無不備也無不體也是故以盡其性而察之由之無不盡也是誠之成己也以盡

人物之性而知之處之無不當也是誠之成物也成己爲仁成物爲智性德之合乎內外者如是也聖人時措之耳非有所加也是故以其仁而神天之德化天之道聖人之所以爲體也而莫非智也以其智而成人之能贊天之化聖人之所以爲用也而莫非仁也由是而存心養性知化窮神是聖人之仁也達之而爲繼述之善匪懈之恭矣由是而育英錫類底豫顧養是聖人之智也存之而爲時保之翼踐形之肖矣又由是而屋漏之敬歸全之純所以合天地之德而體仁也而孰非智之所以存乎又由是而高年之尊孤弱之慈天下之疲癃殘疾煢獨鰥寡皆有所養所以體天地之化以盡智也而孰非仁之所以發乎故敦厚而不化有體而無用者也化而自失焉徇物而喪己者也性性爲能存神物物爲能過化存神過化忘物累而順性命仁智之極也非聖人孰與於斯惟聖人之克全於是也而後無我得正己之盡可以觀仁存神妙應物之感可以察智以之範圍天地則陰陽之化溥焉而氣之昏明不足以蔽之矣以之成其變化則動靜之機裕焉而滯於有偏於無者不足以惑之矣以之默成德行則義命之歸順焉而遇之吉凶不足以戕之矣以之通乎晝夜之道而知則性與天道昭焉而窮理盡性以至於命矣苟誠之不足則天人異和也內外異致也物我異觀也不能以自成而何有於道之行於物耶此聖人之道所以遠也斯道也信非聖人莫能與矣是故欽明克讓濬哲溫恭堯舜其極也祇台德先建中錫和禹湯其隆也懿恭緝熙敬義灼俊文武其盛也上律下襲不厭不倦孔子其全也而莫非一誠焉以貫之矣嗚呼斯大君宗子所以繼天立極以肇開創之仁以大制作之智而孔子之繼往開來以盡夫家相之責也學焉者無私以體仁變通以盡智而惟誠之爲貴焉則聖人之道其庶幾乎

表

擬宋以杜衍同平章事兼樞密使謝表（慶曆四年）

羅許

同考試官教諭蕭批（陳謝中宛然見明良相得氣象非直駢麗之佳美耳宜錄）

考試官教諭胡批（精練雅麗讀之有鏗鏘聲可愛）

考試官學正史批（典則）

慶曆四年九月某日伏蒙聖恩以臣衍同平章事兼樞密使者班聯虎禁金鉉當台斗之司機握鴻樞玉節掌韜鈐之寄地望獨高于三省職司特重乎六卿似此元寮宜資碩輔肆皇情之獨注寵假兼資顧綿力以何堪榮將并授臣衍誠惶誠恐稽首頓首竊惟耀武必期於修文攘外乃所以安內舜納百揆

九德咸宣禹比三苗四夷率服阿衡應聘遂成造亳之功良弼旁求茂建憲天之烈經邦論道公孤必慎其人除暴安民司馬實艱厥任仲山補袞中興之業彌隆方叔壯猷大原之功不著逖觀往迹累重殊階自三臺易於前朝惟二府合於昭代天迴斗柄閣門鄰北闕之文昌星轉宸垣帷幄總中台之武庫折衝樽俎秉政鈞衡自非經文緯武之才曷稱出將入相之任是以魏仁浦之當國偉績猶存陳堯叟之兼司芳聲尚著豈圖妙選誤畀庸流伏念臣衎粗有朴忠本無學術濫登仕版榮叨進士之科徒讀父書恪守先臣之業甘心苦節絶意干名筮仕理刑旋領祕丘之佐再爲令尹尋陞別駕之官屢列薦書咸稱良吏乾州賜宴遙承天語之溫淮使問名特荷中朝之眷承内降之旨妄自封還阻攻守之師不圖僥倖辭右樞而補外但知清整自將判内選以審官敢任吏胥滋弊獨以瞽愚觸憲常包容于覆載之仁不能瓦合隨時重倚賴乎生成之德祥非鳳集詎希黃閣奇勳勇謝鷹揚豈有白旄遠略省躬知懼愈深覆餗之懷撫已增慚莫遂循牆之請兹蓋伏遇睿質天成徽猷神授守祖宗之家法文治聿臻握海宇之興圖武功時戩遇水旱而心存民瘼密禱禁廷憂西北而念軫邊防躬親騎射威宣靈武羽干效順於虞階禮御辟雍奎壁纏輝於孔廟堯歌擊壤神化難名舜治垂衣穆清有象德已聖而不自聖世已安而若未安寤寐興懷思集夔龍于沼上拊髀增嘆欲收頗牧于禁中惟此在廷之賢悉出臣愚之右臣獨蒙聖眷深激愚衷敢不仰酬天地之恩俯效涓埃之報期調商鼎勉樹周楨陰陽和而風雨時贊一人之斡旋元化萬國賓而四夷服修五伐以控制遐方伏願任賢勿貳保治無虞審蓄威昭德之機操居重馭輕之柄慮周天下敦恭儉以先民明照日中撫豐亨而御世惟精惟一天命每敕於時幾允武允文道化覃敷於中外鞏皇圖於有永綿聖壽於無疆臣無任瞻天仰聖感激屏營之至謹奉表稱謝以聞

第三場

策（五道）

第一問

趙賢

同考試官教諭劉批（大學帝王心學所載洪惟我聖祖　皇上獨得道統真傳遠邁堯舜是以留神衍義先後一揆子能鋪張而揚厲之其涵泳聖化而有得者乎）

同考試官教諭程批（聖學淵微未易窺測名言子能以一日述頌明備

難矣中州杰士非子而誰）

　　同考試官教諭朱批（此策揄揚我聖祖心學之妙　皇上道統之傳明粹可式敬爲子錄之）

　　考試官教諭胡批（文偉思深對楊策當無逾子）

　　考試官學正史批（忠敬之意溢然宜錄）

　　道之大原其出於天而統於聖乎惟涵之於心者極其至精斯渙之於文者極其至粹夫惟至精也則聖德緝熙而統會於宥密大業由此而日隆夫惟至粹也則皇極敷言而垂憲於宇宙盛德由此而日顯以淵懿端純之則而肇駿龐高朗之休以開拓積累之勤而衍昌明弘遠之緒是心也其契帝王道統之傳者乎是文也其盡古今授受之妙者乎以此法天則垂世立極而啓佑乎後人作者之謂聖也以此法祖則世德作求而對揚乎前烈述之者之謂明也作述一道後先一揆知此則我聖祖心學之妙皇上道統之傳可得而颺言矣請敬陳之書曰天降下民作之君作之師凡有天下者不皆有君師之責者乎吾見大道在斯世三極賴之而立心學在聖人道統賴之而承自古聖帝明王以謨以訓以箴以戒無非本諸此而已求諸五帝之世黃帝嘗有巾几之箴矣一傳而執中再傳而精一其統同其道同也求諸三王之世大禹嘗有夏氏之箴矣商繼而建中周繼而建極其統同其道同也至吾孔子統集群聖而刪述六經作爲大學一書首之明德新民而極於止至善始於格致誠正而終之修齊治平規模廣大節目詳明帝之所以帝者此也王之所以王者此也夫何去古既遠聖學就湮大道之要無聞而至治之澤不被雖韓愈之原道李翱之復性要皆遺而未盡駁而不精道之不明不行也不有自哉宋儒真德秀氏作爲衍義羽翼聖經觀其綱則有二焉其目則有四焉先之以典謨訓誥與思齊之詩家人之卦子思孟子荀況董仲舒楊雄周敦頤之說言帝王爲治之序也次之以堯舜禹湯文武商宗周成漢唐以下數君之賢言帝王爲學之綱也至於聖功始於窮理而曰明道術辨人材焉窮理可以盡性而曰審治體察民情焉誠意正心不可不務也而崇敬畏戒逸欲者其要矣修身齊家不可不急也而謹言行正威儀重配匹嚴內治定國本敎戚屬者其切矣是言出於性命道德者必鈎其玄事關乎治亂安危者必提其要表君子小人之情狀如以鑒而別衆刑哀周程張朱之講明猶揭囊而收百物非擴前聖所未發而爲後聖之法程者耶夫何一陳於理宗端平之朝祇悅而不繹再見於吳澄進講之日亦善而不行是致治之要道雖不售於當時而心源之相契其將有待於昭代者乎恭惟我太祖高皇帝睿智遠邁於百王精義妙契乎千古兢業恒存幽獨之地

凜天監之在茲寅畏中切燕間之時惕朽索之是戒投戈講藝殫精帝學因宋濂之請命左右大書衍義揭之廡壁更令濂條析衍義中司馬遷之論濂進曰人主能以義理養性則非僻不能侵興學校教民則外侮無從作聖祖因謂濂曰朕之為君上畏天地下畏兆民兢兢業業不敢自逸又嘗觀衍義鼂錯之語德秀解之曰人君不窮兵黷武則能生之而不傷聖祖顧謂侍臣曰晁錯之言其所該甚廣真氏之言其所見甚切朕嘗思為君恤民所重者兵與刑爾濫刑者陷人於無辜黷武者置人於危地有國者所宜深戒也由前則心正身修而敬畏尤慎獨審幾之本也其誠意之實功乎由後則物格知至而兵刑尤畏天畏民之要也其治平之絜矩乎是至精之涵於心者聖學淵源有取於盤銘之日新至粹之渙於文者天藻炳燿深合乎豆觴之敬勝固駕湯武而并堯舜矣則聖祖所以得道統之傳者不於是而可見哉至我皇上憲天以凝命法祖而臨民惜大禹之寸陰典高宗之舊學凡大而極於典謨之奧細而苞夫史冊之繁罔不洞覽雖睿哲天授固不待於師資而虛心樂善乃留心於衍義觀諭輔臣曰是書綱舉目張治亂興亡罔不該括朕勉循是言為修己治人之則豈不大有裨益又曰匪徒知之實欲行之尚賴卿等竭誠協恭輔導朕躬則衍義之功不在真氏而在卿等矣因侍臣進講之餘默契化源乃賦詩一章曰帝王所圖治務學當為先下作民之主上乃承乎天致治貴有本本端化自平人君所學者其序有後前正心誠其意志定必不遷吾志既能定理道豈復顛身修本心正家國治同然國治乃昭明萬邦斯協焉於變帝堯典思齊文王篇萬化修身始朕念方拳拳於是親灑宸翰賜二三輔臣令賡和之彙為一帙而名曰翊學詩自今觀之首言務學者即顧諟之謂也繼言定志者即知止之謂也曰誠曰正曰修旨雖異矣而明德之功未始不同曰家曰國曰萬邦名雖殊矣而新民之理未嘗不一言天則嚴其心之所自出言民則謹其心之所由施治期於於變非祖述帝堯之峻德者耶詩誦乎思齊非儀刑文王之敬止者耶本源澄徹而探之極其至精真機動盪而發之極其至粹帝王之所授受聖祖之所述作固會其全而無遺闡其妙而殆盡矣則皇上所以得道統之傳者又不於是而可見哉由是大典微言昭如日星鴻恩濊澤同乎天地遵道者丕變睹聖者奕新親賢樂利之化著孝弟仁讓之風行以是而言法天則天心合而裁成輔相範圍彌綸贊化育之不及以是而言法祖則祖德乎而長養培植開廣流衍增創造於維新玄化鴻厖淳曜充溢其始也法天既則克配乎天矣其始也法祖既則有光乎祖矣可見聖祖之學舉其大而皇上之學會其精信乎作述一道後先一揆者與雖然周公頌文王之德而作清廟於頌首孔子贊周監於二

代郁郁乎文而願從之臣子逢時之幸固如是也愚也生際昌時涵泳聖化鋪張揚厲之心雖激於中然聞簫韶者知舜德之難名睹河洛者知禹功之莫及果何以塞明問也惟執事進而教之

第二問

王家卿

同考試官教諭吳批（革以明時豫以作樂乃古人制作之精意察乎天地者也子能概以理氣數而不蔓不鑿殆觀其深者耶）

考試官教諭胡批（此策場中類襲浮套應問殊無心得之論知曆樂本原而文更藻潤者僅見此作是用錄之）

考試官學正史批（以律起曆以曆驗律此律曆合一之理場中知者絶少子能合而一之歸于自然可與語制作矣）

明於天地自然之數與氣而後可以窺制作之原察於天地自然之理而後可以達制作之妙盈天地間氣與數而已而理實主宰之得其數與氣而不得其理則所謂數者不過推測占步之遺術而已爾所謂氣者不過聲響節奏之繁音而已爾其何以欽若乾象協和神人弼成雍熙泰和之治哉知此則知治曆明時者固當知曆數之運而曆之理尤所當明作樂崇德者固當求聲氣之元而樂之理尤所當察矣執事發策下詢承學之意或在于此且曆果何始乎神農以前尚已黃帝考定星曆建立五行起消息正閏餘于時撓成擅其術羲和專其業神降嘉穀民物阜康天地之數正也嗣是而後舜受堯禪首察璣衡是即堯欽若昊天敬授民時意也唐虞之際其慎重星曆也如此降自夏商率皆是重至周則有馮相氏掌日月星辰之次辨其敘事以會天位保章氏掌志五物之變動以詔救政訪序事焉其所以步時序之常占象緯之异本五行以敬五事而休徵咎徵寓焉職任之重何如也秦不師古慢天虐民而星曆之官遂廢乃緣鄒衍五德之運而自爲水德以亥爲正以十爲紀息弃三正何其悖也漢興修復古制改更正朔曆凡五變張蒼用顓帝劉歆作三統李梵造四分劉洪有乾象而唐都洛下閎鄧平輩分部運筭術各不同惟司馬遷之太初最稱精密志所謂日月如合璧五星如連珠蓋有得于曆元也獨恨去古未遠而保章馮相之職竟莫之復此馬遷所以有史官喪紀疇人子弟分散之憾也唐之曆凡六變而說者以僧一行之太衍爲最一行之論氣朔推步也有七一曰步中朔術二曰發斂術三曰步日躔術四曰步月離術五曰步軌漏術六曰步交會術七曰步五星術其議曆數十有二曰曆本曰中氣曰合朔曰沒滅曰卦候曰卦氣曰日度曰日躔盈縮曰九道曰晷漏中星曰日蝕曰五星雖論議

多端要之本乎天地之二中始于冬至之中氣以晦朔定日月之會以日度正周天之度以卦氣正七十二候以中星正二十四氣合二始以正剛柔推一終以紀閏餘至于制作之精微又莫詳于測景其言曰古人所以步圭影之意將以節宣和氣輔相物宜不在乎辰次之周徑所以重曆數之意將以恭授人時欽若乾象而不在渾蓋之是非似有得於天地之數之外者此太衍所以爲妙而獨冠乎諸家也歷宋而元有郭守敬者出焉雖其智巧絕人而其意一主于推算其說曰上能合乎數百載之前則下可以行之永久如推春秋獻公以來二千一百六十餘年中間四十九事以校諸曆惟授時曆爲密是其精微所在殆與一行意同此丘濬所以有度越前人太衍莫過之許也樂果何昉乎太昊以前邈矣黃帝截竹製筒以命伶倫聽鳳鳴審雄雌六爲陽律六爲陰呂吹之聲和候之氣應天地之氣合也自時厥後舜初即位首命后夔書所載直寬剛簡詩歌聲律是也明良之會其慎重樂律也如此至周則有大司樂掌教國子而大合樂以和邦國所謂陰竹之管龍門琴瑟由一變而九變而神祇人鬼格焉功用之盛何如也秦不師古燔書毀籍而古樂之亡漸盡乃廢廟祀六代之樂而獨存韶武改大武爲五行名房中爲壽人導欲增悲何其靡也漢興雅用世官聲器未遠奈何高祖安馬上之習制氏竊鏗鏘之末賈生前席而未遑河間好古而徒議至于叔孫通夏侯寬司馬相如輩因陋就簡孼幸雜隸至于哀成之際鄭聲盈耳非趙代秦楚之謳則鼓吹鐃歌之曲詎可薦之郊廟哉獨怪夫雅音不振而琴瑟管絃之間流湎已甚此宋暴所以有修起舊文放鄭近雅之請也唐之樂雜乎夷而論者有取于宋儒蔡元定律呂新書元定論律呂證辨有十一造律二長短徑圍之數三黃鍾之實四損益相生五和聲六大小七變宮變徵八六十調九候氣十度量權衡其議本源十有三曰黃鍾曰黃鍾之實曰黃鍾生十二律曰十二律之實曰變律曰律生五聲圖曰變聲曰八十四聲圖曰九十四調圖曰候氣曰審度曰嘉量曰謹權衡雖考究詳盡其言多出于近世之未講而明白縝密實無一字不本諸古人已試之法如黃鍾徑圍之數則漢斛之積分可考寸以九分爲法則淮南太史小司馬之說可推五聲二變之數半律半聲之例則杜氏通典具焉變宮變徵之不得爲調則孔氏之禮疏可見至于制作之精微又在于求聲氣之元其言曰黃鍾者陽氣之動陽聲之始分寸之數具于聲氣之元不可得而見及斷竹爲管吹之而聲和候之而氣應而數始形焉是爲律本十一律由之而損益似有得于天地之氣之外者此新書所以爲至而朱子有取之也何近世儒者乃有倡爲含少之說詆訾漢儒以爲誤用蕤賓之管其言曰黃鍾非九寸之管而引通鑑外紀呂氏春秋所

載含少之説以爲證不知黃鍾以八十一分之積吹三十九分以爲聲故謂之含少而非指三十九分爲黃鍾之律也若執含少以爲清管則十一律何所禀正是其好爲立異而未詳律呂本原徒資談説而不可施之實用也抑曆者測候之書其重存乎數律者作樂之具其重存乎聲初若不相關涉者然究極其理則元氣必發爲元聲而元數必本乎元運是以史遷作記言律必兼曆而後世宗之朱子亦謂治曆家用律呂候氣蓋此氣都由地中透出如十一月冬至緹室布管距地飛葭若非元氣之至其何以得元聲之數哉此理也數也氣也三者渾融無間而制曆者必先于協律作樂者必先于推曆二者交相爲用者也我國家大統曆承用勝國之舊即許衡郭守敬所訂定而大祀樂章皆皇祖所親製宴饗九奏贊以陶凱皇祖謂其有和平廣大之意一切流俗誼澆淫□之樂悉屏去之二百年來遵行已久而海宇乂安民物和同列聖相承丕歷泰運肆我皇上中和建極敬一承天三辰順序而不慝六樂和同而盡善和氣致祥而天不愛道順氣感人而物無札厲欽天有監星官專其業神樂有觀而春卿掌其事制度一定萬世仰成以綿宗社之福以享亨嘉之會執事謂欲開局求人毋乃過慮乎愚生管窺蠡測之見獻芹炙背之忱惟願聖天子和德于上賢公卿和職于朝萬物咸和于野則聲和氣形和而天地之泰和應億萬載無疆之庥實在于此矣愚也何幸躬逢其盛

第三問

許份

同考試官學正袁批（策士以人物一觀考古之學一察諸生胸中銖兩非漫然博舉而策難之也子能考核詳盡品藻明當非尚友有素者能之乎）

考試官教諭胡批（叙斷鄉先哲抑揚有體錄之）

考試官學正史批（評答精當人物策無逾此作）

君子之所以自立而流聲實于無窮者有本焉有末焉明于本末之義者可與論世矣夫天下之道出于一原君子之學初無二致本立而末隨之則其被天下傳後世者莫非養盛自致而君子無心焉外此而性資之暗合智力之圖成非不足以表見于時而與君子之一貫者異矣是故道德者士之上也合本與末而爲言者也德之不足而功業焉次也文章焉又其次也觀此則百代之士與一方之才胥以辨矣執事以中土人才下詢承學愚也敢方人乎哉雖然居是鄉而不能道其鄉先王恥也吾河南昔爲梁豫境嵩行盤峙河洛匯流孕秀鍾賢不爲無自而況虞夏甫遷教隆經正士咸自立而奮起者乎是故伊尹之在商啓格帝之功于奕葉申甫之在周翊中興之業于重光功業則盛矣而以功業盡之可乎卜

商告往知來大啓二毛之派子貢多學能識竟聞一貫之傳文章則著矣而以文章概之可乎是皆聖賢之學豫養者深愚之所謂本立而末隨之者也漢而降人才未易縷數姑舉其著者言之張良爲韓報讎而赤松之游有得保身之哲黃霸寬明有體而穎川之治允服士民之心丰采凝峻聞者解綬李膺所以係登龍之望也修德清净遺絹化盜陳寔所以有文範之諡也謝安之舉謝玄不避親矣捷傳淝水其鎮静之效乎張方平之器三蘇能知人矣不屈安石其凝定之操乎要說十事而應變不窮則姚元之之救時有賴身經百戰而東京幾復則岳武穆之報國略酬錢若水善決疑獄四十致仕殆二疏之儔乎韓魏公擁英立神聲色不動真社稷之臣乎富弼再使强虜和議以成人以富文并稱當矣鄧禹杖策軍門大計遂定卒爲東京元功宜矣忠義如巡遠則雖以睢陽之小克保江淮德量如叔度則雖以林宗之賢推爲顔子兹數子者功業雖有顯晦均之有裨于當時者也賈山陳言于文帝借秦爲喻有憂時致主之忠丁寬受學于田何載易而東啓施孟梁丘之學治安一書試無不驗賈誼所以爲通國體也隸書六經人爭傳習蔡邕所以爲時儒宗也漢政方移曹氏而荀悅作申鑒奏之寓憫時之意焉張說許證元忠而吳兢于唐史書之有董狐之筆焉陳摶隱臥于華山乃有指玄之作得于沉潛者久矣韓愈抒文于三變遂起八代之衰助于聖經者多矣韋應物之詩一藝之工也而高潔之趣故近風雅之餘音張衡之賦十年之思也而曆筭之精似得璣衡之遺意宋庠之兄弟聯舉榮矣而建白著述均之不愧科名應劭之著風俗通末矣而物類名號亦足以資多識兹數子者文章雖有高下均之有助于道藝者也夫惟數子者徒以其性資之合乎道才力之偶于時而于聖賢之學未之聞也故智如子房而渝鴻溝之約正如太丘而從宦者之喪濮議之非魏公猶見違于君實仲約之議鄭公猶重忤于希文四子且然餘可知矣此其功業果皆殷周之功業乎賈大傅之志乃發憤于長沙蔡中郎之賢至失身于董卓學遺格致昌黎原道之疏也請誅仲淹雍丘謀國之陋也四子且然餘可知矣此其文章果皆聖門之文章乎道德之儒合本末而一之者宜執事之有取于二程子也自今觀之充養有道和氣粹然伯醇之道德何如也學極精微行全純粹正叔之道德何如也今其見于二程遺書者無非闡孔孟不傳之緒辨异端似是之非真足以正人心維世道至於誠意以動人主講學以隆師道平氣之論則安石愧心求薦之言則韓公服義時有能聽而用之者君心其無欲乎十事其有行乎人才其可正而風俗其可厚乎豈止于漢唐以下之功業已哉由是而觀本焉既立自可以卜其末之必昌末焉是崇未足以信其本之必盛蓋三代而上文行出於一故士多全德三代而下文行出于二故士率偏才以世而論則上之爲德行次之

爲功業次之爲文章者其品异也以理而言則存之爲道德發之爲功業著之爲文章者其本一也有志者將爲百代之士乎將爲一方之才乎學二程子之所學焉思過半矣愚也非眞能尚友者也願與執事就正焉

第四問

孫坤

同考試官教諭蕭批（書生談兵乃能知機達變咸中肯綮不出樽俎而折衝千里子非其人與）

考試官教諭胡批（有斷制有經略）

考試官學正史批（條對無遺末歸重於治氣養心尤爲探本之論）

善馭敵者在辨其勢而後天下之制得善用兵者在握其機而後天下之功成勢在敵而所以因之必當其機則較於利害其敵不可爲也機在我而所以應之必當其勢則決於摧陷其兵不可禦也故曰善戰者動於九天之上而敵不知其所守善計者藏於九地之下而敵不知其所攻然辨其勢而不昧非智莫睹也握其機而不失非勇莫斷也由之而討疆平亂夷險救危而抗敵圖功者之所必由也嗚呼天下之事未有不辨於勢而能行不握其機而能達者況兵爲國之大事乎執事以古人己事下詢承學毋乃謂有文事者必有武備而考古鏡今亦學者格致之一端乎敢不悉心以對漢趙充國曰兵者所以明德除害也故舉得於外福生於內此言勢之不可不審也然非得其機焉則禍福之際懵於大較敗乃事矣太史公曰誅伐不可廢於天下用之有巧拙行之有順逆耳此言機之不可不得也然非審於勢焉則巧拙順逆之間失於應制隳乃功矣稽之班氏藝文志稱兵家者流蓋古司馬之職王官之武備也今之司馬法故其遺事所言仁救義戰不專權謀有古昔盛時之遺焉春秋以降出奇設伏變詐之兵并作迨於漢興張良韓信序次古兵法凡百八十二家孝成之際任宏論次兵書爲權謀形勢陰陽技巧四種後世皆不復存宋元豐中以孫子吳子司馬法李衛公問對尉繚子三略六韜號稱七書至今襲用焉由觀其義類多眞贋相半而得失因之去非存是以取其長固武之善經也然古之善用兵以制敵者率不外於是矣以今老之三晉之兵以齊號爲怯也孫臏因勢利導日減竈以見弱焉卒之火舉弩發遂斃魏將此審於料敵者也若虞翊之羌遮崤谷增竈兼行以疑虜追逼不得不示強矣翊固善法臏也孫子曰勇怯勢也強弱形也其以是夫濰水之陣以信爲易與也韓信囊沙壅流還走以誘之焉因之決壅半渡急擊殺且此巧於覆人者也若檀道濟之轉戰濟上唱籌量沙以降者告竭非是故不免矣道濟固善自全也吳子曰涉水半渡可擊

善戰者以形其以是夫百里而趨利者蹶上將此軍志也龐涓固以與輕銳倍進而不免於馬陵矣唐之太宗席累勝之威西向長安所謂兵貴神速圖天下之大幾也取若振槁其已計之明乎包原隰而軍者爲敵禽此兵忌也先主固以七百里連營而困於秭歸矣魏之鄧艾乘劍門之守深入陰平所謂衝其腹心伐國之祕謀也攻其無備其已籌之素乎諸葛孔明以三代遺才列八陣於魚腹敵不敢屈此黃帝遺謀善戰者所必稽也而岳武穆乃謂運用之妙存乎一心則兵識將意將識士情必武穆而後可也不然則無制之兵不可以得志矣程不識爲邊郡太守每將軍屯必正部伍此師出以律善將者所必由也而李廣乃令人人自便不擊刁斗則士卒佚樂咸爲之死必廣而後可也不然則虜卒犯之無以禁矣狄武襄之破儂智高也上元饗宴夜半奪關蓋出其不意之義也稱疾如内數使勞客得筭而閑暇耳說者謂只一易字其獨觀其深耶韓淮陰之言於高帝也自謂將兵多多益辨蓋識衆寡之用也乘勝遠鬥鋒不可當國士之無雙者也說者謂只一簡字其善發其蘊耶軍志有之曰計險厄遠近上將之道也馬援之聚米指畫明於滅囂之形矣乃充國之於羌有謂兵難遙度則因敵變化而取勝信非老臣不可也視之伏波其用异宜耳傳有之曰一日縱敵數世之患張良勸帝襲羽決於興漢之幾矣乃充國之於羌有謂窮寇勿迫則緩之走不顧信乎以全取勝也擬之留侯其敵异勢耳赤壁之戰曹操驅中國之士遠涉江湖所謂強弩之末不穿魯縞者也其敗宜矣謝玄以七萬衆大潰符堅則亂而取之周瑜之遺智也李靖曰淝水之役非玄之善堅之不善也其有以辨此乎泜水之捷韓信以背水爲陣人殊死戰所謂投之亡地然後存者也其勝宜矣王霸以往視河水詭言冰合則欲前阻水亦信之遺謀也光武曰王霸權以濟事殆天瑞也其有以識此乎是皆審於得失之勢而當其機是謂因敵而制勝決於勝敗之機而當其勢是謂因時而制宜古之善用兵者由是其選也不然則龐涓與臏共學兵法爲魏大將權非輕也龍且提二十萬衆以信易與勇非微也曹操兼荊州之新附符堅率三秦以投鞭勢非寡也昭烈以全蜀之衆銳於報怨力非弱也乃其計之不得威盡勢極爲天下笑咎生於恃強鬥力其機之不察而其勢之不早辨也執事曰掎角之勢覆人之逹計也奇正之變馭敵之祕機也無乃亦以是乎雖然知掎人而不知自掎勝不可必也知奇正而不知奇中之正正中之奇勝不可必也無窮如天地不竭如江河非通陰陽之機達萬物之變者其孰能知哉然必何如而後可曰泰山覆於前而色不變麋鹿興於左而目不瞬然後可以制利害可以持敵不然敵未交而心已怵矣雖有利害其孰知之然則欲成天下之將材者亦於治心

養氣中求之乎此非老生之常談也廟堂之上宜留神焉

第五問

陳加命

同考試官教諭吳批（條列弭盜之方援古酌人曲盡籌畫蓋抱經世之蘊者與）

同考試官教諭何批（探本銷萌其說良是非識時務者不能道此）

考試官教諭胡批（詳明切當鑿鑿可行）

考試官學正史批（文古而慮周策之佳者）

治盜之法必探其本而後可與慮始必銷其萌而後可與圖成夫盜之所由生也有本焉昧者為之則標末是務譬之揚湯以止沸夫是之謂悖盜之所由盛也有萌焉玩者為之則姑息是安譬之養莠以藝苗夫是之謂弛弛者不能治悖者不知所以治而盜賊之日熾不息職此矣執事惻心民隱計安中土惓惓以弭盜下問然往歲宋郊逋孽儌擾鄢潁間賴群策壯猷旋即掃蕩已事得失大可見矣語曰前事之不忘後事之師鑒也今幸比歲收入四境稱治然無賴子弟猶業椎剽倏為聚散長民者誠不可忽必思其故而規制之舍前所陳末由矣稽之周禮太宰以九職任萬民則民有常業不見異物而遷焉猶懼其富而英之教也而司徒訓之以五典施之十有二教於是有鄉大夫以考德行察道藝有州長屬州民而讀法以勸戒之有黨正掌黨之政令教治有族師掌族之戒令政事司諫以糾民德司救以誅讓其邪惡其所以道民於善者至悉也雖有鶩悍之徒戾行莫或逞矣大司馬以九伐正邦國則國不異政民得寡過焉猶懼其流而莫之防也而士師掌士之八成聯民之什伍以比追胥之事於是有司屬氏以辨盜物有野盧氏以聚□賓客達道路有司寤氏以詔夜禁有修閭氏以禁徑逾馳騁國中者其所以防民之惡者至備也雖有凶獷之衆誖計亦銷沮矣況其時中原之地田以井授疆理其畞而川涂溝澮止水浚坊民之經往循途旅進莫有驚心後世阡陌既廢民失常業兼并恣睢征斂無藝乃教化陵夷風俗頹敗而所在四馳無為限隔既損德心又長跋扈即水旱歲仍盜賊繁興矣此大較也今欲令盜不興發莫若修其本周人之教固難幾企也而九職任民可容失所乎欲令盜不延蔓莫若折其萌周人之政迹亦今事也而備舉不墬豈不在人乎是故其未形也探其本而制之則理道豫得民莫與為奸也其始形也銷其萌以遏之則先人奪人民莫能為奸也自漢而下人殊其制無非息患之訐謨也乃所以底厥成效可考鏡而行焉渤海歲饑盜賊并起至難勝也龔遂之治計於安之遂至使民賣刀買犢郡中稱大治焉則

移教罷捕民安其業勸農發廩選用良吏遂已端其本矣京兆免尹枹鼓數起至無道也召并張敞起刺冀州遂能至部令盜屛息不敢復恣焉則威名素著吏民祗令豪猾聞風氣遂餒解敞誠折其萌矣朝歌之賊州郡莫禁虞翊爲之則設三科以募壯士誘賊劫掠因伏殺之由是駭散詡之所以稱明其計得也廣陵之盜寇亂徐揚張綱爲之則單車之職以書譬諭咸謂釜中游魚得更生焉由是降息綱之所爲推誠其仁沃也賈琮之刺交趾也斮儌誅帥簡選良吏民稱賈父由清平焉朱儁之攻黃巾也不聽納降恐開逆意凜然大義眞良計焉善乎楊賜之言曰宜敕州縣簡別流民以孤其黨然後誅其渠帥可不勞而定此達權之通計其明於遏盜之機矣自宋以來人异其議無非弭盜之遠猷也乃所以當厥機宜可更僕而數焉富弼之言曰兇險之徒自負圖大結煽民間亦能始禍要在得而縻之使其謀不成則鼠輩爲羣不足慮矣此唐人失之於黃巢者也蘇軾之言曰德不足而才有餘者困於無門無所不至願召豪猾而籠用之使歆利進身則縱有嘯聚亦自無徒矣亦弼之慮於慶曆者也至於歐陽脩所謂四事則州郡置兵爲備也選捕盜之官也明賞罰之法也用良吏以撫疲民也而用良吏之一言尤爲首務其諸龔賈之己事乎秦觀所謂二弊則以患莫大於招降禍莫深於窮治招降則誘民爲盜窮治則驅民爲盜而傷惠損威之論尤爲明備其諸殲渠之深意乎善乎觀又有言曰盜之羣起也必速戰以折其氣勿迫以攜其心初緩則勢縱後急則變生此握筭之達論其審於平盜之術矣是故稽古人之成效而因地制宜則其理得緣古人之讜議而因時效用則其制盡選用良吏民樂資業探本者所必由也準而行之不有以窒盜之源乎孤弱黨與籠取豪猾此銷萌者所必務也擇而施之不有以遏盜之漸乎不然則窮治之不已是亂繩之絞急不可圖也禦之於已熾是續膏而減燄不可得也揚雄有言曰御得其道天下狙詐咸作使御失其道天下狙詐咸作敵長民者可以觀矣雖然猶有出於是焉本所當敦矣而今之所尤急者風敎之不端也風敎端而民習正庶乎無蕩心萌不可長矣而今之所當先者積窩之不絕也積窩絕而民黨除庶乎無隱慝夫民習之靡也誘於賭博淫於酒食逞技於控縱悅心於紛華貲財之不竭不已也何也其心蕩也竭且不繼則取非其有羣趨而爲之甘心於弁髦就戮而莫之悔矣愚嘗曰豫土之多盜末游之未創也夫困於饑寒而敢於剽劫亦人情也乃樂歲而不息焉此其故可睹識矣由是而飭之以攝奸萌可不嚴其禁耶夫積窩之固結也坐享其利人畏其勢無爲盜之形擅爲盜之實爲之愈久而愈無忌也何也其利厚也心且無忌則深根蟠結里閈效尤甘心於爲之黨而莫之恤矣愚嘗曰豫土之治

盜劉寫其急務也夫剽吏而奪之金猶懼其逐捕而莫之掩匿固賊情也乃養寇以自資而深為逋藪焉此其奸益甚矣由是而察之以除惡本可不重其法耶由是而小行剽劫則嚴爲緝捕以抉摘其奸而安業之民可無虞也由是而大或嘯聚則速爲□發以挫折其氣而窺伺之衆可無附也又由是而聯州縣之交地苟有事焉必同心捕獲無論彼此盜固無所容也又由是而嚴差捕之詐欺苟有犯焉必重罰以懲無及平民盜固無由縱也若夫核保甲之什伍謹覘諜之期會申告賞之明規舉連坐之重罰皆踵行之故事惟良有司作之以精明持之於悠久耳易曰神而明之存乎其人君子可以觀矣

河南鄉試錄後序

　　嘉靖乙卯河南鄉試事竣直以執事當告成於末簡乃作而颺言曰人材之興裨乎治道而其生也關乎氣運之盛道化之隆蓋自昔然矣豫當寰宇中央陰陽冲會固天地之奧區也粵自洪濛始判天乃出圖書於河洛肇泄靈祕授之聖神性道之玄機經世之鴻猷於此乎開緘啓鑰邈焉為萬世宗仰茲非天所特厚而真元之氣所獨鍾者乎故奕代發祥伊傅接軫周道中興申甫降岳至宋伊洛真儒倡明道學斯文賴以不墜往牒昭然休哉遐矣國朝奄有四海祖宗列聖統一聖真湛恩汪濊聲教旁乎茲惟近藩漸被獨先焉至我皇上道契先天德侔祇台臨宇以來建極錫福籲俊右文皇極敷言之訓布列黌宮昭回雲漢即遐方萬里之外罔不風動影從雲蒸豹變矧茲髦士密邇神化涵濡漸摩獨深且久者乎固宜濟濟彬彬若是乎盛也直竊自幸茲得縱觀多士之文見其據經協度茂實振華闡明道術則悟旨於義畫敷陳化理則取裁於箕範渾乎大河之涵泓而巍乎嵩行之具瞻允矣其爲豫之良矣世際休明川岳效祉理不可誣而久道化成人文宣朗信非坤靈所獨擅者爾若是而曰多士之中果無伊傅申甫諸賢其人焉豈理也哉爾多士進矣不可必者遇也不可負者時也士生斯時孰無帝臣之願而皓首窮經不沾一命者何限也多士拔茅彙征登名茲選既遇而獲時矣盍思所以報稱者哉以用世則思爲四輔以明道則思爲二賢功業未必同而同其志道德未必同而同其學則本諸身而達諸政矢其心以圖報於國者當無愧於爾鄉之先聞人雖山川且藉以增重賓興大典不亦休有烈光耶是舉也巡按御史李初元殫精瘁力務獲真材以對揚明命而直謬叨斯役敢攄御史之意用申茲告多士其懋敬之哉

　　　　　　　　　　　　　　應天府句容縣儒學教諭胡直謹序

嘉靖三十七年河南鄉試錄

河南鄉試錄序

　　嘉靖三十七年當天下賓興之期萬邦黎顯共惟帝臣其在河南密邇畿甸沾被聖化嚮慕尤先黌校之士彬彬然相與濯磨砥礪思欲奮庸於時巡按御史楊惟平飭風紀定章程先期所聘四方文學之官且至遂以禮歉暨教諭鄭延年主試事以學正劉鵠翔段文綺張介教諭張旆張邦臣何崇貴熊尹臣王敬賓同志提調則左布政使范欽右參政朱衡監試則按察使侯汝諒副使吳天壽其內外執事慎簡以充乃合提學副使亢思謙所選士二千四百有奇三試之拔其尤者八十人於是有司具筐篚設鐘鼓大合樂於藩垣歌鹿鳴而饗之一時儀文之盛聲容之美光於四方君子是以知中州之盛也百禮既洽升歌既終體謙釋爵進諸生而告之曰惟爾多士勖哉多士者非他章縫之末也其所表見經生之薄技呻吟佔畢之餘也今其文其姓名錄矣行將上春官對大廷脫迹巖穴而依附日月之光何其幸也若是者非以爲名也素所蓄積自今日見也體謙章縫隙之末也備位儒官一旦典文衡爲聖天子求才俊備任使何其重也且夫賓興之典至隆也卿大夫之屬望至深也牧伯郡守以下百執事之奔趨至恭也內外之閑衛至肅也遐邇之瞻望至顯榮也若是者非以美觀也爲天下得人也得則其人也不得則其玷也可不畏哉夫選舉之求才猶工師之求大木也體謙始縱觀中州人士之文如登嵩高跂太行茂林扶疏聳壑昂霄意忻忻欲盡取之弗能也懼其有遺材焉已深惟瑰材者大節磊砢章美不露人罕能識之又懼真材之未得也夫綴文者譬則木之枝葉也節膝之堅瑕本心之蠹蝕弗與也則又懼非材者之雜進也雖然中州之產自羲禹之圖書文王之演易伊傅之佐商周召者營洛皆以發天地之藏贊帝王之業開制作之原才生固有本矣已我列聖深仁愛護之皇上神化播植之凡爾八十人者皆三十七年之所生育長養也其爲美材不既然多乎豈其聖世而有非材夫致用者材之徵也歷試者學之符也今聖主側席旁求宗工大匠執規矩引繩墨以待群材之至柱石棟梁皆其選也不能則薄櫨榱枅猶爲用也匠氏過焉而不顧斯爲弃材已樛木不可爲柱也樗櫟不可適用也務正學以

行毋曲學以阿中立不倚者柱石之具也任用重不撓者棟樑之器也持空言飾文文皆治道之蠹不可以勝任雖有梗楠豫章腐將焉用之多士慎哉際昌辰履清朝遭遇聖明由此而疏附後先奔奏禦侮固其分也夫中州道統之傳羲禹文王周召之蘊二三子平生所學皆經文緯武宅揆亮采之資聖天子所以垂拱享成臻配天之休者將下藉也多士往哉行且睹維清之典聞大雅之樂爾所謂翽翽鳳凰藹藹吉人者非耶則鹿鳴之嘉賓肇之矣體謙不敏不敢自附于周行敬采詩人之言用正其始是役也巡撫右僉都御史章煥首倡文教士類丕式治河右副都御使王廷撫治右僉都御使劉學易弘敷訓典克樹軌儀監察御使印馬苟穎曾承芳巡監周滋姜儆督課裴天祐端持憲度茂振風猷右布政使林懋和左參政韓朝江右參政郝良臣左參議袁洪愈副使李豸胡志夔僉事楊廷相賈衡王詠趙世錄署都指揮僉事陳國清內外襄勞各有成績若應城伯孫文棟寧伯劉允中編修張居正中書舍人陳所學張天鵝戶部主事柳希玭行人孫丕揚程純楊柏以奉使至右參議栗永祿僉事羅文蔚署都指揮僉事馮時雍以入賀行右參政謝佑左參議陳其樂副使熊達郭朝賓陳大賓僉事徐惟賢熊桴以兵賦出嘉樂厥成於禮俱宜書者也書之

　　　　　　　　　直隸真定府元氏縣儒學教諭魏體謙謹序

嘉靖三十七年河南鄉試

監臨官

巡按河南監察御史楊惟平（均正直隸南宮縣人　庚戌進士）

提調官

河南等處承宣布政使司左布政使范欽（安卿浙江鄞縣人　壬辰進士）

河南等處承宣布政使司右參政朱衡（士南江西萬安縣人　壬辰進士）

監試官

河南等處提刑按察司按察使侯汝諒（貞甫山西太原左衛籍直隸滑縣人　戊戌進士）

河南等處提刑按察司副使吳天壽（仁甫順天府宛平縣籍直隸上海縣人　辛丑進士）

考試官

直隸真定府元氏縣儒學教諭魏體謙（伯光山西蒲州人　壬子貢士）

直隸真定府真定縣儒學教諭鄭延年（德徵雲南楊林所籍應天府上

元縣人　乙卯貢士）

同考試官

湖廣黃州府蘄州儒學學正劉鵠翔（宇卿福建閩縣人　癸卯貢士）

山東兗州府濟寧州儒學學正段文綺（國華雲南昆明縣籍應天府上元縣人　乙卯貢士）

陝西西安府耀州儒學學正張介（伯石四川保寧千户所人　乙酉貢士）

陝西西安府藍田縣儒學教諭張斾（子揚山西解州人　乙卯貢士）

山東東昌府茌平縣儒學教諭張邦臣（子敬貴州普定衛籍直隸崑山縣人　乙卯貢士）

彌封官

歸德府同知范大儒（子師山東霑化縣人　庚戌進士）

歸德府推官金鐘（仲鳴浙江仁和縣人　庚子貢士）

汝州知州楊錦（尚綱山東益都縣人　丙辰進士）

汝寧府光州知州吳一介（元石直隸桐城縣人　丙辰進士）

南陽府鄧州同知李㺧（子仁濟陽衛籍山東齊東縣人　丁未進士）

開封府杞縣知縣姚汝循（叙卿南京錦衣衛浙江永康縣人　丙辰進士）

謄錄官

彰德府推官漆汝翼（行甫湖廣巴陵縣人　丙辰進士）

河南府陝州同知沈紹德（明甫直隸安州人　丁未進士）

開封府祥符縣知縣王三聘（起莘山西代州人　丙辰進士）

開封府許州郾城縣知縣武建邦（懋藎山東舘陶縣人　丙辰進士）

河南府洛陽縣知縣梁淮（中行錦衣衛籍浙江金華縣人　癸丑進士）

汝寧府光州光山縣知縣秦可大（仲受陝西咸寧縣人　癸丑進士）

對讀官

南陽府推官陳其愚（宗柴山東登州衛籍直隸宣城縣人　辛卯貢士）

開封府扶溝縣知縣謝莆（符德山西代州人　庚戌進士）

開封府陽武縣知縣郭志選（舜舉萬全右衛籍山西平遙縣人　丙辰進士）

彰德府臨漳縣知縣路王道（汝遵山西屯留縣人　癸丑進士）

河南府陝州靈寶縣知縣夢㺧（應兆山東昌邑縣人　丙辰進士）

汝寧府光州商城縣知縣鄭相（克任福建閩縣人　丁酉貢士）

巡綽官

陳州衛指揮使凌懋勛（子承江西彭澤縣人）

睢陽衛指揮使高皋（伯陵直隸蕭縣人）

弘農衛指揮使趙梅（時先直隸濬縣人）

懷慶衛指揮使薛盡忠（良佐直隸寶應縣人）

搜檢官

宣武衛指揮使卯孟鉞（子乾山後人）

河南衛指揮同知王復乾（一貞直隸定遠縣人）

彰德衛指揮同知鄭邦（安國直隸合肥縣人）

宣武衛指揮僉事胡鳴謙（子貞直隸巢縣人）

供給官

河南等處承宣布政使司經歷司都事周應塡（惟諧浙江山陰縣人 監生）

河南等處承宣布政使司理問所理問丁良相（理之浙江長興縣人 監生）

河南等處提刑按察司照磨所檢校磨楊以潔（同源江西泰縣人 監生）

河南都指揮使司經歷司都事蘭鏗（士鳴陝西華陰縣人萬全都司人 監生）

開封府同知李充善（子性山西長治縣人 丁酉貢士）

開封府許州知州林洪（禹節福建閩縣人 丁酉貢士）

開封府陳留縣知縣王好學（道卿直隸樂亭縣人 庚子貢士）

開封府鄢陵縣知縣王緯（子燦山西汾州衛直隸定遠縣人 甲子貢士）

開封府鄭州汜水縣知縣顏芳（子實南京衛官籍浙江慈溪縣人 庚子貢士）

汝州郟縣知縣馬乾元（健之湖廣京山縣人 監生）

開封府經歷司知事潘銑（子金浙江烏程縣人 知印）

開封府祥符縣主簿楊補（朝衮江西臨川縣人 監生）

開封府鄢陵縣典史黃棟（良材浙江餘姚縣人 吏員）

開封府陽武縣典史何大文（添盛湖廣黃岡縣人 承差）

開封府許州長葛縣典史張天祐（德徵直隸任縣人 吏員）

衛輝府輝縣典史黃衷（獻宸福建莆田縣人 吏員）

開封府大梁驛驛丞陳楷（子進浙江鄞縣人 吏員）

開封府延津縣廩延驛驛丞李永松（子秀直隸邢臺縣人　承差）

河南府澠池縣蠡城驛驛丞林仕賢（用表廣東高要縣人　承差）

懷慶府河內縣萬善驛驛丞池有荷（希周直隸濬縣人　承差）

第一場

四書

子張問仁於孔子孔子曰能行五者於天下爲仁矣請問之曰恭寬信敏惠恭則不侮寬則得衆信則人任焉敏則有功惠則足以使人　見而民莫不敬言而民莫不信行而民莫不說　君子引而不發躍如也中道而立能者從之

易

大有上吉自天祐也　明出地上順而麗乎夫大明柔進而上行是以康侯用錫馬蕃庶晝日三接也　河出圖洛出書聖人則之　離也者明也萬物皆相見南方之卦也聖人南面而聽天下嚮明而治蓋取諸此也

書

惟動丕應徯志以昭受上帝天其申命用休　說拜稽首曰敢對揚天子之休命　一曰水二曰火三曰木四曰金五曰土弘敷五典式和民則爾身克正罔敢弗正民心罔中惟爾之中

詩

我稼既同上入執宮功　戎車既安如輊如軒四牡既佶既佶且閑薄伐玁狁至于大原　倬彼雲漢爲章于天周壽考遐不作人追琢其章金玉其相勉勉我王綱紀四方　憬彼惟夷來獻其琛元龜象齒大賂南金

春秋

夏齊侯衛侯胥命于蒲（桓公三年）　夏公會宰周公齊侯宋子衛侯鄭伯許男曹伯于葵丘（僖公九年）吳子使札來聘（襄公二十九年）夏五月甲午遂滅偪陽（襄公十年）　齊人歸我濟西田（宣公十年）齊人來歸鄆讙龜陰田（定公十年）齊我歸讙及闡（哀公八年）

禮記

司會以歲之成攟質於天子冢宰齊戒受質大樂正大司寇市三官以其成從質於天子大司徒大司馬大司空齊戒受質百官各以其成質於三官大司徒大司馬大司空以百官之成質於天子百官齊戒受質　五聲六律十二

管還相爲宮也　夫然後足以化民易俗近者說服而遠者懷之此大學之道也　禮樂刑政四達而不悖則王道備矣

第二場

論
聖人至德淵微自然之應

詔誥表（内科一道）
擬漢始置五經博士詔（建元五年）　擬唐以楊綰中書侍郎誥地（大曆十二年）　擬賀西苑瑞穀表

判語五條
選用軍職　轉移官物　驛使稽程　偽造實鈔　造作過限

第三場

策（五道）

問　帝王建極致治化之隆未有不本於孝者也子曰聖人之德何以加於孝乎三五元聖率由此道然而孔子於群聖之中獨推尊乎舜武者何歟洪惟我皇上天縱神聖纂承丕緒踐祚之初首詔廷臣議舉尊親大典斷自淵衷群疑始釋倫制兼盡人極攸立宸章炳煥義符經典載諸明倫大典者備矣仰惟皇上總明聖制作之善極中和位育之效成功巍乎莫及至德蕩乎難名蓋皆根底於斯揆之舜武同歟今其書頒佈中外副在有司諸士子亦既莊誦而服膺之果能鋪張揚厲其萬一乎夫由之而不知者凡民也諸士涵泳聖化鼓舞於道德之中久矣其敬陳於篇以昭聖人功化之大

問　六經既作道在六經自孔子刪定之後燦然大明於世遭秦之變殘缺殆盡漢諸儒起而搜訪尋繹如綫之緒賴之以不絕當其時明經之學盛行流衍非一授受源委可得而詳之歟雖其擇焉未精不無穿鑿附會之失又各守師說黨同伐異肆爲議論正誣互見後人每每疑之然使千載之下復睹遺經其功安可泯耶而或者乃曰易道微春秋散秦人焚經而經存漢人窮經而經絕毋乃過乎然亦豈無其說也至於有宋大儒輩出鉤深達微洞徹本原凡所辯釋粹然一出於正而類能以身明經不徒考定傳注爲功及其末流亦不能無弊朱子嘗別爲三經夫漢人弊矣宋懲之亦弊何歟諸士子明經久矣行將有經世之責請據所蘊以觀致用之學

問　賈誼有言積貯天下之大命積貯之法其來遠矣雖堯湯之世水旱且不免而民不病焉者以其備之豫爾王制所載與散見於六官者班班可考而知也由魏以降李悝耿壽昌長孫平戴冑能以其法濟當世至今談治者尚之宋人亦嘗仿而行焉而竟不效豈時异勢殊法不足恃歟抑地利异歟將委任權力之不同也范仲淹富弼名臣也其在兩浙與青州不得已爲權宜之方自今觀之謂之無策可也彼其體國之忠豈李悝諸人可方而竟未聞創一法以濟時抑又何歟荀卿曾鞏立論至詳質以古人之意然歟方今所當講者莫此急矣而在河南尤甚土瘠賦重多額外之徵而民又自耗其財加以水潦歲屢告歉安得不困耶茲欲循行古法則於數者奚先或不必求合乎陳迹而惟其意之是師將有其人則意自合歟抑別有裕民之方使民自生歟諸士子抱用世之具豈其於鄉之故而不概之也乎願言之子將聽焉而告於當事者行之也

問　將者三軍之司命社稷重輕繫焉故兵不擇將將不知兵自昔危之而長子帥師方叔壯猷聖賢每言之不置者非謂擇之宜審乎然周以六卿將六軍師旅卒兩之帥皆大夫士也又若無所擇焉後世有來自疏微而立群臣之上返自亡命而登大將之壇出自繫囚而謀晋陽之策又有將中軍而以子薦守上黨而以甥稱抗秦師而以姪舉者然皆成不世之功何也其爲將有軍功爵賞皆決於外者有士卒自便幕府省文書者又有州錢悉給仍規免商稅者於師律國紀無逾乎奚當時不議其非母亦將將宜然也方今聖明御宇疆域乂安然塞虜竊島夷未靖將才之簡上軫聖懷當事之臣亦既竭耳目以求之矣而建殊勳以稱上意者未聞也得必勝之才樹非常之績諸生獨無安攘之思乎曷據壯懷毋曰非講習所及也

問　中國禦夷必有可恃之長策故雖叛服無時而禁防難犯可常勝而常安待其來而後爲之備抑晚矣頃歲倭夷爲梗流毒遠近數年靡寧豈長策之不可恃歟抑失策致然也說者或歸咎於海禁之嚴夫禁之弗嚴而欲倭之弗入是慢藏以禦盜也其可得歟夫倭所爲逐逐者利也每一入寇輒載而歸豺狼之欲可厭乎必有以制之使來無所獲而去無所歸庶幾其可戢耳其道果安在歟當路之所經畫鄉老之所講求不一而足曰議城寨曰議捕船曰議團練曰議招募此數者兵家之常談至淺近易行耳而迄無一備豈有所窒礙歟將統之無人制之無法而實效之未臻也調發諸兵餽餉旁午此甚勞費不經之事而歲歲且行之豈果不容已歟至談海禁則皆搖乎閉目莫敢昌言豈浮議惑人雖明者亦不能辨歟祖宗成法昭然具在大都以嚴爲上果如時論

所云則成法將不可復歟舟山之窟已空閩海餘波復沸雖倭患稍息難忘備
也蕩平底定其永無惫必有至當至要之策是願聞於諸士子

中式舉人八十名

第一名　劉奮庸　河南府學生　　詩
第二名　杜希鵬　靈寶縣學生　　易
第三名　熊夢兆　鹿邑縣學生　　書
第四名　王來潤　澠池縣學生　　春秋
第五名　王同文　輝縣學生　　　禮記
第六名　蔡玠　　信陽州學生　　書
第七名　宋克柔　杞縣學附學生　詩
第八名　楊歸儒　嵩縣學生　　　易
第九名　李際春　安陽縣學生　　詩
第十名　周于德　開封府學增廣生　詩
第十一名　王祖嫡　信陽州學生　　易
第十二名　張拱極　鞏縣學生　　　詩
第十三名　陳所蘊　彰德府學生　　書
第十四名　燕儒宦　魯山縣學生　　詩
第十五名　尹來師　祥符縣學附學生　易
第十六名　張庸　　光山縣學生　　春秋
第十七名　徐養大　睢州學生　　　禮記
第十八名　劉嘉祺　汝陽縣學生　　詩
第十九名　劉位　　杞縣學附學生　易
第二十名　劉一登　睢州學生　　　書
第二十一名　褚檉孫　開封府學生　　春秋
第二十二名　蕭守身　懷慶府學生　　詩
第二十三名　吳昌　　開封府學生　　易
第二十四名　周程　　襄城縣學生　　詩
第二十五名　潘篁　　睢州學增廣生　書
第二十六名　桂承胤　開封府學生　　詩

第二十七名　陳汝立　開封府學附學生　詩
第二十八名　唐文華　懷慶府學生　易
第二十九名　雷大壯　上蔡縣學生　詩
第三十名　　校仲箎　衛輝府學生　書
第三十一名　耿鵬　　開封府學生　易
第三十二名　崔廷試　陳留縣學生　禮記
第三十三名　熊鎰　　光州學生　詩
第三十四名　劉登庸　河南府學生　詩
第三十五名　周咏　　延津縣學生　書
第三十六名　馮時　　洛陽縣學生　易
第三十七名　聶可久　杞縣學增廣生　詩
第三十八名　張光漢　武安縣學生　春秋
第三十九名　許言詩　太康縣學生　詩
第四十名　　張尚恒　儀封縣學生　詩
第四十一名　劉田　　南陽府學生　易
第四十二名　王子順　祥符縣學附學生　書
第四十三名　許評　　內鄉縣學生　詩
第四十四名　劉延　　歸德府學生　詩
第四十五名　周復元　信陽州學生　易
第四十六名　徐學古　洛陽縣學生　詩
第四十七名　趙名俊　睢州學增廣生　書
第四十八名　張有孚　彰德府學生　詩
第四十九名　劉漢儒　沈丘縣學生　詩
第五十名　　張一鳳　光山縣學生　春秋
第五十一名　劉必誠　衛輝府學增廣生　詩
第五十二名　王允中　開封府學生　易
第五十三名　彭程　　淇縣學生　詩
第五十四名　楊楫　　歸德府學生　易
第五十五名　甯科　　孟津縣學生　書
第五十六名　劉南金　祥符縣學附學生　禮記
第五十七名　岑性　　鹿邑縣儒學訓導　詩
第五十八名　李之在　河南府學增廣生　易

第五十九名　徐櫬　固始縣學生　詩
第六十名　賈一德　光州學生　易
第六十一名　耿仁　寧陵縣學生　書
第六十二名　郭棟　彰德府學生　詩
第六十三名　李薦佳　潁川衛軍生　易
第六十四名　李學詩　安陽縣學附學生　詩
第六十五名　莊桐　南陽府學生　易
第六十六名　王可久　安陽縣學生　詩
第六十七名　黎鶴　潁川衛軍生　易
第六十八名　李樂　鄭州儒學訓導　詩
第六十九名　蘇惟肖　河南府學附學生　易
第七十名　姚時鄰　延津縣學生　書
第七十一名　周詩　固始縣學生　春秋
第七十二名　李承選　延津縣學生　詩
第七十三名　賈淇　嵩縣學生　易
第七十四名　王遵義　安陽縣學附學生　書
第七十五名　張良知　寧陵縣學增廣生　春秋
第七十六名　魯邦俊　睢州學生　禮記
第七十七名　張宗孔　祥符縣學附學生　詩
第七十八名　杜化中　扶溝縣學生　詩
第七十九名　王廷應　睢州學增廣生　書
第八十名　陳昌言　真陽縣學生　易

第一場

四書

子張問仁於孔子孔子曰能行五者於天下爲仁矣請問之曰恭寬信敏惠恭則不侮寬則得衆信則人任焉敏則有功惠則足以使人

杜希鵬

同考試官教諭何（崇貴）批（此篇作者多以目與效相對殊失體論子能順題鋪叙而詞意婉然佳士也錄之）

同考試官學正劉（鵠翔）批（精當順適得子張孔子問答之意宜錄

以爲式）

考試官教諭鄭（延平）批（順暢）

考試官教諭魏（體謙）批（明爽）

聖人答賢者問仁而悉以目因勵之以其效也夫仁不可以泛求也行五者於天下而因以得效焉於仁其庶幾乎今夫仁統天下之善而君子之學所必先也子張以仁爲問蓋有志焉而未之逮矣夫子則以仁道雖大要之五者亦足以盡之子必不徒能知而且能行焉不徒能行且達之天下焉夫是則心存理得而全體不息者在我矣仁豈遠乎哉既而子張請問之於是夫子乃告之曰所謂五者非他也自夫莊以持己者有恭焉裕以容物者有寬焉誠以貞動者有信焉勤以作事者有敏焉恩以被物者有惠焉爲目不同同歸于仁而已謂之能行天下者此也夫是五者也惟其不能行也不惟不可以得效而且不足以言仁如其能行也不惟有益於爲仁而抑亦可以得效矣故恭則不侮而人莫不敬焉寬則得衆而人莫不服焉信則人任有以通天下之志矣敏則有功以成天下之能矣惠則足以使人有以驅天下之力矣蓋修爲之在我也無意于感人而類應之在人也自速于觀化故爲仁而不得夫此謂之仁者未也然則師也勉乎哉抑夫子此言雖所以歆子張而教之然推之至理不能外也蓋人已一心功效一致故正己自足以感人苟功立而效不應未之有也他日以天下歸仁答顏淵之問至於仲弓又以邦家無怨告之其意豈异乎惜也請事斯語回雍勇於自任而救藥雖切師則受之若罔聞焉此曾子子游所以皆不與其仁也噫子張亦負夫子之教者矣

見而民莫不敬言而民莫不信行而民莫不說

熊夢兆

同考試官學正段（文綺）批（詞不贅而意明盡有養之士也允宜高取）

考試官教諭鄭（延年）批（意婉而詞清可錄）

考試官教諭魏（體謙）批（明白而精切取之）

觀聖人達順之化可以見時出之妙矣甚矣聖人體信而達順也即其所以成化者而觀之時出之妙其可見乎中庸言小德川流而及此也以爲聖人以生知之資具所性之德方其充積于中也既自以極其盛矣時而發見于外也何如哉自夫示人以見也有所謂德容焉乃其不容自秘者非有心於民之作敬也然暉吉之光實天下之利見而民之得于仰觀者悉獻其欽翼之誠蓋見惟厥時遠有望而近不厭矣所以啓其敬而敬焉者寧有一之敢慢乎自夫

示人以言也有所謂音焉乃其終默者非有期於民之作信也然明徵之訓實天下之定保而民之被其鼓舞者咸堅其丕式之志蓋言惟厥時朝信道而工信度矣所以致其信而信焉者寧有一見疑乎自夫示人以行也所謂德行焉乃其不容自己者非有意於民之作說也然政教之敷既不拂乎天下之欲而民之從厥攸好者率竭其媚茲之忱蓋行惟厥時彼無惡而此而斁矣所以感其說而說焉者寧有一之弗懌乎是則見也言也行也自我出之惟其時而已矣敬也信也說也自民應之當其可而已矣聖人無心于天下天下自化于聖人盛德大業至矣哉雖然此特自其發者言之也要之聖人之動民固不專于發也未施敬而民敬未施信而民信未施而民說所以入其心者豫矣故一有所感遂不覺其機之符而應之速耳若必待其發而後從則其從也亦淺矣噫學者其勿以淺淺乎窺聖人耶

君子引而不發躍如也中道而立能者從之
劉奮庸
同考試官教諭王（敬賓）批（此作脫却射字而文勢渾融真得墜子之旨者蓋見道之文也佳士佳士
同考試官教諭熊（尹臣）批（辭脫灑而意婉微可以爲文矣）
同考試官教諭張（斾）批（通篇無一閑字無一俗語讀之令人爽神佳作也）
考試官教諭鄭（延年）批（才思鎮當）
考試官教諭魏（體謙）批（筆力雄峻）

大賢論君子施教之妙而因勉人以進道焉蓋據成法以率人君子之施教亦妙矣然非學者之自勉其何以進道也哉孟子所以告公孫丑者如此想其意若曰天下有必不可貶之道君子有必不可廢之法蓋其爲教也導之向往昭科條于有象藏之既密秘心法于忘言孰不以爲引而不發非所以盡人之材也不知罕譬之下已鼓其機而不得之中自寓其妙精義呈露於吾前非必見之而後章至理活潑於所以不待語之而始顯殆有躍而不可掩者矣夫是躍如也豈無一定之體哉率性而履悉本於民彝物則之常既不涉之于高遠待人而行莫非其神化性命之奧又不淪之于卑近非難非易中道而立者也但恐人之無能焉爾如其由教以入勵時敏以自將而因其所引直欲得夫不發之趣然後融會貫通豁心神于頓悟而隨其所立自爾契夫躍如之真矣否則雖欲從之末由也君子獨且奈之何哉由是言之道有定體自貶者非也

教有成法徇人者亦非也苦登天之難而欲使可幾及焉是何果於自弃而不諒夫君子之心也耶吁丑亦可以自悟矣雖然是道也非孟子之臆説也蓋嘗觀之孔子矣博文約禮雖循循以善誘至其道之無窮盡無方體者則未始輕以語人是所謂引而不發也然而卓爾之見回也之外卒無聞焉豈其躍如也中道也非能者終莫可與耶是故益見顏子之善學也已

易

大有上吉天祐也

杜希鵬

同考試官教諭何（崇貴）批（潔净精微易教也此作得之而自天處且出人意表宜式多士）

同考試官學正劉（鵠翔）批（詞約而理明説自天處更精切是深於易義者）

考試官教諭鄭（延平）批（平正而暢達）

考試官教諭魏（體謙）批（説理文字）

象傳於上爻之獲福而必明其爲天之所與焉夫德合於天者天必祐之也然則上九之獲福謂非天之所與哉夫子傳象之意如此蓋謂卦爲大有時之盛也爻至上九盛之極也時盛則已盈盛極則難益而周公於此乃命之曰吉者則是内寧外謐既以撫盈成之運矣而休徵之駢集者復有加而無已遠治邇安既以享有道之長矣而純嘏之大來者且有隆而勿替其時愈盛而其福愈昌矣然果何以致之哉亦曰滿而不溢天之道也上九而能履信思順以尚賢焉是合乎天道者也吾知惟德動天已具乎昭假之本而惟天眷德斯極其敷錫之隆永監觀以昭仁凡所以保定者亦孔之固焉而萬福之同不期而自至彰顯以垂助凡所以寵綏者以莫不增焉而百順之萃不求而自得是元吉之占雖獲于上九之位而福謙之命實出于皇矣之申矣不曰自天祐之而何哉吁此固周公繫辭之旨而夫子推而傳之其所以示人者亦深且切矣考之書曰作善降之百祥又曰皇天無親惟德是輔天人相與之際其不可誣也如此是故舜之禄位名壽文之聿獲多福豈天之有所比哉若重華若敬止所以潛孚而感通者固有自也噫天且弗違而況於人乎況於鬼神乎故明乎此始可與玩大有之爻辭矣

離也者明也萬物皆相見南方之卦也聖人南面而聽天下嚮往而治蓋取諸此也

楊歸儒

同考試官教諭何（崇貴）批（詞理明盡而文勢沛然非邃於易者不能也健羨健羨）

同考試官學正劉（鵠翔）批（以明字貫相見之義深得易旨）

考試官教諭鄭（延年）批（明切）

考試官教諭魏（體謙）批（順理成章）

大傳明物之所以相見於離而因推聖人法天之治也夫離位南方而物之相見因之也聖人之致治有取焉其亦善于法天矣乎大傳發明後天之圖至此以爲天地之大德以通物爲功聖人之御世以法天爲要彼物之隨帝以出者固有驗於震與巽矣所謂相見於離者何耶誠以離也者明之謂也惟其明也則潔齊者遂其生而滋長發榮雜然亨嘉之俱會顯仁者若其性而條達暢茂燦然形色之咸章蓋卦屬乎南方而於時爲夏天地之氣於是而大寤也造化之功是而益昭也物固無有不相見者矣夫離之爲明如此推而言之聖人之治天下寧非有取於是乎是故協上下以承天休南面而立正夫聽治之位臣工黎庶由此以臨之而凝命于大觀者威如也建皇極以錫庶民向明以居用爲敷治之所禮樂征伐由此以出之而申命於行事者裕如也是位得南而體統以尊即其圖位之正矣治向明而功化以備即其文明之象矣萬民所以利見乎聖非萬物所以相見于離者哉吁觀於此而後天圖學之妙益明矣抑伏羲先天八卦圖位以乾居南乾固君道也而文王復規圓之謂聖人取法於離者何哉蓋君德以剛爲主而居位以明爲尚此聖人所以先後天而不違也學者合而觀之而帝王君天下之道無餘蘊矣

書

惟動丕應徯志以昭受上帝天其申命用休

熊夢兆

同考試官學正段（文綺）批（思致精到語意健雅蓋書義之最佳者可以式矣）

考試官教諭鄭（延年）批（平正典則）

考試官教諭魏（體謙）批（宛委可誦）

大臣極言天人順應之妙見位之當慎也甚矣天人未易得也觀於順應之妙而位之當慎也益可見矣大禹期望於舜者如此意若曰上下之分雖殊

感應之理則一夫既內外交修克慎其位矣其在天人也何如哉誠以帝固民所愛戴也然而其懷罔常動之未必能應況未動乎今而交修則懿德以觸其好大公以服其心天下之志我固通之於是而有所動焉將見樂於倡導之善若或啓之而肅將之不遑囿於鼓舞之神若或翼之而敬應之恐後是其機動於此誠應於彼固有先意而徯者蓋君以民之志爲志民亦以君之志爲志也其得乎民有如此帝固天所寵綏也然而其道難諶命之未必用休況能申乎今而交修則存主者同其體流行者同其運帝天之命我固凝之以是而昭受焉將見至德彰聞而純嘏之錫篤於無疆太人蠹蒸而景福之介引於無斁所謂保佑命之自天申之固非圖度之私者蓋君能不違天之命則天亦不替君之命也其得乎天有如此用是觀之應雖協於天人而感實由於人主則夫交修以慎位自不容已矣嗟乎此格天保民之説也然天亦豈外於民哉要之視自以視聽自以聽其理之孚契機之感通誠有非偶然者是故欲格天者必自保民始也他日皐陶曰達於上下周公曰以小民祈天永命其有見於此矣此又慎位者之所當知

説拜稽首曰敢對揚天子之休命

蔡玠

同考試官學正段（文綺）批（發揮敢字處尤妙是懷忠愛者也錄之）

考試官教諭鄭（延年）批（得説口氣）

考試官教諭魏（體謙）批（文亦精確）

大臣致敬於君而直以其命爲己任焉夫休命難於任也大臣乃敢於對揚焉其亦自任以天下之重歟昔傅説聞高宗之言喜慰之忱方切於中肅敬之誠遂形於外於是拜手稽首以復于王曰人臣一身固將上輔其君下安其民者也惟君無所托斯臣無所承今欲使説紹乃辟于先王綏兆民於有永其命可謂休矣説將慶遭逢之不偶精白其心期以副君之望乘事幾之可不矢陳其力期以盡吾之責向固未敢對於己也今則自籌之審諒其力之能勝敢以對焉而無愧向亦未敢揚於衆也今則自信之篤度其言之可踐敢以揚焉而無怍以之爲上必使德符烈祖先正之堯舜其君者可以再見也否則克綏之命吾之所負謂何而可背耶以之爲下必使功格皇天先正之堯舜其民者不得專美也否則永綏之命人之所望謂何而可違耶知乎此則有相之道固説之所當勉而紹祖綏民之實非君之所當自盡歟吁説也自任之重責難之心蓋并行而不悖矣雖然逸者君之道勞者臣之分也蓋君主任人臣主任事

故治事則臣力當竭得人則君道自盡古稱帝王之聖曰恭己曰垂拱而無成代終臣道也彼天道不言而歲功成者亦曰四時五行定其氣耳學者明於天道之故而審於君臣之宜斯可以論治矣

詩

戎車既安如輕如軒四牡既佶既佶且閑薄伐玁狁至于大原

劉奮庸

同考試官教諭王（敬賓）批（講至於大原處明白切當非苟作者）

同考試官教諭熊（尹臣）批（此篇題本平易而作者多欠微婉明盡親切獨見此作高薦允稱）

同考試官教諭張（斾）批（才氣飄逸文思雋永子其深於詩矣）

考試官教諭鄭（延年）批（純雅可觀）

考試官教諭魏（體謙）批（微婉獨至）

詩人美大將飭禦戎之具而不失乎禦戎之法焉夫車馬強盛禦戎之具飭矣然猶不盡用焉其得禦戎之法者乎六月之詩美吉甫之北伐而作也蓋曰王者之兵固為無敵而王者之仁實為無處吾於吉甫之將兵北伐也而有見矣彼以禦敵者必有車使車有不盛非所以備衝突也茲以言乎戎車之安也則如輕如軒焉視之而適調者咸可藉之以適用也而衝突其有備矣豈但十乘之元戎而已哉以駕車者必有馬使馬有不盛非所以利馳驅也茲以言乎四牡之佶也則既佶且閑焉比之而齊力者一皆教之于有素也而馳驅其有利矣豈但四牡之修廣而已哉以是馬也駕是車也則備於我也有長技而加於彼也有餘威矣於此而入其阻可也犁其庭可也殄其族類亦可也然不知以逆犯順雖其匪茹之常而窮兵于遠則非王者之師故薄伐玁狁也惟寢其敢拒之謀使不得整居焦穫焉斯已矣而出于太原初不窮追以為功也惟遏其孔熾之勢使不得侵及鎬方焉斯已矣邊境之外初不深入以為武也是蓋中國之土宇本以太原而為限故玁狁之薄伐亦至太原而遂止充吉甫之心但知以匡王國以佐天子而已矣庸詎知仗吾之威也而貪兵以逞哉吁此其所以為文武之全才萬邦之矜式而佐成一代中興之治也詩人叙以美之也有以夫嘗考宣王禦侮之臣不但一吉甫已也至其南征也亦曰顯允方叔蠻荊來威而平淮平徐則又召虎南仲其人焉要之君主持于上而將兵敵愾者宣力效勞以承休由是奏膚功寧王心也信不偶矣雖然宣王亦不專恃此也雲漢歌而皇矣格無羊咏而室家集其敬天勤民且素矣內順治而外威嚴毋亦自然之應乎

憬彼淮夷來獻其琛元龜象齒大賂南金

宋克柔

同考試官教諭王（敬賓）批（語明意盡得詩人祝頌之體）

同考試官教諭熊（尹臣）批（意義充然而詞亦足以發之允宜高薦）

同考試官教諭張（旆）批（詞理兼至美不忘規溫柔敦厚之意子其得之可錄）

考試官教諭鄭（延年）批（語意婉切）

考試官教諭魏（體謙）批（雋永有味）

魯人願遠人格心而致貢忠愛之情見矣夫淮夷之爲魯患也久矣詩人乃願其格心而致貢焉其忠愛之情爲何如哉且其意謂夫內治之隆汚遠人所視以爲向背者也我侯既作泮宫所以修凡治者得矣而遠人之服也當何如哉是故蠢玆淮夷向嘗負固不服矣今則仰茈泮之風適鼓其歸德之念無知之類盡爲有覺之良也沐崇文之教自起其向化之機匪茹之衆皆知自新之善也悔今是而昨非咸心悦而誠服蓋無復有向之負固者矣然是淮夷也豈徒其心之覺悟而已哉吾見相率以來歸者則亦必相率以來貢而輸將之忱自有所不容已莫敢不來同者則亦莫敢不來享而寶琛之納自有所不容後其庭實之旅陳者雖非一端也而即其貴重難得者言之其殆不惟有元龜也而又有象齒者乎其方物之畢獻者雖難悉數也而即其奇絶可貴者言之其始不惟有象齒也而又有南金者乎雖曰君子不貴异物我魯固不樂寶乎此也然彼有歸附之誠自不得不竭其難繼之物耳容非其所自盡歟雖曰王者厚往薄來我魯固不厚責乎彼也然就其愛戴之心自不得不備其多儀之享耳容非其所必至者歟至此則兵不必試而淮夷不但孔沾淑已也謀不必用而淮夷不但卒獲已也玆之所以願於我侯者豈其微哉吁若魯人可謂忠愛之至而善於頌禱者矣雖然淮夷猖獗未易服也何魯人之願君也言之若是其易易哉蓋忠信禮義之威愈於堅甲利兵之銳使魯侯果能順長道克明德如詩人之所咏焉則於淮夷之格心致貢也何有夫何不能盡然卒使之病杞病鄫史不絶書焉其亦未識魯人祝頌之微意歟

春秋

夏齊侯衛侯胥命于蒲（桓公三年）

王來潤

同考試官學正張（介）批（相命信諭即爲近正此作獨能得之可以錄矣）

考試官教諭鄭（延年）批（文有斷制）
考試官教諭魏（體謙）批（得聖人善胥命之旨）

春秋善二國之相命以其近正也甚矣聖人以古道望天下也胥命則不盟而有以近古矣春秋惡得而不善之且蒲之命齊衛相推爲牧伯也諸侯相命古未之聞也而春秋顧善之也何君子曰茲命也其猶有古之遺乎古者不盟結言而退自夫盟載之法設而亂是用長是故巧言之詩所爲刺也逮至春秋之世盟愈煩畔愈甚而風會之下也久矣何幸齊之僖衛之宣而有茲命耶惟以言而相孚不以牲而共歃自後日而觀之言以時異固難必其不變自今日而觀之言以成信而其心固己咸喻矣噫虞夏之道降而敬信之風微吾意齊衛之君囿於習俗而莫之悟也而乃胥命若此是雖以國相推若有戾于先王侯伯之命而以信相諭亦不泥于周官司盟之法矣使諸侯而皆齊衛皆不盟焉則傾危俗革而於穆之風不可復見耶聖人有志于大道之行與三代之英嘗嘆其不可得而見也而得見不盟如齊衛者斯可矣是故特起胥命之文以善之非謂胥命之盡善也有胥命之不盟則無末世之滋弊而古道庶乎可幾矣其亦挽回斯世之一機乎或曰世日降矣春秋之不盟僅有如二國者而欲以挽之得母難與不知古今之時不同而理同理也者人心所同具者也故曰斯民也三代之所以直道而行也行帝道而帝行王道而王顧倡導者何如耳如以爲盡不可變也而安于習焉吾知聖人望天下之志荒矣

齊人歸我濟西田（宣公十年）齊人來歸鄆讙龜陰田（定公十年）齊我歸讙及闡（哀公八年）

張庸

同考試官學正（張介）批（文有繩墨而心服處尤爲透徹佳士也取之）
考試官教諭鄭（延年）批（辭嚴義正）
考試官教諭魏（體謙）批（得聖人自序之旨）

春秋詳大國歸地而於心服者特異其詞焉此鄆讙龜陰齊感聖人之化以誠而歸之也春秋書之特異其詞者意蓋如此且齊之歸田于魯也數矣前之濟西後之讙闡皆直書歸而獨於鄆讙龜陰之田特以來歸書者何曰事待於人爲者未必其由衷而感出於天機者不容於勉強濟西之田惠也悅魯之媚已讙闡之田悼也悅魯之歸邾要之皆緣請而歸非誠也乃若三田則異是矣定也用孔子以相會孔子行王道而化齊示之以華夏盟好之重明之以人神德義之常始而以禮相見焉終而以禮罷享焉不于其勢而于其理雖有犂

彌之奸萊夷之劫其心亦有不容不屈者由是晏子之語方陳景公之良頓悟數十年之侵疆遂草章歸焉故宇復周公之舊人曰齊之謝過也不知其謝之以質者中心之悅也惠徹太公之靈人曰齊之心服也不知其服之以誠者俄頃之化也不然齊自鄢陵之後代盟主合諸侯雖盡魯之力以臨之猶不能下而肯以其田歸哉甚哉魯之禮足以服人齊之強可以禮服而過化存神之妙於是乎不可掩矣故特書來歸而異於濟西謹闡之文者見齊則以誠而歸魯非以請而得亦以自序其績也自序其績是誠以天自處而不以為嫌者其斯以為聖人矣乎嗚呼三田歸而變齊二邑墮而變魯所謂期月而可此其徵也使得志而行乎魯焉則必一變至道文武成康之治可復見也惜也女樂受膰肉不至而齊人之沮又復行其計矣噫魯不用孔子吾其東周雖有聖人其奈之何哉

禮記

夫然後足以化民易俗近者說服而遠者懷之此大學之道也

王同文

同考試官教諭張（邦臣）批（講夫然後處殊有根據而化民易俗輕輕說去尤得本旨取之）

考試官教諭鄭（延年）批（說得中字出）

考試官教諭魏（體謙）批（不泥官使之效良是）

記者推大成者之裕於用因著其為大學之道焉夫學至大成而其用自裕大人之事備矣謂非大學之道而何哉記學者至此以謂先王之於人才其教之者將以致用也其用之者將以責效也士而視德業于九年信足以言大成矣夫惟其大成也則素豫吾內已寓乎鼓舞變動之術而求利吾外斯優于化民易俗之治被其澤者則心說而誠服焉孚感之速以言乎近則不厭也聞其風者則向慕而允懷焉綏來之妙以言乎遠則不禦也蓋施于有政不徒能于其官而日見于行且將不負所使者矣若此者寧非大學教人之道也哉蓋明德新民大人之事也惟學有未成則用有未裕謂之大學未也今以大成而裕大用焉則本諸其身既盡夫明德之功而徵諸庶民不愧乎新民之用擴而充之可以成位育之能內聖外王由此其選也推而極之可以達參贊之化盛德大業於是乎畢也否則明體不足以適用治人或歉于自淑豈古者作人之本意哉是知士非大學無以成其材而學非大成無以彰其盛此先王所以臻治化之隆而非後世之所能及也歟抑考成周之世濟濟多士文王以寧王國克生維周之楨宜若氣化之使然矣及觀棫樸之詩乃知周王作人之有自而

又以緝熙之德先之此所以成人有德而治化隆美也若夫過魯之祀臨雍之拜非不知教也而卒不能復先王之舊焉噫本之則無如之何其不漢也

禮樂刑政四達而不悖則王道備矣
徐養夫
同考試官教諭張（邦臣）批（鋪叙禮樂刑政四字甚有關鍵程式之文也）
考試官教諭鄭（延年）批（説備字出）
考試官教諭魏（體謙）批（文有意味）

記者舉先王治具之大行而要其爲道之全也夫禮樂刑政所以同民心而出治也即其大行而王道之全在兹矣且記者之意謂夫先王之立教固本乎人情先王之治情實關乎治道何也制禮樂以節和天下而政之與刑固所以行而防之矣然合而觀之禮樂也者雖所以虔其始而刑政也者實所以厚其終均之可以適乎治也誠於是四者變通以盡利而推之必準文德昭誕敷之休鼓舞以盡神而動之必化庶民協歸極之應服習其教而天下以中以和焉唯其達而莫予違也遵守其法而天下以懲以勸焉所施而無敢逆也夫如是而王道有弗備矣乎蓋治道具而四達之未能失則偏矣治具達而有一之或悖失則間矣要之皆不足以言備也兹惟慎感之具既以通行而無違則治平之術自是咸正而無缺優游乎中德之盛也蓋無偏無黨而王道之蕩蕩者有以會其全天下化中治之極也蓋無反無側而王道之平平者有以盡其大謂之曰備信乎所過者化所存者神上下與天地同流矣豈曰小補之哉吁此先王之所以爲不可及也歟大抵先王之治本於道先王之道本於心心也者道之統而治之原也故因心以達道則禮樂刑政皆足以維治使規規於法制之末而無本以出之雖欲言治皆淺也嗚呼有天德使可語王道其要只在謹獨有志於先王之治者當自得之

第二場

論

聖人至德淵微自然之應
王祖嫡
同考試官教諭何（崇貴）批（聖人之德之化本與天一而子能以誠字發之真達天人之蘊者宜首多士）

同考試官學正劉（鵠鵬）批（規格不凡而詞氣充沛可以占所養矣）

考試官教諭鄭（延年）批（立意圓融致辭暢達而淵微之妙獨能發揮真切宜錄以式）

考試官教諭魏（體謙）批（博學高識語意不凡且議論正大能發天人之蘊）

聖人之德天德也其修諸己也非有所爲也其民之化也亦非於我有所徇也機之相感而自神者乎機者非他也誠也天下之理誠則無思有思則非誠矣誠則無爲有爲則非誠矣誠也者天之命也性之真也道之原也人見聖人會天下之理于一心以爲聖人思以易天下也而不知盡吾之所當爲曷嘗有所期哉又見其民之遷善敏德不誠而中也以爲其民之徇上所欲也而不知其悅聖人先得我心之同然鼓之舞之而不自知耳一有不誠則致飾襲取上以之而要乎下也聲音笑貌下以之而徇其上也奚足以語自然之應哉聖人之德天德也聖人之心天心也淵微之化亦與天同運之而已矣吾嘗仰觀於天之道而有以知聖人之德矣今夫確然上覆示人易矣人但見其秉陽而垂日星也成象而見變化也而不知其無極之真二五之精於穆不已之命宰於冲漠之表而莫得其蘊也妙於陰陽之運而莫測其機也屈伸於往來之微而莫窺其朕也由是闔闢之爲陰陽循其則也昭布之爲日月順其常也推遷之爲寒暑不爽其候也星辰經緯之各合其度也飛潛動植之各若其性也聲色象貌之不易其恒也其應乎天者一出於自然也夫其應之自然者天運之自然者感之也易曰大哉乾坤乎剛健中正純粹精也夫純者至一而不二粹者至美而不雜精則微妙難名而聲臭無矣非誠乎又曰大哉乾元萬物資始誠之源也各正性命保合太和誠斯立焉非誠之應乎聖人者法天者也天生人而篤於聖人聖人獨得天之秀而最靈者故其德之修諸己者無不求與天合焉洗心以退藏於密而無一私之累也齊戒以神明其德而無一念之忽也思慮雖未起而亦臨亦保之念恒存焉耳目雖未交而勿視勿聽之念恒存焉事行雖未接而勿二勿三之念恒存焉故端嚴凝重主乎一而已矣玄微澄徹守乎靜而已矣明通靈瑩致乎虛而已矣夫主一以待天下之賾則賾雖日至而不眩也守靜以臨天下之動則動雖萬變而不惑也致虛以應天下之務則務雖沓至而不乖也夫聖人議道自己建極於民使徒於聲音形迹是修而弗於其幽深玄遠者是務則天下之民亦相率而馳於外矣其何以化成天下哉故至敬昭融則本原培植心得既至則見外自章由是發之爲七情則喜怒哀懼愛惡欲之施罔不中其節也叙之爲五典則君臣父子夫婦長幼朋友之敘

罔不若其倫也敷之爲庶政則大而朝廷宗廟之儀細而食息起居之節莫不協于理也是豈聖人作意而爲之哉至德積於中英華發於外聖人不自知其然也由是天下之人見聖人情之中其節也相率約其情而作好作惡者遠也見聖人倫之叙也相率惇其典而反道敗德者遠也見聖人庶務之協于理也相率會其極歸其極而偏陂偏黨者遠也邇之而家一家之人無不應也遠之而國一國之人無不應也推極之於萬方萬方之人無不應也是非天下之求悅乎聖人也神而化之使民宜之天下亦不自知也是何也人心有同然之理聖人既先得之而又以默成之孚不言之信率先于上焉故觸之而即感作之而即興不戒以孚也不疾而速也不行而至也非天下之至誠其孰能與於此哉易之觀曰大觀在上順而巽中正以觀天下又曰下觀而化也咸曰聖人感人心而天下和平夫順巽中正聖人之至德也固足以致下觀之化矣然必感人心而後天下和平焉是可以知淵微之德之應矣推而極之以至德而祀天則天神可格以至德而事地則地祇可感所謂天不愛道地不愛寶河出馬圖山出器車而諸福之物可致之祥者畢至也以至德而曲成乎萬物也則天時有生地利有養胎生者不殰卵生者不殈而無一物不得其所者可致也何莫而非自然之應哉向使涵養之未極其純充積之未極其盛則一間未達難以語神形迹尚存難以語化而其應亦朋從之思耳夫淵微之德一真內融萬境俱徹求之而無方即之而無體恍惚而莫可爲象者也而自然之應則言乎遠不禦也言乎邇靜而正也言乎天地之間則備焉是之謂發微不可充周不可窮聖道之所以爲神也然此豈聖人之絕德哉天下雷行物與無妄誠敬之賦途人與聖人同也性以情動情以物遷而昏昧放逸自喪其良者眾也豈惟夫人賢者能存之矣然功未造於精純德未入於玄妙此淵微之至所以獨歸於聖人歟知夫人之所以失則知聖人之所以得矣然聖人亦豈能外至誠以爲之本哉雖然未至於聖者如之何曰爲己其始也知幾其要也獨其功也根之以勉強行道之心馴習於日進有功之域則淵微之德以我而自然之應日臻矣苟憚力行黽勉之勞而求徑超頓悟之術卒流於猖狂自恣之歸而去道遠矣善學者尚鑒茲哉

表

擬賀西苑瑞穀表

李際春

同考試官教諭王（敬賓）批（體裁莊重造語峻切其於我皇上敬天勤民之應頌揚得出亦四六之最佳者錄之）

同考試官教諭熊（尹臣）批（典則而麗懇至而文敬服敬服）

同考試官教諭張（旆）批（思深詞婉能揄揚我皇上仁孝盛心可以占忠愛矣錄之）

考試官教諭鄭（延年）批（稱頌有體辭氣謹嚴是文表之優者）

考試官教諭魏（體謙）批（駢麗典雅鏗鏘可誦式多士允宜允宜）

嘉靖三十七年某月某日具官臣某等恭遇西苑進瑞穀一本三穗者一雙穗五十五謹奉表稱賀者伏以貺錫皇穹紫極介無前之慶瑞呈帝畂瑤符徵有道之昌節將屆於流虹禎遂同於舒筴頌聲雷動喜氣天開臣等誠懽誠忭稽首頓首上言竊惟王業以稼穡爲艱明神非粢盛不享豳風教遠宜廣七月之篇周制禮沿斯受百靈之祐睠茲仙種植自天田帝耒昔何荷於三推農扈茲欣於首獻飽明廷之渥露孕毓瓊膏挹太液之清塵光生玉顆三岐并峙畫應乾文二穎交芳數占坤偶準河圖生成之策乘五分雙協太極動靜之元函三爲一迎眸而山川薦爽觸手則殿閣生香巧若天成麻真神授彼合懽連理會何補於民生暨竹實杉花詎有資於國用猶且一時歆動奄致異代流傳寧如秘苑之嘉生真爲熙朝之上瑞時如有待物豈無知恭惟皇帝陛下體合重玄心涵太始中和建極敬天法祖勤民作述成能議禮考文制度萃道乎而饗親饗帝乾綱運而克長克君八政弘宣五兵靜戢肆冲和之融液上及太清下及太寧聿景祐之昭垂天不愛道地不愛寶期當應聖熒光合而黃河清徵在延齡雲馭來而白鹿見丹芝燁燁產屬名山甘露瀼瀼降從琪樹瑞麥呈於齊甸寶兔貢自巴川由載籍以來古今稱邁非聖人不出造化奚私四表方沸康謠九重尚勤周穡日成月要計頻質於司徒秋報春祈禋更虔於上帝是生神物式相昌辰煥璇極以迎祥應金方而擢秀將擬同玄珠而上萬壽吉應天壇豈特豐赤穟而兆三登氣先禁籞邁唐封之同穎陋漢代之雙岐是宜倣神雀以紀年按芝房而度曲薦諸郊廟彌彰明德之馨播在裔夷共識太平之象臣等忻承鈞造幸接清班對丹扆而慶元良懽均獸舞載彤管而書大有才謝麟編一飯敢忘祇效嵩呼之祝寸衷欲獻載歌天保之章伏願念切民依功超玄化播茲百穀水火金木土惟修協用庶徵雨暘寒風時若敷皇極而錫福心和氣氣和形形和兩儀握瑤圖而凝神一生二二生三三生萬物四靈畢集八蜡咸通川百日升聖箓益綿於寶錄天長地久國祚永保於金甌臣等無任瞻天仰聖忻躍慶戴之至謹奉表稱賀以聞

第三場

策五道

第一問

劉奮庸

同考試官教諭王（敬賓）批（我皇上孝兼舜武制備明聖天下實涵泳其中而不知也子能揄揚殆盡是留心於典章者）

同考試官教諭熊（尹臣）批（以功德明聖揄揚我皇上之教而且本之於敬一是亦用心於明倫大典而究其深者取冠多士允宜允宜）

同考試官教諭張（旆）批（舜武之孝其大與達處古今莫能分辨子能以功德言之亦獨得之見也取之）

考試官教諭鄭（延年）批（揄揚我皇上兼舜武殆盡是懷忠愛者也錄之）

考試官教諭魏（體謙）批（博學強識是能敬揚我皇上功德之盛者）

至哉聖人之孝乎貫帝王而會其全合明聖而臻其盛者乎夫行帝道而帝知王道而王帝王者功德之謂也作之者曰聖述之者曰明明聖者述作之謂也然聖造同而性反自異治化一而常變或殊則功德必至於相掩述作不能以兼盡矣集大成以神參贊之能妙時出而極功化之大盡善而盡美丕顯而丕承自生民以來孰有如我皇上者乎請敬陳之夫自天地定位涵倫理之原圖書呈象洩綱常之秘三五元聖率由是矣矧典謨所載訓誥所紀者皆古聖人也而孔子獨贊舜武何哉蓋或處人倫之常未極尊饗之典則雖功德之盛而未可與於斯也孔門師弟論孝至詳孔子曰通於神明曾子曰橫於四海故精微廣大孝之德也孔子曰加於百姓曾子曰斷一樹不以其時非孝故仁民愛物孝之功也舜處父子之變致底豫之化尊富則至保饗則備矣以之齊政輯瑞同律修禮肇州咨牧莫非功也而德則大武遭君臣之變舉順應之事繼述則善追王則遠矣以之釋囚表閭光絕舉廢致遠展親莫非德也而功則勝邵堯夫曰堯禪舜以德武王下舜一等則入於功矣故大以德言達以功言各自其孝之所至者言之而豈有二哉由舜之後千有餘年而有武王焉由武王而後則貞元未合光岳久渙矣洪惟我皇上應五百之期撫一統之運纘丕緒光握瑤符蓋遵太祖兄終弟及之訓承純皇子燕孫貽之謀所謂聖作而物睹天與而人歸者也踐阼之初首詔廷臣議舉尊親大典夫何昧禮者據人後之穎泥古者持漢宋之謬仰惟皇上濬哲天縱愛敬性成英悟睿斷引聖經以折群疑離明乾剛觀會通而行典禮及崇尊號而名實以稱爰立世廟而追

饗以伸一本之義萬世之經燦然著矣於是揭始末之故而要其是詳异同之言而歸於一下之史局編摩成書綸音凡三頒而更名曰明倫大典焉首列帝王之統則正變以別次詳祖宗之系則正閏以分折統嗣之義而入後之疑始決申世及之文而大人之禮攸定漢宋本其預養則濮議自廢曹叡發其援立則魏詔斯悖古先聖賢之訓所當尊則上稽孔孟之教旁采歐陽之議衆言淆而折諸聖也末世弊陋之説所當斥則遠破師丹之論近折司馬光之疏异論息而大義明矣崇謚獨斷純得乎天理之正世饗尋舉深即乎人心之安伏讀聖諭曰各官所奏一一直書以明是非以見邪正又曰先儒所論幷魏詔漢宋之事其於禮合則褒進之使後人有所守謬而否則斥之亦使後人無所惑大哉皇言蓋是非直書褒貶自見其春秋之義乎御製序曰王天下者皆本奉天命承宗祀立人極建綱常作民之主未有舍是而外求諸道以能化行四海澤被生民者也又曰上承乎天奉宗祠於億萬斯年下勤乎民務盡君人師長之道期於禮樂之興刑罰是中大哉皇言蓋妄自於親睦及於協和其尚書之旨乎稽之孝經則本一行而兼三才之道質諸中庸則操三重而兼六事之善至哉聖人之孝乎一孝立而萬善從之矣是故以之而明天經則圓丘有祀祈穀有祀欽天有頌焉以之而正地義則方澤有祀岳瀆有祀籍田有典焉以之而植民行則辟雍之幸養老之詔鳌先師之儀黜夷族之享蠲租憫疫賑饑勸農之令行焉孝心融徹和氣充塞於兩儀之間禮制通行湛澤漸被於八埏之外是故天不愛道地不愛寶禎符叠應景貺滋至甘露屢降嘉禾茂產芝草充廷醴泉湧地黃河薦瑞白鹿協靈可致之祥無不畢集成功巍乎莫及至德蕩乎難名何莫非孝之所至哉故明倫理於群迷雖非帝舜之遇而其大則同焉極尊養以天下雖非武王之遇而其達則同焉先聖後聖不一揆耶雖此自明問言及之而言爾乃愚生睹日而測天飲潤而溯海將不可揄揚於萬一乎夫恭己無爲而聲色之俱泯我伐用張而盡美之未遑則雖舜武之功德相掩矣端南面之治非述也紹南巢之舉非作也則雖舜武之述作不兼矣惟我皇上帝德廣運聖神文武兼體而無遺功盛矣而備舜之德王道顯行禮樂刑政四達而不悖德盛矣而總武之功故曰貫帝王而會其全本衷綏猷先天地開闢之仁視虞之作而愈光緣法建沼後天地制作之義軼周之述而爲烈故曰合明聖而臻其盛猗歟休哉然豈無其本乎粵自精一授受開萬世心學之原敬義敷陳綿八百王業之久二聖人之孝統於是矣我皇上敬一之學蓋异世而共貫焉一者純乎理而不雜即精一之旨而敬者存其心而無忽即敬義之訓也然舜之紹堯得之乎見知武之繼文异於師資我皇上則心領神會獨悟乎化

育之妙建極錫民自得於見聞之表直與二帝三王默契於數千載之外三十登庸乃承帝堯之咨即陟太甍始聞丹書之誡我皇上則生行夙成匪藉啟翼之力閎謨駿烈不假悅歷之功直與二祖列聖潛乎於二百載之上是故本源澄徹探之無際無機充滿施之不匱功德崇隆并群聖而有赫述作昌明冠百王而大備至哉聖人之孝乎雍熙太和之治將與天地為悠久而生斯世者沐浴膏澤涵泳聖化相忘於道德之中而不知矣愚也雖欲操觚翰以形容竭力而贊述殆若聽蕭韶而知舜之難名歌下武而識武之莫及也何能揄揚於萬一哉謹對

第二問

尹來師

同考試官教諭何（崇貴）批（經以方明亦以言晦子能剖析諸儒而根極要領能自得師錄之）

同考試官學正劉（鵠翔）批（辯析明盡以之致用必有實效不可經生目子也）

考試官教諭鄭（延年）批（折衷詳確）

考試官教諭魏（體謙）批（評品得宜）

存六經難矣未若明之之難也明六經難矣未若行之之難也夫經以載道道不明則所存者器數之末爾道以經世用不適則所明者章句之義爾如是而聖人作經之意不其息哉執事以經學策諸生愚豈其人顧窮居所習謂何而可虛明問乎蓋自秦兼天下燔詩書捐業士六學從此缺矣而漢興孝惠除挾書之條武帝行藏書之策明帝下購書之詔章帝舉白虎之儀於是文學之士雍雍然言易者田何以授丁寬由田王孫至於高相可勝紀也而最著者曰田何之易焦贛之易費直之易然或離為十二篇或專指灾異或雜入象象不免捃摭而皆稱易之學言書者伏生口授張生與晁錯由歐陽生至於歐陽高可勝紀而最著者曰歐陽之書大夏侯之書小夏侯之書或辯析乎簡編或取信於字迹或湊泊於女子所獻不免執泥而皆稱書之學詩則申公為魯詩轅固為齊詩韓嬰為韓詩三家并立厥後毛萇之詩盛興而三家廢矣蓋其書穿先秦如釋鴟鴞與金縢合釋北山與孟子合烏得而不傳春秋則有公羊氏穀梁氏鄒氏夾氏四家立并立厥後左氏之書始出而鄒夾廢矣蓋其親見孔子如湛露諸詩合於專對南蒯之事有功名教烏得而不傳至於諸侯惡害已而去籍策士附私見以參聖樂已不傳而禮制散佚久矣大小二戴共氏而分門王鄭兩家同經而异注於是高堂生極力探討而學庸樂記賴之以不墜當

其時傳師之所授受非經不談朝廷之所揚榷惟古是程賈捐之請勿擊朱厓王育則曰經義何以據龔勝之奏王嘉公孫祿則曰君議一無所授自周末以還茲其盛矣綴簡册於煨燼尊聖訓如著龜蓋皆曰存經也夫存之謂其明之也乃有以伯益之事疑書月令之非疑禮卜筮之數疑易醜亂之迹疑詩讀周禮未訖篇謂爲戰國之書讀春秋未識十二已議三傳之失如是而曰存經可乎傳注及於三折補綴盡乎百孔蓋皆曰明經也夫明之謂其行之也乃魏相明易屢上灾之疏匡衡明詩不聞無邪之義明書若歐陽歙而身以賕累明禮若戴聖而子有盜行雖以仲舒之賢著春秋決獄二百餘條而其徒呂步舒等因之窮驗深刻如是而曰明經可乎蓋非有明道覺世之心各尊祖習互相底訾枝葉日繁根本隱矣非有任道輔世之心徒積虛名獵都貴顯青紫既得弁髦委矣夫既有師之貴則當時信之至於流衍而不廢自其不廢之說足以惑後世之心曰明經之說不廢夫既有世之貴贈當時尊之至於推行而不效自其不效之學足以阻後世之心曰明經之學不效此王通所以致譏而鄭樵爲之興嘆乎是故六經之文已晦而不終晦者漢諸儒之功而六經之道可明而不大明者則漢諸儒之責不可辭矣迄於有宋周茂叔倡不傳之學二程引其緒楊中立載道南之宗朱仲晦集其成朱程之傳出而易明矣蔡沉之注行而書明矣詩研於集傳禮定於集解春秋折衷乎程胡於是漢儒之穿鑿諸家之分裂始振刷矣蓋至是而後可言存經焉濂溪明冤滯於司理伊川揭正道以說書龜山壽靖康之脉安國扶紹興之業南軒濟淳熙之治文公堅誠正之對雖其遭逢不偶未究厥用而小試輒效矣蓋至是而後可言明經焉彼其時雖不免拘數觀易新義僭古蘇陳鶩辭子韶寂紛然出矣朱子蓋嘗患之然譬諸揚爝火於日中奏俚曲於雅庭抑何損哉合而言之漢人懲秦之失者也過焉則亦漢之失也宋人懲漢之弊者也過焉則亦宋之弊也何以言之荀子曰欲觀先王之迹則於其燦然者矣自秦焚籍壁簡僅存周官之制度已不可見漢儒慨慕紆鬱不得已而稽之於稗小采之於故老歲積月累心力勤矣庸詎知其考索之過詳尋章摘句支分節解而經之旨裂矣遂至徽纆文義豐蔀性靈烏得而不流於訓詁宋則反是周子揭無欲之要程子昭定性之說微辭奧旨粹然一出於正乃不善學者捐弃往昔著意精微喜徑約則曰六經注我便脫略則曰何書可讀自謂懲漢之弊而不知其弊之流于斯也故曰鹵莽之患甚於黨伐高閎之病深於訓詁拘攣之見慘於煨燼蓋指漢宋人云雖然漢人之學持引繩墨然而近著已矣擇地而蹈行不逾閑所少者通方之見爾故多節義之士而自高尚宋人之弊侈辯析迂談闊际不鏡事機乃其末季多議論而

少成功夫論儒先之造詣則宋得其精漢則粗矣論世代之習尚則漢得其實宋則虛矣嗚呼茲世教所由係歟故必經世者而後可明經必反經者而後可正經不知執事以爲何如

第三問

陳所蘊

同考試官學正段（文綺）批（師古救今之說鑿鑿可行經濟之學也）

考試官教諭鄭（延年）批（籌畫詳盡）

考試官教諭魏（體謙）批（抱濟時之略者取之）

執事舉積貯之法下詢乎承學顧愚生何足以辨此雖然蓋嘗誦王制矣曰國無九年之蓄曰不足無六年之蓄曰急無三年之蓄曰國非其國也三年耕必有一年之食九年耕必有三年之食以三十年之通雖有凶旱水溢民無菜色而又有遺人掌縣都之委積以待凶荒有廩人掌九穀之數以治年之凶豐以令邦移民就穀有鄉師以歲時賙民有司救以王命施惠載在周官不一而足是故春頒秋斂國富公蓄比櫛崇墉民多私積懷襄之災九年而民自嬉食桑林之旱七年而民自允殖是則經常之制也上也自井田之法廢而兼并之害興道德之化微而管晏之術熾先王之制蕩然矣而因時創法足濟當時則有平糴之法熟則斂之於官饑則散之於民而大小异宜行之於魏者李悝也常平之法穀賤則增价以糴穀貴則減价以糶而民農兼利行之於漢者耿壽昌也社倉之制自民而出自民而入以置於社行之於隋者長孫平也義倉之法斂散有權貧富相濟行之於唐者戴冑也是則權宜之法也次也由是而下宋之亮臣孰與范仲淹耶而其在兩浙祇假營造而賙活又孰與富弼耶其在青州不過饘粥以療饑豈其知有不給所遭之時异也蓋預備之法行於豐年則易而講於年饑之後則難行於無事則易而舉於有兵之日則難故軍旅饑饉必子路之才勇而後足賈誼之告文帝縣有急兵方數千里旱民方狼顧而文帝且憂之夫宋正坐此於是乎爲無策然亦可以監矣夫考之先王驗之後世何嘗有一定之法哉時之异則异焉勢之异則异焉地之异則异焉委任權力之异則异焉夫舉井田之制於今日則有司議之矣何也時也青苗行於鄞則足而推之天下則否休也勢也趙汴知越州增米價而民不病文彥博之在成都減之亦不病何也地也朱仲晦之賢豈但十倍長孫平請于孝宗行社倉而竟不效何也委任權力之异也是故法不足恃而酌本末之宜達損益之權可恃也執事知河南之民乎敝也極矣地瘠而賦重益以轉徙之多則無常業矣場工甫畢輒貿易焉以苟旦夕之便則蓋藏鮮矣起土播種仰聽於天時

一不登則弃之矣而籍猶存鬻產者利乎直之多而不割則虛額懸矣史人胥人早興之人鱗鱗在庭舉待哺乎官則游食多矣戴白無褐脫粟不充乃富子美服鮮食有山坻之積則盛兼并之徒俗尚侈矣天下之中五方具焉土著之羡歲運而之他則利去矣六者民之所由以瘠也然而非其大也天潢之派其麗不億皆食土之力以相滋洎顧壤地有限而祿制無紀民力將竭矣夫民也者固藩封之所恃以安者也南之征北之戍裹糗于邁輸輓邊鎮歲且百萬持符使者項背在道孰非朘民之脂血哉夫棘一體之誼固也目睫先疾遑遐矚耶夫五者耗財之源其在民十之七八二者決財之流非民致之也然猶冀萬一於歲焉則庶乎可也邇者伊洛之溢田廬蕩析濁河潰決瀰漫千里南陽之墟汝濆之間積數十州縣不登老弱溝壑壯者四方獷悍之徒揮刃在道白晝大都之中剽吏而奪之金環視莫敢誰何者有之矣而不講積貯之法可乎執事之言及之也將起民之骨而肉之瘠而潤之使腴也已幸甚傳曰君者代天理物者也臣者行君之令而致之民者也今外服之臣則藩臬與守令爾藩臬去民遠雖有承宣之責不得不下諸守令蓋守令則朝發而夕可達矣是故舉積貯則當責守令行積貯之法在使民自生而上生之使民自生其說莫如荀卿曰田野縣鄙者財之本也垣窌倉廩者則之末也百姓時和事業得叙者貨之源也等賦府庫者貨之流也上生之其說莫如曾鞏曰病而後圖之與夫先事而為計者則有間矣不習而有為與夫素得之者則有間矣斯二說皆行法之意也而法不與焉夫宗藩徵發非守令所得為也不曰於斯二者之外乎賦之重則河南郡矣災之重則南陽矣請於監司多撥闊布輕則以示恤可乎民之少蓋藏也俗之侈也兼并者導之也有司躬羔羊之節則閭市歌蟋蟀矣矧僭擬條所具可按而理也地不失畔糧不失額則丈量庶幾矣使分布得人復譏察之民將安所奸哉樹藝無法農之惰不勸也詢水之源委為利而教以播穮之時淺深之方勞之董之民自勸於農矣五方之赴啖吾利也俗既儉則逐末寡矣省約騶從既仰食者少而民免乎魚肉此在有司猶振落爾此六者有取於荀卿之說也皆所以使民自生也夫民既知自生而儲蓄之法可行宜於不糶宜於常平則以李悝耿壽昌之意行之宜於社倉宜於義倉則以長孫平戴冑之意行之不得已而處兩浙之難則出以文正之意不得已而有青州之役則出以鄭公之意譬之於醫察其標本之因審其虛實之宜然後從而劑砭之則循方可也損益之可也自為方可也要在不失乎倉扁之意此六者有取於曾鞏之言也皆所以為上生之也夫如是雖有災沴吾不患矣或曰才力之強弱知識之敏鈍弗可齊也而概責諸守令可乎愚嘗渡河洛矣三老在柁長

年鼓機睹其氣岳岳然聞其聲登登然其心則矢其力共戮已而濟矣何也共濟之心也嘗觀御於大梁之墟矣其所御也非御者有也然暄之則思覆之兩之則思蔽之疾徐高下酌而行之惴惴惟恐失何也受置故也夫所貴乎守令者非才智之難而不實心之爲患苟實心矣則自有灼事之智任事之才而良法出焉即弗齊達之有遲速耳而其於人必濟愚願守令以舟楫視國家之事而以御視其民則吾河南之民將阜以生乎執事甚盛惠也

第四問

王來潤

同考試官學正張（介）批　敷答詳盡而深識遠見舉切時宜似有經緯之蘊者取之）

考試官教諭鄭（延年）批（條答精詳）

考試官教諭魏（體謙）批（足占所養）

將也者國之衛也識也者擇將之基也度也者任將之地也公也者勵將之典也何謂識立之而不問其方拔之而不惑于衆是也何謂度誠信而不使之疑含弘而不使之忌是也何謂公賞不至於邀遺罰不至於潰逸是也夫人才之伏無盡而將之才又非可以繩墨矩度言者是非有高世之識曷能拔之於庸衆之中哉拔之矣必假之以機宜使進止得以敷其猷任之矣又必稽之於衆論使誅賞有以適其節則恩施而莫不忘其生威震而莫不忘其死蓋無不可用之將無不可成之功矣若夫奮軀以建績先國家之急而忘其私此則爲將者之所當自懷又奚俟上之驅之哉嘗稽孫武子曰將者人之司命國家安危之主也太史公曰且欲興聖統惟在擇任將相司馬法曰輔周則國強輔隙則國弱蓋甚言將之當擇耳夫悉國家之力兵甲之衆寄之於一夫之手決機於兩陣之間國之安危衆之存殁胥於此焉繫欲無慎得乎故三代盛王雖隆仁義禮樂以化天下之俗而常求天下之奇才以待不測之患以銷伏其悖戾好爭之心而其法則寓於六遂之間蓋戡定禍亂之謨即孝友睦姻者之所習卒乘車徒之制皆公卿大夫之素所講求也是其寵綏拔擢儲之於閑暇之時授鉞臨戎任之於有事之日法備而旨微卓乎不可尚矣自時厥後古制不存戰伐日尋而將帥之名始紛紛於天下然簡擇之審亦有可言者焉自其君之拔擢者言之樂毅假節自魏迹何疏也而燕昭與圖國政卒成破齊之功韓信返自追亡名未著也漢高以爲大將遂奏滅楚之績李靖出自囚繫身何辱也太宗與謀大計竟開唐室之基是非識之精者能然乎自其臣之薦進者言之晉侯擇尉中軍祁奚以子午對君子與其能趙簡乎擇守上黨而狐解以伯柳稱當世稱其美符堅入寇江左危矣謝安舉兄子

玄拒之淝水之捷符氏傾焉是非心之公者能然乎又嘗稽古之爲將者矣李牧備邊軍功爵賞皆決於外李廣爲將人人自便幕府省文書李漢超守關南屬州錢悉以資軍猶規免商筭夫迹之以行師之道則三子爲否臧律之以治吏之規則三子爲干紀然當時以閫外寄之也悉無所問焉故牧竟大破諸胡廣能使匈奴不犯而漢超則漢遼讋服不敢窺焉是三子皆能建非常之烈酬不制之知而三君乃皆錄其功而不計其過誠所謂將將之道宜然也洪惟我皇上神武布昭玄威遐暢往以小醜匪茹赫然討罪敷求將帥拔擢側微有出自幽囚而建節有起自休廢而秉麾者撻伐用張海宇寧謐視格苗薄伐之師已超軼之漢宋諸君無復論矣而執事尤欲求必勝之將何哉毋亦天下雖安必當擇將意耶自昔擇將之道求之也貴廣任之也貴專賞罰之也貴審以速而已矣夫倜儻非常之士豈可以一端求哉推舉必於世官則自奮之途沮矣任用必於條格則逸駕之俊遺矣綺紈世胄充位握符孰若廣簡技能遴選奇傑之爲得耶跅弛不羈者多負俗之累細廉曲謹者乏濟世之規矧介冑之士取其能斬將搴旗已矣能橫行朔漠已矣使詐使貪使智使過期以集吾之事已矣何必追其既往耶故曰求之宜廣也將貴專謀兵在畏將軍機牽制則失筭戎帥摧沮則不威古者選將而任之授之以鈇俾專斷也分之以閫俾樹威也其於委任之體豈不博大哉乃或制於大吏而號令莫可施束於繁文而勇略莫可奮是雖韓白有作奚由自見哉又或以指麾順旨爲良以奔走服勞爲敬木強稍見疵纇旋加矣夫委之以身先士卒之寄而奪其服眾之威責之以肝腦塗地之忠而復拘之以局促轅下之態不亦難哉故曰任之宜專也三軍之眾百萬之師以一將臨之而能使這帖然順靡然聽者以賞罰之典在也故賞不逾時欲人速得爲善之利也罰不旋踵欲人知討罪之嚴也其或賞以遠遺則爲善者懼矣罰以幸避則爲惡者興矣又或奏報之間淹延時日推戡之久蔓引枝連慢令稽誅亦非所以勵眾也故曰賞罰之宜審而速也雖然擇將之道則然矣而將可無所自擇乎本之以忠貞出之以果敢是非有見於外利害無怵於中雖惡而無怒也雖喜而無悅也予之而不驚也奪之而不怨也威之而不屈也其自治如此故行通於神明而可爲天下之將矣然非知道之君子其孰能之哉方今聖天子悠久成物壽考作人行將有若人者出以副側席之求矣草茅之見執事奚辱聽焉

第五問

王同文

同考試官教諭張（邦臣）批（待用之器理會自別執此以往可收平倭之績矣）

考試官教諭鄭（延年）批（深切時宜）
考試官教諭魏（體謙）批（甚有識見）
愚聞攘夷之道在治內而其要在責實何也事變出於無窮而機宜伏於至微非有昭曠之識則其端日陳於吾前且將忽焉而莫之知既知矣而欲舉之非一人之力旦夕焉可必也非一人之力則獨任乎不可期之功者罕矣而復伺以歲月之積鮮不從中阻者故知之未必舉舉之未必實也法密而實則疏名存而實則亡天下之事往往坐此弊矣而況以制難窮之變握不測之機得乎是故責實要矣方今東南之患非倭耶執事策豫士而及此豈不以豫天下之中而淮南西鄰焉邇者焚掠至淮矣震鄰之戒可晏然也乎天下大勢強弱西北虛實在東南而虛實則強弱之本也故以形勢論則吳浙閩廣輕然而京師公私所仰給乎東南者豈少也故以氣脉論則吳浙閩廣重而可使之困乎宜執事之睠焉及之也愚請悉言之夫自有倭之役議臣發言策士畫計大約有二言守者則議城寨議兵船議團練議招募不特此也曰調兵曰積餉曰賞罰曰守令曰將領主司征討明中國之體者也言撫者則歸咎于海禁之太嚴而曰互市曰招降急於輯靖安瘡痍之民者也蓋皆忠國之猷焉自愚生言之則主守者是而撫之者其說非也夫互市不可也非我族類其心叵測我之需彼者非急而彼之仰資乎我者十之八九方峻防之猶竊窺焉而可自啓其釁復誘之使唉利乎利源既開一不厭其所欲絕之則信不行縱之則害方蔓不聞勝國時乎舸艘絡繹戈矛森具輒燔熑掠爲州縣害我太祖高皇帝明燭其狡絕却貢獻載在祖訓者可考也故互市不可也夫言招降者非也兵之道可守而後可戰可剿而後可撫既深入矣而其所唉在是又未嘗受吾挫焉而欲馳虛詞使之納欸也得乎矧介命者持之以射彼己之利褻尊甚矣故招降不可也而治內急焉則主守者其說近矣今州縣非無城也頃者憲臣復增築之非無寨也關隘棋置烽堠星羅則列城寨矣衛所連絡分署戰舠大者艨艟便於衝突小者艇艦捷於探望官以備倭爲職兵以出海爲名則備兵船矣保甲壯丁列戶而居郡縣健兒按籍而食則嚴團練矣請纓借箸者騈中待次投石超乘者輻輳傳殖則行招募矣羽檄紛馳疾若轉圜籍名應徵盛同積楚則調兵矣歲輸額運盡報罷以給軍需鹽餘贖羨悉蒐發以供犒具則積餉矣分符郡庭舉自鳳望綰章州縣取諸甲榜則急守令矣報功之典即小卒罔遺玩寇之誅雖大將不貸則信賞罰矣建牙之寄拔自儔伍推轂之任不聞中制則重將領矣斯數者未嘗不舉而卒未蕩滌妖氛收廓清之效何哉豈奇策秘計將出於數者之外乎而歷考古今兵家之所尚者要不出此執事慨乎實效之

未臻而復欲求常勝常安至當至要之策愚也舍是則無以復矣無亦曰實效之未臻由於不責實乎蓋是數者非不舉之也舉之而未責實焉者也夫自淮海而南至於漳潮城寨錯列兵船接屬道里犬牙連亘互制不專責不可也蘇松淮揚福建各統之乎撫臣而浙江則總督在焉總督之爾至於信也地非撫臣責乎精嚴號令明慎烽堠勝筭夙定不動如山薙獮捷發勢同建瓴假令賊至按其由入而付諸理則將何辭也畫地而守聯營而戍即延袤萬里指顧目前矣故宜專責任彼此分疆則觀望顧忌將驅盜於鄰矣宜特嚴其法諸路撫臣訓練游兵而以正兵守信在游兵援鄰境擊東則西應勢單則力并夫然後心同而勇自奮勢合而氣自揚故宜協心力既招募且調兵矣餉未嘗不足也然而不捷者何蓋狼廣則貪川土則悍鎗手洞丁則猾不我用容美之兵足賴矣而其難御又兼諸兵飽則颺饑則怨行則剽劫居則橫肆而其食之也一可當士兵之十賞之也十可當士兵之百夫方寇之猝至民不識兵不得不數徵調今既久而見聞且習矣孰不懷憤激哉因而練之州縣之隸保甲之籍比其什伍時其簡悅精其器械訓之步伐人自為兵家各為衛則調兵招募可免而餉自足矣故宜練士兵夫我之應寇嘗墮於計中而寇之伺我反出於意外者以我之人導這也嚴比閭之稽申覺察之令飭連坐之法開首訐之門則勾引之情必露而嘯聚之孽潛消矣故宜嚴接濟兩軍相對間諜為先故懸不貲之賞則機警者至矣或用間以離其黨或張疑以誘其來或乘其懈而擊之或伺其出而制之或潛置火而焚之或陰鑿舟而沉這彼之虛實作止吾得而盡知之知之而徐待之而我之事則彼不知也如是則闔闢張弛惟吾意爾故宜通間諜夫賞當則志士死義罰重則懦夫倍氣今賞格非不厚也而或賞矣未著報效之實罰條非不嚴也而或罰矣不懷奮激之志況有非功而妄報有罪而不聞者乎故宜核功罪夫張官以為民則捍禦先之矣雲中樂安獨非郡縣乎愚不敢謂今無其人也乃有詘情於豪右濡迹乎富腴勾番主逋漫不一問其至幸倭之來因以為利分賓取盈起官倭之謠者矣愚以為部使者宜按條置憲不少假借庶幾內治順矣故宜謹官常是數者治內者也非出於前數者之外特責其實焉爾而其綱領則在將古之將入不謀家出不顧身興處臥起敵儼在前精神心志士相為命身冒矢石獨先三軍忠貫金石誓不與賊俱生故將愛主而不愛身則士畏將而不畏敵千萬一心鬥氣自倍有將如此而數事皆可責實矣而今之將者果能是乎故終之責將領或者曰海洋之中屹然而峙者在吳浙則馬迹揚山大衢也陳錢三山也在閩則彭湖海壇也蓋天造之險寇所必由者也國初巨艦悉此艤焉至正統則防稍弛矣宜選發健丁計口

分地且耕且守不責其賦給以舟械統以材官飭器閑藝遠哨近探無事則扼塞有警則捍蔽峙糧不費而緩急得力矣則守要害之說也曰我太祖高皇帝戡定之初嘗遣行人楊載趙秩宣諭日本宣德間亦嘗遣使矣擬請於朝下詔切責其國王之罪南則琉球北則朝鮮令其遣使轉奉宣諭收緝其部落而盡返中國之人離堅渙群是或一策則宣諭之說也內治既密群策畢舉變制於我機握自中何守不固何堅不瑕何暴亂之不可定哉治內之道海禁寓焉執事所謂祖宗成法昭然具在者也果責實矣浮議奚恤哉雖然繙據載籍天將輔有道之國使之固結延綿堅不拔之基如磐石泰山之安者則必篤生聖神之主內順治而外威嚴揚武張罰聲靈震疊薄伐梗化而垂底定謐寧之治於無疆盍觀之周乎武王定鼎之初肅慎氏貢楛矢石砮王乃昭其令德之致將以示後人至於宣王蠻荊淮南叛背匪茹王命方叔召虎征之至于南海遂延八百靈長之業我成祖文皇帝北征振旅幕南無王庭矣乃日本國王源道義效順勦捕對馬臺之寇成祖御製銘文表其鎮國之山肆我皇上聖神中興非周宣可仿佛其萬一蠢茲醜夷豈自外於覆載之中蓋天以底定謐寧之功屬於有道之朝將永我國家億萬載無疆之祚必有方叔召虎者出而收來威之績載寧之休以報闕下采芑之詩曰蠢爾蠻荊大邦為讎方叔元老克壯其猶江漢之詩曰明明天子令聞不已矢其文德洽此四國愚也敢以為今日頌

河南鄉試錄後序

嘉靖戊午秋八月寔天下鄉試期在河南則監察御史楊惟平監臨之肅憲振猷章程畢正豫飭所司展采錯事罔弗虔乃以延年佐校文錄既成宜有言以贅諸末延年惟豫為天地之中義農殷周之所都也我聖祖統天駐蹕旬時規圖定鼎我皇上龍飛大狩三幸茲邦渥惠洪霈奎文敷錫昭曠之典蕩蕩難名焉每竊念是邦人士何幸而親炙聖人之化若是哉期耳目其盛而未之能也茲應聘而來渡河洛之津瞻峻極之岳步古莘之野陟圭測之臺乃嘆曰是非圖書之符會申甫之孕靈伊尹周公之所以發祥而奮績者耶河山之美固宜我聖祖皇上屬車首幸鴻澤先加也謂無豪杰士應運而生者乎既入簾得多士之文而縱觀之則見其探研經義揚榷古今其文詞敷發精華彪炳曄然而有章其旨趣中涵雋永淵深恢恢乎而莫可盡要之於道德仁義之奧不違也則又嘆曰多士之文彬彬然盛矣非顯被聖教之隆而能若是耶乃制額拔其尤者八十人焉雖然文則盛矣選則嚴矣多士由茲進矣亦圖所以踐若

文否耶昔孔子論文以猶人自居而以躬行君子自歉他日傳易則曰修詞立其誠所以居業也夫詞之修者文也躬行之業舍立誠奚以哉我祖宗以科目舉仁賢無心若造化至公若權衡我皇上以閎道訓儒林統一乎聖真成能乎天地天下之士爭自濯磨以承德化矧是邦又數覯耿光者乎是宜懷誠砥礪率四方而先也今觀多士之文類能發山川之秘紹羲農伊旦之言庶幾乎環奇俶儻爲聖世之英矣然特文焉已矣躬行以茂業立誠以飭躬非主司所厚望耶粵稽訓誥諸篇固伊周之文也考其行若持左券焉非誠立爾耶爾多士摛咫尺之詞際明昌之會异時且奉大對服庶僚將無持此之文以質厥誠者耶夫誠者善之元立誠者行之紀故靜言而庸違色莊而內荏有初而罔終皆誠之弃也君子期有所建立必恒其德貞不以紛華悅不以患害移居廟堂則奮其庸守疆域則宣其力列藩服則保其民樹德業於當時垂聲光於來祀質今此之文罔或謬焉斯無負山川之美祇承乎聖教之隆矣若曰弁髦其文詞二三其心志則豈惟主司者不欲聞將山川亦舍之矣延年不佞忝執事是貳樂觀多士大業是居也多士豫之哉

直隷真定府真定縣儒學教諭鄭延年謹序